АНГЛО-РУССКИЙ
ПОЛИТИЧЕСКИЙ
СЛОВАРЬ

ENGLISH-RUSSIAN
DICTIONARY
OF POLITICS

K. D. GARNOV
N. G. INOZEMTSEVA

ENGLISH-RUSSIAN
DICTIONARY
OF POLITICS

About 60 000 words and phrases

MOSCOW
«RUSSO»
2005

К. Д. ГАРНОВ
Н. Г. ИНОЗЕМЦЕВА

АНГЛО-РУССКИЙ ПОЛИТИЧЕСКИЙ СЛОВАРЬ

Около 60 000 слов и словосочетаний

МОСКВА
«РУССО»
2005

УДК 32(38)=111=161.1
ББК 66
   Г 20

Гарнов К. Д., Иноземцева Н. Г.

Г 20   Англо-русский политический словарь. Около 60 000 слов и словосочетаний. — М.: РУССО, 2005. — 824 с.

ISBN-5-88721-262-4

Словарь содержит около 60 000 слов и словосочетаний, в том числе современные политические неологизмы и жаргонизмы.

Словарь основан на общественно-политических реалиях США, Великобритании и России. При его составлении были использованы официальные международные и государственные политические документы, материалы иностранных средств массовой информации, а также выступления государственных деятелей.

Словарь предназначен для журналистов, переводчиков, преподавателей, студентов, а также лиц, связанных с политикой.

Издается впервые.

УДК 32(38)=111=161.1
ББК 66 + 81.2 Англ.-4

ISBN-5-88721-262-4

ПРЕДИСЛОВИЕ

«Англо-русский политический словарь» содержит около 60 000 слов и словосочетаний, в том числе неологизмы, употребляемые в средствах массовой информации, а также современные политические жаргонизмы. К достоинствам словаря можно отнести то, что в нем большое внимание уделено сочетаемости слов и использованию фразеологии.

При составлении словаря были тщательно изучены и обработаны различные источники: официальные международные и государственные политические документы, оригинальная периодика, радио- и телепередачи на английском языке, материалы сети Интернет, выступления государственных и политических деятелей США, Великобритании и России, живые общественно-политические реалии англоязычных стран, а также современные англо-английские и англо-русские словари.

Словарь предназначен для широкого круга читателей: журналистов, переводчиков, преподавателей, студентов, аспирантов, учителей и учащихся средних учебных заведений, а также лиц, связанных с политикой. Словарь может быть полезен для англоязычных читателей, изучающих русский язык и работающих с русским языком.

При составлении словаря были учтены замечания и предложения специалистов-международников, а также ведущих лингвистов Российской академии наук и Московского государственного лингвистического университета.

В словаре принята американская орфография.

Авторы выражают благодарность всем сотрудникам издательства «РУССО», принявшим участие в реализации этого проекта, в первую очередь генеральному директору Галине Владимировне Захаровой. Отдельное спасибо главному редактору Наталии Руфиновне Мокиной, не пожалевшей времени и сил на совершенствование словаря, устранение стилистических и терминологических огрехов, и редактору издательства Татьяне Владимировне Никитиной, высказавшей и воплотившей в жизнь идеи по улучшению структуры словаря, его унификации и приложившей немало усилий для подготовки словаря к выпуску в предельно сжатые сроки.

Особая благодарность профессору Григорию Абрамовичу Вейхману, оказавшему неоценимую помощь в сборе материала, и Дмитрию Борисовичу Вильдштейну, благодаря первоначальной финансовой поддержке которого состоялся этот проект.

Как и любой объемный многолетний труд, словарь не лишен недостатков. Мы будем признательны за все замечания и предложения и учтем их в последующих изданиях. Пишите нам по адресу: 119071, Москва, Ленинский пр-т, 15, офис 317, издательство «РУССО».

Телефон/факс: 955-05-67, 237-25-02

Web: www.russopub.ru

E-mail: russopub@aha.ru

Информация для контактов с авторами указана на сайте словаря:
www.DictionaryOfPolitics.com

Авторы

PREFACE

The "English-Russian Dictionary of Politics" contains about 60 000 words and phrases, including neologisms used by mass media today and modern political slang. One of the main strengths of the dictionary is its deep and thorough coverage of word combinations.

All the material in the Dictionary reflects modern written and spoken English. The examples have been carefully selected from a wide range of sources: international official and political documents, mass media, speeches of social and political leaders of the USA, Great Britain and Russia, modern political idioms of English-speaking countries, latest dictionaries of the English language and English-Russian dictionaries.

The dictionary is intended for journalists, translators and interpreters, scholars, teachers, students, post-graduates, and also for English-speaking students of Russian. It's not only a comprehensive reference book but also a valuable learning aid.

In compiling the dictionary, various comments and criticism of international experts and leading linguists from the Russian Academy of Sciences and Moscow State Linguistic University have been taken into consideration.

The American spelling is used throughout the dictionary.

The authors would like to thank all employees of RUSSO Publishers who took part in this project, particularly Galina Zakharova, General Director, for realizing the dictionary's potential. We wish especially to acknowledge the efforts of Natalia Mokina, Editor-in-Chief, and Tatiana Nikitina, Editor, who in a short period of time unified abbreviations and punctuation, perfected style and terminology and prepared the dictionary for publishing.

We are indebted to Professor Gregory Veikhman for his invaluable assistance in collecting and defining terminology, and to Dmitriy Vildshteyn whose initial financial support made this project realizable.

Just like any large project, the dictionary may be not free from flaws. We will be grateful to receive your corrections and suggestions and consider them while working on future editions. To contact the authors please use our Web-site at www.DictionaryOfPolitics.com .

RUSSO Publishers: Leninsky Avenue, 15-320, Moscow, 119071, Russia.

Phone/fax: 955-05-67, 237-25-02

Web: www.russopub.ru

E-mail: russopub@aha.ru

Authors

О ПОЛЬЗОВАНИИ СЛОВАРЕМ

Ведущие термины располагаются в словаре в алфавитном порядке, при этом термины, состоящие из слов, пишущихся через дефис, следует рассматривать как слитно написанные слова.

Для составных терминов принята алфавитно-гнездовая система. По этой системе термины, состоящие из определяемых слов и определений, следует искать по определяемым (ведущим) словам, например: **political independence** следует искать в гнезде **independence**.

Грамматические омонимы даны отдельными словарными статьями и обозначены римскими цифрами (**I, II** *и т. д.*). Например:

attack I *n* **1.** атака, нападение; наступление; удар **2.** враждебная критика; нападки; выпады

attack II *v* **1.** атаковать, нападать; вести наступление **2.** критиковать; подвергать нападкам; выступать с выпадами

Ведущее слово в гнезде заменяется тильдой (~). Гнездо имеет следующую структуру:

1. Словосочетания, в которых ведущее слово стоит на первом месте.
2. Термины, в которых определение стоит перед определяемым (ведущим) словом.
3. Сочетания глаголов в неопределенной форме, стоящих на первом месте, и ведущего слова.
4. Различные словосочетания и фразы с ведущим словом.

Например:

election *n* **1.** выборы **2.** избрание

~s are due выборы должны состояться

~s to an assembly выборы в ассамблею/в народное собрание

all-out ~ всеобщие выборы

local ~ выборы в органы местного самоуправления

to fight an ~ бороться на выборах

to lose an ~ терпеть поражение на выборах

disruption of ~ срыв выборов

nullification of the ~ отмена результатов выборов

В словосочетаниях синонимы и варианты даются через косую черту. Например:

stationary/steady demand устойчивый/постоянный спрос

Если ведущее слово в гнезде по множеству своих значений не относится к тематике словаря, а образует специальные термины лишь в сочетании с другими словами, то оно не переводится и после него ставится двоеточие. Например:

cruncher *n* :

numbers ~ *полит. и фин. жарг.* фальсификатор статистических данных

Пояснения к русским переводам набраны курсивом и заключены в круглые скобки. Например:

abdicate *v* **1.** отказываться (*от прав, должности и т.п.*) **2.** отрекаться (*от престола*)

Факультативная часть как английского термина, так и русского перевода дается в круглых скобках. Например: **bomb(-making) factory** завод по изготовлению бомб. Термин следует читать: **bomb factory, bomb-making factory**

В переводах принята следующая система разделительных знаков: близкие по смыслу значения отделены запятой, более далекие — точкой с запятой, разные по смыслу значения — цифрами.

СПИСОК ПОМЕТ И УСЛОВНЫХ СОКРАЩЕНИЙ

РУССКИЕ

авиа	авиационный термин
австрал.	австралийский английский
амер.	американский английский
библ.	библейское выражение
бирж.	биржевой термин
брит.	британский английский
букв.	буквально
воен.	военный термин
в разн. зн.	в разных значениях
в т. ч.	в том числе
гг.	годы
делов.	деловое выражение
дип.	дипломатический термин
др.	другой
ед.	единственное число
ж	женский род
жарг.	жаргонное слово или выражение
журн.	журналистский термин
ирон.	в ироническом смысле
исп.	испанский
ист.	исторический термин
и т. д.	и так далее
и т. п.	и тому подобное
кан.	канадский английский
коммерч.	коммерческий термин
кто-л.	кто-либо
куда-л.	куда-либо
лат.	латынь
м	мужской род
мн.	множественное число
мор.	морской термин
мусульм.	мусульманский
напр.	например
нем.	немецкий
обыкн.	обыкновенно
особ.	особенно
парл.	парламентский термин
перен.	переносное значение
полит. жарг.	политический жаргонизм
полиц. жарг.	полицейский жаргонизм
правит. жарг.	правительственный жаргонизм
презр.	презрительно
пренебр.	пренебрежительно
профсоюзн. жарг.	профсоюзный жаргонизм

развед. жарг.	жаргонизм, используемый в разведывательных структурах
радио	выражение, используемое радиодикторами
разг.	разговорное слово или выражение
рел.	религиозный термин
русск.	русский
с	средний род
сленг	сленг
см.	смотри
собир.	собирательное
сокр.	сокращение
тж	также
тлв	выражение, используемое на телевидении
тюремн. жарг.	тюремный жаргонизм
уголовн. жарг.	уголовный жаргонизм
употр.	употребляется
филос.	философский термин
фин.	финансовый термин
фр.	французский
церк.	церковное выражение
что-л.	что-либо
эвф.	эвфемизм
эк.	экономический термин
экол.	экологический термин
южноафр.	южноафриканский
юр.	юридический термин

АНГЛИЙСКИЕ

a	adjective	имя прилагательное
adv	adverb	наречие
attr	attributive	атрибутивное употребление *(в качестве определения)*
e.g.	exempli gratia, for example	например
etc.	et cetera, and so on	и так далее, и тому подобное
fig.	figurative	переносное значение
Fr.	French	французский
G.	German	немецкий
i.e.	id est, that is	то есть
n	noun	имя существительное
num	numeral	имя числительное
pl	plural	множественное число
prep	preposition	предлог
smb	somebody	кто-либо
smth	something	что-либо
v	verb	глагол

АНГЛИЙСКИЙ АЛФАВИТ

Aa	Gg	Nn	Uu
Bb	Hh	Oo	Vv
Cc	Ii	Pp	Ww
Dd	Jj	Qq	Xx
Ee	Kk	Rr	Yy
Ff	Ll	Ss	Zz
	Mm	Tt	

A

abdicate *v* **1.** отказываться (*от прав, должности и т.п.*) **2.** отрекаться (*от престола*)
 to ~ in favor of *smb* отрекаться в пользу кого-л.
abdication *n* **1.** отказ (*от прав, должности и т.п.*) **2.** отречение (*от престола*)
abduct *v* похищать; насильно увозить
abduction *n* похищение; насильственный увоз
abductor *n* похититель (*особ. женщин и детей*)
aberration *n* **1.** отклонение; заблуждение **2.** уклон
 ideological ~ идеологический уклон
abet *v* подстрекать
 to ~ *smb* **in a crime** *юр.* подстрекать кого-л. к совершению преступления
abettor *n* пособник; сообщник; подстрекатель
abide (abode) *v* (**by**) выполнять, соблюдать (*что-л.*); следовать (*чему-л.*)
 to ~ religiously by *smth* свято придерживаться чего-л.
ability *n* **1.** способность, умение **2.** *pl* способности, талант, дарование
 leadership ~ способность к руководству
 rapid reinforcement ~ способность к быстрой переброске подкреплений
 to cast doubt on *smb's* **leadership ~** подвергать сомнению чью-л. способность к руководству
abolish *v* отменять, упразднять, уничтожать
abolition *n* отмена, упразднение, уничтожение, ликвидация; аннулирование (*закона, договора и т.п.*)
abolitionism *n ист.* аболиционизм
abolitionist *n* **1.** *ист.* аболиционист, сторонник аболиционизма **2.** сторонник отмены/упразднения/ликвидации (*чего-л.*)
aboriginal I *n* туземец; абориген, коренной житель
aboriginal II *a* туземный; коренной; исконный
aborigine *n см.* **aboriginal I**
about-face *n* **1.** поворот кругом **2.** полный поворот в политике
 abrupt ~ внезапный отказ от проводимой политики/от своей позиции
 dramatic ~ радикальное изменение (*политического курса и т.п.*)
 to do an ~ резко изменять (свою) позицию
 to perform an ~ отказываться от проводимой политики/от своей позиции

sudden ~ in policy неожиданный поворот на 180^0 в политике
about-turn *n см.* **about-face**
abreast *adv* в ряд, на одной линии, на уровне
 to be ~ of the news быть в курсе новостей
 to keep *smb* **~ of the latest developments** держать кого-л. в курсе последних событий
abroad *adv* за границей; за границу
 far ~ в дальнем зарубежье
 near ~ в ближнем зарубежье
 to come from ~ приезжать из-за границы
 to go ~ уезжать за границу
 to live ~ жить за границей
 to return from ~ возвращаться из-за границы
 to work ~ работать за границей
abrogate *v* отменять (*закон и т.п.*); аннулировать, расторгать (*соглашение*)
 to ~ unilaterally аннулировать (*что-л.*) в одностороннем порядке
abrogation *n* отмена (*закона и т.п.*); аннулирование, расторжение (*договора и т.п.*)
 permanent ~ окончательный отказ, окончательное расторжение
 voluntary ~ добровольная отмена
absence *n* отсутствие
 to hear a case in *smb's* **~** слушать дело в чье-л. отсутствие
 to judge *smb* **in his ~** судить кого-л. заочно
absentee *n* **1.** отсутствующий **2.** уклоняющийся (*от участия в работе конференции и т.п., от посещения заседаний, собраний*)
absenteeism *n* абсентеизм (*уклонение от участия в выборах, заседаниях и т.п.*)
 ~ from work прогулы
absentia *n* :
 in ~ *лат.* в отсутствие
 to try *smb* **in ~** судить кого-л. заочно
absolute *a* **1.** абсолютный; полный, совершенный, безусловный **2.** абсолютный; неограниченный
 ~ control неограниченный контроль
 ~ power абсолютная/неограниченная власть
 ~ subjection полное подчинение
absolution *n юр.* аболюция; освобождение (*от ответственности, наказания, долгов, налогов*); оправдание
 to grant/to pronounce ~ from sin *рел.* отпускать грехи
absolutism *n ист.* абсолютизм
absolutist I *n* сторонник абсолютизма

1

absolutist II *a* абсолютистский

absolvent *a* освобождающий *(от ответственности, наказания, налогов, долгов)*

absorb *v* поглощать *(денежные средства, мелкие предприятия и т.п.)*
small firms were ~ed into large cartels мелкие фирмы были поглощены крупными картелями

absorption *n* поглощение, абсорбция *(денежных средств, мелких предприятий и т.п. крупными)*
the Nazi ~ of Austria *ист.* поглощение Австрии нацистами

abstain *v* **(from** *smth***)** воздерживаться от голосования/участия в голосовании, не принимать участия в голосовании

abstainee, abstainer *n* воздержавшийся *(при голосовании)*

abstention *n* отказ от голосования/участия в голосовании
carried with five ~s принято при пяти воздержавшихся

abstinence *n* воздержание; трезвость
to practice total ~ соблюдать трезвость

abstract *n* **1.** выписка, выдержка *(из документа, стенограммы, статьи и т.п.)* **2.** конспект, резюме, сводка, краткий обзор
~ of record выписка из протокола/документа/дела
statistical ~ статистическая сводка

abundance *n* изобилие, избыток
~ of labor избыток рабочей силы
~ of material and cultural wealth изобилие материальных и культурных благ

abundant *a* богатый, изобилующий *(чем-л.)*
~ in natural resources изобилующий природными ресурсами

abuse I *n* злоупотребление *(чем-л.)*; нарушение *(чего-л.)*
~ of authority злоупотребление властью; превышение власти
~ of benefits злоупотребление льготами
~ of confidence злоупотребление доверием
~ of independence покушение на независимость
~ of office злоупотребление служебным положением
alcohol ~ злоупотребление алкогольными напитками
appalling ~ вопиющее злоупотребление
crying ~ вопиющее нарушение
drug ~ злоупотребление наркотиками, наркомания
electoral ~ нарушение в ходе выборов
glaring ~ вопиющее злоупотребление
human rights ~ нарушение прав человека
management ~ нарушение менеджерами прав подчиненных
violent ~ яростные нападки
to catalogue the ~ перечислять нарушения
to combat alcohol ~ бороться со злоупотреблением алкогольными/спиртными напитками

to commit human rights ~s нарушать права человека
to crack down on the ~ принимать суровые меры против злоупотреблений
to expose *smb's* **~s** вскрывать *чьи-л.* злоупотребления
to monitor human rights ~s отслеживать случаи нарушения прав человека
to shout ~ at *smb* выкрикивать оскорбления в *чей-л.* адрес
to suffer ~s терпеть издевательства
scourge of drug ~ бич наркомании

abuse II *v* злоупотреблять *(чем-л.)*; нарушать *(что-л.)*

abyss *n* пропасть
to drive *smb* **into an ~** загонять *кого-л.* в пропасть
to push *smb* **into an ~** толкать *кого-л.* в пропасть

academic *n* преподаватель, научный сотрудник *или* студент высшего учебного заведения

academician *n* академик

academy *n* академия, высшее учебное заведение; специальное учебное заведение; военное училище
military ~ военная академия; военное училище
naval ~ военно-морское училище

accede *v* **(to) 1.** вступать *(в права, должность, организацию и т.п.)* **2.** присоединяться, примыкать *(к соглашению и т.п.)* **3.** соглашаться *(с чем-л.)*, уступать *(чему-л.)*
to ~ to an alliance примыкать к союзу
to ~ to a proposal соглашаться с предложением
to ~ to a treaty присоединяться к договору

accelerate *v* **1.** ускорять, увеличивать скорость; форсировать **2.** ускоряться, нарастать

acceleration *n* ускорение, акселерация, нарастание
~ of industrialization ускорение индустриализации
growth ~ ускорение (экономического) роста
to secure ~ of the pace of development обеспечивать ускорение темпов развития
major factors of ~ главные факторы ускорения

accept *v* **1.** принимать, допускать **2.** признавать, допускать, соглашаться, принимать
to ~ an idea соглашаться с *какой-л.* идеей
to ~ blindly принимать на веру
to ~ conditionally принимать с оговорками
to ~ fully принимать полностью
to ~ gracefully принимать с достоинством
to ~ gratefully принимать с благодарностью
to ~ in principle соглашаться в принципе
to ~ invitation принимать приглашение
to ~ offer принимать предложение
to ~ readily охотно принимать
to ~ *smb* **as one's equal** принимать *кого-л.* как равного

to ~ with thanks принимать с благодарностью

to come round to ~ *smth* соглашаться с *чем-л.*, допускать *что-л.*

acceptability *n* приемлемость, допустимость

acceptable *a* приемлемый, допустимый; подходящий

conditions are ~ to all concerned условия приемлемы для всех заинтересованных сторон

mutually ~ взаимоприемлемый

acceptance *n* **1.** принятие, прием **2.** признание, принятие; одобрение (*чего-л.*); согласие (*на что-л.*)

~ of amendment принятие/одобрение поправки

~ of honors принятие награды

~ of offer/proposal принятие предложения

absolute ~ абсолютное принятие

blind ~ принятие на веру

conditional ~ принятие с оговорками; условное согласие

general ~ полное одобрение; безусловное согласие

partial ~ частичное признание/принятие

universal ~ всеобщее одобрение

written ~ письменное согласие

to find ~ встречать признание

to meet with universal ~ встречать всеобщее одобрение

access *n* доступ (*к чему-л.*)

~ for inspection доступ к объектам инспекции

~ to citizenship возможность получения гражданства

~ to civil service возможность поступить на государственную службу

~ to classified information доступ к секретной информации

~ to cultural achievements доступ к достижениям культуры

~ to education возможность получения образования

~ to nuclear weapons допуск к ядерному оружию

~ to strategic points доступ к ключевым пунктам

~ to the case *юр.* возможность ознакомиться с делом

~ to the market доступ на рынок

consular ~ возможность связаться с консульством

direct ~ прямой доступ

easy ~ легкий доступ

foreign capital ~ допущение иностранного капитала

free ~ свободный доступ

limited ~ ограниченный доступ

ready ~ свободный доступ

unconditional ~ доступ, не сопровождаемый условиями

unfettered/unimpeded ~ беспрепятственный доступ

unlimited/unrestricted ~ неограниченный доступ

visa-free ~ безвизовый доступ

to achieve ~ to nuclear weapons получать доступ к ядерному оружию

to allow easier ~ for foreign goods to a country's markets облегчать доступ иностранных товаров на рынки страны

to block ~ to high/advanced technology препятствовать доступу/блокировать доступ к передовой технологии

to demand consular ~ to *smb* требовать допустить консула к *кому-л.* (*арестованному, задержанному*)

to deny *smb* **~ to** *smth* лишать *кого-л.* доступа к *чему-л.*

to facilitate *smb's* **~ to** *smth* облегчать *чей-л.* доступ к *чему-л.*

to forbid ~ to the building запрещать доступ в здание

to gain/to get ~ to nuclear weapons получать доступ к ядерному оружию

to give *smb* **~** предоставлять *кому-л.* доступ

to hamper ~ to the world market затруднять доступ на мировой рынок

to have ~ to *smth* иметь доступ к *чему-л.*

to have no ~ to the sea не иметь выхода к морю

to impede ~ препятствовать доступу

to limit ~ to the archives ограничивать доступ к архивам

to obtain ~ to nuclear weapons получать доступ к ядерному оружию

to provide ~ to *smth* обеспечивать доступ *куда-л.*

within easy ~ в доступных пределах

accessibility *n* доступность; достижимость

market ~ доступ к рынкам сбыта

accessible *a* доступный; достижимый

~ to the public доступный для общественности

easily ~ легкодоступный

accession *n* **1.** присоединение (*к соглашению и т.п.*) **2.** вступление (*во владение, на пост и т.п.*)

~ to an organization прием (*страны*) в международную организацию

~ to an office вступление в должность

~ to power приход к власти

~ to the throne вступление на престол

~ to a treaty присоединение к договору

to be open for ~ быть открытым для присоединения

instruments of ~ документы о присоединении

accessorial *a* **1.** дополнительный; вспомогательный **2.** *юр.* причастный (*к совершению преступления*)

accessory I *n юр.* соучастник, сообщник

~ after the fact соучастник после свершения преступления; укрыватель, пособник

~ before the fact соучастник до совершения преступления; подстрекатель, пособник

accessory

~ **to a crime** соучастник преступления
accessory II *a* 1. дополнительный; вспомогательный 2. *юр.* причастный (*к совершению преступления*)
accident *n* несчастный случай; катастрофа; авария
~ **occurred/took place** произошел/имел место несчастный случай; произошла катастрофа/авария
automobile ~ автомобильная катастрофа
awful/bad ~ ужасный несчастный случай; ужасная авария
car ~ автомобильная катастрофа
dreadful ~ ужасный несчастный случай; ужасная авария
fatal ~ несчастный случай со смертельным исходом
frightful ~ ужасный несчастный случай; ужасная авария
hit-and-run ~ наезд, после которого виновный водитель пытался скрыться
horrible ~ ужасный несчастный случай; ужасная авария
industrial ~ несчастный случай/авария на производстве
near ~ авария, которую едва удалось избежать
nuclear ~ авария на атомном/ядерном объекте
radiation ~ авария, связанная с радиационным поражением
railroad/railway ~ железнодорожная авария
road ~ дорожная авария; дорожно-транспортное происшествие, ДТП
serious ~ серьезная авария
traffic ~ дорожная авария; дорожно-транспортное происшествие, ДТП
train ~ крушение поезда
unavoidable ~ неизбежная авария
unfortunate ~ несчастный случай, достойный сожаления
to be in an/to have an ~ стать жертвой несчастного случая; попасть в аварию
to insure against ~ страховаться от несчастного случая
to meet with an ~ стать жертвой несчастного случая; попасть в аварию
to play down an ~ пытаться преуменьшить масштабы катастрофы/аварии
to prevent an ~ предупредить несчастный случай/катастрофу/аварию
to suffer an ~ потерпеть катастрофу/аварию
acclaim I *n* шумное одобрение
widespread ~ широкое одобрение
to win international ~ **for** *smth* заслуживать международное признание за *что-л.*
acclaim II *v* 1. бурно приветствовать *кого-л.* 2. провозглашать
to ~ *smb* **emperor** провозглашать *кого-л.* императором
to ~ *smb's* **visit** приветствовать визит *кого-л.*
acclamation *n* 1. шумное одобрение 2. *pl* приветственные возгласы

to elect *smb* **by** ~ избирать *кого-л.* без проведения голосования, руководствуясь шумным одобрением (*зала*)
to nominate *smb* **by** ~ выдвигать *чью-л.* кандидатуру при шумном одобрении делегатов
accommodate *v* 1. разрешать, улаживать (*спор, разногласия и т.п.*) 2. расквартировывать (*войска*) 3. снабжать (*деньгами, ресурсами*); ссужать, выдавать ссуду; кредитовать 4. удовлетворять 5. приспосабливать
to ~ **opinions** согласовывать мнения
to ~ *smb* **with a loan** предоставлять *кому-л.* кредит
to ~ **the growing export potential** удовлетворять возрастающий потенциал экспорта
accommodation *n* 1. помещение, жилье; номер (*в гостинице*); каюта; место 2. ссуда; кредит 3. приспосабливание 4. согласование, соглашение, компромисс
~ **between** *smb* договоренность между *кем-л.*
~ **on** *smth* договоренность о *чем-л.*
~ **to** *smth* приспосабливание к *чему-л.*
~ **with** *smb* договоренность/соглашение с *кем-л.*
bank ~ банковская ссуда
careful ~ мирное урегулирование
credit ~ кредитование, предоставление кредита
home ~ жилое помещение
office ~ служебное помещение
political ~ политическое урегулирование
public ~s места общественного пользования
unsatisfactory ~ неудовлетворительные жилищные условия
to come to/to make an ~ **with** *smb* достигать договоренности с *кем-л.*
to press for an ~ **with** *smb* настаивать на достижении договоренности с *кем-л.*
to pursue an ~ **with** *smb* добиваться договоренности с *кем-л.*
to reach an ~ **with** *smb* достигать договоренности с *кем-л.*
to seek ~ искать жилье
to seek an ~ **with** *smb* добиваться договоренности с *кем-л.*
to work out an ~ **with** *smb* достигать договоренности с *кем-л.*
policy of ~ политика соглашательства
accompany *v* сопровождать (*кого-л., что-л.*); сопутствовать (*чему-л.*)
accomplice *n* *юр.* сообщник, соучастник (*преступления*), пособник
~ **in crime** соучастник преступления
unwilling ~ невольный соучастник
to betray ~s выдавать сообщников
accomplish *v* 1. выполнять 2. завершать, доводить до конца
accomplishment *n* 1. выполнение 2. достижение
major ~ крупное достижение
accord I *n* 1. согласие, единство 2. соглашение, договоренность

~ **has failed** соглашение было сорвано

~ **is in jeopardy** соглашение находится под угрозой срыва

~ **is on the rocks/is running into the ground** соглашение срывается

~ **with** *smb* **about** *smth* соглашение с *кем-л.* о *чем-л.*

arms control ~ соглашение о контроле за вооружениями

civic ~ гражданское согласие, гражданский мир

comprehensive ~ всеобъемлющее соглашение

existing ~ существующее соглашение

final ~ окончательный текст соглашения

ideological ~ идейное единство

international law ~ международно-правовой акт

much-heralded ~ пресловутое/хваленое единство

non-binding ~ необязательное соглашение

partnership ~ соглашение о партнерстве

peace ~ мирное соглашение

peace-keeping ~ соглашение о поддержании мира

political ~ совпадение политических интересов

preliminary ~ предварительное соглашение

social ~ общественное/национальное согласие

temporary/tentative ~ временное соглашение

test limitation ~ соглашение об ограничении испытаний

the Montreal A. Монреальский протокол (*подписанное в сентябре 1987 г. в Монреале (Канада) соглашение о прекращении производства хлорфторуглеродов в целях сохранения озонового слоя земли*)

trade ~ торговое соглашение

UN brokered ~ соглашение, достигнутое при посредничестве ООН

to accept an ~ принимать мирное соглашение

to agree an ~ достигать соглашения

to be in ~ сходиться во взглядах; придерживаться единого мнения; соглашаться (*с кем-л.*)

to be in breach of international ~s нарушать международные соглашения

to bring an ~ **into being** добиваться соглашения

to broker an ~ быть посредником при заключении соглашения

to come to an ~ приходить к соглашению

to comply with an ~ соблюдать соглашение

to contravene the ~s противоречить соглашениям

to flout the ~s грубо нарушать соглашения

to honor an ~ соблюдать соглашение

to implement an ~ выполнять соглашение

to obey the letter of ~ придерживаться буквы соглашения

to oppose an ~ **between...** противиться заключению соглашения между...

to police an ~ следить за выполнением соглашения

to reach an ~ достигать соглашения

to re-commit *oneself* **to an** ~ подтверждать свои обязательства по соглашению

to set up an ~ быть одним из организаторов соглашения

to sign an ~ подписывать соглашение

to torpedo/to undermine an ~ срывать соглашение

to violate an ~ нарушать соглашение;

to wreck an ~ срывать соглашение

as envisages by the Geneva ~s как предусмотрено Женевскими соглашениями

implementation of an ~ выполнение/осуществление/претворение в жизнь соглашения

in ~ **with** *smth* в соответствии с *чем-л.*; согласно *чему-л.*

in line with ~ в соответствии с соглашением

vagueness of ~ неопределенность соглашения

accord II *v* **1.** предоставлять; оказывать **2.** (**with**) согласовываться (*с чем-л.*); соответствовать (*чему-л.*)

to ~ **a hearty/warm welcome to** *smb* оказывать *кому-л.* радушный/теплый прием

to ~ **privileges** предоставлять привилегии

to ~ **a right** предоставлять право

to ~ **with** *smb's* **aspirations** отвечать *чьим-л.* чаяниям

our information does not ~ **with his report** наша информация не согласуется с его сообщением

accordance *n* **1.** предоставление **2.** соответствие

~ **of a right** предоставление права

in ~ **with** в соответствии с

account I *n* **1.** отчет, доклад, сообщение **2.** мнение; отзыв; версия; оценка **3.** ответ; ответственность **4.** учитывание, принятие во внимание **5.** бухгалтерский учет **6.** счет (*в банке*)

~ **attached** на счет наложен арест

~ **of expenses** счет расходов

accurate ~ точный отчет

active ~ активный депозитный счет (*в банке*)

annual ~ годовой отчет

bank ~ банковский счет; счет в банке

biased ~ предвзятый отчет

blocked ~ блокированный/замороженный счет

blow by blow ~ подробнейший отчет

budget/budgetary ~ бюджетный счет

cash ~ кассовый счет

charge ~ кредит по открытому счету (*в магазине и т.п.*)

checking ~ текущий банковский счет

conflicting ~s противоречивые версии

credit ~ кредит по открытому счету (*в магазине и т.п.*)

current ~ текущий банковский счет
defiled ~ подробный отчет
deposit ~ депозитный счет
expense ~s представительские расходы
explicit ~ ясно выраженное мнение
external ~ счет по внешним расчетам; платежный баланс
eyewitness ~ рассказ очевидца
fictitious ~ фиктивный отчет
financial ~ финансовый отчет
first-hand ~ рассказ очевидца
front-page ~ репортаж на первой полосе
full ~ полный отчет
general ~ сводный/общий счет
inactive ~ неактивный депозитный счет (в банке)
internal ~ счет по внутренним расчетам
joint ~ общий/совместный счет
newspaper ~ газетный отчет
official ~ официальное сообщение
one-sided ~ односторонний отчет
outstanding ~ неоплаченный счет
payment ~s счета платежей
press ~s сообщения печати
pro forma ~ примерный/ориентировочный счет
running ~ репортаж (по ходу события)
running ~ текущий банковский счет
savings ~ срочный счет (в банке)
settlement ~ расчетный счет
summary ~ краткий отчет
true ~ правдивый отчет
vivid ~ яркий отчет
to attach ~ накладывать арест на счет
to audit ~s проверять счета
to balance an ~ уравнивать счет
to bring/to call smb **to** ~ **for** smth призвать/привлечь кого-л. к ответу/ответственности за что-л.
to clean out an ~ снимать все деньги со счета
to close an ~ закрывать счет (в банке)
to draw up an ~ выставлять счет
to establish an ~ **in/with a bank** открывать счет в банке
to examine ~s проверять счета/отчетность
to file one's ~s **of** smth представлять свои отчеты о чем-л.
to freeze smb's **bank** ~ замораживать чей-л. счет в банке
to give a good ~ **of** oneself хорошо себя проявить, зарекомендовать себя
to give an ~ **of** smth делать отчет/сообщение о чем-л.
to have an ~ **in/with a bank** иметь счет в банке
to hold smb **to** ~ **for** smth призвать/привлечь кого-л. к ответу/ответственности за что-л.
to keep an ~ **in/with a bank** иметь счет в банке
to make up an ~ закрывать счет (в банке)
to open an ~ **in/with a bank** открывать счет в банке

to overdraw an ~ превышать кредит в банке
to pay an ~ платить по счету
to pay into an ~ записывать/вносить на счет
to publish a detailed ~ публиковать подробный отчет
to put funds on smb's ~ класть средства на чей-л. счет
to render an ~ **of** smth делать отчет/сообщение о чем-л.
to settle an ~ оплачивать счет
to suspend an ~ временно приостанавливать операции по счету
to take ~ **of** smth/**to take** smth **into** ~ учитывать/принимать во внимание/брать в расчет что-л.
to trace down bank ~s выявлять наличие банковских счетов
to unfreeze a bank ~ размораживать банковский счет
to verify ~s выверять счета
to withdraw from an ~ снимать со счета
according to press ~ по сообщениям печати
American ~ **of events** американская версия событий
by all ~s по всеобщим отзывам
country's current ~ **is in the red** страна имеет бюджетный дефицит
for ~ **of** smb за счет кого-л.
freeze on a country's bank ~s замораживание банковских счетов страны
in ~ на счете
on ~ в кредит
settlement of clearing ~s урегулирование расчетов по клирингу
account II v (**for**) 1. объяснять 2. отчитываться, давать отчет; нести ответственность, отвечать
to ~ **for failure** объяснять провал
to ~ **for** smth **to** smb отчитываться перед кем-л. за что-л.
to ~ **to the council** отчитываться перед советом
accountability n 1. ответственность (перед кем-л.) 2. подотчетность (кому-л.) 3. учет, отчетность
~ **to a body** подотчетность какому-л. органу
full ~ полная отчетность/ответственность
property ~ имущественная/материальная ответственность
accountable a 1. ответственный (за что-л.) 2. подотчетный
strictly ~ строго подотчетный
to be ~ **to** smb быть подотчетным кому-л.
to hold smb ~ **for** smth считать кого-л. ответственным за что-л.
accountancy n бухгалтерский учет, бухгалтерия
accountant n 1. бухгалтер 2. ревизор, контролер
certified public ~ бухгалтер-эксперт, аудитор
chartered ~ брит. бухгалтер-эксперт, аудитор

accounting *n* **1.** бухгалтерский учет, анализ хозяйственной деятельности **2.** представление официальной отчетности
cost/profit and loss ~ хозрасчет
strict ~ строгий учет, строгая отчетность
to give/to render an ~ отчитываться, представлять официальную отчетность
accredit *v* **(to) 1.** аккредитовать *(дипломатического представителя, представителя печати и т.п.)* **2.** уполномочивать
accreditation *n* аккредитование; аккредитация
~ of journalists аккредитация журналистов
accredited *a* **(to)** аккредитованный, имеющий официальные полномочия
permanently ~ постоянно аккредитованный
temporality ~ временно аккредитованный
to be ~ in a country быть аккредитованным в *какой-л.* стране
our envoy was ~ to their new government наш посланник был аккредитован при их новом правительстве
accrediting *a* *дип.* аккредитующий
~ state аккредитующее государство
accumulate *v* накапливать, аккумулировать, собирать
to ~ information накапливать информацию
accumulation *n* накапливание, накопление, аккумуляция, собирание
~ of weapons накопление запасов оружия
capital ~ накопление капитала
information ~ сбор данных/информации
wealth ~ накопление богатств
sources of ~ источники накопления
accumulative *a* накопляющийся
accusation *n* обвинение
~s are without basis/foundation обвинения безосновательны
~ that... обвинение в том, что...
~ was couched in diplomatic terms обвинение было смягчено дипломатическими формулировками
~ was entirely without foundation обвинение лишено *каких-л.* оснований
damaging ~ серьезное обвинение
false ~ ложное обвинение
grave ~ серьезное обвинение
groundless ~ безосновательное обвинение
mutual ~s взаимные обвинения
nonfounded ~ голословное обвинение
nonsubstantiated ~ бездоказательное обвинение
politically motivated ~s обвинения по политическим мотивам
renewed/repeated ~s неоднократно высказанные обвинения
sweeping ~s огульные обвинения
unjust ~ несправедливое обвинение
widespread ~s широко распространенные обвинения
to be under an ~ of smth обвиняться/быть обвиненным в *чем-л.*

to bring an ~ against *smb* выдвигать обвинение против/обвинять *кого-л.*
to challenge the ~ оспаривать обвинение
to deny an ~ отрицать свою виновность
to face ~s of high treason быть обвиненным в государственной измене
to forestall ~ предвосхищать обвинения
to level/to make an ~ at/against *smb* выдвигать обвинение против/обвинять *кого-л.*
to refute an ~ опровергать обвинение
to reject ~s отрицать обвинения
to retract *one's* **~s** брать обратно свои обвинения
to subject smb to uncorroborated ~s выдвигать в *чей-л.* адрес неподтвержденные обвинения
to trade ~s выступать со взаимными обвинениями
to withdraw *one's* **~s** брать обратно свои обвинения
absurd ~s unworthy of reply абсурдные обвинения, не заслуживающие ответа
there was not a single piece of evidence to support the ~s не было ни малейших доказательств в подтверждение обвинений
accuse *v* выдвигать обвинение, обвинять *(кого-л. в чем-л.)*; инкриминировать *(кому-л. что-л.)*
to ~ smb of a crime обвинять *кого-л.* в совершении преступления
accused *n* обвиняемый; подсудимый
to defend the ~ защищать подсудимого
achieve *v* достигать, добиваться
to ~ *one's* **aim** добиваться своей цели
to ~ success добиваться успеха
achievement *n* достижение, завоевание, успех, победа
~ in smth достижение в *чем-л.*
~ of mutually acceptable and effective agreements достижение взаимоприемлемых и эффективных договоренностей
brilliant ~ блестящее достижение
considerable ~ значительное достижение, значительный успех
conspicuous ~ выдающееся достижение, выдающийся успех
crowning ~ завершающее достижение
cultural ~s достижения в области культуры
dazzling ~ блестящее достижение
economic ~s успехи в развитии экономики
environmental ~s достижения в области охраны окружающей среды
epic ~ грандиозное достижение, грандиозный успех
glorious ~ славное достижение
great ~ большой успех
heroic ~s героические достижения/дела/подвиги
high ~s высокие достижения
labor ~s трудовые успехи/достижения
lasting ~ впечатляющее достижение
magnificent ~ великолепное достижение

major ~ крупное достижение, крупный успех

memorable ~ памятный успех

monumental ~ колоссальное достижение

notable ~ заметный успех

outstanding ~s выдающиеся достижения/успехи

phenomenal ~ феноменальное достижение

practical ~ практическое достижение

remarkable ~ поразительное достижение

scientific ~s научные достижения

signal ~ блестящее достижение

spectacular ~ выдающееся достижение

sports ~s спортивные достижения

stunning ~ потрясающий успех

superb ~ превосходное достижение

tangible ~s ощутимые достижения

to display the ~s **of the national economy** демонстрировать достижения национальной экономики

to hail smb's ~ приветствовать чей-л. успех

to introduce ~s **of science and technology** внедрять достижения науки и техники

to make conspicuous ~s добиваться выдающихся успехов

to notch up a whole series of ~s добиваться целого ряда достижений

to pay tribute to smb's ~s воздавать должное чьим-л. достижениям

to popularize the ~s популяризировать (чьи-л.) достижения

to sum up the ~s суммировать/обобщать достижения

to undercut ~s умалять значение достижений

to undersell one's **political** ~s принижать свои успехи в области политики

to win great ~s добиваться больших успехов

fruits of ~s плоды достижений

latest ~s **in science and technology** новейшие/последние достижения науки и техники

modest record of ~s скромные достижения

acid n жарг. наркотик ЛСД

~ **head/freak** жарг. наркоман, употребляющий ЛСД

acknowledge v 1. признавать 2. юр. подтверждать достоверность/подлинность (чего-л.)

to ~ oneself **defeated** признавать свое поражение

to ~ one's **mistakes** признавать свои ошибки

to ~ **with appreciation** с признательностью принимать к сведению

acknowledged a 1. признанный 2. юр. подтвержденный

acknowledgement n 1. признание 2. уведомление (о получении); подтверждение (получения)

~ **of debt** признание долга

frank ~ **of** smth откровенное/открытое признание чего-л.

acquaint v (**with**) знакомить (с)

to ~ oneself **with** smth познакомиться/ознакомиться с чем-л.

to become/to get ~**ed with** smth познакомиться/ознакомиться с чем-л.

acquiescence n (молчаливое или неохотное) согласие

with smb's **tacit** ~ с чьего-л. молчаливого согласия

acquisition n 1. приобретение, получение 2. приобретение, что-л. приобретенное

~ **of nationality** приобретение гражданства

data/information ~ сбор данных/информации

territorial ~s территориальные приобретения

unauthorized ~ несанкционированное приобретение

to make an ~ делать приобретение

acquit v 1. (**of**) оправдывать (по суду), признавать невиновным 2. (**of, from**) освобождать (от ответственности, обязательств и т.п.)

to ~ oneself оправдаться

to ~ smb **for lack of proof** оправдать кого-л. за недоказанностью обвинения

acquittal n оправдание (по суду), признание невиновным

to bring in an ~ выносить оправдательный приговор

to secure the ~ **of** smb добиваться чьего-л. оправдания

to win an eventual ~ обеспечивать конечное оправдание

acquitted a 1. оправданный (по суду), признанный невиновным 2. освобожденный (от ответственности, обязательств и т.п.)

act I n 1. действие, поступок, акт, шаг 2. акт, закон, постановление (судебного органа), законодательство 3. акт, документ

~ **in law** юридическое действие

~ **is before the Parliament** закон находится на рассмотрении парламента

~ **of accession** дип. акт присоединения

~ **of aggression** акт агрессии, агрессивный акт

~ **of amnesty** акт/закон об амнистии

~ **of barbarism** варварский акт

~ **of betrayal** акт предательства

~ **of deception** обман

~ **of defiance** акт неподчинения

~ **of despair** отчаянный поступок

~ **of faith** действие, продиктованное (религиозными) убеждениями

~ **of flexibility** проявление гибкости

~ **of force** действия, связанные с применением силы

A. of God юр. форс-мажорные обстоятельства; непреодолимая сила; стихийное бедствие (обстоятельство, освобождающее от ответственности)

~ of good faith честный поступок
~ of good will акт доброй воли
~ of grace помилование; амнистия
~ of heroism героический поступок
~ of homage знак уважения
~ of hostage taking захват заложников
~ of hostility враждебное действие, враждебный акт
~ of humanity акт гуманизма, гуманный шаг
~ of insubordination случай неподчинения
~ of intimidation попытка запугивания
~ of law законодательный акт
~ of lawlessness акт беззакония
~ of mutiny мятеж
A. of Parliament акт парламента, парламентский акт/закон
~ of piracy пиратский акт
~ of Providence *юр.* форс-мажорные обстоятельства; непреодолимая сила; стихийное бедствие (*обстоятельство, освобождающее от ответственности*)
~ of provocation провокационное действие, провокационный акт, провокация
~ of public nature действие публичного характера
~ of remembrance церемония поминания/поминовения
~ of reprisal репрессалии
~ of sabotage диверсия
~ of state государственный акт
~ of terrorism террористический акт
~ of treachery/of treason акт предательства, предательство
~ of violence насильственное действие, акт насилия
~ of war военные действия, война
~ of worship богослужение
~ warranted by law законное действие
Abortion A. Закон об абортах (*о легализации абортов в Великобритании, принят в апреле 1968 г.*)
administration of justice ~ закон об отправлении правосудия
Agents Identities A. Закон о засекречивании агентуры американской разведки
aggressive ~ акт агрессии
anti-labor ~ антирабочий закон
anti-social ~ антиобщественный поступок
Anti-Terrorism A. Закон против терроризма (*принят США в 1987 г.*)
arbitrary ~ произвольное/одностороннее самоуправное действие
barbaric/barbarous ~ варварский акт
belligerent ~ воинственный шаг
brave ~ отважный поступок
clear cut ~ явный акт
Companies A. *брит.* Закон о компаниях
conciliatory ~ примирительный шаг
constituent ~ законодательный акт
Corrupt Practices A. Закон о коррупции
courageous ~ отважный поступок
covert ~ скрытое/тайное действие

criminal ~s преступные действия, преступления
dangerous ~s опасные действия
despicable ~s позорные деяния
discourteous ~s грубые действия
epoch making ~ исторический акт
Equal Pay A. *брит.* Закон о равной плате за равный труд
equitable ~s справедливые действия
ethical ~ этичный поступок
Ethics in Government A. Закон об этике поведения правительственных чиновников
final ~ заключительный акт
foolish ~ глупый поступок
formal ~ формальный акт
Freedom of Information A. Закон о свободе информации (*США*)
Government Official Secrets A. *брит.* Закон о неразглашении государственных тайн
Hatch A. Закон, запрещающий государственным служащим заниматься любой политической деятельностью
heroic ~ героический поступок
historic ~ исторический акт
hostile ~s враждебные действия
House of Commons Disqualification A. Закон о том, какие категории лиц не имеют права баллотироваться на выборах в английский парламент
humane ~ гуманный акт
illegal ~ незаконное действие; неправомерный акт
immoral ~ безнравственный поступок
impartial ~s беспристрастные действия
Industrial Relations A. Закон об отношениях в промышленности
infamous ~s постыдные действия
Internal Security A. Закон о внутренней безопасности
international ~ международный акт
international law ~ международно-правовой акт
irresponsible ~s безответственные действия
justified ~s оправданные действия
lawful ~s правомерные/законные действия
legal ~ правовой/законный акт
legislative ~ законодательный акт
legitimate ~s законные действия
Lend-Lease A. Закон о ленд-лизе
logical ~ логический акт
magnanimous ~ великодушный поступок
noble ~ благородный поступок/акт
penal ~ уголовно наказуемое действие
Prevention of Terrorism A. *брит.* Закон о предотвращении терроризма
public ~ публичный акт
Public Order A. Закон о поддержании общественного порядка
Race Relations A. *брит.* Закон о взаимоотношениях между представителями разных рас (*запрещающий расовую дискриминацию*)

rash ~s необдуманные/поспешные действия

Rent A. закон об арендной плате

senseless ~ бессмысленный поступок/акт

Separate Amenities A. *южноафр.* Закон о расовой сегрегации

Sex Discrimination A. *брит.* Закон о запрете дискриминации женщин

Special Powers A. Закон о чрезвычайных полномочиях

statesmanlike ~ поступок, достойный государственного деятеля

statutory ~ законодательный акт

Street Offences A. *брит.* Закон о борьбе с нарушениями общественного порядка на улицах

Suppression of Communism A. Закон о запрещении коммунистической деятельности

terrorist ~ террористический акт

thoughtful ~ продуманный шаг

unfriendly ~ (towards *smb*) недружелюбный/недружественный шаг/акт (по отношению к кому-л.)

unilateral ~ одностороннее действие; односторонний акт/шаг

unlawful ~ незаконный акт

US Atomic Energy A. Закон США об использовании атомной энергии

US Freedom of Information A. Закон США о свободе информации

vile ~ гнусный акт

violable ~ *юр.* оспоримое действие

to abolish an ~ отменять закон

to block the passage of the ~ мешать принятию акта/закона

to breach an ~ нарушать закон

to carry out an ~ совершать *какое-л.* действие/*какой-л.* акт

to catch *smb* in the ~ of doing *smth* поймать *кого-л.* в момент совершения *чего-л.*; брать *кого-л.* с поличным

to challenge an ~ не подчиняться закону; бросать вызов закону

to commit an ~ совершать *какое-л.* действие/*какой-л.* акт

to end ~s of vandalism прекращать акты вандализма

to engage in belligerent ~s прибегать к военным действиям

to engineer an ~ of sabotage организовывать диверсию

to get an ~ through the House of Commons проводить законопроект через палату общин

to halt ~s of aggression останавливать агрессивные действия

to hold *smb* under the Prevention of Terrorism A. задерживать *кого-л.* в соответствии с Законом о предотвращении терроризма

to hold the daily ~ of worship совершать ежедневное богослужение

to hush up a criminal ~ замять/скрыть преступный акт

to implement the provisions of an ~ выполнять положения закона

to invoke an ~ воспользоваться законом/актом

to launch a repressive ~ предпринимать репрессивные действия

to observe the provisions of an ~ соблюдать положения законодательного акта

to overthrow an ~ отменять закон

to pass an ~ принимать акт/закон

to perform an ~ совершать *какое-л.* действие/*какой-л.* акт

to perpetrate brutal ~s прибегать к жестким мерам

to prevent *smb's* ~ пресекать *чьи-л.* действия

to prohibit ~s запрещать действия

to protest against *smb's* unilateral ~s протестовать/выступать против *чьих-л.* односторонних действий/шагов

to rebuff *smb's* unfriendly ~s давать отпор *чьим-л.* недружественным действиям/шагам

to renew an ~ возобновлять действие закона

to renounce all ~s of violence отказываться от любых насильственных действий

to repeal an ~ отменять закон

to suppress socially dangerous ~s подавлять общественно опасные действия

to violate an ~ нарушать закон

perpetrator of a criminal ~ преступник

under the ~ по/согласно закону

act II *v* действовать, поступать, вести себя

to ~ against *smb* действовать против *кого-л.*

to ~ as a go-between/as an intermediary/as a mediator действовать/выступать в качестве посредника

to ~ at the behest of *smb* действовать по *чьему-л.* научению

to ~ decisively действовать решительно

to ~ firmly against *smb* принимать жесткие меры против *кого-л.*

to ~ for *smb* выполнять *чьи-л.* функции; действовать от *чьего-л.* лица/имени

to ~ from political motives действовать по политическим соображениям

to ~ illegally поступать незаконно, совершать незаконные действия

to ~ in accordance with *smth* действовать в соответствии с *чем-л.*

to ~ in a biased way поступать необъективно

to ~ in a body действовать совместно

to ~ in circumvention of the UN Charter действовать в обход положений Устава ООН

to ~ in the execution of *one's* duties действовать в соответствии со своими обязанностями

to ~ in the interests of *smb* действовать/поступать в *чьих-л.* интересах

to ~ in self-defense действовать в целях самообороны

to ~ in a sensible way проявлять благоразумие

to ~ in unity with *smb* действовать в единстве с *кем-л.*

to ~ on the basis of national interest действовать в национальных интересах

to ~ on *smb's* **behalf/on behalf of** *smb* выполнять *чьи-л.* функции; действовать от *чьего-л.* лица/имени; действовать по поручению *кого-л.*

to ~ on the defensive обороняться, защищаться

to ~ on humanitarian grounds действовать из гуманных побуждений

to ~ on a tip off действовать на основе конфиденциальной информации

to ~ together действовать совместно

to ~ tough with *smb* занимать жесткую позицию по отношению к *кому-л.*

to ~ unconstitutionally нарушать конституцию

to ~ unlawfully поступать незаконно, совершать незаконные действия

to ~ up to *one's* **principles** действовать/поступать в соответствии со своими принципами/убеждениями

to ~ with the approval of *smb* действовать с *чьего-л.* одобрения

to ~ with impunity действовать безнаказанно

to ~ with the knowledge of *smb* действовать с *чего-л.* ведома

acting *a* действующий, исполняющий обязанности (*кого-л.*)

~ chairman исполняющий обязанности председателя

~ president исполняющий обязанности президента

action *n* **1.** действие, мера, шаг, выступление, акция **2.** *юр.* судебное дело; иск **3.** *воен.* боевые действия; бой, сражение

~ against a country меры против *какой-л.* страны

~ against separatism действия, направленные против сепаратизма

~ against terrorism действия/меры против терроризма

~ at law судебный иск

~ for damages иск о возмещении убытков

A. on Smoking and Health (ASH) Кампания по борьбе с курением и за здоровый образ жизни

~s match *one's* **words** у *кого-л.* слова не расходятся с делами

adventurous ~s авантюристические действия

affirmative ~ положительное действие; антидискриминационная политика в защиту этнических меньшинств и женщин

aggressive ~s энергичные меры

anti-government ~s антиправительственные выступления

anti-monopoly ~s антимонополистические выступления

anti-NATO ~s антинатовские выступления

anti-racist ~s антирасистские действия

anti-war ~s антивоенные выступления/акции

appropriate ~s соответствующие/надлежащие действия/меры

arbitrary police ~s полицейский произвол

armed ~s вооруженные акции

barbarous ~s варварские действия

brutal ~s зверские поступки, зверства

civic/civil ~ гражданский иск

collective ~s совместные/коллективные действия

combined ~s совместные действия

concerted ~s согласованные/скоординированные действия

congressional ~s действия конгресса

coordinated ~s согласованные/скоординированные действия

counter ~ встречный иск; встречное обвинение

court ~ судопроизводство

covert ~s секретные операции

criminal ~ преступное действие; преступная акция

decisive ~s решительные меры

delaying ~s сдерживающие действия

deliberate ~ сознательный поступок; намеренная акция

democratic ~s демократические действия

diplomatic ~ дипломатическая акция; дипломатический шаг

direct ~ прямое/непосредственное воздействие

disciplinary ~ (against *smb*) дисциплинарная мера (против *кого-л.*)

dishonorable ~ позорный поступок

drastic ~s решительные действия/меры

effective ~s эффективные действия

emergence ~s чрезвычайные меры

enemy ~s действия противника

energetic ~s активные/энергичные действия

enforcement ~s действия принудительного характера

escalation of military ~s эскалация военных действий

executive ~ *развед. жарг.* убийство главы государства агентами разведки

external ~ внешнее воздействие

firm ~s решительные меры

follow-up ~s дополнительные меры

formal ~s официальные меры

friendly ~ дружественная акция

full-scale ~s полномасштабные действия

government ~s действия правительства

harsh ~s суровые меры

hasty ~s поспешные действия

heavy-handed ~s непродуманные меры

high-handed ~s бесцеремонные действия

holding ~s сдерживающие действия

illegal ~s противозаконные действия

illegitimate ~s неправомерные действия

immediate ~s немедленные меры

indirect ~ косвенное воздействие
injurious ~s действия, наносящие ущерб
integrated ~s комплексные меры
international ~s международные меры
job ~ невыход на работу (*как форма забастовки*); забастовка местного значения
joint ~s совместные действия
lawful ~s законные/правомерные действия
lawless ~s незаконные действия
legal ~ судебный иск; обращение/передача дела в суд
legislative ~s законодательные мероприятия
legitimate ~s законные/правомерные действия
limited industrial ~ ограниченная забастовка
militant ~s активные/энергичные действия/выступления
military ~ военные меры
more overt ~s более открытые меры
multilateral ~s многосторонние действия
national/nationwide ~ выступление в масштабах всей страны
nonreversible ~s необратимые действия
nonviolent ~s ненасильственные действия/меры
one-sided ~s односторонние действия
open ~ открытое выступление
peace ~ выступление в защиту мира
police ~s действия полиции по наведению порядка; полицейские меры
political ~ политическое выступление
popular ~ народное выступление
positive ~s позитивные шаги
powerful ~s мощные выступления/действия
precipitate ~s поспешные действия
predatory ~s хищнические действия
preventive ~s превентивные меры
prompt ~s немедленные действия; срочные меры
protest ~ акция протеста
provocative ~ провокация
punitive ~ карательная акция/операция
radical ~s радикальные меры/шаги
rash ~s поспешные действия
rearguard ~ *воен.* арьергардные бои
reciprocal ~s аналогичные меры
reflex ~s ответные действия (*напр. войск, полиции*)
repressive ~s репрессивные акции
resolute ~s решительные меры
retaliatory ~s ответные действия
reversible ~s обратимые действия
revolutionary ~s революционные выступления
secondary ~s *профс. жарг.* «вторичные действия» (*демонстрация солидарности с бастующими*)
separate ~s самостоятельные действия
social ~s социальные меры
sordid ~s неприглядные действия

splitting ~s раскольнические действия
spontaneous ~s стихийные действия/выступления
strike ~ забастовка
strong ~s решительные меры
subversive ~s подрывные действия
sweeping security ~ крупная операция сил безопасности, *жарг.* «зачистка»
swift ~s оперативные меры
sympathetic ~ акция солидарности
targeted ~ террористический акт, проведенный с целью привлечь внимание к его организаторам
terrorist ~ террористический акт, акт терроризма
timely ~s своевременные меры
tit-for-tat ~ ответная мера
tough ~s жесткие/силовые меры
treacherous ~ предательство
unconstitutional ~s антиконституционные действия
unilateral ~s односторонние меры
united ~s совместные/объединенные действия/выступления
urgent ~s срочные меры
vigorous ~s энергичные меры
violent ~s насильственные действия/меры
to adopt another course of ~ переменить тактику
to avoid disciplinary ~ избежать дисциплинарного взыскания
to be in power to take ~s быть в силах принять меры
to be listed missing in ~ считаться без вести пропавшим
to begin legal ~ **against** *smb* подавать в суд на *кого-л.*
to bolster international ~s **against a country** подкреплять международные меры против *какой-л.* страны
to bring into ~ **1)** бросать/вводить в бой **2)** приводить в действие
to bring legal ~ **against** *smb* возбуждать дело против *кого-л.*; подавать в суд на *кого-л.*
to call for ~s **against** *smb* призывать к действиям против *кого-л.*
to call off *one's* **industrial** ~ отменять забастовку
to carry out terrorist ~s осуществлять террористические акты/акты террора
to cease military ~ прекращать военные действия
to come out of ~ выходить из боя
to condemn *smb's* ~s осуждать *чьи-л.* действия/шаги
to connive at aggressive ~s попустительствовать агрессивным действиям, закрывать глаза на агрессивные действия
to contemplate ~s намечать меры/шаги
to coordinate ~s координировать действия
to decide upon military ~ принимать решение о применении военных мер

to defend *one's* ~s оправдывать свои действия

to defer military ~ откладывать военные действия

to demand ~s требовать принятия мер

to dismiss an ~ прекращать/закрывать дело

to drop an ~ отказываться от иска

to elaborate a line of ~ вырабатывать линию поведения

to end *one's* **strike** ~ прекращать забастовку

to enter legal ~ **against** *smb* возбуждать дело против *кого-л.*

to expose *smb's* ~s разоблачать *чьи-л.* действия

to fight a rearguard ~ **1)** *воен.* вести арьергардные бои **2)** делать последние попытки отстоять свою позицию

to focus international ~ **on** *smth* сосредотачивать международную деятельность на *чем-л.*

to go into ~ вступать в бой

to harmonize the ~s **of states** согласовывать действия государств

to incite *smb* **to** ~ побуждать/подстрекать *кого-л.* к действию

to initiate ~(s) начинать действие, приступать к действиям

to institute legal ~ **against** *smb* возбуждать дело против *кого-л.*

to invalidate ~s аннулировать/лишать юридической силы *какие-л.* действия/меры/шаги

to judge people by their ~s судить о людях по их поступкам

to launch a provocative ~s предпринимать провокационные действия

to lift an ~ отменять *какую-л.* акцию/меру

to lose *one's* **court** ~ проигрывать дело в суде

to plan further ~s планировать дальнейшие акции/шаги

to pledge to take ~s обязываться предпринять меры/шаги

to preclude any ~s предотвращать/исключать любые действия

to press for ~s настаивать на принятии мер

to prevent *smb's* ~s пресекать *чьи-л.* действия

to prod *smb* **into** ~s подталкивать *кого-л.* к действиям

to promote ~s способствовать действиям

to propose a course of ~s предлагать план действий

to pursue legal ~ **against** *smb* возбуждать дело против *кого-л.*

to pursue military ~ вести военные действия

to put into ~ вводить в действие

to put *smb* **out of** ~ выводить *кого-л.* из строя

to refrain from any ~s воздерживаться от *каких-л.* действий

to regard *smb's* ~s **as ...** рассматривать *чьи-л.* действия как ...

to remove discriminatory ~s отменять дискриминационные меры

to resort to forcible ~s прибегать к насильственным действиям

to shrink from taking ~s уклоняться от принятия мер

to spark off the latest wave of legislative ~ служить толчком к последней волне законодательной активности

to spur *smb* **into** ~ подталкивать/подстрекать *кого-л.* к действиям

to start an ~ возбуждать судебный процесс

to step up social ~ усиливать социальную активность

to sting *smb* **into** ~s подталкивать *кого-л.* к действиям

to suit the ~s **to the word** подкреплять слова делами

to support *smb's* ~s поддерживать *чьи-л.* действия

to take ~s **against** *smb* (**on** *smth*) принимать меры против *кого-л.*

to take legal ~ **against** *smb* подавать в суд на *кого-л.*; привлекать *кого-л.* к судебной ответственности; возбуждать дело против *кого-л.*

to threaten industrial ~ угрожать забастовкой

to throw planes and warships in ~ бросать в бой самолеты и корабли

to translate *smth* **into a positive** ~ претворять *что-л.* в дела

to undermine *smb's* **concerted** ~s подрывать *чьи-л.* согласованные действия

to undertake diplomatic ~s предпринимать дипломатические шаги

to uphold *smb's* ~s поддерживать *чьи-л.* действия

to use extreme ~s прибегать к крайним мерам

to win an ~ выигрывать дело в суде

to wink at aggressive ~s попустительствовать агрессивным действиям, закрывать глаза на агрессивные действия

to work out a joint ~s **against** *smb* разрабатывать совместные действия против *кого-л.*

at risk of vindictive ~s **from** *smb* рискуя стать объектом карательных мер со стороны *кого-л.*

coordination of ~s координация действий

course of ~ образ действия

disunity of ~s разобщенность действий

efficiency of ~s эффективность действий

field of ~ поле деятельности

in ~ в ходе боевых действий, в бою

killed in ~ убит в бою

line of ~ линия поведения

missing in ~ (**MIA**) без вести пропавший

overt ~ **against** *smb* открытое выступление против *кого-л.*

plan of ~s план действий

police took no ~ полиция не вмешивалась

renunciation of forcible ~s отказ от насильственных действий
sphere of ~ сфера действия
strikers have ended their ~ забастовщики прекратили забастовку
unity of ~s единство действий
wave of student ~ волна студенческих выступлений
action-oriented *a* целевой; направленный на практическое осуществление
activate *v* активизировать
to ~ military operations активизировать военные действия
active *a* **1.** активный, деятельный **2.** *эк.* оживленный **3.** действующий
~ demand оживленный спрос
~ laws действующие законы
economically ~ экономически активный (*о населении*)
politically ~ политически активный
to become ~ активизироваться
actively *adv* активно; деятельно
activist *n* активист, активный участник
anti-war ~ активист антивоенного движения
black ~ борец за равноправие черных
civil liberties ~ активный борец за гражданские свободы
environmental ~ активист природозащитной организации
human rights ~ активный борец за права человека
party ~ активный член партии
peace ~ участник движения за мир
political ~ политический активист
pro-democracy ~ активист движения за демократию
trade union ~ профсоюзный активист
activit/y *n* **1.** *часто pl* активность, деятельность; действия, операции (*в определенной области*) **2.** хозяйственная/производственная деятельность **3.** *pl* показатели (*в экономических исследованиях*)
~ies against *smb/smth* деятельность, направленная против *кого-л./чего-л.*
~ incompatible/inconsistent with *one's* **diplomatic status** деятельность, не совместимая с *чьим-л.* дипломатическим статусом
~ in the market оживление на рынке
~ on the international scene деятельность на международной арене
advisory ~ проведение консультаций
aggregate ~ies общие/совокупные показатели
aggressive ~ агрессивная деятельность
ancillary ~ies вспомогательные/побочные занятия/виды деятельности
anti-democratic ~ies антидемократические действия
anti-government ~ies антиправительственная деятельность
anti-militarist ~ies антимилитаристская деятельность

anti-national ~ies антигосударственная деятельность
anti-popular ~ies антинародная деятельность
anti-state ~ies антигосударственная деятельность
backstage/back-stairs ~ies закулисная деятельность
banned ~ies запрещенная деятельность
basic ~ies основные виды производства
behind-the-scenes ~ies закулисная деятельность
black market ~ies деятельность черного рынка
business ~ деловая активность
civil ~ общественная активность
clandestine ~ies тайные операции
commercial ~ies коммерческая деятельность
competitive ~ конкурентная борьба
conspiratorial ~ заговорщицкая деятельность
constant/continuing/continuous ~ постоянная деятельность; повседневная/текущая деятельность
counterespionage ~ies контрразведывательные мероприятия
covert ~ies тайные операции
criminal ~ies преступная деятельность
cultural ~ies культурная деятельность
current ~ies текущая деятельность; текущие мероприятия
day-to-day ~ повседневная/текущая деятельность
defense ~ деятельность оборонного характера
defense-generated economic ~ экономическая активность, вызванная потребностями обороны
defense industry ~ работа оборонной промышленности
development ~ies деятельность по развитию (*чего-л.*)
diplomatic ~ дипломатическая активность/деятельность
domestic ~ экономическая активность внутри страны
dominant ~ преобладающий/основной вид деятельности
economic ~ экономическая активность; хозяйственная деятельность
environmental ~ защита окружающей среды
espionage ~ies шпионская деятельность
factional ~ies фракционная деятельность
family planning ~ies меры по регулированию рождаемости
field ~ies деятельность на местах
financial ~ies финансовая деятельность
follow-up ~ последующая деятельность; дополнительные меры
forecasting ~ прогнозирование
foreign economic ~ies внешнеэкономическая деятельность
foreign policy ~ies внешнеполитическая активность/деятельность

fruitful ~ плодотворная деятельность
full ~ наибольшая активность
global ~ies деятельность в глобальном масштабе
government ~ies деятельность правительства
government research ~ies научные исследования в рамках государственного заказа
growing ~ растущая активность
guerilla ~ действия партизан/повстанцев
heightened ~ усиленная активность
high priority ~ies первоочередные действия
hostile ~ies враждебная деятельность
human rights ~ деятельность в сфере соблюдения прав человека
humanitarian ~ies гуманитарная деятельность
ideological ~ies идеологическая деятельность
illegal ~ies 1) нелегальная деятельность 2) незаконные действия
illicit ~ недозволенная деятельность
industrial ~ промышленная/производственная деятельность
ineffective ~ies неэффективная деятельность
information ~ies информационная деятельность
intellectual ~ies интеллектуальная деятельность
intelligence ~ies разведывательная деятельность
intensive ~ интенсивная деятельность
interconnected ~ies взаимосвязанные виды деятельности
international ~ies международная деятельность
investment ~ies инвестиционная деятельность
know-how ~ обмен ноу-хау/производственным опытом
labor ~ies трудовая деятельность
legislative ~ законодательная/правотворческая деятельность
leisure(-time) ~ деятельность в свободное от работы время
long-term ~ продолжительная деятельность
mass communication ~ies деятельность средств массовой информации
military ~ies военная активность
multifaceted ~ многосторонняя деятельность
nationalist ~ies националистическая деятельность
nonmarket ~ies внерыночная деятельность
nonprofit ~ies некоммерческая/бесприбыльная деятельность
nuclear related ~ies деятельность в ядерной области
operational ~ies оперативные мероприятия; оперативная работа
opposition ~ оппозиционная деятельность
organizational ~ies организационная деятельность, оргработа
parliamentary ~ies парламентская деятельность

peaceful ~ies мирные действия
permitted ~ies разрешенные виды деятельности
political ~ политическая деятельность
practical ~ практическая деятельность
primary ~ основной вид деятельности
priority ~ies приоритетные виды деятельности
pro-American ~ies проамериканская деятельность
production ~ производственная деятельность
productive ~ производительная/продуктивная деятельность
professional ~ профессиональная деятельность
profit-making/profit-seeking ~ деятельность, направленная на получение прибыли
program ~ies деятельность в рамках *какой-л.* программы
prohibited ~ies запрещенная деятельность
project ~ies деятельность, связанная с осуществлением *какого-л.* проекта
promotional ~ies деятельность, стимулирующая *что-л.*
propaganda ~ies пропагандистская деятельность
provocative ~ies провокационная деятельность
public ~ies общественная деятельность
public relations ~ies деятельность в сфере связей с общественностью
rebel ~ies повстанческая деятельность
recurring ~ies периодическая деятельность
regular government ~ies нормальная работа правительства
renewed ~ возобновленная деятельность
research ~ies научно-исследовательская работа
research and development (R & D) ~ies научные исследования и разработки
Resistance ~ies деятельность движения Сопротивления
revolutionary ~ies революционная активность/деятельность
sabotage ~ies диверсионная деятельность
scientific ~ies научная деятельность
secessionist ~ies сепаратистская деятельность
secondary ~ies вспомогательные/побочные занятия/виды деятельности
service ~ies обслуживание; предоставление услуг
social and political ~ общественно-политическая активность/деятельность
space ~ies деятельность по освоению космоса
spate of terrorist ~ серия/ряд террористических актов
special ~ies *правит. жарг.* «особая деятельность» (*название бюджетной статьи расходов на деятельность спецслужб*)
speculative ~ies спекуляция, игра на бирже
spying ~ шпионская деятельность

15

statistical data processing ~ies обработка статистических данных

subsequent ~ дальнейшая деятельность

subversive ~ies подрывная/диверсионная деятельность

subversive and terrorist ~ies диверсионно-террористическая деятельность

supporting ~ вспомогательная деятельность

tactical ~ies тактические действия

take-over ~ поглощение (*одной компании другой компанией*); приобретение пакета акций (*какой-л. компании другой компанией*)

technical assistance ~ies мероприятия в области оказания технической помощи

terrorist ~ies террористическая деятельность

time-limited ~ деятельность, ограниченная во времени

trading ~ies торговая деятельность

undercover ~ies тайная/закулисная деятельность

underground ~ies подпольная деятельность

underhand ~ies закулисная деятельность, происки, махинации

uninterrupted ~ непрерывная деятельность

union ~ies профсоюзная деятельность

verification ~ies контрольная деятельность

vigorous ~ активная деятельность

wartime ~ies деятельность в военное время

work ~ies трудовая деятельность

world business ~ies международная деловая активность; международная конъюнктура; мировая торговая деятельность

to abandon political ~ies **altogether** полностью отказываться от политической деятельности

to accuse *smb* **of subversive** ~ies обвинять *кого-л.* в подрывной деятельности

to ban all political ~ies запрещать любую политическую деятельность

to bar *smb* **from political** ~ies запрещать *кому-л.* заниматься политической деятельностью

to be engaged in an ~ies заниматься *какой-л.* деятельностью

to be involved in an ~ies участвовать в *какой-л.* деятельности

to boost a country's economic ~ стимулировать экономическую деятельность страны

to break off an ~ies прекращать *какую-л.* деятельность

to carry out ~ies осуществлять *какую-л.* деятельность

to check *smb's* **hostile** ~ies пресекать *чьи-л.* враждебные действия

to coordinate *smb's* ~ies координировать *чью-л.* деятельность/*чьи-л.* действия

to combine *smb's* ~ies объединять *чьи-л.* действия

to conceal *one's* ~ies скрывать свою деятельность

to conduct an ~ies заниматься *какой-л.* деятельностью

to cover up *smb's* **war time** ~ies прикрывать *чью-л.* деятельность во время войны

to curb illegal ~ies пресекать незаконную деятельность

to cut down on *one's* **spying** ~ies сокращать свою разведывательную деятельность

to dampen ~ снижать активность

to display ~ проявлять активность

to disrupt ~ies мешать деятельности

to eliminate hostile ~ies пресекать враждебные проявления

to engage in an ~ies заниматься *какой-л.* деятельностью

to enhance social ~ **of the young people** повышать социальную активность молодежи

to examine ~ies изучать/исследовать деятельность

to expand ~ies расширять рамки деятельности

to expel *smb* **for** ~ies **incompatible with his diplomatic status** выдворять *кого-л.* за деятельность, несовместимую с его дипломатическим статусом

to facilitate operational ~ies способствовать/помогать оперативной деятельности

to finance new ~ies финансировать новые виды деятельности

to focus ~ies **on/upon** *smth* сосредоточить деятельность на *чем-л.*

to halt all military ~ies **against** *smb* прекращать все военные действия против *кого-л.*

to initiate trading ~ies начинать торговую деятельность

to intensify ~ies усиливать/повышать активность

to limit *smb's* ~ies ограничивать *чью-л.* деятельность/*чьи-л.* действия

to make a contribution to *smb's* ~ies вносить вклад в *чью-л.* деятельность

to make up for the decline of economic ~ies компенсировать спад экономической деятельности

to monitor *smb's* ~ies следить за *чьей-л.* деятельностью

to mount intensive sabotage ~ развертывать активную диверсионную деятельность

to paralyze *smb's* ~ies парализовать *чью-л.* деятельность

to participate in an ~ies участвовать в *какой-л.* деятельности

to permit normal market ~ies разрешать нормальную рыночную деятельность

to put a stop to *smb's* **criminal** ~ies пресекать *чью-л.* преступную деятельность, положить конец *чьим-л.* преступным действиям

to refrain from political ~ies воздерживаться от политической деятельности

to repress ~ies подавлять деятельность

to restrain/to restrict *smb's* **~ies** ограничивать чью-л. деятельность

to resume *one's* **~ies** возобновлять свою деятельность

to review the ~ies делать обзор деятельности

to set off a flurry of intense negotiation ~ давать толчок лихорадочной переговорной деятельности

to show ~ проявлять активность

to step up *one's* **~ies** повышать свою активность; активизировать/усиливать свою деятельность

to stimulate ~ стимулировать активность

to stir to ~ активизировать

to streamline the ~ies рационализировать деятельность

to supervise and guide the ~ies осуществлять контроль и руководство за деятельностью

to surpass the ~ies подавлять деятельность

to take part in an ~ принимать участие в *какой-л.* деятельности

to terminate an ~ies прекращать *какую-л.* деятельность

to uncover enemy's ~ies разоблачать вражескую деятельность

to undertake ~ies осуществлять деятельность, предпринимать действия

to widen the range of ~ies расширять масштаб/поле деятельности

to withdraw from ~ies прекращать деятельность

abolition of military ~ies прекращение военной деятельности

area of ~ сфера/область деятельности

coordination of ~ies координация деятельности/действий

curtailing of military ~ies свертывание/сокращение военной деятельности

decline in business ~ спад деловой активности

detraction and pollution of nature through the ~ies of man разрушение и загрязнение природы в результате активной деятельности человека

duplication of ~ies дублирование деятельности/действий

escalation of terrorist ~ies усиление террористической деятельности

exposure of unlawful ~ies разоблачение незаконных действий

field of ~ область деятельности

flurry of diplomatic ~ies усиление/взрыв дипломатической активности

generalization of the ~ies обобщение деятельности

intensification of ~ рост активности

involvement in espionage ~ies for a country участие в шпионской деятельности в пользу *какой-л.* страны

level of ~ies уровень активности

manifestation of ~ies проявление активности

range of ~ размах/масштаб деятельности

relaxation of political ~ies ослабление политической активности

revival of ~ies оживление/возрождение деятельности

scope of ~ies размах активности, сфера деятельности

seat of ~ies место/центр действий

set of ~ies совокупность видов деятельности

sphere of ~ сфера деятельности

extension of IRA ~ to Europe распространение деятельности Ирландской республиканской армии на Европу

treatment of economic ~ трактовка видов экономической деятельности

volume of ~ масштаб деятельности

actual *a* **1.** подлинный, действительный, настоящий **2.** фактически существующий; актуальный, злободневный **3.** современный **4.** наличный, реальный (*о товаре*)

actuality *n* **1.** актуальность, злободневность **2.** репортаж/хроника с места событий

actualize *v* осуществлять, реализовать

actuals *n pl* ценные бумаги *или* товары, подлежащие немедленной передаче *или* поставке сразу после продажи

acute *a* острый; сильный
~ crisis острый кризис
~ food shortages острая нехватка продовольствия

ad *n* разг. (*сокр. от* advertisement) реклама, рекламное объявление
classified ~s рекламные объявления, разнесенные в газете по рубрикам
help wanted ~ объявление о найме на работу
want ~ объявление в отделе спроса и предложения

adapt *v* адаптировать; приспосабливать
to ~ *oneself* **to new conditions** приспосабливаться к новым условиям

adaptation *n* **1.** приспособление, адаптация, применение **2.** внедрение (*новой технологии и т.п.*)
~ to the new requirements приспособление к новым требованиям
social ~ социальная адаптация

addend/um (*pl* addenda) *n* приложение, дополнение (*к документу*)
~a and corrigenda поправки и дополнения

addict *n* наркоман
cocaine ~ кокаинист
drug/narcotic ~ наркоман

addicted *a* склонный (*обычно к чему-л. дурному*)
~ to drugs наркоман

addiction *n* склонность, пристрастие
~ to narcotics наркомания
drug ~ наркомания
growing concern about drug ~ растущая озабоченность по поводу наркомании

additional I *n* дополнительные условия к первоначальному соглашению

additional II *a* дополнительный, добавочный
~ **charges** дополнительные расходы
~ **protocols** дополнительные протоколы

address I *n* 1. адрес 2. обращение, речь, выступление
~ **about/concerning** *smth* выступление по поводу *чего-л.*
~ **to the nation/to the people** обращение к народу
annual ~ ежегодное обращение
business ~ служебный адрес
congratulatory ~ поздравительная речь
election ~ предвыборное обращение (*кандидата к избирателям*)
eloquent ~ красноречивое выступление
emotional ~ эмоциональная речь
farewell ~ прощальное обращение, прощальная речь
fixed ~ определенное место жительства
foreign policy ~ обращение по внешнеполитическим вопросам
formal ~ официальное выступление, официальная речь
inaugural/inauguration ~ 1. речь (*главы государства*), открывающая конференцию, съезд и *т.п.* 2. речь (*президента США*) в день вступления в должность/в день инаугурации
keynote ~ программная речь
moving ~ волнующее выступление
New Year ~ новогоднее обращение
official ~ служебный адрес
open-air ~ выступление/речь на митинге на открытом воздухе
opening ~ вступительное слово; речь на открытии (*выставки и т.п.*)
personal/private ~ домашний адрес
policy ~ программная речь
public ~ публичное выступление
radio ~ обращение по радио
secret ~ конспиративная квартира
State of the Nation A. Послание Президента высшему законодательному органу о положении в стране (*в России оглашается ежегодно на совместном заседании обеих палат*)
State of the Union A. Послание Президента США Конгрессу «О положении в стране» (*оглашается ежегодно на совместном заседании сената и палаты представителей*)
stirring ~ волнующее выступление
televised ~ телевизионное обращение, обращение по телевидению
to deliver/to give an ~ выступать с обращением/речью
nationwide ~ **on television** обращение к народу по телевидению
of no fixed ~ не имеющий/без определенного места жительства, бомж

address II *v* 1. направлять, адресовать 2. обращаться, выступать (*с речью*)

to ~ **a conference** обращаться к делегатам конференции; выступать с речью на конференции
to ~ *oneself* **to an issue** обращаться к какой-л. проблеме
to ~ **the UN General Assembly** выступать на Генеральной Ассамблее ООН

adequacy *n* соответствие, соразмерность, адекватность

adequate *a* соответствующий, соразмерный, адекватный

adequately *adv* соразмерно, адекватно

adhere *v* (**to**) 1. придерживаться (*чего-л.*); оставаться верным (*принципам и т.п.*); соблюдать (*что-л.*) 2. присоединяться (*к договору и т.п., уже вступившему в силу*)
to ~ **to a convention** присоединяться к конвенции
to ~ **to the principles** быть верным принципам

adherence *n* приверженность, верность (*чему-л.*); соблюдение (*чего-л.*)
~ **to a plan** следование плану
~ **to a treaty** соблюдение договора
~ **to specification** соблюдение технических условий
~ **to the terms and conditions of the contract** соблюдение условий контракта
to confirm *one's* ~ подтверждать свою приверженность/верность (*чему-л.*)
close/strict ~ **to** *smth* неукоснительное/строгое следование чему-л./соблюдение чего-л.

adherent *n* приверженец, сторонник
party ~ сторонник партии

adhesion *n* 1. верность, преданность (*принципам и т.п.*) 2. частичное присоединение (*к договору и т.п.*)

ad hoc *a лат.* для данного случая, на данный случай, специальный
~ **body** специальный орган
~ **committee** специальный комитет

ad hoccery *n см.* **ad hockery**

ad hockery *n* решения, постановления, правила, принятые на данный случай

adhocracy *n* рабочая группа (*созданная для решения конкретной проблемы*)

adjourn *v* откладывать, отсрочивать, прерывать (*заседание и т.п.*); объявлять перерыв (*напр. в работе сессии*)
to ~ **sine die** откладывать на неопределенный срок/без указания срока
to ~ **the debate** откладывать/прерывать прения/дебаты/обсуждение
to ~ **to/until the next day** откладывать/переносить на следующий день

adjournment *n* 1. отсрочка (*заседания, сессии, и т.п.*) перерыв в работе (*напр. парламента*) 2. отсрочка, перенос срока (*платежа*)
~ **of a session** перерыв в работе сессии
to ask for an ~ просить прервать/перенести заседание

to move the ~ of the debate вносить предложение прервать прения
to propose the ~ of the meeting предлагать перенести/прервать заседание
adjudge *v юр.* 1. выносить приговор 2. присуждать *(компенсацию и т.п. по суду)*
adjudgement *n юр.* 1. вынесение приговора 2. присуждение *(компенсации и т.п. по суду)*
adjudicate *v юр.* судить; выносить приговор/судебное решение
adjudication *n юр.* вынесение судебного решения
adjunct *n* придаток
~ *of some* **country's industry** придаток промышленности *какой-л.* страны
adjuration *n юр.* 1. принесение присяги 2. приведение к присяге
adjure *v юр.* 1. приносить присягу 2. приводить к присяге
adjust *v* 1. приспосабливать; регулировать; приводить в соответствие 2. исправлять, уточнять, корректировать 3. улаживать, разрешать *(споры и т.п.)*
to ~ preliminaries договариваться о предварительных условиях
to ~ supply to a current demand приводить предложение в соответствие с текущим спросом
to ~ to current prices корректировать в соответствии с существующими ценами
adjustment *n* 1. приспосабливание; регулирование; приведение в соответствие *(с чем-л.)* 2. исправление, уточнение, корректировка 3. урегулирование, улаживание, разрешение *(споров и т.п.)*
~ of claims урегулирование претензий/требований
~ of differences урегулирование/улаживание разногласий
~ of production регулирование производства
~ to the accounts внесение поправок в счета
~ to the local environment адаптация/приспособление к местным условиям
agricultural ~ перестройка сельского хозяйства
cost ~ (территориальный) коэффициент надбавок к окладу *(в зависимости от стоимости жизни в стране)*
industrial ~ перестройка промышленности
peaceful ~ мирное урегулирование
price ~s регулирование цен
reciprocal ~s взаимные уступки
structural ~s структурные изменения
methods of ~ методы урегулирования
Adjutant General *n* 1. генерал-адъютант 2. начальник административно-строевого управления сухопутных войск
administer *v* 1. управлять, осуществлять управление, вести дело 2. применять *(меры воздействия)* 3. отправлять *(правосудие)*

to ~ affairs of a state управлять государством
administrate *v см.* **administer**
administration *n* 1. правительство; администрация 2. министерство; департамент; управление 3. управление, руководство *(чем-л.)* 4. осуществление, проведение в жизнь; применение *(наказания)* 5. отправление *(правосудия)*
~ of an oath приведение к присяге
~ of justice отправления правосудия
~ of laws проведение законов в жизнь
~ of peace-keeping operations осуществление операций по поддержанию мира
~ of punishment применение наказания
~ of regional affairs управление делами региона
~ of safeguards осуществление гарантий
~ under President Bush правительство во главе с президентом Бушем
broad-based ~ правительство на многопартийной основе
business ~ ведение дел *(фирмы и т.п.)*
caretaker ~ служебное правительство; администрация, временно исполняющая обязанности до формирования правительства
centralized ~ централизованное управление
civil ~ гражданское правительство; гражданская администрация
colonial ~ колониальные власти, колониальная администрация
current ~ нынешнее правительство
customs ~ таможенное управление
decentralized/devolved ~ децентрализованное управление
economic ~ руководство экономикой
educational ~ управление органами народного образования
Energy Research and Development A. Управление энергетических исследований и разработок *(США)*
federal ~ федеральное правительство *(США)*
Federal Aviation A. Федеральное управление гражданской авиации *(США)*
Food and Drug A. (FDA) Управление по контролю за продуктами и лекарствами *(США)*
incoming ~ новое правительство, приходящее к власти в результате победы на выборах
interim ~ временное/переходное правительство
joint ~ совместное управление
Labour-led ~ *брит.* правительство, возглавляемое лейбористами
lame-duck ~ правительство старого состава, работающее после выборов до начала работы правительства нового состава
leaner ~ кабинет министров меньших размеров
local ~ местные органы власти, органы местного самоуправления

19

military ~ власть военных; военная администрация

minority ~ правительство меньшинства

municipal ~ местные органы власти, органы местного самоуправления

national ~ управление страной

National Aeronautics and Space A. (NASA) Национальное управление по аэронавтике и исследованию космического пространства, НАСА

outgoing ~ правительство, уходящее в отставку

parallel ~ параллельное правительство

personal ~ руководство кадрами

political ~ политическое руководство

present ~ нынешнее правительство

prison ~ тюремная администрация

public ~ руководство со стороны общественности

territorial ~ управление территорией, территориальное управление

transitional ~ переходное правительство

United States/US ~ американская администрация, правительство США

to be under a state's ~ находиться под управлением *какого-л.* государства

to bring down the ~ добиваться падения/приводить к падению правительства

to dismiss the ~ распускать правительство

to exercise the ~ осуществлять управление

to form a new ~ формировать новое правительство

to hand over the ~ (of *smth* to *smb*) передавать управление *(чем-л. кому-л.)*

to lead the ~ возглавлять правительство/администрацию

to pass the baton to the next ~ передавать эстафету следующему правительству

to put together/to set up a new ~ формировать новое правительство/новую администрацию

to staff *one's* ~ подбирать членов будущего правительства/будущей администрации

to supervise the work of the ~ контролировать деятельность правительства/администрации

to take over ~ принимать на себя управление

bodies/organs of state ~ органы государственного управления

change of the ~ смена руководства

establishment of a UN interim ~ создание временной администрации ООН

split within the ~ раскол в правительстве

system of ~ система управления

administrative *a* административный; управленческий

~ **and managerial** административно-управленческий

~ **and territorial** административно-территориальный

~ **services** административные службы; административный отдел *(секретариата ООН)*

~ **staff** административный персонал

administrator *n* администратор; управляющий; руководитель; заведующий

assistant (to the) ~ помощник руководителя

associate ~ первый помощник руководителя

colonial ~ *ист.* колониальный администратор

deputy ~ заместитель руководителя

admiral *n* адмирал

A. of the fleet адмирал флота *(Великобритания)*

admission *n* 1. доступ, допущение *(куда-л.)*; принятие, прием *(в члены)* 2. *юр.* разрешение на въезд, допуск *(иностранцев на территорию чужого государства)* 3. признание *(своей вины)*

~ **of a state to the UN membership** прием государства в члены ООН

~ **of new members** прием новых членов

~ **to membership** прием в члены

~ **to the country** разрешение на въезд в страну

damaging ~ дискредитирующие/компрометирующие признания

free ~ свободный доступ

open ~ открытый доступ

restricted ~ ограниченный доступ/прием *(в члены)*

selective ~ выборочный доступ/прием *(в члены)*

tacit ~ молчаливое признание

to apply for ~ подавать заявление о приеме *(в члены)*

to deny ~ отказывать в доступе/в приеме *(в члены)*

to gain ~ добиваться доступа/приема *(в члены)*

to make an ~ **of guilt** признать свою вину

to refuse ~ отказывать в доступе/в приеме *(в члены)*

to restrict ~ ограничить доступ/прием *(в члены)*

to seek ~ добиваться доступа/приема *(в члены)*

by/on *smb's* **own** ~ по *чьему-л.* собственному признанию

admit *v* 1. принимать *(в члены)* 2. допускать, впускать; давать разрешение *(на въезд, провоз и т.п.)* 3. признавать, допускать *(что-л.)*; сознаваться *(в чем-л.)*

to ~ **a claim** признавать справедливость претензии

to ~ **goods free of duty** разрешать беспошлинный ввоз товара

to ~ **of** *smth* допускать *что-л.*

to ~ **to an association** принимать в ассоциацию

to ~ **to** *smb* **that ...** сознаваться *кому-л.* в том, что ...

to ~ **to the country** разрешать въезд в страну

question ~**s of no delay** вопрос не терпит отлагательства

admittance *n* доступ, допуск *(куда-л.)*; разрешение *(на ввоз, на вход и т.п.)*
~ to the conference hall доступ/допуск в конференц-зал
to deny ~ (to) отказывать в допуске *(куда-л.)*
to gain ~ (to) добиваться допуска *(куда-л.)*
strictly no ~ вход строго воспрещен
admittedly *adv* как признано всеми, по общему признанию
adopt *v* принимать, утверждать *(план, программу, устав и т.п.)*
to ~ a draft resolution принимать проект резолюции
to ~ unanimously принимать единогласно
to ~ without discussion принимать/утверждать без обсуждения
adoptee *n* усыновленный/приемный ребенок
adoption *n* принятие, утверждение *(резолюции, закона и т.п.)*
~ of a policy принятие *какой-л.* политики
~ of the text of the treaty утверждение текста договора
to block the ~ of a resolution блокировать принятие резолюции
immediate ~ of urgent measures незамедлительное принятие срочных мер
advance I *n* 1. продвижение вперед 2. прогресс; достижение, успех 3. *эк.* повышение, увеличение, рост 4. предварительная подготовка к избирательной кампании; подготовительные мероприятия *(к визиту государственного деятеля, делегации и т.п.)* 5. подготовка демонстраций/предвыборных мероприятий/митингов/собраний *и т.д.* 6. заранее подготовленный репортаж *(о каком-л. событии)* 7. предварительно разосланный текст *(заявления, речи и т.п.)* 8. *воен.* наступление 9. аванс, заем, ссуда 10. *pl* заигрывания
~ against/on/to/towards продвижение к/по направлению к
~ in living standards повышение/рост жизненного уровня
~ in the cost of living рост стоимости жизни
~ of science прогресс науки
~ of wages повышение/рост заработной платы
accelerated ~ ускоренное продвижение
considerable ~s значительные успехи
economic ~ экономический рост
industrial ~ индустриальный прогресс
military ~s продвижения войск
price ~ рост/повышение цен
progressive ~ поступательное движение/ развитие
salary ~ аванс *(жалованье, заработная плата)*
scientific and technical ~ научно-технический прогресс
significant ~s значительное продвижение
social ~ социальный прогресс
spiritual ~ духовное развитие
technical ~ технический прогресс

technological ~ технологический прогресс
to grant an ~ предоставлять заем/ссуду
to make ~s to a country заигрывать с *какой-л.* страной *(с целью вступить в переговоры)*
to make an ~ продвигаться вперед
to make use of the latest economic ~s использовать последние достижения в области экономики
to obtain an ~ получать аванс/заем/ссуду
to pay an ~ платить аванс
to receive an ~ on royalties получать аванс в счет роялти/гонорара
to stave off the ~s of *smb* отражать чье-л. наступление
in ~ of a meeting в преддверии встречи
advance II *v* 1. идти, продвигаться вперед 2. прогрессировать; добиваться достижений, делать успехи 3. повышать, увеличивать *(цены и т.п.)*; повышаться, увеличиваться, расти *(о ценах и т.п.)* 4. продвигать, повышать *(по службе)* 5. продвигаться *(по службе)* 6. вносить, выдвигать *(проект резолюции и т.п.)* 7. *воен.* наступать 8. предоставлять заем/ссуду
to ~ against/on/to/towards продвигаться к/по направлению к
to ~ a proposal выдвигать предложение
to ~ steadily уверенно идти/продвигаться вперед
he was ~d to the rank of corporal его произвели в капралы
our troops ~d on the next town наши войска наступали на соседний город
stock market prices continue to ~ цены на бирже продолжают расти
advanced *a* 1. передовой, прогрессивный 2. развитый
~ countries развитые страны
~ democratic system передовой демократический строй
~ ideas передовые/прогрессивные идеи
~ in industrial development промышленно развитый
advancement *n* 1. прогресс; продвижение вперед; достижение, успех 2. продвижение *(по службе)*
~ of technology технический прогресс
~ of women улучшение социального положения женщин
ecological ~ улучшение экологической обстановки
economic ~ экономический прогресс
educational ~ прогресс в области образования
military ~ прогресс в военной области
political ~ политический прогресс
professional ~ профессиональный рост
rapid ~ быстрый прогресс
slow ~ медленное продвижение вперед
to block *smb's* **~** мешать чьему-л. росту/продвижению *(по службе)*
to further *smb's* **~** способствовать чьему-л. росту/продвижению *(по службе)*

to promote ~ способствовать прогрессу/развитию

to speed *smb's* ~ ускорять чей-л. рост/чье-л. продвижение *(по службе)*

to spur industrial ~ ускорять индустриальный прогресс

promotion of the economic and social ~ содействие экономическому и социальному прогрессу

advantage *n* **1.** преимущество; превосходство **2.** польза; выгода

~s of location преимущества географического положения

clear ~ явное преимущество

common ~ всеобщее благо

comparative ~ сравнительное преимущество

considerable ~s значительные преимущества

decided ~ бесспорное преимущество

definite ~ определенная выгода

economic ~s экономические преимущества

financial ~ финансовая выгода

huge ~ огромное преимущество

last-minute ~ преимущество, полученное в последний момент

minus ~ **1)** *развед. жарг.* провал операции, который привел к ухудшению обстановки **2)** *коммерч. жарг.* крах одного из предприятий, который ухудшил финансовое положение всей компании

mutual ~ взаимная выгода

natural ~s преимущества географического положения

one-sided ~s односторонние преимущества

political ~ политическая выгода

special ~s особые преимущества

strategic ~ стратегическое преимущество

tangible ~ ощутимое преимущество

temporary ~ временное преимущество

unfair ~ несправедливое преимущество

unilateral ~s односторонние преимущества

to confer an ~ предоставлять преимущество

to derive the maximum ~ **from** *smth* извлекать максимальную пользу из *чего-л.*

to enjoy definite natural ~s пользоваться определенными преимуществами географического положения

to gain an ~ **over** *smb* добиваться преимущества над *кем-л.*

to get an ~ **over** *smb* получать преимущество над *кем-л.*

to give *smb* **an** ~ **over** *smb* давать *кому-л.* преимущество над *кем-л.*

to grant an ~ предоставлять преимущество

to have an ~ **over** *smb* иметь преимущество над *кем-л.*

to maximize commercial ~s максимально увеличивать торговые привилегии

to obtain an ~ **over** *smb* получать преимущество над *кем-л.*

to offer ~s **(through** *smth*) предоставлять преимущества (посредством *чего-л.*)

to outweigh an ~ перевешивать *какое-л.* преимущество

to press home an ~ максимально использовать преимущество

to score an ~ получать преимущество

to secure ~ **in** *smth* обеспечивать себе преимущество в *чем-л.*

to seek for ~ добиваться преимущества

to take ~ **of** *smth* пользоваться *чем-л.*, извлекать выгоду из *чего-л.*

to the best ~ наилучшим/самым выгодным образом

to turn *smth* **to** ~ извлекать выгоду из *чего-л.*

to win an ~ **over** *smb* добиваться преимущества над *кем-л.*

to withdraw ~s лишать преимуществ

military ~ **over** *smb* военное преимущество над *кем-л.*

advantageous *a* выгодный; благоприятный; предпочтительный

mutually ~ взаимовыгодный

adventure *n* авантюра; рискованное предприятие

extremist ~ экстремальная авантюра

military ~ военная авантюра

perilous ~ опасная авантюра

political ~ политическая авантюра

failure of a perilous ~ провал опасной авантюры

adventurer *n* авантюрист

political ~ политический авантюрист

adventurism *n* авантюризм *(особ. в политике)*

political ~ политический авантюризм

adventurist *n* авантюрист

political ~ политический авантюрист

adventuristic *a* авантюристический; авантюрный

adventurous *a* **1.** опасный, рискованный; авантюристический; авантюрный **2.** предприимчивый

adversary *n* **1.** противная сторона, противник, соперник, оппонент **2.** парламентский запрос со стороны прессы от имени широкой публики

class ~ классовый враг

formidable ~ грозный противник

ideological ~ идеологический противник

political ~ политический противник

potential ~ потенциальный противник

worthy ~ достойный противник

adverse *a* **1.** неблагоприятный; вредный **2.** враждебный **3.** *фин.* пассивный *(о балансе)*

that is ~ **to our interests** это противоречит нашим интересам

adversely *adv* неблагоприятно

adverser *n* **1.** противная сторона, противник, соперник, оппонент **2.** парламентский запрос со стороны прессы от имени широкой публики

advert *n* *брит. (сокр. от advertisement)* реклама, рекламное объявление

advertise *v* **1.** помещать объявление *(о чем-л.)* **2.** рекламировать *(что-л.)*

advertisement *n* реклама, рекламное объявление

classified ~s тематические объявления

front-page ~ реклама, помещаемая на первой странице *(органа печати)*

job ~s объявления о приеме на работу

press ~ объявление в печати

to put an ~ in a newspaper помещать рекламу в газете

advertiser *n* **1.** рекламодатель **2.** печатный орган с объявлениями

advertising *n* **1.** помещение объявлений *(о чем-л.)* **2.** реклама, рекламирование

advance ~ предварительная реклама

follow-up ~ повторная реклама

party ~ партийная пропаганда

advice *n* **1.** совет; рекомендация **2.** консультация **3.** извещение, уведомление

~ of payment извещение о платеже

expert ~ экспертиза, экспертное заключение

financial ~ консультация по финансовым вопросам

instructional ~ инструктаж

legal ~ консультация юриста

professional ~ консультация специалиста

to provide ~ давать совет; предоставлять консультацию

to seek ~ обращаться за консультацией

advisable *a* рекомендуемый; целесообразный

advise *v* **1.** советовать; рекомендовать **2.** консультировать **3.** извещать, уведомлять, информировать

to ~ on solving a problem консультировать по решению проблемы

to keep smb ~d of smth держать *кого-л.* в курсе дела

adviser *n* советник; консультант; эксперт

~ on foreign affairs советник/консультант по внешнеполитическим вопросам

~ to a committee советник комитета

~ to the delegation советник делегации

chief ~ главный советник

economic ~ экономический советник

field ~s консультанты на местах

financial ~ финансовый советник

foreign-policy ~ советник по внешнеполитическим вопросам

government ~ правительственный консультант

inter-regional ~ советник по межрегиональным проблемам

legal ~ советник по правовым вопросам, юридический советник; юрисконсульт

military ~ военный советник; военный инструктор

national security ~ советник по вопросам национальной безопасности

policy/political ~ политический советник

presidential ~ советник президента

regional ~ советник по региональным проблемам

senior ~ старший советник/консультант

technical ~ технический советник/консультант

top ~ высший советник

trade ~ торговый советник

trusted ~ доверенный советник

UN ~ советник ООН

vocational ~ консультант по вопросам профориентации

National Security A. to the President советник президента по вопросам национальной безопасности *(США)*

President's Chief A. on Arms Control главный советник президента по вопросам контроля за вооружениями *(США)*

Special A. to the President for Foreign Affairs специальный советник президента по внешнеполитическим вопросам *(США)*

advisory I *n* уведомление о предстоящем событии

news ~ уведомление средств массовой информации о предстоящем событии

advisory II *a* совещательный, консультативный

advocacy *n* **1.** адвокатура, деятельность адвоката **2.** пропаганда *(взглядов и т.п.)*; проповедь *(доктрины и т.п)*; защита, отстаивание *(идей, принципов и т.п.)*

~ of violence пропаганда насилия

overt ~ of smth открытая защита *чего-л.*

advocate I *n* **1.** адвокат **2.** защитник, заступник; сторонник, приверженец

~ of human rights поборник прав человека

~ of nonviolence сторонник ненасильственных методов борьбы

~ of peace борец за мир

~ of radical change сторонник радикальных перемен

~ of reform сторонник реформ

outspoken ~ откровенный приверженец

college of ~s коллегия адвокатов

advocate II *v* пропагандировать *(взгляды и т.п.)*; проповедовать *(доктрину и т.п.)*; защищать/отстаивать *(что-л.)*; быть сторонником *(чего-л.)*

to ~ a view point выступать в защиту/поддержку *какой-л.* точки зрения

advocatory *a* **1.** адвокатский **2.** относящийся к адвокатуре

aegis *n* эгида, защита, покровительство

under the ~ of ... под эгидой *(какой-л. организации)*

aerospace *a* аэрокосмический

aesthete *n* эстет

aesthetic(al) *a* эстетический

aestheticism *n* эстетизм

aesthetics *n* эстетика

Af *n* жарг. негр *(употребляется белыми)*

affair *n* дело; предприятие

~ of honor дуэль

~s of state государственные дела

ad hoc ~ особый/специальный случай

arms-smuggling ~ афера с контрабандой оружия

bilateral ~s двусторонние отношения

bugging ~ дело о подслушивающих устройствах

business ~ деловое/коммерческое предприятие

cash-for-questions ~ *брит.* дело о задавании парламентариями нужных вопросов в палате общин за взятки *(1994 г.)*

civil ~s гражданские дела

community ~s дела общины

consular ~s консульские вопросы

cultural ~s вопросы культуры

current ~s текущий момент; текущие дела/события

day-to-day ~s текущие дела

disarmament ~s вопросы разоружения

domestic ~s внутренние дела

electoral ~s проблемы, связанные с проведением выборов

external/foreign ~s международные дела, внешняя политика

foreign ~ международные дела, внешняя политика

home/internal ~s внутренние дела

international ~s международные дела, внешняя политика

legal ~s юридические дела

Mid-East ~s ближневосточные проблемы

military ~s военные вопросы

national ~s государственные дела

overblown ~ раздутое дело, раздутая история

political ~s политические вопросы

put-up ~ подстроенное дело

state ~s государственные дела

veterans ~s проблемы ветеранов

Watergate ~ Уотергейт *(скандал с разоблачением установки подслушивающих устройств в штаб-квартире избирательной кампании демократов в гостинице «Уотергейт»; привел к отставке президента Никсона в 1972 г.)*

world ~s международные дела

to administer one's ~s вести свои дела

to advise on foreign ~s быть советником по внешнеполитическим вопросам

to arrange one's ~s устраивать свои дела

to be cut off from the main current of international ~s быть отрезанным от основных международных событий

to color the real state of ~s приукрашивать реальное/подлинное положение вещей/дел

to conduct ~s вести дела

to cover up an ~ замалчивать дело

to dedicate oneself to one's own ~s заниматься своими собственными делами

to direct national ~s управлять государственными делами/делами страны

to elevate an ~ into high politics раздувать *какое-л.* дело до уровня высокой политики

to get oneself into a muddle over an ~ запутываться в *каком-л.* деле

to handle the ~ ineptly неумело вести дело

to have more control over one's own ~s иметь больше возможностей решать свои дела

to hush up an ~ замять дело

to interfere in the ~s of a country вмешиваться в дела страны

to intervene directly in government ~s прямо вмешиваться в дела правительства

to investigate an ~ расследовать дело

to involve oneself in a country's internal ~s ввязываться во внутренние дела *какой-л.* страны

to keep smb out of social ~s отстранять *кого-л.* от участия в общественной жизни

to look into an ~ расследовать дело

to lose one's grip on a country's ~s утрачивать контроль над государственными делами

to major in international ~s специализироваться в области международных отношений

to manage the ~s of state управлять государственными делами

to meddle in a country's internal ~s вмешиваться во внутренние дела страны

to monitor South African ~s from London следить за обстановкой в Южной Африке из Лондона

to play down an ~ стараться преуменьшить значение *какого-л.* дела

to promote ~s from abroad способствовать извне развитию событий

to resolve an ~ решать *какое-л.* дело

to run the country's ~s заниматься государственными делами

to settle one's ~s устраивать свои дела

to shirk one's role in world ~s уклоняться от выполнения своей роли в международных делах

to smother an ~ замять дело

to stay out of corporation's financial ~s не вмешиваться в финансовую деятельность корпорации

to stop intervening in smb's internal ~s прекращать вмешательство в *чьи-л.* внутренние дела

to straighten out one's ~s приводить в порядок свои дела

to wash one's hands of an ~ снимать с себя всякую ответственность за *какое-л.* дело

to wrap up an ~ завершать/заканчивать *какое-л.* дело

actual position of ~s фактическое положение дел

conduct of ~s ведение дел

encroachment in/incursion into country's domestic ~s вмешательство во внутренние дела страны

interference in smb's internal ~s вмешательство в *чьи-л.* внутренние дела

little tested in foreign ~s малоискушенный во внешнеполитических вопросах

management of public and state ~s управление делами общества и государства

noninterference in each other's internal ~s невмешательство во внутренние дела друг друга

present posture of ~s существующее положение дел

ramification of an ~ последствия дела

return to normality in world ~s нормализация международных отношений

state of ~s положение/состояние дел

tension in international ~s обострение в международных делах

turnabout in the ~s of a region резкое изменение в делах региона

affect *v* влиять, воздействовать *(на что-л.),* затрагивать *(что-л.);* отражаться *(на чем-л.)*

to ~ adversely оказывать отрицательное воздействие

to ~ public opinion оказывать влияние на общественное мнение

affidavit *n юр.* аффидевит, письменные показания, подтвержденные присягой *или* торжественным заявлением

to file an ~ предоставлять аффидевит/письменные показания

to make/to swear an ~ подтверждать письменное показание присягой

affiliate I *n* дочернее предприятие; дочернее общество; компания-филиал

foreign mining ~s заграничные дочерние предприятия в добывающей промышленности

affiliate II *v* 1. присоединять *(к чему-л.);* делать филиалом/отделением *(чего-л.)* 2. **(to, with)** присоединяться *(к чему-л.)*

affiliated *a* присоединенный *(к чему-л.);* являющийся филиалом/отделением *(чего-л.)*

to be/to become ~ with *smth* входить в состав *чего-л.;* быть филиалом/отделением *чего-л.*

affiliation *n* 1. присоединение *(к чему-л.);* принятие в члены *(чего-л.)* 2. переход под контроль другой компании 3. установление связей *(с кем-л.)*

noninterference in each other's internal ~s невмешательство во внутренние дела друг друга

business ~s деловые связи

class ~ классовая принадлежность

party ~ партийная принадлежность

political ~ политическая принадлежность

religious ~ религиозная принадлежность

to form an ~ устанавливать связи, вступать в отношения

to have terrorist ~s быть связанным/иметь связи с террористами

affirm *v* 1. подтверждать *(полномочия, решения и т.п.)* 2. *юр.* делать заявление, заявлять 3. скреплять *(подписью, печатью)*

affirmation *n* подтверждение *(полномочий, решения и т.п.)*

Afghan I *n* афганец

Afghan II *a* афганский

afghani *n* афгани *(денежная единица Афганистана)*

afloat *adv* на плаву

to remain ~ удержаться на плаву

African I *n* африканец

African II *a* африканский

South ~ южноафриканский

africanization *n* африканизация

Afrikaner африканер *(белый житель Южной Африки, говорящий на языке африкаанс)*

Afro-American *n* американец африканского происхождения, афроамериканец

Afro-Asian *n* представитель одной из стран Азии и Африки

Afro-Asian II *a* афро-азиатский

afroism *n* приверженность культуре Африки

aftermath *n* последствия *(катастрофы, бедствия);* тяжелое наследие *(чего-л.)*

~ of war последствия войны

colonial ~ (тяжелое) наследие колониализма

economic ~ экономические последствия

tragic ~ катастрофические/ужасные последствия

to eliminate the ~ ликвидировать последствия

after-tax *attr* остающийся после уплаты налога

against *prep* против

to be firmly ~ *smth* быть категорически против *чего-л.*

age *n* 1. век, эпоха, эра 2. возраст 3. совершеннолетие

~ of discretion возраст наступления юридической ответственности *(за свои поступки)*

~ of majority совершеннолетие

advanced ~ преклонный возраст

atomic ~ атомный век

Bronze A., the *археол.* бронзовый век, эпоха бронзы

computer ~ век компьютеров

fighting ~ призывной возраст

full ~ совершеннолетие

Golden A., the «золотой век»

Iron A., the *археол.* железный век

lawful/legal ~ совершеннолетие

marriage ~ брачный возраст

military ~ призывной возраст

nuclear ~ ядерный век

post-industrial ~ эпоха, начавшаяся после промышленной революции

pre-induction ~ допризывной возраст

pre-nuclear ~ доядерная эпоха

pre-retirement ~ предпенсионный возраст

retirement ~ пенсионный возраст

space ~ космическая эра

Stone A., the *археол.* каменный век

voting ~ возраст, начиная с которого человек получает право участвовать в выборах

to be of ~ *юр.* быть совершеннолетним

to be under ~ *юр.* быть несовершеннолетним
to come of ~ стать совершеннолетним, достичь совершеннолетия
to drive a country back to the Stone ~ загонять страну обратно в каменный век
to usher in an ~ провозглашать начало эры, возвещать о начале эры
in the spirit of the ~ в духе времени
of (full) ~ *юр.* совершеннолетний
ageism *n* дискриминация людей пожилого возраста *(напр. при найме на работу)*
agence *n фр.* агентство
A. de Coopération Culturelle et Technique (ACCT) Агентство по культурно-техническому сотрудничеству
agenc/y 1. агентство, представительство 2. орган, организация, учреждение, управление
advertising ~ рекламное агентство/бюро
aid(-providing) ~ организация, занимающаяся оказанием помощи
Arms Control and Disarmament A. (ACDA) Агентство по контролю за вооружениями и разоружением *(США)*
central ~**ies and departments** центральные органы и ведомства
Central Intelligence A. (CIA) Центральное разведывательное управление, ЦРУ *(США)*
Child Support A. *брит.* Агентство по взысканию алиментов
Defense Intelligence A. Разведывательное управление Министерства обороны *(США)*
development ~ агентство по вопросам развития
domestic security ~ **(MI5)** *брит.* служба контрразведки, МИ5
Drug Enforcement A. Агентство по контролю за применением законов о наркотиках
economic ~ экономический орган
employment ~ агентство по найму рабочей силы; бюро по трудоустройству
environmental protection ~ агентство по охране окружающей среды
European Nuclear Energy A. (ENEA) Европейское агентство ядерной энергии
European Space A. (ESA) Европейское космическое агентство, ЕКА
executing ~ исполнительный орган
government ~**ies** правительственные учреждения
health-care ~ учреждение здравоохранения
Independent ~**ies** независимые *(от министерства)* агентства *(подчиняются главе правительства и высшим правительственным органам)*
information ~ *воен.* информационное управление
intelligence ~ разведывательный орган
intergovernmental ~**ies** межправительственные организации
international ~**ies** международные организации

International Atomic Energy A. (IAEA) Международное агентство по атомной энергии, МАГАТЭ
International Energy A. (IEA) Международное энергетическое агентство, МЭА
investigating ~ орган следствия, следственный орган
law-enforcement ~**ies** правоохранительные органы
lead ~ ведущая организация
monitoring ~ наблюдательный орган
news ~ информационное агентство
planning ~ планирующая организация
press ~ агентство печати
private ~ частная организация
public ~ общественная организация
regional ~ региональный орган
regulating ~ регулирующий орган
relief ~ агентство по оказанию помощи пострадавшим *(от голода, стихийного бедствия)*
small-scale industry promotion ~ учреждение, способствующее развитию мелких предприятий
specialized ~**ies** специализированные учреждения *(ООН)*
taxation ~ налоговое управление
tourist ~ бюро путешествий
trade ~ торговое агентство
travel ~ бюро путешествий
umbrella ~ *полит. жарг.* надведомственное агентство
United Nations-related ~**ies** учреждения, связанные с ООН
voluntary/volunteer ~ добровольная организация
watchdog ~ контролирующий орган
welfare ~ благотворительная организация
to establish/to set up an ~ учреждать агентство; создавать орган/организацию
agenda *n* повестка дня
~ **for negotiations** повестка дня переговоров
approved ~ утвержденная/окончательная повестка дня
broad ~ обширная повестка дня
draft ~ проект повестки дня
economic ~ экономическая программа
formal ~ официальная повестка дня
heavy ~ перегруженная повестка дня
preliminary/provisional/tentative ~ предварительная повестка дня
to adhere to the ~ придерживаться повестки дня
to adopt/to approve the ~ одобрять/утверждать/принимать повестку дня
to agree on an ~ согласовывать повестку дня
to appear on the ~ значиться/фигурировать в повестке дня
to be at the top of the ~ быть первым пунктом повестки дня
to be on the ~ стоять на повестке дня

to catch up with the ~ своевременно обсудить все пункты повестки дня

to consider the ~ обсуждать повестку дня

to delete an item from the ~ снимать вопрос с повестки дня

to discuss the ~ обсуждать повестку дня

to dominate the ~ быть главным пунктом повестки дня

to draw up an ~ вырабатывать повестку дня

to drop smth from one's ~ исключать что-л. из своей повестки дня

to exhaust the ~ исчерпать повестку дня

to figure high in the ~ занимать важное место в повестке дня

to go on the ~ быть включенным в повестку дня

to have a high priority on the ~ занимать важное место в повестке дня

to include a matter in the ~ включать вопрос в повестку дня

to keep an item high on the ~ включать одним из первых пунктов в повестку дня

to lay out an ~ излагать повестку дня

to leave an issue off the ~ не включать вопрос в повестку дня

to loom large on the ~ занимать важное место в повестке дня

to make up an ~ вырабатывать повестку дня

to place a matter in the ~ включать вопрос в повестку дня

to push one's ~ проталкивать свой вариант повестки дня

to put a subject in the ~ включать вопрос в повестку дня

to put forward an ~ предлагать повестку дня

to remove an item from the ~ снимать вопрос с повестки дня

to set the ~ определять повестку дня

to stick to the ~ придерживаться повестки дня

to take an item off the ~ снимать пункт с повестки дня

to top the ~ быть главным вопросом повестки дня

to unveil one's ~ обнародовать свою программу

arguments over the ~ споры по поводу повестки дня

high on the ~ в начале повестки дня

issue/item/matter on the ~ пункт повестки дня

on the ~ на повестке дня

agent *n* 1. агент, представитель; посредник; доверенное лицо 2. агент, сотрудник 3. *воен.* отравляющее вещество, ОВ

~ **in place** агент, имеющий доступ к секретной информации

~ **of a foreign intelligence service** агент иностранной разведки

~ **of destruction** орудие уничтожения

~ **of influence** агент, имеющий доступ к ключевым политическим органам и руководителям

A. Orange «эйджент оранж» *(дефолиант, использовавшийся американской армией во Вьетнаме в 1960-1970 гг.)*

anti-narcotic ~ сотрудник подразделения полиции, занимающегося борьбой с торговлей наркотиками

authorized ~ уполномоченный

black ~ тайный агент, секретный сотрудник, сексот

chief ~ руководитель предвыборной кампании *(какого-л. кандидата)*

commercial ~ коммерческий агент

constituency ~ доверенное лицо *(кандидата)* в избирательном округе

consular ~ консульский агент/представитель

contract ~ *развед. жарг.* агент, нанимаемый на краткий срок

customs ~ сотрудник таможни

destabilizing ~ *перен.* страна, дестабилизирующая обстановку

diplomatic ~ дипломатический агент/представитель

double ~ двойной агент

estate ~ агент по продаже недвижимости

executing ~ исполнительное доверенное лицо

federal ~ сотрудник ФБР

general ~ генеральный агент/представитель

insurance ~ страховой агент

intelligence ~ агент разведки

land ~ агент по продаже недвижимости

liaison ~ *воен.* офицер связи

police ~ агент полиции, полицейский агент

political ~s политические представители

press ~ представитель *(фирмы и т.п.)* по связям с прессой

real-estate ~ агент по продаже недвижимости

riot control ~ отравляющее вещество, используемое полицией при подавлении беспорядков

sales ~ агент по продаже/по сбыту

secret ~ тайный агент

secret-police ~ агент тайной полиции

secret-service ~ агент секретной службы; разведчик

security ~ сотрудник органов безопасности

security-service ~ агент службы безопасности

traveling ~ коммивояжер

undercover ~ тайный агент

to be an ~ **for** *smb* выступать в качестве чьего-л. представителя

to detect enemy ~s выявлять вражескую агентуру

to drop in an ~ забрасывать агента

to place ~s внедрять агентов *(в организацию и т.п.)*

to work as a secret ~ **for a country** работать в качестве тайного агента *какой-л.* страны

agent provocateur *n фр.* провокатор

agglomeration *n* агломерация, единое городское поселение *(образовавшееся после* *фактического слияния нескольких городов и населенных пунктов)*

aggrandizement *n* усиление, расширение *(власти, могущества и т.п.)*
territorial ~ расширение территории
aggravate *v* ухудшать, усугублять; отягчать; обострять; усиливать *(что-л. отрицательное)*
to ~ **military danger** усиливать/увеличивать военную опасность
aggravation *n* ухудшение; обострение; усиление, нарастание *(чего-л. отрицательного)*
~ **of the danger of war** возрастание опасности войны
~ **of the situation** ухудшение/обострение положения, осложнение ситуации/обстановки
political ~ обострение политической обстановки
aggression *n* агрессия, неспровоцированное нападение
~ **by proxy** агрессия, совершенная чужими руками
~ **towards a country** агрессия, совершенная по отношению к *какой-л.* стране
~ **with the use of nuclear weapons** агрессия, совершенная с применением ядерного оружия
armed ~ вооруженная агрессия
cartographic ~ издание географических карт, искажающих существующие границы государств
creeping ~ ползучая агрессия
defeated ~ провалившаяся агрессия
direct ~ прямая агрессия
economic ~ экономическая агрессия
flagrant ~ наглая агрессия
ideological ~ идеологическая агрессия
limited military ~ ограниченная военная агрессия
naked ~ неприкрытая агрессия
outright ~ прямая агрессия
provoked ~ спровоцированная агрессия
psychological ~ «психологическая» агрессия
pure ~ подлинная/настоящая агрессия
stark ~ явная агрессия
unprovoked ~ неспровоцированная агрессия
to abstain from ~ воздерживаться от совершения агрессии
to avert ~ предотвращать агрессию
to ban ~ запрещать агрессию
to bar the road to ~ преграждать путь агрессии
to be subjected to/to be the target of ~ подвергаться агрессии
to block the way to ~ преграждать путь агрессии
to carry out ~ осуществлять агрессию
to charge a country with ~ обвинять *какую-л.* страну в совершении агрессии
to commit ~ **against a country's territory** совершать агрессию против *какой-л.* страны

to condemn acts of ~ осуждать акты агрессии
to condone ~ попустительствовать агрессии
to confront ~ противостоять агрессии
to counter a country's ~ давать отпор агрессии *какой-л.* страны
to counteract the policy of ~ противодействовать политике агрессии
to crush ~ подавлять агрессию
to curb the ~ обуздывать/пресекать агрессию
to demand an end to ~ требовать прекращения агрессии
to deter ~ заставлять отказаться от агрессии
to escalate/to expand ~ расширять агрессию
to fight against ~ бороться против агрессии
to halt ~ останавливать агрессию
to launch an ~ развязывать/начинать агрессию
to oppose ~ выступать против агрессии
to pay a price for *one's* ~ дорого заплатить за совершение агрессии
to prepare ~ готовить агрессию
to prevent ~ предотвращать агрессию
to prohibit ~ запрещать агрессию
to refrain from acts of ~ воздерживаться от актов агрессии
to repel ~ отражать агрессию
to resist ~ давать отпор агрессии
to resort to ~ прибегать к агрессии
to reverse *smb's* ~ ликвидировать последствия *чьей-л.* агрессии
to spread ~ **throughout the country** распространять агрессию на всю страну
to stand up to ~ сопротивляться агрессии
to start ~ развязывать агрессию
to step up ~ расширять агрессию
to stop further ~ прекращать дальнейшую агрессию
act of flagrant ~ вопиющий акт агрессии
escalation/extension of ~ расширение агрессии
form of ~ форма агрессии
hotbed of ~ очаг агрессии
instigator of ~ вдохновитель агрессии
justification for ~ оправдание агрессии
open participation in ~ открытое участие в агрессии
prevention of ~ предупреждение агрессии
seat of ~ очаг агрессии
shield against ~ щит против агрессии
victim of ~ жертва агрессии
war of ~ агрессивная война
aggressive *a* 1. агрессивный 2. активный, энергичный
~ **actions** агрессивные действия
~ **defense** *воен.* активная оборона
aggressively *adv* агрессивно
aggressiveness *n* агрессивность
growing ~ растущая агрессивность
increased ~ возросшая агрессивность
aggressor *n* агрессор; нападающая сторона

hypothetical/potential/would-be ~ потенциальный агрессор
to abet the ~ потворствовать агрессору
to back/to support an ~ поддерживать агрессора
to blame an ~ осуждать агрессора
to brand *smb* **the** ~ заклеймить *кого-л.* как агрессора
to connive at an ~ попустительствовать агрессору
to curb an ~ обуздывать агрессора
to deter an ~ сдерживать агрессора
to expose an ~ разоблачать агрессора
to fight an ~ бороться с агрессором
to instigate an ~ подстрекать агрессора
to label *smb* **as an** ~ клеймить *кого-л.* как агрессора
to quarantine an ~ изолировать агрессора
to repulse an ~ давать отпор агрессору
to stop the ~ останавливать агрессора
to unmask an ~ разоблачать агрессора
punishment of the ~ наказание агрессора

agitate *v* **1.** подвергать серьёзному обсуждению; рассматривать *(с целью изменения)* **2.** агитировать; подстрекать
to ~ **for** *or* **against** *smth* агитировать/вести агитацию за *или* против *чего-л.*
to ~ **strongly** вести активную агитацию; активно подстрекать

agitation *n* **1.** открытое/публичное/широкое обсуждение **2.** агитация; подстрекательство
anti-government ~ антиправительственная агитация
political ~ политическая агитация
pro-democracy ~ агитация за демократическое развитие
revolutionary ~ революционная агитация
student ~ агитация среди студентов; подстрекательство студентов
subversive ~ агитация подрывного характера
to carry on ~ **for** *or* **against** *smth* агитировать/вести агитацию за *или* против *чего-л.*
to produce/to provoke ~ вызывать/провоцировать волнения, подстрекать

agitator *n* агитатор; подстрекатель
political ~ политический подстрекатель

agnostic *a филос.* агностический
agnosticism *n филос.* агностицизм
agrarian I *n* аграрий, крупный землевладелец
agrarian II *a* аграрный, земельный
agrarian-industrial *a* аграрно-индустриальный, аграрно-промышленный

agree *v* **(to, with, on, about) 1.** соглашаться, договариваться, уславливаться **2.** соответствовать, не находиться в противоречии **3.** быть в соответствии; совпадать; согласовываться
to ~ **informally with** *smb* **to do** *smth* заключать неофициальное соглашение с *кем-л.* сделать *что-л.*
to ~ **in principle on** *smth* достичь в принципе соглашения о *чём-л.*

to ~ **tentatively about** *smth* договариваться предварительно о *чём-л.*, давать предварительное согласие на *что-л.*
to ~ **to a compromise** соглашаться пойти на компромисс
to ~ **to attend as/in the capacity of observer** соглашаться участвовать в качестве наблюдателя
to ~ **with received information** соответствовать полученной информации

agreed *a* согласованный, установленный *(по обоюдному согласию)*
~ **measures** согласованные меры
~ **text** согласованный текст
mutually ~ взаимно согласованный
to be ~ **on** *smth* придерживаться одинаковых взглядов на *что-л.*, быть согласным в *чём-л.*

agreement *n* **1.** соглашение, договор; контракт **2.** согласие; договорённость
~ **expires** срок соглашения истекает
~ **fell flat** соглашение не состоялось
~ **has broken down** выполнение соглашения сорвано
~ **has come into operation** соглашение вступило в силу
~ **in force** действующее соглашение
~ **in principle** принципиальное согласие; принципиальная договорённость
~ **is effective** соглашение вступает в силу
~ **is in danger of collapse** существует опасность срыва соглашения
~ **is in force** соглашение вступило в силу
~ **is subject to approval by the General Assembly** соглашение подлежит утверждению Генеральной Ассамблеей
~ **is to come into effect on August 20** соглашение должно вступить в силу 20 августа
~ **is unlikely to stock** соглашение вряд ли будет выполняться
~ **is up for renewal** соглашение должно быть пролонгировано
~ **on a framework of withdrawal** соглашение об основных положениях, касающихся вывода войск
~ **on all points** согласие по всем пунктам
~ **on a partial pullout of troops** соглашение о частичном выводе войск
~ **on limiting nuclear weapons** соглашение об ограничении ядерных вооружений
~ **under negotiation** соглашение, о заключении которого ведутся переговоры
~ **will hold** соглашение осталось в силе
~ **worth $ ...** контракт на сумму ... долларов
~**s of wages, hours and working conditions** договоры о заработной плате, продолжительности рабочего дня и условиях труда
allied ~**s** союзнические соглашения
arbitration ~ арбитражное соглашение
armistice ~ соглашение о перемирии
arms ~ соглашение о поставках *или* о сокращении вооружения

arms control ~ соглашение о контроле над вооружениями

back-to-work ~ соглашение об условиях прекращения забастовки

barter ~ соглашение о товарообмене, бартерное соглашение

basic ~ основное соглашение

behind-the-scenes ~ закулисное соглашение

bilateral ~ двустороннее соглашение

binding ~ соглашение, имеющее обязательную силу

branch ~s отраслевые соглашения

broad ~ 1) согласие/договоренность по широкому кругу вопросов **2)** соглашение по наиболее важным вопросам/по широкому кругу вопросов

cartel ~ картельное соглашение

cease-fire ~ соглашение о прекращении огня

clearing ~ клиринговое соглашение, соглашение о клиринговых расчетах

collective ~ коллективный договор

commercial ~ торговое соглашение

commodity ~ товарное соглашение

compensation ~ компенсационное соглашение

complete ~ on all major items полная договоренность по всем основным пунктам

comprehensive ~ всеобъемлющее соглашение

compromise ~ компромиссное соглашение

consensus ~ соглашение, достигнутое путем консенсуса

consular ~ консульское соглашение

contractual ~ контракт, договор

conventional arms ~ соглашение о сокращении обычных вооружений

cooperation ~ соглашение о сотрудничестве

credit ~s кредитные соглашения

cultural exchange ~ соглашение о культурном обмене

currency-credit ~s валютно-кредитные соглашения

current ~ существующее соглашение

disarmament ~ соглашение о разоружении

disengagement ~ соглашение о разъединении (войск)

draft ~ проект соглашения

durable ~ долговременное соглашение

economic ~ экономическое соглашение

enslaving/enthralling ~ кабальное соглашение

equitable ~ равноправное/справедливое соглашение

executive ~ исполнительное соглашение

face-saving ~ соглашение для спасения престижа

far-reaching ~ далеко идущее соглашение

fettering ~ кабальное соглашение

final ~ окончательное соглашение

financial ~ финансовый договор

foreign investment ~ соглашение об иностранных инвестициях

formal ~ официальное согласие

Four-Power A. on West Berlin *ист.* Четырехстороннее соглашение по Западному Берлину

framework ~ рамочное соглашение

free trade ~ соглашение о свободной торговле

general ~ генеральное соглашение

General A. on Tariff and Trade (GATT) *ист.* Общее соглашение по тарифам и торговле

Geneva Agreements Женевские соглашения

gentleman's ~ джентльменское соглашение

historic ~ соглашение, имеющее историческое значение, историческое соглашение

immigration ~ соглашение об иммиграции

indemnification ~ соглашение о компенсациях

inequitable ~ неравноправное соглашение

informal ~ неофициальное согласие

initial ~ первоначальная договоренность, первоначальное соглашение

instal(l)ment ~ поэтапное соглашение

interagency ~ межведомственное соглашение

interdepartmental ~ межведомственное соглашение

intergovernmental ~ межправительственное соглашение

interim ~ временное соглашение

Intermediate Nuclear Forces (INF) A. Договор по ракетам среднего радиуса действия

international ~ международное соглашение

international fisheries ~ соглашение о рыболовстве в международных водах

interstate ~ межгосударственное соглашение

labor ~ трудовое соглашение

landmark ~ соглашение, знаменующее собой важную веху/поворотный пункт в отношениях

last-in-first-out redundancy ~ соглашение о сокращении первыми тех работников, которые последними поступили на работу

last-minute ~ соглашение, достигнутое в последний момент

lend-lease ~ *ист.* соглашение о ленд-лизе

license/licensing ~ лицензионное соглашение

long-awaited ~ долгожданное соглашение

long-term ~ долгосрочное соглашение

major ~ важное соглашение

marketing ~ соглашение о реализации/сбыте продукции

market-sharing ~ соглашение о разделе рынка

military ~ военный договор

military-political ~ военно-политическое соглашение

model ~ типовое соглашение

monetary ~ валютное соглашение

multilateral/multipartite ~ многостороннее соглашение

multipurpose international ~ многоцелевое международное соглашение

mutual ~ взаимное согласие

national ~ соглашение, действие которого распространяется на всю территорию страны

nonaggression/nonattack/nonbelligerency ~ договор о ненападении

North American Free Trade A. (NAFTA) Североамериканское соглашение о свободной торговле *(между США, Канадой и Мексикой)*

no-strike ~ соглашение об отказе от забастовок

onerous ~ кабальное соглашение

on-site monitoring ~ соглашение о наблюдении на месте *(за соблюдением моратория на что-л. и т.п.)*

outline ~ рамочное соглашение

overall ~ всеобъемлющее соглашение

package ~ комплексное соглашение

patent ~ патентное соглашение

payments ~ платежное соглашение

peace ~ мирное соглашение

permanent ~ постоянно действующее соглашение

personal training ~ соглашение о подготовке кадров

political ~ политическое соглашение, политический договор

power-sharing ~ соглашение о разделении власти

preliminary ~ предварительная договоренность; предварительное соглашение

procedural ~ соглашение/договоренность по процедурным вопросам

provisional ~ временное соглашение

quadripartite ~ четырехстороннее соглашение

reciprocal ~ соглашение на основе взаимности

regional ~ региональное соглашение

repatriation ~ соглашение о репатриации

safeguards ~ соглашение о гарантиях

scientific and technical cooperation ~ соглашение о научно-техническом сотрудничестве

secret ~ тайное/секретное соглашение

separate ~ сепаратное соглашение, сепаратный договор

short-term ~ краткосрочное соглашение

show-piece of an ~ образцовое соглашение

solid ~ единодушное согласие

special ~ специальное соглашение

special service ~ соглашение о предоставлении специальных видов услуг

specific ~ конкретное соглашение *(по отдельным видам товара и т.п.)*

standstill ~ соглашение о сохранении статус-кво; соглашение об отсрочке платежей по займу

starting-point of an ~ исходный пункт соглашения

strike-free ~ соглашение профсоюза с предпринимателями, включающее обязательство не прибегать к забастовкам

subsidiary ~ дополнительное соглашение

substantive ~ соглашение, касающееся существа вопроса

superpower ~ соглашение между сверхдержавами

tacit ~ молчаливое согласие

tariff ~ соглашение о тарифах

technical ~ соглашение по техническим вопросам

tentative ~ предварительное согласие, предварительная договоренность

trade ~ торговое соглашение

trade and credit ~ торгово-кредитное соглашение

trade and economic ~ торгово-экономическое соглашение

trade-and-payments ~ соглашение о торговле и платежах

tripartite ~ трехстороннее соглашение

troop-withdrawal ~ соглашение о выводе войск

trusteeship ~ соглашение об опеке

umbrella ~ всеобъемлющее соглашение

unequal ~ неравноправное соглашение

unratified ~ нератифицированное соглашение

unspoken ~ молчаливое согласие

UN-sponsored ~ соглашение под патронажем ООН

unwritten/verbal ~ устное соглашение

verifiable ~ соглашение, выполнение которого поддается проверке

viable ~ жизнеспособное соглашение

voluntary price restraint ~ соглашение о добровольном ограничении роста цен

wide-ranging ~s соглашения по широкому кругу вопросов

working ~ 1) соглашение о сотрудничестве 2) рабочее соглашение

written ~ письменное соглашение

zero-zero ~ соглашение по двойному «нулевому варианту»

to abandon an ~ отказываться от ранее заключенного соглашения

to abide by the terms of an ~ соблюдать/выполнять условия соглашения, придерживаться условий соглашения

to abrogate an ~ расторгать соглашение

to accede to an ~ присоединяться к соглашению

to accept an ~ соглашаться с условиями заключенного соглашения

to achieve an ~ приходить к соглашению

to act in flagrant violation of the ~ грубо нарушать условия соглашения

to adhere to an ~ выполнять/соблюдать соглашение, придерживаться условий соглашения

to announce a measure of ~ with *smb* объявлять о достижении определенной степени согласия/договоренности с *кем-л.*

to annul an ~ расторгать соглашение

to arrange an ~ добиваться соглашения

to arrive at/to attain an ~ приходить к соглашению, достигать соглашения

to back out of an ~ уклоняться от выполнения соглашения

to be close to ~ быть близким к достижению соглашения

to be committed to an ~ быть связанным соглашением

to be covered by an ~ подпадать под действие соглашения

to be in ~ with *smb* **about** *smth* соглашаться с *кем-л.* в отношении *чего-л.*; быть единого мнения с *кем-л.* о *чем-л.*

to be in contravention of an ~ противоречить соглашению/условиям соглашения

to be opposed to an ~ выступать против соглашения

to be party to an ~ быть участником соглашения

to be solidly behind the ~ единодушно поддерживать соглашение

to be tied in to an ~ быть связанным соглашением

to block an ~ мешать достижению соглашению

to breach/to break an ~ нарушать соглашение

to bring an ~ to fruition добиваться выполнения соглашения

to bring down an ~ положить конец действию соглашения

to build an ~ достигать договоренности

to cancel an ~ аннулировать соглашение

to carry out an ~ выполнять соглашение

to circumvent an ~ 1) обходить соглашение **2)** срывать выполнение соглашения

to clinch an ~ сделать решающий шаг к заключению соглашения

to come to an ~ приходить к соглашению

to comply with an ~ to the letter неукоснительно соблюдать условия соглашения

to conclude an ~ заключать соглашение

to contravene an ~ 1) нарушать соглашение **2)** противоречить соглашению

to declare an ~ null and void признавать соглашение недействительным

to defy an ~ игнорировать соглашение

to delay an ~ затягивать достижение соглашения

to denounce an ~ денонсировать соглашение

to derail an ~ срывать соглашение

to disparage an ~ принижать значение соглашения

to draft an ~ вырабатывать соглашение

to draw up an ~ подготавливать проект соглашения

to edge towards an ~ постепенно приближаться к достижению соглашения

to end without ~ заканчиваться без достижения согласия

to endorse an ~ подписывать соглашение

to enter into an ~ заключать соглашение/договор

to express ~ выражать согласие

to extend an ~ продлевать срок действия соглашения, пролонгировать соглашение

to extract ~ from *smb* добиваться согласия от *кого-л.*

to finalize an ~ завершать подготовку текста и подписывать соглашение

to find *oneself* **in full ~ about** *smth* обнаруживать полное единство взглядов по *какому-л.* вопросу

to follow an ~ to the letter скрупулезно выполнять соглашение

to follow through an ~ выполнять соглашение

to follow up the ~ последовательно проводить соглашение в жизнь

to free *oneself* **from an ~** выходить из соглашения

to frustrate an ~ срывать выполнение соглашения

to fulfil an ~ выполнять соглашение

to get ~ добиваться согласия

to go back on an ~ нарушать соглашение, отказываться от выполнения соглашения

to hail an ~ приветствовать заключение соглашения

to hammer out an ~ вырабатывать соглашение

to hold to an ~ придерживаться условий соглашения

to hold up an ~ приостанавливать действие соглашения

to honor an ~ соблюдать соглашение

to implement an ~ выполнять соглашение

to impose an ~ on *smb* навязывать соглашение *кому-л.*

to inch slowly towards an ~ медленно продвигаться к достижению соглашения

to initial an ~ парафировать соглашение

to keep an ~ соблюдать соглашение

to kill an ~ срывать выполнение соглашения

to lead to ~ приводить к согласию

to leave the ~ in tatters *перен.* не оставить камня на камне от соглашения

to maintain an ~ придерживаться условий соглашения

to make an ~ заключать соглашение

to modify an ~ изменять условия соглашения

to monitor an ~ следить за выполнением соглашения

to nail down an ~ обеспечивать достижение соглашения

to negotiate an ~ вести переговоры о заключении соглашения

to observe an ~ соблюдать соглашение; выполнять условия соглашения

to obstruct progress towards an ~ препятствовать достижению соглашения; затруднять достижение соглашения

to outline a series of ~s намечать в общих чертах ряд соглашений

to oversee an ~ следить за выполнением соглашения

to participate in an ~ быть участником соглашения

to pave the way towards further ~s открывать путь к заключению/достижению новых соглашений

to police an ~ контролировать ход выполнения соглашения

to produce an ~ вырабатывать соглашение

to prolong an ~ продлевать срок действия соглашения

to publish an ~ опубликовывать текст соглашения

to pull out of an ~ выходить из числа участников соглашения

to pursue an ~ добиваться согласия

to put an ~ in jeopardy ставить соглашение под угрозу

to ratify an ~ ратифицировать соглашение

to reach ~ on smth достигать согласия/договариваться по какому-л. вопросу

to reactivate an ~ реанимировать соглашение

to re-examine the ~ пересматривать условия соглашения

to renege on an ~ нарушать соглашение, уклоняться от выполнения соглашения

to repudiate an ~ отвергать соглашение, отказываться от ранее заключенного соглашения

to respect an ~ соблюдать соглашение

to review/to revoke an ~ пересматривать соглашение

to sabotage an ~ срывать/саботировать выполнение соглашения

to satisfy an ~ выполнять свои обязательства по соглашению

to scrap an ~ расторгать соглашение

to scuttle an ~ уклоняться от выполнения соглашения

to search for an ~ стремиться к достижению соглашения

to secure an ~ добиваться соглашения, обеспечивать заключение соглашения

to seek an ~ 1) добиваться заключения соглашения 2) добиваться согласия/договоренности

to set the seal on an ~ официально одобрять соглашение

to sign an ~ подписывать соглашение

to signal one's ~ заявлять о своем согласии

to smooth the way for an ~ готовить почву для заключения соглашения

to speed up an ~ ускорять заключение соглашения

to stick to an ~ придерживаться условий соглашения

to stipulate smth by an ~ обуславливать что-л. соглашением

to strengthen the ~ подкреплять соглашение (чем-л.)

to strike an ~ заключать соглашение

to strive for ~ стремиться к достижению согласия

to submit an ~ to the government for endorsement предоставлять текст соглашения на утверждение правительства

to supervise an ~ наблюдать за выполнением соглашения

to terminate an ~ прекращать действие соглашения

to thrash out an ~ выработать соглашение

to thwart/to torpedo an ~ срывать выполнение соглашения

to translate an ~ into concrete measures претворять соглашение в жизнь

to undermine existing ~s подрывать существующие соглашения

to verify an ~ проверять соблюдение соглашения

to violate an ~ нарушать соглашение

to walk away from an ~ отходить от соглашения

to water down an ~ ослаблять условия соглашения

to welcome an ~ приветствовать заключение соглашения

to work for an ~ добиваться соглашения

to work out an ~ разрабатывать соглашение

to wreck an ~ срывать соглашение, мешать заключению соглашения

architect of an ~ лицо, стоявшее у истоков соглашения; инициатор соглашения

as a precursor to any kind of an ~ в качестве первого шага к достижению любого соглашения

as part of the ~ в рамках соглашения

avoidance of an ~ расторжение соглашения

breach of the peace ~ нарушение мирного соглашения

by mutual ~ по взаимному согласию; по взаимной договоренности

conclusion of an ~ заключение соглашения

duration of an ~ срок действия соглашения

entry of an ~ into force вступление соглашения в силу

equal party to the ~ равноправный участник соглашения

expiration of an ~ истечение срока действия соглашения

final print of an ~ окончательный вариант текста соглашения

impediment to an ~ препятствие на пути заключения соглашения

in accordance with the ~ achieved в соответствии с достигнутой договоренностью

in circumvention of the ~ в обход соглашения

in conformity with the terms of ~s в соответствии с условиями соглашений

in contravention of the ~ в нарушение соглашения; вопреки условиям соглашения

in line with the ~ в соответствии с соглашением

in the absence of a special ~ при отсутствии особого соглашения

in the wake of the ~ как следствие соглашения

inconsistent with the ~ противоречащий соглашению; несовместимый с условиями соглашения

interlocking set of ~s ряд взаимозависимых соглашений

large measure of ~ between ... значительная степень согласия между ...

measure of ~ between *smb* степень согласия между *кем-л.*

noncompliance with the ~ несоблюдение соглашения

observance of the ~ соблюдение соглашения

on the brink/on the verge of an ~ на грани заключения соглашения

pending the coming into force of the ~ впредь до вступления в силу соглашения

progress toward a concerted/mutually acceptable ~ прогресс в деле достижения взаимоприемлемого соглашения

prolongation of an ~ продление срока действия/пролонгация соглашения

prospect of an ~ перспектива заключения соглашения

provided by the ~ предусмотренный соглашением

provision of an ~ положение соглашения

search for a generally acceptable ~ поиски соглашения, приемлемого для всех сторон

signs for ~ признаки возможности достижения соглашения

solvent feature of the ~ основное положение соглашения

stipulated by the following article of the ~ предусмотренный нижеследующей статьей соглашения

subject of an ~ предмет соглашения

subject to ~ при условии достижения согласия; по договоренности

termination of ~ истечение срока действия соглашения

terms of an ~ условия соглашения

under the ~ по данному соглашению

agrément *n фр.* агреман (*согласие страны принять предложенного кандидата в качестве дипломатического представителя*)

to apply for an ~ запрашивать агреман

to give the ~ давать агреман

to receive the ~ получать агреман

to refuse to give the ~ отказать в выдаче агремана

to seek the ~ запрашивать агреман

agribusiness *n* агробизнес (*высокорентабельное ведение сельского хозяйства на крупных фермах*)

agricultural *a* сельскохозяйственный, аграрный

~ backwardness отсталость сельского хозяйства

agriculture *n* сельское хозяйство; земледелие

crop-growing ~ земледелие

diversified ~ многоотраслевое сельское хозяйство

extensive ~ экстенсивное сельское хозяйство; экстенсивное земледелие

farming ~ земледелие

highly productive ~ высокопродуктивное сельское хозяйство

intensive ~ интенсивное сельское хозяйство; интенсивное земледелие

single-crop ~ монокультурное сельское хозяйство

world ~ мировое сельское хозяйство

to adopt to ~ приспосабливать к нуждам сельского хозяйства

to reconstruct ~ перестраивать сельское хозяйство

intensive development of ~ интенсивное развитие сельского хозяйства

modernization of ~ модернизация сельского хозяйства

technical equipment of ~ техническая вооруженность/оснащенность сельского хозяйства

transformation of ~ преобразование сельского хозяйства

agrochemistry *n* агрохимия

agro-industrial *a* агропромышленный

agrotechnical *a* агротехнический

agrotechnics *n* агротехника

advanced ~ передовая агротехника

aid I *n* помощь, содействие, поддержка

~ in cash помощь в виде наличных средств

~ in the form of food помощь в виде предоставления продовольствия

~ on a multilateral basis помощь, оказываемая на многосторонней основе

~ with strings помощь, предоставляемая на определенный условиях

~ without strings помощь, предоставляемая безо всяких условий

~ earmarked for *smth* помощь, выделенная на *какие-л.* цели

all-round ~ всесторонняя помощь

budgetary ~ бюджетная помощь, помощь из бюджета

cash ~ помощь наличными средствами

clandestine ~ тайная помощь

development ~ помощь, оказываемая в целях развития

disinterested ~ бескорыстная помощь

economic ~ экономическая помощь

effective ~ эффективная помощь

emergency ~ экстренная помощь

federal ~ федеральная помощь (штату)

financial ~ финансовая помощь

food ~ продовольственная помощь

foreign ~ иностранная помощь

generous ~ щедрая помощь

government ~ помощь со стороны правительства; правительственная помощь

gratuitous ~ безвозмездная помощь

humanitarian ~ гуманитарная помощь

ineffective ~ неэффективная помощь

international ~ международная помощь

large-scale ~ крупномасштабная помощь

lethal ~ помощь, оказываемая в виде поставок оружия *или* предоставления средств на его закупку

long-term ~ долгосрочная помощь

massive ~ значительная помощь

military ~ военная помощь

multilateral ~ помощь, оказываемая несколькими государствами

mutual ~ взаимная помощь, взаимопомощь

necessary ~ необходимая помощь

nonfinancial ~ нефинансовая помощь

nonmilitary ~ невоенная помощь

outside ~ внешняя помощь; помощь, предоставляемая извне

relief ~ помощь пострадавшим/бедным/голодающим

short-term ~ краткосрочная помощь

special ~ специальная помощь

state ~ государственная помощь

substantial ~ существенная помощь

technical ~ техническая помощь

technological ~ научно-техническая помощь

tied ~ помощь, предоставляемая на определенных условиях

unconditional ~ помощь, не сопровождаемая никакими условиями

unrestricted ~ неограниченная помощь

urgent ~ экстренная помощь

welfare ~ благотворительная помощь

to accept ~ принимать помощь

to administer ~ оказывать помощь

to appeal/to ask for ~ обращаться за помощью; просить помощь

to attach strings to foreign ~ сопровождать условиями оказание помощи другому государству

to attract necessary ~ привлекать необходимую помощь

to be eligible for ~ иметь право на получение помощи

to cancel/to cease ~ прекращать помощь

to channel ~ for/into *smth* направлять помощь на *что-л.*

to come to *smb's* ~ приходить на помощь *кому-л.*

to coordinate and direct ~ for refugees координировать и направлять помощь беженцам

to cut off ~ to *smb* прекращать помощь *кому-л.*

to deduct foreign ~ сокращать помощь другим странам

to discontinue ~ прекращать помощь

to distribute ~ распределять помощь

to do without foreign ~ обходиться без иностранной помощи

to donate ~ оказывать помощь, предоставляя *что-л.* в виде дара

to end all ~ to a country прекращать оказание всех видов помощи *какой-л.* стране

to extend ~ расширять помощь

to freeze ~ замораживать помощь

to give ~ предоставлять помощь

to go to the ~ of *smb* приходить на помощь *кому-л.*

to grant ~ предоставлять помощь

to halt ~ прекращать помощь

to hold back ~ приостанавливать помощь

to increase the level of ~ увеличивать масштабы помощи

to lend ~ предоставлять помощь

to misuse ~ неправильно использовать помощь

to offer ~ предлагать помощь

to provide ~ предоставлять помощь

to receive ~ получать помощь

to reduce ~ уменьшать помощь

to reinstate ~ возобновлять помощь

to release ~ давать разрешение на оказание помощи

to render ~ оказывать помощь

to renew/to restore/to resume ~ возобновлять предоставление/оказание помощи

to review the ~ пересматривать вопрос об оказании помощи

to scale down ~ постепенно сокращать размеры помощи

to scale up ~ постепенно увеличивать размеры помощи

to secure ~ добиваться предоставления помощи

to seek more ~ for a country добиваться увеличения помощи стране

to send ~ направлять помощь

to step up ~ усиливать помощь; увеличивать размеры помощи

to stop ~ прекращать помощь

to supply ~ оказывать помощь

to suspend ~ приостанавливать помощь

to threaten a cutoff of all ~ угрожать полностью прекратить оказание помощи

to turn down $ ... of ~ отвергать предложение о предоставлении помощи на сумму ... долларов

to withdraw ~ прекращать помощь

to withhold further ~ воздержаться от продолжения помощи

appeal for international ~ просьба об оказании международной помощи

calls for renewed ~ призывы к возобновлению оказания помощи

cancellation of ~ прекращение оказания помощи

capital ~ for economic development помощь в форме предоставления капитала для экономического развития

cut in ~ сокращение помощи

cutbacks in ~ уменьшение помощи

distribution of ~ распределение помощи

ending of ~ прекращение поступления помощи

flow of ~ поток помощи

inflow of ~ поступление помощи

influx of foreign ~ поступление иностранной помощи

misappropriation of ~ незаконное присвоение помощи

planeload of ~ груз, доставленный самолетом в порядке оказания помощи

pledges of ~ обещания помощи

provision of ~ предоставление/оказание помощи

resumption of ~ for smb возобновление предоставления помощи кому-л.

review of smb's ~ to a country пересмотр условий чьей-л. помощи какой-л. стране

suspension of ~ приостановка предоставления помощи

terms and conditions of ~ условия оказания или получения помощи

top recipient of ~ основной получатель помощи

aid II v помогать, оказывать помощь/содействие/поддержку

aide n фр. 1. адъютант 2. специальный помощник

congressional ~ эксперт Конгресса (США)

military ~ военный советник

aide-mémoire n фр. дип. памятная записка; меморандум

aid-tying n сопровождение помощи какими-л. условиями

aim n цель, намерение; стремление; замысел

central ~ главная цель

common ~ общая цель

concrete ~ определенная цель

declared ~ объявленная цель

definite ~ определенная цель

final ~ конечная цель

humane ~ гуманная цель

immediate ~ ближайшая цель

legitimate ~ законная цель

lofty ~ благородная цель

long-range ~ долгосрочная цель

major ~ главная цель

noble ~ благородная цель

overall ~ общая цель

planning ~ цели планирования

political ~ политическая цель

primary ~ главная цель

sinister ~ зловещий замысел

sordid ~ подлый замысел

specific ~ конкретная цель

ultimate ~ конечная цель

to accomplish/to achieve/to attain an ~ достигать цели

to camouflage the true ~ of smth замаскировывать истинную цель чего-л.

to cover up the true ~ of smth скрывать истинную цель чего-л.

to express one's ~s выражать свои цели

to fulfil an ~ осуществлять цель

to make smth one's ~ ставить что-л. своей целью

to pursue an ~ преследовать цель

to serve an ~ служить цели

to set forth an ~ ставить цель

to set one's ~ излагать свои цели

to set oneself an ~ ставить перед собой цель

air n 1. воздух 2. атмосфера, обстановка 3. эфир (связь)

to be on the ~ быть в эфире; вести передачу

to clear the ~ разрядить атмосферу/обстановку

to get/to go on/to the ~ выходить в эфир

on the ~ в эфире

aircraft n самолет; летательный аппарат; pl авиация

Airborne Warning and Control Systems (AWACS) ~s самолеты, оснащенные системами дальнего радиолокационного обнаружения и контроля

civil ~ гражданский самолет

combat ~ боевой самолет

jet ~ реактивный самолет

liaison ~ самолет связи

marine ~ самолет военно-морской авиации

military ~ военный самолет

missile-carrier ~ самолет, оснащенный ракетами

naval ~ самолет военно-морской авиации

reconnaissance ~ самолет-разведчик

specially chartered ~ специально зафрахтованный самолет

spy ~ самолет-шпион

transport ~ транспортный самолет

unidentified ~ неопознанный самолет

to divert an ~ to a country заставлять изменить курс самолета и лететь в какую-л. страну

aircraft-carrier n авианосец

airfield n аэродром

military ~ военный аэродром

airing n обнародование, высказывание

public ~ публичное изложение своих взглядов

air-launched a воздушного базирования

air-lift I n переброска/доставка по воздуху; воздушный мост

~ **of emergency supplies** доставка по воздуху предметов первой необходимости

~ **of food and medicine** доставка по воздуху продовольствия и медикаментов

~ **of relief supplies** переброска по воздуху предметов помощи *(пострадавшим от чего-л.)*

emergency ~ срочная переброска по воздуху

to carry out an ~ осуществлять переброску по воздуху

air-lift II *v* перебрасывать/доставлять по воздуху

airline *n* 1. авиалиния, воздушная линия 2. компания-авиаперевозчик

airliner *n* воздушный лайнер, авиалайнер

domestic ~ самолет внутренних авиалиний

to divert an ~ **to a country** заставлять авиалайнер изменить курс и лететь в *какую-л.* страну

to sabotage an ~ совершать диверсию на воздушном лайнере

airplane *n* самолет

transport ~ транспортный самолет

to shoot down an ~ сбивать самолет

airport *n* аэропорт

alternative ~ запасной аэропорт

international ~ международный аэропорт

transfer ~ транзитный аэропорт

to blockade the ~ блокировать аэропорт

air show *n* авиационная выставка, авиасалон

airspace *n* воздушное пространство

to close a country's ~ **to smb's aircraft** закрывать воздушное пространство страны для пролета *чьих-л.* самолетов

to control a country's ~ контролировать воздушное пространство страны

to enter a country's ~ входить в воздушное пространство страны

to fly smth via a country's ~ перевозить *что-л.* через воздушное пространство страны

to intrude into a country's ~ вторгаться/проникать в воздушное пространство страны

to overfly a country's ~ пролетать в воздушном пространстве страны

nonviolation of a country's ~ ненарушение воздушного пространства страны

Akali Dal Акали Дал *(высшая политическая организация сикхов в штате Пенджаб, Индия)*

alarm I *n* 1. тревога, сигнал опасности, предупреждение об опасности 2. смятение; чувство тревоги

air-raid ~ сигнал воздушной тревоги

false ~ ложная тревога

public ~ тревога среди населения

to cause much ~ вызывать большое смятение

to express ~ **about smth** выражать тревогу по поводу *чего-л.*

to raise an ~ **over smth** поднимать тревогу/ бить в набат по поводу *чего-л.*

to sound the ~ **over smth** поднимать тревогу по поводу *чего-л.*

alarm II *v* волновать, тревожить, беспокоить

alarmed *a* встревоженный, испытывающий чувство тревоги, обеспокоенный

alarming *a* тревожный

alarmist *n* паникер

Albania *n* Албания

Greater A. «Великая Албания» *(которая включала бы автономный край Косово)*

Albanian I *n* албанец

ethnic ~**s** этнические албанцы

Albanian II *a* албанский

alchemy *n* 1. алхимия 2. подтасовка результатов *(выборов, голосования и т.п.)*

alcoholic *n* алкоголик

alcoholism *n* алкоголизм

chronic ~ хронический алкоголизм

to combat heavy drinking and ~ бороться с пьянством и алкоголизмом

Aldermaston г. Олдермастон *(место нахождения Британского НИИ атомного оружия и объект ряда маршей и демонстраций за ядерное разоружение)*

alert I *n воен.* состояние боеготовности; состояние готовности

full ~ полная боевая готовность

hair-trigger/heightened/high ~ повышенная боевая готовность

military ~ боевая готовность

national/nationwide ~ чрезвычайное положение по всей стране

red ~ *воен. жарг.* «красная тревога» *(угроза нанесения ракетного или бомбового удара противником)*; повышенная боевая готовность

reinforced ~ повышенная боевая готовность

security ~ приведение сил безопасности в боевую готовность

special ~ повышенная боевая готовность

strike ~ готовность к забастовке

yellow ~ боевая готовность

to be on ~ находиться в состоянии боевой готовности

to call an ~ объявлять готовность/тревогу

to call off/to cancel an ~ давать отбой; отменять тревогу

to declare an ~ объявлять состояние боевой готовности

to impose a full security ~ приводить силы безопасности в состояние полной готовности

to maintain a state of ~ сохранять состояние боевой готовности

to place/to put smb on ~ приводить *кого-л.* в состояние боевой готовности

to put out a nationwide ~ объявлять в стране чрезвычайное положение

to remain on ~ оставаться в состоянии боевой готовности

to stay on ~ оставаться в состоянии боевой готовности

heightened state of ~ состояние повышенной боевой готовности

high degree of ~ высокая степень боевой готовность

in a state of ~ в состоянии боевой готовности

alert II *a* бдительный

alert III *v воен.* 1. приводить в боевую готовность; поднимать по тревоге 2. предостерегать/предупреждать об опасности

to ~ *smb* **to** *smth* обращать *чье-л.* внимание на *какое-л.* тревожное событие

Al-Fath «Аль-Фатх» *(арабское название самой крупной группировки ООП)*

alibi *n юр.* алиби

~ **held up** алиби подтвердилось

airtight ~ «железное»/стопроцентное алиби

dubious ~ сомнительное алиби

foolproof/unassailable ~ «железное»/стопроцентное алиби

unquestioned ~ бесспорное алиби

to back up *smb's* ~ подкреплять *чье-л.* алиби

to break *smb's* ~ опровергать *чье-л.* алиби

to confirm *smb's* ~ подтверждать *чье-л.* алиби

to demolish/to disprove *smb's* ~ опровергать *чье-л.* алиби

to have an ~ иметь алиби

to prove *one's* ~ доказывать свое алиби

to provide an ~ **for** *smb* обеспечивать алиби *кому-л.*

to substantiate *smb's* ~ подтверждать *чье-л.* алиби

alien *n* иностранец *(обычно не натурализованный)*

enemy ~ иностранец из недружественной страны

friendly ~ иностранец из дружественной страны

illegal ~ иностранец, нелегально прибывший в страну

nonresident ~ иностранец, не проживающий в стране

prohibited ~ иностранец, которому запрещен въезд в страну

resident ~ иностранец, проживающий в стране

suspected ~ иностранец, подозреваемый в совершении правонарушения

undesirable ~ нежелательный иностранец

visiting ~ иностранец, не проживающий в стране

to admit an ~ разрешать въезд иностранцу

to declare *smb* **an undesirable** ~ объявлять *кого-л.* нежелательным иностранцем

to expel an undesirable ~ **from the country** высылать/выдворять нежелательного иностранца из страны

to intern an ~ интернировать иностранца

to receive an ~ разрешать въезд иностранцу

alien II *a* чужой, инородный

alienate *v* 1. восстанавливать *кого-л.* против себя 2. *юр.* отчуждать *(собственность)*

alienation *n юр.* отчуждение *(собственности)*

~ **of property under execution** отчуждение имущества, подлежащего описи *или* аресту

political ~ политическое отчуждение

alignment *n* 1. расстановка *(сил)* 2. группировка; блок

~ **of forces on the international scene** расстановка сил на международной арене

aggressive ~ агрессивная группировка

military ~ военная группировка

natural ~ естественное сближение

opposing military ~s противостоящие друг другу военные группировки

shifting ~ смена политической ориентации

to change the ~ **of world political forces** изменять расстановку политических сил в мире

all-American *a* 1. чисто американский 2. всеамериканский 3. панамериканский, относящийся ко всем американским государствам

all clear отбой *(тревоги)*

allegation *n* утверждение, заявление *(обычно голословное, бездоказательное)*; намек

~ **about/of** *smth* голословное утверждение о *чем-л.*

~ **against** *smb* необоснованное обвинение в адрес *кого-л.*

~s **of torture** заявление о якобы имевших место пытках

false ~ бездоказательное утверждение; ложный слух

serious ~ серьезное обвинение

unfair ~ несправедливое обвинение

vague ~ неясный намек *(обвинительного характера)*

to absolve *smb* **of all** ~ **against him** признавать *кого-л.* невиновным во всем, в чем его обвиняют

to arrest *smb* **on** ~ **of spying** арестовывать *кого-л.* по подозрению в шпионаже

to back up *one's* ~s подкреплять свои заявления

to be hit by ~s **of corruption** быть объектом обвинений в коррупции

to clear *smb* **of** ~s **that ...** признавать беспочвенными утверждения о том, что *кто-л.* совершил *что-л.*

to confirm ~s подтверждать утверждения/заявления

to deny ~s опровергать заявления/утверждения

to dismiss an ~ отвергать *чье-л.* утверждение

to drop an ~ отказываться от выдвинутого обвинения

to expose *smb's* ~s разоблачать *чьи-л.* необоснованные утверждения

to fight ~s **against** *smb* бороться с порочащими *кого-л.* слухами

to investigate ~s проверять/расследовать правильность/справедливость *чьих-л.* утверждений

to **look into** ~s проверять утверждения

to **make an** ~ выступать с голословным утверждением; бездоказательно обвинять *(кого-л. в чем-л.)*

to **prove** *one's* ~s **against** *smb* приводить доказательства в подтверждение своих обвинений против *кого-л.*

to **refute/to reject** *smb's* ~s опровергать *чьи-л.* голословные утверждения

to **retract an** ~ отказываться от выдвинутого голословного обвинения

to **substantiate** *one's* ~s **against** *smb* приводить доказательства в поддержку своих обвинений против *кого-л.*

to **support the** ~s поддерживать голословные утверждения

to **try to play down** ~s **that ...** стараться преуменьшить значение утверждений о том, что ...

to **withdraw an** ~ отказываться от выдвинутого обвинения

there are mounting ~s **that ...** ходят все более упорные слухи, что ...

allege *v* 1. заявлять, утверждать *(обычно голословно)* 2. приводить в доказательство; ссылаться

to ~ **insistently/repeatedly** заявлять неоднократно/настойчиво

to ~ *smth* **as a fact** заявлять о *чем-л.* как о несомненном факте

alleged *a* утверждаемый; предполагаемый; мнимый

allegedly *adv* как утверждают *(обычно голословно)*; якобы

allegiance *n* (**to**) верность, преданность, лояльность *(власти, государству)*

~ **to the cause** верность/преданность делу

~ **to the crown** верность короне

actual/local ~ *юр.* обязанность иностранца подчиняться местным законам

true ~ истинная преданность/лояльность

unfailing/unswerving ~ непоколебимая верность

to **disavow/to forsake** *one's* ~ to *smb* предавать *кого-л.*

to **give** ~ проявлять преданность

to **have an** ~ to *smb* быть преданным *кому-л.*

to **hold the** ~ **of** *smb* сохранять *чью-л.* преданность

to **pledge** ~ to *smth* присягать на верность *чему-л.*

to **swear** ~ to **a country** присягать на верность *какой-л.* стране

to **switch** *one's* ~ **over to** *smb* переметнуться/перекинуться на *чью-л.* сторону

to **transfer** *one's* ~ to *smb* перейти на *чью-л.* сторону

pledge of ~ присяга на верность флагу

shift of ~ смена политической ориентации

allegiancy *n* см. **allegiance**

alliance *n* союз, альянс

~ **against** *smb* союз против *кого-л.*

~ **between** *smb* союз между *кем-л.*

~ **between states** союз между государствами

~ **breaks up/down** союз разваливается/распадается

~ **crumbles/disintegrates** союз разваливается/распадается

~ **emerges** союз возникает

~ **erodes** союз дает трещину

~ **for defense** оборонительный союз

~ **for** *smth* союз ради/во имя *чего-л.*

~ **of democratic forces** союз демократических сил

~ **of** *smb* союз *кого-л.*

~ **to do** *smth* союз с целью *чего-л.*

~ **with** *smb* союз с *кем-л.*

aggressive ~ агрессивный союз

Atlantic A. Атлантический союз, НАТО

broad ~ широкая коалиция, широкий союз

center-left(ist) ~ левоцентристский союз

close ~ тесный союз

defense/defensive ~ оборонительный союз

diplomatic ~ дипломатический союз

economic ~ экономический союз

electoral ~ блок на выборах

formidable ~ могучий/могущественный союз

fragile ~ непрочный союз

informal ~ неофициальный союз

international ~ международный альянс

inviolable ~ нерушимый союз

Islamic Democratic A. «Исламский демократический союз» *(партия в Пакистане)*

lasting ~ прочный союз

left-wing ~ союз левых сил

Liberal-Social-Democrat ~ Союз либералов и социал-демократов *(Великобритания)*

long-term ~ долговременный союз

military ~ военный союз

military-defense ~ военно-оборонительный союз

military-political ~ военно-политический союз

multilateral ~ многосторонний союз

National A. Национальный союз *(партия в США)*

opposing ~s противостоящие союзы

opposition ~ блок оппозиционных партий

political ~ политический союз

political and economic ~ политико-экономический союз/альянс

right-wing ~ союз правых сил

shaky ~ непрочный союз

tactical/temporary ~ временный союз

voluntary ~ добровольный союз

to **be in** ~ **with** *smb* быть в союзе с *кем-л.*

to **cement an** ~ укреплять союз

to **conclude an** ~ заключать союз

to **consolidate an** ~ укреплять/консолидировать союз

to **disband/to dissolve an** ~ ликвидировать/распускать союз

to **enter into an** ~ вступать в союз

to establish an ~ создавать/учреждать союз

to fashion an ~ сколачивать союз

to forge/to form an ~ **with** *smb* создавать союз с *кем-л.*

to head the ~ возглавлять союз

to join an ~ присоединяться к союзу

to make an ~ образовывать/создавать союз

to put a country's ~ **with** *smb* **in question** ставить под сомнение союз страны с *кем-л.*

to re-admit a country into an ~ заново принимать страну в союз

to rekindle an ~ придавать новую силу союзу

to renounce an ~ отказываться от союза

to smash an ~ наносить мощный удар по союзу

to spawn new ~**s** плодить новые союзы

to split an ~ раскалывать союз

to stay out of an ~ не входить в союз

to strengthen an ~ укреплять союз

to take a country out of an ~ выводить страну из *какого-л.* союза

to terminate an ~ распускать союз

to undermine an ~ подрывать союз

to weaken an ~ ослаблять союз

entry into an ~ вступление/вхождение в союз

renunciation of *one's* ~ **with** *smb* отказ от союза с *кем-л.*

allied *a* союзный, союзнический

to be ~ **to** *smb* быть *чьим-л.* союзником

closely ~ **with** *smb* тесно связанный с *кем-л.*

allocate *v* 1. распределять; размещать 2. выделять *(ресурсы и т.п.)*; ассигновать

allocation *n* 1. распределение; размещение 2. выделение *(ресурсов и т.п.)*; ассигнование

additional ~**s** дополнительные ассигнования

aid ~**s** ассигнования на оказание помощи

alternative ~**s** альтернативные ассигнования

budget/budgetary ~**s** бюджетные ассигнования

centralized ~**s** централизованные ассигнования

foreign currency ~**s** ассигнования в иностранной валюте

fund ~ выделение средств, ассигнование

reserve ~**s** выделение резервных средств

resource ~ распределение ресурсов

state ~**s** государственные ассигнования

task ~ распределение обязанностей

undrawn ~**s** неиспользованные ассигнования

to divert ~**s from** *smth* перераспределять ассигнованные на *что-л.* средства

to make ~**s** производить ассигнования

to provide for necessary ~**s** предусматривать необходимые ассигнования

allot *v* распределять *(акции и т.п.)*; предназначать; отводить *(землю и т.п.)*; предоставлять

to ~ **credits** предоставлять кредиты

to ~ **time** предоставлять/отводить время

allotment *n* распределение *(акций и т.п.)*; выделение *(ресурсов и т.п.)*; отвод *(земли и т.п.)*

~ **of profits** распределение прибыли

allow *v* позволять, разрешать; делать возможным

to ~ *smb.* **out** выпускать *кого-л.* на свободу

to ~ *smb* **to return** разрешать *кому-л.* вернуться *(на родину)*

allowance *n* 1. денежное пособие; прибавка, надбавка *(к заработной плате, к пенсии)* 2. льгота, скидка *(с цены)*

accommodation ~ пособие на оплату жилья, жилищная субсидия

annual ~ ежегодная надбавка

assignment ~ командировочные

burial ~ пособие на погребение

cash ~ единовременное пособие

child/children's ~ пособие на детей

cost-of-living ~ компенсация за увеличение стоимости жизни

daily/day subsistence ~ суточные

dearness ~ компенсация за увеличение стоимости жизни

dependency ~ надбавка, выплачиваемая лицам, имеющим иждивенцев

expense ~ деньги, выдаваемые на служебные расходы

family ~ пособие многодетным семьям

hospitality ~ надбавка на представительские расходы

illness ~ пособие по болезни

language ~ надбавка за знание иностранного языка

leave ~ отпускное пособие, отпускные

living ~ суточные

lodging ~ пособие на оплату жилья, жилищная субсидия

marriage ~ пособие вступающим в брак

monetary/money ~ денежное пособие

personal ~ персональная надбавка

provisional ~ временное пособие

relocation ~ компенсация расходов, связанных с переездом; подъемные

retirement ~ выходное пособие

short ~ сокращенный размер пособия

special ~ особая надбавка

subsistence ~ суточные

tax ~ налоговая скидка/льгота

temporary disability ~ пособие по временной нетрудоспособности

unemployment ~ пособие по безработице

to increase an ~ увеличивать размер пособия/надбавки

to pay an ~ выплачивать пособие/надбавку

all/y I *n* союзник

~**ies against a common enemy** союзники против общего врага

close ~ близкий союзник

credible/faithful ~ верный/надежный/преданный союзник

historical ~ исторический союзник

key ~ основной союзник
loyal ~ верный/надежный/преданный союзник
NATO ~**ies** союзники НАТО
natural ~ естественный союзник
old ~ давний союзник
one-time ~ бывший союзник
perfidious ~ коварный союзник
political ~ политический союзник
potential ~ потенциальный союзник
reliable ~ верный/надежный/преданный союзник
solid ~ надежный союзник
strategic ~ стратегический союзник
tactical ~ временный союзник
tested ~ испытанный союзник
true ~ истинный союзник
trusted/trusty ~ верный/надежный/преданный союзник
unreliable ~ ненадежный союзник
valuable/valued ~ ценный союзник
wartime ~ союзник в войне
to alienate *one's* ~**ies** восстанавливать против себя своих союзников
to be ~**ies on** *one's* **own volition** быть союзниками по собственной доброй воле
to brief *one's* ~**ies about** *smth* информировать своих союзников о *чем-л.*
to desert *one's* ~ покидать/бросать своего союзника
to look around for ~**ies** искать союзников
to lose an ~ терять союзника
to prop up an ~ поддерживать союзника
to split the ~**ies** вносить раскол в ряды союзников
ally II *v* вступать в союз; объединяться
to ~ **against** *smb* вступать в союз против *кого-л.*; объединяться против *кого-л.*
to ~ *oneself* **with** *smb* вступать в союз с *кем-л.*; объединяться с *кем-л.*
Alpha 66 «Альфа-66» *(полувоенное формирование кубинских эмигрантов в Майами; создано в 1962 г.)*
alteration *n* **1.** изменение, перемена **2.** внесение изменений
constitutional ~ изменение конституции
to make ~**s in** *smth* вносить изменения во *что-л.*
to undergo ~**s** подвергаться изменениям
alternate *n* **1.** поочередное председательство **2.** заместитель **3.** кандидат в члены выборного органа
alternative *n* альтернатива; вариант; выбор
viable ~ реальная альтернатива
amalgamate *v* **(with)** объединять(ся); соединять(ся), сливать(ся); укрупнять(ся)
amalgamated *a* объединенный; соединенный; укрупненный
amalgamation *n* объединение, слияние
industrial ~ слияние промышленных предприятий
production ~ объединение производств

amateur *n* **1.** любитель, непрофессионал **2.** добровольный помощник/волонтер во время проведения политических кампаний
ambassador *n* **1.** посол **2.** представитель **3.** посредник *(на переговорах)* **4.** посланец, вестник
~ **at large/for special missions** посол по особым поручениям
A. Extraordinary and Plenipotentiary Чрезвычайный и Полномочный Посол
A. Extraordinary Чрезвычайный Посол
~ **in residence** постоянный посол
~ **to a country** посол в *какой-л.* стране
career ~ посол из числа профессиональных дипломатов
goodwill ~ посланец доброй воли
ordinary ~ постоянный посол
outgoing ~ посол, покидающий свой пост
resident ~ постоянный посол
roving ~ посол по особым поручениям
to act as *smb's* ~ **in the negotiations** выступать в качестве *чьего-л.* представителя/представлять *кого-л.* на переговорах, вести переговоры от *чьего-л.* имени
to appoint an ~ **to a country** назначать посла в *какую-л.* страну
to call home an ~ отзывать посла
to call in an ~ вызывать посла
to confer the rank of ~ присваивать ранг посла
to exchange ~**s** обмениваться послами
to kick out an ~ *разг.* выдворять посла
to order *one's* ~ **home from a country** отзывать своего посла из страны
to recall an ~ **for consultations** отзывать посла для консультаций
to receive an ~ **at his request** принимать посла по его просьбе
to restore a country's ~ **(to a country)** вернуть/заново направить посла *какой-л.* страны (в *какую-л.* страну)
to summon an ~ **for a stern warning** вызывать посла и делать ему серьезное предупреждение
to withdraw *one's* ~ **for consultations** отзывать посла для консультаций
country's ~ **to NATO** представитель страны в НАТО
exchange of ~**s** обмен послами
recall of an ~ отзыв посла
ambassadorial *a* посольский
ambassadorship *n* должность посла
ambassadress *n* **1.** женщина-посол **2.** супруга посла
ambition *n* **1.** честолюбие; властолюбие **2.** честолюбивый замысел, устремление, амбиция; притязание
aggressive ~**s** агрессивные устремления
centuries-old ~ многовековая мечта
dictatorial ~**s** диктаторские замашки
geopolitical ~**s** геополитические амбиции
global ~**s** глобальные притязания

hegemonic ~s гегемонистские устремления

imperial ~s имперские амбиции

neo-colonialist ~s неоколониалистские устремления

personal ~s личные амбиции

political ~s политические амбиции

predatory ~s захватнические устремления

presidential ~s президентские амбиции

revanchist ~s реваншистские устремления

territorial ~s территориальные притязания

to fall short of *one's* ~s не осуществить своих замыслов

to harbor territorial ~s **against a country** иметь территориальные притязания к *какой-л.* стране

to have ~ **on the leadership** претендовать на роль лидера (*партии*)

to promote *smb's* **long-term** ~s способствовать осуществлению *чьих-л.* давних замыслов/амбиций

to put private ~s **before national interest** ставить личные амбиции выше национальных интересов

to signal *one's* ~s заявлять о своих амбициях

ambivalence *n* двойственное отношение

public ~ двойственное отношение общественности

ambush I *n* засада; отряд, находящийся в засаде

~ **on a train** нападение на поезд из засады

police ~ полицейская засада

to attack from ~ нападать из засады

to draw *smb* **into an** ~ заманивать *кого-л.* в засаду

to drive/to get into an ~ попадать в засаду

to lay an ~ **for** *smb* устраивать засаду на *кого-л.*

to lie in ~ сидеть в засаде

to lurk in ~ прятаться в засаде

to make an ~ **for** *smb* устраивать засаду на *кого-л.*

to run into an ~ попадать в засаду

to set an ~ **for** *smb* устраивать засаду на *кого-л.*

ambush II *v* устраивать засаду; сидеть/находиться в засаде; нападать из засады; заманивать в засаду

ameer *n* эмир

amend *v* вносить поправки/изменения (*в текст законопроекта, проекта резолюции и т.п.*)

to ~ **a resolution** вносить поправку в резолюцию

to ~ **the constitution** вносить поправки в/изменять конституцию

amended *a* исправленный, с внесенными поправками/изменениями

as revised and ~ с внесенными изменениями и поправками

amendment *n* (**to** *smth*) поправка (*к чему-л.*)

~s **approved by the General Assembly** поправки, принятые Генеральной Ассамблеей

~ **in writing** поправка, внесенная в письменной форме

~ **to a bill** поправка к законопроекту

~ **to an** ~ поправка к поправке

~s **to the Articles of the UN Charter** поправки к статьям Устава ООН

~s **to the Charter** поправки к уставу

~ **to the Constitution** поправка к конституции

Church and State A. «Поправка о церкви и государстве» (*неофициальное название первой поправки к Конституции США*)

consequential ~ поправка, вытекающая из другой поправки

constitutional ~ поправка к конституции

crippling ~ поправка, сводящая на нет суть документа

draft ~ проект поправки

drafting/formal ~ редакционная поправка

killer ~ поправка, срывающая одобрение документа

last-minute ~ поправка, внесенная в самый последний момент

oral/orally-proposed ~ устная поправка

orally-revised ~ поправка с внесенными в нее устно изменениями

proposed ~ предложенная поправка

substantial ~ существенная поправка

textual ~ редакторская поправка

verbal ~ устная поправка

wrecking ~ поправка, полностью меняющая смысл документа

to accept/to adopt an ~ принимать поправку

to alter an ~ вносить изменение в поправку

to approve an ~ одобрять поправку

to consider an ~ обсуждать/рассматривать поправку

to declare an ~ **admissible/receivable** объявлять поправку приемлемой

to formulate an ~ формулировать поправку

to incorporate an ~ **in/to ...** включать поправку в ...

to initiate an ~ предлагать поправку

to insert an ~ **in ...** включать поправку в ...

to introduce an ~ вносить поправку

to make an ~ подготавливать поправку

to merge together several ~s объединять несколько поправок

to move an ~ вносить поправку

to oppose an ~ возражать/выступать против поправки

to overturn an ~ отклонять/отвергать поправку

to pass an ~ принимать поправку

to place/to present an ~ представлять поправку на рассмотрение

to propose/to put forward an ~ предлагать поправку

to ratify an ~ утверждать поправку

to reject an ~ отклонять поправку

to second an ~ поддерживать поправку

to submit an ~ предлагать поправку

to table an ~ представлять поправку на рассмотрение

to turn down an ~ отклонять поправку

to vote against an ~ голосовать против поправки

to vote down an ~ отклонять поправку

to vote in favor of an ~ голосовать за поправку

to vote on an ~ голосовать по поправке

to withdraw an ~ снимать поправку

method of ~ порядок внесения поправок

voting on ~s голосование по поправкам

amends *n pl* компенсация, возмещение *или* покрытие причиненного ущерба

amenities *n pl* сооружения

public ~ общественные сооружения, городское хозяйство

America *n* 1. Америка 2. США

corporate ~ американские корпорации

American I *n* американец

~ of Chinese extraction американец китайского происхождения

~ of Japanese descent американец японского происхождения

African ~ американец африканского происхождения, афроамериканец

Asian ~ американец азиатского происхождения

expatriate ~ американец-эмигрант

Latin ~ латиноамериканец

Mayflower ~ коренной американец; потомок одного из основателей США

native ~ американский индеец

naturalized ~ натурализованный американец

Russian-speaking ~ русскоязычный американец

Spanish-speaking ~ испаноязычный американец

American II *a* американский

North ~ североамериканский

South ~ южноамериканский

he is more ~ than an apple-pie *перен.* он больший американец, чем сами американцы

Americana *n* издания, материалы, памятники, относящиеся к истории, культуре и быту Америки

American-backed *a* поддерживаемый Америкой

American-French *a* американо-французский

Americanization *n* американизация

Americanize *v* американизировать

Americanism *n* американизм

American-led *a* под американским руководством

Americanologist *n* американист

Americanology *n* американистика

Americanophobe *n* человек, испытывающий страх перед США, американофоб

americanophobia американофобия

amir *n* эмир

amirate *n* эмират

amity *n* дружественные отношения; согласие (*особ. между государствами*)

ammunition *n* 1. боеприпасы 2. козыри, *перен.* оружие

blank ~ холостые патроны

dummy ~ учебные боеприпасы

fresh ~ новые козыри, *перен.* новое оружие

live ~ боевые патроны, боеприпасы

powerful ~ крупные козыри, *перен.* мощное оружие

to fire live ~ at *smb* вести огонь по *кому-л.* боевыми патронами

to give *smb* more ~ to *smth* давать *кому-л.* дополнительные козыри для *чего-л.*

to provide ~ for *smb* давать козыри *кому-л.*

to use live ~ использовать боевые патроны

amnesty I *n* амнистия

~ for political prisoners амнистия политических заключенных/политзаключенных

A. International «Международная амнистия» (*организация по защите прав человека*)

arms ~ амнистия незаконным владельцам оружия

blanket ~ всеобщая амнистия

complete ~ полная амнистия

full-scale ~ широкомасштабная амнистия

general ~ всеобщая амнистия

parliamentary ~ парламентская амнистия

partial ~ частичная амнистия

political ~ амнистия политических заключенных/политзаключенных

presidential ~ президентская амнистия

sweeping ~ широкомасштабная амнистия

tax ~ списание задолженности по налогам, налоговая амнистия

to announce an ~ объявлять амнистию

to apply *one's* ~ to *smb* применять амнистию к *кому-л.*

to ask for an ~ просить об амнистии

to be excluded from the ~ не подпадать под амнистию

to be included in the ~ подпадать под амнистию

to declare an ~ объявлять амнистию

to demand an ~ требовать амнистии

to free *smb* under an ~ освобождать *кого-л.* по амнистии

to give/to grant/to offer an ~ to *smb* объявлять амнистию *кому-л.*; амнистировать *кого-л.*

to pass an ~ принимать амнистию

to proclaim an ~ объявлять амнистию

to promote an ~ способствовать осуществлению амнистии

to propose an ~ предлагать амнистию

to release *smb*/to set *smb* free under an ~ освобождать *кого-л.* по амнистии

under an ~ по амнистии

amnesty II *v* амнистировать, освобождать по амнистии

amoral *a* аморальный, безнравственный
amorality *n* аморальность, безнравственность
amount *n* количество; сумма
  net ~ чистая сумма, сальдо
anachronism *n* анахронизм, пережиток
  cold war ~ пережиток холодной войны
analysis *n (pl* **analyses)** анализ; исследование, изучение
  ~ of social development анализ общественного развития
  ~ of the international situation анализ международного положения
  all-round ~ всесторонний анализ
  approximate ~ приблизительный анализ
  comparative ~ сравнительный анализ
  comprehensive ~ всесторонний анализ
  consumer demand ~ анализ потребительского спроса
  cost-benefit/cost-effectiveness ~ анализ эффективности затрат
  dispassionate ~ беспристрастный анализ
  economic ~ экономический анализ
  feasibility ~ технико-экономическое обоснование *(проекта)*
  financial ~ анализ финансового положения
  global ~ общий анализ
  in-depth ~ глубокий анализ
  industrial ~ отраслевой анализ
  industrial project ~ анализ/исследование промышленных проектов
  long-run ~ долгосрочный анализ
  market ~ изучение рынка
  market trend ~ анализ тенденций рынка
  political ~ политический анализ
  preliminary ~ предварительный анализ
  profound ~ глубокий анализ
  prognostic ~ прогностический анализ
  qualitative ~ качественный анализ
  risk ~ анализ степени риска *(при принятии решений)*
  routine ~ обычный/стандартный анализ
  short-run ~ краткосрочный анализ
  sociological ~ социологический анализ
  sociopolitical ~ социально-политический анализ
  statistical ~ статистический анализ
  theoretical ~ теоретический анализ
  time ~ временной анализ
  trend ~ анализ тенденции изменения
  to carry out/to make an ~ **of** *smth* проводить/делать анализ *чего-л.*
  to undergo ~ подвергаться анализу
analyst *n* 1. исследователь, специалист-аналитик 2. комментатор, обозреватель
  business ~ специалист-аналитик в области деловой активности
  diplomatic ~ дипломатический обозреватель
  economic ~ экономический обозреватель
  financial ~ специалист-аналитик в области финансов
  marketing-research ~ специалист-аналитик по маркетингу/изучению рынков сбыта
  military ~ военный обозреватель
  news ~ политический комментатор
  planning ~ специалист-аналитик в области планирования
  political ~ политический комментатор/обозреватель
  Washington-based ~ обозреватель, работающий в Вашингтоне
anarchic *a* анархический
anarchism *n* анархизм
anarchist I *n* анархист
anarchist II *a* анархистский
anarcho-syndicalism *n* анархо-синдикализм
anarcho-syndicalist I *n* анархо-синдикалист
anarcho-syndicalist II а анархо-синдикалистский
anarchy *n* анархия
  complete ~ полная анархия
  petty-bourgeois ~ мелкобуржуазная анархия
  total/utter ~ полная анархия
  to cause ~ вызывать анархию
  to curb the ~ обуздывать анархию
  to lead to ~ приводить к анархии
anchor *n* 1. оплот 2. ведущий теле- *или* радиопрограммы, диктор
  ~ of democracy оплот демократии
anchorman *n* ведущий теле- *или* радиопрограммы, диктор
anfo *n воен. жарг.* самодельная взрывчатка, используемая в бомбах, применяемых в вооруженных стычках в Северной Ирландии
anger *n (***about** *smth)* гнев, возмущение, негодование *(по поводу чего-л.)*
  ~ of the masses гнев масс
  orchestrated ~ организованное выражение негодования
  to arouse ~ вызывать гнев/возмущение/негодование
  to demonstrate *one's* ~ **of** *smth* демонстрировать свое раздражение по поводу *чего-л.*
  to direct *smb's* ~ **against** *smth* направлять *чей-л.* гнев против *чего-л.*
Anglican *a* англиканский
Anglicanism *n* англиканское вероисповедание
Anglicization *n* англизирование *(напр. Уэльса)*
Anglo-American англо-американский
Anglophile *n* англофил
Anglophobe *n* англофоб
Anglophobia *n* англофобия
animosity *n (***against, to, towards** *smb)* вражда, враждебность *(по отношению к кому-л.)*
  ~ between ethnic groups враждебность между этническими группами
  burning ~ непримиримая вражда
  deep ~ глубокая вражда
  national ~ национальная рознь/вражда
  personal ~ **between** *smb* личная неприязнь между *кем-л.*
  racial ~ расовая вражда
  religious ~ религиозная вражда

seething ~ непримиримая вражда
to arouse ~ разжигать вражду
to feel ~ испытывать вражду
to incur the ~ **of** *smb* вызывать враждебность со стороны *кого-л.*
to stir up ~ разжигать вражду
annals *n pl* летопись, хроника, анналы
~ **of history** анналы истории
to inscribe ~ заниматься летописанием
annex(e) *n* приложение, дополнение *(к документу и т.п.)*
~ **to a protocol** приложение/дополнение к протоколу
annexation *n* аннексия, аннексирование; присоединение
creeping ~ «ползучая» аннексия
forcible ~ насильственный захват *(территории)*
to repeal *one's* ~ **of a country** отменять аннексию страны
renunciation of all ~**s** отказ от всех аннексий
annexationist *n* аннексионист; захватчик
annihilate *v* 1. полностью уничтожать 2. истреблять
annihilation *n* полное уничтожение
nuclear ~ ядерное уничтожение
means of mass ~ средства массового уничтожения
anniversary I *n* годовщина; юбилей, юбилейная дата
to celebrate the ~ праздновать годовщину
to mark the ~ отмечать годовщину
anniversary II *attr* юбилейный
announce *v* объявлять, сообщать; извещать; заявлять; оглашать
to ~ **in the press and on the radio** объявлять в печати и по радио
to ~ *smth* **formally** официально объявлять *что-л.*
announcement *n* объявление, сообщение
~ **of the result** объявление результата *(голосования и т. п.)*
cease-fire ~ объявление о прекращении огня
dramatic ~ неожиданное объявление/сообщение
formal/official ~ официальное объявление/сообщение
public ~ публичное объявление
spot ~ экстренное сообщение
startling ~ потрясающее сообщение
vacancy ~ объявление о наличии вакансии
to dismiss an ~ дезавуировать ранее сделанное сообщение
to issue an ~ опубликовывать объявление/сообщение
to make an ~ делать объявление/сообщение
to welcome an ~ встречать сообщение с одобрением
to withdraw an earlier ~ отказываться от ранее сделанного заявления
shock over the ~ потрясение, вызванное сообщением

announcer *n* диктор
radio ~ диктор на радио
TV ~ диктор на телевидении
annuity *n* ежегодная рента; ежегодный доход
life ~ пожизненная рента
annul *v* аннулировать, отменять
to ~ **a law** отменять закон
annulment *n* аннулирование, отмена
to grant an ~ разрешать аннулирование/отмену
to obtain an ~ добиваться аннулирования/отмены
anoint *v церк.* помазывать
the Lord's Anointed помазанник Божий
anonymity *n* анонимность
to speak on condition of ~ говорить при условии сохранения анонимности
anonymous *a* анонимный
answerable *a* (**to** *smb*) подотчетный, подчиненный *(кому-л.)*
antagonism *n* вражда; антагонизм
~ **between nations** вражда/антагонизм между нациями
~ **of interests** противоположность интересов
class ~ классовые противоречия
deep ~ глубокий антагонизм
deep-rooted ~ давний антагонизм
economic ~ экономические противоречия
great ~ глубокий антагонизм
monetary ~ валютные противоречия
national ~ национальный антагонизм
profound ~ глубокий антагонизм
racial ~ расовый антагонизм
sharp ~ острый антагонизм
social ~ социальный антагонизм
strong ~ глубокий антагонизм
tribal ~ межплеменная рознь
to arouse ~ разжигать антагонизм
to come into ~ **with** *smth* вступать в противоречие с *чем-л.*
to do away with ~ **and distrust** положить конец вражде и недоверию
to stir up ~ разжигать антагонизм
aggravation/intensification of ~ обострение противоречий
antagonist *n* антагонист; противник
antagonistic *a* враждебный; антагонистический
antagonize *v* вызывать/порождать вражду/антагонизм; восстанавливать *кого-л.* против себя
anthem *n* гимн
national/state ~ государственный/национальный гимн
to play the national ~ исполнять государственный гимн
to sing the national ~ петь национальный гимн
to strike up the national ~ заиграть национальный гимн
anti-abortion *attr* являющийся противником абортов

to be strongly ~ быть убежденным противником абортов
anti-American *a* антиамериканский
anti-Americanism *n* антиамериканизм, антиамериканские настроения
to fuel ~ разжигать антиамериканские настроения
anti-Arab(ic) *a* антиарабский
antiballistic *a* противоракетный
anti-Christian *a* антихристианский
anti-clerical *a* антиклерикальный
anti-colonial *a* антиколониальный
anti-colonialism *n* антиколониализм
anti-communism *n* антикоммунизм
anti-communist *a* антикоммунистический
anti-constitutional *a* антиконституционный
anti-democratic *a* антидемократический
anti-detente *n* антиразрядка
anti-dialectic *a* антидиалектический
anti-dictatorship *attr* антидиктаторский
anti-European *n брит.* противник более тесных отношений между Великобританией и ЕЭС
anti-Europeanism *n брит.* антиевропеизм *(взгляды противников вхождения Великобритании в объединенную Европу)*
anti-government *attr* антиправительственный
anti-fascist I *n* антифашист
anti-fascist II *a* антифашистский
anti-federalist *n* противник федерации
anti-feudal *a* антифеодальный
anti-historical *a* антиисторический
anti-humane *a* 1. антигуманный 2. антигуманистический
anti-humanism *n* антигуманность
anti-humanistic *a* 1. антигуманный 2. антигуманистический
anti-immigrant *n* противник въезда в страну иммигрантов
anti-imperialist *n* антиимпериалист
anti-imperialistic *a* антиимпериалистический
anti-labor *attr* антирабочий
anti-marketer *n* антирыночник
anti-militarism *n* антимилитаризм
anti-militarist *a* антимилитаристский
anti-missile *attr* противоракетный
anti-monarchistic *a* антимонархистский
anti-monopoly *attr* антимонопольный
anti-national *a* антинародный
anti-Nazi *attr* антинацистский
anti-neocolonialist *a* антинеоколониалистский
anti-nuclear *a* 1. антиядерный, противоядерный 2. являющийся противником использования ядерной энергии
anti-nuke *attr* антиядерный, противоядерный
anti-nuker *n разг.* участник движения за ядерное разоружение
anti-party *attr* антипартийный
anti-patriotic *a* антипатриотический
anti-popular *a* антинародный
anti-protectionist *a* антипротекционистский
anti-racist *a* антирасистский

anti-recessionary *a* антикризисный
anti-reformer *n* противник реформ
anti-religious *a* антирелигиозный
anti-revolutionary *a* антиреволюционный
anti-scientific *a* антинаучный
anti-Semite *n* антисемит, юдофоб
anti-Semitic *a* антисемитский, юдофобский
anti-Semitism *n* антисемитизм, юдофобия
resurgent ~ растущий антисемитизм
to fan the fires of ~ разжигать антисемитизм
manifestations of ~ проявления антисемитизма
with a touch of ~ с оттенком антисемитизма
antisexist *n* противник дискриминации женщин
anti-social *a* антиобщественный
anti-socialist *a* антисоциалистический
anti-state *attr* антигосударственный
anti-trade-union *attr* антипрофсоюзный
anti-trust *attr* антитрестовый
anti-union *attr* антипрофсоюзный
anti-unionist *a см.* **anti-union**
anti-US *attr* антиамериканский
anti-war *attr* антивоенный
anti-Western *a* антизападный
anti-Zionism *n* антисионизм
antizionist *a* антисионистский
anxiet/y *n* беспокойство, тревога, опасение
considerable public ~ серьезное беспокойство среди общественности
status ~ опасение утратить свой статус
to allay ~ies over *smth* развеять опасения по поводу *чего-л.*
to cause much/grave ~ вызывать серьезное беспокойство
apartheid *n ист.* апартеид
petty ~ «мелкий апартеид» *(расовая сегрегация при пользовании общественными зданиями и сооружениями)*
rigid ~ жесткая политика апартеида
to abolish ~ упразднять систему апартеида
to aid and abet ~ оказывать пособничество апартеиду и подстрекать к нему
to ban ~ запрещать апартеид
to be deeply committed to the struggle against ~ активно участвовать в борьбе с апартеидом
to be opposed to ~ выступать против апартеида
to bring about an early end to ~ приводить к скорейшей ликвидации апартеида
to condemn ~ осуждать апартеид
to dismantle/to eliminate ~ ликвидировать апартеид
to end ~ покончить с апартеидом, положить конец апартеиду
to eradicate the policy of ~ покончить с политикой апартеида
to get rid of ~ избавляться от апартеида
to go soft on ~ симпатизировать апартеиду
to overcome ~ одерживать победу над апартеидом

to overthrow ~ сбрасывать иго апартеида
to perpetuate ~ увековечивать систему апартеида
to practice ~ исповедовать апартеид
to pressurize ~ оказывать давление на режим апартеида
to protest against the policy of ~ протестовать против политики апартеида
to redress the injustices of ~ устранять несправедливость, порожденную апартеидом
to remove ~ **from sports** положить конец апартеиду в спорте
to tolerate ~ мириться с апартеидом
to wipe out the legacy of ~ уничтожать наследие апартеида
abolition of ~ отмена апартеида
action against ~ меры против апартеида
apologist for ~ апологет апартеида
collapse of ~ крах апартеида
dismantling of ~ ликвидация апартеида
eradication of ~ искоренение апартеида
inhuman system of ~ бесчеловечный режим апартеида
lackey of ~ прислужник апартеида
liquidation of ~ ликвидация апартеида
maintenance of ~ сохранение апартеида
manifestation of ~ проявление апартеида
opposition to ~ противодействие политике апартеида
outspoken critic of ~ откровенный противник апартеида
policy of ~ политика апартеида
regime of ~ режим апартеида
relaxation of ~ ослабление режима апартеида
sanitized version of ~ приглаженный вариант апартеида
those behind ~ вдохновители апартеида
apathy *n* апатия
political ~ политическая апатия
voter ~ апатия избирателей
apatride *n юр.* апатрид, лицо без гражданства
apocalypse *n* апокалипсис
nuclear ~ ядерный апокалипсис
apocalyptic *a* апокалиптический
apogee *n* апогей, кульминация, высшая точка
to reach its ~ достигать своего апогея
apolitical *a* аполитичный; стоящий вне политики
to declare *oneself* ~ объявлять себя стоящим вне политики
apologetics *n полит. жарг.* апологетика *(постепенное приучение населения к какой-л. политической доктрине)*
apologist *n* апологет, защитник
~s of the cold war апологеты «холодной войны»
apologize *v* извиняться, приносить извинения
to ~ **formally for** *smth* приносить официальные извинения за *что-л.*
apolog/y *n* извинение

formal/official ~ официальные извинения
public ~ публичные извинения
to deliver *smb an* ~ приносить *кому-л.* извинения
to demand an ~ **from** *smb* требовать извинений у *кого-л.*
to issue/to make a public ~ приносить публичные извинения
to offer a formal ~ приносить официальные извинения
to release *smb* **with ~ies** освободить *кого-л.* и принести ему извинения
to send an ~ **to** *smb* направлять извинение *кому-л.*
apostate *n* отступник; изменник; ренегат
Apostles *n* «Апостолы» *(группа, созданная в Кембриджском университете в начале XX века; некоторые члены группы сотрудничали с советской разведкой в 1930-50 гг.)*
apparatchik *n русск. полит. жарг.* аппаратчик, кадровый чиновник
apparatus *n* аппарат *(правительственный и т.п.)*
~ **of coercion** аппарат принуждения
~ **of state power** аппарат государственной власти
administrative ~ административный аппарат; аппарат управления
administrative and managerial ~ административно-управленческий аппарат
bureaucratic ~ бюрократический аппарат
government ~ правительственный/государственный аппарат
party ~ партийный аппарат
production ~ производственный аппарат
Royal ~ аппарат королевского двора
state ~ государственный аппарат
to allocate enormous sums towards the upkeep of the Royal ~ ассигновать огромные суммы на содержание аппарата королевского двора
to make deep cuts in ~ значительно сокращать аппарат
to ramify the ~ раздувать аппарат
to reduce the management ~ сокращать управленческий персонал
purge of the ~ чистка аппарата
appeal I *n* 1. (*to smb*) призыв, обращение, апеллирование *(к кому-л.)* 2. *юр.* апелляция, обжалование; кассационная жалоба 3. популярность
~s for a negotiated solution призывы к решению (вопроса) путем переговоров
~ **against a decision** апелляция по поводу *какого-л.* решения
~ **for calm** призыв сохранять спокойствие
~ **for donations** призыв делать пожертвования
~ **for reconciliation** призыв к примирению
~'s failure безрезультатная апелляция
~ **to ban atomic weapons** призыв запретить атомное оружие

~ to the nation обращение к стране/к народу

~ to the public обращение к общественности

broad-based ~ широкая поддержка/популярность

broadcast ~ обращение по радио

cease-fire ~ призыв к прекращению огня

desperate ~ отчаянный призыв

final/last ~ последний призыв

provocative ~ провокационный призыв

TV ~ обращение по телевидению, телевизионное обращение

urgent ~ настоятельный призыв

to address an ~ **to** *smb* обращаться с призывом к *кому-л.*

to back *smb's* ~ поддерживать *чей-л.* призыв

to broaden *one's* ~ увеличивать свою популярность

to deny/to dismiss an ~ отклонять апелляцию; оставлять кассационную жалобу без удовлетворения

to echo an ~ повторять *чей-л.* призыв

to entertain an ~ рассматривать апелляцию

to file an ~ подавать апелляцию

to grant an ~ удовлетворять апелляцию

to hear an ~ рассматривать апелляцию

to heed an ~ прислушиваться к призыву

to ignore an ~ игнорировать призыв

to launch an ~ выступать с призывом

to lodge an ~ **against** *smb's* **actions** обжаловать *чьи-л.* действия

to lodge an ~ **with a court** подавать апелляцию в суд

to lose *one's* ~ получать отказ по кассационной жалобе

to publish an ~ опубликовывать обращение/воззвание

to refuse/to reject an ~ отклонять апелляцию; оставлять кассационную жалобу без удовлетворения

to release *smb* **on** ~ выпускать *кого-л.* на свободу по решению апелляционного суда

to respond to an ~ откликаться на призыв

to support an ~ поддерживать *чей-л.* призыв

to take an ~ **to a higher court** подавать кассационную жалобу в высшую инстанцию

to throw out/to turn down an ~ отклонять апелляцию/кассационную жалобу

to wake an ~ **to** *smb* выступать с обращением/обращаться с призывом к *кому-л.*

to win an ~ добиваться удовлетворения своей кассационной жалобы

direct ~ **to** *smb* прямое обращение к *кому-л.*

dismissal of *smb's* ~ отказ от рассмотрения *чьей-л.* апелляции

double-barreled ~ **for** *smth* двусторонний призыв к *чему-л.*

in response to an ~ **by** *smb* в ответ на *чье-л.* обращение/*чей-л.* призыв

on ~ после апелляции

repeated ~**s by** *smb* *чьи-л.* неоднократные обращения

there is no ~ **from a verdict of the higher court** приговор суда высшей инстанции обжалованию не подлежит

unprecedented ~ **on television** беспрецедентное обращение по телевидению

appeal II *v* **1.** апеллировать, взывать, призывать, выступать/обращаться с призывом **2.** *юр.* обжаловать, подавать апелляцию, апеллировать **3.** обращаться *(к чему-л. за подтверждением, решением и т.п.)*; ссылаться на *что-л.*; аппелировать к *чему-л.*

to ~ **against the decision of the court** обжаловать/опротестовывать решение суда

to ~ **for calm and restraint from all sides** призывать все стороны проявлять спокойствие и сдержанность

to ~ **for leniency** ходатайствовать о смягчении приговора

to ~ **for pardon** просить/подавать прошение о помиловании

to ~ **to history** обращаться к истории

to ~ **to reason** взывать к разуму

to ~ **to** *smb* **for help** просить *кого-л.* о помощи

to ~ **to** *smb* **not to do** *smth* призывать *кого-л.* воздержаться от *каких-л.* действий

to ~ **to** *smb* **to do** *smth* призывать *кого-л.* к *каким-л.* действиям

to ~ **to the facts** ссылаться на факты

to ~ **to the head** апеллировать к рассудку

to ~ **to the hearts and minds of the people** обращаться к уму и сердцу народа

to ~ **to the outside world** обращаться к остальному миру *(напр. за помощью)*

to ~ **to the public opinion** обращаться к общественному мнению

to ~ **to the public** обращаться к общественности

appear *v* **1.** присутствовать *(напр. на заседании)*; являться *(напр. в суд)*; выступать *(напр. на сессии)* **2.** содержаться *(в чем-л.)* **3.** выходить *(в свет)*, появляться *(из печати)*, публиковаться

to ~ **before the commission** присутствовать на заседании комиссии; являться на комиссию; выступать перед комиссией

to ~ **in the report** содержаться в докладе

appearance *n* присутствие *(напр. на заседании)*; явка *(напр. в суд)*; выступление *(напр. на сессии)*

court ~ явка в суд

to make a public ~ выступать перед общественностью

to make a television ~ выступать по телевидению

appease *v* успокаивать, умиротворять; проводить политику умиротворения

appeasement *n* умиротворение

appendix *n* приложение *(к книге, документу и т.п.)*

appetite *n* аппетит

to whet the ~ **for more** разжигать аппетит

applaud *v* аплодировать, рукоплескать

to ~ *smb* приветствовать *кого-л.* аплодисментами, аплодировать *кому-л.*

applause *n* аплодисменты, рукоплескания; овация

enthusiastic ~ восторженные аплодисменты

frenzied ~ неистовая овация

heavy ~ бурные аплодисменты

lengthy ~ продолжительные аплодисменты; долго не смолкающая овация

light ~ жидкие/вялые аплодисменты

loud ~ громкие аплодисменты

muted ~ сдержанные аплодисменты

prolonged ~ продолжительные аплодисменты; долго не смолкающая овация

standing ~ аплодисменты, когда все аплодируют стоя

stormy/thunderous/tumultuous ~ бурные аплодисменты

weak ~ жидкие/вялые аплодисменты

to draw/to get ~ вызывать аплодисменты

to greet *smb/smth* **with ~** встречать *кого-л./ что-л.* аплодисментами

to *smb's* **~** под чьи-л. аплодисменты

to win ~ вызывать аплодисменты

amid loud ~ под бурные аплодисменты

burst of ~ взрыв аплодисментов

ripple of ~ жидкие аплодисменты

round of ~ очередной взрыв аплодисментов

apple *n ист. презр.* «яблоко» *(американский индеец, сотрудничающий с белыми властями)*

Big A. «Большое яблоко» *(прозвище г. Нью-Йорка)*

applicable *a* подходящий

not ~ (NA) пометка «не имеет отношения»

applicant *n* заявитель, податель заявления/ прошения; кандидат, претендент *(на должность, место и т.п.)*

~ for a position кандидат/претендент на должность

application *n* **1.** заявление, прошение; письменная просьба; ходатайство; заявка **2.** применение, использование

~ by a country to join an organization заявление страны с просьбой о приеме в члены *какой-л.* организации

~ for admission to a university заявление с просьбой о зачислении в университет

~ for aid просьба о помощи

~ for leave заявление о предоставлении отпуска

~ for membership заявление с просьбой принять *кого-л.* в члены *какой-л.* организации

~ of atomic energy for peaceful purposes применение атомной энергии в мирных целях

~ of drastic measures применение жестких мер

~ of the law (to) применение закона (к)

~ of theory to practice применение теории к практике

~ to join заявка на вступление

alternative ~ альтернативное применение

asylum ~ просьба о предоставлении убежища

business ~ использование в коммерческих целях

formal ~ официальное заявление

industrial ~ промышленное применение

membership ~ заявление о приеме в члены *(организации и т.п.)*

peaceful ~ мирное применение/использование *(чего-л.)*

practical ~ практическое применение

visa ~ прошение о выдаче визы

wide(-scale) ~ широкое применение

written ~ письменное заявление

to consider/to examine *smb's* **~** рассматривать *чье-л.* заявление/прошение/ходатайство

to file an ~ for *smth* подавать заявку на *что-л.*

to further the ~ of *smth* способствовать применению *чего-л.*

to grant *smb's* **~** удовлетворять *чье-л.* заявление/прошение/ходатайство

to hear *smb's* **~** заслушивать *чье-л.* заявление

to keep the ~ of science and technology under review пересматривать применение науки и техники

to make an ~ подавать прошение; обращаться за *чем-л.*

to process the ~s of *smb* рассматривать *чьи-л.* заявления

to put in an ~ подавать заявление/прошение/ходатайство

to refuse/to reject an ~ отказывать по существу заявления; отклонять просьбу *(о чем-л.)*

to scrutinize ~s тщательно рассматривать заявки

to send in an ~ присылать заявление/заявку

to submit an ~ подавать заявление/заявку

to turn down an ~ отказывать по существу заявления; отклонять просьбу *(о чем-л.)*

to withdraw an ~ брать заявление обратно

by/on ~ по требованию

field of ~ сфера/область применения *(договора, контракта и т.п.)*

surge in ~s заметный рост числа заявлений

apply *v* **1.** подавать заявление; обращаться с просьбой/ходатайством **2.** применять, использовать, употреблять

to ~ for a job подавать заявление о приеме на работу

to ~ for membership подавать заявление о приеме в члены *(организации и т.п.)*

to ~ the law to the present case применять закон к данному случаю

to ~ to an organization подавать заявление о вступлении в *какую-л.* организацию

to ~ to be transferred подавать заявление о своем переводе *(куда-л.)*

to ~ to the authorities for assistance обращаться к властям за помощью

appoint *v* назначать *(на должность, пост)*, утверждать *(в должности)*
to ~ smb to a commission назначать *кого-л.* в состав комиссии

appointed *a* назначенный, утвержденный *(на должность и т.п.)*
newly ~ вновь/недавно назначенный

appointee *n* назначенец, назначенное лицо
political ~ лицо, назначенное на должность по политическим мотивам

appointment *n* **1.** назначение на должность/пост **2.** деловая встреча, деловое свидание
~ to the Cabinet назначение в состав кабинета министров
~ to the commission назначение в состав комиссии
fixed-term ~ назначение на определенный срок
indefinite ~ назначение на неопределенный срок
long-term ~ назначение на длительный срок
midnight ~s назначения, производимые правительством к концу пребывания к власти
ministerial ~ назначение в министерство
partisan ~ назначение *(сторонника)* за оказанную поддержку
patronage ~ назначение на должность за оказанные услуги
permanent ~ постоянное назначение
probationary ~ назначение с испытательным сроком
program ~ бессрочное назначение *(до ухода на пенсию)*; программное назначение *(после 5 лет службы в ООН)*
recess ~s назначения, проводимые президентом между сессиями Конгресса *(США)*
regular ~ штатная должность
short-term ~ назначение на короткий срок
temporary ~ временное назначение *(обычно на срок от 1 года до 5 лет)*
to accept an ~ принимать назначение, соглашаться с назначением
to announce smb's ~ объявлять о чьем-л. назначении
to break an ~ не придти на встречу
to cancel an ~ отменять встречу
to confirm smb's ~ утверждать чье-л. назначение
to debate smb's ~ обсуждать чье-л. назначение
to delay ~ задерживать назначение
to endorse smb's ~ утверждать чье-л. назначение
to extend an ~ продлевать срок пребывания в должности
to get an ~ получать назначение/должность/пост
to grant an ~ предоставлять должность/пост, назначать на должность/пост
to have an ~ to see smb быть записанным на прием к какому-л. должностному лицу
to hold an ~ занимать должность/пост

to keep an ~ придти на встречу
to make an ~ with smb договариваться о встрече с кем-л.
to make an ~ назначать (на должность), производить назначение
to obtain an ~ получать назначение/должность/пост
to offer smb a new ~ предлагать кому-л. новое назначение
to ratify smb's ~ утверждать чье-л. назначение
to receive an ~ получать назначение/должность/пост
to refuse an ~ отказываться от назначения/должности/поста
to renew the ~ заново назначать на должность/пост
to see smb by ~ принимать кого-л. по предварительной договоренности о встрече
to terminate an ~ заканчивать службу
by ~ to Her Majesty (the Queen) поставщик ее величества (королевы)
expiration of an ~ истечение срока пребывания к должности/нахождения на посту
following the ~ после назначения
nonobservance of terms of ~ несоблюдение условий назначения
offer of ~ предложение должности/поста; приглашение на работу, предложение работы
prerequisite for the ~ необходимое предварительное условие для назначения на должность
prior to ~ до назначения
term and conditions of ~ условия назначения

apportionment *n* определение количества членов палаты представителей от каждого штата *(в зависимости от численности населения)*

appraisal *n* оценка; экспертиза; аттестация
brief ~ краткая оценка
critical ~ критическая оценка
down-to-earth ~ реалистическая оценка
economic ~ экономическая оценка
objective ~ объективная оценка
official ~ официальная оценка
project ~ экспертиза проекта
technical ~ техническая экспертиза
tendentious ~ тенденциозная оценка
unbiased ~ объективная оценка
to carry out the ~ проводить оценку
to display a subjective ~ of smb проявлять субъективность в оценке кого-л.
to give an ~ of smth давать оценку чего-л.
to make an ~ давать/производить/делать оценку

appraise *v* оценивать, давать оценку; проводить экспертизу
appreciate *v* **1.** высоко ценить; выражать признательность *(за что-л.)*; с удовлетворением отмечать **2.** эк. повышать цену, проводить удорожание

to ~ **deeply/greatly/highly/keenly** высоко оценивать

to ~ **the currency** повышать курс валюты, ревальвировать валюту

appreciation *n* **1.** высокая оценка; признательность *(за что-л.)*; одобрение *(чего-л.)* **2.** эк. повышение стоимости, удорожание

yen ~ повышение курса/удорожание йены

to **express/to show** *one's* ~ давать высокую оценку; выражать признательность/одобрение

expression of a high ~ выражение высокой оценки

apprehend *v* арестовывать, задерживать, брать под стражу *(кого-л.)*

apprehension *n* арест, задержание, заключение под стражу

approach I *n* **1.** подход, метод **2.** *pl* подступы

~ **to a problem** подход к проблеме

~ **to policy making** метод выработки политики

ad hoc ~ специальный метод

all-inclusive ~ всеобъемлющий/всесторонний/комплексный подход

alternative ~ альтернативный подход

balanced ~ сбалансированный подход

biased ~ предвзятый/необъективный подход

blanket ~ огульный подход

bureaucratic ~ бюрократический подход

businesslike ~ деловой подход

carrot-and-stick ~ метод «кнута и пряника»

case-by-case ~ рассмотрение каждого случая в отдельности

cautious ~ осторожный подход

class ~ классовый подход

coherent ~ последовательный подход

combined ~ комбинированный метод

common ~ общий подход

comprehensive ~ всесторонний/всеобъемлющий/комплексный подход

concerted ~ согласованный подход

conciliatory ~ примирительный подход

concrete ~ конкретный подход

conscious ~ сознательный подход

consensual ~ метод консенсуса

constructive ~ конструктивный подход

coordinated ~ скоординированный подход

creative ~ творческий подход

critical ~ критический подход

democratic ~ демократический подход

departmental ~ ведомственный подход

dialectical ~ диалектический метод

diplomatic ~ дипломатический подход

divide-and-rule ~ политика «разделяй и властвуй»

dynamic ~ динамический подход

economic ~ экономический подход

effective ~ эффективный подход

environmentally sound ~ подход, разумный с точки зрения охраны окружающей среды

equitable/even-handed ~ объективный подход

flexible ~ гибкий подход

forecasting ~ *эк.* метод прогнозирования

formalist ~ формальный подход

forthright ~ прямолинейный подход

fresh ~ новый подход

fuzzy ~ неопределившийся подход

general ~ общий подход

global ~ глобальный подход

gradualist ~ постепенный подход

hard-line ~ жесткий подход

heavy-handed ~ негибкий подход

historical ~ исторический метод

holistic ~ целостный подход

impartial ~ непредвзятый/беспристрастный подход

incremental ~ поэтапный подход

individual ~ индивидуальный подход

informal ~ неофициальный подход

integrated/interdisciplinary ~ комплексный подход

kid-glove ~ мягкий подход

liberalized ~ либеральный подход

lop-sided ~ односторонний подход

low-keyed ~ осторожный подход

metaphysical ~ *филос.* метафизический метод

multilateral ~ многосторонний подход

multipronged ~ многоплановый подход

new ~ новый подход

nonrealistic ~ нереалистический подход

nonviolent ~ мирный подход

one-sided ~ однобокий подход

open ~ открытый подход

overall ~ всесторонний/всеобъемлющий подход

package ~ комплексный подход

partial ~ предвзятый подход

personal ~ личный подход

petty-minded ~ обывательский подход

phased/piecemeal ~ поэтапный подход

pluralistic ~ плюралистический подход

politically effective ~ политически эффективный подход

positive ~ позитивный/конструктивный подход

practical ~ деловой/практический подход

pragmatic ~ прагматический подход

principled ~ принципиальный подход

priority ~ подход с учетом приоритетов

proper ~ надлежащий подход

rational ~ рациональный подход

realistic ~ реалистический подход

revolutionary ~ революционный подход

rigid ~ жесткий подход

scholarly ~ научный подход

scholastic ~ схоластический подход

scientific ~ научный подход

sectorial ~ отраслевой подход

separate ~ раздельный подход

simplified ~ упрощенный подход

soft ~ мягкий подход

softly-softly ~ осторожный подход

stage-by-stage ~ поэтапный/последовательный подход

statistical ~ статистический метод

step-by-step ~ поэтапный/последовательный подход

theoretical ~ теоретический подход

tolerant ~ терпимость, толерантность

tough ~ жесткий подход

traditional ~ традиционный подход

umbrella ~ комплексный подход

unbiased ~ непредвзятый/объективный/беспристрастный подход

unified/uniform ~ единый/унифицированный подход

unofficial ~ неофициальный подход

unrealistic ~ нереалистический подход

unscientific ~ ненаучный подход

utilitarian ~ деляческий/утилитарный подход

wait-and-see ~ выжидательская позиция

to adopt an ~ вырабатывать подход

to champion an ~ выступать за *какой-л.* подход

to change *one's* ~ изменять свой подход

to demand a separate ~ требовать особого подхода

to develop an ~ разрабатывать подход

to find a new ~ **to old problems** находить новый подход к решению старых проблем

to formulate a new ~ формулировать новый подход

to make an ~ вступать в контакт, завязывать отношения

to modify *smb's* ~ **to** *smth* изменять *чей-л.* подход к *чему-л.*

to practice an individual ~ **to** *smb* практиковать индивидуальный подход к *кому-л.*

to show a reasonable ~ проявлять разумный подход

to soften *one's* ~ **to** *smth* смягчать свой подход к *чему-л.*

to take an ~ придерживаться *какого-л.* подхода, применять *какой-л.* метод

to use an ~ использовать метод

on the ~es to a city на подступах к городу

rethink of *smb's* ~ **to** *smth* пересмотр *чьего-л.* подхода к *чему-л.*

approach II *v* обращаться *(к кому-л. с просьбой, предложением)*; вступать в контакт; вступать в переговоры

approbate *v* одобрять, разрешать, санкционировать

approbation *n* одобрение, разрешение, санкция

popular ~ народное/всеобщее одобрение

by ~ с одобрения/санкции

appropriate I *a* соответствующий, подходящий, надлежащий

~ **means** надлежащие меры

as ~ при необходимости

appropriate II *v* **1.** присваивать; приобретать **2.** ассигновать, выделять *(средства)*; предназначать

to ~ **money to** *smb* **for** *smth* ассигновать/выделять денежные средства *кому-л.* на *что-л.*

Congress ~d the funds to the states Конгресс выделил денежные средства штатам

appropriation *n* **1.** присвоение *(обычно незаконное)*; приобретение **2.** ассигнование, выделение денежных средств *(на что-л.)*

budget/budgetary ~s бюджетные ассигнования

contingency ~ выделение средств на покрытие чрезвычайных расходов

continuing ~s продлеваемые ассигнования

defense ~s ассигнования на оборону

financial ~s бюджетные ассигнования

foreign-aid ~s ассигнования на оказание помощи другим странам

lump-sum ~ единовременное ассигнование

military ~s ассигнования на военные нужды

supplementary ~s дополнительные ассигнования

to make an ~ **for** *smth* выделять средства на *что-л.*

approval *n* одобрение; утверждение; согласие *(на что-л.)*

~ **by acclamation** принятие/одобрение без голосования

~ **of a treaty** одобрение/утверждение договора

~ **to do** *smth* разрешение/санкция на *что-л.*

advance ~ предварительное одобрение

cautious ~ осторожное одобрение

complete ~ полное одобрение

Congressional ~ утверждение Конгрессом

final ~ окончательное утверждение

formal ~ официальное одобрение

general ~ всеобщее одобрение

higher ~ одобрение свыше

nationwide ~ всенародное одобрение

official ~ официальное одобрение

overwhelming ~ одобрение подавляющим большинством *(депутатов, населения и т.п.)*

parliamentary ~ одобрение/утверждение парламентом

preliminary/prior ~ предварительное одобрение

project ~ одобрение/утверждение проекта

public ~ поддержка общественности

qualified ~ одобрение/утверждение с оговорками

tacit ~ молчаливое одобрение

unanimous ~ единодушное одобрение

universal ~ всеобщее одобрение

unqualified ~ безоговорочное одобрение

warm ~ горячее одобрение

to get local authorities' ~ получить одобрение местных властей

to give *one's* ~ **for/to** *smth* одобрять/санкционировать *что-л.*

to have official ~ иметь официальное разрешение

to nod *one's* ~ кивнуть в знак одобрения

to obtain ~ from a body получать разрешение/санкцию *какого-л.* органа

to put a seal of ~ on *smth* одобрять *что-л.*

to receive *smb's* **stamp of ~** получать *чье-л.* разрешение/*чью-л.* санкцию

to seek ~ добиваться утверждения/одобрения

to signal *one's* **~** выражать свое одобрение

to submit for ~ to *smb* представлять на утверждение *кому-л.*

to voice *one's* **~** высказывать свое одобрение

to win the ~ of *smb* добиваться *чьего-л.* одобрения

pending ~ by Norway до тех пор пока не будет одобрения со стороны Норвегии

subject to ~ by/of *smb* подлежащий утверждению *кем-л.*

thundering ~ from the crowd шумное одобрение толпы

approve *v* одобрять, утверждать

to ~ in first reading одобрять в первом чтении

to ~ smth in principle одобрять *что-л.* в принципе

to ~ smth narrowly одобрять *что-л.* незначительным большинством голосов

to ~ smth tacitly молчаливо одобрять *что-л.*

approved *a* одобренный, принятый; утвержденный; санкционированный

Arab I *n* араб

Arab II *a* арабский

Arabic *a* арабский

arbiter *n* арбитр, третейский судья

to challenge an ~ заявлять/давать отвод арбитру

arbitrage *n* эк. арбитраж, спекуляция на разнице в ценах *(ценных бумаг, валюты)*

currency ~ валютный арбитраж

arbitral *a* юр. арбитражный, третейский *(о решении и т.п.)*

arbitrariness *n* произвол, самоуправство

arbitrary *a* произвольный, деспотический, односторонний

arbitrate *v* юр. 1. выступать в качестве арбитра/третейского судьи 2. выносить третейское решение 3. передавать на рассмотрение арбитража

to ~ between opposing parties выступать в качестве арбитра в споре между конфликтующими сторонами

arbitration *n* 1. разбор спора арбитражем/третейским судом 2. арбитраж, третейский суд

binding ~ принудительный арбитраж

commercial ~ торговый арбитраж

compulsory ~ принудительный арбитраж

international ~ международный арбитраж

state ~ государственный арбитраж

voluntary ~ добровольный арбитраж

to conduct ~ проводить арбитраж

to go to ~ over a dispute обращаться в арбитраж по поводу спора

to resort to ~ прибегать к арбитражу

to settle a dispute by ~ разрешать спор при помощи арбитража

cost of ~ арбитражные издержки

dispute went to ~ спор был передан на рассмотрение арбитража/третейского суда

union and management went to ~ профсоюз и администрация обратились в арбитраж/третейский суд

arbitrator *n* арбитр, третейский судья

archbishop *n* архиепископ

archenemy *n* заклятый враг

architect *n* автор, инициатор, вдохновитель

~ of a peace plan инициатор плана мирного урегулирования

~ of a state создатель государства

~ of peace инициатор и проводник процесса мирного урегулирования

~ of reforms архитектор реформ

~ of the cold war вдохновитель «холодной войны»

social ~ инициатор социальных изменений

archive *n* обыкн. *pl* архив(ы)

official ~s служебный архив

Parliamentary Sound A. фонотека британского парламента

State A. Государственный архив

to consign *smth.* **to the ~s** сдавать *что-л.* в архив

to file a document in the ~s сдавать документ в архив

to have access to ~s иметь доступ к архивам

to open ~s открывать архивы

to place in the ~s сдавать в архив

arch-reformer *n* суперреформатор

arch-rival *n* главный соперник

area *n* 1. район; область; зона; регион 2. область/сфера деятельности/исследования/ применения

~ affected by *smth* район, затронутый *чем-л.*

~ at the center of the dispute between *smb* район, являющийся главным предметом конфликта между *кем-л.*

~ has been closed to foreign correspondents район был закрыт для иностранных корреспондентов

~ is under a dusk-to-dawn curfew в районе установлен ночной комендантский час

~ of concern область/сфера, где положение вызывает озабоченность/беспокойство

~ of condition область разногласий

~ of co-operation область/сфера сотрудничества

~ of discussion тема обсуждения

~ of disturbances район волнений/беспорядков

~ of economic activity сфера экономической деятельности

~ of international strife район международных конфликтов

~ of social life сфера общественной жизни

~ of spending статья расхода

~ of success сфера деятельности, в которой достигнут успех

~ of unrest район, охваченный волнениями

~s of agreement вопросы, по которым имеется согласие

~s of disagreement вопросы, по которым не удалось достичь согласия

affluent ~ район, где проживает зажиточное население

agricultural ~ сельскохозяйственный район

Asian Free Trade A. (AFTA) зона свободной торговли стран АСЕАН

assembly ~ район сосредоточения/сбора

border ~ пограничный/приграничный район

built-up ~ район застройки

catchment ~ микрорайон, обслуживаемый школой, больницей *и т.п.*

city ~ городской район

closed ~ запретная зона

closed military ~ закрытая военная зона

concentration ~ район сосредоточения *(войск и т.п.)*

conservancy ~ заповедник

currency ~ валютная зона

danger ~ опасная зона

densely populated ~ густонаселенный район

depressed ~ (экономически) депрессивный район

deprived ~ обездоленный район

devastated ~ опустошенный/разоренный район

developed ~ развитый район/регион

developing ~ развивающийся район/регион

disaster ~ район бедствия

disaster-prone ~ район, подверженный стихийным бедствиям

disproportionately developed ~ непропорционально развитый район

disputed ~ спорный район

disputed border ~ спорный пограничный район

distressed ~ бедный район, район хронической безработицы

dollar ~ долларовая зона

drought-affected/drought-stricken ~ район, пораженный засухой

earthquake-prone ~ район, подверженный землетрясениям, сейсмически опасный район

ecologic(al) disaster ~ район экологического бедствия

economic ~ экономический район

economically backward ~ экономически отсталый район

emergency ~ район чрезвычайного положения

enemy-occupied ~ территория, оккупированная противником

environmentally sensitive ~ заказник

famine-hit ~ район, где свирепствует голод

flooded ~ район наводнения

free trade ~ зона свободной торговли

fundamental ~ of contention основная область разногласий

geographical ~ географический район

government-controlled ~ район, контролируемый правительством

grain-growing ~ зерновой район

guerilla-held ~ район, удерживаемый партизанами

heavily populated ~ густонаселенный район

highly politicized ~ политически активный район

impacted ~ 1) район, перегруженный в социальном отношении 2) район, населенный в основном служащими федерального правительства

industrial ~ промышленный район

irrigated ~ площадь орошаемых земель

key ~ ключевая область

lethal ~ *воен.* район поражения

liberated ~ освобожденный район

littoral ~ прибрежная/литоральная зона

logistical ~ тыловой район; тыл

main ~ of discussion основная тема обсуждения

market ~ район сбыта

metropolitan ~ крупный город с пригородами

model ~ показательный район

monetary ~ валютная зона

national-liberation movement ~ район национально-освободительного движения

navigation ~ район судоходства

negotiating ~ круг вопросов, по которым ведутся переговоры

neutral ~ нейтральная зона

no-go ~ запретная зона

North American Free Trade A. (NAFTA) Североамериканская зона свободной торговли *(США, Канада, Мексика)*

occupied ~ оккупированный район; оккупированная зона

oil-producing ~ нефтедобывающий район

populated ~ населенный район

predominantly Protestant ~ район, населенный в основном протестантами

priority ~ главная/приоритетная сфера *(приложения капитала и т.п.)*

prohibited ~ запретная зона

residential ~ жилой район

restricted ~ 1) помещения и участки территории, куда вход посторонним воспрещен *(напр. в аэропорту)* 2) *воен.* район, закрытый для военнослужащих

rioted ~ район волнений/беспорядков

rural ~ сельский район; *pl* сельская местность

safe ~ зона безопасности

sensitive ~ очаг напряженности

service ~ *воен.* тыловой район; тыл

shipping ~ район судоходства

sparsely populated ~ малонаселенный район

specified ~ специально установленный район

staging ~ *воен.* район сосредоточения войск *(перед посадкой на корабли, в самолеты)*

sterling ~ стерлинговая зона

strategic ~ стратегический район

strike-affected ~s районы, охваченные забастовкой

thinly populated ~ малонаселенный район

tightly guarded ~ усиленно охраняемая территория

trade/trading ~ рынок сбыта

trouble ~ «горячая точка», очаг напряженности

underdeveloped ~ слаборазвитый район

underprivileged ~ бедный район

uninhabited ~ незаселенный район

unrest ~ район беспорядков

unsettled ~ незаселенная территория

urban ~ городской район

volatile ~ «горячая точка», очаг напряженности

"whites only" ~ район «только для белых»

to be in control of an ~ контролировать район

to clear an ~ очищать район/зону *(от кого-л.)*

to close off an ~ оцеплять район; закрывать доступ в район

to comb an ~ прочесывать район

to cordon off an ~ оцеплять район; закрывать доступ в район

to declare a state an ecological disaster ~ объявлять штат зоной экологического бедствия

to enter an ~ **illegally** незаконно проникать в *какой-л.* район

to fight over an ~ воевать за *какой-л.* район

to gain control of an ~ устанавливать контроль над районом

to keep a grip on an ~ удерживать *какой-л.* район

to look at ~s **showing most promise** рассматривать вопросы, по которым существует наибольшая вероятность достижения соглашения

to police an ~ следить за соблюдением правопорядка в *каком-л.* районе

to recapture an ~ **for a party** восстанавливать влияние политической партии в *каком-л.* районе

to regenerate an ~ возрождать *какой-л.* район

to relinquish an ~ покидать/оставлять район

to rope/to seal off an ~ оцеплять район; закрывать доступ в район

arena *n* арена; сцена; поприще

~ **for East-West cooperation** область сотрудничества между Востоком и Западом

~ **of political struggle** арена политической борьбы

~ **of politics** политическое поприще

historical ~ историческая сцена

inner political ~ внутриполитическая арена

international ~ международная арена

political ~ политическая арена/сцена

social ~ общественное поприще

to appear/to come out on the political ~ выходить на политическую сцену

to continue on the political ~ продолжать оставаться на политической сцене

to disappear from the historical ~ уходить с исторической сцены

in/on the international ~ на международной арене

argue *n* 1. приводить аргументы/доводы, аргументировать; свидетельствовать *(о чем-л.)*; служить доказательством *(чего-л.)*, подтверждать *(что-л.)* 2. спорить, полемизировать, дискутировать

to ~ **against** *smth* приводить доводы против *чего-л.*

to ~ **in favor of** *smth* приводить доводы в пользу *чего-л.*

argument *n* 1. аргумент, довод, доказательство 2. спор, дискуссия, полемика

airtight ~ «железный»/неоспоримый аргумент

baculine ~ убеждение силой; палочная аргументация

balanced ~ продуманный аргумент

bitter ~ резкая полемика

cogent ~ убедительный аргумент, веский довод

compelling ~ неотразимый аргумент/довод

conclusive ~ решающий аргумент/довод

convincing ~ убедительный аргумент, веский довод

erroneous/fallacious ~ ошибочный довод

feeble ~ неубедительный довод, слабый аргумент

forceful ~ убедительный довод

futile ~ напрасный/беспредметный спор

groundless ~ необоснованный довод

heated ~ оживленная дискуссия

irrefutable ~ неоспоримый довод, неопровержимый аргумент

legal ~ юридический спор

legitimate ~ закономерный довод

logical ~ логичный аргумент

one-sided ~ односторонний аргумент

persuasive ~ убедительный аргумент

political ~ политический спор

rational/reasonable ~ разумный аргумент/довод, разумное соображение

solid ~ основательный довод

sound ~ веский аргумент

spurious ~ ложный аргумент/довод

sterile ~s бесплодные дискуссии

telling ~ веский/убедительный довод

tenuous ~ слабый/неубедительный довод

trenchant ~ довод, приводимый по существу дела

unassailable ~ неоспоримый/неопровержимый аргумент/довод

unconvincing ~ неубедительный аргумент/довод

valid ~ убедительный довод, веское соображение

vicious ~ несостоятельный аргумент/довод

weak ~ слабый довод

weighty ~ веский аргумент

to accede to *smb's* **~s** уступать *чьим-л.* доводам

to advance an ~ выдвигать аргумент/довод

to be locked in an ~ спорить, дискутировать

to be swayed by *smb's* **~s** внимать *чьим-л.* доводам

to break off an ~ прерывать спор

to build up an ~ выдвигать аргумент/довод

to buttress up ~s подкреплять доказательства

to clinch an ~ завершать дискуссию/полемику/спор

to confute an ~ опровергать аргумент/довод

to demolish ~s опровергать/разбивать аргументы

to drive home an ~ доводить аргумент/довод до сознания *(кого-л.)*

to get into an ~ вступать в дискуссию/полемику

to give ~s приводить аргументы/доводы, аргументировать

to have an ~ спорить, дискутировать

to hear ~s for *smth* заслушивать доводы в пользу *чего-л.*

to knock the bottom out of *smb's* **~s** полностью опровергать *чьи-л.* доводы

to offer/to present an ~ выдвигать аргумент/довод

to press *one's* **~s** настаивать на своих доводах

to prop up ~s подтверждать аргументы/доводы

to put forward an ~ выдвигать аргумент/довод

to put *one's* **~s to** *smb* излагать *кому-л.* свои аргументы/доводы

to rebut/to refute/to reject an ~ опровергать аргумент/довод

to resolve an ~ разрешать спор

to run out of ~s исчерпать аргументы/доводы

to settle an ~ улаживать спор

to terminate an ~ заканчивать дискуссию

to voice ~s выдвигать аргументы

argumentation *n* аргументация, приведение аргументов/доводов

Ariane *n* «Ариан» *(ракеты ESA – Европейского агентства исследования космоса)*

aristocracy *n* аристократия, знать

feudal ~ феодальная аристократия/знать

landed ~ землевладельческая аристократия

aristocrat *n* аристократ

aristocratic *a* аристократический

arithmetic *n* 1. арифметика 2. подсчет

~ in parliament соотношение голосов в парламенте

delegate ~ подсчет числа делегатов

arm I *n* 1. рука 2. крыло, часть, орган 3. *pl* оружие, вооружение 4. *pl* военные действия 5. *pl юр.* предмет, используемый в качестве оружия 6. *pl* герб

chemical ~s химическое оружие

conventional ~s обычные вооружения, обычные виды оружия

fire ~s огнестрельное оружие

moth-balled ~s законсервированные вооружения

non-nuclear ~s неядерное оружие, неядерные вооружения

nuclear ~s ядерное оружие, ядерные вооружения

offensive ~s наступательные виды оружия

sales and procurement ~ орган сбыта и закупок

small ~s стрелковое оружие

strategic ~s стратегические вооружения

strategic offensive ~s стратегические наступательные вооружения

to acquire ~s приобретать оружие

to be up in ~s подниматься с оружием в руках

to bear ~s against *smb* восставать с оружием в руках против *кого-л.*

to bear ~s иметь при себе/носить оружие

to block the flow of ~s on both sides прекращать поставки оружия обеим сторонам

to build up ~s накапливать оружие/вооружение

to call to ~s призывать к оружию

to carry ~s иметь при себе оружие

to cut back ~s сокращать вооружения

to exercise ~s применять оружие

to freeze strategic ~s замораживать стратегические вооружения

to funnel ~s to *smb* направлять оружие *кому-л.*

to hand in/over *one's* **~s to** *smb* сдавать оружие *кому-л.*

to hang on to *one's* **~s** отказываться сложить оружие

to have under ~s держать под ружьем

to lay down *one's* **~s** складывать оружие

to manufacture/to produce ~s производить оружие

to provide ~s for *smb* обеспечивать *кого-л.* оружием

to recover a large quantity of ~s конфисковывать большую партию оружия

to resort to ~s прибегать к оружию

to re-supply ~s to a country возобновлять поставки оружия стране

to rise in ~s against *smb* восставать с оружием в руках против *кого-л.*

to seize ~s захватывать оружие

to shake off the fetters of ~s избавляться от бремени вооружений

to ship ~s to *smb* поставлять оружие *кому-л.*

to smuggle ~s заниматься контрабандой оружия

to stockpile ~s накапливать запасы оружия

to strengthen the ~ of *smb* усиливать *чьи-л.* позиции

to supply ~s to a country clandestinely тайно поставлять оружие в страну

to surrender *one's* **~s to** *smb* сдавать оружие *кому-л.*

to suspend the supply of ~s to a country приостанавливать поставки вооружения *какой-л.* стране

to take up ~s against *smb* выступать с оружием в руках против *кого-л.*

to twist *smb's* ~s *перен.* выкручивать *кому-л.* руки (*оказывать давление на кого-л.*)

to uncover a quantity of ~s обнаруживать некоторое количество оружия

to welcome *smb* **with open ~s** принимать *кого-л.* с распростертыми объятиями

air drop of ~s сбрасывание вооружения с воздуха

broad restrictions on the ~s широкие ограничения вооружений

by force of ~s вооруженным путем, силой оружия

coat of ~s герб

control of ~s контроль над вооружениями

dissemination of ~s распространение оружия

limitation of nuclear ~s ограничение ядерных вооружений

nonproliferation of nuclear ~s нераспространение ядерного оружия

proliferation of nuclear ~s распространение ядерного оружия

reduction of ~s and armed forces сокращение вооружений и вооруженных сил

sales of ~s продажа оружия

shipment of ~s to a country поставки оружия *какой-л.* стране

success in ~s успех в военных действиях

supply of ~s to *smb* поставки оружия *кому-л.*

suspension of ~s приостановка военных действий

the military ~ of the UN Security Council военная организация Совета Безопасности ООН

the peace-keeping ~ of the United Nations миротворческие силы/войска ООН

trade in ~s торговля оружием

under ~s под ружьем

use of fire ~s by police применение огнестрельного оружия полицией

without resort to ~s не прибегая к оружию

arm II *v* вооружать(ся)

to ~ against *smb* вооружаться против *кого-л.*

armament *n обыкн. pl* вооружение, оружие

~s of an offensive nature вооружения наступательного характера

conventional ~s обычное вооружение, обычные виды оружия

lethal ~ смертоносное оружие

missile ~s ракетное оружие

sophisticated ~s наиболее современные виды вооружения

theater ~s *воен.* оружие театра военных действий (*обычное или ядерное*)

to achieve restraint in ~s добиваться ограничения вооружений

to bring ~s under control устанавливать контроль над вооружениями

to build up ~s наращивать вооружения

to cut down ~s сокращать вооружения

to eliminate ~s уничтожать/ликвидировать вооружения

to limit ~s ограничивать вооружения

to negotiate a cut in strategic nuclear ~s договариваться о сокращении стратегических ядерных вооружений

to reduce ~s сокращать вооружения

asymmetry in ~s асимметрия в вооружениях

armed *a* вооруженный

~ to the teeth вооруженный до зубов

heavily ~ хорошо вооруженный

armchair *attr* кабинетный (*о работнике, ученом и т.д.*)

armistice *n* перемирие; прекращение военных действий

general ~ общее перемирие

indefinite ~ бессрочное перемирие

partial ~ частичное перемирие

to conclude an ~ заключать перемирие

to disrupt an ~ срывать перемирие

to observe the terms of the ~ соблюдать условия перемирия

to sign an ~ подписывать соглашение о перемирии

armored *a* 1. бронированный 2. бронетанковый

~ forces бронетанковые войска

~ personal carrier бронетранспортер, БТР

armory *n* арсенал; вооружения

aging ~ устаревающее вооружение

nuclear ~ ядерный арсенал

cuts in the ~ сокращение вооружений

arm-twisting *n* политика «выкручивания рук»; грубый нажим

army *n* 1. армия (*вооруженные силы или отдельное оперативное соединение*) 2. множество, масса; армия 3. общество, организация

~ advances/attacks армия наступает

~ conducts war армия ведет войну

~ engages in combat армия ведет боевые действия

~ fights армия ведет боевые действия

~ has been put on stand-by армия была приведена в состояние боевой готовности

~ has moved in были введены войска

~ in the field действующая армия

~ is 1 million men under strength армия недоукомплектована на 1 млн. человек

~ of unemployed армия безработных

~ pulls back/retreats/withdraws армия отходит

~ was out in force улицы патрулировались крупными воинскими формированиями

acting ~ действующая армия

active ~ личный состав армии, находящийся на действительной службе

advancing ~ наступающая армия

colonial ~ колониальная армия

conquering ~ побеждающая армия
conscript ~ армия, комплектуемая по призыву
defeated ~ побежденная армия
disgruntled ~ недовольство в армии
expeditionary ~ экспедиционные войска
Imperial A. императорская армия
insurgent ~ повстанческая армия
invasion ~ армия вторжения
invincible ~ непобедимая армия
Irish Republican A. (IRA) Ирландская республиканская армия, ИРА
liberation ~ освободительная армия
mercenary ~ наемная армия, наемные войска
national ~ национальная армия
national-liberation ~ национально-освободительная армия, НОА
occupation/occupying ~ оккупационная армия
people's ~ народная армия
People's Liberation A. (PLA) Народно-освободительная армия, НОА *(КНР)*
professional ~ профессиональная армия
rebel ~ повстанческая армия
recruit ~ армия, комплектуемая по призыву
Red A. *ист.* Красная Армия
regular ~ регулярная/постоянная армия
reserve ~ **of labor** резервная армия труда
retreating ~ отступающая армия
Salvation A. «Армия спасения» *(религиозная благотворительная организация)*
standing ~ регулярная/постоянная армия
strategic ~ войска стратегического назначения
territorial ~ территориальная армия
victorious ~ победоносная армия
voluntary/volunteer ~ добровольческая армия
to array an ~ развертывать армию
to be demobilized/to be discharged from the ~ демобилизоваться из армии
to bring in the ~ вводить в действие армию, пускать в ход войска
to catch an ~ **unprepared** заставать армию врасплох
to clean up the ~ производить чистку в армии
to command an ~ командовать армией
to commit an ~ вводить армию в бой
to concentrate an ~ сосредотачивать армию
to conscript *smb* **into the** ~ призывать *кого-л.* в армию
to control the ~ контролировать армию
to crush an ~ разбить/разгромить армию
to decapitate the ~ обезглавить армию
to decimate an ~ уничтожить значительную часть армии
to defeat an ~ наносить поражение армии
to demobilize an ~ проводить демобилизацию
to deploy an ~ развертывать армию
to disband an ~ расформировывать армию
to draft *smb* **into the** ~ призывать *кого-л.* в армию

to drill an ~ обучать армию
to encircle an ~ окружать армию; обходить армию *(с флангов)*
to enlist into the ~ зачислять на военную службу
to envelop an ~ окружать армию; обходить армию *(с флангов)*
to equip an ~ оснащать армию
to expand the ~ увеличивать вооруженные силы
to fall back on the ~ опираться на поддержку армии
to field an ~ бросать/вводить армию в бой
to inspect an ~ инспектировать армию
to join the ~ вступать в армию
to keep the ~ **in check** держать в руках армию
to lead an ~ возглавлять армию; вести армию *(в бой)*
to levy an ~ комплектовать/набирать армию; призывать в армию
to maintain an ~ содержать армию
to mass an ~ сосредоточивать армию
to mobilize an ~ проводить мобилизацию
to modernize the ~ модернизировать армию
to muster/to organize an ~ создавать/формировать армию
to outfight an ~ побеждать армию
to outflank an ~ окружать армию; обходить армию *(с флангов)*
to outmaneuver an ~ добиваться преимущества над армией в результате маневра
to overrun an ~ разбить армию
to press young men into the ~ заставлять молодежь идти в армию
to professionalize the ~ делать армию профессиональной
to purge the ranks of the ~ проводить чистку в армии
to put an ~ **to flight** обратить армию в бегство
to raise/to rally an ~ собирать армию
to recruit *smb* **into the** ~ вербовать *кого-л.* на военную службу
to rejuvenate the ~ производить омоложение армии
to remain strategically emplaced in the ~ оставаться на ключевых постах в армии
to review an ~ производить смотр армии
to rout an ~ разгромить армию
to serve in the ~ служить в армии
to smear the name of the ~ чернить армию
to supply an ~ снабжать армию
to surprise an ~ наносить неожиданный удар по армии
to surround an ~ окружать армию
to take the ~ **back to the barracks** возвращать армию в казармы
to train an ~ обучать армию
maintenance of the ~ содержание армии
arraign *v* 1. *юр.* привлекать к суду; предъявлять обвинение 2. обвинять; призывать к ответу

arraignment *n юр.* привлечение к суду; предъявление обвинения в суде

arrange *v* **1.** договариваться, приходить к соглашению **2.** улаживать, урегулировать, разрешать

to ~ differences улаживать разногласия

arrangement *n* **1.** договоренность, соглашение **2.** улаживание, урегулирование, разрешение **3.** *pl* меры; мероприятия; приготовления

~ of a claim урегулирование претензии

~ of a conflict разрешение конфликта

ad hoc ~ специальное соглашение

budgetary ~s бюджетные соглашения

contractual ~s контрактные соглашения

cooperative ~s соглашения о сотрудничестве

coordination ~s меры по координации

credit ~s предоставление/выделение кредитов; кредитные программы

diplomatic ~ дипломатическая договоренность

effective ~s эффективные мероприятия

elaborate security ~s тщательные меры безопасности

financial ~s финансовые приготовления

institutional ~s мероприятия организационного характера

international ~s международные соглашения

joint defense ~s совместные оборонительные мероприятия

long-term ~s долгосрочные соглашения

no win, no fee ~ договоренность с адвокатом, предусматривающая выплату ему гонорара только в случае выигрыша дела

organizational ~s организационные мероприятия

payments ~ договоренность об осуществлении платежей/расчетов

political ~s политические договоренности

power-sharing ~ договоренность о разделе власти

recruitment ~s комплектование личным составом; организация подбора кадров

regional ~s региональные соглашения

safety ~s техника безопасности

security ~s меры безопасности; соглашения о безопасности

shared security ~s создание системы коллективной безопасности

social security ~s система социального обеспечения

technical ~s технические мероприятия

tripartite ~ трехстороннее соглашение

verbal ~ устная договоренность

verification and control ~s мероприятия по проверке и контролю

to come to an ~ with *smb* договариваться/приходить к соглашению с *кем-л.*

to consider ~s рассматривать соглашения

to discuss ~s for troops withdrawal обсуждать подготовку к выводу войск

to ensure exchange ~s соблюдать валютные соглашения

to enter into ~s заключать соглашения

to finalize ~s окончательно договариваться, окончательно улаживать все детали соглашения

to make ~s принимать меры; проводить мероприятия; осуществлять приготовления

to make an ~ договариваться; достигать договоренности; заключать соглашение

to reach an ~ достигать договоренности/соглашения

to utilize regional ~s использовать региональные соглашения

to work out election ~s разрабатывать процедуру проведения выборов

in accordance with the ~s made by the General Assembly в соответствии с указаниями Генеральной Ассамблеи *(ООН)*

under ~ согласно договоренности, по соглашению

arrear *n обыкн. pl* задолженность; долги; просроченные платежи; неуплаченные суммы по счетам

~s of interest просроченные проценты

~s on debt repayments задолженность по выплате долгов

mounting wage ~s задолженность по зарплате

to be in ~s (in/with) иметь задолженность *(по)*

to pay off a country's ~s to an international organization выплачивать задолженность страны международной организации

to repay *one's* **~s** выплачивать свою задолженность

amount of the ~s сумма задолженности

arrest I *n* **1.** арест, задержание **2.** наложение ареста *(на имущество)*

~ of a vessel арест/задержание судна

~ of *smb* **for alleged spying** арест *кого-л.* по подозрению в шпионаже

~ on charges of *smth* арест по обвинению в *чем-л.*

arbitrary ~s аресты без веского предлога

attitude ~ арест, произведенный полицейским не за правонарушение, а за то, что ему не понравилось *чье-л.* поведение

controversial ~ арест, правомерность которого вызвала споры

false ~ незаконное задержание

house ~ домашний арест

house-to-house ~s повальные аресты

illegal ~ незаконный арест

mass ~s массовые аресты

on-the-spot ~ арест на месте преступления

political ~ арест по политическим мотивам

preventive ~ превентивный арест

strict house ~ строгий домашний арест

sweeping ~ многочисленные аресты

unlawful ~ незаконный арест

widespread ~ многочисленные аресты

to be subject to ~ подлежать аресту

to be under ~ быть/находиться под арестом

to carry out/to conduct ~ производить арест

to face ~ from the authorities подвергнуться аресту со стороны властей

to hold *smb* **under ~** содержать *кого-л.* под арестом/стражей

to issue warrants for the ~ выдавать ордера на арест

to keep under ~ содержать под арестом/стражей

to make an ~ производить арест

to order the ~ of *smb* распорядиться арестовать *кого-л.*

to place/to put *smb* **under ~** подвергнуть *кого-л.* аресту, арестовать *кого-л.*

to put *smth* **under ~** накладывать арест на *что-л.*

to release *smb* **from ~** освобождать *кого-л.* из-под ареста

to release *smb.* **from prison into house ~** заменять *кому-л.* тюремное заключение домашним арестом

to remain under ~ оставаться под арестом

to resist ~ оказывать сопротивление при аресте/задержании

to secure *smb's* **release from house ~** добиться *чьего-л.* освобождения из-под домашнего ареста

to threaten *smb* **with ~** угрожать *кому-л.* арестом

spate of ~s повальные аресты

under ~ под арестом

arrest II *v* **1.** арестовывать, задерживать, подвергать аресту/задержанию **2.** накладывать арест на *что-л.* **3.** задерживать, приостанавливать

to ~ growth задерживать рост

to ~ inflation приостанавливать инфляцию

to ~ *smb* **for spying** арестовывать *кого-л.* по обвинению в шпионаже

to ~ *smb* **on charges of** *smth* арестовывать *кого-л.* по обвинению в *чем-л.*

to ~ *smb* **on public order offenses** арестовывать *кого-л.* по обвинению в нарушении общественного порядка

to ~ *smb* **on sight** арестовать *кого-л.* в случае его обнаружения

to ~ *smb* **on suspicion of** *smth* арестовывать *кого-л.* по подозрению в совершении *чего-л.*

to ~ the property накладывать арест на имущество

arsenal *n* арсенал; запас оружия/вооружений/вооружения

~s of nuclear and chemical weapons арсеналы ядерного и химического оружия

long-range nuclear ~s арсенал стратегических ядерных ракет

nuclear ~ ядерный арсенал

to cut back on *one's* **nuclear ~** сокращать свой ядерный арсенал

to halve *one's* **strategic nuclear ~s** сокращать наполовину свои стратегические ядерные вооружения

to limit the chemical ~ ограничивать химические арсеналы

to modernize *one's* **~** модернизировать свои вооружения

to negotiate deep cuts in strategic ~s вести переговоры о значительных сокращениях стратегического ядерного оружия

to reduce nuclear ~s сокращать арсеналы ядерного оружия

to revamp *one's* **~** обновлять свой арсенал

cut in nuclear ~s сокращение ядерных арсеналов

reduction of nuclear ~s сокращение запасов ядерного оружия

arson *n юр.* поджог

first-degree ~ *полиц. жарг.* поджог зданий

to commit ~ совершать поджог

arsonist *n* поджигатель

art *n* искусство

~ of the possible искусство возможного/искусство компромиссов *(для достижения политических целей)*

~ of war военное искусство

applied ~ прикладное искусство

flowering of ~ and culture расцвет искусства и культуры

work of ~ произведение искусства

article *n* **1.** статья *(договора и т.п.)*; пункт, параграф **2.** *pl* договор, соглашение **3.** *дипл.* грамота **4.** статья *(в периодической печати)* **5.** предмет, товар, изделие

~s of consumption потребительские товары

~s of expenditure статьи расходов

~s of luxury предметы роскоши

~s of personal use предметы личного потребления

~s of prime necessity предметы первой необходимости

additional ~ дополнительная статья

amended ~ исправленная статья

burning ~ злободневная статья

dutiable ~s товары, облагаемые пошлиной

feature ~ любой материал неинформационного содержания

final ~ заключительная статья

full-page ~ статья на всю страницу

hard-hitting ~ резко критическая статья

introductory ~ вступительная статья

leading ~ передовая/редакционная статья, передовица

magazine ~ журнальная статья

polemical ~ полемическая статья

speculative ~ проблемная статья

survey ~ обзорная статья

taxed ~s товары, облагаемые пошлиной

to alter an ~ вносить изменения в статью

to amend an ~ вносить поправку в статью

to be under ~s быть связанным договором

to exchange ~s of ratification обмениваться ратификационными грамотами

to invoke A. 32 of the UN Charter опираться на статью 32 Устава ООН

to invoke an ~ давать статью в номер

to scrap an ~ of the constitution отменять статью конституции

to vote ~ by ~ голосовать постатейно/отдельно по каждой статье

reaction to an ~ отклики на статью

removal/repeal of an ~ of the Constitution отмена статьи конституции

the ~ as a whole is adopted статья принимается в целом

the main comment ~ статья, содержащая главный комментарий

under ~ 3 на основании статьи 3

artillery *n* артиллерия

atomic ~ атомная артиллерия

ascendancy, ascendency *n* власть, господство, доминирующее влияние

to gain/to obtain ~ over *smb* получать власть над *кем-л.*; добиваться влияния на *кого-л.*

Asia *n* Азия

Asian I *n* азиат

Asian II *a* азиатский

Asiatic I *n* азиат

Asiatic II *a* азиатский

Central ~ среднеазиатский

aspect *n* аспект, сторона; взгляд, точка зрения

crucial ~ решающий аспект

demographic ~s демографические аспекты

economic ~ экономический аспект, экономическая точка зрения

financial ~ финансовый аспект

historical ~ исторический аспект

international ~ международный аспект

key ~s ключевые аспекты

legal ~ of *smth* правовая сторона *чего-л.*

main ~ главный аспект

main/major ~s of a problem основные аспекты проблемы

military ~s военные аспекты

political ~ политический аспект, политическая сторона

progressive ~s прогрессивные аспекты

social ~ социальный аспект

socioeconomic ~s социально-экономические аспекты

sociological ~ социологический аспект

specific ~ особый/характерный аспект

tangible ~s реальные аспекты

theoretical ~ теоретический аспект, теоретическая сторона

trade ~ торговый аспект

to dwell on the political ~ касаться политического аспекта/политической стороны *(чего-л.)*

to outline the important ~s of a conflict обозначать важные аспекты конфликта; кратко обрисовывать/излагать важные аспекты конфликта

to touch on the political ~ касаться политического аспекта/политической стороны *(чего-л.)*

aspiration *n* стремление; *pl* чаяния, устремления; притязания; амбиции

~ for change стремление к переменам

~ of the people чаяния народа

~ to independence стремление к независимости

expansionist ~s экспансионистские устремления

legitimate ~s законные притязания

nationalist ~s националистические тенденции

people's ~s чаяния народа

political ~s of the masses политические устремления масс

progressive social ~s передовые социальные устремления

territorial ~s территориальные притязания

to add fuel to nationalist ~s усиливать националистические настроения

to disclaim any territorial ~s to a country отказываться от любых территориальных притязаний к *какой-л.* стране

to harbor expansionist ~s вынашивать экспансионистские замыслы

to meet *smb's* **legitimate ~s** удовлетворять *чьи-л.* законные притязания

to meet the ~s of the peoples отвечать чаяниям народов

to realize ~s осуществлять устремления

to recognize the ~s of *smb* признавать *чьи-л.* чаяния

assailant *n* нападавший

unidentified ~s неизвестные нападавшие лица

assassin *n* убийца политического, общественного *или* религиозного деятеля

character ~ политик, использующий любые средства, чтобы полностью дискредитировать своего противника

hired ~ наемный убийца

assassinate *v* совершать убийство по политическим *или* религиозным мотивам

assassination *n* убийство по политическим *или* религиозным мотивам

attempted ~ попытка совершения убийства по политическим *или* религиозным мотивам

barbarous ~ зверское политическое убийство

political ~ политическое убийство

to be behind the ~ быть инициатором покушения

to carry out an ~ совершать убийство по политическим *или* религиозным мотивам

assault *n* 1. атака, нападение; штурм 2. *юр.* словесное оскорбление и угроза действием; нападение на *кого-л.* 3. резкие выступления *(против кого-л., чего-л.)*; нападки *(на кого-л., что-л.)*

~ and battery *юр.* оскорбление действием

~ on democratic freedoms наступление на демократические свободы

~ on police нападение на полицию

~ on the freedom of the press нападки на свободу печати

~s upon the constitution резкие выступления против конституции

aggravated ~ нападение с применением физического насилия

all-out ~ общая атака

armed ~ вооруженное нападение

attempted ~ попытка нападения

criminal ~ *юр.* преступное нападение

final ~ последний штурм

ground ~ наступление наземных сил

indecent ~ изнасилование; попытка изнасилования

military ~ штурм

pre-emptive ~ on a country упреждающее нападение на *какую-л.* страну

serious bodily ~ нанесение/причинение тяжких телесных повреждений

to beat off an ~ отбивать атаку, отражать штурм

to carry out an ~ проводить атаку

to commit an ~ upon *smb* нападать на *кого-л.*, оскорблять *кого-л.* действием

to crush *smb's* отбивать *чью-л.* атаку, нанося большие потери

to launch an ~ начинать штурм

to lead an ~ on *smth* вести войска в атаку на *что-л.*

to make an ~ on/upon *smb* совершать нападение на *кого-л.*

to repulse an ~ отбивать атаку/нападение; отражать штурм

to take by ~ брать штурмом

to withstand an ~ выдерживать атаку/штурм

assemble *v* 1. созывать, собирать 2. собираться

assembly *n* собрание, ассамблея

constituent ~ учредительное собрание

deliberative ~ совещательный орган

devolved ~ законодательное собрание со значительной степенью автономии

Federal A. Федеральное собрание *(Чешская Республика, Швейцария)*

General A. Генеральная Ассамблея *(ООН)*

Grand A. Лойя Джирга, Великое собрание *(Афганистан)*

Grand National A. Великое национальное собрание *(Румыния, Турция)*

Legislative A. законодательное собрание *(законодательный орган штата)*

national ~ национальное собрание, национальная ассамблея

North Atlantic A. Североатлантическая ассамблея, СА

People's A. Народное собрание, Народная ассамблея *(парламент Египта)*

plenary ~ пленум, пленарное заседание

popular ~ народное собрание

regional ~ региональная ассамблея

riotous ~ массовое скопление людей с целью проведения *каких-л.* акций

rubber-stamp ~ законодательный орган, автоматически утверждающий постановления/декреты правительства

State A. 1) законодательное собрание штата *(США)* 2) ассамблея штата *(Индия)*

unlawful ~ незаконное собрание

to address the UN General A. выступать на заседании Генеральной Ассамблеи *(ООН)*

to ask the ~ to decide upon *smth* предоставлять решение вопроса собранию/ассамблее

to ban the ~ of more than four people запрещать собираться группами более четырех человек

to boycott the ~ бойкотировать собрание

to convene/to convoke an ~ созывать собрание/ассамблею

to dismiss/to dissolve an ~ распускать собрание/ассамблею

to elect *smb* **to the regional ~** избирать *кого-л.* депутатом провинциальной ассамблеи

to hold an ~ проводить собрание/ассамблею

to summon an ~ созывать собрание/ассамблею

to suspend an ~ прерывать работу собрания/ассамблеи

dissolution of the ~ роспуск ассамблеи

assemblyman *n* член законодательного собрания штата

assertion *n* утверждение

contradictory ~s противоречивые утверждения

groundless ~ беспочвенное утверждение

mere/naked ~ голословное утверждение

to reject *smb's* **~s** не соглашаться с *чьим-л.* утверждением

assessment *n* 1. оценка 2. налогообложение 3. размер налога 4. взнос

~ of policy оценка политики

~s for the regular budget шкала долевых взносов по регулярному бюджету *(ООН)*

all-round theoretical ~ всесторонняя теоретическая оценка

bleak ~ мрачная оценка

careful ~ тщательная оценка

cautious ~ осторожная оценка

correct ~ правильная оценка

final ~ окончательная оценка

high ~ высокая оценка

integrated ~ комплексная оценка

joint ~ совместная оценка

mandatory ~s обязательные долевые взносы

medical ~ медицинское заключение

moral ~ моральная оценка

on-the-spot ~ оценка положения на месте

optimistic ~ оптимистическая оценка

qualitative ~ качественная оценка

quantitative ~ количественная оценка

rates of ~s ставки взносов

regular budget ~s долевые взносы в регулярный бюджет *(ООН)*

scale of ~s шкала взносов

scientific ~ научная оценка

sober ~ трезвая оценка

staff ~ налогообложение персонала

technology ~ *социол. жарг.* оценка воздействия технологических достижений на общество

unbias(s)ed ~ беспристрастная/объективная оценка

well-grounded ~ глубоко обоснованная оценка

wrong ~ неправильная/ошибочная оценка

to come in for uncompromising ~ давать бескомпромиссную оценку

to edge up one's **~ of** smth более высоко оценивать *что-л.*

to give a high ~ давать высокую оценку

to make an ~ давать оценку

assessor *n* 1. эксперт/консультант при суде 2. асессор, заседатель

peoples' ~ *ист.* народный заседатель *(в суде)*

asset *n* 1. *pl фин.* актив (баланса); активы; средства; капитал; фонды; авуары 2. имущество, достояние

~s abroad активы за границей

agricultural ~s сельскохозяйственные фонды

available ~s легко реализуемые активы

basic/capital ~s основные фонды/средства; основной капитал

current ~s оборотные средства; оборотный капитал

development ~s фонды развития

economic ~s экономические активы, экономический вклад

financial ~s финансовые активы/средства

fixed ~s основные фонды/средства; основной капитал

floating ~s оборотные средства; оборотный капитал

foreign ~s заграничные активы

frozen ~s замороженные активы

government ~s abroad государственные активы за границей

hidden ~s скрытые резервы

human ~s людские ресурсы

important ~ важный вклад; важная заслуга

intelligence ~ «разведывательные ресурсы» *(т.е. наличие разветвленной агентурной сети)*

international ~s заграничные активы; недвижимая собственность иностранных корпораций *(в данной стране)*

long-term ~s долгосрочные активы

nonproduction ~s непроизводственные фонды

personal ~s личное имущество, личная собственность

physical ~s реальные/материальные активы

political ~ политический капитал

production ~s производственные фонды

public ~s общественные активы

real ~s недвижимое имущество, недвижимость

short-term ~s краткосрочные активы

state(-owned) ~s государственные активы

tangible ~s реальные средства

to assess development ~s оценивать ресурсы экономического развития

to confiscate the ~s конфисковывать активы

to exploit ~s использовать/осваивать средства/фонды/ресурсы

to freeze a country's ~s замораживать авуары/активы страны

to hold a country's ~s задерживать активы страны

to realize ~s реализовывать активы

to sequestrate smb's **~s** накладывать арест на *чьи-л.* активы/авуары

to transfer a country's ~s переводить активы страны

to unfreeze a country's ~s размораживать авуары страны

to withdraw one's **~s** забирать свои активы

working ~s оборотные средства; оборотный капитал

seizure of smb's **~s** конфискация *чьих-л.* активов

transfer of ~s перевод активов

unfreezing of ~s размораживание авуаров

assign *v* 1. назначать *(на должность)*; направлять *(куда-л.)*; командировать; распределять *(на работу)* 2. поручать, давать поручение/задание 3. ассигновать

to ~ a limited sum выделять/ассигновать ограниченную сумму

to ~ smb **to a case** поручать ведение дела *кому-л.*

to ~ smb **to a plant** распределять *кого-л.* на завод

assignment *n* 1. назначение *(на должность)*; распределение *(на работу)*; (служебная) командировка 2. задание, поручение; задача 3. ассигнование, выделение средств

~ of specialists распределение специалистов

~ to a new job назначение на новую работу

~s to the budget отчисления в бюджет

dangerous ~ опасное задание

economic ~s экономические задачи

field ~ назначение для работы на периферии

important ~ ответственное поручение

job ~ распределение на работу

overseas ~ зарубежная командировка

rush ~ срочное задание

social ~s социальные задачи

special ~ специальное задание

tough ~ трудное задание

to be on an ~ находиться в (служебной) командировке

to carry out an ~ выполнять задание/поручение

to complete one's ~ заканчивать срок своей службы (*в какой-л. организации, стране и т.п.*)

to give smb an ~ давать *кому-л.* задание; поручать *кому-л. что-л.*

to undertake an ~ давать согласие на новое назначение; занять должность

completion of an ~ окончание срока командировки

length of the ~ продолжительность командировки

nature of the ~ характер назначения на должность

period of ~ продолжительность назначения; срок работы на новой должности

assimilate v ассимилировать(ся), уподоблять(ся), поглощать(ся); смешивать(ся), сливаться

assimilation n ассимиляция, поглощение

~ **into society** ассимиляция в обществе

forced/forcible ~ насильственная ассимиляция

swift ~ быстрая ассимиляция

natural process of ~ естественный процесс ассимиляции

assimilationism n политика насильственной ассимиляции

assistance n помощь, поддержка, содействие

~ **at the request of the government** помощь, оказываемая по просьбе правительства

~ **for** smth помощь на *что-л.*

~ **in** smth помощь в *чем-л.*

~ **to developing countries** помощь развивающимся странам

~ **to** smb помощь *кому-л.*

adequate ~ достаточная помощь

all-round ~ всесторонняя помощь

appropriate ~ надлежащая/соответствующая помощь

armed ~ вооруженная поддержка

bilateral ~ двусторонняя помощь

charitable ~ благотворительная помощь

commodity ~ помощь товарами

comradely ~ товарищеская помощь

considerable ~ значительная помощь

continued ~ помощь, оказываемая в течение длительного времени

crucial ~ решающее содействие

cultural ~ содействие в развитии культуры

development ~ помощь в развитии

direct ~ непосредственная помощь

disaster ~ помощь, оказываемая в случае стихийного бедствия *или* катастрофы

disinterested ~ бескорыстная помощь/поддержка

diversified ~ многосторонняя помощь

economic ~ экономическая помощь

effective ~ эффективная помощь

emergency ~ неотложная/срочная помощь

expert ~ помощь специалистов/экспертов

extensive ~ широкомасштабная помощь; широкая поддержка

external ~ внешняя помощь

federal ~ помощь государства

financial ~ финансовая помощь/поддержка

food ~ продовольственная помощь

fraternal ~ братская помощь

free ~ безвозмездная помощь

friendly ~ дружеская помощь

furnished ~ предоставленная помощь

government ~ правительственная помощь/поддержка

great ~ большая помощь

humanitarian ~ гуманитарная помощь

indirect ~ косвенная помощь

international ~ международная помощь

internationalist ~ интернационалистская помощь

invaluable ~ неоценимая помощь/поддержка

kind ~ любезная помощь

large-scale ~ широкомасштабная помощь

legal ~ правовая/юридическая помощь

long-term ~ долгосрочная помощь

manifold ~ разносторонняя помощь

massive ~ значительная помощь

material ~ материальная помощь

military ~ военная помощь

moral ~ моральная поддержка

multilateral ~ многосторонняя помощь

multinational ~ помощь, оказываемая многими государствами

mutual ~ взаимная помощь, взаимопомощь

necessary/needed ~ необходимая помощь/поддержка

nonfinancial ~ нефинансовая помощь

official ~ официальная поддержка

Official Development A. (ODA) официальная помощь на цели развития, ОПР

one-way ~ односторонняя помощь/поддержка

organizational ~ организационная поддержка

outside ~ помощь извне

patronage ~ шефская помощь

planning ~ помощь в планировании

political ~ политическая поддержка

practical ~ практическая помощь

preparatory ~ предварительная помощь

private ~ помощь частных предпринимателей

project ~ помощь в проектировании *или* строительстве объектов

prompt ~ оперативная помощь

public ~ общественная поддержка

research ~ помощь в проведении научно-исследовательских работ

scientific ~ научная помощь

scientific and technical ~ научно-техническая помощь

security ~ *воен. жарг.* помощь, оказываемая по соображениям безопасности (*американская финансовая и экономическая помощь в деле создания, вооружения и подготовки вооруженных сил потенциальных союзников*)

selfless ~ бескорыстная помощь
social ~ социальное обеспечение; социальная помощь
special ~ специальная помощь
sustained ~ длительная/постоянная помощь
systematic ~ систематическая помощь/поддержка
technical ~ техническая помощь
technical and economic ~ технико-экономическое содействие
technological ~ техническая помощь
temporary ~ временная помощь
tied ~ помощь, обусловленная *какими-л.* условиями
timely provided ~ своевременно предоставленная помощь
untied ~ помощь, не сопровождаемая *какими-ми-л.* условиями
urgent ~ экстренная помощь
valuable ~ ценная помощь
to accept ~ **from** *smb* получать/принимать помощь от *кого-л.*
to afford ~ иметь возможность оказать помощь
to allocate ~ выделять помощь
to apply to a country for ~ обращаться к *какой-л.* стране за помощью
to ask for ~ просить/запрашивать помощь
to avail *oneself* **of the** ~ **(of)** пользоваться помощью
to be eligible for ~ иметь право на получение помощи
to channel ~ **into developing countries** направлять помощь развивающимся странам
to co-ordinate ~ координировать оказание помощи
to cut off ~ прекращать оказание помощи
to deliver ~ оказывать/предоставлять помощь
to discontinue ~ прекращать оказание помощи
to divert ~ **from a country** переключать помощь с *какой-л.* страны *(на какую-л. другую)*
to encourage ~ поощрять/стимулировать оказание помощи
to expand/to extend ~ расширять/увеличивать размеры помощи
to furnish ~ оказывать помощь
to give *smb* **every** ~ оказывать *кому-л.* всяческую помощь
to go to a country for ~ обращаться к *какой-л.* стране за помощью
to go to the ~ **of merchant vessels** приходить на помощь торговым судам
to grant ~ оказывать/предоставлять помощь
to increase ~ увеличивать размеры помощи
to lend ~ оказывать помощь
to offer ~ предлагать помощь
to order free ~ **to** *smb* распорядиться об оказании *кому-л.* безвозмездной помощи
to phase out ~ постепенно прекращать оказание помощи

to provide ~ предоставлять помощь
to receive ~ получать помощь
to recycle $... in ~ **to developing countries** переключать ... долларов на помощь развивающимся странам
to refrain from giving ~ воздерживаться от оказания помощи
to render ~ оказывать/предоставлять помощь
to request ~ запрашивать помощь
to respond to request for ~ отвечать на запрос/просьбу о помощи
to restrict ~ **to** *smb* ограничивать помощь *кому-л.*
to seek ~ добиваться получения помощи
to stop ~ прекращать помощь
to turn to a country for ~ обращаться к *какой-л.* стране за помощью
to withhold ~ **to a country** воздерживаться от оказания помощи стране
adequate level of development ~ соответствующий уровень помощи в целях развития
bulk of technical ~ большая часть технической помощи
channels for ~ каналы оказания помощи
distribution of international ~ **to flood victims** распределение международной помощи жертвам наводнения
expansion/extension of ~ расширение/увеличение размера помощи
nature and scope of ~ характер и размер помощи
provision of ~ предоставление помощи
reduction in *smb's* ~ **to a country** уменьшение *чьей-л.* помощи *какой-л.* стране
request for ~ просьба об оказании помощи
assistant *n* помощник; заместитель; референт; личный секретарь
A. to the President for National Security Affairs помощник президента по вопросам национальной безопасности *(США)*
personal ~ **to a minister** личный помощник министра
technical ~ технический специалист
US A. Secretary of State for Near Eastern Affairs помощник государственного секретаря США по делам Ближнего Востока
assize *n юр.* **1.** судебное разбирательство **2.** *pl ист.* выездная сессия суда присяжных *(в графствах)*
associate I *n* **1.** компаньон, партнер; соучастник, член товарищества **2.** соратник, сторонник, товарищ *(по какой-л. деятельности)*; коллега **3.** помощник
close ~ близкий соратник
program ~ помощник руководителя программы
associate II *a* объединенный, тесно связанный; присоединенный; ассоциированный
~ **member** ассоциированный член
associate III *v* соединять(ся); присоединять(ся)

to ~ *oneself* **with** *smth* присоединяться к *чему-л.*; солидаризироваться/быть солидарным с *чем-л.*

associated *a* **1.** объединенный **2.** дочерний *(о предприятии и т.п.)*; филиальный **3.** ассоциированный

closely ~ with *smb* тесно связанный с *кем-л.*

to be ~ with *smth* присоединяться к *чему-л.*; солидаризироваться с *чем-л.*; ассоциироваться с *чем-л.*

association *n* ассоциация, общество, объединение

A. of Retired People Ассоциация пенсионеров *(США)*

A. of South East Asian Nations (ASEAN) Ассоциация стран Юго-Восточной Азии, АСЕАН *(6 стран: Бруней, Малайзия, Индонезия, Таиланд, Филиппины, Сингапур; создана в 1967 г.)*

bar ~ *амер.* коллегия адвокатов

branch ~ отраслевое объединение

British A. for the Advancement of Science/ of Learning Британская ассоциация по распространению научных знаний

building and loan ~ жилищно-строительный кооператив

business ~ торгово-промышленная ассоциация

co-operative ~ кооперативная ассоциация

economic ~ хозяйственное объединение

European Free Trade A. (EFTA) Европейская ассоциация свободной торговли, ЕАСТ

industrial ~ промышленная ассоциация

intergovernmental ~s межправительственные объединения

international ~ международная ассоциация

International A. of Universities (IAU) Международная ассоциация университетов

International Development A. (IDA) Международная ассоциация развития, МАР

International Law A. (ILA) Ассоциация международного права

International Sociological A. (ISA) Международная социологическая ассоциация, МСА

Latin American Free Trade A. (LAFTA) *ист.* Латиноамериканская ассоциация свободной торговли *(в 1980 г. заменена ассоциацией ALADI)*

Latin American Integration A. (ALADI) Ассоциация интеграции стран Латинской Америки

Medical A. Ассоциация медицинских работников

monopolist/monopoly ~ монополистическое объединение

national ~ национальная ассоциация

National A. of Manufacturers (NAM) Национальная ассоциация промышленников

Nobility A. дворянское собрание

political ~ политическая ассоциация

private ~ частная компания, частное общество

professional ~ профессиональное объединение

regional economic ~s региональные экономические союзы

regional information ~s региональные информационные объединения

religious ~ религиозная организация

self-governing ~ самоуправляющаяся организация

small-scale industry ~ объединение мелких производителей

social ~s общественные объединения

Staff A. Ассоциация сотрудников международной организации

students' ~ студенческая ассоциация

trade ~ торговая ассоциация

trade-union ~ профсоюзная ассоциация

transnational ~ транснациональное объединение

US National Student A. (US NSA) Национальная студенческая ассоциация США, НСА

USSR ~ for the United Nations *ист.* Советская ассоциация содействия ООН

voluntary ~ добровольное объединение, добровольный союз

working-class ~ рабочий союз

World Parliamentary A. Всемирная межпарламентская ассоциация

Young Men's Christian A. (YMCA) Христианский союз молодых людей *(международная организация)*

Young Women's Christian A. (YWCA) Христианский союз женской молодежи *(международная организация)*

Youth Hostels A. (Y.H.A.) Ассоциация молодежных турбаз и гостиниц

assortment *n* ассортимент

~ of goods ассортимент товаров

to expand the ~ of consumer goods расширять ассортимент потребительских товаров

rich ~ of cars богатый ассортимент/выбор автомобилей

assurance *n* **1.** заверение, гарантия **2.** уверенность

~ of support заверение в поддержке

adequate ~s соответствующие гарантии

credible ~s надежные гарантии

fresh ~s новые заверения

mutual ~s взаимные гарантии

non-use ~s гарантии неприменения *(напр. ядерного оружия)*

quality ~ обеспечение качества

security ~s гарантии безопасности

strong ~s надежные заверения

the best ~ against *smth* лучшая гарантия против *чего-л.*

verbal ~s устные заверения

to accept *smb's* **~s that ...** принимать *чьи-л.* заверения/уверения о том, что ...

to extract ~s добиваться заверений

to get ~s from *smb* получать заверения от *кого-л.*

to give *smb* an ~ that ... заверять *кого-л.* в том, что ...

to offer ~s to *smb* давать заверения *кому-л.*; заверять *кого-л.*

to provide ~s обеспечивать гарантии

to receive ~s that ... получать заверения о том, что ...

to re-examine the most deeply rooted ~s пересматривать наиболее глубоко укоренившиеся представления

to seek ~s from *smb* добиваться заверений от *кого-л.*

to take *smb's* ~s at face value принимать *чьи-л.* заверения за чистую монету

to want an ~ that ... добиваться заверения, что ...

to win ~s from *smb* добиваться заверений от *кого-л.*

astronaut *n* астронавт

astronautics *n* астронавтика

astuteness *n* проницательность

political ~ политическое предвидение

asylum *n юр.* убежище

diplomatic ~ дипломатическое убежище

insane/lunatic ~ психиатрическая больница

political ~ политическое убежище

territorial ~ территориальное убежище

to apply for political ~ in a country обращаться с просьбой к *какой-л.* стране о предоставлении политического убежища

to approach a country for ~ обращаться к *какой-л.* стране с просьбой о предоставлении убежища

to ask for ~ просить (политического) убежища

to be entitled to political ~ иметь право на политическое убежище

to claim political ~ просить политическое убежище

to demand ~ требовать предоставления убежища

to deny *smb* ~ отказывать *кому-л.* в предоставлении убежища

to gain political ~ получать политическое убежище

to give ~ to *smb* предоставлять убежище *кому-л.*

to grant *smb* political ~ предоставлять *кому-л.* политическое убежище

to obtain political ~ добиваться политического убежища

to offer *smb* political ~ предлагать *кому-л.* политическое убежище

to receive ~ получать убежище

to refuse *smb* (political) ~ отказывать *кому-л.* в предоставлении (политического) убежища

to request political ~ просить политическое убежище

to revoke *smb's* ~ аннулировать решение о предоставлении *кому-л.* убежища

to seek ~ on religious grounds добиваться убежища по религиозным мотивам

to take ~ in a country найти убежище в *какой-л.* стране

to turn down a request for (political) ~ отклонять просьбу о предоставлении (политического) убежища

application for ~ просьба о предоставлении убежища

request for (political) ~ просьба о предоставлении (политического) убежища

right of ~ право (политического) убежища

asylum-seeker *n* человек, добивающийся убежища

atheism *n* атеизм

atheist *n* атеист

atheistic(al) *a* атеистический

Atlantic *a* атлантический

Atlanticism *n полит.* атлантизм

Atlanticist I *n* атлантист, сторонник атлантизма

Atlanticist II *a полит.* атлантический

~ circles/quarters атлантические круги

Atlantism *n полит.* атлантизм

atmosphere *n* 1. атмосфера, воздушное пространство 2. *перен.* атмосфера, обстановка, климат

~ conducive to dialogue атмосфера, способствующая диалогу

~ of distrust атмосфера недоверия

~ of fear and intimidation атмосфера страха и запугивания

~ of freedom, peace and security атмосфера свободы, мира и безопасности

~ of friendship атмосфера дружбы

~ of good-neighborly relations and cooperation атмосфера добрососедства и сотрудничества

~ of mutual understanding атмосфера взаимопонимания

~ of peace and tranquillity атмосфера мира и спокойствия

~ of tolerance атмосфера терпимости

~ of trust атмосфера доверия

~ of war hysteria обстановка военной истерии

businesslike ~ атмосфера делового сотрудничества

cordial ~ сердечная атмосфера; дух сердечности

electioneering ~ атмосфера предвыборной кампании

end-of-reign ~ атмосфера конца правления

favorable ~ благоприятная обстановка

formal ~ официальная атмосфера/обстановка

friendly ~ атмосфера дружбы

hostile ~ враждебная атмосфера

informal ~ неофициальная атмосфера/обстановка

political ~ политическая атмосфера, политический климат

polluted ~ загрязненная атмосфера

relaxed ~ непринужденная атмосфера/обстановка

social ~ общественная атмосфера

tense ~ напряженная атмосфера/обстановка

warm and friendly ~ теплая и дружеская обстановка

to consider *smth* **in a low-key ~** обсуждать *что-л.* в спокойной обстановке

to create an ~ of fear and intimidation создавать атмосферу страха и запугивания

to improve the ~ оздоровлять обстановку/ климат

to normalize the international ~ нормализовывать международную обстановку

to poison the political ~ отравлять политическую атмосферу

to sour the ~ ухудшать обстановку

to warm the ~ делать атмосферу более теплой

crime-ridden ~ of a city атмосфера города, где процветает преступность

pollution of the ~ загрязнение атмосферы

promotion of a healthy ~ in the world оздоровление обстановки в мире

atmospherics *n жарг.* действия *или* высказывания, направленные на создание определенной атмосферы в международных отношениях

atom *n* атом

~s for peace 1) мирный атом; мирное применение атомной энергии **2)** использование ядерного оружия как средства сдерживания и обеспечения мира

atomaniac *n* атомный ма́ньяк

atomarine *n* атомная подводная лодка

atom-free *a* свободный от атомного оружия/ атомных электростанций

atomic *a* атомный

~ energy атомная энергия

~ power-station атомная электростанция, АЭС

atrocious *a* жестокий; зверский; свирепый, ужасный

atrocit/y *n (against smb)* жестокость, зверство, злодеяние

~ies bordering on genocide зверства, граничащие с геноцидом

~ies of war ужасы войны

appalling ~ies ужасные зверства

death-camp ~ies зверства, творившиеся в лагерях смерти

dreadful ~ies ужасные зверства

grisly ~ies отвратительные злодеяния

gruesome ~ies жуткие зверства

horrible/horrid ~ies ужасные зверства

human-rights ~ies ужасающие нарушения прав человека

military ~ies зверства, совершаемые армией

monstrous ~ies чудовищные зверства/злодеяния

nazi ~ies зверства нацистов

police ~ жестокость со стороны полиции

revolting ~ies отвратительные зверства

vile ~ies гнусные зверства

widespread ~ies многочисленные зверства

to be linked to ~ies against civilians быть причастным к зверствам по отношению к гражданскому населению

to carry out ~ies совершать злодеяния

to commit ~ies совершать зверства

to list a catalogue of ~ies perpetrated/ committed by *smb* перечислять зверства, совершенные *кем-л.*

to perpetrate ~ies совершать зверства/злодеяния

amid claims of ~ies при наличии утверждений о совершенных зверствах

attaché *n фр. дип.* атташе

agricultural ~ атташе по сельскому хозяйству

air(-force) ~ военно-воздушный атташе

army ~ атташе сухопутных войск

assistant ~ помощник атташе

commercial ~ торговый атташе

cultural ~ атташе по культуре

defense ~ военный атташе

deputy ~ заместитель атташе

medical ~ атташе по вопросам медицины

military ~ военный атташе

naval ~ военно-морской атташе

Olympic Games ~ олимпийский атташе

press ~ пресс-атташе

scientific and technical ~ атташе по науке и технике

naval ~ for air атташе военно-морской авиации

attaché-casing *n уголовн. жарг.* передача крупных взяток

attack I *n* **1.** атака, нападение; наступление; удар **2.** враждебная критика; нападки; выпады

~ across the border нападение через границу

~ against the enemy атака позиций противника; наступление на противника

~ failed наступление провалилось

~ fizzled out атака захлебнулась

~ on *one's* **opponent** критика своего оппонента; нападки на своего оппонента

~ on the government's policy нападки на политику правительства

~ succeeds наступление развивается успешно

~ will not go without a response это нападение не останется без ответа

aerial/air ~ налет авиации, воздушное нападение, удар с воздуха

all-out ~ общее наступление

armed ~ вооруженное нападение

attempted ~ попытка нападения

bitter ~ ожесточенная/резкая критика; резкие нападки/выпады

blistering ~ грубые/оскорбительные нападки

bomb ~ террористический акт с применением бомбы

brain ~ «мозговая атака», «мозговой штурм»

car bomb ~ взрыв бомбы, подложенной в автомашину

carefully organized ~ тщательно спланированное нападение

ceaseless ~s непрерывные атаки

chemical ~ нападение с применением химического оружия

concerted ~ одновременная атака; скоординированный удар

coordinated ~ одновременное наступление; совместный удар

cross-border ~ нападение, сопровождаемое переходом границы

dastardly ~ трусливое/подлое нападение

dynamite ~ нападение с применением динамита

effective ~ эффективный удар

enemy ~ атака/наступление противника

ethnically motivated ~ нападение по причинам националистического характера

fire-bomb ~ нападение с применением зажигательных бомб

flank ~ фланговый удар

frontal ~ фронтальное наступление; фронтальный удар

full-scale ~ наступление по всему фронту

furious ~s яростные нападки

grenade ~ акт насилия с применением гранаты

groundless ~s необоснованные выпады

guerilla ~ нападение партизан

gun ~ нападение с применением огнестрельного оружия

hard-hitting ~ острая критика

heavy ~ мощный удар

hit and run ~ быстрый удар с последующим отходом

ideological ~s идеологические выпады

ill-conceived ~ недостаточно подготовленное наступление

irrational ~ неразумная критика

irresponsible ~s безответственные нападки/выпады

long-range missile ~ обстрел стратегическими ракетами

massive ~ массированный удар

mock ~ отвлекающий удар

murderous ~ смертоносный удар

nuclear ~ ядерное нападение; ядерный удар

outspoken ~s неприкрытые нападки

paramilitary ~ нападение полувоенного формирования

petrol bomb ~ нападение с применением бутылок с зажигательной смесью

piratical ~ пиратское/разбойное нападение

plunderous ~ разбойничье нападение

poison gas ~ нападение с применением отравляющих веществ

preemptive ~ упреждающий удар

premeditated ~ преднамеренное нападение

provoked ~ спровоцированное нападение

psychological ~ психологическая атака

racially motivated ~ нападение на расовой почве

repeated ~ неоднократные удары

retaliatory ~ ответный удар

rocket ~ ракетный удар

savage ~ ожесточенный удар; яростные нападки

scathing ~ резкие нападки; уничтожающая критика

scurrilous ~s оскорбительные нападки

seaborne ~ нападение с моря

sectarian ~ нападение, вызванное межобщинной враждой

severe/sharp ~ резкая критика

slanderous ~s клеветнические выпады

sneak ~ внезапное нападение; внезапный удар/налет

stinging ~ острая/резкая критика

strident ~ резкая критика; ожесточенные нападки

strong ~ резкая критика

sudden ~ внезапное нападение

suicide bomb ~ нападение террориста-смертника/самоубийцы, взрывающего спрятанную на себе бомбу

suicide car bomb ~ взрыв бомбы, подложенной в автомашину террориста-смертника

surprise ~ внезапное нападение

sustained ~s постоянные нападки

terrorist ~ нападение террористов

treacherous ~ вероломное нападение

unfounded ~ необоснованный выпад

unprecedented ~s беспрецедентные нападки

unprovoked/wanton ~ неспровоцированное нападение

vicious ~s злобные нападки

violent ~s яростные нападки

to be a target for ~ быть объектом нападения

to be at the receiving end of violent ~s подвергаться жестокой критике

to be behind an ~ быть организатором нападения

to be exposed to ~ подвергаться нападению

to be involved in an ~ участвовать в нападении

to be killed in an ~ быть убитым при нападении

to be safe from ~ не опасаться нападения

to be secure against ~ быть в безопасности в случае нападения

to be subjected to ~s подвергаться нападкам

to be under ~ подвергаться критике

to blame an ~ **on** *smb*, **to blame** *smb* **for an** ~ обвинять *кого-л.* в нападении

to blunt an ~ сдерживать натиск *(атакующих)*

to break up an ~ срывать/расстраивать атаку *(противника)*

to build up for an ~ накапливать силы для нападения/нанесения удара

to call a halt to *one's* **~s** прекращать свои атаки

to carry out an ~ осуществлять/предпринимать нападение

to claim responsibility for an ~ принимать на себя ответственность за совершение нападения

to come under ~ подвергаться нападению

to come under ~ for *smth* подвергаться критике/нападкам за *что-л.*

to confess to carrying out the ~ признаваться в совершении нападения

to crush an ~ громить наступающие войска

to deliver an ~ предпринимать нападение

to deliver a strong ~ on *smth* резко выступать против *чего-л.*

to deter an ~ by *smb* удерживать *кого-л.* от нападения

to forestall an ~ предпринимать нападение

to go over to the ~ переходить в наступление

to halt *one's* **~s** прекращать нападки

to halt the ~s on *smb's* **leadership** прекращать нападки на *чье-л.* руководство

to instigate an ~ against *smb* подстрекать к нападению на *кого-л.*

to launch a scathing ~ on *smth* подвергать *что-л.* уничтожающей критике

to launch an ~ начинать атаку/наступление; наносить удар

to lead an ~ 1) руководить наступлением 2) наступать в первом эшелоне

to make an ~ (on *smb***)** предпринимать нападение *(на кого-л.)*

to make a strong ~ against *smb* подвергать резкой критике *кого-л.*

to marshal a conventional ~ сосредотачивать войска для нанесения удара обычными видами оружия

to mastermind an ~ быть организатором нападения

to mount an ~ предпринимать нападение

to open an ~ начинать атаку/наступление

to press an ~ упорно продолжать атаковать/наступать

to prevent an ~ предотвращать нападение

to provoke an ~ провоцировать нападение

to rebuff/to repel/to repulse an ~ отбивать/отражать атаку/нападение/удар

to shield from ~s ограждать от нападок

to shun the ~ избегать выступать с нападками

to spear-head an ~ наступать в первом эшелоне

to stage an ~ on *smth* организовывать нападение на *что-л.*; предпринимать наступление на *что-л.*

to step up *one's* **~s** усиливать свои нападки

to withstand a nuclear-missile ~ выдерживать ракетно-ядерный удар

hostile ~s in the press враждебные выпады в печати

malicious ~s against *smb* злобные нападки на *кого-л.*; злобные выпады против *кого-л.*

missile ~s on the cities ракетные удары по городам, ракетный обстрел городов

spate of poison gas ~s серия нападений с применением отравляющих веществ

sweeping ~ on *smb* критика *кого-л.* по целому ряду вопросов

threat of an ~ угроза нападения

wave of ~s by *smb* волна нападений со стороны *кого-л.*

widespread condemnation of the ~ широкое осуждение нападения

attack II *v* **1.** атаковать, нападать; вести наступление **2.** критиковать; подвергать нападкам; выступать с выпадами

to ~ *smb* **viciously** злобно нападать на *кого-л.*

to ~ *smth* **bitterly** резко критиковать *что-л.*

attacker *n* атакующий, нападающий; атакующая/нападающая сторона

cross-border ~ участник вооруженных рейдов через границу

attainment *n* **1.** достижение, приобретение *(чего-л.)* **2.** *обыкн. pl* знания; подготовка

~ of national sovereignty достижение национального суверенитета

attempt *n* **1.** попытка; проба **2.** покушение

~ against *smb/on* *smb's* **life** покушение на *кого-л.*/на *чью-л.* жизнь

~ to hijack an aircraft попытка захвата/угона самолета; попытка насильственного изменения маршрута полета самолета

~ to undermine détente *ист.* попытка сорвать процесс разрядки

abortive ~ неудавшаяся/провалившаяся попытка

arson ~ попытка поджога

coup ~ попытка государственного переворота

failed ~ провалившаяся попытка

failure of ~s провал попыток

hijack(ing) ~ попытка захвата/угона *(самолета, автобуса и т.п.)*

last-ditch ~ последняя отчаянная попытка

mediation ~ попытка посредничества

repeated ~s неоднократные попытки

transparent ~ явная попытка

unsuccessful ~ неудачная попытка

to avoid possible ~s of capture избежать возможных попыток захвата

to back a coup ~ поддержать политику переворота

to botch an ~ совершить неудачную попытку

to clamp down on an ~ срывать/пресекать попытку

to counteract ~s противодействовать попыткам, нейтрализовать попытки

to crush a coup ~ подавить попытку переворота

to escape an ~ on *one's* **life** остаться в живых/уцелеть при покушении

to escape an assassination ~ уцелеть при покушении

to foil an ~ срывать/пресекать попытку

to make an ~ делать/предпринимать попытку

to plot an assassination ~ against *smb* готовить покушение на *кого-л.*

to put down an ~ to overthrow *smb* подавлять попытку свержения *кого-л.*

to thwart ~s to stage a conspiracy пресекать попытки организации заговора

assassination ~ against *smb*/**on** *smb's* **life** покушение на *кого-л.*

eleventh hour ~ to find a solution попытка в последнюю минуту найти решение

attendance *n* присутствие

~ is necessary явка обязательна

attender *n* присутствующий; посетитель

church ~ прихожанин; прихожанка

attention *n* внимание, внимательность

national ~ внимание всей страны

world-wide ~ внимание всего мира

to attract public ~ привлекать внимание общественности к *чему-л.*, обращать внимание общественности на *что-л.*

to bring to the ~ of *smb* доводить до сведения *кого-л.*

to call the ~ to *smth* обращать внимание на *что-л.*

to command international ~ завладевать вниманием всего мира; приковывать внимание всего мира

to deflect ~ away from *smth* отвлекать внимание от *чего-л.*

to deflect world ~ from *smth* отвлекать внимание мира от *чего-л.*

to direct one's ~ to *smth* направлять внимание на *что-л.*

to distract ~ from *smth* отвлекать внимание от *чего-л.*

to divert ~ away from *smth* отвлекать внимание от *чего-л.*

to draw public ~ to *smth* привлекать внимание общественности к *чему-л.*, обращать внимание общественности на *что-л.*

to express gratitude for kind ~ благодарить за внимание

to focus world ~ on *smth* сосредотачивать внимание мировой общественности на *чем-л.*

to gain ~ добиваться внимания (*аудитории, общественности и т.п.*)

to stand at ~ стоять по стойке «смирно»

to stand to ~ *брит.* стоять по стойке «смирно»

to thank for ~ благодарить за внимание

to turn ~ away from *smth* отвлекать внимание от *чего-л.*

to turn one's ~ to *smth* обращаться к *чему-л.*; сосредотачиваться на *чем-л.*

attitude *n* (*to, towards*) позиция, отношение; подход; взгляд, точка зрения

anti-social ~ антиобщественная позиция

bureaucratic ~ бюрократическое отношение

changed ~ изменение позиции

conscientious ~ добросовестное отношение

conscious ~ сознательное отношение

consumer's ~ (to *smth*) потребительское отношение (*к чему-л.*)

defensive ghetto ~ (to *smth*) настороженное отношение (*к чему-л.*)

firm ~ твердая позиция

flexible ~ гибкая позиция; гибкий подход

hard-line ~ жесткая позиция; жесткий подход

hostile ~ враждебное отношение

international ~s позиции на международной арене

irreconcilable ~ непримиримая позиция

irresponsible ~ безответственное отношение

maverick ~ независимая позиция

moderate ~ умеренный подход

negative ~ отрицательное отношение

nonpolitical ~ аполитичность

pliable ~ гибкая позиция; гибкий подход

positive ~ положительное отношение

rapidly changing ~s быстро меняющиеся точки зрения

tough ~ жесткая позиция

wait-and-see ~ выжидательная позиция

to adopt an ~ занимать *какую-л.* позицию

to adopt a wait-and-see ~ занять выжидательную позицию

to camouflage one's negative ~ (to) скрывать свое негативное отношение (*к*)

to clarify *smb's* **~ towards** *smth* уточнять *чье-л.* отношение к *чему-л.*

to defend a more moderate ~ защищать более умеренный подход

to display one's unfavorable ~ towards *smth* демонстрировать отрицательное отношение к *чему-л.*

to explain one's ~ to these present at the meeting излагать свою позицию собранию

to have colonialist ~s проявлять колониалистские взгляды

to maintain a stand-offish ~ сохранять сдержанность

to revise one's ~ пересматривать свое отношение (*к чему-л.*)

to show one's ~ towards *smth* демонстрировать свое отношение к *чему-л.*

to soften one's ~ занять менее жесткую позицию

to stiffen one's ~ занять более жесткую позицию

to take an ~ занимать *какую-л.* позицию

change of ~ изменение отношения/подхода (*к чему-л.*)

shift in ~s изменение подходов (*к чему-л.*)

attorney *n* **1.** адвокат, защитник; поверенный; юрист **2.** чиновник органов юстиции; атторней, прокурор

A. General *брит.* **1)** атторней-генерал, генеральный прокурор **2)** главный прокурор герцогства Ланкастерского, герцогства Корнуолл и пфальцграфства Даремского

~ in fact лицо *(не являющееся адвокатом)*, действующее в качестве поверенного другого лица

~ general of the State главный прокурор штата

appointed ~ назначенный судом адвокат

circuit ~ *амер.* прокурор округа, окружной прокурор/атторней

district ~ (D.A.) окружной прокурор штата

pardon ~ атторней по вопросам помилования

persecuting ~ прокурор

power ~ доверенность, полномочие *(на ведение дела)*

private ~ лицо *(не являющееся адвокатом)*, действующее в качестве поверенного другого лица

retained ~ адвокат, приглашенный/нанятый клиентом

United States A. General государственный/ федеральный прокурор США

to hire/to retain an ~ нанимать адвоката/защитника

by ~ по доверенности; через поверенного

attorney-at-law *n амер.* адвокат, поверенный

attorneyship *n* 1. профессия адвоката 2. звание адвоката

attraction *n* что-л., привлекающее внимание; приманка

tourist ~s объекты, привлекающие туристов

attribution *n* приписывание; отнесение *(к чему-л.)*

not for ~ *(для опубликования)* без ссылки на источник

attrition *n* 1. истощение *(экономики, страны и т.п.)* 2. сокращение штата в результате естественных причин *(уход по собственному желанию, выход на пенсию, смерть и т.п.)*

war of ~ война на истощение

auction *n* аукцион; торги, публичная продажа

forced ~ принудительные торги, принудительная продажа

international ~ международный аукцион; международные торги

public ~ публичные торги

to buy *smth* **at an ~** покупать *что-л.* на аукционе

to hold an ~ проводить аукцион

to put *smth* **up for ~** выставлять *что-л.* для продажи с аукциона

to sell *smth* **by ~** продавать *что-л.* с торгов

by ~ с аукциона, с торгов

audience *n* 1. аудиенция *(у кого-л.)*; прием *(кем-л.)* 2. аудитория, публика; зрители; слушатели

captive ~ *полит. жарг.* слушатели, вынужденные выслушивать политическое выступление, не имея возможности покинуть помещение

private ~ частная аудиенция

television ~ телевизионная аудитория, телезрители

to attract a wide ~ привлекать широкую аудиторию

to give/to grant an ~ to *smb* давать *кому-л.* аудиенцию; принимать *кого-л.*

to have an ~ with *smb* получать аудиенцию у *кого-л.*; быть принятым *кем-л.*

to hold an ~ spellbound зачаровывать слушателей

to play to *one's* **international ~s** делать заявления, рассчитанные на реакцию международной общественности

to receive an ~ получать аудиенцию; добиваться приема

to receive *smb* **in ~** давать *кому-л.* аудиенцию; принимать *кого-л.*

to seek an ~ with *smb* добиваться аудиенции/приема у *кого-л.*

to tell a dinner ~ that ... сказать в речи на официальном обеде, что ...

right to ~ право на аудиенцию

audioconferencing *n* совещание по телефону более двух участников; телефонная конференция

audit I *n* проверка, ревизия, аудит

external ~ внешняя ревизия

general ~ общая ревизия

internal ~ внутренняя ревизия

preliminary ~ предварительная ревизия

tax ~ налоговая проверка

to carry out/to conduct an ~ проводить проверку/ревизию

complete ~ of the accounts проверка всех счетов

audit II *v* 1. проверять, ревизовать, проводить проверку/ревизию 2. посещать курс *(в колледже)* в качестве вольнослушателя

auditor *n* аудитор, бухгалтер-ревизор

external ~ внешний ревизор

internal ~ внутренний ревизор

aura *n* атмосфера, аура

to sustain the ~ of good will поддерживать атмосферу доброй воли

auspices *n* покровительство; эгида

to convene a conference under UN ~ созывать конференцию под эгидой ООН

to meet under the ~ of UN организовывать встречу под эгидой/покровительством ООН

under the ~ of *smth* под эгидой *чего-л.*; под патронатом/покровительством *чего-л.*; при содействии *чего-л.*

austere *a* строгий, суровый

austerity *n* строгая экономия; режим строгой экономии

economic ~ режим жесткой экономики

strict ~ строгая экономия

war-time ~ экономия военного времени

to practice ~ соблюдать строгую экономию

package in economic ~ пакет мер строжайшей экономии

Australasia n Австралазия *(Австралия, Новая Зеландия, Папуа-Новая Гвинея и примыкающие тихоокеанские острова)*

Australia, New Zealand, United States (ANZUS) «АНЗЮС» *(пакт по обеспечению безопасности, подписанный между Австралией, Новой Зеландией и США в 1951 г.)*

Australian I n австралиец

Australian II a австралийский

autarchy, autarky n эк. автаркия *(экономическая самостоятельность)*

authentic a 1. подлинный, аутентичный 2. юр. действительный, имеющий законную силу
   to be equally ~ иметь одинаковую силу, быть аутентичным *(о текстах документа)*

authenticate v 1. удостоверять, скреплять *(печатью, подписью и т.п.)* 2. свидетельствовать/устанавливать подлинность
   to ~ a signature удостоверять подлинность подписи

authenticity n подлинность, аутентичность
   ~ of the treaty text аутентичность текста договора
   to doubt the ~ of *smth* сомневаться в подлинности *чего-л.*
   to establish the ~ of *smth* устанавливать подлинность *чего-л.*
   to prove the ~ of *smth* доказывать подлинность *чего-л.*
   to question the ~ of *smth* оспаривать подлинность *чего-л.*
   to vouch for the ~ of *smth* ручаться за подлинность *чего-л.*

authoritarian n авторитарный

authoritarianism n авторитарность, авторитарный режим

authoritative a 1. авторитетный, влиятельный 2. авторитетный, заслуживающий доверия
   ~ body авторитетный орган
   ~ information информация из заслуживающих доверия источников

authorit/y n 1. власть 2. полномочия; права 3. pl власти; администрация; должностные лица 4. авторитет, вес, влияние 5. авторитет, крупный специалист 6. авторитетный/надежный/заслуживающий доверия источник
   ~ies external to the UN орган, не имеющий отношения к ООН
   ~ is eroding/seeping away авторитет падает
   ~ on *smth* авторитет по *какому-л.* вопросу
   ~ to do *smth* полномочия делать *что-л.*
   absolute ~ абсолютный авторитет
   additional ~ дополнительные полномочия
   administrative ~ies административный орган
   appropriate ~ies соответствующие органы
   central ~ центральная власть
   centralized ~ централизованная власть
   civil ~ies гражданские власти
   colonial ~ies колониальные власти
   competent ~ies компетентные органы
   complaints ~ies бюро жалоб
   complete ~ полная власть

constitutional ~ конституционные полномочия

coordinating ~ies координирующий орган

customs ~ies таможенные власти

decision-making ~ies директивный орган

declining ~ падающий авторитет

defense ~ies руководство министерства обороны

delegated ~ делегированные полномочия

ecclesiastical ~ies церковные власти

education ~ies органы просвещения

exclusive ~ исключительные полномочия

executive ~ исполнительная власть

federal ~ies федеральные власти

final judicial ~ies высшая судебная инстанция

full ~ полная власть

generally recognized ~ общепризнанный авторитет

good ~ достоверный источник

great ~ крупный специалист

harbor ~ies портовые власти

health ~ies органы здравоохранения

higher ~ies вышестоящая организация/инстанция

immigration ~ies иммиграционные власти

indisputable ~ непререкаемый авторитет

interim ~ временная власть

International Atomic Energy Athorities Международная организация по использованию атомной энергии

investigating ~ies следственные органы

irrefutable ~ непререкаемый авторитет

law-enforcement ~ies правоохранительные органы

lawful ~ законная власть

leading ~ ведущий специалист

legal ~ авторитет в области/по вопросам права

legislative ~ законодательная власть

legitimate ~ законная власть

local ~ies местный орган власти, орган местного самоуправления

Local Education Athorities (LEA) *брит.* Отдел образования муниципалитета

military ~ies военные власти

ministerial ~ власть министра

monetary ~ies официальные финансовые учреждения

moral ~ моральный авторитет

municipal ~ies городские/муниципальные власти

occupation/occupying ~ies оккупационные власти

original classification ~ *прав. жарг.* право засекречивать информацию

parliament's ~ власть парламента

police ~ies 1) полицейские власти 2) *брит.* местный отдел полиции *(Великобритания)*

policy-making ~ies органы, осуществляющий выработку политики/политического курса

political ~ политический авторитет

port ~ies портовые власти

presidential ~ президентская власть

provisional ~ временная власть

public ~ 1) народная власть 2) *pl* орган государственной власти

regional ~ies региональные органы

reliable ~ прочный авторитет

respected ~ признанный авторитет/специалист

responsible ~ies ответственный орган

reviewing ~ies *воен.* инстанция, утверждающая решение военного суда

royal ~ власть монарха

state ~ государственная власть

statutory ~ власть, установленная законом

supervisory ~ies орган надзора

supreme ~ 1) высшая/верховная власть 2) высший авторитет 3) *pl* высшая инстанция

unimpeachable ~ неоспоримый авторитет

unlimited ~ неограниченные полномочия

unquestioned ~ неоспоримый авторитет

water ~ies *брит.* органы, ведающие водными ресурсами

weakening ~ падающий авторитет

wide ~ широкие полномочия

to abuse *one's* ~ злоупотреблять своими полномочиями

to acknowledge *smb's* ~ признавать *чей-л.* авторитет

to act on *one's* **own** ~ действовать самостоятельно/по собственному почину/на свой страх и риск

to act on *smb's* ~ действовать на основании полученных полномочий

to act with the ~ **of the law** действовать на основании закона

to affect the ~ затрагивать полномочия

to apply to the ~ies обращаться к властям

to assert *one's* ~ **over** *smb* утверждать свою власть над *кем-л.*

to assume ~ **for** *smth* принимать руководство *чем-л.*

to be in ~ возглавлять; быть во главе

to be on the wrong side of the ~ies находиться в оппозиции к властям

to be under the ~ **of** *smb* находиться в *чьём-л.* ведении

to be vested with the necessary ~ быть наделенным достаточными полномочиями

to bolster *smb's* ~ усиливать *чью-л.* власть

to boost *smb's* **domestic** ~ повышать *чей-л.* авторитет внутри страны

to buttress *one's* ~ укреплять свой авторитет

to challenge *smb's* ~ оспаривать *чьи-л.* полномочия

to cite *smb's* ~ ссылаться на *чей-л.* авторитет

to consolidate *one's* ~ укреплять свою власть

to curtail *smb's* ~ ограничивать *чью-л.* власть

to defy *smb's* ~ не считаться с *чьим-л.* авторитетом

to defy the ~ies не подчиняться властям

to delegate *one's* ~ **to** *smb* передавать свои полномочия *кому-л.*

to demonstrate ~ проявлять авторитет

to deny *smb's* ~ отрицать *чей-л.* авторитет

to designate the ~ определять полномочия

to do *smth* **on** *one's* **own** ~ делать *что-л.* под свою ответственность

to establish *one's* ~ утверждать свой авторитет

to exceed *one's* ~ превышать свои полномочия

to exercise ~ осуществлять власть

to exercise *one's* ~ пользоваться своими полномочия

to forfeit *one's* **moral** ~ **to do** *smth* утрачивать моральное право делать *что-л.*

to give ~ давать/предоставлять полномочия

to give *oneself* **up/to hand** *oneself* **over to the** ~ies сдаваться властям

to hand *smb* **over to the police** ~ies передавать *кого-л.* в руки полиции

to have ~ иметь власть, обладать властью

to have ~ **over/with** *smb* пользоваться авторитетом у *кого-л.*

to have the ~ **to do** *smth* иметь полномочия/разрешение делать *что-л.*

to invoke *smb's* ~ ссылаться на *чей-л.* авторитет

to know *smth* **on good** ~ знать *что-л.* из достоверного источника

to lose *one's* ~ терять свой авторитет

to make a protest to the ~ies заявлять протест властям

to overstep *one's* ~ превышать свои полномочия

to quote *smb's* ~ ссылаться на *чей-л.* авторитет

to reassert *one's* ~ заново утверждать свой авторитет

to receive ~ **for** *smth* получать полномочия на *что-л.*

to refer the matter to higher ~ies передавать дело в вышестоящую инстанцию

to regain ~ восстанавливать власть

to register with the ~ies официально зарегистрировать *(партию, движение, организацию)*

to reject *smb's* ~ не признавать *чью-л.* власть; отказываться подчиняться *кому-л.*; отрицать *чей-л.* авторитет

to release *smb* **into the care of** ~ies освобождать *кого-л.*, передавая его властям

to remain under the ~ **of the General Assembly** подчиняться Генеральной Ассамблее *(ООН)*

to set up ~ установить власть

to show ~ проявлять авторитет

to side with the ~ies принимать/становиться на сторону властей

to suffer at the hands of the ~ies пострадать от действий властей

to surrender *oneself* **to the ~ies** сдаваться властям

to topple the ruling ~ies свергать правителей

to undermine *smb's* **~** подрывать *чей-л.* авторитет/*чью-л.* власть

to widen *one's* **~ among the masses** повышать свой авторитет в массах

to wield ~ пользоваться властью

to win ~ завоевывать авторитет

a commanding officer has complete ~ over his personnel командир обладает всей полнотой власти над своими подчиненными

by *smb's* **~** по *чьему-л.* разрешению

defect of ~ отсутствие полномочий

delegation of ~ передача полномочий

in defiance of the ~ies несмотря на запрет со стороны властей

irreparable blow to *smb's* **~** непоправимый удар по *чьему-л.* авторитету

man of ~ авторитетный человек

man set in ~ лицо, облеченное властью

on *one's* **own ~** своей властью

on *smb's* **~** по *чьему-л.* разрешению

on the highest ~ из абсолютно надежного источника

open connivance of the ~ies прямое попустительство властей

transfer of ~ передача полномочий

under the ~ of *smb* под властью *кого-л.*

with the ~ of *smb* с *чьего-л.* одобрения

authorization *n* **1.** уполномочивание, санкционирование **2.** разрешение, санкция

~ for *smth* разрешение/санкция на *что-л.*

~ to issue visas разрешение выдавать визы

contingency ~ разрешение на покрытие чрезвычайных расходов

official ~ официальное разрешение; официальная санкция

oral ~ устное разрешение

prior ~ by Congress предварительное одобрение Конгресса (*США*)

travel ~ разрешение на проезд/поездку

written ~ письменное разрешение

to give/to grant ~ давать разрешение/ санкцию

to obtain ~ from *smb* разрешение от *кого-л.*

to receive ~ получать разрешение/санкцию

to revoke *smb's* **~** отменять *чье-л.* разрешение

to signify ~ давать согласие; разрешать; санкционировать

congressional ~ of *smth* санкционирование Конгрессом *чего-л.*

authorize *v* **1.** уполномочивать, поручать, предоставлять право **2.** разрешать, санкционировать

duly ~d должным образом уполномоченный

to ~ *smb* **to act for** *smb* уполномочивать *кого-л.*/давать право *кому-л.* действовать от *чьего-л.* имени

to be ~d to travel получать разрешение на поездку

not ~d несанкционированный

this body is ~d это учреждение уполномочено/имеет разрешение (на)

autocracy *n* самодержавие; единовластие

czarist ~ царское самодержавие

downfall of the ~ падение самодержавия

autocrat *n* самодержец

autocratic(al) *a* самодержавный; единовластный

autonomic *a см.* **autonomous**

autonomous *a* автономный, самоуправляющийся

~ area автономный район

autonomy *n* **1.** автономия, самоуправление; право на самоуправление **2.** автономия, автономное государственное образование

administrative ~ административная автономия

economic ~ экономическая автономия

federal ~ федеральная автономия

limited ~ ограниченная автономия

local ~ местная автономия

national ~ национальная автономия

partial ~ частичная автономия

political ~ политическая автономия

regional ~ областная/региональная автономия

relative ~ относительная автономия

wide ~ широкая автономия

to attain ~ достигать автономии

to bring a measure of ~ предоставлять некоторую автономию

to campaign for greater ~ вести кампанию за расширение автономии

to declare ~ объявлять автономию

to demand greater ~ for a republic требовать большей автономии для республики

to enjoy ~ пользоваться автономией

to fight for ~ бороться за автономию

to give ~ to *smb* предоставлять автономию *кому-л.*

to grant *smb* **~** предоставлять *кому-л.* автономию

to infringe on local ~ ущемлять местную автономию

to proclaim ~ провозглашать автономию

to reduce the ~ of a province ограничивать автономию провинции

to seek ~ добиваться автономии

to widen *smb's* **~** расширять *чью-л.* автономию

bid for greater ~ попытка добиться большей автономии

broad measure of ~ значительная степень автономии

high degree of ~ высокая степень автономии

increasing ~ of enterprises рост самостоятельности предприятий

removal of a region's ~ отмена автономии региона

autumn *n* осень

"nuclear ~" «ядерная осень» *(похолодание на Земле в результате ядерной войны с летней температурой чуть выше нуля)*

availability *n* **1.** наличие **2.** *амер.* перспективность, популярность *(кандидата в президенты)* **3.** доступность

export ~ экспортные возможности

press ~ *журн., полит. жарг.* пресс-конференция, состоящая целиком из вопросов и ответов, без вступительного заявления

available *a* **1.** наличный, в наличии/распоряжении **2.** *амер.* перспективный, популярный *(о кандидате в президенты)*

to be ~ for sale иметься в продаже

avenue *n* **1.** широкая улица, проспект, авеню **2.** аллея, дорога *(к дому и т.п.)* **3.** путь; средство

diplomatic ~ *перен.* дипломатический путь решения конфликта

aviation *n* авиация

civil ~ гражданская авиация

long-range ~ авиация дальнего радиуса действия

military ~ военная авиация

safe ~ безопасность полетов

award *n* **1.** награда **2.** присуждение *(чего-л.)*; награждение*(чем-л.)*

~ of pension назначение пенсии

arbitration ~ арбитражное решение

bravery ~ награда за храбрость

highest ~ высшая награда

honorary ~ почетная награда

pay ~ 1) установление заработной платы **2)** прибавка к заработной плате

to give/to grant an ~ давать/присуждать награду

to present an ~ to *smb* вручать награду кому-л.

to receive an ~ получать награду

to suspend the ~ приостанавливать исполнение решения

to win an ~ for bravery заслужить награду за храбрость

awareness *n* **1.** осознание, понимание **2.** осведомленность *(о состоянии экономики, положении на рынке и т.п.)*

growing ~ возрастающее осознание/понимание

national ~ национальное самосознание

political ~ политическое пробуждение

public ~ общественное сознание

to enhance ~ усиливать осознание/понимание *(чего-л.)*

to give an ~ of *smth* способствовать осознанию *чего-л.*

to sharpen ~ повышать осознание/понимание

expression of political ~ выражение политического сознания

axe I *n разг.* сокращение *(бюджета, штатов)*

axe II *v разг.* **1.** урезывать, сокращать *(ассигнования, штаты и т.п.)* **2.** задерживать прохождение *(законопроекта и т.п.)* **3.** снимать с обсуждения *(вопрос и т.п.)*

ayatollah *n* аятолла *(высший титул шиитского религиозного лидера, напр. в Иране)*

azimuth *n* азимут

threat ~ *воен. жарг.* запуск ракеты по угрожающей траектории

B

Baader-Meinhof *n* группа Баадер-Майнхоф *(левоэкстремистская террористическая группа, действовавшая в ФРГ в конце 1960 гг.)*

back I *n* спина

to shoot *smb.* **in the ~** стрелять *кому-л.* в спину

to stab *smb* **in the ~** *перен.* наносить *кому-л.* удар в спину

back II *v* поддерживать

to ~ down (in *smth***)** идти на уступки *(по какому-л. вопросу)*; отказываться от своих требований/притязаний

back-alley *attr* неприглядный, нечистоплотный, сомнительный

backbencher *n* «заднескамеечник», рядовой член парламента

backdrop 1. фон *(на котором разворачиваются события)*; обстановка **2.** отклик; реакция на *(что-л.)*

~ to *smb's* **resignation** отклик на чью-л. отставку

against the ~ of a crisis в обстановке/условиях кризиса

backer *n* поддерживающий; сторонник

political ~ оказывающий политическую поддержку

smb's **main ~s** основные организации/лица, поддерживающие *кого-л.*

vocal ~ красноречивый сторонник

backfire *v* приводить к обратным результатам

background *n* **1.** основа, предпосылка **2.** задний план, фон, обстановка **3.** подготовка, квалификация

~ for negotiations основа для переговоров

economic ~ экономическая обстановка

military-and-political ~ военно-политическая обстановка

organizational ~ организационные условия

political ~ политическая обстановка

social ~ социальные условия

to stay in the ~ оставаться на заднем плане/в тени

against the ~ of recent events на фоне недавних событий

what is his diplomatic ~? что он представляет собой как дипломат?

backgrounder *n* **1.** пресс-конференция, проводимая для разъяснения позиции правительства без оглашения источника информации **2.** записка, раздаваемая журналистам, с изложением позиции правительства по *какому-л.* вопросу

backing *n* **1.** поддержка, одобрение **2.** субсидирование, финансирование; обеспечение
  ~ of currency обеспечение валюты
  aggressive ~ энергичная поддержка
  broad ~ широкая поддержка
  financial ~ финансирование, финансовая поддержка
  gold ~ золотое покрытие
  international ~ международная поддержка
  material ~ материальная поддержка
  solid ~ прочная поддержка
  state financing ~ государственная финансовая поддержка
  strong ~ прочная поддержка
  union ~ поддержка профсоюза
  vigorous ~ активная поддержка
  to enjoy the ~ (of) пользоваться *(чьей-л.)* поддержкой
  to give *one's* **~ to** *smth* оказывать поддержку *чему-л.*
  to give *one's* **full ~ to** *smb* оказывать *кому-л.* полную поддержку
  to give *one's* **official ~ to the demand of** *smb* оказывать свою официальную поддержку требованиям *кого-л.*
  to give *smb* **~** поддерживать *кого-л.*
  to give *smb* **all help and ~** предоставлять всемерную помощь и поддержку *кому-л.*
  to give strong ~ to *smth* оказывать *чему-л.* сильную/большую поддержку
  to give unequivocal ~ to *smb* оказывать *кому-л.* поддержку, не сопровождаемую никакими условиями
  to have *someone's* **~** пользоваться *чьей-л.* поддержкой
  to have the ~ of simple people пользоваться поддержкой простых людей
  to have the ~ of *smb* пользоваться *чьей-л.* поддержкой
  to have the ~ of the army пользоваться поддержкой армии
  to win ~ добиться поддержки
  to win widespread ~ получить широкую поддержку
  to withdraw *one's* **~** лишать *кого-л.* своей поддержки
  gold ~ of currency золотое обеспечение денег

backlash I *n* отрицательная/нежелательная реакция *(на что-л.)*
  ~ to a decision нежелательная реакция на решение
  nuclear ~ новая волна ядерного вооружения *(после соглашения о ликвидации части ядерного оружия)*
  white ~ «белый бумеранг», реакция белых расистов на борьбу за права негров

backlash II *v* вызывать отрицательную реакцию

backlog *n* **1.** нерешенные/неразобранные дела **2.** *эк.* задолженность *(по выпуску продукции и т.п.)*, невыполненные заказы; портфель заказов **3.** *эк.* запасы *(материальных средств)*; резервы
  ~ of debts накопившаяся задолженность
  ~ of demand неудовлетворенный спрос
  ~ of outstanding payments неуплаченные суммы, просроченные платежи
  total ~ общий объем задолженности

backout *n* отказ от обещания/от своей позиции *и т.п.*

back-room I *n* место, где происходит секретная деятельность *(особ. политическая)*; закулисные переговоры

back-room II *attr* закулисный

backset *n* **1.** помеха; противодействие **2.** ухудшение положения

backstage *attr перен.* закулисный, тайный

backstop *n* поддержка; содействие, помощь
  to provide a ~ быть/служить опорой

backtrack *v* **(from** *smth***)** отказываться от обещанного

backward *a* отсталый в экономическом отношении

backward-looking *a* отсталый, ретроградный

backwardness *n* отсталость
  age-old ~ вековая отсталость
  agricultural ~ отсталость сельского хозяйства
  cultural ~ культурная отсталость
  economic ~ экономическая отсталость
  medieval ~ средневековая отсталость
  political ~ политическая отсталость
  social ~ социальная отсталость
  socioeconomic ~ социально-экономическая отсталость
  technical/technological ~ техническая отсталость
  to disprove the existence of ~ опровергать наличие отсталости
  to do away with age-old ~ покончить с вековой отсталостью
  to eliminate economic ~ ликвидировать экономическую отсталость
  to get rid of the ~ избавляться от отсталости
  to overcome ~ преодолевать отсталость
  to perpetuate ~ постоянно сохранять отсталость
  to put an end to technical ~ покончить с технической отсталостью
  to sustain ~ поддерживать отсталость
  economic ~ inherited from colonialism экономическая отсталость, унаследованная от колониализма
  leap from ~ to progress скачок от отсталости к прогрессу

backwater *n* захолустье
  cultural ~ культурное захолустье

political ~ политическое захолустье

bag *n* **1.** мешок **2.** дипломатическая вализа **3.** дипломатическая почта

burn ~ *правит. жарг.* специальный мешок с особо секретными правительственными документами, подлежащий сожжению при угрозе захвата врагом

consular ~ 1) консульская вализа 2) консульская почта

diplomatic ~ 1) дипломатическая вализа 2) дипломатическая почта

to examine diplomatic ~s производить досмотр дипломатического багажа

free circulation of diplomatic ~s 1) свободная перевозка дипломатических вализ 2) дипломатическая почта

baggage *n* багаж

checked ~ зарегистрированный багаж; досмотренный багаж

excess ~ излишек/перевес багажа

free ~ бесплатный багаж

ideological ~ *перен.* идеологический багаж

passenger ~ багаж пассажиров

personal ~ личный багаж

registered ~ зарегистрированный багаж; досмотренный багаж

unchecked/unregistered ~ незарегистрированный багаж; недосмотренный багаж

to clear ~ through the customs пропускать багаж через таможню

damage to ~ повреждение багажа

bagman *n разг.* посредник при передаче взятки в политических кругах

bail I *n* залог *(под который до суда освобождают подсудимого)*

special ~ предварительное поручительство

to accept/to allow ~ for *smb* отпускать кого-л. под залог

to be out on ~ быть освобожденным под залог

to forfeit ~ не явиться в суд после освобождения под залог

to go ~ for *smb* вносить залог за кого-л.

to grant *smb* ~ разрешать освобождение кого-л. под залог

to jump ~ не явиться в суд после освобождения под залог

to let *smb* **out on ~** отпускать кого-л. под залог

to raise ~ собрать нужную для залога сумму

to refuse ~ for *smb* отказывать кому-л. в праве быть отпущенным под залог

to release *smb* **on ~** освобождать кого-л. из заключения под залог

to save ~ явиться в суд после освобождения под залог

to set ~ at $5 mln. установить сумму залога для освобождения на поруки в 5 млн. долларов

to stand ~ for *smb* внести залог за кого-л.

to surrender to ~ явиться в суд после освобождения под залог

to take ~ for *smb* отпускать кого-л. под залог

bail II *v* **(out) 1.** внести залог за кого-л. **2.** выручить кого-л. посредством материальной поддержки

bailiff *n* бейлиф, судебный исполнитель/пристав; заместитель шерифа

bailment *n* **1.** освобождение под залог *или* на поруки **2.** внесение залога **3.** залог; поручительство

bailout *n* выкуп

federal ~ принятие федеральным правительством финансовых обязательств по оплате штата *или* города

bailout *attr* аварийный, срочный, неотложный

bait *n* приманка

to jump at/to rise to/to swallow the ~ *перен.* попасться на удочку; клюнуть на что-л.

balance I *n* **1.** соотношение/расстановка сил; равновесие **2.** баланс; сальдо; остаток

~ **of (the) account** сальдо счета, остаток на счете

~ **of armaments** равновесие вооружений

~ **of class forces** расстановка классовых сил

~ **of contingent financing** остаток от финансирования непредвиденных расходов

~ **of conventional forces** равновесие в области обычных вооружений

~ **of debt** остаток долга

~ **of defense** военное равновесие

~ **of deterrence** равновесие устрашения/сдерживания

~ **of direct investment flow** сальдо по прямым зарубежным инвестициям

~ **of fixed assets** баланс основных фондов

~ **of forces** равновесие/соотношение сил

~ **of ideology** идеологическое равновесие

~ **of international indebtedness** баланс международной задолженности

~ **of international payments** баланс международных платежей

~ **of national economy** баланс национальной экономики

~ **of nuclear forces** равновесие/баланс ядерных вооружений

~ **of payments** платежный баланс

~ **of political forces** равновесие/соотношение политических сил

~ **of power** равновесие/соотношение сил

~ **of representation (in the council,** *etc.***)** равное представительство *(в комитете и т.п.)*

~ **of social class forces** соотношение социальных классовых сил

~ **of strength** равновесие/соотношение сил

~ **of terror** равновесие страха

~ **of the diplomatic platform** размещение на дипломатической трибуне

~ **of the nuclear deterrent** равновесие ядерного устрашения

~ **of trade** (внешне)торговый баланс, баланс внешней торговли

~ **of US official reserve assets** сальдо государственных золотовалютных запасов США

~ of voting соотношение сил в процессе голосования

~ on goods and services сальдо по товарам и услугам

active ~ активный баланс; активное сальдо

credit ~ *эк.* остаток кредита, кредитовое сальдо, кредитовый остаток

defensive ~ военное равновесие

delicate ~ шаткое/неустойчивое равновесие

dollar ~s долларовые счета

ecological ~ экологическое равновесие

economic ~ экономическое равновесие

ethnic ~ соотношение численности этнических групп

existing strategic ~ сложившееся военно-стратегическое равновесие

external ~ состояние внешних расчетов

favorable ~ активный баланс; активное сальдо

fine ecological ~ непрочное экологическое равновесие

foreign ~ платежный баланс

internal ~ внутреннее равновесие экономики

military ~ 1) военное равновесие 2) баланс вооруженных сил; соотношение военной мощи *(государств или группировок)*

military-strategic ~ военно-стратегическое равновесие, военно-стратегический паритет

negative ~ пассивный баланс; пассивное сальдо

nuclear ~ равновесие/баланс ядерных вооружений

overall ~ общее равновесие; общий итог, итоговый баланс; общее сальдо

passive ~ пассивный баланс; пассивное сальдо

precarious ~ неустойчивое/шаткое равновесие

stable ~ стабильное/прочное равновесие

sterling ~s стерлинговые счета, стерлинговые авуары

strategic ~ военно-стратегическое равновесие

trade ~ (внешне)торговый баланс, баланс внешней торговли

unfavorable ~ пассивный баланс; пассивное сальдо

unobligated ~s свободные от обязательств остатки

to achieve a ~ достигать равновесия/равенства

to advocate more ~ in a country's approach to *smth* отстаивать большую объективность в подходе страны к *чему-л.*

to alter the ~ изменять равновесие/баланс

to be in the ~ быть в неопределенном положении; находиться в подвешенном состоянии

to change the ~ of power изменять соотношение сил

to destroy/to disrupt/to distort/to disturb the ~ нарушать равновесие/баланс

to ensure a ~ обеспечивать равновесие

to establish the ~ устанавливать равновесие

to find a ~ of interests находить баланс интересов

to hang in the ~ висеть на волоске

to hold the ~ осуществлять контроль; распоряжаться; иметь решающее влияние; определять соотношение сил

to keep/to maintain the ~ поддерживать/сохранять равновесие

to reappraise the strategic ~ пересматривать/переоценивать стратегическое равновесие

to redress the ~ between восстанавливать равновесие между

to re-establish/to restore the ~ восстанавливать равновесие

to secure a better strategic ~ добиваться более выгодного военно-стратегического равновесия

to shake the ~ of forces нарушать равновесие/баланс сил

to shift the ~ in *smb's* **favor** изменять соотношение сил в *чью-л.* пользу

to strike a ~ between *smth* добиваться равновесия между *чем-л.*

to strike the ~ 1) подводить итог 2) идти на компромисс

to throw off/to tilt the ~ нарушать равновесие/баланс

to tip the ~ (against a country) изменять соотношение сил (не в пользу *какой-л.* страны)

to tip the existing ~ in *one's* **favor** изменять сложившееся соотношение сил в свою пользу

to tip the political ~ further to the right привести к дальнейшему сдвигу вправо

to upset the military strategic ~ нарушать военно-стратегический паритет

adverse ~ of trade пассивный торговый баланс; пассивное сальдо платежного баланса

changed ~ of world relations изменившееся соотношение сил в мире

concept of power ~ концепция равновесия сил

deteriorating ~ of payments ухудшающийся платежный баланс

dominant ~ of power господствующее равновесие сил

dynamic ~ of power динамичное равновесие сил

economic ~ of power соотношение сил в области экономики

exchange ~ of a country валютное положение страны

existing rough ~ of forces существующее примерное равновесие сил

export ~ of trade превышение экспорта над импортом, активный/экспортный торговый баланс; активное сальдо торгового баланса

global ~ of nuclear forces глобальный баланс ядерных сил

holder of the ~ of power государство, поддерживающее равновесие сил, «держатель» баланса

import ~ of trade превышение импорта над экспортом, пассивный/импортный торговый баланс; пассивное сальдо торгового баланса

improvement in the ~ of international indebtedness улучшение баланса международной задолженности

maintenance of the existing ~ поддержание существующего равновесия

political future of the country hangs in the ~ политическое будущее страны висит на волоске

relative ~ of forces соотношение сил

restoration of the ~ of power восстановление равновесия сил

shift in the global ~ of power изменение соотношения сил в мире

threat to the ~ of power угроза соотношению сил

unstable ~ of power неустойчивое/нестабильное соотношение сил

world/world-wide ~ of power мировой баланс сил; мировое соотношение сил; соотношение/расстановка сил в мире

balance II *v* **1.** балансировать, сохранять равновесие **2.** приводить в равновесие; уравновешивать; уравнивать

balancer *n разг.* государство, опирающееся при проведении своей политики на баланс сил

balancing *n* **1.** балансирование, уравновешивание **2.** компенсация

balkanization *n* «балканизация» *(распад единого государства на ряд государств; первоначально распад Оттоманской и Австро-Венгерской империй, а позднее распад Югославии и СССР)*

ball *n* шар, мяч

the ~ is at *smb's* **feet** следующий ход за *кем-л.*

ballistic *a* баллистический

balloon *n* воздушный шар

trial ~ пробный шар

to float a trial ~ прозондировать почву, пустить пробный шар

ballot *n* **1.** выборы; баллотировка, тайное голосование, жеребьевка **2.** избирательный бюллетень; баллотировочный шар **3.** список кандидатов для голосования **4.** результаты голосования; количество поданных голосов

~ is inconclusive выборы не выявили явного победителя

absentee ~ бюллетень для лиц, находящихся в момент выборов вне своего избирательного округа и голосующих по почте

additional ~ дополнительная баллотировка; дополнительное голосование

bedsheet ~ *полит. жарг.* избирательный бюллетень с длинным списком кандидатов

blanket ~ голосование списком

first ~ первый тур выборов

free ~ свободное голосование

genuine ~ подлинные выборы

inconclusive ~ тур голосования, который не выявил явного победителя

invalid ~ избирательный бюллетень, признанный недействительным

official ~ официальное голосование

open ~ открытое голосование

restricted ~ ограниченное голосование; голосование, ограниченное определенным числом кандидатов

second ~ повторное голосование, второй тур выборов

secret ~ тайное голосование

single ~ выборы в один тур

strike ~ голосование о проведении забастовки

successive ~s выборы, предусматривающие возможность более одного тура голосования

unrestricted ~ неограниченное голосование; голосование с неограниченным числом кандидатов

to annul a ~ аннулировать результаты выборов

to cast ~s голосовать, участвовать в выборах

to declare the ~ to be final утвердить результаты голосования

to elect *smb* **as president in the third ~** избрать *кого-л.* президентом в третьем туре голосования

to fight in the second ~ бороться во втором туре голосования

to invalidate a ~ портить/делать недействительным избирательный бюллетень

to lead in the first four ~s получать большинство голосов в первых четырех турах голосования

to rig the ~ фальсифицировать результаты выборов

to spoil *one's* **~** портить/делать недействительным избирательный бюллетень

to take part in a ~ участвовать в голосовании

to turn to the ~ пойти по пути выборов

to win on the first ~ победить в первом туре голосования

by secret ~ тайным голосованием

manipulation with ~s манипулирование избирательными бюллетенями

results of the ~ результаты голосования

system of direct, equal and universal suffrage by secret ~ система прямых, равных и всеобщих выборов при тайном голосовании

system of secret ~ система тайного голосования

which way to cast *one's* **~** за кого проголосовать

ballot II *v* проводить голосование

ballot-box *n* урна для голосования, избирательная урна

  to stuff the ~ наполнять урну фальсифицированными бюллетенями

ballot-paper *n* избирательный бюллетень

  valid ~ избирательный бюллетень, признанный действительным

ballot-rigger *n* фальсификатор результатов выборов

ballot-rigging *n* фальсификация результатов выборов

  widespread ~ массовая фальсификация результатов выборов

  to maintain *one's* **position by ~** сохранить свои позиции путем фальсификации выборов

ballyhoo *n разг.* шумиха

  unseemly ~ over *smth* неприятная возня вокруг *чего-л.*

baloney, balony *n разг.* 1. чепуха, вздор 2. выдумка, «утка»

ban I (*on smth*) 1. запрет (на *что-л.*), запрещение (*чего-л.*) 2. *юр.* объявление вне закона; изгнание (*как мера наказания*)

  ~ has been widely denounced by *smb* запрет подвергся широкому осуждению с *чьей-л.* стороны

  ~ is in force действует запрет

  ~ on an organization запрет на деятельность организации

  ~ on chemical weapons запрещение применения химического оружия

  ~ on credits запрет на предоставление кредитов

  ~ on demonstrations запрет на демонстрации

  ~ on import запрет на импорт

  ~ on medium range nuclear missiles повсеместный запрет на ядерное оружие среднего радиуса действия

  ~ on nuclear testing запрещение испытаний ядерного оружия

  ~ on overtime запрет на сверхурочную работу

  ~ on placing in orbit vehicles carrying weapons of mass destruction запрещение вывода на орбиту носителей оружия массового поражения

  ~ on political gatherings запрещение политических собраний

  ~s on trade запреты на торговлю

  ~ operates запрет/запрещение имеет силу

  adequately-verified comprehensive test ~ надежно проверяемое всеобъемлющее запрещение испытаний

  complete ~ полный запрет, полное запрещение

  comprehensive test ~ (СТВ) всеобщее запрещение испытаний ядерного оружия

  education ~ запрет на образование

  export ~ запрет на экспорт

  general ~ всеобщее запрещение

  global ~ международный запрет

  green ~ *жарг.* «зеленый запрет» (*отказ некоторых австралийских профсоюзов разрешать своим членам выполнять экологически вредную работу*)

  long-standing ~ давний запрет

  nuclear test ~ запрещение ядерных испытаний

  overtime ~ запрет на сверхурочную работу

  partial ~ частичный запрет, частичное запрещение

  permanent ~ постоянный запрет

  police ~ (for *smth*) полицейский запрет (*на что-л.*)

  test ~ запрещение испытаний

  Т-Н В. закон Тафта-Хартли, разрешавший правительству отменять забастовки (*США*)

  threshold test ~ «пороговое» запрещение подземных испытаний (*ядерного оружия*)

  total ~ полный запрет, полное запрещение

  universal ~ всеобщее запрещение

  visa ~ запрет на выдачу виз

  wholesale/worldwide ~ международное запрещение

  to announce a ~ объявлять запрет

  to break a ~ нарушать запрет

  to break *one's* **~** незаконно вернуться

  to call for a ~ on nuclear weapons призывать к запрещению ядерного оружия

  to comply with a ~ соблюдать запрет

  to defy a ~ не подчиняться запрету

  to enact a ~ on foreigners вводить запрет на въезд в страну иностранцев

  to end a ~ (on *smth*) снимать запрет (*на что-л.*)

  to enforce a ~ добиваться соблюдения запрета

  to go along with a ~ осуществлять запрет

  to impose a ~ вводить запрет

  to infringe a ~ нарушать запрет

  to initiate an overtime ~ запрещать сверхурочные работы

  to introduce a complete ~ on an organization вводить полный запрет на деятельность *какой-л.* организации

  to keep *one's* **~** жить в ссылке

  to keep the ~ watertight не допускать ни малейших нарушений запрета

  to kill/to lift a ~ on *smth* снимать/отменять запрет на *что-л.*

  to maintain *one's* **~ until further notice** сохранять запрет вплоть до дальнейшего уведомления

  to operate an overtime ~ осуществлять запрет на сверхурочную работу

  to overrule a ~ отменять запрет

  to phase out a ~ постепенно снимать запрет

  to place/to put a ~ (on) положить запрет (*на*), запретить (*что-л.*)

  to put under a ~ запрещать; ставить под запрет

to relax a ~ ослаблять/смягчать запрет

to remove/to repeal the ~ снимать/отменять запрет

to seek a wider ~ on a country's arms supplies добиваться более широкого запрета на поставки страной оружия

to sign a ~ on medium and shorter range nuclear weapons подписать договор о запрещении ядерного оружия среднего и меньшего радиуса действия

to verify a country's compliance with a ~ контролировать соблюдение страной запрещения *(испытаний)*

to violate a ~ нарушить запрет

to waive a ~ не соблюдать запрета

complete and general ~ on nuclear weapon test полное и всеобщее запрещение испытаний ядерного оружия

imposition of a ~ введение запрета

in defiance of the ~ вопреки запрету; в нарушение запрета; игнорируя/несмотря на запрет

lifting of the political ~ against *smb* снятие политических санкций против *кого-л.*

martial law ~ on demonstrations запрет на демонстрацию в условиях военного положения

repeal of a ~ on *smth* отмена запрета на *что-л.*

ban II *v* запрещать *(что-л.)*

to ~ *smb* **from doing** *smth* запрещать *кому-л.* делать *что-л.*

band I *n* 1. полоса, диапазон; интервал 2. банда, отряд

fluctuation ~ размах колебаний валютного курса; пределы отклонений валютного курса от паритета

guerrilla ~ партизанский отряд

narrow ~ *фин.* узкий диапазон колебаний курсов иностранных валют по отношению к доллару США

band II *v* объединяться; вступать в союз

to ~ together сплачиваться

banding *n* колебание в диапазоне

narrow ~ *фин.* колебание курсов иностранных валют в узком диапазоне по отношению к доллару США

bandit *n* бандит

banditry *n* бандитизм

bureaucratic ~ бюрократический бандитизм

bandwagon *n* 1. побеждающая сторона на выборах 2. дело/партия/кандидат, привлекающие все больше сторонников

bang *n* удар, грохот, выстрел, взрыв

Big B. *бирж. жарг.* «большой взрыв» *(кризис на Лондонской фондовой бирже в октябре 1986 г.)*

banish *v* изгонять, подвергать изгнанию; ссылать, высылать

banishment *n* изгнание; высылка

~ for life пожизненная ссылка

to break ~ незаконно возвращаться из ссылки

bank *n* 1. банк 2. фонд; запас; резерв 3. берег

B. for International Settlements Банк международных расчетов, БМР

~ is partly owned by ... совладельцем банка является ...

~ of circulation эмиссионный банк

~ of ecological data банк экологических данных

B. of England Банк Англии

~ of issue эмиссионный банк

African Development B. (ADB) Африканский банк развития *(создан в 1964 г., находится в г. Абиджан)*

Asian Development B. (ADB) Азиатский банк развития *(создан в 1964 г., находится в г. Манила)*

blood ~ запас/банк крови

brain ~ мозговой трест

branch ~ 1) филиал банка 2) банк, имеющий отделения

commercial ~ коммерческий банк

data ~ банк данных

deposit ~ депозитный банк

designated ~ банк, выбранный организацией

European Investment B. (EIB) Европейский инвестиционный банк, ЕИБ

exchange ~ банк, осуществляющий операции по обмену валюты

Export-Import B. Экспортно-импортный банк *(США)*

Federal Reserve B. Федеральный резервный банк *(США)*

foreign ~ иностранный банк

industrial ~ промышленный банк

Inter-American Development B. Межамериканский банк развития

International Investment B. (IIB) Международный инвестиционный банк, МИБ

interstate ~s межгосударственные банки

investment ~ инвестиционный банк

lending ~ ссудный банк

merchant ~ торговый банк

multilateral ~ международный банк

national ~ национальный банк; государственный банк

pet ~ «банк-любимчик» *(банк, в котором хранятся государственные средства)*

reserve ~ резервный банк

rural ~ сельский банк

specialized ~ специализированный банк

The World B. Всемирный банк *(состоит из трех учреждений: Международного банка реконструкции и развития, Международной финансовой корпорации и Международной ассоциации развития)*

trading ~ коммерческий банк

West B. западный берег реки Иордан

World B. Международный банк реконструкции и развития, МБРР

to control a ~ управлять банком

to form a ~ создавать банк

to privatize a ~ приватизировать/денационализировать банк

administration of ~**s** управление банками

Central American B. of Economic Integration (CABEI) Центральноамериканский банк экономической интеграции, ЦАБЭИ

International B. for Reconstruction and Development (IBRD) Международный банк реконструкции и развития, МБРР

bank-book *n* 1. депозитная/сберегательная книжка 2. банковская чековая книжка

banking I *n* банковское дело; банковские операции; банковский оборот

branch ~ система банков, имеющих филиалы

chain ~ сеть банков

banking II *a* банковский

bankroll I *n* денежные средства; финансовые ресурсы

bankroll II *v* финансировать; субсидировать

bankrupt I *n* банкрот

disembargoed ~ восстановленный в правах банкрот; освобожденный от долгов банкрот

bankrupt II *attr* обанкротившийся

politically ~ потерпевший политическое банкротство

to become ~ обанкротиться

to declare *smb* ~ объявлять *кого-л.* банкротом

to go ~ обанкротиться

to make ~ доводить до банкротства, разорять

bankruptcy *n* банкротство, несостоятельность

~ **of a firm** крах фирмы

political ~ политическое банкротство

to force a firm into ~ сделать фирму банкротом

on the brink/on the verge of ~ на грани банкротства

banner *n* 1. знамя 2. газетный заголовок-«шапка»

~ **of freedom** знамя свободы

The Star-spangled B. «Звездное знамя» *(гимн США)*

to carry/to fly a ~ нести знамя

to join the ~ вставать под *чьи-л.* знамена; становиться на *чью-л.* сторону

to raise the ~ **of struggle (for)** поднимать знамя борьбы *(за)*

to unfurl ~**s** развертывать знамена

to wave a ~ размахивать знаменем

under the ~ **of** *smth* под знаменем *чего-л.*

banning *n* запрещение

~ **of the use of cosmic space for military purposes** запрещение использования космического пространства в военных целях

to demand the ~ **of all atomic weapons** требовать запрещения атомного оружия всех видов

banquet *n* банкет

~ **in** *smb's* **honor** прием в честь *кого-л.*

Lord Major's B. банкет у лорда-мэра Лондона *(ежегодный торжественный обед в Гилдхолле)*

state ~ официальный прием

to give/to hold a ~ давать обед/банкет

to host a ~ устраивать официальный банкет

at a ~ на банкете

bar I *n* 1. адвокатура, коллегия адвокатов 2. суд 3. *pl* решетка

~ **of justice** суд, правосудие

B. of the House of Representatives место в палате представителей для дачи показаний вызванными лицами

behind ~**s** за решеткой, в тюрьме

color ~ цветной барьер

to be called/to go to the ~ быть принятым в адвокатуру

to put *smb* **behind** ~**s** упрятать *кого-л.* за решетку

to serve some time behind the ~**s** отбыть некоторый срок в тюрьме

to stay behind ~**s** оставаться за решеткой/в тюрьме

bar II *v юр.* аннулировать, отменять

barbarism *n* варварство

to lapse back into ~ вновь впасть в варварство

bare *v журн.* разоблачать

bargain I *n* 1. торговая сделка 2. выгодная покупка

~ **and sale** договор купли-продажи

bad ~ невыгодная сделка

diplomatic ~ дипломатическая сделка

good ~ выгодная сделка

hard/losing ~ невыгодная сделка

plea ~ *юр. жарг.* признание вины в менее тяжелом преступлении с целью избежать ответственности за более крупное

political ~ политическая сделка

to drive a ~ заключать сделку

to have the best of a ~ извлекать наибольшую выгоду из соглашения; выигрывать

to make/to settle/to strike a ~ заключать сделку

to withdraw from a ~ отказываться от сделки

provided others keep their end of the ~ при условии, что другая сторона выполнит свои обязательства по соглашению

bargain II *v* 1. вести переговоры, договариваться *(об условиях и т.п.)* 2. торговаться

bargaining *n* ведение переговоров, заключение сделки; торг

collective ~ коллективный договор

hard ~ упорный торг

pay ~ переговоры о повышении заработной платы

plea ~ *юр.* соглашение о признание вины *(обвиняемым)*

political ~ политический торг

shrewd ~ искусное ведение переговоров

wage ~ переговоры об уровне зарплаты

barnstorm *v разг.* совершать предвыборную поездку по многочисленным городам и деревням

baron *n* барон

cocaine ~ воротила незаконной продажи кокаина

press ~ газетный магнат

baroness *n* баронесса

baronet *n* баронет

baronetcy *n* титул баронета

smb's **elevation to the** ~ произведение *кого-л.* в баронеты

barrack *n* казарма

military ~ казарма

police ~ полицейская казарма

to be confined to ~ быть наказанным неувольнением из части

to reduce the ~ **to a heap of debris** превратить казарму в груду обломков

to return to ~ возвращаться в казармы

confinement to ~ неувольнение из части

return to ~ **by the military** возвращение войск в казармы

barrage *n* заграждение, вал

~ **of criticism** шквал критических выступлений

~ **of questions** град вопросов

barrel *n*:

pork ~ *полит. жарг.* «казенная кормушка»

barricade I *n* баррикада

to clear ~**s from roads** очищать дороги от баррикад

to dismantle ~ **s** разбирать баррикады

to erect ~**s** строить/сооружать баррикады

to man the ~**s** выходить на баррикады

to put up/to set up ~**s** строить/сооружать баррикады

to storm a ~ брать штурмом баррикаду

to tear down ~**s** разбирать баррикады

from the same side of the ~ находящиеся по одну сторону баррикад

barricade II *v* забаррикадировать

to ~ *oneself* **in ...** забаррикадироваться в ...

barrier *n* барьер, преграда, помеха, препятствие

~**s of class** классовые барьеры

~ **to entry** барьер для доступа *(потенциальных конкурентов в отрасль и т.п.)*

~**s to exports** препятствия для экспорта

~**s to trade** торговые ограничения

artificial ~ искусственное препятствие

class ~**s** классовые барьеры

customs ~**s** таможенные барьеры

department ~**s** ведомственные барьеры

discriminatory trade ~**s** дискриминационные торговые ограничения

effective ~ эффективное препятствие

ideological ~**s** идеологические барьеры

impenetrable trade ~**s** непроницаемые торговые барьеры

national ~**s** национальные барьеры/перегородки

non-tariff ~**s** нетарифные барьеры/ограничения

protectionist ~**s** *эк.* протекционистские барьеры

serious ~ серьезная преграда

social ~**s** социальные барьеры

solid ~ серьезная преграда

structural ~**s** структурные барьеры/помехи/ препятствия/ограничения

tariff ~**s** тарифные барьеры/ограничения

trade ~**s** торговые барьеры/ограничения

to abolish trade ~**s** отменять/устранять/ликвидировать торговые барьеры

to break down ~**s** ломать барьеры

to erect trade ~**s** создавать препятствия для торговли

to lift/to overcome ~**s** устранять/преодолевать барьеры/препятствия/ограничения

to raise ~**s** создавать препятствия

to reduce ~**s to world business activity** сократить преграды/помехи для мировой деловой активности

to remove a ~ устранять преграду/препятствие/ограничение

abolition of regional trade ~**s** отмена региональных ограничений в торговле

breaking down of artificial ~**s between peoples** устранение искусственных барьеров между народами

dismantling of ideological ~**s** ликвидация идеологических барьеров

reduction of tariff ~**s** снижение тарифных барьеров

barrister *n* адвокат, барристер

~ **for the Crown** *брит.* государственный обвинитель

barter I *n эк.* меновая торговля; товарообменная сделка, бартер, бартерный/натуральный обмен

direct ~ непосредственный обмен продуктами труда

indirect ~ обмен товарами, при котором в качестве меры стоимости выступает третий товар

revenge ~ *полит., торг.* меновая торговля

barter II *v* вести меновую торговлю, менять по бартеру

bartering *n* :

political ~ политические сделки

base *n* 1. основа, основание, база, опорный пункт 2. база; позиция

air ~ военно-воздушная база

high-wage ~ основа платежеспособного спроса

industrial ~ промышленная база

international monetary ~ международная валютная база

joint military ~ совместная военная база

launching ~ стартовая позиция/площадка

military ~ военная база

naval ~ военно-морская база

party power ~ опора в партии

power ~ основа/сторонники/опора/оплот власти

productive ~ производственная база

raw materials ~ сырьевая база

training ~ база для (военной) подготовки

wage ~ основная заработная плата

to be in control of an arms ~ контролировать армейскую базу

to close a military ~ закрывать военную базу

to dismantle foreign military ~s on foreign territory ликвидировать иностранные военные базы на чужой территории

to establish a military ~ создавать военную базу

to infiltrate a military ~ проникать на территорию военной базы

to keep *one's* **military ~s** сохранять свои военные базы в *какой-л.* стране

to phase out a military ~ постепенно свертывать военную базу

to re-establish a strong ~ восстанавливать сильную базу

to refrain from establishing new military ~s воздерживаться от создания/развертывания новых военных баз

to set up a military ~ создавать военную базу

to shut down a military ~ закрывать военную базу

to wind up military ~s свертывать/ликвидировать военные базы

continued use of military ~s дальнейшее пользование военными базами

controversial use of military ~s спорный вопрос о пользовании военными базами

dismantling/elimination of military ~s ликвидация военных баз

liquidation of military ~s ликвидация военных баз

maintenance of military ~s содержание военных баз

military ~s on foreign soil военные базы за рубежом

opposition to foreign ~s оппозиция иностранным базам

phasing-in of ~s поэтапное развертывание военных баз

phasing-out of ~s поэтапное свертывание/поэтапная ликвидация военных баз

the industrial ~ is eroded промышленная база разрушается

withdrawal of foreign ~s from territories вывод иностранных баз с территорий

bash *v разг.* критиковать

to ~ *smb* **publicly** публично критиковать *кого-л.*

basics *n pl* основы

Back to B. «Назад к основам» *(направление, принятое британскими консерваторами в 1993 г. и предусматривающее возврат к традиционным консервативным ценностям: самодисциплина, уважение к закону, забота о других, индивидуальная ответственность, традиционное образование, прочность семьи и моральная чистота)*

basin *n* бассейн *(реки, моря)*

ocean ~ океанический бассейн

basis *n* основа, базис

~ for conducting relations основа для поддержания отношений

~ of a complaint *юр.* предмет жалобы

~ of foreign policy основа внешней политики

business ~ деловая основа

capitalist ~ капиталистический базис

class ~ классовая основа

compensation ~ компенсационная основа

contract/contractual ~ договорная основа

economic ~ экономический базис

ideological ~ идеологическая основа

legal ~ правовое основание

main ~ основная база

political ~ политическая основа

scientific ~ научная основа

secure ~ надежная основа

self-supporting ~ хозяйственный расчет, хозрасчет

social ~ социальная основа/база

sociopolitical ~ социально-политическая основа/база

technological ~ техническая база

to afford a ~ служить основой/базой

to build the material and technical ~ строить материально-техническую базу

to deal with *smth* **on a one-by-one** ~ разбираться с каждым случаем в отдельности

to determine on a case-by-case ~ устанавливать/решать в каждом отдельном случае

to discuss *smth* **on a case-by-case** ~ рассматривать *что-л.* в каждом отдельном случае

to form the ~ for *smth* создавать основу для *чего-л.*

to lay the ~ создавать основу; положить начало

to provide a ~ for *smth* обеспечивать основу для *чего-л.*

to serve as a stable ~ for *smth* служить прочной основой *чего-л.*

to supply machinery on a hire-purchase ~ поставлять оборудование в рассрочку

to take *smth* **as a** ~ брать *что-л.* за основу

to undermine the class ~ of *smth* подрывать классовую базу *чего-л.*

construction on a turnkey ~ строительство «под ключ»

firm ~ for *smth* твердые основы *чего-л.*

on a bilateral ~ на двусторонней основе

on a case-by-case ~ на индивидуальной основе, в каждом отдельном случае, рассматривая каждое дело индивидуально

on a collective ~ на коллективной основе

on a commission ~ на комиссионной основе

on a comparative ~ путем сравнения/сопоставления

on a compensation ~ на компенсационной основе

on a competitive ~ на конкурентной основе

on a confidential ~ на строго конфиденциальной основе

on a contractual ~ на договорной основе

on a co-operative ~ на основе кооперирования

on a feedback ~ на принципе анкетирования

on a fellowship ~ на основе товарищества/сообщества

on a firm ~ на прочной основе

on a global ~ в глобальном масштабе

on a government-to-government ~ на межправительственной основе

on a just and democratic ~ на справедливой и демократической основе

on a lump-sum ~ при аккордной оплате

on a most-favored-nation ~ на основе режима наибольшего благоприятствования

on a multilateral ~ на многосторонней основе

on a multiparty ~ на многопартийной основе

on a mutual ~ на основе взаимности

on a mutually advantageous ~ на взаимовыгодной основе

on a mutually agreed ~ на основе взаимной договоренности

on a nondiscriminatory ~ на недискриминационной основе

on a nonparty ~ на непартийной основе

on a nonracial ~ на нерасовой основе

on a one-by-one ~ на индивидуальной основе, в каждом отдельном случае, рассматривая каждое дело индивидуально

on a parity ~ на паритетных началах

on a permanent ~ на постоянной/постоянно действующей основе

on a piecemeal ~ на поэтапной основе

on a preferred voting ~ на основе простого большинства голосов

on a priority ~ на основе первоочередности

on a proportionate ~ на пропорциональной основе

on a provisional ~ временно

on a reciprocal ~ на основе взаимности

on a regional ~ на региональной основе

on a regular ~ регулярно

on a selective ~ выборочно

on a sound ~ на здоровой основе

on a subregional ~ на субрегиональной основе

on a temporary ~ временно

on a unilateral ~ односторонне

on an emergency ~ в особо срочных случаях

on an equitable ~ на справедливой/равноправной основе

on an independent ~ на независимой основе

on an international ~ на международной основе

on an interregional ~ на межрегиональной основе

on an open-ended ~ с неограниченным сроком действия

on a voluntary ~ на добровольных началах

on equal percentage ~ на равнопроцентной основе

on pay-your-own-way ~ на хозрасчете

on the ~ **of equality, mutual benefit and nonintervention (in)** на основе равенства, взаимной выгоды и невмешательства во внутренние дела

on the ~ **of mutual respect and noninterference in each other's internal affairs** на основе взаимного уважения и невмешательства во внутренние дела друг друга

on the ~ **of priority** на основе первоочередности

on the ~ **of** *smth* на основании/на основе *чего-л.*

on this ~ на этом основании, исходя из этого

potentially acceptable ~ **for** *smth* потенциально приемлемая основа для *чего-л.*

theoretical ~ **for** *smth* теоретическая основа *чего-л.*

basket *n* **1.** «корзина», группа вопросов, подлежащих обсуждению в совокупности **2.** набор, комплект

market ~ потребительская/рыночная корзина *(условный набор потребительских товаров)*

bastion *n воен.* бастион; *перен.* бастион, оплот

~ **of peace** бастион/оплот мира

military and political ~ военно-политический бастион

last ~ **of** *smth* последний оплот *чего-л.*

bat *n разг.* шаг, темп

to do *smth* **off** *one's* **own** ~ делать *что-л.* по собственной инициативе

baton *n* **1.** полицейская дубинка **2.** эстафетная палочка

to pass the ~ **to** *smb перен.* передавать эстафету *кому-л.*

to wield ~**s** применять дубинки *(о полиции)*

battalion *n* батальон

penal ~ штрафной батальон

battle I *n* **1.** битва, бой, сражение **2.** борьба

~ **for civil rights** борьба за гражданские права

~ **for leadership** борьба за руководство *(партией)*

~ **for** *smth* **is coming to a climax** борьба за *что-л.* достигает кульминации

~ **is uphill** идет тяжелая борьба

B. of Britain «Битва за Англию» *(воздушные бои с немецкой авиацией над Англией в 1940 г.)*

~ **of ideas** противоборство идей

~ **of opinions** борьба мнений

~ **of Stalingrad** Сталинградская битва

~ **royal 1)** генеральное сражение **2)** побоище; баталия

air ~ воздушное сражение

bruising ~ трудная борьба

constitutional ~ конфликт по вопросу о конституции

critical nonproliferation ~ важнейший этап борьбы за нераспространение ядерного оружия

ding-dong ~ борьба с переменным успехом

diplomatic ~ дипломатическая борьба

ferocious ~ жестокая битва

fierce ~ ожесточенная борьба, ожесточенный бой

fruitless ~ бесполезная борьба

hard ~ тяжелая битва

land ~ наземное сражение

last-ditch ~ упорный бой, бой до последнего солдата

leadership ~ борьба за руководство *(партией)*

legal ~ судебная тяжба

line of ~ линия фронта

losing ~ **1)** безнадежная борьба **2)** близкое поражение

pitched ~ генеральное сражение; *тж перен.* ожесточенный/решающий бой

political ~s политические бои

post-election court ~s судебные разбирательства по итогам выборов

prolonged ~ затяжная борьба

propaganda ~ пропагандистская кампания

single-handed ~ борьба, ведущаяся в одиночку

street ~ уличный бой

to come into the ~ включаться в борьбу

to do ~ **with** *smb* бороться/вести борьбу с *кем-л.*; сражаться с *кем-л.*

to fight a ~ вести бой

to fight a losing ~ терпеть поражение

to fight *one's* ~ бороться/вести борьбу за свои интересы

to give ~ **to** *smb* дать бой *кому-л.*

to join ~ вступать в бой

to lose a ~ проиграть сражение

to prepare for ~s готовиться к боям

to refuse ~ уклоняться от боя

to take the ~ **to the streets** переносить борьбу на улицы

to unleash a ~ развязывать борьбу

to wage a hit-and-run ~ **with** *smb* вести партизанскую войну с *кем-л.*

to wage *one's* ~ вести борьбу

to win a ~ выиграть сражение

to win the public relations ~ победить в борьбе за общественную популярность

mother of (all) ~s величайшее сражение

poised for ~ готовый к бою

services in ~ боевые заслуги

those who died in ~ павшие на поле боя/в сражениях, погибшие в боях

battle II *v* **(out)** отстоять, завоевать *(что-л.)*

battlefield *n* поле боя

battlefront *n* фронт сражения

battle-scarred *a* пострадавший в бою

battleship *n* линейный корабль, линкор

bay *n* бухта; залив

B. of Pigs 1. залив Кочинос *(где кубинские войска нанесли поражение десанту кубинских контрреволюционеров)* **2.** *перен.* особо крупное поражение контрреволюционеров в Центральной Америке

beam *n* луч

anti-satellite laser ~ противоспутниковый лазерный луч

bearer *n* **1.** предъявитель *(чека и т.п.)*; податель *(письма)*; держатель, владелец *(акций и т.п.)* **2.** носитель, несущий

~ **of a check** предъявитель чека

standard ~ *тж перен.* знаменосец

payable to ~ на предъявителя

beat *v* бить, побеждать *(кого-л.)*

to ~ *smb* **severely** жестоко избить *кого-л.*

to ~ **swords into plough-shares** *библ.* перековать мечи на орала

beauty *n* **1.** красота **2.** красавица

sleeping ~ *делов. жарг.* «спящая красавица» *(компания, которая со временем может быть поглощена другой компанией)*

before-tax *attr* начисленный до уплаты налогов

behavior *n* поведение, деятельность

business ~ поведение/настроение/реакция деловых кругов

civilized ~ поведение цивилизованного человека

country's domestic ~ отношение государства к своим гражданам

crime ~ преступление; преступное деяние

criminal ~ преступная деятельность

deviant social ~ антисоциальное поведение

diplomatic ~ дипломатическое поведение

disorderly and insulting ~ хулиганство

high-handed ~ властное поведение

income ~ динамика дохода

irresponsible ~ безответственное поведение

justifiable ~ оправданное поведение

market ~ конъюнктура рынка

moral ~ моральное поведение

over-kindly ~ сверхлюбезное поведение

price ~ динамика цен

norms/standards of ~ нормы поведения

behead *v* обезглавливать

beheading *n* обезглавливание

behest *n* завет; повеление

internationalist ~s интернациональные заветы

at the ~ **of** *smb* по чьему-л. наущению

behind-the-scenes *attr* закулисный, кулуарный

belief *n* вера, мнение, убеждение

irrespective of race, nationality, origin, property status, sex and religious ~s независимо от расовой и национальной принадлежности, происхождения и имущественного положения, пола и религиозных верований

religious ~s религиозные верования/убеждения

widely shared ~ широко разделяемое мнение

to have the right to express *one's* **religious** ~s иметь право исповедовать свои религиозные убеждения

to practice *one's* **religious** ~s поступать согласно своим религиозным убеждениям

bell *n* звонок, колокол

alarm ~ тревожный сигнал

division ~ *брит.* парламентский звонок *(электрический звонок в палате общин, извещающий ее членов о начале голосования)*

to send alarm ~s **ringing/to sound alarm** ~s **somewhere** вызвать тревогу *где-л.*

bellicose *a* воинственный

bellicosity *n* воинственность, агрессивность

belligerence, belligerency *n* **1.** воинственность **2.** состояние войны **3.** *юр.* статус/положение воюющей стороны

formal condition of ~ формальное состояние войны

recognition of ~ признание состояния войны; признание воюющей стороны

belligerent I *n* воюющая сторона; государство, находящееся в состоянии войны

accessory ~ второстепенная воюющая сторона

principal ~ главная воюющая сторона

to be authorized by the ~ быть уполномоченным воюющей стороной

nonhostile relations of ~s невоенные отношения воюющих сторон

within the territorial waters of a ~ в пределах территориальных вод воюющей стороны

belligerent II *a* **1.** *юр.* находящийся в состоянии войны, воюющий **2.** *перен.* воинственный, агрессивный

belly *n* живот, пузо, брюхо

to go ~ **up** обанкротиться

belt *n* **1.** пояс **2.** зона, район, полоса

explosives ~ пояс с взрывчаткой

territorial maritime ~ территориальные воды

to tighten (the) ~s *перен.* затянуть потуже пояса

tightening of ~s *перен.* затягивание поясов

belt-tightening *n перен.* затягивание поясов

bench *n* **1.** судьи, судебное присутствие; суд *(в полном составе)* **2.** места в парламенте

back ~ задняя скамья в парламенте

front ~**es** *брит.* члены британского парламента, являющиеся министрами правительства или занимающие официальные должности в оппозиционной партии

government ~**es** *брит.* скамьи *(в палате общин)* для членов правительства

to sit on the ~ **1)** судить *(кого-л.)* **2)** участвовать в рассмотрении дела в качестве судьи

the ~ **and the bar** судьи и адвокаты

beneficence *n* **1.** благодеяние **2.** доброта, милосердие

beneficiary *n* **1.** лицо, получающее доходы **2.** лицо, пользующееся пожертвованиями **3.** *юр.* бенефициарий

to change ~ изменять наследника

to designate/to nominate a ~ назначать наследника

benefit I *n* **1.** преимущество, привилегия, выгода, прибыль, польза, благо, благодеяние, льгота; услуга **2.** пособие, помощь **3.** скидка

~s **and losses** прибыли и убытки; выгоды и потери

child ~ пособие на ребенка

economic ~s экономические преимущества/выгоды

educational grant ~s надбавка к окладу эксперта ООН за обучение его детей

fringe ~s дополнительные льготы

incapacity ~ *брит.* пособие по инвалидности

jobless ~ пособие по безработице

long-term ~s долгосрочные прибыли

maternity ~ пособие по беременности и родам

mutual ~ обоюдная выгода

one-time death ~ единовременное пособие по случаю смерти

political ~s политические преимущества/выгоды

service ~ выходное пособие

sickness ~ пособие по болезни

social ~ общественная выгода

tangible ~ ощутимая выгода

unemployment ~ пособие по безработице

to accrue economic ~s накапливать экономические преимущества

to apply science and technology for the ~ **of** *smth* применять науку и технику на благо *чего-л.*

to claim ~ претендовать на получение пособия

to claim for unemployment ~ претендовать на пособие по безработице

to derive ~ **from** *smth* извлекать прибыль/выгоду от *чего-л.*

to enjoy ~s пользоваться преимуществами/привилегиями

to freeze child ~ заморозить пособие на ребенка

to gain ~s получать преимущества/привилегии

to get ~ **from** *smth* извлекать прибыль/выгоду от *чего-л.*

to get ~ **of discounts and other concessions** пользоваться скидками и другими льготами

to give automatic ~s **to** *smb* автоматически давать пособия *кому-л.*

to give *smb* **the** ~ **of the doubt 1)** оправдать *кого-л.* за недостаточностью улик **2)** принять *чьи-л.* слова на веру

to increase child ~s in line with the inflation увеличивать пособия на детей ввиду роста инфляции

to make ~s available to all делать выгоды доступными для всех

to provide ~s предоставлять льготы

to reap further ~ from *smth* извлекать дальнейшую выгоду из *чего-л.*

to receive an unemployment ~ получать пособие по безработице

to scrap a ~ отменять пособие

to share in the ~s пользоваться благами

before the ~s of the changes come through пока плоды перемен дадут себя знать

for the ~ of *smb* на благо *кого-л.*; в интересах *кого-л.*

rational and fair distribution of ~s рациональное и справедливое распределение прибыли/выгод

to the ~ of all concerned с выгодой для всех заинтересованных сторон

benefit II *v* 1. приносить пользу/выгоду/прибыль 2. получать пользу/помощь/прибыль, извлекать выгоду

besmirch *v* чернить, порочить; пятнать *(репутацию)*; бросать тень

bet *v* заключать пари

to ~ on *smb* делать ставку на *кого-л.*

betray *v* предавать

the unions feel ~ed by the government профсоюзы чувствуют, что правительство их предало

betrayal *n* предательство; измена

better *v* улучшать, совершенствовать

to ~ *oneself* получать повышение, продвигаться *(по службе)*

betterment *n* 1. улучшение, совершенствование 2. *юр.* увеличение состояния

better-off *a* более имущий/состоятельный

bias I *n* 1. предубеждение, пристрастное отношение, предвзятость 2. *эк.* отклонение, сдвиг, тенденция

~ against *smth/smb* предубеждение против *чего-л./кого-л.*

~ as regards *smth/smb* пристрастное отношение к *чему-л./кому-л.*

~ in consumption сдвиг/изменение в структуре потребления

~ in favor of/towards *smth/smb* пристрастное отношение к *чему-л./кому-л.*

anti-American ~ антиамериканский настрой, предубеждение против Америки

anti-Arab ~ предубеждение против арабов, антиарабские настроения

class ~ классовая направленность

downward ~ тенденция к понижению *(цен и т.п.)*

export ~ экспортный уклон

import ~ импортный уклон

inflationary ~ инфляционная тенденция

job ~ дискриминация в области труда

Left-opportunist ~ левооппортунистические тенденции

news ~ сообщение новостей с определенной предвзятостью/под определенным углом зрения

political ~ политическая необъективность/дискриминация

racial ~ расовый предрассудок

to have a ~ against *smth* быть предубежденным против *чего-л.*

to have a ~ towards *smth* быть пристрастным к *чему-л.*

lack of ~ беспристрастность

with considerable ~ с явным пристрастием

without ~ беспристрастно

bias II *v* склонять, настраивать, оказывать влияние *или* давление

to ~ for the better оказывать положительное влияние

to ~ for the worse оказывать отрицательное влияние

to ~ *smb* **favorably** оказывать благоприятное влияние на *кого-л.*

to ~ *smb* **unfavorably** оказывать неблагоприятное влияние на *кого-л.*

to ~ *smb's* **opinion** оказывать влияние на *чье-л.* мнение

to be ~(s)ed against *smb* иметь предубеждение против *кого-л.*

to be ~(s)ed by interest руководствоваться собственной выгодой

bicameral *a* двухпалатный *(о парламенте и т.п.)*

bicentenary I *n* двухсотлетие

bicentenary II *a* двухсотлетний

bicentennial I *n* двухсотлетие

bicentennial II *a* двухсотлетний

bicker *v* пререкаться, препираться

to ~ with *smb* **during the debate** спорить с *кем-л.* во время прений

bickering *n* пререкание; перебранка; дрязги

bid *n* предложение, заявка; попытка

~ for the presidency попытка стать президентом

takeover ~ заявка на приобретение контрольного пакета акций *какой-л.* другой компанией

to make a ~ for *smth* претендовать на *что-л.*

to trim expenditure ~s урезать заявки на расходы

biggie *n* сленг звезда, магнат, выдающаяся личность

media ~s магнаты средств массовой информации, медиамагнаты

bigness *n* большой бизнес, крупнейшие корпорации

bigotry *n* фанатизм; мракобесие

overt ~ нескрываемое мракобесие

bilateral *a* двусторонний *(о соглашении, договоре)*

bilateralism *n* принцип двусторонних отношений *(напр. взаимное предоставление привилегий в международной торговле)*

bill *n* **1.** законопроект, билль **2.** счет; вексель; денежный документ **3.** *юр.* (исковое) заявление, иск

~ before Parliament законопроект, находящийся на рассмотрении парламента

~ faces a difficult parliamentary passage принятие законопроекта парламентом будет нелегким

~ goes to the lower house for consideration законопроект поступает на рассмотрение нижней палаты

~ is dead законопроект провален/отвергнут

~ is too restrictive данный законопроект содержит слишком много ограничений

~ of complaint *юр.* исковое заявление

~ of credit аккредитив

~ of entry таможенная декларация

B. of Rights 1) первые десять поправок к Конституции США **2)** *брит.* Билль о правах

~ was carried законопроект был принят

~ will become law законопроект станет законом; законопроект будет принят

Anti-Defamation B. Законопроект об ответственности за клевету *(Индия)*

Education Reform B. Законопроект о реформе образования *(Великобритания)*

election ~ законопроект о выборах

hot-head ~ необдуманный/опрометчивый/принятый сгоряча закон

import ~ стоимость импорта

indemnity ~ законопроект о компенсации

land ~ законопроект о земле

long ~ огромный счет

Military Spending B. Законопроект о военных расходах *(США)*

omnibus ~ законопроект по ряду вопросов

outward ~s экспортные счета

private ~ 1) *брит.* частный законопроект *(касающийся частных лиц)*; законопроект местного значения, рассматриваемый британским парламентом **2)** *амер.* законопроект, согласованный с представителями обеих палат конгресса

private member's ~ законопроект, внесенный на рассмотрение членом парламента *(Великобритания)*

race ~ законопроект о расовых отношениях

right-of-reply ~ законопроект о праве на ответ в печати лиц, критикуемых печатью *(Великобритания, 1989 г.)*

right-to-work ~ законопроект о предоставлении права на труд

sanctions ~ законопроект о применении санкций

Security Service B. Законопроект о работе службы государственной безопасности *(Великобритания)*

sundry ~ законопроект, объединяющий в себе несколько разных вопросов

(total) wage ~ фонд зарплаты

unpaid ~ неоплаченный счет

wage-vetting ~ законопроект о пересмотре ставок заработной платы

to adopt a ~ unanimously единогласно принимать законопроект

to amalgamate two ~s объединять два законопроекта

to amend a ~ вносить поправку в законопроект

to approve a ~ одобрять законопроект

to bar the ~ блокировать принятие законопроекта

to beat a ~ избежать уплаты по счету

to block the ~ блокировать принятие законопроекта

to bring in a ~ вносить законопроект на рассмотрение

to bull a ~ through Congress *разг.* проталкивать законопроект в Конгрессе *(США)*

to cash a ~ получать деньги по векселю

to debate a ~ clause by clause постатейно обсуждать законопроект

to defeat a ~ провалить законопроект

to delay the ~ past *one's* **convention** задерживать рассмотрение законопроекта, пока не пройдет предвыборный съезд партии

to draw a ~ составлять/формулировать законопроект

to enact a ~ принимать/утверждать законопроект

to get a ~ through Congress проводить законопроект через Конгресс; добиваться принятия законопроекта Конгрессом *(США)*

to introduce a ~ вносить законопроект на рассмотрение

to kill a ~ *разг.* провалить/забаллотировать законопроект

to lobby a ~ through протащить законопроект

to make an amendment to a ~ вносить поправку в законопроект

to make out a ~ выписывать счет

to meet a ~ оплачивать счет

to pass a ~ принимать законопроект

to pass a ~ through all the stages of parliament проводить законопроект через все стадии парламентской процедуры

to pay a ~ оплачивать счет

to protest a ~ опротестовывать вексель

to push through a ~ протолкнуть законопроект

to railroad through a ~/to ram a ~ (through) *разг.* протащить законопроект

to read a ~ by title зачитывать название законопроекта

to rush a ~ through parliament протащить закон через парламент

to see a ~ through parliament проследить за прохождением законопроекта через парламент

to sign a ~ подписать законопроект

to sign a ~ into law подписать законопроект, тем самым придав ему силу закона

to table a ~ вносить законопроект на рассмотрение

to throw out a ~ отклонить законопроект

to vote down a ~ провалить законопроект

to water down a ~ ослабить законопроект

enactment of a ~ принятие закона

Invasion of Privacy B. законопроект о вмешательстве в частную жизнь

passage of a ~ принятие закона

passage of a ~ through the Senate прохождение законопроекта через Сенат

Prevention of Terrorism B. Законопроект о борьбе с терроризмом *(Великобритания)*

receipted copy of the ~ заверенная копия счета *(для его последующей оплаты)*

smooth passage of a ~ гладкое прохождение законопроекта *(через законодательный орган)*

Billigate *n* дело о коррупции Билли Картера *(брата президента США Д. Картера)*

bind (bound) *v* обязывать *(законом и т.п.)*; связывать *(договором и т.п.)*

to ~ *oneself* обязаться, взять на себя обязательства; связать себя договором

binding *a* обязательный, обязывающий, имеющий обязательную силу

legally ~ юридически обязательный

mutually ~ взаимно обязывающий

unilaterally ~ односторонне обязывающий

to be ~ быть обязательным, иметь силу

to be legally ~ быть обязывающим/обязательным с правовой точки зрения

to be ~ upon the parties быть обязательным для участников *(договора и т.п.)*

binge *n* сленг кутеж

to start *one's* **borrowing ~** отправиться в поход за кредитами/займами

biogeocenose, biogeocenosis *n* экологическая система

biography *n*:

campaign ~ биография кандидата, изданная с агитационными целями

biological *a* биологический

biosphere *n* биосфера

bipartisan *a* двухпартийный

bipartite *a* двусторонний *(о соглашении и т.п.)*

birdwatcher *n* полит. жарг. презр. «наблюдатель за птицами» *(сторонник охраны окружающей среды)*

birth *n* рождение

~ outside marriage рождение вне брака

illegitimate ~ незаконное рождение

to be of legitimate ~ быть законнорожденным

birthday *n* день рождения

official B. официальный день рождения монарха *(национальный праздник в Великобритании и странах Содружества)*

birthright *n* юр. право по рождению, право в силу происхождения

bishop *n* епископ

Roman-Catholic ~ католический епископ

bite *v* остро критиковать *кого-л.*

bitterness *n* горечь; ожесточение; острота

polemic ~ полемическая острота

to avoid further ~ избежать дальнейшего обострения отношений

the ~ is piling up ожесточение нарастает

black *v (out)* вычеркивать/вымарывать *что-л.* *(о цензоре)*

black-and-white *a* крайний, непримиримый

blackball *v* забаллотировать

blacklisting *n* занесение в черный список

blackmail I *n* шантаж, вымогательство

nuclear ~ ядерный шантаж

political ~ политический шантаж

to give way/to yield to ~ поддаться на шантаж; уступить шантажу

blackmail II *v* шантажировать

Black Maria *n* брит. жарг. тюремная карета; «черный ворон» *(полицейский автофургон для перевозки арестованных и заключенных)*

black-marketeer *n* спекулянт

black(s)-only *attr* состоящий только из черных/негров

blackout *n* затемнение

news ~ запрет на освещение *какого-л.* события средствами массовой информации

to announce a news ~ объявлять запрет на освещение *какого-л.* события средствами массовой информации

to impose a news ~ on *smth* вводить запрет на освещение *чего-л.* средствами массовой информации

in line with the ~ в соответствии с запретом на освещение *чего-л.* средствами массовой информации

news ~ on *smth* полное замалчивание *чего-л.*

the talks reconverted under a total news ~ переговоры возобновились в обстановке полной секретности

blackwash I *n* клевета

blackwash II *v* клеветать

blame *n* вина

to lay the ~ on *smb* винить *кого-л.*

blanket I *n* покрытие

security ~ воен. система обеспечения прикрытия

blanket II *attr* общий, полный, всеобъемлющий, без оговорок

blasphemous *a* богохульный

blast I *n* взрыв, взрывная/ударная волна

60 people have been killed in bomb ~s 60 человек погибли от взрывов бомб

blast II *v* жарг. публично критиковать, нападать, разносить

blast-off *n* старт ракеты

blemish *n* недостаток, порок

social ~ социальное зло

blind *v* ослеплять; поражать

to ~ *smb* **to** *smth* заставлять *кого-л.* закрыть глаза на *что-л.*

blind-alley *attr* тупиковый; безвыходный

blitz *n нем.* **1.** налеты германской авиации на Англию в 1940 г. **2.** *разг.* стремительное наступление

blitzkrieg *n нем.* блицкриг, молниеносная война

bloated *a* раздутый, чрезмерный

bloc *n фр.* блок, объединение
~ **of deputies** блок депутатов
anti-democratic ~ антидемократический блок
anti-dictatorial ~ антидиктаторский блок
anti-imperialist ~ *ист.* антиимпериалистический блок
East(ern) ~ *ист.* страны Восточного блока *(социалистические страны)*
economic ~ экономическая группировка
fascist ~ *ист.* фашистский блок
hostile ~ враждебный блок
Middle Europe power ~ блок центрально-европейских стран
military ~ военный блок
military-political ~ военно-политический блок
NATO ~ блок стран НАТО
neutral ~ блок нейтральных стран
opposing ~s блоки, противостоящие друг другу
opposition ~ оппозиционный блок
tariff-free trade ~ беспошлинный торговый блок
trading ~ торговый блок
to distance a country from a ~ держать страну на расстоянии от блока
to form military ~s сколачивать военные блоки
to secede from a military ~ выходить из военного блока
divided by ~s разделенный на блоки

block I *n* **1.** блок, объединение **2.** обструкция *(в парламенте)* **3.** преграда
stumbling ~ камень преткновения

block II *v* **1.** преграждать, препятствовать **2.** мешать, создавать трудности **3.** задерживать прохождение законопроекта

blockade I *n* блокада, блокирование
~ **by air** воздушная блокада
diplomatic ~ дипломатическая блокада
economic ~ экономическая блокада
imperialist ~ империалистическая блокада
naval ~ морская блокада
notified ~ нотифицированная блокада
pacific ~ мирная блокада
paper ~ неэффективная блокада
war ~ военная блокада
watertight ~ непроницаемая блокада
to break a ~ прорывать блокаду
to call off the ~ отменять блокаду
to end the ~ прекращать блокаду
to establish a ~ устанавливать блокаду
to extend the land and sea ~ **to the air** распространять наземную и морскую блокаду на воздушное пространство

to impose a ~ **on a country** вводить блокаду страны
to lift a ~ снимать блокаду
to mount a ~ организовывать/предпринимать блокаду
to raise/to remove the ~ снимать блокаду
to rescind the ~ отменять блокаду
to run the ~ прорывать блокаду
to set up a ~ устанавливать блокаду

blockade II *v* блокировать

blockbust *v жарг.* спекулировать городской недвижимостью

blockbuster *n жарг.* **1.** спекулянт городской недвижимостью **2.** сенсация *(в любой области)*

blood *n* кровь
to bring in new ~ *перен.* привлекать новые кадры
to shed ~ **over** *smth* проливать кровь ради чего-л.
to win some new ~ **for an organization** *фиг.* привлекать новых членов в организацию
No ~ **for oil!** *ист.* Не проливать крови за нефть! *(лозунг американских противников войны в Персидском заливе)*

bloodbath *n* кровавая бойня, побоище

blood-letting *n* кровопролитие
intraparty ~ *перен.* жесткая внутрипартийная борьба

bloodshed *n* кровопролитие
unremitting ~ непрекращающееся кровопролитие
to avert ~ предотвращать кровопролитие
to avoid further ~ избегать дальнейшего кровопролития
to forestall ~ предотвращать кровопролитие
the ~ **continues** кровопролитие продолжается
the ~ **grows** масштабы кровопролития расширяются

blooper *n полит. жарг.* оговорка, сделанная политическим деятелем, которая может быть использована против него политическими противниками

blow I *n* удар
back ~ ответный удар
crushing/devastating ~ сокрушительный удар
final ~ окончательный удар
heavy ~ тяжелый удар
missile ~ ракетный удар
pre-emptive ~ упреждающий удар
price ~ удар, каким является повышение цен
retaliatory ~ ответный удар; акт возмездия
telling ~ чувствительный удар
whistle ~ донос
to administer a ~ **to** *smb* наносить удар кому-л.
to come to ~s **over** *smth* передраться из-за чего-л.
to cushion the ~ смягчать удар

to deal a ~ to *smb* наносить удар *кому-л.*

to deliver/to inflict a ~ наносить удар

to launch a ~ *воен.* наносить удар

to strike a ~ наносить удар

severe ~ for/to *smb* серьезный/жестокий удар для *кого-л.*

blow II (blew; blown) *v* эвф. вдыхать наркотики

to ~ up 1) взрывать(ся) **2)** *перен.* разрушать

blowsmoke *v* эвф. вдыхать наркотики

blue I *a* светло-синий *(цвет партии тори)*

blue II *n* консерватор, тори

blue-blood *n* «голубая кровь»; аристократ; дворянин

blue-chip *attr* **1.** высшего класса/качества, высококлассный; высокопоставленный **2.** престижный

blueprint I *n* наметка, проект, план, программа

~ for a control system проект по созданию системы контроля

~ for action руководство к действию

~ for the future программа на будущее

national referendum ~ проект национального референдума

to approve the ~ for *smth* одобрять наметки/проект *чего-л.*

blueprint II *v* вырабатывать, планировать, намечать

blue-slip *v* забаллотировать *(кого-л.)*

bluff I *n* блеф

to call *smb's* **~** не позволить себя обмануть, предложить *кому-л.* доказать серьезность его намерений

bluff II *v разг.* блефовать, обманывать, брать на пушку

blunder *n* грубая ошибка

tactical ~ тактическая ошибка

to commit/to make a ~ совершать большую/грубую ошибку

board *n* **1.** доска **2.** коллегия *(министерства)*, правление, совет, комиссия

B. of Education Министерство образования *(Великобритания)*; Управление образования *(США)*

B. of Exchequer Министерство финансов *(Великобритания)*

B. of Executive Directors Совет исполнительных директоров *(Международного валютного фонда)*

~ of officers суд чести

B. of Treasury Министерство финансов *(Великобритания)*

~ of trustees совет опекунов

appeal ~ апелляционный совет

bank's executive ~ правление банка

Big B. *разг.* Нью-Йоркская фондовая биржа

chief editorial ~ главная редакция

Coal B. Управление угольной промышленности *(Великобритания)*

Copyright B. агентство по охране авторских прав

counting ~ счетная комиссия *(на выборах)*

editorial ~ редакционная коллегия

Federal Reserve B. Правление системы банков США, Совет федеральных резервов

industrial injury assessment ~ врачебно-трудовая экспертная комиссия, ВТЭК

Inter-Agency Consultative B. Внутриведомственный консультативный совет

International Narcotics Control B. (INCB) Международный совет по контролю над наркотическими средствами, МСКНС

mediation ~ конфликтная комиссия

National Labor Relations B. Национальное управление по трудовым отношениям *(США)*

Prices and Incomes B. *брит.* Комитет по ценам и доходам

referee's ~ судейская коллегия

technical assistance ~ бюро технической помощи

The Trade and Development B. Совет по торговле и развитию

UN Pension B. Правление пенсионного фонда ООН

across the ~ соглашение профсоюза с предпринимателем о повышении заработной платы всем без исключения членам данного профсоюза

city ~ of education городской отдел народного образования

the BBC's B. of Governors Правление Би-би-си

boat *n* лодка; катер; бот; судно

~ flying the white flag *юр.* шлюпка с поднятым белым флагом

patrol ~ сторожевой катер

to rock the ~ *перен.* раскачивать лодку; нарушать сложившееся равновесие

bod/y 1. орган, организация **2.** главная, основная часть *(чего-л.)* **3.** группа людей **4.** тело **5.** труп

~ of an instrument основная часть документа

~ of electors избиратели

~ of evidence совокупность доказательств

~ of laws свод законов

~ of power орган власти

~ of rules свод правил/норм

~ of state authority орган государственной власти

~ of the hall часть зала, отведенная для делегатов *(в ООН)*

~ of the treaty основная часть договора

administrative ~ административный орган

advisory ~ консультативный орган

appropriate ~ соответствующий орган

arbitral ~ арбитражный орган

autonomous ~ автономный орган

auxiliary ~ вспомогательный орган

central state ~ies центральные органы государственной власти

competent ~ies компетентные органы

consultative ~ совещательный орган

control ~ контрольный орган

93

deliberative ~ совещательный орган

diplomatic ~ дипломатический корпус

economic ~ экономический/хозяйственный орган

elected party ~ выборный партийный орган

executive ~ исполнительный орган

financial ~ финансовый орган

financially independent ~ies органы, независимые в финансовом отношении

Governing B. Административный совет *(в Международной организации труда)*; Правление

governing ~ руководящий/управляющий орган

government-funded ~ организация, финансируемая государством/правительством

impartial ~ беспристрастный орган

intergovernmental ~ межправительственный орган

international ~ международная организация

judicial ~ судебный орган

law-enforcement ~ 1) правоприменяющий орган 2) полицейский орган

law-making ~ законодательный орган

leading ~ руководящий орган

legislative ~ 1) законодательный орган 2) директивный/высший орган *(Генеральная Ассамблея ООН и т.п.)*

local ~ орган местного самоуправления

main ~ 1) *воен.* главные силы 2) основная часть *чего-л.*

mutilated ~ обезображенный труп

national standards ~ies национальные органы по стандартизации

negotiating ~ комиссия для ведения переговоров

neutral ~ нейтральная организация

new-look/new-style ~ преобразованный орган

other ~ *полит. жарг.* другая палата *(употребляется членами одной из палат Конгресса США в разговоре о другой палате)*

parliamentary ~ парламент

party ~ партийный орган

pay review ~ орган по пересмотру уровня заработной платы

peace-keeping ~ контингент по поддержанию мира

planning ~ планирующий орган

policy-making/policy-setting ~ орган по формированию политической линии

public ~ государственный/общественный орган

representative ~ представительный орган

republican ~ies республиканские органы власти

scientific-economic ~ научно-экономический орган

specialized ~ специализированная организация

standing ~ постоянный орган

statutory ~ орган, утвержденный законом

sterile ~ бесплодная организация

student ~ студенчество

subordinate ~ подчиненный орган

subsidiary ~ вспомогательный орган

subversive ~ подрывной орган

superior ~ высший орган

watchdog ~ орган надзора *(напр. комитет конституционного надзора)*

to be represented on a ~ быть представленным в *каком-л.* органе

to ease *smb* **out of a** ~ выводить *кого-л.* из состава *какого-л.* органа

to identify a ~ опознавать труп

he is expected to be eased out of both ~ies **in due course** как ожидается, со временем он будет выведен из состава обоих органов

supreme ~ **of state power** верховный орган государственной власти

bodyguard *n* охранник

boldness *n* смелость

to display political ~ проявлять политическую смелость

boloism *n полит. жарг.* пораженческая пропаганда *(по имени германского агента Боло Паша, казненного во Франции в 1918 г.)*

Bolshevik I *n ист.* большевик

Bolshevik II *attr ист.* большевистский

Bolshevism *n ист.* большевизм

Bolshevist *a ист.* большевистский

bolt I *n* выход из партии/фракции

bolt II *v* выходить из партии/фракции

bomb I *n* 1. бомба, взрывное устройство 2. (the B.) ядерное оружие

~ **went off** бомба взорвалась

atom(ic) ~ атомная бомба

car ~ бомба, подложенная в автомашину

delayed-action ~ бомба замедленного действия

flying ~ самолет-снаряд

fusion ~ термоядерная бомба

H-/hydrogen ~ водородная бомба

incensing ~ зажигательная бомба

massive ~ мощная бомба

neutron ~ нейтронная бомба

petrol ~ бутылка с зажигательной/горючей смесью

radio ~ бомба с радиовзрывателем

smoke ~ дымовая бомба

superatomic ~ водородная бомба; термоядерная бомба

thermonuclear ~ термоядерная бомба

toxic ~ химическая бомба

undeclared ~ сокрытие некоторыми странами наличия у них атомного оружия

to create a nuclear ~ создавать ядерную бомбу

to defuse a ~ *брит.* разряжать бомбу

to detonate a ~ **by remote control** взрывать бомбу с помощью дистанционного управления to **disarm** a ~ разряжать бомбу

to **hurl petrol** ~s бросать бутылки с горючей смесью

to **improve** a ~ усовершенствовать бомбу

to **laboratory-test an atomic** ~ проводить лабораторные испытания атомной бомбы

to **make safe** a ~ обезвреживать бомбу

to **pile up** ~s накапливать бомбы

to **place** a ~ **under a car** подкладывать бомбу под автомашину

to **plant a time** ~ подкладывать бомбу замедленного действия

to **set off** a ~ взрывать бомбу

to **throw** a ~ бросать бомбу

Ban the B.! «Запретите бомбу!» *(лозунг сторонников кампании за ядерное разоружение – CND)*

bomb II *v* бомбардировать; бомбить

bombard *v* **1.** бомбардировать; обстреливать **2.** *перен.* засыпать вопросами

bombardment *n* бомбардировка; артиллерийский *или* минометный обстрел

bomber *n* **1.** бомбардировщик **2.** террорист, применивший бомбу

car ~ человек, взорвавший автомашину с помощью бомбы

fighter ~ истребитель-бомбардировщик

heavy ~ тяжелый бомбардировщик

light ~ легкий бомбардировщик

long-range ~ бомбардировщик дальнего радиуса действия, стратегический бомбардировщик

medium ~ средний бомбардировщик, бомбардировщик среднего радиуса действия

short-range ~ бомбардировщик ближнего радиуса действия

stealth ~ бомбардировщик «Стелс» *(США)*

strategic ~ стратегический бомбардировщик

suicide ~ террорист-смертник, взрывающий себя вместе с бомбой

supersonic ~ сверхзвуковой бомбардировщик

bomb-happy *a* воинственный; готовый применить (атомную) бомбу; угрожающий (атомным) оружием/войной

bombing *n* бомбометание; бомбардировка

aerial ~ бомбардировка с воздуха

carpet ~ ковровая бомбардировка *(метод сплошной бомбардировки обширных территорий)*

let-up in the ~ ослабление бомбардировки

bombshell *n* артиллерийский снаряд

political ~ политическая сенсация

to **come as/to fall like** a ~ произвести впечатление разорвавшейся бомбы

to **drop one's political** ~ делать политическое заявление, которое произведет эффект разорвавшейся бомбы

bona fide *a лат. юр.* добросовестный, честный

bonanza *n* высокодоходное предприятие; очень выгодная сделка; «золотое дно», источник большой прибыли

oil ~ нефтяной бум

bond *n* **1.** (долговое) обязательство, долговая расписка **2.** обязательство; договор **3.** *фин.* облигация **4.** узы, связь

conjugal ~s брачные узы

corporate ~s облигации, выпущенные корпорациями

foreign ~s иностранные облигации

government ~s облигации государственного займа, государственные ценные бумаги

Treasure ~s государственные облигации

bondage *n* узы, кабала; рабство

bone *n* кость

British to the ~ англичанин до мозга костей

bonus *n эк.* премия, бонус, вознаграждение

Christmas ~ рождественская премия

export ~ экспортная премия

payment of language ~ выплата надбавки за знание языков

performance related ~ премия, величина которой зависит от качества работы

productivity ~ премия за повышение производительности труда

boo *v* освистывать, выражать неодобрение

book *n* книга; (the B.) Библия

Blue B. «Синяя книга», правительственный отчет/доклад

Orange B. *правит. жарг.* «Оранжевая книга» *(доклад в оранжевой обложке о продаже продовольствия и других товаров)*

order ~ книга/портфель/регистр заказов

pass ~ 1) пропуск 2) сберкнижка

plum ~ *полит. жарг.* «реестр теплых местечек» *(неофициальное название справочника "The United States Government Policy and Supporting Positions")*

Red ~ «Красная книга» *(название справочника редких животный, растений и т.п.)*

reference ~ справочник

state-approved ~s книги, одобренные государством

statute ~s действующее законодательство

to **balance** one's ~s сбалансировать бюджет

to **be remembered in history** ~s войти в историю

to **bring** *someone* **to** ~ призывать *кого-л.* к ответу

to **go into the record** ~ войти в книгу рекордов

to **go on the** ~s быть зарегистрированным

to **march into the** ~s войти в историю

to **relegate** *smth* **to history** ~s сдавать *что-л.* в архив истории

by the ~ по правилам, в соответствии с правилами

Statistical Year- B. for ... Ежегодный статистический справочник за ... год

boom *n* бум, бурный рост

~ **in trade** торговый бум

baby ~ подъем рождаемости

commodity ~ товарный бум

consumer ~ потребительский бум
economic ~ экономический бум
information ~ информационный бум
investment ~ инвестиционный бум, бум капиталовложений
post-war ~ послевоенный бум
speculative ~ спекулятивный бум
stock-market ~ биржевой бум, резкое повышение курсов акций на бирже
to cool off the ~ тормозить чрезмерный экономический подъем
boomer *n* :
baby ~ представитель поколения первого десятилетия после Второй мировой войны
boost I *n* поддержка, подъем, ускорение
morale ~ поднятие боевого/морального духа
political ~ политическая поддержка
to give a ~ **to** *smb* оказывать *кому-л.* поддержку
to give a ~ **to** *smth* стимулировать *что-л.*
boost II *v* (*smb*) поддерживать *кого-л.*
boot *n* ботинок
bovver ~**s** высокие тяжелые ботинки (*часто со стальным носком и шипами*)
to face the ~ быть под угрозой увольнения
booth *n* кабина, будка
polling/voting ~ кабина для голосования
border *n* граница
common ~**s** общие границы
customs ~ таможенная граница
external ~**s** внешние границы
internationally accepted ~**s** международно признанные границы
naval ~ морская граница
postwar ~**s** послевоенные границы
prewar ~**s** довоенные границы
sea ~ морская граница
to blur the ~**s between the two countries** размывать границы между двумя странами
to close *one's* ~**s to** *smb* закрывать свои границы для *кого-л.*
to cross the ~ **from a country** пересечь/перейти границу со стороны *какой-л.* страны
to cross the ~ **to the West** уехать на Запад
to define/to demarcate the ~ демаркировать границу
to honor the ~ соблюдать установленную границу
to maintain the integrity of the ~ сохранять неприкосновенность границы
to mine a ~ минировать границу
to open (up) *one's* ~ **to** *smb* открыть свою границу для *кого-л.*
to police the ~ охранять границу
to redraw ~**s** изменять границы
to reopen the ~ вновь открыть границу
to seal the ~ держать границу на замке
to shut *one's* ~ **to** *smb* закрыть свою границу для *кого-л.*
to smuggle *smth* **across the** ~ провозить *что-л.* контрабандным путем через границу

to stray across the ~ случайно нарушить границу
to supervise the ~ нести пограничную службу, служить на границе
to violate the state ~ нарушать государственную границу
to withdraw behind *one's* ~**s** выводить войска в пределы своих границ
location of the ~ местоположение границы
outside *one's* **national** ~**s** за пределами своих государственных границ
revision of ~**s** пересмотр границ
violation of the ~ нарушение границы
border-guard *n* пограничник
borough *n брит.* небольшой город с самоуправлением
county ~ *брит.* город-графство
pocket ~ «карманный» район (*для кандидата*)
borrow *v* 1. (*from*) брать взаймы, занимать 2. заимствовать
to ~ **cheaply** брать кредит на льготных условиях
borrower *n* получатель ссуды; заемщик
boss *n* босс, хозяин
political ~ политический босс
botcher *n* бракодел
bottleneck *n* «узкое место» (*в экономике*)
bottom *n* дно
Foggy B. *полит. жарг.* прозвище государственного департамента США
bound *n* граница, предел
to be out of ~**s to** *smb* быть запретной зоной для *кого-л.*
boundar/y *n* граница
~ **established by a treaty** граница, установленная договором
artificial ~**ies** искусственные границы
domestic ~**ies** национальные границы
land ~**ies** сухопутные границы
national ~**ies** естественные границы
revision of ~**ies** пересмотр границ
state ~**ies** государственные границы
territorial ~ территориальная граница
water ~ водная граница
to abolish national ~**ies** отменять границы между государствами
to alter ~**ies** изменять границы
to draw ~**ies** проводить границы
to extend ~**ies** расширять границы
to guarantee ~ гарантировать нерушимость границы
identification of the ~ определение/идентификация границы
withdrawal to internationally recognized ~**ies** отвод войск к международно признанным границам
within legal ~**ies** в рамках закона
bourgeois *a* буржуазный
bourgeoisie *n* буржуазия
bow *v* (*out*) 1. уйти в отставку 2. снять свою кандидатуру

box *n* ящик

to stuff a ballot ~ заполнять избирательную урну фальшивыми бюллетенями

to use the ballot ~ воспользоваться избирательной урной *(т.е. решить проблему путем выборов)*

boycott I *n* бойкот

economic ~ экономический бойкот

international ~ международный бойкот

secondary ~ вторичный бойкот *(бойкот против предпринимателя, сохраняющего связи с владельцем предприятия)*

trade ~ торгово-экономический бойкот

watertight ~ полный бойкот

to abandon the ~ отказываться от бойкота

to call off the ~ отменять бойкот

to plan a ~ планировать бойкот

to put under ~ бойкотировать

to set up a ~ объявлять бойкот

boycott II *v* бойкотировать

bra-burner *n* участница движения женщин за свои права

bracket *n* «вилка» *(пределы колебания какой-л. величины)*

brain *n* мозг; *pl брит. полиц. жарг.* «мозги» *(сотрудники уголовного розыска)*

to pick *smb's* **~** *перен.* присваивать чужие мысли

brain drain *n разг.* «утечка мозгов», эмиграция специалистов

brainpower *n* интеллектуальная элита; научные кадры

brainwashing *n разг.* «промывание мозгов», идеологическая обработка

ideological ~ идеологическая обработка

brake *n* тормоз, препятствие, ограничение

to apply a ~ to *smth* тормозить *что-л.*

to put the ~s on the economy тормозить экономическое развитие

branch I *n* **1.** ветка, ветвь **2.** ответвление, филиал, отрасль

~ of economic activity область экономической деятельности

~ of government ветвь власти

~ of industry отрасль промышленности

executive ~ исполнительная власть

intelligence ~ разведывательная служба; разведывательный орган

judicial ~ судебная власть

key ~es основные отрасли

legislative ~ законодательная власть

olive ~ оливковая ветвь *(символ мира)*

Programme Analysis and Policy Planning B. *брит.* Отдел по изучению программ и политики планирования

Programme Coordination B. *брит.* Отдел по координации программ

Scotland Yard's anti-terrorist ~ отдел по борьбе с терроризмом британской полиции «Скотленд Ярд»

Special B. *брит. полиц. жарг.* полиция безопасности

to accept the olive ~ соглашаться на мир

to hold out the olive ~ делать мирные предложения

raw-materials ~es of the economy сырьевые отрасли экономики

branch II *v (out)* разветвляться, расходиться, возникать из *чего-л.*; расширять *(дело)*

brand I *n* :

market-orientated ~ of socialism *ист.* разновидность социализма, ориентированного на рыночную экономику

brand II *v* клеймить

to ~ *smb* **as ...** заклеймить *кого-л.* как ...

bravery *n* храбрость

commendable ~ похвальная храбрость

to pay tribute to *smb's* **~** выражать восхищение *чьей-л.* храбростью

breach I *n* **1.** нарушение **2.** разрыв *(отношений)*

~ between the two countries разрыв отношений между двумя странами

~ of an agreement нарушение соглашения

~ of an obligation нарушение обязательства

~ of a treaty нарушение договора

~ of confidence злоупотребление доверием

~ of contract нарушение контракта

~ of etiquette нарушение этикета

~ of order 1) нарушение порядка **2)** нарушение регламента

~ of promise нарушение обязательства

~ of the law нарушение закона

~ of the peace нарушение общественного порядка

~ of treaty obligations нарушение договорных обязательств

deliberate ~ намеренное нарушение

flagrant ~ вопиющее нарушение

grave ~ серьезное нарушение

material ~ существенное нарушение

security ~ нарушение правил безопасности

to be in ~ of *smth* нарушать *что-л.*

to commit a ~ of the peace нарушать общественный порядок

to heal/to repair the ~ положить конец разрыву *(в отношениях)*

in ~ of the European convention в нарушение европейской конвенции

breach II *v* нарушать *(закон, обязательства и т.п.)*

bread *n* хлеб; *перен.* пища

to provide *oneself* **with ~** обеспечивать себя пищей

bread-and-butter *attr* повседневный, насущный

breadbasket *n* житница страны

breadwinner *n* кормилец

break I *n* **1.** разрыв **2.** нарушение **3.** сообщение *(новости)* **4.** отдых, послабление

~ of diplomatic relations разрыв дипломатических отношений

~ with the Commonwealth разрыв с Британским содружеством clean ~ полный разрыв *(отношений)*

diplomatic ~ разрыв дипломатических отношений

news ~ информационное сообщение

tax ~s налоговые льготы

to announce a ~ объявлять о разрыве отношений

to make a conscious ~ **with** *smth* сознательно рвать с *чем-л.*

to stand for a ~ **with** *smb* выступать за разрыв отношений с *кем-л.*

break II *v* выходить из состава; отделяться, откалываться *(от партии и т.п.)*

breakaway *attr* отколовшийся, сепаратистский, раскольнический

breakdown *n* развал, распад, срыв, провал

~ **of the colonial system** распад колониальной системы

~ **of the negotiations** срыв переговоров

complete ~ полное нарушение обычного порядка

total ~ полный провал

to ~ **free** выходить из состава *(федерации и т.п.)*; отделяться

breaker *n* нарушитель

curfew ~ нарушитель комендантского часа

law ~ *юр.* правонарушитель

breaking *n* нарушение

law ~ нарушение закона, правонарушение

breakthrough *n* прорыв, *тж перен.* крупное достижение

~ **for** *smb* крупный успех для *кого-л.*

~ **in the talks** достижение успеха на переговорах

intellectual ~ интеллектуальный прорыв

palpable ~ ощутимый перелом/процесс

peaceful ~ мирный «прорыв»

rapid ~ быстрый успех

significant ~ значительное достижение; значительный успех

to achieve a ~ добиваться прогресса

to expect a ~ рассчитывать на успех

to make a ~ добиваться прогресса

hopes of an early ~ надежды на скорый успех

lack of any ~ отсутствие *какого-л.* успеха

breakup *n* распад, развал

to head off the ~ **of the country** предотвращать распад страны

breath *n* дыхание

the world is waiting with bated ~ **(for** *smth*) мир, затаив дыхание, ждет *(чего-л.)*

brethren *n pl* братья *(по борьбе, религии и т.д.)*

brew *v* варить(ся)

something is ~**ing** что-то готовится/затевается

Brezhnevism *n русск.* брежневщина

bribe I *n* взятка

thinly disguised ~ слегка замаскированная взятка

to solicit a ~ вымогать взятку

to take ~**s** брать взятки

bribe II *v* давать взятку, подкупать

bribery *n* взяточничество

~ **of voters** подкуп избирателей

bribetaker *n* взяточник

bridge *n* мост

to build ~**s** «наводить мосты», налаживать отношения

to rebuild ~**s to the West** восстанавливать отношения с Западом

brief I *n* 1. обзор 2. *юр.* записка по делу; инструкция

World B. *брит. радио* обзор международных событий

to exceed *one's* ~ выходить за рамки полученных инструкций

to overstep *one's* ~ нарушать инструкцию, превышать свои полномочия

brief II *v* информировать; инструктировать

to ~ *smb* **on** *smth* информировать *кого-л.* о *чем-л.*

experts are ~**ed** эксперты проходят инструктаж

briefing *n* пресс-конференция, проводимая специалистом; инструктаж, брифинг

military ~ военное совещание

news ~ брифинг для журналистов

brigade *n* бригада; отряд, команда

international ~ *ист.* интернациональная бригада *(Испания)*

marines ~ бригада морской пехоты

production ~ *эк. жарг.* производственная бригада

umbrella ~ *жарг.* полиция безопасности *(Великобритания)*

brigand *n* бандит, разбойник

bring *v* приносить, привозить

to ~ *smb* **down** свергать *кого-л.*

brink *n* край, грань

to be on the ~ **of war** быть на грани войны

to bring two countries to the ~ **of war** ставить две страны на грань войны

to edge towards a ~ **of war** приближаться к грани войны

to push *smb* **to the** ~ **of ruin** ставить *кого-л.* на грань разорения

to take a country to the ~ **of war** ставить страну на грань войны

brinkmanship *n* политика балансирования на грани войны *(термин введен в 1956 г. государственным секретарем США Д. Ф. Далласом)*

political ~ политически рискованная игра

British *a* британский

B. Aerospace «Бритиш Аэроспейс» *(британская компания по производству авиационной и космической техники)*

B. Coal «Бритиш Коул» *(британская угольная корпорация)*

B. Petroleum (BP) «Бритиш Петролеум» *(британская нефтяная компания)*

B. Telecom «Бритиш телеком» *(британская компания связи)*

to buy ~ покупать товары британского производства

broadcast *n* **1.** радио-/телевещание **2.** радио-/телепрограмма

~ **to the nation** обращение по радио/телевидению к народу

end-of-the-year ~ новогоднее обращение по радио *или* телевидению

live ~ прямая передача

New Year ~ новогоднее обращение по радио *или* телевидению

outside ~ внестудийная передача

provocative ~ провокационная передача

subversive ~ подрывная передача

television ~ телевизионная передача

wire ~ радиотрансляция

to beam a ~ **at a country** направлять передачу на *какую-л.* страну

to stop a ~ прекращать передачу

broadcaster *n* диктор *(радио или телевидения)*

broadcasting *n* **1.** радио-/телевещание **2.** радио-/телерепортаж

live ~ прямой радио-/телерепортаж

broadsheet *n* плакат

brochure *n* брошюра

broke *a* обанкротившийся

broker *n* брокер, маклер, посредник, агент

honest ~ нейтральный посредник

peace ~ посредник в мирном урегулировании

power ~ политический брокер

trusted peace ~ доверенное лицо по вопросам мирного урегулирования

brotherhood *n* братство

~ **of nations** братство народов, содружество наций

Moslem B. организация «Братья-мусульмане»

brownshirts, the *n* коричневорубашечники, фашисты

brunt *n* основная тяжесть

to bear the ~ **of the war** нести основную тяжесть войны

brutality *n* **1.** жестокость **2.** грубость

hallish ~ дьявольская жестокость

police ~ жестокость полиции

buck *n разг.* доллар

to make a ~ *разг.* зашибать деньгу

Buddhism *n* буддизм

Buddhist *n* буддист

Buddhist(ic) *a* буддийский

budget I *n* бюджет

administrative ~ административный бюджет

austerity ~ бюджет жесткой экономии

balanced ~ сбалансированный бюджет

biennial program ~ двухгодичная бюджетная программа

bulged ~ разбухший бюджет

cautious ~ осторожный бюджет

contributions to the UN ~ взносы в бюджет ООН

defense ~ ассигнование на оборону; военный бюджет

deficit-ridden ~ дефицитный бюджет

draft ~ проект бюджета

emergency ~ чрезвычайный бюджет

extraordinary defense ~ чрезвычайные военные расходы

federal ~ федеральный бюджет

health ~ расходы на здравоохранение

massive ~ разбухший/огромный бюджет

military ~ военный бюджет

national ~ государственный бюджет

Programme B. бюджет по программам *(ООН)*

regular ~ регулярный бюджет

shoe-string ~ минимальный бюджет

state ~ государственный бюджет

tight ~ напряженный бюджет

top-hat ~ *разг.* бюджет, выгодный имущим

voted ~ утвержденный *(законодательным органом)* бюджет

war ~ военный бюджет

to approve a ~ **on its final reading** принимать бюджет в последнем чтении

to approve the ~ одобрять/утверждать бюджет

to balance the ~ ликвидировать дефицит бюджета

to block the ~ блокировать принятие бюджета

to bring the ~ **into balance** сбалансировать бюджет

to build up the ~ разрабатывать/составлять бюджет/смету

to cut the ~ сокращать бюджетные ассигнования

to get the ~ **through Congress** проводить бюджет через Конгресс

to pass the ~ утверждать бюджет

to present the ~ представлять бюджет на рассмотрение

to put the ~ **in the black** ликвидировать бюджетный дефицит

to put the ~ **in the red** создавать бюджетный дефицит

to put together the ~ составлять бюджет

to reduce the military ~ сокращать военный бюджет

to reform a ~ реформировать бюджет

to restrain the ~ ограничивать бюджет

to scale back the ~ сокращать бюджет

to set up a ~ составлять бюджет

to slash 2 billion dollars from the ~ урезать бюджет на 2 млрд. долларов

to slow the growth of the administrative ~ замедлять рост управленческих расходов

to submit the draft ~ **for consideration** представлять проект бюджета на рассмотрение

to trim the ~ уменьшать дефицит бюджета

to unveil a ~ обнародовать бюджет

declining military ~ сокращение военных статей бюджета

draft of the ~ for ... проект государственного бюджета на ... год

financing of the ~ финансирование бюджета

make-up of the ~ структура бюджета

reduction of the ~ сокращение бюджета

the ~ faces a rough ride провести бюджет *(через парламент, думу и т.п.)* будет нелегко

budget II *v* включать *что-л.* в бюджет, предусматривать *что-л.* в бюджете, ассигновать

budgetary *a* бюджетный, предусмотренный бюджетом

budgeteer *n* составитель бюджета

budgeting *n* составление бюджета/сметы; финансирование

full ~ составление полного бюджета

gross ~ составление валового бюджета

ordinary ~ обычное финансирование

program ~ *правит. жарг.* способ определения наилучшего распределения фондов общественного потребления

buffer *n* буфер; буферное государство

cold-war ~ буферное государство времен холодной войны

buffer-state *n* буферное государство

~ between ... and ... буферное государство между ... и ...

bug I *n* подслушивающее устройство, аппарат для тайного наблюдения, «жучок»

bug II *v* вести тайное подслушивание/наблюдение

bugged *a* оборудованный потайными микрофонами *(о помещении)*/подслушивающим устройством *(о телефоне)*

bugging *n* подслушивание; тайное наблюдение

build-down *n* сокращение *(вооружений)*

building *n* 1. здание 2. строительство

bridge ~ *перен.* наведение мостов

confidence ~ укрепление доверия

presidency ~ здание президентского дворца

to bulldoze a ~ сносить здание бульдозером

to demolish a ~ сносить здание

to flatten a ~ сравнять здание с землей

to force *one's* **way into a ~** врываться в здание

buildup *n* сосредоточение, накопление, наращивание, укрепление; развертывание *(сил)*

~ in arms наращивание военного потенциала

~ of armaments рост вооружений

~ of armed forces рост вооруженных сил

~ of arms рост вооружений

~ of conventional weapons наращивание запасов обычных вооружений

~ of forces наращивание (военной) силы/мощи

~ of military weapons накопление вооружений/оружия

~ of nuclear-missile armaments наращивание ракетно-ядерных вооружений

arms ~ наращивание вооружений

defense ~ наращивание военного производства

military ~ военное наращивание, сосредоточение вооруженных сил, наращивание военного потенциала/вооружений

nuclear ~ накопление ядерного оружия

strategic ~ наращивание стратегических сил

world-wide ~ наращивание вооружений во всем мире

to accelerate/to boost military ~ ускорять наращивание военной мощи

to counter/to counteract military ~ противодействовать наращиванию военной силы

to curb the ~ of nuclear-missile armaments обуздывать гонку ракетно-ядерных вооружений

to reverse the ~ of nuclear-missile armaments поворачивать вспять гонку ракетно-ядерных вооружений

dangerous ~ of armaments опасное наращивание вооружений

process of confidence ~ процесс укрепления доверия

qualitative ~ of arms качественный рост вооружений

quantitative ~ of arms количественный рост вооружений

unbridled ~ of military strength безудержное наращивание военной мощи

bull *v* 1. преуспевать, иметь перспективы роста 2. *бирж.* играть на повышение

bullet *n* пуля

dummy ~ учебная пуля

plastic ~ пластиковая пуля *(применяется полицией для разгона демонстраций)*

rubber ~ резиновая пуля *(применяется полицией для разгона демонстраций)*

stray ~ шальная пуля

to be hit by a ~ быть раненым пулей

to brave the ~s идти вперед, не обращая внимания на пули

bulletin *n* бюллетень; сводка, информационное сообщение

~ of world news сводка международных новостей

~ on *smb* бюллетень о состоянии здоровья *кого-л.*

extended news ~ расширенная сводка новостей *(по радио)*

official ~ официальный бюллетень

press ~ пресс-бюллетень, пресс-релиз

special news ~ спецвыпуск новостей

to issue a ~ выпускать бюллетень

bulletin-board *n* доска объявлений

bulwark *n* оплот, защита

~ of freedom бастион свободы

Bundesbank, the *n* Государственный банк ФРГ

bundle *n* :
~ **of lies** сплошная ложь
bunker *n полит. жарг.* бункер *(близкие сторонники Франко; сторонники восстановления франкизма в Испании)*
burden *n* бремя, груз
~ **of arms spending** бремя расходов на вооружения
~ **of military expenditure** бремя военных расходов
~ **of rearmament** бремя расходов на перевооружение
~ **of the arms race** бремя гонки вооружений
arms ~ бремя расходов на вооружение
crippling/crushing ~ тяжелое/непосильное бремя
debt ~ бремя долгов
debt-service ~ бремя выплат по задолженности
economic ~ экономическое бремя
heavy ~ тяжелое бремя
intolerable ~ непосильное бремя
onerous ~ тяжелое бремя
tax ~ бремя налогов
to alleviate the ~ **of** *smth* облегчать бремя *чего-л.*
to bear the military and financial ~ нести бремя военных и финансовых расходов
to feel a heavy military ~ ощущать тяжелый груз военных расходов
to lighten the ~ **of** *smth* облегчать бремя *чего-л.*
to meet an extra ~ компенсировать/восполнять дополнительное бремя
to reduce a country's enormous ~ **of arms** уменьшать огромное бремя вооружений, лежащее на стране
bureau *n* бюро, отдел, управление
B. of Administrative Management and Budget Бюро по административному руководству и бюджету
~ **of information** информационное бюро; информационное агентство
B. of the Committee Президиум Комитета Генеральной Ассамблеи ООН
Diplomatic Corps Service B. Управление по обслуживанию дипломатического корпуса, УПДК
information ~ информационное бюро
legal aid ~ юридическая консультация
Libyan people's ~ дипломатическое представительство Ливии
national ~ национальное бюро
open-ended ~ бюро открытого состава
publicity ~ рекламное бюро
Central B. of Investigations (CBI) Центральное бюро расследований *(Индия)*
Federal B. of Investigation (FBI) Федеральное бюро расследований, ФБР
meeting of the ~ заседание бюро
members of the B. члены Президиума Генеральной Ассамблеи ООН

bureaucracy *n* бюрократия
bloated ~ раздутая бюрократическая машина
to combat ~ бороться с бюрократизмом
to crush the ~ разгромить бюрократию
to eradicate ~ искоренять бюрократизм
bureaucrat *n* **1.** бюрократ **2.** государственный чиновник
~**s of Brussels** чиновники штаб-квартиры ЕЭС в Брюсселе
civilian ~**s** гражданская бюрократия
military ~**s** военная бюрократия
privileged ~ привилегированный чиновник
bureaucratic *a* бюрократический
bureaucratism *n* бюрократизм
burgher *n* бюргер
burgomaster *n* бургомистр
burial *n* захоронение
burn *v* **1.** гореть, жечь **2.** *жарг.* казнить на электрическом стуле **3.** *развед. жарг.* шантажировать *(с целью получения разведывательной информации)*
to ~ *smb* **alive/to death** сжигать *кого-л.* заживо; сжигать/казнить на костре
burning *n* **1.** горение **2.** обжиг, прокалывание **3.** сжигание **4.** перегорание
flag ~ сжигание государственного флага
bursar *n* казначей *(в учебном заведении)*
burst *n* взрыв
information ~ «информационный взрыв», быстрый рост количества информации
nuclear ~ ядерный взрыв
bus *n* автобус
painting the ~ *делов. жарг.* косметические изменения в плане
business *n* **1.** бизнес, дело **2.** сделка; торговля; операция **3.** дело, профессия, занятие **4.** заказ; объем производства **5.** повестка дня
~ **as usual** отсутствие изменений
~ **declined** в делах наступил застой
~ **does not pay** дело невыгодное
~ **is looking up** *разг.* наблюдается подъем деловой активности
~ **is looking well** *разг.* дела идут хорошо
~ **is slow** наблюдается деловое затишье
~ **of the day** повестка дня
~ **of the meeting** повестка встречи
~ **thrives** бизнес процветает
~ **was brisk** деловая активность была высокой
any other ~ **(AOB)** разное *(как пункт повестки дня)*
banking ~ банковское дело, банковские операции
big ~ крупный капитал, крупные концерны/тресты
brisk ~ оживленная торговля
government ~ государственный заказ; работа по государственным заказам
incorporated ~ фирма, зарегистрированная как корпорация
private ~ частное предпринимательство

remunerative ~ доходное предприятие

small scale ~ малый бизнес

square ~ *тюремн. жарг.* правда

war ~ военный бизнес

well-established ~ солидная фирма

to be engaged in the ~ заниматься предпринимательской деятельностью

to be forced out of ~ быть вытесненным из предпринимательской деятельности

to be out of ~ быть банкротом

to conduct a ~ вести дело, руководить делом

to do ~ together осуществлять деловое сотрудничество

to do ~ with a country иметь деловые отношения с *какой-л.* страной

to do ~ with *smb* осуществлять деловое сотрудничество с *кем-л.*

to engage in ~ заниматься предпринимательской деятельностью

to establish a ~ основывать дело/фирму/компанию

to go out of ~ обанкротиться

to hamper the progress of ~ препятствовать успеху дела

to launch *smb* into ~ помогать *кому-л.* преуспеть в коммерческой карьере

to run a ~ вести дело, руководить делом

to set up/to start a ~ начинать дело

to transact ~ with *smb* заключать сделку с *кем-л.*

conduct of ~ порядок ведения заседания

course of ~ ход дела

kind of ~ отрасль деятельности

line of ~ сфера деятельности, отрасль

on ~ по делу

speedy dispatch of ~ ускоренное решение дел

stagnation of ~ застой в делах

transaction of ~ ведение дел

urgent ~ before the Security Council вопрос, подлежащий срочному рассмотрению Советом Безопасности *(ООН)*

businesslike *a* деловой, деловитый

businessman *n* бизнесмен, деловой человек

businesswoman *n* бизнесвумен, деловая женщина

bust I *n* депрессия, кризис, банкротство

to go ~ *разг.* банкротиться

bust II *v* банкротиться

bus/y I *n брит. жарг.* полицейский, шпик, сотрудник уголовного розыска; (The ~ies) уголовный розыск

butter-boy *n брит. жарг.* полицейский-новичок

button *n* кнопка

campaign ~ нагрудный значок с портретом кандидата *или* эмблемой партии

to push the "ethnic" ~ заигрывать с нацменьшинствами *(о кандидате на выборах)*

at a touch of a ~ стоит только нажать «ядерную кнопку»

finger on the ~ «рука на кнопке» *(готовность начать ядерную войну)*

buy *v* покупать

to ~ American покупать американские товары

to ~ British покупать британские товары

to ~ up скупать

buy-in *n* выгодная сделка

buying *n* покупка

heavy ~ массовая закупка *(напр. акций)*

panic ~ панические закупки

vote ~ покупка голосов, подкуп избирателей

buyout *n* выкуп *(собственности)*

by-election дополнительные выборы

by-law *n* **1.** постановление органов местной власти **2.** подзаконный акт **3.** внутренние правила *(корпорации, общества)*

C

cabal I *n* **1.** (политическая) клика **2.** группа заговорщиков **3.** интрига; заговор

cabal II *v* вступать в заговор

cabinet *n* правительство, кабинет (министров)

~ of ministers кабинет министров

~ resigned кабинет ушел в отставку

caretaker ~ служебное правительство

coalition ~ коалиционный кабинет

inner ~ кабинет министров в малом составе

interim ~ переходное/временное правительство

kitchen ~ *разг.* группа влиятельных советников из числа друзей президента

one-party ~ однопартийный кабинет

outgoing ~ кабинет, уходящий в отставку

predominantly civilian ~ правительство, состоящее в своем большинстве из гражданских лиц

pro-reform ~ правительство сторонников реформ

reshaped ~ обновленный состав кабинета

shadow ~ «теневой кабинет» *(кабинет министров, намечаемый лидерами оппозиции на случай прихода к власти)*

streamlined ~ уменьшенный кабинет министров

Tory ~ *брит.* кабинет, сформированный консерваторами

war ~ правительство военного времени

to announce a reshuffled ~ объявлять о перестановках в правительстве

to announce *one's* ~ объявлять состав своего правительства/кабинета

to appoint members of the ~ назначать членов правительства

to be out of the ~ быть выведенным из состава правительства

to confirm *one's* former ~ in office подтверждать, что старое правительство остается у власти

to create a new ~ формировать (новое) правительство

to dismiss/to dissolve the ~ распускать правительство/кабинет

to drop *smb* from the ~ выводить *кого-л.* из состава правительства/кабинета

to form a new ~ формировать (новое) правительство

to include *smb* in the ~ включать *кого-л.* в состав правительства/кабинета

to join in the new ~ входить в новое правительство

to leave the ~ выходить из состава правительства

to make changes to *one's* ~ производить изменения в своем правительстве

to make way for a ~ reshuffle делать возможным перестановки в правительстве

to name *one's* ~ объявлять состав своего правительства/кабинета

to quit the ~ выходить из состава правительства

to remove *smb* from the ~ выводить *кого-л.* из состава правительства/кабинета

to replace members of a ~ заменять членов правительства

to reshuffle *one's* ~ производить перестановки в правительстве; реорганизовывать правительство/кабинет

to resign from the ~ выходить из состава правительства; уходить в отставку *(о министре)*

to sack the ~ распускать правительство/кабинет

to slim down a ~ сокращать состав правительства

to swear in the ~ приводить к присяге членов кабинета

composition of the ~ состав правительства/кабинета

recasting/reshaping/reshuffle of the ~ перестановки в правительстве/кабинете

cabineteer *n* член кабинета/правительства

cabinet-in-exile *n* правительство в изгнании

cache *n* тайный склад *(оружия)*

arms ~ тайный склад оружия

to discover/to uncover a ~ of arms обнаруживать тайный склад оружия

cadre *n воен.* кадровый состав; *pl* кадры; штат; персонал

leading ~s руководящие кадры

party ~s партийные кадры

to appoint ~s назначать кадры на работу

to select ~s подбирать кадры

placement of ~s расстановка кадров

reshuffling of ~s перестановка/перетряска кадров

selection of ~s подбор кадров

stability of ~s отсутствие текучести кадров

training of national ~s подготовка кадров на местах

cadreman *n* кадровый военнослужащий

calamit/y *n* бедствие; катастрофа

ecological ~ экологическая катастрофа

national ~ национальное бедствие

natural ~ стихийное бедствие

social ~ социальное бедствие

to bring ~ies to the people приносить бедствия народу

to decree *smth* of public ~ объявлять *что-л.* районом национального бедствия

elimination of the consequences of natural ~ ликвидация последствий стихийного бедствия

calculation *n* вычисление, расчет; подсчет

cost-benefit ~ смета расходов и прибылей

political ~ политический расчет

to act out of ~ действовать по расчету

Calder Hall Колдер Холл *(первая АЭС в Великобритании)*

calendar *n* 1. календарь; летоисчисление; стиль 2. повестка дня; расписание работы *(какого-л. органа)* 3. список законопроектов и резолюций, подлежащих рассмотрению Конгрессом США

~ of activities календарь мероприятий

Christian ~ христианское летоисчисление

consent ~ календарь согласия *(календарный список не вызывающих разногласий законопроектов, подлежащих одобрению палатой представителей)*

executive ~ перечень правительственных документов, направляемых в Сенат для утверждения президентом *(назначения на должности и т.п.)*

Gregorian ~ григорианский календарь; новый стиль

House ~ перечень законопроектов, переданных комитетами в палату представителей на обсуждение

Jewish ~ еврейское летоисчисление; еврейский календарь

Julian ~ юлианский календарь; старый стиль

call of the ~ календарное рассмотрение *(законопроектов)*

call I *n* 1. призыв; обращение 2. созыв *(совещания и т.п.)* 3. сигнал 4. телефонный вызов/звонок 5. визит; посещение

~ fell on deaf ears призыв не был услышан

~ for action призыв к действию

~ for an international conference созыв международной конференции

~ for a truce призыв к перемирию

~ to arms призыв к оружию

courtesy ~ визит вежливости

distress ~ сигнал бедствия

duty ~ официальный визит

hoax bomb ~ ложное предупреждение по телефону о заложенном взрывном устройстве

port ~ заход судна в порт

rallying ~ призыв к сплочению
repeated ~s неоднократные призывы
return ~ ответный визит
roll ~ поименное голосование путем опроса
strike ~ призыв к забастовке
UN cease-fire ~ призыв ООН к прекращению огня
wake-up ~ призыв к действию
wide-spread ~s **for** *smth* многочисленные призывы к *чему-л.*
to answer a distress ~ откликаться на сигнал бедствия
to heed the renewed ~s прислушиваться к новым призывам
to issue a joint ~ **for peace** выступать с совместным призывом к заключению мира
to listen to/monitor a (telephone) ~s прослушивать телефонные разговоры
to observe a strike ~ откликаться на призыв к забастовке
to pay a ~ наносить визит
to reaffirm *one's* ~ подтверждать свой призыв
to renew *one's* ~ **to do** *smth* повторно выступать с призывом сделать *что-л.*
to respond to *smb's* ~ откликаться на *чей-л.* призыв
in response to ~s **from the public** в ответ на обращения общественности
call II *v* 1. (*for*) призывать (*к чему-л.*), обращаться с призывом; требовать (*чего-л.*) 2. созывать 3. посещать; приходить с визитом 4. объявлять (*о чем-л.*)
~ **a conference** созывать конференцию
to ~ **a strike** объявлять забастовку
to ~ **earnestly** решительно призывать
to ~ **for calm** призывать к спокойствию
to ~ **for price reform** призывать к реформе ценообразования
to ~ **on** 1) призывать; обращаться с призывом; апеллировать (*к кому-л.*) 2) посещать; наносить визит; приходить с визитом 3) предоставлять слово (*кому-л.*)
to ~ **upon** призывать, обращаться с призывом
to ~ **urgently** настоятельно призывать
call-in show *n* ток-шоу, во время которого телезрители могут звонить в студию и задавать вопросы
call-up *n* 1. призыв; обращение 2. мобилизация; призыв (*на военную службу, на войну*)
~ **of reservists** мобилизация резервистов
to force a military ~ добиваться выполнения указа о призыве в вооруженные силы
calm *n* тишина; спокойствие; затишье
political ~ политическое затишье
to appeal/to call for ~ призывать соблюдать спокойствие
to restore ~ восстанавливать спокойствие
camel *v правит. жарг.* бюрократически затягивать решение вопроса
Camelot *n полит. жарг.* Камелот (*прозвище ближайшего окружения президента Дж. Ф. Кеннеди*)

camera *n юр.* кабинет судьи ◊ **in** ~ при закрытых дверях, в закрытом судебном заседании
camouflage I *n* маскировка; камуфляж
camouflage II *v* маскировать; камуфлировать
camp *n* лагерь; стан
concentration ~ концентрационный лагерь
death ~ лагерь смерти
detention ~ лагерь задержанных/арестованных
displaced persons ~ лагерь перемещенных лиц
extermination ~ лагерь смерти
forced labor ~ исправительно-трудовой лагерь
internment ~ лагерь для интернированных лиц
opposition ~ лагерь оппозиции
prisoners of war (POW) ~ лагерь военнопленных
re-education ~ лагерь для «перевоспитания»
refugee ~ лагерь беженцев
relocation ~ лагерь для эвакуированных
ruling ~ правящий лагерь
training ~ тренировочный лагерь
transit ~ пересыльный лагерь
to be in different ~s принадлежать к разным лагерям; быть по разные стороны баррикад
to blockade a ~ блокировать лагерь
campaign I *n* кампания; движение; поход; борьба
~ **begins in earnest** кампания развертывается всерьез
~ **dominated by economic issues** избирательная кампания, акцентирующая внимание на решении экономических проблем
~ **for constitutional reform** кампания за реформу конституции
C. for Nuclear Disarmament *брит.* Движение за ядерное разоружение
~ **for** *smb's* **release** кампания за *чье-л.* освобождение
~ **for the presidency** кампания по выборам президента
~ **gets formally under way** кампания официально начинается
~ **has run out of steam** кампания выдохлась
~ **marked by violence** кампания, отмеченная вспышками насилия
~ **of civil disobedience** кампания гражданского неповиновения
~ **of defamation** клеветническая кампания
~ **of defiance** кампания неповиновения
~ **of disruption** подрывная кампания
~ **of slander** клеветническая кампания
~ **of terror** кампания террора
~ **of threat** кампания угроз
advertising ~ рекламная кампания
aggressive ~ активная кампания
anti-corruption ~ кампания по борьбе с коррупцией

anti-crime ~ кампания по борьбе с преступностью

anti-drug ~ кампания по борьбе с незаконным оборотом наркотиков

anti-government ~ антиправительственная кампания

anti-terrorist ~ кампания по борьбе с терроризмом

austerity ~ кампания за строгую экономию

bombing ~ массированные бомбардировки

canvassing ~ агитационная кампания

carefully orchestrated ~ тщательно организованная кампания

civil disobedience ~ кампания гражданского неповиновения

coffee-klatch ~ *полит. жарг.* предвыборная кампания *(особ. в пригородах)*, в ходе которой кандидат встречается с избирателями за чашкой кофе

concerted ~ скоординированная кампания

Congressional election ~ кампания по выборам в Конгресс *(США)*

conscription ~ призывная кампания; призыв в вооруженные силы

covert ~ тайная кампания

disinformation ~ кампания по распространению дезинформации

diplomatic ~ дипломатическая кампания

door-to-door ~ кампания по агитации избирателей по месту жительства

election/electoral ~ избирательная/предвыборная кампания

essentially negative ~ предвыборная кампания, основанная, главным образом, на очернении противника

flagging ~ ослабевающая кампания

front-porch ~ «кампания, проводимая со своего крыльца» *(когда кандидат отказывается встречаться с избирателями)*

fund-raising ~ кампания по сбору средств

general election ~ кампания по проведению всеобщих выборов

grassroots ~ стихийная кампания; кампания, в которой участвуют широкие массы населения

hard-fought ~ трудная кампания

high-profile ~ шумная кампания

hostile propaganda ~ враждебная пропагандистская кампания

intensive ~ активная кампания

intimidation ~ кампания запугивания

law-and-order ~ кампания по поддержанию правопорядка

log cabin ~ избирательная кампания, во время которой всячески подчеркивается связь кандидата с народом

low-key ~ вялая кампания

makeshift ~ временная кампания

massive ~ широкая кампания

military ~ военная кампания

mobile election ~ предвыборное турне кандидата

nationwide ~ национальная кампания

nonviolence ~ ненасильственная кампания

nuclear-freeze ~ движение за замораживание ядерных вооружений

parliamentary ~ кампания по выборам в парламент

political ~ политическая кампания

presidential (election) ~ кампания по выборам президента

press ~ кампания в печати

protest ~ кампания протеста

protracted ~ затяжная/длительная кампания

report-and-election ~ отчетно-выборная кампания

scare ~ кампания запугивания

scorched earth ~ *ист.* кампания по выжиганию земли

smear ~ клеветническая кампания

steam-roller ~ (избирательная) кампания, призванная сокрушить соперников

stop-the-cuts ~ кампания против сокращения числа рабочих мест

subversive ~ подрывная кампания

sustained ~ затяжная/длительная кампания

violent ~ кампания, отмеченная вспышками насилия

volatile ~ кампания, идущая с переменным успехом

whispering ~ распространение слухов, дискредитирующих конкурента *(в ходе предвыборной кампании)*

whistle-stop ~ предвыборная агитационная поездка кандидата

work-to-rule ~ кампания за проведение работы «по правилам» *(точное соблюдение всех инструкций как вид забастовки; итальянская забастовка)*

worldwide ~ всемирная кампания

young ~ недавно начавшаяся кампания

to be in a forefront of a ~ быть в первых рядах участников кампании

to begin a ~ начинать/открывать/развертывать кампанию

to carry on/out a ~ вести/проводить кампанию

to close a ~ завершать кампанию

to conduct a ~ вести/проводить кампанию

to disrupt smb's (election) ~ срывать чью-л. (предвыборную) кампанию

to embark (up)on a ~ начинать/открывать/развертывать кампанию

to fight a ~ вести/проводить кампанию

to forestall a ~ **of violence** предупреждать разгул насилия

to implement a ~ вести/проводить кампанию

to initiate/to introduce a ~ начинать/открывать/развертывать кампанию

to join in a ~ включаться в кампанию

to launch a ~ начинать/открывать/развертывать кампанию

to lead a ~ вести/проводить кампанию

to maintain *one's* **~** продолжать свою кампанию

to mishandle a ~ неудачно вести кампанию

to mount a ~ организовывать кампанию

to open a ~ начинать/открывать/развертывать кампанию

to orchestrate a ~ руководить кампанией

to participate in a ~ участвовать в кампании

to plan a ~ планировать кампанию

to run a ~ вести/проводить кампанию

to sabotage *smb's* **(election) ~** срывать *чью-л.* (предвыборную) кампанию

to save *one's* **re-election** побеждать в кампании по переизбранию

to spearhead a ~ возглавлять кампанию

to stage a ~ организовывать кампанию

to start a ~ начинать/открывать/развертывать кампанию

to stay out of a ~ не участвовать в кампании

to step up *one's* **~** активизировать свою кампанию

to take a lead in a ~ возглавлять кампанию

to take part in a ~ участвовать в кампании

to unleash a ~ развязывать кампанию

to wage a ~ вести/проводить кампанию

at the height of a ~ в разгар кампании

closing stages of the election ~ заключительные стадии предвыборной кампании

conduct of a ~ проведение кампании

forces behind the ~ силы, направляющие ход кампании

target of a ~ цель кампании

campaign II *v* вести/проводить кампанию; участвовать в кампании/движении; выступать; агитировать

to ~ against *smb* выступать/агитировать против *кого-л.*

to ~ for *smb's* **release** проводить кампанию/выступать/агитировать за *чье-л.* освобождение

to ~ hard активно вести кампанию

campaigner *n* участник кампании/движения

ardent ~ активный участник кампании

chronic ~ политик, постоянно участвующий в избирательных кампаниях

civil rights ~ участник борьбы за соблюдение гражданских прав

environmental ~ участник кампании в защиту окружающей среды

human rights ~ борец за права человека

professional ~ организатор избирательной кампании

camporee *n* слет бойскаутов *(округа, штата)*

campus *n* университетский городок, территория университета

Canadian I *n* канадец

British ~ канадец английского происхождения, англоканадец

French ~ канадец французского происхождения, франкоканадец

Canadian II *a* канадский

canal *n* канал

navigation ~ судоходный канал

canalize *v* направлять по определенному руслу

to ~ public opinion направлять общественное мнение по нужному руслу

canard *n* (газетная) «утка»; ложный слух; сенсационная выдумка

to set a ~ afloat *перен.* пускать ложный слух

cancel *v* отменять; аннулировать; расторгать; признавать недействительным

to ~ a contract расторгать контракт

to ~ a meeting отменять заседание

to ~ a vote признавать недействительными результаты голосования

to ~ the entrance visa аннулировать въездную визу

cancellation *n* отмена; аннулирование; прекращение действия

~ of a contract расторжение контракта

candidacy *n* кандидатура

~ for an election кандидатура для выборов

unacceptable ~ неприемлемая кандидатура

to announce *one's* **~** объявлять о своем выдвижении

to back *smb's* **~** поддерживать *чью-л.* кандидатуру

to declare *one's* **~** заявлять о выдвижении своей кандидатуры

to exclude *oneself* **from the/to remove** *one's* **~** снимать свою кандидатуру

to support *smb's* **~** поддерживать *чью-л.* кандидатуру

to take a bet on *smb's* **~** обещать поддерживать *чью-л.* кандидатуру

to withdraw *one's* **~** снимать свою кандидатуру

candidate *n* кандидат

~ for election кандидат на выборах

~ for promotion кандидат на повышение

~ for the Presidency кандидат в президенты

~ for the Republican presidential nomination кандидат на пост президента от Республиканской партии

~ for the Senate кандидат, баллотирующийся в Сенат

~ to be Chancellor кандидат на пост канцлера

captive ~ *полит. жарг.* марионеточный кандидат

center-of-the-road ~ кандидат-центрист; умеренный кандидат

charisma ~ харизматический кандидат

compromise ~ компромиссная кандидатура

consensus ~ кандидат, выдвинутый единогласно

coupon ~ кандидат, получивший личное одобрение лидера своей партии

dark horse ~ «темная лошадка»; кандидат, шансы которого сложно оценить

Democratic ~ for the White House кандидат на пост президента США от Демократической партии

eligible ~ подходящий кандидат

favorite(-son) ~ кандидат, имеющий наибольшие шансы для избрания; кандидат-любимец (всего) штата

fringe ~ кандидат от мелкой партии

grassroots ~ кандидат из народа

independent ~ независимый кандидат

joint ~ общий кандидат

Labour ~ *брит.* кандидат от лейбористов

leading ~ ведущий кандидат

losing ~ кандидат, терпящий поражение

major ~ основной кандидат

middle-of-the-road ~ умеренный кандидат; кандидат-центрист

national ~ кандидат, поддерживаемый всей страной

natural ~ наиболее подходящий кандидат

nominated ~ выдвинутый кандидат

officially-backed ~ кандидат, пользующийся официальной поддержкой

one time ~ бывший однажды кандидатом

opposition ~ кандидат от оппозиционной партии

parliamentary ~ кандидат, баллотирующийся в парламент

perennial ~ «вечный» кандидат *(о кандидате, несколько раз провалившемся на выборах)*

presidential ~ кандидат в президенты

pro-independence ~ кандидат – сторонник независимости

qualified ~ подходящий кандидат

reform-minded ~ кандидат – сторонник реформ

right-wing ~ кандидат от правых сил

running ~ баллотирующийся кандидат

sole ~ единственный кандидат

suitable ~ подходящий кандидат

throw-away ~ кандидат, которым готовы пожертвовать

unity ~ кандидат, способный обеспечить единство партии

viable ~ баллотирующийся кандидат

vice-presidential ~ кандидат на пост вице-президента

weak ~ слабый кандидат

window dressing ~ кандидат, выдвинутый для создания впечатления демократичности партии

winning ~ побеждающий кандидат

worthy ~ достойный кандидат

would-be ~ будущий/возможный кандидат

write-in ~ *полит. жарг.* кандидат, фамилия которого вписывается избирателями в бюллетень

to adopt *smb* **as a ~** утверждать *кого-л.* в качестве кандидата; одобрять *чью-л.* кандидатуру

to ban a ~ запрещать кандидату баллотироваться на выборах

to blackball a ~ забаллотировать/провалить кандидата *(при голосовании)*

to challenge a ~ давать отвод кандидатуре, отводить кандидатуру

to choose a ~ подбирать кандидата

to confirm *smb* **as a ~** утверждать/одобрять *кого-л.* в качестве кандидата, утверждать *чью-л.* кандидатуру

to continue as a ~ продолжать оставаться кандидатом

to declare a ~ receivable объявлять кандидатуру приемлемой

to declare *oneself* **a ~** объявлять о выдвижении своей кандидатуры

to defeat a ~ наносить поражение кандидату

to disqualify a ~ дисквалифицировать кандидата

to field a ~ выдвигать кандидата

to identify future ~s определять будущих кандидатов

to line behind a ~ поддерживать кандидата

to maintain a ~ поддерживать кандидатуру

to offer a ~ выдвигать кандидата; предлагать кандидатуру

to oppose a ~ выступать против кандидата

to propose a ~ выдвигать кандидата; предлагать кандидатуру

to pursue *smb's* **~** поддерживать *чью-л.* кандидатуру

to put forward/up a ~ выдвигать кандидата; предлагать кандидатуру

to register a ~ регистрировать кандидата

to reject *smb's* **~** отклонять *чью-л.* кандидатуру

to revert to a ~ вернуться к кандидатуре

to run (*smb* **as) a ~** выдвигать *(кого-л.* в качестве) кандидата

to select a ~ подбирать кандидата

to stand as a ~ баллотироваться на выборах

to strike a ~ off the list вычеркивать кандидата из списка

to turn down a ~ давать отвод кандидату; отводить/отклонять кандидатуру

to voice opposition to a ~ выступать против *чьей-л.* кандидатуры

to vote against the ~ голосовать против кандидатуры

to vote down a ~ провалить кандидата *(при голосовании)*, голосовать против *чьей-л.* кандидатуры

to withdraw *one's* **~** снимать свою кандидатуру

to write off *smb* **as a ~** ставить на *ком-л.* крест как кандидата

choice of ~s выбор кандидатов

nomination of *smb* **as a ~** выдвижение *кого-л.* кандидатом

registration of ~s регистрация кандидатов

rejection of a ~ отклонение/отвод кандидата

right to challenge a ~ право отвода кандидата

roster of ~s список кандидатов

virtues of a ~ достоинства кандидата

candidature *n см.* **candidacy**

canon *n* **1.** правило; предписание **2.** *церк.* канон

canonization *n церк.* канонизация; причисление к лику святых

cantonment *n* военный городок

canvass I *n* **1.** сбор голосов *(перед выборами)*; предвыборная агитация *(обычно путем обхода домов избирателей)* **2.** выборочный опрос общественного мнения **3.** (предварительный) подсчет голосов *(при планировании избирательной компании)* **4.** официальный подсчет голосов *(после выборов)*

opinion ~ выборочный опрос общественного мнения

canvass II *v* **1.** собирать голоса *(перед выборами)*; агитировать за кандидата *(обычно путем посещения избирателей)* **2.** проводить выборочный опрос *(населения)* **3.** проводить предварительный подсчет голосов **4.** проводить официальный подсчет голосов

canvasser *n* **1.** кандидат *или* его сторонник, агитирующий избирателей по месту жительства **2.** лицо, проводящее выборочный опрос *(населения)*

canvassing *n* **1.** сбор голосов *(перед выборами)*; предвыборная агитация *(обычно путем обхода домов избирателей)* **2.** выборочный опрос общественного мнения

door-to-door ~ агитация по месту жительства

capability *n* потенциал; возможность; способность

~ of retaliation возможность/способность нанесения ответного удара

air ~ возможность нанесения удара с воздуха

battle/combat ~ боеспособность

defens(iv)e ~ обороноспособность

fighting ~ боеспособность

first-strike ~ потенциал первого удара; возможность нанесения упреждающего (ядерного) удара

manufacturing ~ производственные возможности

military ~ военный потенциал

nuclear arms ~ наличие ядерного оружия

second-strike counter-force ~ *воен. жарг.* способность нанести ответный удар по вооруженным силам противника

termination ~ *воен. жарг.* способность страны *или* ряда стран завершить войну

war-making ~ военный потенциал

to boost *one's* **defense ~** усиливать свою обороноспособность

to expand *one's* **nuclear ~** наращивать свой ядерный потенциал

to have a nuclear ~ обладать ядерным оружием

to reduce *one's* **military ~** уменьшать свой военный потенциал

to scrap *one's* **chemical ~** уничтожать свое химическое оружие

to strengthen *one's* **defense ~** усиливать свою обороноспособность

to undermine a country's defense ~ подрывать обороноспособность страны

capable *a* способный *(на что-л.)*; обладающий *(чем-л.)*

nuclear ~ обладающий ядерным оружием

capacit/y *n* **1.** потенциал; возможность; способность **2.** производительность; мощность; пропускная способность **3.** компетенция; (официальное) положение; должность **4.** емкость, вместимость **5.** *юр.* правоспособность

~ to pay debt платежеспособность

active ~ дееспособность

advisory/consultative ~ право совещательного голоса

contractual ~ договорная правоспособность

country's total generating ~ общий энергетический потенциал страны

credit ~ кредитоспособность

defens(iv)e ~ обороноспособность

economic ~ экономический потенциал

independent nuclear ~ собственное ядерное оружие

labor ~ производительность труда

market ~ емкость рынка

military ~ военная мощь, военный потенциал

nuclear weapon ~ ядерный потенциал *(страны)*

production ~ies производственные мощности

vital ~ жизнеспособность

to act in *one's* **~** действовать неофициально /от своего имени; выступать как частное лицо

to develop *one's* **combat ~** развивать свою боевую мощь

to enjoy legal ~ пользоваться правоспособностью

to gain a nuclear ~ становиться ядерной державой

to have a ballistic missile ~ иметь на вооружении баллистические ракеты

to increase export ~ увеличивать экспортный потенциал

to increase industrial ~ увеличивать выпуск промышленной продукции

to inhibit a country's deterrent ~ подавлять средства военного сдерживания *какой-л.* страны

to put into commission/operation new ~ies вводить в действие новые мощности

to raise competitive ~ of *one's* **goods on/in foreign markets** повышать конкурентоспособность своих товаров на внешних рынках

to serve in *one's* ~ действовать неофициально/от своего имени; выступать как частное лицо

to speak in *one's* **official** ~ выступать в качестве официального представителя

to strengthen the ~ **of the UN** увеличивать потенциал/возможности ООН

capcom, Cap Com (capsule communicator) *n* сотрудник наземной космической службы, ведущий из центра управления полетом переговоры с космонавтами на орбите

capita *n pl лат.*:

average per ~ среднедушевой *(о потреблении и т.п.)*

per ~ (в расчете) на душу населения

capital I *n* **1.** столица **2.** *эк.* капитал; фонды **3.** *эк.* акционерный капитал; ценные бумаги **4.** капитал, капиталисты

~ **outlays** капитальные затраты

~ **turnover** оборот капитала

account/available ~ ликвидный капитал

big ~ крупный капитал

circulating ~ оборотный капитал

commercial ~ торговый капитал

commodity ~ товарный капитал

constant ~ постоянный капитал

current ~ оборотный капитал

domestic ~ местный капитал

finance/financial ~ финансовый капитал

fixed ~ основной капитал

floating ~ оборотный капитал

foreign ~ иностранный капитал

invested ~ вложенный/инвестированный капитал

loan ~ **1)** заемный капитал **2)** ссудный капитал

money ~ денежный капитал

monopoly ~ монополистический капитал

national ~ национальный капитал

official ~ государственный капитал

original ~ первоначальный капитал

private ~ частный капитал

provisional ~ временная столица

ready ~ свободный капитал

risk ~ рисковый капитал

share ~ акционерный капитал

state ~ государственный капитал

state ~ столица страны; столица штата

state-monopoly ~ государственно-монополистический капитал

stock ~ акционерный капитал

trading ~ торговый капитал

usury ~ ростовщический капитал

variable ~ переменный капитал

venture ~ рисковый капитал

working ~ оборотный капитал

to attract the ~ привлекать капитал

to curb the outflow of ~ сдерживать/ограничивать утечку/отток капитала

to facilitate the investment of ~ поощрять капиталовложения

to furnish the ~ предоставлять капитал

to get ~ **flowing back into the region** добиться обратного притока капитала в данный регион

to incite the ~ привлекать капитал

to invest the ~ **in** *smth* вкладывать/инвестировать капитал во *что-л.*

to make political ~ **on/out of** *smth* наживать политический капитал на *чем-л.*

to march through the ~ проходить по улицам столицы *(о демонстрации)*

to stimulate the flow of private ~ стимулировать движение частного капитала

to transfer ~ **abroad** переводить капитал за границу

to withdraw ~ изымать капитал

accumulation of ~ накопление капитала

amount of ~ **invested** размер капиталовложений

concentration of ~ концентрация капитала

drop in ~ **inflow** сокращение притока капитала

entry of foreign ~ **into a country** проникновение иностранного капитала в страну

export of ~ вывоз/экспорт капитала

flight of ~ **out of ... into ...** отток капитала из ... в ...

flow of ~ движение капитала

inflow of foreign ~ приток иностранного капитала/иностранных капиталовложений

merging of industrial and banking ~ сращивание промышленного капитала с банковским

movement of ~ движение капитала

penetration of foreign ~ **into a country** проникновение иностранного капитала в страну

repatriation of ~ возвращение/репатриация капитала в страну

sources of ~ источник капитала

transfer of ~ **abroad** перевод капитала за границу

capital II *a* **1.** столичный; главный *(о городе)* **2.** главный, основной; капитальный; важнейший **3.** *юр.* караемый смертью

~ **city** столица

~ **crime** преступление, за совершение которого предусматривается смертная казнь

~ **expenditure** капитальные затраты

capital-intensive *a эк.* капиталоемкий

capitalism *n* капитализм

advancing ~ развивающийся капитализм

collective ~ корпоративный капитализм

developed ~ развитый капитализм

developing ~ развивающийся капитализм

fully-fledged ~ развитый капитализм

monopolistic/monopoly ~ монополистический капитализм

pre-monopoly ~ домонополистический капитализм

state ~ государственный капитализм

state-monopoly ~ государственно-монополистический капитализм

world ~ мировой капитализм

restoration of ~ реставрация капитализма

return to ~ возврат к капитализму

switch to ~ переход к капитализму

under ~ при капитализме

capitalist I *n* капиталист

monopoly ~s монополистическая буржуазия

capitalist II *a* капиталистический

capitalization *n* капитализация, превращение в капитал

capitalize *v* **1.** капитализировать, превращать в капитал **2.** *(on smth)* выигрывать *(от чего-л.)*; наживать политический капитал *(на чем-л.)*

Capitol *n* **1.** Капитолий *(здание Конгресса США)* **2.** здание законодательного собрания штата *(США)*
~ **Hill 1)** Капитолий, Капитолийский холм **2)** *перен.* Конгресс США

capitulate *v* капитулировать, сдаваться

capitulation *n* капитуляция, сдача

~ to evil капитуляция перед силами зла

general ~ общая капитуляция

military ~ военная капитуляция

total ~ полная капитуляция

to accept the terms of ~ принимать условия капитуляции

capitulationism *n* капитулянтство

capitulationist *n* капитулянт

capitulator *n* капитулянт

capitulatory *a* капитулянтский

capo *n* главарь мафии, «крестный отец»

capo-regime *n* помощник главаря мафии/«крестного отца»

capping *n* **1.** ограничение, лимитирование **2.** *брит.* правительственный контроль за расходами местных властей

charge ~ *брит.* ограничения расходов палаты лордов, введенные правительством

captain *n* **1.** партийный босс **2.** начальник полицейского участка

precinct ~ руководитель *чьей-л.* избирательной кампании в избирательном округе

captive I *n* пленный, пленник

to hold/to keep *smb* ~ удерживать *кого-л.* в качестве пленника

exchange of ~s обмен пленными

captive II *a* пленный, взятый в плен

captivity *n* плен, пребывание в плену

to die in ~ умереть в плену

captor *n* пленивший *кого-л.*; захвативший *кого-л.* в плен

capture I *n* **1.** пленение, взятие в плен **2.** захват, поимка *(преступника)*

to evade ~ избежать захвата/поимки

capture II *v* **1.** брать в плен **2.** захватывать, брать силой

car автомобиль

bullet-proof ~ бронированный автомобиль

car-bomb *n* автомобиль, начиненный взрывчаткой

card *n* **1.** карточка, удостоверение **2.** членский билет **3.** *полит. жарг.* карта, тактический прием, политический ход

accreditation ~ аккредитационное удостоверение

banking ~ банковская карточка

business ~ визитная карточка, визитка

calling ~ телефонная карточка

China ~ китайская карта

credit ~ кредитная карточка

debit ~ дебетовая карточка

delegate's ~ делегатский мандат

diplomatic identity ~ дипломатическая карточка

draft ~ призывное свидетельство

ID/identification/identity ~ удостоверение личности

invitation ~ пригласительный билет

membership ~ членский билет

party-membership ~ партийный билет

polling ~ **1)** открытка-приглашение избирателя на выборы **2)** удостоверение на право голосования

ration ~ продовольственная карточка

registration ~ учетная карточка *(члена партии, профсоюза и т.п.)*

trade-union (membership) ~ профсоюзный билет

trump ~ козырная карта

visiting ~ визитная карточка, визитка

to carry an identity ~ иметь при себе удостоверение личности

to have a ~ in reserve *перен.* иметь в запасе карту

to issue ration ~ выдавать продовольственные карточки

to lay *one's* **~s on the table** раскрывать свои карты

to play *one's* **nuclear** ~ разыгрывать ядерную карту

available on ration ~s выдаваемый по карточкам

settlement is now on the ~s урегулирование теперь вполне возможно

card-carrier *n* член *(партии, профсоюза и т.п.)*

cardinal I *n церк.* кардинал

college of ~s коллегия кардиналов

cardinal II *a* основной, главный, кардинальный

care *n* забота; попечение

C. in the community *брит.* «реабилитация в обществе» *(политика Консервативной партии Великобритании в 1990-х, направленная на реабилитацию части людей с нарушениями психики путем их возвращения из клиники в общество)*

child ~ охрана детства

free medical ~ бесплатное медицинское обслуживание

health ~ здравоохранение

medical ~ **1) (Medicare)** федеральная программа медицинского страхования, программа «медикэр» **2)** медицинское обслуживание

to provide free medical ~ обеспечивать/осуществлять бесплатное медицинское обслуживание to **receive** government ~ находиться на попечении государства

career *n* профессия, занятие, деятельность, карьера

~ **woman** постоянно работающая женщина-специалист

distinguished ~ выдающаяся карьера

glittering ~ блестящая карьера

meteoric ~ головокружительная карьера

spectacular ~ блестящая карьера

to **cap** *one's* ~ завершать/заканчивать свою карьеру

to **further** *smb's* ~ способствовать *чьей-л.* политической карьере

to **give up** *one's* **diplomatic** ~ отказываться от дипломатической карьеры

to **launch** *one's* **political** ~ начинать свою политическую карьеру

to **make** *one's* ~ делать карьеру

to **risk** *one's* ~ рисковать своей карьерой

his ~ **ended in disgrace** его карьера закончилась позорно

re-assessment of *smb's* ~ переоценка *чьей-л.* деятельности

the **highs and lows in** *smb's* ~ взлеты и падения *чьей-л.* карьеры

careerism *n* карьеризм

careerist *n* карьерист

party ~ работник партийного аппарата, партийный аппаратчик

caretaker *n* (временно) исполняющий обязанности

~ **prime minister** временно исполняющий обязанности премьер-министра

cargo *n* груз

to **impound the** ~ конфисковывать груз

car-jacking *n* захват/угон автомашины

Carlton Club *брит.* Карлтон Клуб *(влиятельный политический клуб партии консерваторов)*

carnage *n* бойня, побоище, кровавая расправа

carpet I *n* ковер

red ~ торжественная встреча

to **appear on the** ~ получать нагоняй (от руководства)

to **unfold a red** ~ **for** *smb's* **visit** готовить *кому-л.* пышную встречу

carpet II *v разг.* вызывать *кого-л.* на ковер; вызывать *кого-л.*, чтобы сделать выговор

carpet-bagger *n разг.* политический авантюрист

carrier *n* транспортное средство

air ~ авиакомпания

aircraft ~ авианосец

armored troop ~ бронетранспортер, БТР

carry *v* 1. выигрывать, одерживать победу 2. принимать, одобрять, утверждать

to ~ **an election** побеждать/одерживать победу на выборах

to ~ **a resolution** принимать/одобрять резолюцию

to ~ **on** продолжать выполнять свои обязанности

to ~ **out** 1) завершать, доводить до конца 2) проводить *(реформы и т.п.)* 3) выполнять *(программу)*

to ~ **over** продлевать, прологировать

to ~ **the state** «завоевать штат» *(о кандидате)*; получить поддержку большинства избирателей штата

to ~ **through** осуществлять, доводить до конца

carry-over *n* пережиток

religious ~s религиозные пережитки

carte blanche *n фр.* карт-бланш *(неограниченные полномочия, свобода действий)*

to **give** *smb* ~ давать *кому-л.* карт-бланш

cartel *n эк.* картель

debtors ~ объединение должников

drug ~ организация торговцев наркотиками

international oil ~ международный нефтяной картель

smuggling ~ организация контрабандистов

cartelization *n эк.* картелизация, объединение в картели

case *n* 1. аргументация; соображения, доводы 2. *юр.* (судебное) дело; случай/прецедент в судебной практике

~ **against** *smb's* материалы для обвинения *кого-л.*

~ **for** *smth* аргументы/доводы в пользу *чего-л.*

~ **goes to court** *юр.* дело поступает в суд

~ **is under review** дело пересматривается

capital ~ дело о преступлении, за которое подсудимому грозит смертная казнь

civil ~ гражданское дело

criminal ~ уголовное дело

detainee ~s дела задержанных

leading ~ судебный прецедент

open-and-shut ~ дело, которое легко решить

strong ~ надежно подготовленное дело

watertight ~ *юр.* неопровержимое дело

to **base** *one's* ~ **on** *smth* основывать свою аргументацию на чем-л.

to **be a party to a** ~ быть стороной в деле

to **block a** ~ блокировать рассмотрение дела судом

to **bolster** *smb's* ~ подкреплять *чьи-л.* аргументы/доводы

to **bring a** ~ **before the court** возбуждать дело в суде; передавать дело в суд

to **build a** ~ **against** *smb* заводить дело на *кого-л.*

to **close the** ~ закрывать/прекращать дело

to **conduct a** ~ вести слушание дела

to **contest a** ~ оспаривать дело

to **delay a** ~ тормозить рассмотрение дела в суде

to **determine a** ~ решать дело в суде

to **dismiss the** ~ закрывать/прекращать дело

to **drop the** ~ **against** *smb* прекращать дело против *кого-л.*

to **hand over a** ~ **to the police** передавать дело полиции

to **have a good** ~ приводить убедительные аргументы/доводы

to hear the ~ of *smb* **in private session** слушать дело на закрытом заседании

to initiate a ~ обращаться в суд; возбуждать дело в суде

to investigate a ~ расследовать дело

to lose *one's* **~** проиграть дело

to overstate a ~ раздувать дело

to plead the ~ for *smb* вести чье-л. дело (об адвокате)

to prejudice *one's* **~** наносить урон своему делу

to present *one's* **~** излагать свою версию/позицию/точку зрения

to preside over a controversial ~ председательствовать при рассмотрении (судом) спорного дела

to press the ~ for *smth* настаивать на своих аргументах в пользу чего-л.

to pursue a ~ держать дело под контролем

to pursue *smb's* **~ with the authorities** вести чье-л. дело в официальных инстанциях

to push *one's* **~ too far** заходить в своих требованиях слишком далеко

to put *one's* **~** аргументировать свою точку зрения; излагать свои аргументы

to rattle the ~ возбуждать сомнение в неопровержимости доказательств по делу

to reconsider a ~ пересматривать дело

to re-examine a ~ пересматривать дело

to refer the ~ back to the court of appeal возвращать дело в апелляционную инстанцию

to recuse *oneself* **from a ~** брать самоотвод (о судье, присяжных)

to remand a ~ отклонять слушание дела для проведения дополнительного расследования

to remit a ~ for further examination направлять дело на доследование

to sell *one's* **political ~ to** *smb* убедить кого-л. в своей политической правоте

to settle a ~ урегулировать дело

to state the ~ for the prosecution излагать суть дела с позиции обвинения

to submit a ~ to the court передавать/направлять дело в суд

to take *one's* **~ to a higher court** подавать апелляцию в вышестоящую судебную инстанцию

to take *smb* **off the ~** отстранять кого-л. от расследования дела

to take up a ~ принимать дело к производству

to try a ~ рассматривать дело в суде

to undermine the defense ~ опровергать доводы защиты

collapse of a court ~ проигрыш судебного дела

conduct of a ~ ведение (судебного) дела

dismissal of a ~ прекращение дела

hearing of a ~ слушание дела

investigation of the circumstances of the ~ расследование обстоятельств дела

re-examination/review of the ~ пересмотр дела

cash I *n* наличные (деньги), наличность

~ cow *перен.* «дойная корова» (источник денег)

"~ for questions" *брит.* «наличные за вопросы» (скандал в Британском парламенте в 1994 г.: два консерватора согласились задать определенные вопросы в парламенте за взятку)

~ in hand наличные деньги на руках у населения

spare ~ свободные наличные деньги

to convert *smth* **to ~** превращать что-л. в наличные деньги

to pay in ~ платить наличными

to raise ~ занимать наличные

to sale *smth* **for ~** продавать что-л. за наличные

outflow of ~ утечка наличных денег

shortage of ~ нехватка наличных денег

the country remains chronically short of ~ в стране хронически не хватает наличных денег

cash II *v* получать наличные

to ~ in/on *smth* наживаться на чем-л.

cashpoint *n брит.* банкомат

cassation *n юр.* кассация

to appeal for ~ подавать кассационную жалобу, подавать на кассацию

court of ~ кассационный суд

caste I *n* 1. *рел.* каста 2. каста, замкнутая профессиональная группа

high ~ высшая каста

lower ~ низшая каста

military ~ военная каста

caste II *attr.* кастовый

castigate *v* резко критиковать, подвергать резкой критике; сурово осуждать; бичевать

Castroism *n* политика Фиделя Кастро (тж *Fidelismo*)

casualt/y *n* жертва; погибший; пострадавший; *воен. pl* потери в живой силе

~ies are mounting on both sides потери обеих сторон растут

~ies are on a very large scale число жертв очень велико

civilian ~ies жертвы среди гражданского населения

government ~ies потери правительственных войск

heavy ~ies большие потери

light ~ies незначительные потери

to cause ~ies приводить к жертвам/потерям

to inflict heavy ~ies on/upon *smb* наносить кому-л. тяжелые потери

to involve ~ies повлечь за собой потери

to minimize civilian ~ies сводить к минимуму количество жертв среди гражданского населения

to sustain ~ies нести потери

marked increase in the number of ~ies заметное увеличение числа жертв/погибших

no ~ies were reported о жертвах ничего не сообщалось

the final total of ~ies окончательная цифра человеческих жертв

cat *n*:

fat ~ толстосум/денежный туз, оказывающий финансовую поддержку *какой-л.* партии

to walk back the ~ *полит. жарг.* отступать от первоначальной позиции на переговорах

cataclysm *n* катастрофа, катаклизм; политическое *или* социальное потрясение

social ~s социальные катаклизмы

catalog *n* **1.** каталог **2.** *развед. жарг.* досье с компрометирующими материалами

catalogue *n брит. см.* **catalog**

catalyst *n* катализатор (*каких-л. действий/ процессов*)

~ of change катализатор перемен

powerful ~ мощный катализатор

catastrophe *n* катастрофа; бедствие

~ afflicted the country страну постигла катастрофа

nuclear ~ ядерная катастрофа

to avoid a military ~ избежать военной катастрофы

to salvage *smb* **from ~** спасти *кого-л.* от катастрофы

ecological ~ is unfolding назревает экологическая катастрофа

on the verge of ~ на грани катастрофы

slide towards a national ~ сползание к национальной катастрофе

catastrophic *a* катастрофический

catch I *n* **1.** поимка, захват **2.** хитрость, ловушка

~-22 «ловушка-22», парадоксальное положение, из которого нет выхода

catch II *v (up)* догнать, нагнать

to ~ and surpass догнать и перегнать

to ~ with *smb* **economically** догнать *кого-л.* в экономическом отношении

catcher *n*:

vote ~ средство привлечь голоса избирателей

categorical *a* адресный, специальный, узконаправленный (*о федеральных программах субсидий штатам на оказание помощи*)

categor/y *n* группа, категория, разряд, класс

~ies of employees категории работников

General Service ~ технический персонал ООН

hardship ~ies *жарг.* «категория лиц, испытывающих трудности» (*беднота*)

«would not vote for» ~ категория избирателей, которые при опросах заявляют, что не стали бы голосовать за данного кандидата

cater *v (for)* **1.** отражать, выражать (*чьи-л. интересы*); заботиться **2.** ориентироваться (*на рынок*) **3.** поставлять (*товары, продукцию*)

to ~ for big business отражать интересы большого бизнеса/крупных предпринимателей

catering *n* общественное питание

public ~ система общественного питания

Catholic I *n* католик

Catholic II *a* католический

Roman ~ римско-католический

Catholicism *n* католичество, католицизм

to adopt ~ принимать католичество

to practice ~ исповедовать католицизм

catholicize *v* **1.** обращать в католичество **2.** принимать католичество

caucus I *n* **1.** секретное совещание лидеров партий (*для выдвижения кандидатов, выработки политического курса и т.п.*) **2.** закрытое собрание одной из фракций Конгресса США (*решения которого обязательны для его участников*) **3.** партийное собрание; фракционное совещание **4.** узкий состав руководящего органа **5.** предвыборный митинг сторонников *какой-л.* партии

black ~ предвыборный митинг представителей негритянского населения

Congressional ~ закрытое собрание одной из фракций Конгресса США

House Democratic ~ бюро фракций демократической партии в палате представителей Конгресса США

mixed ~ закрытое совещание представителей различных политических группировок

national ~ национальный партийный съезд

packed ~ закрытое совещание по выдвижению кандидатов на выборы, состоящее из сторонников только одной кандидатуры

parlor ~ закрытое совещание партийного руководства

party ~ съезд партийного руководства

caucus II *v* собираться на закрытое совещание (*для выдвижения кандидатов, определения политического курса и т.п.*)

caudillo *n исп.* **1.** каудильо, диктатор (*политический лидер или государственный деятель в ряде стран Латинской Америки*) **2.** каудильо (*титул бывшего диктатора Испании Франко*)

cause I *n* **1.** (*общее*) дело **2.** причина, основание; повод **3.** *юр.* судебное дело, судебный процесс

~ of national independence дело национальной независимости

~ of national liberation дело национального освобождения

~s of war причины войны

economic ~s экономические причины

efficient ~ действительная причина

formal ~ формальная причина

internal ~ внутренняя причина

just/legitimate ~ правое дело

lost ~ безнадежное/проигранное дело

national ~ народное дело

noble ~ благородное дело

primary ~ основная причина
prime ~ первопричина
probable ~ вероятная причина
remote ~ **of** *smth* косвенная причина *чего-л.*
social ~ социальная причина
to advance the ~ **of peace** способствовать делу мира
to advocate the ~ **of democracy** отстаивать дело демократии
to fight for a just ~ бороться за правое дело
to gain *one's* ~ выиграть процесс
to give ~ **for optimism** давать основания для оптимизма
to harm the ~ **of peace** наносить ущерб/вред делу мира
to maintain the common ~ защищать общее дело
to make common ~ **with** *smb* действовать сообща с *кем-л.*
to plead a ~ защищать дело в суде
to rally *smb* **to** *one's* ~ сплачивать *кого-л.* в поддержку своего дела
to sell out *one's* ~ предавать свое дело
to serve a ~ служить *какому-л.* делу
committed to the liberal ~ преданный делу либерализма
cause II *v* вызывать; порождать; быть причиной/поводом
to ~ **turmoil** вызывать смятение/сумятицу
caution I *n* 1. осмотрительность; осторожность 2. *юр.* предупреждение *(делается при задержании кого-л.)*
act of ~ мера предосторожности
to approach *smth* **with** ~ подходить к *чему-л.* с осторожностью
to call for ~ призывать к осторожности
to exercise ~ проявлять осторожность
to urge ~ призывать к осторожности
caution II *v* предостерегать, предупреждать
to ~ **against over-optimism** предостерегать против чрезмерного оптимизма
caveat 1. *юр.* протест, возражение 2. *полит.* предостережение
cease *v* прекращать(ся), приостанавливать(ся)
cease-fire *n* прекращение военных действий, прекращение огня; перемирие
~ **has crumbled** соглашение о прекращении огня было сорвано
~ **has gone into force** соглашение о прекращении огня вступило в силу
~ **holds up/sticks** соглашение о прекращении огня соблюдается
~ **in place** прекращение огня без отхода с занятых позиций
brief ~ краткое прекращение огня
complete ~ полное прекращение огня
conditional ~ прекращение огня на определенных условиях
de facto ~ фактическое прекращение огня
failed ~ сорванное соглашение о прекращении огня
fragile ~ непрочное перемирие

indefinite ~ бессрочное перемирие
month-long ~ соглашение о прекращении огня, которое действует месяц
Russia-brokered ~ соглашение о прекращении огня, достигнутое при посредничестве России
temporary ~ временное прекращение огня
total ~ полное прекращение огня
unilateral ~ одностороннее прекращение огня
United Nations-supervised ~ соглашение о прекращении огня, за соблюдением которого следят наблюдатели ООН
UN-sponsored ~ соглашение о прекращении огня, предложенное ООН
to abide by the ~ соблюдать соглашение о прекращении огня
to accept a ~ соглашаться на прекращение огня
to achieve a ~ добиваться прекращения огня
to agree to a ~ соглашаться на прекращение огня
to announce a ~ объявлять о прекращении огня
to appeal to a ~ призывать к прекращению огня
to arrange a ~ договариваться о прекращении огня
to be committed to a ~ быть связанным соглашением о прекращении огня
to break a ~ нарушать соглашение о прекращении огня
to bring about a ~ добиваться прекращения огня
to broker a ~ быть посредником при заключении соглашения о прекращении огня
to call for a ~ призывать к прекращению огня
to call off a ~ отменять соглашение о прекращении огня
to consent to a ~ соглашаться на прекращение огня
to consolidate the ~ закреплять соглашение о прекращении огня
to declare a ~ **unilaterally** объявлять об одностороннем прекращении огня
to effect a ~ осуществлять прекращение огня
to enforce the UN demand for a ~ обеспечивать выполнение требования ООН о прекращении огня
to establish a ~ заключать соглашение о прекращении огня
to extend a ~ **indefinitely** продлевать на неопределенный срок соглашение о прекращении огня
to get a ~ добиваться прекращения огня
to hasten the implementation of the ~ ускорять выполнение соглашения о прекращении огня
to honor the ~ соблюдать соглашение о прекращении огня
to implement a ~ осуществлять прекращение огня

to impose a ~ заставлять заключить соглашение о прекращении огня

to infringe the ~ нарушать соглашение о прекращении огня

to introduce a ~ вводить в действие соглашение о прекращении огня

to maintain the ~ соблюдать соглашение о прекращении огня

to monitor a ~ наблюдать/следить за соблюдением соглашения о прекращении огня

to negotiate a ~ вести переговоры о прекращении огня

to observe the ~ соблюдать соглашение о прекращении огня

to offer ~ **to** *smb* предлагать *кому-л.* заключить соглашение о прекращении огня

to order a ~ отдавать приказ о прекращении огня

to oversee a ~ наблюдать/следить за соблюдением соглашения о прекращении огня

to press for a ~ настаивать на прекращении огня

to pressure a country into a ~ заставлять страну заключить соглашение о прекращении огня

to prolong a ~ **indefinitely** продлевать на неопределенный срок соглашение о прекращении огня

to propose a ~ предлагать заключить соглашение о прекращении огня

to reach a ~ **with a country** достигать соглашения о прекращении огня с *какой-л.* страной

to reinstate a ~ восстанавливать соглашение о прекращении огня

to reject a ~ **proposed by** *smb* отклонять *чье-л.* предложение о прекращении огня

to renew a ~ возобновлять соглашение о прекращении огня

to respect the ~ соблюдать соглашение о прекращении огня

to restore a ~ возобновлять действие соглашения о прекращении огня

to set up a ~ добиваться прекращения огня

to sign a ~ подписывать соглашение о прекращении огня

to supervise a ~ наблюдать/следить за соблюдением соглашения о прекращении огня

to test a ~ проверять соблюдение соглашения о прекращении огня

to undermine a ~ срывать действие соглашения о прекращении огня

to violate a ~ нарушать соглашение о прекращении огня

to work out details of a ~ разрабатывать детали соглашения о прекращении огня

breaches in the ~ нарушения соглашения о прекращении огня

call for an immediate ~ призыв к немедленному прекращению огня

collapse of a ~ срыв соглашения о прекращении огня

effort to bring about a ~ попытка добиться прекращения огня

extension of the ~ продление соглашения о прекращении огня

fragility of the ~ непрочность соглашения о прекращении огня

modalities of a ~ *диплом. жарг.* технические детали соглашения о прекращении огня

offer to a ~ предложение о прекращении огня

terms of a ~ условия прекращения огня

cede *v* передавать, уступать *(права и т.п.)*

to ~ **a territory** передавать/уступать территорию

ceiling *n* верхний предел, «потолок»

~**s on** *smth* ограничения *чего-л.*

price ~ предельная цена, «потолок» цен

to lift ~**s on** *smth* отменять ограничения на *что-л.*

to put a ~ **on conventional weapons** устанавливать предел/«потолок» на численность обычных вооружений

to set a ~ **on** *smth* устанавливать предел/«потолок» на *что-л.*

within the agreed ~ в рамках согласованного предельного уровня

celebrate *v* праздновать, отмечать

celebrated *a* знаменитый

celebration *n* празднование, торжество

~ **in** *smb's* **honor** чествование *кого-л.*

anniversary ~**s** юбилейные торжества

firework ~**s** празднования с фейерверком

jubilee ~**s** юбилейные торжества

to hold ~ **to mark the 50**[th] **anniversary of** *smth* праздновать 50-ю годовщину *чего-л.*

to invite to the ~ приглашать на празднование

celebrity *n* знаменитость *(о человеке)*

national ~ человек, которого знает вся страна

political ~ человек, широко известный в политических кругах

cell *n* 1. ячейка *(партии, организации)* 2. *(тюремная)* камера

~**s are overcrowded** камеры переполнены

one-man confinement ~ одиночная камера

party ~ партийная ячейка

preventive-detention ~ камера предварительного заключения, КПЗ

prison ~ тюремная камера

punishment ~ карцер

single/solitary confinement ~ одиночная камера

dismantling of party ~**s** роспуск партийных ячеек

cemetery *n* кладбище

to desecrate a ~ осквернять кладбище

censor I *n* цензор

military ~ военный цензор

censor II *v* подвергать цензуре

censorship *n* цензура

military ~ военная цензура

press ~ цензура печати

to be subjected to ~ подвергаться цензуре

to employ strict ~ применять строгую цензуру

to impose/to introduce ~ on *smth* устанавливать/вводить цензуру на что-л.

to lift ~ отменять цензуру

censure I *n* 1. цензура 2. осуждение, порицание

public ~ общественное осуждение/порицание

vote of ~ вотум недоверия

censure II *v* порицать, осуждать; резко критиковать

to ~ in the strongest terms осуждать самым решительным образом

census *n* перепись

general ~ всеобщая перепись населения

housing ~ перепись жилищного фонда

national ~ всеобщая перепись населения

population ~ перепись населения

to take the ~ проводить перепись *(населения и т.п.)*

center *n* 1. центр; центральное учреждение, центральный орган 2. *(обыкн.* С.) *полит.* центр

C. for Democracy Центр развития демократии

C. for National Security Studies Центр исследований проблем национальной безопасности

C. for Policy Studies *брит.* Центр политических исследований

~ for refresher training центр повышения квалификации

C. for Strategic and International Studies Центр стратегических и международных исследований

C. for the Study of Democratic Institutions Центр по изучению демократических институтов

C. for the Study of Responsive Law Центр по изучению ответственного применения закона

C. for the Study of the Presidency Центр по изучению института президентства

C. of Strategic and International Studies Центр стратегических и международных исследований

administrative ~ административный центр

advisory ~ консультативный центр

business ~ деловая часть/деловой центр города

civic ~ муниципальный административный центр

communication ~ узел связи

community ~ культурно-бытовой центр

computation/computer/computing ~ вычислительный центр

Conflict Prevention C. Центр по предотвращению конфликтов

cultural ~ культурный центр

data ~ центр по сбору/обработке данных

data-processing ~ информационно-вычислительный центр, ИВЦ

decision-making ~ орган, принимающий решения

detention ~ место предварительного заключения

documentation ~ центр сбора и хранения документации

educational ~ учебный центр

election campaign ~ агитпункт

flight-control ~ центр управления полетами, ЦУП

immigration ~ иммиграционный центр

industrial ~ крупный индустриальный центр

information ~ информационный центр

information-reference ~ справочно-информационный центр

intelligence ~ центр разведки, разведцентр

job ~ центр занятости населения

management ~ центр управления

memorial ~ мемориальный центр

military-research ~ военно-исследовательский центр

national ~ национальный центр

political ~ политический центр

polling ~ избирательный участок

press ~ пресс-центр

production-and-training ~ учебно-производственный центр

reception ~ 1) *воен.* призывной пункт *(новобранцев)* 2) приемный пункт *(для беженцев и т.д.)*

recreation ~ оздоровительный центр

regional ~ региональный центр

remand ~ место предварительного заключения

research(-and-development) ~ научно-исследовательский центр

scientific ~ научный центр

spiritual ~ центр духовной жизни

trade-union ~ профсоюзный центр, профцентр

training ~ учебный центр, центр подготовки

university ~ университетский центр

vocational training ~ центр профессионального обучения

to establish unemployed ~s учреждать центры по оказанию помощи безработным

to set up nuclear risk reduction ~s создавать центры по уменьшению ядерной опасности

parties of the C. партии центра

Center-Leftism *n* левоцентризм

Center-Leftist *a* левоцентристский

center-piece *n* главный пункт повестки дня *(встречи, переговоров и т. п.)*

ceremonial ~ гвоздь официальной программы встречи

Center-Right *a* правоцентристский

to woo the ~ завоевывать расположение партий правого центра

central *a* 1. центральный, главный 2. основной, главный, важнейший

~ figure центральная фигура, видный деятель

~ idea основная идея

centralism *n* централизм; централизация

excessive ~ чрезмерная централизация

centralization *n* централизация, сосредоточение

~ of management централизация управления

centralize *v* централизовать, сосредоточивать

centralized *a* централизованный

centralizer *n* сторонник централизации

centre *n брит. см.* **center**

Centrism *n* центризм

centrist I *n* центрист

centrist II *a* центристский

centuries-old *a* многовековой

century *n* столетие, век

~ of the common man «век простого человека»

in the first ~ A.D. (Anno Domini) в первом веке нашей/новой эры

in the second ~ B.C. (before Christ) во втором веке до нашей/новой эры

ceremonial I *n* распорядок, установленный этикетом *или* дипломатическим протоколом; церемониал

welcoming ~ церемония встречи

ceremonial II *a* **1.** торжественный, парадный, церемониальный **2.** строго официальный, протокольный

~ call протокольный визит

~ service торжественное богослужение

ceremonialism *n* обрядовость, приверженность внешней стороне религии

ceremony *n* **1.** церемония; торжество **2.** формальности; этикет; церемониал

awards ~ церемония награждения/вручения наград

colorful ~ красочная церемония

farewell ~ торжественные проводы

flag-raising ~ церемония поднятия флага

funeral ~ похоронная церемония

inauguration ~ 1) церемония инагурации/введения в должность 2) торжественное открытие *(чего-л.)*

mourning ~ траурная церемония

opening ~ церемония открытия *(ярмарки, выставки и т.п.)*

prize presentation ~ церемония вручения премии

ritual ~ ритуальная церемония

signing ~ церемония подписания

swearing-in ~ церемония приведения к присяге

victory ~ церемония награждения победителей *(соревнования)*

winding-up ~ заключительная церемония

wreath-laying ~ церемония возложения венка/венков

to attend a ~ присутствовать на церемонии

to hold a ~ проводить церемонию

to stage a welcoming ~ организовывать торжественную встречу

to stand upon ~ строго соблюдать этикет

to thwart a ~ срывать церемонию

a ~ steeped in tradition церемония, выдержанная в духе традиций

site of a holiday ~ место проведения торжеств по случаю национального праздника

certificate *n* удостоверение, свидетельство, сертификат

~ of competency квалификационное свидетельство

~ of election удостоверение об избрании

author's ~ авторское свидетельство

consular ~ консульское свидетельство

health ~ справка о состоянии здоровья

interim ~ временное удостоверение

marriage ~ свидетельство о браке

military service exemption ~ удостоверение об освобождении от воинской повинности

savings ~ сберегательная книжка

service ~ трудовая книжка

to award smb with a ~ of honor награждать *кого-л.* почетной грамотой

to issue a ~ выдавать сертификат

to present smb with a ~ of merit награждать *кого-л.* грамотой за заслуги

certification *n* сертификация; подтверждение

~ of a union сертификация профсоюза

~ of eligibility подтверждение квалификации

certiorari *юр.* истребование дела *(из нижестоящего в вышестоящий суд)*

cessation *n* прекращение, остановка

~ of deliveries прекращение поставок

~ of hostilities прекращение военных действий

chaebol *n* крупнейшие южнокорейские конгломераты, обеспечившие стремительный экономический рост Южной Кореи

chain *n* группа, сеть, цепь

covenant ~ мирный договор, «договорная цепь»

hotel ~ сеть отелей

human ~ живая цепь, цепь из людей

newspaper ~ газетный концерн

the UN civilian ~ of command гражданское руководство войсками ООН

chain-in *n* демонстрация протеста, участники которой приковывают себя цепями к *чему-л.*

chair I *n* **1.** *(тж the C.)* председательство; председательское место/кресло **2.** (the ~) председатель *(собрания)*

to address the ~ обращаться к председателю собрания

to be the ~ председательствовать

to put in the ~ избирать председателя

to sit in the ~ председательствовать

to take the ~ занять пост председателя

to vote into the ~ избирать председателя

chair II *v* **1.** быть председателем; возглавлять **2.** председательствовать

to ~ a committee быть председателем комитета

to ~ a meeting председательствовать на собрании

chairman *n* председатель; председательствующий

~ of a Senate subcommittee председатель сенатского подкомитета

~ **of the committee** председатель комитета

C. of the Council of Economic Advisers председатель Совета экономических советников при президенте *(США)*

C. of the Council of Ministers *ист.* Председатель Совета Министров

C. of the Joint Chiefs of Staff Председатель объединенного комитета начальников штабов

acting ~ исполняющий обязанности председателя

campaign ~ председатель предвыборной кампании

deputy ~ заместитель председателя

ex-officio ~ председатель по должности

former ~ бывший председатель

human rights ~ председатель комиссии по соблюдению прав человека

interim ~ временный председатель

Joint Chiefs of Staff C. Председатель объединенного комитета начальников штабов

nonvoting ~ неголосующий председатель

outgoing ~ председатель, уходящий со своего поста

past ~ бывший председатель

retiring ~ председатель, уходящий со своего поста

temporary ~ временный председатель

to act as ~ исполнять обязанности председателя

to bow to the ~**'s decision** подчиняться решению председателя

to challenge the ruling of the ~ оспаривать решение председателя

to confirm *smb* **as party** ~ утверждать *кого-л.* в качестве председателя партии

to give up the office of ~ отказываться от председательства

to re-elect *smb* ~ переизбирать *кого-л.* председателем

to renounce the office of ~ отказываться от председательства

chairmanship *n* председательствование; обязанности председателя

~ **passes from Mr. N to Mr. P** должность председателя переходит от г-на Н. к г-ну П.

committee ~ должность председателя комиссии

rotating ~ поочередное председательствование

to hand over the ~ **to the vice-chairman** передавать председательство заместителю

to hold the ~ **of a political party** быть председателем политической партии

to resume the ~ вновь вступить в обязанности председателя

under the ~ **of** *smb* под председательством *кого-л.*

chairperson *n* председательствующий

chairwoman *n* (женщина-)председатель, председательница

challenge I *n* **1.** вызов; угроза **2.** претензия; притязание; требование **3.** испытание, про-

верка, проба сил **4.** (нерешенная) проблема; трудность **5.** задача **6.** *юр.* отвод *(присяжного заседателя)* **7.** недопущение избирателя к голосованию

~ **for cause** отвод (присяжного) по уважительной причине

~ **from the opposition** вызов со стороны оппозиции

~ **of development** задача экономического развития

~**s that lie before** *smb* трудные проблемы, стоящие перед *кем-л.*

~ **to the world community** вызов международному сообществу

insuperable ~ непреодолимая проблема/трудность

peremptory ~ отвод (присяжного) без указания причины

political ~ политический вызов

population ~ проблема роста народонаселения

smb's ~ **for the Presidency** *чье-л.* притязание на пост президента

startling ~ внушающий страх вызов

to cope with a ~ **by** *smb* отвечать на *чей-л.* вызов

to defy a ~ игнорировать вызов

to face the ~ сталкиваться с проблемой/трудностью

to face up to a ~ не испугаться *чьего-л.* вызова/не отступить перед трудностями

to inspect by/on ~ проводить инспекцию по требованию одной из сторон

to issue a ~ ставить задачу

to launch a ~ **against** *smb* бросать вызов *кому-л.*

to lay ~ **to** *smth* претендовать/выдвигать претензию на *что-л.*

to meet the ~ принимать вызов

to mount a ~ **to** *smb* бросать вызов *кому-л.*

to offer a ~ давать возможность проявить себя

to overcome *one's* **biggest** ~ выдерживать самую большую проверку на прочность

to place a ~ **before** *smb* ставить задачу перед *кем-л.*

to pose a stiff ~ **to** *smb* представлять собой серьезный вызов для *кого-л.*

to stage a ~ **to** *smb* бросать вызов *кому-л.*

to throw down a ~ **to** *smb* бросать вызов *кому-л.*

challenge II *v* **1.** испытывать силы/способности; бросать вызов; представлять угрозу **2.** оспаривать, подвергать сомнению; возражать **3.** отводить, давать отвод **4.** *юр.* отводить *(присяжного заседателя)* **5.** давать отвод избирателю *(как не имеющему права голоса)*

to ~ **a candidate** отводить кандидата

to ~ **a will** оспаривать завещание

to ~ *smb* **to prove** *smth* требовать от *кого-л.* доказательств *чего-л.*

challenged *a* оспариваемый

challenger *n* претендент; человек, претендующий на *что-л. или* оспаривающий *что-л.*; человек, бросающий вызов *кому-л./чему-л.*
~ **for a post** претендент на пост/должность
~ **in the election** конкурент на выборах
formidable ~ **to** *smb* грозный конкурент для *кого-л.*
left-wing ~ претендент со стороны левого крыла партии

challenging *a* 1. вызывающий, содержащий вызов 2. побуждающий, стимулирующий 3. оспаривающий 4. требующий напряжения всех сил

chamber *n* 1. зал *(заседаний)*, конференц-зал 2. палата *(организация)* 3. палата *(законодательного органа)* 4. *pl* кабинет/комната судьи 5. камера
C. of Deputies палата депутатов
C. of Representatives палата представителей
gas ~ газовая камера
Lower C. нижняя палата
national ~ **of commerce** национальная торговая палата
parliamentary ~ зал заседаний парламента
secret torture ~ застенок
Security Council ~ зал заседаний Совета Безопасности
Senate ~ помещение Сената
trade ~ торговая палата
Upper C. верхняя палата

champion I *n* 1. защитник *(чего-л.)*; поборник, сторонник, приверженец; борец *(за что-л.)* 2. чемпион, победитель *(соревнований)*
~ **of economic reforms** сторонник экономических реформ
~ **of justice** поборник справедливости
~ **of peace** сторонник мира, борец за мир
European ~ чемпион Европы
human rights ~ поборник прав человека, борец за права человека
leading ~ выдающийся борец *(за что-л.)*
self-styled ~ самозванный поборник *(чего-л.)*
unfailing ~ верный сторонник
world ~ чемпион мира
to portray *oneself* **as a** ~ **of the Third World** изображать из себя защитника интересов стран «третьего мира»

champion II *v* защищать, отстаивать *(что-л.)*; бороться *(за что-л.)*

championship *n* первенство, чемпионат
national football ~ чемпионат страны по футболу
to win the world ~ выиграть первенство мира

chance *n* шанс, возможность; удача
historic ~ исторический шанс
to assess *smb's* ~**s of winning** оценивать *чьи-л.* шансы на победу
to better a party's ~**s in future elections** улучшать шансы партии на будущих выборах

to boost *one's* ~**s** повышать свои шансы
to explore the ~**s of progress** выяснять возможности успеха
to finish off *smb's* **political** ~**s** положить конец *чьей-л.* политической карьере
to mar *smb's* ~**s** ухудшать *чьи-л.* шансы
to squander the ~ не использовать шанс
to stand a ~ **of being re-elected** иметь шанс быть переизбранным
boost to the ~**s of the Republican candidate** усиление позиции кандидата от республиканской партии
on the basis of equal ~**s** на основе равных возможностей

chancellery *n* 1. канцелярия *(посольства, консульства)* 2. должность канцлера, канцлерство

chancellor *n* 1. канцлер 2. первый секретарь посольства
C. of the Exchequer канцлер казначейства, министр финансов *(Великобритания)*
Federal C. федеральный канцлер *(ФРГ, Австрия)*
Lord C. лорд-канцлер *(Великобритания)*
one-time ~ бывший канцлер/министр финансов
Shadow C. министр финансов «теневого кабинета» *(Великобритания)*

chancellorship *n* должность канцлера, канцлерство

Chancery *n* брит. суд лорда-канцлера *(одно из трех отделений Высокого суда правосудия)*
~ **proceeding** судебное производство в суде лорда-канцлера
~ **suit** процесс, который ведется в суде лорда-канцлера
in ~ *юр.* на рассмотрении в суде лорда-канцлера

change I *n* 1. изменение, перемена; преобразование; сдвиг 2. биржа 3. обмен *(валюты)*
~ **in policy** поворот в политике
~ **of government** смена правительства
~ **of the international situation** изменение международной обстановки
~**s for the better** изменения к лучшему
~**s have long been in the pipeline** перемены давно назрели
~**s in the leadership** перемены в руководстве
~**s in world affairs** изменения в мировой политике
adverse environmental ~**s** неблагоприятные экологические изменения
basic ~**s** коренные преобразования
cabinet ~**s** изменения/перестановки в правительстве/кабинете министров
cardinal ~**s** кардинальные изменения/сдвиги
constitutional ~**s** изменения в конституции
cosmetic ~**s** чисто косметические изменения

deep-going ~s глубокие перемены/преобразования/сдвиги

democratic ~s демократические преобразования

dramatic ~s значительные изменения/перемены

drastic ~s радикальные изменения

economic ~s изменения в экономике

enormous ~s огромные перемены

far-going ~s глубокие изменения

far-reaching ~s изменения, чреватые серьезными последствиями; глубокие изменения

favorable ~s благоприятные изменения

foreign-policy ~s изменения во внешней политике

frontbench ~s *брит.* изменения в составе правительства

fundamental ~s кардинальные/принципиальные/радикальные изменения/перемены

global ~s глобальные изменения

government ~s изменения/перестановки в правительстве

grand/great ~s большие/значительные/крупные/серьезные изменения/сдвиги

high-level ~s изменения в руководстве

internal ~s внутренние изменения/перемены

irreversible ~s необратимые изменения/перемены

leadership ~s изменения в руководстве

long overdue ~s давно назревшие изменения

major ~s большие/значительные/крупные/серьезные изменения/сдвиги

market ~s изменения на рынках

ministerial ~s изменения в составе кабинета министров

monumental ~s гигантские изменения

negative ~s негативные изменения/перемены

nonviolent ~ ненасильственные изменения

noticeable ~s заметные изменения/перемены

organization(al) ~ изменение организационной структуры

peaceful ~s мирные изменения

personal ~s кадровые изменения/перестановки

positive ~s позитивные/положительные изменения/сдвиги

profound ~s глубокие перемены/преобразования/сдвиги

radical ~s радикальные перемены

revolutionary ~s революционные изменения/преобразования

shattering ~s потрясающие изменения

significant ~s значительные изменения/перемены

sizable ~s ощутимые перемены

spasmodic ~s скачкообразные изменения

stage-by-stage ~s поэтапные изменения

structural ~s структурные изменения/сдвиги

sweeping ~s радикальные перемены

territorial ~s территориальные изменения

thorough ~s глубокие перемены/преобразования/сдвиги

unfavorable ~s неблагоприятные изменения

unprecedented ~s беспрецедентные изменения

vital ~s жизненно важные изменения

to announce ~s объявлять об изменениях

to block ~s препятствовать изменениям

to bring about a ~ **nonviolently** добиваться перемен ненасильственными методами

to bring sweeping ~s **to** *smth* производить радикальные изменения *чего-л.*

to carry out ~s осуществлять/проводить преобразования

to cry out for ~s требовать перемен

to effect ~s осуществлять/проводить преобразования

to envisage ~s намечать изменения

to facilitate ~s способствовать проведению преобразований

to foreshadow/to herald ~s предвещать перемены

to hold back progressive ~s тормозить прогрессивные преобразования

to implement ~s осуществлять/проводить преобразования

to impose ~s **on/upon** *smb* навязывать реформы *кому-л.*

to induce ~s **in society** вызывать перемены в обществе

to introduce ~s вносить изменения; вводить преобразования

to keep a close eye on a country's policy ~s внимательно наблюдать за изменениями политики страны

to keep *one's* ~s **going forward** продолжать преобразования/реформы

to keep up with the pace of political ~s поспевать за политическими переменами

to make ~s **in the Cabinet** производить изменения/перестановки в правительстве

to make the case for ~ выдвигать убедительные доводы в пользу перемен

to monitor ~s осуществлять контроль за ходом изменений/преобразований

to negotiate ~s обсуждать/обговаривать изменения/преобразования

to opt for ~ голосовать за изменения

to press for ~ настаивать на переменах

to promote ~ способствовать проведению преобразований

to propose ~s **to** *smth* предлагать изменения в *чем-л.*

to put the brakes on economic ~s тормозить процесс осуществления экономических реформ

to resist ~s противиться изменениям/переменам

to respond the ~s реагировать на перемены

to rule out any ~s исключать любые изменения

to seek ~s добиваться изменений

to set out *one's* **program for ~s** излагать свою программу преобразований

to swallow *smb's* **~ of heart** смиряться с изменением *чьей-л.* позиции

to thirst for a ~ жаждать перемен

to undergo ~s претерпевать изменения, подвергаться изменениям

to welcome the ~s with certain reservations приветствовать перемены с некоторыми оговорками

big ~s from before большие перемены по сравнению с тем, что было раньше

irreversibility of ~s необратимость перемен

opponent of ~s противник реформ

pressure for political ~s давление с целью добиться политических перемен

rapid pace of ~s быстрый темп реформ

scope of social ~s масштабы социальных преобразований

sincere advocate of ~s искренний сторонник перемен

urgent need for ~s срочная необходимость перемен

visible signs of ~s заметные признаки перемен

wind of ~s ветер перемен

change II *v* менять(ся), изменять(ся)

channel I *n* канал; путь; источник *(сведений, информации)*

~s of international information источники международной информации

liaison ~s каналы связи

official ~s официальные каналы

to agree through the usual ~s согласовывать обычным путем

to keep unofficial ~s open to a country держать неофициальные каналы открытыми для контакта с *какой-л.* страной

to provide ~s of communication for *smb* обеспечивать каналы связи для *кого-л.*

to use official ~s использовать официальные каналы

through credible ~s по сообщениям из надежных источников

through diplomatic ~s по дипломатическим каналам; через дипломатические каналы; дипломатическим путем

channel II *v* направлять *(средства, капитал и т.п.)* по *каким-л.* каналам

channeling *n* направление; переключение

~ of resources направление/использование ресурсов

channelize см. **channel II**

chant I *n* скандирование; выкрикивание лозунгов

chant II *v* скандировать; выкрикивать лозунги

chaos *n* хаос

economic ~ экономический хаос

political ~ политический хаос

social ~ социальный хаос

to avert the fiscal ~ предотвращать финансовый хаос

to be in a total ~ находиться в состоянии полного хаоса

to bring ~ to a country создавать хаос в стране

to cause wide-spread ~ приводить к распространению хаоса

to create ~ создавать хаос

to fall into ~ быть ввергнутым в хаос

to orchestrate a ~ организовывать неразбериху

to prevent ~ предотвращать хаос

to reverse the ~ положить конец хаосу

to slide into ~ скатываться к хаосу

to slip into ~ оказываться ввергнутым в хаос

to ward off ~ предотвращать хаос

the country is drifting into ~ страна скатывается к хаосу

chappaquiddick *n* инцидент, случившийся 20 июля 1969 года с сенатором Эдвардом Кеннеди *(автомобиль Кеннеди упал с моста на острове Чаппакуиддик, в результате чего его спутница утонула; инцидент поставил крест на его намерении стать президентом США)*

chapter *n* **1.** глава *(книги и т.п.)*; раздел *(документа)* **2.** отделение, филиал *(землячества и т.п.)*; местная организация *(профсоюза и т.п.)* **3.** *церк.* капитул

Social C. Социальная хартия *(раздел Маастрихтского договора, посвященный социальным проблемам)*

to open up a new ~ in the history of *smth* открывать новую главу в истории *чего-л.*

character *n* характер; характерная черта/особенность, свойство, качество

anti-war ~ антивоенный характер

class ~ классовый характер

collective ~ коллективность; коллегиальность

comprehensive ~ комплексный характер

cyclical ~ of development циклический характер развития

international ~ международный характер

to assume a political ~ приобретать политический характер

to be of an introductory ~ носить ознакомительный характер *(о поездке и т.п.)*

to have a provocative ~ носить провокационный характер

characteristic I *n* **1.** характеристика **2.** характерная черта/особенность, свойство, признак, качество

distinctive ~ отличительная особенность

economic ~ характеристика экономического положения

educational ~ характеристика образовательного уровня

personal ~ персональная характеристика; характеристика личности

121

social and economic ~s социально-экономические признаки

special ~s особые свойства/признаки

characteristic II *a* характерный

characterize *v* характеризовать

charge I *n* **1.** обязанности; ответственность; руководство *(чем-л.)* **2.** *юр.* обвинение **3.** *pl* расходы, затраты, издержки **4.** плата; сбор

~ carries a ten year sentence осуждение по данной статье влечет за собой десятилетнее тюремное заключение

~s facing *smb* обвинения, предъявленные *кому-л.*

~s of conspiracy against the state обвинения в заговоре против государства

~s of corruption обвинения в коррупции

~s of incitement обвинения в подстрекательстве

~s of obstructing the authorities обвинения в затруднении действий властей

~s of racketeering обвинения в рэкете

~s of sabotage обвинения в диверсионной деятельности

after 5 years in ~ после 5 лет пребывания у власти

annual repayment ~s ежегодные платежи в счет погашения задолженности

bank(ing) ~s платежи за банковские услуги

baseless ~ необоснованное обвинение

burden ~s накладные расходы

capital ~ обвинение в преступлении, за которое полагается смертная казнь

conspiracy ~ обвинение в (участии в) заговоре

criminal ~ обвинение в совершении уголовного преступления

disciplinary ~ обвинение в нарушении дисциплины

drug-sale ~ обвинение в торговле наркотиками

drug-smuggling ~ обвинение в контрабандном ввозе наркотиков

drunk driving ~ обвинение в управлении автомобилем в нетрезвом состоянии

espionage ~ обвинение в шпионаже

fabricated/faked(-up) ~ сфабрикованное обвинение

fixed ~s постоянные затраты/издержки

fraud ~ обвинение в мошенничестве

groundless ~ необоснованное обвинение

incurred ~s произведенные затраты

insurance ~s страховые сборы

interest ~s платежи процентов

involuntary manslaughter ~ обвинение в непредумышленном убийстве

loan ~s плата за кредит; процент по займам

manufactured ~ сфабрикованное обвинение

marketing ~s расходы по сбыту

morals ~ обвинение в аморальном поведении

murder ~ обвинение в убийстве

official ~s официальные обвинения

overhead ~s накладные расходы

politically motivated ~s обвинения по политическим мотивам

port ~s портовые сборы

racketeering ~ обвинение в рэкете

terrorist ~ обвинение в терроризме

transport ~s транспортные расходы

treason ~ обвинение в государственной измене

trumped-up ~ сфабрикованное обвинение

unproven ~ недоказанное обвинение

unwarranted ~ необоснованное обвинение

user ~ плата за пользование *(чем-л.)*

to answer ~s отвечать на обвинения

to appear in court to answer ~ of fraud представать перед судом по обвинению в мошенничестве

to arraign *smb* **on a ~ of** *smth* привлекать *кого-л.* к суду по обвинению в *чем-л.*

to arrest *smb* **on ~ of conspiracy to murder** арестовывать *кого-л.* по обвинению в заговоре с целью убийства

to back a ~ поддерживать обвинение

to be in ~ of *smth* быть ответственным за *что-л.*, отвечать за *что-л.*; руководить *чем-л.*

to be innocent of all ~s быть ни в чем не виновным

to bring a ~ against *smb* выдвигать обвинение против *кого-л.*; предъявлять обвинение *кому-л.*

to clear *smb* **of all ~s** снимать с *кого-л.* все обвинения

to concoct/to cook up a ~ стряпать/фабриковать обвинение

to corroborate the ~s подтверждать обвинения

to deny a ~ отрицать свою виновность

to detain *smb* **on false ~s** задерживать *кого-л.* по ложному обвинению

to dismiss a ~ отвергать/отклонять обвинение

to drop a ~ against *smb* снимать обвинение с *кого-л.*

to fabricate a ~ стряпать/фабриковать обвинение

to face ~s подвергнуться обвинениям *(в совершении чего-л.)*

to file a ~ against *smb* выдвигать обвинение против *кого-л.*; предъявлять обвинение *кому-л.*

to have overall ~ of the operation осуществлять общее руководство операцией

to hold *smb* **without ~** содержать *кого-л.* под стражей без предъявления обвинения

to indict *smb* **on spying ~s** официально предъявлять *кому-л.* обвинение в шпионаже

to introduce ~s for higher education ввести плату за учебу в вузах

to jail *smb* **on trumped-up ~s** приговаривать *кого-л.* к тюремному заключению на основании сфабрикованных обвинений

to lay/to level/to make a ~ against *smb* выдвигать обвинение против *кого-л.*; предъявлять обвинение *кому-л.*

to meet a ~ опровергать обвинение

to plead guilty/not guilty to a ~ of *smth* признавать/не признавать себя виновным в *чем-л.*

to press ~s against *smb* предъявлять обвинения *кому-л.*

to prove a ~ доказывать/подтверждать обвинение

to put *one's* **man in ~ of** *smth* ставить своего человека во главе *чего-л.*

to rebuff a ~ отвергать/отклонять обвинение

to refute a ~ опровергать обвинение

to reject a ~ отвергать/отклонять обвинение

to release *smb* **without ~** освобождать *кого-л.* из-под стражи без предъявления обвинения

to repudiate a ~ отвергать/отклонять обвинение

to retract a ~ against *smb* снимать обвинение с *кого-л.*

to substantiate a ~ доказывать/подтверждать обвинение

to support ~s with statements from witnesses подкреплять обвинения свидетельскими показаниями

to take ~ вступить в руководство, возглавить

to throw out a ~ отвергать/отклонять обвинение

to trump up a ~ against *smb* фабриковать обвинение против *кого-л.*

to withdraw a ~ against *smb* снимать обвинение с *кого-л.*

he is in ~ of personnel он ведает кадрами/кадровыми вопросами

on treason ~ по обвинению в государственной измене

wanted on ~ of *smth* разыскиваемый по *какому-л.* обвинению

charge II *v* 1. поручать, вменять в обязанность; возлагать ответственность 2. предписывать, приказывать; предлагать *(подчиненному)* 3. *юр.* обвинять; выдвигать/предъявлять обвинение

to ~ *oneself* **with full responsibility** брать на себя всю полноту ответственности

to ~ *smb* **in connection with** *smth* предъявлять *кому-л.* обвинение в связи с *чем-л.*

to ~ *smb* **in his absence** предъявлять *кому-л.* обвинение заочно

to ~ *smb* **with a crime** обвинять *кого-л.* в преступлении/в совершении преступления

to ~ *smb* **with an important mission** давать важное поручение *кому-л.*

to ~ *smb* **with complicity in** *smth* обвинять *кого-л.* в соучастии в совершении *чего-л.*

to be ~d under *smth* быть обвиненным на основании *чего-л.*

they were released without being formally ~d их освободили, не предъявив никаких официальных обвинений

chargeable *a* ответственный *(о ком-л.)*

chargé d'affaires *n фр. дип.* поверенный в делах

~ ad interim временный поверенный в делах

~ avec lettres постоянный поверенный в делах

charisma *n* харизма, притягательная сила *(политического деятеля, кандидата)*

charitable *a* благотворительный, филантропический

charity *n* 1. милосердие 2. благотворительность, филантропия 3. *pl* благотворительная деятельность, занятие благотворительностью

to donate *smth* **to ~** жертвовать *что-л.* на благотворительные цели

to raise money for ~ собирать деньги для благотворительных целей

charity school *n* приют *(для бедных детей)*

Charlie Regan *полит.* Чарли Риган *(имя нарицательное: вымышленное лицо, используемое во время политических кампаний в качестве козла отпущения)*

charter I *n* 1. хартия, грамота 2. устав 3. преимущественное право; привилегия 4. *коммерч.* чартер, договор на аренду *(судна, самолета и т.п.)*

Atlantic C. *ист.* Атлантическая хартия

citizen's ~ *брит.* правительственная «хартия» о повышении уровня обслуживания в сфере услуг Великобритании

founding ~ хартия об основании

Great C. *ист.* Великая хартия вольностей

Olympic C. Олимпийская хартия

Paris C. Парижская хартия *(ноябрь 1990 г.)*

present ~ существующий устав

United Nations C. Устав ООН

to abrogate a ~ отменять устав

to accept the obligations of the ~ принимать на себя обязательства, предусмотренные уставом

to draw up a ~ разрабатывать устав

to nullify the ~ аннулировать устав

to review the ~ пересматривать устав

adoption of a ~ принятие устава

inconsistent with the ~ несовместимый с положениями устава

under the ~ согласно уставу

UNESCO C. provides that ... Устав ЮНЕСКО предусматривает, что ...

charter II *v* 1. учреждать, создавать на основе устава 2. *коммерч.* фрахтовать, брать в наем; сдавать в наем *(судно, самолет и т.п.)*

Charter 88 *n* «Хартия 88» *(влиятельная независимая политическая организация в Великобритании, выступающая за конституционное расширение политических и гражданских прав населения)*

charterer *n* фрахтователь

Chartism *n ист.* чартизм

Chartist *n ист.* чартист

chasm *n* пропасть, глубокое расхождение *(во взглядах)*

yawning ~ separating *smb* непроходимая пропасть между *чьими-л.* позициями

chauvinism *n* шовинизм

arrant ~ махровый шовинизм

bellicose ~ воинствующий шовинизм

ethnic ~ этнический шовинизм

extreme ~ крайняя степень шовинизма

great-power ~ великодержавный шовинизм

hardhat ~ махровый шовинизм

racial ~ расовый шовинизм

to foment ~ разжигать шовинизм

manifestations of ~ проявления шовинизма

chauvinist *n* шовинист

chauvinistic *a* шовинистический

cheap *a* **1.** дешевый, недорогой **2.** *фин.* обесцененный, имеющий низкую покупательную силу *(о деньгах, валюте)* **3.** низкого качества **4.** не заслуживающий уважения ~ **politics** политиканство

cheat *v* мошенничать, жульничать, обманывать

cheating *n* мошенничество, жульничество, обман

tax ~ налоговое мошенничество

check I *n* **1.** контроль, проверка **2.** препятствие, остановка, задержка **3.** *эк.* чек

~**s and balances** взаимный контроль и разделение власти

clearance ~ проверка на благонадежность *(с целью допуска к секретным материалам)*

control ~ контрольная проверка

frontier ~ пограничный досмотр

identification ~ проверка документов для установления личности

loyalty ~ проверка благонадежности/лояльности *(государственных служащих)*

on-the-spot ~s проверки на местах

random ~s выборочные проверки

security ~ проверка на безопасность

spot ~s выборочные проверки

to carry out a ~ on *smth* проводить проверку *чего-л.*

to go through a security ~ проходить досмотр *(личный, багажа)*

to keep a ~ on *smth*, **to keep** *smth* **in ~** контролировать/держать в руках *что-л.*

to strengthen passengers' ~s усиливать контроль пассажиров *(в аэропорту)*

to undergo a thorough ~ for radiation проходить тщательный дозиметрический контроль

there will be a ~ on *smb* будет произведена проверка *кого-л.*

check II *v* **1.** контролировать, проверять **2.** препятствовать *(чему-л.)*, приостанавливать *(что-л.)*, сдерживать

to ~ back перепроверять

to ~ in регистрировать(ся); записывать(ся)

to ~ out уходить в отставку

to ~ up проверять

to ~ up on *smb* проводить проверку *кого-л.*

check-list *n* контрольный список

check-point *n* контрольно-пропускной пункт, КПП

~ **Charlie** *полит. жарг., ист.* КПП на границе между Западным и Восточным Берлином

border ~ пограничный контрольно-пропускной пункт

military ~ военный контрольно-пропускной пункт

to set up ~s around the city устанавливать контрольно-пропускные пункты вокруг города

check-post *n* пограничный контрольно-пропускной пункт

cheer *v (for smb)* приветствовать *кого-л.* аплодисментами и восторженными возгласами

cheeseparing *n* скаредное распределение средств по расходным статьям бюджета

chemical I *n* химический продукт, химикат

to rocket-launch ~s применять ракеты с химическим зарядом

chemical II *a* химический

~ **warfare (CW)** химическая война

~ **weapon(s)** химическое оружие

chemistry *n* :

a candidate's winning ~ with the voters секрет успеха кандидата среди избирателей

great personal ~ between *smb* хорошие личные взаимоотношения/хороший личный контакт между *кем-л.*

internal ~ скрытые стороны, внутренняя кухня *(политической жизни)*

cheque *n брит.* чек

bank ~ банковский чек

paid ~ оплаченный чек

pay ~ чек на получение заработной платы

traveler's ~ дорожный/туристский чек

to cash a ~ получать деньги по чеку

drawer of a ~ чекодатель

chest *n перен.* казна; фонд

campaign ~ фонд для финансирования *чьей-л.* избирательной кампании; предвыборный фонд

war ~ военный фонд, финансовые средства на ведение военных действий

chief I *n* глава, руководитель; начальник, шеф; заведующий; директор

~ **of protocol** начальник протокола

C. of Staff *воен.* начальник штаба

Joint C. of Staff Комитет начальников штабов *(США)*

military ~ военный руководитель

Military C. of Staff начальник штаба вооруженных сил

party ~ партийный руководитель

police ~ начальник/шеф полиции

prison service ~ начальник управления тюрем

security ~ начальник службы безопасности

station ~ резидент *(глава разведывательной службы в какой-л. стране или каком-л. регионе)*

White House **C. of Staff** глава аппарата Белого дома *(США)*

chief II *a* **1.** главный; руководящий; старший **2.** основной, главный, важнейший
~ **delegate** главный делегат
~ **news** самые важные сообщения
~ **problem** главный вопрос

chieftain *n* **1.** вождь *(племени)* **2.** главарь

Childline «Чайлдлайн» *(телефон доверия для детей в Великобритании)*

Chiltern Hundreds *n* Чилтерн-Хандредз, Чилтернские округа *(в графстве Бакингемшир в Великобритании; назначение на номинальную должность управляющего этими округами несовместимо с пребыванием в палате общин; используется членами парламента для ухода в отставку)*

Chinese I *n* китаец
ethnic/overseas ~ хуацяо *(этнические китайцы, живущие за границей)*, выходцы из Китая

Chinese II *a* китайский

chip *n* :
bargaining ~ *полит. жарг.* преимущество, которое может быть использовано на переговорах, козырь на переговорах
political ~ козырь в политической игре
potent bargaining ~ сильный козырь на переговорах

choice *n* **1.** выбор, отбор **2.** альтернатива, возможность выбора
~ **of candidates from several parties** возможность выбора кандидата от одной из нескольких партий
to make *one's* ~ делать выбор

chord *n* отклик
to strike a ~ вызвать отклик

Christian I *n* христианин

Christian II *a* христианский
~ **Democrats** христианские демократы
right-wing ~ правохристианский

Christianity *n* **1.** христианство, христианская религия/вера **2.** *собир.* христианство, христиане; христианский мир
to adopt ~ принимать христианство
to convert to ~ обращать в христианство
conversion to ~ обращение в христианство/ христианскую веру

chronicle *n* хроника *(историческая)*; летопись
chronological *a* хронологический
chronology *n* хронология
church *n* **1.** церковь; храм *(обыкн. христианский)* **2.** *(обыкн.* **C.***)* церковь *(организация)*; вероисповедание
C. of England англиканская церковь
C. of Rome Римско-католическая церковь
Anglican C. англиканская церковь
Christian C. христианская церковь
early C. ранняя церковь
Eastern C. Восточная церковь
English C. англиканская церковь
established ~ 1) государственная церковь 2) *(the Established* **C.***)* англиканская церковь

Evangelical C. евангелическая церковь
Greek Orthodox C. Греческая православная церковь
Lutheran C. лютеранская церковь
Methodist C. методистская церковь
Orthodox C. православная церковь
Presbyterian C. пресвитерианская церковь
Protestant C. протестантская церковь
Protestant Episcopal C. протестантская епископальная церковь
Roman Catholic C. Римско-католическая церковь
Russian Orthodox C. Русская православная церковь, РПЦ
to go to ~ посещать церковь, ходить в церковь
to separate the ~ **from the state** отделять церковь от государства
to split the C. world-wide вносить вселенский раскол среди церквей
member of the ~ священнослужитель
World Council of C. Всемирный совет церквей, ВСЦ

churchdom *n* **1.** церковные власти **2.** духовный сан
church-goer *n* прихожанин
church-going *n* (регулярное) посещение церкви
churchman *n* священнослужитель, церковник, духовное лицо
senior ~ высший церковный сановник

cipher *n* шифр, тайнопись, код
~ **officer** шифровальщик
to break a ~ раскрывать шифр
ciphered *a* шифровальный
~ **message** шифрованное сообщение
cipherer *n* шифровальщик

circle *n* **1.** сфера, область; круг **2.** круг, группа *(лиц)*; кружок **3.** *pl* круги *(общественные и т.п.)*
academic ~s академические круги
Atlanticist ~s атлантические круги
banking ~s банковские круги
business ~s деловые/коммерческие круги
commercial and industrial ~s торгово-промышленные круги
diplomatic ~s дипломатические круги
emigrant ~s эмигрантские круги
financial ~s финансовые круги
government(al) ~s правительственные круги
influential ~s влиятельные круги
inner ~ ближайший круг *(советников)*; приближенные лица
leading ~s руководящие круги
militarist ~s милитаристские круги
military ~s военные круги
monopolist ~s монополистские круги
official ~s официальные круги
political ~s политические круги
reactionary ~s реакционные круги
ruling ~s правящие круги
ruling upper ~s правящая верхушка
scientific ~s научные круги, научная общественность

social ~s общественные круги
to set up ~s создавать кружки
in opposition ~s в кругах оппозиции
in reporting ~s в журналистских кругах
wide ~ **of interests** широкий круг интересов
circuit *n* **1.** объезд; круговая поездка; турне **2.** цикл
rubber chicken ~ *полит. жарг.* серия официальных обедов/банкетов/встреч для сбора средств, на которых необходимо присутствовать кандидату на выборах
circulate *v* **1.** быть в обращении; циркулировать **2.** распространять; рассылать; раздавать
to ~ **an article** распространять/рассылать статью
circulation *n* **1.** *эк.* обращение; циркуляция; оборот *(капитала и т.п.)* **2.** тираж издания; распространение *(газеты и т.п.)*
~ **of periodicals** тираж периодических изданий
aggregate ~ общий тираж
commodity ~ товарное обращение, товарооборот
currency ~ денежное обращение
high ~ большой тираж
low ~ небольшой/маленький тираж
money ~ денежное обращение
to be in ~ находиться в обращении
to increase the ~ **of national literatures** увеличивать тираж национальной литературы
to put into ~ пускать в обращение
to withdraw *smth* **from** ~ изымать *что-л.* из обращения
medium of ~ средство обращения
circumstances *n pl* **1.** обстоятельства, условия, положение дел **2.** материальное/финансовое положение
aggravating ~ *юр.* отягчающие вину обстоятельства
comfortable/easy ~ достаток, зажиточность, материальная обеспеченность
extenuating/mitigating ~ *юр.* смягчающие вину обстоятельства
reduced/strained ~ стесненное материальное положение
to adopt *oneself* **to** ~ приспосабливаться к обстоятельствам
to investigate the ~ расследовать обстоятельства *(совершения правонарушения)*
in/under certain ~ при определенных обстоятельствах, в определенных условиях
circumstantial *a* подробный, обстоятельный
~ **evidence** косвенные доказательства/улики
~ **report** подробный/обстоятельный доклад
citadel *n* цитадель
citation *n* **1.** ссылка *(на автора и т.п.)*; упоминание *(фамилии и т.п.)* **2.** *юр.* ссылка на прецедент *или* статью закона **3.** цитирование **4.** цитата **5.** *воен.* объявление благодарности в приказе
Presidential Unit C. награда «Благодарность президента»

cite *v* **1.** ссылаться *(на кого-л./что-л.)* **2.** цитировать, приводить цитату
citizen *n* **1.** гражданин **2.** городской житель **3.** гражданское лицо, штатский **4.** *pl* (гражданское) население *(особ. имеющее право участвовать в выборах)*
~ **of Chinese descent** гражданин китайского происхождения
able-bodied ~ трудоспособный гражданин
disabled ~ нетрудоспособный гражданин, инвалид
fellow ~s сограждане
first-class ~ полноправный гражданин
foreign ~s иностранные граждане
honorary ~ почетный гражданин
law-abiding ~ законопослушный гражданин
naturalized ~ натурализированный гражданин
prominent ~ выдающийся гражданин
senior ~ пенсионер по возрасту
to abuse *one's* ~s нарушать права своих граждан
to protect the rights of ~s защищать права граждан
personal security of the ~s личная безопасность граждан
citizenship *n* **1.** гражданство; подданство **2.** права и обязанности гражданина
dual ~ двойное гражданство
to acquire ~ приобретать гражданство
to adopt ~ принимать гражданство
to apply for ~ подавать прошение/заявление о принятии в гражданство
to be admitted/to be granted ~ быть принятым в гражданство; получать права гражданства
to change ~ менять гражданство
to deprive *smb* **of** ~ лишать *кого-л.* гражданства
to grant *smb* ~ предоставлять *кому-л.* гражданство
to hold ~ иметь гражданство
to lose *one's* ~ лишаться гражданства
to offer *smb* **back his** ~ предлагать *кому-л.* восстановить его гражданство
to renounce *one's* ~ отказываться от своего гражданства
to restore ~ **on** *smb* возвращать *кому-л.* гражданство
to strip *smb* **of/to terminate** *smb's* ~ лишать *кого-л.* гражданства
acquisition of ~ приобретение гражданства
alteration/change of ~ изменение гражданства
deprivation of ~ лишение гражданства
loss of ~ утрата гражданства
renunciation from ~ выход из гражданства
restoration of ~ восстановление в гражданстве
secession from ~ выход из гражданства
cit/y *n* **1.** город; большой город *(Великобритания)*; город, имеющий муниципалитет

(США) **2. (the C.) 1)** Сити, деловой центр Лондона **2)** *перен.* британский финансовый капитал, британская финансовая олигархия
~ came under rocket fire город подвергся ракетному обстрелу
~ has fallen to the guerrillas город захвачен партизанами
~ is tense напряженность в городе сохраняется
~ is under tight security в городе действуют жесткие меры безопасности
cardboard ~ «картонный город» *(место, где бездомные спят в картонных коробках)*
closed ~ закрытый город
free ~ вольный город
ghost ~ город-призрак
open ~ открытый город
twin ~ies города-побратимы
to be convincingly in control in a ~ прочно контролировать положение в городе
to bring the ~ back to normality нормализовать обстановку в городе
to comb a ~ прочесывать город
to march through a ~ проходить через город *(о колонне демонстрантов)*
to overrun a ~ занять город *(о войсках)*
to place a ~ off limits to *smb* не разрешать *кому-л.* въезд в город, не допускать *кого-л.* в город
to put a ~ under the control of the army поставить город под контроль армии
to rampage through the ~ бесчинствовать по всему городу
to starve a ~ to death душить город голодом
to take control of a ~ овладевать городом
growth of ~ies рост городов
troops converged on the ~ войска с разных сторон подошли к городу
city-buster *n* **1.** бомбардировщик **2.** атомная бомба
city-state *n* город-государство
civic *a* **1.** гражданский **2.** городской
civics *n* основы гражданского права *(учебный предмет в американской школе)*
civil *a* **1.** гражданский **2.** городской **3.** штатский, невоенный **4.** светский **5.** цивилизованный **6.** воспитанный, культурный
~ case *юр.* гражданское дело
~ law *юр.* гражданское право
~ liberties гражданские свободы
~ rights гражданские права
civilian I *n* **1.** гражданское лицо, штатский человек **2.** *pl* гражданское население
suspected ~ подозреваемое гражданское лицо
unarmed ~s безоружные гражданские лица
civilian II *a* гражданский, штатский *(о человеке)*
civilianization *n* переход к гражданскому правлению *(замена правительства военных правительством гражданских лиц)*

civilization *n* цивилизация
Christian ~ христианская цивилизация
medieval ~ средневековая цивилизация
occidental ~ западная цивилизация
world ~ мировая цивилизация
to enjoy the boons of modern ~ пользоваться благами современной цивилизации
to reach ~ достигать цивилизованного уровня
end of ~ гибель цивилизации
civilize *v* цивилизовывать(ся)
civilized *a* **1.** цивилизованный **2.** воспитанный, культурный
civil-righter, civil-rightist *n* борец за гражданские права
claim I *n* **1.** требование; претензия; притязание; иск; рекламация; право *(на что-л.)* **2.** *разг.* утверждение, заявление
~s for world supremacy притязания на мировое господство
~s were totally unfounded утверждения были полностью лишены оснований
~ to foreign territory притязание на чужую территорию
conflicting ~s противоречащие друг другу требования/притязания
counter ~ встречное требование; контрпретензия; встречный иск
established ~ признанная/доказанная претензия
groundless ~s необоснованные претензии/притязания
justifiable ~s законные требования
legal/legitimate ~ законное требование, законная претензия
monetary ~ денежное требование, денежная претензия
pay ~ требование об увеличении заработной платы
reasonable ~ обоснованная претензия
territorial ~s территориальные претензии/притязания
unlawful ~ незаконное требование, незаконная претензия
wage ~ требование об увеличении заработной платы
well-founded ~ хорошо обоснованная претензия
to abandon a ~ отказываться от требования/претензии/иска
to acknowledge/to admit a ~ признавать требование/претензию/иск
to advance a ~ выдвигать требование/претензию
to back *smb's* **~** поддерживать *чье-л.* требование/притязание
to challenge *smb's* **~** оспаривать *чье-л.* требование/право/*чью-л.* претензию
to deny *smb's* **~s** отвергать *чьи-л.* притязания
to dismiss *smb's* **~s to a territory** отвергать *чьи-л.* притязания на *какую-л.* территорию

to drop a ~ отказываться от требования/претензии/иска

to enter a ~ выдвигать требование/претензию

to file a ~ предъявлять иск

to give up a ~ отказываться от требования/претензии/иска

to grant/to honor a ~ удовлетворять требование/претензию

to institute a ~ предъявлять иск

to lay a ~ to *smth* предъявлять права на *что-л.*, претендовать на получение *чего-л.*

to lodge a ~ выдвигать требование/претензию

to maintain a ~ against *smb* поддерживать иск к *кому-л.*

to make a ~ выдвигать требование/претензию

to meet *smb's* **~** удовлетворять *чье-л.* требование/*чью-л.* претензию

to press *one's* **~s** настаивать на своих требованиях/притязаниях

to prosecute a ~ возбуждать иск

to put forward/in a ~ выдвигать требование/претензию

to refute a ~ опровергать утверждение

to reinforce *one's* **~s** подкреплять свои требования/притязания

to reject a ~ отклонять требование/претензию/притязание

to relinquish/to renounce/to renunciate/to resign a ~ отказываться от требования/претензии/иска

to scorch *smb's* **~** резко критиковать *чье-л.* утверждение

to set up a ~ to *smth* предъявлять права на что-л., претендовать на получение *чего-л.*

to settle a ~ урегулировать требование/претензию

to submit a ~ выдвигать требование/претензию

to uphold *smb's* **~** поддерживать *чье-л.* требование/притязание

to waive a ~ отказываться от требования/претензии/иска

to win a ~ добиваться удовлетворения требования/претензии

to withdraw a ~ отказываться от требования/претензии/иска

renunciation of *one's* **~s** отказ от своих притязаний

settlement of ~s урегулирование претензий

waiver of *one's* **~s** отказ от своих притязаний

claim II *v* **1.** предъявлять требование/претензию/иск; заявлять права (*на что-л.*) **2.** *разг.* утверждать, заявлять

to ~ immunity of domicile заявлять о праве на неприкосновенность жилища

to ~ privileges претендовать на привилегии

to ~ stand for *smth* заявлять о своем выдвижении

claimant *n* лицо, предъявляющее требование, претензию; истец; лицо, заявляющее права (*на что-л.*); претендент

clampdown *n* строгие меры (*против кого-л., чего-л.*)

government's ~ on *smb* строгие меры правительства, направленные против *кого-л.*

security ~ введение жестких мер безопасности

state-of-emergency ~ запрет любой политической деятельности, связанный с объявлением/введением чрезвычайного положения

to condemn universally the ~ единодушно осуждать введение строгих мер

clan *n* **1.** клан, род **2.** *пренебр.* клика, группировка, камарилья

ruling ~ правящий клан

clandestine *a* тайный, секретный, скрытый; нелегальный, подпольный (*об организации и т.п.*)

~ operations тайные операции

clarification *n* разъяснение, пояснение; выяснение; уточнение

to ask for ~ требовать разъяснений

to seek urgent ~ from *smb* требовать от *кого-л.* срочных разъяснений

clarify *v* разъяснять, пояснять; выяснять; уточнять

to ~ a point уточнять вопрос

clash I *n* **1.** столкновение, стычка, схватка; (вооруженный) конфликт **2.** столкновение, конфликт; разногласие, расхождение (*во мнениях и т.п.*)

~es among the leaders конфликты между лидерами

~es arose произошли столкновения

~es between police and demonstrators стычки между полицией и демонстрантами

~es broke out произошли столкновения

~es died down стычки прекратились

~es eased перестрелка затихла

~es erupted произошли стычки

~es have spread to other areas столкновения перекинулись и в другие районы

~es left many casualties в результате столкновений имеются многочисленные жертвы

~es resumed стычки возобновились

~es with the police столкновения с полицией

~ of interests столкновение интересов

~ of opinions расхождение во взглядах

~ on the border стычка на границе

air ~es воздушные бои

armed ~ вооруженное столкновение

bitter ~es ожесточенные стычки

border ~ столкновение на границе

class ~es классовые столкновения

ethnic ~es стычки на национальной почве

fierce ~es ожесточенные стычки

head-on ~ прямое столкновение

intercommunal ~es столкновения на религиозной почве

military ~ военное столкновение

much publicized ~es столкновения, вызвавшие большой общественный резонанс

naval ~ морской бой

racial ~es столкновения на расовой почве

scattered ~es отдельные столкновения/стычки

sectarian ~es стычки между представителями разных сект

sporadic ~es отдельные столкновения/стычки

tough/violent ~es ожесточенные стычки

to be killed in renewed ~es быть убитым в ходе возобновившихся столкновений

to break up ~es положить конец столкновениям/стычкам

to mount a ~ организовывать стычку

to produce ~ **between** *smb* вызывать столкновение между *кем-л.*

to provoke ~es провоцировать столкновения/стычки

to report ~es сообщать о столкновениях

to spark a ~ **with** *smb* вызывать столкновение с *кем-л.*

clash II *v (with)* **1.** вступать в столкновение *(с кем-л.)* **2.** приходить в столкновение, вступать в конфликт; расходиться *(о взглядах, мнениях)*; сталкиваться *(об интересах и т.п.)*

to ~ **openly** публично разойтись во взглядах

to ~ **over** *smth* конфликтовать по поводу *чего-л.*

to ~ **sharply over** *smth* резко полемизировать по *какому-л.* вопросу

to ~ **with** *smb* вступать в конфликт с *кем-л.*

class *n* класс *(общества)*; социальная группа

advanced ~ передовой класс

affluent ~es имущие классы

antagonistic ~es антагонистические классы

basic ~es основные классы

business ~ предприниматели

capitalist ~ класс капиталистов

dominant ~ господствующий класс

exploited ~es эксплуатируемые классы

exploiting ~es эксплуататорские классы

individual ~es отдельные социальные группы

industrial ~ рабочий класс

intermediate ~es промежуточные классы

labor ~ рабочий класс

landed ~es крупные землевладельцы, помещики

leisured ~es паразитические классы

lower ~es низшие слои общества

lower middle ~ низы среднего класса; мелкая буржуазия

middle ~ средний класс

minor ~es неосновные классы

nonantagonistic ~es неантагонистические классы

occupational ~ профессиональная группа

opposing ~es антагонистические классы

oppressed ~ угнетенный класс

parasitical ~es паразитические классы

possessing ~es имущие классы

privileged ~es привилегированные классы

progressive ~ передовой класс

propertied ~es имущие классы

propertyless ~es неимущие классы

ruling ~ правящий класс

service ~ *жарг.* технократическая элита

social ~ социальная группа

toiling ~es трудящиеся классы

upper ~es высшие слои общества *(аристократия и крупная буржуазия)*

upper middle ~ верхушка среднего класса; средняя буржуазия

working ~ рабочий класс

emergence of the ~es возникновение классов

classical *a* классический, традиционный

classification *n* **1.** классификация; систематизация **2.** определение степени секретности документа

data ~ классификация данных/информации

industry ~ классификация отраслей промышленности

international ~ международная классификация

job ~ классификация рабочих мест

position ~ классификация должностей

classified *a* **1.** классифицированный; систематизированный **2.** засекреченный, секретный *(о документе и т.п.)*

~ **information** секретные данные/сведения, информация, не подлежащие разглашению

classify *v* **1.** классифицировать; систематизировать **2.** засекречивать

classless *a* бесклассовый

~ **society** бесклассовое общество

clause *n* статья, пункт, положение *(договора, контракта, соглашения)*; условие; оговорка, клаузула

additional ~ дополнительная статья

concluding ~s заключительная часть *(договора, контракта, соглашения)*

confrontation ~ *юр.* положение об очной ставке

enacting ~ постановляющая часть закона

escape ~ избавительная оговорка; статья, освобождающая сторону от выполнения условий договора

full faith and credit ~ положение Конституции США о полном доверии и уважении *(к официальным документам любого штата)*

gold ~ *эк.* золотая оговорка

invalid ~ статья/оговорка, утратившая силу

most-favored nation ~ положение/оговорка о режиме наибольшего благоприятствования

optional ~ *юр.* факультативная оговорка

secret ~s **of a treaty** секретные статьи договора

clean *a* :

~ **sweep 1)** полная победа на выборах **2)** замена чиновников государственного аппарата в связи с приходом к власти другой партии

cleanout *n* чистка *(государственного аппарата, армии и т.п.)*

cleansing *n* чистка, очистка

ethnic ~ этническая чистка *(уничтожение или вытеснение из страны представителей каких-л. национальностей)*

social ~ истребление нищих и деклассированных элементов *(Колумбия, 1994 г.)*

cleanup *n* чистка *(напр. от преступных элементов)*; облава *(напр. на торговцев наркотиками)*

clear I *a* **1.** абсолютный, полный **2.** свободный *(от чего-л.)*

~ **of debt** не обремененный долгами

~ **of suspicion** находящийся вне подозрений

to be legally in the ~ быть чистым перед законом

to obtain a ~ **majority** получать абсолютное большинство *(голосов)*

in the ~ вне подозрений; ничем себя не запятнавший

clear II *v* **1.** допускать к секретной работе *или* секретным материалам **2.** *коммерч.* очищать товары от пошлины **3.** *юр.* признавать невиновным, оправдывать, реабилитировать **4.** визировать *(документ)*

to ~ **smth with the chief** завизировать *что-л.* у своего начальника

clearance *n* **1.** допуск к секретной работе *или* секретным материалам **2.** разрешение, согласие, санкция; виза *(начальства)* **3.** *коммерч.* таможенная очистка; очистка от пошлин **4.** расчистка, очистка *(от чего-л.)*

~ **of cargo** таможенная очистка груза

~ **of passengers** таможенная очистка пассажиров

advance ~ предварительное разрешение, предварительная санкция

custom(s) ~ таможенная очистка; очистка от пошлин

government ~ разрешение/санкция правительства

high security ~ высокая степень засекречивания/секретности

landmine ~ разминирование местности

mine ~ разминирование

Q ~ *жарг.* допуск сотрудников правительственного аппарата к самой секретной информации *(включая информацию о ядерном оружии)*

top-security ~ допуск к совершенно секретной работе/секретным материалам

to get a ~ **from** *smb* получать разрешение/санкцию/согласие от *кого-л.*

to give *smb* **a** ~ допускать *кого-л.* к секретной работе/секретным материалам

to obtain a ~ **from** *smb* получать разрешение/санкцию/согласие от *кого-л.*

to pass security ~ получать допуск к секретной работе/секретным материалам

to receive a ~ **from** *smb* получать разрешение/санкцию/согласие от *кого-л.*

to withdraw *smb's* **security** ~ лишать *кого-л.* допуска к секретной работе/секретным материалам

clearing I *n* *фин.* клиринг, клиринговые расчеты

bilateral ~ двусторонний клиринг

multilateral ~ многосторонний клиринг

clearing II *a* *фин.* клиринговый

~ **deficit** дефицит по клиринговым расчетам

clearing-house *n* **1.** расчетная палата **2.** центр сбора, обработки и распространения информации, информационный центр

clearout *n* чистка *(государственного аппарата, армии и т.п.)*

clemency *n* помилование

to appeal for ~ подавать прошение о помиловании

to reject a plea for ~ отклонять прошение о помиловании

to urge ~ **for** *smb* призывать помиловать *кого-л.*

clergy *n* духовенство

Catholic ~ католическое духовенство

Orthodox ~ православное духовенство

regular ~ черное духовенство

secular ~ белое духовенство

clergyman *n* священник, служитель церкви, духовное лицо

leading clergymen высшее духовенство

cleric *n* священник, служитель церкви, духовное лицо

clerical I *n* клерикал

clerical II *a* духовный

~ **title** духовное звание

clericalist *n* сторонник клерикализма

clericalism *n* клерикализм

clerk *n* клерк; технический секретарь; конторский служащий

~ **of bills** клерк по законопроектам

~ **of Court** секретарь суда

C. of the House of Commons секретарь палаты общин *(парламента Великобритании)*

C. of the House of Representatives секретарь палаты представителей *(Конгресса США)*

C. of the Parliaments секретарь палаты лордов *(парламента Великобритании)*

cipher ~ шифровальщик

county ~ окружной клерк, секретарь округа

district ~ секретарь окружного суда

first-class ~ чиновник 1-го класса

cliché *n* *фр.* клише, штамп

propaganda ~**s** пропагандистские клише/штампы

client(-state) *n* *полит. жарг.* страна-сателлит, зависимое государство

climate *n* **1.** климат **2.** климат, атмосфера, обстановка

~ **of belligerence** атмосфера воинственности
~ **of fear** обстановка страха
~ **of mistrust/nonconfidence** атмосфера/обстановка недоверия
~ **of terror reigns** господствует атмосфера террора
economic ~ экономическая обстановка
human rights ~ положение с соблюдением прав человека
international ~ международная обстановка
negotiating ~ атмосфера/обстановка на переговорах
organizational ~ микроклимат в учреждении/организации
political ~ политическая обстановка
psychological ~ психологический климат
to create a better ~ for the peace talks улучшать обстановку для проведения мирных переговоров
to defuse the ~ разряжать обстановку
to ease the ~ of political uncertainty разряжать атмосферу политической неопределенности
to ensure a favorable ~ создавать благоприятный климат/благоприятную атмосферу
to establish a ~ of confidence устанавливать атмосферу доверия
to help the ~ at the summit способствовать созданию благоприятной атмосферы на встрече в верхах
to modify the moral ~ изменять моральный климат
to restore and maintain a ~ of mutual confidence восстанавливать и поддерживать атмосферу взаимного доверия
drastic frosting in the international ~ резкое похолодание в международном климате
normalization of the world political ~ оздоровление мирового политического климата
radical improvement of the business ~ резкое/радикальное улучшение деловой конъюнктуры
sudden deterioration of the economic ~ резкое ухудшение состояния экономики
worsening of the world ~ ухудшение международного климата/международной обстановки
climax *n* высшая точка, кульминационный пункт
climb *v* пробивать себе дорогу, подниматься по ступенькам карьеры, делать карьеру
to ~ to the heights of power подниматься к вершинам власти
to ~ to success добиваться успеха
to ~ up the ladder подниматься по служебной *или* общественной лестнице, делать карьеру
climb-down *n* отступление, уступка
Clintonomics «клинтономика» *(экономическая доктрина президента Клинтона)*
clique *n фр.* клика
corrupt ~ продажная клика

militarist ~ милитаристская клика
military ~ военная клика, военщина
ruling ~ правящая клика/верхушка
cloak-and-daggering *n* (шпионско-)разведывательная деятельность
cloak-room *n полит. жарг.* **1.** кулуары Конгресса; места неофициальных встреч конгрессменов **2.** кулуарные сплетни
close I *a* **1.** подробный, тщательный **2.** почти равный *(о шансах и т.п.)*
~ **district** избирательный округ, в котором кандидат победил незначительным большинством голосов
~**hold** тщательно защищаемый/охраняемый *(об информации)*
~ **investigation** тщательное расследование
~ **race** выборы с почти равными шансами у кандидатов
close II *v* **1.** ликвидировать, закрывать **2.** заканчивать, прекращать
to ~ a mission закрывать дипломатическое представительство
to ~ an account закрывать счет
to ~ foreign exchange markets прекращать операции по обмену валют
to ~ the list of speakers прекращать запись желающих выступить
closed *a* **1.** закрытый **2.** законченный; решенный, закрытый
~ **issue** решенный/закрытый вопрос
~ **session** закрытое заседание
behind ~ doors за закрытыми дверями, при закрытых дверях
closing I *n* **1.** закрытие *(заседания, сессии и т.п.)* **2.** ликвидация, закрытие, прекращение деятельности *(предприятия, организации и т.п.)*
factory ~ закрытие предприятия
closing II *a* заключительный
~ **date for the congress** дата закрытия конгресса
~ **meeting** заключительное заседание
~ **speech** заключительное слово
closure *n* **1.** закрытие *(выставки, месячника, фестиваля)* **2.** ликвидация, закрытие, прекращение деятельности *(предприятия, организации и т.п.)* **3.** прекращение прений
~ **of the list of speakers** прекращение записи желающих выступить
industrial ~s закрытие предприятий
kangaroo ~ парламентская практика, позволяющая председателю комиссии допускать обсуждение лишь некоторых поправок к законопроекту
plant ~ закрытие завода
to move the ~ of the debate вносить предложение о прекращении прений
cloture *n* прекращение прений
cloud *n* облако
mushroom ~ грибовидное облако
clout *n* способность оказывать нажим/давление; влияние *(особ. политическое)*

to **exercise** diplomatic ~ осуществлять дипломатический нажим

club *n* клуб

Atlantic C. «Атлантический клуб» *(штаб-квартира НАТО)*

business ~ клуб деловых встреч

Free Trade C. «Клуб свободной торговли» *(страны-участницы ГАТТ)*

inner ~ группа влиятельных конгрессменов в палате представителей и Сенате

London C. «Лондонский клуб»

National press ~ Национальный клуб печати *(в Вашингтоне)*

nuclear ~ ядерный клуб, ядерные державы *(страны-экспортеры ядерной технологии)*

club I *n* полицейская дубинка

club II *v* избивать дубинками *(о полиции)*

CNDer *n* участник кампании за ядерное разоружение

coalition *n* коалиция; союз *(временный)*

C. for a Democratic Majority Коалиция за демократическое большинство

C. of Black Trade Unionists Коалиция негров-членов профсоюзов

C. of Labor Union Women Коалиция женщин-членов профсоюзов

~ **will hang together** коалиция уцелеет

ad hoc ~ временная коалиция

American-led ~ коалиция, возглавляемая США

antagonistic ~ враждебная коалиция

anti-bases ~ коалиция, выступающая за ликвидацию иностранных военных баз

anti-war ~ антивоенная коалиция

broad democratic ~ широкая коалиция демократических сил

broadly based ~ коалиция, созданная на широкой основе *(чего-л.)*

center-left ~ левоцентристская коалиция, коалиция левого центра

center-right ~ правоцентристская коалиция, коалиция правого центра

class ~ коалиция, созданная на классовой основе

Conservative-led ~ коалиция, возглавляемая консерваторами

fragile ~ непрочная коалиция

governing ~ правящая коалиция

government(al) ~ правительственная коалиция

grand ~ коалиция между крупными партиями

military ~ военная коалиция

multiparty ~ многопартийная коалиция

narrow-based ~ коалиция на узкой основе

opposition ~ коалиция оппозиционных партий *или* сил

party ~ партийная коалиция

patchy/rainbow ~ «разношерстная коалиция» *(коалиция разных партий)*

right-wing ~ коалиция правых партий *или* сил

ruling ~ правящая коалиция

temporary ~ временная коалиция

three-party ~ трехсторонняя коалиция, коалиция трех партий

umbrella ~ коалиционный блок

war ~ военная коалиция

watertight ~ прочная коалиция

to **bring down a** ~ разваливать коалицию

to **build a** ~ создавать коалицию

to **cobble a** ~ сколачивать коалицию

to **dominate a** ~ господствовать в коалиции

to **enter a** ~ with *smb* вступать в коалицию с *кем-л.*

to **establish a** ~ создавать коалицию

to **forge a** ~ сколачивать коалицию

to **form a** ~ создавать коалицию

to **gather a** ~ сколачивать коалицию

to **go into a** ~ with *smb* вступать в коалицию с *кем-л.*

to **hold together a** ~ сохранять коалицию

to **leave a** ~ выходить из коалиции

to **open a** ~ открывать путь к созданию коалиции

to **pave the way to a possible** ~ открывать путь к созданию коалиции

to **pull out of a** ~ выходить из коалиции

to **put together a** ~ сколачивать коалицию

to **quit the** ~ выходить из коалиции

to **re-establish a** ~ воссоздавать коалицию

to **set up a** ~ создавать коалицию

to **split a** ~ раскалывать коалицию

to **strengthen the** ~ укреплять коалицию

to **support the** ~ поддерживать коалицию

to **undermine a** ~ подрывать коалицию

to **withdraw from the** ~ выходить из коалиции

break-up/collapse of a ~ развал/крах коалиции

coalitional *a* коалиционный

coat-tail I *n pl полит. жарг.* 1. связи, знакомства 2. способность кандидата обеспечить победу на выборах не только себе, но и другим, находящимся с ним в одном списке

coat-tail II *v полит. жарг.* добиваться включения в один список с кандидатом с верными шансами на победу

co-belligerent *n* союзник в войне

co-chair(man) *n* сопредседатель

~ **of a conference** сопредседатель конференции/совещания

cocktail *n воен. жарг.* зажигательная смесь; бутылка с зажигательной смесью

Molotov ~ бутылка с зажигательной смесью

cocktail party *n* коктейль *(прием)*

to **give a** ~ устраивать коктейль

to **invite to a** ~ приглашать на коктейль

code *n* 1. *юр.* кодекс, свод законов 2. законы, принципы *(морали, чести и т.п.)* 3. код, шифр

~ **of civil procedure** гражданско-процессуальный кодекс

~ **of commerce** торговый кодекс

~ of criminal procedure уголовно-процессуальный кодекс
~ of honor законы чести
~ of international law кодекс международного права
~ of laws свод законов
~ of laws of war свод законов войны
Black C. «Черный кодекс» *(рабовладельческие законы до отмены рабства)*
civil ~ гражданский кодекс
criminal ~ уголовный кодекс
labor ~ кодекс законов о труде
maritime ~ морской кодекс
moral ~ моральный кодекс
naval ~ морской кодекс
penal ~ уголовный кодекс
secret ~ секретный/тайный код
tax ~ налоговое законодательство
to apply the penal ~ применять уголовный кодекс
to break/to crack a ~ расшифровывать/раскрывать код
to draft a ~ составлять кодекс/свод законов
international ~ of conduct международные нормы поведения
revision of a ~ пересмотр кодекса/свода законов
co-decision *n полит. жарг.* «совместное решение» *(совместное одобрение законопроекта Европарламентом и Советом министров европейских стран)*
co-defendant *n* обвиняемый, проходящий по тому же делу; соответчик
code-name *v* давать кодовое название *(чему-л.)*
code-named *a* под кодовым названием
codification *n* кодификация, составление кодексов/сводов законов
~ of international law кодификация международного права
codify *v* кодифицировать
co-education *n* 1. совместное обучение лиц обоего пола 2. совместное обучение белых и черных
co-educational *a* с совместным обучением
coerce *v* 1. удерживать, сдерживать *(силой)* 2. заставлять, принуждать, вынуждать сделать *(что-л.)*
to ~ smb into doing smth заставить *кого-л.* делать *что-л.*
coercion *n* 1. сдерживание *(силой)* 2. принуждение 3. применение силы *(для подавления беспорядков)*
extra-economic/noneconomic ~ внеэкономическое принуждение
political ~ политическое принуждение
to refrain from acts of ~ воздерживаться от актов принуждения
to use ~ использовать принуждение
apparatus of ~ аппарат принуждения
bodies/organs of ~ органы принуждения
strict ~ of outrage суровое подавление актов насилия

through military ~ с помощью угроз применения военной силы
under ~ по принуждению
coercive *a* принудительный
~ methods принудительные методы
co-exist *v (with)* сосуществовать *(с кем-л.)*
to ~ politically сосуществовать на политической арене
co-existence *n* сосуществование
~ of different socioeconomic systems сосуществование различных социально-экономических систем
co-existent *a* сосуществующий
coffers *n pl* казна
government's ~ государственная казна
to replenish *one's* **~** пополнять свою казну
war ~ военные расходы
coffin *n* гроб
flag-draped ~ гроб, обернутый во флаг *(с телом погибшего военнослужащего)*
cognition *n филос.* познание
~ of social phenomena познание общественных явлений
object of ~ объект познания
theory of ~ теория познания
cognitive *a* познавательный
cognizable *a юр.* подсудный
cognizance *n юр.* подсудность
cognize *v филос.* познавать, постигать
cohesion *n* единство, сплоченность
to destroy ~ разъединять, вносить раскол
coin *v* 1. чеканить *(монету)*; выбивать *(медаль)* 2. фабриковать, измышлять
coincide *v (with)* 1. совпадать *(с чем-л.)* 2. совпадать, быть одинаковым
coincidence *n* совпадение
cold *n* холод, прохлада
to be left in the diplomatic ~ оказаться в дипломатической изоляции
co-leader *n* один из лидеров/руководителей
collaborate *v* сотрудничать *(часто – с врагом)*
collaboration *n* 1. сотрудничество; совместная работа; совместная деятельность 2. коллаборационизм, сотрудничество с врагом; предательское сотрудничество
~ among nations сотрудничество между странами
close ~ тесное сотрудничество
international ~ международное сотрудничество
military ~ сотрудничество в военной области
scientific ~ научное сотрудничество
to promote ~ способствовать сотрудничеству
to work in ~ with smb работать в сотрудничестве с *кем-л.*
in ~ with the authorities в сотрудничестве с властями
collaborationism *n* коллаборационизм, сотрудничество с врагом
collaborationist I *n* коллаборационист, лицо, сотрудничающее с врагом

collaborationist II *a* коллаборационистский

collaborator *n* **1.** сотрудник **2.** коллаборационист, лицо, сотрудничающее с врагом

Nazi ~ человек, сотрудничающий с нацистами

collapse I *n* крах, крушение, развал; провал; падение; банкротство, разорение

~ **of a bank** банкротство банка

~ **of negotiations** провал переговоров

~ **of plans** крушение планов

~ **of talks** провал переговоров

~ **of the colonial system** крах/распад колониальной системы

~ **of the government** падение правительства

~ **of the régime** крах режима

~ **was brought on by ...** причиной краха было ...

economic ~ экономический крах, развал экономики

financial ~ финансовый крах

government ~ падение правительства

impending ~ надвигающийся крах

profits ~ резкое сокращение прибыли

the World Trade Center ~ разрушение здания ВТЦ (*в Нью-Йорке 11 сентября 2001 г.*)

Wall Street ~ финансовый крах Уолл-стрита

to avert the threat of an economic ~ предотвращать угрозу экономического краха

to avoid ~ избегать краха/крушения/развала

to be on the verge of ~ быть на грани краха/крушения/развала

to bring a country to the brink of military ~ приводить страну на грань военной катастрофы

to fall victim to financial ~ пасть жертвой финансового краха

to stave off final ~ предотвращать окончательный крах

on the brink/on the verge of ~ на грани краха

threat of price ~ угроза резкого падения/снижения цен

collapse II *v* терпеть крах, неудачу; становиться банкротом; разваливаться, проваливаться; рушиться (*о планах и т.п.*)

the cabinet ~**d** кабинет пал

negotiations ~**d** переговоры провалились

collar *n* воротничок (*как символ статуса*)

blue ~**s** «синие воротнички», рабочие

white ~**s** «белые воротнички», служащие

colleague *n* сослуживец, коллега

foreign ~ иностранный коллега

one-time ~ бывший коллега

My most esteemed ~**s!** Уважаемые коллеги!

collect *v* **1.** собирать **2.** взимать (*налоги, пошлины, взносы и т.п.*)

collecting *n* сбор, собирание

intelligence ~ сбор разведывательных данных

collection *n* **1.** сбор, собирание **2.** взимание (*налогов, пошлин, взносов и т.п.*)

~ **of evidence** сбор доказательств, собирание улик

~ **of facts** сбор данных/фактов

nuclear-data ~ сбор данных о ядерном оружии *или* ядерной энергетике

collective II *a* коллективный; коллегиальный

~ **leedership** коллективное руководство

~ **security** коллективная безопасность

collectivization *n* коллективизация

forced ~ насильственная коллективизация

collector *n* сборщик (*арендной платы и т.п.*)

tax ~ сборщик налогов

college *n* **1.** колледж **2.** специальное высшее учебное заведение (*военное, техническое и т.п.*) **3.** коллегия

business ~ коммерческий колледж

electoral ~ коллегия выборщиков (*на президентских выборах*)

higher ~ высшее учебное заведение

military ~ военное училище

private ~ частный колледж

technical ~ техническое высшее учебное заведение

university ~ университетский колледж

to admit to a ~ принимать в колледж

collegium *n* коллегия

collide *v* сталкиваться; вступать/приходить в столкновение/в конфликт

they look set to ~ похоже, что столкновения между ними неизбежны

collision *n* столкновение, конфликт, противоречие

~ **of principles** столкновение принципов

military ~**s** военные столкновения

to avoid ~**s at sea** избегать столкновений на море

to come into ~ вступать/приходить в столкновение/конфликт/противоречие

colloquium *n* (*pl* **colloquia**) коллоквиум

to hold a ~ **on culture** проводить коллоквиум по проблемам культуры

collude *v* (*with smb*) вступать в сговор (*с кем-л.*)

collusion *n* сговор

criminal ~ преступный сговор

to be in ~ **with** *smb* быть в сговоре с *кем-л.*

to enter into criminal ~ **with** *smb* вступать в преступный сговор с *кем-л.*

Colombo *attr* :

~ **powers** державы Коломбо (*альянс Индии, Пакистана, Шри-Ланки, Мьянмы и Индонезии*)

Colonels, The «полковники» (*военная хунта, стоявшая у власти в Греции в 1967-74 гг.*)

colonial I *n* житель колонии

colonial II *a* колониальный

~ **countries/nations** колониальные страны

~ **rule** колониальное господство

~ **system** колониальная система

century-old ~ **backwardness** многовековая колониальная отсталость

elimination of ~ **consequences** ликвидация последствий колониализма

colonialism *n* колониализм

to abolish/to eliminate ~ ликвидировать/уничтожать колониализм

to extirpate the legacy of ~ ликвидировать колониальное наследие

abolition/collapse/elimination of ~ ликвидация колониализма

remnants/survivals/vestiges of ~ остатки/пережитки колониализма

colonialist I *n* **1.** колонизатор, колониалист **2.** сторонник колониальной системы

to curb the ~s обуздывать колонизаторов

colonialist II *a* колониалистский

colonist *n* колонист, поселенец

colonization *n* **1.** колонизация **2.** *разг.* участие в голосовани лиц, не проживающих в данном избирательном округе

colonize *v* **1.** колонизировать, подчинять своему господству **2.** заселять **3.** *разг.* предоставлять право голоса лицам, не проживающим в данном избирательном округе

colonizer *n* **1.** колонист, поселенец **2.** колонизатор **3.** *разг.* лицо, незаконно получившее право голоса в избирательном округе, на территории которого оно не проживает

colony *n* **1.** колония **2.** колония, поселение **3.** колония, землячество **4.** колония, исправительное учреждение

crown ~ британская колония, не имеющая самоуправления

former British ~ бывшая британская колония

penal ~ исправительная колония

self-governing ~ самоуправляющаяся колония

the Russian ~ **in Paris** российская колония *(сотрудники российских учреждений и члены их семей)* в Париже

to turn into a ~ превращать в колонию

coloration *n полит. жарг.* выявление чьего-л. политического лица

color-bar *n* «цветной барьер», расовая дискриминация

color-blind *n разг.* лишенный расовых предрассудков

coloreds *n pl южноафр. ист.* «цветные» *(термин властей апартеида: так называли всех, имеющих в роду «цветного», в т.ч. индийца, китайца)*

colours *n брит. pl* знамя, флаг

national ~ государственный флаг

to join the ~ вставать под чьи-л. знамена; поступать на военную службу

to rally to the ~ собирать под знамена

to troop the ~ проводить церемонию выноса знамени

column *n* **1.** столбец, колонка *(печатного текста)* **2.** постоянный раздел, постоянная рубрика *(в периодическом издании)*

advertising ~ отдел рекламы

comment ~ колонка комментатора

daily ~ постоянная рубрика

editorial ~ колонка редактора

editorial opinion ~ редакционная колонка

gossip ~ раздел светской хроники

sports ~ отдел спорта

to have a ~ **in a newspaper** вести колонку/рубрику в газете

columnist *n* **1.** журналист, постоянно пишущий для определенной рубрики **2.** фельетонист

gossip ~ журналист, ведущий отдел светской хроники

combat I *n* **1.** бой, сражение **2.** борьба

political ~ политическая борьба

combat II *attr* боевой

~ **area** район боевых действий

~ **operations** боевые действия

~ **unit** боевое подразделение

combat III *v (against, with)* вести бой, сражаться, бороться *(с чем-л., против чего-л.)*

to ~ **inflation** бороться с инфляцией

to ~ **unemployment** бороться с безработицей

combatant *n* воюющая сторона

to disengage the ~s разъединять воюющие стороны

combine I *n* объединение; синдикат; картель

combine II *v* объединять; соединять; комбинировать

to ~ **resources** *v* объединять ресурсы

to ~ **theory with practice** сочетать теорию с практикой

come *v* **(came; come)** приходить, прибывать

to ~ **down** снижаться, уменьшаться, падать *(о цене, арендной плате и т.п.)*

to ~ **in 1)** вступать в должность; приходить к власти **2)** вступать в дело *(в качестве компаньона)*

to ~ **into office** вступать в должность

to ~ **into operation** вступать в строй; начинать действовать

to ~ **out 1)** выходить *(из печати)* **2)** выступать *(с заявлением, утверждением и т.п.)*

to ~ **out strongly against** *smth* резко выступать против *чего-л.*

to ~ **up** подниматься, расти, повышаться *(о ценах, арендной плате и т.п.)*

come-back *n* возвращение *(к власти, прежней деятельности и т.п.)*

to make a political ~ возвращаться в политику/на политическую сцену

to stage a ~ предпринимать шаги с целью возвращения *(к власти, в политику и т.п.)*

co-mediator сопосредник

comity *n* **1.** вежливость **2.** сообщество *(государств, наций)* ради общего блага

~ **of nations** взаимное признание законов и обычаев разными нациями

command I *n* **1.** приказ, приказания, команда **2.** *воен.* командование; управление, руководство **3.** *собир.* командиры; командующие; начальники **4.** господство, власть

armed forces ~ командование вооруженными силами

high ~ верховное командование

joint ~ объединенное командование

under *smb's* ~ под командованием *кого-л.*

unified ~ объединенное командование

U. S. Central C. (CENICOM) Объединенное центральное командование США

to achieve ~ **of the sea** достигать господства на море

to be in ~ **of a regiment** командовать полком

to give a ~ отдавать приказ/команду

to place *smth* **under UN** ~ передавать *что-л.* под юрисдикцию ООН

to relinquish *one's* ~ отказываться от командования

to remove *smb* **from** ~ отстранять *кого-л.* от командования

to resign *one's* ~ уходить в отставку с поста командующего

to set up a military ~ назначать военное командование

to suspend *smb* **from** ~ временно отстранять *кого-л.* от командования

to take ~ **of an army** вступать в командование армией; принимать командование армией

command II *v* **1.** приказывать, отдавать приказ, приказание **2.** *воен.* командовать **3.** господствовать **4.** иметь в своем распоряжении, располагать

to ~ **at the market** господствовать на рынке; контролировать рынок

commandant *n* комендант

~ **of a city** комендант города

commander *n* **1.** командир; командующий; начальник **2.** командер (*воинское звание в категории старших офицеров ВМС*) **3.** кавалер ордена 3-й степени

C. of UN forces Командующий войсками ООН

C. of the Royal Victorian Order кавалер ордена королевы Виктории

Air Force C. командующий ВВС

army ~ командующий армией, командарм

field ~ полевой командир

high-ranking military ~ высший офицер

top military ~ командующий войсками

he was created a CBE его наградили орденом Британской империи 3-й степени

Supreme C. of the Armed Forces Верховный главнокомандующий вооруженными силами

commander-in-chief *n* (главно)командующий

C. of the Fleet командующий флотом

C. of the Navy главнокомандующий ВМФ

commandism *n полит. жарг.* централизованное управление

commando *n (pl* **commandos, commandoes)** военнослужащий десантно-диверсионных войск *(Великобритании)*; военнослужащий подразделений специальных операций *(ВВС США)*, военнослужащий подразделений «командос»

commemorate *v* **1.** праздновать, отмечать *(годовщину чего-л., какое-л. событие)* **2.** ознаменовывать; устраивать в память *(кого-л., чего-л.)*

commemoration *n* **1.** празднование *(годовщины чего-л., кого-л. события)* **2.** ознаменование

in ~ **of** *smth* в ознаменование *чего-л.*

commend *v* рекомендовать, предлагать вниманию *(кого-л.)*; одобрительно отзываться *(о ком-л., о чем-л.)*

commendation *n* рекомендация; похвала, выражение одобрения/признательности

to be awarded a posthumous ~ посмертно удостоиться похвалы

comment I *n* комментарий; отклик; высказывание, замечание

~ **from** *smb* комментарий с *чьей-л.* стороны

~ **on** *smth* отклик на *что-л.*

~**s to the news** комментарии к новостям

adverse ~**s** враждебные высказывания

daily political ~ ежедневный политический комментарий

editorial/editor's ~ редакционный комментарий

hostile ~**s** враждебные комментарии/отклики

initial ~**s** предварительные комментарии/отклики

leader ~ комментарий в передовой статье

preliminary ~**s** предварительные комментарии/отклики

press ~**s** комментарии/отклики в печати

salty ~ едкий комментарий

substantive ~**s** комментарии по существу

topical ~**s** комментарии на данную тему

unguarded ~ неосторожный комментарий

widespread international ~**s on** *smth* широкие международные отклики на *что-л.*

to attract critical ~**s** вызывать критические комментарии/отклики/замечания

to decline ~ отказываться комментировать *что-л.*

to draw favorable ~**s in the press** вызывать благоприятные отклики в печати

to inspire a great deal of editorial ~ вызвать большое количество комментариев в редакционных статьях

to make wide ~**s on** *smth* широко комментировать *что-л.*

to misinterpret *smb's* ~**s** неверно истолковывать *чьи-л.* комментарии

to provoke ~**s in some papers** вызвать комментарии некоторых газет

to refuse to make any ~ отказываться комментировать *что-л.*

to retract *one's* ~**s** брать обратно свои высказывания

to submit ~**s** представлять комментарии

to withdraw *one's* ~**s** брать обратно свои высказывания

to withhold ~**s** воздерживаться от комментариев

the embassy said it had no ~ **on** *smth* посольство отказалось комментировать *что-л.*

no ~ без комментариев

comment II *v* комментировать; откликаться *(на что-л.)*; высказываться *(по поводу чего-л.)*

to ~ tersely кратко комментировать

to ~ with appreciation выражать удовлетворение *(по поводу чего-л.)*, с удовлетворением отмечать *(что-л.)*

commentary *n* комментарий; замечания

on-the-spot/running ~ репортаж с места событий

to broadcast a live ~ передавать прямой репортаж

to give a political ~ to *smth* давать политический комментарий к *чему-л.*

commentator *n* обозреватель; комментатор *(на радио, телевидении)*

foreign/international affairs ~ внешнеполитический/международный обозреватель

military ~ военный обозреватель

political ~ политический обозреватель

radio ~ радиокомментатор

sports ~ спортивный обозреватель/комментатор

commerce *n* торговля, коммерция

domestic ~ внутренняя торговля

external/foreign ~ внешняя торговля

home/internal ~ внутренняя торговля

private ~ частная торговля

world ~ мировая торговля

Chamber of C. Торговая палата

regulation of international ~ регулирование международной торговли

commercial I *n* реклама и объявления; рекламная/коммерческая передача *(на радио и телевидении)*

commercial II *a* **1.** торговый, коммерческий **2.** доходный, прибыльный

commercialism *n* коммерческий подход; меркантильность

commercialization *n* коммерциализация

~ of sports коммерциализация спорта

commercialize *v* извлекать коммерческую выгоду *(из чего-л.)*; превращать в источник дохода

commission I *n* **1.** комиссия, комитет **2.** полномочие, доверенность

~ for agriculture комиссия по сельскому хозяйству

~ for industry комиссия по промышленности

~ for legislative proposals комиссия по законодательным предложениям

~ for nature conservation комиссия по охране окружающей среды

~ of experts экспертная комиссия

~ of inquiry комиссия по расследованию

C. on Civil Rights Комиссия по гражданским правам

C. on Human Rights Комиссия по правам человека

ad hoc ~ специальная комиссия

advisory ~ консультативная комиссия

arbitration ~ арбитражная комиссия

armistice ~ комиссия по перемирию

auditing ~ ревизионная комиссия

authoritative ~ авторитетная комиссия

boundary ~ комиссия по демаркации границ

budget ~ бюджетная комиссия

charity ~ комиссия по благотворительности

conciliation ~ согласительная комиссия

consultative ~ консультативная комиссия

control ~ контрольная комиссия

credentials ~ мандатная комиссия; комиссия по проверке полномочий

dispute(s) ~ комиссия по конфликтам

drafting ~ редакционная комиссия

election/electoral ~ избирательная комиссия, комиссия по выборам

fact-finding ~ комиссия по расследованию

Federal Trade C. Федеральная торговая комиссия

foreign affairs ~ комиссия по иностранным делам

government ~ правительственная комиссия

High C. *брит.* представительство высокого комиссара *(одной страны Содружества в другой)*

inter-governmental ~ межправительственная комиссия

interim ~ временная комиссия; временный комитет

international ~ международная комиссия

joint ~ объединенная комиссия

mediating/mediation ~ посредническая/примирительная комиссия

military ~ военная комиссия

minors ~ комиссия по делам несовершеннолетних

monitoring ~ наблюдательная комиссия

parliamentary ~ парламентская комиссия

permanent ~ постоянная комиссия; постоянный комитет

presidential ~ президентская комиссия

regional economic ~s of the UN региональные экономические комиссии ООН

rehabilitation ~ реабилитационная комиссия

relief ~ комиссия по оказанию помощи пострадавшим от стихийного бедствия

science-and-technology ~ комиссия по науке и технике

special ~ специальная комиссия

standing ~ постоянная комиссия; постоянный комитет

state ~ государственная комиссия

subsidiary ~ вспомогательная комиссия

supervisory ~ контрольная комиссия

to act within *one's* **~** действовать в рамках/в пределах своих полномочий

to appoint a ~ назначать комиссию

to be included in the ~ входить в состав комиссии

to constitute a ~ образовывать/создавать/учреждать комиссию

to co-opt *smb* **to the** ~ включать *кого-л.* в состав/в члены комиссии

to create a ~ образовывать/создавать/учреждать комиссию

to denounce *smb* **to a** ~ передавать комиссии обвинительные материалы на *кого-л.*

to dissolve a ~ распускать комиссию

to elect a ~ избирать комиссию

to establish/to form a ~ образовывать/создавать/учреждать комиссию

to go beyond *one's* ~ превышать свои полномочия

to hold a ~ **from the government** иметь правительственные полномочия

to override *one's* ~ превышать свои полномочия

to set up a ~ образовывать/создавать/учреждать комиссию

to sit on a ~ заседать в комиссии, быть членом комиссии

commission II *v* 1. уполномочивать; поручать 2. назначать на должность

commissioner *n* специальный уполномоченный; представитель; комиссар

Britain's European C. представитель Великобритании в ЕС

church ~ *брит.* член Совета по управлению активами церкви

High C. *брит.* высокий комиссар (*глава дипломатического представительства одной страны Содружества в другой*)

resident ~ постоянный представитель зависимой территории

UN High C. for Refugees Верховный комиссар ООН по делам беженцев

commissioning *n* ввод в эксплуатацию/в строй, пуск

commit *v* 1. совершать (*преступление и т.п.*) 2. поручать, вверять 3. передавать (*на рассмотрение, обсуждение*)

to ~ **a murder** совершать убийство

to ~ *oneself* принимать на себя обязательства; связывать себя обязательствами

to be ~**ed to a certain policy** действовать в рамках определенного политического курса

commitment *n* 1. совершение (*преступления и т.п.*) 2. обязательство 3. поручение 4. передача (*напр. законопроекта*) на рассмотрение 5. приверженность, преданность (*чему-л.*)

~ **to refrain from the threat or use of force** обязательство воздерживаться от угроз *или* применения силы

~ **to the alliance** обязательства, вытекающие из членства в союзе

~ **to the policy of reform** приверженность политике реформ

allied ~**s** союзнические обязательства

assistance ~**s** обязательства по оказанию помощи

collective ~ коллективное обязательство

contract ~**s** договорные обязательства

declared ~**s** объявленные обязательства

enslaving ~**s** кабальные обязательства

excessive ~**s** чрезмерные обязательства

export ~**s** обязательства по экспорту

firm ~ твердое обязательство

foreign debt ~**s** обязательства по внешнему долгу

government ~**s** обязательства правительства

ideological ~ идейность

international ~**s** международные обязательства

investment ~**s** инвестиционные обязательства

military ~**s** военные обязательства

overextended ~**s** чрезмерные обязательства

overseas ~**s** внешние обязательства

political ~**s** политические обязательства

treaty ~**s** обязательства по договору

unshakeable ~ твердое обязательство

verbal ~ устное обязательство

to abide by *one's* ~**s** соблюдать свои обязательства

to accept/to assume a ~ брать на себя обязательство

to back out of *one's* ~ отказываться от своего обязательства

to break *one's* ~**s** нарушать свои обязательства

to carry out *one's* ~**s** выполнять/соблюдать обязательства

to draw *smb* **into a** ~ заставлять *кого-л.* взять на себя обязательства

to enter into a ~ брать на себя обязательство

to evade from *one's* ~**s** уклоняться от выполнения своих обязательств

to finance ~**s** финансировать выполнение обязательств

to fulfil *one's* ~**s** выполнять свои обязательства

to give a ~ связывать себя обязательством

to go back on *one's* ~**s** отходить от принятых на себя обязательств

to honor *one's*/**to live up to** *one's* ~**s** выполнять/соблюдать обязательства

to make a ~ связывать себя обязательством

to meet *one's* ~**s** выполнять/соблюдать обязательства

to meet *one's* **foreign debt** ~**s** погашать свою внешнюю задолженность

to respect allied ~**s** соблюдать союзнические обязательства

to shrink away from *one's* ~**s** уклоняться от выполнения своих обязательств

to stand by *one's* ~**s** не отступать от своих обязательств

to undertake a ~ брать на себя обязательство

to violate ~**s** нарушать обязательства

line of minimum military ~ политика минимального военного участия (*в деятельности военного блока*)

committee *n* комитет, комиссия

C. for Economic Development Комитет содействия экономическому развитию

~ for national redemption комитет национального спасения

~ is in session/is holding a sitting/is sitting комитет заседает/проводит заседание

~ of action комитет действия

~ of experts комитет/комиссия экспертов

~ of five комитет в составе пяти членов

~ of inquiry следственная комиссия; комиссия по расследованию

C. of Permanent Representatives of Member States of the EU (COPEREP) Комитет постоянных представителей стран-членов ЕС

C. of the Whole House *брит.* парламентский комитет, состоящий из всей палаты

C. on Committees Комитет по комитетам

~ on juridical/legal questions юридический комитет

C. on Rules Комитет по правилам внутреннего распорядка

ad hoc ~ специальный комитет

administrative ~ административный комитет

advisory ~ консультативный комитет

Aeronautical and Space Science C. Комитет по аэронавтике и исследованию космоса

Agriculture and Forestry C. Комитет по делам сельского и лесного хозяйства

Appropriations C. Комитет по ассигнованиям

arbitration ~ арбитражная комиссия

Armed Service C. Комитет по делам вооруженных сил

auditing ~ ревизионная комиссия

back-bench ~ комиссия «заднескамеечников» *(см. backbencher)*

Banking and Currency C. Комитет банков и валюты

budget ~ бюджетный комитет; планово-финансовая комиссия

cabinet ~ *брит.* комитет при правительстве

cabinet-level ~ комитет на уровне членов кабинета министров

censorship ~ комитет по цензуре

citizens' ~ комитет граждан

city ~ городской комитет

conference ~ согласительный кабинет

Congressional ~ комитет при Конгрессе

Congressional campaign ~ комитет по выборам в Конгресс

consultative ~ консультативный комитет

coordination ~ координационный комитет, комитет по координации

county ~ комитет партии в графстве

credentials ~ комитет по проверке полномочий; мандатная комиссия

cross-party ~ межпартийный комитет *(парламента)*

Defense Ministers' C. Комитет министров обороны

Democratic National C. Национальный комитет демократической партии

Development Assistance C. (DAC) Комитет содействия развитию

District of Columbia C. Комитет по делам округа Колумбия

drafting ~ редакционный комитет, редакционная комиссия

Education and Labor C. Комитет по образованию и труду

election ~ комитет по выборам

emergency ~ чрезвычайный комитет

enlarged ~ комитет расширенного состава

Ethics C. Комитет по этике

executive ~ исполнительный комитет

exhibition ~ выставочный комитет

Expenditures in the Executive Departments C. Комитет по проверке расходов правительственных департаментов

Finance C. Финансовый комитет

Foreign Affairs C. of the House of Representatives Комиссия по иностранным делам палаты представителей *(Конгресса США)*

Foreign Ministers' C. Комитет министров иностранных дел

four-strong ~ комитет в составе четырех человек

general ~ 1) генеральный комитет 2) президиум

Good Offices C. *дип.* посредническая комиссия; комитет добрых услуг

government ~ правительственный комитет

Government Operations C. Комитет по правительственным операциям

high level ~ комитет из высокопоставленных лиц

hospitality ~ комитет по приемам

House Administration C. Комитет по делам административных органов палаты

House Intelligence C. Комитет палаты представителей по разведке

Human Rights C. Комитет по правам человека *(Генеральной Ассамблеи ООН)*

inter-agency ~ межведомственный комитет; межведомственная комиссия

interim ~ временный комитет

Interior and Insular Affairs C. Комитет по внутренним делам и делам инкорпорированных территорий

Internal Security C. Комитет по внутренней безопасности

International C. of the Red Cross (ICRC) Международный комитет Красного Креста, МККК

International Olympic C. Международный олимпийский комитет, МОК

Interstate and Foreign Commerce C. Комитет по делам межштатной и внешней торговли

joint ~ объединенный/совместный комитет

joint Congressional ~ согласительная комиссия Сената и палаты представителей *(Конгресса США)*

judicial screening ~ комитет по отбору кандидатов в судьи

Labor and Public Welfare C. Комитет труда и общественного благосостояния

law-and-order ~ комитет по координации деятельности правоохранительных органов

legal ~ юридический комитет

main ~s главные комитеты *(Генеральной Ассамблеи ООН)*

management ~ руководящий комитет

Merchant Marine and Fisheries C. Комитет морской торговли и рыбной промышленности

Military Staff C. Военно-штабной комитет *(Совета Безопасности ООН)*

mixed ~ смешанный комитет

National Olympic C. Национальный олимпийский комитет, НОК

National Salvation C. Комитет национального спасения

negotiating ~ комиссия по ведению переговоров

Nobel Prize C. Комитет по присуждению Нобелевской премии

nominations ~ комитет по выдвижению кандидатур

organizing ~ организационный комитет, оргкомитет

parliamentary ~ парламентский комитет; парламентская комиссия

party ~ партийный комитет

patronage ~ комитет победившей на выборах партии, контролирующий распределение должностей и постов

permanent ~ постоянный комитет

policy-making ~ комитет по выработке политики

political ~ политический комитет

political action ~ **(PAC)** комитет политических действий

Post Office and Civil Service C. Комитет по делам почты и гражданской службы

press ~ пресс-комиссия

procedural ~s процедурные комитеты *(Генеральной Ассамблеи ООН)*

Public Lands C. Комитет общественных земель

Public Works C. Комитет общественных работ

reception ~ комитет по приемам

recess ~ комиссия, работающая в перерыве между сессиями конгресса

Republic Election ~ Комитет по выборам Республиканской партии *(США)*

Rules and Administration C. Комитет правил и административных органов

Science and Astronautics C. Комитет по делам науки и астронавтики

select ~ *брит.* особый/специальный комитет *(одной палаты парламента)*

selection ~ **1)** распорядительный комитет **2)** отборочная комиссия

Senate Appropriations C. Сенатский комитет по ассигнованиям *(Конгресса США)*

Senate Armed Services C. Сенатская комиссия по делам вооруженных сил *(Конгресса США)*

Senate Intelligence C. Сенатский комитет по разведке *(Конгресса США)*

senatorial ~ сенатский комитет; сенатская комиссия

sessional ~ сессионный комитет

sifting ~ комитет, определяющий очередность рассмотрения вопросов в законодательном собрании штата

smelling ~ *жарг.* комиссия по сбору и использованию компрометирующих материалов на противников на выборах

special ~ специальный комитет

Standards of Official Conduct C. Комитет по контролю за соблюдением парламентских процедур

standing ~ постоянный комитет

steering ~ руководящий комитет

strike ~ забастовочный/стачечный комитет

style ~ редакционный комитет, редакционная комиссия

subsidiary ~ вспомогательный комитет

trade-union ~ профсоюзный комитет

Un-American Activities C. *ист.* Комитет по расследованию антиамериканской деятельности

UN Sanctions C. Комитет ООН по санкциям

Veterans Affairs C. Комитет по делам ветеранов

Ways and Means C. Постоянная бюджетная комиссия *(Конгресса США)*

welfare ~ благотворительный комитет

working ~ рабочий комитет

to appear before a ~ присутствовать/выступать на заседании комитета

to appoint a ~ назначать комитет

to assign a task to a ~ передавать вопрос в комитет; поручать решение вопроса комитету

to bring *smb* **before a** ~ вызывать *кого-л.* на заседание комитета

to chair a ~ быть председателем комитета; возглавлять комитет

to curtail the functions of the ~ ограничивать функции комитета

to define the competence of the ~ определять/устанавливать круг полномочий комитета

to drop *smb* **from a** ~ выводить *кого-л.* из состава комитета

to entrust a ~ **with a task** передавать вопрос в комитет, поручать решение вопроса комитету

to establish a ~ образовывать/создавать/учреждать комитет

to exclude *smb* **from a** ~ выводить *кого-л.* из состава комитета

to form a ~ образовывать/создавать/учреждать комитет

to go before a ~ присутствовать/выступать на заседании комитета

to introduce *smb* **into a ~** включать/вводить *кого-л.* в состав комитета

to refer/to remit *smth* **to a ~** передавать *что-л.* на рассмотрение комитета

to reorganize a ~ проводить реорганизацию комитета

to request an increase in the membership of the ~ просить о расширении состава комиссии

to set up a ~ образовывать/создавать/учреждать комитет

to sit on a ~ принимать участие в работе комитета

to specify the terms of reference of the ~ определять/устанавливать круг полномочий комитета

to take part in the work of a ~ принимать участие в работе комитета

to testify before a parliamentary ~ давать показания парламентской комиссии

to vote *smb* **into a ~** избирать *кого-л.* в комитет

report of the ~ отчет комитета/комиссии

commodit/y *n* 1. товар 2. продукт, предмет (широкого) потребления 3. промышленное изделие

~ in erratic supply товар, который поступает с перебоями

~ in short supply дефицитный товар

agricultural ~ies сельскохозяйственная продукция

basic ~ies основные сырьевые товары

bottleneck ~ дефицитный товар

consumer ~ies потребительские товары, предметы широкого потребления

controlled ~ies контролируемые товары

critical ~ дефицитный товар

domestically produced ~ies товары местного производства

essential ~ies товары первой необходимости

export ~ies экспортные товары

farm ~ies сельскохозяйственная продукция

food ~ies продовольственные товары

import ~ies импортные товары

industrial ~ies товары промышленного производства

local/national ~ies товары отечественного производства

primary ~ies основные сырьевые товары

ready ~ies готовые изделия

scarce ~ дефицитный товар

staple ~ies предметы первой необходимости

the only revenue-generating ~ товар, являющийся единственным источником дохода

traditional ~ies традиционные товары

US-produced ~ies товары, изготовленные в США

vital export ~ важная статья экспорта

to allow a ~ in разрешать ввоз *какого-л.* товара

to regulate trade in ~ies регулировать торговлю товарами

value of ~ товарная стоимость

common *a* 1. общий, совместный 2. общеизвестный 3. обыкновенный, обычный, простой

~ interests общие интересы

~ people простые люди

to make ~ cause действовать сообща

by ~ consent с общего согласия

it is ~ knowledge (это) общеизвестно

commons *n* 1. общее достояние 2. (С.) *разг.* палата общин; члены палаты общин 3. простой народ *(в отличие от высших классов)*

global ~ глобальные объекты всеобщего достояния *(океаны, морское дно и т.д.)*

to monitor the usage of international ~ контролировать использование международных объектов всеобщего достояния

to suspend *smb* **from the C.** временно запретить *кому-л.* участвовать в заседаниях палаты общин

commonwealth *n* 1. государство; республика 2. содружество; федерация 3. (the C.) Содружество *(Великобритании и большинства ее бывших доминионов и колоний)* 4. штат *(официальное название)* 5. союз лиц, объединенных общими интересами

C. countries страны Содружества

C. of Australia Австралийский Союз

C. of Independent States (CIS) Содружество независимых государств, СНГ

~ of Pennsylvania/Massachusetts/Virginia/ Kentucky штат Пенсильвания/Массачусетс/ Вирджиния/Кентукки

British C. (of Nations) Британское Содружество (Наций)

new C. *брит. правит. жарг.* «новое Содружество» *(совокупность небелых иммигрантов из стран Содружества, проживающих в Великобритании)*

to continue in the C. продолжать оставаться членом Содружества

to expel a country from the C. исключать страну из Содружества

commotion *n* возбуждение *(общественное)*; беспорядки, волнения

civil ~ беспорядки среди населения

general ~ всеобщее возбуждение

public ~ общественные беспорядки

to put/to set in ~ приводить в движение/ волнение

communal *a* 1. общинный 2. общественный, коммунальный 3. религиозно-общинный *(о розни и т.п.)*

~ property общественная собственность

commune *n* 1. *ист.* община 2. коммуна

communicate *n* 1. передавать, сообщать 2. обмениваться информацией; поддерживать связь; общаться

141

to ~ **news** сообщать новости

to ~ **with council** общаться с адвокатом/защитником

communication *n* **1.** сообщение, передача *(новостей, сведений и т.п.)* **2.** сообщение, известие; информация **3.** связь, сообщение, коммуникация **4.** *pl* коммуникации, коммуникационные линии **5.** *pl* документы

~s **with N have broken down** связь с N прервана

direct ~ прямая связь

further ~ очередное донесение/сообщение

incoming ~s входящие (документы)

international land, air and sea ~s международные наземные, воздушные и морские коммуникации

multichannel ~ многоканальная связь

naval ~s морские коммуникации

outgoing ~s исходящие (документы)

out-of-date ~s устаревшие средства связи

privileged ~ сведения, не подлежащие разглашению *(адвокатом, врачом и т.п.)*

railway ~ железнодорожное сообщение

satellite ~ спутниковая связь

to cut off telephone and telegraph ~s **with the capital** прерывать телефонную и телеграфную связь со столицей

to disrupt ~s нарушать коммуникации

to make ~s **through** *smb* передавать сообщение через *кого-л.*

to receive special ~ получать особое уведомление

to sever ~s нарушать коммуникации

to strike the ~ **from the record** изымать сообщение из протокола

instrument for inter-ethnic ~ средство межнационального общения

intercept of a ~ перехват сообщения

modern means of distant ~ современные средства дальней связи

communiqué *n фр.* официальное сообщение, коммюнике

~ **said ...** в коммюнике говорилось ...

carefully worded ~ тщательно сформулированное коммюнике

draft ~ проект коммюнике

formal ~ официальное коммюнике

joint ~ совместное коммюнике

military ~ военная сводка

wide-ranging ~ коммюнике по широкому кругу вопросов

to issue/to publish/to put out a ~ публиковать коммюнике

communism *n* коммунизм

communist I *n* коммунист

convinced ~ убежденный коммунист

life-long ~ человек, который почти всю жизнь был коммунистом

rank-and-file ~ рядовой коммунист

communist II *a* коммунистический

community I *n* **1.** сообщество, содружество, объединение **2. (the ~)** общество **3.** община;

группа населения, объединенная по религиозному, национальному, расовому *или* территориальному признаку **4.** группа людей, объединенная по профессиональному признаку **5.** общность *(чего-л.)*

~ **of goods** *юр.* общность владения имуществом

~ **of interests** общность интересов

~ **of race** принадлежность к одной расе

agricultural ~ производители сельскохозяйственной продукции

Asia-Pacific Economic C. (APEC) Азиатско-Тихоокеанское экономическое сообщество, АТЭС

banking ~ банковские круги, банкиры

business ~ деловые круги, бизнесмены

Caribbean C. (CARICOM) Карибские сообщества, КАРИКОМ

Christian ~ христианская община

diplomatic ~ дипломаты

East African C. (EAC) Восточноафриканское сообщество

economic ~ экономическое сообщество

Economic C. of West African States (ECOWAS) Экономическое сообщество западноафриканских государств, ЭКОВАС

enlargement of a ~ расширение сообщества

ethnic ~ национальная община; этническая/национальная группа

European Atomic Energy C. (Euratom) Европейское сообщество по атомной энергии, ЕВРАТОМ

European C. (EC) Европейское Сообщество

European Coal and Steel C. (ECSC) *ист.* Европейское объединение угля и стали, ЕОУС

European Economic C. (EEC) *ист.* Европейское экономическое сообщество, ЕЭС, «Общий рынок»

farming ~ производители сельскохозяйственной продукции

intelligence ~ «разведывательное сообщество» *(совокупность разведслужб страны)*

international ~ международное сообщество; международная общественность

local ~ местные жители

national ~ национальная община; этническая/национальная группа

peasant ~ крестьянская община

political ~ политические круги

professional ~ профессионалы; кадры специалистов

religions ~ религиозная община

rural ~ 1) сельские жители 2) сельский населенный пункт

scientific ~ научные круги, научная общественность

social and ethnic ~ социально-этническая общность

tribal ~ родовая община

urban ~ 1) городские жители 2) поселок городского типа

village ~ сельская община

world ~ мировое сообщество
to obey the will of the international ~ подчиняться воле международного сообщества
interests of the ~ интересы общества
welfare of the ~ благосостояние общества
community II *attr* общественный
~ **center** место проведения общественных *или* культурных мероприятий
~ **theater** непрофессиональный/любительский театр
commutation *n юр.* смягчение *(наказания)*
commute *v (for, to, into) юр.* смягчать *(наказание)*
to ~ death sentence to imprisonment for life заменять смертную казнь на пожизненное заключение
company/у *n* 1. компания; фирма; общество; корпорация 2. **(The C.)** *полит. жарг.* «Фирма», ЦРУ
affiliated ~ дочерняя компания; филиал компании/фирмы
air ~ авиакомпания
associated ~ дочерняя компания; филиал компании/фирмы
bubble ~ дутая компания
daughter ~ дочерняя компания; филиал компании/фирмы
debt-ridden ~ разорившаяся компания/ фирма
defense-space ~ компания, производящая военно-космическую технику
domestic ~ отечественная компания
dummy ~ фиктивная компания
engineering ~ машиностроительная фирма
foreign-controlled ~ компания, находящаяся под иностранным контролем
front ~ компания, служащая «ширмой»
holding ~ холдинговая компания
industrial ~ промышленная компания
insurance ~ страховая компания
investment ~ инвестиционная компания
joint-stock ~ акционерная компания, акционерное общество
limited liability ~ общество с ограниченной ответственностью, ООО
marketing ~ торговая компания/фирма
mixed ~ смешанная компания
multinational ~ транснациональная компания, ТНК
oil ~ нефтяная компания
parent ~ материнская компания, компания-учредитель
privately-owned ~ частная компания
shell ~ фиктивная компания
shipping ~ 1) судоходная компания 2) транспортная компания
state-owned ~ государственная компания
stock ~ акционерная компания
subsidiary ~ дочерняя компания; филиал компании/фирмы
target ~ компания/фирма, которую собираются поглотить
trade/trading ~ торговая компания/фирма

US-owned ~ американская компания
to buy into a ~ скупать акции компании/фирмы
to form a ~ учреждать компанию/фирму
to liquidate unprofitable ~ies ликвидировать нерентабельные/убыточные компании/фирмы
to nationalize a ~ национализировать компанию/фирму
to take over a ~ приобретать контрольный пакет акций компании/фирмы *(о другой компании или фирме)*
amalgamation/merger of ~ies слияние компаний
comparative *a* сравнительный, сопоставительный
~ **method of investigation** сравнительный метод исследования
comparison *n* сравнение; сопоставление
direct ~ прямое сопоставление
to bear ~ with *smth* выдерживать сравнение с чем-л.
to bring into ~ сравнивать, сопоставлять
to draw/to make a ~ between *smth* проводить сравнение/сопоставление между чем-л.
to stand ~ with *smth* выдерживать сравнение с чем-л.
compartmentalization *n правит. жарг.* ограничение информированности сотрудников рамками их служебных обязанностей с целью обеспечения сохранности государственной тайны
compartmentalize *правит. жарг.* ограничивать информированность сотрудников рамками их служебных обязанностей с целью обеспечения сохранности государственной тайны
compatriot *n* соотечественник; соотечественница
compel *v* 1. заставлять, принуждать, вынуждать 2. *(to)* подчинять, заставлять, уступать 3. добиваться *(чего-л.)*
to ~ confession добиваться признания
to ~ *smb* **to** *one's* **will** подчинять кого-л. своей воле
compensate *v (for)* возмещать, компенсировать
to ~ for a damage возмещать ущерб
compensation *n* компенсация, возмещение
~ **for damage** компенсация за ущерб
~ **payments** компенсационные платежи
appropriate ~ надлежащая/соответствующая компенсация
severance ~ выходное пособие
suitable ~ надлежащая/соответствующая компенсация
unemployment ~ пособие по безработице
to claim ~ from *smb* **for** *smth* требовать компенсации/возмещения от кого-л. за что-л.
to get a ~ получать компенсацию/возмещение
to pay a ~ выплачивать компенсацию

to receive $1,000 in ~ получать компенсацию в размере 1000 долларов

to seek ~ добиваться выплаты компенсации

compensatory *a* компенсирующий, компенсационный; возмещающий *(ущерб, убытки и т.п.)*

compete *v* конкурировать; соперничать

to ~ **effectively on/in the world market** эффективно конкурировать на мировом рынке

competence *n* **1.** умение, способность **2.** компетентность **3.** *юр.* компетенция, правомочность, правоспособность **4.** компетенция, круг обязанностей

to acquire ~ **in** *smth* приобретать умение/способность в чем-л.

to assess *one's* ~ оценивать чью-л. компетентность

to challenge the ~ **of** *smth* оспаривать чью-л. компетенцию/правоспособность

to define the ~ определять/устанавливать круг обязанностей

to fall within *smb's* ~ входить в чью-л. компетенцию

to show ~ проявлять компетентность

highest standard of ~ высочайший уровень компетентности

within the ~ **of** *smb* в пределах чьей-л. компетенции

competent *a* **1.** компетентный, знающий **2.** *юр.* правомочный

~ **authority** компетентный специалист

to be ~ **to do** *smth* быть правомочным сделать *что-л.*

to declare *oneself* **to be** ~ объявить себя компетентным

competing *a* конкурирующий; соперничающий

competition *n* конкуренция; соперничество; соревнование

active ~ активная конкуренция

commercial ~ торговая конкуренция

cut-throat ~ беспощадная/ожесточенная конкуренция

fair ~ честная конкурентная борьба, конкуренция на равных условиях

foreign ~ иностранная конкуренция

free ~ свободная конкуренция

industrial ~ промышленная конкуренция

intrabranch/intraindustry ~ внутреотраслевая конкуренция

keen ~ острая/жесткая конкуренция

knockout ~ конкурентная борьба на уничтожение/устранение конкурента

latent ~ скрытая конкуренция

market ~ рыночная конкуренция

military ~ военное соперничество

open ~ открытая конкуренция

predatory ~ борьба на уничтожение конкурента

severe ~ острая/жесткая конкуренция

spirited ~ активная конкуренция

stiff/strong/tough ~ острая/жесткая конкуренция

unfair ~ нечестная конкуренция

unrestricted ~ свободная конкуренция

to be exposed to ~ сталкиваться с конкуренцией

to breed ~ порождать конкуренцию

to enter a ~ начинать конкурировать

to face ~ сталкиваться с конкуренцией

to face up to the ~ быть в состоянии справиться с конкуренцией

to meet ~ выдерживать конкуренцию

to meet with ~ сталкиваться с конкуренцией

to step up ~ усиливать конкуренцию

to sustain ~ выдерживать конкуренцию

to win the ~ побеждать в конкурентной борьбе

competitive *a* **1.** конкурирующий, соперничающий; соревнующийся; конкурентоспособный **2.** конкурентный

~ **capacity** конкурентоспособность

~ **demand** конкурентный спрос

~ **goods** конкурирующие товары

~ **struggle** конкурентная борьба

competitiveness *n* конкурентоспособность

competitor *n* конкурент, соперник

formidable ~ грозный конкурент

to oust ~ вытеснять конкурентов

compilation *n* **1.** составление *(справочника, документа и т.п.)* **2.** сбор *(данных, фактов и т.п.)*

compile *v* **1.** составлять *(справочник, документ и т.п.)* **2.** собирать *(данные, материал и т.п.)*

complain *v юр.* подавать жалобу; обращаться с иском; возбуждать уголовное дело *(против кого-л.)*

complaint *n юр.* жалоба; иск

formal ~ официальная жалоба

human rights ~ жалоба о нарушении прав человека

strong ~ хорошо обоснованная жалоба

unjustified ~s неправомерные жалобы

to consider a ~ рассматривать жалобу

to deluge *smb* **with** ~s засыпать *кого-л.* жалобами

to examine a ~ рассматривать жалобу

to file a ~ подавать жалобу

to investigate/to look into a ~ рассматривать жалобу

to make a ~ **against** *smb* **to** *smb* подавать жалобу на *кого-л. кому-л.*

to register a ~ подавать жалобу; обращаться с жалобой

to reiterate a ~ повторно обращаться с жалобой

to submit a ~ **to** *smb* подавать жалобу *кому-л.*

to uphold *smb's* ~ поддерживать чью-л. жалобу

to validate a ~ обосновывать жалобы

complementary *a* **1.** дополнительный, добавочный **2.** взаимодополняющий

~ **proposals** дополняющие друг друга предложения

complete I *a* 1. полный 2. завершенный, законченный

~ **independence** полная независимость

complete II *v* заканчивать, завершать

completion *n* завершение, окончание

~ **of the session** окончание работы сессии

~ **of work** завершение работы

to bring to ~ завершать, заканчивать

complex I *n* 1. комплекс 2. комплект, совокупность, пакет

~ **of concrete measures** комплекс конкретных мероприятий

industrial ~ промышленный комплекс

natural ~ природный комплекс

nuclear-research ~ комплекс ядерных исследований

production ~ производственный комплекс

research and development ~ научно-исследовательский комплекс

complex II *a* 1. сложный, составной, комплексный 2. сложный, трудный, запутанный

complexity *n* сложность, запутанность

compliance *n* выполнение, соблюдение

to ensure ~ **with treaty obligations** обеспечивать выполнение договорных обязательств

to monitor ~ следить за выполнением/соблюдением *(договора соглашения)*

complicity *n* соучастие; пособничество

to admit to the ~ **in the crime** сознаваться в соучастии в совершении преступления

to clear *smb* **of any** ~ **in** *smth* признавать *кого-л.* невиновным в соучастии в *чем-л.*

suspected ~ **in** *smth* подозрение в соучастии в *чем-л.*

complimentary *a* приветственный, поздравительный

~ **address** приветственное обращение

comply *v* (**with**) 1. исполнять, выполнять, соблюдать 2. подчиняться

to ~ **with a demand** подчиняться требованию

to ~ **with** *one's* **own obligations** выполнять свои собственные обязательства

component *n* компонент, составная часть, составной элемент

program ~ раздел программы

compose *v* составлять

to be ~d of *smth* состоять из *чего-л.*

composition *n* состав, структура

~ **of a congress** состав участников конгресса

~ **of investment** структура инвестиций

class ~ классовый состав

ethnic ~ этнический состав *(населения)*

family ~ состав семьи

industrial ~ отраслевая структура промышленности

national ~ **of the population** национальный состав населения

numerical ~ численный состав *(организации и т.п.)*

occupational ~ профессиональный состав, профессиональная структура

comprehensive *a* 1. всеобъемлющий; всеохватывающий; обширный; комплексный 2. всесторонний

~ **program** обширная программа

~ **report** исчерпывающий доклад

~ **settlement** всеобъемлющее урегулирование

~ **training** всесторонняя подготовка

comprise *v* включать в себя; охватывать; составлять

compromise I *n* компромисс; компромиссное решение

eleven-hours ~ компромисс, достигнутый в последнюю минуту

honorable ~ почетный компромисс

mutually acceptable ~ взаимоприемлемый компромисс

political ~ политический компромисс

territorial ~ компромисс по территориальному вопросу

to accept a ~ приходить к компромиссному решению; идти на компромисс

to achieve a ~ добиваться/достигать компромисса; находить компромиссное решение

to agree on a ~ приходить к компромиссному решению; идти на компромисс

to arrange a ~ добиваться компромисса

to be prepared to ~ быть готовым к компромиссу

to draw up a ~ вырабатывать компромиссное решение

to edge towards a ~ постепенно двигаться к компромиссу

to end in a ~ завершаться компромиссом *(о споре и т.п.)*

to engineer a ~ вырабатывать компромисс

to find a ~ находить компромиссное решение

to hammer out a ~ вырабатывать компромисс

to make a ~ приходить к компромиссному решению; идти на компромисс

to make *smb* **more amenable to a** ~ склонять *кого-л.* к компромиссу

to move *one's* **ground towards a** ~ идти к компромиссу

to negotiate a ~ **with** *smb* вести с *кем-л.* переговоры с целью достижения компромисса; договариваться с *кем-л.* о компромиссе

to offer/to propose a ~ предлагать компромисс

to reach a ~ добиваться/достигать компромисса; находить компромиссное решение

to refuse a ~ отказываться от компромисса

to resist a ~ противиться достижению компромисса

to seek a ~ добиваться/искать компромисса

to settle for/to show a ~ приходить к компромиссному решению; идти на компромисс

to strike a ~ добиваться/достигать компромисса; находить компромиссное решение

to work out a ~ вырабатывать компромиссное решение

basis for a ~ основа для компромисса

there is room for ~ существуют возможности достижения компромисса

compromise II *v* **1.** идти/соглашаться на компромисс **2.** компрометировать

to ~ *oneself* компрометировать себя

to ~ with *one's* **conscience** идти на сделку с собственной совестью

to ~ with *smb* **on the question of mutual interest** соглашаться на компромисс с *кем-л.* по вопросу, представляющему обоюдный интерес

to force *smb* **to ~** вынуждать *кого-л.* идти на компромисс

compromiser *n* соглашатель

compulsion *n* принуждение

economic ~ экономическое принуждение

to act under/upon ~ действовать по принуждению

to resort to ~ прибегать к принуждению

by ~ по принуждению

concealed forms of ~ замаскированные формы принуждения

compulsory *a* **1.** обязательный *(для всех)* **2.** принудительный, связанный с принуждением

~ condition обязательное условие

~ measures принудительные меры

computer *n* компьютер; электронная вычислительная машина, ЭВМ; счетное устройство

electronic ~s электронная вычислительная техника

personal ~ (PC) персональный компьютер

computeracy *n* брит. *(от* **computer literacy)** компьютерная грамотность

computerization *n* компьютеризация

comrade *n* товарищ

front-line ~ фронтовой товарищ

comrade-in-arms *n* соратник, товарищ по оружию

comradeship *n* товарищество

conceal *v* **1.** прятать, укрывать **2.** скрывать, утаивать

concealment *n* **1.** укрывательство **2.** сокрытие, утаивание

concede *v* уступать; соглашаться

to ~ *one's* **defeat** признавать свое поражение

to ~ to the majority соглашаться с мнением большинства

conceive *v* **1.** постигать, понимать **2.** задумывать, замышлять **3.** составлять, формулировать *(проект резолюции, статью соглашения и т.п.)*

as it was originally ~d как это было первоначально задумано

concentrate *v* **1.** концентрировать, сосредоточивать **2.** концентрироваться, сосредоточиваться

to ~ on a problem сосредоточиваться на *какой-л.* проблеме

to ~ troops сосредоточивать войска

concentration *n* концентрация, сосредоточение

~ of arms and troops концентрация вооружений и войск

~ of capital концентрация капитала

~ of industry концентрация промышленности

~ of manpower, material and financial resources концентрация трудовых, материальных и финансовых ресурсов

~ of political power концентрация политической власти

military ~s along the border концентрация войск вдоль границы

concept *n* **1.** общее представление, понятие **2.** концепция

abstract ~s отвлеченные понятия

basic ~ основное/базовое понятие

common ~ общее понятие

concrete ~ конкретное понятие

foreign-policy ~s внешнеполитические концепции

obsolete ~ устаревшее понятие, устаревшая концепция

polar ~s полярные/диаметрально противоположные концепции

provisional ~ предварительная концепция

to abandon the ~ отказываться от концепции

to build up/to elaborate a ~ вырабатывать концепцию

to refine a ~ уточнять понятие; дорабатывать концепцию

untenability of the ~ несостоятельность концепции

conception *n* **1.** понимание **2.** концепция **3.** общее представление, понятие

current ~ современная концепция

erroneous ~ ошибочное представление

oversimplified ~ упрощенное понимание

philosophical ~ философская концепция

to form a clear ~ of *smth* составлять ясное представление о *чем-л.*

to put forward a ~ выдвигать концепцию

conceptual *a* **1.** концептуальный **2.** понятный

concern I *n* **1.** отношение, касательство **2.** беспокойство, обеспокоенность, озабоченность, тревога **3.** участие, интерес; забота **4.** важность; значение **5.** концерн, предприятие, фирма

~ for the welfare of the people забота о благе народа

~ is growing/mounting нарастает озабоченность/тревога

business ~ коммерческая/торгово-промышленная фирма

considerable ~ серьезная озабоченность

constant ~ постоянная забота

deep ~ глубокая озабоченность

domestic ~ внутриполитическая проблема

dominant ~ основная причина озабоченности

grave ~ глубокая/серьезная озабоченность

growing/heightened ~ растущая озабоченность

industrial ~ промышленный концерн

international ~ озабоченность международной общественности

main/major ~ основная причина озабоченности

mounting ~ растущая озабоченность

multinational ~ транснациональный концерн

overriding ~ основная причина озабоченности

political ~ политическая озабоченность

primary ~ основная причина озабоченности

private ~ частная фирма

profound/serious ~ глубокая/серьезная озабоченность

war-industry ~ военно-промышленный концерн

we view it with ~ это вызывает у нас озабоченность

to allay *smb's* ~ **about** *smth* снимать *чьи-л.* опасения относительно *чего-л.*

to arouse ~ вызывать беспокойство/озабоченность/тревогу

to be of much ~ **to** *smb* вызывать большое беспокойство/большую озабоченность/тревогу у *кого-л.*

to cause ~ вызывать беспокойство/озабоченность/тревогу

to display/to express (*one's*) ~ **at/about/over** *smth* выражать/высказывать/проявлять беспокойство/озабоченность по поводу *чего-л.*

to fuel ~s **about** *smth* усиливать тревогу по поводу *чего-л.*

to give (rise to) ~ вызывать беспокойство/озабоченность/тревогу

to have no ~ **with** *smth* не иметь никакого отношения к *чему-л.*

to raise ~ вызывать беспокойство/озабоченность/тревогу

to register (*one's*) ~ **at/about/over** *smth* выражать/высказывать/проявлять беспокойство/озабоченность по поводу *чего-л.*

to share with *smb* ~ **about** *smth* разделять с *кем-л.* беспокойство/озабоченность/тревогу по поводу *чего-л.*

to show (*one's*) ~ **at/about/over** *smth* выражать/высказывать/проявлять беспокойство/озабоченность по поводу *чего-л.*

to spell out *one's* ~s излагать причины своей озабоченности

to trigger ~ вызывать беспокойство/озабоченность/тревогу

to voice (*one's*) ~ **at/about/over** *smth* выражать/высказывать/проявлять беспокойство/озабоченность по поводу *чего-л.*

industries of vital ~ **to the city** жизненно важные для города отрасли промышленности

issue of increasing ~ проблема, вызывающая растущую озабоченность

matter of continuous ~ предмет постоянной озабоченности

concern II *v* **1.** касаться, иметь отношение **2.** (*oneself with*) заниматься/интересоваться *чем-л.* **3.** беспокоиться, проявлять беспокойство/озабоченность/тревогу

to ~ *oneself* **with politics** заниматься/интересоваться политикой

concerned *a* **1.** имеющий отношение *(к чему-л.)*; связанный *(с чем-л.)* **2.** заинтересованный

all ~ все заинтересованные лица

as far as UN is ~ что касается ООН

directly ~ непосредственно заинтересованный

the parties ~ заинтересованные стороны

to be ~ **with environmental issues** заниматься экологическими проблемами

to be deeply ~ **at the events** быть глубоко обеспокоенным событиями

concert I *n* согласие, взаимодействие

in ~ **with** *smb* во взаимодействии с *кем-л.*

concert II *v* договариваться

concerted *a* согласованный

~ **efforts** согласованные усилия

to take ~ **action** предпринимать согласованные действия

concession I *n* **1.** уступка **2.** концессия **3.** уступка, скидка *(в цене)*; льгота

~ **to public opinion** уступка общественному мнению

border ~s уступки в пограничном вопросе

by mutual/by reciprocal ~s путем взаимных уступок

constitutional ~s конституционные уступки

dramatic ~s значительные уступки

foreign ~ иностранная концессия

political ~s политические уступки

tangible ~s ощутимые уступки

tax ~ налоговая льгота

territorial ~s территориальные уступки

trade ~s торговые льготы

unilateral ~ односторонняя уступка

to agree to ~s идти на уступки, уступать

to award a ~ предоставлять концессию

to cancel a ~ аннулировать концессию

to demand/to exact ~s требовать уступок

to extract some ~s **from** *smb* вынуждать *кого-л.* пойти на некоторые уступки

to force/to gain/to get ~s добиваться уступок

to grant a ~ предоставлять концессию

to grant price ~s делать уступки в цене

to hold out for ~s затягивать решение вопроса в надежде на уступки

to insist on further ~s требовать дальнейших уступок

to lease a ~ сдавать в концессию

to make ~s идти на уступки, уступать

to negotiate ~s вести переговоры об уступках

to obtain a ~ of *smth* получить *что-л.* в концессию

to push *smb* **into ~s** заставлять *кого-л.* пойти на уступки

to renew a ~ возобновлять концессию

to seek ~s добиваться уступок

to squeeze some ~s out of *smb* вынуждать *кого-л.* пойти на некоторые уступки

to win ~s добиваться уступок

to wring ~s from *smb* добиваться уступок от *кого-л.*

string of ~s ряд уступок

concession II *attr* концессионный

concessionaire *n фр.* концессионер

concessional *a* льготный, предоставляемый *или* получаемый на льготных условиях

~ assistance помощь, предоставляемая/получаемая на льготных условиях

~ financing льготное финансирование

concessioner *n* концессионер

conciliate *v* 1. примирять 2. сближать *(напр. позиции)*

conciliation *n* примирение, умиротворение

international ~ улаживание международных конфликтов

to prod *smb* **toward ~** подталкивать *кого-л.* к примирению

to seek ~ добиваться примирения

conciliator *n* 1. миротворец 2. *юр.* мировой посредник 3. член согласительной комиссии

conciliatory *a* 1. примирительный; умиротворительный 2. примиренческий

~ mission примиренческая миссия

to be ~ over an issue проявлять уступчивость в *каком-л.* вопросе

conclave *n* тайное совещание; совет кардиналов, собирающийся для избрания папы римского после смерти его предшественника

conclude *v* 1. заканчивать(ся), завершать(ся) 2. заключать *(договор, сделку и т.п.)* 3. приходить к заключению, делать вывод

concluding *a* заключительный, завершающий

~ speech заключительное выступление

conclusion *n* 1. окончание, завершение 2. заключение *(соглашения, перемирия и т.п.)* 3. заключение, вывод

~ of a new contract заключение нового контракта

~ of a session завершение работы сессии

general ~ общий вывод

hasty ~ поспешное заключение; поспешный вывод

scientifically substantiated ~s научно обоснованные выводы

theoretical ~s теоретические выводы

unfounded ~s необоснованные выводы

to arrive at a ~ приходить к заключению/выводу

to bring to a ~ завершать; доводить до конца

to come to a ~ приходить к заключению/выводу

to draw ~s from *smth* делать выводы из *чего-л.*

to jump to/at a ~ делать поспешный вывод

to make ~s from *smth* делать выводы из *чего-л.*

to reach a ~ приходить к заключению/выводу

to report the commission's ~s to *smb* сообщать/докладывать *кому-л.* о выводах комиссии

to rush to a ~ делать поспешный вывод

conclusive *a* 1. заключительный 2. решающий, окончательный 3. убедительный

~ evidence неопровержимое доказательство

concoct *v* выдумывать, фабриковать

to ~ a myth фабриковать миф

concoction *n* вымысел, измышление; фальшивка

concord *n* 1. согласие 2. соглашение; договор; конвенция

concur *v* 1. совпадать 2. соглашаться; выражать согласие; разделять мнение; сходиться во мнениях

concurrence *n* 1. совпадение *(мнений и т.п.)* 2. согласованность *(в действиях)*

concurrent *a* 1. совпадающий; действующий одновременно *или* совместно 2. согласованный; единый

~ conditions единые условия

concurring *a* совпадающий

~ votes совпадающие голоса *(напр. в Совете Безопасности ООН)*

condemn *v* 1. осуждать, порицать 2. *юр.* обвинять; приговаривать; признавать виновным

to ~ *smb* **publicly** публично осуждать *кого-л.*

to ~ *smb's* **action unconditionally** безоговорочно осуждать *чьи-л.* действия

to ~ *smb's* **policy roundly** резко осуждать *чью-л.* политику

to ~ to death приговаривать к смертной казни

condemnation *n* 1. осуждение 2. конфискация; принудительное отчуждение

vitriolic ~ злобное осуждение

widespread ~ всеобщее осуждение

world-wide ~ осуждение со стороны мировой/международной общественности

to draw *smb's* **~** вызывать осуждение с *чьей-л.* стороны

condition *n* 1. положение, состояние 2. *pl* конъюнктура 3. *pl* обстоятельства, условия

~s of assistance условия предоставления помощи

~s of life условия жизни

~s of political stability условия политической стабильности

acceptable ~s приемлемые условия

actual ~s фактические условия

adverse ~s неблагоприятные условия

armistice ~s условия перемирия

balance-of-payments ~ состояние платежного баланса

basic ~s основные условия
business ~s деловая конъюнктура
competitive ~s условия конкуренции
compulsory ~s обязательные условия
concrete ~s конкретные условия
credit ~s кредитная конъюнктура
deteriorating ~s ухудшающиеся условия
economic ~s экономические условия
educational ~s условия получения образования
emergency ~s чрезвычайные условия
equal ~s равные условия
essential ~s обязательные/необходимые/непременные условия
existing ~s существующие условия
extreme ~s экстремальные условия
financing ~s условия финансирования
fundamental ~s основные условия
general ~s общие условия
historical ~s исторические условия
indispensable ~ обязательные/необходимые/непременные условия
key ~ важнейшее/ключевое условие
labor ~s условия труда
living ~s 1) условия жизни 2) жилищные условия
national ~s национальные условия
objective ~s объективные условия
paying ~s условия оплаты
political ~s политические условия
preliminary ~s предварительные условия
present(-day) ~s существующие условия
prior ~s предварительные условия
profitable ~s выгодные условия
real(istic) ~ реальное условие
reasonable ~ приемлемое условие
repugnant ~s неприемлемые условия
rigorous ~s жесткие условия
socioeconomic ~s социально-экономические условия
specific ~s конкретные условия
squalid living ~s убогие жилищные условия
stable ~ стабильное положение
strict/stringent ~s жесткие условия
today's ~s существующие условия
tough ~s жесткие условия
unacceptable ~ неприемлемое условие
unfavorable ~s неблагоприятные условия
unstable market ~s неустойчивая конъюнктура рынка
war(-time) ~s условия военного времени
working ~s условия труда
worsening ~s ухудшающиеся условия
to abandon *one's* ~s **for** *smth* отказываться от условий, выдвинутых для *чего-л.*
to accept *smb's* ~s принимать *чьи-л.* условия
to adapt to ~s приспосабливаться к условиям
to adhere to ~s соблюдать условия
to attach ~s **to** *smth* сопровождать *что-л.* условиями
to better ~s улучшать условия

to create ~s создавать условия
to drop *one's* ~s **for** *smth* отказываться от условий, выдвинутых для *чего-л.*
to establish ~s создавать условия
to fix/to formulate ~s формулировать/определять условия
to fulfil a ~ выполнять условие
to gain better ~s добиваться улучшения условий
to honor a ~ выполнять условие
to impose *one's* ~s **on** *smb* ставить/навязывать *кому-л.* свои условия
to improve ~s улучшать условия
to lay down ~s формулировать/определять условия
to meet a ~ выполнять условие
to normalize ~s нормализовывать обстановку
to observe ~s соблюдать условия
to provide ~s создавать/обеспечивать условия
to restore ~s **to normal** нормализовывать обстановку/положение
to satisfy a ~ удовлетворять *какому-л.* условию
to secure better ~s добиваться улучшения условий
to set (up) ~s формулировать/определять условия
to soften ~s смягчать условия
to spell out *one's* ~s излагать свои условия
to stand by *one's* ~s настаивать на своих условиях
to state *one's* ~s излагать свои условия
to stick by *one's* ~s настаивать на своих условиях
to stipulate a ~ оговаривать условие
to suit ~s соответствовать условиям
to supervise the observation of armistice ~s наблюдать за соблюдением условий перемирия
to temper ~s смягчать условия
to work in the new ~s работать в новых условиях
to worsen *smb's* **material** ~ ухудшать *чье-л.* материальное положение
deterioration of ~ ухудшение условий
improvement of ~s улучшение условий
knowledge of local ~s знание местных условий
on/under certain ~s при определенных условиях
return to normal ~s нормализация обстановки
strike over paying ~s забастовка по поводу изменений условий оплаты труда
under present-day ~s в современных условиях

conditional *a* условный, обусловленный *(чем-л.)*
~ **recognition** условное признание
to make *one's* **loan** ~ **on** *smth* ставить предоставление кредита в зависимость от *чего-л.*
conditioned *a* обусловленный

to be ~ by certain demands быть обусловленным определенными требованиями

condole *v* выражать соболезнование, сочувствовать

condolence *n обыкн. pl* соболезнование, сочувствие

to express/to offer/to present *one's* **~s to** *smb* выражать соболезнование *кому-л.*

to send (out) ~s to *smb* **over** *smth* направить соболезнования *кому-л.* по поводу *чего-л.*

please accept our deepest ~s примите наши самые искренние соболезнования

condominium *n* кондоминиум; совместное владение

conductive *a*:

it is not a ~ atmosphere for negotiations такая атмосфера не способствует успеху переговоров

conduct I *n* **1.** поведение **2.** руководство *(чем-л.)*; ведение, проведение *(чего-л.)*

~ during voting порядок, соблюдаемый при проведении голосования

~ of business деловая активность

~ of hearing *юр.* слушание дела

~ of negotiations ведение/проведение переговоров

anti-social ~ антиобщественное поведение

discreditable ~ недостойное поведение

disorderly ~ нарушение общественного порядка

exemplary ~ примерное поведение

immoral ~ аморальное поведение

standards of ~ нормы поведения

conduct II *v* руководить *(чем-л.)*; вести, проводить *(что-л.)*

to ~ a campaign проводить кампанию

to ~ a meeting проводить заседание/собрание

to ~ an investigation вести/проводить расследование

confederacy *n* конфедерация; союз государств

confederate I *n* **1.** член конфедерации **2.** *юр.* соучастник, сообщник

confederate II *a* союзный, федеративный

confederation *n* **1.** конференция, союз **2.** конфедерация; союз государств

C. of British Industry Конфедерация британской промышленности

confederative *a* конфедеративный

confer *v* **1.** *(on, upon)* даровать, жаловать **2.** *(on, upon)* предоставлять *(кому-л.)*, наделять *(кого-л.)* **3.** *(with)* совещаться, вести переговоры

to ~ a diplomatic rank on *smb* присваивать *кому-л.* дипломатический ранг

to ~ a title upon *smb* жаловать титул *кому-л.*

to ~ responsibility upon *smb* **for** *smth* возлагать на *кого-л.* ответственность *за что-л.*

conferee *n* участник совещания/переговоров/конференции

UN ~ участник конференции ООН

conference *n* **1.** конференция; совещание **2.** совещание; консультация; обмен мнениями

~ of foreign ministers совещание министров иностранных дел

~ of plenipotentiaries конференция полномочных представителей

constituent ~ учредительная конференция

consultative ~ консультативное совещание

developmental ~ конференция по проблемам развития

diplomatic ~ дипломатическая конференция

disarmament ~ конференция по разоружению

economic ~ экономическое совещание

extended ~ расширенное совещание

extraordinary ~ внеочередная/чрезвычайная конференция

foreign minister ~ совещание министров иностранных дел

founding ~ учредительная конференция

heads of government ~ совещание глав правительств

high-level ~ конференция на высоком уровне

human rights ~ конференция по правам человека

intergovernmental ~ межправительственная конференция

international ~ международная конференция

joint ~ совместная конференция

multilateral ~ многосторонняя конференция

negotiating ~ конференция полномочных представителей

Non-Aligned Nations' Summit ~ Конференция глав государств и правительств неприсоединившихся стран

online ~ конференция в реальном времени с помощью компьютерных средств связи

party ~ партийная конференция

peace ~ мирная конференция

preliminary ~ предварительное совещание

press ~ пресс-конференция

regional ~ региональная конференция

review ~ конференция по рассмотрению действия *(соглашения, договора и т.п.)*

round-table ~ конференция за круглым столом

security ~ конференция по вопросам безопасности

summit ~ совещание на высшем уровне; совещание глав государств; встреча в верхах

trade-union ~ профсоюзная конференция

UN-sponsored ~ конференция, проводимая под эгидой ООН

to arrange a ~ организовывать конференцию/совещание

to be in ~ заседать; быть на совещании

to call a ~ созывать конференцию/совещание

to cancel a ~ отменять конференцию

to close a ~ закрывать конференцию/совещание

to conduct a ~ проводить конференцию/совещание

to convene ~ созывать конференцию/совещание

to cover a ~ освещать ход работы конференции/совещания

to draw up the final documents of the ~ выработать итоговые документы конференции/совещания

to give a press ~ давать пресс-конференцию

to hold a ~ проводить конференцию

to host a ~ проводить конференцию/совещание в своей стране

to press for a ~ добиваться созыва конференции/совещания

to pursue a ~ проводить конференцию/совещание

to push for a ~ добиваться созыва конференции/совещания

to reconvene a ~ вновь созывать конференцию

to resume the work of a ~ возобновлять работу конференции

to set up a ~ организовывать конференцию

to speak at a ~ выступать на конференции/совещании

to stay away from a ~ воздерживаться от участия в конференции; бойкотировать конференцию

to submit *smth* **to the** ~ **for consideration** вносить *что-л.* на рассмотрение конференции

to sum up the results of the ~ подводить итоги работы конференции/совещания

to summon a ~ созывать конференцию/совещание

to urge a ~ настаивать на созыве конференции

to widen the scope of the ~ расширять круг вопросов, подлежащих обсуждению на конференции

to work for a ~ добиваться созыва конференции/совещания

ahead of a ~ в преддверии конференции

at the core of the ~ в центре внимания конференции

bureau of the ~ президиум конференции/совещания

clerk of the ~ секретарь конференции

composition of the ~ состав участников конференции/совещания

conduct of a ~ проведение совещания/конференции

host-country for the ~ страна проведения конференции/совещания

impact of the ~ результат работы конференции/совещания

in the run-up to a ~ в преддверии конференции

issues of the ~ вопросы повестки дня конференции

offices of the ~ президиум конференции/совещания

official journal of the ~ официальный бюллетень конференции

official records of the ~ официальные отчеты конференции

outcome of a ~ итог работы конференции/совещания

resumption of the work of ~ возобновление работы конференции/совещания

secretary of the ~ секретарь конференции

confess *v* **1.** признавать(ся) **2.** *церк.* исповедовать(ся)

confession *n* **1.** признание *(своей вины)* **2.** конфессия; вероисповедание; принадлежность к *какой-л.* религии *или* церкви **3.** *церк.* исповедь

false ~ самооговор *(признание в несовершенных преступлениях)*

forced ~ вынужденное признание

public ~ публичное признание

voluntary ~ добровольное признание

to beat a ~ **out of** *smb* выбивать признание у *кого-л.*

to extort/to extract/to force a ~ **from/out of** *smb* вырывать у *кого-л.* силой признание своей вины

to make a ~ **under duress** признаваться под давлением

to repudiate/to retract *one's* **earlier** ~ отказываться от сделанного ранее признания своей вины

to squeeze a ~ **from/out of** *smb* вырывать у *кого-л.* силой признание своей вины

to take back/to withdraw *one's* **earlier** ~ отказываться от сделанного ранее признания своей вины

confidence *n* **1.** доверие; вера **2.** уверенность

to abuse *smb's* ~ злоупотреблять *чьим-л.* доверием

to betray *smb's* ~ обманывать *чье-л.* доверие

to build greater ~ укреплять доверие

to call for a vote of ~ ставить вопрос о доверии *(правительству)*

to dent ~ подрывать доверие

to deserve no ~ не заслуживать доверия

to enjoy *smb's* ~ пользоваться *чьим-л.* доверием

to express ~ **in** *smth* выражать уверенность в *чем-л.*

to fracture *smb's* ~ **in the government** подрывать *чье-л.* доверие к правительству

to gain ~ завоевывать доверие

to have ~ **in the future** быть уверенным в будущем

to have *smb's* ~ пользоваться *чьим-л.* доверием

to inspire/to instill ~ внушать доверие

to justify *smb's* ~ оправдывать *чье-л.* доверие

to keep the ~ **of constituents** сохранять доверие избирателей

to lose *smb's* ~ утрачивать *чье-л.* доверие

to recapture ~ вновь завоевывать доверие

to restore ~ восстанавливать доверие

to retain the ~ of constituents сохранять доверие избирателей

to shake/to shatter *smb's* ~ поколебать *чье-л.* доверие

to undermine ~ подрывать доверие

to voice ~ выражать уверенность

to win ~ завоевывать доверие

breach of ~ злоупотребление доверием

crisis of ~ кризис доверия

lack of ~ отсутствие доверия

loss of ~ потеря доверия

restoration of ~ восстановление доверия

confident *a* уверенный *(в чем-л.)*

~ of victory уверенный в победе

confidential *a* **1.** конфиденциальный, секретный **2.** доверенный; пользующийся доверием

~ book издание для служебного пользования

~ correspondence секретная переписка

~ secretary доверенный секретарь

confidentiality *n* конфиденциальность, секретность

confine *v* **1.** заключать в тюрьму **2.** ограничивать *(чье-л.)* передвижение

to ~ *smb somewhere* не разрешать *кому-л.* покидать *какое-л.* место

confined *a* отбывающий срок наказания *(о заключенном)*

confinement *n* тюремное заключение

psychiatric ~ for prisoners of conscience содержание политических заключенных в психиатрических больницах

solitary ~ одиночное (тюремное) заключение

to hold *smb* **in solitary ~** содержать *кого-л.* в одиночной камере

confirm *v* **1.** подтверждать **2.** утверждать; ратифицировать **3.** утверждать в должности

to ~ a convention ратифицировать конвенцию

to ~ *smb* **as prime minister** утверждать *кого-л.* в качестве премьер-министра

confirmation *n* **1.** подтверждение, доказательство **2.** утверждение; ратификация

~ of a statement подтверждение заявления

~ of news подтверждение новостей/сообщений

goverment ~ of the treaty утверждение договора правительством

independent ~ of a report подтверждение сообщения из независимого источника

indirect ~ косвенное подтверждение

legal ~ юридическое подтверждение/закрепление

senate ~ утверждение сенатом

to draw ~ from *smb* получать подтверждение от *кого-л.*

to find ~ in *smth* находить подтверждение в *чем-л.*

to receive ~ получать подтверждение

confirmative, confirmatory *a* подтверждающий, подкрепляющий

confiscate *v* конфисковать; реквизировать

confiscation *n* конфискация; реквизиция

~ of the proceeds of crime конфискация имущества, нажитого преступным путем

conflagration *n* большой пожар

global ~ *перен.* мировая война

conflict I *n* **1.** конфликт, столкновение **2.** борьба, столкновение *(линий, принципов и т.п.)* **3.** противоречие

~ broke out вспыхнул/разразился конфликт

~ of evidence противоречие в свидетельских показаниях

~ of interest злоупотребление служебным положением

acute ~ острый конфликт

aggravation of a ~ обострение конфликта

armed ~ вооруженный конфликт

bitter ~ острый конфликт

bloody ~ кровавый/кровопролитный конфликт

border ~ пограничный конфликт

class ~ классовый конфликт

coming ~ назревающий конфликт

communal ~ межобщинный конфликт

ethnic ~ конфликт на национальной почве

factional ~ конфликт между враждующими группировками

frontier ~ пограничный конфликт

growing ~ нарастающий/развивающийся конфликт

imminent ~ назревающий конфликт

industrial ~ трудовой конфликт

internal ~ внутренний конфликт

interstate ~ 1) межгосударственный конфликт **2)** конфликт между штатами

labor ~ трудовой конфликт

local ~ локальный/местный конфликт

non-nuclear ~ неядерный конфликт

out-of-area ~ нерегиональный конфликт

political ~ политический конфликт

race/racial ~ расовый конфликт

simmering ~ тлеющий конфликт

social ~ социальный конфликт

unprovoked ~ неспровоцированный конфликт

unresolved/unsettled ~ неурегулированный конфликт

to adjust a ~ улаживать конфликт

to avert a ~ предотвращать конфликт

to avoid ~ избегать конфликта

to be drawn into a ~ быть вовлеченным в конфликт

to be sucked into a ~ быть втянутым в конфликт

to bring a ~ to an end прекратить конфликт, положить конец конфликту

to bring about a ~ вызывать конфликт, приводить к конфликту

to calm a ~ погасить конфликт

to come into a ~ with *smb* вступать в конфликт с *кем-л.*

to contain a ~ мешать разрастанию конфликта

to control a ~ сдерживать развитие конфликта

to defuse a ~ урегулировать конфликт

to drag *smb* **into a ~** втягивать *кого-л.* в конфликт

to ease a ~ разрядить обстановку

to eliminate the cause of a ~ ликвидировать/устранять причину конфликта

to end a ~ прекратить конфликт, положить конец конфликту

to engineer a ~ провоцировать конфликт

to enter into a ~ with *smb* вступать в конфликт с *кем-л.*

to escalate/to exacerbate a ~ обострять конфликт

to foment a ~ раздувать конфликт

to fuel a ~ разжигать конфликт

to go into a ~ идти на конфликт

to halt a ~ прекратить конфликт, положить конец конфликту

to inflame a ~ разжигать конфликт

to intervene in a ~ вмешиваться в конфликт

to involve *smb* **in a ~** вовлекать *кого-л.* в конфликт

to lead to a ~ вызывать конфликт, приводить к конфликту

to localize a ~ локализовать конфликт

to mediate (in) a ~ посредничать в конфликте

to prevent a ~ предотвращать конфликт

to provoke a ~ провоцировать конфликт

to pull *smb* **into the ~** втягивать *кого-л.* в конфликт

to put an end to a ~ прекратить конфликт, положить конец конфликту

to quell a ~ погасить конфликт

to shift/to spread the ~ to a place расширять зону конфликта

to stand tall in a ~ быть на высоте в *каком-л.* конфликте

to stop/to terminate a ~ прекратить конфликт, положить конец конфликту

to touch off/to trigger (off) a ~ вызывать конфликт; служить толчком к конфликту

to unleash a ~ развязывать конфликт

to widen a ~ расширять рамки/зону конфликта

escalation of a ~ эскалация конфликта

flash point of a military ~ «горячая точка» военного конфликта

hotbed of a ~ очаг конфликта

on the brink of a ~ на грани конфликта

opening shots in the ~ первые стычки в конфликте

outbreak of a ~ возникновение конфликта

political settlement of the ~ политическое решение конфликта

regionalization of a ~ распространение конфликта на весь регион

seat of a ~ очаг конфликта

settlement of international ~s by negotiations урегулирование международных конфликтов путем переговоров

conflict II *v* противоречить

to ~ with the facts противоречить фактам

conform *v (to)* **1.** приводить в соответствие **2.** согласовывать(ся); сообразовывать(ся); соответствовать *(чему-л.)* **3.** приспосабливать(ся) **4.** подчиняться

to ~ fully to *smth* полностью соответствовать *чему-л.*

to ~ to the rules подчиняться правилам

conformation *n* **1.** устройство, структура **2.** приведение в соответствие

conformism *n* конформизм; приверженность традиционным *или* общепринятым понятиям

political ~ политический конформизм

conformist *n* конформист; приверженец традиционных *или* общепринятых понятий

confront *v* **1.** противостоять *(кому-л., чему-л.)* **2.** сталкиваться *(с чем-л.)* **3.** *юр.* устраивать очную ставку

to be ~ed with prejudices сталкиваться с предрассудками

to ~ *smb* **with** *smb* устраивать *кому-л.* очную ставку

confrontation *n* **1.** конфронтация, противостояние, противоборство **2.** *юр.* очная ставка

~ by force противопоставление силы

armed ~ вооруженная конфронтация

direct ~ прямая конфронтация; прямое противостояние

economic ~ (глубокие) экономические противоречия

ferocious ~s ожесточенные столкновения

ideological ~ идеологическое противоборство

military ~ военная конфронтация

nuclear ~ ядерное противостояние

nuclear-missile ~ ракетно-ядерное противостояние

protracted ~ затяжная конфронтация

social ~ социальные конфликты

violent ~ столкновение с применением насилия

to avoid ~ избегать конфронтации

to be in a state of ~ находиться в состоянии конфронтации

to defuse ~ with a country уменьшить конфронтацию с *какой-л.* страной

to overcome the military ~ преодолевать военное противостояние/военную конфронтацию

to spark (off) a ~ послужить толчком к конфронтации

to unlock a military ~ положить конец военной конфронтации

decline in the level of military ~ понижение уровня военного противостояния

mounting of political ~ нарастание политической конфронтации

on the brink of armed ~ на грани вооруженного противостояния/столкновения

policy of ~ политика конфронтации

relaxation of ~ ослабление/уменьшение конфронтации

scale of ~ масштабы конфронтации

transition from ~ to détente переход от конфронтации к разрядке

confrontational *a* конфронтационный

confrontationist *n* сторонник конфронтации

conglomerate *n* конгломерат

congratulation *n* *обыкн. pl* поздравления; приветственные выступления/речи

mutual ~s взаимные поздравления

to offer *smb* **~s** направить *кому-л.* поздравления

telegram of ~s поздравительная телеграмма

congregation *n церк.* прихожане, паства

congress *n* **1.** конгресс, съезд **2.** (C.) Конгресс (*США*) **3.** (C.) конгресс (*организация*)

C. dominated by the Republican Party Конгресс, в котором большинство (мест) принадлежит Республиканской партии

C. of Racial Equality Конгресс расового равенства

constituent ~ учредительный съезд

extraordinary ~ внеочередной съезд

founding/inaugural ~ учредительный съезд

international ~ международный конгресс

national ~ национальный конгресс

newly elected C. Конгресс нового состава

opposition-dominated ~ конгресс, где большинство мест принадлежит оппозиции

party ~ съезд партии

scientific ~ научный конгресс

Trades Union C. Британский конгресс тред-юнионов, БКТ

United States C. Конгресс США

world ~ всемирный конгресс

to address a ~ выступать на конгрессе/съезде

to call/to convene/to convoke a ~ созывать конгресс/съезд

to declare *smth* **from the rostrum of a ~** заявлять о *чем-л.* с трибуны конгресса/съезда

to elect *smb* **to C.** избирать *кого-л.* в Конгресс

to go into ~ заседать на конгрессе/съезде

to hold a ~ проводить конгресс/съезд

to lobby ~ лоббировать конгресс

to open a ~ открывать конгресс/съезд

to pick up a few seats in the C. завоевывать несколько мест в Конгрессе

to push a law through C. протаскивать закон через Конгресс

to register at the ~ регистрироваться в качестве участника конгресса/съезда

to speak at a ~ выступать на конгрессе/съезде

accountable to C. подотчетный Конгрессу

ahead of a ~ в преддверии съезда

convocation of a ~ созыв конгресса/съезда

in a run-up to a ~ в преддверии съезда

opening (sitting) of a ~ открытие конгресса/съезда

subject to approval by C. подлежащий утверждению Конгрессом

unaccountable to C. неподотчетный Конгрессу

congressional *a* **1.** относящийся к конгрессу *или* съезду **2.** (C.) относящийся к Конгрессу США

C. debate дебаты в Конгрессе США

C. records протоколы заседаний Конгресса США

Congressman *n* конгрессмен, член палаты представителей Конгресса США

Congressman-at-large *n* член Конгресса США, представляющий ряд округов *или* весь штат

Congressman-elect *n* только что избранный член Конгресса США (*еще не приступивший к исполнению своих обязанностей*)

Congresswoman *n* член Конгресса-женщина

connect *v* **1.** *(with, to)* соединять, связывать **2.** устанавливать связь

connection *n* **1.** связь, отношение **2.** средство связи *или* сообщения

business ~s деловые связи

criminal ~ преступная связь

export and import ~s экспортно-импортные связи

interstate ~s 1) межгосударственные связи 2) связи между штатами

to sever ~s with a country разрывать отношения/связи со страной

to strengthen ~ between *smb* укреплять связь между *кем-л.*

in close ~ with *smth* в тесной связи с *чем-л.*

connexion *n редк. см.* **connection**

connivance *n* потворство, попустительство

conquer *v* завоевывать, покорять, подчинять

conqueror *n* завоеватель, покоритель

foreign ~s иноземные захватчики

conquest *n* завоевание, покорение; захват

~ of power захват власти

colonial ~ захват колоний

conscience *n* **1.** совесть **2.** сознание

civil ~ гражданская совесть

legal ~ правосознание, правовое сознание

public ~ общественное сознание

to come to terms with *one's* **~** идти на сделку с совестью

to speak/to tell *one's* **~** откровенно высказывать свое мнение

duty in ~ долг совести

for ~ sake для очистки совести

freedom/liberty of ~ свобода совести/вероисповедания

voice of ~ голос совести

conscientious *a* добросовестный, честный; сознательный

~ piece of work добросовестная работа

conscious *a* **1.** сознающий, понимающий **2.** осознанный, сознательный

to be ~ of *smth* отдавать себе отчет в *чем-л.*, осознавать *что-л.*

consciously *adv* сознательно, осознанно
consciousness *n* 1. сознание 2. осознание, понимание 3. сознательность; самосознание
~ **of** *one's* **guilt** осознание своей вины
~ **of** *one's* **innocence** сознание своей невиновности
class ~ классовое сознание
historical ~ историческое сознание
individual ~ индивидуальное сознание
legal ~ правосознание, правовое сознание
national ~ национальное самосознание
political ~ политическое сознание
to awaken the political ~ **of the people** пробуждать политическое сознание народа
to display a high level of political ~ проявлять высокую политическую сознательность
to enhance national ~ поднимать национальное самосознание
to raise the level of ~ поднимать уровень самосознания
forms of social ~ формы общественного сознания
conscript I *n* новобранец, призванный на военную службу
conscript II *v* призывать на военную службу
conscription *n* воинская повинность; призыв на военную службу
universal military ~ всеобщая воинская повинность
to avoid ~ избегать призыва в армию
to enforce military ~ добиваться осуществления призыва в армию
to exempt *smb* **from** ~ освобождать *кого-л.* от призыва в армию
to revive ~ восстанавливать всеобщую воинскую повинность
consensus *n* согласованное мнение; общее согласие; консенсус
~ **between the two sides of Congress** общее согласие обеих палат Конгресса *(США)*
~ **decided** *(to do smth)* было единогласно решено, принято единогласное решение *(сделать что-л.)*
~ **of opinion** единодушие; единодушное мнение
international ~ международный консенсус
national ~ общенациональное единство/согласие
overwhelming ~ единодушное мнение большинства
political ~ политический консенсус
public ~ единодушное мнение общественности
to achieve a ~ достигать консенсуса
to adopt *smth* **by** ~ принимать *что-л.* на основе консенсуса
to agree by ~ **on** *smth* единогласно соглашаться на *что-л.*
to approve by ~ одобрять на основе консенсуса
to arrive at a decision by ~ принимать единогласное решение; принимать решение путем консенсуса

to establish a ~ добиваться консенсуса
to express a ~ выражать согласованное мнение/общее согласие
to move towards ~ добиваться консенсуса
to reach/to take a decision by ~ принимать единогласное решение; принимать решение путем консенсуса
to take the ~ **of the meeting** соглашаться с общим мнением собрания
the practice of reaching decisions by ~ практика принятия решений посредством консенсуса
consent I *n* согласие
explicit ~ ясно выраженное согласие
general ~ общее согласие
mutual ~ взаимное/обоюдное согласие
prior ~ предварительное/ранее данное согласие
tacit ~ молчаливое согласие
to give *one's* ~ **to** *smth* соглашаться/давать свое согласие на *что-л.*
to withhold *one's* ~ не давать своего согласия
to wring ~ **from** *smb* вырывать согласие у *кого-л.*, вынуждать *кого-л.* согласиться
to yield a ready ~ легко соглашаться *(на что-л.)*
by/on common ~ с общего согласия
consent II *v* соглашаться, давать согласие
to ~ **a suggestion** соглашаться на предложение
consequence *n* 1. следствие, последствие, результат 2. вывод, заключение 3. значение, важность
~**s are hard to foresee** последствия трудно предвидеть
~ **of past errors** следствие прошлых ошибок
~**s of a nuclear war** последствия ядерной войны
adverse ~**s** неблагоприятные последствия
calamitous/catastrophic/disastrous ~**s** катастрофические последствия
ecological ~**s** экологические последствия, последствия для окружающей среды
economic ~**s** экономические последствия
environmental ~**s** экологические последствия, последствия для окружающей среды
fatal ~**s** губительные/пагубные последствия
favorable ~**s** благоприятные последствия
global ~**s** глобальные последствия
logical ~ логический вывод
political ~**s** политические последствия
social ~**s** социальные последствия
unfavorable ~**s** неблагоприятные последствия
unforeseeable/unpredictable/unwarranted ~**s** непредсказуемые последствия
to combat the ~**s** бороться с последствиями
to eliminate the ~**s of** *smth* ликвидировать/устранять последствия *чего-л.*
to foresee the ~**s** предвидеть последствия

to have international ~s иметь международные последствия

to pay the ~s расплачиваться за последствия

to take the ~s of *smth* отвечать/нести ответственность за последствия *чего-л.*

to warn *smb* **of ~s** предупреждать *кого-л.* о последствиях

elimination of the ~s of the accident ликвидация последствий аварии

fraught with grave ~s чреватый серьезными последствиями

matter of great ~ дело большой важности

consequent I *n* последствие, результат

consequent II *a* **1.** являющийся результатом *(чего-л.)* **2.** последующий; следующий *(за чем-л.)*

conservancy *n* охрана природы/окружающей среды

conservation *n* охрана; сохранение

conservationist *n* борец за охрану окружающей среды

conservatism *n* консерватизм

conservative I *n* **1.** консерватор, ретроград **2.** (**C.**) консерватор, член Консервативной партии *(Великобритании)*

adamant ~ убежденный консерватор

diehard ~ твердолобый консерватор

gung-ho ~ ярый консерватор

conservative II *a* **1.** консервативный; реакционный **2.** (**C.**) относящийся к Консервативной партии Великобритании

C. blue синий цвет как символ британских консерваторов

C. Party Консервативная партия Великобритании

frankly ~ откровенно консервативный/реакционный

to go ~ стать консерватором

consider *v* **1.** рассматривать; обсуждать; обдумывать **2.** полагать, считать **3.** учитывать, принимать во внимание

to ~ null and void считать недействительным/не имеющим законной силы

to ~ *smth* **sympathetically** положительно рассматривать что-л.

to refuse to ~ *smth* отказываться обсуждать/рассматривать *что-л.*

considerable *a* значительный, важный

to be of ~ importance иметь большое значение

consideration *n* **1.** рассмотрение; обсуждение **2.** *pl* соображения **3.** внимание; предупредительность; уважение

all-out ~ всестороннее рассмотрение/обсуждение

careful ~ тщательное рассмотрение/обсуждение

detailed/full ~ всестороннее рассмотрение/обсуждение

ideological ~s идеологические соображения

paramount ~s высшие соображения

tactical ~s тактические соображения

thorough ~ всестороннее рассмотрение/обсуждение

to be subject to ~ подлежать рассмотрению

to complete ~ завершать/заканчивать рассмотрение/обсуждение

to give ~ to *smth* рассматривать/обсуждать *что-л.*

to leave out of ~ не принимать во внимание, не учитывать

to show great ~ for *smb* оказывать большое внимание *кому-л.*

to submit *smth* **for ~** представлять *что-л.* на рассмотрение/обсуждение

to take into account ideological ~s принимать во внимание/учитывать идеологические соображения

divorced from political ~s не связанный с политическими соображениями

out of humanitarian ~s из гуманных соображений

the problem is under ~ данная проблема рассматривается

consignment *n* груз; партия товара

large ~ of arms большая партия оружия

consist *v* **1.** *(of)* состоять *(из чего-л.)* **2.** *(in)* заключаться *(в чем-л.)*

consistency *n* **1.** согласованность **2.** последовательность

~ of language согласованность формулировок

to ensure ~ обеспечивать согласованность

consistent *a* **1.** согласующийся *(с чем-л.)*; совместимый *(с чем-л.)* **2.** последовательный

~ theory последовательная теория

to be ~ with *smth* согласовываться с *чем-л.*; соответствовать *чему-л.*

consolidate *v* **1.** укреплять **2.** объединять(ся); консолидировать(ся); сливать(ся)

to ~ power укреплять власть

consolidated *a* объединенный, сводный; консолидированный

~ report сводный отчет

consolidation *n* **1.** объединение, консолидация **2.** укрепление, упрочение **3.** объединение, слияние; укрепление **4.** закрепление *(чего-л.)*

~ of banks слияние банков

~ of international détente упрочение международной разрядки

~ of peace упрочение мира

farm ~ укрупнение фермерских хозяйств

political ~ политическая консолидация

to hamper the ~ приостанавливать процесс консолидации

consortium *n* консорциум

~ of banks консорциум банков

conspicuous *a* **1.** заметный, бросающийся в глаза **2.** известный своими заслугами, видный

~ errors заметные ошибки

~ statesman видный государственный деятель

conspiracy *n* **1.** заговор, тайный *или* преступный сговор **2.** конспирация

~ against the Head of State заговор против главы государства

~ to obstruct justice заговор с целью помешать отправлению правосудия

~ to overthrow the government заговор с целью свержения правительства

anti-government ~ антиправительственный заговор

criminal ~ преступный заговор

military ~ заговор военных, военный заговор

murder ~ тайный сговор с целью убийства

political ~ политический заговор

premeditated ~ преднамеренный сговор

to be engaged in a ~ быть замешанным в заговоре; быть участником заговора

to charge *smb* **with ~ to do** *smth* обвинять *кого-л.* в заговоре с целью сделать *что-л.*

to discover a ~ раскрывать заговор

to engineer a ~ организовывать заговор

to foil a ~ срывать заговор

to form a ~ организовывать заговор

to hatch a ~ готовить/замышлять заговор

to organize a ~ организовывать заговор

to reveal/to uncover a ~ раскрывать заговор

failure of the ~ провал заговора

threads of the ~ нити заговора

conspirator *n* заговорщик, участник тайного *или* преступного заговора

chief ~ главный заговорщик, организатор заговора

military ~s военные заговорщики

conspiratorial *a* заговорщический

conspire *v* устраивать заговор; сговариваться о совершении преступления

to ~ to use force against the state организовать заговор с целью насильственного захвата власти

conspirer *n* заговорщик, участник тайного *или* преступного заговора

constable *n брит.* констебль, полицейский, полисмен

Chief C. *брит.* начальник полиции *(в городе или графстве)*

constabulary *n брит.* полиция, полицейские силы *(города или графства)*

Royal Ulster C. (RUC) Королевская вспомогательная полиция Ольстера

constant *a* 1. постоянный, непрерывный 2. постоянный, неизменный, верный

constituency *n* 1. *собир.* избиратели 2. избирательный округ

marginal ~ избирательный округ с неустойчивым большинством избирателей, голосующих за ту *или* иную партию

parliamentary ~ избирательный округ по выборам в парламент

to work a ~ обрабатывать избирателей

constituent I *n* избиратель

hard-pressed ~s избиратели, подвергшиеся усиленной агитации

to defend *one's* **~s before the government** защищать интересы своих избирателей перед правительством

constituent II *a* 1. имеющий право голоса, избирающий; избирательный 2. правомочный разрабатывать проект конституции; законодательный

constitute *v* 1. учреждать, основывать 2. составлять

to ~ a commission учреждать комиссию

to ~ a majority составлять большинство

constitution *n* 1. конституция, основной закон 2. устав *(организации и т.п.)*

~ is in place конституция принята

advanced ~ прогрессивная конституция

backward-looking ~ устаревшая конституция

draft ~ проект конституции

interim ~ временная конституция

nonracial ~ конституция, предусматривающая отсутствие дискриминации по расовому признаку

party's ~ устав партии

provisional ~ временная конституция

secular ~ светская конституция

statutory ~ действующая конституция

to abide by the ~ придерживаться конституции

to abrogate the ~ отменять конституцию

to abuse the ~ нарушать конституцию

to act in/within the framework of the ~ действовать в рамках конституции

to adopt a ~ принимать конституцию

to amend the ~ вносить поправки в конституцию

to approve a ~ принимать конституцию

to be at variance/to be in conflict with the ~ противоречить конституции

to breach the ~ нарушать конституцию

to change the ~ изменять конституцию

to devise/to draft/to draw up a ~ разрабатывать проект конституции

to endorse a draft ~ одобрять проект конституции

to ensure operation of the ~ обеспечивать действие конституции

to finalize a draft ~ дорабатывать проект конституции

to go against the ~ противоречить конституции

to go beyond the ~ выходить за рамки конституции

to hammer out a new ~ разрабатывать/подготавливать новую конституцию

to make amendments to the ~ вносить поправки в конституцию

to press ahead with a new ~ форсировать принятие новой конституции

to proclaim the ~ обнародовать конституцию

to promulgate a new ~ обнародовать новую конституцию

to ratify the ~ принимать конституцию

to reform the ~ пересматривать конституцию

constitution

to restore the ~ восстанавливать действие конституции
to revamp the ~ перекраивать конституцию
to revise the ~ пересматривать конституцию
to revoke the ~ отменять конституцию
to rewrite the ~ перерабатывать текст конституции
to subvert the ~ подрывать конституцию
to suspend the ~ приостанавливать действие конституции
to unveil *one's* **draft** ~ обнародовать свой проект конституции
to uphold the ~ строго следовать конституции *(из присяги президента США)*
to violate the ~ нарушать конституцию
to work out a new ~ разрабатывать/подготавливать новую конституцию
adoption of a new ~ принятие новой конституции
breach of the ~ нарушение конституции
changes to the ~ изменения, вносимые в конституцию
infringement of the ~ нарушение конституции
Protector of the C. гарант конституции *(президент страны)*
provisions of the ~ положения конституции
under the ~ согласно конституции
working of the ~ действие конституции
constitutional *a* конституционный
~ **form of government** конституционная форма правления; конституционный строй
~ **reform** реформа конституции
by ~ **means** конституционным путем
constitutionalism *n* конституционализм, конституционная форма правления
constitutionalist *n* конституционалист, сторонник доктрины конституционализма
strict ~ сторонник строгого соблюдения конституции
constitutionality *n* конституционность, соответствие конституции
constitutionally *adv* в соответствии с конституцией, согласно конституции
constrain *v* **1.** принуждать, вынуждать **2.** ограничивать, сдерживать, тормозить **3.** заключать в тюрьму
constraint *n* **1.** принуждение **2.** ограничение; сдерживающий фактор **3.** тюремное заключение
additional ~ дополнительное ограничение
artificial ~ искусственное ограничение
budget ~s бюджетные ограничения
foreign-exchange ~ нехватка иностранной валюты
legal ~ ограничение правового характера
manpower ~ ограничение на использование рабочей силы
partial ~ частичное ограничение
to act under ~ действовать по принуждению
construct *v* строить, сооружать

construction *n* **1.** строительство; построение **2.** толкование, интерпретация, объяснение
capital ~ капитальное строительство
civil ~ гражданское строительство
full-scale ~ широкомасштабное строительство
liberal/loose ~ вольное толкование *(документа, закона и т.п.)*
national economic ~ строительство национальной экономики
public-utility ~ строительство предприятий коммунального обслуживания
to accelerate housing ~ ускорять/форсировать жилищное строительство
to credit industrial ~ выделять кредиты на промышленное строительство
to speed up housing ~ ускорять/форсировать жилищное строительство
advanced methods of ~ прогрессивные методы строительства
colossal scope of ~ гигантский размах строительства
joint ~ **of industrial projects** совместное строительство промышленных объектов
up-to-date methods of ~ современные методы строительства
constructionist *n* толкователь, интерпретатор
broad ~ сторонник широкого толкования *(особ. конституции)*
constructive *a* конструктивный; творческий, созидательный
~ **approach** конструктивный подход
~ **proposal** конструктивное предложение
consul *n* консул
honorary ~ почетный консул
consular *a* консульский
~ **agent** консульский агент
~ **district** консульский округ
~ **fees** консульские сборы
to establish ~ **relations** устанавливать консульские отношения
consulate *n* консульство
foreign ~ иностранное консульство
to close a ~ закрывать консульство
to establish a ~ открывать консульство
consulate-general *n* генеральное консульство, генконсульство
consul-general *n* генеральный консул, генконсул
consult *v* **1.** советоваться **2.** *(with)* совещаться; советоваться, консультироваться
to ~ **a lawyer** советоваться с адвокатом
to ~ **with** *smb* консультироваться с *кем-л.*
consultant *n* консультант; советник
business ~ консультант по вопросам бизнеса
high-level ~ высококвалифицированный консультант
management ~ консультант по вопросам управления
marketing ~ консультант по маркетингу/организации сбыта

consultation *n* консультация
  bilateral ~s двусторонние консультации
  follow-up ~s последующие консультации
  informal ~s неофициальные консультации
  instant ~s срочные консультации
  multilateral ~s многосторонние консультации
  political ~s политические консультации
  preliminary ~s предварительные консультации
  to carry out ~s проводить консультации
  to enter/to go into ~s **with** *smb* приступать к консультациям с *кем-л.*
  to hold ~s проводить консультации
  to recall/to withdraw for ~ отзывать *(посла)* для консультаций
  withdrawal for ~ отзыв *(посла)* для консультаций
consultative *a* консультативный; совещательный
  ~ **meeting** консультативное совещание
  ~ **voice** совещательный голос
consume *v эк.* потреблять; расходовать
consumer *n* потребитель
  ~ **prices** потребительские цены, цены на предметы потребления
  green ~ потребитель экологически чистых продуктов
  mass ~ массовый потребитель
  to compete for ~s бороться за потребителя
consumerism *n* «консьюмеризм» *(общественное движение в защиту потребителей)*
consumerization *n* ориентирование на потребителя
consumership *n* 1. потребление 2. потребитель
consumption *n эк.* потребление
  aggregate ~ суммарное потребление, общий объём потребления
  average per capita ~ среднедушевое потребление
  current ~ текущее потребление
  domestic ~ внутреннее потребление, потребление внутри страны
  energy ~ потребление энергии
  foodstuffs ~ потребление продуктов питания
  home ~ внутреннее потребление, потребление внутри страны
  overall ~ суммарное потребление, общий объём потребления
  per capita ~ потребление на душу населения
  personal/private ~ личное потребление
  public ~ потребление, связанное с удовлетворением общественных потребностей *(в образовании, здравоохранении и т.п.)*
  resources ~ ресурсопотребление
  to reduce ~ сокращать потребление
  level of ~ уровень потребления
contact I *n* 1. контакт, связь 2. лицо, с которым поддерживается негласный контакт; посредник, осведомитель *(обыкн. полицейский)*
  ~s **between the two countries have been picking up again** снова активизировались контакты между двумя странами
  bilateral ~s двусторонние контакты
  business ~s деловые контакты/связи
  close ~ тесный контакт
  cultural ~s культурные контакты/связи
  diplomatic ~s дипломатические контакты/связи
  direct ~s прямые контакты
  economic ~s экономические связи
  face-to-face ~s непосредственные/прямые контакты
  foreign ~s внешние связи
  formal ~s официальные контакты/связи
  fruitful ~s полезные/плодотворные контакты
  government-to-government ~s межправительственные контакты
  high-level ~s контакты на высшем уровне
  informal ~s неофициальные контакты
  intergovernmental ~s межправительственные контакты
  meaningful ~s полезные/плодотворные контакты
  multilateral ~s многосторонние контакты
  official ~s официальные контакты/связи
  parliamentary ~s межпарламентские связи
  people-to-people ~s контакты между отдельными людьми разных стран
  personal ~s личные контакты
  political ~s политические контакты
  private ~s личные контакты
  regular ~s регулярные контакты
  scientific ~s научные контакты
  trade ~s торговые контакты
  unofficial ~s неофициальные контакты
  to break off ~s прекращать/разрывать контакты/связи
  to broaden ~s расширять контакты/связи
  to chart the course of future ~s намечать будущие контакты
  to come into ~ **with** *smb* устанавливать контакт с *кем-л.*; входить в контакт с *кем-л.*; связываться с *кем-л.*
  to cut ~s прекращать/разрывать контакты/связи
  to derail the ~s срывать контакты
  to develop ~s развивать контакты/связи
  to end all ~s **with a country** прекращать все контакты с *какой-л.* страной
  to establish ~s налаживать/устанавливать контакты/связи
  to expand/to extend ~s расширять контакты/связи
  to get into ~ **with** *smb* устанавливать контакт с *кем-л.*; входить в контакт с *кем-л.*; связываться с *кем-л.*
  to hold ~s осуществлять контакты/связи
  to keep in/to maintain ~ поддерживать контакт/связь

to make ~s налаживать/устанавливать контакты/связи

to place limits on ~s with *smb* ограничивать контакты с *кем-л.*

to promote ~s развивать контакты/связи; способствовать расширению контактов/ связей

to put restrictions on ~s with *smb* ограничивать контакты с *кем-л.*

to re-establish ~s восстанавливать контакты/связи

to restrict ~s with *smb* ограничивать контакты с *кем-л.*

to resume ~s возобновлять контакты/связи

to shun ~s уклоняться от контактов

to step up/to strengthen ~s укреплять контакты/связи

to suspend ~s временно приостанавливать контакты/связи

to upgrade ~s повышать уровень контактов

expansion/extension of ~s расширение контактов

revival of ~s возобновление контактов

contact II *v* входить в контакт *(с кем-л.)*; устанавливать контакт/связь *(с кем-л.)*; связываться *(с кем-л.)*

contain *v* **1.** содержать **2.** сдерживать

to ~ the growth of production сдерживать рост производства

containment *n* **1.** сдерживание **2.** политика сдерживания *(потенциального агрессора)*

~ by deterrence сдерживание путем устрашения

conventional ~ сдерживание с помощью обычного вооружения

hostility ~ *воен. жарг.* сдерживание с помощью оружия космического базирования

contaminate *v* загрязнять, заражать *(радиоактивными, химическими веществами)*

to ~ water загрязнять/заражать воду

contamination *n* загрязнение, заражение *(радиоактивными, химическими веществами)*

~ of the ground заражение местности

environmental ~ загрязнение окружающей среды

radioactive/radiological ~ радиоактивное заражение

to control ~ устанавливать контроль за загрязнением/заражением *(окружающей среды)*

to keep Antarctica free from ~ не допускать загрязнения Антарктики

contemporary I *n* современник

contemporary II *a* современный

contempt *n* *юр.* неуважение *(к судебным органам и т.п.)*; оскорбление *(органов власти, законодательных органов)*

~ of Congress неуважение к Конгрессу

~ of court неуважение к суду

contender *n* соперник; претендент

~ for the presidency претендент на пост президента

~ in an election соперник на выборах

presidential ~ претендент на пост президента

prime ~ основной претендент

to come well ahead of other ~s значительно опережать своих соперников *(на выборах и т.п.)*

to put *oneself* **forward as a ~** выставлять свою кандидатуру на выборы

to undercut a ~ подрывать позиции претендента *(на выборах и т.п.)*

leading ~ of the Democratic Party's presidential nomination ведущий претендент на выдвижение в качестве кандидата на пост президента от Демократической партии

the field will be narrowed to three ~s останется три претендента

content *n* **1.** *обыкн. pl* содержимое *(чего-л.)* **2.** содержание *(книги, документа и т.п.)*

gold ~ золотое содержание *(денежной единицы)*

media ~ содержание информации

to leak the paper's ~ разглашать содержание документа

to nullify the ~ of *smth* выхолащивать содержание *чего-л.*

contention *n* **1.** разногласие, расхождение во мнениях; спор; раздор **2.** заявление, утверждение; точка зрения *(в споре)*

to accept a ~ соглашаться с утверждением

to dismiss *smb's* **~** отвергать *чье-л.* утверждение

point of ~ пункт, по которому имеются разногласия

contest I *n* **1.** борьба, соперничество, соревнование **2.** конкурс, соревнование

~ for the support of *smb* борьба за *чью-л.* поддержку

beauty ~ конкурс красоты

close ~ 1) предвыборная борьба с почти равными шансами на успех 2) почти одинаковые результаты, показанные соперниками на выборах *или* при опросах общественного мнения

Democratic ~ соперничество между кандидатами от Демократической партии

international ~ of violinists международный конкурс скрипачей

leadership ~ борьба за руководство партией

national ~ соперничество на всеобщих выборах

party-leadership ~ борьба за избрание лидера партии

presidential ~ альтернативные выборы президента

primary ~ соперничество на первичных выборах

three-way ~ борьба трех кандидатов

to win the ~ победить на конкурсе

contest II *v* **1.** оспаривать **2.** бороться, соперничать *(на выборах)* **3.** соревноваться, соперничать

contestant *n* **1.** соперник, конкурент, противник **2.** конкурсант **3.** *pl юр.* тяжущиеся стороны

context *n* контекст

in the ~ of discussion в контексте/в свете обсуждения

within the ~ of balanced development в условиях сбалансированного развития

continent *n* континент, материк

continental *a* континентальный, материковый

contingenc/y *n* случайность; чрезвычайное/ непредвиденное обстоятельство

to be prepared for any ~ быть готовым к любой случайности

to meet ~ies действовать в условиях чрезвычайных обстоятельств

contingent *n* личный состав, контингент; отряд

token ~ of troops символический воинский контингент

continuismo *исп.* используемая диктаторами Латинской Америки тактика растягивания сроков правления

continuity *n* **1.** непрерывность **2.** преемственность

~ of employment непрерывный стаж работы

policy ~ преемственность политики

to maintain ~ сохранять преемственность

to secure ~ in the policy обеспечивать преемственность в политике

continuous *a* непрерывный, непрекращающийся; длительный

contraband I *n* контрабанда

to confiscate/to seize ~ захватывать/конфисковывать контрабанду

carriage of ~ провоз контрабанды

seizure of ~ изъятие контрабанды

contraband II *attr* контрабандный

~ goods контрабанда, контрабандные товары

contrabandist *n* контрабандист

contract I *n* контракт, договор; соглашение

arms ~ военный заказ; контракт на поставку военного снаряжения

binding ~ контракт, имеющий обязательную силу

commercial ~ торговый контракт

defense ~ военный заказ; контракт на поставку военного снаряжения

delivery ~ контракт на поставку

government ~ правительственный контракт

invalid ~ контракт, не имеющий законной силы

labor ~ трудовое соглашение

long-term ~ долгосрочный контракт

lucrative ~ выгодный контракт

military ~ военный заказ; контракт на поставку военного снаряжения

naked ~ контракт, не имеющий законной силы

package ~ комплексный контракт

permanent ~ постоянный контракт

prime ~ основной контракт

short-term ~ краткосрочный контракт

temporary ~ временный контракт

terminal ~ срочный контракт

turn-key ~ контракт на строительство «под ключ» *(с доведением объекта до полной эксплуатационной готовности)*

umbrella ~ всеобъемлющий контракт

union ~ трудовое соглашение между профсоюзом и владельцем предприятия

yellow-dog ~ контракт о найме на работу с обязательством не вступать в профсоюз

to abide by a ~ соблюдать условия контракта

to abrogate a ~ расторгать контракт

to accept a ~ одобрять контракт

to advise on ~s давать заключение по контрактам

to annul a ~ расторгать контракт

to approve a ~ одобрять контракт

to award a ~ to *smb* заключать контракт с *кем-л.*; предлагать контракт *кому-л.*

to be on a ~ работать по контракту

to bid for a ~ добиваться получения контракта

to break a ~ нарушать контракт

to cancel a ~ расторгать контракт

to complete a ~ выполнить условия контракта

to conclude/to enter into a ~ заключать контракт

to extend a ~ продлевать контракт

to hold a ~ иметь контракт; работать по контракту

to honor a ~ соблюдать контракт

to make a ~ заключать контракт

to negotiate a ~ вести переговоры о заключении контракта

to offer a ~ предлагать контракт

to place ~s размещать контракты

to revise the provisions of a ~ пересматривать условия контракта

to win a ~ добиваться контракта; получать контракт

breach of a ~ нарушение (условий) контракта

compensation for termination of ~ компенсация за прекращение действия контракта

expiration of the ~ истечение срока действия контракта

extension of the ~ продление контракта/договора

terms of the ~ условия контракта

contract II *v* заключать *(союз, соглашение и т.п.)*

to ~ an alliance with *smb* заключать союз с *кем-л.*

contracting *a* договаривающийся

~ parties договаривающиеся стороны

contraction *n* сокращение, спад, снижение, уменьшение

~ in business conditions спад/уменьшение деловой активности

major ~ значительное сокращение *(экономической активности и т.п.)*

contractor *n* подрядчик

defense ~ подрядчик министерства обороны

contractual *a* договорный

~ obligations договорные обязательства

on a ~ basis на договорной основе

contradict *v* 1. противоречить 2. опровергать; отрицать

to ~ a statement опровергать заявление

to ~ the report противоречить сообщению

contradiction *n* 1. противоречие; несоответствие, расхождение 2. опровержение; отрицание

~ of rumors опровержение слухов

acute ~s острые противоречия

basic ~s кардинальные противоречия

class ~s классовые противоречия

deep(-rooted) ~s глубокие противоречия

economic ~s экономические противоречия

ethnic ~s межнациональные противоречия

fundamental ~s кардинальные противоречия

insoluble ~s неразрешимые противоречия

internal ~s внутренние противоречия

interstate ~s 1) межгосударственные противоречия 2) противоречия между штатами

irreconcilable ~s непримиримые противоречия

racial ~s расовые противоречия

sharp ~s острые противоречия

social ~s социальные противоречия

to be in gross ~ to *smth* находиться в вопиющем противоречии с *чем-л.*

to blur out ~s сглаживать противоречия

to come into ~ with *smth* вступать в противоречие с *чем-л.*

to cover up ~s сглаживать противоречия

to eliminate ~s устранять противоречия

to give rise to ~s порождать противоречия

to gloss over ~s сглаживать противоречия

to lay bare the ~s вскрывать противоречия

to overcome ~s преодолевать противоречия

to play down ~s стараться преуменьшать наличие противоречий

to resolve ~s разрешать противоречия

to reveal the ~s вскрывать противоречия

to sharpen ~s обострять противоречия

aggravation of ~s обострение противоречий

elimination of ~s устранение противоречий

source of ~s источник противоречий

tangle of ~s узел противоречий

veiling of ~s затушевывание противоречий

contradictive *a* противоречивый

~ rumors противоречивые слухи

contradictory *a* 1. противоречивый 2. противоречащий, несоответствующий

~ statements противоречивые заявления

contrary *a* противоречащий; обратный

to hold ~ opinions придерживаться (прямо) противоположных мнений

contrast I *n* 1. контраст; различие; противоположность 2. противопоставление

to be in violent ~ резко контрастировать, находиться в резком противоречии

to sharpen the ~ between *smb* обострять/усугублять контраст/различие/противоречия между *кем-л.*

contrast II *v* 1. контрастировать; противоречить 2. сопоставлять, сравнивать; противопоставлять

contravene *v* нарушать, преступать

to ~ a convention нарушать конвенцию; противоречить конвенции

to ~ the law нарушать закон

contravention *n* нарушение *(закона и т.п.)*

to act in ~ of international law действовать в нарушение (норм) международного права

in direct ~ of *smth* в прямом противоречии с *чем-л.*

contribute *v (to)* вносить/делать вклад *(в науку и т.п.)*; содействовать; способствовать

to ~ suggestions вносить предложения

to ~ to a better mutual understanding способствовать созданию лучшего взаимопонимания

contribution *n* 1. вклад *(во что-л.)*; содействие *(чему-л.)* 2. взнос *(денежный и т.п.)*; пожертвования 3. контрибуция

~ to the common cause вклад в общее дело

~s of member-states взносы государств-членов

active ~ активный вклад

annual ~s ежегодные взносы

assessed ~s долевые/обязательные взносы; взносы, установленные по разверстке *(среди стран – членов международной организации)*

budget ~s взносы в бюджет

campaign ~s пожертвования на проведение (избирательной) кампании

considerable ~ значительный вклад

effective ~ эффективный вклад

essential ~ важнейший вклад

financial ~s денежные взносы/пожертвования

government ~ взнос правительства

great ~ значительный вклад

important ~ важный вклад

incontestable ~ бесспорный вклад

invaluable ~ неоценимый вклад

mandatory ~ обязательный взнос

monetary ~s денежные взносы/пожертвования

optional ~ добровольный взнос

outstanding ~ 1) выдающийся вклад 2) неуплаченный взнос

payable ~s причитающиеся взносы

positive ~ позитивный вклад

significant ~ значительный вклад

substantial ~ существенный вклад

tangible ~ ощутимый вклад
token ~ символический взнос
voluntary ~ добровольный взнос
weighty ~ весомый вклад
to accept ~s принимать взносы/пожертвования
to apportion the ~s **among members** определять размеры взносов членов *(организации, союза и т.п.)*
to exact ~s взыскивать контрибуцию
to impose ~s **on** *smb* накладывать контрибуцию на *кого-л.*
to increase ~ увеличивать вклад
to lay *smb* **under** ~s накладывать контрибуцию на *кого-л.*
to make a ~ вносить/делать взнос; делать пожертвование
to make a ~ **to** *smth* вносить/делать вклад во *что-л.*; способствовать *чему-л.*; содействовать *чему-л.*
to pay (off) ~s **in full** вносить взнос полностью
to pledge ~ обязаться сделать взнос
to reduce ~s сокращать сумму взносов/пожертвований
to withdraw *one's* **overdue** ~s **from the UN** отказываться от уплаты своей задолженности по взносам в ООН
to withhold ~s задерживать уплату взносов *(в международную организацию и т.п.)*
contributor *n* **1.** лицо, делающее взнос/пожертвование; донор; жертвователь; вкладчик **2.** страна *или* организация, делающая взнос/пожертвование **3.** (постоянный) сотрудник *(органа печати)*
~ **to the party's coffers** поставщик средств для партийной казны
larger ~s страны, вносящие крупные взносы в бюджет *(ООН и т.п.)*
troop ~ страна, представляющая свои вооруженные силы в *чье-л.* распоряжение *(напр. ООН)*
contributory I *n* **1.** лицо, делающее взнос/пожертвование **2.** страна *или* организация, делающая взнос/пожертвование
contributory II *a* **1.** делающий взнос/пожертвование; участвующий взносом **2.** содействующий; способствующий
control I *n* контроль; проверка; надзор; регулирование; руководство; управление; владение
~ **over Hong-Kong reverted to mainland China** контроль над Гонконгом перешел к континентальному Китаю
~ **over mass media** контроль над средствами массовой информации
~ **over nuclear weapons** контроль над ядерными вооружениями
absolute ~ неограниченный контроль
adequate ~ надлежащий/соответствующий контроль
all-round ~ всесторонний контроль

arms ~ контроль над вооружениями
birth ~ регулирование рождаемости, планирование семьи
border ~ пограничный контроль
centralized ~ централизованный контроль
community ~ местный контроль
comprehensive ~ всеобъемлющий контроль
constant ~ постоянный контроль
conventional arms ~ контроль за обычными вооружениями
crime ~ борьба с преступностью
cross-border ~s пограничные контрольно-пропускные пункты
crowd ~ контроль за поведением толпы
currency ~ валютное регулирование
direct ~ непосредственный/прямой контроль
disarmament ~ контроль за разоружением
economic ~ экономический контроль
effective/efficient ~ эффективный контроль
environmental ~ контроль за состоянием окружающей среды
exchange ~ валютное регулирование
export ~ контроль за экспортом
financial ~ финансовый контроль
flood ~ борьба с наводнениями
government ~ контроль со стороны правительства
import ~s контроль за импортом
integrated ~ единый контроль
international ~ международный контроль
military ~ контроль со стороны армии/военных
ministerial ~ контроль со стороны министерства
monopoly ~ регулирование деятельности монополий
mutual ~ взаимный контроль
nuclear arms ~ контроль над ядерным вооружением
nuclear tests ~ контроль за ядерными испытаниями
on-site ~ контроль на местах
parliamentary ~ парламентский контроль
partial ~ частичный контроль
passport ~ паспортный контроль
pollution ~ контроль за загрязнением окружающей среды
price ~ контроль над ценами; регулирование цен
progress ~ контроль за ходом выполнения работы
public ~ контроль со стороны общества
riot ~ борьба с беспорядками
running ~ текущий контроль
shortage ~ устранение дефицита
tight ~ жесткий контроль
wage ~ регулирование заработной платы
to abolish price ~s либерализовать цены
to be in ~ **of** *smth* контролировать *что-л.*; управлять *чем-л.*
to bring the situation under ~ брать положение под контроль

to emphasize quality ~ делать упор на контроль за качеством *(продукции)*

to end price ~ отменять контроль над ценами

to escape ~ избегать/воздерживаться от контроля

to establish ~ устанавливать контроль

to exercise/to exert ~ **over** *smth* осуществлять контроль над *чем-л.*; держать *что-л.* под контролем

to extend *one's* ~ **over a city** распространять свой контроль на *какой-л.* город

to get ~ получать/приобретать контроль

to get beyond/out of ~ выходить из-под контроля/из подчинения

to go through immigration ~ проходить иммиграционный контроль

to have/to hold/to implement ~ **over** *smth* осуществлять контроль над *чем-л.*; держать *что-л.* под контролем

to increase ~ **over** *smth* усиливать/ужесточать контроль над *чем-л.*

to institute ~ устанавливать контроль

to introduce ~ вводить контроль

to keep everything under ~ полностью контролировать обстановку

to lessen/to liberalize ~ ослаблять контроль

to lift limited ~ **over** *smth* снимать ограниченный контроль над *чем-л.*

to lose ~ **of the economy** утрачивать контроль над экономикой

to obtain ~ получать/приобретать контроль

to pass under national ~ переходить под государственное управление

to place *smth* **under** *smb's* ~ ставить *что-л.* под *чей-л.* контроль; устанавливать *чей-л.* контроль над *чем-л.*

to put the situation under ~ брать положение под контроль

to reduce ~ ослаблять контроль

to regain ~ **over** *smth* восстанавливать контроль над *чем-л.*

to relax ~ ослаблять контроль

to remain firmly in ~ по-прежнему прочно контролировать *(что-л.)*

to restore ~ **of** *smth* восстанавливать контроль над *чем-л.*

to retain *one's* ~ сохранять контроль

to seize ~ захватывать контроль *(над чем-л.)*

to set up ~ устанавливать контроль

to step up/to strengthen ~ **over** *smth* усиливать/ужесточать контроль над *чем-л.*

to take ~ **of** *smth* получать контроль над *чем-л.*; овладевать *чем-л.*

to tighten ~ **over** *smth* усиливать/ужесточать контроль над *чем-л.*

to win ~ **of** *smth* получать контроль над *чем-л.*; овладевать *чем-л.*

to wrest ~ **from** *smb* лишать *кого-л.* господствующего положения

abandonment of ~ отказ от контроля

abolition of ~ отмена контроля

abuse of ~ нарушение контроля

dismantling/end of ~ отмена контроля

ensuring of safe ~ обеспечение надежного контроля

gradual surrender of centralized ~ постепенный отказ от централизованного управления

increase in ~ усиление контроля

introduction of ~ введение контроля

loosening of ~ ослабление контроля

loss of ~ утрата контроля

main instrument of ~ основной инструмент контроля

out of government ~ не контролируемый правительством

relaxation of ~ ослабление контроля

slackening of ~ ослабление контроля

the situation might be getting out of ~ ситуация может выйти из-под контроля

under strict ~ под строгим контролем

control II *v* контролировать; проверять; руководить, управлять; регулировать; сдерживать

to ~ **external economic activity** контролировать внешнеэкономическую деятельность

controllable *a* поддающийся контролю/проверке; управляемый; регулируемый

controversial *a* спорный, противоречивый, дискуссионный

~ **problem** спорная проблема

controversialist *n* полемист

controversy *n* **1.** спор, дискуссия, полемика **2.** спор, конфликт; столкновение

the ~ **surrounding** *smth* спор/конфликт вокруг *чего-л.*

border ~ пограничный спор/конфликт

long-running ~ давнишний спор/конфликт

newspaper ~ газетная полемика

violent ~ ожесточенная полемика

to aggravate ~ усиливать противоречия

to avoid ~ избегать конфликта

to cause ~ вызывать конфликт

to dampen down the ~ **between** *smb* гасить конфликт между *кем-л.*

to raise political ~ вызывать политический конфликт

to spark a new shoot-to-kill ~ приводить к возобновлению вооруженных столкновений

to steer clear of any ~ избегать дискуссии/полемики

controvert *v* **1.** спорить, полемизировать **2.** оспаривать *(чьи-л. доводы, чье-л. заявление и т.п.)*

conurbation *n* конурбация, городская агломерация

convene *v* созывать; собираться

to ~ **a council** созывать совет

convener *n* инициатор, организатор *(конференции, съезда, встречи и т.п.)*

convention *n* **1.** конвенция, договор, соглашение **2.** собрание; съезд; конференция

C. on the Prohibition of the Use of Nuclear and Thermonuclear Weapons Конвенция о запрещении применения ядерного и термоядерного оружия

bilateral ~ двусторонняя конвенция

Constitutional C. *амер. ист.* Конституционный конвент

consular ~ консульская конвенция

Democratic election ~ предвыборный съезд Демократической партии США

draft ~ проект конвенции/соглашения

economic ~ соглашение по экономическим вопросам

Human Rights C. Конвенция о соблюдении прав человека

international ~ международная конвенция

multilateral ~ многосторонняя конвенция

national party ~ национальный съезд партии

nominating ~ съезд делегаций *какой-л.* партии от штатов для выдвижения кандидата *(на пост президента)*

open ~ предвыборный съезд партии, на котором ни один из кандидатов не располагает прочным большинством

pony ~ мини-съезд

Republican National C. национальный съезд Республиканской партии США

state ~ партийный съезд штата

to abide by the terms of the ~ соблюдать положения конвенции

to accede to a ~ присоединяться к конвенции

to adhere to a ~ (строго) придерживаться положений конвенции; (строго) соблюдать конвенцию

to apply a ~ **to** *smth* распространять конвенцию на *что-л.*

to be a party to a ~ быть участником конвенции

to conclude a ~ заключать конвенцию

to contravene a ~ противоречить конвенции

to enter into a ~ заключать конвенцию

to hold a ~ проводить (партийный) съезд

to implement the provisions of a ~ выполнять положения конвенции

to join a ~ присоединяться к конвенции

to put a ~ **into effect** вводить в действие конвенцию

to ratify a ~ ратифицировать конвенцию

to secede from a ~ выходить из конвенции

to undercut/to undermine a ~ срывать выполнение условий конвенции

to withdraw from a ~ выходить из конвенции

to work out a ~ разрабатывать/вырабатывать конвенцию/соглашение

adherence to a ~ соблюдение (условий) конвенции

article/clause of ~ статья конвенции

signatory to a ~ страна/сторона, подписавшая конвенцию

signing of a ~ подписание конвенции

the mechanics of a ~ организационная «кухня» предвыборного съезда партии

the United Nations ~ **of the rights of the child** Конвенция ООН о правах ребенка

violation of a ~ нарушение/несоблюдение конвенции

conventional *a* **1.** обычный, общепринятый, традиционный **2.** *воен.* обычный, обычного типа

~ **armaments** обычные вооружения/виды вооружений

~ **armed forces** вооруженные силы общего назначения, неядерные силы

~ **arms** обычные вооружения/виды вооружений

limited ~ **war** ограниченная война с применением обычных видов вооружений

conventioneer *n* участник съезда/собрания

convergence *n* конвергенция; теория сближения разных экономических систем

conversation *n* **1.** беседа, разговор **2.** *обыкн. pl* (неофициальные) переговоры

captured ~ *полиц. и развед. жарг.* разговор, тайно записанный на пленку

to eavesdrop on telephone ~**s** прослушивать/подслушивать телефонные разговоры

to hold ~**s with** *smb* вести переговоры с *кем-л.*

to monitor telephone ~**s** прослушивать/подслушивать телефонные разговоры

conversion *n* **1.** изменение, преобразование, превращение; перестройка **2.** обращение *(в какую-л. веру)*; переход *(в другую веру)* **3.** переход из одной партии в другую **4.** *фин.* конверсия **5.** *воен.* конверсия

~ **of a loan** конверсия займа

~ **of money into capital** превращение денег в капитал

~ **to peaceful production** переключение/переход на мирное производство

economic ~ перестройка экономики

skill ~ переквалификация; переподготовка

convert I *n* **1.** человек, обращенный в *какую-л.* веру; человек, перешедший в другую веру **2.** человек, перешедший из одной партии в другую

to win ~**s** обращать *кого-л.* в свою веру

convert II *v* **1.** *(to, into)* изменять; преобразовывать, превращать; перестраивать **2.** *(to, into)* обращать *(в какую-л. веру)*; переходить *(в другую веру)* **3.** *(to)* переходить из одной партии в другую

to ~ *smb* **to Buddhism** обратить *кого-л.* в буддизм

convertibility *n* конвертируемость *(валюты)*

convertible *a* конвертируемый, обратимый *(о валюте)*

convey *v* **1.** перевозить, транспортировать **2.** передавать, сообщать **3.** *юр.* передавать *(кому-л.)* права *(на что-л.)* или имущество

165

to ~ **information** передавать сведения/информацию

conveyance *n* **1.** перевозка, транспортировка **2.** передача, сообщение *(новостей, информации и т.п.)* **3.** *юр.* передача прав *или* имущества *(особ. недвижимого)*

convict I *n* осужденный *(преступник)*; заключенный; каторжник

convict II *v юр.* признавать виновным, выносить приговор; осуждать
   to ~ *smb* **for spying** осуждать *кого-л.* за шпионаж
   to ~ *smb* **in his/her absence** признавать *кого-л.* виновным заочно

conviction *n* **1.** убеждение, убежденность **2.** *pl* убеждения, взгляды **3.** *юр.* осуждение, признание виновным, вынесение приговора
   firm ~ твердое убеждение
   ideological ~ идейная убежденность
   political ~s политические убеждения
   religious ~s религиозные убеждения
   strong ~ твердое убеждение
   summary ~ осуждение по совокупности статей *(Уголовного кодекса)*
   to **alter** *one's* ~s менять свои убеждения
   to **express** *one's* ~ **in** *smth* выражать свою убежденность в *чем-л.*
   to **have a previous** ~ иметь судимость
   to **keep to** *one's* ~s придерживаться своих убеждений
   to **quash the** ~ отменять приговор
   to **reinforce** ~ подкреплять убежденность *(в чем-л.)*
   to **repudiate** *one's* ~s отрекаться от своих убеждений
   to **secure the** ~ **of** *smb* добиваться *чьего-л.* осуждения
   to **stick to** *one's* ~s придерживаться своих убеждений
   to **strike a previous** ~ **off** *smb's* **record** снимать судимость с *кого-л.*
   to **voice** *one's* ~ **in** *smth* выражать свою убежденность в *чем-л.*
   force of ~ сила убеждения; убедительность
   freedom of ~s свобода взглядов
   power of ~ сила убеждения; убедительность
   record of ~s судимости

convince *v* убеждать, уверять

convocation *n* созыв *(парламента, сессии и т.п.)*
   ~ **of a conference** созыв конференции
   to **address/to send (out) letters of** ~ рассылать извещения о созыве

convoke *v* созывать, собирать *(собрание и т.п.)*

convoy *n* **1.** колонна грузовых автомашин *(обыкн. военных)* **2.** караван судов *(обыкн. торговых)* **3.** конвой, конвоиры
   army ~ колонна военных грузовиков
   food ~ колонна машин с продовольствием
   relief ~ колонна машин с грузами, предназначенными для оказания помощи пострадавшему населению

to **ambush a government** ~ нападать из засады на колонну правительственных войск
   to **escort a** ~ эскортировать караван судов

cooperate *v* (with) **1.** сотрудничать *(с кем-л., чем-л.)* **2.** кооперироваться, объединяться
   to ~ **closely** тесно сотрудничать
   to ~ **on the basis of equality and mutual benefit** осуществлять сотрудничество на основе равенства и взаимной выгоды

cooperation *n* **1.** сотрудничество; взаимодействие; совместные действия *или* усилия **2.** кооперация; кооперирование
   ~ **across a huge project** сотрудничество в деле осуществления крупного проекта
   ~ **in the field of** *smth* сотрудничество в *какой-л.* области
   ~ **in/of agriculture** кооперирование сельского хозяйства
   all-European ~ общеевропейское сотрудничество
   all-round ~ всестороннее сотрудничество
   beneficial ~ выгодное сотрудничество
   bilateral ~ двустороннее сотрудничество
   broad ~ широкое сотрудничество
   business ~ деловое сотрудничество
   commercial ~ сотрудничество в области торговли
   comprehensive ~ всестороннее сотрудничество
   creative ~ творческое содружество
   cross-border ~ сотрудничество в приграничных районах *(напр. между Великобританией и Ирландией в Ольстере)*
   cultural ~ культурное сотрудничество
   customer ~ потребительская кооперация
   economic ~ экономическое сотрудничество
   educational ~ сотрудничество в области образования
   environmental ~ сотрудничество в деле охраны окружающей среды
   equitable ~ равноправное сотрудничество
   extensive ~ широкое сотрудничество
   foreign economic ~ внешнеэкономическое сотрудничество
   fruitable ~ плодотворное сотрудничество
   growing ~ растущее сотрудничество
   humanitarian ~ сотрудничество в гуманитарной области
   international ~ международное сотрудничество
   interstate ~ межгосударственное сотрудничество
   large-scale ~ широкомасштабное сотрудничество
   law enforcement ~ сотрудничество правоохранительных органов
   long-term ~ долгосрочное сотрудничество
   many-sided ~ многостороннее сотрудничество
   military ~ сотрудничество в военной области
   multifaceted ~ многостороннее сотрудничество

mutually advantageous ~ взаимовыгодное сотрудничество
nonproduction ~ непроизводственная кооперация
political ~ политическое сотрудничество
production ~ производственная кооперация
profitable ~ выгодное сотрудничество
regional ~ региональное сотрудничество
scientific ~ научное сотрудничество
South-Asian Regional C. (SARC) Организация сотрудничества стран Южной Азии
successful ~ успешное сотрудничество
to achieve ~ осуществлять сотрудничество, сотрудничать
to activate ~ активизировать сотрудничество
to boost ~ усиливать сотрудничество
to broaden ~ расширять сотрудничество
to contribute to wider ~ способствовать дальнейшему развитию сотрудничества
to deepen ~ углублять сотрудничество
to designate the areas of ~ определять области сотрудничества
to develop ~ развивать сотрудничество
to encourage ~ поддерживать/поощрять сотрудничество
to ensure ~ обеспечивать сотрудничество
to establish ~ устанавливать/налаживать сотрудничество
to expand/to extend ~ расширять сотрудничество
to facilitate/to favor/to foster/to further ~ содействовать/способствовать сотрудничеству, развивать сотрудничество
to hinder ~ мешать/препятствовать сотрудничеству
to increase ~ усиливать сотрудничество
to introduce new forms of ~ вводить/внедрять/устанавливать новые формы сотрудничества
to maintain ~ поддерживать/осуществлять сотрудничество
to obstruct ~ препятствовать сотрудничеству; стоять на пути сотрудничества
to open new vistas of ~ открывать новые перспективы сотрудничества
to promote ~ содействовать/способствовать сотрудничеству, развивать сотрудничество
to reinforce ~ укреплять сотрудничество
to smash the ~ положить конец сотрудничеству
to step up ~ укреплять сотрудничество
to stimulate ~ поддерживать/поощрять/стимулировать сотрудничество
to strengthen ~ укреплять сотрудничество
to widen ~ расширять сотрудничество
to wreck ~ срывать сотрудничество
broadening of ~ расширение сотрудничества
common interest in the development of ~ общая заинтересованность в развитии сотрудничества
expansion/extension of ~ расширение сотрудничества

in close ~ **with** *smb* в тесном сотрудничестве с *кем-л.*
resumption of ~ возобновление сотрудничества
weakening of ~ ослабление сотрудничества
cooperative I *n* кооператив, кооперативное общество
agricultural production ~ сельскохозяйственный производственный кооператив
farm(er) ~ сельскохозяйственный кооператив
marketing ~ сбытовой кооператив
cooperative II *a* **1.** совместный **2.** сотрудничающий; участвующий в совместной работе **3.** кооперативный
in a ~ **spirit** в духе сотрудничества
co-opt *v* **1.** кооптировать **2.** вбирать в себя; ассимилировать
coordinate I *a* скоординированный; согласованный
coordinate II *v* координировать; согласовывать
to ~ *smth* **with** *smb* согласовывать *что-л.* с *кем-л.*
coordinating *a* координационный
coordination *n* координация; согласование
~ **of a program** согласование программы
~ **of defense measures** координация оборонных мероприятий
~ **of foreign-policy activity** координация внешнеполитической деятельности
effective ~ эффективное взаимодействие
regional ~ **of trade policies** региональная координация торговой политики
to ensure ~ обеспечивать координацию
to maintain close ~ поддерживать тесное взаимодействие
to strengthen the ~ **between** *smb* укреплять сотрудничество между *кем-л.*
coordinator *n* **1.** координатор **2.** организатор *чей-л.* предвыборной кампании
program's ~ координатор программы *(оказания помощи и т.п.)*
cop *n разг.* полицейский
plain-clothes ~ полицейский в штатском
copartner *n* партнер
cope *v (with)* справляться *(с чем-л.)*; решать *(задачу и т.п.)*
to ~ **with difficulties** справляться с трудностями
cop-out *n полиц. жарг.* признание заключенным своей вины
copper *n разг.* полицейский
coproduce *v* совместно производить
coproduction *n* совместное производство
copy I *n* копия; экземпляр
authenticated ~ заверенная копия
certified ~ заверенная копия
clean ~ чистовик, беловик
original ~ первый экземпляр *(документа)*, оригинал
rough ~ черновик

true ~ заверенная копия

to make/to take a ~ of *smth* снимать копию с *чего-л.*

copy II *v* снимать копию, копировать

copyright *n* авторское право

infringement of ~ нарушение авторского прав

cordon *n* кордон

~ **sanitaire** *фр.* санитарный кордон

police ~ полицейский кордон

co-reporter *n* содокладчик

co-responsibility *n* совместная ответственность

corner *n* **1.** угол **2.** часть, район, сторона

to fight *smb's* ~ бороться на *чьей-л.* стороне

to force *smb* **into a ~** *перен.* загонять *кого-л.* в угол

to turn a ~ after a difficult period оставить основные трудности позади

cornerstone *n* краеугольный камень

the ~ of a country's foreign policy краеугольный камень внешней политики страны

to make *smth* **the ~ (of)** ставить *что-л.* во главу угла

coronation *n* коронация, коронование

coroner *n* коронер, следователь, ведущий дело о насильственной *или* скоропостижной смерти

corporation *n* **1.** корпорация; объединение **2.** акционерная компания; акционерное общество **3.** муниципалитет

alien ~ иностранная корпорация

British Broadcasting C. (BBC) Британская радиовещательная корпорация, Би-би-си

Commonwealth Development C. *брит.* Корпорация развития Содружества

domestic ~ отечественная/национальная корпорация

foreign-owned ~ иностранная корпорация

government ~ правительственная корпорация

industrial ~ промышленная корпорация

international ~ международная корпорация

municipal ~ 1) муниципальная корпорация 2) муниципалитет

private(ly owned) ~ частная корпорация

public/state-owned/state-run ~ государственная корпорация

stock ~ акционерная компания

subsidiary ~ дочерняя корпорация

trading ~ торговая корпорация

transnational ~s транснациональная корпорация, ТНК

corps *n* **1.** корпус *(совокупность лиц)* **2.** *воен.* корпус *(войсковая единица)* **3.** *воен.* род войск

~ **diplomatique** *фр.* дипломатический корпус, дипломаты

~ **of engineers** инженерные войска

Allied Rapid Reaction C. Союзный корпус быстрого реагирования *(создан странами-членами НАТО после окончания холодной войны)*

diplomatic ~ дипломатический корпус, дипломаты

expeditionary ~ экспедиционный корпус

infantry ~ пехотный/стрелковый корпус

officer ~ офицерский корпус, офицеры

Peace C., the «Корпус мира» *(США)*

people's emergency volunteer ~ народное ополчение

press ~ корреспондентский/журналистский корпус, представители прессы/печати

tank ~ танковый корпус

corpus *n (pl* **corpora)** *лат.* свод, кодекс; собрание *(документов)*

~ **delicti** *юр.* состав преступления

writ of habeas ~ *юр.* распоряжение суда о представлении арестованного в суд для рассмотрения вопроса о законности его ареста

correct I *a* **1.** правильный, верный **2.** надлежащий, приличествующий *(данному случаю)*

politically ~ политкорректный *(не дискриминирующий людей по какому-л. признаку)*

correct II *v* **1.** исправлять **2.** *полит. жарг.* подвергать идеологическому перевоспитанию

correction *n* **1.** исправление, внесение поправок **2.** исправление, поправка

correlation *n* соотношение, взаимосвязь

new ~ of forces новое соотношение сил

correspond *v* переписываться; состоять в переписке

correspondence *n* переписка; корреспонденция; почта

business ~ деловая/служебная переписка; официальная корреспонденция

commercial ~ коммерческая корреспонденция

confidential ~ секретная переписка

diplomatic ~ дипломатическая переписка

interdepartmental ~ межведомственная переписка

office/official ~ деловая/служебная переписка; официальная корреспонденция

to carry on/to conduct/to keep (up) a ~ вести/поддерживать переписку

privacy of ~ тайна переписки

correspondent *n* **1.** корреспондент **2.** лицо, с которым ведется переписка; корреспондент

~ **for "The Financial Times"** корреспондент «Файненшл Таймс»

~ **with Russian television** корреспондент Российского телевидения

diplomatic ~ дипломатический корреспондент

economics ~ корреспондент, специализирующийся на проблемах экономики

environment(al) ~ корреспондент, пишущий по вопросам экологии

foreign ~ иностранный корреспондент

foreign-affairs ~ корреспондент, специализирующийся на вопросах внешней политики

home-affairs ~ корреспондент, освещающий жизнь внутри страны
newspaper's own ~ собственный корреспондент газеты
non-staff ~ внештатный корреспондент
overseas ~ зарубежный корреспондент
roving ~ разъездной корреспондент
Southern Africa ~ корреспондент в странах юга Африки
special ~ специальный корреспондент
staff ~ собственный корреспондент
war ~ военный корреспондент
to ban ~s from reporting *smth* запрещать корреспондентам сообщать о *чем-л.*
to brief ~s (on *smth*) устраивать брифинг для корреспондентов
to expel a ~ высылать/выдворять корреспондента
BBC ~ for the European Union affairs корреспондент Би-би-си, освещающий проблемы ЕС
from our own ~ от нашего собственного корреспондента
office of the ~ for "The Financial Times" in Paris корпункт газеты «Файненшл Таймс» в Париже
our ~ has the details с подробностями наш корреспондент
corridor *n* коридор
~s of power коридоры власти (*высшее руководство*)
air ~ воздушный коридор
civilian air ~ коридор для полетов гражданских самолетов
corroboration *n* подтверждение (*чем-л.*)
independent ~ подтверждение из независимого источника
corrupt I *a* 1. испорченный; развращенный; разложившийся 2. продажный; коррумпированный
~ officials продажные чиновники
~ practices продажность; коррупция
corrupt II *v* 1. портить(ся); развращать(ся) 2. коррумпировать(ся)
corruption *n* 1. испорченность; развращенность; разложение 2. продажность; коррупция
~ among senior officials коррупция среди высших чиновников
~ charges обвинения в коррупции
~ goes right up to the top коррупция доходит до самых верхов
~ in high places коррупция среди высокопоставленных лиц
~ is rampant/rife коррупция процветает
police ~ коррупция среди полицейских
political ~ политическая коррупция
state ~ коррумпированность государственного аппарата
to clean up ~ ликвидировать коррупцию
to combat ~ бороться с коррупцией
to crack down on ~ принимать жесткие меры против коррупции

to curb ~ сдерживать/ограничивать коррупцию
to fight ~ бороться с коррупцией
to get enmeshed in ~ погрязнуть в коррупции
to root/to stamp out ~ искоренять коррупцию
to turn a blind eye to ~ закрывать глаза на коррупцию
to weed out ~ искоренять коррупцию
knee-deep in ~ погрязший в коррупции
cortége *n фр.* кортеж; шествие
festive ~ праздничное шествие
funeral ~ траурный кортеж; траурное шествие, траурная процессия
corvée *n фр. ист.* барщина
coryphaeus *n (pl coryphaei)* корифей
~ of science корифей науки
Cosa Nostra *n* «Коза ностра», «Наше дело» (*ветвь сицилийской мафии в США*)
co-secretary *n* один из секретарей
co-signatory *n* лицо *или* государство, подписывающее соглашение с другими лицами *или* государствами
cosmodrome *n* космодром
cosmonaut *n* космонавт
team of ~s отряд космонавтов
cosmonautics *n* космонавтика
cosmopolitan I *n* космополит
cosmopolitan II *a* космополитический
cosmopolitanism *n* космополитизм
cosmopolite *n* космополит
cosmopolitism *n* космополитизм
cosmos *n* космос, космическое пространство
co-sponsor I *n* 1. соавтор; один из авторов (*проекта резолюции и т.п.*) 2. один из спонсоров (*какого-л. проекта, программы и т.п.*)
co-sponsor II *v* 1. становиться соавтором (*проекта резолюции, предложения и т.п.*) 2. быть одним из спонсоров (*какого-л. проекта, программы и т.п.*)
cost I *n* издержки; затраты; расходы; *тж перен.* цена; стоимость
~ of exports стоимость экспорта
~ of imports стоимость импорта
~ of living стоимость жизни, прожиточный минимум
~ of transport транспортные расходы
actual ~s фактические издержки/затраты
additional ~s дополнительные расходы
administrative ~s административные/управленческие расходы
annual ~s ежегодные затраты/расходы
average ~ средняя стоимость
capital ~s капитальные затраты
court ~s судебные издержки
current ~s текущие затраты
development ~ стоимость разработки
direct ~s прямые затраты/расходы
estimated ~ сметная стоимость
extraordinary ~(s) чрезвычайные расходы

foreign-exchange ~ стоимость в иностранной валюте

indirect ~s косвенные затраты/расходы

labor ~s затраты на рабочую силу, трудовые затраты, трудозатраты

law/legal ~s судебные издержки

living ~s стоимость жизни, прожиточный минимум

maintenance ~s эксплуатационные расходы

material ~s материальные затраты

monetary ~ стоимость в денежном выражении

operating ~s эксплуатационные расходы

prime ~ себестоимость

production ~s издержки производства

salary ~s затраты/расходы на заработную плату

staff ~s расходы на содержание персонала

target ~s плановые затраты/расходы

total ~ общая стоимость

unscheduled ~s внеплановые затраты/расходы

wage ~s затраты/расходы на заработную плату

war ~s военные расходы

to assess the ~s оценивать стоимость

to bear ~s нести издержки/затраты

to boost ~s способствовать росту стоимости

to bring down the ~ снижать стоимость

to cut the ~s сокращать затраты/расходы

to increase ~s увеличивать затраты/расходы

to keep the rise in the ~ **of living within certain bounds** удерживать рост стоимости жизни в определенных пределах

to lower the ~s сокращать затраты/расходы

to meet the ~s оплачивать/покрывать расходы

to minimize the ~s сводить затраты/расходы к минимуму

to offset ~s компенсировать затраты/расходы

to pay the ~s оплачивать издержки/затраты/расходы

to reduce the ~s сокращать затраты/расходы

to reimburse the ~ возмещать стоимость *чего-л.*

to sustain the ~s нести расходы

to truncate ~s урезать затраты

a steady rise in the ~ **of living** постоянное удорожание стоимости жизни

cost II *v* (cost, cost) стоить, обходиться

cost-effectiveness *n* рентабельность

couch *v* (in) излагать, выражать, формулировать

council *n* 1. совет 2. совещание

C. of Chiefs совет вождей племен

C. of Economic Advisers Экономический совет *(при президенте США)*

~ **of elders** совет старейшин

C. of Europe, the Европейский совет

C. of Ministers совет министров

C. of State государственный совет, госсовет

C. of the Federation Совет Федерации *(Россия)*

C. of War военный совет

advisory ~ консультативный совет

Arab League ministerial C. Совет министров иностранных дел Лиги арабских стран

Asian and Pacific C. (ASPAC) Азиатско-Тихоокеанский совет, АЗПАК

Asian Industrial Development C. (AIDC) Азиатский совет промышленного развития

Baltic C. Совет государств Балтии

British C., the Британский совет *(организация по развитию культурных связей с другими странами в целях пропаганды британского образа жизни, поддерживается британским правительством)*

city/common ~ городской/муниципальный совет, муниципалитет

consultative ~ консультативный совет

country ~ *брит.* совет графства

district ~ окружной совет

Economic and Social C. (ECOSOC) Экономический и социальный совет *(ООН)*, ЭКОСОС

European C. for Nuclear Research Европейский совет по ядерным исследованиям

Federation C. Совет Федерации *(Россия)*

general ~ генеральный совет, генсовет

General C. of the Trade-Union Congress Генеральный совет Британского конгресса тред-юнионов

governing ~ совет управляющих; правление

interim ~ временный совет

legislative ~ законодательный совет

local ~ местный совет

municipal ~ городской/муниципальный совет, муниципалитет

National Consumer C. *брит.* Национальный совет потребителей

National Economic Development C. Национальный совет экономического развития *(Великобритания)*

National Security C., the (NSC) Совет национальной безопасности *(США)*

Nordic C. Северный совет

Pan-African C. (PAC) Панафриканский союз

presidential ~ президентский совет

Privy C. Тайный совет *(Великобритания, Канада)*

regency ~ регентский совет

ruling ~ правление

Security C. Совет Безопасности *(ООН)*

supervisory ~ наблюдательный совет

town ~ городской/муниципальный совет, муниципалитет

tribal ~ совет вождей племен

Trusteeship C. Совет по опеке *(ООН)*

United Nations Security C. (UNSCOUN) Совет Безопасности ООН

World C. of Churches (WCC) Всемирный совет церквей, ВСЦ

to address the ~ выступать в совете
to capture control of local ~s from *smb* перехватывать у *кого-л.* контроль над местными советами
to convene a ~ созывать совет
to dissolve a ~ распускать совет
to go to the Security C. обращаться в Совет Безопасности *(ООН)*
to have an automatic place on a ~ автоматически получать место в совете
to place *smb* **on a ~** вводить *кого-л.* в состав совета
to set up a ~ организовывать/учреждать совет
to swear in an executive ~ приводить к присяге исполнительный совет
to update the Security C. обновлять состав Совета Безопасности
to win an independent ~ завоевывать на выборах большинство мест в муниципалитете, в котором ранее преобладали независимые

councillor *n* член совета; советник
city ~ член муниципалитета; муниципальный советник
councilman *n* член совета *(обыкн. муниципального)*
counsel I *n* 1. совещание; обсуждение 2. совет; рекомендация 3. адвокат; юрисконсульт
appointed ~ назначенный судом адвокат
defense ~ защитник
King's/Queen's C. королевский адвокат *(Великобритания)*
to keep *one's* **(own) ~** держать в секрете
to take ~ (with *smb***)** совещаться *(с кем-л.)*
counsel II *v* советовать; рекомендовать
counsellor *n* 1. советник *(дипломатический ранг и лицо, его носящее)* 2. член совета; советник 3. советник, консультант 4. адвокат
C. for Cultural Affairs советник по культурным вопросам
C. for Economic Affairs советник по экономическим вопросам
C. for Political Affairs советник по политическим вопросам
~ of the embassy советник посольства
~ to the President советник президента *(США)*
business ~ консультант по вопросам торгово-промышленной деятельности
commercial ~ торговый советник
municipal ~ муниципальный советник
count I *n* 1. счет; подсчет 2. *юр.* пункт обвинения
body ~ число убитых
close ~ незначительное большинство голосов *(на выборах)*
to take ~ of votes подсчитывать голоса/число голосов
on two ~s по двум пунктам обвинения

count II *v* считать, подсчитывать
to ~ losses подсчитывать потери/убытки
to ~ on *smb* полагаться/рассчитывать на *кого-л.*
countdown *n полит. жарг.* «отсчет времени» *(последние дни перед выборами)*
counteraccusation *n* встречное обвинение
counteract *v* противодействовать, оказывать противодействие, препятствовать
counteraction *n* противодействие
counterattack *n* контрнаступление; контратака
to launch a ~ переходить в контрнаступление
to mount a ~ организовывать контрнаступление/контратаку
failure of a ~ провал контрнаступления
countercase *n юр.* встречный иск
counterclaim *n* встречная претензия
countercoup *n* контрпереворот
counterespionage *n* контрразведка
military ~ военная контрразведка
counterfeit I *n* подделка; подложный документ; фальшивые деньги
counterfeit II *a* поддельный, подложный, фальшивый
counterfeit III *v* подделывать
counterfeiting *n* подделка *(документов)*
counterfeit-proof *a* исключающий подделку
counterinitiative *n* встречная инициатива
to launch a ~ выступать со встречной инициативой
counterinsurgency *n* карательные акции против повстанческого движения
counterintelligence *n* контрразведка
army ~ армейская контрразведка
military ~ военная контрразведка
counterinterrogation *n юр.* перекрестный допрос
countermeasure *n* контрмера; ответная мера
effective ~ эффективная контрмера
tough ~ жесткая контрмера
to take ~s принимать контрмеры/ответные меры
countermotion *n* контрпредложение; встречное предложение
counteroffensive *n* контрнаступление
counterpropaganda *n* контрпропаганда
to carry on ~ вести контрпропаганду
counterproposal *n* контрпредложение, встречное предложение; контрпроект
to advance/to make/to move/to offer/to present/to put forward/to submit/to table a ~ вносить/представлять контрпредложение/контрпроект
counterrevolution *n* контрреволюция
creeping ~ «ползучая» контрреволюция
domestic ~ внутренняя контрреволюция
external/foreign ~ внешняя контрреволюция
internal ~ внутренняя контрреволюция
counterrevolutionar/y I *n* контрреволюционер

to back up ~ies поддерживать контрреволюцию

counterrevolutionary II *a* контрреволюционный

countersanction *n* обыкн. *pl* ответные санкции

countersign *v* ставить вторую подпись на документе

counterspy *n* контрразведчик

counterthreat *n* ответная угроза

counting *n* подсчет *(голосов)*
   ~ is going on идет подсчет голосов
   ~ is underway in ... идет подсчет голосов в ...
   ~ of votes подсчет голосов

counting-out *n разг.* подтасовка результатов голосования путем незаконного аннулирования бюллетеней, поданных за кандидата другой партии

countr/y *n* **1.** страна; государство **2.** местность, территория **3.** (the ~) деревня, сельская местность; провинция
   ~ies allied against *smb* страны – члены союза, направленного против *кого-л.*
   ~ at war страна, находящаяся в состоянии войны
   ~ awashed with guns страна, где полно оружия
   ~'s dissolution into several parts распад страны на несколько частей
   ~ divided on racial lines страна, разделенная по расовому признаку
   ~ has been battered by the financial crisis страна сильно пострадала от финансового кризиса
   ~ is at crossroads страна находится на распутье
   ~ is falling apart страна разваливается
   ~ is heading towards dictatorship страна идет к диктатуре
   ~ is in the throes of a revolution в стране происходит революция
   ~ of adoption чья-л. вторая родина
   ~ of destination страна назначения
   ~ of origin страна выезда/происхождения
   ~ of residence страна пребывания
   ~ of service страна пребывания; страна прохождения службы
   ~ies of the Arab world страны арабского мира
   ~ies of the Delhi Six страны «делийской шестерки»
   ~ split apart by a civil war страна, раздираемая гражданской войной
   ~ torn apart by a guerilla war страна, раздираемая партизанской войной
   ~ under occupation оккупированная страна

adoptive ~ страна, предоставляющая гражданство *кому-л.*

advanced ~ развитая страна

African, Caribbean and Pacific ~ies (ACP) 68 стран Африки, Карибского бассейна и Тихого океана, связанные особыми отношениями с Европейским союзом в сфере торговли, помощи и экономики

agrarian/agricultural ~ аграрная страна

aid-giving ~ страна, предоставляющая помощь

applicant ~ страна, подавшая заявку на вступление в международную организацию

arms-producing ~ страна, производящая оружие

arms-recipient ~ страна-получатель оружия

assisted ~ страна, получающая помощь

assisting ~ страна, предоставляющая помощь

associated ~ies ассоциированные страны

backward ~ экономически отсталая страна

belligerent ~ воюющая страна

capital-exporting ~ страна-экспортер капитала

capital-importing ~ страна-импортер капитала

civilized ~ цивилизованная страна

coastal ~ прибрежное государство

colonial ~ колониальная страна

Common Market ~ies *ист.* страны «Общего рынка»

Commonwealth ~ies, the страны Содружества

consuming ~ страна-потребитель

contributing ~ страна-участница осуществления проекта

creditor ~ страна-кредитор

debtor ~ страна-должник

defeated ~ побежденная страна

deficit ~ страна, имеющая дефицит платежного баланса

dependent ~ зависимая страна

developed ~ развитая страна

developing ~ развивающаяся страна

donor ~ страна-донор; страна, предоставляющая помощь

economically dependent ~ экономически зависимая страна

economically independent ~ экономически независимая страна

emergent ~ страна, недавно получившая независимость

English-speaking ~ies англоязычные страны

enslaved ~ порабощенная страна

exporting ~ страна-экспортер

ex-Warsaw Pact ~ *ист.* страна, входившая в число участников Варшавского договора

French-speaking African ~ies франкоговорящие страны Африки

friendly ~ дружественная страна

geographically disadvantaged ~ страна, имеющая неблагоприятное географическое положение

giving ~ страна, предоставляющая помощь

"have" and "have not" ~ies богатые и бедные страны

high-income ~ страна с высоким уровнем доходов

highly developed ~ высокоразвитая страна

highly industrialized ~ индустриально высокоразвитая страна

hinterland ~ материковая страна

home ~ родина, отечество; страна постоянного местожительства

host ~ 1) принимающая страна **2)** страна пребывания/местонахождения **3)** приглашающая страна

importing ~ страна-импортер

indebted ~ страна, имеющая внешний долг

independent ~ независимая страна

industrialized/industrially advanced/developed ~ies промышленно развитые страны

inviting ~ приглашающая страна

island ~ островное государство

land-locked ~ страна, не имеющая выхода к морю, внутриконтинентальная страна

leading ~ ведущая страна

least developed ~ies наименее развитые страны

lender/lending ~ страна-кредитор

less-developed ~ (LDC) слаборазвитая страна

littoral ~ прибрежное государство

low-income ~ страна с низким уровнем доходов

low-tax ~ страна с низкими налогами

Maghreb ~ies, the страны Магриба

major trading ~ies главные торговые державы

manufacturing ~ страна-производитель

market-economy ~ страна с рыночной экономикой

Mediterranean ~ средиземноморская страна

medium-sized ~ средняя по размерам страна

member ~ страна-член *(какой-л. организации)*; страна-участник *(какого-л. соглашения)*

metropolitan ~ метрополия

middle-sized ~ средняя по размерам страна

more developed ~ (MDC) развитая страна

most seriously affected (MSA) ~ies наиболее серьезно пострадавшие страны

mother ~ родина, отечество; страна постоянного местожительства

multilateral ~ies страны, расчеты между которыми производятся в конвертируемой валюте

multinational ~ многонациональная страна

NATO ~ies, the страны НАТО

needy ~ бедная страна

neighboring ~ соседняя страна

neutral ~ нейтральная страна

new developing ~ies молодые развивающиеся страны

newly industrializing ~ (NIC) новая индустриально развивающаяся страна

nonaligned ~ неприсоединившаяся страна

nonassociated ~ies неассоциированные страны

non-EU ~ страна, не входящая в ЕС

nonmember ~ страна, не являющаяся членом *(какой-л. организации)*

nonnuclear ~ неядерная держава/страна, страна/держава, не обладающая ядерным оружием *или* ядерной технологией

nonoil ~ государство, не имеющее своей нефти

non-OPEC ~ страна, не входящая в ОПЕК

nonsterling ~ страна, не входящая в стерлинговую зону

nuclear ~ ядерная держава/страна, держава/страна, обладающая ядерным оружием *или* ядерной технологией

nuclear-free ~ страна, свободная от ядерного оружия

oil-consuming ~ страна-потребитель нефти

oil-exporting ~ страна-экспортер нефти

oil-importing ~ страна-импортер нефти

oil-producing ~ нефтедобывающая страна, страна-производитель нефти

Old ~, the родина *(напр. Великобритания для австралийцев британского происхождения)*

one-crop ~ страна монокультуры

"one ~ – two systems" «одна страна – две экономические системы» *(лозунг КНР по отношению к Гонконгу после его воссоединения с КНР в 1997 г.)*

overpopulated ~ перенаселенная страна

over-represented ~ страна, представленная сверх квоты *(в международной организации)*

participating ~ страна-участница *(переговоров и т.п.)*

partner ~ страна-партнер

peace-loving ~ миролюбивая страна

(Persian) Gulf ~ies страны Персидского залива

petroleum-exporting ~ страна-экспортер нефти

petroleum-importing ~ страна-импортер нефти

planned economy ~ страна с плановой экономикой

poor ~ бедная страна

populous ~ густонаселенная страна

poverty-belt/-stricken ~ бедная страна; страна, в которой национальный доход на душу населения находится ниже прожиточного минимума

primary exporting ~ страна-экспортер сырья

primary producing ~ страна-производитель сырья

producing ~ страна-производитель

prosperous ~ богатая/процветающая страна

readmission of a ~ to an international organization восстановление членства страны в международной организации

receiving ~ принимающая страна

recipient ~ страна-получатель; страна, получающая помощь *(в виде кредитов, платежей)*

reserve-currency ~ страна с резервной валютой

resource-poor ~ страна, обладающая скудными природными ресурсами

satellite ~ страна-сателлит

semi-colonial ~ полуколониальная страна

severely indebted ~ страна с огромным внешним долгом

single-resource ~ страна, экономически зависимая от единственного источника природных ресурсов

small ~ies малые страны

socialist ~ социалистическая страна

sponsor ~ страна-устроитель *(конференции и т.п.)*, страна-спонсор

staunchly Islamic ~ страна, твердо придерживающаяся ислама

sterling ~ страна, входящая в стерлинговую зону

supplier ~ страна-поставщик

surplus ~ страна с активным платежным балансом

target ~ страна-получатель; страна, получающая помощь *(в виде кредитов, платежей)*

third ~ies третьи страны

Third World ~ies страны «третьего мира» *(развивающиеся страны)*

threshold ~ страна, стоящая на пороге создания ядерного оружия

trade-intensive ~ страна с высокоразвитой торговлей

trading ~ страна, ведущая внешнюю торговлю

transit ~ страна транзита

treaty ~ страна-участница договора

trouble ~ страна, охваченная беспорядками/волнениями

under-represented ~ страна, недостаточно представленная *(в международной организации)*

unfriendly ~ недружественная страна

unified ~ объединенная страна

unsympathetic ~ недружественная страна

vassal ~ зависимая страна

war-crippled/war-ravaged/war-torn ~ страна, разоренная войной

well-developed ~ промышленно развитая страна

Western ~ies страны Запада, западные страны

Western European ~ западноевропейская страна

to address the ~ обращаться/выступать с обращением к стране

to admit a ~ **(in)to the UN** принимать страну в члены ООН

to admit *smb* **into a** ~ разрешать *кому-л.* въезд в страну

to alienate a ~ восстанавливать против себя *какую-л.* страну

to allow *smb* **into the** ~ разрешать *кому-л.* въезд в страну

to amalgamate with a ~ войти в состав страны

to antagonize a ~ восстанавливать против себя *какую-л.* страну

to ask *smb* **to leave the** ~ просить *кого-л.* покинуть страну

to bar *smb's* **entry into/***smb* **from entering a** ~ запрещать *кому-л.* въезд в страну

to be at war with a ~ находиться в состоянии войны с *какой-л.* страной

to be free to enter a ~ иметь право въезда в страну

to be in control of most of the ~ контролировать большую часть страны

to betray *one's* ~ предавать свою страну

to bleed a ~ **economically** ослаблять страну экономически

to border a ~ граничить со страной

to break up a ~ расколоть страну

to break with a ~ разрывать (дипломатические) отношения с *какой-л.* страной

to bring a ~ **to the brink of collapse** приводить страну на грань катастрофы

to bring a ~ **under** *one's* **control** устанавливать контроль над страной

to bring two ~ies closer сближать две страны

to clear nuclear weapons out of a ~ убирать ядерное оружие из страны

to confront a ~ находиться в конфронтации с *какой-л.* страной

to control a ~ контролировать положение в стране; управлять страной

to co-opt one ~ **in another** включать одну страну в состав другой

to cripple a ~ расшатывать экономику страны

to cross from a ~ переходить границу со стороны *какой-л.* страны

to cross into a ~ пересекать границу страны

to curve up a ~ производить раздел страны

to cut connections with a ~ разрывать отношения/связи со страной

to damage a ~'s image abroad вредить международному престижу страны

to decide the destiny of the ~ решать судьбу страны

to declare a ~ **a nuclear-free zone** объявлять страну безъядерной зоной

to declare war (up)on a ~ объявлять войну *какой-л.* стране

to defeat a ~ **militarily** наносить военное поражение стране

to defect to a ~ бежать в *какую-л.* страну

to defend a ~ **from an aggressor** защищать страну от нападения агрессора

to democratize a ~ демократизировать страну

to deport *smb* **from a** ~ высылать/депортировать *кого-л.* из страны

to destabilize a ~ дестабилизировать обстановку в стране

to dismember a ~ расчленять страну

to distance *oneself* **from a ~** отмежевываться от *какой-л.* страны

to divide a ~ производить раздел страны

to dominate a ~ господствовать в стране

to drag/to draw a ~ into a conflict втягивать страну в конфликт

to drive a wedge between two ~ies вбивать клин между двумя странами

to edge toward(s) a ~ сближаться с *какой-л.* страной

to engulf a ~ охватывать всю страну *(о волне демонстраций, арестов и т.п.)*

to enslave a ~ закабалять/порабощать страну

to enter a ~ illegally/without permission/by the back door нелегально въезжать в страну

to evacuate a ~ 1) эвакуировать население страны **2)** выводить войска из страны

to exhort *smb* **to leave a ~** призывать *кого-л.* покинуть страну

to expel *smb* **from the ~** выдворять *кого-л.* из страны

to extricate a ~ from crisis выводить страну из кризиса

to flee from a ~ бежать из страны

to flee to a ~ бежать в *какую-л.* страну

to flood over the ~ наводнять страну *(напр. о беженцах)*

to force a ~ to its knees *перен.* ставить страну на колени

to force *smb* **out of a ~** вытеснять *кого-л.* из страны

to gang up against a ~ объединяться против *какой-л.* страны

to get a ~ into shape приводить в порядок экономику страны

to get tough with a ~ занять жесткую позицию по отношению к *какой-л.* стране

to go round the ~ разъезжать по стране

to go to the ~ for a general election объявлять о проведении всеобщих выборов

to govern a ~ править/управлять страной

to help a ~ out of the crisis помогать стране выбраться из кризиса

to hold a ~ together сохранять целостность страны

to hold great sway over a ~ иметь большое влияние в стране

to incorporate a republic forcibly into a ~ насильственно включать республику в состав *какой-л.* страны

to industrialize a ~ индустриализировать страну

to infiltrate (into) a ~ проникать в страну

to interfere in a ~'s internal affairs вмешиваться во внутренние дела страны

to invade a ~ вторгаться в страну

to involve a ~ in an armed conflict вовлекать страну в вооруженный конфликт

to isolate a ~ держать страну в изоляции; изолировать страну

to join a ~ voluntarily добровольно войти в состав страны

to keep a ~ neutral сохранять нейтралитет страны

to lead a ~ руководить/управлять страной

to leave a ~ выезжать из страны; покидать страну

to leave a ~ altogether выходить из состава страны; отделяться от страны

to leave a ~ in the sidelines превращать страну во второстепенную державу

to liberate a ~ освобождать страну *(от чужеземного ига и т.п.)*

to loot the riches of a ~ грабить богатства страны

to make a ~ *one's* **home** обретать родину в *какой-л.* стране

to meddle in a ~ вмешиваться в дела страны

to move out of a ~ выезжать из страны; покидать страну

to obliterate a ~ уничтожать страну

to occupy a ~ оккупировать страну

to open the doors of a ~ to *smb* открывать доступ в страну *кому-л.*

to order *smb* **out of/to order** *smb* **to leave the ~** выдворять *кого-л.* из страны

to pacify a ~ добиваться мира в стране

to partition a ~ производить раздел страны

to plunder a ~ грабить страну

to plunge a ~ into a crisis ввергать страну в кризис

to polarize a ~ разделять/раскалывать страну

to pressurize a ~ оказывать давление на страну

to protect a ~ защищать страну

to protest to a ~ over *smth* заявлять стране протест по поводу *чего-л.*

to pull out of a ~ выводить свои войска из страны

to pull the ~ apart способствовать распаду страны

to put the ~ in the black делать страну платежеспособной

to reconcile two ~ies добиваться примирения двух стран

to reimburse a ~ компенсировать стране финансовые потери

to remain part of a ~ оставаться в составе страны

to represent a ~ diplomatically представлять страну на дипломатическом поприще

to restore a ~ to prosperity возвращать стране процветание

to retaliate against a ~ предпринимать ответные действия против страны

to re-unify a ~ восстанавливать единство страны

to ruin a ~ губить страну

to rule a ~ with an iron fist править/управлять страной железной рукой

to run a ~ руководить/управлять страной

to scare *smb.* **into fleeing the ~** запугать *кого-л.* и заставить его бежать из страны

to secede from a ~ отделяться от страны

to seek an opening with a ~ добиваться налаживания отношений со страной

to sell out to a ~ переходить на сторону *какой-л.* страны из меркантильных соображений

to set a ~ back centuries отбрасывать страну на несколько веков назад

to set a ~ on a new course направлять страну по новому пути

to set foot in a ~ вступать на территорию страны

to set two ~ies at odds with each other поссорить две страны между собой

to shake a ~ потрясать страну

to side with a ~ вставать на сторону *какой-л.* страны

to slip out of a ~ тайно покидать страну

to smuggle *smth* **into a ~** провозить *что-л.* в страну контрабандным путем

to spill *one's* **blood for** *one's* **~** проливать кровь за свою страну

to splinter a ~ away from a bloc выводить страну из *какого-л.* блока

to split a ~ along ethnic lines раскалывать страну по национальному признаку

to stand up for a ~ вставать на защиту *какой-л.* страны

to start smiling at a ~ начинать заигрывать с *какой-л.* страной

to starve a ~ of oil revenues лишать страну доходов от продажи нефти

to stay within the framework of a ~ оставаться в составе страны

to steer a ~ to prosperity вести страну к процветанию

to strangle a ~ economically экономически душить страну

to strengthen a ~ militarily усиливать страну в военном отношении

to strike back against a ~ наносить ответный удар по *какой-л.* стране

to suspend a ~ from an alliance отстранять страну от участия в работе альянса

to swallow up a ~ поглощать страну

to sweep the ~ одержать решительную победу на всеобщих выборах

to take over a ~ брать на себя руководство/ управление страной

to talk straight to a ~ вести прямые переговоры с *какой-л.* страной

to tear a ~ apart приводить к распаду страны

to throw a ~ into a fresh crisis ввергать страну в новый кризис

to tighten *one's* **grip on the ~** усиливать свою власть в стране

to tilt toward a ~ склоняться на сторону *какой-л.* страны

to topple a ~ recession ввергать страну в кризис

to tour a ~ совершать поездку по стране

to turn a ~ around изменять общественное мнение страны на противоположное

to turn against *one's* **own ~** выступать против своей собственной страны

to visit a ~ посещать страну

to wipe a ~ off the map стирать страну с лица земли

to withdraw from a ~ unconditionally выводить свои войска из страны безо всяких условий

to woo a ~ onto *one's* **side** привлекать *какую-л.* страну на свою сторону

all across the ~ по всей стране

change of policy on a ~ изменение политики по отношению к *какой-л.* стране

disintegration of a ~ распад страны

dismemberment of a ~ расчленение страны

division of a ~ раздел страны

entry into a ~ въезд в страну

entry of a ~ into the UN вступление страны в ООН

flare-up between two ~ies обострение отношений между двумя странами

for the good of the ~ для блага страны

founding of a ~ основание/образование страны

fragmentation of a ~ раздробление страны

geographical position of a ~ географическое положение страны

infiltration into a ~ проникновение в страну

integration with a ~ слияние с *какой-л.* страной

invasion of a ~ вторжение в страну

national characteristics of a ~ национальные особенности страны

offensive action into a ~ вторжение в страну

partition of a ~ раздел страны

plight of a ~ бедственное положение страны

political breakup of the ~ политический распад страны

revitalization of the ~ оживление экономики страны

self-sufficiency of a ~ экономическая самостоятельность страны

takeover of a ~ захват страны

territorial claims on a ~ территориальные претензии к стране

throughout the ~ по всей стране

veiled reference to a ~ намек на *какую-л.* страну

country II *attr* удаленный от центра, провинциальный

countryman *n* земляк, соотечественник

countryside *n* 1. сельская местность 2. местные сельские жители

countrywide *a* 1. общенациональный; в масштабах всей страны 2. повсеместный

countrywoman *n* землячка, соотечественница

count/y *n* 1. графство (*административная единица, Великобритания*) 2. округ (*США*)
~ seat главный город округа
~ town главный город графства

administrative ~ графство *(административная единица)*
home ~ies шесть графств, окружающих Лондон
court *n* суд
city ~ магистрат
district ~ 1) окружной суд 2) первая инстанция федерального суда по гражданским делам
parish ~ приходской суд
probate ~ суд по делам о наследстве
cover *v* 1. покрывать, охватывать 2. покрывать, компенсировать *(расходы, убытки)* 3. предусматривать *(о статьях соглашения и т.п.)* 4. освещать *(в средствах массовой информации)*
to ~ **all cases** относиться ко всем случаям
to ~ **by a covenant** предусматриваться пактом
to ~ *smth* **widely** широко освещать *что-л.*
to ~ **up** 1) тщательно скрывать *(что-л.)* 2) покрывать *(кого-л., что-л.)*; стараться замять *(что-л.)*
coverage *n* 1. охват *(проблемы и т.п.)* 2. покрытие *(расходов, убытков)* 3. *воен.* прикрытие 4. охват/прикрытие *какой-л.* зоны направлением в нее сотрудников правоохранительных органов, разведки *и др.* 5. освещение событий *(средствами массовой информации)*; ведение репортажа *(с места событий)*; репортаж
bad ~ неблагоприятное освещение *(в средствах массовой информации)*
blanket ~ широкое освещение
detailed ~ подробное освещение
election ~ освещение выборов средствами массовой информации
extensive front-page ~ широкое освещение на первых полосах газет
heavy media ~ широкое освещение событий средствами массовой информации
live ~ репортаж с места событий; прямой репортаж
news ~ освещение последних событий
nonstop ~ непрерывное освещение *какой-л.* темы в средствах массовой информации
photographic ~ фоторепортаж
press ~ **of an issue** освещение проблемы в печати
prominent ~ широкое/подробное освещение событий; выделение *какой-л.* информации
radio ~ освещение событий по радио
spot ~ репортаж с места событий; прямой репортаж
TV ~ освещение событий по телевидению
war ~ освещение хода военных действий
to attract much front-page ~ широко обсуждаться на первых полосах газет
to be under ~ быть под прикрытием *(сотрудников правоохранительных органов, разведки и др.)*
to come under ~ **of** *smth* попадать в зону охвата/прикрытия

to get considerable ~ широко освещаться
to give *smb* **favorable** ~ освещать *чью-л.* деятельность в благоприятном свете
to give wide ~ **to** *smth* уделять большое внимание освещению *чего-л.*
to head the foreign ~ быть новостью/сообщением номер один в разделе международной жизни
to receive extensive ~ широко освещаться *(средствами массовой информации)*
flood of ~ **which surrounded the American presidential election** поток материалов в средствах массовой информации, посвященных президентским выборам в США
covert *a* скрытый, завуалированный, тайный, секретный
~ **operations** тайные операции
cover-up *n* сокрытие *(преступных действий)*; укрывательство; попытка замять *(что-л.)*
high-level ~ попытка скрыть *или* замять *что-л.*, предпринятая высокопоставленными лицами
to conduct a ~ предпринимать усилия с целью скрыть *что-л.*
crack *v*:
to ~ **down (harshly on)** *smb* принимать суровые меры против *кого-л.*; жестко расправляться с *кем-л.*; обрушиваться на *кого-л.*
crackdown *n* принятие жестких мер *(по отношению к кому-л.)*; закручивание гаек; подавление
~ **against human rights** наступление на права человека
~ **on crime** широкое наступление на преступность
~ **on political dissent** кампания репрессий по отношению к политическим инакомыслящим
security ~ расправа сил безопасности *(с кем-л.)*
to launch a ~ приступить к проведению репрессивных мер
crack-up *n* 1. авария; катастрофа 2. провал; неудача
crash *n* 1. авария; катастрофа 2. крах, банкротство
~ **was the result of sabotage** авария явилась результатом диверсии
stock exchange ~ крах на фондовой бирже
Wall Street ~ резкое падение курса акций на Нью-Йоркской бирже *(за которым последовал экономический кризис 1929 г.)*
to be killed in an air ~ погибнуть в авиационной катастрофе
to cushion the impact of the ~ смягчать эффект краха
cratology *n развед. жарг.* добыча разведывательной информации путем анализа содержания ящиков, контейнеров *и т.п.*
creation *n* 1. созидание 2. создание, творение

~ of demand создание спроса

job ~ создание новых рабочих мест

wealth ~ накопление капитала

to stifle job ~ препятствовать созданию новых рабочих мест

creative *a* творческий, креативный

creativity *n* творчество

to stifle artistic ~ душить свободу художественного творчества

creator *n* создатель, творец

creature *n* креатура; ставленник

credence *n* вера; доверие

to attach ~ *to smth* верить/доверять *кому-л.*

to give little ~ *to smb* не особенно доверять *кому-л.*

to lend ~ to fears that ... подкреплять опасения, что ...

the letter of ~ рекомендательное письмо

credentialism *n* **1.** зависимость общественного положения от наличия ученых степеней и званий **2.** погоня за учеными степенями и званиями

credentials *n pl* **1.** мандат; удостоверение личности; полномочия **2.** верительные грамоты *(посла)* **3.** опыт *или* успехи в *какой-л.* деятельности

foreign policy ~ опыт *или* успехи внешнеполитической деятельности *(политического деятеля)*

to examine ~ проверять полномочия

to issue ~ выдавать мандат

to present ~ вручать верительные грамоты

to receive ~ принимать верительные грамоты

to submit ~ вручать верительные грамоты

delivery of ~ вручение верительных грамот

presentation/submission of ~ вручение верительных грамот

verification of the ~ of delegates проверка полномочий делегатов

credibility *n* **1.** правдоподобие, достоверность **2.** доверие **3.** престиж

~ is low доверие *(к кому-л.)* подорвано

~ of the candidate's policy is at stake доверие к политике кандидата поставлено под угрозу

~ of the government with the people доверие народа к правительству

lost ~ потерянное доверие

to batter *smb's* **~** подрывать доверие к *кому-л.*

to boost *one's* **electoral ~** укреплять доверие к себе избирателей

to build up some ~ *with smb* заслуживать некоторое доверие со стороны *кого-л.*

to challenge *smb's* **~** ставить под сомнение *чьи-л.* слова

to compromise the department's ~ подрывать доверие к министерству

to damage *smb's* **~** подрывать доверие к *кому-л.*

to destroy *one's* **~** лишаться доверия

to give little ~ to *smb's* **words** не особенно доверять *чьим-л.* словам

to improve the ~ of a country поднимать престиж страны

to lose ~ утрачивать доверие

to restore *one's* **~** *with smb* восстанавливать *чье-л.* доверие к себе

to shore up the ~ of *smth* подкреплять достоверность *чего-л.*

to test *smb's* **~ severely** подвергать серьезной проверке *чье-л.* доверие *(к кому-л.)*

to undercut/to undermine *smb's* **~** подрывать доверие к *кому-л.*

deterioration of a country's ~ ослабление доверия к стране

credible *a* **1.** правдоподобный; достоверный **2.** заслуживающий доверия

credit I *n* **1.** вера; доверие **2.** репутация *(обыкн. хорошая)*; доброе имя **3.** честь; заслуга **4.** кредит

bank ~ банковский кредит

commercial ~ коммерческий кредит

consumer ~ потребительский кредит

export ~s экспортные кредиты

farm ~ сельскохозяйственный кредит

government ~s правительственные кредиты

guaranteed ~ гарантированный кредит

interest-free ~ беспроцентный кредит

long-term ~ долгосрочный кредит

low-interest ~ дешевый кредит; кредит под низкий процент

medium-term ~ среднесрочный кредит

open ~ неограниченный кредит

public ~ государственный кредит; кредит, предоставляемый правительству *или* местным органам власти

short-term ~ краткосрочный кредит

trade ~ коммерческий кредит

unlimited ~ неограниченный кредит

to allot ~s предоставлять кредиты

to buy on ~ покупать в кредит

to cancel a ~ аннулировать кредит

to cut off ~s приостанавливать предоставление кредитов

to extend/to give ~ to *smb* предоставлять кредит *кому-л.*

to give *smb* **all the ~ for** *smth* приписывать *кому-л.* одному заслугу в *чем-л.*

to grant ~s on easy/favorable terms предоставлять кредиты на льготных условиях

to liberalize the terms of ~ проводить либерализацию условий предоставления кредита

to lose ~ терять доверие

to obtain a ~ получать кредит

to provide ~ for *smb* предоставлять кредит *кому-л.*

to receive a ~ получать кредит

to repay the ~s оплачивать/погашать кредиты

to sell on ~ продавать в кредит

to take ~ for *smth* присваивать/приписывать заслугу в *чем-л.*

his political **~ has been eroded** его политическая репутация подорвана

proper use of the ~ надлежащее использование кредита

repayment of ~ погашение кредита

volume of ~ объем кредита

credit II *v* **1.** доверять **2.** *(with)* приписывать *(кому-л. что-л.)* **3.** кредитовать

crediting *n* кредитование

creditor *n* кредитор

creditor-nation *n* страна-кредитор

creditworthiness *n* кредитоспособность

to assess *smb's* **~** оценивать *чью-л.* кредитоспособность

creditworthy *a* кредитоспособный

creed *n* кредо; убеждения

philosophical ~ философское кредо

political ~ политическое кредо; политические убеждения

creep *n* очень медленное движение

outlay ~ *делов. и правит. жарг.* постепенно образующееся превышение расходов над намеченной цифрой

crescent *n* полумесяц

Red C. Красный Полумесяц

crime *n* **1.** преступление **2.** преступность

~ against a person преступление против личности

~ against humanity/mankind преступление против человечества

~ carries a death penalty преступление влечет за собой смертную казнь

~ is rife уровень преступности высок

abominable ~ чудовищное преступление

atrocious ~ зверское преступление

capital ~ преступление, наказуемое смертной казнью

drug-related ~ преступление, связанное с наркотиками

economic ~s экономические/хозяйственные преступления

environmental ~ преступное разрушение окружающей среды

fight against ~ борьба с преступностью

financial ~s финансовые преступления

grave ~ тяжкое преступление

heinous ~ гнусное/отвратительное преступление

human-rights ~ преступление, связанное с нарушением прав человека

juvenile ~ преступность среди малолетних

military ~ воинское преступление

monstrous ~ чудовищное преступление

organized ~ организованная преступность

outrageous ~ гнусное/отвратительное преступление

patent ~ явное/очевидное преступление

political ~ политическое преступление

profit-motivated ~ корыстное преступление; преступление, совершенное в целях наживы

racial motivated ~ преступление на почве расизма

recorded ~ зарегистрированное преступление

rising ~ растущая преступность

serious ~ тяжкое преступление

service ~ 1) служебное преступление **2)** социальное преступление *(проституция, азартные игры, злоупотребление наркотиками)*

state ~ государственное преступление

undetected/unsolved ~ нераскрытое преступление

violent ~ преступление, связанное с применением насилия

war ~ военное преступление

white-collar ~s преступления среди служащих

worst ~ тягчайшее преступление

to absolve *smb* **of a ~** признавать *кого-л.* невиновным в совершении преступления

to be implicated in a ~ быть замешанным в преступлении

to be involved in a/to be party to a ~ участвовать в совершении преступления

to carry out a ~ совершать преступление

to charge *smb* **with a ~** обвинять *кого-л.* в совершении преступления

to clear *smb* **of a ~** признавать *кого-л.* невиновным в совершении преступления

to combat ~ бороться с преступностью

to commit a ~ совершать преступление

to condone a ~ потворствовать совершению преступления

to confess to a ~ признаваться в совершении преступления

to confiscate the proceeds of ~ конфисковать имущество, приобретенное преступным путем

to convict *smb* **of a ~** признавать *кого-л.* виновным в совершении преступления; осуждать *кого-л.* за совершение преступления

to cope with a rising tide of ~ справляться с растущей волной преступности

to curb the rise of ~ ограничивать рост преступности

to detect a ~ раскрывать преступление

to give up on ~ отказываться от борьбы с преступностью

to implicate *smb* **in a ~** вовлекать *кого-л.* в совершение преступления; указывать на *чью-л.* причастность к совершению преступления

to investigate a ~ расследовать преступление

to perpetrate a ~ совершать преступление

to plan/to plot a ~ замышлять преступление

to premeditate a ~ готовить преступление; заранее обдумывать преступление

to prove *smb* **quietly of a ~** уличать *кого-л.* в совершении преступления

to push *smb* **to commit a ~** подбивать/толкать *кого-л.* на совершение преступления

to solve a ~ раскрывать преступление
to stamp out ~ искоренять преступность
to suspect *smb* **of a ~** подозревать *кого-л.* в совершении преступления
abolition of ~ ликвидация преступности
accomplice of a ~ соучастник преступления
complicity in a ~ соучастие в совершении преступления
extent of ~ размах/масштабы преступности
increase of ~ рост преступности
investigation of ~s расследование преступлений
jump in ~ резкий скачок преступности
level of ~ уровень преступности
outbreak of ~ вспышка преступности
perpetrator of a ~ преступник
prevention of ~ профилактика/предупреждение преступлений
rise in organized ~ рост организованной преступности
scene of ~ место (совершения) преступление
sharp rise in ~ резкий рост преступности
string of ~s цепь преступлений
victim of a ~ жертва преступления
crime-stopper *n* специалист по борьбе с преступностью
criminal I *n* преступник
alleged ~ предполагаемый преступник
chief ~ главный преступник
cornered ~ загнанный в угол преступник
habitual ~ рецидивист
major ~ главный преступник
potential ~ потенциальный преступник
state ~ государственный преступник
suspected ~ предполагаемый преступник; лицо, подозреваемое в совершении преступления
war ~ военный преступник
to bring a ~ to justice предавать преступника суду
to catch a ~ задерживать/ловить преступника
to deliver a ~ выдавать преступника
to demand extradition of a ~ требовать выдачи преступника
to extradite a ~ выдавать/экстрадировать преступника (*обыкн. другому государству*)
to hunt down a ~ выслеживать преступника
to hunt out a ~ разыскивать преступника; охотиться на преступника
to identify a ~ опознавать преступника
to pardon a ~ помиловать преступника
to track down a ~ выслеживать преступника
to try a ~ судить преступника
to uncover a ~ обнаруживать преступника
identification of a ~ опознание преступника
criminal II *a* преступный; криминальный; уголовный
~ action преступное деяние
~ case уголовное дело

criminalistics *n* криминалистика
criminology *n* криминология
crisis (*pl* **crises**) *n* кризис
~ blew up/broke out разразился кризис
~ came to a head кризис вступил в решающую стадию
~ continues unabated кризис не утихает
~ erupted/flared разразился кризис
~ gripped the country кризис охватил страну
~ is brewing назревает кризис
~ is building up кризис нарастает
~ is deepening by the hour кризис углубляется с каждым часом
~ is reaching a climax кризис достигает своего апогея
~ of confidence кризис доверия
~ of power кризис власти
~ of the ruling regime кризис правящего режима
~ spills over into war кризис переходит в войну
acute ~ острый кризис
agrarian/agricultural ~ аграрный кризис
artificial ~ искусственный кризис
balance-of-payments ~ кризис платежного баланса
bilateral ~ кризис в отношениях между двумя государствами
budget ~ бюджетный кризис
cabinet ~ правительственный кризис
chronic ~ хронический кризис
constitutional ~ конституционный кризис
current ~ текущий кризис
cyclical ~ циклический кризис
deep(-seated) ~ глубокий кризис
deepening ~ углубляющийся кризис
dire ~ тяжелый кризис
ecological ~ экологический кризис
economic ~ экономический кризис
energy ~ энергетический кризис
exchange ~ валютный кризис
financial/fiscal ~ финансовый кризис
food ~ продовольственный кризис
fuel ~ топливный кризис
general ~ общий кризис
global ~ мировой кризис
government(al) ~ правительственный кризис
grave ~ тяжелый кризис
Gulf ~, the *ист.* кризис в Персидском заливе (*захват Ираком Кувейта и экономические санкции против Ирака – август 1990 г.*)
home ~ кризис внутри страны
hostage ~ кризис, возникший в результате захвата заложников
housing ~ жилищный кризис
imminent ~ неминуемый кризис
industrial ~ промышленный кризис
internal ~ кризис внутри страны
internal political ~ внутриполитический кризис

international ~ международный кризис

intractable ~ кризис, с которым трудно справиться

looming ~ надвигающийся кризис

ministerial ~ правительственный кризис

monetary and financial ~ валютно-финансовый кризис

mounting ~ нарастающий кризис

national ~ национальный кризис

oil ~ нефтяной кризис

periodic ~ периодический кризис

perpetual ~ постоянный кризис

petroleum ~ нефтяной кризис

political ~ политический кризис

profound ~ глубокий кризис

protracted ~ затянувшийся кризис

raw-materials ~ сырьевой кризис

recurrent ~ периодический кризис

serious/severe ~ серьезный/тяжелый кризис

social ~ социальный кризис

spiraling ~ набирающий обороты кризис

underlying ~ кризис, лежащий в основе *чего-л.*

unparalleled ~ беспрецедентный кризис

world ~ мировой кризис

to aggravate a ~ обострять/усугублять кризис

to alleviate ~ ослаблять кризис

to avert a ~ предотвращать кризис

to be absorbed in the domestic ~ быть поглощенным своим внутренним кризисом

to be gripped by/to be in the midst of/to be locked in a ~ быть охваченным кризисом

to bring about a ~ вызывать кризис, служить толчком к началу кризиса

to bring an end to a ~ положить конец кризису

to bring the government out of the ~ положить конец правительственному кризису

to calm the ~ ослаблять кризис

to come to grips with a ~ пытаться урегулировать кризис

to create a ~ создавать кризис/кризисное положение

to deal with a ~ справляться с кризисом

to deepen a ~ обострять/усугублять кризис

to de-escalate/to defuse the ~ сокращать масштабы кризиса, ослаблять кризис

to deter a ~ сдерживать развитие кризиса

to discuss the way forward over the ~ обсуждать дальнейшие шаги по преодолению кризиса

to ease the ~ сокращать масштабы кризиса, ослаблять кризис

to emerge from a ~ **with flying colors** выходить с честью из кризиса

to engineer a ~ провоцировать кризис

to exacerbate a ~ обострять/усугублять кризис

to exploit a ~ воспользоваться кризисом

to face a ~ сталкиваться с кризисом; стоять на пороге кризиса

to foment a ~ разжигать кризис

to force the ~ **to a speedy resolution** прилагать усилия для скорейшего разрешения кризиса

to get out of a ~ выбираться из кризиса

to go through a ~ испытывать кризис

to grapple with a ~ бороться с кризисом

to handle a ~ справляться с кризисом

to head off a ~ предотвращать кризис

to help *smb* **out of** ~ помогать *кому-л.* преодолеть кризис

to herald a ~ возвещать о наступлении кризиса

to ignite a ~ вызывать кризис, служить толчком к началу кризиса

to limp/to lurch from one ~ **to another** идти от кризиса к кризису

to meet a ~ столкнуться с кризисом

to overcome a ~ преодолевать кризис

to pass through a ~ переживать кризис

to plunge a country into a ~ ввергать страну в кризис

to precipitate a ~ ускорять наступление кризиса

to prevent a ~ предотвращать кризис

to provoke a ~ провоцировать кризис

to pull a country out of a ~ выводить страну из кризиса

to put an end to a ~ положить конец кризису

to rescue a country from a ~ выводить страну из кризиса

to resolve a ~ преодолевать/разрешать кризис, справляться с кризисом

to respond inadequately to a ~ принимать недостаточные меры для преодоления кризиса

to see the ~ **through** выдерживать кризис

to settle/to solve a ~ преодолевать/разрешать кризис, справляться с кризисом

to spark off/to trigger (off) a ~ вызывать кризис, служить толчком к началу кризиса

to tackle a ~ пытаться урегулировать кризис

to take the heat out of the ~ ослаблять кризис

to widen a ~ увеличивать масштабы кризиса

to worsen a ~ обострять/усугублять кризис

affected by the ~ пораженный кризисом

against the backdrop of a ~ на фоне кризиса

aggravation of a ~ обострение/углубление кризиса

amidst the worst ~ в условиях жесточайшего/тяжелейшего кризиса

consequences of a ~ последствия кризиса

deepening mood of ~ усиление кризисных настроений

diplomatic solution to a ~ урегулирование кризиса дипломатическими средствами

elimination of a ~ ликвидация кризиса

every possible avenue has got to be explored to find a political solution to the ~ необходимо испробовать все пути для нахождения политического решения кризиса

impact of a ~ влияние кризиса

in a state of ~ в состоянии кризиса

in the grip of a ~ в тисках кризиса

offset of the ~ начало кризиса

on the verge of a ~ на грани кризиса; накануне кризиса

peaceful outcome to a ~ мирный исход кризиса

phase of a ~ фаза кризиса

resolution/settling of a ~ урегулирование кризиса

signs of a ~ признаки кризиса

way out of the ~ выход из кризиса

crisis-free *a* бескризисный

crisis-ridden *a* охваченный/пораженный кризисом

criterion *n (pl* **criteria)** критерий

economic effectiveness ~ критерий экономической эффективности

efficiency ~ критерий эффективности

estimation ~ оценочный критерий

general ~ общий критерий

main/major ~ основной критерий

moral ~ нравственный критерий

objective ~ объективный критерий

obsolete ~ устаревший критерий

performance ~ критерий эффективности

principal ~ основной критерий

to meet ~ удовлетворять критерию

critic *n* критик

fierce ~ **of a regime** беспощадный критик режима

government ~ человек, критикующий правительство

leading ~ основной противник, выступающий с критическими замечаниями

outspoken ~ откровенный критик

staunch ~ постоянный критик

vocal ~ активный критик

vociferous ~ громогласный критик

to clash with/to confront ~**s** спорить с критиками

to hit back at *one's* ~**s** выступать против своих критиков

to override *one's* ~**s** справляться со своими критиками

to placate *one's* ~**s** успокаивать своих критиков

critical *a* **1.** критический *(относящийся к критике)* **2.** решающий, переломный, критический

~ **moment** критический момент

to be ~ **of** *smb* критически относиться к *кому-л.*

to be fiercely ~ **of** *smth* резко критиковать *что-л.*

to be highly ~ **of** *smth* в высшей степени критически оценивать *что-л.*

to be vehemently ~ **of** *smth* резко критиковать *что-л.*

criticism *n* критика; критические замечания; критические выступления/заявления

~ **continues unabated** критика не утихает

~ **in the press** критика в печати

acute/bitter ~ острая/резкая критика

blunt ~ откровенная критика

carping ~ критические нападки

concrete ~ конкретная критика

constructive ~ конструктивная критика

destructive ~ сокрушительная/уничтожающая критика

excessive ~ чрезмерная критика

ferocious/fierce ~ ожесточенная/яростная критика

guarded ~ осторожные критические замечания

harsh ~ острая/резкая критика

heavy ~ серьезная критика

ill-informed ~ критика, основанная на недостаточной осведомленности

just ~ справедливая критика

keen ~ острая/резкая критика

lashing ~ сокрушительная/уничтожающая критика

literary and art ~ литературно-художественная критика

malicious ~ злобная критика

mounting ~ нарастающая критика

oblique ~ косвенная критика

outspoken ~ откровенная/честная критика

overt ~ открытая/прямая критика

principled ~ принципиальная критика

public ~ критика со стороны общественности

renewed ~ новая волна критических выступлений/заявлений

scathing/severe/sharp ~ острая/резкая критика

slashing ~ сокрушительная/уничтожающая критика

stinging ~ острая/резкая критика

veiled ~ замаскированная критика; скрытые нападки

violent ~ ожесточенная/яростная критика

widespread ~ широкая критика; многочисленные критические выступления

to accept ~ принимать критику

to acknowledge ~ признавать справедливость критики

to allay ~ смягчать критику

to arouse/to attract ~ вызывать/навлекать на себя критику

to band under ~ уступать под влиянием критики

to be beneath ~ быть ниже всякой критики

to be beyond ~ быть вне критики

to be sensitive to ~ болезненно реагировать на критику

to be subject to ~ подвергаться критике

to be tolerant of ~ лояльно относиться к критике

to come in for/to come under a great deal of ~ подвергаться серьезной критике

to defuse ~ приглушать критику

to dismiss ~ не соглашаться с критикой

to draw ~ from *smb* вызывать критику с чьей-л. стороны

to ease *one's* ~ of *smth* уменьшать критику чего-л.

to express ~ высказывать критические замечания

to face sharp ~ подвергаться резкой критике

to hush up ~ замалчивать критику

to level ~ at *smb* подвергать критике *кого-л.*, направлять критику против *кого-л.*

to make ~ выступать с критическими замечаниями

to meet ~ 1) учитывать критику 2) опровергать критику

to mount a strong ~ of *smb* выступать с резкой критикой *кого-л.*

to mute ~ заставлять критиков замолчать

to provoke ~ вызывать/навлекать на себя критику

to rebuff ~ давать отпор критике

to reject *smb's* ~ отвергать чью-л. критику; не соглашаться с чьими-л. критическими замечаниями

to renew *one's* ~ возобновлять критические выступления

to respond to ~ отвечать/реагировать на критику

to run into ~ подвергаться критике

to step up *one's* ~ of *smb* усиливать критику *кого-л.*

to subject *smth* to ~ подвергать критике что-л.

to suffer ~ подвергаться критике

to suppress ~ зажимать критику

to tone down ~ смягчать критику

to trigger ~ вызывать/навлекать на себя критику

to victimize *smb* for ~ преследовать *кого-л.* за критику

to voice ~ высказывать критические замечания

barrage of ~ волна критики

hushing up of ~ замалчивание критики

intolerant of ~ нетерпимый к критике

suppression of ~ зажим критики

there is growing international ~ of *smth* в мире нарастает критика *чего-л.*

criticize *v* критиковать; осуждать *кого-л./что-л.*

to ~ *smb* bitterly/harshly/roundly/sharply/strongly резко критиковать *кого-л.*

to ~ shortcomings критиковать недостатки

to ~ *smb* widely выступать с многочисленными критическими замечаниями по адресу *кого-л.*

critique *n* 1. критика 2. критическая статья; критический отзыв

cronyism *n* назначение близких друзей на правительственные посты

cross-bench *n* поперечная скамья *(места в британском парламенте, занимаемые независимыми депутатами)*

cross-bencher *n* независимый депутат британского парламента

cross-examination *n юр.* перекрестный допрос

cross-examine *v* подвергать перекрестному допросу

cross-filling перекрестная регистрация *(право претендента выставлять свою кандидатуру на предварительных выборах более чем от одной партии)*

crossfire *n* перестрелка

to be caught in the political ~ стать жертвой политических противоречий

cross-road *n* :

at the ~s на распутье

cross-voting голосование за кандидата более чем одной партии

crowd *n* толпа

~ dispersed толпа рассеялась

~ stampeded толпа обратилась в бегство

~s thinned out толпы народа начали расходиться

~s were baton-charged by police полиция с дубинками набросилась на толпу

angry ~ разъяренная толпа

cheering/ecstatic ~ ликующая толпа

enthusiastic ~ восторженная толпа

jubilant ~ ликующая толпа

large ~ большая толпа; огромное скопление народа

rally ~ толпа, собравшаяся на митинге

vast ~ большая толпа; огромное скопление народа

vengeful ~ разъяренная толпа

to be crushed by a surging ~ быть смятым возбужденной толпой

to break up/to clear a ~ разгонять/рассеивать толпу

to disperse a ~ разгонять/рассеивать толпу

to draw huge ~s to *one's* rally привлекать толпы людей на свой митинг

to fire into ~s открывать огонь по скоплению людей

to plunge into the ~ смешиваться с толпой

to ward off a ~ оттеснять толпу

crown *n* 1. корона; венец 2. (С.) корона, власть монарха 3. *юр.* (С.) британская корона как сторона в процессе

crown II *v* короновать *(кого-л.)*

crown III *attr* королевский, царский; принадлежащий короне; наследный

crowning *n* коронование, коронация

crucial *a* решающий, имеющий решающее значение, критический, переломный

~ moment критический момент

~ step решающий шаг

cruise missile *n воен.* крылатая ракета

cruiser *n* крейсер

guided-missile ~ ракетный крейсер

crunch *n разг.* решающий момент, перелом

convention ~ решающий момент на (пред-выборном) съезде партии

cruncher *n* :

numbers ~ *полит. и фин. жарг.* фальси-фикатор статистических данных

crusade I *n* поход *(против чего-л.)*; кампания *(в защиту чего-л.)*

to launch a ~ **against** *smth* начинать поход против *чего-л.*

to lead an antidrug ~ возглавлять кампанию по борьбе с наркоманией

crusade II *v* выступать *(против чего-л. или за что-л.)*; быть участником похода *(против чего-л.)* или кампании *(в защиту чего-л.)*

crusader *n* участник похода *(против чего-л.)* или кампании *(в защиту чего-л.)*

crush *v* уничтожать; сокрушать; подавлять

to ~ **down** подавлять *(восстание, сопро-тивление и т.п.)*

to ~ *smb's* **power** сокрушать чью-л. власть

crust-divider *n полит. жарг.* «распредели-тель пирога» *(лицо, распределяющее приви-легии в награду за оказанные услуги)*

crypto-communist *n* скрытый коммунист; человек, скрывающий свою принадлеж-ность к компартии

crypto-fascist *n* тайно симпатизирующий фа-шистам

cryptologist *n* шифровальщик

crystallization *n:*

status ~ *социол. жарг.* соответствие своему статусу *(напр. высокообразованный спе-циалист на престижной высокооплачи-ваемой работе)*

cul-de-sac *n фр.* тупик; безвыходное поло-жение

culminate *v* достигать кульминации

culminating *a* кульминационный

culmination *n* кульминация; кульминацион-ный момент; наивысшая точка

culprit *n* виновный *(в совершении чего-л.)*; преступник

main ~ главный виновник

cult *n* культ, поклонение, обожествление

~ **of crude force** культ грубой силы

ancestors' ~ культ предков

hatred ~ культ ненависти

religious ~ религиозный культ

violence ~ культ насилия

to promote a personality ~ насаждать культ личности

cultic *a* культовый

cultural *a* культурный

culture *n* культура

ancient ~ древняя культура

mass ~ массовая культура

material ~ материальная культура

multinational ~ многонациональная куль-тура

original ~ самобытная культура

political ~ политическая культура

spiritual ~ духовная культура

traditional ~ традиционная культура

to inherit ~ унаследовать культуру

level of ~ уровень культуры; культурный уровень

man of ~ человек высокой культуры, вы-сококультурный человек

mutual environment of national ~**s** взаи-мообогащение национальных культур

regeneration of ~ возрождение культуры

riches/treasures of world ~ сокровища ми-ровой культуры

curb I *n* обуздание, сдерживание, ограниче-ние

~ **of violence** обуздание насилия

import ~ ограничение импорта

price ~ ограничение (роста) цен

wage ~ ограничение зарплаты

war ~ предотвращение войны

to ease ~**s on** *smth* ослаблять ограничения на *что-л.*

curb II *v* обуздывать, сдерживать, ограничи-вать

to ~ **an aggressor nation** обуздывать госу-дарство-агрессора

to ~ **inflation** сдерживать инфляцию

to ~ **wage increases** ограничивать рост за-работной платы

curfew *n* комендантский час

~ **has expired** срок, на который был объяв-лен комендантский час, истек

~ **still remains in force** комендантский час продолжает действовать

~ **took effect** комендантский час вступил в силу

dawn-to-dusk ~ комендантский час в свет-лое время суток

day-time ~ комендантский час, действую-щий в дневное время

dusk-to-dawn ~ ночной комендантский час

indefinite ~ комендантский час, введенный на неопределенный срок

nationwide ~ комендантский час, введен-ный на территории всей страны

night(-time)/night-long ~ ночной комен-дантский час

self-imposed ~ поневоле соблюдаемый «ко-мендантский час» *(когда население боится выходить на улицу с наступлением тем-ноты)*

strict ~ комендантский час, связанный с жесткими ограничениями

total/24-hour ~ круглосуточный комен-дантский час

to announce a ~ объявлять о введении ко-мендантского часа

to break the ~ нарушать комендантский час

to bring in a ~ вводить комендантский час

to clamp down a ~ **on a city** вводить в го-роде комендантский час

to declare a ~ объявлять о введении ко-мендантского часа

to defy a ~ отказываться соблюдать комендантский час

to enforce a ~ следить за соблюдением комендантского часа

to extend a ~ продлевать комендантский час

to impose a ~ on a city вводить в городе комендантский час

to institute/to introduce a ~ вводить комендантский час

to lift a ~ отменять комендантский час

to place a district under ~ вводить в округе комендантский час

to proclaim a ~ объявлять о введении комендантского часа

to put a district under ~ вводить в округе комендантский час

to raise a ~ отменять комендантский час

to re-impose the ~ снова вводить комендантский час

to relax a ~ ослаблять ограничения, связанные с комендантским часом

area under ~ район, где действует комендантский час

imposition of ~ введение комендантского часа

violation of the ~ нарушение комендантского часа

curfew-breaker *n* нарушитель комендантского часа

curmudgeon *n полит. жарг.* «старый ворчун» *(несдержанный на язык старый политик, пользующийся всеобщей симпатией)*

currenc/y *n* **1.** денежное обращение **2.** деньги; валюта

~ firmed курс валюты стабилизировался

~ has lost value валюта обесценилась

~ in circulation обращающиеся платежные средства

common ~ единая/общая валюта

convertible ~ твердая/конвертируемая валюта

crashing ~ стремительно падающий курс валюты

depreciated ~ обесцененная валюта

domestic ~ местная валюта, валюта данной страны

floating ~ «плавающая» валюта

foreign ~ иностранная валюта; девизы

free ~ (свободно) конвертируемая валюта

freely floating ~ свободно «плавающая» валюта *(со свободно колеблющимся курсом)*

hard ~ твердая/конвертируемая валюта

home ~ местная валюта, валюта данной страны

inconvertible ~ неконвертируемая валюта

key ~ ключевая валюта

leading ~ies ведущие валюты

local ~ местная валюта; валюта данной страны

major ~ies основные валюты

managed ~ 1) регулируемая валюта 2) регулируемое денежное обращение

national/native ~ национальная валюта

nearly worthless ~ почти обесцененная валюта

nonconvertible ~ неконвертируемая валюта

overvalued ~ валюта с завышенным курсом

paper ~ бумажные деньги

pegged ~ валюта, курс которой привязан к валюте другой страны

reserve ~ резервная валюта *(выполняющая роль международного расчетного и резервного средства)*

single European ~ единая европейская валюта

soft ~ неконвертируемая/неустойчивая валюта

sound ~ твердая/конвертируемая валюта

undervalued ~ валюта с заниженным курсом

unified ~ единая/общая валюта

to abandon the ruble ~ отказываться от рубля как валюты

to adopt a single ~ вводить единую валюту

to appreciate the ~ повышать курс валюты, ревальвировать валюту

to convert one ~ to another конвертировать одну валюту в другую

to depreciate the ~ by ... per cent девальвировать/обесценивать валюту на ... процентов

to devalue the ~ девальвировать/обесценивать валюту

to exchange ~ обменивать валюту

to join a single ~ присоединяться к странам с единой валютой

to put ~ into circulation пускать деньги в обращение

to raise hard ~ добывать конвертируемую валюту

to rise against other ~ies подняться по отношению к другим валютам *(о курсе валюты)*

to slow the US ~'s slide задерживать падение курса доллара США

to support a ~ поддерживать курс валюты

changeover to a new ~ переход на новую валюту

conversion of ~ies обращение одних валют в другие

decline of a ~ падение курса валюты

devaluation of ~ies обесценивание валют

earner of foreign ~ средство заработать иностранную валюту

imposition of a single ~ введение единой валюты

in local ~ в местной валюте

inflationary depreciation of ~ies инфляционное обесценение валют

inflow of foreign ~ приток иностранной валюты

international unit of ~ международная денежная единица

main source of hard ~ главный источник поступления твердой валюты

member of the single ~ член валютного союза

reserves of foreign ~ are low запасы иностранной валюты истощены

revolution of ~ies революция валют

sharp fall in the value of a ~ резкое падение курса валюты

shortage of hard ~ нехватка конвертируемой валюты

stabilization of ~ стабилизация валюты

currency-and-finance *attr* валютно-финансовый

current *a* 1. текущий; современный; существующий 2. циркулирующий, находящийся в обращении

~ trends современные тенденции

curriculum *n (pl* **curricula)** 1. курс обучения; учебный план 2. расписание

core ~ основные предметы обучения; профилирующие дисциплины

open ~ открытая программа *(учебная программа, при которой большинство курсов можно выбирать)*

systematic ~ систематическая программа *(учебная программа, при которой курсы являются обязательными)*

curtail *v* сокращать; уменьшать; урезать; ограничивать

to ~ trade with *smb* свертывать торговлю с кем-л.

curtailment *n* сокращение, ограничение; уменьшение, урезание; свертывание

~ of expenses сокращение расходов

~ of production сокращение/свертывание производства

curtain *n полит.* занавес

atomic ~ атомный занавес

Bamboo C., the *ист.* «бамбуковый занавес» *(самоизоляция КНР от внешнего мира)*

Ice C., the *ист.* «ледяной занавес» *(между Аляской и Чукоткой)*

Iron C., the *ист.* «железный занавес» *(между странами бывшего социалистического лагеря и другими странами)*

paper ~ бумажный/газетный занавес

uranium ~ урановый занавес

custody *n* 1. арест; задержание; заключение под стражу; содержание под стражей 2. опека, попечение

~ pending trial предварительное заключение

military ~ содержание под стражей в военной части

police ~ содержание под стражей в камере предварительного заключения/КПЗ в полиции

protective ~ содержание арестованного/задержанного под стражей для обеспечения его безопасности

to allow *smb* **out of ~** (временно) освобождать *кого-л.* из-под стражи

to be in ~ находиться под арестом; содержаться под стражей

to be in the ~ of *smb* находиться под чьей-л. охраной

to be remanded in ~ быть возвращенным под стражу *(для проведения дальнейшего расследования дела)*

to commit *smb* **to ~** брать/заключать *кого-л.* под стражу

to escape from ~ бежать из-под стражи/из заключения

to hold *smb* **in ~** содержать *кого-л.* под стражей

to ill-treat *smb* **in ~** плохо обращаться с арестованным/задержанным

to keep *smb* **in ~** содержать *кого-л.* под стражей

to leave police ~ выходить из камеры предварительного заключения

to put *smb* **into the ~ of** *smb* передавать *кого-л.* на чье-л. попечение

to release *smb* **from ~** освобождать *кого-л.* из-под стражи

to remand in ~ возвращать *(задержанного)* под стражу *(для проведения дальнейшего расследования дела)*

to take *smb* **into ~** брать/заключать *кого-л.* под стражу

to turn *smb* **over to the ~ of** *smb* передавать *кого-л.* на чье-л. попечение

escape from ~ побег из-под стражи; побег из заключения

person in ~ лицо, находящееся под стражей

custom *n* 1. обычай; обыкновение 2. *юр.* обычное право; обычаи и нормы поведения, признаваемые обязательными 3. *pl* таможенные пошлины 4. *pl* таможенное управление; таможня

~s of war обычаи войны

ancient ~ древний обычай

diplomatic ~ дипломатическая традиция

Her Majesty's Customs (H.M.C.) Британская таможенная служба

international ~ международный обычай

native ~s местные обычаи

obsolete ~s устаревшие обычаи

people's ~s народные обычаи

to abolish ~s отменять таможенные пошлины

to adhere to the ~s придерживаться обычаев, соблюдать обычаи, следовать обычаям

to collect ~s взимать таможенные пошлины

to follow the ~s придерживаться обычаев; соблюдать обычаи; следовать обычаям

to get through/to pass the ~s проходить таможенный досмотр

custom-house *n* таможня, здание таможни

customs-free *a* беспошлинный

cut I *n* сокращение, уменьшение, снижение

~ in living standards снижение жизненного уровня

~ in military spending сокращение военных расходов

~ **in public spending** сокращение расходов на социальные нужды

~ **in the strength of a country's armed forces** сокращение численности вооруженных сил страны

~ **in weapons** сокращение вооружений

arms ~ сокращение вооружений

asymmetrical ~s асимметричные сокращения *(вооруженных сил и вооружений)*

comic ~ *полит. жарг.* еженедельно публикуемый перечень служебных назначений в британском дипломатическом корпусе

cost-saving ~ сокращение расходов как мера экономии

defense ~ сокращение расходов на оборону

domestic ~ сокращение ассигнований на внутренние нужды *(страны)*

drastic ~s радикальные сокращения

fresh ~s новые сокращения

interest rate ~ понижение банковского процента

job ~ сокращение числа рабочих мест

manpower ~ сокращение кадров/численности личного состава *(вооруженных сил)*

massive ~s крупные сокращения

matching ~s ответные равноценные сокращения

nickel-and-dime ~s **1)** незначительные сокращения ассигнований **2)** незначительное снижение цен

pay ~ снижение заработной платы

personnel ~ сокращение штатов

price ~ снижение цен

radical ~s радикальные сокращения

relief ~s сокращение пособий

sizable ~s значительные сокращения

staff ~ сокращение штатов

substantial ~s значительные сокращения

tax ~ сокращение налогов

troop ~s сокращения численности войск

wage ~ снижение заработной платы

weapons ~ сокращение вооружений

to impose massive budget ~s проводить крупные сокращения бюджета

to instigate conventional arms and troops ~ выступать инициатором сокращения обычных вооружений и вооруженных сил

to make cosmetic ~s производить чисто символические сокращения

new wave of job ~s новая волна сокращений числа рабочих мест

cut II *v* (**cut**) сокращать; уменьшать; снижать; урезывать

to ~ back medium-range missiles сокращать количество ракет средней дальности

to ~ down defense expenditure сокращать/снижать расходы на оборону

to ~ off прекращать; прерывать

to ~ off arms shipment прекращать поставки оружия

to ~ off negotiations прерывать переговоры

cutback *n* сокращение, уменьшение, снижение, урезание

~ **in production** сокращение производства

~ **in the national health service** урезание ассигнований на здравоохранение

~ **of spending** сокращение расходов

troop ~ сокращение численности войск

cutthroat I *n* бандит, головорез

hired ~ наемный бандит

cutthroat II *attr* ожесточенный

~ **competition** беспощадная конкуренция

cutting *n* сокращение; уменьшение; снижение; урезывание

price ~ снижение цен

cyberspace *n* киберпространство

cycle *n* цикл, период

business ~ цикл деловой активности

cooperation ~ период сотрудничества

demographic ~ демографический цикл

economic ~ экономический цикл

investment ~ инвестиционный цикл

production ~ производственный цикл

cyclical *a* циклический

~ **movements** циклические колебания

cyclicity *n* цикличность

cynical *a* циничный

cynicism *n* цинизм

D

dabs *n pl разг.* **1.** отпечатки пальцев **2.** (**D.**) «Отпечатки» *(дактилоскопический отдел Скотленд-Ярда)*

daily I *n* ежедневная газета

daily II *a* ежедневный; повседневный

~ **paper** ежедневная газета

daily III *adv* ежедневно

Dalai Lama *n* далай-лама *(религиозный и политический лидер тибетских буддистов)*

damage I *n* **1.** ущерб; урон, убыток; вред; повреждение **2.** *pl* убытки, потери; компенсация за убытки/потери, возмещение убытков/потерь

actual ~s реальные убытки

anticipatory ~s будущие/ожидаемые убытки

collateral ~ сопутствующий/косвенный ущерб

considerable ~ значительный/существенный ущерб; значительные повреждения/разрушения

criminal ~ злонамеренный ущерб

ecological ~ экологический ущерб

economic ~ экономический ущерб

environmental ~ ущерб, наносимый окружающей среде

first-strike offensive ~s повреждения от первого ядерного удара

heavy ~ 1) значительный/существенный ущерб; значительные повреждения/разрушения 2) *pl* значительная компенсация за (понесенные) убытки
irreparable ~ непоправимый ущерб
irreversible ~ невосполнимый ущерб/урон
libel ~s компенсация, присуждаемая судом лицу, признанному пострадавшим от клеветы
little ~ незначительный ущерб; незначительное повреждение
long-term ~ долговременный ущерб
material ~ материальный ущерб
money ~ денежный ущерб
moral ~ моральный ущерб
political ~ политический ущерб
spiritual ~ моральный ущерб
substantial ~ значительный/существенный ущерб
tangible ~ ощутимый ущерб
untold ~ ущерб, не поддающийся исчислению
vindictive ~s штраф; штрафные санкции
war ~ ущерб, нанесенный военными действиями
weather ~ ущерб, нанесенный непогодой
to assess the ~ оценивать размер ущерба
to award ~s **against** *smb* принимать судебное постановление, обязывающее *кого-л.* возместить убытки
to award ~s **to** *smb* присуждать выплату компенсации *кому-л.*
to award *smb* **$ ... in** ~s присуждать *кому-л.* денежную компенсацию в размере ... долларов
to be awarded ~ получать право на получение компенсации за (понесенные) убытки
to be responsible for ~ **caused to** *smb* нести ответственность за ущерб, причиненный *кому-л.*
to cause ~ **to** *smth* наносить/причинять ущерб/урон *чему-л.*
to claim ~s требовать возмещения убытков
to collect ~s взыскивать убытки
to contain the ~ ограничивать размер ущерба
to create serious ~ создавать серьезный ущерб
to deal a ~ наносить/причинять ущерб
to demand indemnities for ~s требовать компенсации/возмещения убытков
to do ~ **to a country's image** наносить ущерб репутации страны
to incur ~ **to** *smth* наносить/причинять ущерб/урон *чему-л.*
to inflict severe ~ (**on** *smth*) наносить/причинять огромный ущерб *чему-л.*
to lay ~s **at** *smb* взыскивать убытки с *кого-л.*
to minimize the ~ сводить к минимуму ущерб

to pay $ ... in ~s возмещать убытки в сумме ... долларов
to recover ~s получать компенсацию за (понесенные) убытки
to repair the ~s возмещать убытки
to repair the ~s **caused in a recent earthquake** восстанавливать повреждения, вызванные недавним землетрясением
to seek ~s **from** *smb* добиваться денежной компенсации от *кого-л.*
to suffer ~s нести убытки
to suffer serious ~s нести значительный ущерб/значительные потери
to sustain a ~ нести ущерб/урон
to the ~ **of** *smth* в ущерб/во вред *чему-л.*
indirect ~ **to a country's economy** косвенный ущерб экономике страны
recovery of ~s взыскание убытков
reparation of war ~ возмещение ущерба, нанесенного войной
the total cost of the ~ **is estimated at $ ... mln.** общая стоимость нанесенного ущерба оценивается в ... млн. долларов
damage II *v* 1. повреждать, причинять/наносить ущерб 2. дискредитировать, чернить
to ~ **one's reputation** подрывать *чью-л.* репутацию
damaging *a* наносящий ущерб; дискредитирующий
~ **information** дискредитирующая информация
politically ~ наносящий политический ущерб
damper *n* фактор, сдерживающий экономическую активность
dampish *a брит.* «сыроватый» (*о консерваторах, недостаточно последовательно поддерживающих политику правого крыла Консервативной партии*)
danger *n* опасность; угроза
~ **of death** угроза смерти
~ **of war escalation** опасность расширения войны/эскалации военных действий
~ **to peace** угроза миру
actual ~ действительная/существующая опасность
alleged ~ мнимая опасность/угроза
grave ~ серьезная опасность
imminent ~ грозящая опасность; нависшая угроза
implicit ~ скрытая опасность
military ~ военная опасность
mortal ~ смертельная опасность
mounting ~ растущая угроза
potential ~ потенциальная опасность/угроза
war ~ опасность войны; военная угроза
to aggravate the ~ усиливать опасность
to avert the ~ предотвращать угрозу
to avoid the ~ избегать опасности
to be in ~ подвергаться опасности; быть/находиться в опасности
to be out of ~ быть вне опасности

to create ~ for *smth* угрожать/создавать угрозу *чему-л.*

to eliminate the ~ ликвидировать/устранять опасность

to enhance/to escalate the ~ усиливать опасность

to expose *smb* **to ~** подвергать *кого-л.* опасности

to face the ~ смотреть в лицо опасности

to hold grave ~ for *smth* представлять серьезную опасность/угрозу для *чего-л.*

to keep out of ~ избегать опасности

to lessen ~ уменьшать опасность

to pose ~ to *smth* представлять угрозу для *чего-л.*

to present a ~ представлять собой опасность

to realize/to recognize the ~ сознавать опасность

to reduce ~ уменьшать опасность

to repel potential ~ отражать потенциальную угрозу

to run the ~ of *smth* подвергаться опасности *чего-л.*

flash-points of military ~ очаги военной опасности

fraught with ~ опасный/чреватый опасностью

social ~ of *smth* общественная опасность *чего-л.*

dangerous *a* опасный; угрожающий

~ weapon грозное оружие

dangerously *adv* опасно; угрожающе

dark I *n* 1. темнота 2. неведение

to keep *smb* **in the ~** держать *кого-л.* в неведении; скрывать *что-л.* от *кого-л.*

dark II *a* 1. темный 2. тайный, секретный

~ blue *брит. воен. жарг.* «темно-синий» *(военный моряк)*

~ horse «темная лошадка»; неожиданно выдвинутый/малоизвестный кандидат *(на выборах)*

to keep *smth* **~** скрывать *что-л.*, держать *что-л.* в секрете

data *n* (*pl om* **datum**) (исходные) данные; факты, фактические сведения; информация

actual ~ фактические данные/показатели

adequate ~ соответствующие данные

aggregate ~ совокупные данные/показатели

available ~ имеющиеся данные; имеющаяся информация

average statistical ~ среднестатистические данные

basic ~ исходные/основные данные

business ~ деловая/коммерческая информация

comprehensive ~ исчерпывающие данные

conflicting ~ противоречивые данные

crude ~ приблизительные данные

demographic ~ демографические данные

detailed ~ подробные данные

economic ~ экономические данные

experimental ~ экспериментальные данные

final ~ окончательные данные

finite ~ конечные данные

fragmentary ~ фрагментарные/отрывочные данные

inadequate ~ недостаточные данные; недостаточная информация

incompatible ~ несовместимые данные

incomplete ~ неполные данные

initial ~ исходные данные

input ~ вводимые данные

intelligence ~ данные разведки, разведданные

limited ~ ограниченные данные

military ~ военная информация

obtainable ~ доступные данные

official ~ официальные данные

operating ~ эксплуатационные данные

operational ~ рабочие данные

output ~ данные об объеме выпускаемой продукции

preliminary ~ предварительные данные

primary ~ первоначальные/исходные данные

provisional ~ предварительные данные

published ~ публикуемые/опубликованные данные

raw ~ необработанные данные

reliable ~ надежные/достоверные данные

restricted ~ закрытая/секретная информация

scientific ~ научные данные

source ~ первоначальные/исходные данные

statistical ~ статистические данные

summary ~ сводные данные

supplementary ~ дополнительные данные

supporting ~ иллюстрирующий материал

technical ~ технические данные/характеристики

tentative ~ предварительные данные

test ~ экспериментальные данные

unofficial ~ неофициальные данные

to collect ~ собирать данные/информацию

to contribute ~ представлять данные/информацию

to disseminate ~ распространять данные/информацию

to exchange ~ обмениваться информацией

to gather ~ собирать данные/факты/информацию

to organize ~ систематизировать данные/информацию

to process ~ обрабатывать данные/информацию

to request ~ запрашивать данные

to supply ~ снабжать данными/информацией

analysis of ~ анализ данных/фактов/информации

biographical ~ on the candidate биографические данные кандидата

collection of ~ сбор данных/фактов/информации

compatibility of ~ сопоставимость данных
falsification of ~ фальсификация данных
gap in the ~ пробел в данных/информации
retrieval of ~ поиск данных/информации
storage of ~ хранение данных/информации
data-processing I *n* обработка данных/информации
data-processing II *a* информационно-вычислительный
date I *n* **1.** дата, число **2.** время, период, срок
~ **of payment** срок платежа
approximate ~ приблизительная дата
arrival ~ дата прибытия
closing ~ дата закрытия *(конференции и т.п.)*
delivery ~ срок поставки
effective ~ дата вступления в силу
firm ~ точная дата
historic ~s исторические даты
key ~ основной срок
latest ~ последний/крайний срок *(предъявления документа и т.п.)*
preset ~ заранее назначенная дата
remarkable ~ знаменательная дата
target ~s установленные/намеченные сроки
to alter the ~ изменять дату
to announce an election ~ объявлять дату выборов
to bring a report up to ~ дополнять доклад новейшими данными
to bring *smb* **up to** ~ вводить *кого-л.* в курс дела
to fix a ~ **for** *smth* назначать/устанавливать дату *чего-л.*
to keep *smb* **up to** ~ держать *кого-л.* в курсе дела
to keep *smth* **up to** ~ дополнять *что-л.* новейшими данными
to refer to the ~ ссылаться на дату
to set a ~ **for** *smth* назначать/устанавливать дату *чего-л.*
at a future ~ позднее
at a later ~ в дальнейшем; позднее; в будущем
at a long ~ на долгий срок
at a short ~ на короткий срок
at the earliest possible ~ в самое ближайшее время, в кратчайший срок
of this ~ датированный сегодняшним числом
out of ~ устаревший; несовременный; вышедший из употребления; немодный
up to ~ современный; новейший
up to this ~ до настоящего дня
date II *v* датировать; проставлять дату; ставить число
to ~ **a document** проставлять дату на документе
day *n* **1.** день; определенный день; определенное число; (календарная) дата **2.** решающий день; битва, сражение
D~ 1) *воен.* день «D», день начала операций **2)** *ист.* День высадки союзных войск в Европе *(6 июня 1944 г.)* **3)** день демобилизации

~ **of reckoning** час расплаты
Admission D. День принятия штата в состав США *(отмечается как праздник в каждом штате)*
Africa's Liberation D. День освобождения Африки
AIDS D. День борьбы со СПИДом
Armed Forces D. День вооруженных сил США *(20 мая)*
Armistice D. *ист.* День перемирия *(в Первой мировой войне) (ранее праздновался 11 ноября, ныне празднуется как «День ветеранов» в четвертый понедельник октября)*
business ~ рабочий день
calendar ~ календарный день
Christmas D. Рождество *(отмечается в западных странах 25 декабря)*
Columbus D. День Колумба *(отмечается в США во второй понедельник октября)*
Commonwealth D. День Содружества *(отмечается в Великобритании в июне в день рождения королевы Елизаветы II)*
Constitution D. День Конституции
Cosmonautics D. День космонавтики
declaration ~ день объявления результатов голосования
Discovery D. День открытия Америки
Dominion D. День провозглашения доминиона *(отмечается в Канаде 1 июня, в Новой Зеландии – 28 сентября)*
Earth D. День Земли *(22 апреля)*
election ~ день выборов
Election D. День выборов *(отмечается в некоторых штатах США каждые 4 года в первый вторник ноября)*
evil ~ черный день
Father's D. День отца *(отмечается в США в третье воскресенье июня)*
Flag D. День флага *(отмечается в США 14 июня)*
Forefather's D. День предков *(22 декабря – годовщина высадки английских колонистов на американском берегу)*
Human Rights D. День прав человека
Inauguration D. День инаугурации *(день вступления в должность вновь избранного президента США – 20 января каждого года, следующего за високосным)*
Independence D. День независимости *(4 июля – в этот день в 1776 г. была принята Декларация независимости США)*
International Human Rights D. Международный день прав человека *(10 декабря)*
International Woman's D. Международный женский день *(8 марта)*
Judgment D. *рел.* Судный день
Labor D. День труда *(отмечается в США в первый понедельник сентября)*
labor ~s рабочие дни
Land D. День земли *(национальный праздник палестинского народа)*
Lord's ~, **the** воскресенье

M~ день объявления мобилизации

May D. Первое мая, Первомай

Memorial D. День поминовения погибших в войнах *(отмечается в США 30 мая)*

Mother's D. День матери *(отмечается в США во второе воскресенье мая)*

National D. национальный день *(напр. какой-л. страны на международной выставке)*

national polling ~ день всеобщих выборов

New Years' D. Новый год *(1 января)*

pay ~ день выдачи зарплаты

Pioneer D. День пионеров-первопроходцев *(отмечается в США 24 июля)*

polling ~ день выборов

red-letter ~ красный день календаря, праздничный день

Republic D. День республики

shortened working ~ сокращенный рабочий день

sitting ~ рабочий день законодательного органа

St. Patrick's D. День Св. Патрика *(отмечается в Ирландии 17 марта)*

Thanksgiving D. День благодарения *(четвертый четверг ноября; в этот день началась колонизация штата Массачусетс)*

traveling ~s время, проведенное в дороге/в пути

United Nations D. День Организации Объединенных Наций, День ООН *(24 октября)*

Valentine's D. День Св. Валентина *(праздник всех влюбленных - 14 февраля)*

Veterans D. День ветеранов *(отмечается в США в четвертый понедельник октября)*

Victory D. День Победы

week/working ~ рабочий день

World Anti-Drugs D. Международный день борьбы с наркотиками *(26 июня)*

World Environment D. Всемирный день охраны окружающей среды *(5 июня)*

World Youth D. Всемирный день молодежи

to carry the ~ одержать победу; взять верх

to declare a national ~ of mourning объявить день национального траура

to fall on evil ~s впасть в нищету

to get the ~ одержать победу; взять верх

to have an up-and-down ~ колебаться *(о ценах, о курсе акций, валюты)*

to hold a national ~ of mourning проводить день национального траура

to lose the ~ потерпеть поражение

to mark a country's Independence D. отмечать День независимости страны

to observe a national ~ of mourning проводить день национального траура

to shorten the working ~ сокращать рабочий день

to win the ~ одержать победу; взять верх

to work by the ~ работать поденно

crucial ~ for *smb* решающий день для *кого-л.*

great ~ for *smb* великий день для *кого-л.*

International D. of the Child Международный день защиты детей *(1 июня)*

National D. of Freedom and Human Rights Национальный день свободы и прав человека *(13 мая, введен в 1990 году)*

national ~ of mourning день национального траура

national ~ of protest национальный день протеста

nationwide ~ of action национальный день действий

opening ~ of the trial день начала судебного процесса

the black ~ in the history of the world черный день в мировой истории

the first one hundred ~s in office первые сто дней пребывания у власти

Victory in Europe D. (VE-D.) День Победы *(отмечается в Европе 8 мая)*

Victory over Japan D. (V-J D.) День победы над Японией *(2 сентября)*

dazibao *n ист.* дацзыбао *(пропагандистские плакаты и листовки времен «культурной революции» в КНР)*

dead *n* мертвые; умершие

war ~ погибшие во время войны; жертвы войны

to declare *smb.* **~** объявлять о смерти *кого-л.*

to identify the ~ опознавать трупы

they put the number of ~ at 1600 они считают, что погибло 1600 человек

dead-end *n* тупик; безвыходное положение

to come to a ~ заходить в тупик

deadline *n* крайний/предельный/последний срок *(уплаты денег, принятия решения и т.п.)*

~ approaches/draws near крайний срок приближается

~ for signing a document крайний срок для подписания документа

~ has gone by/passed/is due to expire крайний срок истекает

putative ~ предполагаемый крайний срок

withdrawal ~ крайний срок вывода войск

to circumvent the ~ обходить вопрос об ультимативном сроке

to extend the ~ for *smth* **by 2 hours** продлевать крайний срок *чего-л.* на 2 часа

to fix a ~ for *smth* устанавливать крайний срок для *чего-л.*

to give a ~ to *smb* устанавливать крайний срок для *кого-л.*

to meet the ~ укладываться в срок

to pass a ~ не укладываться в назначенный срок

to postpone the ~ for *smth* **until noon** продлевать крайний срок *чего-л.* до полудня

to set a ~ for *smth* устанавливать крайний срок для *чего-л.*

expiry of a ~ истечение крайнего срока

extension of a ~ продление установленного крайнего срока

deadlock I *n* тупик; тупиковое/безвыходное положение

~ **over the question of funding** тупик в вопросе финансирования

~ **remains** выход из тупика не найден

continuing ~ безвыходное положение, которому не видно конца

diplomatic ~ дипломатический тупик

to be at a ~ быть/находиться в тупике

to break the ~ in the course of the conference вывести конференцию из тупика

to bring to a ~ заводить в тупик *(переговоры и т.п.)*

to come to a ~ заходить в тупик *(о переговорах и т.п.)*; попадать в безвыходное положение

to ease the ~ намечать пути выхода из тупика

to end the ~ преодолевать тупик; выходить из тупика, сдвигать дело с мертвой точки

to escape from the ~ выходить из тупика; находить выход из тупика

to lead to a ~ заводить в тупик *(переговоры и т.п.)*

to overcome the ~ преодолевать тупик; сдвигать дело с мертвой точки

to reach a ~ заходить в тупик *(о переговорах и т.п.)*; попадать в безвыходное положение

to remain ~ed оставаться в тупике

to resolve the ~ преодолевать тупик; выходить из тупика; находить выход из тупика; сдвигать дело с мертвой точки

break in the ~ выход из тупика

possible ways round the ~ возможные пути выхода из тупика

recipe for potential ~ верный путь в тупик

the meeting resulted in ~ совещание зашло в тупик

deadlock II *v* **1.** заходить в тупик; оказываться в безвыходном положении **2.** заводить в тупик

to ~ talks заводить переговоры в тупик

to be ~ed on/over an issue заходить в тупик при рассмотрении *какого-л.* вопроса

dead-wood *n* бесспорное преимущество

to have/to possess the ~ on *smb* иметь бесспорное преимущество перед *кем-л.*; ставить *кого-л.* в тяжелое положение

deaf *a* глухой; не желающий слушать

to be ~ to the people не прислушиваться к голосу народа

deal I *n* сделка, соглашение

~ **agreed between** *smb* сделка, заключенная между *кем-л.*

~ **broke down** сделка сорвалась

~ **is conditional on full return to work** обязательным условием соглашения является полный возврат *(бастующих)* к работе

~ **is in the making** условия сделки обговариваются

~ **worth $ ...** сделка на ... долларов

arms ~ сделка по продаже оружия

arms-control ~ соглашение о контроле над вооружениями

arms-for-hostages ~ сделка «оружие в обмен на заложников»

back-room/backstage ~ закулисная сделка

barter ~ бартерная/товарообменная сделка

behind-the-scenes ~ закулисная сделка

bilateral ~ двусторонняя сделка

business/commercial ~ коммерческая сделка

compensation/compensatory ~ компенсационная сделка

compromise ~ компромиссная сделка

dubious ~ сомнительная сделка

face-saving ~ сделка ради спасения *чьего-л.* престижа

fair ~ взаимовыгодная сделка; честная сделка

foreign-trade ~ внешнеторговая сделка

illicit ~ незаконная сделка

joint venture ~ соглашение о создании совместного предприятия

last minute ~ соглашение, достигнутое в последний момент

New D. «Новый курс» *(система экономических мероприятий президента США Ф.Д.Рузвельта, осуществлявшихся в 1933-1938 гг.)*

oil-for-food ~ *ист.* соглашение «нефть в обмен на продовольствие» *(разрешение ООН Ираку продавать некоторое количество своей нефти для покупки продовольствия, 1997 г.)*

package ~ **1)** комплексная сделка, комплексное соглашение **2)** сделка между исполнительной и законодательной властями

pay ~ соглашение о заработной плате

peace ~ мирное соглашение

power sharing ~ соглашение о разделе власти

profitable ~ выгодная сделка

separate ~ сепаратная сделка

shady ~ сомнительная сделка

side ~ закулисная сделка; закулисное соглашение

square ~ взаимовыгодная сделка; честная сделка

Square D. *ист.* «Справедливый курс» *(Политическая программа президента Т. Рузвельта)*

trade ~ торговая сделка

under-the-table ~ **1)** нелегальная сделка **2)** неофициальная сделка

unfair ~ несправедливая сделка

unprofitable ~ невыгодная сделка

weapons ~ сделка по продаже оружия

to agree a ~ одобрять/заключать сделку/соглашение

to arrange a ~ организовывать сделку

to broker a ~ быть посредником при заключении соглашения

to clinch an arms ~ with *smb* заключать с *кем-л.* соглашение о поставках оружия

to complete a ~ завершать сделку

to conclude a ~ заключать сделку/соглашение

to cut a ~ отказываться от сделки

to do a ~ with *smb* заключать соглашение с *кем-л.*; идти на сделку с *кем-л.*

to do *smth* as part of a ~ делать *что-л.* в рамках соглашения

to give *smb* a square ~ честно поступать с *кем-л.*

to hammer out a ~ with *smb* вырабатывать соглашение с *кем-л.*

to honor a ~ соблюдать соглашение

to keep to a ~ придерживаться договорённости

to make a secret ~ with *smb* over *smth* тайно договариваться с *кем-л.* по поводу *чего-л.*

to make single-union "no strike" ~s with the employers заключать сделки с предпринимателями *(отдельно для каждого профсоюза)*, предусматривающие условия, при которых профсоюзы обязуются не бастовать

to offer a preferential ~ to *smb* предлагать *кому-л.* сделку на льготных условиях

to overturn a peace ~ срывать мирную договорённость

to propose a ~ предлагать сделку

to reach a ~ заключать сделку; достигать соглашения/договорённости

to revive a ~ возобновлять сделку

to sign a ~ with *smb* подписывать соглашение с *кем-л.*

to squeeze *smb* into a ~ принуждать *кого-л.* к сделке

to stick to a ~ придерживаться договорённости/соглашения

to strike (up) a ~ with *smb* заключать сделку с *кем-л.*

to walk away from a ~ отходить от выполнения соглашения

to work out a ~ подготавливать сделку

architect of a peace ~ инициатор мирного соглашения

blueprint for a peace ~ проект мирного соглашения

if the ~ falls through если сделка сорвётся

if the ~ goes ahead если сделка состоится

under the ~ по/согласно этому соглашению

deal II *v* (dealt) 1. *(in, with)* заниматься *(чем-л.)* 2. *(in, with)* торговать *(чем-л.)*, заниматься торговлей *(чем-л.)* 3. *(with)* иметь дело *(с кем-л., чем-л.)*; ведать *(чем-л.)* 4. *(with)* рассматривать *(что-л.)*; обсуждать *(что-л.)* 5. *(with)* сталкиваться *(с кем-л., чем-л.)*; бороться *(с чем-л.)*; преодолевать *(что-л.)* 6. *(with)* обходиться, обращаться *(с кем-л., чем-л.)*

to ~ brutally with *smb* учинять жестокую расправу над *кем-л.*

to ~ fairly with *smb* обходиться с *кем-л.* по справедливости

to ~ in politics заниматься политикой

to ~ with a difficulty преодолевать трудность

to ~ with a problem рассматривать проблему/вопрос

to ~ with *smb* from a position of strength вести дела с *кем-л.* с позиции силы

to ~ with *smth* firmly принимать решительные меры против *чего-л.*

to ~ with the ethnic unrest справляться с волнениями на национальной почве

dealer *n* дилер; торговец; посредник *(между производителем и потребителем)*

arms ~ торговец оружием

car ~ дилер/агент по продаже легковых автомобилей

currency ~ продавец валюты; валютный дилер

foreign-exchange/forex ~ дилер, торгующий иностранной валютой; маклер на валютной бирже

international drug ~s международные торговцы наркотиками

petty/small ~ мелкий торговец

wholesale ~ оптовый торговец

dealing *n обыкн. pl* деловые отношения; коммерческие/торговые сделки/операции

~s on a stock exchange операции на фондовой бирже

arms ~s продажа оружия

back-room/backstage/behind-the-scenes ~s закулисные сделки

black market ~ операции на чёрном рынке

criminal ~s преступные махинации

drug ~s торговля наркотиками

illegal share ~s незаконные сделки с акциями

trade ~s торговые сделки

undercover arms ~s тайные сделки по продаже оружия

underhand ~ закулисная деятельность; происки; махинации

to have ~s with *smb* быть связанным с *кем-л.*

shift in a country's ~s with her neighbors изменение в отношениях страны с её соседями

dean *n* старшина дипломатического корпуса, дуайен

death *n* смерть, гибель

~ by hanging смертная казнь через повешение

~ by misadventure смерть от несчастного случая

D. to ...! Смерть *(кому-л.)!* *(призыв)*

bombing ~ смерть в результате бомбардировок/от подложенной *или* брошенной бомбы

civil ~ *юр.* гражданская смерть; поражение в гражданских правах

civilian ~s убитые/погибшие из числа гражданского населения

drug-related ~ смерть от злоупотребления наркотиками

ignominious ~ бесславная/позорная смерть

living ~ жалкое существование

natural ~ естественная смерть

public ~ конец карьеры *(политического деятеля)*

service-incurred ~ гибель при исполнении служебных обязанностей

violent ~ насильственная смерть

to be on the ~ row быть в списке ожидающих приведения в исполнение смертного приговора

to burn *oneself* **to** ~ совершать акт самосожжения

to burn *smb* **to** ~ сжигать *кого-л.* заживо

to clear ~ чудом уцелеть при покушении

to commemorate *smb's* ~ отмечать годовщину *чьей-л.* смерти

to commute *smb's* ~ **to life imprisonment** заменять *кому-л.* смертную казнь пожизненным тюремным заключением

to condemn *smb* **to** ~ приговаривать *кого-л.* к смертной казни/к высшей мере наказания

to express *one's* **sorrow/grief at** *smb's* ~ выражать соболезнование по поводу *чьей-л.* смерти

to fight to the ~ сражаться до смерти

to make a ~ threat угрожать смертью

to meet *one's* ~ находить свою смерть/свой конец

to put *smb* **to** ~ казнить *кого-л.*

to put *smb* **to** ~ **in his/her absence** приговаривать *кого-л.* заочно к смертной казни

to send *smb* **to his/her** ~ посылать *кого-л.* на смерть

to sentence *smb* **to** ~ **by firing squad** приговаривать *кого-л.* к расстрелу

to shoot *smb* **to** ~ застрелить *кого-л.*

inquest into the ~ **of** *smb* следствие по делу о смерти *кого-л.*

kiss of ~ 1) смертельный удар 2) *полит.* действия *(поддержка и т.п.)*, приносящие вред

ready to fight to the ~ готовый погибнуть в борьбе

total number of ~s общее количество убитых/погибших

deathnail *(for smth)* n последний гвоздь в гроб *чего-л.*

death-rate n смертность

débâcle n фр. разгром; падение правительства

debatable a 1. спорный, дискуссионный 2. оспариваемый

~ **article** дискуссионная статья

~ **land** территория, оспариваемая двумя странами

~ **opinion** спорное мнение

~ **question** дискуссионный вопрос

debate I n обсуждение; дискуссия; дебаты; прения; спор; полемика

~ **centers on the question whether ...** в центре дискуссии находится вопрос о ...

~ **continued well into the night** прения затянулись до поздней ночи

~ **continues unabated** дискуссия не утихает

~ **drags on** прения затягиваются

~ **is raging** идут бурные дебаты

~ **on inclusion of items** прения о включении вопросов в повестку дня

acrimonious ~ острая дискуссия; острые прения

ample ~ широкая дискуссия; широкое обсуждение

beyond ~ бесспорно

broad ~ широкая дискуссия; широкое обсуждение

campaign ~ дебаты, проводимые в ходе предвыборной кампании

chaotic ~ беспорядочные прения

combined general ~ объединенные общие прения

Congressional ~(s) прения в Конгрессе *(США)*

constructive ~ конструктивное обсуждение

crucial ~ решающая дискуссия

disarmament ~ дебаты по вопросам разоружения

domestic ~ обсуждение внутри страны

economic and social ~ прения по экономическим и социальным вопросам

emergency ~ экстренное/внеочередное обсуждение *(в парламенте)*

fierce ~ острая дискуссия; острые прения

foreign-policy ~ дебаты по вопросам внешней политики

general ~ общая дискуссия

general political ~ общеполитическая дискуссия

heated ~ бурные прения; горячие/бурные споры

intellectual ~ интеллектуальный спор

keen ~ острые прения

live television ~ теледебаты в прямой трансляции

lively ~ оживленная дискуссия; оживленные прения

North-South ~ переговоры между Севером и Югом

open ~ открытая дискуссия, открытое обсуждение

parliamentary ~ парламентские дебаты; прения в парламенте

polemic ~ полемика

political ~ политическая дискуссия

potentially explosive ~ дебаты по взрывоопасной проблеме

preliminary ~ предварительные обсуждения

primary ~ дебаты в ходе предвыборной кампании перед первичными выборами *(США)*

procedural ~ дебаты/прения по процедурным вопросам

prolonged ~ продолжительное обсуждение

public ~ публичное обсуждение

raucous ~ острая дискуссия; острые прения

rowdy ~ шумные прения

Security Council ~ заседания Совета Безопасности

sharp ~ острая дискуссия; острые прения

spirited ~ оживленная дискуссия; оживленные прения

stormy ~ бурные прения; горячие/бурные споры

substantive ~ прения по существу вопроса

unlimited ~ дебаты, не ограниченные по времени

vehement ~ ожесточенные споры

vigorous ~ оживленная дискуссия; оживленные прения

to add fuel to a ~ разжигать страсти в ходе прений

to address a General Assembly ~ выступать в прениях на заседании Генеральной Ассамблеи *(ООН)*

to adjourn the ~ **on** *smth* откладывать/переносить обсуждения по *какому-л.* вопросу

to bar *smb* **from attending a** ~ запрещать *кому-л.* присутствовать на обсуждении

to be in the forefront of public ~ быть основным вопросом публичной дискуссии

to boycott a ~ бойкотировать обсуждение/прения

to check irrelevance and repetition in ~ прерывать выступления, не относящиеся к делу *или* повторяющие уже сказанное

to close the ~ прекращать прения

to curtail the ~ свертывать прения

to decide on the closure of the ~ принимать решение о прекращении прений

to decide without any ~ принимать решение без обсуждения

to disturb the ~ нарушать ход ведения прений

to duck a ~ уклоняться от участия в прениях

to end the ~ прекращать прения

to engage in a ~ вести дискуссию/дебаты; участвовать в прениях

to enter into a ~ вступать в дискуссию

to fuel the ~ давать пищу для обсуждения

to generate a heated ~ приводить к бурному обсуждению

to have the better of the ~ выигрывать от участия в дискуссии/дебатах

to hold a televised ~ проводить теледебаты

to hold the ~ **in closed session** проводить обсуждение на закрытом заседании

to interrupt the ~ прерывать обсуждение/прения

to intervene in a ~ вмешиваться в прения

to monitor a ~ следить за ходом прений

to move the closure of the ~ приводить к прекращению прений

to null out of a ~ отказываться от участия в обсуждении/прениях

to obstruct the ~ препятствовать проведению прений

to open a ~ **on procedure** открывать прения по процедурным вопросам

to postpone the ~ **on** *smth* откладывать/переносить прения по *какому-л.* вопросу

to proceed to a vote without ~ приступать к голосованию без проведения прений

to prompt a ~ вызывать дискуссию/обсуждение

to protract a ~ затягивать дебаты/прения

to renew/to reopen *one's* ~ возобновлять дискуссию/дебаты/прения

to resolve the ~ разрешать противоречия, выявившиеся в ходе прений

to resume *one's* ~ возобновлять дискуссию/дебаты/прения

to rig a ~ направлять обсуждение в нужное русло

to smother parliamentary ~ не давать развернуться прениям в парламенте

to spark off a ~ послужить толчком к обсуждению

to start a ~ **on** *smth* начинать дискуссию по *какому-л.* вопросу

to suspend the ~ прерывать обсуждение/прения

to walk out of the ~ покидать зал заседаний, отказавшись участвовать в прениях

to wind up the ~ 1) завершать/заканчивать дискуссию/прения 2) развертывать дискуссию/дебаты

bitter ~ острая дискуссия

closure of the ~ прекращение прений

in the course of ~ в ходе дискуссии/обсуждения/дебатов/прений

opening of the ~ открытие прений

order of a ~ порядок ведения прений

rules of a ~ правила ведения дебатов/прений

that is open to ~ об этом можно спорить

the question is still in ~ вопрос все еще обсуждается

touchstone of ~ пробный камень в дискуссии

world affairs ~ **at the UN** дискуссия по международным проблемам в ООН

debate II *v* дискутировать, обсуждать; дебатировать; спорить

to ~ **amendments to** *smth* обсуждать/рассматривать поправки к *чему-л.*

to ~ **a matter in** *one's* **mind** взвешивать/обдумывать *что-л.*

to ~ **a question** обсуждать вопрос

to ~ *smth* **publicly** обсуждать *что-л.* в ходе всенародного референдума

Debategate *n ист.* дело о краже секретных документов из Белого дома, которые помогли претенденту на президентский пост Р. Рейгану успешно провести дебаты с президентом США Д. Картером

debater *n* участник обсуждения/дебатов/прений

debit *n* дебет

debrief *v* **1.** проводить опрос, опрашивать *(пилота, разведчика и др. после выполнения задания)* **2.** заслушивать доклад *или* отчет *(официального представителя правительства о поездке в другую страну)*

de-briefing *n* отчетность *(перед кем-л.)*

debt *n* долг; задолженность; обязательство

~ **due** долг, который необходимо выплатить/по которому наступил срок платежа

~ **owed to a country** долг, причитающийся *какой-л.* стране

accumulated ~ накопленный долг

active ~ непогашенный долг; задолженность

bad ~ безнадежный долг

crippling ~ долг, подрывающий экономику страны

domestic ~ внутренний долг

external/foreign ~ внешний долг; внешняя задолженность

governmental ~ правительственная задолженность

heavy ~s обременительные долги; значительная задолженность

horrendous/huge ~ огромная задолженность

large ~ значительный долг

little ~ незначительная задолженность

long-term ~ задолженность по долгосрочным кредитам

massive ~ большая задолженность

national ~ государственный долг

outstanding ~ непогашенный долг; задолженность

public ~ государственный долг

short-term ~ задолженность по краткосрочным кредитам

state ~ государственный долг

total ~ общая/суммарная задолженность

tremendous ~ огромная задолженность

unpaid ~s неоплаченные долги

war ~s (правительственные) военные долги

to be in ~ иметь долги

to cancel a country's ~ списывать долг страны

to clear off ~s погашать задолженность; выплачивать долги

to control a soaring public ~ ограничивать быстро растущий государственный долг

to cut back on ~ уменьшать задолженность

to defer a country's ~ предоставлять стране отсрочку по выплате внешнего долга

to discharge a ~ погашать долг

to ease a ~ уменьшать сумму долга

to face a massive ~ иметь огромный долг

to fall into ~ залезать в долги

to forgive *smb's* ~ прощать долг *кому-л.*

to get into/to incur ~ залезать в долги

to liquidate ~ ликвидировать задолженность

to make good on a ~ выплачивать долг

to meet ~s выплачивать/погашать долги; ликвидировать/погашать задолженность

to pay (off) *one's* ~ выплачивать/погашать долг

to payback a proportion of *one's* ~ выплачивать часть своего долга

to recover a ~ взыскивать долг

to redeem a ~ погашать долг

to reduce *one's* ~ сокращать/уменьшать долг

to renege on *one's* ~ нарушать свои долговые обязательства

to renegotiate *one's* **matured** ~ пересматривать условия выплаты долга, по которому наступил срок платежа

to repay ~s погашать задолженность; выплачивать долги

to repurchase ~s **at a discount** выкупать долги по льготной цене

to reschedule a ~ реструктурировать долг

to roll over a ~ оттягивать выплату долга

to run into ~ залезать в долги

to service *one's* ~ обслуживать свой долг; выплачивать/погашать долг *(выплачивать проценты по займу и т.д.)*

to wipe out/to write off a ~ списывать долг

accumulation of the national ~ рост государственного долга

amortization of ~s погашение долгов в рассрочку

amount of ~ величина долга

discharge of ~ погашение/выплата долга

easy-to-pay ~ **scheme** упрощенная схема выплаты долга

growth of the national ~ рост государственного долга

level of *smb's* ~ величина *чьего-л.* долга/ *чьей-л.* задолженности

liquidation of ~s погашение долгов

nonpayment of ~s неуплата долгов

plagued by foreign ~ отягощенный внешним долгом

redemption of ~ возмещение долга

region overloaded with ~s регион, обремененный долгами

remission of ~ освобождение от уплаты долга

repayment of ~ погашение/выплата долга

rescheduling of ~s отсрочка выплаты/реструктуризация долгов

riddled with ~ отягощенный долгом

the country is deeply in ~ у страны большой внешний долг

the country owes $ ... in international ~ внешний долг страны составляет ... долларов

debtor *n* должник

insolvent ~ несостоятельный должник

debt-ridden *a* погрязший в долгах

debt-service, debt-servicing *n* обслуживание долга; выплата процентов по долгу

debug *v разг.* очистить помещение *или* транспортное средство от подслушивающих устройств

de-bureaucratize *v* избавляться от бюрократизма

decade *n* **1.** декада **2.** десятилетие

use ~ 70-е годы, характеризующиеся поисками самовыражения и личного успеха послевоенного поколения

World D. of Cultural Development Всемирное десятилетие развития культуры

decadence, decadency *n* декаданс; декадентство; упадничество

decadent I *n* декадент

decadent II *a* декадентский, упадочнический

decapitate *v* 1. отрубать голову, обезглавливать 2. *разг.* заменять руководство правительственных учреждений *(особ. после победы на выборах одной из партий)*

decapitation *n разг.* замена руководства правительственных учреждений *(особ. после победы на выборах одной из партий)*

decartelization *n эк.* декартелизация

decay I *n* упадок; разложение; загнивание; распад

  institutional ~ приходящая в упадок государственная машина

  moral ~ моральное разложение

  urban ~ кризис городов

  to be in ~ разрушаться; разлагаться

  to fall into ~ приходить в упадок

decay II *v* приходить в упадок; разлагаться; слабеть; распадаться *(о государстве)*

decelerate *v* замедляться *(о росте, развитии)*, расти более медленными темпами

deceleration *n* замедление *(роста, развития)*

decentralization *n* децентрализация

  ~ **of management** децентрализация управления

  ~ **of power** децентрализация власти

  economic ~ децентрализация экономики

decentralize *v* децентрализовать

deception *n* обман, жульничество, мошенничество; введение *кого-л.* в заблуждение

  ~ **of the public opinion** введение в заблуждение общественного мнения

  clever ~ искусный обман

  deliberate ~ преднамеренный обман

  to expose a ~ раскрывать обман/мошенничество

  to fall into ~ быть жертвой обмана

  to practice ~ заниматься обманом, мошенничать

  instrument of ~ орудие обмана

decertification *n* аннулирование полномочий профсоюза правительством

decide *v* решать, принимать решение; постановлять

  to ~ **against** *smth* принимать отрицательное решение по *какому-л.* вопросу/решать отрицательно *какой-л.* вопрос

  to ~ **a problem** решать проблему

  to ~ **forthwith** принимать немедленное решение

  to ~ **provisionally** принимать временное решение

decimate *v (smb)* наносить большие потери *(кому-л.)*

decision *n* решение

  ~ **by secret ballot** решение, принятое тайным голосованием

  ~ **comes into effect** решение вступает в силу

~ **goes against** *smb's* **interests** решение противоречит *чьим-л.* интересам

~ **has not come as a surprise** решение не было неожиданным

~ **in/of principle** принципиальное решение

~ **of massive significance** решение, имеющее огромное значение

~ **rests with the President** решение зависит от президента

~s **come down from on high** решения спускают сверху

~s **on crucial matters** решения по наиболее важным вопросам

~ **will take effect from ...** решение вступает в силу с ...

advisable ~ здравое/разумное решение

agreed ~ согласованное решение

ambiguous ~ двусмысленное решение

arbitrary ~ произвольное решение

binding ~ решение, имеющее обязательную силу

Brown ~ решение Верховного суда США по иску Брауна *(о десегрегации школ, 1954 г.)*

collective ~ коллективное решение

compromise ~ компромиссное решение

concerted ~ согласованное решение

constructive ~ конструктивное решение

court ~ решение суда

crucial ~ важнейшее решение

daring ~ смелое решение

dramatic ~ важное/серьезное решение

executive ~ административное решение

faulty ~ ошибочное решение

favorable ~ положительное решение

final ~ окончательное решение

forcible ~ навязанное решение

go-ahead ~ решение, дающее возможность продолжать дальнейшую работу

grave ~ важное/серьезное решение

hasty ~ поспешное/опрометчивое/необдуманное решение

historical ~ историческое решение

irresponsible ~ безответственное решение

joint ~ общее/совместное решение

judicial ~ судебное решение

legal ~ решение суда

majority ~ решение, принятое большинством *(голосов)*

managerial ~ административное решение

mandatory ~ обязательное решение

meritocratic ~ решение, основанное на признании *чьих-л.* личных заслуг

momentous ~ важное/серьезное решение

mutually acceptable ~ взаимоприемлемое решение

narrow-minded ~ недальновидное решение

optimal/optimum ~ оптимальное решение

policy ~ стратегическое решение

political ~ политическое решение

precipitous ~ поспешное/опрометчивое/необдуманное решение

sound ~ здравое/разумное решение

strategic ~ стратегическое решение
surprise ~ неожиданное решение
tit-for-tat ~ решение, принятое в качестве ответной меры *(на что-л.)*
tough ~ трудное решение
trade-off ~ компромиссное решение
unacceptable ~ неприемлемое решение
unanimous ~ единогласное решение
unilateral ~ одностороннее решение
unusual ~ нестандартное решение
valid ~ правомерное решение
wise ~ мудрое решение
yes-no ~ альтернативное решение
to accept a ~ соглашаться с решением; подчиняться решению
to adhere to a ~ придерживаться решения
to adjourn ~ откладывать принятие решения
to adopt ~s принимать решения
to affirm a ~ подтверждать решение
to announce the ~ оглашать решение; объявлять о решении
to annul a ~ отменять решение
to appeal against *smb's* ~ обжаловать *чье-л.* решение
to approve a ~ одобрять решение
to arrive at a ~ принимать решение; приходить к решению
to back down from *one's* ~ отходить/отказываться от своего решения
to back up *one's* ~ подкреплять свое решение
to be split over a ~ придерживаться разных мнений по поводу *какого-л.* решения
to block a ~ **through a veto** блокировать принятие решения путем наложения вето
to bow to the chairman's ~ подчиняться решению председателя
to call off *one's* ~ отменять свое решение
to cancel a ~ отменять решение
to carry out a ~ выполнять решение
to challenge a ~ оспаривать решение
to come to a ~ принимать решение; приходить к решению
to comply with the ~ выполнять решение; подчиняться решению
to confirm a ~ подтверждать решение
to control the execution of ~s проверять исполнение решений
to declare a ~ **null and void** объявлять решение не имеющим законной/юридической силы
to defend a ~ отстаивать решение
to defer a ~ откладывать принятие решения
to drag through/to force through a ~ протаскивать решение
to endorse a ~ одобрять решение
to enforce a ~ претворять/проводить решение в жизнь
to exercise a ~ выполнять решение
to force ~s вынуждать принимать решения
to go back on a ~ аннулировать/отменять принятое решение

to implement a ~ выполнять решение; претворять решение в жизнь
to impose a ~ **on** *smb* навязывать *кому-л.* решение
to leave the matter to *smb's* ~ предоставлять *кому-л.* право принимать решение
to make a ~ принимать решение
to monitor *smb's* ~ следить за принятием *кем-л.* решений
to obey a ~ подчиняться решению
to overrule the lower court's ~ отменять решение суда низшей инстанции
to overturn a ~ аннулировать/отменять решение
to pass a ~ принимать решение
to postpone a ~ откладывать принятие решения
to put a ~ **into action** претворять решение в жизнь
to put off a ~ откладывать принятие решения
to reach a ~ **by a simple majority** принимать решение простым большинством *(голосов)*
to reciprocate the government ~ отвечать на решение правительства принятием аналогичного решения
to recognize a ~ признавать решение; соглашаться с решением
to reconsider a previous ~ пересматривать ранее принятое решение
to relay *smb's* ~ **to** *smb* передавать *чье-л.* решение *кому-л.*
to render a ~ выносить/принимать решение, решать
to rescind a ~ аннулировать/отменять принятое решение
to reverse a previous ~ пересматривать ранее принятое решение
to review progress on a ~ проверять выполнение *какого-л.* решения
to revoke a ~ отменять решение
to revote *one's* ~ отменять свое решение
to rubberstamp ~s **taken by** *smb* механически утверждать решения, принятые *кем-л.*
to shelve a ~ откладывать (в долгий ящик) принятие решения
to shirk a ~ уклоняться от принятия решения
to speed ~s ускорять принятие решений
to stand behind/to support a ~ поддерживать решение
to suspend *one's* ~ откладывать принятие решения
to swing the ~ *one's* **way** добиваться решения вопроса в свою пользу
to take ~s **behind closed doors** принимать решения при закрытых дверях
to take ~s **on a majority basis** принимать решения большинством голосов
to take on-the-spot ~s принимать решения на месте
to uphold a ~ утверждать решение

to veto a ~ накладывать вето на принятие решения

to welcome a ~ приветствовать решение

adoption of a ~ принятие решения

implementation of ~s выполнение/осуществление решений

in defiance of a ~ вопреки решению

judicial review of a ~ пересмотр решения в суде

pending a favorable ~ (впредь) до принятия положительного решения

reversal of a ~ пересмотр решения

decision-maker *n* лицо, принимающее решение; лицо, ответственное за принятие решений

decision-making I *n* принятие решений

political ~ принятие политических решений

to have a share/to participate in ~ участвовать в принятии решений

to prolong the ~ отсрочивать принятие решения

decision-making II *a* принимающий решение *(об органе власти и т.п.)*

decisive *a* **1.** решающий; окончательный **2.** решительный **3.** явный; бесспорный; несомненный; очевидный

~ **action** решительные меры/действия

~ **attack** *воен.* главный удар

~ **evidence** неопровержимые доказательства/улики

~ **judgment** окончательное решение

~ **superiority** решающее превосходство

~ **vote** решающее голосование

declaration *n* **1.** декларация *(документ)* **2.** заявление; объявление **3.** декларация *(специальная форма, заполняемая гражданами)* **4.** *юр.* исковое заявление

~ **against** *smth* высказывание против *чего-л.*

~ **for** *smth* высказывание в пользу *чего-л.*

~ **of blockade** объявление блокады

~ **of independence** провозглашение независимости

D. of Independence Декларация независимости *(США)*

~ **of intent** заявление о намерениях

~ **of intention** заявление о предоставлении гражданства (США)

~ **of nonbelligerency** декларация о ненападении

~ **of protest** заявление протеста

~ **of the poll** объявление результатов голосования/опроса

~ **of war against** *smb* объявление войны *кому-л.*

D. on Principles of International Law Декларация о принципах международного права

chemical weapons (ban) ~ декларация о запрещении химического оружия

customs ~ таможенная декларация

final ~ итоговое заявление

joint ~ совместная декларация, совместное заявление

oral ~ устное заявление

political ~ политическая декларация

solemn ~ торжественная декларация

strongly-worded ~ заявление, составленное в энергичных выражениях

tax ~ налоговая декларация

unilateral ~ одностороннее заявление

to adopt a ~ принимать декларацию

to annul *one's* ~ аннулировать свою декларацию

to circulate the ~ **as an official document of the UN** распространять декларацию в качестве официального документа ООН

to complete a customs ~ заполнять таможенную декларацию

to disown a ~ дезавуировать декларацию

to draw up a ~ готовить/составлять декларацию

to freeze *one's* ~ приостанавливать действие своей декларации

to go back on *one's* ~ отменять/аннулировать декларацию

to issue a ~ опубликовывать заявление

to live up to a ~ выполнять положения декларации

to make a ~ делать заявление

to pass a ~ принимать декларацию

to rescind *one's* ~ отменять/аннулировать декларацию

to retreat from a unilateral ~ **of independence** отказываться от провозглашения независимости, сделанного в одностороннем порядке

to revoke *one's* ~ отменять/аннулировать декларацию

to sign a ~ подписывать декларацию

to stand by a ~ придерживаться декларации

to suspend ~ **of sovereignty by** *smb* приостанавливать объявление суверенитета *кем-л.*

to suspend *one's* ~ приостанавливать действие декларации

Universal D. of Human Rights Всеобщая декларация прав человека

veiled ~ **of war** закамуфлированное объявление войны

declarative *a* декларативный

~ **act** декларативный акт

~ **statement** декларативное заявление

declare *v* **1.** заявлять; делать заявление; объявлять; провозглашать; декларировать; обнародовать **2.** декларировать, предъявлять предметы, облагаемые пошлиной *(на таможне)*

to ~ **against** *smth* высказываться против *чего-л.*

to ~ **a state of emergency** объявлять чрезвычайное положение

to ~ **formally** официально заявлять

to ~ **for** *smth* высказываться за *что-л.*

to ~ **martial law** вводить военное положение

to ~ *one's* **hand** раскрывать свои планы/намерения

to ~ one's profound concern that ... заявлять о своей глубокой озабоченности в связи с тем, что ...

to ~ one's support of *smth* заявлять о своей поддержке *чего-л.*

to ~ oneself in open revolt against *smb* объявлять о своем неподчинении *кому-л.*

to ~ smb a nonperson лишать *кого-л.* гражданских прав

to ~ smb persona non grata объявлять *кого-л.* персоной нон грата

to ~ smth invalid/null and void объявлять *что-л.* утратившим силу; признавать *что-л.* недействительным

to ~ the results of elections обнародовать результаты выборов

to ~ war on/upon a country объявлять войну *какой-л.* стране

have you anything to ~? есть ли у вас предметы, подлежащие декларированию?

declassed *a* деклассированный
~ elements деклассированные элементы

declassify *v* рассекречивать *(документы и т.п.)*

declericalization *n* политика правительства, направленная против религии

decline I *n* падение; снижение; понижение; упадок; спад; ухудшение
~ in jobs сокращение занятости
~ in the dollar снижение стоимости/валютного паритета доллара
~ in the living standard снижение жизненного уровня
~ of art упадок искусства
~ of export markets сужение экспортных рынков
business ~ спад деловой активности
general ~ общий кризис/спад
precipitous ~ стремительное ухудшение
price ~ падение/снижение цен
real wages ~ снижение реальной заработной платы
steady ~ неуклонное падение/снижение/ухудшение
to arrest an economic ~ приостановить экономический спад
to be in ~ находиться в упадке; переживать упадок/кризис
to be on the ~ клониться к упадку; уменьшаться; сокращаться
to cope with economic ~ справляться с экономическим спадом
to halt the pound's ~ приостановить падение курса фунта стерлингов
to offset price ~s компенсировать падение/снижение цен
to reverse a country's ~ побороть спад в экономике страны
to show signs of ~ проявлять тенденцию к спаду
further ~ of the dollar дальнейшее падение курса доллара

irreversible ~ in economic activity необратимый спад экономической деятельности

decline II *v* **1.** отклонять, отвергать; отказываться **2.** падать; снижаться; сокращаться; идти на убыль; приходить в упадок; ухудшаться
to ~ a debate отказываться от участия в дискуссии/прениях
to ~ an invitation отклонять приглашение
to ~ drastically резко сокращаться *(об экспорте, импорте и т.п.)*
to ~ to answer questions уклоняться от ответов на вопросы
to ~ to be identified отказываться сообщить свою фамилию
business ~d наступил спад деловой активности

declining *a* падающий, сокращающийся; ухудшающийся

decolonization *n* деколонизация
economic ~ экономическая деколонизация

decolonize *v* деколонизировать; проводить деколонизацию; предоставлять независимость колонии

decommissioning *n* вывод из эксплуатации, прекращение эксплуатации *(АЭС и т.д.)*

decontrol I *n* освобождение от (государственного) контроля
price ~ отказ от контроля над ценами

decontrol II *v* освобождать от (государственного) контроля
to ~ prices отпускать цены

decorate *v* награждать знаками отличия, орденами, медалями
to ~ smb with an order награждать *кого-л.* орденом

decoration *n* награда, орден; знак отличия
foreign ~s иностранные награды
national ~s национальные награды
prestigious ~ престижная награда
war ~ боевая награда
to award/to grant ~s присуждать награды; награждать
to present smb with a ~ вручать *кому-л.* награду
to recommend smb for a ~ представлять *кого-л.* к награде

decoy *n* воен. ложная цель; макет

decrease I *n* уменьшение; понижение; сокращение
cost ~ уменьшение расходов
program ~ сокращение программ

decrease II *v* уменьшать(ся); понижать(ся); сокращать(ся)

decree I *n* указ, декрет; постановление
D. of Peace, the *ист.* Декрет о мире
D. on Land, the *ист.* Декрет о земле
anti-crime ~ указ по борьбе с преступностью
emergency/extraordinary ~ чрезвычайный декрет
legislative ~ законодательный акт

to drop a ~ отменять указ/декрет/постановление

to establish *smth* **by ~** устанавливать *что-л.* указом/декретом

to ignore a ~ игнорировать указ

to issue a ~ издавать указ/декрет

to overturn a ~ отменять указ

to pass a ~ принимать указ/декрет/постановление

to promulgate a ~ публиковать указ/декрет

to pronounce a ~ выносить решение

to rescind/to revoke a ~ отменять указ/декрет/постановление

to rule by ~ управлять с помощью распоряжений/указов

promulgation of ~s издание указов/декретов

rule by ~ декретирование

decree II *v* издавать указ/декрет/постановление; декретировать

to ~ *smth* **by law** декретировать *что-л.* законом

decriminalize *v* **1.** перестать считать *что-л.* преступлением **2.** реабилитировать **3.** амнистировать

decry *v* порицать; открыто осуждать

to ~ the crime осуждать преступление

decrypt *v раз=вед. жарг.* расшифровывать; декодировать

dedicate *v* посвящать *(кого-л. чему-л.)*

to ~ *oneself* **to** *smth* посвящать себя *чему-л.*

dedicated *a* преданный *(чему-л.)*

fanatically ~ to *smth* фанатически преданный *чему-л.*

dedication *n* посвящение; приверженность, преданность *(кому-л., чему-л.)*

to profess *smb's* **~ to** *smth* заявлять о своей приверженности *чему-л.*

deduction *n* **1.** вычет; удержание **2.** скидка; уступка

tax ~s налоговые льготы

to make ~ производить вычеты

deed *n* **1.** действие; поступок; дело; действие; деяние **2.** подвиг, героический поступок **3.** *юр.* дело, документ

~ of heroism подвиг, героический поступок

~s must match words слова не должны расходиться с делом

evil ~s преступления; преступные действия

forged ~s подложные документы

immortal heroic ~ бессмертный подвиг

murderous ~s кровавые злодеяния

to convey by ~ показывать на деле

to deface a ~ умалять значение подвига

to draw up a ~ составлять документ

to match *one's* **words with ~s** подкреплять свои слова делом

to perform a ~ совершать подвиг/героический поступок

in word and ~ словом и делом

deepen *v* увеличивать(ся); усиливать(ся); углублять(ся); усугублять(ся)

de-escalate *v* сворачивать/сокращать масштабы *(чего-л.)*; уменьшать размах *(чего-л.)*

to ~ the war сокращать масштабы войны/военных действий

de-escalation *n* деэскалация *(войны и т.п.)*; свертывание, сокращение

de facto *лат.* де-факто, фактически, на деле

to recognize *smth* **~** признавать *что-л.* де-факто

defamation *n* диффамация; поношение; клевета

~ of character дискредитация

defamatory *a* клеветнический; дискредитирующий

~ statement клеветническое заявление

default I *n* **1.** невыполнение обязательств **2.** *юр.* неявка **3.** *фин.* дефолт, неуплата

~ at trial неявка в суд

~ on international obligations невыполнение международных обязательств

to go by ~ рассматриваться в отсутствие ответчика *(о деле)*

to suffer a ~ проигрывать дело вследствие неявки в суд

in the verge of ~ на грани банкротства

default II *v* **1.** *юр.* уклоняться от явки в суд **2.** решать дело заочно; выносить решение в отсутствие ответчика *(обыкн. в пользу истца)*

defaulter *n* **1.** сторона, не выполняющая своих обязательств; неплательщик; банкрот **2.** *юр.* сторона, уклоняющаяся от явки в суд

fine ~ уклоняющийся от уплаты штрафа

defeat I *n* поражение; разгром; провал

~ in a poll поражение на выборах

~ in the war поражение в войне

~ of a bill провал/непринятие законопроекта

~ of a party поражение партии *(на выборах и т.п.)*

bitter ~ жестокое поражение

by-election ~ поражение на дополнительных выборах

complete ~ полное поражение

crushing ~ сокрушительное поражение

election/electoral ~ поражение на выборах

gubernatorial ~ поражение на выборах губернатора *(штата)*

heavy ~ тяжелое поражение

humiliating ~ унизительное поражение

landslide ~ сокрушительное поражение *(на выборах)*

major ~ for the government крупное поражение правительства

military ~ военное поражение

moral ~ моральное поражение

narrow ~ поражение на выборах, когда победитель получил незначительное большинство голосов

overwhelming ~ сокрушительное поражение

political ~ политическое поражение

referendum ~ поражение на референдуме

resounding ~ сокрушительное поражение
severe ~ жестокое политическое поражение
stunning ~ полное поражение
temporary ~ временное поражение
utter ~ полное поражение
to accept *one's* ~ признавать свое поражение
to acknowledge *one's* ~ признавать свое поражение; соглашаться со своим поражением
to administer ~ **upon** *smb* наносить *кому-л.* поражение; громить *кого-л.*
to admit *one's* ~ признавать свое поражение; соглашаться со своим поражением
to avert ~ предотвращать поражение
to concede *one's* ~ признавать свое поражение; соглашаться/смиряться со своим поражением
to contribute mightily to *smb's* ~ значительно способствовать *чьему-л.* поражению
to go from ~ **to** ~ идти от поражения к поражению
to inflict ~ **upon** *smb* наносить *кому-л.* поражение; громить *кого-л.*
to mitigate the ~ смягчать поражение
to recognize *one's* ~ признавать свое поражение; соглашаться/смиряться со своим поражением
to resign *oneself* **to** *one's* ~ смиряться со своим поражением
to suffer/to sustain a ~ терпеть поражение
admission of ~ признание (своего) поражения
in the wake of the cabinet's ~ вслед за поражением кабинета *(министров)*
spate of ~s ряд/серия поражений
string of ~s цепь поражений
defeat II *v* **1.** наносить поражение; разбивать **2.** расстраивать; срывать *(планы, замыслы и т.п.)*
to ~ **a candidate** наносить поражение кандидату *(на выборах)*
to ~ *smb* **heavily** наносить *кому-л.* серьезное поражение
to ~ *smb* **soundly** одерживать убедительную победу над *кем-л.*
to ~ *smth* **narrowly** отклонять *что-л.* незначительным большинством голосов *(о проекте и т.д.)*
to ~ **the enemy** разгромить противника
to be ~ed **in an election** терпеть поражение на выборах
defeatism *n* пораженчество; капитулянтство
~ **over the situation** пораженческие настроения по поводу ситуации *(в стране и т.п.)*
defeatist I *n* пораженец; капитулянт
defeatist II *a* пораженческий; капитулянтский
defect *v* дезертировать; переходить/перебегать в лагерь противника; бежать за границу
to ~ **to a country** бежать в *какую-л.* страну
to ~ **to** *smb's* **side** переходить на *чью-л.* сторону

to ~ **to the West** бежать на Запад
defection *n* дезертирство; переход на сторону противника; невозвращение *(на родину)*
~ **to a country** побег в другую страну
defector *n* дезертир; перебежчик; невозвращенец
~ **from a party** перебежчик из одной партии в другую
~ **in place** человек, собирающийся бежать из своей страны и собирающий секретную информацию с целью повысить свою ценность
to hand over a ~ выдавать перебежчика
defederalization *n* передача *или* продажа государственной собственности частным компаниям
defence *n брит. см.* **defense**
defend *v* **1.** защищать; оборонять; охранять **2.** отстаивать *(мнение, взгляды и т.п.)*
to ~ **law and order** охранять правопорядок
to ~ *one's* **country** защищать свою страну
to ~ *oneself* **against/from** *smb* защищаться от *кого-л.*
to ~ *oneself* **in court** защищаться в суде
to ~ **principles** отстаивать принципы
to ~ *smth* **vigorously** энергично защищать *что-л.*
defendant *n юр.* **1.** ответчик **2.** обвиняемый; подсудимый
to acquit a ~ оправдывать подсудимого
to find against the ~ признавать обвиняемого виновным
to find for the ~ признавать обвиняемого невиновным; оправдывать обвиняемого
defender *n* защитник
D. of the Faith Защитник веры *(наследственный титул английского монарха с 1544 г.)*
staunch/steadfast ~ стойкий защитник
valiant ~ доблестный защитник
heroic ~s **of Fatherland** героические защитники отечества
defense *n* **1.** оборона; защита **2.** *pl* укрепления; оборонительные сооружения; система обороны; комплекс оборонительных мероприятий **3.** *юр.* защита *(обвиняемого)* **4.** *юр.* защита *(сторона в процессе)*
~ **of the accused** защита обвиняемого
active/aggressive ~ активная оборона
air/anti-aircraft ~ противовоздушная оборона, ПВО
anti-missile ~ противоракетная оборона, ПРО
anti-submarine ~ противолодочная оборона
area ~ территориальная оборона
blind ~ глухая оборона
civil ~ гражданская оборона
collective ~ коллективная оборона
conventional ~ оборона с использованием обычных/неядерных вооружений
external ~ оборона от внешних врагов
individual ~ индивидуальная защита
integrated ~ единая система обороны
national ~ национальная оборона

nuclear ~ защита от ядерного нападения

rival ~s оборонительные средства противника

space-based missile ~s противоракетная оборона космического базирования

strategic ~ стратегическая оборона; *pl* средства стратегической обороны

stubborn ~ упорное сопротивление

to act in ~ **of universal peace** выступать в защиту всеобщего мира

to be strong on ~ быть сильным в вопросах обороны

to bolster *one's* ~s укреплять свою обороноспособность

to breach the enemy ~s прорывать оборонительные сооружения противника

to cut a country's ~s **to the bone** сокращать вооруженные силы и вооружения страны до минимума

to cut *one's* ~s ослаблять свою обороноспособность

to deflect the spending in ~ **into civilian economy** перераспределять средства, предназначенные на военные расходы, на нужды гражданской экономики

to develop a ~ **against** *smth* разрабатывать защиту от *чего-л.*

to give a passionate ~ **of** *one's* **view** горячо отстаивать свои взгляды

to guarantee the ~ **of a country** обеспечивать оборону страны

to maintain the country's ~s **at a proper level** поддерживать обороноспособность страны на должном уровне

to rally to *smb's* ~ сплачиваться для поддержки *кого-л.*

to rise in ~ **of** *one's* **national independence** вставать на защиту своей национальной независимости

to secure the ~ **of a country** обеспечивать оборону страны

to speak out strongly in ~ **of human rights** решительно высказываться в защиту прав человека

to spend heavily on the ~ расходовать огромные средства на оборону

to spring to *smb's* ~ поспешить к *кому-л.* на выручку, ринуться к *кому-л.* на помощь

to strengthen the ~ **potential/capability of the state** укреплять обороноспособность государства

to switch from ~ **to attack** переходить от обороны к наступлению

to take up blind ~ уходить в глухую оборону

to test a country's ~s испытывать обороноспособность страны

to testify for the ~ давать показания в суде в качестве свидетеля защиты

to upgrade *one's* ~s укреплять свою обороноспособность

to work for ~ работать на оборону

counsel for the ~ адвокат/защитник обвиняемого

improvement in nuclear ~s совершенствование системы противоядерной защиты

in ~ **of peace** в защиту мира

line of ~ оборонительный рубеж

witness for the ~ свидетель защиты

defensive I *n* оборона; оборонительная позиция

to be very much on the ~ активно защищаться

to go on the ~ переходить к обороне

to put *smb* **on the** ~ вынуждать *кого-л.* уйти в защиту

defensive II *a* оборонительный

~ **installations** оборонительные сооружения

~ **shield** оборонительный щит

defer *v* 1. откладывать, отсрочивать 2. задерживать, затягивать

to ~ **a debate** затягивать обсуждение

to ~ **a visit** откладывать визит

to ~ **negotiations** откладывать переговоры

deference *n* уважение, почтительное отношение

to treat *smb* **with extreme** ~ относиться к *кому-л.* с большим почтением

defiance *n* демонстративное/открытое неповиновение; открытый вызов; полное пренебрежение *чем-л.*

~ **of terms** невыполнение условий

bold/open ~ неприкрытый/открытый вызов

to bid ~ **to/to hurl/to set** ~ **at** *smb* бросать вызов *кому-л.*

spirit of ~ дух неповиновения/противоречия

defiant *a* демонстративно/открыто неповинующийся; бросающий открытый вызов; вызывающий

deficiency *n* отсутствие *(чего-л.)*, нехватка, недостаток; дефицит

commodity ~ дефицит товаров

deficient *a* отсутствующий, недостающий; дефицитный

~ **product** дефицитный продукт

deficit *n* дефицит; нехватка, недостаток

~ **continues to mount alarmingly** дефицит продолжает расти, что внушает тревогу

~ **fell** дефицит уменьшился

~ **has ballooned/widened** дефицит увеличился

~ **in the balance of payments** дефицит платежного баланса; пассивное сальдо платежного баланса

~ **is rocketing** дефицит стремительно растет/увеличивается

~ **shrank** дефицит уменьшается

~ **stood at $ ...** дефицит составил ... долларов

alarming ~ дефицит, размеры которого вызывают тревогу

bloated ~ раздутый дефицит

budget ~ дефицит бюджета; превышение государственных расходов над доходами

cash ~ дефицит/нехватка наличности

chronic/constant ~ постоянный/хронический дефицит

external ~ дефицит платежного баланса

federal budget ~ дефицит федерального бюджета

fiscal ~ финансовый дефицит

food ~ нехватка продовольствия

foreign ~ дефицит платежного баланса

foreign-exchange ~ валютный дефицит

foreign-trade ~ дефицит внешней торговли; внешнеторговый дефицит

government ~ дефицит государственного бюджета

huge/massive ~ огромный дефицит

negative ~ *полит. жарг.* отрицательный дефицит *(т.е. прибыль)*

outstanding ~ непокрытый дефицит

projected ~ запланированный дефицит *(бюджета)*

record(-breaking) ~ рекордный дефицит

trade ~ дефицит торгового баланса, превышение импорта над экспортом

vast ~ огромный дефицит

to bridge the budget ~ покрывать дефицит бюджета

to bring the ~ **down** уменьшать дефицит *(бюджета и т.п.)*

to close ~ покрывать дефицит

to compensate for the ~ возмещать/компенсировать дефицит

to cope effectively with the ~ успешно справляться с дефицитом

to cover ~ покрывать дефицит

to curb the ~ обуздывать/ограничивать дефицит

to cure the ~ ликвидировать дефицит *(бюджета и т.п.)*

to cut the balance-of-payments ~ сокращать дефицит платежного баланса

to deal effectively with the ~ успешно справляться с дефицитом

to eliminate the ~ ликвидировать дефицит *(бюджета и т.п.)*

to grapple with the trade ~ пытаться ликвидировать дефицит торгового баланса

to make up for the ~ возмещать/компенсировать дефицит

to meet overall ~ восполнять общий дефицит

to narrow the ~ уменьшать дефицит *(бюджета и т.п.)*

to offset ~ покрывать дефицит

to pare balance-of-payments ~ сокращать дефицит платежного баланса

to reduce/to slash the ~ сокращать дефицит

to stem budget ~ задерживать рост дефицита бюджета

to tackle the trade ~ пытаться ликвидировать дефицит торгового баланса

to whittle away/down the ~ уменьшать дефицит *(бюджета и т.п.)*

to wipe out the ~ ликвидировать дефицит *(бюджета и т.п.)*

dramatic improvement in the balance-of-payments ~ резкое улучшение платежного баланса

growth of the budget ~ рост бюджетного дефицита

reduction of the budget ~ снижение дефицита бюджета

define *v* **1.** определять; давать определение; формулировать **2.** характеризовать **3.** устанавливать границы

definition *n* определение; формулировка; дефиниция

to give a scientific ~ **of** *smth* давать научное определение *чего-л.*

deflate *v* **1.** *фин.* изымать из обращения часть избыточной денежной массы **2.** снижать цены

deflation *n* **1.** *фин.* дефляция *(изъятие из обращения части избыточной денежной массы)* **2.** снижение цен

price ~ снижение цен

deflationary *a фин.* дефляционный

~ **policy** дефляционная политика

defraud *v* обманывать, мошенничать

defuse *v* разряжать *(обстановку)*; снимать остроту *(положения)*; сглаживать *(противоречия)*

defy *v* демонстративно/открыто не повиноваться; бросать вызов; игнорировать; пренебрегать

to ~ **a resolution** игнорировать резолюцию

to ~ **public opinion** бросать вызов общественному мнению; игнорировать общественное мнение

to ~ **the law** игнорировать закон

degeneracy *n* вырождение, дегенерация

degenerate *v* *(into)* вырождаться; перерождаться

degeneration *n* вырождение; перерождение

ideological ~ идейное перерождение

moral ~ моральное разложение

degradation *n* деградация, ухудшение, упадок; вырождение

environmental ~ ухудшение экологии/состояния окружающей среды

intellectual ~ интеллектуальная деградация

moral ~ моральная деградация

to reverse the ~ **of the inner city** приостанавливать упадок центральной части города

degrade *v* деградировать; ухудшаться; приходить в упадок; вырождаться

degree *n* ученая степень; звание

academic ~ ученая степень

honorary ~ почетное звание

to award *smb* **an honorary** ~ присваивать *кому-л.* почетное звание

to confer a ~ **on** *smb* присваивать *кому-л.* ученую степень

dehumanization *n* дегуманизация

~ **of the individual** дегуманизация личности

deideologization *n* деидеологизация

deideologize *v* деидеологизировать

deify *v* **1.** обожествлять **2.** боготворить

deindustrialization *n* деиндустриализация

de jure *лат.* де-юре, юридически

to recognize *smth* ~ признавать *что-л.* де-юре/юридически

delay I *n* задержка; приостановка; отсрочка; промедление; затягивание

~ **in payment** отсрочка платежа

~ **in recruitment** задержка в заполнении вакантных должностей

last-minute ~ задержка в последний момент

to create a ~ **deliberately** сознательно задерживать/приостанавливать/затягивать

to grant a ~ **in payment** предоставлять отсрочку платежа

to obtain a ~ **in delivery** получать отсрочку в доставке

without ~ безотлагательно, без промедления

delay II *v* задерживать; приостанавливать; отсрочивать, откладывать; медлить; затягивать

to ~ **the negotiations** затягивать переговоры

delegate I *n* **1.** делегат; представитель **2.** депутат от территории в Конгрессе *(с правом совещательного голоса)* **3.** член палаты депутатов *(в некоторых штатах)*

~ **pledged to a candidate** делегат партийного съезда, обещавший поддержку *кому-л.* кандидату

~ **with a right to vote** делегат с правом (решающего) голоса

~ **without a right to vote** делегат с правом совещательного голоса

alternate ~ заместитель делегата/представителя *(лицо, выступающее вместо назначенного делегата)*

card-carrying ~ делегат, являющийся членом партии

chief ~ глава/руководитель делегации

Chief US D. to the UN главный представитель США при ООН

committed ~ делегат партийного съезда, обещавший поддержку *какому-л.* кандидату

ex officio ~ делегат, избранный вследствие занимаемой им должности

general ~ генеральный делегат *(представитель страны в международной организации)*

joint ~ заместитель главы делегации

observer ~ делегат со статусом наблюдателя

permanent ~ постоянный делегат

plenipotentiary ~ полномочный делегат/представитель

unpledged ~ делегат партийного съезда, не давший твердого обещания поддерживать *какого-л.* кандидата

voting ~ делегат с правом решающего голоса

to appoint a ~ **as a nominee** утверждать делегата партийного съезда в качестве кандидата *(на пост и т.д.)*

to appoint *smb* **(to be) a** ~ назначать *кого-л.* представителем

to barter and bargain for ~**s** манипулировать голосами делегатов партийного съезда

to collect 100 ~**s** завоевывать/получать голоса 100 делегатов

to drain off all the ~**s** завоевывать голоса всех делегатов

to elect a ~ **to a conference** избирать делегата на конференцию

to elect *smb* **as** ~ **to a congress** избирать *кого-л.* делегатом съезда

to serve as a ~ быть делегатом *(чего-л.)*

to sweep the ~**s** привлекать на свою сторону подавляющее большинство делегатов

to unseat a ~ лишать делегата его мандата

block of ~**s** группа делегатов

distinguished ~**s!** уважаемые делегаты! *(обращение)*

House of Delegates палата депутатов *(нижняя палата в законодательном органе некоторых штатов)*

list of ~**s** список делегатов

verification of the credentials of ~**s** проверка полномочий делегатов

delegate II *v* **1.** делегировать; посылать; направлять **2.** делегировать; передавать; уполномочивать

to ~ **one's powers to** *smb* делегировать свои полномочия *кому-л.*

to ~ **one's rights to** *smb* делегировать/ передавать *кому-л.* свои права

to ~ **the functions** передавать функции

delegation *n* **1.** делегация; депутация **2.** делегирование; посылка; направление **3.** делегирование; передача

~ **is led by ...** делегацию возглавляет ...

~ **of authority/powers** делегирование/ передача власти/полномочий

~ **of rights to** *smb* делегирование/передача прав *кому-л.*

~ **to the talks** делегация на переговорах

all-party ~ делегация представителей всех партий

foreign ~ иностранная/зарубежная делегация

full ~ делегация в полном составе

governmental ~ правительственная делегация

high-level ~ делегация высокого уровня

high-powered ~ делегация с широкими полномочиями

high-ranking ~ делегация высокого уровня

joint ~ совместная делегация

large ~ многочисленная делегация

low-level ~ делегация невысокого уровня

main ~ основная часть делегации

nonofficial ~ неофициальная делегация

official ~ официальная делегация

parliamentary ~ парламентская делегация

party ~ партийная делегация

permanent ~ постоянная делегация
plenipotentiary ~ полномочная делегация
representative ~ представительская делегация
senior ~ делегация высокого уровня
strong ~ многочисленная делегация
top-level ~ делегация высокого уровня
trade ~ торговая делегация
trade-union ~ профсоюзная делегация
visiting ~ делегация, находящаяся с визитом *(где-л.)*
workers' ~ рабочая делегация; делегация рабочих
youth ~ молодежная делегация
6-men ~ делегация из 6 человек
to accompany a ~ сопровождать делегацию
to dispatch a ~ **to a place** направлять делегацию *куда-л.*
to exchange ~**s** обмениваться делегациями
to invite a ~ приглашать делегацию
to lead a ~ возглавлять делегацию
to meet a ~ встречать делегацию
to receive a ~ принимать делегацию
to see off a ~ провожать делегацию
to send a ~ посылать/направлять делегацию
to suspend a ~ не допускать делегацию к участию в работе *(конференции и т.п.)*
advance party of a ~ первая группа членов делегации
arrival of the ~ прибытие делегации
composition of a ~ состав делегации
departure of the ~ отъезд делегации
exchange of ~**s** обмен делегациями
head/leader of a ~ глава/руководитель делегации
suspension of a ~ **to a conference** недопущение делегации к участию в работе конференции
delete *v* исключать; опускать
deletion *n* исключение; изъятие *(из документа)*
deliberate I *a* обдуманный; взвешенный; преднамеренный; умышленный
~ **distortion of facts** умышленное искажение фактов
~ **judgment** взвешенное суждение
deliberate II *v* **1.** обсуждать; совещаться **2.** обдумывать; взвешивать
deliberately *adv* преднамеренно, умышленно
deliberation *n обыкн. pl* обсуждение, дискуссия
~ **behind closed doors** обсуждение за закрытыми дверями
to participate in the ~ участвовать в обсуждении
deliberative *a* совещательный
~ **body** совещательный орган
delimit *v* определять/устанавливать границы, делимитировать
delimitation *n* определение/установление границ, делимитация

delinquency *n* **1.** преступность *(обыкн. несовершеннолетних)* **2.** правонарушение; преступление
infant ~ детская преступность; преступность несовершеннолетних
international ~ международное правонарушение
juvenile ~ детская преступность; преступность несовершеннолетних
delinquent I *n* правонарушитель; преступник
juvenile ~ несовершеннолетний правонарушитель; малолетний преступник
delinquent II *a* виновный
deliver *v* **1.** передавать; вручать **2.** произносить; читать **3.** представлять *(отчет, заключение и т.п.)*
to ~ **an order** вручать приказ
to ~ **a speech** произносить речь
to ~ **lectures on law** читать лекции по теории права
to ~ *oneself* **of an opinion** высказывать мнение
deliver/y *n* **1.** доставка **2.** поставка товаров
~**ies of goods for export** поставки товаров на экспорт
~**ies will grow in scope** объем поставок будет нарастать
advance ~**ies** поставки в кредит
arms ~**ies** поставки вооружения/оружия
bulk ~**ies** массовая поставка
contractual ~**ies** договорные поставки
grain ~**ies** поставки зерна
lend-lease ~**ies** *ист.* поставки по ленд-лизу
military ~**ies** поставки военного снаряжения
obligatory ~**ies** обязательные поставки
reciprocal goods ~**ies** взаимные поставки товаров
state ~**ies** государственные поставки
to hold back ~**ies** воздерживаться от поставок
to specify the terms of ~ оговаривать условия поставки
to stop ~**ies** прекращать поставки
cash on ~ наложным платежом
date of ~ срок поставки
means of ~ средства доставки
reduction of oil ~**ies** сокращение поставок нефти
strict observance of ~ **obligations** строгое соблюдение обязательств по поставкам
suspension of ~**ies** приостановка поставок
term of ~ срок поставки; *pl* условия доставки/поставки
delude *v* обманывать; вводить в заблуждение
delusion *n* заблуждение; иллюзия
political ~ политическое заблуждение
practical ~ практическое заблуждение
theoretical ~ теоретическое заблуждение
demagogic(al) *a* демагогический
demagogically *adv* демагогически
demagogue *n* демагог

demagoguery *n брит.* демагогия
  deceitful ~ лживая демагогия
  political ~ политическая демагогия
  social ~ социальная демагогия
demagogy *n* демагогия
  to resort to ~ прибегать к демагогии
  master of ~ непревзойденный демагог
demand I *n* **1.** требование; настоятельная просьба **2.** потребность; нужда **3.** спрос
  ~ **falls off** спрос падает
  ~ **is exceeding the supply** спрос превышает предложение
  ~ **no longer stands** требование утратило силу
  ~**s for greater economic and cultural autonomy** требования большей экономической и культурной автономии
  ~**s for higher pay and better working conditions** требования повышения зарплаты и улучшения условий труда
  ~**s for** *smb's* **resignation** требования чьей-л. отставки
  active/brisk ~ оживленный спрос
  consumer ~ потребительский спрос
  declining ~ падающий спрос
  devolutionary ~**s** требования большей автономии
  domestic ~ внутренний спрос, спрос на внутреннем рынке
  economic ~**s** экономические требования
  effective ~ эффективный/фактический спрос; платежеспособный спрос
  excessive ~**s** чрезмерные требования
  external ~ внешний спрос
  extra ~ дополнительный спрос
  extradition ~ требование о выдаче/об экстрадиции
  fall in ~ падение/снижение спроса
  fixed ~ устойчивый/постоянный спрос
  food ~ спрос на продовольственные товары
  general democratic ~**s** общедемократические требования
  great ~ большой спрос
  growing ~ растущий спрос; *pl* растущие требования
  home ~ внутренний спрос; спрос на внутреннем рынке
  illegitimate ~**s** незаконные требования
  import ~ спрос на импортные товары
  individual ~ личный спрос
  internal ~ внутренний спрос; спрос на внутреннем рынке
  job ~ спрос на рабочие места
  just/justified ~**s** справедливые требования
  key ~ основное требование
  labor ~ спрос на рабочую силу
  large-scale ~ широкая потребность
  legitimate ~**s** законные требования; справедливые требования
  long-standing ~**s** давнишние требования
  major ~ основное требование
  market ~ рыночный спрос; требования рынка
  massive ~**s** массовые требования

  maximum ~ максимальный спрос
  nation-wide ~**s** общенациональные требования
  overall ~ общий спрос
  pay ~**s** требования заработной платы
  peak ~ максимальный спрос
  pent-up ~ отложенный/накопившийся спрос; неудовлетворенный спрос
  political ~**s** политические требования
  poor ~ небольшой/слабый спрос
  potential ~ потенциальный спрос
  public ~ требование общественности
  radical ~**s** радикальные требования
  reasonable ~ обоснованное требование
  rightful ~**s** законные требования; справедливые требования
  rising ~ растущий спрос
  scanty ~ небольшой/слабый спрос
  secessionist ~**s** требования о выходе из состава (*государства и т.п.*)
  slack/sluggish ~ вялый спрос
  social ~ общественный спрос
  social and economic ~**s** социально-экономические требования
  specific ~**s** конкретные требования
  stable ~ устойчивый/постоянный спрос
  state ~ государственный заказ, госзаказ
  stationary/steady ~ устойчивый/постоянный спрос
  strong ~ большой спрос
  totally unacceptable ~**s** абсолютно неприемлемые требования
  unlawful ~**s** незаконные требования
  urgent ~**s** неотложные требования
  vital ~**s** насущные требования
  wage ~**s** требования заработной платы
  to abandon *one's* ~ отказываться от своего требования
  to abide by ~ выполнять требование
  to accede to *smb's* ~ соглашаться с чьим-л. требованием
  to accept *smb's* ~ принимать чье-л. требование
  to advance *one's* ~**s** выдвигать/предъявлять требования
  to agree to *smb's* ~ соглашаться с чьим-л. требованием
  to apply severe serenity to any ~ тщательным образом рассматривать любое требование
  to back down from *one's* ~**s** отходить от своих требований
  to back *one's* ~**s for** *smth* поддерживать свои требования чего-л.
  to be in great ~ пользоваться большим спросом
  to boost ~ **for** *smth* повышать спрос на что-л.
  to bow to *smb's* ~**s** уступать чьим-л. требованиям
  to chant ~**s for** *smth* скандировать требования чего-л.

to comply with *smb's* ~s удовлетворять/выполнять *чьи-л.* требования

to concede to *smb's* ~s уступать *чьим-л.* требованиям

to consider *smb's* ~s рассматривать *чьи-л.* требования

to curb *smb's* ~ **for** *smth* ограничивать *чей-л.* спрос на *что-л.*

to depress ~ понижать/сдерживать спрос

to determine ~ определять спрос

to dismiss *smb's* ~s отклонять/отвергать *чьи-л.* требования

to drop *one's* ~ отказываться от своего требования

to enjoy vigorous expansion in ~ воспользоваться резким увеличением спроса

to fall short of *smb's* ~ **for** *smth* не удовлетворить *чьи-л.* требования в отношении *чего-л.*

to formulate *one's* ~s **for** *smth* формулировать свои требования в отношении *чего-л.*

to fulfil *smb's* ~s удовлетворять/выполнять *чьи-л.* требования

to give in/way to *smb's* ~s уступать *чьим-л.* требованиям

to go halfway to meet *smb's* ~s идти навстречу в деле удовлетворения *чьих-л.* требований

to grant *smb's* ~s удовлетворять/выполнять *чьи-л.* требования

to ignore *smb's* ~s игнорировать *чьи-л.* требования

to implement ~s выполнять требования

to increase the ~ **for** *smth* увеличивать спрос на *что-л.*

to issue a series of ~s выдвигать ряд требований

to keep up with ~ поспевать за спросом

to lay down *one's* ~s предъявлять свои требования

to limit ~ сдерживать/ограничивать спрос

to maintain ~ поддерживать спрос

to make additional ~s **in the negotiations** выдвигать дополнительные требования на переговорах

to meet *smb's* ~s удовлетворять *чьи-л.* требования

to meet the ~ **for** *smth* удовлетворять спрос на *что-л.*

to oppose *smb's* ~s выступать против *чьих-л.* требований; противиться *чьим-л.* требованиям

to place heavy ~s **on** *smb* предъявлять *кому-л.* трудновыполнимые требования

to present *one's* ~s предъявлять свои требования

to press *one's* ~s **for** *smth* **too far** заходить слишком далеко в своих требованиях *чего-л.*

to pull back from *one's* **original** ~ отходить от своего первоначального требования

to pursue *one's* ~s добиваться выполнения своих требований

to put forward/forth *one's* ~s выдвигать/предъявлять требования

to reduce ~ понижать/сдерживать спрос

to reject *smb's* ~s отклонять/отвергать *чьи-л.* требования

to relax *one's* ~s **on** *smth* умерить свои требования по *какому-л.* вопросу

to renew ~s **for** *smth* вновь выступать с требованием чего-л.

to respond to *smb's* ~s откликаться/реагировать на *чьи-л.* требования

to restrain ~ сдерживать/ограничивать спрос

to retreat from *one's* ~ отказываться от своего требования

to satisfy *smb's* ~s удовлетворять *чьи-л.* требования

to satisfy the ~ **for** *smth* удовлетворять спрос на *что-л.*

to shelve *one's* ~s отменять свои требования

to soften *one's* ~s смягчать свои требования

to squeeze down ~ **through higher interest rates** сдерживать/ограничивать спрос через повышение процента на вклады

to stand by *one's* ~ настаивать на своем требовании

to step up *one's* ~s усиливать свои требования

to stick to *one's* ~s настаивать на своих требованиях

to stiffen *one's* ~s ужесточать свои требования

to stimulate domestic ~ стимулировать внутренний спрос

to strive for *one's* ~s добиваться выполнения своих требований

to supply *smb's* ~s удовлетворять *чьи-л.* требования

to support *smb's* ~s поддерживать *чьи-л.* требования

to surrender to *smb's* ~s уступать *чьим-л.* требованиям

to turn down *smb's* ~s отклонять/отвергать *чьи-л.* требования

to voice *one's* ~s **for** *smth* высказывать свои требования *чего-л.*

to waive a ~ не настаивать на требовании

to win *one's* ~s добиваться принятия своих требований

to win recognition for *one's* ~s добиваться признания своих требований

to yield to *smb's* ~s уступать *чьим-л.* требованиям

acceptance of *smb's* ~s принятие *чьих-л.* требований

according to the ~s (*of*) в соответствии с требованиями

barrage of noisy ~s шквал шумных требований

drop in ~ падение/понижение спроса

expansion of ~ расширение спроса

global slump in gold ~ резкое падение мирового спроса на золото

in response to ~s by *smb* в ответ на *чьи-л.* требования

pattern of ~ структура/характер спроса

relation between ~ and supply соотношение спроса и предложения

world ~ for *smth* мировой спрос на *что-л.*

demand II *v* требовать; предъявлять требования; настоятельно просить

to ~ a wage rise требовать увеличения заработной платы

demander *n брит. полиц. жарг.* вымогатель

demarcate *v* 1. проводить демаркацию; определять/устанавливать границу 2. разграничивать; разделять

demarcation *n* 1. демаркация; определение/установление границы 2. разграничение; разделение

~ of frontiers демаркация границ

border ~ демаркация границы

joint ~ commission смешанная/совместная демаркационная комиссия

line of ~ демаркационная линия

démarche *n фр. дип.* демарш, дипломатическая акция, дипломатический шаг

verbal ~ устный демарш

to make a diplomatic ~ предпринимать дипломатический демарш

to reject the ~ отклонять демарш

demilitarization *n* демилитаризация

demilitarize *v* демилитаризовать

demilitarized *a* демилитаризованный

~ zone демилитаризованная зона

demise I *n* смерть; кончина

political ~ of a regime политическая смерть режима

demise II *v* 1. передавать по наследству 2. сдавать в аренду

demo *n разг.* 1. демонстрация; массовый митинг 2. демонстрация; показ 3. выставочный образец 4. *воен.* отвлекающий удар

demobilization *n* демобилизация

demobilize *v* демобилизовать

democrac/y *n* 1. демократия; демократизм 2. демократическое государство

bourgeois ~ буржуазная демократия

broad ~ широкая демократия

budding ~ молодая демократия

consistent ~ последовательный демократизм

emerging ~ нарождающаяся демократия

fledgling ~ молодая демократия

fragile ~ хрупкая демократия

free and open ~ свободная и открытая демократическая страна

fully-blown ~ полностью сформировавшаяся демократия

genuine ~ подлинная демократия

grassroots ~ демократия для масс

industrial(ized) ~ies (промышленно) развитые капиталистические страны

inner-party ~ внутрипартийная демократия

mature ~ развитая демократия

multiparty ~ многопартийная демократия

multiracial ~ демократия для всех рас

newly restored ~ies недавно восстановленные демократические государства

participatory ~ демократия прямого участия

political ~ политическая демократия

popular ~ народная демократия

post-apartheid ~ демократия в ЮАР после окончания апартеида

real ~ подлинная демократия

representative ~ представительная демократия (*как форма власти*)

Scandinavian-style socialist ~ социалистическая демократия скандинавского типа

secular ~ светское демократическое государство

social ~ социал-демократия

street ~ «уличная демократия» (*митинги, демонстрация и т.п.*)

trade-union ~ профсоюзная демократия

visionary ~ видимая/показная демократия

western-style ~ демократия западного типа

world ~ всемирная демократия

to bring about ~ добиваться установления демократии

to broaden ~ проводить демократические преобразования

to call for full-blooded ~ призывать к созданию полнокровной демократии

to destroy ~ уничтожать демократию

to develop ~ развивать демократию

to embrace multiparty ~ вводить/устанавливать многопартийную демократию

to ensure ~ обеспечивать развитие демократии

to establish ~ устанавливать демократический строй

to evolve straight towards ~ двигаться по демократическому пути

to extinguish ~ подавлять демократию

to fortify ~ укреплять демократию

to foster ~ способствовать развитию демократии

to imperil ~ ставить демократию под угрозу

to increase ~ расширять демократию

to obstruct ~ препятствовать развитию демократии

to promote ~ способствовать развитию демократии

to put limits to ~ ограничивать демократию

to recover/to restore ~ in a country восстанавливать демократию в стране

to return a country to ~ восстанавливать демократию в стране

to return to parliamentary ~ возвращаться к парламентской демократии

to stamp out ~ уничтожать демократию

to stifle ~ душить демократию

to subvert the transition to ~ срывать переход к демократии

to take the country back to full ~ полностью восстанавливать демократию в стране

to threaten ~ угрожать демократии

to turn the corner towards ~ вставать на путь демократического развития

advent of ~ появление демократии

all-round development of ~ всемерное развитие демократии

boost towards ~ толчок к развитию демократии

broadening of ~ расширение демократии

cautious step towards ~ осторожный шаг в сторону демократии

country's movement towards ~ движение страны к демократии

defense of ~ защита демократии

demolition of ~ уничтожение демократии

dilution of local ~ ослабление демократии на местах

furtherance of ~ содействие развитию демократии

giant stride towards ~ крупный шаг по направлению к демократии

great campaigner for ~ великий борец за демократию

lack of ~ отсутствие демократии

outbreak of ~ неожиданный подъем демократии

peaceful transition to ~ мирный переход к демократии

radical extension of ~ радикальное расширение демократии

restoration of ~ восстановление демократии

retreat from ~ отход от демократии

return to ~ возвращение к демократии

safeguards for ~ гарантии демократии

semblance of ~ подобие демократии

struggle for ~ борьба за демократию

tarnished view of ~ невысокое мнение о демократии

the country continues to be committed to ~ страна продолжает идти по пути демократии

transition to ~ переход к демократии

democrat *n* 1. демократ 2. (**D.**) демократ, член Демократической партии США

bourgeois ~ буржуазный демократ

brass collar D. *полит. жарг.* верный сторонник Демократической партии

left-wing social ~ левый социал-демократ

liberal ~ либеральный демократ

moderate ~ умеренный демократ

right-wing social ~ правый социал-демократ

social and liberal ~s социал-либеральные демократы

true ~ истинный демократ

yellow-dog D. *полит. жарг.* демократ, выступающий против профсоюзов

democratic *a* 1. демократический 2. демократичный 3. (**D.**) относящийся к Демократической партии США, демократический

D. candidate кандидат от Демократической партии

~ **centralism** демократический централизм

~ **circles** демократические круги

~ **coalition** демократическая коалиция

~ **demands** демократические требования

~ **development** демократическое развитие

~ **institutions** демократические институты

~ **movement** демократическое движение

~ **openings** благоприятные возможности для развития демократии

~ **organization** демократическая организация

D. Party, the Демократическая партия США

~ **principles** демократические принципы

~ **processes** демократические процессы

D. Russia «Демократическая Россия» (*политическое движение в России*)

~ **state** демократическое государство

general ~ общедемократический

genuinely ~ подлинно демократический

to become ~ становиться на демократический путь

to foster every ~ **beginning** поощрять всякое демократическое начинание

to go ~ становиться на демократический путь

democratical *a* демократический

democratically *adv* демократически

democratism *n* демократизм

democratization *n* демократизация

~ **of life** демократизация жизни

~ **of the electoral system** демократизация избирательной системы

to block moves towards ~ блокировать шаги к демократии

to speed up ~ **process** ускорять процесс демократизации

further ~ **of society** дальнейшая демократизация общества

democratize *v* демократизировать

to ~ **social life** демократизировать общественную жизнь

demographer *n* демограф

demographic *a* демографический

~ **policy** демографическая политика

~ **prognosis** демографический прогноз

~ **situation** демографическая ситуация

demographics *n* демографические данные; демографическая статистика

demography *n* демография

economic ~ экономическая демография

social ~ социальная демография

demonopolization *n* демонополизация; уничтожение/ликвидация монополии (*на что-л.*)

demonopolize *v* демонополизировать; уничтожать/ликвидировать монополию (*на что-л.*)

demonstrate *v* 1. демонстрировать; показывать 2. участвовать в демонстрации; проводить демонстрацию

to ~ **about** *smth* проводить/устраивать демонстрацию по поводу *чего-л.*

to ~ **against the government** проводить антиправительственную демонстрацию

to ~ **for/in favor of** *smth* участвовать в демонстрации в защиту *чего-л.*; проводить/

устраивать демонстрацию с требованием
чего-л.
to ~ military might демонстрировать военную мощь
to ~ *one's* solidarity with *smb* демонстрировать свою солидарность с *кем-л.*
to ~ *smth* graphically наглядно свидетельствовать о *чём-л.*
demonstration I *n* **1.** демонстрация; манифестация **2.** демонстрация; показ **3.** проявление; обнаружение **4.** доказательство
~ erupted in violence во время демонстрации произошли стычки/столкновения
~ failed to materialize демонстрация так и не состоялась
~ got out of hand демонстрация вышла из-под контроля
~ got under way демонстрация началась
~ in protest against *smth* демонстрация протеста против *чего-л.*
~ in support of the government демонстрация в поддержку правительства
~ of military strength демонстрация военной силы/мощи
~ of solidarity демонстрация солидарности
~ outside the American embassy демонстрация у американского посольства
~ passed off without incident демонстрация прошла без инцидентов
~s are winding down волна демонстраций спадает
~s gather force демонстрации набирают силу
~s have gathered such a momentum that... демонстрации приняли такой размах, что...
~s in favor of *smth* демонстрации с требованием *чего-л.*
anarchic ~s беспорядочные демонстрации
anti-fascist ~ антифашистская демонстрация
anti-government ~ антиправительственная демонстрация
anti-nuclear/anti-nuke ~s антиядерные демонстрации/манифестации; массовые выступления против ядерного оружия
anti-war ~ антивоенная демонстрация/манифестация
ban-the-bomb ~ демонстрация за запрещение ядерного оружия
direct ~ прямое доказательство
"farm rights" ~ демонстрация фермеров в защиту своих прав
government-orchestrated ~ демонстрация, организованная правительством
hostile ~ враждебная демонстрация
huge ~s мощные/многолюдные демонстрации
indirect ~ косвенное доказательство
integration ~ демонстрация в поддержку интеграции
job ~ демонстрация против безработицы
large-scale/major ~ крупная демонстрация

mammoth ~ грандиозная демонстрация
mass(ive) ~ массовая демонстрация
May Day ~ первомайская демонстрация
nationalist ~ демонстрация, проходящая под националистическими лозунгами
negative ~ косвенное доказательство
nonviolent ~ мирная демонстрация
peace ~ демонстрация в защиту мира
peaceful ~ мирная демонстрация
political ~ политическая демонстрация
positive ~ прямое доказательство
powerful ~s мощные/многолюдные демонстрации
pro-democracy ~ демонстрация в защиту демократии
pro-government ~ демонстрация в защиту/поддержку правительства
pro-independence ~ демонстрация с требованием о предоставлении независимости
protest ~ демонстрация протеста
sit-down/sit-in ~ сидячая демонстрация протеста
street ~s уличные демонстрации
unauthorized ~ несанкционированная демонстрация
violent ~ бурная демонстрация (*сопровождавшаяся стычками между полицией и демонстрантами*)
well-orchestrated ~ хорошо организованная демонстрация
widespread ~s многочисленные демонстрации
to abandon a ~ отказываться от проведения демонстрации
to achieve *smth* **by ~s** добиваться *чего-л.* с помощью демонстраций
to attend a ~ участвовать в демонстрации
to ban a ~ запрещать демонстрацию
to baton-charge a ~ разгонять демонстрацию с помощью (полицейских) дубинок
to break up a ~ разгонять демонстрацию
to bring further ~s приводить к новым демонстрациям
to call a ~ назначать демонстрацию
to cancel a ~ отменять демонстрацию
to control ~s контролировать проведение демонстраций
to crush/to disperse a ~ разгонять демонстрацию
to endorse officially a ~ официально разрешать проведение демонстрации
to forbid a ~ запрещать демонстрацию
to forestall a ~ предотвращать демонстрацию
to gain some ground by ~s добиваться *чего-л.* с помощью демонстраций
to give a ~ of *one's* **intentions** обнаруживать свои намерения
to hold an illegal ~ проводить/устраивать несанкционированную демонстрацию
to initiate a ~ быть инициатором демонстрации

to lift a ban on ~s отменять запрет на демонстрации

to make/to mount an illegal ~ проводить/устраивать несанкционированную демонстрацию

to organize a ~ организовывать демонстрацию

to prohibit a ~ запрещать демонстрацию

to provoke ~s вызывать демонстрации

to put down/to quell a ~ разгонять демонстрацию

to seek for a ~ of *smb's* **guilt** искать доказательства *чьей-л.* вины

to spark (off) retaliatory ~s вызывать ответные демонстрации

to sponsor/to stage a ~ организовывать демонстрацию

to surpass a ~ разгонять демонстрацию

to take to the streets in ~s выходить на улицы и устраивать демонстрации

to trigger off a big protest ~ послужить толчком к крупной демонстрации протеста

to use tear-gas, batons and water canons to disperse a ~ применять слезоточивый газ, дубинки и водометы для разгона демонстрации

convincing ~ of *smth* убедительная демонстрация *чего-л.*

dispersal of a ~ разгон демонстрации

police fired on the ~ полиция открыла огонь по демонстрантам

police intervened in the ~ полиция пыталась помешать проведению демонстрации

suppression of a ~ разгон демонстрации

demonstrator *n* демонстрант; участник демонстрации/манифестации;

~s are out on the streets демонстранты вышли на улицы

~s clashed with police произошла стычка между демонстрантами и полицией

~s converged on the capital участники демонстрации сошлись в столице

~s took to the streets демонстранты вышли на улицы

~s turned out in large numbers на демонстрацию вышло много народу

anti-government ~ участник антиправительственной демонстрации

anti-war ~ участник антивоенной демонстрации

peaceful ~s участники мирной демонстрации

rival ~s демонстранты противной стороны

to beat ~s with batons избивать демонстрантов дубинками *(о полиции)*

to deal with ~s разгонять демонстрантов *(о полиции)*

to disperse ~s by force разгонять демонстрантов, применяя силу

to drive the ~s off the streets прогонять демонстрантов с улиц

to fire/to open fire on ~s открывать огонь по демонстрантам

column of ~s колонна демонстрантов

demoralization *n* деморализация

demoralize *v* деморализовать

to ~ an army деморализовать армию

demote *v* **1.** понижать в должности/звании **2.** смещать с должности

demotion *n* **1.** понижение в должности/звании; понижение по службе **2.** смещение с должности

denationalization *n* денационализация; реприватизация; разгосударствление

denationalize *v* денационализировать; реприватизировать

denaturalization *n юр.* денатурализация; лишение гражданства/подданства

denaturalize *v юр.* денатурализовать; лишать гражданства/подданства

deniability *n полит. жарг.* возможность дезавуировать действия подчиненного

denial *n* **1.** опровержение; отрицание **2.** отказ; несогласие

~ of facts отрицание фактов

~ of responsibility отказ от ответственности

flat ~ категорическое опровержение

official ~ официальное опровержение

strong ~ категорическое опровержение

sweeping ~ огульное опровержение

unconvincing ~ неубедительное опровержение

to issue a ~ публиковать опровержение

to make a ~ выступать с опровержением

to publish a ~ публиковать опровержение

denigrate *v* клеветать; чернить; порочить

to ~ a policy дискредитировать политику

denigration *n* клевета; очернение; дискредитация; диффамация

denounce *v* **1.** осуждать; обвинять; разоблачать **2.** денонсировать, расторгать

to ~ an agreement денонсировать соглашение

to ~ a policy осуждать политику

to ~ a truce заявлять о досрочном прекращении перемирия

to ~ *smth* **bitterly** резко осуждать *что-л.*

denouncement *n* **1.** осуждение; разоблачение **2.** денонсация; денонсирование; расторжение *(договора и т.п.)*

densely-populated *a* густонаселенный

density *n* плотность; концентрация

average population ~ средняя плотность населения

denuclearization *n* создание безъядерных зон

~ of a country превращение страны в зону, свободную от ядерного оружия

~ of the continent ликвидация ядерного оружия на континенте

denuclearize *v* превращать в безъядерную зону

denuclearized *a* превращенный в безъядерную зону; безъядерный

denunciation *n* **1.** осуждение; обличение; разоблачение **2.** денонсация, денонсирование; расторжение; отказ *(от договора и т.п.)*

~ of a treaty денонсация договора

hot ~ страстное обличение

unilateral ~ односторонняя денонсация

to step up *one's* **~ of** *smth* все более широко осуждать *что-л.*

wide-ranging ~ of *smth* широкое осуждение *чего-л.*

denunciative, denunciatory *a* обвинительный, обличительный

deny *v* опровергать; отвергать; отрицать

to ~ the charge отвергать обвинение

to ~ *smth* **roundly** полностью отрицать *что-л.*

to ~ *smth* **strongly/vehemently** решительно отрицать *что-л.*

to ~ the theory отвергать теорию

depart *v полит.разг.* уходить в отставку

department *n* **1.** отдел; отделение; управление; департамент **2.** департамент; ведомство; министерство *(США)* **3.** административная область; департамент *(особ. во Франции)*

D. of Agriculture Министерство сельского хозяйства *(США)*

D. of Commerce Министерство торговли *(США)*

D. of Defense (DOD) Министерство обороны *(США)*

D. of Economic Affairs Министерство экономики *(Великобритания)*

D. of Education Министерство просвещения *(США)*

D. of Education and Science Министерство образования и науки *(Великобритания)*

D. of Employment Министерство по вопросам занятости *(Великобритания)*

D. of Energy (DOE) Министерство энергетики *(Великобритания)*

D. of Foreign Affairs Министерство иностранных дел *(Филиппины и др. страны)*

D. of Health and Human Services Министерство здравоохранения и социального обеспечения *(США)*

D. of Health and Social Security Министерство здравоохранения и социального обеспечения *(Великобритания)*

D. of Housing and Urban Development Министерство жилищного строительства и городского развития *(США)*

D. of Humanitarian Affairs Департамент по гуманитарным вопросам *(США)*

D. of Industry Министерство промышленности *(Великобритания)*

D. of Justice Министерство юстиции *(США)*

D. of Labor Министерство труда *(США)*

D. of Law and Order Министерство охраны общественного порядка *(ЮАР)*

D. of Overseas Trade Министерство внешней торговли *(Великобритания)*

D. of Political Affairs, Trusteeship and Decolonization Департамент по политическим вопросам, опеке и деколонизации *(Великобритания)*

D. of Public Information Департамент общественной информации *(ООН)*

D. of State Государственный департамент *(Министерство иностранных дел США)*

D. of the Air Force Министерство военно-воздушных сил *(США)*

D. of the Army Министерство сухопутных сил *(США)*

D. of the Environment Министерство охраны окружающей среды *(Великобритания)*

D. of the Interior Министерство внутренних дел *(США)*

D. of the Navy Министерство военно-морского флота *(США)*

D. of the Treasury Министерство финансов *(США)*

D. of Trade Министерство торговли *(Великобритания)*

D. of Transportation Министерство транспорта *(США)*

administrative ~ административный отдел

Civil Service D. Министерство по делам государственной службы *(Великобритания)*

criminal investigation ~ (CID) уголовный розыск; уголовная/криминальная полиция

development ~ департамент развития

foreign-news ~ отдел зарубежной информации *(в редакции газеты и т.п.)*

foreign-relations ~ отдел внешних сношений; управление международных связей

forestry ~ департамент лесного хозяйства

Health D. Министерство здравоохранения *(Великобритания)*

home-news ~ отдел внутренней информации *(в редакции газеты и т.п.)*

hush-hush ~ *разг.* секретный/особый отдел

legal ~ юридический отдел

operation ~ оперативный отдел; оперативное управление

overseas ~s заморские департаменты *(Франции)*

personnel ~ отдел кадров

police ~ полицейское управление

Post Office D. Управление почт *(Великобритания)*

press ~ отдел печати

protocol ~ протокольный отдел

public-relations ~ отдел по связям с общественностью

staff ~ отдел кадров

State D. Государственный департамент *(Министерство иностранных дел США)*

Trade D. Министерство торговли *(США)*

to be attached to a ~ быть прикомандированным к департаменту

to dismantle a ~ расформировывать департамент

to head a ~ руководить департаментом/ведомством

to split a ~ разделять департамент/министерство

advertising ~ of a newspaper отдел рекламы в газете

departmental *a* ведомственный

departmentalism *n* **1.** ведомственность; местничество **2.** бюрократизм

departure *n* **1.** отъезд; отправление; отбытие **2.** отход, отступление (*от чего-л.*) **3.** уход (*напр. в отставку*)

~ from *one's* **positions** отход от своих позиций

~ from the law отступление от закона

to delay *one's* **~ to a country** отложить свой отъезд в страну

to take *one's* **~** уезжать; отбывать

major ~ from existing policy значительный отход от проводимой политики

depend *v (on, upon)* **1.** зависеть **2.** полагаться, рассчитывать (*на кого-л., что-л.*)

to ~ heavily on/upon *smb* сильно зависеть от *кого-л.*

to be fully ~ed on/upon *smth* находиться в полной зависимости от *чего-л.*

dependable *a* надежный; заслуживающий доверия

~ news достоверные сведения

~ source надежный источник (*информации и т.п.*)

dependence *n* зависимость; несамостоятельность; подчиненность

~ on foreign capital зависимость от иностранного капитала

colonial ~ колониальная зависимость

complete ~ полная зависимость

diplomatic ~ дипломатическая зависимость

economic ~ экономическая зависимость

financial ~ финансовая зависимость

one-sided ~ односторонняя зависимость

partial ~ частичная зависимость

permanent ~ постоянная зависимость

political ~ политическая зависимость

post-colonial ~ постколониальная зависимость

total ~ полная зависимость

to break the fetters of economic ~ разрывать путы экономической зависимости

to decrease *one's* **~ on** *smb* уменьшать/ослаблять свою зависимость от *кого-л.*

to escape from colonial ~ освобождаться от колониальной зависимости

to free *smb* **from political ~** освобождать *кого-л.* от политической зависимости

to lessen *one's* **financial ~ on** *smb* уменьшать свою финансовую зависимость от *кого-л.*

to liberate *smb* **from ~** освобождать *кого-л.* от зависимости

to place/to put in a position of ~ ставить в зависимое положение

to reduce *one's* **excessive ~ on foreign aid** уменьшать чью-л. чрезмерную зависимость от иностранной помощи

dependency *n* **1.** зависимая страна *или* территория **2.** зависимость; подчиненность

spare parts ~ *полит. жарг.* зависимость от поставки запасных частей (*к вооружению, закупленному за границей*)

dependent I *n* иждивенец

~ of state лицо, находящееся на иждивении государства

~ spouse иждивенец (*супруг или супруга*)

eligible ~s правомочные/законные иждивенцы

recognized ~ официально признанный иждивенец

dependent II *a* зависимый; несамостоятельный; подчиненный

~ child ребенок, находящийся на *чьем-л.* иждивении

~ country зависимая страна

~ territories зависимые территории

to be economically ~ on *smb* экономически зависеть от *кого-л.*

deplete *v* истощать, исчерпывать, опустошать (*запасы, природные ресурсы и т.п.*)

depletion *n* истощение, опустошение (*недр, природных ресурсов и т.п.*)

~ of mineral resources истощение недр/природных ресурсов

~ of the ozone layer уменьшение озонового слоя

deploy *v* размещать/развертывать (*войска, ядерное оружие и т.п.*)

to ~ missiles размещать ракеты

deployment *n* развертывание; базирование (*войск, вооружений и т.п.*)

~ of chemical weapons размещение химического оружия

advanced ~ передовое базирование

to ban the ~ of strategic armaments запрещать размещение стратегических вооружений

to halt the ~ of ground forces останавливать развертывание сухопутных войск

to thwart ~ of nuclear weapons срывать планы размещения ядерного оружия

depopulation *n* депопуляция (*снижение численности населения*)

deport *v* депортировать; высылать из страны (*в качестве уголовного или административного наказания*)

to ~ peoples en masse производить массовую депортацию народов

to ~ smb back to a country высылать *кого-л.* обратно в *какую-л.* страну

to ~ the troops депортировать/выводить войска

deportation *n* депортация; высылка

~ from the country принудительная высылка из страны

mass ~ массовая депортация

to overturn an order for *smb's* **~** отменять приказ о *чьей-л.* депортации

places of ~ места высылки

deportee *n* депортируемый; высылаемый

depose *v* **1.** свергать; низлагать; смещать с поста/должности **2.** *юр.* давать свидетельские показания под присягой to ~ **a deputy** отзывать депутата

to ~ **against** *smb* давать показания против *кого-л.*

to ~ **a king from the throne** свергать короля с престола

to ~ **the contrary** настаивать на противном

deposit I *n* 1. вклад; депозит 2. взнос 3. залог; задаток 4. сдача на хранение; депонирование (*ратификационных грамот, договоров и т.п.*) 5. месторождение; залежь

bank ~ вклад в банке; банковский депозит

commercial oil ~s промышленные залежи нефти

fixed term ~ срочный вклад

interest-earning ~ вклад, приносящий процент

rich coal ~s богатые месторождения угля

short(-term) ~ краткосрочный вклад

time ~ срочный вклад

to **deplete** ~s истощать запасы

to **discover a new** ~ открывать новое месторождение

to **exhaust** ~s истощать запасы

to **forfeit a** ~ лишаться денежного залога (*напр. внесенного за право баллотироваться на выборах*)

to **place money on** ~ вносить деньги на депозит

exploitation of copper ~s разработка месторождений меди

deposit II *v* 1. класть/помещать в банк 2. отдавать на хранение, депонировать (*ратификационные грамоты, договоры и т.п.*)

to ~ **money with a bank** класть деньги в банк

to ~ **ratification (instruments)** сдавать ратификационные грамоты на хранение

depositary *n* хранитель; депозитарий

deposition *n* 1. свержение (*с престола*); низложение 2. смещение (*с поста, должности*); лишение (*власти*) 3. *юр.* показание, данное под присягой

sworn ~ показание под присягой

videotaped ~ показания, записанные на видеокассету

to **give a** ~ давать показания под присягой

depositor *n* вкладчик; депозитор

bank ~ вкладчик банка

depository *n* 1. хранилище 2. банк-депозитарий

archival ~ архивное хранилище

state ~ банк-хранитель государственных фондов

deprecate *v* протестовать; возражать; выступать против

to ~ **hasty action** возражать против поспешных действий

depreciate *v* 1. обесценивать; уменьшать стоимость (*чего-л.*) 2. недооценивать; преуменьшать; умалять

to ~ *oneself* недооценивать свои возможности

to ~ **the currency** обесценивать валюту

depreciation *n* 1. обесценение, снижение стоимости 2. амортизация; износ

currency ~ девальвация валюты

dollar ~ понижение курса доллара

moral ~ моральный износ

physical ~ физический износ

planned ~ планируемый износ

depress *v* 1. понижать; уменьшать 2. подавлять; угнетать 3. ослаблять; снижать

depression *n* депрессия; спад; кризис

~ **of the market** вялое состояние рынка

~ **of trade** застой в торговле

business ~ спад деловой активности

economic ~ экономический спад/кризис

Great D., the Великая депрессия (*экономический кризис 1929-1933 гг.*)

major ~ глубокая депрессия; глубокий кризис

prolonged ~ длительная депрессия; продолжительный спад

world ~ мировой экономический кризис

to **deepen the** ~ усугублять депрессию/спад/кризис

to **fall into** ~ впадать в депрессию/кризис

to **heed off a** ~ избегать депрессии

to **set off the** ~ вызывать депрессию/спад/кризис

deprivation *n* 1. лишение (*чего-л.*) 2. потеря; утрата

~ **of liberty** лишение свободы

deprive *v* лишать; отбирать; отнимать

to ~ **of civil rights** лишать гражданских прав

to ~ *smb* **of voting rights** лишать *кого-л.* права голоса

deputation *n* 1. делегация, депутация 2. делегирование, направление

deputize *v* 1. представлять (*кого-л.*); выступать в качестве представителя 2. назначать представителем; выбирать депутатом

deputy *n* 1. представитель; депутат 2. заместитель; помощник

~ **chairman** заместитель председателя

~ **director general** заместитель генерального директора

~ **minister** заместитель министра

D. Premier заместитель премьер-министра

~ **sheriff** помощник шерифа

authorized ~ уполномоченный; представитель

outgoing ~ депутат, у которого оканчивается срок его полномочий

parliamentary ~ депутат парламента

to **recall the** ~ отзывать депутата

immunity of a ~ депутатская неприкосновенность

meeting of the ~ **with his/her constitutions** встреча депутата с избирателями

deregulation *n* отмена государственного регулирования *или* контроля

dereliction *n* 1. упущение; нарушение долга 2. оставление; заброшенность

~ **of duty** нарушение служебного долга

derestrict *v* снимать/отменять ограничения

derestriction *n* снятие/отмена ограничений

derive *v* получать, извлекать (*доход и т.п.*)
to ~ benefit from *smth* извлекать/получать пользу из *чего-л.*

describe *v* описывать; изображать; характеризовать
to ~ in detail подробно описывать

description *n* описание; изображение; характеристика
job ~ характеристика работы; должностная инструкция

desecrate *v* осквернять (*святыню, могилы и т.п.*)

desecration *n* осквернение (*святыни, могил и т.п.*)

desegregate *v* десегрегировать; ликвидировать сегрегацию

desegregation *n* десегрегация; ликвидация сегрегации
~ of schools десегрегация школ

desegregationist *n* сторонник десегрегации

desert *v* дезертировать
to ~ en masse осуществлять массовое дезертирство
to ~ the army дезертировать из армии

deserter *n* дезертир
~ from the army дезертировавший из армии
seizure of ~s задержание дезертиров

desertion *n* дезертирство

deserve *v* заслуживать, быть достойным (*чего-л.*)
to ~ attention заслуживать внимания

design I *n* **1.** замысел, план, намерения **2.** творческий замысел; план, проект **3.** дизайн
aggressive ~s агрессивные замыслы
bomb ~ конструкция бомбы
diploma ~ дипломный проект
criminal ~s преступные замыслы
economic ~ экономический расчет
engineering ~ техническое проектирование
expansionist ~s захватнические планы
far-reaching ~s далеко идущие планы
strategic ~ стратегический замысел
sweeping ~s широкомасштабные планы
to disclose *smb's* **~s** разоблачать *чьи-л.* замыслы
to expose ~s разоблачать планы/намерения
to frustrate *smb's* **~s** срывать *чьи-л.* планы
to have ~s вынашивать планы
to realize *one's* **~** осуществлять замысел
to thwart *smb's* **criminal ~s** срывать *чьи-л.* преступные планы

design II *v* **1.** задумывать, замышлять; планировать **2.** проектировать, конструировать **3.** заниматься дизайном

designate I *a* назначенный, но еще не вступивший в должность
prime minister ~ лицо, назначенное премьер-министром

designate II *v* **1.** устанавливать **2.** назначать (*на должность, пост*)

to ~ *smb* **for/to a post** назначать *кого-л.* на пост

designation *n* назначение (*на должность*)
~ of beneficiary назначение наследника

designee *n* кандидат на должность; подобранный, но еще не назначенный сотрудник

disintegration *n* дезинтеграция

desk *n* **1.** направление, сектор (*в отделе госдепартамента и т.п.*) **2.** отдел, отделение **3.** редакция газеты
city ~ *журн.* отдел городских новостей (*в газете, на радио*); *брит.* отдел новостей делового мира
information ~ справочный отдел
national ~ *журн.* отдел новостей о жизни страны
news ~ *брит. журн.* отдел новостей
station complaints ~ *брит.* бюро жалоб полицейского участка
by our Foreign D. по сообщению нашего иностранного корреспондента

deskman *n* **1.** администратор; административный работник **2.** литературный сотрудник; помощник редактора по *какому-л.* отделу (*в газете*) **3.** журналист кабинетного типа

desperate *a* **1.** отчаянный, безрассудный **2.** безнадежный; безвыходный
~ attempt отчаянная попытка
~ example пагубный/дурной пример
~ situation безнадежное положение
to be ~ of *smth* вредно/пагубно действовать на *что-л.*

desperately *adv* отчаянно; безрассудно

desperation *n* безрассудство; безумие
to drive *smb* **to ~** доводить *кого-л.* до отчаяния/до крайности
sign of ~ признак отчаяния

despot *n* деспот, тиран
ruthless ~ безжалостный деспот

despotic *a* деспотический, тиранический
~ regime деспотический режим

despotism *n* деспотизм, тирания; произвол
to liberate the people from ~ освобождать народ от тирании
to overthrow ~ сбрасывать тиранию

destabilization *n* дестабилизация; выход *или* вывод из состояния равновесия
~ of a country дестабилизация положения в стране
~ of a country's economy дестабилизация экономики страны
~ of international relations дестабилизация международных отношений
political ~ политическая дестабилизация

destabilize *v* дестабилизировать; выходить *или* выводить из состояния равновесия
to ~ society дестабилизировать общество
to ~ the government дестабилизировать положение правительства
to ~ the international situation дестабилизировать обстановку в мире

destiny *n* судьба

political ~ политическая судьба

to decide *one's* **own** ~ распоряжаться своей судьбой; самому решать свою судьбу

to determine *one's* **own** ~ определять свою судьбу

to take command of *one's* **own** ~ брать свою судьбу в свои руки

destitute, the *n собир.* обездоленные

destitution *n* нищета; крайняя нужда; лишения

to live in ~ жить в нищете

destroy *v* разрушать, уничтожать

to ~ **civilization** уничтожать цивилизацию

to ~ **completely** полностью уничтожать

destruction *n* **1.** разрушение, уничтожение **2.** гибель

~ **of hopes** крушение надежд

~ **of nature** уничтожение природы

~ **of nuclear weapons** ликвидация ядерного оружия

~ **of the human race** уничтожение человечества

complete ~ полное разрушение/уничтожение

mass atomic ~ **(MAD)** массовое уничтожение в результате атомной войны

mutual assured ~ **(MAD)** гарантированное взаимное уничтожение (*в результате применения ядерного оружия*)

wanton ~ варварское разрушение

to bring to ~ разрушать

level of ~ уровень разрушения

means of mass ~ средства массового уничтожения/поражения

premeditated ~ **of population** преднамеренное/умышленное уничтожение населения

destructive *a* разрушительный; губительный; пагубный

detail *n* подробность, деталь

~**s are still coming in** подробности все еще сообщаются

~**s have been slow to emerge** подробности стали известны не сразу

to announce ~**s** сообщать подробности

to clarify ~**s** выяснять подробности

to disclose ~**s** сообщать подробности

to finalize ~**s** уточнять детали

to give ~**s** сообщать подробности

to go into ~**s** вдаваться в подробности; останавливаться на деталях

to hammer out ~**s** вырабатывать детали

to release ~**s of a discussion** сообщать/обнародовать подробности обсуждения

to reveal ~**s** вскрывать подробности

to resolve ~**s** урегулировать детали

to settle the final ~**s** урегулировать последние детали

to sort out some minor ~**s** утрясать некоторые мелкие детали

to suppress some ~**s** скрывать некоторые подробности

to work out ~**s** вырабатывать детали

in ~ детально, подробно, обстоятельно

no further ~**s are available** других подробностей не сообщается

N. has the ~**s** *брит. радио.* с подробностями (наш корреспондент) N

detailed *a* детальный, подробный, обстоятельный

~ **analysis of the financial situation** глубокий/подробный анализ финансового положения

detain *v* задерживать, арестовывать; содержать под стражей

to ~ *smb* **briefly** задерживать *кого-л.* на короткий срок

to ~ *smb* **for questioning** задерживать *кого-л.* для допроса

to ~ *smb* **indefinitely** задерживать *кого-л.* на неопределенный срок

to ~ *smb* **on suspicion of spying** задерживать *кого-л.* по подозрению в шпионаже

to ~ *smb* **pending further inquiries** задерживать *кого-л.* до дальнейшего выяснения подробностей (*дела*)

to ~ *smb* **under the state of emergency** задерживать *кого-л.* в связи с введением чрезвычайного положения

to ~ *smb* **without charge** задерживать *кого-л.* без предъявления обвинения

to ~ *smb* **without trial** содержать *кого-л.* в заключении без суда и следствия

detainee *n* задержанный, арестованный; лицо, содержащееся под стражей

~**s held under the state of emergency** лица, взятые под стражу в связи с введением чрезвычайного положения

civilian ~ задержанный/арестованный из числа гражданских лиц

political ~ лицо, арестованное по политическим мотивам

to hold ~**s on suspicion of committing** *smth* содержать задержанных в заключении по подозрению в совершении *чего-л.*

to maltreat Iraqi ~**s** жестоко обращаться с арестованными иракцами

to reconsider the cases of ~**s** пересматривать дела задержанных

to release ~**s** освобождать задержанных

to rough up ~**s** избивать задержанных

to round up ~**s** производить задержание подозрительных лиц

mistreatment of ~ плохое обращение с задержанными

release of a ~ освобождение задержанного/арестованного

detect *v* **1.** обнаруживать, открывать **2.** (*in*) раскрывать преступление

to ~ **crimes** раскрывать преступления

detection *n* **1.** открытие; обнаружение **2.** раскрытие преступления; работа сыщика

~ **of a crime** раскрытие преступления

detective I *n* детектив, сыщик

private ~ частный детектив

detective II *a* сыскной

~ **police** сыскная полиция

detector *n* детектор

metal ~ детектор металла *(для досмотра)*

détente *n фр.* разрядка *(напряженности в международных отношениях)*; ослабление международной напряженности; политика разрядки

detention *n* задержание; арест; заключение; содержание под арестом/стражей

~ **in a jail** тюремное заключение

~ **on remand** предварительное заключение *(до суда)*

~ **without charge** задержание без предъявления обвинения

~ **without trial** содержание под стражей без направления дела в суд

illegal ~ незаконное содержание под стражей

pre-trial ~ предварительное заключение *(до суда)*

preventive ~ *полит.жарг.* превентивное задержание *(заключение в тюрьму политических противников с целью избавиться от оппозиции)*

trial/under remand ~ предварительное заключение *(до суда)*

to be in/under ~ находиться в заключении/под арестом/под стражей

to escape from ~ бежать из-под стражи

to free *smb* **from** ~ освобождать *кого-л.* из заключения/из-под ареста/из-под стражи

to hold *smb* **under** ~ держать *кого-л.* в заключении

to put *smb* **in preventive** ~ брать *кого-л.* под стражу в качестве профилактической меры

to release *smb* **from** ~ освобождать *кого-л.* из заключения/из-под ареста/из-под стражи

to remain in ~ оставаться в заключении/под арестом/под стражей

to take *smb* **in(to)** ~ брать *кого-л.* под стражу

during police ~ во время содержания в полицейском участке

people in ~ задержанные; арестованные; лица, содержащиеся под стражей

place of ~ место содержания под стражей

deter *v* сдерживать; удерживать; останавливать; обуздывать

to ~ **aggression** сдерживать агрессию

to ~ **a nuclear war** сдерживать развязывание ядерной войны

deteriorate *v* ухудшать(ся); портить(ся)

the situation has ~d обстановка ухудшилась/осложнилась

deterioration *n* ухудшение

~ **of natural resources** истощение природных ресурсов

~ **of terms of trade** ухудшение условий торговли

~ **of the international situation** ухудшение международной обстановки

data ~ устаревание данных

further ~ **in relations** дальнейшее ухудшение отношений

sharp ~ **of environment** резкое ухудшение окружающей среды

determination *n* **1.** решимость; решительность **2.** определение; установление **3.** *юр.* определение; постановление *(суда)*

immovable ~ непоколебимая решимость

price ~ ценообразование

steely ~ твердая/железная решимость

to come to a ~ приходить к заключению/выводу

to confirm *one's* ~ подтверждать свою решимость

to express ~ выражать (явную) решимость

to proclaim *one's* ~ **to do** *smth* заявлять о своей решимости сделать *что-л.*

to reaffirm *one's* ~ подтверждать свою решимость

to reinforce *smb's* ~ подкреплять/усиливать чью-л. решимость

to signal *one's* ~ **to do** *smth* выражать решимость сделать *что-л.*

the depth of popular ~ глубина решимости народа

determine *v* **1.** определять; устанавливать **2.** обусловливать **3.** решать; принимать решение **4.** заканчивать; прекращать действие *(договора и т.п.)*

to ~ **the crisis** положить конец кризису

determined *a* полный/преисполненный решимости; имеющий твердое намерение

to be ~ **to do** *smth* быть исполненным решимости сделать *что-л.*

determinism *n* детерминизм

deterrence *n* **1.** сдерживание путем устрашения; устрашение; запугивание **2.** средство сдерживания/устрашения

~ **of a nuclear war** сдерживание ядерной войны

conventional ~ обычные средства сдерживания/устрашения

gradual ~ постепенное сдерживание

military ~ военное устрашение

minimum ~ *воен.жарг.* минимальное количество ядерного оружия, необходимое для сдерживания потенциального агрессора

multilateral ~ многостороннее (военное) устрашение

to maintain nuclear ~ проводить политику ядерного устрашения

policy of ~ политика сдерживания путем устрашения

deterrent I *n* средство сдерживания/устрашения; сдерживающее средство, сдерживающий фактор

credible ~ эффективное/надежное средство сдерживания/устрашения

independent ~ самостоятельное средство сдерживания/устрашения *(собственное ядерное оружие)*

nuclear ~ ядерные средства сдерживания/устрашения; фактор сдерживания ядерной войны

retaliatory ~ сдерживающий фактор; способность нанесения ответного удара

to provide adequate ~ against *smth* обеспечивать достаточный уровень сдерживания *чего-л.*

to scrap *one's* **own nuclear ~** ликвидировать свои ядерные средства сдерживания/устрашения

deterrent II *a* сдерживающий; устрашающий

~ forces силы сдерживания/устрашения

~ weapons оружие сдерживания/устрашения

dethrone *v* **1.** свергать (*с престола*) **2.** смещать (*с высшего государственного поста*)

dethronement *n* **1.** свержение (*с престола*) **2.** смещение (*с высшего государственного поста*)

detonate *v* вызывать (*что-л.*); порождать (*что-л.*); давать толчок к началу (*чего-л.*)

to ~ a military conflict вызывать военный конфликт

detractor *n* клеветник

detriment *n* ущерб, вред, убыток

to the ~ (of) в ущерб (*чему-л.*)

without ~ (to) без ущерба (*для чего-л.*)

detrimental *a* убыточный, вредный, пагубный

devaluate *v* девальвировать, обесценивать (*денежную единицу*); проводить девальвацию

devaluation *n* **1.** девальвация, обесценение (*денежной единицы*) **2.** *перен.* обесценивание

~ of moral values девальвация нравственных ценностей

~ of the currency девальвация валюты

huge dollar ~ резкое падение курса доллара

devalue *v* **1.** девальвировать, проводить девальвацию, обесценивать (*денежную единицу*) **2.** *перен.* обесценивать

to ~ the dollar девальвировать доллар

to ~ the national currency девальвировать национальную денежную единицу

devastate *v* опустошать, разорять

to ~ a country опустошать страну

devastating *a* опустошительный

devastation *n* опустошение, разорение

post-war ~ послевоенная разруха

develop *v* **1.** развивать, совершенствовать **2.** развивать, расширять **3.** развиваться; расти; расширяться **4.** излагать, раскрывать **5.** создавать **6.** разрабатывать

to ~ an idea развивать идею

to ~ an offensive развивать наступление

to ~ a strong party создавать сильную партию

to ~ cooperation развивать сотрудничество

to ~ good-neighborly relations развивать добрососедские отношения

to ~ mineral resources разрабатывать полезные ископаемые

to ~ *one's* **business** развивать/расширять свое дело

to ~ rapidly стремительно развиваться

to ~ transport развивать транспорт

developed *a* развитый

developer *n* застройщик

developing *a* развивающийся (*о стране, о кризисе и т.д.*)

development *n* **1.** развитие; совершенствование; эволюция **2.** расширение; рост; подъем **3.** *обыкн.* pl явление; обстоятельство; событие; фактор; тенденция **4.** разработка; освоение; производство **5.** перемена, изменение **6.** подготовка; повышение квалификации

~ came to a head наступила кульминация событий

~ of economic relations развитие экономических отношений

~ of industrial exports развитие экспорта промышленных товаров

~ of new technologies разработка новых технологий

~ of popular struggle подъем народной борьбы

~ of science and technology развитие науки и техники

~ of the personality развитие личности

~ of tourism развитие туризма

~ of vocational competence повышение квалификации

accelerated ~ ускоренное развитие

actual ~s фактические перемены

advanced ~ перспективная разработка

aggregate ~ комплексное/общее развитие

all-round ~ всестороннее развитие

balanced ~ сбалансированное/планомерное развитие

community ~ развитие общества

comprehensive ~ комплексное развитие

constant ~ постоянное развитие

constructive ~ конструктивное развитие

continuous ~ непрерывное развитие

cultural ~ культурное развитие

current ~s текущие события; современные тенденции

cyclical ~ циклическое развитие

dialectical ~ диалектическое развитие

discouraging ~s обескураживающие события

disproportional ~ непропорциональное развитие

ecological ~ экологическое развитие

economic ~ экономическое развитие

effective ~ эффективное развитие

encouraging ~s позитивные перемены/изменения

executive management ~ повышение квалификации высшего руководящего состава

experimental ~ экспериментальная разработка

extensive ~ экстенсивное развитие

foreign-policy ~s внешнеполитические события

free ~ свободное развитие

further ~ дальнейшее/последующее развитие

gradual ~ постепенное развитие

health ~ развитие системы здравоохранения

human resource ~ подготовка специалистов

independent ~ независимое развитие

industrial ~ промышленное развитие

integrated ~ комплексное развитие

intensive ~ интенсивное развитие

international ~ международное развитие; *pl* международные события

juridical ~ правовое развитие

latest ~s последние события

long-run/long-term ~ долговременное развитие

lop-sided ~ однобокое развитие

major ~ важное событие

manpower ~ подготовка кадров; повышение уровня профессиональной подготовки кадров

natural resources ~ разработка природных ресурсов

negative ~ негативное развитие

new ~ новое событие

objective historical ~ объективный ход исторического развития

overall ~ общее развитие

peaceful ~ мирное развитие

political ~s политические события

population ~ рост численности населения

positive ~ положительное явление

post-war ~ послевоенное развитие

priority ~ приоритетное/опережающее развитие

production ~ развитие производства

professional ~ повышение квалификации

progressive ~ прогрессивное развитие

projected ~ прогнозируемое развитие

proportional ~ пропорциональное развитие

rapid ~ бурное/быстрое развитие

recent ~s недавние события

regional ~ региональное развитие

retarded ~ замедленное развитие

rural ~ развитие сельской местности

separate ~ *ист. полит. жарг.* «отдельное развитие» (*апартеид в ЮАР*)

shocking ~ тревожное событие

slow ~ медленное развитие

social ~ общественное развитие

sovereign ~ суверенное развитие

spasmodic ~ скачкообразное развитие

stable/steady ~ устойчивое/стабильное развитие

striking ~ поразительное событие

technical/technological ~ техническое развитие

unbalanced ~ несбалансированное развитие

uneven ~ неравномерное развитие

urban ~ развитие градостроительства

water resources ~ освоение водных ресурсов

welcome ~s желательные перемены

world ~s события, происходящие в мире; мировые события

world-wide economic ~ всемирное экономическое развитие

to accelerate ~ ускорять развитие

to achieve a high level of ~ достигать высокого уровня развития

to advance ~ продвигаться вперед по пути развития

to benefit the ~ **of** *smth* содействовать/способствовать развитию *чего-л.*; облегчать развитие *чего-л.*

to boost industrial ~ стимулировать развитие промышленности

to carry out programs of ~ выполнять программы развития

to change the course of a country's political ~ изменять ход политического развития страны

to channel a country's ~ направлять развитие страны

to choose the path of independent ~ вступать на путь самостоятельного развития

to curb the ~ ограничивать развитие

to damage ~ подрывать развитие, наносить ущерб развитию

to determine prospects of ~ определять перспективы развития

to effect ~ осуществлять развитие

to embark on the road of independent ~ вставать на путь независимого развития

to encourage production ~ поощрять развитие производства

to exercise influence on world ~ оказывать влияние на ход мирового развития

to facilitate the ~ **of** *smth* содействовать/способствовать развитию *чего-л.*, облегчать развитие *чего-л.*

to favor cultural ~ содействовать культурному развитию

to follow the ~s следить за ходом событий

to follow the way of progressive ~ идти по пути прогрессивного развития

to forecast the ~ **of science and technology** прогнозировать развитие науки и техники

to foster the ~ **of small business** поощрять развитие малого бизнеса

to further the ~ **of agriculture** содействовать развитию сельского хозяйства

to give impetus to the ~ **of** *smth* давать толчок развитию *чего-л.*

to hamper/to hinder the ~ **of** *smth* затруднять/тормозить развитие *чего-л.*; препятствовать развитию *чего-л.*

to hold back the ~ **of** *smth* сдерживать развитие *чего-л.*

to impede the ~ **of** *smth* препятствовать развитию *чего-л.*

to implement a ~ **plan** выполнять план развития

to injure cultural ~ наносить ущерб развитию культуры

to lag behind in *one's* **economic** ~ отставать в своем экономическом развитии
to meet the challenge of ~ решать задачи развития
to monitor ~s контролировать ход событий
to neglect social aspect of ~ пренебрегать социальным аспектом экономического развития
to overcome difficulties of ~ преодолевать трудности развития
to promote the ~ **of** *smth* содействовать/способствовать развитию *чего-л.*; облегчать развитие *чего-л.*
to put a brake on the ~ сдерживать/тормозить развитие
to put spokes in the wheels of the ~ **of** *smth* мешать/препятствовать развитию *чего-л.*
to resume the process of ~ возобновлять процесс развития
to retard ~ задерживать/замедлять развитие
to secure the ~ обеспечивать развитие
to slow down the rates ~ замедлять темпы развития
to speed up the ~ ускорять развитие
to step backward in *one's* ~ делать шаг назад в своем развитии
to stimulate the ~ **of** *smth* стимулировать/давать стимул развитию *чего-л.*
to support the ~ **of** *smth* поддерживать/обеспечивать развитие *чего-л.*
to surmount difficulties of ~ преодолевать трудности развития
to take the path of independent ~ вступать на путь самостоятельного развития
to undermine the foundations of economic ~ подрывать основы экономического развития
acceleration of socioeconomic ~ ускорение социально-экономического развития
at all levels of ~ на всех уровнях развития
at such a stage of ~ на такой стадии развития
balanced pattern of ~ сбалансированная структура развития
contemporary era of ~ современная эпоха развития
course of historical ~ ход исторического развития
crisis-free way of ~ бескризисный путь развития
degree of economic ~ степень развития экономики
driving force of ~ движущая сила развития
ethical ~ **of society** нравственное развитие общества
final aim of ~ конечная цель развития
financing of industrial ~ финансирование промышленного развития
general regularities of ~ общие закономерности развития
general results of the ~ общие итоги развития

guidelines for the economic and social ~ основные направления экономического и социального развития
initial stages of ~ начальные этапы/стадии развития
inner sources of ~ внутренние источники развития
in the light of these ~s в свете этих событий
key indicators of national economic ~ важнейшие показатели развития народного хозяйства
level of ~ уровень развития
main trend of historical ~ главное направление исторического развития
major problems of society's ~ главные проблемы развития общества
many-sided ~ **of relations** многостороннее развитие отношений
objective laws of ~ объективные законы развития
pace of ~ темп развития
pace of ~s ход/развитие событий
process of ~ процесс развития
rate of ~ темп развития
research and ~ **(R & D)** научно-исследовательские и опытно-конструкторские разработки, НИОКР
round-up of the latest ~s обзор последних событий
slackening/slowdown of growth rates of economic ~ замедление темпов экономического развития
social aspects of ~ социальные аспекты развития
specifics of ~ специфические особенности развития
stage of ~ стадия развития
technological changes conducive to ~ научно-технический прогресс, способствующий развитию
trend of economic ~ тенденция/направление экономического развития
watershed in the world ~ переломный момент в мировом развитии
we regard the ~ **with grave concern** это событие вызывает у нас серьезную озабоченность
developmental *a* связанный с развитием; эволюционный
deviate *v* отклоняться, отходить, отступать (*от политического курса и т.п.*)
deviation *v* 1. отклонение, отход, отступление (*от политического курса и т.п.*) 2. *полит.* уклон
left-wing ~ левый уклон
right-wing ~ правый уклон
deviational *a полит.* уклонистский
deviations *n полит.* уклонизм
deviator *n полит.* уклонист
device *n* 1. устройство, приспособление, прибор, механизм 2. *эвф.* устройство (*бомба*)
automation ~s средства автоматизации

bugging/eavesdropping ~ подслушивающее устройство

cipher ~ шифровальное устройство

electronic surveillance ~ электронный прибор для слежки/наблюдения

explosive ~ взрывное устройство

incendiary ~ зажигательное устройство

listening ~ подслушивающее устройство

thermonuclear ~ термоядерное устройство

to defuse a ~ обезвреживать взрывное устройство

to detonate a nuclear explosive ~ производить взрыв ядерного устройства

to explode a peaceful nuclear ~ производить ядерный взрыв в мирных целях

to plant eavesdropping ~s устанавливать подслушивающие устройства

an explosive ~ went off сработало взрывное устройство

devolution *n* 1. передача (*прав и т.п.*) 2. переход (*власти и т.п.*)

~ of authority/of powers передача полномочий

devolve *v* 1. передавать (*права и т.п.*) 2. переходить (*о власти и т.п.*)

devote *v* посвящать; отдавать себя целиком

devotee *n* приверженец, сторонник, поборник

devotion *n* преданность; приверженность

to display ~ to *smth* демонстрировать приверженность *чему-л.*

to recognize ~ ценить преданность

dial back *v* 1. *правит. жарг.* стараться преуменьшить эффект *чего-л.*; откладывать/ отсрочивать *что-л.* 2. *полит. и делов. жарг.* уменьшать; сокращать; отказываться от своего обещания

dialectic(s) *n филос.* диалектика

~ of nature диалектика природы

~ of the development of society диалектика развития общества

materialist ~ материалистическая диалектика

dialectical *a филос.* диалектический

~ materialism диалектический материализм

~ unity диалектическое единство

dialectician *n* 1. диалектик 2. опытный полемист

dialog I *n* диалог; беседа; неофициальные переговоры

~ between *smb* диалог между *кем-л.*

~ has been deadlocked переговоры зашли в тупик

~ should be kept alive диалог необходимо поддерживать

active ~ активный диалог

businesslike ~ деловой диалог

candid ~ откровенный диалог

constructive ~ конструктивный диалог; конструктивные переговоры

direct ~ прямой диалог

East-West ~ диалог между Востоком и Западом

fruitful ~ плодотворный диалог

fundamental ~ основательный диалог

intensive ~ интенсивный диалог

meaningful ~ конструктивный диалог; конструктивные переговоры

open ~ открытый диалог

peaceful ~ мирный диалог

political ~ политический диалог

transatlantic ~ диалог между США и их партнерами по НАТО

to achieve a political ~ with *smb* добиваться политического диалога с *кем-л.*

to be disposed for ~ быть склонным к диалогу

to be engaged in a ~ with *smb* вести диалог с *кем-л.*

to be open to ~ быть готовым к диалогу

to begin a ~ with *smb* начинать диалог с *кем-л.*; вступать в диалог с *кем-л.*

to build up ~ налаживать диалог

to call for ~ призывать к диалогу

to carry on/to conduct a ~ with *smb* вести диалог с *кем-л.*

to draw *smb* **into a ~** втягивать *кого-л.* в диалог

to embark on a ~ with *smb* начинать диалог с *кем-л.*; вступать в диалог с *кем-л.*

to encourage a ~ поощрять диалог

to end *one's* **~ with** *smb* прекращать диалог с *кем-л.*

to enter into a ~ with *smb* вступать в диалог с *кем-л.*

to establish ~ налаживать диалог

to hold a ~ with *smb* вести диалог с *кем-л.*

to initiate a ~ with *smb* начинать диалог с *кем-л.*

to inject new dynamism into the ~ придавать новый импульс диалогу

to maintain a ~ with *smb* поддерживать диалог с *кем-л.*

to open a ~ with *smb* начинать диалог с *кем-л.*

to plead for ~ призывать к диалогу

to remain open to ~ оставаться готовым к диалогу

to renew/to reopen a ~ возобновлять диалог

to resolve a problem through ~ разрешать проблему посредством диалога

to resume/to revive a ~ возобновлять диалог

to seek ~ добиваться начала диалога

to settle a problem by ~ решать проблему с помощью диалога

to start a ~ with *smb* начинать диалог с *кем-л.* **by ~** путем диалога

the door to ~ in still open диалог все еще возможен

dialog II *v* вести диалог; вести беседу; вести неофициальные переговоры

dialogue *n брит. см.* **dialog**

dictate *v* предписывать, диктовать

to ~ *one's* **conditions/terms** диктовать свои условия

dictation *n* **1.** распоряжение, предписание **2.** диктат

  to submit to take/to yield to ~ подчиняться диктату

dictator *n* диктатор

  bloody ~ кровавый/жестокий диктатор

  to be a ~ **in the waking** превращаться в диктатора

  to depose a ~ свергать диктатора

  to set *oneself* **up as a new** ~ становиться новым диктатором

dictatorial *a* диктаторский

  ~ **regime** диктаторский режим

  to resort to ~ **methods** прибегать к диктаторским методам

dictatorship *n* диктатура; диктаторский режим

  bloody ~ кровавая диктатура

  fascist military ~ военно-фашистская диктатура

  hard-line ~ жесткая диктатура

  military ~ военная диктатура

  murderous ~ кровавая диктатура

  proletarian ~ диктатура пролетариата

  to condemn/to denounce ~ осуждать диктатуру

  to establish ~ устанавливать диктатуру

  to exercise ~ осуществлять диктатуру

  to head for (towards) ~ идти к диктатуре

  to impose a ~ **(on/upon)** вводить диктатуру

  to lead the country into ~ вести страну к диктатуре

  to overthrow a ~ свергать диктатуру

  to run a ~ осуществлять диктатуру

  to set up ~ устанавливать диктатуру

  to shake off/to topple a ~ свергать диктатуру

  to topple the ~ **of** *smb.* положить конец диктаторскому правлению *кого-л.*

  country under a ~ страна, в которой господствует диктатура

  establishment of a ~ установление диктатуры

  reversion to a ~ возвращение к диктатуре

  step towards ~ шаг к диктатуре

die *v* умирать; погибать

  to ~ **in unexplained circumstances** погибнуть при невыясненных обстоятельствах

die-hard *n* крайний консерватор; твердолобый демократ

die-in *n* антивоенная демонстрация

diet *n* **1.** парламент (*небританский*) **2.** съезд; конгресс; конференция

differ *v* **1.** различаться; отличаться **2.** расходиться во мнениях

  to ~ **from** *smb* **in** *smth* отличаться от *кого-л.* чем-л.

  to ~ **over** *smth* расходиться во мнениях по *какому-л.* вопросу

difference *n* **1.** различие, отличие **2.** разногласие, различие во мнениях; противоречие; спор

~ **in/of views** различие/несовпадение точек зрения

~**s appear more pronounced** противоречия кажутся более заметными

~**s become sharper** разногласия обостряются

~**s grow** разногласия растут

~**s should not stand in the way of improved relations** разногласия не должны мешать улучшению отношений

basic ~ принципиальное отличие

big ~**s** серьезные противоречия

class ~**s** классовые различия

deep ~**s** глубокие разногласия/противоречия

essential ~ существенное различие

ethnic ~**s** этнические/национальные противоречия

exchange ~ валютная разница

fundamental ~ принципиальное отличие

grave/great ~**s** серьезные противоречия

ideological ~**s** идейные разногласия

income ~**s** различия в доходах

inflation ~**s** различия в уровнях инфляции

insurmountable ~**s** непреодолимые противоречия

internal ~**s** внутренние разногласия

international ~**s** международные споры

irreconcilable ~**s** непримиримые противоречия

major ~**s** серьезные противоречия

marginal ~ незначительное различие

national ~**s** государственные противоречия; противоречия между народами

persisting ~**s** упорные/сохраняющиеся разногласия

political ~**s** политические противоречия

racial ~**s** расовые разногласия

sectarian ~**s** противоречия между сектами

serious/sharp ~**s** серьезные противоречия

social ~**s** социальные различия

substantial ~ существенное различие

tactical ~**s** тактические разногласия

tribal ~**s** межплеменная рознь

unbridgeable ~**s** непреодолимые противоречия

wide ~**s** значительные противоречия

to accentuate ~**s** подчеркивать разногласия

to air *one's* ~**s** обсуждать свои противоречия

to bridge ~**s** устранять противоречия

to bridge the ~**s between ...** преодолевать противоречия между...

to bury/to end *one's* ~**s** покончить с разногласиями

to foster national ~**s** разжигать национальную рознь

to have ~**s** расходиться во мнениях

to heal *one's* ~**s** урегулировать разногласия; разрешать противоречия

to highlight ~**s** заострять внимание на противоречиях

to identify ~**s** выявлять разногласия

to iron out ~**s between** *smb* сглаживать разногласия между *кем-л.*

to make up *one's* ~s урегулировать разногласия; разрешать противоречия

to narrow *one's* ~s уменьшать разногласия между *кем-л.*

to negotiate ~s обсуждать разногласия на переговорах

to overcome/to override ~s преодолевать разногласия/противоречия

to paper over ~s пытаться сгладить противоречия/разногласия

to patch up *one's* ~s **with** *smb* улаживать свои разногласия с *кем-л.*

to play down ~s преуменьшать противоречия

to put political ~s **aside** отбрасывать в сторону политические разногласия

to raise ~s **between** *smb* поднимать вопрос о разногласиях между *кем-л.*

to reconcile *one's* ~s **with** *smb* урегулировать свои разногласия с *кем-л.*

to resolve the ~s **between ...** разрешать противоречия между ...

to set aside *one's* ~s отбрасывать в сторону свои разногласия/противоречия

to settle last-minute ~s урегулировать разногласия, возникшие в последнюю минуту

to shrink the ~s **between the two nations** уменьшать разногласия между двумя странами

to skirt over *one's* ~s отбрасывать в сторону свои разногласия/противоречия

to smooth over ~s **between** *smb* сглаживать разногласия между *кем-л.*

to sort out ~s урегулировать противоречия

to split the ~s углублять разногласия

to surmount ~s преодолевать разногласия/противоречия

to thrash out ~s подробно обсудить разногласия

to voice *one's* ~s **in public** публично заявлять о своих разногласиях

narrowing of ~s сближение позиций

only procedural ~s **stand in the way** остается только разрешить разногласия по процедурным вопросам

peaceful settlement of ~s мирное урегулирование разногласий

sharpening of ~s обострение разногласий

solution of ~s разрешение разногласий

differential *n* разница; разница в оплате труда

~ for skill разница в оплате труда в зависимости от квалификации

age ~ возрастной показатель (*при оплате труда*)

earnings ~s различия в заработках

economic ~ разница в уровнях экономического развития

hardship ~ надбавка за тяжелые условия работы

nonpensionable salary ~s надбавка к основному окладу, не учитывающаяся при начислении пенсии

overtime ~ надбавка за сверхурочную работу

price ~s ножницы цен

productivity ~s различия в производительности

salary/wage ~s различия в уровне заработной платы

differentiate *v* проводить/устанавливать различие; дифференцировать

differentiation *n* дифференциация; разделение; специализация; расслоение

~ of labor разделение труда

~ of sciences дифференциация наук

class ~ классовое расслоение

incomes ~ дифференциация доходов

social ~ социальное расслоение

price ~ дифференциация цен

wage ~ дифференциация заработной платы

difficult *a* трудный; тяжелый

~ problem трудный вопрос

~ situation затруднительное положение

difficult/y *n* 1. трудность, затруднение 2. препятствие, помеха

~ies for currency/for money валютные/денежные затруднения

~ies the country is in трудности, которые испытывает страна

~ies with which a country is beset трудности, которые испытывает страна

balance-of-payments ~ies трудности, связанные со сведением платежного баланса

day-to-day ~ies повседневные трудности

economic ~ies экономические затруднения

enormous ~ies огромные трудности

financial ~ies финансовые затруднения

foreign payments ~ies затруднения во внешних расчетах

foreign policy ~ies внешнеполитические затруднения

great ~ies большие трудности

insurmountable ~ies непреодолимые трудности

major ~ies значительные затруднения

marketing ~ies трудности сбыта

objective ~ies объективные трудности

outside ~ies внешние трудности

payment ~ies трудности в осуществлении платежей

pecuniary ~ies денежные затруднения

political ~ies политические трудности

practical ~ies практические трудности

subjective ~ies субъективные трудности

temporary ~ies временные трудности

trade ~ies затруднения в сфере торговли

to add to the ~ies вдобавок к этим трудностям

to aggravate the ~ies усугублять трудности

to alleviate ~ies облегчать трудности

to be confronted by ~ies встречаться/сталкиваться с трудностями

to be exposed to ~ies испытывать трудности

to be in dire economic ~ies испытывать серьезные экономические трудности

to bridge over ~ies преодолевать трудности
to cope with ~ies справляться с трудностями
to create ~ies создавать трудности/затруднения
to deepen ~ies усугублять трудности
to encounter ~ies встречаться/сталкиваться с трудностями
to experience ~ies испытывать трудности
to face ~ies встречаться/сталкиваться с трудностями; испытывать трудности
to get out of a ~ выходить из затруднительного положения
to give rise to ~ies создавать трудности/затруднения
to grapple with ~ies пытаться преодолеть трудности
to increase the ~ies усугублять трудности
to make ~ies создавать трудности/затруднения
to meet with ~ies встречаться/сталкиваться с трудностями
to overcome ~ies преодолевать трудности
to pose/to present ~ies for *smb* представлять трудности для *кого-л.*
to raise ~ies создавать трудности/затруднения
to recognize the ~ies признавать наличие трудностей
to resolve ~ies преодолевать трудности
to retreat in the face of ~ies отступать перед трудностями
to run into ~ies встречаться/сталкиваться с трудностями
to settle ~ies преодолевать трудности
to suffer from ~ies испытывать трудности
to surmount/to tackle ~ies преодолевать трудности
to win through *one's* **~ies** преодолевать трудности
letup in the ~ies уменьшение трудностей
dignitary *n* высокопоставленное лицо; сановник
court ~ придворный сановник
foreign ~ высокопоставленный иностранец
dignity *n* достоинство; чувство собственного достоинства
human ~ человеческое достоинство
personal ~ личное достоинство
to infringe on *smb's* **human ~** попирать/ущемлять *чье-л.* человеческое достоинство
to maintain *one's* **~** сохранять свое достоинство
to respect national ~ уважать национальное достоинство
to violate *smb's* **human ~** попирать/ущемлять *чье-л.* человеческое достоинство
beneath the ~ ниже собственного достоинства
diktat *n нем.* диктат
economic ~ экономический диктат
political ~ политический диктат
to impose the political ~ (on/upon) навязывать политический диктат

to resist the ~ противостоять диктату
to yield to foreign ~ подчиняться иностранному диктату
policy of ~ политика диктата
dilemma *n* дилемма; необходимость выбора; проблема
economic ~ экономическая дилемма
hostage ~ проблема заложников
security ~ *полит. жарг.* «дилемма безопасности» *(гонка вооружения с целью опередить потенциального противника)*
to be faced with a ~ оказываться/стоять перед дилеммой
to be in a ~ стоять перед дилеммой/выбором; сталкиваться с дилеммой
to be placed/to be put in a ~ оказываться/стоять перед дилеммой
to bridge the horns of a ~ сделать выбор
to confront *smb* **with a ~** ставить *кого-л.* перед дилеммой/выбором
to face a ~ сталкиваться с дилеммой
dilute *v* ослаблять; подрывать
dilution *n* ослабление; подрыв
dimension *n* **1.** размер; величина; масштаб; размах **2.** характер; аспект; грань; измерение
~s of military expenditures размеры/масштабы военных расходов
to assume serious ~ приобретать серьезный размах
to give a new ~ to *smth* придавать новый характер *чему-л.*
humanitarian ~s of a problem гуманитарные аспекты проблемы
political ~ to *smth* политический аспект *чего-л.*
diminish *v* уменьшать(ся); сокращать(ся); ослаблять(ся)
to ~ tension ослаблять напряженность
to ~ the danger of nuclear war уменьшать опасность ядерной войны
to ~ the security of a state ослаблять безопасность государства
diminution *n* уменьшение; сокращение; ослабление
dinner *n* обед
ceremonial ~ торжественный обед
farewell ~ прощальный обед
formal ~ официальный обед
fund-raising ~ благотворительный обед; обед с целью сбора средств
official ~ официальный обед
testimonial ~ банкет в честь *кого-л.*
working ~ рабочий обед *(неофициальный обед для участников переговоров)*
to host ~ for *smb* устраивать обед для *кого-л.*
diocesan I *n* епископ данной епархии
diocesan II *a* епархиальный
diocese *n церк.* епархия
diploma I *n* диплом; документ; грамота
honorary ~ почетная грамота

honors ~ диплом с отличием
University ~ университетский диплом
to get a ~ получать диплом
diploma II *attr* дипломный
~ **thesis** дипломная работа
diplomacy *n* дипломатия; дипломатическая работа/деятельность/практика
~ **by force/by strength** дипломатия силы
atomic ~ атомная дипломатия
backstage/behind-the-scenes ~ кулуарная/закулисная/тайная дипломатия
check-book ~ дипломатия чековой книжки (*распространение своего влияния с помощью предоставления займов*)
citizens' ~ народная дипломатия (*налаживание контактов между гражданами разных стран*)
conference ~ решение вопросов путем дипломатических переговоров
creative ~ конструктивная дипломатическая деятельность
delicate ~ осторожные дипломатические шаги
deterrence ~ дипломатия сдерживания/устрашения
dollar ~ дипломатия доллара (*использование экономических рычагов для достижения политических целей*)
dynamic ~ активная дипломатия
grassroots ~ народная дипломатия (*налаживание контактов между гражданами разных стран*)
gunboat ~ *ист.* «дипломатия канонерок» (*политика силового давления на какую-л. страну путем размещения военных кораблей у ее берегов*)
international ~ международная дипломатическая практика
kid-glove ~ дипломатия в лайковых перчатках
last-minute ~ последние дипломатические усилия (*перед истечением срока ультиматума и т.п.*)
low-key ~ «тихая» дипломатия (*дипломатические шаги, не освещаемые СМИ*)
megaphone ~ «громкая» дипломатия (*обмен нотами протеста, критические выступления и т.п.*)
multipolar ~ дипломатическая деятельность, осуществляемая центрами экономического и политического влияния
nuclear ~ ядерная дипломатия
patient ~ дипломатия выдержки; упорная работа дипломатов
peace-making ~ миротворческая дипломатия
people's ~ народная дипломатия (*налаживание контактов между гражданами разных стран*)
person-to-person ~ курс на развитие личных контактов граждан разных стран
ping-pong ~ *ист. полит. жарг.* «дипломатия пинг-понга» (*попытка улучшения аме-*

рикано-китайских отношений путем приглашения в КНР американской команды по настольному теннису в апреле 1971 г.*)
power ~ силовая дипломатия
preventive ~ превентивная дипломатия; дипломатия упреждения развития неблагоприятных событий
quiet ~ «тихая» дипломатия (*дипломатические шаги, не освещаемые СМИ*)
shirt-sleeve ~ дипломатия «без пиджаков» (*неофициальная*)
short-sighted ~ недальновидная дипломатия
shuttle ~ челночная дипломатия (*переговоры, регулярно проводимые посредником из третьей страны в столицах враждующих стран с целью урегулирования конфликта*)
silkworm ~ «шелковичная» дипломатия (*о дипломатии КНР*)
skilful ~ умелые дипломатические шаги
strong ~ энергичные дипломатические усилия
sustained ~ длительные дипломатические усилия
traditional ~ традиционная дипломатия
turtle-pace ~ пассивная дипломатия
United Nations ~ дипломатическая работа ООН
to accomplish *smth* **through** ~ добиваться чего-л. дипломатическим путем
to display *one's* **ability at active** ~ активно проявлять свои дипломатические способности
to engage in high-level ~ осуществлять дипломатические контакты на высоком уровне; предпринимать дипломатические шаги на высоком уровне
to get beyond the scope ~ выходить за рамки дипломатической деятельности
to indulge in secret ~ заниматься тайной дипломатией
to plead for ~ призывать к дипломатии
to practice ~ заниматься дипломатической деятельностью
to pursue ~ проводить дипломатию
to stick to/to use open ~ придерживаться открытой дипломатии
breakdown in ~ провал дипломатических усилий
flurry of ~ лихорадочная дипломатическая активность
heart of regional ~ центр дипломатической активности в регионе
mental readjustment to the new ~ перестройка мышления в духе новой дипломатии
new departure in ~ новое направление дипломатии
diplomaed *a* дипломированный
~ **specialist** дипломированный специалист
diplomat *n* дипломат
~ **stationed in a capital** дипломат, аккредитованный в столице

career ~ профессиональный/кадровый диплломат

considerable ~ видный дипломат

foreign ~ иностранный дипломат

high-ranking ~ высокопоставленный дипломат

mid-level/mid-ranking ~ дипломат среднего звена

military ~ военный дипломат

Moscow-based Western ~ западный дипломат, аккредитованный в Москве

retired ~ отставной дипломат

senior ~ ответственный дипломатический сотрудник

to ask a ~ **to leave the country** предлагать дипломату покинуть страну

to ban a ~ **from returning** запрещать дипломату вернуться в страну аккредитования

to expel a ~ выдворять дипломата (*из страны пребывания)*

to order a ~ **to leave the country** предлагать дипломату покинуть страну

to pull ~s home отзывать дипломатов на родину

to recall/to withdraw a ~ отзывать дипломата

expulsion of a ~ **for suspected spying** выдворение дипломата по подозрению в шпионаже

diplomatic *a* дипломатический; относящийся к дипломатии

~ **activities** дипломатическая деятельность

~ **bag** дипломатическая почта, диппочта

~ **circles** дипломатические круги

~ **corps** дипломатический корпус

~ **courier** дипломатический курьер, дипкурьер

~ **dispatches** дипломатическая корреспонденция

~ **globe-trotting** дипломатические поездки (*для решения сложных международных проблем)*

~ **immunity** дипломатический иммунитет

~ **initiative** дипломатическая инициатива

~ **law** дипломатическое право

~ **mail** дипломатическая почта, диппочта

~ **measurers** дипломатические шаги

~ **mission** дипломатическое представительство; дипломатическая миссия

~ **note** дипломатическая нота

~ **passport** дипломатический паспорт, диппаспорт

~ **personnel** дипломатический персонал (*представительства, миссии)*

~ **pouch** дипломатическая почта, диппочта

~ **privileges** дипломатические привилегии

~ **protocol** дипломатический протокол

~ **quarters** дипломатические круги

~ **relations** дипломатические отношения

~ **representation** дипломатическое представительство

~ **silence** дипломатическое молчание

~ **staff** дипломатический персонал (*представительства, миссии)*

~ **status** дипломатический статус

~ **terms** дипломатический жаргон

~ **visa** дипломатическая виза

~ **withdrawal** отзыв дипломатического персонала

to enjoy full ~ **immunities** пользоваться полным дипломатическим иммунитетом

to focus ~ **attention on** *smth* приковывать внимание дипломатии к *чему-л.*

to give ~ **support** оказывать дипломатическую поддержку

to resume ~ **contacts** возобновлять дипломатические контакты

mending of ~ **fences** налаживание дипломатических отношений

through ~ **channels** по дипломатическим каналам; через дипломатические каналы

diplomatics *n* дипломатия; дипломатическое искусство

diplomatist *n* дипломат

direct I *a* прямой; открытый; недвусмысленный

~ **charge** открытое обвинение

~ **contact** непосредственный контакт

direct II *v* 1. направлять; обращать; адресовать 2. руководить; управлять 3. направлять; учить

to ~ **a campaign** руководить кампанией

to ~ **against** *smth* направлять против *чего-л.*

to ~ *smb's* **attention to** *smth* обращать *чье-л.* внимание *на что-л.*

direction *n* 1. руководство; управление 2. направление; курс 3. *pl* указания; директивы; инструкции

~ **of development** направления развития

basic/chief ~s главные/основные направления

general ~ общее руководство

main ~s главные/основные направления

overall ~ общее направление

to assume ~ принимать на себя руководство

to exercise ~ определять направление

change of ~ смена курса

step in the right ~ шаг в правильном направлении

directive I *n* директива; установка; указание

executive ~s директивные документы

secret ~ секретная директива

to fulfil a ~ выполнять директиву/указание

directive II *a* директивный

~ **assignments** директивные задания

~ **guidelines** директивные указания

director *n* директор, руководитель, начальник

~ **general** генеральный директор

~ **of a bank** член совета директоров банка

acting ~ исполняющий обязанности директора

assistant/associate ~ помощник директора

Deputy D. заместитель директора

executive/managing ~ исполнительный директор; управляющий

personnel ~ начальник отдела кадров
program ~ руководитель программы
Resident D. руководитель отделения ООН (*в каком-л. регионе*)
technical ~ технический директор
board of ~**s** совет директоров
directorate *n* совет директоров; правление; дирекция; управление
chief ~ главное управление
directorship *n* дирекция; руководство
directory *n* справочник, руководство, указатель
telephone ~ телефонный справочник
trade ~ справочник торговых фирм
dirt *n правит. и полит.жарг.* «грязь» («*неудобная» информация: компрометирующая или секретная*)
disability *n* потеря трудоспособности; нетрудоспособность
temporary ~ временная нетрудоспособность
total ~ полная нетрудоспособность
disabled *a* нетрудоспособный
disadvantage *n* **1.** невыгодное/неблагоприятное положение **2.** урон, ущерб, убыток
to be at a ~ находиться в невыгодном/неблагоприятном положении
to overcome ~**s** преодолевать неблагоприятные условия
disadvantaged I *n* бедняки, обездоленные
disadvantaged II *a* находящийся в невыгодном/неблагоприятном положении
disaffected *a* недовольный (*особ. властями*); нелояльный; настроенный против; враждебный
to be ~ **with** *smth* быть недовольным *чем-л.*
disaffection *n* недовольство властями; нелояльность; недружелюбие
~ **among the armed forces** недовольство среди военнослужащих
~ **with** *smb* недовольство *кем-л.*
political ~ политическое недовольство
to express *one's* ~ выражать свое недовольство
disagree *v* **1.** расходиться во мнениях/взглядах; не соглашаться **2.** не соответствовать, противоречить
to ~ **with** *smb* **sharply** резко расходиться во мнениях с *кем-л.*
disagreement *n* **1.** расхождение во мнениях; несогласие, разногласия; полемика **2.** различие; расхождение; противоречие
~ **among members of the government** разногласия среди членов правительства
considerable ~**s** значительные разногласия
fundamental ~**s** расхождения по основным вопросам
international ~ несовпадение точек зрения государств
irreconcilable ~**s** непримиримые разногласия
policy ~ несогласие с политикой
trade ~**s** торговые противоречия

to be in a complete ~ не придти к соглашению ни по одному вопросу
to be locked in ~ **over** *smth* быть не в состоянии преодолеть противоречия по поводу *чего-л.*
to record *one's* ~ выражать свое несогласие
to resolve deep ~**s** разрешать глубокие противоречия (*между кем-л.*)
areas of ~ спорные вопросы
sharp ~**s emerged** проявились резкие противоречия
wide ~**s over** *smth* большие разногласия по поводу *чего-л.*
disappoint *v* разочаровывать; не оправдывать надежд
disappointment *n* разочарование; досада
deep ~ глубокое разочарование
to express ~ **over** *smth* выражать разочарование по поводу *чего-л.*
to receive *smth* **with** ~ встречать *что-л.* с разочарованием
disapproval *n* неодобрение; неблагоприятное мнение
to signal *one's* ~ **of** *smb* демонстрировать свое недовольство *кем-л.*
international ~ **of** *smth* неодобрение *чего-л.* мировой общественностью
veiled ~ **of** *smb's* **politics** замаскированное неодобрение *чьей-л.* политики
disapprove *v* **1.** не одобрять; осуждать **2.** отвергать; отклонять (*проект закона, предложение и т.п.*)
disarm *v* **1.** разоружать(ся) **2.** обезоруживать
disarmament *n* разоружение
comprehensive ~ глобальное разоружение
conventional ~ ликвидация обычных видов вооружений; неядерное разоружение
general and complete ~ всеобщее и полное разоружение
internationally controlled ~ разоружение под международным контролем
multilateral ~ многостороннее разоружение
overall ~ всестороннее разоружение
nuclear ~ ядерное разоружение
partial ~ частичное разоружение
phased ~ поэтапное разоружение
stage-by-stage ~ поэтапное разоружение
total ~ всеобщее разоружение
unilateral ~ одностороннее разоружение
universal and overall ~ всеобщее и полное разоружение
to abandon ~ отказываться от разоружения
to bring about ~ приступать к разоружению
to champion ~ выступать/бороться за разоружение
to embark upon the path of global ~ вставать на путь глобального/всеобщего разоружения
to govern ~ направлять процесс разоружения
to promote ~ способствовать разоружению
to pursue ~ стремиться к разоружению

to supervise ~ наблюдать за ходом разоружения

collateral instruments of ~ сопутствующие средства достижения разоружения

problems of ~ проблемы разоружения

process of nuclear ~ процесс ядерного разоружения

progress in ~ прогресс в деле разоружения

promotion of ~ помощь делу разоружения

disarmed *n* разоруженный

disarray *n* **1.** замешательство; растерянность **2.** смятение; разброд

economic ~s экономические неурядицы

ideological ~ идейный разброд

to be in a complete ~ находиться в полном беспорядке

the policy is in a state of ~ политика находится в состоянии полной неопределенности

disassociation *n* разрыв *(с кем-л., чем-л.)*

disaster *n* катастрофа; бедствие

air ~ авиакатастрофа

ecological ~ экологическая катастрофа

economic ~ крах экономики

electoral ~ провал на выборах

environmental ~ экологическая катастрофа

gathering ~ надвигающаяся катастрофа

global ~ глобальная катастрофа

human-rights ~ несоблюдение прав человека

imminent ~ неотвратимая катастрофа

national ~ национальное бедствие

world ~ всемирная катастрофа

to avert world nuclear ~ предотвращать всемирную ядерную катастрофу

to be on the brink of a ~ быть на грани катастрофы

to bring the ~ навлекать бедствие

to prevent global ecological ~ предотвращать глобальную экологическую катастрофу

to slide into economic ~ скатываться к экономической катастрофе

to suffer a major ~ переживать крупную катастрофу

aftermath of the ~ последствия катастрофы

recipe for ~ верный путь к беде

disastrous *a* гибельный; бедственный; губительный

disavow *v* **1.** отрицать **2.** дезавуировать

disavowal *n* **1.** отрицание; отказ признать *(что-л.)* **2.** дезавуирование

disbalance *n* дисбаланс

disband *v* распускать

to ~ an alliance распускать союз

to ~ an army расформировывать армию

to ~ oneself самораспускаться

disbanding, disbandment *n* **1.** роспуск *(организации)* **2.** *воен.* расформирование

disburse *v* платить, оплачивать

disbursement *n* выплата; расходы; издержки

actual ~s фактические выплаты

discharge *n* **1.** выполнение; исполнение; отправление **2.** освобождение от выполнения обязательств **3.** увольнение, освобождение от должности/от исполнения служебных обязанностей **4.** *юр.* освобождение **5.** выплата, погашение *(долга, займа)*

~ of contract прекращение обязательств по контракту; погашение контракта

~ of debt погашение долга

conditional ~ условно-досрочное освобождение

discriminatory ~ дискриминационное увольнение

honest ~ of *one's* **duties** добросовестное выполнение своих служебных обязанностей

voluntary ~ from the army добровольное увольнение из армии

discharge II *v* **1.** выполнять; исполнять; отправлять **2.** освобождать от выполнения обязательств **3.** увольнять, освобождать от должности/от исполнения служебных обязанностей **4.** *юр.* освобождать **5.** выплачивать, погашать *(долг, заем)*

to ~ a prisoner освобождать заключенного

to ~ duties исполнять обязанности

to ~ functions выполнять функции

to ~ on parole освобождать под честное слово; отпускать на поруки

to be ~d быть уволенным с работы

disciple *n* ученик; последователь

disciplinary *a* дисциплинарный

to take ~ actions against *smb* принимать дисциплинарные меры против *кого-л.*

discipline I *n* дисциплина

iron ~ железная дисциплина

labor ~ трудовая дисциплина

lax ~ слабая дисциплина

market ~ дисциплина рынка

military(-type) ~ военная дисциплина

severe ~ строгая дисциплина

state ~ государственная дисциплина

to be subversive of ~ подрывать дисциплину

to break ~ нарушать дисциплину

to enforce strict ~ заставлять строго соблюдать дисциплину

to enhance ~ укреплять/повышать дисциплину

to exercise ~ осуществлять/применять дисциплинарные меры

to improve ~ укреплять/повышать дисциплину

to keep ~ соблюдать/поддерживать дисциплину

to loosen ~ ослаблять дисциплину

to maintain/to observe ~ соблюдать/поддерживать дисциплину

to raise the standard of ~ укреплять дисциплину

to recover/to restore ~ восстанавливать дисциплину

to strengthen/to tighten ~ укреплять дисциплину

to undermine ~ подрывать дисциплину
to violate ~ нарушать дисциплину
breach of ~ дисциплинарный проступок
relaxation of ~ ослабление дисциплины
violation of ~ нарушение дисциплины
discipline II *v* 1. дисциплинировать; устанавливать строгую дисциплину 2. принимать дисциплинарные меры (*по отношению к кому-л.*)
disclaim *v* отказываться (от *чего-л.*); отрицать; не признавать
to ~ liability отказываться от обязательства
disclaimer *n* отговорка
disclose *v* разоблачать; раскрывать; обнаруживать; разглашать
to ~ a plan раскрывать план
to ~ details раскрывать подробности
to ~ military secrets разглашать военные тайны
to ~ *one's* **designs** разоблачать *чьи-л.* замыслы
to ~ *one's* **intentions** разоблачать *чьи-л.* намерения
disclosure *n* раскрытие; разоблачение; обнаружение; разглашение
~ of CIA agents рассекречивание агентуры ЦРУ
~ of secret information разглашение секретной информации
discontent *n* недовольство; неудовлетворенность; негодование
~ inside the army недовольство в армии
deep-rooted ~ глубоко укоренившееся недовольство
economic ~ недовольство своим экономическим положением
ethnic ~ недовольство на этнической почве
growing/mounting ~ растущее/нарастающее недовольство
political ~ политическое недовольство
popular ~ недовольство населения
public ~ недовольство общественности
seething ~ кипящее недовольство
simmering ~ растущее/нарастающее недовольство
social ~ недовольство общественности
spreading ~ распространяющееся недовольство
to cause ~ вызывать недовольство/ негодование
to dampen down ~ among the troops приглушать недовольство среди военнослужащих
to defuse ~ смягчать/ослаблять недовольство
to dispel *smb's* **~** положить конец недовольству
to express ~ with *smth* выражать недовольство *чем-л.*
to fuel popular ~ давать пищу для недовольства народа
to voice *one's* **~** выражать/высказывать свое недовольство
emblem of ~ символ недовольства

explosion of popular ~ взрыв народного недовольства/негодования
expressions of ~ проявления недовольства
fresh outbreak of ~ новая вспышка недовольства
general feeling of ~ общее чувство недовольства/ негодования
discontented *a* недовольный
to be ~ with *smth* быть недовольным *чем-л.*
to feel ~ испытывать недовольство/неудовлетворенность
discontinuance *n* прекращение; приостановка; перерыв
discontinue *v* прекращать; приостанавливать; прерывать
discord I *n* разногласие; несогласие; рознь
internal ~s внутренние разногласия
international ~s разногласия между странами
political ~s политические разногласия
public ~s разногласия среди общественности
to sow ~ among *smb* сеять рознь между *кем-л.*
apple of ~ яблоко раздора
the country is in total ~s противоречия раздирают страну
discord II *v* расходиться (*во мнениях или взглядах*); не соглашаться
to ~ with *smb* **on** *smth* расходиться с *кем-л.* во мнениях по *какому-л.* вопросу
discordant *a* несоответствующий; несогласующийся
discount *n коммерч.* скидка
to allow a ~ предоставлять скидку
to sell *smth* **at a substantial ~** продавать *что-л.* со значительной скидкой
rate of ~ финансовый процент скидки; учетная ставка
discover *v* выявлять; обнаруживать; раскрывать
to ~ a plot раскрывать заговор
to ~ an arms cache обнаруживать тайный склад оружия
discovery *n* 1. открытие 2. выявление; обнаружение; раскрытие
~ of a spy ring раскрытие шпионской сети
discredit I *n* дискредитация, компрометация, опорочивание
to bring *smth* **into ~** дискредитировать *что-л.*
discredit II *v* дискредитировать; компрометировать, порочить (*кого-л.*)
discrepancy *n* несоответствие, расхождение (*в тексте и т.п.*)
violent ~ вопиющее расхождение
discretion *n* 1. свобода действий; право решать; необходимые полномочия 2. осмотрительность, осторожность
to exercise particular ~ in *smth* проявлять особую осторожность в *чем-л.*
at the ~ of *smb* на *чье-л.* усмотрение
wide ~ about *smth* большая свобода действий в отношении *чего-л.*

discriminate *v (against smth/smb)* дискриминировать; проводить политику дискриминации; проявлять дискриминацию по отношению к *чему-л./кому-л.*

discrimination *n* 1. различение, установление различий 2. дискриминация; ограничение в правах

~ **against national minorities** дискриминация в отношении национальных меньшинств

~ **against women** дискриминация женщин

~ **based on religion** дискриминация по религиозному признаку

~ **in education** дискриминация в области образования

~ **in employment** дискриминация при найме на работу

~ **on the grounds of political affiliation** дискриминация по признаку политической принадлежности

~ **on the grounds of sex** дискриминация по половому признаку

caste ~ дискриминация по кастовому признаку

color ~ дискриминация по цвету кожи

credit ~ кредитная дискриминация

economic ~ экономическая дискриминация

employment/job ~ дискриминация при найме на работу

legalized ~ узаконенная/легализованная дискриминация

massive ~ массовая дискриминация

positive ~ *правит. жарг.* «положительная дискриминация» *(прием на работу представителей национальных меньшинств, даже при отсутствии у них достаточной квалификации)*

religious and political ~ дискриминация по религиозным и политическим мотивам

reverse ~ *полит. жарг.* сознательная дискриминация по отношению к национальному большинству с целью избежать обвинения в дискриминации по отношению к национальным меньшинствам

sexual ~ дискриминация по половому признаку

social ~ социальная дискриминация

trade ~ дискриминация в торговле

to be subjected to unconcealed political ~ подвергаться открытой политической дискриминации

to condemn racial ~ осуждать расовую дискриминацию

to eliminate ~ ликвидировать дискриминацию

to end ~ прекращать дискриминацию

to exclude all forms of trade ~ исключать все формы торговой дискриминации

to fight ~ бороться с дискриминацией

to justify ~ оправдывать дискриминацию

to prevent ~ **of ethnic minorities** предотвращать дискриминацию этнических меньшинств

to reduce ~ уменьшать дискриминацию

to refrain from ~ воздерживаться от дискриминации

to show ~ **to smb** дискриминировать *кого-л.*; проявлять дискриминацию по отношению к *кому-л.*

abolition of racial ~ отмена расовой дискриминации

rooting out of all forms of ~ искоренение всех форм дискриминации

discriminative *a* 1. отличительный, характерный 2. дифференциальный *(о тарифе)*

discriminatory *a* дискриминационный

~ **barrier** дискриминационный барьер

~ **measures** дискриминационные меры

~ **restrictions** дискриминационные ограничения

~ **trade policy** дискриминационная политика в области торговли

discrown *v* лишать короны; свергать с престола

discuss *v* дискутировать; обсуждать *(проблему)*

to ~ **a problem** обсуждать проблему

to ~ *smth* **candidly** обсуждать *что-л.* откровенно

discussant *n* участник дискуссии; выступающий в прениях

discussion *n* обсуждение, дискуссия; прения, дебаты

~**s are deadlocked** обсуждение зашло в тупик

~**s are underway** ведутся переговоры

~**s focused on** в центре переговоров было ...

~**s have ended in failure** переговоры закончились безрезультатно

~**s in private** переговоры за закрытыми дверями

~ **will center on ...** основным вопросом на переговорах будет...

bilateral ~**s** дебаты с участием двух сторон

border ~ обсуждение пограничных вопросов

comprehensive ~ всестороннее обсуждение

confidential ~**s** конфиденциальный обмен мнениями

direct/face-to-face ~ прямой обмен мнениями

follow-up ~**s** последующие дебаты/обсуждения

frank ~ откровенный обмен мнениями

free-flowing ~**s** переговоры без заранее намеченной повестки дня

fruitful ~ плодотворное обсуждение

general ~ общая дискуссия

heated ~ горячая/острая дискуссия

hectic ~**s** бурные дебаты

high-level ~ обсуждение на высоком уровне

hot ~**s** горячие споры/обсуждения

in-depth ~ всестороннее обсуждение

intense ~ активное обсуждение

introductory ~ предварительное обсуждение

last-minute ~s переговоры в последний момент

lengthy ~ продолжительное обсуждение

national/nationwide ~ всенародное обсуждение

panel ~ обсуждение вопроса группой специалистов

pre-election ~s предвыборные дискуссии

preliminary/preparatory ~ предварительное обсуждение

prolonged/protracted ~ затянувшееся обсуждение

round-table ~ обсуждение за круглым столом

secret ~s секретные переговоры

subsequent ~s последующие дебаты/обсуждения

substantive ~s переговоры по существу

unconditional ~s переговоры без предварительных условий

urgent ~ неотложная дискуссия

vain ~ бесплодное обсуждение, бесплодная дискуссия

to abort ~s срывать обсуждения/прения

to adjourn the ~ отсрочивать/откладывать обсуждение

to adopt without ~ одобрять/принимать без обсуждения

to arrange ~ организовывать обсуждение

to be engaged in secret ~ вести тайное обсуждение

to be up for ~ подлежать обсуждению

to bog down a ~ затормаживать обсуждение

to break off ~s прерывать переговоры

to carry out a ~ of *smth* проводить обсуждение *чего-л.*

to close a ~ заканчивать/прекращать обсуждение/дискуссию

to come to a ~ начинать обсуждение/дискуссию; приступать к обсуждению/дискуссии

to conclude a ~ заканчивать/прекращать обсуждение/дискуссию

to conduct a ~ of *smth* проводить обсуждение *чего-л.*

to declare the ~ open объявлять дискуссию открытой

to defer a ~ затягивать обсуждение

to drag out a ~ затягивать обсуждение

to enter/to get down to a ~ начинать обсуждение/дискуссию; приступать к обсуждению/дискуссии

to hold ~s with *smb* **about** *smth* проводить переговоры с *кем-л.* по поводу *чего-л.*

to initiate a ~ начинать обсуждение/дискуссию, приступать к обсуждению/дискуссии

to jeopardize current ~ вредить проходящему обсуждению

to join in the ~ включаться в обсуждение

to obstruct a ~ срывать дискуссию

to open a ~ начинать обсуждение/дискуссию; приступать к обсуждению/дискуссии

to postpone the ~ отсрочивать/откладывать обсуждение

to proceed to the ~ by the articles переходить к постатейному обсуждению/рассмотрению *(законопроекта и т.п.)*

to reopen ~ возобновлять обсуждение/дискуссию

to request the speaker to keep to the point under ~ просить оратора не отклоняться от темы/предмета обсуждения

to resume ~ возобновлять обсуждение/дискуссию

to reveal *one's* **~s with** *smb* обнародовать содержание своих переговоров с *кем-л.*

to shun a ~ уклоняться/уходить от обсуждения

to sit down for ~s садиться за стол переговоров

to submit for ~ представлять/ставить на обсуждение

to sum up the ~ подводить итоги обсуждения

to suspend the ~ откладывать обсуждение/прения

to take part in a ~ принимать участие в обсуждении

to take up a ~ начинать обсуждение/дискуссию; приступать к обсуждению/дискуссии

to waive a ~ уклоняться/уходить от обсуждения

after a detailed ~ после обстоятельного обсуждения

core of the ~s суть дебатов

highlight of ~ кульминационный момент обсуждения

in the course of the ~ во время/в ходе обсуждения

the problems under ~ обсуждаемые/рассматриваемые вопросы

these problems are expected to loom large in the ~s как ожидается, эти вопросы займут важное место на переговорах

this is not a subject for ~ это не подлежит обсуждению

disease *n* заболевание, болезнь

communicable ~ инфекционное заболевание

dangerous ~ опасная болезнь; опасное заболевание

endemic ~ эндемическое/местное заболевание

epidemic ~ эпидемическое заболевание

infectious ~ инфекционное заболевание

occupational ~ профессиональное заболевание

social ~ социальная болезнь

to combat ~s бороться с болезнями

to control social ~s бороться с социальными болезнями

to fight against ~s бороться с болезнями

to prevent dangerous ~s предупреждать опасные заболевания

outbreak of epidemic ~ вспышка эпидемии
treatment of common ~s лечение общих заболеваний
disenfranchise v лишать гражданских *или* избирательных прав
disengage v 1. освобождать, высвобождать 2. выходить из боя 3. *воен.* выводить/выходить из боя
disengagement n 1. освобождение, высвобождение 2. *воен.* выход из боя; отрыв от противника 3. вывод/вывод из боя
disfavor n неодобрение, осуждение; опала, немилость
to fall into ~ попадать в опалу; впадать в немилость
disfranchise v лишать гражданских *или* избирательных прав
disfranchised a лишенный гражданских *или* избирательных прав
disfranchisement n лишение гражданских *или* избирательных прав
disgrace I n 1. позор, бесчестье 2. опала, немилость
to be a ~ **to** *smb* быть позором для *кого-л.*
to be in ~ находиться в опале/немилости
to be in political ~ оказываться вне политической жизни (*благодаря чьим-л. усилиям*)
to bring ~ **to** *smb* навлекать позор на *кого-л.*
to fall into ~ попадать в опалу/немилость
disgrace II v 1. позорить; бесчестить 2. лишать расположения 3. разжаловать
to ~ *smb* **politically** дискредитировать *кого-л.* политически/как политического деятеля
disgraceful a позорный, постыдный, бесчестный
disguise I n 1. маскировка, камуфляж 2. маска, личина
disguise II v маскировать, камуфлировать, скрывать
dish n pl посуда
dirty ~es *полиц. жарг.* подброшенные улики для доказательства вины *или* для оправдания ареста
disheartened a лишенный уверенности/мужества
dishonest a бесчестный, непорядочный, недобросовестный
dishonesty n 1. непорядочность, недобросовестность 2. обман, мошенничество
dishonor v 1. позорить, бесчестить 2. оскорблять, унижать достоинство
dishonorable a позорный, постыдный
disinflation n дефляция; дефляционная политика; замедление темпов инфляции
disinformation n дезинформация
a piece of ~ дезинформация, дезинформационное сообщение
disinherit v лишать наследства
disintegrate v приводить в состояние распада; разрушать; дезинтегрировать; разлагать на составные части

disintegration n распад; разрушение; дезинтеграция, разложение на составные части
~ of a state распад государства
~ of the political system распад политической системы
economic ~ развал экономики
political ~ политическая дезинтеграция; политический распад
to bring about ~ вызывать распад/разрушение
the country faces ~ страна находится на грани распада
disinterested a незаинтересованный
disinvest v 1. изымать капиталовложения 2. сокращать капиталовложения
to ~ **agriculture** сокращать капиталовложения в сельское хозяйство
disinvestment n 1. изъятие капиталовложений 2. сокращение капиталовложений
dislocate v 1. нарушать, расстраивать 2. смещать; перемещать
to ~ **affairs** расстраивать дела
dislocation n 1. нарушение, расстройство 2. смещение; перемещение
economic ~ экономические неурядицы
disloyal a 1. нелояльный 2. неверный, вероломный, предательский
disloyalty n 1. нелояльность 2. неверность, вероломство, предательство
~ to an alliance предательство по отношению к *какому-л.* союзу
to display *one's* ~ показывать/проявлять свою нелояльность
dismantle v демонтировать; свертывать; ликвидировать
to ~ **a military base** ликвидировать военную базу
to ~ **a plant** демонтировать завод
dismantling n демонтаж, свертывание, ликвидация
~ of Britain's independent nuclear deterrent ликвидация британских ядерных сил сдерживания
dismember v 1. расчленять; разделять на части 2. лишать членства, исключать (*из организации и т.п.*)
to ~ **a country** расчленять страну
dismemberment n 1. расчленение, разделение на части 2. лишение членства, исключение (*из организации и т.п.*)
dismiss v 1. распускать 2. увольнять, освобождать от должности
to ~ *smb* **from a council** выводить *кого-л.* из состава совета
dismissal n 1. роспуск 2. увольнение, освобождение от должности 3. *юр.* прекращение дела
abrupt ~ внезапное увольнение
summary ~ увольнение за грубое нарушение дисциплины
unfair ~ несправедливое увольнение
unwarranted ~ незаконное увольнение

wholesale ~ массовое увольнение
disobedience *n* неповиновение
   nonviolent civil ~ мирные формы гражданского неповиновения (*сбор подписей под петициями и т.д.*)
disobey *v* не повиноваться, не подчиняться
disorder *n* 1. беспорядок 2. волнения, беспорядки
   grave ~s серьезные беспорядки
   internal ~s внутренние беспорядки
   mass ~s массовые беспорядки
   public ~s нарушение общественного порядка
   racial ~s волнения на расовой почве
   rightist-inspired ~s беспорядки, спровоцированные правыми элементами
   to incite public ~s подстрекать к нарушению общественного порядка
   to provoke ~s **on a massive scale** провоцировать массовые беспорядки
   outbreak of social ~s вспышка беспорядков
disorganization *n* дезорганизация; расстройство; приведение в беспорядок
   ~ **of production** дезорганизация производства
disorganize *v* дезорганизовывать; расстраивать; приводить в беспорядок
   to ~ **economic relations** дезорганизовывать экономические отношения
   to ~ **the political life of a country** дезорганизовывать политическую жизнь страны
   to ~ **the work** дезорганизовывать работу
disorganizer *n* дезорганизатор; нарушитель
disorientate *v* дезориентировать; сбивать с толку
disorientation *n* дезориентация
disparit/y *n* диспропорция; неравенство; несоответствие; отсутствие паритета
   ~ **in the level of economic development** несоответствие в уровне экономического развития
   economic ~ экономическое неравенство
   glaring ~ вопиющее несоответствие
   ideological ~ies **between** *smb* идеологические расхождения между *кем-л.*
   income ~ неравенство доходов
   pay ~ разница в зарплате разных категорий работников
   structural ~ies структурные диспропорции
   to diminish ~ уменьшать неравенство
   to eliminate ~ устранять диспропорции
   to increase ~ies увеличивать диспропорции
   to redress conventional ~ies **between** *smb* положить конец неравенству в обычных вооружениях между *кем-л.*
   to widen social and economic ~s увеличивать социально-экономическое неравенство
dispatch I *n* 1. официальное донесение; депеша 2. отправка; отсылка
   ~ **of airborne force** отправка воздушно-десантных войск

confidential ~ секретное донесение
news ~ новостная корреспонденция
dispatch II *v* посылать; направлять
dispersal *n* разгон; рассеивание
   ~ **of a mass demonstration** разгон массовой демонстрации
disperse *v* 1. разгонять; рассеивать 2. распространять
   to ~ **a crowd** разгонять толпу
   to ~ **a demonstration violently** разгонять демонстрацию, применив силу
   to ~ **news** распространять новости
   to ~ **peacefully** мирно расходиться (*об участниках митинга и т.п.*)
   to refuse to ~ отказываться разойтись (*об участниках митинга и т.п.*)
   repeated calls for *smb* **to** ~ неоднократные призывы к *кому-л.* разойтись
displace *v* 1. перемещать 2. вытеснять 3. снимать (*с работы*); смещать (*с поста*)
displaced перемещенный
   ~ **person** перемещенное лицо
   rehabilitation of the ~ реабилитация перемещенных лиц
display I *n* 1. показ; демонстрация; выставка 2. проявление, демонстрация
   ~ **of military force** демонстрация военной силы
   ~ **of solidarity** проявление солидарности
   air ~ воздушный парад
display II *v* 1. выставлять; показывать; демонстрировать 2. проявлять; демонстрировать
   to ~ **courage** проявлять мужество
displeasure *n* недовольство; неудовлетворенность
   official ~ недовольство властей
   public ~ общественное недовольство
   to express *one's* ~ **over** *smth* выражать свое недовольство по поводу *чего-л.*
   to provoke outspoken ~ вызывать откровенное недовольство
   to risk *smb's* ~ рисковать навлечь на себя *чье-л.* недовольство
disposal *n* 1. право распоряжаться; управление; контроль 2. удаление (*чего-л.*); избавление (*от чего-л.*)
   ~ **of a case** принятие решения по делу
   ~ **of a question** урегулирование вопроса
   ~ **of toxic agents and nuclear waste** захоронение токсичных веществ и ядерных отходов
   waste ~ сброс, удаление отходов
   to be at *smb's* ~ находиться/быть в *чьем-л.* распоряжении
   to place *smth* **at** *smb's* ~ предоставлять *что-л.* в *чье-л.* распоряжение
dispose *v* 1. размещать; располагать 2. убирать; удалять; избавляться 3. распоряжаться; отдавать; передавать
   to ~ **of property** распоряжаться имуществом

to ~ of troops располагать/дислоцировать войск

to ~ of waste избавляться от отходов

disposition *n* 1. расположение; размещение; расстановка 2. управление; контроль; право распоряжаться 3. *юр.* рассмотрение дела

dispossess *v* лишать собственности

dispossessed *n* бедняки, обездоленные

dispossession *n* лишение собственности

disproportion *n* диспропорция, несоразмерность; непропорциональность

~s in the economy диспропорции в экономике

to prevent economic ~s не допускать диспропорций в экономике

increase in ~s between *smth* увеличение диспропорций между *чем-л.*

disproportionate *a* непропорциональный (*чему-л.*); несоразмерный (*с чем-л.*)

disputable *a* 1. спорный 2. недоказанный, сомнительный

dispute I *n* 1. диспут, дискуссия, спор, полемика 2. спор, конфликт

~ committee комитет по разрешению споров

acrimonious/bitter ~ острая дискуссия; ожесточенный спор

border/boundary ~ пограничный конфликт

civil ~ гражданский спор

drawn-out ~ затяжной спор/конфликт

frontier ~ пограничный конфликт

heated ~ оживленная/горячая дискуссия

historic ~ over *smth* исторический спор о *чем-л.*

industrial ~ промышленный конфликт (*забастовка*)

international ~ международный спор

intractable ~ конфликт, не поддающийся урегулированию

labor ~ трудовой конфликт/спор

legal ~ правовой спор

long-running ~ давний/затяжной конфликт

long-simmering ~ давно тлеющий конфликт

long-standing ~ затяжной спор/конфликт

nuclear ~ ядерный конфликт

ongoing ~ продолжающийся спор/ конфликт

pay ~ спор, связанный с размером оплаты труда

political ~ политический конфликт

protracted ~ затянувшийся конфликт

regional ~s региональные конфликты

religious-based ~ конфликт на религиозной почве

simmering ~ тлеющий конфликт

territorial ~s территориальные споры/конфликты

trade ~ торговый конфликт

underlying ~ спор/конфликт, лежащий в основе *чего-л.*

unresolved ~ неразрешенный спор/конфликт

wage ~ спор, связанный с размером оплаты труда

to adjust ~s урегулировать/улаживать споры

to be in ~ with *smb* находиться в состоянии конфликта с *кем-л.*

to be locked in ~ about *smth* конфликтовать по поводу *чего-л.*

to bring *one's* **~ before the court of arbitration** передавать спор на рассмотрение в арбитраж

to deal with a ~ успешно урегулировать спор/ конфликт

to decide a ~ разрешать/ урегулировать спор

to defuse a ~ ослаблять конфликт

to embroil *smb* **into a ~** втягивать *кого-л.* в конфликт

to engage in dialogue over the ~ вести диалог по спорному вопросу

to fuel a smoldering ~ разжигать тлеющий конфликт

to give rise to a ~ служить толчком к возникновению конфликта

to give way in a ~ уступать в споре

to heal a ~ урегулировать конфликт

to intercede diplomatically into a ~ осуществлять дипломатическое вмешательство в конфликт

to internationalize a ~ придавать конфликту международный характер

to investigate a ~ изучать конфликт

to keep out of a ~ не ввязываться в спор/ конфликт

to maximize the ~ раздувать конфликт

to mediate a ~ быть посредником в споре/ конфликте

to negotiate an end to a ~ договариваться о прекращении конфликта

to overcome a ~ between *smb* преодолевать конфликт между *кем-л.*

to refer *one's* **~ before the court** передавать спор на рассмотрение в суд

to resolve a ~ урегулировать/разрешать конфликт

to settle a ~ in *smb's* **favor** разрешать спор в *чью-л.* пользу

to settle the ~ with *smb* **over** *smth* урегулировать спор с *кем-л.* по поводу *чего-л.*

to solve the ~ by judicial settlement разрешать спор путем судебного разбирательства

to sort out a ~ разрешать конфликт

to spread ~ to ... распространять конфликт на...

to take firm actions in the ~ предпринимать решительные шаги в ходе конфликта

to take sides in a ~ between ... принимать *чью-л.* сторону в споре между ...

to urge a quick diplomatic solution to a ~ призывать к скорейшему урегулированию конфликта дипломатическими средствами

to wield the big stick in a ~ пытаться решить спор силовыми методами

to work with *smb* **towards settling a ~** сотрудничать с *кем-л.* в деле урегулирования конфликта

adjustment of ~s урегулирование споров

comprehensive settlement of ~s комплексное урегулирование споров

conciliation of ~s примирение разногласий

judicial settlement of ~s судебное разрешение споров

lull in a border ~ затишье в пограничном конфликте

matter in ~ предмет спора

means of settlement of international ~s средства разрешения международных споров

mechanism for the settlement of ~s механизм урегулирования споров

methods of peaceful settlement of ~s методы мирного урегулирования споров

new ~ has arisen возник новый конфликт

parties to the ~ стороны, участвующие в споре

procedure in labor ~s процедура урегулирования трудовых споров

sides to the ~ стороны, участвующие в споре

solution to the ~ урегулирование спора

subject of the ~ предмет спора

the border ~ erupted into fighting пограничный конфликт перерос в вооруженное столкновение

the core of the ~ суть конфликта

the country at the heart of the ~ страна, находящаяся в центре спора/конфликта

the ~ has deepened конфликт усилился

the ~ has simmered down конфликт сошел на нет

dispute II *v* 1. дискутировать; вести дебаты 2. ставить под сомнение; оспаривать

to ~ a claim оспаривать претензию

to ~ a fact ставить под сомнение факт

to ~ a question обсуждать вопрос

disqualification *n юр.* неправоспособность

disqualify *v* лишать права баллотироваться на выборах

disquiet *n* беспокойство, тревога, волнение

Congressional ~ over *smth* беспокойство Конгресса по поводу *чего-л.*

to express *one's* **~** выражать свое беспокойство

disregard I *n* 1. невнимание 2. неуважение, пренебрежение

~ for regulations пренебрежение правилами

~ of human rights нарушение прав человека

disregard II *v* 1. не обращать внимания; игнорировать 2. не уважать; пренебрегать

disrupt *v* подрывать, нарушать, разрушать, срывать

to ~ a conference срывать конференцию

to ~ life in the town нарушать жизнь в городе

to ~ production нарушать нормальный ход производства

disruption *n* подрыв, нарушение, срыв

economic ~ спад в экономике, хозяйственная разруха

industrial ~ нарушение работы промышленности

to cause a major ~ in the city серьезно нарушать жизнь в городе

dissatisfaction *n* неудовлетворенность, недовольство

grave ~ серьезное недовольство

military ~ недовольство военных

political ~ политическое недовольство

popular ~ недовольство населения

serious ~ серьезное недовольство

to express/to voice *one's* **~ at/over/with** *smth* высказывать свое недовольство *чем-л.*; выражать свою неудовлетворенность *чем-л.*

dissatisfied *a* недовольный, неудовлетворенный

dissatisfy *v* не удовлетворять; вызывать/порождать недовольство

disseminate *v* распространять

to ~ materials распространять материалы

to ~ the views of *smb* распространять/популяризировать чьи-л. взгляды

not to ~ nuclear weapons не допускать распространения ядерного оружия

dissemination *n* распространение

~ of information распространение сведений

~ of knowledge распространение знаний

~ of nuclear weapons распространение ядерного оружия

dissension *n* разногласия

civil ~ междоусобица

ideological ~ идейные разногласия; инакомыслие

to sow ~ сеять рознь/раздор

dissent *n* 1. расхождение во мнениях/взглядах; разногласия 2. несогласие

internal ~ внутренние разногласия

mounting ~ растущие/увеличивающиеся разногласия

open ~ открытая оппозиция (*чему-л.*)

to express strong ~ выражать категорическое несогласие

to foster ~ in the country's armed forces разжигать оппозиционные настроения/недовольство в вооруженных силах страны

to limit ~ ограничивать инакомыслие

to put down/to stamp out/to stifle/to suppress ~ подавлять инакомыслие

to tolerate ~ терпеть инакомыслие

clamp-down on/suppression of ~ подавление инакомыслия

without even so much as a murmur of ~ без намека на возражения

dissent *v* расходиться во мнениях/взглядах; возражать, высказывать различные мнения/взгляды

dissenter *n* сектант; раскольник

dissentient *a* 1. несогласный 2. придерживающийся других взглядов; инакомыслящий

dissenting *a* раскольнический

dissidence *n* **1.** разногласие **2.** *собир.* несогласные **3.** инакомыслие; диссидентство
the elimination of ~ ликвидация инакомыслия
dissident *n* инакомыслящий; диссидент
~s in exile диссиденты, находящиеся в изгнании (*в ссылке*)
leading ~ ведущий диссидент
to persecute ~s преследовать инакомыслящих
to rally the ~s сплачивать инакомыслящих
dissociate *v* разъединять(ся); отделять(ся); разобщать
to ~ *oneself* **from** *smth* отмежевываться от чего-л.
dissociation *n* **1.** разъединение; отделение; разобщение **2.** отмежевание
dissolution *n* **1.** прекращение действия; расторжение (*контракта и т.п.*) **2.** роспуск; закрытие
~ of a commission роспуск комиссии
~ of a company закрытие компании
~ of a country распад страны
~ of a treaty расторжение договора
early ~ of parliament досрочный роспуск парламента
dissolve *v* прекращать действие; расторгать; разрывать; аннулировать; распускать; расформировывать
to ~ *oneself* самораспускаться (*о парламенте и т.д.*)
to ~ parliament for vacation распускать парламент на каникулы
to ~ the committee расформировывать комитет
distinction *n* **1.** различение; распознавание **2.** разница; отличие; различие
~s in kind качественные/принципиальные различия
class ~s классовые различия
national ~s национальные различия
racial ~s расовые различия
to overcome class ~s преодолевать классовые различия
distinguish *v* отличать; различать
distinguished *a* известный; выдающийся
~ guest важный/высокопоставленный/высокий гость
~ scientist выдающийся/видный ученый
distinguishing *a* отличительный; характерный
distort *v* искажать, извращать, передергивать
to ~ facts извращать/искажать факты
to ~ news искажать информацию
to ~ the true state of affairs искажать подлинное положение дел
to ~ the truth искажать истину
distortion *n* искажение; извращение
~ of truth искажение истины
deliberate ~ преднамеренное/злостное искажение
gross ~ грубое искажение
distraction *n* раздор; смута

political ~s политические распри
distress I *n* бедствие; страдание **2.** нищета **3.** утомление
acute economic ~ острый экономический спад
to express deep ~ at *smth* выражать глубокое огорчение по поводу чего-л.
distress II *v* **1.** причинять горе; огорчать **2.** истощать силы **3.** испытывать чувство глубокого сожаления; скорбить о чем-л.
to be ~ed for *smth/smb* переживать за что-л./кого-л.
distressful *a* горестный, скорбный, многострадальный
distribute *v* **1.** распределять; размещать (*промышленность, население и т.п.*) **2.** рассылать; классифицировать **3.** распределять; распространять; раздавать
to ~ foodstuffs распределять продовольствие
to ~ leaflets распространять листовки
to ~ unequally неравномерно распределять
distribution *n* **1.** распределение; размещение **2.** рассылка
~ of earnings распределение поступлений доходов
~ of industry размещение промышленности
~ of property распределение собственности
~ of relief aid распределение помощи пострадавшим
~ of wealth распределение национального богатства
age ~ распределение населения по возрастным группам
classified/confidential ~ рассылка исключительно для служебного пользования
demand ~ распределение спроса
equitable/fair ~ справедливое распределение
general ~ общая рассылка
income ~ распределение доходов
land ~ распределение земель
limited ~ ограниченная рассылка (*только для сотрудников ООН, сотрудников посольств, миссий и членов делегаций*)
occupational ~ распределение населения по профессиям
rational ~ рациональное распределение/размещение
unfair/unjust ~ несправедливое распределение
even ~ of population равномерное распределение населения; равномерная плотность населения
territorial ~ of manpower территориальное распределение рабочей силы
unequal ~ of production неравномерное распределение производства
district *n* **1.** округ; район; участок **2.** район; область; местность **3.** избирательный участок
D. of Columbia округ Колумбия (*в США*)
administrative ~ административная единица

agricultural ~ сельскохозяйственный район

brownstone ~ избирательный округ в зажиточном районе

congressional ~ избирательный участок по выборам в конгресс

consular ~ *дип.* консульский округ

electoral ~ избирательный округ

federal ~ федеральный округ

judicial ~ судебный округ

police ~ полицейский участок

rural ~ сельский район/округ

school ~ школьный округ

Senate ~ избирательный участок по выборам в Сенат

silk-stocking ~ избирательный участок в зажиточном районе

urban ~ городской округ

distrust I *n* недоверие; подозрение; сомнение

~ **between two countries** недоверие между двумя странами

~ **of a country** недоверие к стране

mutual ~ взаимное недоверие

political ~ политическое недоверие

to evoke ~ вызывать недоверие

to overcome ~ преодолевать недоверие

to sow ~ сеять/поселять недоверие

distrust II *v* не доверять; подозревать; сомневаться

disturb *v* 1. беспокоить; волновать; тревожить 2. расстраивать; приводить в беспорядок; нарушать

disturbance *n* 1. беспокойство; волнение 2. нарушение *(порядка, равновесия и т.п.)*

civil ~s волнения среди гражданского населения

communal ~s волнения на почве межобщинных противоречий

economic ~ нарушение экономического равновесия

ethnic ~s волнения на этнической почве

peasant ~s крестьянские волнения

racial ~s волнения на расовой почве

street ~s уличные беспорядки

student ~s студенческие волнения

widespread ~s повсеместно происходящие беспорядки

to avert ~s предотвращать волнения/беспорядки, предупреждать возникновение беспорядков

to break up ~s положить конец волнениям/беспорядкам

to cause/to create ~s вызывать беспорядки

to engineer ~s провоцировать беспорядки

to forestall ~s предотвращать беспорядки

to incite ~s подстрекать к беспорядкам

to make ~s производить беспорядки

to prevent ~s предотвращать волнения/беспорядки, предупреждать возникновение беспорядков

to put down/to quell/to suppress ~s подавлять беспорядки

to work up ~s подстрекать к беспорядкам

recurrence of ~s повторение беспорядков

disunion *n* 1. разобщение; разъединение 2. разногласие

disunite *v* разъединять; разобщать; вызывать раскол

disunity *n* отсутствие единства; разъединение; разобщённость

~ **among the leaders** отсутствие единства среди руководителей

feudal ~ *ист.* феодальная раздробленность

diverge *v* расходиться; отличаться

divergence *n* расхождение; отличие

~ **of views** расхождение во взглядах

to widen political ~s увеличивать расхождения в политике

divergent *a* отличающийся, отличный

~ **opinions** различные мнения

diverse *a* многообразный, разнообразный

diversification *n* 1. многообразие; разносторонность 2. *эк.* диверсификация; разностороннее развитие

~ **of export** диверсификация экспорта

~ **of foreign economic ties** диверсификация внешнеэкономических связей

~ **of international trade** диверсификация международной торговли

industrial ~ диверсификация промышленного производства

diversified *a* разносторонний; многоотраслевой; многообразный

diversify *v* 1. разнообразить 2. *эк.* диверсифицировать; разносторонне развивать 3. вкладывать/инвестировать *(капитал)* в различные предприятия

to ~ **economy** диверсифицировать экономику

to ~ **production** разнообразить продукцию

diversion *n* 1. отклонение; отвод 2. отвлечение; переключение

~ **of funds from ... to ...** переключение средств с ... на ...

~ **of material resources** отвлечение материальных ресурсов *(на другие цели)*

diversionist *n* диверсант; саботажник

diversity *n* многообразие, разнообразие

~ **of views** разнообразие мнений

divert *v* отклонять; отводить; направлять в другую сторону

to ~ **the course of the social movement** направить общественное движение в другое русло

divide I *n* разделение

Europe's cold ~ *ист.* разделение Европы во времена «холодной войны»

North-South ~ различие в развитии между промышленно развитыми странами Севера и развивающимися странами Юга

political and sectarian ~ **between** *smb* политические и религиозные противоречия между *кем-л.*

racial ~ противостояние по расовому признаку

divide II *v* **1.** делить; разделять **2.** расходиться (*во взглядах, мнениях*), обнаруживать разногласия **3.** голосовать; проводить голосование; ставить на голосование

~ and rule *перен.* разделяй и властвуй

to ~ the House проводить голосование в палате

to be ~ed over *smth* придерживаться разных взглядов на *что-л.*

dividend *n* **1.** *эк.* дивиденд; прибыль **2.** часть; доля

annual ~ годовой дивиденд

peace ~ средства, высвободившиеся в результате сокращения гонки вооружений

political ~s политические дивиденды; политический выигрыш

to pay ~s выплачивать дивиденды

division *n* **1.** деление; раздел **2.** распределение; разделение **3.** разногласия; расхождение во мнениях/взглядах **4.** голосование **5.** округ **6.** отдел **7.** *воен.* дивизия

~s go deep разногласия усугубляются

~s have re-emerged снова возникли противоречия/разногласия

~ of income распределение дохода

~ of powers распределение полномочий

~ of property распределение собственности

~ of proposals and amendments раздельное голосование предложения и поправок

~ of spheres of influence раздел сфер влияния

~ of the vote проведение раздельного голосования

~s within the cabinet разногласия среди членов правительства

administrative ~ административный округ

administrative and territorial ~ административно-территориальное деление

armored ~ бронетанковая дивизия

bitter ~s острые противоречия

Chancery D. *брит.* канцелярское отделение (*Высокого суда правосудия*)

election ~ избирательный округ

feudal ~ *ист.* феодальная раздробленность

infantry ~ стрелковая дивизия

intelligence ~ разведывательный отдел

parliamentary ~ избирательный округ по выборам в парламент

personnel ~ отдел кадров

planning ~ отдел планирования

policy ~ расхождения по вопросу о политическом курсе

political ~s политические разногласия

research-and-development ~ отдел научно-исследовательских работ и разработок

short-pants ~ *полиц. жарг.* отдел «коротких штанишек» (*отдел по делам малолетних преступников*)

tank ~ танковая дивизия

territorial ~ территориальное деление

to cause/to create ~s сеять рознь; вносить раскол; вызывать разногласия

to deepen ~s between *smb* увеличивать расхождения между *кем-л.*

to exacerbate the ~s between *smb* обострять противоречия между *кем-л.*

to exploit ~s использовать разногласия

to heal the ~s сглаживать противоречия

to paper over the ~s among *smb* сглаживать/затушевывать разногласия между *кем-л.*

to play on ~s between *smb* играть на разногласиях между *кем-л.*

to sharpen ~s обострять разногласия

to widen the ~s углублять раскол; усиливать разногласия

class ~ in society классовое деление в обществе

even ~ of votes разделение голосов поровну

international ~ of labor международное разделение труда

request for ~ просьба о раздельном голосовании

without a ~ без голосования

divisional *a* разделяющий; разделительный

divisive *a* вызывающий разногласия/рознь

divorce I *n* разрыв; разъединение

divorce II *v* разрывать; разъединять

divulge *v* разглашать; обнародовать

divulgence *n* разглашение; обнародование

Dixie *n* южные штаты США

Dixiecrat *n* *полит. жарг.* диксикрат, член Демократической партии от южных штатов

Dixieland *n см.* **Dixie**

dizzying *n* *развед. жарг.* тайная установка подслушивающих устройств с последующим приведением помещения в первоначальный вид

dock *n* *юр.* скамья подсудимых

to appear/to be placed/to be put in the ~ привлекаться к суду в качестве подсудимого

to find *oneself* **in the ~** садиться на скамью подсудимых

doctrinaire I *n* доктринер; схоласт; начетчик

doctrinaire II *a* доктринерский; схоластический; начетнический

doctrinairism *n* доктринерство

doctrine *n* доктрина; учение; теория

~ of flexible response доктрина «гибкого реагирования»

~ of massive retaliation доктрина «массированного возмездия»

antichristian ~s антихристианские учения

defensive military ~ оборонительная военная доктрина

guiding ~ руководящая доктрина

hard-line ~ жесткий политический курс

philosophical ~ философское учение

predominant/prevailing ~ господствующая доктрина

preferred position ~ доктрина преимущественного права

to adopt a ~ брать на вооружение доктрину

to articulate a ~ формулировать доктрину

to develop a ~ развивать доктрину

to discard a ~ отвергать доктрину

to elaborate a ~ разрабатывать доктрину

to follow a ~ следовать доктрине/теории

to practice a ~ применять доктрину на практике

to preach a ~ проповедовать учение

to reject/to repudiate a ~ отвергать доктрину

adherents of a ~ сторонники/приверженцы доктрины

the ~ of "no first use" доктрина «не использовать ядерное оружие первыми»

document *n* документ

~ under the cipher документ под шифром

allotment ~ смета ассигнований/расходов

appended ~s приложенные документы

archival ~s архивные документы

authentic ~ подлинный документ; документ, имеющий законную силу

basic ~ первичный/основной/основополагающий документ

binding ~ документ, обязательный для исполнения

classified ~s засекреченные/секретные документы

concluding ~ итоговый/заключительный документ

confidential ~ конфиденциальный/секретный документ

constituent ~ учредительный документ

covering ~ сопроводительный документ

final ~s итоговые документы

forged ~ фальшивый/поддельный документ, фальшивка

framework ~ рамочное соглашение

fundamental ~ первичный/основной/основополагающий документ

government ~ правительственный документ

guidance ~ руководящий документ

hefty ~ важный/существенный документ

identification/identity ~ документ, удостоверяющий личность

internal ~ документ для служебного пользования

legal ~ правовой документ

nonclassified ~s незасекреченные/несекретные документы

official ~ официальный документ

payment ~s платежные документы

policy(-making) ~ программный документ; основополагающий документ

political ~ политический документ

program ~ программный документ

project ~s проектная документация

provisional ~ предварительный документ

secret ~s засекреченные/секретные документы

service ~ служебный документ

shipping ~s грузовая/погрузочная документация

technical ~s техническая документация

top-secret ~ совершенно секретный документ

travel ~ проездной документ

vessel ~s судовая документация

working ~ рабочий документ

to adopt a joint ~ принимать совместный документ

to agree a ~ согласовывать текст документа

to circulate ~s распространять/рассылать документы

to consider a ~ изучать/рассматривать документ

to declassify a ~ рассекречивать документ

to destroy a ~ уничтожать документ

to distribute ~s распространять/рассылать документы

to draft a ~ составлять/подготавливать/разрабатывать документ

to draw up a ~ составлять/подготавливать/разрабатывать документ

to duplicate ~s размножать документы

to finalize a ~ завершать работу над текстом документа

to honor a ~ соблюдать обязательства, зафиксированные в документе

to inspect a ~ изучать/рассматривать документ

to leak the details of a ~ разглашать подробности документа

to number a ~ нумеровать документ; проставлять номер на документе

to prepare a ~ составлять/подготавливать/разрабатывать документ

to process ~s 1) обрабатывать документы **2)** размножать документы

to put *one's* **name on a ~** подписывать документ

to ratify a ~ ратифицировать документ

to scrutinize a ~ изучать/рассматривать документ

to set the seal on a ~ скреплять документ печатью

to shred a ~ уничтожать документ

to study a ~ изучать/рассматривать документ

to submit a ~ for approval представлять документ на одобрение

to work up the wording of a ~ редактировать документ

certified copy of a ~ засвидетельствованная копия документа

collection of ~s сборник документов

reference number of a ~ номер/индекс документа

document II *v* документировать; документально обосновывать/подтверждать

documentary *a* документальный

documentation *n* документация

additional ~ дополнительная документация

comprehensive ~ обширная документация

essential ~ основная документация

project ~ проектная документация

technical ~ техническая документация

voluminous ~ обширная документация

to furnish ~ предоставлять документацию

under false ~ по поддельным документам

dodger *n* лицо, уклоняющееся от *чего-л.*; уклонист

draft ~ лицо, уклоняющееся от призыва в армию

income-tax ~ лицо, уклоняющееся от уплаты подоходного налога

dog *n* :

~s **of war** бедствия/ужасы войны

sniffer ~ собака-ищейка *(используемая для поиска наркотиков)*

to let loose the ~s **of war** развязывать войну

dog-eat-dog *attr* жестокий *(о конкуренции)*

dogma *n* **1.** догма **2.** *церк.* догмат

church ~s догматы церкви

obsolete ~ устаревшая догма

rigid ~s застывшие догмы

to abandon old ~s отказываться от старых догм

dogmatic *a* догматический

~ **thought** догматическое мышление

dogmatics *n* догматика

dogmatism *n* догматизм

dogmatist *n* догматик

dole I *n* пособие по безработице

to be on the ~ получать пособие по безработице

to go on the ~ переходить на пособие по безработице

dole II *v* оказывать благотворительную помощь; расходовать средства на благотворительные цели

to ~ **(out) foreign aid** оказывать помощь другим странам

dollar *n* доллар

~ **continues its upward surge** курс доллара продолжает расти

~ **dropped sharply** курс доллара резко упал

~ **eased/weakened against the euro** курс доллара по отношению к евро понизился

~ **edged slightly forward** курс доллара немного поднялся

~ **edges lower** курс доллара падает

~ **falls versus the euro** курс доллара падает по отношению к евро

~ **firmed** курс доллара стабилизировался

~ **fluctuated widely** курс доллара подвергся значительным колебаниям

~ **goes to new lows** курс доллара понижается

~ **has been very quiet** курс доллара был стабильным

~ **has gained ground against the yen** курс доллара по отношению к йене повысился

~ **is down against the euro** курс доллара понизился по отношению к евро

~ **is in the doldrums** курс доллара остается низким

~ **is up against the euro** курс доллара повысился по отношению к евро

~ **lost steam** рост курса доллара прекратился

~ **opened at ...** при открытии валютной биржи курс доллара составлял...

~ **resumed a more gentle uptrend** курс доллара снова начал постепенно подниматься

~ **shoots up** курс доллара резко поднимается

~ **sinks further** падение курса доллара продолжается

~ **soars** курс доллара резко поднимается

~ **steadied** курс доллара стабилизировался

~ **surges** курс доллара резко поднимается

to bolster the ~ поддерживать курс доллара

to exchange euro for ~s обменивать евро на доллары

to give an uplift to the ~ повышать курс доллара

to peg the ~ устанавливать фиксированный курс доллара

to prop up the falling ~ поддерживать курс доллара

to put pressure on the ~ оказывать давление на доллар

to send the ~ **tumbling** приводить к резкому падению курса доллара

to stabilize the ~ стабилизировать курс доллара

to stop the ~ **slipping further** приостанавливать дальнейшее падение курса доллара

to underpin the ~ поддерживать курс доллара

to weaken the ~ понижать курс доллара

against the US ~ по отношению к доллару США

collapse of the ~ резкое падение курса доллара

declining value of the ~ падающий курс доллара

depreciation of the ~ обесценивание доллара

fall of the ~ падение курса доллара

in terms of ~s в пересчете на доллары

peg to the ~ привязка *(валюты)* к доллару

plunge in the value of the ~ резкое падение курса доллара

slide of the ~ падение курса доллара

dollar-a-year *attr* получающий чисто символическую зарплату

dollarization *n* долларизация

~ **of the economy** долларизация экономики

domain *n* **1.** владения; территория **2.** область; сфера; поле деятельности

air ~ воздушное пространство

land ~ земельные владения

in the ~ **of science** в сфере науки

domestic *a* **1.** внутренний **2.** местный, отечественный

~ **goods** товары отечественного производства

~ **industry** отечественная промышленность

prominent ~ **story** важная новость о событиях внутри страны

domestically *adv* внутри страны

domestics *n pl* товары отечественного производства

dominance *n* господство; преобладание; доминирование
economic ~ экономическое господство
financial ~ финансовое засилье
political ~ **by** *smb* чье-л. политическое господство
to come out from underneath the ~ **of a country** выходить из-под господства *какой-л.* страны
to establish *one's* ~ **over a country** устанавливать господство над страной
to reassert *one's* ~ восстанавливать свое господство
dominant *a* **1.** господствующий; доминирующий; правящий **2.** основной; преобладающий
dominate *v* господствовать; доминировать; иметь преобладающее влияние
to ~ **a country** господствовать в стране
to ~ **(over) people** властвовать над людьми
to ~ **the European markets** доминировать на рынках Европы
dominating *a* господствующий; доминирующий
domination *n* господство; владычество
~ **in the world market** господство на мировом рынке
colonial ~ колониальное господство
economic ~ экономическое господство
global ~ мировое господство
political ~ политическое господство
racial ~ расовое господство
white ~ господство белых
world ~ мировое господство
to achieve ~ **over** *smb* добиваться господства над *кем-л.*
to cast off *smb's* ~ избавляться от *чьего-л.* владычества
to fight against monopoly ~ бороться с господством монополий
to gain ~ **over** *smb* добиваться господства над *кем-л.*
to lose *one's* **political** ~ утрачивать политическое господство
to maintain/to preserve/to retain *one's* ~ сохранять господство
to strengthen *smb's* ~ укреплять чье-л. господство
to throw down the foreign ~ сбрасывать/ свергать иностранное владычество
bid for ~ попытка занять господствующее положение
country's ~ **of a country** господство одной страны над другой
dominative *a* господствующий; правящий
dominion *n* **1.** доминион **2.** власть, владычество **3.** владения
the Old D. «старый доминион» *(неофициальное название штата Виргиния)*
to exercise ~ **over** *smb/smth* иметь власть над *кем-л./чем-л.*
don *n* главарь мафии, «крестный отец»

drug ~ воротила наркобизнеса
donate *v* дарить; передавать в дар; жертвовать; делать пожертвование
to ~ **a considerable sum of money** жертвовать значительную сумму денег
to ~ **to the fund of starving children** жертвовать в фонд помощи голодающим детям
donation *n* **1.** передача в дар **2.** пожертвование; дар; безвозмездная помощь
charitable ~s пожертвования на благотворительные цели
election campaign ~ пожертвование на ведение избирательной компании
official ~s государственные/официальные субсидии
political ~ пожертвование в пользу *какой-л.* политической партии
private ~s пожертвования частных лиц
to make a ~ производить пожертвование
to receive political ~s **from** *smb* получать от *кого-л.* пожертвования на политические цели
to rely on ~s полагаться на пожертвования
large ~s **to charity** крупные пожертвования на благотворительные цели
donkey *n* осел *(символ Демократической партии США)*
donor *n* **1.** даритель; жертвователь **2.** источник финансирования; страна *или* организация, предоставляющая помощь
aid ~ страна *или* организация, предоставляющая/оказывающая помощь
private ~ частный источник финансирования
donor-country *n* страна, предоставляющая/ оказывающая помощь; страна-донор
door *n* **1.** дверь **2.** вход; ход
revolving ~ *юр. жарг.* система наказаний, не связанных с лишением свободы
to be next ~ **to bankruptcy** быть накануне банкротства/ разорения
to close the ~ **to** *smth* закрывать/отрезать путь к *чему-л.*
to go through the back ~ *полит. жарг.* действовать с черного хода
to introduce *smth* **by the back** ~ *полит. жарг.* протаскивать *что-л.* через черный ход
to lay *smth* **at** *smb's* ~ обвинять *кого-л.* в *чем-л.*
to meet behind closed ~s проводить закрытое заседание
to open the ~ **to** *smth* открывать путь к *чему-л.*
doorbell-ringing *n* хождение по домам с целью агитации за кандидата
dope *n* **1.** *разг.* наркотик **2.** *жарг.* секретная информация, секретные сведения **3.** *жарг.* ложная информация, дезинформация
to hand out the ~ делиться секретной информацией
to peddle ~ распускать слухи
to spill the ~ допускать утечку секретной информации

dope-fiend *n* наркоман

dope-story *n* **1.** обзор политических событий (*в газете*) **2.** информация из надежных источников (*ссылка на которые отсутствует*)

doping *n* допинг; стимулирование

dossier *n* досье
  police ~ полицейское досье
  to build up a ~ заводить досье

dotation *n* **1.** дотация **2.** пожертвование; вклад

double-cross *v* обманывать, проявлять вероломство

double-dealing *n* двурушничество

double-speak, double-talk *n* уклончивые речи

doubt I *n* сомнение; нерешительность; колебание
  to raise ~s вызывать сомнения
  to share *smb's* **~s** разделять *чьи-л.* сомнения
  to throw ~s upon *smth* подвергать *что-л.* сомнению
  to voice ~s about *smth* выражать/высказывать сомнения по поводу *чего-л.*

doubt II *v* сомневаться (*в чем-л.*); подвергать сомнению (*что-л.*)

dove *n полит. жарг.* «голубь» (*сторонник миролюбивой внешней политики и политического урегулирования международных конфликтов*)

dovish *a* миролюбивый

down I *n* спад

down II *v* падать; снижаться (*о ценах и т.п.*)
  ~ with! долой!
  to ~ with *smb* кончать с *кем-л.*; разделываться с *кем-л.*

down-and-out *n* **1.** разоренный; обездоленный **2.** бомж

downfall *n* падение; крах; крушение; гибель; разорение
  ~ of a fortress падение крепости
  political ~ потеря политического поста
  steady ~ устойчивое/неуклонное падение
  to bring about *smb's* **~** добиваться *чьего-л.* отстранения от власти
  to bring the ~ of a regime приводить к падению режима

downgrade *v* **1.** переводить на менее квалифицированную работу; понижать в должности **2.** переводить (*документ*) в более низкую категорию секретности **3.** принижать; преуменьшать
  to ~ relations понижать уровень отношений
  to ~ *smb* принижать *чье-л.* значение

downswing *n эк.* резкое снижение/падение; спад производства

downtrodden *a* **1.** попранный **2.** угнетенный

downturn *n* спад деловой активности; спад/падение конъюнктуры
  economic ~ экономический спад; спад в экономике
  to cause an economic ~ вызывать экономический спад

Draconian *a* драконовский; суровый; безжалостный
  ~ laws драконовские законы/меры

draft I *n* **1.** проект (*решения, постановления и т.п.*); черновик (*документа и т.п.*) **2.** *воен.* призыв; набор; воинская повинность
  compulsory ~ обязательная воинская повинность
  first ~ первый/предварительный проект
  original ~ первоначальный проект
  peacetime ~ призыв в армию в мирное время
  pilot ~ пилотный проект
  preliminary ~ предварительный проект
  revised ~ пересмотренный проект
  universal ~ всеобщая воинская повинность
  to accept/to adopt a ~ resolution принимать/одобрять проект резолюции
  to alter a ~ resolution вносить изменения в проект резолюции
  to amend a ~ treaty вносить поправку в проект договора
  to approve a ~ resolution одобрять проект резолюции
  to be excused from a ~ быть освобожденным от призыва на военную службу
  to dodge the ~ уклоняться от призыва на военную службу
  to draw up a ~ contract составлять проект контракта
  to elude the ~ уклоняться от призыва на военную службу
  to endorse a ~ resolution одобрять проект резолюции
  to introduce the ~ preamble to a treaty вносить на рассмотрение проект преамбулы договора
  to make a ~ contract составлять проект контракта
  to pass a ~ resolution принимать/одобрять проект резолюции
  to prepare a ~ готовить проект
  to put forward a ~ resolution вносить проект резолюции
  to revise a ~ пересматривать проект
  to sponsor a ~ bill быть автором законопроекта
  to submit a ~ treaty вносить на рассмотрение проект договора

draft II *v* **1.** составлять; разрабатывать проект (*резолюции и т.п.*) **2.** призывать в армию
  to ~ a document составлять документ
  to ~ *smb* **into the army** призывать *кого-л.* в армию

draft-age *attr* призывного возраста

draft-card *n воен.* (призывная) повестка
  ~ burner лицо, сжигающее призывную повестку
  to round up ~s производить облаву на уклоняющихся от призыва в армию

draftee *n* призывник

drafter *n* составитель *(документа);* автор проекта

drafting *n* **1.** разработка/составление проекта *(решения, закона и т.п.)* **2.** редакция; формулировка

~ of a report подготовка/составление доклада

balanced ~ взвешенная формулировка

draftsman *n* составитель *(документа);* автор проекта *(резолюции, закона и т.п.)*

draftsmanship *n* **1.** искусство составления *(документа)* **2.** редактирование *(документа)*

piece of good ~ отлично составленный документ

drag *v* тянуть

to ~ a country into war втягивать страну в войну

to ~ on a wretched existence влачить жалкое существование

dragnet *n* облава

to arrest *smb* **in a ~** арестовывать *кого-л.* в ходе облавы

to set off the nationwide ~ приводить в действие систему массовых проверок в масштабе всей страны *(при угрозе террористического акта)*

drain I *n* утечка *(рабочей силы и т.п.)*; истощение *(ресурсов и т.п.)*

brain ~ «утечка мозгов»

dollar ~ утечка долларов

manpower ~ утечка рабочей силы

drain II *v* оттягивать *(рабочую силу и т.п.)*; выкачивать; истощать *(ресурсы и т.п.)*

dramatic *a* **1.** яркий; волнующий **2.** драматический

~ events драматические события

~ decision важное решение

dramatize *v* **1.** драматизировать; преувеличивать; сгущать краски **2.** усложнять; усугублять

to ~ the situation усложнять обстановку

drastic *a* коренной; радикальный; решительный; энергичный

~ measures решительные/энергичные меры

drastically *adv* решительно; энергично; радикально; коренным образом

draw I *n* **1.** равное разделение голосов *(на выборах)* **2.** провокационное замечание

draw II (drew, drawn) *v* **1.** брать; снимать *(деньги со счета)* **2.** извлекать *(доход)* **3.** привлекать; собирать **4.** добывать, получать *(сведения, информацию)*

to ~ an audience собирать аудиторию

to ~ in 1) втягивать; вовлекать 2) сокращать

to ~ in *one's* **expenditure** сокращать расходы

to ~ up разрабатывать; составлять; готовить *(документ, проект и т.п.)*

to ~ up a plan составлять план

to ~ up legislation разрабатывать законодательные акты

to refuse to be ~n on *smth* отказываться сообщить подробности *чего-л.*

drawback *n* **1.** недостаток **2.** препятствие

drift I *n* **1.** пассивность; бездействие **2.** направление развития; тенденция **3.** сдвиг; смещение

~ to the right *полит.* сползание вправо

economic ~ экономическая тенденция

policy of ~ политика бездействия

drift II *v* **1.** плыть по течению; полагаться на волю случая; бездействовать **2.** сдвигаться; смещаться

to ~ leftwards *полит.* леветь *(о партии и т.п.)*

drink I *n брит. полиц. жарг.* плата за доносительство/осведомление/стукачество

drink II *v брит. полиц. жарг.* являться платным осведомителем/стукачем; «стучать»

drive I *n* **1.** общественная борьба, кампания **2.** *воен.* наступление

~ for maximum profits погоня за максимальной прибылью

~ for peace борьба за мир

~ for signatories кампания по сбору подписей

abortive ~ неудачная кампания

anti-corruption ~ борьба с коррупцией

anti-terrorist ~ кампания по борьбе с терроризмом

armaments/arms ~ гонка вооружений

austerity ~ кампания за строгую экономию

diplomatic ~ дипломатические усилия

economy ~ кампания за экономию *(чего-л.)*

efficiency ~ кампания за повышение производительности труда

fund-raising ~ кампания по сбору средств

illiteracy ~ кампания по борьбе с неграмотностью

membership ~ кампания по привлечению новых членов

nationwide ~ общенародное движение

to launch a major military ~ начинать крупное наступление

to launch a new anti-inflation ~ начинать новую кампанию против инфляции

to put on a ~ начинать кампанию

drive II *v* гнать; преследовать

to ~ *smb* **across/back the border** выбивать *кого-л.* за пределы своей территории

drop *n* **1.** падение; понижение; спад **2.** разбрасывание **3.** «почтовый ящик» *(потайное место для передачи разведывательной информации)*

leaflet ~ разбрасывание листовок по почтовым ящикам населения

steep ~ резкое падение *(цен)*

sharp ~ in industrial output резкий спад промышленного производства

drop-by *n полит. жарг.* краткий приезд кандидата в ходе предвыборной поездки для встречи избирателями

drop-out *n* отщепенец

social ~s деклассированные элементы

drug *n* наркотик, наркотическое средство

narcotic ~s наркотики, наркотические средства

to make a ~s haul конфисковывать крупную партию наркотиков

to seize ~s with a street value of $ … конфисковать наркотики, стоимость которых на черном рынке составляет … долларов

to smuggle ~s into a country ввозить наркотики в страну контрабандным путем

to stamp out the use of ~s искоренять проблему наркомании

to traffic ~s into a country ввозить наркотики в страну контрабандным путем

to use ~s употреблять наркотики

consignment of illegal ~s контрабандная партия наркотиков

illicit traffic in ~s незаконная перевозка и торговля наркотиками

war on ~s борьба с наркобизнесом

druggy, drugster *n жарг.* наркоман; человек, употребляющий наркотики

drum *n* барабан

to beat the ~ for *smth* стараться привлечь внимание общественности к *чему-л.*

the ~s of war are beginning to throb начинаются призывы к войне

dual *a* двойственный

~ power двоевластие, диархия

dualism *n фил.* дуализм

dualist *n* дуалист

dualistic *a филос.* дуалистический

duck *n:*

lame ~ *полит. жарг.* политический деятель, еще занимающий пост, но не переизбранный на следующий срок

dues *n pl* сборы; налоги; пошлины; плата за услуги

harbor ~ портовые сборы

membership ~ членские взносы

unpaid ~ задолженность по взносам

to collect ~ собирать взносы

to pay *one's* **~** платить сборы/пошлины; уплачивать взносы

duma *n русск.* дума

municipal ~ городская дума

State ~ Государственная дума

dummy *n* **1.** марионетка **2.** «пешка»; подставное лицо

dump I *n* **1.** свалка **2.** *воен.* полевой склад

ammunition ~ полевой склад; склад боеприпасов

arms ~ склад оружия

nuclear ~ место захоронения радиоактивных отходов

toxic waste ~ свалка высокотоксичных отходов

dump II *v* **1.** наводнять рынок дешевыми товарами; демпинговать **2.** забаллотировать кандидата на выборах

to ~ *smth* **on the market** наводнять рынок *какими-л.* дешевыми товарами

dumping I *n* **1.** сброс/захоронение радиоактивных отходов **2.** демпинг

currency/exchange ~ валютный демпинг

ocean ~ of nuclear waste сбрасывание радиоактивных отходов в океан

dumping II *a* демпинговый

duplicate I *n* копия, имеющая силу оригинала; дубликат (*документа*)

duplicate II *v* дублировать

to ~ the work 1) дублировать работу **2)** размножать документы

duplication *n* **1.** дублирование (*работы и т.п.*) **2.** размножение (*документов и т.п.*)

durables *n pl* товары длительного пользования

duration *n* продолжительность; длительность

~ of life продолжительность жизни

~ of visit продолжительность визита

dustbin *n* свалка; место сбора отходов

to consign *smb* **to the political ~** отправлять *кого-л.* на свалку истории

dutiable *a* подлежащий обложению/облагаемый (таможенной) пошлиной

~ articles товары, облагаемые пошлиной

dut/y *n* **1.** функция; обязанность; долг **2.** пошлина; сбор; налог

~ of a soldier воинский долг

active ~ действительная служба

administrative ~ административные функции/обязанности

allied ~ союзнический долг

civic ~ гражданский долг

customs ~ таможенная пошлина

diplomatic ~ дипломатическая обязанность

direct ~ies прямые/непосредственные обязанности

discriminatory customs ~ies дискриминационные таможенные пошлины

excise ~ акцизный сбор, акциз

export ~ экспортная пошлина

honorable ~ почетная обязанность; почетный долг

import ~ ввозная пошлина

international ~ интернациональный долг

official ~ies служебные обязанности

patriotic ~ патриотический долг

primary ~ первостепенная/главная обязанность

professional ~ профессиональный долг

prohibitive ~ запретительная пошлина

protective ~ покровительственная/протекционистская пошлина

sacred ~ священная обязанность; священный долг

specified ~ies точно определенные/подробно обозначенные обязанности

supervisory ~ies обязанности контрольного органа

to assume *one's* **~ies** приступать к исполнению своих служебных обязанностей; вступать в должность

to be assigned for ~ получать назначение

to be on guard ~ находиться/стоять на посту (*о военнослужащем*)

to be relieved of *one's* ~ies быть освобожденным от занимаемой должности

to bring to light gross neglect of ~ выявлять серьезные упущения в работе

to carry out *one's* ~ies выполнять свои функции/обязанности

to collect a ~ взимать пошлину

to define *smb's* ~ies устанавливать круг чьих-л. обязанностей

to discharge *one's* **civic** ~ исполнять гражданский долг

to eliminate ~ies отменять/ликвидировать пошлину

to enter upon *one's* ~ies приступать к исполнению своих служебных обязанностей; вступать в должность

to exercise *one's* ~ies выполнять свои функции/обязанности

to impose heavy ~ies **on** *smth* облагать что-л. высокой пошлиной

to lay ~ies **on** *smth* облагать что-л. пошлиной

to lay bare gross neglect of ~ выявлять серьезные упущения в работе

to lay down the ~ies **of office** отказываться от должности

to levy ~ies **on** *smth* облагать что-л. пошлиной

to neglect *one's* ~ies пренебрегать своими обязанностями

to pay ~ платить пошлину

to perform *one's* ~ies выполнять свои функции/обязанности

to reduce ~ies уменьшать пошлины

to release *smb* **from his/ her** ~ies освобождать кого-л. от занимаемой должности; снимать кого-л. с работы

to report for ~ являться к месту службы

to serve on jury ~ входить в состав заседателей

to suspend *smb* **from his/ her** ~ies временно отстранять кого-л. от работы

to take over the ~ies принимать на себя функции/обязанности

to take up *one's* ~ies приступать к исполнению своих служебных обязанностей; вступать в должность

to turn over *one's* ~ies **to** *smb* сдавать дела кому-л.

dereliction of ~ нарушение долга

description of ~ies описание служебных обязанностей

discharge of ~ies выполнение (служебных) обязанностей

distribution of ~ies распределение обязанностей

exemption from ~ies освобождение от уплаты пошлин

free of ~ 1) беспошлинный 2) беспошлинно

incompatibility of ~ies несовместимость должностей

liable to ~ подлежащий обложению/облагаемый таможенной пошлиной

neglect of ~ невыполнение своих обязанностей

off ~ вне службы; в свободное от работы время

on ~ при исполнении (служебных) обязанностей

performance of ~ies выполнение (служебных) обязанностей

rate of ~ размер пошлины

reduction of ~ies уменьшение (таможенных) пошлин

removal of ~ies отмена пошлин

wide range of ~ies широкий круг обязанностей

duty-free *a* не подлежащий обложению (таможенной) пошлиной, беспошлинный

~ **entry** беспошлинное проникновение товаров (*на рынок сбыта*), беспошлинный ввоз товара

~ **shop** магазин беспошлинной торговли

duty-paid *a* оплаченный пошлиной

dwell (dwelt) *v* 1. жить, обитать 2. подробно останавливаться (*на чем-л.*) 3. размышлять, рассуждать

to ~ **on/upon** *smth* подробно останавливаться на чем-л.

dweller *n* житель

city ~ горожанин, городской житель

country/rural ~ сельский житель

town ~ горожанин, городской житель

dwelling *n* дом; жилище; жилье

comfortable ~s благоустроенное жилище

inadequate ~ жилье, не соответствующее стандартам

modern ~ современное жилье

dynamics *n* динамика; движение; развитие

~ **of social development** динамика общественного развития

dynast *n* основатель *или* представитель династии

dynasty *n* династия

reigning ~ царствующая династия

ruling ~ правящая династия

E

ear *n*

to turn a deaf ~ **to** *smth* не прислушиваться/ оставаться глухим к чему-л.

earl *n* граф (*титул в Великобритании*)

earldom *n* 1. графство 2. титул графа

earmark *v* 1. ассигновать 2. клеймить

earn *v* зарабатывать

earner *n* 1. источник дохода 2. человек, зарабатывающий деньги

dollar ~ источник получения долларов

wage ~ работник, получающий заработную плату

earnings *n pl* доход(ы); прибыль; заработок

~ from commodities доходы от продажи сырья

average ~ средний заработок

exchange ~ поступления иностранной валюты

export ~ экспортные поступления, доходы от экспорта

extra ~ дополнительный заработок

foreign ~ доходы от внешней торговли

foreign currency/foreign exchange ~ поступления иностранной валюты

invisible ~ поступления от невидимых статей экспорта

monopoly ~ монопольные доходы; монопольная прибыль

net reinvested ~ чистые реинвестированные доходы

subsidiary ~ дополнительные доходы/заработки

weekly ~ недельный заработок

transfer of export ~ **to foreign banks** перевод поступлений от экспорта в иностранные банки

earthquake *n* землетрясение

magnitude-9.0 ~ землетрясение силой 9 баллов

political ~ политическое потрясение

social ~ социальный катаклизм

to hide explosion in an ~ *воен.* маскировать взрыв под землетрясение

East, the *n* Восток, восточные страны

Far E. Дальний Восток

Middle/Near E. Ближний Восток

eastern *a* восточный

eavesdropping *n* подслушивание; прослушивание

electronic ~ слежка с помощью электронных систем

radio ~ радиоперехват

ecclesiastical *a* церковный

echelon *n* круги, эшелоны (*власти*)

higher ~ руководящие круги

military ~ военное руководство

political ~ политическое руководство

top military ~ высшее военное руководство

top monopolist ~ монополистическая верхушка

upper ~ высшее руководство

ecodevelopment экологическое развитие

ecologic(al) *a* экологический

ecology *n* экология

spiritual ~ духовная экология

economic *a* экономический

economic (al) *a* экономный; бережливый

economics *n* 1. экономика (*учебная и научная дисциплина*); экономическая теория; экономическая наука 2. *ист.* политическая экономия, политэкономия

applied ~ прикладная экономика

development ~ экономика развивающихся стран

free market ~ экономика свободного рынка

international ~ мировая экономика

labor ~ экономика труда

mainstream ~ *эк. жарг.* рыночная экономика; экономика, опирающаяся исключительно на использование экономических факторов

managerial ~ экономические методы управления

market ~ рыночная экономика

monetary ~ монетаризм

planned ~ плановая экономика

rural ~ экономика сельского хозяйства

social ~ социальная экономическая теория

statistical ~ экономическая статистика

urban ~ экономика городов

welfare ~ экономика благосостояния

world ~ мировая экономика

to expand ~ развивать экономику

economism *n* экономизм (*1. борьба за экономические, а не политические интересы 2. стимулирование роста производительности труда с помощью премий и других экономических стимулов*)

economist *n* экономист

administration ~ экономист государственного учреждения

defense ~ специалист по военной экономике

farm ~ специалист по экономике сельского хозяйства

economization *n* экономичность

economize *v (on smth)* экономить (*на чем-л.*)

econom/y *n* 1. экономика; хозяйство 2. экономия; бережливость

~ catches its breath экономика приходит в себя

~ goes deeper into crisis экономический кризис углубляется

~ goes into a decline экономика слабеет

~ is buoyant экономика успешно развивается

~ is close to collapse экономика на грани краха

~ is coming out of recession спад в экономике заканчивается

~ is crumbling экономика рушится

~ is diving into a recession в экономике начинается спад

~ is headed upward экономика находится на подъеме

~ is in a dreadful state экономика находится в ужасном состоянии

~ is in a state of collapse экономика в состоянии развала

~ is in bad condition экономика находится в плохом состоянии

~ is in recession в экономике происходит спад

econom/y

~ **constricts** экономика переживает спад

~ **expands** экономика развивается

~ **is facing a slump** экономике угрожает спад

~ **is faltering** экономика испытывает затруднения

~ **is in the doldrums** в экономике застой/спад

~ **is not out of the woods yet** экономическая трудности еще не преодолены

~ **is rolling downhill** экономика катится под гору

~ **is sagging** темп развития экономики падает

~ **is seriously unbalanced** экономика серьезно разбалансирована

~ **is shrinking** происходит сокращение экономики

~ **recovers** экономика восстанавливается

~ **will undergo drastic surgical measures** экономика подвергнется радикальной перестройке

~**ies of industrialized countries are booming** экономика промышленно развитых стран процветает

~ **of disarmament** экономика разоружения

~ **of fuel** экономия топлива

~ **of one-sided development** однобокий характер экономики

~**ies of scale** экономия, обусловленная ростом масштаба производства, эффект масштаба

~ **of scarcity** дефицитная экономика

~ **undergoing charges** изменяющаяся экономика

~ **with a high rate of growth in per capita output** экономика с высоким темпом роста производства на душу населения

~**ies on labor** экономия на труде

~**ies on social services** экономия на социальном обеспечении

advanced ~ развитая экономика

agricultural ~ сельскохозяйственная экономика

ailing ~ больная экономика

all-embracing ~ всеобъемлющая экономика

barter ~ экономика, основанная на бартере/товарообмене

beleaguered ~ экономика в тяжелом состоянии

black ~ теневая экономика

buoyant ~ процветающая/развивающаяся экономика

business ~ предпринимательская экономика

capitalist ~ капиталистическая экономика

centralized ~ централизованная экономика

centrally planned ~ 1) централизованно планируемая экономика 2) страна с централизованным плановым хозяйством 3) социалистическая страна

closed ~ изолированная экономика

cohesive ~ гармонично развитая экономика

collapsing ~ экономика, терпящая крах

colonialist ~ колониальная экономика

command ~ административно-командная экономика

competitive ~ конкурирующая экономика

complementary ~**ies** дополняющие друг друга экономики

consumer ~ экономика потребления

controlled ~ административно-командная экономика

crippled ~ подорванная экономика

crisis-free ~ бескризисная экономика

debt-ridden ~ экономика, обремененная долгами

defense ~ экономика военного времени

developed ~ развитая экономика

developed national ~ развитая национальная экономика

developing ~ развивающаяся экономика

disrupted ~ разрушенная экономика

domestic ~ отечественная экономика

emerging ~ развивающаяся экономика

engineering ~ инженерная экономика

exchange ~ экономика, основанная на бартере/товарообмене

expanding ~ развивающаяся экономика

fast developing ~ быстро развивающаяся экономика

flagging ~ слабеющая экономика

fragile/frail ~ хрупкая экономика

free ~ свободная экономика

free enterprise ~ экономика свободного/частного предпринимательства

freewheeling ~ рыночная экономика

full employment ~ экономика полной занятости

ghost ~ теневая экономика

gilt-edged ~ надежная экономика

global ~ глобальная экономика

gray ~ *эк. жарг.* «серая экономика»

green ~ экологически ориентированная экономика

healthy ~ здоровая/процветающая экономика

high employment ~ экономика высокой занятости

home ~ внутренняя экономика

humane ~ гуманная экономика

industrial ~ индустриальная экономика

laissez-faire ~ экономика свободной конкуренции

lop-sided ~ однобокий характер экономики

low pressure ~ экономика низкой конъюнктуры; «вялая» экономика

major ~ экономика крупной промышленно-развитой страны

market(-oriented) ~ рыночная экономика

mature ~ *эк. жарг.* «зрелая экономика» *(экономика накануне спада)*

militarized ~ военизированная экономика

military ~ экономика военного времени

mixed ~ экономика смешанного типа *(государственно-частная)*
monetary ~ монетарная экономика
moribund ~ неэффективная экономика
multibranch ~ многоотраслевая экономика
multisectoral [multistructrural] ~ многоукладная экономика
national ~ национальная экономика, экономика страны
overheated ~ экономика с тенденцией к неконтролируемой инфляции
peace-time ~ экономика мирного времени
peasant ~ крестьянское хозяйство
plan-based ~ плановая экономика
planless ~ бесплановое хозяйство
plan-market ~ планово-рыночная экономика
planned ~ плановая экономика
pluralistic ~ плюралистическая экономика
political ~ *ист.* политическая экономия, политэкономия
powerful ~ мощная экономика
private ~ частный сектор экономики
private enterprise ~ частнопредпринимательская экономика
protected ~ экономика, защищенная от воздействия внешних факторов
ravaged ~ разрушенная экономика
robber ~ *эк. жарг.* хищническая экономика
robust ~ здоровая экономика
run-down ~ истощенная экономика
rural ~ экономика сельского хозяйства
sagging ~ экономика, находящаяся на спаде
sane ~ *эк. жарг.* здравая экономика
self-sustained ~ устойчивая самостоятельная экономика
shadow ~ теневая экономика
shaky ~ слабая экономика
shattered ~ разрушенная экономика
sick ~ застойная экономика
siege ~ экономика осажденной страны
simple commodity ~ простое товарное хозяйство
sluggish ~ застойная экономика
socialist ~ социалистическая экономика; социалистическое хозяйство
socialized ~ общественное хозяйство
sound ~ здоровая экономика
Soviet-style ~ *ист.* экономика советского типа
spaceman ~ *эк. жарг.* экономика, основанная на замкнутом цикле с вторичным использованием всех возможных ресурсов
spontaneous ~ «спонтанная экономика» *(экономика свободного выбора рыночной деятельности)*
stagnant ~ застойная экономика
state-monopoly ~ государственно-монополистическая экономика
state-run ~ государственный сектор экономики
stationary ~ устойчивая экономика

steady-state ~ стабильная экономика
strict ~ строгая экономика
strong ~ сильная экономика
subsistence ~ натуральное хозяйство
swiss-cheese ~ экономика с множеством недостатков
tottering ~ разваливающаяся экономика
troubled ~ нарушенная экономика
two interlined ~ies тесные связи между экономикой двух стран
unbalanced ~ диспропорциональная экономика
under-the-table ~ подпольная экономика
unstable ~ неустойчивая экономика
viable ~ жизнеспособная экономика
war ~ экономика военного времени
war-ravaged ~ разрушенное войной хозяйство
war-time ~ экономика военного времени
world ~ мировая экономика
to afflict the world's ~ отрицательно влиять на мировую экономику
to animate the ~ оживлять экономику
to apply the brakes to the ~ тормозить развитие экономики
to boost the ~ ускорять развитие экономики
to bring in a market ~ вводить экономику рыночного типа
to bring the ~ **under control** ставить экономику под контроль
to bring the country into the global ~ делать страну частью мировой экономической системы
to build up national ~ строить/создавать национальную экономику
to convert the country's ailing ~ **into** *smth* превращать больную экономику страны во *что-л.*
to correct the ~ исправлять положение в экономике
to create a diversified ~ создавать многоотраслевую экономику
to cripple the ~ подрывать экономику
to deal a heavy blow to the country's ~ наносить серьезный удар по экономике страны
to derail the ~ подрывать экономику
to destabilize the ~ дестабилизировать экономику
to develop the national ~ развивать национальную экономику
to dislocate the ~ приводить экономику к разрухе
to dismantle state control of the ~ отказываться от государственного управления экономикой
to distort country's ~ придавать экономике страны однобокий характер
to embark on a market ~ начинать переход к рыночной экономике
to enter the world ~ становиться частью мировой экономической системы

to exhaust the ~ истощать экономику

to expand a country's ~ развивать экономику страны

to get a big pickup in the world ~ добиваться значительного подъема мировой экономики

to get the ~ back on track налаживать экономику

to get the ~ into shape приводить экономику в порядок

to get the ~ moving давать толчок развитию экономики

to give a temporary boost to the ~ приводить ко временному подъему в экономике

to govern the world ~ управлять мировой экономикой

to have a damping effect on ~ приводить к застою в экономике

to have a profound effect on the ~ серьезно отражаться на состоянии экономики

to have an impact on a country's ~ сказываться на экономике страны

to help a country toward a market ~ помогать переходу страны к рыночной экономике

to improve *one's* **~** улучшать состояние экономики

to industrialize ~ индустриализировать экономику

to inflict damage on a country's ~ наносить ущерб экономике страны

to inherit a backward ~ from *smb* унаследовать отсталую экономику от *кого-л.*

to interact with the world ~ взаимодействовать с мировой экономикой

to keep a tight control over the ~ осуществлять жесткий контроль над экономикой

to keep the ~ in balance поддерживать экономику в состоянии равновесия

to knick the ~ into shape приводить экономику в порядок

to knock a country's ~ into shape приводить в порядок экономику страны

to liberalize the ~ либерализировать экономику

to make ~ buoyant стимулировать экономический рост

to meet the needs of the national ~ for *smth* удовлетворять потребности национальной экономики в *чем-л.*

to militarize the ~ милитаризировать экономику

to mismanage a country's ~ проявлять бесхозяйственность в управлении экономикой страны

to overhaul a country's ~ приводить в порядок экономику страны

to paralyze the ~ парализовывать экономику

to place strains on a country's ~ перегружать экономику страны

to place the ~ of the country under control ставить экономику страны под контроль

to plunge the ~ into chaos ввергать экономику страны в хаос

to put the ~ into shape приводить экономику в порядок

to put the ~ on the a war-time footing переводить экономику на военные рельсы

to put the country's ~ back on its feet ставить экономику страны на ноги

to ravage the ~ подрывать экономику

to rebuild a country's ~ восстанавливать/реконструировать экономику страны

to regenerate the ~ восстанавливать экономику

to rehabilitate the war-ravaged national ~ восстанавливать разрушенную войной экономику страны

to rejuvenate the ~ восстанавливать экономику

to remodel the ~ переделывать/изменять экономику

to reshape the ~ перестраивать экономику

to restore the ~ восстанавливать экономику

to restructure the ~ перестраивать экономику

to return to a command ~ возвращаться к командным методам в экономике

to revitalize/to revive the ~ возрождать/оживлять экономику

to run the ~ управлять экономикой

to rupture the ~ разрушать экономику

to sabotage the ~ сознательно подрывать экономику

to safeguard a country's ~ against *smth* обезопасить экономику страны от *чего-л.*

to satisfy the needs of the national ~ for *smth* удовлетворять потребности национальной экономики в *чем-л.*

to shake up the ~ встряхивать экономику

to slow the ~ замедлять развитие экономики

to stabilize the ~ стабилизировать экономику

to stave off further deterioration of the ~ предотвращать дальнейший спад экономики

to steady the world ~ укреплять мировую экономику

to stimulate *one's* **domestic ~** стимулировать рост экономики внутри страны

to strengthen the ~ укреплять экономику

to take the heat out of the ~ ослаблять экономику

to throw the ~ into recession приводить к экономическому спаду

to tighten *one's* **~ hold** усиливать свое экономическое влияние

to transform the ~ преобразовывать экономику

to trip the ~ into recession подталкивать экономику к спаду

to turn the ~ round налаживать экономику

to undermine a country's ~ подрывать экономику страны

to weaken the ~ ослаблять экономику

adversely affected branches of ~ серьезно пострадавшие отрасли экономики

ailing ~ies of the Third World отсталая экономика стран третьего мира

appalling state of the ~ ужасающее состояние экономики

balanced development of the branches of ~ сбалансированное развитие (различных) отраслей экономики

buoyancy in a country's ~ оживление в экономике страны

commanding heights of the ~ командные высоты экономики

critical state of the ~ критическое положение экономики

day-to-day running of ~ повседневное руководство хозяйственной деятельностью

dire state of the ~ ужасное состояние экономики

gross mismanagement of ~ вопиющая бесхозяйственность

growth of the ~ рост в экономике

growth rate of the ~ темпы экономического роста

high interest rates further dampen down the ~ высокий процент по вкладам привел к дальнейшему ослаблению экономики

highly developed branches of the ~ высокоразвитые отрасли хозяйства

inflationary pressures on the ~ давление инфляции на экономику

intensification of ~ интенсификация экономики

less centralized grip on the ~ децентрализация управления экономикой

management of the ~ управление экономикой

mechanics of ~ механизм функционирования экономики

militarization of the ~ милитаризация экономики

modernization of the ~ модернизация экономики

no-growth period of ~ период застоя в экономике

ongoing trends in the world ~ тенденции в развитии мировой экономики

policy of ~ режим экономии

private sector of the ~ частный сектор экономики

progressive transformation of the ~ прогрессивное преобразование экономики

public sector of the ~ государственный сектор экономики

rapid expansion of the ~ быстрое развитие экономики

recovery in ~ оздоровление экономики

reforming of the ~ **along western lines** перестройка экономики по западному образцу

regulated market ~ регулируемая рыночная экономика

retooling of the national ~ перевооружение национальной экономики

revitalization of the ~ оживление экономики

shift away from central control of the ~ отказ от централизованного контроля над экономикой

shift to a market ~ переход к рыночной экономике

size of the ~ масштабы экономики

slide in the ~ спад в экономике

slowing of ~ спад в экономике

socialist system of ~ социалистическая система хозяйства

stability of ~ стабильность экономики

state of the ~ состояние экономики

study of world ~ изучение мировой экономики

sustained growth of ~ устойчивый рост экономики

swift transition to market ~ быстрый переход к рыночной экономике

switchover to a market ~ переход к рыночной экономике

the country's ~ **grew by 10 per cent** темпы экономического роста страны равнялись 10 процентам

the country's ~ **has been in better shape than before** экономика страны находится в лучшем состоянии, чем раньше

the country's ~ **is in a pretty bad way** экономика страны находится в плачевном состоянии

the country's ~ **is in dire trouble** экономика страны переживает серьезные затруднения

transition to market ~ переход к рыночной экономике

turnaround in the ~ поворот в развитии экономики

weakening of the ~ ослабление экономики

ecumenic(al) *a* 1. всемирный, экуменический 2. *церк.* Вселенский *(о соборе)*

E-Day *n* День «Е» *(1.1.1999 г. – день введения евро – единой валюты ряда стран Европейского союза) см. euro*

edge *n* 1. критическое положение; критический момент 2. *разг.* преимущество; перевес ~ **of war** грань войны

competitive ~ более высокая конкурентоспособность

military ~ военное превосходство

to get a competitive ~ получать преимущество перед конкурентами

to give *smb* **the** ~ **over** *smb* давать *кому-л.* преимущество перед *кем-л.*

to have a qualitative ~ **over** *smb* иметь качественное преимущество перед *кем-л.*

to maintain a military ~ сохранять военное превосходство

to provide a winning ~ обеспечивать необходимое для победы большинство голосов

by a narrow ~ незначительным большинством

edict *n* эдикт, указ, закон
  to repeal an ~ отменять указ
edifice *n* **1.** здание; сооружение **2.** система взглядов; доктрина
  ~ **of peace** здание мира
edit *v* редактировать
edition *n* редакция; издание; выпуск *(газеты и т.п.)*
  evening ~ вечерний выпуск
  latest ~ последний выпуск
  morning ~ утренний выпуск
  specially extended ~ **of newsdesk** специальный, более продолжительный/подробный выпуск новостей
  coming up in this ~ ... в этом выпуске ...
editor *n* редактор
  ~ **for Asia** заведующий редакцией стран Азии
editorial I *n* передовая/редакционная статья, передовица
  ~ **examines the country's policy** в передовой статье рассматривается политика страны
  ~ **has some harsh to say about** *smth* в передовице в резких выражениях говорится *о чём-л.*
  ~ **in "The Times" looks at** ... в передовой статье в «Таймс» говорится о ...
  smth **received much attention in the** ~**s** большое внимание в передовых статьях уделялось *чему-л.*
editorial II *a* редакторский, редакционный
editorialist *n* автор редакционных статей
editorialize *v* излагать в редакционной статье
editor-in-chief *n* главный редактор
educated *a* образованный
education *n* образование; воспитание
  adult ~ обучение взрослых
  advanced ~ среднее образование
  aesthetic ~ эстетическое воспитание
  atheistic ~ атеистическое воспитание
  business ~ коммерческое образование
  compulsory ~ всеобщее обязательное образование
  economic ~ экономическое образование
  formal ~ официальное образование
  free ~ бесплатное образование
  general ~ общее образование
  high ~ полное среднее образование
  higher ~ высшее образование
  ideological ~ идейное/идеологическое воспитание
  inadequate ~ недостатки в образовании
  incomplete higher ~ незаконченное высшее образование
  industrial ~ техническое образование
  in-service ~ обучение без отрыва от производства
  juridical ~ юридическое образование
  labor ~ трудовое воспитание
  legal ~ правовое воспитание
  liberal ~ гуманитарное образование

  media ~ образование/обучение с помощью средств массовой информации
  nonformal ~ неофициальное образование
  patriotic ~ патриотическое воспитание
  political ~ политическое образование
  polytechnic ~ политехническое образование
  post-primary ~ неполное среднее образование
  primary ~ начальное образование
  private ~ частное образование
  public ~ народное образование; государственное образование
  science ~ научное образование
  secondary ~ среднее образование
  secular ~ светское образование
  special ~ специальное образование
  specialized secondary ~ среднее специальное образование
  state ~ государственное образование
  technical ~ техническое/инженерное образование
  trade ~ профессиональное образование
  undergraduate ~ неполное/незаконченное высшее образование
  universal compulsory primary ~ всеобщее обязательное начальное образование
  vocational ~ профессиональное обучение
  to abandon free higher ~ отказываться от бесплатного высшего образования
  to get *one's* ~ *перен.* получать урок
  in the field of ~ в области образования
  introduction of universal secondary ~ введение всеобщего среднего образования
  level of ~ уровень образования; образовательная подготовка
  level of general ~ уровень общеобразовательной подготовки
educational *a* **1.** образовательный; воспитательный **2.** учебный; педагогический
effect I *n* **1.** действие; юридическая сила; эффект **2.** результат; следствие; последствие **3.** осуществление; выполнение **4.** *pl* вещи; имущество; домашние вещи
  adverse ~ отрицательное/неблагоприятное воздействие/влияние
  anticompetitive ~ эффект снижения конкуренции
  backwash ~ последствия
  beneficial ~ благотворное/положительное воздействие/влияние
  blast ~ *воен.* действие ударной волны
  boomerang ~ обратный результат
  climatic ~ влияние климатических условий
  coat-tail ~ влияние престижа популярной личности
  combined ~ комбинированное влияние/воздействие
  decisive ~ решающее действие
  demonstrative ~ демонстрационный эффект
  depressive ~ гнетущее воздействие
  destabilizing ~ дестабилизирующие последствия

detrimental ~ пагубное/вредное влияние
diminishing ~ снижающееся воздействие/влияние
disastrous ~ катастрофические последствия
domino ~ цепная реакция; эффект домино
ecological ~ экологическое воздействие
economic ~ экономический эффект
far-reaching ~ далеко идущие последствия
feed-back ~ результат ответных действий
general ~ общее впечатление
genetic ~s генетические последствия
greenhouse ~ парниковый эффект *(1. потепление климата 2. воен. жарг. ликвидация жизни на Земле из-за разрушения озонового слоя в результате ядерной войны)*
harmful ~ пагубные последствия
household ~s личные/домашние вещи
indirect ~ косвенное воздействие
inflationary ~ воздействие инфляции
long-lasting ~s длительные последствия
long-term ~ долгосрочное воздействие
marginal ~ предельный эффект
maximum ~ максимальный эффект/результат
net ~ конечный результат
"nuclear winter" ~ эффект «ядерной зимы»
overall ~ общее воздействие
personal ~s личные/домашние вещи
policy ~ эффект влияния политики
political ~ политический эффект
positive ~ положительное воздействие
powerful ~ сильное воздействие/влияние; огромное влияние
profound ~ глубокое воздействие
radiation ~ воздействие радиации
radioactive ~s радиоактивное воздействие
resonance ~ эффект резонанса
restraining ~ сдерживающее воздействие
reverse ~ обратный результат
revolutionizing ~ революционизирующее воздействие
salutary ~ благотворное влияние
severe ~s серьезные последствия
spillover ~ эффект равномерного распространения
stabilizing ~ стабилизирующее воздействие
tangible ~ ощутимое воздействие
tremendous ~ огромное воздействие
widespread ~ широкое/обширное воздействие
to arrest the greenhouse ~ ослаблять парниковый эффект
to assess the ~ оценивать/определять влияние
to bring/to carry (in)to ~ осуществлять; выполнять
to cease to have ~ прекращать свое действие; утрачивать силу
to come into ~ вступать в силу *(о законе, постановлении и т.п.)*
to give ~ **to** *smth* приводить *что-л.* в действие; осуществлять

to go into ~ вступать в силу
to have a binding ~ **on** *smb* быть обязательным для *кого-л.*
to have an ~ **on** *smth/smb* действовать/влиять/оказывать воздействие на *что-л./кого-л.*
to have an explosive ~ **on** *smb* производить на *кого-л.* впечатление разорвавшейся бомбы
to have a spillover ~ **on a territory** перекидываться/распространяться на *какую-л.* территорию
to have no retroactive ~ не иметь обратной силы
to localize the ~ ограничивать воздействие
to make an unfavorable ~ **on** *smth* оказывать отрицательное воздействие на *что-л.*
to produce an ~ **on** *smth* оказывать влияние на *что-л.*
to put *smth* **into** ~ осуществлять *что-л.*; претворять *что-л.* в жизнь
to specify the ~s **of preventive measures** определять/конкретизировать последствия превентивных мер
to take immediate ~ вступать в силу немедленно *(о договоре и т.п.)*
to yield a great economic ~ оказывать большой экономический эффект
for ~ для эффекта; напоказ; желая произвести впечатление
for cosmetic ~ для вида
in ~ фактически; в действительности
list of personal ~s список личных вещей
of no ~ бесполезный; безрезультатный
the report was to the following ~ доклад был следующего содержания
to no ~ бесцельно
to the ~ **that** в том случае, что
to this ~ для этой цели; с этой целью
with ~ **from tomorrow** вступающий в силу с завтрашнего дня

effect II *v* 1. осуществлять; выполнять 2. заключать *(договор, сделку)*
effective *a* 1. эффективный; успешный 2. имеющий силу; действующий 3. имеющий хождение *(о деньгах)*
effectiveness *n* эффективность; действенность
~ **of a foreign policy** действенность внешней политики
~ **of social production** эффективность общественного производства
general ~ общая эффективность
to raise the ~ увеличивать эффективность
efficiency *n* эффективность; действенность; коэффициент полезного действия; полезность
economic ~ экономическая эффективность
enterprise ~ эффективность предприятия
fighting ~ боеспособность
high ~ высокая производительность
increased ~ возросшая эффективность
labor ~ производительность труда
marginal ~ предельная/критическая эффективность

maximum ~ максимальная производительность

operational ~ эффективность эксплуатации; производительность труда

optimal ~ оптимальная эффективность

overall ~ общая эффективность

poor ~ низкая производительность

production ~ экономическая эффективность производства

relative ~ относительная эффективность

technical-and-economic ~ технико-экономическая эффективность

total ~ общая эффективность

to boost an industry's ~ поднимать эффективность отрасли промышленности

to check the ~ проверять эффективность

to encourage greater ~ поощрять повышение эффективности

to ensure ~ обеспечивать эффективность

to hamper ~ мешать/препятствовать производительности, снижать экономическую эффективность

to improve ~ улучшать эффективность/производительность

to increase ~ увеличивать эффективность

to secure the highest standards of ~ обеспечивать высокий уровень работоспособности

level of ~ степень эффективности

efficient *a* **1.** квалифицированный **2.** эффективный; действенный **3.** целесообразный; рациональный

to make *smth* **more** ~ поднимать эффективность *чего-л.*

effort *n* усилие; попытка; стремление

~**s at economic and social development** усилия, направленные на экономическое и социальное развитие

~**s behind the scene** закулисные маневры

aid ~ усилие по оказанию помощи

all-out ~**s** всесторонние усилия

anti-drugs ~**s** кампания по борьбе с незаконной торговлей наркотиками

arduous ~**s** энергичные усилия

assistance ~ усилие по оказанию помощи

backstage ~**s** закулисные усилия

combined ~**s** объединенные усилия

common ~**s** общие/совместные усилия

concerted ~**s** объединенные усилия

coordinated ~**s** согласованные усилия

conscientious ~**s** здравые/добросовестные усилия

consistent ~**s** последовательные усилия

constant/continuous ~**s** постоянные усилия

continuing ~**s** продолжающиеся усилия

cooperative ~**s** объединенные усилия; совместные меры

defense ~**s** деятельность в сфере обороны

determined ~**s** решительные усилия

diplomatic ~**s** дипломатические усилия

disarmament ~**s** деятельность в области разоружения

domestic ~**s** внутренние усилия

export-promotion ~**s** усилия, способствующие развитию экспорта

extra ~**s** дополнительные усилия

fresh ~**s** новые усилия

global ~**s** глобальные усилия

humanitarian ~**s** гуманитарная деятельность

insistent ~**s** настойчивые усилия

integrated ~**s** объединенные усилия

interdependent ~**s** взаимозависимые усилия

internal ~**s** внутренние усилия/меры

international development ~**s** усилия в области международного развития

joint ~**s** объединенные/совместные усилия

last-ditch ~ последнее отчаянное усилие

last-minute ~ попытка, предпринятая в последнюю минуту

long-deadlocked ~ давно зашедшая в тупик борьба (*за что-л.*)

long-term ~**s** длительные усилия

massive ~**s** широкомасштабные усилия

military ~**s** военные устремления

mutual ~**s** обоюдные усилия

nonproliferation ~**s** усилия, направленные на недопущение распространения ядерного оружия

notable ~**s** значительные/заметные усилия

peace(-making) ~**s** усилия по поддержанию/достижению мира; миротворческая деятельность

political ~**s** политические усилия

reconciliation ~**s** попытки примирения

renewed ~**s** повторные/возобновленные усилия

scientific ~**s** научная работа

secret nuclear-weapon research ~**s** тайная работа по созданию ядерного оружия

settlement ~**s** усилия, направленные на достижение урегулирования

sincere ~**s** искренние усилия

stabilization ~**s** меры по стабилизации экономики

strenuous ~**s** напряженные усилия

sustained ~**s** длительные/непрерывные усилия

unilateral ~**s** односторонние усилия

untiring ~**s** неустанные усилия

vain ~**s** тщетные/напрасные усилия

vigorous ~**s** энергичные усилия

violent ~**s** отчаянные усилия

war ~**s** военные устремления

wasted ~ напрасное усилие

well-directed ~ целенаправленное усилие

to abandon ~**s to do** *smth* отказаться от усилий сделать *что-л.*

to apply *one's* **joint** ~**s** прилагать совместные усилия

to back ~**s** поддерживать меры

to be active in ~**s to strengthen** *smth* активно участвовать в усилиях по укреплению *чего-л.*

to block international ~**s** преграждать путь международным усилиям to bring *one's* ~s to a successful conclusion доводить борьбу до успешного завершения

to combine *one's* ~s (to) объединять свои усилия (для)

to concentrate ~s концентрировать усилия

to consolidate *one's* ~s консолидировать *чьи-л.* усилия

to damage ~s подрывать усилия

to direct *one's* ~s to *smth* направлять усилия на *что-л.*

to double the ~s удваивать усилия

to ease the ~s ослаблять усилия

to exert every ~ прилагать все усилия

to facilitate the ~s способствовать усилиям

to further an ~ содействовать *какому-л.* усилию

to guide international ~s (to) направлять международные усилия (на)

to have the commitment to nonproliferation ~s быть приверженцем усилий, неправленных на нераспространение ядерного оружия

to help in the peace ~s помогать в достижении мирного урегулирования

to impede ~s мешать/препятствовать усилиям

to initiate ~s предпринимать усилия

to intensify ~s усиливать старания; повышать усилия

to join ~s объединять усилия

to launch a major ~ предпринимать важный шаг

to make ~s предпринимать усилия; пытаться

to make renewed diplomatic ~s возобновить дипломатические усилия

to mobilize the ~s (of) мобилизировать усилия

to mount concerted ~s предпринимать совместные усилия

to pool ~s объединять усилия

to pursue ~s прилагать усилия

to redouble *one's* ~s удваивать усилия

to relax *one's* military ~ снижать свои военные устремления

to renew/to resume ~s возобновлять усилия

to spare no ~s не жалеть усилий

to step up *one's* ~s наращивать усилия

to strengthen the ~s наращивать усилия

to supplement the ~s дополнять усилия

to support ~s поддерживать усилия

to sustain an international ~ оказывать международную поддержку

to thwart/undercut *smb's* ~s срывать *чьи-л.* усилия

to waste ~s напрасно стараться

level of ~s масштаб работ

our ~s have not been wasted наши усилия не были напрасными

effranchise *v* предоставлять права *или* привилегии *(особ. избирательное право)*

egalitarian *a* уравнительный; эгалитарный

egalitarianism *n* уравнительная политика

egghead *n разг.* интеллектуал, «яйцеголовый»

egoism *n* эгоизм

national ~ национальный эгоизм

to overcome national ~ преодолевать национальный эгоизм

egotism *n* самомнение; самовлюбленность; эгоизм

elaborate *v* 1. разрабатывать; обдумывать 2. сообщать подробности

elaboration *n* 1. разработка; выработка *(плана, документа)* 2. развитие, совершенствование

elastic *a* гибкий

elect *v* выбирать, избирать

lawfully/legally/legitimately ~ed законно избранный

newly ~ed вновь избранный

popularly ~ed избранный всенародным голосованием

properly ~ed законно избранный

to ~ *smb* solidly избирать *кого-л.* единогласно

to be ~ed by a simple/absolute/relative majority (of the votes) быть избранным простым/абсолютным/относительным большинством голосов

to be ~ed by *smb* быть избранным *кем-л. (на какой-л. пост)*

to be ~ed by the skin of *one's* teeth *перен.* быть чудом избранным

to be duly ~ed быть должным образом избранным

to be ~ed for a district быть избранным от округа

to be ~ed on grounds of seniority быть избранным по возрастному старшинству *или* положению

to be ~ed to the House of Commons быть избранным в палату общин

to be unanimously ~ed less two votes быть избранным единогласно, кроме двух голосов/при двух против

to declare ~ed объявлять об избрании

if ~ed в случае избрания

none of them came anywhere near to being ~ed никто из них даже не приблизился к тому, чтобы быть избранным

electability *n* вероятность быть избранным; шансы на избрание

electable *a* имеющий право быть избранным; заслуживающий избрания

electee *n* избранный; выбранный *(голосованием)*

election *n* 1. выборы 2. избрание

~s are a day away до выборов остался один день

~s are being held throughout the country в стране проходят всеобщие выборы

~s are due выборы должны состояться

~ by proportional representation выборы по системе пропорционального представительства

~ comes amid increasing tension выборы проходят при усилении напряженности

~ goes into a second round состоится второй тур выборов

~ has continued into its second unscheduled day выборы продолжались второй незапланированный день

~ has entered its final stages выборы вступили в последнюю стадию

~ held several months ahead of schedule выборы, проводимые за несколько месяцев до срока

~ is far from straightforward выборы далеко не честные

~ on a factory and enterprise basis выборы по производственному признаку

~ on a population basis выборы на основе пропорционального представительства

~ saw violence выборы сопровождались вспышками насилия

~ seems to be in the bag for *smb* можно считать, что победа на выборах у *кого-л.* в кармане

~s to an assembly выборы в ассамблею/в народное собрание

~ was a farce выборы были фарсом

~ was a neck and neck race в результате выборов ни одна партия не получила заметного перевеса

~ was conducted peacefully выборы были проведены мирно

~ was successful выборы состоялись

~ will be about deciding ... от исхода выборов зависит решение вопроса о ...

~ will go ahead as scheduled выборы состоятся как запланировано

~ will result in a victory for ... в результате выборов победит ...

all-out ~ всеобщие выборы

all-race ~ выборы без расовой дискриминации

apartheid ~ выборы по законам апартеида

bitterly contested ~ выборы, сопровождаемые острой борьбой противников

bread-and-butter ~ выборы, на которых борьба ведется вокруг насущных вопросов *(цен, налогов, безработицы)*

cantonal ~ кантональные выборы

close ~ выборы, в которых кандидаты имеют почти равные шансы

comfortable ~ избрание убедительным большинством голосов

coming ~ предстоящие выборы

competitive ~ альтернативные выборы

Congressional ~ выборы в Конгресс

contested ~ 1) выборы, на которых происходит борьба между кандидатами 2) выборы, результат которых оспаривается

controversial ~ 1) выборы, сопровождающиеся ожесточенной борьбой между соперничающими политическими группировками 2) выборы, результат которых оспаривается

council ~ выборы в местные советы

crucial ~ решающие выборы

democratic ~ демократические выборы

disputed ~ выборы, результаты которых оспариваются

early ~ досрочные выборы

Euro-~ выборы в Европарламент

fair ~ честные/справедливые выборы

federal ~ федеральные выборы

fiercely fought ~ выборы, вокруг которых разгорелась ожесточенная борьба

forthcoming ~ предстоящие выборы

free ~ свободные выборы

full ~ настоящие выборы *(в отличие от плебисцита или референдума)*

general ~ всеобщие выборы

genuine ~ нефальсифицированные выборы

gubernatorial ~ выборы губернаторов

honest ~ честные выборы

illegitimate ~ незаконные выборы

impending ~ предстоящие выборы

inconclusive ~ выборы, не принесшие победы ни одному из кандидатов; выборы, не давшие абсолютного большинства ни одной партии

leadership ~ выборы руководителя партии

legislative ~ выборы в законодательный орган

local ~ выборы в органы местного самоуправления

local council ~ выборы в местные советы

local government ~ выборы в местные органы власти; выборы в муниципалитет

mayoral ~ выборы мэра

midterm ~ выборы до истечения срока выборного органа, промежуточные выборы

mock ~ пробные выборы *(в одном из округов, с целью прощупать настроение избирателей)*

multiracial ~ выборы с участием всех рас

national ~ выборы в федеральные органы

national legislative ~ избирательная кампания по выборам в законодательные органы страны

new-style ~ выборы, проводимые по-новому

nonracial ~ выборы без расовой дискриминации

off-year ~ выборы в Конгресс США, проводимые в год, когда не избирается президент

open ~ открытые выборы

parliamentary ~ выборы в парламент

popular ~ всеобщие выборы

presidential ~ президентские выборы, выборы президента

pre-term ~ досрочные выборы

prompt ~ немедленные выборы

provincial ~ провинциальные выборы

racially segregated ~ выборы с раздельным голосованием для каждой расовой группы

rigged(-up) ~ фальсифицированные выборы

run-off ~ последний тур выборов

semi-free ~ полусвободные выборы

sham ~ фиктивные выборы; безальтернативные выборы

special ~ дополнительные выборы
staged ~ поэтапные выборы
tainted ~ фальсифицированные выборы
tough ~ трудные выборы
two-stage ~ двухэтапные выборы
upcoming ~ приближающиеся выборы
valid ~ правомерные выборы
war-torn ~ выборы в стране, раздираемой гражданской войной
watershed ~ решающие выборы
"whites only" ~ *ист.* выборы в ЮАР, в которых участвовали только белые
to abandon the ~ отказываться от выборов
to accept an ~ соглашаться с избранием; принимать избрание
to annul an ~ аннулировать результаты выборов
to ban *smb* **from covering the** ~ запрещать *кому-л.* освещать ход выборов
to ban *smb* **from participating in the** ~ запрещать *кому-л.* участвовать в выборах
to bar *smb* **from** ~ не допускать *кого-л.* к участию в выборах
to be eligible for ~ иметь право быть избранным
to be the main battleground in the ~ быть в центре борьбы на выборах
to be on course to win the next general ~ идти к победе на следующих всеобщих выборах
to be poised to win an ~ быть готовым победить на выборах
to be well placed to win the next general ~ занимать хорошие позиции для того, чтобы победить на следующих всеобщих выборах
to bode ill for next year's ~ служить плохим предзнаменованием для выборов, которые состоятся на будущий год
to boycott an ~ бойкотировать выборы
to bring the ~ **forward** приближать дату проведения выборов; проводить выборы досрочно
to bypass ~ обходиться без выборов
to call an ~ назначать/объявлять выборы
to call for a boycott of the ~ выступать с призывом бойкотировать выборы
to call for free ~ призывать к проведению свободных выборов
to call new ~ **for** назначать новые выборы на
to call off/to cancel ~ отменять выборы
to carry on beyond the next ~ удержаться у власти на следующих выборах
to carry out *one's* ~ **pledges** выполнять предвыборные обещания
to challenge the results of ~ оспаривать результаты выборов
to clamor for an ~ шумно требовать выборов
to condemn ~ **as a farce** объявлять выборы фарсом
to conduct ~ **along racial lines** проводить выборы по расовому признаку

to confirm an ~ подтверждать избрание
to congratulate *smb* **on his/her** ~ поздравлять *кого-л.* с избранием
to contest an ~ бороться на выборах
to create conditions for free ~ создавать условия для проведения свободных выборов
to declare the ~ **null and void** объявлять выборы недействительными
to defend the strongly contested results of the ~ защищать активно оспариваемые результаты выборов
to defer ~ откладывать выборы
to delay the ~ откладывать выборы
to disqualify *smb* **from taking part in the general** ~ лишать *кого-л.* права участвовать во всеобщих выборах
to disrupt ~ срывать выборы
to do well in an ~ добиваться успеха на выборах
to emerge as victor in an ~ выходить победителем на выборах
to fare badly in the ~ добиваться незначительных результатов на выборах
to fight an ~ бороться на выборах
to fight the ~ **in unity** выступать на выборах единым фронтом
to force ~ заставлять провести выборы
to fulfil *one's* ~ **pledges** выполнять предвыборные обещания
to gain ground in an ~ собирать большое количество голосов на выборах
to give a guarded welcome to *smb's* ~ сдержанно приветствовать *чье-л.* избрание
to go ahead with the ~ принимать решение о проведении выборов *(несмотря на что-л.)*
to go (in)to an ~ идти на выборы *(о партии)*
to hold an ~ проводить выборы
to hold ~ **under** *one's* **own terms** проводить выборы на своих условиях
to impede ~ мешать проведению выборов
to invalidate an ~ объявлять выборы недействительными
to lead the government into the next general ~ руководить правительством до следующих всеобщих выборов
to lead the party into the next general ~ возглавлять партию на следующих всеобщих выборах
to lose an ~ терпеть поражение на выборах
to lose an ~ **by a margin of the five seats** проигрывать выборы, получив на пять мест меньше соперника
to manipulate the ~ подтасовывать результаты выборов
to mark the ~ **by a two-day strike** отмечать выборы проведением двухдневной забастовки
to monitor ~ наблюдать за проведением выборов
to nominate *smb* **for** ~ выдвигать *чью-л.* кандидатуру

to null the ~ признавать выборы недействительными

to observe ~ быть наблюдателем на выборах

to oppose ~ выступать против проведения выборов

to order ~ распоряжаться о проведении выборов

to organize ~ организовывать выборы

to oversee ~ следить за проведением выборов

to postpone the ~ откладывать выборы

to procure an ~ проводить выборы

to promise fresh ~ обещать новые выборы

to put *oneself* **forward/up for** ~ выставлять свою кандидатуру на выборах

to release the results of the ~ обнародовать результаты выборов

to re-run an ~ проводить повторные выборы

to retain power in the general ~ сохранять власть в результате всеобщих выборов

to rig an ~ фальсифицировать результаты выборов

to run an ~ проводить выборы

to run for ~ баллотироваться на выборах

to schedule ~ **for January** намечать/планировать выборы на январь

to score remarkable gains in the ~ добиваться замечательных успехов на выборах

to seek a second term in the presidential ~ добиваться переизбрания на второй срок на президентских выборах

to stage ~ организовывать выборы

to stand against a party in ~ выступать против *какой-л.* партии на выборах

to stand down in the next ~ отказываться баллотироваться на следующих выборах

to stand for ~ баллотироваться на выборах, выставлять свою кандидатуру

to supervise ~ наблюдать за проведением выборов

to suspend the ~ приостанавливать выборы

to take a clear lead in the ~ намного опережать своих соперников по выборам

to take part in an ~ участвовать в выборах

to trail far behind in the ~ намного отставать от *кого-л.* на выборах

to validate the ~ узаконивать результаты выборов

to vote in general ~ участвовать в голосовании на всеобщих выборах

to win an ~ побеждать на выборах

to win an ~ **by a landslide margin** побеждать на выборах подавляющим большинством голосов

to win ~ **by fraud** побеждать на выборах обманным путем

aftermath of an ~ последствия выборов

alleged irregularities during the ~ нарушения, якобы имевшие место во время выборов

annulment of the ~ отмена выборов

assessment of the ~ **outcome** оценка исхода выборов

call for free ~ призыв к проведению свободных выборов

cancellation of the ~ отмена выборов

conclusion of the ~ закрытие выборов

consequences of the ~ последствия выборов

contribution to the ~ вклад в избирательную кампанию

counting continued in local government ~ продолжался подсчет голосов на выборах в местные органы власти

defeat at an ~ поражение на выборах

deferment of ~ откладывание выборов

direct ~ **for the presidency** прямые выборы президента

disruption of ~ срыв выборов

hell-bent for ~ кандидат, решительно вступивший в предвыборную борьбу

his ~ **is already assured** его избрание уже обеспечено

if the next ~ **goes against them** если результаты следующих выборов окажутся не в их пользу

issue in the ~ спорная проблема на выборах

low turnout for the ~ низкая явка избирателей

nullification of the ~ отмена результатов выборов

orderly conduct of an ~ организованное проведение выборов

outcome of the ~ результаты выборов

outright winner in an ~ явный победитель на выборах

party eligible to stand in the ~ партия, имеющая право выставить своих кандидатов на выборах

party's poor showing in the ~ слабые результаты партии на выборах

rehearsal for a general ~ репетиция всеобщих выборов

re-run of ~ повторные выборы

rigging of ~ подтасовка результатов выборов; махинации на выборах

right to vote in the ~ право участия в выборах

run-up to the ~ предвыборная пора/кампания

smb **is well on course to win the general** ~ *кто-л.* уверенно идет к победе на всеобщих выборах

statute of ~ положение о выборах

stealing of ~ фальсификация выборов

strong showing in an ~ высокие результаты *(партии)* на выборах

that could lose them the ~ это может обернуться для них поражением на выборах

the first round of ~ **has ended inconclusively** первый тур выборов не выявил победителей

the scene is set for presidential ~ все готово для президентских выборов

there is no clear outcome of the ~ исход выборов неясен

this side of the general ~ пока не состоялись всеобщие выборы

unofficial results in the ~ неофициальные результаты выборов

winning the ~ was the easy bit победа на выборах была несложной

with the ~ looking in the country с приближением выборов в стране

writ for a general ~ предписание провести всеобщие выборы *(Великобритания)*

electioneer *v (for smb)* проводить предвыборную кампанию (за *чью-л.* кандидатуру)

electioneerer *n* участник избирательной кампании; агитатор

electioneering *n* предвыборная/избирательная кампания

elective *a* 1. выборный; избирательный; относящийся к выборам 2. имеющий право избирать

elector *n* 1. избиратель 2. выборщик; член коллегии выборщиков *(на президентских выборах в США)*

~ registered in a constituency избиратель, зарегистрированный в *каком-л.* избирательном округе

pledged ~s выборщики с императивными мандатами *(на президентских выборах в США)*

college of ~s коллегия выборщиков

electoral *a* избирательный; относящийся к выборам

electorate *n* 1. избиратели, электорат 2. избирательный округ

newly enfranchised ~ избиратели, впервые получившие право участия в выборах

polarized ~ поляризация среди избирателей

total ~ общее количество избирателей

volatile ~ непредсказуемый электорат

to answer before/to be accountable to the ~ отвечать перед избирателями

to confuse the ~ сбивать с толку избирателей

to keep the ~ at home удерживать избирателей дома

to woo the ~ обхаживать избирателей

electorship *n* статус избирателя *или* выборщика; избирательное право

electress *n* 1. избирательница 2. женщина-выборщик *(США)*

element *n* элемент; слой; прослойка *(общества)*; группа *(людей)*

~s of an agreement элементы соглашения/договора

~s of the environment элементы окружающей среды

antistate ~s антигосударственные элементы

debased ~s деградировавшие элементы

declassed ~s деклассированные элементы

desperate ~s of society обездоленные слои общества

exploiting ~s эксплуататорские элементы, эксплуататоры

extreme left ~s левоэкстремистские элементы

extremist ~s экстремисты

fascist(-minded) ~s фашистские элементы

feudal ~s феодальные элементы

feudal-monarchist ~s феодально-монархические элементы

free-market ~s элементы свободного рынка

gun-toting ~s вооруженные элементы

hostile ~s вражеские элементы

human ~ человек

irresponsible ~s безответственные элементы

leftist ~s левацкие элементы

left-opportunist ~s левооппортунистические элементы

left revolutionary ~s революционеры левого направления/толка

patriotically-minded ~s патриотически настроенные представители

program ~ элемент программы

progressive ~s прогрессивные элементы

revanchist ~s реваншистские элементы

revolutionary ~ революционный элемент

revolutionary-democratic ~s революционно-демократические представители

risk ~ элемент риска

time ~ фактор времени

ultraleft ~s ультралевые элементы

ultraright ~s ультраправые элементы

uncontrolled ~s неуправляемые элементы

to abolish revanchist ~s ликвидировать реваншистские элементы

handful of ~s hostile to *smth* горстка элементов, враждебных *чему-л.*

elemental *a* 1. стихийный; природный 2. сильный; непреодолимый; неудержимый 3. основной; начальный

elephant *n* слон *(символ Республиканской партии США)*

elevate *v* повышать (в должности); возводить (в звание)

elevation *n* повышение (в должности); возведение (в звание)

eligibility *n* 1. право на избрание; пассивное избирательное право 2. приемлемость

~ of officers данные, необходимые для занятия поста

eligible *a* 1. могущий/имеющий право быть избранным; обладающий пассивным избирательным правом 2. подходящий; желательный; приемлемый

~ for membership имеющий право стать членом

~ to vote имеющий право голоса

eliminate *v* 1. устранять; исключать 2. уничтожать; ликвидировать 3. игнорировать; не принимать во внимание

elimination *n* исключение; устранение; ликвидация

~ of arsenals ликвидация запасов оружия

~ of chemical weapons ликвидация химического оружия

~ of foreign bases ликвидация иностранных (военных) баз

~ of nuclear weapons ликвидация/уничтожение ядерного оружия

complete ~ полная ликвидация

step-by-step ~ of nuclear weapons поэтапное уничтожение ядерного оружия

total ~ of all types of weapons of mass annihilation полная ликвидация всех видов оружия массового уничтожения

elite *n* элита *(общества и т.п.)*

bourgeois ~ буржуазная элита

land-owing ~ элита, состоящая из помещиков

power ~ властвующая элита

urban and rural ~ городская и сельская элита

rapid emergence of new ~s быстрое появление новых элит

elitism *n* **1.** правление элиты, элитизм **2.** теории элиты

elitist *n* сторонник элитизма

elocution *n* ораторское искусство; красноречие

elocutionary *a* **1.** ораторский **2.** владеющий ораторской речью

eloquence *n* **1.** красноречие; ораторское искусство **2.** риторика, элоквенция

eloquent *a* **1.** красноречивый **2.** яркий, выразительный

elucidate *v* проливать свет; пояснять; разъяснять

elucidative *a* объяснительный; проливающий свет; пояснительный; поясняющий

elude *v* избегать; уклоняться; ускользать

elusive *a* уклончивый; ускользающий; неуловимый

e-mail *n* электронная почта

emancipate *v* освобождать; эмансипировать

emancipated *a* свободный, освобожденный; эмансипированный

emancipation *n* освобождение; эмансипация

~ of colonies освобождение колоний

full ~ полное освобождение

social ~ социальное освобождение; социальное раскрепощение *(нравов)*

emancipationist *n* **1.** сторонник эмансипации/равноправия **2.** сторонник освобождения *(колоний и т.п.)*

emancipative *a* освобождающий; освободительный

embargo I *n* **1.** эмбарго; запрещение; запрет **2.** наложение ареста *(на судно, груз и т.п.)* **3.** помеха; препятствие

~ against/of a country эмбарго против *какой-л.* страны

~ does not work эмбарго неэффективно

~ is due for review эмбарго должно быть пересмотрено

~ is/remains in place эмбарго остается в силе

~ on commerce with a country эмбарго на торговлю с *какой-л.* страной

~ on imports запрещение ввоза; эмбарго на импорт

~ on the sale of grain эмбарго на продажу зерна

American-led ~ эмбарго, инициатором которого являются США

arms ~ to a country эмбарго на поставку оружия *какой-л.* стране

economic ~ экономическое эмбарго

food ~ эмбарго на ввоз продовольствия

gold ~ эмбарго на ввоз золота

mandatory ~ обязательное эмбарго

oil ~ эмбарго на ввоз нефти

supply ~ эмбарго на поставку *чего-л.*

total ~ полное эмбарго

trade ~ торговое эмбарго; торговая блокада

US-initiated ~ эмбарго, введенное по инициативе США

to adopt a mandatory arms ~ принимать обязательное эмбарго на поставки оружия

to be under an ~ быть под запретом

to break an economic ~ нарушать экономическое эмбарго

to circumvent an ~ обходить эмбарго

to drop an ~ снимать эмбарго

to ease an ~ ослаблять эмбарго

to end *one's* **~ on** *smth* отменять эмбарго на *что-л.*

to exempt *smth* **from a trade ~** не распространять торговое эмбарго на *что-л.*

to honor an ~ соблюдать эмбарго

to impose/to lay an ~ on/upon *smth* вводить/налагать эмбарго на *что-л.*

to lift an ~ снимать эмбарго

to maintain an ~ on a country продолжать эмбарго против *какой-л.* страны

to mount an ~ организовывать эмбарго

to observe an ~ соблюдать эмбарго

to phase out ~ поэтапно отменять эмбарго

to place an ~ on *smth* вводить/налагать эмбарго на *что-л.*

to place an arms ~ on a country вводить эмбарго на поставку вооружения стране

to raise/to remove an ~ снимать эмбарго

to secure an arms ~ against a country обеспечивать эмбарго на поставки оружия в страну

to stiffen an ~ усиливать/ужесточать эмбарго

to take off an ~ снимать эмбарго

to tighten an ~ ужесточать эмбарго

to uphold an ~ поддерживать эмбарго

to widen an ~ расширять эмбарго

country hit by an ~ страна, пострадавшая от эмбарго

in breach/in contravention of an ~ в нарушение эмбарго

embargo II *v* **1.** налагать эмбарго **2.** накладывать арест на судно *или* его груз

embarrassment *n* затруднительное положение

financial ~ финансовые затруднения

embassy *n* посольство

~ has the honor to enclose посольство имеет честь пригласить

~ has the honor to inform посольство имеет честь сообщить

Her Majesty's E. посольство Её Величества *(название посольства Великобритании в зарубежных странах)*

to be on temporary attachment/to be temporarily assigned to the ~ быть временно прикомандированным для работы в посольстве

to blockade an ~ блокировать посольство

to close (down) an ~ закрывать посольство

to shelter in a foreign ~ укрываться в иностранном посольстве

to shut (down) an ~ закрывать посольство

violation of an ~ вторжение в посольство

emblaze *v* 1. украшать гербом 2. прославлять; превозносить; создавать славу/репутацию

emblem *n* эмблема; символ

~ of nationality национальный герб

~ of the sending state герб аккредитирующего государства

distinctive ~ отличительная эмблема

national ~ государственный герб; герб страны

recognized ~ признанная эмблема

state ~ государственный герб

embodiment *n* воплощение; материализация, овеществление

~ of social wealth материализация общественного богатства

~ of technical know-how воплощение технического опыта и знаний

embody *v* 1. включать 2. воплощать; олицетворять 3. объединять

embrace *v* 1. использовать; воспользоваться *(возможностью)* 2. принимать *(программу действий)* 3. включать; заключать в себе

emerge *v* 1. выясняться 2. всплывать; возникать *(о вопросе и т.п.)*

emergence *n* 1. появление; выход 2. проявление; выявление

~ of new types of weapons of mass destruction появление новых видов оружия массового поражения

emergenc/y *n* 1. чрезвычайные обстоятельства; критическое положение 2. непредвиденный случай; крайняя необходимость 3. неотложная помощь

economic ~ чрезвычайное экономическое положение

environmental ~ экологическое бедствие

extreme ~ чрезвычайная аварийная обстановка

food ~ острая нехватка продовольствия

national ~ чрезвычайное положение в стране

national defense ~ чрезвычайное оборонное положение

to administer ~ to *smb* оказывать *кому-л.* неотложную помощь

to call an ~ объявлять чрезвычайное положение

to declare a state of ~ in a country объявлять в стране чрезвычайное положение

to declare environmental ~ объявлять *какой-л.* район зоной экологического бедствия

to end the state of ~ отменять чрезвычайное положение

to impose a state of ~ in a country вводить чрезвычайное положение в стране

to lift an ~ отменять чрезвычайное положение

to meet food ~ies удовлетворять крайнюю необходимость в области продовольствия

to proclaim a state of ~ объявлять чрезвычайное положение

to relax a state of ~ снимать некоторые ограничения, предусмотренные приказом о чрезвычайном положении

to revoke a state of ~ отменять чрезвычайное положение

for use in time of ~ для использования в чрезвычайных обстоятельствах

in case of ~ в случае крайней необходимости

emigrant *n* эмигрант

emigrate *v* эмигрировать

to ~ through third countries эмигрировать через третьи страны

emigration *n* 1. эмиграция 2. переселение

free ~ свобода эмиграции

to curb ~ ограничивать эмиграцию

to halt the mass ~ останавливать массовую эмиграцию

to prohibit ~ запрещать эмиграцию

to stem the ~ останавливать поток эмигрантов

right of ~ право на эмиграцию

wave of ~ волна эмиграции

émigré *фр.* эмигрант *(обыкн. политический)*

counter-revolutionary ~ контрреволюционный эмигрант

patriotic ~ патриотический деятель, живущий в эмиграции

white ~ *ист.* белоэмигрант

eminence 1. высокое положение, высокий пост 2. Your E. *церк.* Ваше Высокопреосвященство *(титул епископа, кардинала)*

gray ~ серый кардинал

employee *n* работник

public sector ~ государственный служащий; «бюджетник»

service ~ работник сферы обслуживания

employer *n* наниматель, работодатель, хозяин

equal opportunity ~ предприятие, не допускающее дискриминации при найме на работу

tyrannical ~ деспотичный работодатель

employment *n* 1. работа *(по найму)*; служба; занятость 2. применение; использование

~ in the public sector работа в государственном секторе

~ with overtime hours сверхурочные работы

actual ~ фактическая занятость

civil ~ занятость в государственном аппарате

continuous ~ постоянная занятость

full(-time) ~ работа на штатной должности; полная занятость

guaranteed ~ гарантированная занятость

inadequate ~ недостаточная занятость

industrial ~ занятость в промышленности

irregular ~ нерегулярная занятость

overseas ~ работа за границей

part-time ~ работа на неполной ставке; частичная занятость

seasonal ~ сезонная занятость

short-time ~ работа на неполной ставке; частная занятость

temporary ~ временная работа

to achieve/to attain full ~ достигать полной занятости

to create additional ~ создавать дополнительные рабочие места; повышать занятость

to ensure full ~ of the population обеспечивать полную занятость населения

to generate ~ обеспечивать работой; обеспечивать занятость

to maximize ~ максимально увеличивать занятость

to sustain ~ поддерживать уровень занятости

increase in ~ увеличение занятости

those without full ~ частично безработные

empower *v* уполномочивать, облекать властью

I am ~ed to state ... я уполномочен заявить

emulate *v* соревноваться; состязаться

emulation *n* соревнование; состязание

to challenge to ~ вызывать на соревнование

enact *v* 1. предписывать, постановлять, декретировать 2. принимать; вводить в действие *(закон)*

to ~ a bill утверждать законопроект

be it ~ed by this ... настоящим предписывается ...

enactment *n* 1. принятие; введение в действие/в силу *(закона)* 2. закон; (отдельный) акт; положение; статья *(закона)*

~s for the regulation of trade статьи/положения соглашения, регулирующие торговлю

regulatory ~ нормативный акт

encirclement *n* окружение

enclave *n* анклав

enclosure *n* приложение к письму

encode *v* кодировать, шифровать

to ~ a signal кодировать сообщение

encounter *n* встреча

direct ~ личная встреча

extended public ~ продолжительная официальная встреча

face-to-face ~ личная встреча; встреча «один на один»

preparatory ~ подготовительная встреча

encouragement *n* поощрение

material ~ материальное поощрение

moral ~ моральное поощрение

encroachment *n* 1. вторжение, захват 2. посягательство

~s of external enemies посягательства внешних врагов

~ on freedom посягательство на свободу

criminal ~ преступное посягательство

violent ~ насильственное посягательство

end *n* 1. конец, окончание 2. цель, намерение, виды

~ of the world конец света

dead ~ тупик

political dead ~ конец политической карьеры

selfish expansionist ~s корыстные экспансионистские цели

to accomplish/to achieve/to attain *one's* **~** достигать своей цели

to bring *smth* **out of the dead ~** выводить *что-л.* из тупика

to bring to an ~ заканчивать; завершать

to come to a dead ~ заходить в тупик

to demand an immediate ~ to a war требовать немедленного прекращения войны

to gain *one's* **~s** достигать своей цели

to make ~s meet at home сводить концы с концами в домашнем хозяйстве

to precipitate the ~ for *smb* ускорять *чей-л.* конец *(напр. правителя)*

to pursue *one's* **~s** преследовать собственные цели

to put a formal ~ to *smth* официально положить конец *чему-л.*

to put an ~ to *smth* покончить с чем-л., положить конец *чему-л.*

to reach a dead ~ заходить в тупик

endanger *v* подвергать опасности; ставить под угрозу; угрожать *(чему-л.)*

endeavor *n* (энергичная) попытка; старание; усилие

good ~s дружественные усилия

humanitarian ~ гуманное усилие

moral ~ нравственное усилие

vain ~s напрасные попытки

to do *one's* **~s** прикладывать силы

to make every ~ делать все возможное

endemic *a* эндемический *(свойственный данной местности)*

endenizen *v* принимать в число граждан; натурализовывать *(иностранца)*; давать гражданские права

endorse *v* 1. индоссировать 2. подтверждать 3. одобрять; поддерживать

to ~ *smb* **out** *полит.жарг.* высылать *кого-л. куда-л.*

endorsement *n* 1. подтверждение, одобрение, поддержка 2. подпись *(на обороте документа)* 3. индоссамент, жиро, передаточная надпись *(на обороте чека, векселя и т.п.)*

~ **of** *smb* поддержка, оказываемая *кому-л.*

to win an ~ from *smb* **for** *smth* добиваться чьего-л. одобрения *чего-л.*

endowment *n* **1.** назначение вклада; передача фонда *(музею, библиотеке)* **2.** вклад; дар; пожертвование; (дарственный) фонд

Carnegie E. for International Peace Фонд Карнеги по поддержанию мира во всем мире *(США)*

enemy *n* враг; противник

~ **number one** главный противник

~ **of free expression** противник свободы слова

~ **of peace** противник мира

~ **within** внутренний враг

~ **without** внешний враг

age-old ~ давний враг

bitter ~ заклятый враг

chief ~ главный враг

cross-border ~ соседняя вражеская страна

deadly ~ смертельный враг

devout ~ идейный противник

extreme ~ заклятый враг

hated ~ ненавистный враг

implacable ~ непримиримый враг

inveterate ~ матерый враг

mortal ~ смертельный враг

mutual ~ общий враг

public ~ враг народа

secret ~ тайный враг

sworn ~ заклятый враг

to collaborate with the ~ сотрудничать с врагом

to crush the ~ разгромить противника

to go over to the ~ переходить на сторону противника

to league together against a common ~ объединяться против общего врага

to make ~**s** наживать врагов

to purge *one's* ~**s** избавляться от своих противников

to render an ~ **out of action** выводить противника из строя

hatred for the ~ ненависть к врагу

my ~**'s** ~ **is my friend** враг моего врага – мой друг

energy *n* **1.** энергия **2.** *pl* усилия, активность, деятельность

atomic ~ атомная энергия

geothermal ~ геотермальная энергия

solar ~ солнечная энергия

stockpile ~ *воен. жарг.* совокупная ядерная энергия, которая может быть использована в мировой войне

to divert atomic ~ **to military purposes** направлять атомную энергию на военные цели

application of atomic ~ **for peaceful purposes** применение атомной энергии в мирных целях

use of ~ использование энергии

enforce *v* **1.** оказывать давление; заставлять, принуждать *(кого-л.)*; настаивать; исполь-

зовать принудительные меры **2.** проводить в жизнь *(законы)*

enforcement *n* **1.** проведение в жизнь **2.** (насильственное) обеспечение

~ **of a rule of procedure** выполнение правил процедуры

law ~ проведение законов в жизнь

peace ~ обеспечение мира с помощью войск, разъединяющих враждующие стороны

enfranchise *v* **1.** предоставлять избирательные права **2.** принимать в гражданство **3.** предоставлять самоуправление

enfranchisement *n* **1.** предоставление избирательных прав **2.** принятие в гражданство **3.** предоставление самоуправления

engagement *n* **1.** дело; занятие **2.** договоренность (о встрече); встреча **3.** обязательство **4.** бой *(особ. морской)*; стычка; схватка; перестрелка

formal official ~**s** формальные официальные встречи

international ~**s** международные обязательства

to break an ~ нарушать обязательство

to cancel *one's* ~ отменять встречу

to enter into an ~ принимать на себя обязательство

to fulfil/to meet *one's* ~**s** выполнять обязательства

to plead a prior ~ ссылаться на предыдущую договоренность

engineer *n* **1.** инженер **2.** организатор; менеджер

crowd ~ *жарг.* полицейская собака

development ~ разработчик

political ~ политтехнолог

engineering *n* техника; инженерия

atomic power ~ атомное машиностроение

genetic ~ генетическая инженерия

Englishry *n* **1.** английское подданство **2.** английская национальность

enhancement *n* повышение, увеличение, усиление

~ **of stability** укрепление стабильности

revenue ~ «увеличение государственного дохода» *(эвфемизм налога)*

enjoyment *n* **1.** применение, использование **2.** удовольствие

~ **of** *one's* **legal right** использование/осуществление своего законного права

scarcely concealed ~ **at** *smth* плохо скрываемое удовольствие по поводу *чего-л.*

enlargement *n* увеличение; расширение

European Union ~ расширение Европейского союза

limited ~ ограниченное расширение

.to undergo ~ подвергаться расширению

enlightenment *n* **1.** просвещение; просвещенность **2. (E.)** *ист.* Просвещение

the Age of E. эпоха Просвещения

enlistee *n* *воен.* поступивший на военную службу; состоящий на военной службе

en masse *adv фр.* в целом, в массе
enmity *n* враждебность; неприязнь
~ **towards** *smth* враждебность к *чему-л.*
to incite ~ разжигать вражду
to provoke national ~ возбуждать национальную вражду
to stir up ~ нагнетать враждебность
at ~ **with** *smb* во враждебных отношениях с *кем-л.*
enosis *n полит.* энозис *(присоединение Кипра к Греции)*
enquir/y *n* **1.** запрос; наведение справок **2.** расследование; обследование **3.** комиссия по расследованию
~ **into** *smth* расследование *чего-л.*
~ **is underway** ведется расследование
arms-to-Iraq ~ комиссия по расследованию дела о поставках оружия в Ирак
full ~ полное расследование
high ~ расследование, порученное правительственной комиссии
independent ~ независимое расследование
limited ~ *брит. полиц. жарг.* ограниченное расследование *(ограничение возможностей полиции в деле расследования чего-л.)*
official ~ официальное расследование
preliminary ~ предварительное расследование
public ~ общественное расследование
vigorous ~ энергичное расследование
to appear before an ~ представать перед комиссией по расследованию
to carry out an ~ **into** *smth* проводить расследование *чего-л.*
to conduct an ~ **into** *smth* проводить расследование *чего-л.*
to help the police with their ~**ies** *брит. полиц. жарг.* давать полиции необходимые показания
to hold an ~ **into** *smth* проводить расследование *чего-л.*
to institute/to launch an ~ начинать расследование
to lead an ~ возглавлять расследование
to make an ~ проводить расследование
to mount/to open an ~ начинать расследование
to order an ~ распорядиться о начале расследования
to set up an ~ создавать комиссию по расследованию
to stage an ~ организовывать расследование
enrich *v* обогащать, улучшать
to ~ **spiritually** духовно обогащать
enrichment *n* обогащение
illicit ~ незаконное обогащение
intellectual ~ духовное обогащение
mutual ~ взаимное обогащение
uranium ~ обогащение урана
enrolment *n* **1.** внесение в список; регистрация **2.** запись, прием в члены *(организации)*

3. зачисление/поступление на военную службу **4.** регистрация сторонников партии для участия в первичных выборах
to confirm *smb's* ~ подтверждать *чье-л.* зачисление в штат
ensign *n* **1.** значок; эмблема; награда **2.** знамя; флаг; вымпел
blue ~ синий кормовой флаг *(английский)*
red ~ английский торговый флаг
white ~ английский военно-морской флаг
enslave *v* порабощать
enslavement *n* **1.** порабощение **2.** рабство; рабская покорность
economic ~ экономическое закабаление
political ~ политическое порабощение
entente *n фр.* **1.** соглашение, согласие, договоренность **2.** соглашение между группой государств; (**the E.**) *ист.* Антанта
enterprise *n* **1.** предприятие *(особ. смелое, рискованное)* **2.** предприимчивость; инициатива **3.** предпринимательство **4.** промышленное предприятие; завод; фабрика **5.** предприятие; фирма; компания
~ **of vital concern** важное предприятие
business ~ коммерческое предприятие
chemical ~ химическое предприятие
commercial ~ коммерческое предприятие
cooperative ~ кооперативное предприятие
corporate ~ акционерное общество
domestic ~ отечественное предприятие
educational ~ учебное заведение
expropriated ~ экспроприированное предприятие
farm(ing) ~ фермерское хозяйство; сельскохозяйственное предприятие
financial ~ финансовое предприятие
foreign ~**s** иностранные предприятия
free ~ 1) частное предприятие 2) свобода предпринимательства
government(al) ~ государственное предприятие
hazardous ~ рискованное предприятие
individual ~ индивидуальная торговая деятельность
industrial ~ промышленное предприятие
joint ~ совместное предприятие; предприятие со смешанным капиталом
joint state-private ~ смешанное государственно-частное предприятие
kindred ~ семейное предприятие
local-scale ~ местное предприятие
loss-making ~ убыточное/нерентабельное хозяйство
multinational ~ транснациональная корпорация
nationalized ~ национализированное предприятие
nongovernment ~ частное предприятие
nonincorporated ~ предприятие, не имеющее статуса акционерного общества
overseas ~ иностранное предприятие
power ~ энергетическое предприятие

precapitalistic ~s докапиталистические формы производства

private ~ 1) частное предприятие 2) частное предпринимательство

private business ~ частное коммерческое предприятие

profitable ~ доходное/рентабельное предприятие

public ~ государственное предприятие

quasi-corporate ~ полукорпоративное предприятие

self-financing ~ хозрасчетное предприятие; самофинансируемое предприятие

small(-scale) ~ мелкое предприятие/хозяйство

state(-owned) ~ государственное предприятие

transnational ~ транснациональная корпорация

transport ~ транспортное предприятие

unincorporated ~ предприятие, не имеющее статуса акционерного общества

unprofitable ~ убыточное/нерентабельное предприятие

viable ~ жизнеспособное предприятие

to assist in financing private ~s оказывать помощь в финансировании частных предприятий

to embark on an ~ пускаться в рискованное предприятие

to encourage free ~ поощрять предпринимательство

to establish ~ основывать/создавать предприятие

to re-equip the ~s **technically** проводить техническое перевооружение предприятий

management of ~s руководство предприятиями

spirit of ~ дух поиска/предпринимательства

entertain v принимать *кого-л.* (*устраивать прием в честь кого-л.*)

entertainment n 1. прием, банкет 2. развлечение

enthrone v возводить на престол; сажать на трон

enthronement n 1. восшествие на престол 2. возведение на престол

~ **of** *smb* **as archbishop of** ... возведение *кого-л.* в сан архиепископа

enthusiasm n энтузиазм, подъем, восторг

general ~ всеобщий подъем

natural ~ естественный энтузиазм

to cause ~ вызывать воодушевление

to greet *smb/smth* **with** ~ приветствовать *кого-л./что-л.* с энтузиазмом

to kill ~ охлаждать пыл/энтузиазм

entice v заманивать, соблазнять

to ~ *smb* **away** переманивать *кого-л.*

entitlement n 1. право на *что-л* 2. документ о праве 3. предоставление права

~ **to benefits** право на льготы

~ **to immunity** право на иммунитет

to exercise the ~ **for travel** использовать право на поездку (*куда-л.*)

entit/y n 1. бытие 2. нечто объективно/ реально существующее 3. сущность; существо 4. *юр.* субъект (*права и т.п.*)

class ~ классовая сущность

collective ~ies коллективные образования

international ~ субъект международных отношений

juridical/legal ~ юридическое лицо

natural ~ естественное явление

political ~ политическая единица/организация/реальность/сущность

private ~ частное юридическое лицо

separate legal ~ самостоятельное юридическое лицо

entourage n приближенные; окружение; свита; сопровождающие лица

entrench v 1. укрепляться, укореняться 2. (*ирон*) нарушать (*права и т.п.*)

firmly ~ed прочно укоренившийся

entrenchment n укрепление

~ **of power** укрепление власти

entrepreneur n предприниматель

private ~ частный предприниматель

entrepreneurial a предпринимательский

entrepreneurship n предпринимательство

foreign ~ иностранное предпринимательство

entrust v доверять; поручать

to ~ *smth* **to** *smb* доверять/поручать *что-л. кому-л.*

entry n 1. вступление 2. въезд 3. запись; занесение (*в протокол*) 4. заявка (*на участие*) 5. список участников (*конкурса, выставки и т.п.*); записавшийся (*для конкурса и т.п.*) 6. *юр.* фактическое вступление во владение недвижимым имуществом

~ **in the minutes** занесение в протокол

~ **into a country** въезд в страну

~ **into force** вступление в силу (*о соглашении*)

~ **into war** вступление в войну

~ **on duty (EOD)** вступление в должность

free ~ свободный (*без досмотра*) въезд в страну; беспошлинный ввоз

hasty ~ поспешное вступление (*в организацию*)

surreptitious ~ *развед. жарг.* тайное проникновение сотрудников разведки в *какое-л.* здание

to deny ~ **to** *smb* не разрешать *кому-л.* въезд в страну

to refuse *smb's* ~ не впускать *кого-л.* (*в страну*)

country's ~ **into** ... вступление страны в ...

date of ~ **into a country** дата въезда в *какую-л.* страну

illegal ~ **into a country** незаконный въезд в страну

on the ~ **into force** с момента вступления в силу

terms of ~ условия вступления (*в организацию*)

the ship was refused ~ кораблю не разрешили войти в порт

entryism *n полит. жарг.* внедрение в политическую партию для влияния на ее политику

entryist *n полит. жарг.* внедрившийся в партию член чуждой группы

enure *v юр.* вступать в силу; иметь юридическое действие

environment *n* окружающая среда; окружение

anything-goes ~ общество вседозволенности

business ~ экономическая обстановка

changed economic ~ изменившаяся экономическая обстановка

culturally deprived ~ *правит. жарг.* «среда, лишенная культуры» *(трущобы)*

economic ~ экономическая среда/обстановка

economic and political ~ политико-экономическая обстановка

hostile ~ враждебное окружение

human ~ социальное окружение; окружающая человека среда

industrial ~ промышленная среда

international ~ международное общественное мнение

international economic ~ международная экономическая обстановка

law-of-the-jungle ~ общество, живущее по закону джунглей

littoral ~ прибрежная среда

local ~ местная среда, окружение

marine ~ морская среда

near-shore ~ прибрежная среда

permissive ~ общество вседозволенности

petty-bourgeois ~ мелкобуржуазное окружение

physical ~ физическая среда

quality ~ качественная окружающая среда

social and economic ~ социальная и экономическая среда

sociocultural ~ социокультурная среда

sociohistorical ~ общественно-историческая обстановка

strategic ~ стратегическая обстановка

survival-of-the-fittest ~ общество, где выживает сильнейший

to adjust to a new ~ приспосабливаться к новым условиям/к новому окружению

to clean up the ~ очищать окружающую среду

to conserve the ~ охранять окружающую среду

to create an ~ создавать среду

to damage the ~ наносить ущерб окружающей среде

to identify global problems of ~ выявлять глобальные проблемы среды обитания

to improve the ~ улучшать состояние окружающей среды

to preserve the ~ сохранять окружающую среду

to prohibit action to influence ~ **for military purposes** запрещать воздействие на окружающую среду в военных целях

to protect the ~ охранять окружающую среду

to tinker with the ~ неумело обращаться с окружающей средой

adverse changes in the ~ неблагоприятные изменения в окружающей среде

catastrophic effects for the ~ катастрофические последствия для окружающей среды

contamination of ~ заражение окружающей среды

deterioration of ~ ухудшение окружающей среды

improvement of the ~ улучшение состояния окружающей среды

modification of the ~ воздействие на окружающую среду

nuclear explosions/tests in three ~s испытания ядерного оружия в трех средах

peaceful utilization of the ~ мирное использование окружающей среды

preservation of the ~ сохранение окружающей среды

protection of the ~ защита окружающей среды

environmental *a* относящийся к окружающей среде

environmentally-minded *a* озабоченный сохранением окружающей среды

environment-friendly *a* не вредящий окружающей среде

envoy *n* 1. дипломатический представитель 2. посланец, эмиссар 3. представитель, уполномоченный, доверенное лицо

~ **ceremonial** представитель, посылаемый для выполнения протокольных функций

E. Extraordinary and Minister Plenipotentiary Чрезвычайный посланник и Полномочный министр *(сокращенно «посланник»)*

~ **of good will** посланец доброй воли

~ **plenipotentiary** полномочный представитель

~ **political** политический представитель

diplomatic ~ дипломатический представитель

foreign ~ иностранный представитель

high-level ~ дипломатический представитель высшего ранга

peace ~ посланец (с миссией) мира

personal ~ личный представитель

roving Middle East ~ посол для особых поручений в странах Ближнего Востока

temporary ~ временный представитель

trouble-shooting ~ эмиссар, специализирующийся на улаживании конфликтов

smb's ~ **with a country** чей-л. посланец в *какой-л.* стране

envoyship *n* должность/положение *или* функции посланника/представителя

epicenter *n* эпицентр

to estimate an ~ **and depth of a seismic event** определять эпицентр и глубину очага сейсмического явления epidemic *n* эпидемия; вспышка

~ **of political assassinations** вспышка политических убийств

to eradicate ~s искоренять эпидемические заболевания

epoch *n* эпоха

~ **of modernization** эпоха модернизации

epoch-making *n* эпохальный

equal *a* равный

~ **in quality** равный по качеству

~ **to demand** соответствующий спросу

~ **to sample** полностью соответствующий образцу

equalitarian *a* уравнительный; эгалитарный

equality *n* равенство; равноправие

~ **before the law** равенство перед законом

~ **in the military field** равенство в военной области

~ **of men** равенство людей

~ **of rights** равноправие

~ **of votes** разделение голосов поровну

black ~ *ист.* равноправие негров

complete/full ~ полное равноправие

juridical ~ юридические равенство

legal national ~ правовое национальное равенство

numerical ~ *воен.* равенство в численности

political and legal ~ of nations политическое и правовое равноправие наций

real ~ подлинное равенство

social ~ социальное равенство

sovereign ~ of nations суверенное равенство народов/государств

women's ~ равноправие женщин

to recognize ~ признавать равенство

movement for ~ движение за равноправие

on a footing of complete ~ на основе полного равенства

on an ~ with *smb* на равных правах с *кем-л.*

principle of ~ принцип равенства

equilibrium *n* равновесие; сбалансированность

~ **of a draft resolution** сбалансированность проекта резолюции

~ **of military might** равенство военной мощи

~ **of sales and purchases** равновесие между куплей и продажей

~ **of strength** равновесие сил

balance-of-payment ~ равновесие платежного баланса

competitive ~ конкурентное равновесие

disturbed ~ нарушенное равновесие

dynamic(al) ~ динамическое равновесие

economic ~ экономическое равновесие

general ~ общее (рыночное) равновесие

geopolitical ~ геополитическое равновесие

long-run ~ долгосрочное равновесие

market ~ рыночное равновесие

military ~ военное равновесие *(сторон)*

monetary ~ денежное равновесие; равновесие в денежной сфере

short-run ~ краткосрочное равновесие

social ~ социальное равновесие

stable ~ устойчивое равновесие

supply-and-demand ~ равенство спроса и предложения; рыночное равновесие

unstable ~ неустойчивое равновесие

world trade ~ равновесие во всемирной торговле

to achieve an ~ добиваться равновесия

to overturn/to shatter/to upset an ~ нарушать равновесие

concept of "~" концепция «равновесия сил»

level of ~ уровень равновесия

equipment *n* 1. оборудование; оснащение; снаряжение 2. боевая техника

advanced ~ современное оборудование

anti-riot ~ снаряжение для разгона демонстраций

bomb-making ~ оборудования для изготовления бомб

combat ~ военная/боевая техника

electronic surveillance ~ электронная аппаратура слежения

encoding ~ аппаратура для шифрования

industrial ~ промышленное оборудование

military ~ военная техника

modern industrial ~ современное промышленное оборудование

obsolete/outdated ~ устаревшее оборудование

pollution control ~ оборудование для контроля загрязнения окружающей среды

safety ~ оборудование для обеспечения безопасности

sensitive ~ секретное снаряжение

technical ~ техническая оснащенность

up-to-date ~ современное оборудование

waste recycling ~ оборудование для утилизации отходов

working ~ действующее оборудование

to procure ~ обеспечивать оборудованием

to purchase industrial ~ in the world market покупать/закупать промышленное оборудование на мировом рынке

to renew the ~ обновлять оборудование

complete set of ~ комплектное оборудование

obsolescence rate of ~ степень устаревания оборудования

procurement of ~ поставка оборудования

set of ~ комплект оборудования

equitable *a* 1. справедливый; беспристрастный; равноправный; равный 2. *юр.* относящийся к праву справедливости

equit/y *n* 1. справедливость; беспристрастность 2. *юр.* право справедливости 3. *pl (чье-л.)* право, признанное судом справедливости 4. *эк.* обыкновенная акция; доля в акционерном капитале

foreign ~ доля иностранного участия в акционерной компании; иностранный пакет акций

industrial ~ies обыкновенные акции промышленных предприятий; акции промышленных предприятий без фиксированного дивиденда

local ~ национальный пакет акций

owner's/shareholder/stockholder ~ собственный (акционерный) капитал *(компании)*, уставной фонд

principle of ~ принцип справедливости

equivalence *n* равнозначность; равноценность; равносильность; эквивалентность

essential ~ существенное равенство; равенство по существу

equivalent *n* эквивалент

dollar ~ долларовый эквивалент

money ~ денежный эквивалент; стоимость (выраженная) в деньгах

universal ~ всеобщий эквивалент

equivocal *a* 1. двусмысленный; неясный; нечеткий 2. сомнительный; вызывающий подозрение 3. уклончивый

era *n* 1. эра; эпоха 2. летоисчисление

Elizabethan ~ елизаветинская эпоха

historical ~ историческая эпоха

new ~ новая эра

post-cold war ~ эра/эпоха после окончания «холодной войны»

post-World War II ~ эра/период после Второй мировой войны

pre-Gorbachev ~ догорбачевская эпоха

sensitive ~ щекотливый период истории

to herald a new ~ возвещать о начале новой эры

to initiate the ~ **of** устанавливать эру *(чего-л.)*

to open a new ~ **in** *smth* открывать новую эру в *чем-л.*

to usher in a new ~ провозглашать начало новой эры, возвещать о начале новой эры

a new ~ **dawns on the country** в стране начинается новая эра

a new ~ **is dawning** брезжит рассвет новой эры, начинается новая эра

eradicate *v* искоренять

erode *v* разъедать; разрушать *(изнутри)*

erosion *n* 1. эрозия; разъедание; разрушение 2. *полит. жарг.* уменьшение *(согласно опросу общественного мнения)* преимущества партии *или* политического деятеля над соперником

~ **of credibility** разрушение/подрыв доверия

~ **of economy** разрушение/подрыв экономики

erratic(al) *a* неустойчивый *(о взглядах, поведении)*; *эк.* неравномерный

error *n* 1. ошибка; заблуждение; ложное представление; погрешность 2. *юр.* судебная ошибка

~ **in essentia** ошибка в существенных признаках предмета договора; существенное заблуждение

~ **in procedure** процессуальная ошибка

~ **of fact** фактическая ошибка

~ **of judgment** ошибочный расчет; неверное суждение; просчет

~ **of law** правовая ошибка

~ **relating to the wording of the text of a treaty** ошибка, относящаяся к формулировке текста договора

crude ~ грубая ошибка

forecasting ~ ошибка прогноза

grave ~ серьезная ошибка

gross ~ грубая ошибка

huge historic ~ ошибка, имеющая большое историческое значение

identification ~ ошибка при установлении личности

random ~ случайная ошибка

tactical ~ тактическая ошибка

to acknowledge an ~ признавать ошибку

to commit/to make an ~ делать/совершать ошибку

to rectify/to reverse the ~**s** исправлять ошибки

margin of ~ предел погрешности

writ of ~ ходатайство об отмене приговора суда вследствие ошибки, допущенной им при рассмотрении дела

errorless *a* безошибочный

eruption *n* извержение *(вулкана)*; *перен.* взрыв

sudden ~ неожиданный взрыв *(националистических настроений и т.п.)*

escalate *v* 1. расширять(ся); обострять(ся); усугублять(ся) *(о положении, конфликте и т.п.)* 2. *(into)* ввергать *(во что-л.)*

escalation *n* эскалация; расширение; обострение *(положения, конфликта и т.п.)*

~ **of tension** эскалация напряженности

conflict ~ эскалация конфликта

deliberate ~ сознательная эскалация

to overmatch *smb's* ~ принимать более действенные меры в ответ на эскалацию с *чьей-л.* стороны

danger of ~ опасность эскалации войны

escape I *n* избавление; освобождение; спасение

prison ~ побег из тюрьмы

escape II *v* 1. избегать *(опасности и т.п.)*; спасаться, отделываться *(от чего-л.)* 2. ускользать

to ~ **from under the noses of** *smb* ускользать из-под носа у *кого-л.*

to ~ **unhurt** ускользать невредимым

to ~ **unpunished** ускользать безнаказанным

they ~**d unpunished because of the immunity system** они безнаказанно уехали, прикрываясь дипломатической неприкосновенностью

escapee *n* 1. беглый преступник 2. человек, стремящийся уйти от действительности

escapist I *n* человек, стремящийся уйти от действительности

escapist II *a* эскапистский; уводящий от основных проблем жизни

escort I *n* 1. эскорт; охрана, сопровождение, свита 2. эскорт, прикрытие, конвой

armed ~ вооруженная охрана

mounted ~ конная охрана

under United Nations ~ под охраной/в сопровождении войск ООН

escort II *v* сопровождать; провожать; эскортировать *(почетного гостя)*

espionage I *n* шпионаж
electronic ~ электронный шпионаж
military ~ военный шпионаж
to carry out/to conduct/to engage in ~ заниматься шпионажем
widespread ~ **against a country** широкомасштабный шпионаж против *какой-л.* страны

espionage II *attr* шпионский

essence *n* сущность; существо; суть
~ **of a contract** существенные условия договора
to conceal/to veil the ~ скрывать сущность
in ~ по существу, по сути *(дела)*

essential I *n* 1. сущность; неотъемлемая часть 2. *pl* предметы первой необходимости
living ~s предметы первой необходимости
to be deprived of the elementary ~s быть лишенным самого необходимого

essential II *a* обязательный; необходимый; существенный

establish *v* 1. основывать; учреждать, создавать; организовывать 2. устанавливать, создавать, устраивать; вводить 3. устанавливать, выяснять, определять 4. *юр.* доказывать; устанавливать *(факт)*, обосновывать

established *a* 1. установленный; доказанный 2. упрочившийся; укоренившийся; установившийся; признанный; авторитетный

establishing *n* создание; учреждение

establishment *n* 1. установление; основание; создание; учреждение; введение 2. штат *(служащих)* 3. учреждение *(государственное)*; организация; заведение 4. (Е.) истэблишмент; власть имущие; правящие круги; влиятельные круги *или* лица
~ **of a new state** создание нового государства
~ **of a permanent joint task-force headquarters** *воен.* создание постоянного штаба совместного оперативного соединения
~ **of diplomatic relations** установление дипломатических отношений
~ **of foreign military bases** создание иностранных военных баз
~ **of foreign troops** размещение иностранных войск
~ **of the situation of approximate parity** *воен.* установление примерного паритета
banking ~ банковское учреждение
British ruling E. британский «истэблишмент» *(правящая элита)*
business ~ деловое предприятие; деловые круги
Defense E. руководство министерства обороны
industrial ~ промышленное предприятие
large industrial ~ крупное промышленное предприятие

manufacturing ~ предприятие обрабатывающей промышленности
military ~ система военных ведомств *(США)*
military industrial ~ военно-промышленный комплекс
operated/operating ~ действующее/функционирующее предприятие
peace ~ *воен.* штаты мирного времени
principal ~ место основного жительства/нахождения
private ~ частное предприятие
producing ~ действующее/функционирующее предприятие
publicly-owned ~ государственное предприятие
regular ~ штатные сотрудники
ruling ~ правящая верхушка
small industrial ~ мелкое промышленное предприятие
war ~ штаты военного времени

establishmentarian *n* 1. сторонник существующего порядка; консерватор 2. противник отделения церкви от государства; сторонник создания государственной церкви

estate *n* 1. сословие 2. имущество; состояние 3. поместье; имение
~ **of a national of the sending state in the receiving state** имущество лица представляемого государства, находящееся в государстве пребывания
~s **of the realm** сословия королевства *(Великобритания)*
base ~ *ист.* крепостные крестьяне
fourth ~ пресса
industrial ~ промышленная зона/территория; промышленный комплекс
landed ~ землевладение; земельная собственность
life ~ пожизненное владение имуществом
non-ancestral ~ благоприобретенное имущество
personal ~ движимое имущество
real ~ недвижимое имущество, недвижимость
residential real ~ жилые здания и сооружения; жилая недвижимость
social ~ сословие
Third E. *ист.* третье сословие; буржуазия

esteem I *n* уважение
public ~ уважение со стороны/в глазах общественности

esteem II *v* уважать, почитать
shall ~ **it a favor** я сочту это за честь

estimate I *n* 1. оценка 2. смета; калькуляция; *pl* (сметные) предположения 3. (the E.) 1) проект государственного бюджета *(Великобритания)* 2) проект расходной части бюджета *(сметы-заявки ведомств, США)*
~ **for funds** смета на денежные ассигнования
absolute ~ абсолютная оценка

admissible ~ допустимая оценка
annual ~ годовая оценка
approximate ~ приблизительная оценка
a priori ~ априорная оценка
balanced ~ сбалансированная оценка
biased ~ смещенная оценка
budget(ary) ~s бюджетные предложения
cost ~ оценка издержек производства
crop ~ оценка урожая
crude ~ примерная/грубая/приблизительная оценка
current ~ текущая оценка
eye ~ грубая/приближенная оценка, оценка «на глаз»
inconsistent ~ несостоятельная оценка
initial ~ первоначальная смета/оценка
mid-year ~ оценка по состоянию на середину года
numerical ~ числовая/цифровая оценка
preliminary ~ предварительная оценка
provisional ~ предварительная/предположительная оценка
reasonable ~ приемлемая оценка
requirements ~ оценка потребностей
rough ~ примерная/грубая/приблизительная оценка
stable ~ устойчивая оценка
statistical ~ статистическая оценка
sufficient ~ достаточная оценка
supplementary ~s дополнительная смета
supply ~ оценка объема поставки
token ~ *брит. правит. жарг.* примерная сумма, названная представителем правительства в парламенте при обсуждении ассигнований
trade ~s внешнеторговые прогнозы; оценка внешней торговли
unbiased ~ объективная оценка
uniformly weighted ~ равномерно взвешенная оценка
unique ~ однозначная оценка
world-wide population ~s **and projections** мировые демографические оценки и прогнозы
to form an ~ составлять мнение; оценивать *(положение и т.п.)*
to shave the budget ~s урезать/сокращать намеченные бюджетные предложения
by ~ по предварительным расчетам
estimate II *v* 1. оценивать; устанавливать стоимость 2. оценивать; давать оценку; выносить суждение; судить *(о ком-л., о чем-л.)*
to ~ **highly** высоко ценить
estimated *a* 1. предполагаемый; примерный; приблизительный 2. планируемый; плановый; предполагаемый; теоретический; расчетный
estimating *a* оценочный
estimation *n* 1. оценка; познание; мнение 2. расчет; подсчет; вычисление; калькуляция; смета
estrangement *n* отчужденность; отчуждение

period of some ~ **with a country** период некоторого отчуждения/охлаждения в отношениях со страной
ethical *a* 1. этический; относящийся к этике 2. этичный; моральный; нравственный
ethics *n* этика; мораль; принятые нормы поведения
lifeboat ~ *правит. жарг.* «этика спасательной шлюпки» *(принятие политических решений, исходя из их целесообразности и срочности в ущерб соображениям человеколюбия)*
social ~ социальная этика
theological ~ теологическая этика
breach of electoral ~ нарушение этики избирательной комиссии
code of ~ *ист.* моральный кодекс
office of ~ отдел этики
ethnic I *n* 1. представитель этнической группы 2. представитель национального меньшинства 3. язычник
ethnic II *a* этнический
~ **Chinese** *a* этнический китаец
etiquette *n* 1. этикет; церемониал 2. правила поведения в обществе
table ~ правила поведения за столом
obligations of ~ требования этикета
euphoria *n* эйфория
Euro ~ эйфория в связи с преодолением раскола Европы
to warn against ~ предостерегать против эйфории
euro *n* евро *(единая денежная единица ряда европейских стран-членов Европейского союза)*
Eurobond *n* 1. облигация американской корпорации, продаваемая на европейских рынках/по нарицательной стоимости с оплатой и выплатой процента в долларах 2. еврооблигация
convertible ~ еврооблигация, обратимая в обычные акции компании-эмитента по определенному курсу
straight ~ еврооблигация, не обратимая в другие виды ценных бумаг
Euroclub *n* «Евроклуб» *(Европейский союз)*
Eurocommunism *n* еврокоммунизм *(идеология компартий ряда стран Западной Европы, особенно Франции и Италии)*
Eurocrat *n* чиновник Европейского союза
Eurocurrency *n* единая валюта ряда европейских стран-членов Европейского союза
Eurodollar *n* евродоллар
Euro-enthusiast *n* активный сторонник вступления страны в Евросоюз и введения евро
Euroequity *n* евроакция
Eurofarmer *n* еврофермер *(фермер одной из стран Евросоюза)*
Euro-idealist *n* активный сторонник вступления страны в Евросоюз и введения евро
Euroloan *n* еврозаем; заем в евро

Euromarket *n* ЕВРОРЫНОК

Euromissile *n* ЕВРОракета

Euromoney *n* евроденьги *(финансовые активы, выраженные в евровалютах и обращающиеся на международных рынках ссудных капиталов)*

Europe *n* Европа

mainstream ~ господствующая политическая тенденция в странах Европы

post-cold war ~ Европа после «холодной войны»

unified ~ объединенная Европа

war-free ~ Европа, свободная от угрозы новой войны

European *a* европейский

Europeanist *n* **1.** сторонник интеграции (Западной) Европы **2.** сторонник вступления в Европейский союз

europeanize *v* европеизировать

Europewide *a, adv* по всей Европе

eurosceptic *n* противник сближения страны с Европейским союзом

Euroshima *n* «Евросима» *(от «Европа» + «Хиросима») (применение ядерного оружия в Европе)*

eurovictim *n* гражданин одной из стран Европейского союза, страдающий от бюрократизма в другой стране Европейского союза

EU-wide *a, adv* во всех странах Европейского союза

evacuate *v* **1.** выводить *(войска);* оставлять *(место)* **2.** эвакуировать *(население, раненых и т.п.)*

evacuation *n* **1.** отвод; вывод *(войск)* **2.** эвакуация *(населения, раненых и т.п.)*

overland ~ эвакуация по суше

the ~ is coming to an end эвакуация заканчивается

evade *v* уклоняться *(от исполнения долга);* избегать *(расспросов)*

evader *n* лицо, уклоняющееся от чего-л.

tax ~ лицо *(физическое или юридическое),* уклоняющееся от уплаты налогов

evaluate *v* оценивать

evaluation *n* оценка; аттестация

feasibility ~ оценка осуществимости *(проекта и т.п.)*

job ~ оценка работы

policy ~ оценка политики/методики/решения

statistical ~ статистическая оценка

subjective ~ субъективная оценка

evasion *n* **1.** уклонение **2.** увертка; уловка; отговорка; уклончивый ответ

~s and delays отговорки и отсрочки

~ of control уклонение от контроля

tax ~ уклонение от уплаты налогов

evasive *a* уклончивый; уклоняющийся

even *a* ровный

at ~ без процентов

evenhanded *a* беспристрастный

evenhandedness *n* беспристрастность

event *n* **1.** событие; важное явление **2.** случай **3.** мероприятие **4.** взрыв; авария на атомной электростанции

~ of historic significance событие исторической важности

~s got out of control события вышли из-под контроля

~s may be spiraling out of control события могут выйти из-под контроля

crucial ~ переломное событие

current ~s текущие события

formal ~ официальное мероприятие

great ~ крупное событие

historical ~s исторические события

history-making ~ событие всемирно-исторического значения

international ~s международные события

latest ~s последние события

major ~s главные события

momentous ~ историческое событие

political ~ политическое событие

random ~ случайное событие

rapidly moving ~s быстрое развитие событий

significant ~ важное/значительное событие

social ~ неофициальная встреча; встреча друзей

specific ~ специфичное событие

sure ~ достоверное событие

tumultuous ~s бурные события

uncertain ~ недостоверное событие

world-shaking ~ событие, потрясшее мир

to be caught off guard by the speed of the ~s быть застигнутым врасплох быстрым развитием событий

to channel ~s (into) поворачивать развитие событий *(куда-л.)*

to force ~s форсировать события

to inform smb of the latest ~s in the world информировать о последних событиях в мире

to misrepresent crucial ~s искажать/извращать важные события

to monitor ~s следить за развитием событий

to retrace the ~s leading to smth восстанавливать события, которые привели к *(чему-л.)*

to use the ~s использовать события

chain of ~s цепь событий

course of ~s ход событий

course of human ~s ход развития человечества

course of world ~s ход мировых событий

development/drift of ~s ход событий

horrendous turn of ~s ужасный поворот событий

in the ~ (of) в случае *(чего-л.)*

march of ~s ход событий

sudden turnaround of ~s неожиданный поворот событий

eventful *a* 1. полный событий; богатый событиями 2. чреватый важными последствиями

evict *v* 1. выселять 2. выгонять; исключать

to ~ smb from Downing Street убирать *кого-л.* с поста премьер-министра Великобритании

eviction *n юр.* 1. выселение 2. лишение имущества по суду

evidence I *n* 1. данные; факты; основание 2. доказательство; свидетельство 3. очевидность; ясность 4. *юр.* доказательство; улика; показания

~ by hearsay свидетельские показания, основанные на слухах

~ given by *smb* fitted in very closely with what we already knew показания, данные *кем-л.*, во многом совпали с тем, что нам уже было известно

~ has been assembled about *smth* собраны доказательства *чего-л.*

~ has gone missing доказательства пропали

~ in confirming the validity доказательства, подтверждающие обоснованность обвинения

~ of inflation признак инфляции

~ of recovery признаки экономического подъема

~ speaks for itself эти данные говорят сами за себя

ample ~ вполне достаточные данные/доказательства

circumstantial ~ косвенные доказательства/улики

clear ~ наглядное свидетельство

compelling ~ убедительное свидетельство

compulsive ~ неопровержимое доказательство; неопровержимые данные/факты

concrete ~ конкретное/реальное доказательство

cumulative ~ совокупность улик

documentary ~ письменное доказательство

eloquent ~ убедительное доказательство

fabricated ~ сфабрикованное доказательство

firm ~ убедительное доказательство

forensic ~ *юр.* данные судебной экспертизы

fresh ~ новые свидетельства

further ~ новые доказательства

good ~ достоверные свидетельства

historical ~ исторические факты/свидетельства

indirect ~ косвенные доказательства/улики

irrefutable ~ неопровержимые доказательства

material ~ вещественные доказательства

mounting ~ of *smth* все увеличивающиеся признаки *чего-л.*

original ~ первоначальные показания

parole ~ устное показание

physical ~ вещественное доказательство

presumptive ~ показания, основанные на догадках

real ~ вещественные доказательства

reasonable ~ разумное доказательство

solid ~ убедительные доказательства

strong ~ убедительные свидетельства

sufficient ~ достаточное количество фактов

to accept ~ принимать доказательство

to be ample ~ of *smth* быть ярким свидетельством *чего-л.*

to bear ~ свидетельствовать

to be ~ of *smth* являться свидетельством *чего-л.*, свидетельствовать *о чем-л.*

to be receivable in ~ приниматься к рассмотрению

to call in ~ вызывать в качестве свидетеля

to concoct ~ фабриковать доказательства

to ensure the protection of ~ обеспечивать сохранность доказательств

to examine new ~ рассматривать новые доказательства

to falsify ~ 1) фальсифицировать свидетельские показания 2) подделывать *(документы и т.п.)*

to find ~ находить/обнаруживать доказательства

to furnish ~ представлять доказательства

to garble ~ подтасовывать свидетельские показания

to give ~ давать показания; свидетельствовать

to give ~ as a witness давать свидетельские показания

to decline to give ~ отказываться от дачи показаний

to hear ~ заслушивать показания

to hear ~ for the defense заслушивать показания свидетелей защиты

to hear ~ for the prosecution заслушивать показания свидетелей обвинения

to hear ~ in closed session заслушивать показания на закрытом заседании

to offer ~ представлять доказательства

to place the ~ of the witness before the court излагать показания свидетеля перед судом

to procure ~ получать доказательства

to provide ~ of *smth* свидетельствовать о чем-л.

to serve as ~ служить доказательством

to supply ~ представлять доказательства

to take the ~ of *smb* допрашивать *кого-л.*

to turn state ~ становиться свидетелем обвинения

to withhold ~ утаивать/скрывать улики/факты/данные

abstract of ~ краткое изложение улик

admissibility of ~ допустимость доказательств

body of ~ совокупность доказательств

in ~ наличный, присутствующий

insufficiency of oral ~ недостаточность устных доказательств/показаний

law of ~ доказательственное право

piece of ~ доказательство

production of ~ предъявление доказательств

reams of ~ кипы документов, служащих доказательствами

there is continuing ~ **that ...** продолжают поступать сообщения о том, что ...

there is increasing ~ **that ...** есть все больше свидетельств того, что ...

evidence II *v юр.* 1. давать показания 2. доказывать, служить доказательством

evil I *n* зло; несчастье; вред; бедствие; неудача

~ **comes from** ~ зло порождает зло

social ~**s** социальное/общественное зло, социальные язвы/пороки

to correct the ~**s** устранять пороки

to expose the social ~**s** обличать социальные пороки

to face the choice of (two)~**s** стоять перед необходимостью выбрать меньшее из двух зол

to perpetrate an ~ **to a country** нанести вред стране

to return good for ~ отплатить добром за зло

evil II *a* злой, злонамеренный; порочный

evolution *n* эволюция

~ **of strategic plans** процесс изменения стратегических планов

~ **of the relationship (between)** развитие отношений (между)

demographic ~ демографическое развитие

man's ~ эволюция человека

evolutionary *a* эволюционный

evolutionism *n* теория эволюции; *филос.* эволюционизм

vulgar ~ вульгарный эволюционизм

evolutionist *n* эволюционист; дарвинист

evolutionistic *a филос.* эволюционистский

evolvement *n филос.* эволюция

exacerbate *v* усугублять *(кризис)*; усиливать *(недовольство)*

exacerbation *n* обострение; углубление *(кризиса)*; усиление *(недовольства, волнений)*

~ **of the crisis** углубление/обострение кризиса

~ **of the struggle** обострение борьбы

exact *v* 1. настоятельно требовать; домогаться; добиваться 2. *юр.* вымогать; взыскивать *(налоги и т.п., обычно чрезмерные или незаконные)*; получать *(взятку)* 3. *юр.* вызывать в суд

exaction *n* 1. *юр.* вызов в суд 2. вымогательство 3. (насильственно) взысканные суммы, взносы, поборы *и т.п.*

examinable *a юр.* подсудный

examination *n* 1. экзамен 2. осмотр, досмотр 3. следствие; допрос; протокол допроса

~ **of a claim** рассмотрение претензии

~ **of accounts** ревизия счетов

~ **of cases by several judges** коллегиальное рассмотрение дел

cross ~ перекрестный допрос

custom(-house)/customs ~ таможенный досмотр

direct ~ прямой допрос

exit ~ выездное медицинское освидетельствование

forensic ~ осмотр судебно-медицинскими экспертами

medical ~ медицинское освидетельствование; медицинский осмотр

passport ~ паспортный контроль

polygraph ~ проверка на детекторе лжи

preliminary ~ предварительное разбирательство в суде

pre-placement medical ~ предварительное медицинское освидетельствование перед принятием на должность

routine ~ *юр.* обычный контроль

sanitary ~ санитарный контроль

unfair ~ тенденциозный/пристрастный допрос

to escape custom ~ избегать таможенного досмотра

to fail in an ~ проваливаться на экзаменах

to make a medical ~ проводить медицинское освидетельствование

to make an ~ осматривать; освидетельствовать

to make an expert ~ проводить экспертизу

to take the ~ **of** *smb* допрашивать *кого-л.* и протоколировать ответы

to undergo a medical ~ проходить медицинское освидетельствование

on closer ~ **of the facts** при ближайшем рассмотрении фактов

examination-in-chief *n юр.* первоначальный опрос или допрос свидетеля выставившей стороной

examine *v* 1. обследовать; проверять; изучать; исследовать; рассматривать 2. допрашивать *(обвиняемого)*; опрашивать *(свидетеля)*

examiner *n* экзаминатор; эксперт, инспектор; наблюдатель

medical ~ член врачебной комиссии; член медицинской комиссии

example *n* пример

to follow the ~ **of** *smb* следовать *чьему-л.* примеру

to give an ~ (по)давать пример

to influence *smb* **by** *one's* ~ воздействовать на *кого-л.* силой примера

to set an ~ (по)давать пример

Excellency *n* превосходительство

His E. его превосходительство

Your E. ваше превосходительство

except *v* 1. исключать 2. *юр.* отводить свидетеля

exception *n* 1. исключение; изъятие 2. возражение 3. *юр.* оговорка *(в документе, договоре)*

~**s in case of emergency** *юр.* изъятие в случае чрезвычайных обстоятельств

~ **to the rule** исключение из правила

E., Your Honor! Возражение, Ваша честь! *(в суде)*

to be beyond ~ не вызывать возражений

to bring in an ~ against выступать против; делать отвод *(кандидату и т.п.)*

to make an ~ делать исключение

to overrule ~ *юр.* отклонять возражение

to sustain ~ *юр.* принять возражение

to take ~ to/against a witness *юр.* отводить свидетеля

to take ~ to smth возражать против *чего-л.*

by way of ~ в виде исключения

removal *or* modification of ~s устранение *или* изменение изъятий

with the ~ of smb/smth за исключением *кого-л./чего-л.*

without ~ без исключения

excess *n* избыток; излишек; превышение

~ of receipts over expenses превышение доходов над расходами

the ~ of one over the other количество, на которое одно превышает другое

exchange I *n* 1. обмен; мена; замена 2. *pl* товарообмен 3. биржа 4. иностранная валюта; девизы 5. обменный курс иностранной валюты

~ is falling курс падает

~ is rising курс повышается

~ is steady курс стабилен

~ of awards обмен наградами

~ of civilities/courtesies обмен любезностями, светская беседа

~ of day курс дня *(иностранной валюты)*

~ of decorations обмен наградами

~ of diplomatic missions обмен дипломатическими миссиями

~ of experience (in) обмен опытом (в)

~ of goods by barter бартерный обмен

~ of greetings обмен приветствиями

~ of information обмен информацией

~ of instruments of ratification обмен ратификационными грамотами

~ of letters обмен письмами

~ of lists of prisoners обмен списками пленных

~ of notes обмен нотами

~ of official visits обмен официальными визитами

~ of pleasantries обмен любезностями

~ of ratifications обмен ратификационными грамотами

~ of services обмен услугами

~ of students обмен студентами

~ of toasts обмен тостами

~ of views обмен взглядами/мнениями

~ of written representations and arguments обмен письменными предложениями и доводами

acrimonious ~ обмен язвительными замечаниями/обвинениями

American Stock E. Американская фондовая биржа

amicable ~ of views дружеский обмен мнениями

angry ~s between smb перебранка; обмен резкими репликами; взаимные злобные нападки между *кем-л.*

animated ~ оживленный обмен мнениями

artillery ~ артиллерийская перестрелка/дуэль

bitter ~ резкая перепалка, обмен резкими обвинениями

commodity ~ 1) товарная биржа 2) *pl* товарообмен

corn ~ биржа зерна

cultural ~s культурный обмен

employment ~ биржа труда

favorable ~ благоприятный/выгодный курс

foreign ~ 1) иностранная валюта 2) иностранная фондовая биржа 3) курс иностранной валюты

Foreign Stock E. рынок для иностранных ценных бумаг *(на Лондонской фондовой бирже)*

frank ~ of views откровенный обмен мнениями

freely convertible ~ свободно конвертируемая валюта

fruitful ~ плодотворный обмен

full ~ of views всесторонний обмен мнениями

goods ~ 1) товарная биржа 2) *pl* товарооборот; операции по обмену товарами

heated ~ горячая перепалка

humanitarian ~s гуманитарные обмены

inequitable ~ неэквивалентный обмен

international ~ международный обмен

international petroleum ~ международная биржа нефтепродуктов

labor ~ биржа труда

lively ~s of views оживленный обмен мнениями

London Mercantile E. Лондонская товарная биржа

London Stock E. Лондонская фондовая биржа

mercantile ~ товарная биржа

metal ~ биржа металлов

mutually-beneficial ~ взаимовыгодный обмен

noisy ~s in Parliament шумная словесная перепалка в парламенте

nominal ~ номинальный валютный курс *(в отличие от рыночного)*

nonequivalent ~ неэквивалентный обмен

official ~ обмен официальными посланиями

open ~ открытый обмен мнениями

party political ~s across the floor партийно-политические дебаты в парламенте

pegged ~ 1) искусственно поддерживаемый курс (валюты) 2) курс, привязанный к другой валюте

people-to-people ~ международный обмен

petroleum ~ биржа нефтепродуктов

produce ~ биржа сельскохозяйственной продукции

reciprocal ~ взаимный обмен

remarkable frank ~ удивительно откровенный обмен мнениями

robust ~ **of views** оживленный обмен мнениями

scientific ~ научный обмен

seismic data ~ обмен сейсмическими данными

sharp ~ **between** *smb* обмен резкими заявлениями между *кем-л.*

stock ~ фондовая биржа

traditional trade ~s традиционный товарообмен

unequal ~ неэквивалентный обмен

useful ~ полезный обмен

variable ~ неустойчивый/колеблющийся курс

verbal ~s обмен устными заявлениями

vigorous ~s энергичный обмен мнениями

to create a setting for an ~ **of views** создавать обстановку для обмена мнениями

to hold ~s **with** *smb* проводить обмен с *кем-л.*

to increase (goods) ~s увеличивать товарооборот

to produce lively ~ вызывать оживленную дискуссию

to save foreign ~ экономить иностранную валюту

available supplies of foreign ~ имеющиеся запасы иностранной валюты

bellicose ~ **of threats** воинственный обмен угрозами

bill of ~ вексель

comprehensive ~ **of opinions** всесторонний обмен мнениями

fall in ~ падение курса

in ~ **for** в обмен на

loss *or* **gain on** ~ валютные убытки *или* прибыли

medium of ~ средства обмена; средство международных расчетов

par of ~ валютный паритет

profitable rate of ~ выгодный курс валюты

shortage of foreign ~ нехватка иностранной валюты

there has been good ~ состоялся полезный обмен мнениями *(на переговорах)*

through the diplomatic ~ **of written communications** в дипломатическом порядке путем обмена письменными сообщениями

exchange II *v* обменивать(ся)

exchequer *n* 1. казначейство; (государственная) казна 2. **(the E.)** Министерство финансов *(Великобритания)*

National E. *брит.* казна

excise *n* акциз *(налоги на товары, производимые, продаваемые или потребляемые внутри страны)*

exclave *n* эксклав *(часть территории государства, географически отделенная от основной и окруженная территорией других стран)*

exclude *v* исключать

exclusion *n* 1. исключение *(из договора и т.п.)* 2. запрещение въезда в страну

~ **of the seabed, the ocean flow and the subsoil thereof from the arms race** исключение из сферы гонки вооружений дна морей и океанов и их недр

exclusive *a* исключительный; особый; привилегированный; первоклассный; фешенебельный

mutually ~ взаимоисключающий; несовместимый

exclusiveness *n* исключительность

class ~ классовая исключительность

excoriate *v* разносить, поносить *(что-л.)*; сильно критиковать

exculpate *v юр.* снимать обвинения; оправдывать; реабилитировать

exculpation *n юр.* 1. оправдание; реабилитация 2. основание/причина оправдания; оправдывающее обстоятельство

excursus *n* экскурс

short ~ **to the history** краткий экскурс в историю

excuse *n* оправдание; повод; предлог; отговорка

~ **for aggression** повод для агрессии

excuse *v* 1. служить оправданием 2. освобождать *(от обязанности, работы)*

execute *v* 1. исполнять; выполнять *(приказ)*; проводить в жизнь; осуществлять 2. казнить 3. *юр.* оформлять *(договор, доверенность и т.п.)*

execution *n* 1. исполнение; выполнение 2. казнь 3. *юр.* выполнение формальностей; оформление; совершение *(договора, доверенности)*

~ **of a contract** выполнение контракта/договора

~ **of a decision** исполнение решения

~ **of an order** исполнение/выполнение приказа

~ **of a plan** выполнение плана

~ **of crime** совершение преступления

~ **of death sentence** приведение в исполнение смертного приговора

budget ~ исполнение бюджета

extrajudicial ~ казнь без суда

house-to-house ~s массовые политические убийства

multiple ~ массовая казнь

political ~ казнь политического противника

summary ~ быстрая казнь *(без соблюдения нормальной юридической процедуры)*

unauthorized ~ несанкционированная казнь

to ask for a stay of ~ просить об отсрочке казни

to condemn the ~s осуждать казни

to grant a last-minute stay of ~ **to** *smb* в последнюю минуту отсрочить *чью-л.* казнь

to grant a stay of ~ разрешать отсрочку казни

to oversee *smb's* ~ наблюдать за *чьей-л.* казнью

to stay the ~ of ... задерживать чью-л. казнь
impossibility of ~ невозможность выполнения *(договора и т.п.)*
measures of ~ исполнительные меры
stay of ~ отсрочка казни
executive I *n* **1.** исполнительная власть **2.** исполнительный орган **3. (the E.)** глава исполнительной власти *(президент США, губернатор штата)* **4.** руководитель, администратор; руководящий работник **5.** сотрудник, служащий **6.** *воен.* начальник штаба части; помощник командира
chief ~s главные администраторы, руководящие представители исполнительной власти
Chief E. президент США
mid-level ~ руководитель среднего звена
multinational ~ сотрудник транснациональной корпорации
national ~s национальный исполнительный комитет
national chief ~ глава государства
top ~s высшие администраторы
executive II *a* **1.** исполнительный; правительственный; президентский **2.** административный; организаторский
executory *a* **1.** подлежащий исполнению, имеющий силу *(о законе, приказе)* **2.** *юр.* вступающий в силу *(подлежащий исполнению)* лишь в будущем
exemplification *n юр.* заверенная копия документа
exemplify *v юр.* снимать и заверять копию
exempt I *a* свободный; освобожденный; не подлежащий *(чему-л.)*; свободный *(от недостатков и т.п.)*; пользующийся особыми льготами; привилегированный
~ from duties беспошлинный
~ from taxation не подлежащий обложению налогом
to be ~ from customs examination быть освобожденным от таможенного досмотра
exempt II *v* освобождать *(от обязанности и т.п.)*; изымать
exemption *n* **1.** освобождение *(от чего-л.)*; льгота; изъятие; привилегия **2.** исключение, вычет *(при расчете налогов)*
~ from civil jurisdiction *юр.* изъятие из гражданской юрисдикции
~ from criminal jurisdiction *юр.* изъятие из уголовной юрисдикции
~ from customs duties and inspection освобождение от таможенной пошлины и досмотра
~ from dues and taxes освобождение от сборов и налогов
~ from police освобождение от исполнения полицейских распоряжений
~ from social security legislation изъятие из законодательства в области социального обеспечения
~ from subpoena as a witness *юр.* освобождение от вызова в суд в качестве свидетеля

~ from taxation освобождение от пошлин/от налогообложения
fiscal and customs ~ освобождение от налогов и таможенных пошлин
tax ~ освобождение от уплаты налогов
total ~ полное изъятие/освобождение
exercise I *n* **1.** осуществление; применение **2.** действие; акт **3.** *pl воен.* боевая подготовка; учения, маневры
~ of the functions осуществление функций
~s on a large scale крупномасштабные военные учения
air ~s воздушные маневры
flag-waving ~s демонстрация силы; маневры, проводимые для демонстрации силы
joint ~s совместные маневры
large-scale/major ~s крупномасштабные военные маневры
military ~s военные учения, военные игры
naval ~ военно-морские учения
propaganda/public relations ~ пропагандистское мероприятие; пропагандистский ход
routine military ~s очередные военные маневры
show-the-flag ~s демонстрация силы; маневры, проводимые для демонстрации силы
training ~s учебные маневры
to begin the ~ of *one's* **responsibilities** начинать осуществление своих обязанностей
to hold military ~s проводить военные учения/маневры
to limit the size, number and duration of ~s ограничивать масштабы, количество и продолжительность учений
to stage military ~s проводить военные учения
to suspend the ~ of the rights and privileges приостанавливать осуществление прав и привилегий
to watch military ~s наблюдать за ходом военных маневров
to withdraw from joint military ~s отказываться от дальнейшего участия в совместных военных маневрах
bridge-building ~s between the civilians and the military попытки налаживания отношений между гражданскими и военными
frequency and duration of ~s частота и продолжительность учений
ground phase of ~s наземная фаза учений
in the ~ (of) при осуществлении
nature and purpose of military ~s характер и цель военных учений
pre-announcement/prior notification on ~s предварительное уведомление об учениях
exercise II *v* осуществлять, применять, использовать, пользоваться
exert *v* оказывать *(влияние, давление)*
exertion *n* напряжение, усилие
to redouble *one's* **~s** удваивать свои усилия

exhaust *v* истощать, исчерпывать

exhaustion *n* истощение

to bring a country to the point of utter ~ доводить страну до полного истощения

exhibit I *n* 1. экспонат 2. показ, экспозиция; выставка 3. *юр.* вещественное доказательство

international defense ~ международная выставка вооружений

exhibit II *v* 1. предъявлять, представлять; *юр.* представлять вещественное доказательство 2. показывать, обнаруживать, проявлять 3. выставлять, экспонировать, показывать *(на выставке)*

exhibition *n* 1. предъявление, предоставление *(полномочий и т.п.)*; *юр.* представление суду *(документов и т.п.)* 2. выставка, демонстрация, показ

international ~ международная выставка

photographic ~ фотовыставка

specialized ~ специализированная выставка

trade ~ выставка-продажа

world ~ международная выставка

to close an ~ закрывать выставку

to inaugurate/to open an ~ открывать выставку

exhilaration *n* оживление *(экономической конъюнктуры)*

exhort *v* убеждать; настоятельно рекомендовать; просить; призывать

exhortation *n* призыв

ideological ~s идеологические призывы

exhumation *n* эксгумация

exile I *n* 1. высылка; ссылка; изгнание 2. эмигрант, изгнанник

administrative ~ административная ссылка

cultural ~ деятель культуры, вынужденный эмигрировать

external ~ внешняя ссылка; высылка из страны

internal ~ внутренняя ссылка

long ~ длительная ссылка

political ~ политический эмигрант

self-imposed ~ добровольная ссылка

to banish *smb* **into ~** отправлять в ссылку/высылать *кого-л.*

to condemn to ~ осуждать на изгнание/ссылку

to doom *smb* **to ~** приговаривать *кого-л.* к ссылке

to end 30 years of ~ вернуться из ссылки, продолжавшейся 30 лет

to go into ~ эмигрировать из страны *(преим. по политическим мотивам)*

to go onto ~ in the USA эмигрировать в США; быть высланным в США *(по политическим мотивам)*

to languish in ~ томиться в ссылке

to live in ~ жить в изгнании; быть в ссылке *или* эмиграции

to recall *smb* **from ~** отзывать *кого-л.* из ссылки *или* эмиграции

to release *smb* **from internal ~** освобождать *кого-л.* от ссылки внутри страны

government in ~ правительство в изгнании

exile II *v* высылать, ссылать *(кого-л.)*

existence *n* существование; наличие

to accept the ~ of a country признавать существование страны

agreements already in ~ уже существующие соглашения

in ~ существующий, наличный, имеющийся *(в природе)*

the nation's very ~ is under threat под угрозой само существование государства

existing *a* существующий, имеющийся в наличии

exit *n* выезд *(из страны)*

ex-minister *n* бывший министр

exodist *n редк.* эмигрант

exodus *n* массовый отъезд/уход/выезд *(беженцев)*; массовая эмиграция, вызванная чрезвычайными обстоятельствами, исход

~ from a country поток беженцев из страны

~ of capital *эк.* бегство капитала

~ of refugees исход беженцев

mass ~ массовый отъезд/уход/выезд *(беженцев)*; массовая эмиграция, вызванная чрезвычайными обстоятельствами, исход

rural ~ массовый уход из деревни

ex officio *лат.* по служебному положению, по должности

exonerate *v* 1. освобождать *(от обязательств, ответственности и т.п.)* 2. *юр.* оправдывать, реабилитировать

to ~ *smb* **from** *smth* реабилитировать *кого-л.* в *каком-л.* вопросе

exoneration *n* 1. освобождение *(от обязательств, ответственности и т.п.)* 2. оправдание, реабилитация

expand *v* расширять(ся); развивать(ся); распространять(ся)

expanded *a* расширенный

expansion *n* экспансия; расширение; рост

~ of armaments рост вооружений

~ of currency расширение денежного обращения

~ of international monopolies экспансия международных монополий

~ of operations расширение масштаба (производственной) деятельности

~ of production расширение/рост производства

~ of trade расширение торговли

business ~ экономический подъем

business cycle ~ циклический экономический подъем; фаза подъема в экономическом цикле

capital-expenditure ~ рост объема капиталовложений; расширение инвестиций

commercial ~ торговая экспансия

considerable ~ сильное/значительное расширение/увеличение

cultural ~ культурная экспансия

economic ~ подъем экономики; экономический рост

ideological ~ идеологическая экспансия

industrial ~ промышленная экспансия; (экстенсивное) развитие промышленности

job ~ рост численности работающих; увеличение числа рабочих мест

military ~ военная экспансия

monetary ~ денежная экспансия; рост денежной массы

neocolonialist ~ неоколониалистская экспансия

political ~ политическая экспансия

self-sustained ~ самоподдерживающийся рост/подъем

sufficient ~ достаточное увеличение

sustained ~ устойчивый рост

territorial ~ территориальная экспансия

wartime ~ подъем, обусловленный экономикой военного времени

ambitions plans of ~ честолюбивые планы экспансии

eastward ~ of NATO расширение НАТО на восток

escalation of the ideological ~ усиление идеологической экспансии

expansionism *n* экспансионизм

to contain ~ сдерживать экспансионизм

to counter ~ противодействовать экспансионизму

a means of countering ~ средство противодействия экспансионизму

policy of ~ экспансионистская политика

expansionist I *n* экспансионист; сторонник экспансии

expansionist II *a* экспансионистский

expansive *a* обширный; экспансионистский; расширительный (*о толковании*)

expat *n* экспатриант

expatriate I *n* экспатриант

expatriate II *a* эмигрировавший

expatriate III *v* 1. экспатриировать; изгонять из отечества 2. эмигрировать, отказываться от гражданства

to ~ oneself эмигрировать; отказываться от гражданства

expatriation *n* 1. экспатриация; лишение гражданства; высылка за границу 2. эмиграция; отказ от гражданства

right of ~ право экспатриации

expectancy *n* 1. ожидание, предвкушение 2. вероятность 3. ожидаемый срок

life ~ средняя продолжительность жизни

expectation *n* ожидание, надежда

high ~s большие ожидания

inflationary ~s ожидания роста цен; инфляционные ожидания

market ~ ожидаемый объем сбыта

price-level ~s ожидаемые изменения цен

sales ~ ожидаемый объем цен

to come up to ~s оправдывать ожидания

to fall short of ~s не оправдывать надежд/ожиданий

to justify/to live up to/to meet ~s оправдывать ожидания

to raise *smb's* **~s** вселять надежду в *кого-л.*

expedience, expediency *n* 1. целесообразность; выгодность; рациональность 2. практическая целесообразность; прагматизм; беспринципность; оппортунизм

political ~ политическая целесообразность

to do *smth* **for political ~** делать *что-л.* ради политической целесообразности

on grounds of ~ исходя из целесообразности

expedient I *n* средство для достижения цели, прием; уловка

diplomatic ~ against *smb* дипломатическое средство против *кого-л.*

expedient II *a* целесообразный

economically ~ экономически целесообразный

expedite *v* содействовать; быстро завершать (*дело и т.п.*); ускорять (*работу и т.п.*)

expediter *n полит. жарг.* толкач

expedition *n* экспедиция

punitive ~ карательная экспедиция

expel *v* 1. исключать, удалять, изгонять 2. *юр.* высылать (*из страны*)

to decide to ~ выносить решение об исключении/о выводе из состава

expenditure *n* 1. расход; расходование; трата; потребление; статья расхода 2. *pl* расходы; затраты

~s abroad внешние расходы

~s at home внутренние расходы

~s above the line *брит.* балансовые статьи расходов государственного бюджета (*затраты на содержание вооруженных сил, государственного аппарата*)

~s below the line *брит.* забалансовые статьи расходов государственного бюджета (*ссуды предприятиям государственного сектора*)

~s for national security затраты на нужды национальной безопасности

~s for pollution abatement затраты на оздоровление окружающей среды

~s for welfare and social benefits расходы на социальные нужды

~s on armaments расходы на вооружение

~s on military R and D (research and development) расходы на военные исследования и разработки

~s on public account правительственные/государственные расходы

accrued ~s задолженность

agricultural ~s расходы на сельское хозяйство

armaments/arms ~s расходы на вооружение

business ~s 1) расходы предпринимателей 2) торговые издержки

capital ~s капиталовложения, инвестиции

capital equipment ~s капиталовложения в оборудование

cash ~s денежные затраты/расходы
civilian ~s гражданские расходы *(бюджета)*
current ~s текущие расходы
defense ~s расходы на оборону
direct ~s прямые расходы
education ~s расходы на образование
environmental ~s расходы на охрану окружающей среды
escalating military ~ растущие военные расходы
estimated ~s расчетные затраты
export ~s расходы по экспорту/импорту
extra ~s дополнительные расходы
extra-budgetary ~s внебюджетные расходы
extraordinary ~s чрезвычайные расходы
federal ~s расходы федерального бюджета
global ~s **on arms** глобальные расходы на вооружение, расходы на вооружение во всем мире
global military ~s глобальные военные расходы
government ~s правительственные/государственные расходы
government ~s **abroad** внешние государственные расходы
government overseas ~s внешние государственные расходы
health ~s расходы на здравоохранение
housing ~s расходы на жилищное строительство
import ~s расходы по экспорту/импорту
interest ~ затраты/расходы, относимые на погашение процентов
investment ~s капиталовложения, инвестиции
loan ~s расходы, финансируемые за счет займов
marginal ~s предельные затраты/расходы
military ~s военные расходы
military and related security ~s прямые и косвенные военные расходы
non-defense ~s невоенные расходы
operating ~s эксплуатационные расходы
overseas military ~ военные расходы за границей
personal consumption ~s частные потребительские расходы
plant and equipment ~ расходы на оборудование и строительство
productive ~s производительные расходы
public ~s правительственные/государственные расходы
recurrent ~ периодические/текущие расходы
reduction in ~ сокращение расходов
research-and-development ~s расходы на научные исследования и разработки
socially necessary ~ общественно необходимые затраты
space ~s расходы на космические исследования
supply ~s *брит.* (бюджетные) расходы на содержание вооруженных сил и государственного аппарата

total ~s общие расходы
unproductive ~s непроизводительные расходы
war ~s военные расходы
welfare ~s расходы на социально-культурные нужды
to cut (back) ~s сокращать расходы
to force through military ~ протаскивать военные расходы *(через бюджет)*
to increase ~s увеличивать расходы
to incur ~s нести расходы
to reduce ~s **on agriculture** уменьшать расходы на сельское хозяйство
to slash ~s резко сокращать расходы
to step up ~s увеличивать расходы
classification of ~s классификация расходов
rising scale of ~s рост расходов
volume of ~s объем расходов

expense *n обыкн. pl* расходы; издержки; затраты
~s **of production** издержки производства
~s **of representation** представительские расходы
accrued ~s непогашенные затраты; задолженность
actual ~s фактические затраты
additional ~s дополнительные расходы
administrative ~s административные расходы; управленческие расходы
budgeted ~s сметные расходы
business ~s 1) торговые издержки 2) хозяйственные расходы
capitalized ~s капитальные затраты; капитализируемые расходы
carrying ~s текущие расходы
commercial ~s торговые издержки
current ~s текущие расходы
debt service ~s расходы на обслуживание долга
direct ~s прямые издержки/затраты
extra ~s дополнительные расходы
extraordinary ~s непредвиденные расходы; чрезвычайные расходы
general and administrative ~ общие управленческие расходы
heavy ~s большие расходы
idle facility ~s расходы, вызванные простоем мощностей
immediate ~s текущие расходы
incidental ~s случайные/непредвиденные расходы
indirect ~s косвенные издержки/затраты
legal ~s судебные издержки
management ~s управленческие расходы
manufacturing ~s производственные расходы
operating ~s эксплуатационные расходы, текущие расходы
promotion(al) ~s расходы на рекламу
public ~s государственные расходы

recurrent ~s текущие расходы
relocation/removal ~s расходы на переезд
running ~s текущие расходы
sales ~s издержки реализации
selling ~s торговые издержки
special ~s особые расходы
storage ~s затраты на хранение
terminal ~s расходы на пунктах убытия и прибытия; расходы на конечных пунктах
travel ~s on home leave дорожные расходы при поездке в отпуск на родину *(ООН)*
traveling ~s дорожные/командировочные расходы
uncontrollable ~s нерегулируемые расходы
unforeseen ~s непредвиденные расходы
to apportion ~s распределять расходы
to be reimbursed for ~s получать компенсацию за произведенные расходы
to bear ~s нести расходы
to cover *one's* ~s покрывать расходы
to curtail/to cut down ~s сокращать расходы
to enrich *oneself* at *one's* people's ~s наживаться за счет своего народа
to figure out the ~s подсчитывать расходы
to incur ~s производить расходы; нести расходы
to limit ~s лимитировать расходы
to meet the ~s покрывать расходы
to pay ~s оплачивать расходы
to pile up ~s увеличивать расходы
to put *smb* to ~s вводить *кого-л.* в расходы
to refund travel(ing) ~s возмещать дорожные/командировочные расходы
to reimburse medical ~s возмещать расходы за медицинское обслуживание
to share (in) the ~s принимать участие в расходах; делить расходы
to vouch ~s представлять оправдательные документы по произведенным расходам
at joint ~s за общий счет
at the ~ of за счет *(кого-л., чего-л.)*
items of ~ расходная часть *(бюджета)*
object of ~ статья расхода
round trip at UN ~s поездка в отпуск и возвращение в страну пребывания за счет ООН
Voucher for Claiming E. стандартное заявление о возмещении расходов
experience *n* опыт
~ **in diplomacy** опыт дипломатической работы
~ **in training** опыт в подготовке/обучении кадров
~ **of war** опыт войны
battle/combat ~ боевой опыт
first-hand ~ личный опыт
foreign ~ зарубежный опыт
inadequate ~ недостаточный опыт
instructive ~ поучительный опыт
international ~ международный опыт работы; опыт работы в международных организациях

little ~ небольшой опыт
meaningful ~ значительный опыт
multiform ~ многогранный опыт
practical ~ практический опыт; практические навыки
political ~ политический опыт
production ~ производственный опыт
relevant work ~ соответствующий опыт работы
rich ~ богатый опыт
slight ~ незначительный опыт
specialized ~ определенный/специализированный опыт
technical ~ технический опыт
ten-year ~ десятилетний стаж работы
useful ~ полезный опыт
valuable ~ ценный опыт
to accumulate ~ накапливать опыт
to apply the practical ~ применять практический опыт
to exchange ~ обмениваться опытом
to gain ~ приобретать опыт
to gather ~ of work накапливать опыт работы
to have broad ~ in overseas affairs обладать большим опытом внешнеполитической деятельности
to know by/from ~ знать по опыту
to lack ~ недоставать опыта; испытывать недостаток в опыте
to learn by ~ убеждаться на опыте
to make use of the ~ использовать опыт
to obtain ~ приобретать опыт
to pool ~ объединять опыт
to possess special ~ of *smth* обладать специальным опытом *чего-л.*
to share ~ обмениваться опытом
to study and generalize the ~ изучать и обобщать опыт
to test by ~ проверять опытным путем
to utilize ~ использовать опыт
accumulation of ~ накопление опыта
broad exchange of ~ широкий обмен опытом
diplomat with long ~ дипломат с большим опытом
on the rich ~ на основе большой практики
reciprocal exchange of ~ взаимный обмен опытом
sharing of ~ обмен опытом
survey of country ~ обзор опыта, накопленного в стране
transfer of ~ передача опыта
experienced *a* опытный; сведущий; квалифицированный
experiment *n* эксперимент, опыт
economic ~ экономический эксперимент
large-scale ~ широкомасштабный эксперимент
scientific ~ научный эксперимент
to carry out an ~ проводить эксперимент
to go through with *one's* ~ осуществлять свой эксперимент
to make an ~ проводить эксперимент

expert *n* специалист; знаток; эксперт
~ **attached to a delegation** эксперт при делегации
~**s on economic development** эксперты по вопросам экономического развития
~ **on international crime** эксперт по вопросам международной преступности
advisory ~ советник
anti-terror ~ специалист по борьбе с терроризмом
arms ~ эксперт по вооружению
associate ~ младший эксперт
backroom ~**s** эксперты закулисной политической деятельности
bomb disposal ~ специалист по обезвреживанию бомб
coding/decoding ~ шифровальщик/дешифровщик
field ~ эксперт на месте; полевой эксперт/специалист
government ~ правительственный эксперт
government-appointed ~ эксперт, назначенный правительством
independent ~ независимый эксперт
international ~ международный эксперт/специалист
leading ~ ведущий эксперт
marketing ~ эксперт по рынкам сбыта
Middle-East ~ специалист по Ближнему Востоку
military ~ военный специалист/эксперт
money-laundering ~ эксперт по вопросам «отмывания денег» и международной преступности
national ~ государственный эксперт
personnel ~ специалист/эксперт по кадровым вопросам
proliferation ~ специалист по вопросам распространения ядерного оружия в мире
scientific ~ специалист-ученый
social ~ эксперт по социальным вопросам
surveillance ~ *развед.* специалист по наружному наблюдению
technical ~ технический специалист/эксперт
technical assistance ~ эксперт по оказанию технической помощи
Washington-based ~ специалист, работающий в Вашингтоне
to bring (along) ~**s** прибывать в сопровождении экспертов
to call ~**s** созывать экспертов
to consult an ~ советоваться с экспертом
to employ an ~ использовать эксперта
to place an ~ **at the service of** *smb* предоставлять эксперта в распоряжение *кого-л.*
to provide ~**s** предоставлять экспертов
core/group of ~**s** экспертная группа, группа экспертов
recruitment of ~**s** набор экспертов
team of ~**s** команда экспертов/специалистов
expertise I *n* 1. специальные знания, компетентность, эрудиция 2. экспертиза, заключение специалистов

~ **in foreign relations** знания в области международных отношений
handing ~ графологическая экспертиза
scientific and technical ~ научно-техническая экспертиза
to share ~ делиться специальными знаниями/опытом
to utilize ~ использовать знание и опыт
lack of economic and foreign-policy ~ экономическая и внешнеполитическая некомпетентность
expertise II *v* 1. оказывать квалифицированную помощь *(знанием, опытом и т.п.)* 2. проводить экспертизу
expiration *n* окончание, истечение *(срока)*
~ **of the agreement** окончание срока действия соглашения
expire *v* оканчиваться, истекать *(о сроке)*; терять силу *(о законе и т.п.)*
to ~ **without notice** истекать без уведомления *(о сроке)*
expire *n юр.* истечение, окончание *(срока)*; прекращение действия с истечением срока
explanation *n* объяснение
~ **of a line of conduct** объяснение линии поведения
~ **of** *one's* **vote** разъяснение мотивов голосования
~ **of views and interests** изложение взглядов и намерений
personal ~ *брит. полит. жарг.* личное объяснение *(объяснение членом палаты общин своего проступка остальным членам палаты)*
to ask *smb* **for an** ~ требовать объяснения у *кого-л.*
to call upon *smb* **for an** ~ **of the vote** просить *кого-л.* выступить с разъяснением мотивов *(своего)* голосования
to give a scientific ~ **to** *smth* давать научное объяснение *чему-л.*
to offer an ~ предлагать объяснение
to seek an ~ **from** *smb* требовать объяснения от *кого-л.*
explicit *a* точный; определенный; ясный; явный
exploit I *n* подвиг
revolutionary ~ революционный подвиг
unfading ~ немеркнущий подвиг
exploit II *v* 1. эксплуатировать 2. использовать *(в своих интересах)* 3. разрабатывать *(месторождение)* 4. рекламировать, продвигать *(товар)* на рынке
exploitation *n* 1. эксплуатация 2. использование *(в своих интересах)* 3. разработка *(полезных ископаемых)*; освоение
~ **of man by man** эксплуатация человека человеком
~ **of success** развитие успеха; использование достижение
age-old ~ многовековая эксплуатация
colonial ~ колониальная эксплуатация

controlled ~ контролируемая эксплуатация
economic ~ экономическая эксплуатация
intensified ~ усиленная эксплуатация
labor ~ эксплуатация труда
monopoly ~ монополистическая эксплуатация
neo-colonial ~ неоколониальная эксплуатация
orderly ~ упорядоченная эксплуатация
ruthless ~ беспощадная/безжалостная эксплуатация
savage ~ жестокая эксплуатация
seabed ~ разработка природных ресурсов морского дна
unbearable ~ невыносимая эксплуатация
to break the bonds of ~ разрывать оковы эксплуатации
to preclude the ~ **of man by man** исключать эксплуатацию человека человеком
to put an end to inhuman ~ положить конец бесчеловечной эксплуатации
abolition of the ~ **of man by man** уничтожение эксплуатации человека человеком
forms of ~ формы эксплуатации
intensification of ~ усиление эксплуатации
pre-feuded forms of ~ дофеодальные формы эксплуатации
system of ~ система эксплуатации
exploitative *a* эксплуататорский
exploited, the *n* эксплуатируемые
exploiter *n* эксплуататор
foreign ~**s** иноземные эксплуататоры
to abolish ~**s** ликвидировать эксплуататоров
the ~**s and the exploited** эксплуататоры и эксплуатируемые
exploration *n* исследование; разведка; изыскательские работы
~ **of the continental shelf** разведка континентального шельфа
~ **of the natural resources** разработка природных богатств
cosmic ~ исследование/освоение космоса
geographical ~ географическое изыскание/исследование
long-term ~ перспективная разведка *(запасов, ресурсов)*
market ~ изучение рынка
outer space/space ~ исследование/освоение космоса
to conduct ~ проводить исследование
explore *v* 1. исследовать; изучать 2. выявлять; выяснять
explorer *n* исследователь
space ~ исследователь космоса
explosion *n* 1. взрыв; разрыв 2. бурный рост; бурное развитие; скачкообразный рост
atmospheric ~ взрыв в атмосфере
atomic ~ атомный взрыв
bomb ~ взрыв бомбы
confined ~ взрыв в ограниченном пространстве

demographic ~ демографический взрыв
low-yield ~ взрыв малой мощности
man-made ~ искусственный взрыв
mid-air bomb ~ взрыв бомбы в самолете, находящемся в воздухе
non-nuclear ~ неядерный взрыв
nuclear ~ ядерный взрыв
peaceful nuclear ~ (**PNE**) ядерный взрыв в мирных целях
population ~ демографический взрыв
social ~ социальный взрыв
test/trial ~ испытательный взрыв
underground ~ подземный взрыв
to carry out an ~ производить/осуществлять взрыв
to cause an ~ производить/вызывать взрыв
to conduct an ~ проводить взрыв
to fire an ~ производить/осуществлять взрыв
to govern ~**s** регулировать взрывы
to monitor a nuclear ~ контролировать ядерный взрыв
to observe an underground nuclear ~ наблюдать за проведением подземного ядерного взрыва
to plot to cause an ~ замышлять организацию взрыва
to separate ~**s and earthquakes** разграничивать взрывы и землетрясения
to set off an ~ производить/осуществлять взрыв
to trigger an atomic ~ инициировать взрыв атомной бомбы
discontinuance of all ~**s of nuclear weapons** прекращение всех взрывов ядерного оружия
nuclear ~**s for peaceful purposes** ядерные взрывы, проводимые в мирных целях
nuclear ~**s in three elements/environments** ядерные взрывы, проводимые в трех средах
explosive I *n* взрывчатое вещество
to detonate ~**s by remote control** приводить в действие взрывное устройство с помощью дистанционного управления
to plant ~**s** минировать
explosive II *a* 1. взрывчатый; взрывной 2. подобный взрыву
export I *n* 1. вывоз, экспорт, экспортирование 2. *pl* предметы вывоза, статьи экспорта
~ **by countries of destination** экспорт с разбивкой по странам назначения
~ **by countries of origin** экспорт с разбивкой по странам происхождения
~ **of goods and services** экспорт товаров и услуг
~ **of illegal arms** нелегальный экспорт оружия
~ **of private capital** вывоз частного капитала за рубеж
~ **of technology** экспорт технологии
~ **of vast sums of private capital** вывоз частного капитала за границу в огромных размерах

~s are surging экспорт резко возрастает
~s exceed imports экспорт по объему превышает импорт
~s run down экспорт сокращается
agricultural ~ экспорт продукции сельского хозяйства
capital ~ вывоз капитала
chief ~s главные статьи экспорта
concessional ~s *полит. жарг.* «концессионный экспорт» *(пропагандистская помощь продуктами питания и потребительскими товарами развивающимся странам)*
direct ~ прямой экспорт
huge illegal ~s крупные незаконные экспортные поставки
invisible ~s «невидимые» статьи экспорта *(поступления в платежном балансе от туризма и т.п.)*
lost ~s сокращения поступлений от экспорта
military ~ экспорт военных товаров
national ~ общая сумма экспорта из страны
net ~(s) чистый экспорт, нетто-экспорт
nonagricultural ~ несельскохозяйственный экспорт
projected ~ прогнозная оценка экспорта
staple ~s основные статьи экспорта
subsidized ~ субсидированный экспорт
world ~ мировой экспорт *(товаров)*
to absorb the ~s of the European Union поглощать экспорт товаров Евросоюза
to accelerate ~s ускорять развитие экспорта
to be engaged in ~ заниматься операциями по экспорту
to boost ~s способствовать росту экспорта
to close *one's* **border to ~** закрывать границу для экспорта
to curb US ~s to Europe приостанавливать экспорт американских товаров в Европу
to cut down ~s сокращать/снижать экспорт
to cut off the country's oil ~s прерывать экспорт нефти из страны
to diversify the ~s диверсифицировать экспорт товаров, производить многономенклатурную продукцию на экспорт
to eliminate ~(s) изымать/исключать экспорт
to encourage ~(s) поощрять экспорт
to go for ~ идти на экспорт *(о товаре)*
to hit ~s нанести удар по экспорту
to improve ~s улучшать экспорт, способствовать развитию экспорта
to increase ~s увеличивать экспорт
to increase the profitability of ~ увеличивать рентабельность экспорта
to prevent a fall in ~s предотвращать падение экспорта
to produce for ~ производить на экспорт
to step up ~s увеличивать экспорт
to undercut ~s наносить ущерб экспорту
aggregate data of ~s совокупные данные по экспорту

articles of ~ предметы вывоза, статьи экспорта
decline in the volume of ~s сокращение в объеме экспорта
drop in ~ падение/сокращение экспорта
slackening in ~s сокращение экспорта
slow growth of ~s замедленный рост экспорта
state regulation of ~ государственное регулирование экспорта
surge of ~s усиление экспорта
underdevelopment of ~s низкий уровень/отставание экспорта
value of ~s стоимость экспорта
volume of ~s объем экспорта
export II *v* вывозить; экспортировать
exportability *n* экспортные возможности
exportable *a* экспортный
exportation *n* экспортирование; вывоз
exporter *n* экспортер
petroleum ~ страна-экспортер нефти
primary ~ страна-экспортер сырья
net ~ of commodity нетто-экспортер товара
export-import *attr* экспортно-импортный
exporting *a* экспортирующий
exposé *n фр.* **1.** разоблачение **2.** краткое изложение; отчет; доклад
to give a detailed ~ of problems делать подробный отчет по ряду вопросов
expose *v* **1.** подвергать действию *(чего-л.)* **2.** разоблачать, срывать маску
exposed *a* **1.** открытый; незащищенный; уязвимый **2.** разоблаченный
exposer *n* разоблачитель
exposure *n* **1.** разоблачение **2.** подверженность внешнему воздействию
~ of a plot разоблачение заговора
~ of propaganda разоблачение пропаганды
~ to fallout облучение в результате выпадения радиоактивных осадков
radiation ~ радиоактивное облучение
maximum permissible doze of ~ максимально допустимая доза облучения
expression *n* **1.** выражение *(чего-л.)* **2.** выражение, оборот речи
~ of thanks выражение благодарности
expropriate *v* экспроприировать; конфисковать; отчуждать *(на общественные нужды)*
expropriation *n* экспроприация; конфискация; отчуждение *(на общественные нужды)*
expropriator *n* экспроприатор
expulsion *n* **1.** исключение *(из организации)* **2.** высылка; изгнание
~ of a diplomat from a country выдворение дипломата из страны
~ of aliens for political reasons высылка иностранцев по политическим мотивам
~ of a member-state исключение государства-члена
diplomatic ~s выдворение дипломатов
just causes of ~ of aliens справедливые основания для высылки иностранцев

tit-for-tat ~ выдворение иностранного дипломата в качестве ответной меры

to condemn the ~s осуждать высылку *кого-л.*

to order the ~ **of** *smb* распоряжаться о высылке *кого-л.*

extemporize *v* импровизировать; произносить импровизированную речь

extend *v* **1.** расширять, распространять **2.** продлевать *(срок)* **3.** оказывать *(услуги, гостеприимство)* **4.** выказывать, выражать; проявлять **5.** предоставлять *(заем)*

extension *n* **1.** распространение; расширение **2.** продление *(срока)*; пролонгация **3.** оказание *(услуги, гостеприимства)* **4.** предоставление *(кредита)*

~ **of a term** отсрочка; продление срока

~ **of a visit** продление визита

~ **of hospitality** оказание гостеприимства

~ **of influence** распространение влияния

~ **of leave** продление отпуска

~ **of political grouping** увеличение числа политических группировок

~ **of power** расширение власти

~ **of thanks** выражение благодарности

~ **of the validity of the entry visa** продление срока въездной визы

credit ~ предоставление кредита

further ~ дальнейшее продление *или* расширение

industrial ~ производственно-техническая помощь

loan ~ предоставление ссуд

to offer *smb* **a two years'** ~ **of the fixed-term appointment** предлагать *кому-л.* продление установленного срока нахождения на должности еще на два года

Letter of E. письмо о продлении срока нахождения на должности *(в ООН и др. организациях)*

extent *n* **1.** объем; пределы **2.** степень; мера; размеры

~ **of damage** размер убытка

~ **of import penetration** размер/степень проникновения импорта

~ **of obligations** объем обязательств

~ **of power** предел(ы) власти

extenuation *n юр.* частичное оправдание; смягчающее обстоятельство

exterior *a* внешний; иностранный; зарубежный

extermination *n* истребление; уничтожение

~ **of national, ethnical, racial** *or* **religions groups** истребление отдельных групп населения по расовым, национальным *или* религиозным мотивам

mass ~ **of people** массовое истребление людей

external *a* внешний; иностранный

externalit/y *n* **1.** внешний эффект *(экономической деятельности)* **2.** ущерб в результате действия экзогенных факторов **3.** *правит. жарг.* непредвиденная случайность

consumption ~**ies** внешние *(внерыночные)* эффекты, связанные с потреблением

environmental ~ ущерб, причиняемый в результате воздействия производства на окружающую среду

negative ~ отрицательный внешний эффект *(экономической деятельности)*

pollution-type ~ ущерб, причиняемый загрязнением окружающей среды

positive ~ положительный внешний эффект *(экономической деятельности)*

exterritorial *a* экстерриториальный

exterritoriality *n* экстерриториальность

to claim ~ **for** *smb* требовать права экстерриториальности для *кого-л.*

to enjoy ~ пользоваться экстерриториальностью

to grant ~ предоставлять экстерриториальность

privilege of ~ привилегия экстерриториальности

extinction *n* **1.** вымирание; исчезновение **2.** *юр.* погашение долга

~ **of a state** прекращение существования государства

to condemn the human species to ~ обрекать род человеческий на вымирание

extinguish *v юр.* аннулировать *(документ)*

extinguishment *n юр.* аннулирование *(документа)*

extra *n* **1.** особая плата, приплата **2.** высший сорт **3.** *pl* дополнительные заработки и/или льготы

extraconstitutional *a* **1.** не предусмотренный конституцией **2.** противоречащий конституции

extraction *n* происхождение

an American of Irish ~ американец ирландского происхождения

of Chinese ~ китаец по происхождению

extraditable *a* подлежащий выдаче другому государству

extradite *v юр.* **1.** выдавать иностранному государству лицо, нарушившее законы этого государства; *тж.* передавать арестованного другому штату **2.** добиваться экстрадиции, выдачи преступника иностранным государством; *тж.* добиваться выдачи преступника другим штатом

to ~ *smb* **from a country** выдавать преступника другому государству

to ~ *smb* **pursuant to article 8 to a state** выдавать *кого-л.* в соответствии со статьей 8 какому-л. государству

extradition *n юр.* экстрадиция, выдача иностранному государству лица, нарушившего законы этого государства; *тж* передача преступника другому штату

~ **of a criminal** выдача преступника *(иностранным государством)*

to be excluded from ~ не подлежать выдаче

to deal with ~ **on a case-by-case basis** рассматривать отдельно каждое дело по экстрадиции/выдаче преступников

to defer ~ откладывать экстрадицию *(высылку преступника из страны)*
to grant ~ удовлетворять требование о выдаче *(преступника)*
to make ~ conditional on the existence of a treaty обусловливать выдачу *(преступника)* наличием договора
to order the ~ to Northern Ireland of *smb* выдать ордер на экстрадицию *кого-л.* в Северную Ирландию
to refuse ~ отказывать в выдаче *(преступника)*
to seek *smb's* **~** добиваться *чьей-л.* экстрадиции
for the purpose of ~ с целью выдачи *(преступника)*
legal basis for ~ юридическое основание для выдачи *(преступника)*
request for ~ просьба о выдаче *(преступника)*
warrant for *smb's* **~** ордер на *чью-л.* экстрадицию
extrajudicial *a юр.* не относящийся к рассматриваемому делу; неподсудный
extralegal *a юр.* не подпадающий под действие закона; не предусмотренный законом
extranational *a юр.* выходящий за пределы одного государства; международный; интернациональный
extraneous *a* посторонний; чуждый; не относящийся к делу
extraordinary *a* чрезвычайный; необычный; исключительный
extraterritorial *a* экстерриториальный
extraterritoriality *n* экстерриториальность
privilege of ~ привилегия экстерриториальности; экстерриториальная неприкосновенность
extreme I *n* крайность, крайняя степень
to go to the ~ идти на крайние меры
to rush to the other ~ ударяться в другую крайность
the ~s of bullet and ballot-box две крайности – вооруженные репрессии и демократические выборы
extreme II *a* крайний; экстремистский
extremism *n* экстремизм
Islamic ~ исламский экстремизм
political ~ политический экстремизм
religious ~ религиозный экстремизм
to fan ~ усиливать экстремизм; разжигать экстремистские настроения
extremist *n* экстремист
~s beyond *one's* **control** неуправляемые экстремисты
hard-core ~ убежденный экстремист
Islamic ~s исламские экстремисты
Protestant ~s протестантские экстремисты
to curb ~s обуздывать экстремистов
extremity *n* 1. крайность; чрезмерность 2. *pl* чрезвычайные меры
exuberance *n* быстрый рост; процветание *(о фазе экономического цикла)*

economic ~ экономическое процветание
eye *n* глаз; око
~ only только для ознакомления *(гриф секретного документа)*
critical ~ критический взгляд
to catch the speaker's ~ быть замеченным спикером *(и, следовательно, получить слово в парламенте)*
to close *one's* **~s to** *smth* закрывать глаза на что-л.
to lift a country in the world's ~s поднимать авторитет страны в глазах мирового сообщества
to reach the public ~ попадать в фокус внимания общественности
to remain in the public ~ оставаться в центре внимания общественности
to stay out of the public ~ избегать появления на публике
to turn a blind ~ to *smth* закрывать глаза на что-л.
all ~s were in him он был в центре внимания
for the President's ~s only «президенту только лично» *(гриф документа)*
eyeball-to-eyeball I *a* прямой *(о конфронтации)*
eyeball-to-eyeball II *adv* лицом к лицу, смотря друг другу в глаза
eyewash *n жарг.* очковтирательство; «показуха»; лесть, подлизывание
eyewitness *n* очевидец

F

Fabian I *n* фабианец
Fabian II *a* фабианский
Fabianism *n* фабианство
fabric *n* структура
~ of society общественный строй; структура общества
social ~ общественный строй
fabricate *v* 1. изготовлять, производить 2. фабриковать; подделывать; фальсифицировать 3. выдумывать, сочинять
fabrication *n* 1. производство, изготовление 2. фабрикация; подделка; фальшивка 3. выдумка, вымысел, ложь
absurd ~s абсурдные измышления
barefaced ~ наглая фальшивка
hackneyed ~ избитый вымысел
sheer ~ чистейшая выдумка, сплошной вымысел
slanderous ~s клеветнические измышления
total ~ сплошная выдумка, полная фальсификация
unsubstantiated ~ бездоказательное измышление

facade *n* фасад; внешняя сторона *(чего-л.)*; видимость
~ **of unity** создание видимости единства
to erect a ~ of unity создавать видимость единства
face I *n* **1.** лицо, внешний вид **2.** лицо, престиж, авторитет **3.** лицо, индивидуум
fresh ~s новые сотрудники/деятели/члены
lost ~ растерянность, потерянный вид
new ~s новые сотрудники/деятели/члены
political ~ политическое лицо
to bring in new ~s обновлять состав *(чего-л.)*
to lose ~ терять престиж
to retain several of the old ~s сохранять в составе *(кабинета и т.п.)* некоторых членов из старого состава
to save the ~ спасать свою репутацию; сохранять престиж
in the ~ of danger перед лицом опасности
in the ~ of strong opposition несмотря на сильное сопротивление
on the ~ of it на первый взгляд, внешне
face II *v* сталкиваться лицом к лицу *(с чем-л.)*
to ~ off встречать *(противника)* лицом к лицу; давать отпор; меряться силами
to ~ up to *smth* быть готовым *(к чему-л.)*; встретить смело
facedown, face-off *n* лобовое столкновение; конфронтация
~ **between generations** антагонизм между поколениями
ready for ~ with *smb* готовый встретиться лицом к лицу с *кем-л.*
face-saving *n* спасение престижа/репутации
unsuccessful attempt at ~ неудачная попытка спасти престиж
facilitate *v* облегчать, помогать, способствовать
facilitation *n* облегчение, помощь
~ **by both parties of the use of** *smth* содействие обеих сторон использованию/пользе *чего-л.*
facilit/y *n* *обыкн. pl* **1.** возможности; удобства; услуги **2.** средства *(обслуживания)*; оборудование, устройство; военная база, полигон, объект; производственные мощности, предприятия
adequate ~ies соответствующие средства/производственные мощности/сооружения/здания
administrative ~ies административные здания/помещения
banking ~ies 1) банковские операции/услуги **2)** банковские учреждения
child-care ~ies детские учреждения
civil nuclear ~ies гражданские ядерные установки
commercial ~ies торговые предприятия
communications ~ies средства связи
community ~ies коммунальное хозяйство; предприятия культурно-бытового обслуживания

conference ~ies помещения и оборудование для проведения конференций
construction and test ~ies производственные и испытательные объекты
correction(al) ~ies *эвф.* исправительное учреждение *(тюрьма)*
credit ~ies источники кредитования
defense ~ военная база; военный объект; военное сооружение
devised ~ *развед. жарг.* «крыша» *(деятельность, служащая прикрытием для разведывательной работы)*
emergency ~ies предприятия военного значения
enrichment and bomb-development ~ установка по обогащению урана и разработке ядерных бомб
equipment ~ies производственное оборудование
essential ~ies основное оборудование/основные средства/производственные мощности
field ~ies полевое оборудование; оборудование на местах
government ~ies государственные предприятия
health ~ies помещения и оборудование медицинских учреждений
inadequate ~ies недостаточные условия/удобства
infrastructural ~ies инфраструктура
intellectual ~ies интеллектуальные способности
joint military ~ совместно используемая военная база
large-scale ~ крупномасштабное оборудование
launching ~ пусковая установка
local ~ies локальные сооружения
maintenance ~ies средства технического обслуживания
medical ~ies помещения и оборудование медицинских учреждений
military ~ военная база, военный объект, военное сооружение
modern ~ies современные удобства
monitoring ~ies контрольное оборудование
municipal ~ies and services городское хозяйство
naval ~ies военно-морская база
nuclear ~ ядерный объект, ядерная установка
nuclear-research ~ установка для ядерных исследований
nuclear testing ~ies ядерный полигон
nursery and daycare ~ies детские дошкольные учреждения
office ~ies конторские помещения
peaceful nuclear ~ мирная ядерная установка
personel ~ies помещения для личного состава

post and telecommunication ~ies средства почтовой связи и телекоммуникаций

productive ~ies производственные мощности

public ~ies общественные здания и сооружения

public transport ~ies общественный транспорт

recreation ~ies места отдыха и развлечения

secretarial ~ies секретарские услуги, секретарское обслуживание

semi-legal ~ies полулегальные средства

social ~ies сфера социального обслуживания

sports ~ies спортивные сооружения

storage and transportation ~ies складские сооружения и транспортные средства

systematic transformation ~ (STF) кредит, предоставляемый Международным валютным фондом странам, переходящим к рыночной экономике

technical ~ies технические средства

training ~ies учебное оборудование и помещения; учебные средства

transit ~ies право транзитных перевозок

transport(ation) ~ies транспортные средства

uranium-enrichment ~ установка для обогащения урана

to allocate production ~ies размещать/распределять производственные мощности

to establish ~ies for applying modern technological research methods создавать возможности для применения современных методов технических исследований

to grant *smb* **all ~ies** предоставлять *кому-л.* все возможности

to modernize existing ~ies модернизировать имеющиеся предприятия

to monitor nuclear ~ies контролировать ядерные установки

to provide appropriate support ~ies обеспечивать соответствующие средства поддержки/вспомогательные средства

to provide suitable ~ies обеспечивать соответствующие условия

to refuse *smb* **transit ~ies** отказывать *кому-л.* в праве транзитных перевозок

to seek ~ies изыскивать средства/возможности

to staff modernized ~ies обеспечивать персоналом модернизированное предприятие

material ~ies for science материально-техническая база науки

nature of the ~ies характер средств обслуживания

fact *n* факт; событие; явление

~ in evidence доказанный факт

~ of common knowledge общеизвестный факт

~s speak for themselves факты говорят сами за себя

absolute ~ действительный/непреложный факт

accomplished ~ свершившийся факт

authentic ~ достоверный факт

bare ~s голые факты

basic ~s основные сведения

commonly known ~ общеизвестный факт

concrete ~s конкретные факты

convincing ~s убедительные факты

crude ~s голые факты

doubted ~ сомнительный факт

dry ~s голые факты

established ~ установленный факт

fabricated ~ подтасованный факт

false ~s ложные данные

fixed ~ твердо установленный факт

generally known ~ общеизвестный факт

generally recognized ~ общепризнанный факт

hard ~ неопровержимый факт

historical ~ исторический факт

immaterial ~s несущественные обстоятельства

immutable ~ непреложный факт

indisputable ~ бесспорный/неоспоримый факт

irrefutable ~s неопровержимые факты

material ~s существенные факты

naked ~s голые факты

new ~ новое обстоятельство

political ~ политический факт

proved ~s достоверные факты/сведения

salient ~ существенный факт; суть дела

scientifically substantiated ~ научно доказанный факт

to allege a ~ бездоказательно утверждать *что-л.*

to be contrary to the ~s противоречить фактам

to be fast and loose with ~s безответственно обращаться с фактами

to compare ~s сопоставлять факты

to confess the ~ сознаваться в проступке/преступлении

to contradict the ~s противоречить фактам

to disregard the ~s игнорировать факты

to distort ~s извращать/искажать факты

to examine ~s изучать факты

to face the ~s сталкиваться с фактами; смотреть в лицо фактам

to find the ~s выяснять обстоятельства

to force ~s to fit a case подсовывать факты

to garble ~s передергивать факты

to gloss over some ~s замалчивать некоторые факты

to have on hand ~s располагать фактами

to hush up the ~s замалчивать факты

to ignore the ~s игнорировать факты

to investigate the ~s расследовать факты/обстоятельства

to juggle with ~s подтасовывать факты

to look ~s in the face смотреть фактам в лицо

to manipulate ~s подтасовывать факты

to misinterpret ~s неправильно интерпретировать факты

to misrepresent ~s искажать факты

to piece the ~s together соединять факты в одно целое

to place before an accomplished ~ ставить перед свершившимся фактом

to play fast and loose with ~s безответственно обращаться с фактами

to produce the reliable ~s приводить достоверные факты

to prove ~s доказывать правильность данных

to realize the ~ осознавать факт

to recognize the ~ признавать факт

to reject the authenticity of a ~ отрицать подлинность факта

to sift ~s from fiction отделять факты от вымысла

to slur over/to suppress ~s замалчивать факты

to twist the ~s извращать/искажать факты

falsification of historical ~s фальсификация исторических фактов

in actual ~ в действительности

juggling with ~s подтасовка фактов

malicious distortion of ~s злонамеренное искажение фактов

statement of ~s констатация фактов

suppression of ~s замалчивание фактов

undisguised distortion of ~s откровенное извращение фактов

fact-finding I *n* установление фактов/фактических обстоятельств; выяснение деталей

methods of ~ способы расследования

fact-finding II *a* занимающийся установлением фактов/фактических обстоятельств/выяснением деталей

~ body орган по расследованию *(чего-л.)*

faction *n* фракция; политическая группировка

anti-merger ~ фракция, выступающая против слияния двух партий

anti-party ~ антипартийная группировка/фракция

breakaway ~ отколовшаяся фракция

competing ~s соперничающие группировки

dissident ~ диссидентская группировка; отколовшаяся фракция

flickering ~s враждующие группировки

inner-party ~s внутрипартийные фракции

left-leaning ~ фракция левого толка

left-wing ~ левая фракция *(в партии)*

opposing ~s враждующие группировки

parliamentary ~ парламентская фракция *(партии)*

rebel ~ мятежная группировка

rival ~s соперничающие фракции/группировки

warring ~s противоборствующие/воюющие стороны *(в гражданской войне)*

to dump *smb* **from a ~** исключать *кого-л.* из состава фракции

factional *a* фракционный

factionalism *n* фракционность; групповщина

~ riddles the party фракционность раздирает партию

political ~ отсутствие политического единства

factionalist *n* фракционер

factor *n* фактор; обстоятельство; предпосылка

~ of production производственный фактор

aggravating ~s усугубляющие обстоятельства

basic ~ основополагающий фактор

chief ~ главный/ведущий фактор

climatic ~ климатический фактор

common ~ новость, освещаемая во всех СМИ

decisive ~ решающий фактор

development ~ фактор развития

dominant ~ доминирующий фактор

economic ~ экономический фактор

efficiency ~ коэффициент полезного действия, кпд

external ~s внешние факторы

Falklands ~ *брит. полит. жарг.* фолклендский фактор *(победа в англо-аргентинской войне 1982 г.)*

feel-good ~ *брит.* фактор удовлетворенности жизнью *(на который рассчитывают консерваторы на парламентских выборах)*

harmful ~s вредные факторы

human ~ человеческий фактор; *эк.* фактор субъективности

important ~ важный фактор

internal ~s внутренние факторы

internal development ~s факторы внутреннего развития

key ~ важнейший/решающий/ключевой фактор

leading ~ главный/ведущий фактор

limiting ~ лимитирующий фактор

long-term ~ долговременный фактор

major ~ главный/основной фактор

market ~s рыночные факторы

military and political ~s военно-политические факторы

mitigating ~ смягчающее обстоятельство

natural ~s природные факторы

non-economic ~s внеэкономические факторы

objective ~ объективный фактор

outside ~s внешние факторы

Pentagon ~ последствия милитаризации американской экономики

permanent ~s постоянно действующие факторы

political ~ политический фактор

population ~ фактор народонаселения

powerful ~ мощный фактор

principal ~ основной фактор

production ~s производственные факторы

psychological ~ психологический фактор

real ~ реальный фактор

safety ~ запас прочности/надежности

secondary ~ второстепенный фактор

social ~ социальный фактор

sociological ~ социологический фактор

spiritual ~ моральный фактор
stabilizing ~ стабилизирующий фактор
subjective ~ субъективный фактор
technological ~ технологический фактор
time ~ фактор времени
transient/transitory ~ временный фактор
uniting ~ объединяющий фактор
usability/use ~ коэффициент использования
to identify development ~s определять/выявлять факторы развития
to take into account the political ~s учитывать политические факторы
quantitative and qualitative ~s **of economic growth** количественные и качественные факторы экономического роста
factor/y *n* фабрика; завод; предприятие
ailing ~ захудалая/отстающая фабрика
aircraft ~ авиационный завод
arms ~ военный завод
bomb(-making) ~ завод по изготовлению бомб
Fudge F. «фабрика вранья» *(презрительное название правительства)*
inefficient ~ убыточное предприятие
loss-making ~ нерентабельное/убыточное предприятие
munitions ~ военный завод
outmoded ~ фабрика/завод с устаревшим оборудованием
producer ~ завод-изготовитель
state-run ~ государственное предприятие
supplier ~ завод-поставщик
to bring ~ies **to a halt** приводить к прекращению работы на фабриках
to modernize ~ies **and plants** модернизировать фабрики и заводы
faculty I *n* 1. факультет 2. профессорско-преподавательский состав учебного заведения
history ~ исторический факультет
law ~ юридический факультет
to be on the ~ принадлежать к профессорско-преподавательскому составу
faculty II *attr* факультетский
fail *v* терпеть неудачу; не иметь успеха
to ~ **dismally** потерпеть серьезную неудачу; с треском провалиться
failing *n* неудача; неуспех; провал
leadership ~s ошибки руководства
failure *n* неудача; неуспех; провал; крах
~ **of aggressive schemes** провал агрессивных планов
bank ~ крах/банкротство банка
crop ~ неурожай
dismal ~ катастрофическая неудача
extradition ~ неудачная попытка добиться выдачи/экстрадиции *кого-л.*
harvest ~ неурожай
inevitable ~ неминуемый провал
total ~ полный провал
to be doomed to ~ быть обреченным на провал
to get to grips with the ~s браться за ликвидацию недостатков

to meet with ~ терпеть неудачу
to suffer a disgraceful ~ терпеть позорный провал
fair *n* ярмарка; торгово-промышленная выставка
international ~ международная ярмарка
trade ~ торговая ярмарка
wholesale ~ оптовая ярмарка
world ~ всемирная торгово-промышленная выставка
fairness *n* беспристрастность, справедливость
faith *n* 1. вера, доверие 2. убеждение, взгляды, кредо 3. верность, преданность, лояльность 4. вера, вероисповедание, религия
Christian ~ христианская вера
good ~ добросовестность; добрая воля; искренность
naked ~ слепая вера
religious ~ религиозная вера
to break the ~ **of the people** подрывать доверие народа
to keep *one's* ~ твердо придерживаться своих убеждений
to reaffirm ~ **in** *smth* восстанавливать веру во *что-л.*
to strain *smb's* ~ **in** *smth* подрывать чью-л. веру во *что-л.*
in bad ~ вероломно; с нечестными намерениями
in good ~ добросовестно, честно
faithful, the *n* 1. правоверные *(особ. мусульмане)* 2. верные/убежденные сторонники *чего-л.*
the party's ~ верные сторонники партии; убежденные партийцы
fake I *n* подделка, фальшивка
elaborate ~ тщательно подготовленная фальшивка
fake II *v (тж* ~ **up)** подделывать; фабриковать; фальсифицировать
faked *a* фальшивый; поддельный; фальсифицированный; сфабрикованный
faker *n* очковтиратель
Falange *n* фаланга *(фашистская организация Испании, созданная генералом Франко в 1937 г.)*
Falangist *n* ист. фалангист *(член испанской фашистской организации)*
fall I *n* 1. падение, снижение; спад 2. падение *(правительства и т.п.)*
~ **of living standards** снижение уровня жизни
dollar's ~ падение курса доллара
dramatic ~ **in the price of oil** резкое падение цен на нефть
sharp ~ **on the stock exchange** резкое падение курса акций на фондовой бирже
to engineer *smb's* ~ организовывать чье-л. падение
to speculate for the ~ играть на бирже на понижение
fall II *v* падать, снижаться
sterling ~s курс фунта стерлингов падает

fallout *n* **1.** выпадение радиоактивных осадков **2.** отрицательные последствия

economic ~ from the Gulf crisis экономические последствия кризиса в районе Персидского залива

nuclear ~ радиоактивные осадки

political ~ нежелательные политические последствия

radioactive ~ выпадение радиоактивных осадков

false *a* **1.** ложный; ошибочный **2.** фальшивый; лживый

falsehood *n* **1.** ложь; обман **2.** фальсификация

crude ~ ничем не прикрытая ложь

to spread ~s about *smth* распространять ложные слухи о *чем-л.*

falsification *n* фальсификация

falsifier *n* фальсификатор

~s of history фальсификаторы истории

falsify *v* фальсифицировать; искажать

fame *n* слава; известность

deathless/immortal ~ бессмертная слава

literary ~ литературная слава

posthumous ~ посмертная слава

worldwide ~ всемирная известность

to achieve ~ получать известность

to gain ~ приобретать славу

to go in ~ получать известность

to win ~ завоевывать славу

at the height of one's ~ в зените своей славы

of Lockheed bribery ~ известный по делу о взятках, дававшихся авиационной компанией «Локхид»

famil/y *n* **1.** семья, семейство; род **2.** семья, сообщество **3.** *жарг.* «семья» *(клан мафии)*

~ of nations международное сообщество

bereaved ~ies семьи, потерявшие близких

better-off ~ обеспеченная семья

childless ~ бездетная семья

first ~ies 1) первые поселенцы **2)** аристократы

human ~ человеческий род

landless ~ безземельная семья

large ~ многодетная/большая семья

lone-parent ~ неполная семья, семья, где есть только один из родителей

long ~ многодетная/большая семья

low-income ~ малообеспеченная семья

needy ~ нуждающаяся семья

official ~ ближайшее окружение президента, губернатора штата *или* мэра города

one-parent ~ неполная семья, семья, где есть только один из родителей

President's (official) ~ члены правительства *(США)*

prosperous ~ состоятельная семья

Royal F. королевская семья

ruling ~ правящая семья

separated ~ies разделенные семьи

stem ~ родовая семья

unhappy ~ неблагополучная семья

United Nations ~ of organizations система учреждений Организации Объединенных Наций

well-to-do ~ преуспевающая семья

to join the ~ of nations войти в семью государств

to keep/to maintain *one's* **~** содержать семью

to rejoin *one's* **~** воссоединяться со своей семьей

to restrict ~ies to a single child ограничивать рождаемость одним ребенком на семью

to reunite (divided) ~ies осуществлять воссоединение (разделенных) семей

to separate ~ies разделять семьи

re-unification/reuniting of ~ies воссоединение семей

size of the ~ размер семьи

family-planning *n* планирование семьи, регулирование рождаемости

famine *n* **1.** голод *(массовое бедствие)* **2.** голод, острый недостаток *(чего-л.)*

~ is looming угрожает голод

~ linked to the war голод, связанный с войной

~ worsens голод усиливается

goods ~ дефицит товаров, товарный голод, острая нехватка (потребительских) товаров

oil ~ нефтяной голод, острая нехватка нефти

widespread ~ голод на обширной территории

widespread ~ in the country голод, охвативший страну

to avert ~ предотвращать голод

to combat ~ бороться с голодом

to die of ~ умирать с голоду

to keep ~ at bay не допускать голода

area affected by ~ район, где свирепствует голод

the children are facing ~ детям угрожает голод

the people are threatened with ~ народу угрожает голод

famish *v* голодать

famous, the I *n* знаменитость

famous II *a* знаменитый, известный

fan I *n* веер

threat ~ *воен. жарг.* веерное размещение ракет, нацеленных на противника

fan II *v* *перен.* раздувать, разжигать, усиливать *(напряженность)*

to ~ out развертываться веером *(о войсках)*

fanatic *n* фанатик

fascist ~ фашистский фанатик

fanatic(al) *a* фанатичный

fanaticism *n* фанатизм

religious ~ религиозный фанатизм

fanfare *n* фанфара

with great ~s с большой помпой

farce *n* фарс

electoral ~ выборы, превратившиеся в фарс

fare *n* плата за проезд; тариф

some air ~s went up by a third стоимость некоторых билетов на самолет возросла на одну треть

far-left крайне левый

farm *n* ферма, фермерское хозяйство

collective ~ *ист.* колхоз, коллективное хозяйство

experimental ~ опытное хозяйство

grain ~ зерновая ферма

instructional ~ учебное хозяйство

multiple-enterprise/multiple-product ~ многоотраслевое хозяйство

pilot ~ опытное хозяйство

profitable ~ доходное/рентабельное хозяйство

specialized ~ специализированная ферма

state ~ государственное хозяйство, госхоз

farmer *n* фермер

dairy ~ фермер, специализирующийся на производстве молочных продуктов

petty/small ~s мелкий фермер

tenant ~ фермер-арендатор

well-to-do ~ зажиточный фермер

farmhold *n* земля, принадлежащая фермеру

farming I *n* земледелие, обработка земли; ведение фермерского хозяйства

arable ~ пахотное земледелие, хлебопашество

collective ~ *ист.* колхозная система

grain ~ зерновое хозяйство

individual ~ индивидуальное хозяйство

large-scale ~ крупное хозяйство

profitable ~ рентабельное/доходное хозяйство

subsistence ~ натуральное сельское хозяйство

to take up ~ заниматься сельским хозяйством

farming II *a* земледельческий, связанный с обработкой земли

far-reaching *a* далеко идущий; чреватый серьезными последствиями

far-seeing, far-sighted *a* дальновидный, прозорливый, предусмотрительный

far-sightedness *n* дальновидность, прозорливость

political ~ политическая дальновидность

fascism *n* фашизм

naked ~ неприкрытый фашизм

to eradicate ~ искоренять фашизм

to pursue ~ бороться с фашизмом

to revive ~ возрождать фашизм

danger of ~ угроза фашизма

reanimation of ~ возрождение фашизма

sharp battles against ~ ожесточенная борьба/сражение против фашизма, упорные бои против фашизма

fascist I *n* фашист

fascist II *a* фашистский

fascistization *n* фашизация

fascistize *v* фашизировать

fascist-like *a* профашистский

fascist-minded *a* фашиствующий

fashion *n* образ, способ

in a humane ~ гуманным образом

fast *n* пост; голодовка

protest ~ голодовка в знак протеста

to be on protest ~ проводить голодовку в знак протеста

fatal *a* 1. фатальный, роковой, неизбежный 2. пагубный, губительный

fatalism *n* фатализм

religious ~ религиозный фатализм

fatality *n* 1. фатальность 2. пагубность, губительность 3. жертва, убитый

military ~ жертва военных действий

fat cat I *n жарг.* толстосум, «денежный мешок», финансирующий избирательную кампанию

fat-cat II *v жарг.* получать/пытаться получить специальные привилегии

fate *n* судьба, рок; участь, жребий, удел

to decide *one's* **own ~** решать свою судьбу

to seal the ~ of *smb* решать чью-л. участь

the ~ of *smth* **is at stake** решается судьба чего-л.

smb's **~ is sealed** чья-л. судьба решена

the ~ of the deposed leader is still uncertain судьба низложенного/свергнутого руководителя все еще неясна

father *n* 1. заступник, защитник 2. родоначальник, предок 3. старейший член

~ of a chapel «отец часовни» *(председатель местного профсоюза печатников и журналистов)*

F. of the House старейший член палаты *(напр. общин)*

F. superior игумен

Founding F~s «отцы-основатели» *(США)*

Holy F. святейшество *(титулование Папы Римского)*

fatherland *n* отечество

to defend the ~ защищать родину

awareness of *one's* **duty to the ~** сознание/понимание своего долга перед отечеством

fatigue *n* усталость

election ~ усталость от выборов

war ~ усталость от войны

favor *n* 1. благосклонность, расположение, покровительство 2. поддержка, помощь; содействие

to come out in ~ of *smth* выступать в поддержку чего-л.

to curry ~ with *smb* заискивать перед кем-л.

to fall from ~ впасть в немилость

to find ~ with the republics снискать расположение республик

things will swing round in *smb's* **~** обстановка изменится в чью-л. пользу

favorable *a* благоприятный

least ~ наименее благоприятный

most ~ наиболее благоприятный

favorably *adv* благоприятно; одобрительно

favorite *n* фаворит; наиболее вероятный победитель на выборах *или* претендент на *какую-л.* должность
  firm ~ явный претендент
  hot ~ безусловный фаворит *(среди кандидатов на выборах)*
  to emerge as a clear ~ **to succeed** *smb* оказываться наиболее вероятной кандидатурой на замещение *кого-л.*
favoritism *n* фаворитизм
favour *n брит. см.* favor
fear *n* страх, боязнь; опасение
  ~ **feeds upon** ~ страх порождает страх
  ~ **of the unknown** страх перед неизвестностью
  ~ **vanished** страх исчез
  just ~ обоснованный страх
  pervasive ~ распространенный страх
  widely held ~ широко распространенные опасения
  to allay international ~**s** успокаивать международную общественность
  to allay *smb's* ~**s** успокаивать *кого-л.*, испытывающего страх; усыплять *чьи-л.* опасения
  to assuage some inflationary ~**s** в какой-то мере успокаивать тех, кто боится инфляции
  to avert ~**s that** ... предотвращать опасения, что ...
  to calm ~**s** успокаивать/гасить опасения
  to capitalize on the ~ использовать страх в своих интересах
  to diffuse ~ **of a country** развеивать страх перед *какой-л.* страной
  to express ~**s** выражать опасения
  to placate possible ~**s** успокаивать возможные опасения
  to remove ~ устранять опасение/страх
  to throw off *one's* **fetters of** ~ сбрасывать оковы страха
  to voice ~**s that** ... выражать/высказывать опасения, что ...
  for ~ из страха, из боязни
  in ~ в страхе, в тревоге, со страхом
  there are ~**s that** ... существуют опасения, что ...
  without ~ **or favor** беспристрастно, объективно
feasibility *n* выполнимость, осуществимость; возможность осуществления; обоснованность
  commercial ~ коммерческая осуществимость/выполнимость
  engineering ~ техническая осуществимость
  physical ~ физическая осуществимость
  technical ~ техническая осуществимость/выполнимость
feasible *a* осуществимый, выполнимый; реальный; возможный
  economically ~ экономически обоснованный
  technologically ~ технически выполнимый

feat *n* **1.** подвиг **2.** мастерство
  ~ **of arms** боевой/ратный подвиг
  ~ **of heroism** героический подвиг
  ~ **of labor** трудовой подвиг
  history-making ~ историческая победа
  to inspire to ~ вдохновлять на подвиг
feather-bedding *n разг.* искусственное раздувание штатов *или* занижение норм *(проводится по требованию профсоюзов для уменьшения безработицы)*
feature I *n* **1.** особенность, характерная черта; признак, свойство **2.** публикуемый материал; статья; очерк **3.** сенсационный *или* нашумевший материал
  basic ~ основная особенность
  characteristic ~ характерная черта/особенность
  daily ~ материал, публикуемый ежедневно
  distinctive/distinguishing ~ отличительная черта
  geographical ~**s** географические особенности
  historical ~**s** исторические особенности
  important ~ важная черта
  main ~**s** основные/главные особенности
  national ~**s** национальные особенности
  outstanding ~ главная особенность; выдающаяся черта
  principal ~ главная особенность
  racist ~**s** расистские черты
  specific ~**s** специфические черты
feature II *v* **1.** быть *или* являться характерной чертой; отличать **2.** помещать в средствах массовой информации *(на видном месте)*
  to ~ *smth* **heavily/prominently** помещать *что-л.* на видном месте *(в газетах)*
fed *n* сотрудник Федерального бюро расследований/ФБР
federal *a* **1.** федеральный, относящийся к федерации **2.** федеральный, государственный, правительственный
federalism *n* федерализм
  creative ~ творческий федерализм
federalist *n* федералист, сторонник федерализма
federalist(ic) *a* федералистский
federalization *n* федерализация
federate *v* объединяться в федерацию; объединяться на федеративных началах
federation *n* **1.** федерация, союз *(государств)* **2.** федерация, союз/объединение обществ/организаций *и т.п.*
  F. of American Scientists Федерация американских ученых
  F. of British Industries Британская федерация предпринимателей
  nation-wide ~ общенациональная федерация
  Russian F. Российская Федерация
  to establish a ~ создавать федерацию
  to reshape a ~ реорганизовывать федерацию

to withdraw from a ~ выходить из состава федерации

American F. of Labor (AFL) *ист.* Американская федерация труда *(в 1955 г. объединилась с Конгрессом индустриальных организаций – СIO)*

International Astronautical F. (IAF) Международная федерация астронавтики, МФА

International F. of Journalists (IFJ) Международная федерация журналистов, МФЖ

International F. of Persistence Movement Международная федерация борцов Сопротивления, ФИР

International F. of Trade Unions Международная федерация профсоюзов

International Landworkers' F. Международная федерация сельскохозяйственных рабочих

International Youth F. for Environmental Studies and Conservation Международная молодежная федерация по изучению и охране окружающей среды

loose ~ **of sovereign states** свободная федерация суверенных государств

Save the Children F. Федерация «Спасите детей» *(благотворительная организация США)*

The International Women's F. Международная федерация женщин

Women's International Democratic F. (WIDF) Международная демократическая федерация женщин, МДФЖ

World F. of Scientific Workers (WFSW) Всемирная федерация научных работников, ВФНР

World F. of Trade Unions Всемирная федерация профсоюзов, ВФП

World F. of United Nations Associations (WFUNA) Всемирная федерация Ассоциаций содействия ООН, ВФАС ООН

federationist *n* сторонник идеи федерации

federative *a* федеративный

fee *n* 1. взнос 2. сбор, пошлина; комиссия 3. плата 4. вознаграждение, гонорар

~**s for ports** плата за стоянку в порту

~**s for waterways** плата за пользование водными магистралями

admission ~ вступительный взнос

customs ~**s** таможенные сборы

entrance ~ вступительный взнос

export ~ экспортный сбор

insurance ~ страховой сбор

legal ~ гонорар адвоката

license ~ лицензионный платеж

management ~ управленческий гонорар

oil-import ~ пошлина на ввозимую нефть

service ~**s** плата за услуги

tuition ~ плата за обучение

feedback *n правит. жарг.* обратная связь *(информация о действенности мероприятий)*; реакция избирателей/потребителей

information ~ обратный поток информации *(от потребителей, избирателей)*

feeler *n* пробный шар

to put out ~**s** производить политический зондаж

feeling *n* чувство, ощущение; настроение; мнение; впечатление

~**s are running high** страсти разгорелись

~**s will not calm down** страсти не улягутся

anti-Arab ~**s** антиарабские настроения

national ~**s** национальные чувства

nationalistic ~**s** националистические настроения

patriotic ~**s** патриотические чувства/настроения

religious ~**s** религиозные чувства

widely held/widespread ~ широко распространенное мнение

to be in touch with the ~**s of the people** быть в курсе того, что ощущает народ

to bottle up ~**s** скрывать чувства

to harbor ill ~ затаить враждебность

to inflame ~**s** разжигать страсти

to placate the nationalist ~ успокаивать националистические настроения

to unleash a torrent of nationalist ~ давать выход потоку националистических настроений

it is a common ~ общепризнанно

there is a widespread ~ **that ...** широко распространены настроения в пользу того, что ...; многие чувствуют, что ...

uprise in nationalist ~**s** усиление националистических настроений

violation of *smb's* ~**s** оскорбление *чьих-л.* чувств

felon *n* уголовный преступник; преступник, совершивший тяжкое преступление

felony *n юр.* уголовное преступление; тяжкое преступление

fellow-citizen, fellow-countryman *n* соотечественник, земляк

fellow-employee *n* товарищ по работе

fellow-fighter *n* соратник

fellow-member *n* член одной и той же организации; товарищ по партии

fellowship *n* 1. товарищество, братство, членство *(в научном обществе и т.п.)* 2. стипендия

to award/to grant ~**s** выделять стипендии

to obtain a ~ получать стипендию

to offer ~**s** выделять/предоставлять стипендии

to receive a ~ получать стипендию

provision of ~**s** предоставление стипендий

sense of ~ дух/чувство товарищества

fellow-soldier *n* товарищ по оружию, однополчанин, боевой товарищ

fellow-traveler *n* сочувствующий *(политической партии)*; попутчик

fellow-worker *n* товарищ по работе, сотрудник

feminism *n* феминизм, движение за равноправие женщин

fence *n* забор, ограда

  to be on both sides of the ~ служить и нашим и вашим

  to be on the ~ занимать выжидательную позицию; сохранять нейтралитет

  to be on the same side of the ~ **1)** быть в том же лагере **2)** занимать схожую позицию

  to climb off the political ~ отказаться от нейтральной позиции в политической жизни

  to look after *one's* ~ укреплять свои позиции

  to mend ~**s between/with** *smb* налаживать отношения между *кем-л.*

  to mend *(one's)* **political** ~**s** укреплять (свои) политические позиции

  to sit on the ~ занимать выжидательную позицию; сохранять нейтралитет

  to straddle the ~ колебаться, занимать нейтральную позицию

fence-mending *n* укрепление политических позиций; налаживание отношений *(с печатью и т.п.)*

fence-sitting *n* проведение нейтральной политики

fence-straddling *n* двойственная/компромиссная политика

fend *v* парировать, отражать *(удары)*

  to ~ **for** *oneself* зарабатывать на жизнь; бороться за существование

ferment *n* волнение, возбуждение, брожение

  mental ~ брожение умов

  nationalist ~ националистическое брожение

  political ~ политическое брожение

fervor *n* жар, пыл, страсть, усердие, рвение

  to greet with ~ встречать с энтузиазмом; горячо приветствовать

festival *n* фестиваль; праздник

  film ~ кинофестиваль

  international ~ международный фестиваль

  to celebrate a religious ~ отмечать церковный праздник

  to hold/to keep/to make a ~ праздновать, веселиться; проводить фестиваль

  World Youth F. Всемирный фестиваль молодежи

festivities *n pl* празднества, веселье, торжества

  Christmas ~ рождественские праздники

  to attend the ~ присутствовать на празднествах

  to begin ~ начинать празднества

fetish *n* фетиш

  to make a ~ **of** *smth* фетишизировать *что-л.*

fetishism *n* фетишизм

  ~ **of commodities** товарный фетишизм

  ~ **of money** денежный фетишизм

  ~ **of output** *полит. жарг.* «план любой ценой»

fetter *v* заковывать *(в кандалы)*; опутывать, связывать *(узами)*

fetters *n pl* оковы, цепи, узы

  ~ **of oppression** оковы угнетения

~ **of slavery** цепи рабства

  to break down the ~ **of oppression** разбивать оковы угнетения

  to burst *one's* ~ разбивать оковы, освобождаться

  to cast off the ~ **of slavery** сбрасывать цепи рабства

  to free *one's* **hands from** ~ сбрасывать оковы

feud I *n* вражда, антагонизм; междоусобица

  ~ **between** *smb* вражда/антагонизм между *кем-л.*

  ~ **of long standing** давние разногласия

  bitter ~ острая вражда

  deadly ~ непримиримая вражда

  diplomatic ~ дипломатический конфликт

  foreign policy ~ внешнеполитический конфликт

  political ~ политические разногласия

  to sink a ~ забывать вражду, мириться

feud II *v* враждовать

feudal I *n* феодал

  church ~**s** церковные феодалы

  patriotically-minded ~**s** патриотически настроенные феодалы

feudal II *a* феодальный

feudalism *n* феодализм, феодальный строй

  to abolish ~ ликвидировать феодализм

feudalistic *a* феодальный

feudal-tribal *a* феодально-племенной

feuding *n* вражда, распри

  internal ~ внутренняя вражда; внутренние распри

  political ~ политические распри

fever *n* лихорадка

  election ~ предвыборная лихорадка

  Potomac ~ *полит. жарг.* «потомакская лихорадка» *(жажда политической власти — от названия протекающей через г. Вашингтон реки Потомак)*

  presidential ~ «президентская лихорадка», стремление кандидатов захватить президентское кресло

  war ~ военная лихорадка

few *n* немногие

  privileged ~ немногие избранные; горстка людей, пользующихся привилегиями

fiasco *(pl* **fiascos, fiascoes)** *n* фиаско, провал, неудача

  arms-for-hostages ~ фиаско/провал плана поставок оружия в обмен на освобождение заложников

  reshuffle ~ фиаско с перестановками в правительстве

fictitious *a* **1.** вымышленный, выдуманный **2.** фиктивный

fiddle *n* скрипка

  to play second ~ быть на вторых ролях

Fidelismo *n* политика Фиделя Кастро *(см. Castroism)*

fidelity *n* верность; преданность

  ~ **to** *one's* **principles** верность принципам

field *n* **1.** поле; сфера/область деятельности **2.** месторождение

~ of action/activity поле/сфера деятельности

allied ~s смежные области *(деятельности, знаний и т.п.)*

application ~ сфера/область применения

broad ~ широкая область/сфера деятельности

economic ~ сфера экономики

killing ~ поле боя

neighboring ~s смежные области *(деятельности, знаний и т.п.)*

oil ~s нефтяные месторождения

to leave the ~ уходить с политической арены

to send experts into the ~ направлять экспертов на периферию/на периферийную работу

in the ~ на местах; в полевых условиях

in the foreign policy ~ в области внешней политики

variety of ~s различные области деятельности

Field-Marshal *n* фельдмаршал

Field-Marshal-General *n* генерал-фельдмаршал

field-work *n* **1.** стажировка **2.** сбор фактического материала на местах *(ученым, исследователем и т.п.)*; сбор на местах разведывательной информации

to send *smb* **to do ~** направлять *кого-л.* на стажировку/для прохождения стажировки

fierce *a* ожесточенный, свирепый

fifth *num* пятый

to take the F. *полит. жарг.* ссылаться на пятую поправку к Конституции США *(согласно которой никого нельзя заставить давать показания против самого себя)*

fight I *n* **1.** бой, битва, сражение **2.** борьба

~ to the finish война до победного конца

anti-government ~ антиправительственная борьба

cat-and-dog ~ непримиримая борьба

Congressional ~s борьба в Конгрессе США

ding-dong ~ борьба с переменным успехом

floor ~s бурные дебаты

hand-to-hand ~ рукопашный бой

heavy ~ тяжелый бой

ideological ~ идейная борьба

interparty ~ внутрипартийная борьба

irreconcilable ~ (against) непримиримая борьба (против)

life-or-death ~ борьба не на жизнь, а на смерть

persistent ~ упорная/настойчивая борьба

skilful ~ искусная/умелая борьба

street ~s уличные бои

three-cornered ~ борьба трех кандидатов за одно место на выборах

two-way ~ предвыборная борьба между двумя кандидатами

vehement ~ ожесточенная/яростная борьба

to accept the call to end the ~ соглашаться с призывом прекратить боевые действия

to have an uphill ~ вести трудную борьбу

to intensify the ~ усиливать борьбу

to lead the ~ for *smth* возглавлять борьбу за *что-л.*

to lose *one's* **~** терпеть поражение

to put up a good ~ оказывать достойное сопротивление

to rise to ~ подниматься на борьбу

to spoil for a ~ искать ссоры; лезть в драку; рваться в бой

to start a ~ начинать бой

fight II *v* **1.** вести боевые действия, сражаться; воевать **2.** бороться

to ~ back давать отпор, сопротивляться

to ~ back with *smth* отбиваться чем-л.

to ~ desperately отчаянно сражаться

to ~ fair драться честно

to ~ hard right to the end упорно бороться до конца

to ~ long and hard to achieve *smth* вести длительную и тяжелую борьбу для достижения *чего-л.*

to ~ one another to the nail ожесточенно сражаться; биться до последнего

to ~ out победить, отстоять в борьбе

to ~ the good fight бороться за правое дело

to ~ to the death биться до смерти

to ~ to the finish вести войну до победного конца

to ~ tooth-and-nail драться не на жизнь, а на смерть

fight-back *n* принятие контрмер/ответных мер

fighter *n* **1.** борец *(за что-л.)* **2.** *авиа* истребитель

~ for national liberation борец за национальное освобождение

~ for peace борец за мир

civil rights ~ борец за гражданские права

consistent ~ последовательный борец

defunct ~ истребитель, снятый с вооружения

freedom ~ борец за свободу

national liberation ~ борец за национальное освобождение

outstanding ~ выдающийся борец

staunch ~ стойкий борец

Ulster Freedom Fighters (UFF) организация «Борцы за свободу Ольстера»

unbending ~ несгибаемый борец

fighting *n* бой, битва, сражение

~ broke out вспыхнул бой, началось сражение

~ for *one's* **corner** *полит. жарг.* «борьба за свой угол»

~ gets more intense бои усиливаются

~ has continued unabated бои не утихают

~ has died down/has eased бои утихли

~ has erupted вспыхнули бои

~ is intensifying бои усиливаются

~ is into its second week бои идут/продолжаются вторую неделю

barricade ~ сражение на баррикадах
bitter ~ ожесточенное сражение
factional ~ бои между враждующими группировками, гражданская война
fierce ~ ожесточенные бои
fire ~ ликвидация пожара
hand-to-hand ~ рукопашный бой
heavy ~ тяжелые/ожесточенные бои
house-to-house ~ уличные бои
intense ~ сильные бои
interethnic ~ бои между этническими группировками
intertribal ~ межплеменные бои
renewed ~ возобновившийся бой
street ~ уличные бои
vicious ~ яростные бои
to be drawn into the ~ быть втянутым в бой
to be involved in ~ участвовать в боях
to bring the ~ **to an end** прекращать боевые действия
to call a halt to ~ давать команду прекратить боевые действия
to curb the ~ добиваться прекращения боев
to deal with the ~ добиваться прекращения военных действий
to halt the ~ добиваться прекращения боевых действий
to intensify ~ усиливать борьбу/сражение
to renew the ~ возобновлять боевые действия
to stay out of the ~ не участвовать в боях
break in ~ временное прекращение боев
intensity of ~ ожесточенность боев
outbreak of ~ вспышка боевых действий
figure I *n* 1. фигура, персона, личность 2. цифра, величина, количественный показатель; *pl* данные
~s **just out show that ...** только что опубликованные данные показывают, что ...
aggregate ~s совокупные/суммарные данные
casualty ~s число раненых и убитых; число жертв/потерь
celebrated ~ знаменитая личность
compromise ~ компромиссная кандидатура
conciliatory ~ сторонник примирения
conspicuous ~ выдающийся деятель, выдающаяся личность
cultural ~ деятель культуры
dominant political ~ наиболее влиятельный/выдающийся политический деятель
economic ~s экономический статистический отчет
employment ~s статистика занятости
government ~ представитель правительства
great ~ выдающаяся личность, выдающийся государственный/политический деятель
important diplomatic ~ лицо, занимающее важный дипломатический пост
indicative planning ~s ориентировочные плановые задания, ОПЗ
key ~ ключевая фигура

leading opposition ~ ведущий деятель оппозиции
leading social ~ ведущий общественный деятель
major Whitehall ~ *брит. журн.* один из руководителей британского правительства (часто премьер-министр)
national ~ деятель национального масштаба
neutral ~ нейтральная фигура
opposition ~ деятель оппозиции
outstanding ~ крупный/выдающийся деятель
pivotal ~ центральная фигура
political ~ политический деятель
powerful ~ влиятельный деятель
precise ~s точные цифры/данные
preliminary ~s предварительные цифры/данные
provisional ~ предварительная/неокончательная цифра
public ~ общественный деятель
senior ~ руководитель
state ~ государственный деятель
stop-gap ~ временная фигура; деятель переходного периода
target ~ плановое задание; плановый показатель
trade ~s торговая статистика
transition ~ временная фигура; деятель переходного периода
unemployment ~s число безработных
updated ~s обновленные данные
voting ~s результаты выборов
to cut a ~ играть важную роль, занимать видное положение
to inflate *one's* ~s прибавлять себе лишние голоса при подсчете голосов на выборах
to make a poor ~ играть незначительную роль
to play down *one's* **damage** ~s преуменьшать свои потери/убытки
to release economic ~s опубликовывать экономическую статистику
according to preliminary ~s по предварительным подсчетам
in absolute ~s в абсолютных цифрах
leading ~s **from all over the world** руководители государств всего мира
the ~s **are a little bit larger than life** цифры несколько преувеличены
those ~s **are on the optimistic side** эти цифры оптимистичны
figure II *v* фигурировать; играть роль
to ~ **in history** входить в историю
to ~ **prominently** 1) быть помещенным на видное место в газете 2) занимать важное место в повестке дня
figurehead *n* декоративная фигура, номинальный глава
ceremonial ~ глава государства, выполняющий исключительно процедурные функции
mere ~ номинальный руководитель
file I *n* дело, досье; подшитые документы/бумаги; подшивка (газеты)

to compile a ~ on *smb* заводить дело на *кого-л.*

to place *smth* **on the ~s** подшивать *что-л.* к делу; заносить *что-л.* в картотеку

file II *v* **1.** подшивать *(документы, бумаги)* **2.** сдавать в архив **3.** подавать в суд

to be ~d быть подшитым к делу; быть зарегистрированным

to ~ for *smth* подавать на *кого-л.* в суд за *что-л.*; предъявлять иск за *что-л.*

filibuster I *n* **1.** флибустьер **2.** обструкционист **3.** обструкция *(в законодательном органе)*, полит. жарг. «флибустьерство» *(бесконечные дебаты в Сенате США с целью не допустить постановки законопроекта на голосование)*

filibuster II *v* устраивать обструкцию *(в законодательном органе)*

filibustering *n* обструкционизм, организация обструкции *(в законодательном органе)*

fill-in *n* краткая информация

to give *smb* **a ~** вкратце информировать *кого-л.*

film *n* (кино)фильм, (кино)картина

~ taken by a concealed camera фильм, снятый скрытой камерой

clandestine ~ фильм, снятый скрытой камерой

news ~ кинохроника

political television ~ политический телевизионный фильм

filth *n* брит. уголовн. жарг. «грязь» *(уголовный розыск)*

final *a* окончательный, заключительный, завершающий, конечный

~ draft resolution окончательный текст проекта резолюции

~ protocol заключительный протокол

finalization *n* **1.** завершение **2.** окончательное оформление

finalize *v* **1.** заканчивать, завершать; предавать окончательную форму **2.** оформлять *(соглашение и т.п.)*

finance I *n* финансы, денежные отношения; финансовые операции

adequate ~ достаточные финансы

big/high ~ финансовая олигархия; крупный финансовый капитал

public ~ государственные финансы

to administer ~s осуществлять финансовую деятельность

to get *one's* **~s in order** приводить свои финансы в порядок

to run the country's ~ управлять финансами страны

to squeeze *smb's* **~s** урезать ассигнования *кому-л.*

new ~ may dry up приток денежных поступлений может прекратиться

finance II *v* **1.** финансировать **2.** вести финансовые операции

financial *a* финансовый

~ and economic финансово-экономический

~ and industrial финансово-промышленный

financier *n* финансист

financing *n* финансирование

additional ~ дополнительное финансирование; выделение дополнительных средств

bilateral ~ двустороннее финансирование

compensatory ~ компенсирующее финансирование

contingent ~ финансирование непредвиденных расходов

debt ~ финансирование путем получения займов

deficit ~ дефицитное финансирование

development ~ финансирование развития

domestic ~ внутреннее/местное финансирование

external ~ внешнее финансирование

extraordinary ~ чрезвычайное финансирование

industrial ~ промышленное финансирование

interim ~ промежуточное финансирование

internal ~ самофинансирование, финансирование за счет внутренних резервов/источников

investment ~ финансирование инвестиций

long-term ~ долгосрочное финансирование

multilateral ~ многостороннее финансирование

outside ~ внешнее финансирование

project ~ финансирование проекта

public ~ государственное финансирование

to obtain ~ получать финансирование

findings *n pl* **1.** вывод, заключение *(комиссии и т.п.)*; решение *(суда)* **2.** полученные данные; добытые сведения; выводы *(конференции и т.п.)*

~ of an inquest *юр.* выводы следствия по делу

to apply research ~ in production внедрять результаты исследований в производство

to contest/to dispute the ~ of the experts оспаривать заключения экспертов

to make public *one's* **~** обнародывать свои выводы

to reject the ~ of the experts отвергать заключения экспертов

main ~ of the report (on) основные выводы доклада (о)

the ~ of some studies выводы/данные некоторых исследований

fine I *n* штраф, пени

big/heavy/stiff ~ крупный/большой штраф

to impose a ~ of $ ... on *smb* оштрафовывать *кого-л.* на ... долларов

to impose a ~ on *smb* налагать штраф на *кого-л.*

to levy a ~ налагать штраф

to pay a ~ платить штраф

a million dollars in ~s штраф в миллион долларов

under penalty of ~ *юр.* под угрозой штрафа

fine II *v* штрафовать, налагать штраф/пени

to ~ smb summarily штрафовать *кого-л.* в административном порядке

to ~ smb $ ... оштрафовать *кого-л.* на ... долларов

fine-tuning *n полит. жарг.* «тонкая настройка» (*выбрасывание из речи политического деятеля любых спорных или политически неуместных материалов с целью представить оратора в наиболее благоприятном свете и уменьшить вероятность его критики со стороны противников*)

finger I *n* палец

to point the ~ of blame on smb считать виновным в *чем-л. кого-л.*

finger II *v полиц. жарг.* «показывать пальцем» (*осведомлять полицию о ком-л./чем-л.*)

finger-print *v* снимать/брать у *кого-л.* отпечатки пальцев

finger-printing *n* снятие отпечатков пальцев

fingerprints *n pl* отпечатки пальцев

to produce ~ оставлять отпечатки пальцев

to submit to ~ соглашаться дать отпечатки пальцев

to take smb's ~ снимать/брать у *кого-л.* отпечатки пальцев

finish *n* 1. финиш 2. конец

a photo ~ is on the cards ожидают, что победа на выборах будет с очень незначительным перевесом

clean military ~ to smth ликвидация *чего-л.* с помощью прямого военного вмешательства

fire I *n* 1. огонь, пламя; пожар 2. огонь, стрельба 3. *перен.* огонь критики

friendly ~ огонь своих войск

to be under ~ быть под огнем

to cease ~ прекращать огонь

to come under ~ подвергаться обстрелу

to direct one's ~ against smb/smth обрушиваться на *кого-л./что-л.*

to open ~ открывать огонь

to open ~ as a last resort открывать огонь, когда остальные средства исчерпаны

to open ~ at close range at smb открывать огонь по *кому-л.* с близкого расстояния

to open ~ in self-defense открывать огонь в порядке самозащиты

to open ~ indiscriminately открывать беспорядочную стрельбу

to open ~ on smb/smth открывать огонь по *кому-л./чему-л.*

to open ~ without warning открывать огонь без предупреждения

to open up with automatic rifle ~ открывать огонь из автоматических винтовок

to play with ~ *перен.* играть с огнем

to return the ~ открывать ответный огонь

to set ~ to oneself/to set oneself on ~ совершать самосожжение

to set smth on ~/to set ~ to smth поджигать *что-л.*

exchange of (gun) ~ перестрелка

with ~ and sword огнем и мечом

fire II *v* 1. стрелять, вести огонь 2. увольнять (*кого-л.*)

to ~ at random вести беспорядочную стрельбу

to ~ back открывать ответный огонь

to ~ first on smb открывать огонь первым в *кого-л.*

to ~ into the air стрелять в воздух

to ~ without warning стрелять без предупреждения

firearms *n* огнестрельное оружие

to carry ~ иметь при себе огнестрельное оружие

to train smb to use ~ обучать *кого-л.* владению огнестрельным оружием

use of ~ применение огнестрельного оружия

fire-engine *n* пожарная машина

several ~s are in attendance несколько пожарных машин стоят наготове

fireside-summit *n* встреча в верхах у камина

firestorm *n* 1. огненная буря 2. *перен.* острые разногласия 3. *перен.* взрыв общественного негодования

political ~ политическая огненная буря

fireworks *n* фейерверк

firing *n* 1. огонь, стрельба 2. запуск (*ракеты*)

test ~ испытательный/пробный запуск ракеты

firing-squad *n* расстрельная команда

to execute smb by a ~ расстреливать *кого-л.*

firm I *n* 1. фирма; предприятие 2. *брит. полиц. жарг.* «фирма» (*банда преступников*)

affiliated ~ дочерняя фирма

blue chip ~ «голубая фишка» (*фирма, чьи акции высоко котируются вследствие ее хорошей репутации*)

business/commercial ~ торговая фирма

contracting ~ фирма-подрядчик

dominant ~ фирма, доминирующая в отрасли *или* на рынке

failed ~ обанкротившаяся фирма

government ~ государственная компания

independent ~ независимая фирма

industrial ~ промышленная фирма

international ~ международная фирма

joint ~ совместное предприятие

joint public-private ~ смешанная государственно-частная фирма

law ~ юридическая фирма

leading ~ ведущая фирма

loss-making ~ убыточная фирма

military-industrial ~ военно-промышленное предприятие

multimarket ~ фирма, работающая на многих рынках

multinational ~ международная фирма

private security ~ частное охранное предприятие, ЧОП

research ~ исследовательская фирма

research-and-development ~ фирма, ведущая научные исследования и разработки

state-owned ~ государственная фирма
subsidiary ~ дочерняя фирма
supplying ~ фирма-поставщик
trading ~ торговая фирма
to found/to set up a ~ основывать/открывать фирму
firm II *a* прочный
to be ~er подняться в цене *(о валюте)*
firm III *v* повышаться *(о курсе акций, валют)*
to ~ up окрепнуть *(о курсе ценных бумаг)*
firmness *n* **1.** устойчивость, неизменность; стабильность **2.** решительность, настойчивость
~ **of exchange** устойчивость курса валюты
~ **of prices** стабильность цен
first *num* первый
the ~ among equals первый среди равных
first-class, first-rate *a* первоклассный, высшего сорта
fiscal *a* финансовый; бюджетный; фискальный; налоговый
fish I *n* :
big ~ *жарг.* разыскиваемый крупный преступник
fish II *v* рыбачить
to ~ illegally in Canadian waters вести незаконный лов рыбы в канадских территориальных водах
fishery *n* рыбный промысел; рыболовство; рыбное хозяйство
fist *n* кулак
iron ~ *перен.* железный кулак, железная рука
mailed ~ угроза применить военную силу
fit *v* (*up*) *брит. полиц. и уголовн. жарг.* состряпать улики против преступника
five *num* пять
~ **Ws** *журн. жарг.* пять традиционных вопросов *(которые задает репортер и которые затем служат планом первого абзаца его корреспонденции: who – кто, what – что, where – где, why – почему, when – когда)*
Big F. *ист. журн. жарг.* «Большая пятерка» *(СССР, США, Великобритания, Франция, Китай – постоянные члены Совета Безопасности ООН)*
fix I *n жарг.* отступные, взятка
big ~ сделка между преступным миром и политической партией
tax ~es налоговые льготы, предоставляемые за взятку
fix II *v* подстраивать *(путем подкупа)*; договариваться *(за взятку)*
fixed *a* установленный, назначенный, определенный; фиксированный *(о цене и т.п.)*
fixer *n* **1.** посредник, занимающийся сомнительными делами **2.** продажный адвокат
jury ~ лицо, подкупающее присяжных *(заседателей)*
political ~ политический посредник
fixture *n* **1.** неотъемлемое качество **2.** сделка
to become a (regular) ~ войти в практику
flack *n полит. жарг.* правительственный чиновник, отстаивающий официальную линию

flag *n* флаг
~ **flying at half-mast/at half-staff** флаг приспущен
~ **flying over ...** флаг, развевающийся над ...
~ **of convenience** «удобный флаг» *(флаг страны, где судно зарегистрировано, чтобы избежать уплаты налогов или соблюдения правил, действующих в стране владельца судна)*
~ **of distress** приспущенный флаг, обозначающий несчастье; флаг бедствия
~ **of the sending state** флаг аккредитующего государства
~ **of truce** белый флаг; флаг парламентера; капитуляция
ambassador's national ~ государственный флаг страны посла
maritime ~ морской флаг
national ~ государственный флаг
red ~ 1) символ революции 2) сигнал опасности
state ~ государственный флаг
war ~ военный флаг
white ~ белый флаг; флаг парламентера; капитуляция
to authorize the flying of the ~ разрешать/санкционировать поднятие флага
to desecrate a ~ осквернять флаг
to display a ~ демонстрировать/вывешивать флаг
to drop the ~ опускать флаг
to fight under the ~ **of a country** сражаться под флагом *какой-л.* страны
to fly a country's ~ вывешивать флаг *какой-л.* страны
to hoist a ~ **over a city** поднимать/водружать флаг над городом
to lower the ~ опускать/приспускать флаг
to plant *one's* ~ водружать свой флаг
to put ~s **on display** вывешивать флаги
to raise a ~ поднимать флаг
to recognize the ~ **flown by the vessel** признавать флаг судна
to sail under a ~ **without being authorized to do so** плавать под флагом, не имея на то разрешения
to sail under the ~ **of a state** плавать под флагом *какого-л.* государства
to show the ~ поднимать флаг
to wave ~s размахивать флагами
to wave the white ~ **of surrender** поднимать белый флаг, сдаваться
abuse of ~ злоупотребление флагом
respect of the ~ уважение к флагу
ships flying the ~ **of a country** суда, плавающие под флагом *какого-л.* государства
showing the ~ демонстрация флага *(о военно-морских кораблях)*
under a ~ **of convenience** под флагом другого государства *(позволяющим судну избежать уплаты налогов)*

299

unlawful use of the ~ *юр.* незаконное пользование флагом

verification of ~ проверка флага

flag-bearer *n* лицо, несущее флаг, парламентер

flag-pole *n* флагшток

flagrant *a* 1. возмутительный; скандальный; вопиющий 2. ужасный; чудовищный *(напр. о преступлении)*

flag-waving *n* 1. размахивание флагами 2. крайний шовинизм, ура-патриотизм

flair *n* нюх, чутье; способности *(к чему-л.)*

~ for politics политическое чутье

flak *n полит. жарг.* резкая критика политического деятеля *(со стороны общественности, оппозиции, членов своей партии)*

to run into ~ нарываться на критику

to take a lot of ~ подвергаться острой критике

flak-catcher *n полит. жарг.* мелкий чиновник, принимающий на себя огонь общественной критики, предназначенной для его руководства

flake *n полиц. жарг.* арест, произведенный для демонстрации эффективности работы полиции

flaking *n полиц. жарг.* фабрикация улик против подозреваемого с целью оправдать его арест

flame *n* 1. пламя 2. пыл, страсть; вспышка

~ of indignation вспышка возмущения

The Eternal F. Вечный огонь

flap *n* 1. *воен. жарг.* чрезвычайное положение в небольших масштабах 2. *разг.* всеобщая паника, смятение

to create a ~ вызывать замешательство/панику

flare-up *n* вспышка *(чего-л.)*; *разг.* обострение *(конфликтов и т.п.)*

~ of fighting вспышка боевых действий

~ of labor disputes обострение конфликтов между предпринимателями и рабочими

~ of violence вспышка насилия

diplomatic ~ between *smb* активизация дипломатических контактов между *кем-л.*

flash I *n журн. жарг.* срочная информация *(за которой следует более подробная информация на ту же тему)*

bulletin ~ сводка о ходе выборов *(передаваемая по радио, ТВ, Интернету)*

news ~ *журн. жарг.* информация *(за которой следует более подробная информация на ту же тему)*

flash II *v* молнировать, сообщать, передавать *(по ТВ, радио, Интернету)*

flashpoint *n* очаг; точка, где произошла вспышка

~ of military danger очаг военной опасности

~ of tension очаг напряженности

flatty *n полиц. жарг.* полицейский

flee *v* бежать, спасаться бегством

to ~ from the country бежать из страны

to ~ in panic and confusion бежать беспорядочно в панике

to ~ into a country бежать в *какую-л.* страну

fleet *n* флот; флотилия; **(the ~)** военный флот

aircraft-carrier ~ авианосный флот

atomic-submarine ~ атомный подводный флот

fishing ~ рыбопромысловый флот

mercantile/merchant ~ торговый флот

mixed-manned ~ флот со смешанным экипажем

multinational ~ многонациональный флот

surface ~ надводный флот

tanker ~ танкерный флот

flesh-pressing *n полит. жарг.* пожимание рук *(кандидатами в ходе предвыборной кампании для завоевания расположения избирателей)*

flexibility *n* 1. гибкость, подвижность, маневренность 2. податливость, уступчивость

negotiating ~ гибкость на переговорах

political ~ политическая гибкость

strategic ~ гибкость стратегии

to exercise greater ~ проявлять большую гибкость

to show ~ towards *smb* проявлять гибкость по отношению к *кому-л.*

a new mood of ~ новый гибкий подход

hint of ~ from *smb* намек на гибкость с *чьей-л.* стороны

lack of ~ on the part of *smb* отсутствие гибкости с *чьей-л.* стороны

flexible *a* гибкий, подвижный, маневренный

to be ~ проявлять гибкость

flight *n* 1. полет; рейс *(самолета)* 2. утечка *(напр. капитала за границу)*

~ of capital утечка капитала

~ of gold утечка золота

border patrol ~s воздушное патрулирование границы

cosmic ~ космический полет

domestic ~ внутренний рейс

evacuation ~ эвакуационный рейс *(самолета)*

group space ~ групповой космический полет

international ~ международный рейс

manned space ~ пилотируемый космический полет

scheduled ~ предусмотренный расписанием рейс

shuttle ~ 1) полет космического корабля многоразового использования 2) регулярные частые/челночные рейсы самолетов между городами

space ~ космический полет

transatlantic ~ трансатлантический рейс

to ban all ~s over a country запрещать все полеты над страной

to bomb a ~ взрывать самолет в полете с помощью бомбы

to break a ~ прерывать полет

to halt all ~s to a country отменять все полеты/воздушные рейсы в *какую-л.* страну

to suspend ~s временно отменять/приостанавливать воздушные рейсы

ban on ~s запрещение полетов

flip-flop *n полит. жарг.* способность политического деятеля одновременно придерживаться двух противоположных точек зрения

float I *n* **1.** *фин.* свободное колебание *(курса)*; плавающий курс *(валюты)* **2.** платформа на колесах *(на демонстрации)*

concerted ~ согласованное свободное колебание курса *(валюты)*

float II *v фин.* **1.** свободно колебаться *(о курсе валюты)* **2.** вводить свободно колеблющийся *или* плавающий курс *(валюты)* **3.** размещать на рынке *(ценные бумаги)*

floatation *n* размещение на рынке *(ценных бумаг)*

~ of a loan размещение займа

floater *n полит. жарг.* **1.** избиратель, голосующий незаконно *(пользуясь ошибкой при регистрации или фамилией избирателя, который еще не голосовал или не собирается голосовать)* **2.** колеблющийся избиратель, голосующий то за одну, то за другую политическую партию

floating I *n эк.* **1.** движение, перелив *(капитала)* **2.** свободное колебание *(курса валюты)*

free ~ of capital свободное/беспрепятственное движение капитала *(напр. между странами)*

floating II *a* **1.** изменчивый, плавающий *(о курсе валюты)* **2.** оборотный *(о капитале)*

flock *n церк.* паства

flogging *n тж перен.* порка

public ~ публичная порка

flood I *n* наводнение; паводок; половодье

to stave off the threat of ~ предотвращать угрозу наводнения

flood II *v* наводнять; заполонять

the refugees who ~ed into the country беженцы, поток которых устремился в страну

floor *n* **1.** собрание, присутствующие **2. (the ~)** право выступления/слова **3.** места членов парламента/конгресса в зале заседаний **4.** нижний предел **5.** дно

monetary ~ нижний предел падения курса валюты *(после которого центральный банк производит валютную интервенцию)*

sea ~ морское дно

to appeal to the ~ обращаться к собранию/к присутствующим

to ask for the ~ просить слова

to be on the ~ обсуждаться *(о законопроекте)*

to cross the ~ of the House переходить из одной партии в другую *(в парламенте)*

to get the ~ получать слово

to give the ~ to *smb* давать/предоставлять слово *кому-л.*

to have the ~ получать слово

to reach the ~ поступать после обсуждения в комитете на обсуждение палаты *(о законопроекте)*

to speak from the ~ говорить с места

to take the ~ выступать, брать слово

questions from the ~ вопросы с места

the convention ~ зал заседаний партийного съезда

flop I *n жарг.* неудача, провал, фиаско

flop II *v жарг.* **1.** потерпеть неудачу **2.** переметнуться *(к другой партии и т.п.)*

flotsam *n* выброшенный и плавающий на поверхности груз

a piece of political ~ *перен.* политик, выброшенный на свалку истории

flow *n* поток; прилив, приток

~ of new military equipment to a country поток нового военного снаряжения в страну

capital ~ 1) приток капитала 2) движение капитала *(между странами)*

cash ~ движение наличных средств

commodity ~ поток товаров

data ~ поток информации

income ~ поток доходов, доходы

information ~ поток информации

migration ~ миграционный поток

population ~ перемещение населения

receipt ~ поток доходов, доходы

trade ~ внешнеторговый поток

to halt the ~ of dollars to a country прекращать поступление долларов в страну

flow-in *n* приток *(ресурсов в отрасль)*

flow-out *n* отток *(ресурсов из отрасли)*

flub *v разг.* испортить, провалить *(дело)*; провалиться, потерпеть неудачу

fluctuate *v* колебать(ся), изменять(ся)

fluctuation *n* колебание, неустойчивость, изменение

~ in price(s) колебание цен

~ in rates of exchange колебание обменных курсов валют

~s in demand колебания спроса

~s in exports/imports колебания экспорта/импорта

~s in unemployment колебания уровня безработицы

~s of discount rate колебания учетной ставки

~ of exchange rates колебание обменных курсов валют

~ of markets неустойчивость рынков

~s of supply and demand колебания спроса и предложения

~s on the world market внешние конъюнктурные изменения в мировой экономике

accidental/chance ~s колебания случайного характера

constant ~s постоянные колебания

currency ~s валютные колебания

demand ~s колебания спроса

economic ~s экономические колебания

exchange ~s колебания курса валют

investment ~s колебания инвестиций

irregular ~s нерегулярные/беспорядочные колебания

local ~s местные конъюнктурные колебания

long-term ~s долговременные колебания

major ~s большие колебания

market ~s конъюнктурные колебания

periodic ~s периодические колебания

price ~s колебания цен *или* курсов ценных бумаг

seasonal ~s сезонные колебания

sharp ~s резкие колебания/изменения

short-term ~s кратковременные колебания

spontaneous ~s стихийные колебания

supply ~s колебания предложения

trade ~s конъюнктурные колебания

to eliminate wide ~s устранять/исключать значительные колебания *(цен и т.п.)*

to offset ~s компенсировать колебания

flugie *n полит. жарг.* правило, от которого выигрывает только его создатель и которое всегда может быть изменено так, чтобы никто другой не мог им воспользоваться

flux *n* 1. течение, поток; движение 2. постоянное изменение

~ and reflux of money отлив и прилив денег

fly *v* летать, перевозить по воздуху

to ~ smb into a country доставлять *кого-л.* в страну по воздуху/самолетом

fly-by-night *n* временная работа

fly-by-nighter *n* временный работник

flyer *n* 1. летчик 2. агитационная листовка *(в избирательной кампании)*; рекламная листовка, *разг.* флаер

high ~ 1) *брит. правит. жарг.* высший чиновник, которого с юных лет готовили к занятию руководящего поста 2) преуспевающий человек

fly-past *n* воздушный парад

focus I *n* фокус; центр; очаг

~ is on smth главное внимание уделяется *чему-л.*

~ of trouble between nations узел/очаг международных противоречий

seismic ~ эпицентр землетрясения

war ~ очаг войны

to provide the main ~ for most papers быть в центре внимания большинства газет

fodder *n* фураж

cannon ~ пушечное мясо

foe *n* враг, недруг

common ~ общий враг

implacable ~s заклятые/непримиримые враги

long-standing ~ давний противник

political ~ политический противник

fold *n* круг людей *или* группа стран, занимающих единую позицию

to be outside the ~ занимать другую позицию

to return to the ~ вернуться в лоно *(церкви и т.п.)*

(re)admission of Egypt into the Arab ~ принятие Египта *(снова)* в лоно арабских стран

within the European ~ в европейском лоне

folk I *n* народ, люди

old ~ старики; *pl* родители

plain ~s *полит. жарг.* «простые люди», «истинные представители народа» *(как характеристика своих кандидатов на выборах)*

rich ~ богачи

folk II *a* народный

follow *v* 1. следовать *(чему-л.)*, придерживаться *(чего-л.)*; соблюдать *(что-л.)* 2. следить *(за чем-л.)*, интересоваться *(чем-л.)* 3. следовать *(за кем-л.)*, быть преемником *(кого-л.)*

to ~ in smb's footsteps идти по чьим-л. стопам

to ~ smth blindly слепо следовать *чему-л.*

to ~ the developments следить за развитием событий

to ~ up 1) упорно преследовать 2) доводить до конца *(работу и т.п.)*; развивать *(успех и т.п.)*

follower *n* последователь; сторонник, приверженец

~ of a doctrine последователь *(какого-л.)* учения

convinced ~ of smth убежденный последователь *чего-л.*

lick-spittle ~ подхалим

staunch ~ убежденный последователь

to marshal one's ~s собирать своих сторонников

loyal ~ of the theory верный последователь теории

the closest ~ of smb ближайший последователь *кого-л.*

following *n собир.* последователи; сторонники, приверженцы

broad ~ большое количество сторонников

to have a large popular ~ пользоваться широкой поддержкой народа

follow-through *n* проверка исполнения *(распоряжения и т.п.)*

follow-up I *n* 1. последующие мероприятия 2. дополнительные данные; новые материалы 3. дополнение *(к уже поступившим и переданным или опубликованным сообщениям)*

to ensure effective ~ обеспечивать эффективные дальнейшие/последующие мероприятия

as ~ to the study в качестве дополнительных данных к изучению

follow-up II *a* последующий; сопутствующий; дополнительный

foment *v* раздувать, разжигать *(что-л.)*; подстрекать *(к чему-л.)*

fomentation *n* разжигание *(вражды, ненависти и т.п.)*; подстрекательство

food *n* продовольствие, пища *(тж перен.)*
~ **for thought** пища для размышлений
~ **is in short supply** ощущается нехватка продовольствия
~ **is running out** запасы продовольствия на исходе
~ **is scanty** продуктов не хватает
staple ~s основные продукты питания
to airlift ~ **to** *smb* перебрасывать по воздуху продовольствие *кому-л.*
to allow ~ **through** разрешать провоз продовольствия
to be out of ~ испытывать нехватку продовольствия
to deliver ~ **to** *smb* доставлять продовольствие *кому-л.*
to make *smb* **go without** ~ лишать *кого-л.* пищи
to refuse ~ отказываться от приема пищи
to ship in ~ ввозить продовольствие
subsidies for ~ дотация на продукты питания
foodstuff *n* продукт питания; пищевой продукт; *pl* продовольственные товары
basic/staple ~s основные продукты питания/продовольственные товары
foot *n* (*pl* **feet**) нога
to drag *one's* **feet on** *smth* тянуть время в *каком-л.* деле
to get back on *one's* **feet** *перен.* снова вставать на ноги
to keep *one's* **feet on the ground** *перен.* твердо стоять обеими ногами на земле
to put a country back on its feet ставить страну на ноги
to stand on *one's* **own (two) feet** прочно стоять на ногах; быть самостоятельным
foot-dragging *n* тактика проволочек, умышленное затягивание *чего-л.*
foothold *n* 1. прочное/устойчивое положение 2. *воен.* опорный пункт; (небольшой) плацдарм
to gain a ~ укрепляться, утверждаться
to gain a ~ **inside a country** захватывать плацдарм внутри страны
to lose *one's* ~ терять свои позиции/свое прочное положение
to retain *one's* **strategic** ~ удерживать стратегический плацдарм
footing *n* 1. положение 2. основа, основание, фундамент
to be on a friendly ~ **with** *smb* быть в дружеских отношениях с *кем-л.*
to be represented on an equal ~ **with other parties** быть представленным на равной основе с другими партиями
to gain/to get a ~ **in society** приобретать (прочное) положение в обществе
to put on a war ~ 1) приводить в состояние боевой готовности 2) переводить *(промышленность и т.п.)* на военные рельсы
to put *smb* **on the same** ~ **as ...** ставить *кого-л.* в одинаковое положение с ...

to remain on a war ~ оставаться в боевой готовности; жить и работать по законам военного времени
on a proper legal ~ на надлежащей юридической основе
foray *n* набег, налет
force I *n* 1. сила, мощь 2. действенность; действие, воздействие *(соглашения, закона и т.п.)* 3. применение силы, насилие, принуждение 4. *pl* войска, вооруженные силы; вооружения 5. группа 6. сила *(производительная, политическая и т.п.)*; фактор 7. численность 8. (**the F.**) полиция *(особ. Великобритании)*
~s **in the field** действующая армия
~ **is not the answer** сила – не выход из положения
~ **of a clause** действие статьи *(договора и т.п.)*
~s **of aggression and war** силы агрессии и войны
~ **of an agreement** действенность соглашения
~ **of argument** сила убеждения
~ **of arms** сила оружия
~ **of a treaty** сила договора
~ **of example** сила примера
~s **of flexible response** силы гибкого реагирования
~s **of internal and external reaction** силы внутренней и внешней реакции
~ **of law** сила закона
~ **of occupation** оккупационные войска
~ **of public opinion** сила общественного мнения
~ **of weaponry** сила оружия
~ **to be reckoned with** сила, с которой необходимо считаться
active ~s регулярные войска
actual ~ фактическое применение силы
advance ~ передовой отряд
aggressive ~s агрессивные силы
aggressor ~s силы агрессора
air ~s военно-воздушные силы, ВВС
allied ~s союзные войска, силы союзников
anti-aircraft ~s войска противовоздушной обороны, войска ПВО
anti-colonialist ~s антиколониальные силы
anti-fascist ~s антифашистские силы
anti-government ~s 1) оппозиционные силы 2) антиправительственные войска
anti-kidnap ~ силовая структура по борьбе с захватом заложников *(Чечня, 1997 г.)*
anti-monopoly ~s антимонополистические силы
anti-national/anti-popular ~s антинародные силы
anti-war ~s антивоенные силы
armed ~s вооруженные силы, армия
assault ~ ударная группировка
Atlantic Nuclear F. атлантические ядерные силы

basic productive ~ основная производительная сила

binding ~ *юр.* обязательная сила *(права, договора и т.п.)*

bomber ~s бомбардировочная авиация

border(-security) ~s пограничные войска

brutal ~ грубая сила

build-up ~s войска усиления

carrier striking ~ авианосное ударное соединение

Central American task ~ оперативная группа ЦРУ в Центральной Америке

coalition ~s вооруженные силы коалиции

combatant ~s боевые силы

combined ~s объединенные силы

Commonwealth Military F. вооруженные силы (стран) Содружества

competing/competition ~s конкурирующие силы

compulsory ~ *юр.* обязательная сила *(права, договора и т.п.)*

conservative ~s консервативные силы

consistent ~ последовательная сила

conventional ~s войска, оснащенные обычным вооружением; неядерные силы

crack ~s отборные войска

cross-border ~ подразделение по борьбе с террористами, имеющее право преследовать их по обе стороны границы *(Северная Ирландия)*

crude ~ грубая сила

defense ~s силы обороны

democratic ~s демократические силы

"Determined F." «Решительная сила» *(операция войск НАТО в Югославии, март 1999)*

deterrent ~ силы сдерживания *(путем устрашения)*

directing ~ направляющая сила

dominant ~ господствующая сила

economic ~ экономическая сила; экономический фактор

effective ~s личный боевой состав

enforcement ~s силы принуждения

external ~ внешняя сила

extraction ~ силы, обеспечивающие эвакуацию миротворческих миссий

follow-on ~ *ист.* военный контингент для обеспечения вывода миротворческих сил из Боснии

forward-based ~s силы передового базирования

general purpose ~s силы общего назначения

ground ~s сухопутные войска

guiding ~ направляющая/руководящая сила

hired labor ~ наемная рабочая сила

independent ~ независимая/самостоятельная сила

influential ~ влиятельная сила

intermediate range ~s подразделения ракет среднего радиуса действия

international peace-keeping ~s международные миротворческие войска

internationalist ~s интернационалистические силы

interposing ~ силы, разделяющие войска двух стран *(напр. войска ООН)*

invasion ~s силы вторжения

irregular ~s нерегулярные войска

labor ~ рабочая сила, *pl* трудовые ресурсы

land ~s сухопутные войска

landing ~ десант; десантные войска

leading ~ руководящая сила

left-wing ~s левые силы

legal ~ законная/юридическая сила

liberation ~s освободительные силы, силы освобождения

local ~s местные силы

logistical ~s войска материально-технического обеспечения

main/major ~ главная сила

mandatory ~ обязательная сила

material ~ материальная сила

military ~ военная сила; *pl* вооруженные силы, армия

monetary ~s денежные факторы

motive/moving ~ движущая сила

multilateral ~s многосторонние силы

mutinous ~s мятежные/бунтарские силы

national ~s национальные силы

national liberation ~s национально-освободительные силы

national political ~s национально-политические силы

natural ~s силы природы; естественные силы

naval ~s военно-морские силы, ВМС

noneconomic ~s внеэкономические силы

nuclear ~s ядерные силы; войска, оснащенные ядерным оружием

nuclear strike ~ ядерная ударная мощь

observer ~ группа наблюдателей

occupation/occupying ~ оккупационные войска

operational ~s тактические соединения

opposing ~s 1) противоборствующие/противостоящие силы 2) противостоящие группировки

organizing ~ организующая сила

pan-Arab ~ объединенные арабские вооруженные силы

paramilitary ~s вооруженные формирования

patriotic ~s патриотические силы

peace ~s силы мира

peace-keeping/peace-safeguarding ~s вооруженные силы по поддержанию мира, миротворческие войска

police ~ полиция

political ~ политическая сила

potent/powerful ~ влиятельная/могущественная/мощная сила

professionally led ~ войска, руководимые профессионалами

progressive ~s прогрессивные силы

pro-independence ~s силы, выступающие за независимость

punitive ~s карательные силы

quick-reaction/rapid-action ~ силы быстрого реагирования

Rapid Deployment F. (RDF) силы быстрого развертывания *(США)*

Rapid Reaction F. силы быстрого реагирования

rebel ~s войска мятежников

regional security ~s региональные силы безопасности

reserve ~ резерв

resistance ~s силы сопротивления

retaliatory ~s силы ответного удара, силы возмездия

revanchist ~s реваншистские силы

revolutionary ~s революционные силы

rightist/right-wing ~s правые силы

ruling ~s правящие силы

sea ~s военно-морские силы, ВМС

sea-based strategic missile ~s стратегические ракетные силы морского базирования

second-strike ~ сила ответного удара

security ~s силы безопасности

self-defense ~s войска самообороны; силы самообороны

social ~s общественные силы

social and political/socio-political ~s социально-политические силы

special ~s войска специального назначения, специальные войска, спецназ

spontaneous ~ стихийная сила

Stabilization F. (SFOR) *ист.* Силы стабилизации *(войска ООН в Боснии, сменившие 20 декабря 1996 г. войска ООН – IFOR)*

strategic ~s стратегические силы

strategic air ~s стратегическая авиация

Strategic Rocket F. Ракетные войска стратегического назначения *(Россия)*

strike ~ ударная группировка

striking ~ *воен.* кулак, ударная сила

task ~ специальная группа, силы особого назначения; отряд, выполняющий особое задание

territorial ~ территориальная армия

third ~ *ист. полит. жарг.* «третья сила» *(любая политическая группировка, играющая роль буфера между США и СССР)*

ultra-right ~s ультраправые силы

UN buffer ~ войска ООН, дислоцированные в буферной зоне

UN Emergency F. чрезвычайные вооруженные силы ООН

United Nation Protection F. (UNPROFOR) войска ООН для установления и поддержания мира

unified ~s объединенные силы

United Nations ~s войска ООН

United Nations peace-keeping ~s миротворческие силы ООН

UN observer ~ группа наблюдателей ООН

vital ~ жизненная сила

voluntary military ~s ополчение

work ~ рабочая сила

world market ~s действующие на мировом рынке силы

to abandon the use of ~ отказываться от применения силы

to abstain from ~ воздерживаться от применения силы

to acquire constitutional ~ приобретать конституционную силу

to alert *one's* **armed** ~s приводить вооруженные силы в боевую готовность

to apply ~ применять силу

to authorize the use of ~ санкционировать применение силы

to avoid ~ избегать применения силы

to awaken ~s пробуждать силы

to balance conventional ~s устанавливать равновесие обычных вооружений *(в Европе)*

to be in ~ иметь (юридическую) силу; оставаться в силе

to be the first to use ~ использовать силу первым

to beef up *one's* **military** ~s укреплять свои вооруженные силы

to believe in ~ быть сторонником применения насилия

to bring an agreement into ~ вводить соглашение в силу

to build up military ~s наращивать военную мощь; сосредоточивать войска

to cease to be in ~ утрачивать силу

to change the international balance of ~s изменять международное соотношение сил

to clear rebel ~s **from somewhere** очищать *какой-л.* район от войск мятежников

to come into ~ вступать в силу

to commit US ~s **to the Gulf** направлять вооруженные силы США в район Персидского залива

to consolidate ~s консолидировать силы

to continue in ~ оставаться в силе; действовать *(о законе и т.п.)*

to cut back the ~s сокращать силы

to disband/to dismantle ~s демобилизовывать/распускать войска

to distort the balance of ~s искажать соотношение сил

to do work for security ~s сотрудничать с силами безопасности

to encourage all progressive ~s **(to)** поощрять/поддерживать все прогрессивные силы

to endorse the use of military ~ одобрять применение военной силы

to enhance the imbalance in military ~s увеличивать разрыв в вооруженных силах

to enter a city in ~ брать город приступом; вводить в город крупные воинские формирования

to enter into ~ вступать в силу

to expand *one's* **armed ~s** увеличивать свои вооруженные силы

to form a new invasion ~ формировать интервенционный корпус

to forswear the use of ~ отказываться от использования силы

to give freer rein to market ~s давать большую свободу силам рынка

to have binding ~ иметь обязательную силу

to have no ~ быть недействительным; не иметь силы

to improve *one's* **defense ~s** совершенствовать свои силы самообороны

to improve the safety of the UN ~s укреплять безопасность сил ООН

to join ~s объединяться; объединять силы

to join ~s with *smb* объединять силы с *кем-л.*

to join the ~s вступать в армию

to keep ~s on red alert держать вооруженные силы в состоянии повышенной боевой готовности

to limit ~s ограничивать численность войск

to lose legal ~ утрачивать законную силу

to maintain military ~s содержать войска

to maintain the balance of ~s поддерживать равновесие/соотношение сил

to mandate a multinational ~ санкционировать создание многонациональных сил

to mass ~s сосредоточивать войска

to modernize *one's* **~s** модернизировать свои вооруженные силы

to order the armed ~s into action отдавать приказ войскам перейти к боевым действиям

to place ~s on alert приводить вооруженные силы в состояние боевой готовности

to put down by brutal ~ подавлять грубой силой

to put in ~ осуществлять, проводить в жизнь; вводить в действие

to put the armed ~s on full alert приводить вооруженные силы в состояние полной боевой готовности

to rally ~s сплачивать силы

to reduce conventional ~s in/throughout Europe сокращать количество войск и обычных вооружений в Европе

to refrain from using ~ воздерживаться от применения силы

to rely on military ~ полагаться на военную силу

to remain in ~ оставаться в силе, действовать *(о законе и т.п.)*

to remove *smb* **by ~** свергать *кого-л.*; насильственно отстранять *кого-л.* от власти

to reshape *one's* **armed ~s** реорганизовывать свои вооруженные силы

to resort to ~ прибегать к силе/насилию

to retaliate with military ~ наносить ответный военный удар

to rule a country by sheer ~ управлять страной, опираясь исключительно на силу

to seek negotiated reductions in conventional ~s добиваться сокращения обычных вооружений путем переговоров

to send an observer ~ into a country направлять группу наблюдателей в страну

to send in ground ~s направлять сухопутные войска в страну

to settle *smth* **by military ~** решать *что-л.* с помощью применения военной силы

to set up *one's* **own armed ~s** создавать собственные вооруженные силы

to shore up ~s укреплять силы

to strengthen the ~s of peace укреплять силы мира

to suppress *smth* **by brute ~** подавлять *что-л.* грубой силой

to switch ~s перебрасывать вооруженные силы

to take on the peace-keeping ~ принимать бой с силами по поддержанию мира

to take recourse to ~ прибегать к силе/насилию

to take *smth* **by ~** захватывать *что-л.* силой

to thin *one's* **~s** сокращать свои войска

to threaten ~ угрожать применением силы

to trim *one's* **~s** сокращать численность своих войск

to unite ~s объединять силы

to use ~ against *smb* использовать силу против *кого-л.*

to use armed ~s использовать вооруженные силы

to use excessive ~ злоупотреблять применением силы

to use reasonable ~ применять силу оправданно

to weaken ~s ослаблять силы

to withdraw ~s from ... выводить войска из ...

manifestation of ~ демонстрация силы

nature of ~s боевой состав вооруженных сил

posture of ~s размещение вооруженных сил

recourse to ~ применение силы

unity of ~s единство сил

accelerated development of productive ~s ускоренное развитие производительных сил

activities of ~s действия вооруженных сил

alignment of ~s расположение/соотношение сил, расстановка сил

alliance of the ~s союз сил

allocation of ~s распределение сил

armed ~s of a country вооруженные силы страны

balance of ~s соотношение/равновесие сил

build-up of ~s сосредоточение войск; наращивание сил

by ~ силой, насильно

by sheer ~ одной лишь силой

character of the armed ~s боевой состав вооруженных сил

conditions of entry into ~ условия вступления в силу

consolidation of all ~s сплочение всех сил

contributor to the multinational ~ страна-участница многонациональных сил

Conventional F. in Europe (CFE) обычные вооружения в Европе

correlation of ~s соотношение сил

deep cuts in conventional ~s значительные сокращения обычных войск и вооружений

determining ~ **in social development** определяющая сила общественного развития

display of ~ демонстрация силы

disquiet in the armed ~s волнения в вооруженных силах

division of political ~s размежевание политических сил

elemental ~s **of nature** стихийные силы природы

entry into ~ вступление в силу (договора, закона и т.п.)

free play of democratic ~s свобода действий демократических сил

full ~ **of the treaty** полная сила договора

in ~ 1) действующий, имеющий силу (о договоре и т.п.) 2) крупными силами

in full — в полном составе

inequitable relationship of ~s неравное соотношение сил

international balance of ~s международная ситуация; международное равенство сил

interplay of political ~s взаимодействие политических сил

joint NATO armed ~s объединенные вооруженные силы НАТО

lawful use of ~ законное применение силы

leading ~ **in** smth ведущая сила в чем-л.

member of a peace-keeping ~ страна-член миротворческих сил

mutual non-use of military ~ взаимное неприменение военной силы

non-use of ~ неприменение силы

obligatory ~ **of international treaties** юр. обязательная сила/обязательность международных договоров

of legal ~ имеющий законную силу

on entry into ~ с момента вступления в силу

operation of market ~s действие рынка

Peace Implementation F. (IFOR) Силы НАТО, обеспечивающие выполнение соглашений ООН по установлению мира

people's armed ~s **of liberation** народные вооруженные силы освобождения

phased withdrawal of the ~s **(from)** поэтапный вывод войск (из)

policy of ~ политика силы

proportions of ~s соотношение сил

reduction in the armed ~s сокращение вооруженных сил

regrouping of ~s перегруппировка сил

relationship of ~s соотношение сил

reserve of the ~s резерв сил

resort to ~ обращение к силе (как к средству)

rough parity of ~s примерное равновесие сил

shifts in the alignment of ~s изменение в расположении сил

show of ~ демонстрация силы

size of the armed ~s численность вооруженных сил

strength of the armed ~s мощь вооруженных сил

suppression by ~ подавление силой

theater nuclear ~s **(TNF)** ядерные силы театра военных действий/ТВД

threat of ~ угроза силой

unification of ~s объединение сил

unification of the armed ~ **under a single command** объединение вооруженных сил под единым командованием

unilateral cuts in smb's ~s односторонние сокращения чьих-л. войск и вооружений

use of military ~s применение вооруженных сил

use of preemptive ~ нанесение упреждающего удара

weakening of ~s ослабление сил

withdrawal of ~s отвод войск

without resort to ~ не прибегая к силе

with political ~s **splintering** при расколе политических сил

force II v заставлять, принуждать, вынуждать

to ~ smb **out** 1) вытеснять кого-л. 2) отстранять кого-л. от власти

forced a принудительный, вынужденный

forceful a 1. насильственный 2. сильный, убедительный

forcible a 1. насильственный, принудительный 2. веский, убедительный (о доводе и т.п.); яркий

fore n передний план, центр внимания

to come to the ~ оказываться в центре внимания

forecast I n предвидение; предсказание; прогноз

~ **of development** прогноз уровня развития

annual ~ годовой прогноз

approved ~ подтвердившийся прогноз

business ~ прогноз деловой активности

conditional ~ условный прогноз

daily ~ суточный прогноз

dim ~ туманный прогноз

economic ~ экономический прогноз

financial ~ финансовый прогноз

investment ~ прогноз капиталовложений

long-ranged/long-term ~ долгосрочный прогноз

optimistic ~ оптимистический прогноз

perfect ~ точный прогноз

pessimistic ~ пессимистический прогноз

political ~ политический прогноз

qualitative ~ качественный прогноз

quantitative ~ количественный прогноз

short-range/short-term ~ краткосрочный прогноз

technological ~ прогноз развития техники

tentative ~ предварительный прогноз

theoretical ~ теоретическое предвидение

weather ~ прогноз погоды

forecast II *v* предсказывать; прогнозировать; предвидеть

forecaster *n* **1.** прогнозист, разработчик/составитель прогнозов **2.** синоптик

forecasting *n* прогнозирование, предположение, перспективная оценка

business ~ прогнозирование деловой активности/конъюнктуры

comparative ~ сравнительное прогнозирование

economic ~ экономическое прогнозирование

long-term ~ долгосрочное прогнозирование

manpower ~ прогнозирование спроса и предложения рабочей силы

scientific ~ научное прогнозирование

short-term ~ краткосрочное прогнозирование

social ~ социальное прогнозирование

technology ~ научно-техническое прогнозирование

reliability of economic ~ надежность экономических прогнозов

forefront *n* передний край; центр деятельности; авансцена

in the ~ на первом плане

foreign *a* **1.** иностранный; зарубежный; чужеземный **2.** незнакомый; чужой

foreign-born *a* родившийся за границей

foreigner *n* иностранец

naturalized ~ натурализовавшийся иностранец

to expel a ~ выдворять иностранца из страны

to shelter ~s укрывать иностранцев

no ~s (noforn) *правит. жарг.* «не для иностранцев» *(о материале, предназначенном только для граждан США)*

off-limits to ~s закрытый для иностранцев

foreign-policy *attr* внешнеполитический

foresee (foresaw, foreseen) *v* предвидеть

foreseeable *a* предвидимый заранее; предсказуемый

foreshadow *v* предвещать *что-л.*

foresight *n* предвидение; дальновидность

political ~ дальновидность в политике

forge *v* фабриковать; подделывать

forger *n* фальшивомонетчик

forgery *n* подделка, подлог

political ~ политический подлог

forgive *v* **1.** прощать; отпускать *(грехи)* **2.** складывать *(недоимки)*

forgiveness *n* прощение

debt ~ прощение долгов

form I *n* **1.** форма; вид **2.** бланк; форма; анкета; формуляр **3.** формулировка

~ of activity род деятельности

~ of address форма обращения *(в деловой переписке)*

~ of government форма правления

~ of payment способ платежа, форма оплаты

immigration ~ иммиграционная форма

tax ~ бланк налоговой декларации

to change the ~ изменять формулировку

to retain the text in its present ~ сохранять формулировку текста

amendment in its present ~ поправка в данной формулировке

diversity of property ~s многообразие форм собственности

in due ~ по всем правилам

form II *v* образовывать, создавать; формировать; учреждать

formal *a* официальный, формальный

formalit/y *n* **1.** формальность **2.** соблюдение формальностей

frontier ~ies пограничные формальности

passport ~ies паспортные формальности

protocol ~ies протокольные формальности

formally *adv* официально

formation *n* **1.** образование, формирование, создание **2.** (экономическая) структура, формация

formula *n* формула; формулировка

compromise ~ компромиссная формулировка

diplomatic ~ дипломатическая формулировка

evasive ~ уклончивая формулировка

face-saving ~ спасительная формулировка

final ~ окончательная формулировка

to agree to a ~ соглашаться с формулировкой

to move towards a ~ приближаться к согласованию формулировки

formulate *v* формулировать

formulation *n* **1.** формулирование **2.** формулировка **3.** выработка, подготовка *(документа)*

~ of a document разработка/формулирование документа

fortification *n* укрепление

build-up of ~s строительство укреплений

fortune *n* **1.** успех, удача **2.** богатство

political ~ политический успех

to salt one's ~s away in foreign bank accounts прятать свои богатства на счетах в зарубежных банках

forum *m* форум, съезд

~ on smth *smth* форум, посвященный *чему-л.*; форум по *какому-л.* вопросу

Asia Pacific Economic Cooperation F. (APEC) «АПЕК» *(форум экономического сотрудничества между странами тихоокеанского бассейна; учрежден в 1989 г.)*

National F. Национальный форум

forward-looking *a* **1.** предусмотрительный, дальновидный **2.** прогрессивных взглядов

forward-thinking *a* прогрессивно мыслящий

foundation *n* **1.** *pl* основы, принципы **2.** основа, базис, исходный пункт **3.** основание, создание *(организации)* **4.** фонд

four *n* четверка

the Big F. *ист.* «Большая четверка» *(Советский Союз, США, Великобритания, Франция)*

fracas *n* скандал, шумная ссора

political ~ политический скандал

frailty *n* хрупкость, непрочность, неустойчивость

economic ~ экономическая неустойчивость

frame I *n* система, структура

frame II *v разг. (тж* ~ **up)** ложно обвинять *(кого-л.)*; подтасовывать факты

frame-up *n разг.* **1.** ложное обвинение **2.** судебная инсценировка

framework *n* рамки, структура

democratic ~ демократические рамки

institutional ~ организационные рамки

national ~ структура страны

social ~ социальная основа/структура

viable ~ жизнеспособная/устойчивая система/структура

to work out global policy ~**s** вырабатывать глобальную политическую основу

within the ~ **of** *smth* в рамках/в пределах *(какой-л. системы)*

within the UN ~ в рамках ООН

franchise *n* **1.** право голоса **2.** привилегия; льгота **3.** *коммерч.* франшиза

to exercise ~ осуществлять право участия в выборах

Francoism *n ист.* франкизм

Francoist *n ист.* франкист

Francsist *a ист.* франксистский

fraternal *a* братский

fraternity *n* **1.** братство **2.** общность взглядов

fraternize *v (with smb)* брататься *(с кем-л.)*

fraud *n* фальшивка, обман, мошенничество

alleged ~ якобы имевшее место/предполагаемое мошенничество

electoral ~ подтасовка результатов выборов

repeated ~ неоднократное мошенничество

sophisticated electoral ~ изощренная фальсификация результатов выборов

tax ~ мошенничество при уплате налогов

it amounts to ~ это равносильно мошенничеству

fraudulent *a* обманный, мошеннический

fray *n* столкновение

political ~ политические потасовки

to enter the ~ включаться в конкуренцию

freak *n* **1.** поклонник, поборник, фанат **2.** *эвф.* наркоман

free I *a* **1.** свободный, независимый, вольный **2.** свободный, беспрепятственный **3.** не облагаемый налогом/пошлиной; бесплатный

~ **of charge** бесплатный

~ **of debt** не имеющий долгов

~ **of duty** беспошлинный

~ **of premium** освобожденный от уплаты взносов

to be ~ **from duty** быть свободным от работы/дежурства

to set *smb* ~ освобождать *кого-л. (из заключения и т.п.)*

free II *v* освобождать

to ~ *smb* **in exchange for** *smb* освобождать *кого-л.* в обмен на освобождение *кого-л.*

freedom *n* **1.** свобода, независимость **2.** свобода, право

~ **and necessity** *филос.* свобода и необходимость

~ **for all without distraction as to race, sex, language or religion** свобода для всех без различия расы, пола, языка и вероисповедания

~ **from arbitrary arrest, detention** *or* **exile** *юр.* свобода от произвольного ареста, задержания *или* изгнания

~ **from arbitrary interference with privacy, family, home** *or* **correspondence** *юр.* свобода от произвольного вмешательства в личную и семейную жизнь и от произвольного посягательства на неприкосновенность жилища и тайну корреспонденции

~ **from intervention** свобода от вмешательства

~ **from restrictions** свобода от ограничений

~ **from torture** *or* **cruel, inhuman** *or* **degrading treatment** *or* **punishment** *юр.* свобода от пыток *или* жестоких, бесчеловечных *или* унижающих достоинство видов обращения или наказания

~ **from want** свобода от нужды; обеспеченность

~ **of a country** независимость страны

~ **of assembly and demonstrations** свобода собраний и демонстраций

~ **of association** свобода общения

~ **of belief** свобода вероисповедания

~ **of conscience** свобода совести

~ **of expression** свобода слова

~ **of movement (for** *smb***)** свобода передвижения *(для кого-л.)*

~ **of press** свобода печати

~ **of public associations** свобода объединения в общественные организации

~ **of religion** свобода вероисповедания

~ **of speech** свобода слова

~ **of thought** свобода мысли

~ **to act** свобода действий

~ **to receive and give information** свобода получения и передачи информации

complete ~ полная свобода

democratic ~**s** демократические свободы

fundamental ~**s** основные свободы

media ~ свобода средств массовой информации

personal ~ свобода личности

political ~**s** политические свободы

press ~ свобода печати

to attain ~ добиваться свободы

to call for ~ призывать к свободе

to **consolidate** ~ укреплять свободу
to **crush** ~ подавлять свободу
to **curtail** ~ ограничивать свободу
to **demand** ~ требовать свободу
to **destroy** ~ разрушать свободу
to **enjoy** ~ пользоваться свободой; быть свободным
to **ensure** ~ обеспечивать свободу
to **expect** *one's* ~ надеяться на освобождение
to **fight for** ~ бороться за свободу
to **give** ~ давать свободу
to **grant** ~ предоставлять свободу
to **nurture** ~ способствовать развитию свободы
to **put political** ~ **to a test** проверять соблюдение политических свобод
to **restrict** *smb's* ~ ограничивать чью-л. свободу
to **secure** *smb's* ~ добиваться чьего-л. освобождения
to **smash** *smb's* **fight for** ~ подавлять чью-л. борьбу за свободу
to **suspend press** ~ приостанавливать свободу печати
to **usher in new political** ~s провозглашать новые политические свободы
to **yearn for** *one's* ~ жаждать свободы
balance of ~ остаток свободы
denial of basic ~s отказ от основных свобод
limit on personal ~s ограничение свободы личности
suppression of ~ подавление свободы
triumph of ~ торжество свободы
yearning for ~ стремление к свободе
free-for-all *n* (всеобщая) потасовка
free-marketer *n* сторонник свободного рынка
freemason *n* масон, франкмасон
free-thinker *n* вольнодумец
free-trader *n* эк. фритредер *(сторонник свободной торговли)*
freeze *n* I замораживание, блокирование *(зарплаты, цен и т.п.)*
fares ~ замораживание платы за проезд
immediate ~ **(of)** незамедлительное/безотлагательное замораживание, введение моратория (на)
land ~ ограничение правительства *(США)* на продажу/передачу земельных участков
nuclear ~ замораживание ядерного оружия/производства ядерных вооружений
Nuke F. «Замораживание ядерного оружия» *(антивоенная организация в США)*
pay ~ замораживание заработной платы
price ~ замораживание цен
rents ~ замораживание квартирной платы
wage ~ замораживание заработной платы
freeze II **(froze, frozen)** *v* замораживать, блокировать, держать на одном уровне
frictions *n pl* трения, разногласия
economic ~ экономические разногласия
international ~ трения/разногласия в международных отношениях

Friday *n* пятница
black F. *бирж. жарг.* «черная пятница», резкое падение на биржах курса акций
friend *n* 1. коллега, партнер 2. квакер
Friends of the Earth группа защиты окружающей среды со штаб-квартирой в Амстердаме и с отделениями в ряде стран
Society of Friends «Общество друзей» *(квакеры)*
friendly *a* дружественный, дружеский
environmentally ~ не наносящий ущерба окружающей среде, не загрязняющий окружающую среду
to **be environmentally** ~ не наносить ущерба окружающей среде
friendship *n* дружба
to **cultivate** ~ добиваться дружбы
to **develop** ~ развивать дружеские отношения
to **hold out the hand of** ~ **to** *smb* протягивать *кому-л.* руку дружбы
to **strengthen** ~ укреплять дружбу
fringe *n* экстремист
lunatic ~ махровый/злобный реакционер, «бешеный»
front *n* 1. *воен.* фронт 2. объединение, сплоченность, фронт
common ~ **against a country** единый фронт против *какой-л.* страны
national-patriotic ~ национальный фронт патриотических сил
people's/popular ~ народный фронт
united ~ единый фронт
to **be active on the diplomatic** ~ проявлять активность на дипломатическом поприще
to **fight on two** ~s воевать на два фронта
to **form a common** ~ создавать единый фронт
to **open a second** ~ открывать второй фронт
to **put up a united** ~ выступать единым фронтом, создавать единый фронт
across the whole ~ по всему фронту
in the diplomatic ~ на дипломатическом поприще
frontbencher *n* *брит.* «переднескамеечник» *(член британского парламента, являющийся министром правительства или теневого кабинета)*
frontier *n* граница, рубеж; пограничная полоса
distant ~ отдаленная граница
heavily guarded ~ усиленно охраняемая граница
long ~ протяженная граница
New Frontiers «Новые рубежи» *(курс президента США Дж. Ф. Кеннеди)*
to **cross a** ~ пересекать границу
to **defense** *one's* ~s защищать свои границы
to **define a** ~ определять границу
to **delimit a** ~ устанавливать границу
to **mark a** ~ проводить границу
frontline *a* пограничный, (при)фронтовой
frontpage *n* первая полоса газеты

to dominate the ~s преобладать на первых полосах газет

to make the ~s быть вынесенным на первые полосы газет, быть главной новостью

front-runner *n* кандидат, набравший наибольшее число голосов/опережающий соперников на выборах

~ for the president основной претендент на должность президента

fruitful *a* плодотворный

to provide ~ оказываться плодотворным

frustrate *v* 1. расстраивать, срывать, сводить на нет 2. побеждать, разбивать *(кого-л.)*

frustration *n* 1. срыв, нарушение *(планов)* 2. крушение, крах

~ of smb's plans срыв/крах чьих-л. планов

fuel *n* топливо; горючее

nuclear ~ ядерное топливо

fugitive *n* беглец

~ from justice лицо, скрывающееся от правосудия

full-dress *a* в полной парадной форме

~ debate прения по важному вопросу *(в парламенте)*

~ dinner парадный/официальный обед

function *n* 1. функция; назначение 2. *обыкн. pl* должностные обязанности 3. торжественная церемония; торжество

consular ~s консульские функции

executive ~s исполнительные функции

official ~s официальные функции

to attend a ~ присутствовать на торжестве/торжественной церемонии

to delegate the ~s передавать функции

to delineate ~s between smb разграничивать обязанности между *кем-л.*

to discharge/to exercise/to perform ~s выполнять функции

to speak at a ~ выступать на торжественной церемонии

functionary *n* функционер, должностное лицо

judicial ~ судебное должностное лицо

minor ~ подчиненное должностное лицо

fund *n* 1. фонд, капитал 2. *pl* денежные средства 3. фонд, общественная организация

~ for reimbursement денежные средства для возмещения

Arab Monetary F. (AMF) Арабский валютный фонд *(учрежден в 1976 г. для оказания экономической помощи странам, входящим в Лигу арабских государств)*

available ~s денежные средства, имеющиеся в наличии

budgetary ~s бюджетные средства

commodity ~ товарный фонд

consumption ~ фонд потребления

development ~ фонд развития

emergency ~ резервный фонд; фонд чрезвычайной помощи

European Development F. Европейский фонд развития

European F. for Monetary Cooperation Европейский фонд валютного сотрудничества

extra-budgetary ~s внебюджетные средства

foreign ~s иностранные фонды, иностранный капитал

foreign exchange ~s фонды/резервы иностранной валюты

general ~ общий фонд

government ~ правительственный фонд

International Monetary F. (IMF) Международный валютный фонд, МВФ

investment ~ фонд капиталовложений

invisible ~ невидимый фонд

liquid ~s ликвидные средства

Nobel's F. Нобелевский фонд

private ~s частные фонды, частный капитал

public ~s государственные средства

relief ~ фонд помощи

reserve ~ резервный фонд

Save the Children F. *брит.* Фонд спасения детей

state ~s государственные средства

tied-up ~s денежные средства, инвестированные в ценных бумагах

Trust F. целевой фонд *(ООН)*

wages ~ фонд заработной платы

to allocate/to appropriate ~s to smb for smth ассигновать деньги/средства *кому-л.* на *что-л.*

to be supported by a ~ получать субсидии из фонда

to block ~s отказывать в предоставлении средств

to channel ~s for smth направлять средства на *что-л.*

to invest ~s делать капиталовложения

to misuse state ~s злоупотреблять государственными средствами

to raise ~s привлекать/собирать денежные средства

to release ~s высвобождать средства

allocation/appropriation of ~s выделение денежных средств

embezzlement of public ~s растрата общественных средств

flow of ~s движение денежных средств

misuse of public ~s использование государственных средств не по назначению, злоупотребление государственными средствами

fundamental *n* I *обыкн. pl* основное правило, принцип, основы

~s of a problem основные аспекты проблемы

to agree upon ~s договариваться по основным вопросам

to differ on ~s расходиться во взглядах по принципиальным вопросам

fundamental *a* II основной, существенный, коренной; основополагающий

fundamentalism *n рел.* фундаментализм

Islamic ~ исламский фундаментализм
fundamentalist *n рел.* фундаменталист
funding *n* финансирование, выделение средств
   extra ~ дополнительные ассигнования
   government ~ правительственные субсидии
   to cut/to trim ~ for *smb.* сокращать субсидии *кому-л.*
   to provide ~ выделять ассигнования
funeral *n* похороны
   state ~ официальные похороны государственного деятеля
   to attend (at) a ~ присутствовать на похоронах
furniture *n* мебель, обстановка
   he is part of the diplomatic ~ он непременный участник дипломатических встреч
furtherance *n* продвижение; помощь, поддержка, содействие
   ~ of the principles and objectives осуществление принципов и целей
fuse *v* соединяться, сливаться, объединяться *(о компаниях)*
future *n* 1. будущее 2. *pl* фьючерсные/срочные контракты; срочные сделки 3. *pl* товары, закупаемые *или* продаваемые на срок
   commodity ~s срочные сделки с товарами
   foreseeable ~ обозримое будущее
   smb's **political ~** чье-л. политическое будущее
   stock ~s срочные сделки с акциями
   to decide *one's* **political ~** определять свое политическое будущее
   to pave the way to a better ~ проложить путь к лучшему будущему
futurological *a* футурологический
futurology *n* футурология

G

gaffe *n* оплошность
   political ~ политическая оплошность
   to make a ~ допускать оплошность
gaffer *n брит.* работодатель, хозяин; мастер; надсмотрщик
gag I *n парл. жарг.* прекращение прений
gag II *v (smb)* затыкать рот *(кому-л.)*
gain *n* 1. увеличение, рост; успех; *pl* достижения; завоевания 2. *pl* доходы; заработок; прибыль
   capital ~s прибыль
   cultural ~s культурные достижения
   historic ~s исторические завоевания
   marginal ~ предельный доход
   military ~s over a country военный захват отдельных участков территории страны
   political ~s политические завоевания
   short-term ~ ближайшая выгода
   spectacular ~s огромная прибыль
   speculative ~s спекулятивные доходы

tangible ~ ощутимый успех
territorial ~ территориальные приобретения
total ~ общий доход
windfall ~s неожиданная выгода
to consolidate *one's* **~** закреплять свой успех
to defend the ~s защищать завоевания
to give up the territorial ~s отказываться от захваченных территорий
to make big/significant/striking ~s добиваться большого/значительного/разительного успеха *(на выборах и т.п.)*
to make territorial ~s захватывать новые территории
to nullify the ~s сводить достижения к нулю
to reduce the ~s снижать прибыль/доходы
to turn *smth* **into a political ~ for** *smb* превращать *что-л.* в политический выигрыш для *кого-л.*
for political ~ для политической выгоды
for short-term ~ ради ближайшей выгоды
love of ~ корыстолюбие
gainful *a* прибыльный; доходный; выгодный
gainings *n pl* доходы; заработок
gainless *a* неприбыльный
gallantry *n* доблесть
   to display ~ проявлять доблесть
gallery *n* галерея
   distinguished strangers' ~ места для почетных гостей
   press ~ места для представителей прессы
   public ~ места для публики *(напр. в парламенте)*
galley *n* галера; **(the ~s)** каторжные работы
gallows *n* виселица
   to cheat the ~ избежать виселицы
   to send *smb* **to the ~** отправлять *кого-л.* на виселицу
   he will come to the ~ ему не миновать виселицы
gallows-bird *n жарг.* висельник
gambit *n* пробный шар, первый шаг, начало
gamble *n* **I** игра, авантюра, риск
   military ~ военная авантюра
   to embark upon political ~ начинать рискованную политическую игру
   to take a pretty bold political ~ идти на довольно смелый политический риск
gamble *v* **II** спекулировать, играть *(на бирже)*
   to ~ on *smth* играть на *чем-л.*
gambling *n* азартная игра, игра на деньги
   political ~ политическая игра, политические спекуляции
game *n* игра
   ~ is up *перен.* игра окончена
   ~ of politics политическая игра
   Commonwealth Games Игры Содружества
   double ~ двойная игра
   Goodwill Games Игры доброй воли
   losing ~ безнадежная игра, проигранное дело
   management ~ управленческая/деловая игра

Olympic ~s Олимпийские игры

political ~s политические игры

stock-market ~ игра на бирже

summer ~s летние игры

waiting ~ выжидательная тактика

war ~s военные маневры

winning ~ выигрышное дело

winter ~s зимние игры

to hold ~s проводить игры

to play a double ~ вести двойную игру

to play political ~s играть в политические игры

gaming *n* **1.** проведение игр (*военных, управленческих и т.п.*) **2.** игорный бизнес

gang *n* банда; бригада

G. of Four *ист.* 1) *полит. жарг.* «Банда четырех» *(КНР)* 2) *брит. полит. жарг.* четверо бывших руководителей лейбористской партии, образовавших социал-демократическую партию в 1981 г. *(Р. Дженкинс, Д. Оуэн, У. Роджерс, Ш. Уильямс)*

work ~ бригада рабочих

to break/to bust up a ~ ликвидировать банду

to form a ~ создавать банду

to join a ~ вступать в банду

gangster *n* гангстер

gangsterism *n* гангстеризм

international ~ международный гангстеризм

gangway *n брит.* проход, разделяющий палату общин на две части

gaol *n брит.* тюрьма

gap *n* **1.** пробел, интервал, промежуток; расхождение **2.** *фин.* дефицит

~ between rhetoric and behavior расхождение слов с делом

~ between rich and poor countries пропасть между бедными и богатыми странами

~ between the economies разрыв в уровне развития экономик

~ between the prices разрыв между ценами

~ between theory and practice разрыв между теорией и практикой

~ between words and deeds расхождение слов с делом

~ in levels of economic development разрыв в уровнях экономического развития

~ in the balance of payment дефицит платежного баланса

~s in the market mechanism недостатки рыночного механизма

ability ~ якобы существующая врожденная разница в способностях представителей разных рас

budget ~ бюджетный дефицит

communications ~ прерванная связь

credibility ~ недостаточное доверие, кризис доверия

development ~ разрыв в развитии (*экономики одной страны по сравнению с другой*)

gender ~ различия в менталитете мужчин и женщин

generation ~ конфликт поколений, проблема отцов и детей

gross-national-product ~ разрыв между потенциально возможным уровнем ВНП и реальным ВНП

import-export ~ разрыв между импортом и экспортом

increasingly growing ~ все больше увеличивающийся разрыв

inflation(ary) ~ инфляционный разрыв

price ~ разрыв в уровне цен

supply-demand ~ разрыв между спросом и предложением

technological/technology ~ технологический разрыв

trade ~ дефицит торгового баланса, отрицательное торговое сальдо

urban-rural ~ разрыв между городом и деревней

wage ~ разрыв между заработной платой разных категорий трудящихся

to bridge the ~ ликвидировать разрыв

to close/to fill (up) the ~ заполнить пробел

to increase the trade ~ увеличивать дефицит торгового баланса

to leave a ~ оставлять пробел

to lessen/to narrow the ~ сокращать/уменьшать разрыв

to overcome ~s (in) ликвидировать/устранять пробелы/несоответствия/расхождения/разрывы (в)

to plug/to seal the ~ ликвидировать/устранять расхождение

to supply the ~ восполнять пробел

to widen the ~ in *smth* увеличивать разрыв в чем-л.

figures show a ~ of $ ... налицо дефицит в ... долларов

narrowing of the ~ сокращение разрыва

widening ~ between *smth* увеличивающийся разрыв между чем-л.

widening of the trade ~ рост дефицита торгового баланса/отрицательного торгового сальдо

garbage *n* мусор, отходы

to dump radioactive ~ захоронить радиоактивные отходы

garble I *n* искажение, фальсификация

garble II *v* искажать, фальсифицировать, подтасовывать

garden *n* сад

G. of England «Сад Англии» *(графство Кент)*

G. of the West «Сад Запада» *(штаты Иллинойс и Канзас)*

garter I *n* подвязка; **(the G.)** *брит.* орден Подвязки

garter II *v брит.* пожаловать орден Подвязки

gas I *n* газ

exhaust ~es выхлопные газы

greenhouse ~es газы, вызывающие парниковый эффект

lethal ~ смертоносный газ

mustard ~ горчичный газ, иприт

nerve ~ нервно-паралитический газ

poison ~ отравляющий/токсичный/ядовитый газ

tear ~ слезоточивый газ

toxic ~ отравляющий/токсичный/ядовитый газ

to die from the effects of tear ~ умереть от отравления слезоточивым газом

to fire tear ~ применять гранаты со слезоточивым газом

to use tear ~ применять слезоточивый газ

gas II *v* поражать отравляющим веществом

gas-alarm *n* химическая тревога

gasoline *n* бензин

to pour ~ **on a fire** *перен.* подливать масла в огонь

gas-poisoning *n* поражение отравляющими веществами

gatekeeper *n* *делов. жарг.* секретарь/референт/помощник *и т.п.*, старающийся не допускать посетителей к своему шефу

gathering *n* **1.** сбор (*информации*) **2.** собрание

illegal ~ незаконное собрание

intelligence ~ сбор разведывательных данных

news ~ сбор информации для средств массовой информации

political ~ политическое собрание, политический митинг

public ~ скопление людей, собрание

social ~ общественное собрание

to ban all public ~ запрещать собрания

gauche *n* *фр. полит.* представитель левой партии

la ~ **de salon** *фр. полит. жарг.* профессиональный социалист, представитель руководящей партии элиты

Gaullism *n* голлизм (*приверженность взглядам французского генерала Де Голля*)

gauntlet *n* рукавица, перчатка; *перен.* вызов, резкая критика

to pick up the ~ принимать вызов

to run the ~ **of criticism** подвергаться жесточайшей критике

to take up the ~ принимать вызов

to throw down the ~ **to** *smb* **(and dare him to pick it up)/to throw the** ~ **at** *smb's* **feet** бросать вызов *кому-л.*

gavel *n* молоток председателя собрания

to rap a ~ стучать молотком

rap of the ~ удар молотком

gazette *n* официальный орган печати; правительственный бюллетень/вестник

gear *n* снаряжение

in full combat ~ в полном боевом снаряжении

to wear riot ~ быть экипированным для разгона участников беспорядков

gearing *n* *фин. жарг.* прокручивание занятых денег

gee-whiz *a* *жарг.* сенсационный

gendarme *n* жандарм

to perform the functions of a world ~ осуществлять функции мирового жандарма

to play the role of the ~ играть роль жандарма

general *n* генерал

No. 1 G. *журн. жарг.* главнокомандующий

generalit/y *n* общее место, общая фраза

glittering ~**ies** *полит. жарг.* красивые общеполитические призывы

to come down from ~**ies to particulars** переходить от общих рассуждений к конкретным делам

to speak in ~**ies** говорить общими фразами

generalization *n* обобщение

to make political ~**s** делать политические обобщения

generation *n* **1.** производство (электроэнергии) **2.** поколение (*людей, машин, механизмов и т.п.*)

actual ~ теперешнее поколение

coming ~ подрастающее поколение

female ~ женская часть поколения

future ~ грядущее поколение, потомки

lost ~ потерянное поколение

male ~ мужская часть поколения

militant ~ воинственно настроенное поколение

next ~ следующее поколение

nuclear steam ~ выработка (электроэнергии) атомными электростанциями

older ~ старшее поколение

post-war ~ послевоенное поколение

present ~ современное поколение

rising ~ подрастающее поколение

subsequent ~ последующее поколение

young ~ молодое поколение

generosity *n* щедрость

great ~ большая щедрость

lavish ~ невиданная щедрость

magnanimous ~ великодушие и щедрость

unstinting ~ чрезвычайная щедрость

genocide *n* геноцид

to charge with ~ обвинять в геноциде

to commit ~ совершать геноцид

to outlaw ~ объявлять геноцид вне закона

responsibility for ~ ответственность за истребление людей

gensec *n* *русск.* генсек, генеральный секретарь

gentlefolk(s) *n* дворянство, знать

gentleman *n* джентльмен

~ **from Florida** член палаты представителей от штата Флорида

complete ~ истинный джентльмен

country ~ землевладелец, помещик

Honourable and Gallant G. *брит.* почтенный и доблестный джентльмен (*титулование члена британского парламента, военного по профессии*) perfect ~ истинный джентльмен

real ~ настоящий джентльмен

Right Honourable G. *брит.* достопочтенный джентльмен (*титулование члена Тайного совета, графа, виконта, барона*)

every inch a ~ джентльмен до мозга костей

gentleman-usher *n* церемониймейстер при дворе

gentry *n брит. ист.* джентри, нетитулованное мелкопоместное дворянство

geopolitical *a* геополитический

geopolitics *n* геополитика

geriarchy *n* гериархия, власть старцев

German I *n* немец

Volga ~s немцы Поволжья, поволжские немцы

German II *a* немецкий, германский

German/y *n* Германия; (**the ~ies**) *ист.* два германских государства (*ГДР и ФРГ*)

unified ~ объединенная Германия

gerontocracy *n* геронтократия, власть старцев

gerrymander I *n полит. жарг.* предвыборные махинации

gerrymander II *v* устраивать предвыборные махинации; перекраивать избирательные округа с целью добиться большинства на выборах

gesture *n* жест

calculated ~ сознательный жест

conciliatory ~ жест примирения

eleventh-hour ~ жест, сделанный в последний момент

empty ~ ничего не значащий жест

good-will ~ жест доброй воли

humanitarian ~ гуманный жест

tactical ~ тактический жест

warlike ~ бряцание оружием

to make a goodwill ~ делать жест доброй воли

get (got) *v* добиваться, получать

to ~ **in** быть избранным

to ~ **off scot-free** оставаться безнаказанным, выходить сухим из воды

to ~ **tough with** *smb* занимать жесткую позицию по отношению к *кому-л.*

getaway *n* 1. отговорка 2. бегство

quick ~ быстрое бегство

to make *one's* ~ спасаться бегством; убегать/уезжать (*из страны*)

get-together *n* неофициальное совещание

ghetto *v* гетто; трущобы

~ **of poverty and crime** гетто, где царят нищета и преступность

black ~ черное гетто

diplomatic ~ гетто для дипломатов

inner-city ~ внутригородское гетто

urban ~ городское гетто

to dump *smb* **into a** ~ помещать *кого-л.* в гетто

ghostwriter *n* человек, пишущий речи/статьи и т.п. за другого

giant *n* гигант

faded ~ *воен. жарг.* авария атомного реактора

gigantomania *n* гигантомания

gilt-edged *a бирж. жарг.* «с золотым обрезом» (*первоклассный, особо надежный*)

gilts *n* (*от* **gilt-edged securities**) гарантированные/надежные ценные бумаги

gimmick *n* трюк

advertising ~ рекламный трюк

election ~ предвыборный трюк

promotional ~ рекламный трюк

girl *n* девочка, девушка

Camp Fire Girls «Костер» (*организация девочек в США, аналогичная бойскаутам*)

give *v* :

to ~ **up** (**to** *smb*) сдаваться *кому-л.*, являться с повинной

give-and-take *n* уступки, терпимость, готовность к компромиссам

~ **on both sides** взаимные уступки

to act in spirit of ~ действовать в духе компромисса

giving *n* :

~ *oneself* **up** явка с повинной

glad-hander *n жарг.* политикан, который для завоевания голосов разыгрывает из себя свойского парня

glasnost *n русск.* гласность

glasnostic *n русск.* сторонник гласности

glasnosticism *n русск.* выступления/действия в защиту гласности

global *a* всемирный, мировой; общий, всеобщий

globalism *n* глобализм

globalization *n* глобализация

globalize *v* распространять на всю землю

globe *n* земной шар

to circle/to girdle the ~ объезжать вокруг земного шара; совершать кругосветное путешествие

glorify *v* прославлять

glory *n* слава

eternal/everlasting ~ вечная слава

labor ~ трудовая слава

military ~ воинская слава

Old G. государственный флаг США

to achieve ~ добиться славы, прославиться

to bathe in reflected ~ купаться в лучах чьей-л. славы

to bring ~ **to** *smb* приносить славу *кому-л.*

to reflect ~ **on** *smb* позволять *кому-л.* купаться в лучах чужой славы

to win ~ завоевывать славу

blaze of ~ ореол славы

memorial places of ~ памятные места славы

glut I *n* избыток, перепроизводство

~ **of money** избыток денег

dollar ~ избыток долларов

general ~ общее перепроизводство

oil ~ изобилие нефти на мировом рынке

glut II *v* затоваривать рынок

gnome *n* гном

Gnomes of Zurich *разг.* банкиры швейцарских банков

go (went; gone) *v* :

to ~ against *one's* **will** идти против своей воли; неохотно уходить в отставку

to ~ it alone действовать в одиночку

to ~ multilaterally действовать коллективно

to ~ too far too quickly заходить слишком далеко и действовать слишком поспешно

to ~ under терпеть банкротство

to ~ unilaterally действовать в одностороннем порядке

go-ahead *n* 1. прогресс 2. разрешение *или* приказание

to flash the ~ for *smth* молниеносно сообщить о разрешении на *что-л.*

to give ~ for/to *smth* давать добро на *что-л.*

goal *n* цель, задача

agreed ~ согласованная цель

ambitious ~s далеко идущие цели

foreign-policy ~ цель внешней политики

genuine ~ истинная цель

highest ~ высшая цель

immediate ~ ближайшая цель

jointly set ~ совместно поставленная цель

long-range/long-term ~ долгосрочная/перспективная цель

main/major ~ главная/основная цель

military ~ военная цель

national ~ национальная задача

national development ~s цели национального развития

overall ~ общая цель

own ~ *полит. жарг.* теракт, совершенный террористом-смертником

political ~ политическая цель

priority ~ первоочередная цель/задача

progressive ~ прогрессивная цель

true ~ истинная цель

ultimate ~ конечная цель

to achieve/to attain a ~ достигать цели

to cover up the true ~ скрывать истинную цель

to get a ~ достигать цели

to pursue a ~ преследовать цель

to reach a ~ достигать цели

to secure ~s обеспечивать цели

to set a ~ ставить цель

goalpost *n* веха, ориентир

to change the ~s менять политические приоритеты/ориентиры

go-between *n* посредник

to act as a ~ быть посредником

to use *smb* **as a ~** использовать *кого-л.* в качестве посредника

God *n* Бог

to believe in ~ верить в Бога

to bless ~ благословлять Бога

to praise ~ воздавать хвалу Богу

to worship ~ молиться Богу

in praise of ~ во славу Бога

godfather *n* «крестный отец» *(главарь мафии)*

gold *n* золото

~ jumped 5.5 dollars цены на золото подскочили на 5,5 доллара

~ rose цена золота возросла

Acapulco ~ *жарг.* марихуана *(наркотик)*

earmarked ~ золото, депонированное *какой-л.* страной в другой стране

monetary ~ золотой запас, монетарное золото

nonmonetary ~ немонетарное золото

to redeem the currency in ~ обменивать валюту на золото

value of ~ стоимость золота

withdrawal of ~ расходование золота из золотого запаса

good *n* 1. добро, благо, польза 2. *pl* товары

~s and services товары и услуги

~s entering international trade товары, являющиеся объектом мировой торговли

~s in bond товары на таможенном складе, не оплаченные пошлиной

~s in circulation товарное обращение

~s in mass demand товары массового спроса

~s in process незавершенное производство товаров

~s in transit транзитные товары, товары в пути

abundant ~s товар, имеющийся в изобилии

consumer/consumption ~s потребительские товары

contraband ~s контрабандные товары

dangerous ~s опасные грузы

day-to-day ~s *брит.* товары повседневного спроса

dry ~s 1) товары кратковременного пользования 2) текстильные товары

dumped ~s наводнившие рынок товары

durable ~s товары длительного пользования

economic ~s экономические блага

essential ~s товары первой необходимости

exchangeable ~s товары, подлежащие обмену

fancy ~s 1) модные товары 2) галантерейные товары

faulty ~s дефектные товары

final/finished ~s готовые изделия

free ~s товары, не облагаемые пошлиной

half-finished ~s полуфабрикаты

hard ~s товары длительного пользования

high-technology ~s изделия передовой технологии

home-produced ~s товары отечественного производства

industrial ~s промышленные товары

inferior ~s товары низкого качества

innocent ~s мирные грузы

investment ~s средства производства

large-scale ~s товары массового потребления

liquid ~s ликвидные товары

long-lied ~s товары длительного пользования

low-grade ~s товары низкого качества
low-price special ~s товары, продаваемые по сниженной цене (*в целях рекламы*)
luxury ~s предметы роскоши
manufactured ~s промышленные товары
military ~s товары военного предназначения
nondurable ~s товары кратковременного пользования
nonstrategic ~s нестратегические товары
overpriced ~s товары с завышенной ценой
perishable ~s скоропортящиеся товары
primary ~s сырьевые товары
production ~s инвестиционные товары
public ~ общее благо
quality ~s высококачественные товары
scarce ~s дефицитные товары
semi-durable ~s товары с ограниченным сроком годности
semi-finished/semi-manufactured ~s полуфабрикаты
slow-going ~s неходовой товар
smuggled ~s контрабандные товары
soft ~s 1) товары кратковременного пользования 2) текстильные товары
spoiled ~s бракованная продукция
spot ~s наличный товар
standardized ~s стандартные товары
strategic(al) ~s стратегические товары
style-and-fashion ~s модные товары
substitute ~s товары-заменители
taxable ~s товары, облагаемые пошлиной
tradable ~s товары, которые могут быть экспортированы
undurable ~s товары кратковременного пользования
yard ~s отрезы тканей
to accept the ~s принимать товары
to establish the exchange of ~s устанавливать обмен товаром
to have the ~s on *smb* иметь компромат на *кого-л.*
to hoard ~s припрятывать товары
to press ~s **upon** *smb* навязывать *кому-л.* товар
to put more ~s **in the shops** наполнять полки магазинов
to turn out ~s производить товары
balance of ~s **and services** баланс товаров и услуг
confiscation of ~s конфискация товаров
delivery of ~s доставка товаров
demand for ~s спрос на товары
exchange of ~s обмен товарами
flow of ~s поток товаров
inspection of ~s осмотр товаров
limited assortment of ~s ограниченный ассортимент товаров
sales of ~s купля-продажа товаров
set of ~s набор товаров
storage of ~s хранение товаров
surplus of ~s **and services** актив баланса товаров и услуг

variety of ~s большой ассортимент товаров
wide range of ~s широкая номенклатура товаров
good-neighborliness *n* добрососедство
goodwill *n* добрая воля
political ~ политическая добрая воля
to display ~ проявлять добрую волю
to send a signal of/to show ~ проявлять добрую волю
ambassador of ~ посланник доброй воли
as a sign of ~ в качестве жеста доброй воли
gesture of ~ жест доброй воли
manifestation of ~ проявление доброй воли
policy of ~ политика доброй воли
GOPster *n разг.* член Республиканской партии США
gorbymania *n ист.* горбимания (*культ М.С. Горбачева на Западе в 1985-1991 гг.*)
Gospel, the *n* Евангелие
to believe in the ~ верить в Священное Писание
to spend the ~ нести Слово Божье
gospeller *n* 1. евангелист 2. проповедник, защитник (*чего-л.*)
hot ~ **of** *smth* горячий поборник *чего-л.*
govern *v* править, управлять
government *n* 1. правительство 2. правление, управление государством, форма правления, руководство
~ **and opposition** *брит.* правительство и оппозиция
~ **by crony** *разг.* назначение на посты советников администрации по знакомству
~ **has collapsed** правительство потерпело крах
~ **has failed the people** правительство не оправдало надежд народа
~ **has lost its credibility** правительство утратило доверие
~ **in exile** эмигрантское правительство
~ **in place** теперешнее правительство
~ **in waiting** будущее правительство; теневое правительство
~ **is using its immense power** правительство использует свою огромную власть
~ **led by...** правительство, возглавляемое ...
~ **of a country** правительство страны
~ **of a state** управление государством
~ **of national agreement** правительство национального согласия
~ **of national confidence** правительство национального доверия
~ **of national reconciliation** правительство национального примирения
~ **of national salvation** правительство национального спасения
~ **of national unity** правительство национального единства
~ **of the day** существующее/существовавшее (*на определенный момент*) правительство
~ **recognized de facto** правительство, признанное де-факто

~ **recognized de jure** правительство, признанное де-юре

~ **survived a rebellion by Conservative MPs** правительство устояло, несмотря на бунт некоторых членов парламента-консерваторов

~ **will be for 3 months** правительство сформировано на 3 месяца

~ **within a** ~ правительство внутри правительства

activist ~ энергичное управление *(страной)*

all-party ~ правительство, сформированное из представителей всех партий

anti-crisis ~ антикризисное правительство

authoritarian ~ авторитарное правительство

biracial ~ правительство, в котором имеются представители двух рас

bourgeois ~ буржуазное правительство

broadly based ~ правительство на широкой *(многопартийной)* основе

caretaker ~ временное/переходное правительство

center-right ~ правоцентристское правительство

central ~ центральное правительство, правительство страны

centralized ~ централизованная форма правления

city ~ городское самоуправление

civil(ian) ~ гражданская форма правления; гражданское правительство

clean ~ незапятнанное правительство

coalition ~ коалиционное правительство

communist ~ коммунистическое правительство

Conservative G. *брит.* консервативное правительство

constitutional ~ конституционная форма правления

corrupt ~ коррумпированное правительство

crisis coalition ~ антикризисное коалиционное правительство

de facto ~ правительство, признанное дефакто

democratic ~ демократическая форма правления

Democratic G. правительство из представителей Демократической партии *(США)*

democratically elected ~ правительство, избранное демократическим путем

depositary ~ государство-депозитарий

devolved ~ правительство автономии

dictatorial ~ диктаторское правительство

donor ~ правительство, оказывающее помощь *какой-л.* стране *или* международной организации *(напр. ООН)*

elected ~ законно избранное правительство

federal ~ федеральная форма правления

four-party ~ четырехпартийное правительство

friendly ~ дружественное правительство

genocidal ~ правительство, проводящее политику геноцида

handpicked ~ специально подобранный состав правительства

Her/His Majesty's G. *брит.* правительство Его/Ее Величества

host ~ правительство страны, принимающей *кого-л.* или дающей приют *кому-л.*

imperialist ~ империалистическое правительство

incoming ~ пришедшее к власти правительство

incompetent ~ некомпетентное правительство

independent ~ независимое правительство

interim ~ временное/переходное правительство

invisible ~ «невидимое правительство» *(силы, стоящие за спиной официального правительства)*

Labour G. *брит.* лейбористское правительство

left-bourgeois ~ левобуржуазное правительство

left-wing ~ левое правительство

legitimate ~ законное правительство

less ~ уменьшение вмешательства правительства в экономику

liberal ~ либеральное правительство

local ~ местные органы власти/самоуправления

majority ~ правительство большинства

military ~ правительство военных, военное правительство

military-backed ~ правительство, поддерживаемое военными

minority ~ правительство меньшинства

moderate ~ правительство, проводящее умеренный курс

more devolved ~ большая автономия в управлении

multiparty ~ многопартийное правительство

municipal ~ городское управление, муниципалитет

national ~ правительство страны

national unity ~ правительство национального единства

neutral ~ нейтральное правительство

newly-formed ~ вновь созданное правительство

opposing ~s правительства, противостоящих друг другу

outgoing ~ уходящее в отставку правительство

overthrown ~ свергнутое правительство

parliamentary ~ парламентское правление

post-war ~ послевоенное правительство

power-sharing ~ коалиционное правительство

provincial ~ правительство провинции

provisional ~ временное/переходное правительство

puppet ~ марионеточное правительство

racist ~ расистское правительство

reactionary ~ реакционное правительство
refugee ~ правительство в изгнании
republican ~ республиканская форма правления
Republican G. правительство из представителей Республиканской партии *(США)*
rightist ~ правительство правых
right-wing ~ правое правительство
scandal-tainted ~ правительство со скандальной репутацией
secure ~ надежное правительство
self-declared ~ самопровозглашенное правительство
shadow ~ теневой кабинет
shared ~ коалиционное правительство
single-party ~ однопартийное правительство
socialist ~ социалистическое правительство
sole legitimate ~ единственное законное правительство
sovereign ~ суверенное правительство
Soviet ~ *ист.* **1)** советская власть **2)** советское правительство
stable ~ прочное правительство
stop-gap ~ временное правительство
strong ~ сильное правительство
student ~ студенческое самоуправление
successor ~ следующее правительство
then ~ существовавшее *(тогда)* правительство
totalitarian ~ тоталитарное правительство
transition(al) ~ временное/переходное правительство
tripartite coalition ~ коалиционное правительство из трех партий
tsarist ~ *ист.* царское правительство
uncaring ~ правительство, безразличное к нуждам народа
US-backed ~ правительство, поддерживаемое США
weak ~ слабое правительство
white minority ~ *ист.* правительство белого меньшинства *(ЮАР)*
to allow *smb* **into the ~** допускать *кого-л.* в правительство
to announce *one's* **new ~** объявлять состав своего правительства
to be designated the depositary ~s *юр.* назначаться в качестве правительств-депозитариев
to borrow from foreign ~s брать внешние займы
to bring down a ~ добиваться падения/отставки правительства; свергать правительство
o bring *smb* **into the new ~** вводить *кого-л.* в состав правительства
to bypass the central ~ действовать в обход центрального правительства
to choose an independent ~ избирать независимое правительство
to close down the ~ (agencies) прекращать деятельность (органов) правительства
to destabilize the ~ дестабилизировать правительство

to destroy the ~ by force насильственно уничтожать правительство
to dismiss/to dissolve a ~ отправлять в отставку/распускать правительство
to enter a ~ войти в правительство
to establish a ~ создавать правительство
to finance local ~ финансировать местное самоуправление
to force *smb* **out of the ~** заставлять *кого-л.* уйти из правительства
to force the ~ into an early general election заставлять правительство провести досрочные всеобщие выборы
to form a ~ формировать правительство
to head the ~ возглавлять правительство
to install a ~ создавать/ставить у власти правительство
to invite *smb* **to form the ~** предлагать *кому-л.* сформировать правительство
to join the ~ войти в состав правительства
to lambaste the ~ резко критиковать правительство
to lead a ~ возглавлять правительство
to leave the ~ выходить из состава правительства
to live under a democratic ~ жить под властью демократического правительства
to operate a ~ руководить работой правительства
to overthrow a ~ свергать правительство
to pledge a ~ (to) обязывать правительство *(к чему-л.)*
to plot to overthrow the ~ участвовать в заговоре с целью свержения правительства
to put together a ~ формировать правительство
to question the authority of the ~ оспаривать власть правительства
to quit the ~ выходить из состава правительства
to reconcile with the ~ примиряться с правительством
to reorganize a ~ реорганизовывать правительство
to represent a ~ представлять правительство
to resign from the ~ уходить в отставку *(о члене правительства)*
to resign *one's* **~ to** *smb* передавать руководство *кому-л.*
to run a ~ руководить работой правительства
to seize a ~ арестовать правительство
to select a ~ подбирать членов правительства
to set up a ~ создавать правительство
to shut down the ~ (agencies) прекращать деятельность (органов) правительства
to speak in the name of the ~ выступать от имени правительства
to subvert a ~ свергать правительство
to sweep a ~ from power смещать правительство в результате убедительной победы его противников на выборах

to take over the ~ захватывать руководство страной

to topple the ~ свергать правительство

to unseat a ~ сместить правительство

to unveil a new ~ объявлять состав вновь образованного правительства

to withdraw from the ~ выходить из состава правительства

at the helm of the ~ во главе правительства

change of ~ смена правительства

collapse of a ~ крах/падение правительства

composition of the ~ состав правительства

disaffection with the ~ недовольство правительством

dissolution of a ~ роспуск правительства

establishment of a fully independent ~ создание полностью независимого правительства

fate of the ~ stands to be decided решается судьба правительства

for the ~ of a country по поручению правительства страны

head of ~ глава правительства

ideological complexion of the ~ идеологическое лицо правительства

in defiance of the ~ вопреки запретам со стороны правительства

inviolability of the ~ незыблемость существующего порядка (*управления*)

maladministration in the ~ некомпетентность правительства

one party style of ~ правительство однопартийного типа

on the orders of the ~ по распоряжению правительства

organs of ~ органы государственного управления

overthrow of a ~ свержение правительства

prime minister's conduct of ~ руководство правительством со стороны премьер-министра

protest to the ~ протест, заявленный правительству

recipe for stable ~ секрет создания прочного правительства

reshuffle of the ~ переформирование правительства

restoration of a ~ восстановление у власти правительства

rupture of a coalition ~ распад/падение коалиционного правительства

seat of ~ местонахождение правительства

shape of the ~ состав правительства

shutdown of the ~ (agencies) прекращение деятельности (органов) правительства

smb's **challenge for ~** чья-л. претензия на управление страной

smb's **style of ~** чей-л. стиль руководства правительством

system of ~ система правления, государственный строй

under the ~ под властью правительства

under the present ~ при существующем правительстве

governmental *a* правительственный; государственный

governor *n* губернатор

G.-General генерал-губернатор

G. of a State губернатор штата

deputy ~ заместитель губернатора

Lieutenant G. заместитель губернатора (*штата*)

military ~ военный правитель

prison ~ начальник тюрьмы

State G. губернатор штата

Supreme G. *брит.* верховный правитель

to appoint a ~ назначать губернатора

to elect *smb* ~ избирать *кого-л.* губернатором

to run for G. of a State баллотироваться на пост губернатора штата

governorship *n* **1.** должность губернатора **2.** юрисдикция губернатора **3.** территория, подведомственная губернатору

state ~ должность губернатора штата

gown *n* **1.** платье **2.** мантия **3. (The G.)** *брит.* 1) преподавательский состав 2) студенты

black ~ «черная сутана», католический священник

grace *n* милость

Your G. ваша милость; ваша светлость (*обращение*)

to fall from ~ впадать в немилость

gradualism *n* **1.** учение о постепенном осуществлении социальных преобразований; реформизм; постепенный подход **2.** *ист.* требование постепенности в отмене рабства

gradualist *n* сторонник постепенного проведения реформ; противник быстрых радикальных перемен

graduate *n* выпускник вуза *или* средней школы; *брит.* выпускник вуза

job-hunting ~ выпускник вуза, ищущий работу

graduation *n* окончание вуза *или* средней школы; *брит.* окончание вуза

graffiti *n* граффити, лозунги и рисунки на стенах

graft *n* взятка; взяточничество, незаконные доходы; подкуп

~ and corruption взяточничество и коррупция

grandeur *n* величие

delusion of ~ мания величия

granger фермер; член ассоциации фермеров

Granma *n* «Гранма» (*название яхты, которая в 1956 г. перевезла Ф. Кастро и его сподвижников из Мексики на Кубу; символ кубинской революции*)

grant *n* субсидия; стипендия, грант

block ~ единовременный грант

cash ~ грант наличными

categorical ~ адресный грант

direct government ~ субсидия, непосредственно предоставленная правительством

federal ~ грант от правительства, федеральный грант, государственная субсидия
full ~ полная компенсация
government ~ грант от правительства, федеральный грант, государственная субсидия
matching ~ дополнительное пособие, равное пособию, полученному по другим каналам
military ~ субсидия по военным поставкам
military aid ~ предоставление военной помощи
partial ~ частичная компенсация
repatriation ~ пособие на переезд при возвращении на родину; пособие на репатриацию
research ~ грант на научно-исследовательскую работу
to award a ~ присуждать грант
to give a ~ давать грант
grant-in-aid *n* субсидия; дотация
grapevine *n журн. жарг.* информация из неподтвержденного источника
by/through the ~ по слухам
to hear by the ~ узнавать из неподтвержденных слухов
grass I *n брит. жарг.* осведомитель
grass II *v брит. жарг.* «стучать», доносить
he ~ed on them to the police он «настучал» на них в полицию
grasseater *n полиц. жарг.* коррумпированный полицейский
grassroots *n pl* **1.** рядовые члены *(партии, организации)* **2.** простые люди
grave *n* могила
common ~ братская/общая могила
mass ~ братская/общая могила; массовое захоронение
war ~ могила погибшего на войне
to desecrate a ~ осквернять могилу
to lay flowers on *smb's* ~ возлагать цветы на чью-л. могилу
to open up a ~ вскрывать могилу
violation of a ~ осквернение могилы
gravel *v разг.* прерывать докладчика
graveyard *n* **1.** кладбище **2.** *разг.* тайна, большой секрет
gravity *n* **1.** серьезность, важность **2.** тяжесть, опасность *(положения)*
~ **of the occasion** важность события
~ **of the political situation** серьезность политической обстановки
to grasp the ~ **of the situation** осознавать серьезность обстановки
gray-hair *v делов. жарг.* привлекать в качестве консультантов представителей старшего поколения
graymail *n юр. жарг.* угроза раскрытия государственных секретов *(тактика, используемая защитой в деле о шпионаже; по аналогии с "blackmail")*
greatcoat *n* шинель
greatness *n* величие
to achieve ~ достигать величия

great-power *a* великодержавный
green *a* **1.** зеленый **2.** экологически чистый
a cleaner and ~er Britain экологически более чистая Великобритания
green-back *n разг.* доллар, «зеленый»
green-favoring *a* являющийся сторонником защиты окружающей среды
greenfields *n pl бирж. жарг.* «зеленые поля» *(вновь созданные компании, предприятия, которые связаны с большим риском, но сулят больше прибыли)*
Greenpeace *n* «Гринпис» *(название инициативной группы «зеленых» со штаб-квартирой в Амстердаме)*
Greens, the *n pl* партия «зеленых»
Euro ~/The European ~ Coordination Ассоциация европейских партий «зеленых»
greet *v* приветствовать, встречать
to ~ formally приветствовать официально
to ~ *smth* **with jubilation** встречать что-л. с ликованием
to ~ with applause встречать аплодисментами
greeting *n* приветствие; встреча *(аплодисментами и т.п.)*; прием
cordial ~ сердечная встреча; сердечный прием
friendly ~ дружеское приветствие; дружеский прием
holiday ~s поздравления с праздником
official ~ официальное приветствие; официальная встреча
season's ~s поздравления с праздником
sincere ~ встреча в откровенной атмосфере
warm ~ теплое приветствие; теплая встреча
grenade *n* граната
hand ~ ручная граната
tear gas ~ граната со слезоточивым газом
to throw a ~ бросать гранату
grey *a брит. полит. жарг.* «седой» *(относящийся к пенсионерам)*
grief *n* горе
public outpouring of ~ публичное выражение горя
grievance *n* жалоба, недовольство, претензия
~**s against the administration** недовольство администрацией
justified ~ обоснованное/оправданное недовольство
legitimate ~ законное недовольство
local ~s местные претензии
underlying ~s претензии, лежащие в основе чьего-л. поведения
unjustified ~ необоснованное/неоправданное недовольство
valid ~ законное недовольство
work ~s жалобы работников
to address a ~ разбирать жалобу
to air *one's* ~ **with** *smb* высказывать свое недовольство кому-л.
to file a ~ подавать жалобу
to have a ~ **against** *smb* иметь претензии к кому-л.

to hear a ~ заслушивать жалобу

to listen to *smb's* **~** выслушивать *чьи-л.* претензии

to nurse a ~ испытывать недовольство

to redress a ~ устранять причину *чьего-л.* недовольства

to set aside local ~ временно откладывать свои местные претензии (*во имя решения общенациональных задач*)

to settle a ~ удовлетворять жалобу

to submit a ~ подавать жалобу

to vent a ~ высказывать свое недовольство

the committee heard the ~ комиссия заслушала жалобы

grift *n уголовн. жарг.* ненасильственное преступление

grill *v разг.* допрашивать

grilling *n разг.* допрос

grip *n* хватка; тиски; *перен.* власть

firm ~ крепкая хватка

iron ~ железная хватка

strong ~ сильная хватка

to come to ~s with *smth* сталкиваться с *чем-л.* (*с проблемой и т.п.*)

to get to ~s with *smb* вступать в борьбу с *кем-л.*

to lose *one's* **~** утрачивать контроль

to relax *one's* **~ over** *smth* ослаблять свой контроль над *чем-л.*

to tighten *one's* **~** усиливать свое господство

in the ~ of a crisis охваченный кризисом

in the ~ of a general strike охваченный всеобщей забастовкой

gripe I *n разг.* жалоба

legitimate ~ законная жалоба

gripe II *v разг.* жаловаться

to ~ about/at *smth* жаловаться на *что-л.*

grit *n кан.* радикал, либерал

groom *v* готовить (*кого-л. к какой-л. деятельности*)

gross *n* масса

by the ~ оптом, большими партиями

ground *n* 1. основание, причина, мотив; тема 2. место; земля

~s and reasons основания и мотивы

~ for impeaching the validity of a treaty основание для оспаривания действительности договора

~ for invalidating a treaty основание для признания договора недействительным

~ for optimism основание для оптимизма

~ for terminating a treaty основание для прекращения действия договора

~ for withdrawing from a treaty основание для выхода из договора

ample ~s достаточные основания

burial ~ место захоронения

common ~ вопрос, по которому стороны сходятся во мнении

debatable ~ предмет спора

delicate ~ щекотливая/деликатная тема

dumping ~ место захоронения отходов

firing ~ испытательный полигон

forbidden ~ запретная зона

meeting ~ место для встреч/ведения переговоров *и т.п.*

parade ~ место проведения парада

proving ~ испытательный полигон

shaky ~ ненадежная/сомнительная основа

social and political ~s социально-политические основы

solid ~s конкретные основания

sufficient ~s достаточные основания

testing ~ испытательный полигон

to break new ~ *тж перен.* поднимать целину

to concede ~ on *smth* уступать по *какому-л.* вопросу

to cover much ~ затрагивать много вопросов

to find common ~ находить общие интересы/общий язык

to gain ~ 1) достигать успеха 2) *воен.* продвигаться

to gain ~ on *smb* отбирать у *кого-л.* спорную территорию

to get on the ~ опускаться с небес на землю

to get *smth* **off the ~** успешно положить начало *чему-л.*; сдвинуть *что-л.* с мертвой точки

to give ~ терять прежнее положение, идти назад

to give ~s for *smth* давать основания для *чего-л.*

to have good ~s for *smth* иметь все основания для *чего-л.*

to hold/to keep *one's* **~** стоять на своем

to look for common ~ искать общие интересы/общий язык

to lose ~ 1) терпеть поражение; терять позиции 2) снижается (*о ценах*); падать (*о курсе валюты*)

to lose ~ to a party терять голоса избирателей, решивших поддержать другую партию

to maintain *one's* **~** стоять на своем

to meet *smb* **on neutral ~** встречаться с *кем-л.* на нейтральной территории

to prepare the ~ for *smth* подготавливать почву для *чего-л.*

to refuse *smb* **on ~s of** *smth* отклонять *чью-л.* кандидатуру из-за *чего-л.*

to seek common ~ искать общие интересы/общий язык

to shift *one's* **~** менять позицию в споре

to stand *one's* **~** стоять на своем

to yield ~ 1) терпеть поражение; терять позиции 2) снижается (*о ценах*); падать (*о курсе валюты*)

on compassionate ~s из сострадания

on constitutional ~s по конституционным соображениям

on delicate ~s в обстановке, требующей большого такта

on ethnic ~s на национальной почве

on health ~s по состоянию здоровья

on humanitarian ~s из соображений гуманности

on legal ~s на законном основании

on religious ~s по религиозным соображениям

on safety and financial ~s по соображениям безопасности и по финансовым соображениям

on security ~s по соображениям государственной безопасности

on shaky ~ на сомнительной основе

ground-based *а воен.* наземного базирования

groundswell *n* массовый энтузиазм; широкая общественная поддержка *(кандидата и т.п.)*

groundwork *n* основа, фундамент

to do/to lay the ~ for *smth* закладывать основу/фундамент для *чего-л.*

group *n* группа, группировка, фракция

~ dwindled/fragmented/split группа раскололась

G. of Seven *ист.* страны «Большой семерки», «семерка» *(США, Великобритания, Германия, Франция, Япония, Канада, Италия)*

G. of Six *ист.* страны «Большой шестерки», «шестерка» *(Аргентина, Греция, Индия, Мексика, Танзания и Швеция – нейтральные страны, выступающие за разоружение)*

ad hoc ~ специальная группа

advisory ~ группа советников; консультативная группа

affinity ~ однородная группа

age ~ возрастная группа

anarchist ~ анархистская группа

anti-nazi ~ антинацистская организация

appraisal ~ группа экспертов-оценщиков

armed ~ вооруженная группировка

breakaway ~ отколовшаяся группировка

business ~ деловые круги

ceasefire monitoring ~ группа наблюдателей, следящих за соблюдением соглашения о прекращении огня

clandestine ~ нелегальная группировка

conflicting ~s враждующие группировки

Congress I ~ Индийский национальный конгресс «И» *(по инициалу основателя партии Индиры Ганди)*

conservation ~ группа защитников окружающей среды

coordinating ~ координационная группа

debate ~ группа по обсуждению вопросов

Democratic Study G. фракция либеральных демократов в Конгрессе США

development ~ группа развития

discussion ~ группа по обсуждению вопросов

dissident ~ группа диссидентов

economic ~ экономическая группа

engineering policy ~ группа определения технической политики *(фирмы)*

environmental ~ группа сторонников охраны окружающей среды; экологическая группа

ethnic ~ этническая группа, народность

expert ~ группа экспертов

extremist ~ экстремистская группировка

forecasting ~ группа прогнозирования

ginger ~ *брит.* «группа активистов» *(группа членов парламента – сторонников более решительных действий своей партии)*

human rights ~ группа защиты прав человека

influential ~ влиятельная группа

informal ~ неформальное объединение

inter-regional deputies' ~ межрегиональная депутатская группа

joint ~ объединенная группа

leading ~ руководящая группа

left-wing ~ левая группировка

main resistance ~s основные группы сопротивления

Manifesto ~ группа членов Лейбористской партии правого толка

minority ~ группа представителей меньшинств

mixed ethnic ~s смешанные этнические группы

monitoring ~ группа наблюдателей

national ~ национальная группа

nationalist ~ организация националистов

occupational ~ профессиональная группа

opposition ~ оппозиционная группа

pacifist ~ группа пацифистов

paramilitary ~ вооруженное формирование

party's parliamentary ~ партийная парламентская группа

peace ~ группа/организация сторонников мира

peer ~ группа людей, равных по статусу

planning ~ группа планирования

policy ~ группа, вырабатывающая политику *(фирмы)*

political ~ политическая группировка

pressure ~ инициативная группа; группа, проталкивающая *какой-л.* законопроект через парламент

pro-fascist ~ профашистская группа

professional ~ профессиональная группа

pro-independence ~ группа сторонников независимости

race ~ группа лиц одной расы

rebel ~ мятежная группа/группировка

regional ~ региональная группа

religious ~ религиозная группировка

resistance ~ группа сопротивления

rightist ~ группа правых; правая группировка

rival ~s враждующие группировки

ruling ~ правящая группа

self-defense ~ группа самообороны

social ~ общественная группа

socioeconomic ~ социально-экономическая группа

special interest ~ группа, представляющая интересы *какой-л.* компании *или* монополии

splinter ~ отколовшаяся политическая группировка/фракция

statistic ~ статистическая группа

study ~ исследовательская группа

support ~ группа поддержки

supremacy ~ группировка сторонников господства белых

talk ~ целевая группа *(в компании)*

terrorist ~ террористическая группировка

tourist ~ туристическая группа

ultra-conservative ~ ультраконсервативная группа

ultra-national ~ ультранационалистическая группировка

umbrella ~ движение, объединяющее несколько политических партий, политический блок

underground ~ подпольная группировка

unofficial ~ неформальное объединение

veterans ~ организация ветеранов войны

vigilante ~ добровольная народная дружина, ДНД

working ~ оперативная/рабочая группа

to establish a high-level advisory ~ создавать высокоавторитетную консультативную группу

to harbor terrorist ~s давать убежище террористическим группировкам

to organize opposition ~s организовывать оппозиционные группировки

to set up a ~ создавать группу

a person affiliated with a political ~ человек, связанный с политической группировкой

the brains behind the ~ идеологи группировки

grouping *n* группировка; классификация

aggressive ~s агрессивные круги

economic ~ экономическая группировка, экономическое объединение

hostile ~s враждующие группировки

military ~ военная группировка

military-political ~ военно-политическая группировка

national and international ~s национальные и интернациональные группировки

neo-fascist ~s неофашистские группировки

opposition ~ оппозиционная группировка

political ~ политическая группировка

reactionary ~s реакционные группировки

regional ~ региональная группировка

state-monopoly ~s государственно-монополистические группировки

to enlarge a ~ расширять группировку

grovel *v* угождать

to ~ to *smb* угождать *кому-л.*

growth *n* рост; развитие; увеличение

~ in prosperity повышение благосостояния

~ of technology технический прогресс

abnormal ~ ненормальный рост

balanced ~ сбалансированный рост

break-neck ~ бурный рост

damped ~ замедленный рост

economic ~ экономический рост; развитие экономики

efficient ~ эффективный рост

equilibrium ~ устойчивый рост

export-biased ~ экономический рост, связанный с превалированием экспорта

full ~ полное развитие

global economic ~ рост мировой экономики

import-biased ~ экономический рост, основанный на превалировании импорта

industrial ~ рост промышленности

intellectual ~ интеллектуальное развитие

job ~ рост занятости населения

poor ~ слабый рост

population ~ рост народонаселения

rapid ~ быстрый рост

secular ~ длительный рост

sluggish ~ медленный рост

stable/steady ~ устойчивый/неуклонный рост

stunted ~ задержанный рост

substantial ~ значительный рост

sustainable/sustained ~ устойчивый/неуклонный рост

swift ~ быстрый/ускоренный рост

unbalanced ~ несбалансированный рост

uncontrolled ~ неконтролируемый рост

urban ~ рост городов

zero ~ нулевой рост

to accelerate the rates of ~ ускорять темпы роста

to control a country's population ~ регулировать рождаемость в стране

to foster ~ способствовать росту

to keep the level of population ~ down сдерживать рост населения

to promote ~ способствовать росту

to put a brake on excessive ~ тормозить чрезмерный рост

to retard ~ замедлять рост

to revitalize economic ~ восстанавливать рост экономики

to seek ~ добиваться роста

to set the annual rate of ~ устанавливать годовой темп роста

to slow down ~ замедлять рост/развитие

to stimulate ~ стимулировать рост

to stunt ~ замедлять рост

to sustain ~ поддерживать темпы роста

impediment to ~ помеха росту

rate of ~ темп роста

smooth path of ~ плавная линия роста

stages of ~ стадии роста

ups and downs in ~ подъемы и спады в процессе развития

grumbling *n* ворчание; жалобы; недовольство

~ over *smth* недовольство *чем-л.*

chronic ~ вечное недовольство

conservative ~ ворчание консерваторов

constant ~ вечное недовольство

internal ~ недовольство внутри страны

to ease internal ~ уменьшать недовольство внутри страны

guanos *n исп. развед. жарг.* гуанос, «черви» *(кубинские контрреволюционеры, многие из которых живут во Флориде)*

guarantee I *n* **1.** гарантия; залог; поручительство; обязательство **2.** гарант; поручитель

~ against *smth* гарантия от *чего-л.*

~s for the security of states гарантии безопасности государств

~ of individual human rights гарантия соблюдения прав человека

~s of noninterference гарантии невмешательства

~ of protection of national minorities гарантия защиты прав национальных меньшинств

absolute ~ полная гарантия

cast-iron ~ абсолютно надежная гарантия

constitutional ~s конституционные гарантии

credible ~ заслуживающая доверия/надежная гарантия

credit ~ кредитное поручительство

dependable ~ надежная гарантия

dividend ~ гарантия выплаты дивидендов

economic ~s экономические гарантии

effective ~s эффективные гарантии

financial ~ финансовая гарантия

fundamental ~s основные гарантии

gold ~ золотая гарантия, обеспечение золотом

indispensable ~s необходимые гарантии

international ~ международная гарантия

international legal ~s международно-правовые гарантии

legal ~s правовые гарантии

money-back ~ гарантия возврата платы за товар *(в случае возвращения его покупателем)*

mutual ~ взаимные гарантии

political ~ политическая гарантия

reliable ~ надежная гарантия

security ~s гарантии безопасности

signed ~ подписанное обязательство

solid ~ прочная гарантия

specific ~ специальная гарантия

unconditional ~ безусловная гарантия

written ~ письменная гарантия

to create ~s создавать гарантии

to eliminate ~s снимать гарантии

to establish ~s создавать гарантии

to give a ~ давать/предоставлять гарантию

to maintain ~s сохранять гарантии

to offer/to provide a ~ давать/предоставлять гарантию

to strengthen ~s подкреплять гарантии

to violate one's own ~s нарушать свои собственные гарантии

with ~ for one year с гарантией на один год

without ~ без гарантии

guarantee II *v* гарантировать; поручаться; обеспечивать

guarantor *n* гарант; поручитель

~ of nuclear retaliation гарант ответного ядерного удара

~ of stability гарант стабильности

guard *n* **1.** стража; охрана **2.** охранник **3.** (The G.) гвардия, гвардейцы

~ of honor почетный караул

advance ~ авангард

border ~ пограничник

coast ~ береговая охрана

color ~ пост караула у знамени

crossing ~ регулировщик (уличного движения)

home ~ национальная гвардия

honor ~ почетный караул

Iranian Revolutionary Guards *ист.* иранские «стражи революции»

National G. национальная гвардия

Old G. старая гвардия; ветераны партии

palace ~ 1) дворцовая стража 2) *полит. жарг.* «дворцовая стража» *(члены правительства США, имеющие свободный доступ к президенту и наибольшее влияние на него)*

police ~ полицейская охрана

president ~ президентская охрана

prison ~ тюремный охранник, тюремщик

rear ~ арьергард

Red G. *ист.* красногвардеец

security ~ охранник

volunteer ~ национальная гвардия

White G. *ист.* белогвардеец

to be on one's ~ быть начеку

to be under police ~ находиться под охраной полиции

to call out the ~ вызывать стражу

to catch *smb* off ~ заставать *кого-л.* врасплох

to change the ~ производить смену караула

to create a ~ создавать гвардию

to go on ~ идти в караул

to keep one's ~ up быть начеку

to let one's ~ down/to lower one's ~ ослаблять бдительность

to mount/to post the ~ выставлять/организовывать охрану

to put *smb* on one's ~ заставлять *кого-л.* насторожиться

to relax one's ~ ослаблять бдительность

to relieve the ~ производить смену караула

to remain on one's ~ against *smb* оставаться начеку по отношению к *кому-л.*

to stand ~ караулить; охранять; стоять на страже

not to lower one's ~ оставаться начеку

off ~ врасплох

on ~ на посту *(об охране)*

on one's ~ начеку

under ~ под охраной
guard II *v* охранять
heavily ~ed усиленно охраняемый
guardian *n* опекун
self-appointed ~ самозваный опекун
to appoint *smb* ~ назначать *кого-л.* опекуном
guardianship попечительство; опека; опекунство
international ~ международное попечительство
guardsman *n* гвардеец
gubernatorial *a* губернаторский
guerrilla *n* **1.** партизан **2.** солдат десантно-диверсионных войск
Al Qaeda-financed ~s партизаны, финансируемые организацией «Аль-Кайда»
anti-government ~s партизаны, борющиеся против правительства
armed ~ вооруженный партизан
foreign ~s партизаны-граждане других государств
foreign-supplied ~s партизаны, снабжаемые из-за рубежа
pro-independence ~s партизаны, борющиеся за независимость
to harbor ~s давать прибежище партизанам
to quell the ~s уничтожать партизан
to shield ~s прикрывать партизан
in pursuit of ~s в погоне за партизанами
guest *n* гость
~ of distinction/of honor почетный гость
~ of note знатный гость
alternate ~ гость, приглашенный вместо отказавшегося от приглашения
distinguished/honorable/honorary/honored ~ почетный гость
guestages *n ист.* иностранцы-заложники в Ираке, где их официально именовали «гостями» *(образовано слиянием слов guest – гость и hostage – заложник)*
Guevarism *n* геваризм *(теория кубинского революционера Че Гевары, согласно которой по кубинскому образцу можно организовать революцию в любой бедной стране)*
guidance руководство
coordinated ~ согласованное управление; согласованная ориентация
planned ~ плановое руководство
political ~ политическое руководство
vocational ~ профессиональная ориентация
to continue giving ~ продолжать давать советы
to provide ~ **for** осуществлять руководство
raising the level of ~ повышение уровня производства
under the ~ **of ...** под руководством
guide I *n* **1.** экскурсовод; гид; проводник **2.** путеводитель
practical ~ **for action** практическое руководство к действию
guide II *v* направлять, руководить

guidelines *n* руководящие указания; установки; основные направления
~ for action основные направления деятельности
agreed ~ согласованные основные принципы
eligibility ~ руководство по определению соответствия требованиям
firm ~ четкие установки
general ~ общие основные принципы
ideological ~ идеологические установки
pay ~ установки по заработной плате
policy ~ политические установки
social policy ~ основные направления социальной политики
strict ~ жесткие установки
to adhere to ~ придерживаться установок
to adopt ~ применять установки
to draw up ~ **for** *smb* намечать установки для *кого-л.*
to follow the ~ придерживаться установок
to indicate ~ определять основные направления
to lay down ~ определять основные направления; устанавливать основные принципы
to prepare ~ подготавливать основные направления/директивы
to provide *smb* **with** ~s давать *кому-л.* руководящие указания
to serve as ~ служить в качестве отправных моментов
to set (up) ~ давать установки
to violate ~ нарушать установки
guiding *a* направляющий, руководящий
guild *n* гильдия
guillotine I *n* **1.** гильотина **2.** гильотинирование
to use the ~ применять гильотину
guillotine II *v* гильотинировать
guillotining *n* гильотинирование
guilt *n* вина
~ by association причастность к преступлению
to admit *one's* ~ признавать свою вину
to attribute the ~ **to** *smb* приписывать вину *кому-л.*
to bear ~ **for** *smth* нести ответственность за *что-л.*
to cast ~ **on** *smb* бросать подозрение на *кого-л.*
to confess *one's* ~ признавать себя виновным
to establish *smb's* ~ устанавливать *чью-л.* вину
to expiate *one's* ~ раскаиваться в своей вине
to make a public admission of *one's* ~ публично признавать свою вину
guiltless *a (of)* невиновный (в)
guilty *a* виновный
~ as charged виновный по всем пунктам обвинения
~ of criminal acts виновный в совершении преступных актов
to change *one's* **plea to** ~ изменить свои показания и признать себя виновным

to find *smb* ~ of *smth* признавать *кого-л.* виновным в *чем-л.*

to find *smb* ~ on **three counts** признавать *кого-л.* виновным по трем статьям

to **plead (not)** ~ of/to *smth* (не) признавать себя виновным в *чем-л.*

to **pronounce** ~ of *smth* объявлять о признании виновным в *чем-л.*

guise *n* вид, личина, маска, обличие

in new ~ в новом обличье

in the ~ **of foreign teachers** под видом иностранных преподавателей

in/under the ~ of *smth* под видом *чего-л.*

Gulag *n русск. ист.* Гулаг

gulf *n* **1.** морской залив **2.** пропасть, разрыв **3.** (**the G.**) Персидский залив и прилегающие страны

~ **between rich and poor** разрыв между богатыми и бедными

nonterritorial ~ нетерриториальный залив

territorial ~ территориальный залив

yawning ~ угрожающая пропасть

to **bridge a** ~ *перен.* преодолевать пропасть

to **create a** ~ **which** *smb* **will be unable to bridge** создавать пропасть, которую *кто-л.* будет не в состоянии преодолеть

to **keep the G. open to shipping** поддерживать свободу судоходства в Персидском заливе

to **widen the** ~ увеличивать пропасть

unbridgeable ~ **between** *smb* неопреодолимая пропасть между *кем-л.*

gullible *a* легковерный

gun I *n* пистолет; винтовка; пушка

~ **fires/goes off** орудие стреляет

~ **jams** пистолет/винтовку заедает

~ **misfires** пистолет дает осечку

antiaircraft ~ зенитное орудие

antitank ~ противотанковое орудие

field ~ полевое орудие

heavy ~ тяжелое орудие

machine ~ пулемет

stun ~ пугач

submachine/Tommy ~ автомат, пистолет-пулемет

zip ~ самодельный однозарядный пистолет

to **adjust a** ~ наводить орудие

to **aim a** ~ **at** *smb* прицеливаться в *кого-л.*

to **carry a** ~ иметь при себе пистолет

to **draw a** ~ вынимать/доставать пистолет

to **fire a** ~ выстрелить

to **hold a** ~ **on** *smb* наставлять пистолет на *кого-л.*

to **hold a** ~ **to** *smb's* **head** приставлять пистолет к *чьей-л.* голове

to **jump the** ~ *перен.* начать *что-л.* до положенного времени

to **keep a** ~ **beneath/under the pillow** *перен.* держать пистолет под подушкой; держать порох сухим, быть готовым к войне

to **lay a** ~ наводить орудие

to **load a** ~ заряжать пистолет/винтовку/ пушку

to **man a** ~ выделять орудийный расчет для орудия

to **pack a** ~ быть вооруженным винтовкой

to **point a** ~ **at** *smb* направлять пистолет на *кого-л.*

to **pull a** ~ **on** *smb* угрожать *кому-л.* оружием

to **put away** *one's* ~**s** убрать оружие

to **stick to** *one's* ~**s** *перен.* стоять/настаивать на своем

to **surrender** *one's* ~**s** сдавать оружие

to **turn a** ~ **on** *smb* направлять пистолет/орудие на *кого-л.*

to **unload a** ~ разряжать пистолет/винтовку

with ~**s at the ready** с оружием наготове

gun II *v (down)* застрелить

gunboat *n* канонерка

gunboat-diplomacy *n* «дипломатия канонерок» (*т.е. силы*)

gunfire *n* стрельба, огонь

heavy ~ сильный огонь

murderous ~ убийственный огонь

under ~ под огнем

gunman *n* **1.** преступник, вооруженный огнестрельным оружием **2.** человек, вооруженный ружьем/револьвером

unidentified ~ вооруженный неизвестный

gunner *n* артиллерист

gunpoint *n* дуло пистолета

to **force** *smb* **to do** *smth* **at** ~ заставлять *кого-л.* делать *что-л.* под угрозой применения оружия

to **hold** *smb* **at** ~ держать *кого-л.* под дулом пистолета

gun-runner *n* контрабандист, торгующий оружием

gun-running *n* контрабанда оружия

gunshot *n* **1.** пуля **2.** дальность выстрела **3.** выстрел

out of ~ вне пределов досягаемости огнестрельного оружия

within ~ в пределах досягаемости огнестрельного оружия

guy *n* парень

little ~ *воен. жарг.* мини-боеголовка

Н

habeas corpus *n лат.* распоряжение суда о представлении арестованного в суд для рассмотрения вопроса о законности его ареста

hack *n жарг.* газетный писака, второсортный журналист

hired ~ 1) наемное перо 2) продажный/коррумпированный политик

hackle *n*:

to **raise diplomatic** ~**s** ухудшать дипломатические отношения

haggle *n* спор, торговля *(по поводу чего-л.)*

  post-election ~ торг после выборов *(дележ министерских портфелей)*

hail *v* (*smb, smth*) приветствовать *(кого-л., что-л.)*

half-baked *a* недоработанный, непродуманный

half-measure *n* полумера

half-way *a* компромиссный

  ~ **measures** *n* полумеры, половинчатые шаги

hall *n* зал

  H. of Facets Грановитая палата *(в московском Кремле)*

  assembly ~ актовый зал

  city ~ мэрия, ратуша, здание муниципалитета

  concert ~ концертный зал

  lecture ~ лекторий

  town ~ мэрия, ратуша, здание муниципалитета

  to forbid access to (the body of) the ~ запрещать доступ в зал *(заседаний)*

  body of the ~ часть зала, отведенная для делегатов/депутатов

  the ~ **is full to bursting point** зал заполнен/набит до отказа

halt I *n* остановка, прекращение *(работы, производства и т.п.)*

  nuclear test ~ прекращение ядерных испытаний

  to grind to a ~ останавливаться *(о промышленных предприятиях)*

halt II *v* останавливать, прекращать

  to ~ **production** останавливать производство

hammer *v* 1. работать над составлением *(плана, проекта)* 2. сбивать цены

hamper *v* мешать, препятствовать, тормозить, затруднять

hand I *n* 1. рука; власть, контроль 2. работник; *pl* рабочая сила 3. источник *(информации и т.п.)* 4. карты *(в руке игрока)*

  factory ~ заводской рабочий; рабочий промышленного предприятия

  firm ~ твердая рука

  guiding ~ вдохновитель, руководитель

  guiding ~ **behind** *smth* рука, направляющая что-л.

  old parliamentary ~ *разг.* старейший деятель парламента

  old Washington ~s опытные вашингтонские политики

  to call *one's* ~ раскрывать свои планы/карты, обнаруживать свои истинные намерения

  to change ~s переходить из рук в руки/в другие руки

  to declare *one's* ~ раскрывать свои планы/ карты, обнаруживать свои истинные намерения

  to fight alone ~ бороться в одиночку

  to fight for *one's* **own** ~ отстаивать свои интересы

  to force *smb's* ~ принуждать *кого-л.* к действию; форсировать события

  to gain the upper ~ одерживать победу, брать верх; становиться хозяином положения

  to get out of ~ выходить из-под контроля

  to get the upper ~ одерживать победу, брать верх; становиться хозяином положения

  to give *smb* **a free** ~ давать/предоставлять *кому-л.* свободу действий

  to go cap in ~ **to** *smb* идти к *кому-л.* с протянутой рукой *(добиваясь помощи, кредитов и т.п.)*

  to have a heavy ~ **in** *smth* принимать активное участие в *чем-л.*, быть сильно заинтересованным в *чем-л.*

  to have the upper ~ одерживать победу, брать верх; становиться хозяином положения

  to join ~s объединяться, действовать сообща

  to lay violent ~s **on** *smth* захватывать силой *что-л.*

  to offer a ~ **to** *smb* протягивать *кому-л.* руку помощи

  to place *smth* **in private** ~s денационализировать *что-л.*

  to play into *smb's* ~ играть на руку *кому-л.*

  to play *one's* ~ раскрывать свои планы/ карты, обнаруживать свои истинные намерения

  to raise *one's* ~s **on cue** поднимать руки *(при голосовании)* по команде

  to reject *smth* **out of** ~ отклонять/отвергать *что-л.* без обсуждения

  to rule a country with an iron ~ править страной железной рукой

  to show *one's* ~ раскрывать свои планы/ карты, обнаруживать свои истинные намерения

  to strengthen *smb's* ~ укреплять *чьи-л.* позиции

  to take a heavy ~ **in** *smth* принимать активное участие/быть сильно заинтересованным в *чем-л.*

  to tie *one's* ~s **behind** *one's* **backs** связывать себе руки

  to wash *one's* ~s **of** *smth* умывать руки, устраняться от участия в *чем-л.*

  to weaken *smb's* ~ ослаблять *чьи-л.* позиции

  at first ~ из первых рук, непосредственно

  by an open show of ~ открытым голосованием

  in ~ под контролем; в работе

hand II *v* передавать, вручать

  to ~ **in** вручать; подавать

  to ~ **in an application** подавать заявление

  to ~ **message** передавать/вручать послание

  to ~ **oneself over to** *smb* сдаваться *кому- л.*

  to ~ **over** передавать

  to ~ *smb* **over to the police** передавать *кого-л.* в руки полиции

handcuff *v* (*smb*) надевать наручники на *кого-л.*

  to ~ *oneself* **to railings** прикреплять себя к ограде с помощью наручников

handcuffs *n pl* наручники

handicap I *n* препятствие, помеха; трудность, затруднение

to be under a heavy ~ быть в весьма затруднительном положении

to overcome a ~ преодолевать препятствие

to remove a ~ устранять препятствие

handicap II *v* препятствовать, быть помехой; создавать трудности

handle *v* 1. управлять; осуществлять контроль; регулировать 2. иметь дело *(с чем-л.)*

to ~ a problem заниматься решением проблемы, решать проблему

to ~ a situation контролировать положение

handling *n* обработка; переработка *(грузов и т.п.)*; обращение *(с чем-л.)*, подход *(к решению вопроса)*

data ~ обработка данных

information ~ обработка информации

handout *n* 1. текст заявления для печати 2. *(продовольственная)* помощь

food ~s раздача продовольственной помощи

handover I *n* передача *(власти, территории, документа и т.п.)*

peaceful democratic ~ мирная демократическая передача власти

handover II *v* передавать *(что-л. кому-л.)*

handshake *n* рукопожатие

golden ~ *делов. жарг.* «золотое рукопожатие» *(большое выходное пособие)*

silver ~ *делов. жарг.* «серебряное рукопожатие» *(небольшое выходное пособие)*

hang (hanged) *v* вешать, казнить через повешение

to ~ on удерживаться *(у власти)*

hanging *n* смертная казнь через повешение

to bring back ~ восстанавливать смертную казнь через повешение

to carry out a ~ вешать *(кого-л.)*

to reintroduce ~ восстанавливать смертную казнь через повешение

harass *v* подвергать нападкам, травить

harassment *n* нападки, травля

political ~ политическая травля

sexual ~ сексуальное домогательство

hard *a* 1. жесткий 2. твердый, устойчивый

~ line жесткая линия, жесткий курс; отказ от уступок/компромиссов

~ news неприятные/плохие новости *(в газете)*

~ prices устойчивые цены

hardcore I *n* основное ядро *(партии и т.п.)*

hardcore II *attr* 1. твердый, непреклонный 2. непрекращающийся, постоянный, перманентный

~ poverty глубоко укоренившаяся бедность/ нищета

hardhat *n разг.* реакционер

hard-line *attr* являющийся сторонником жесткой линии/жесткого курса; бескомпромиссный

hard-liner *n разг.* сторонник жесткой линии/жесткого курса; противник соглашений/компромиссов

hardship *n* трудности; тяготы, лишения

economic ~ экономические трудности

to go through ~ испытывать трудности

to suffer ~ терпеть лишения/ невзгоды

hardware *n* 1. аппаратура; приборы; элементы электронных устройств 2. материальная часть *(армии)*; вооружение

military ~ военное оборудование; военная техника

space-rocket ~ ракетно-космическая техника

harm I *n* вред, ущерб

irreparable ~ невосполнимый ущерб

long-term ~ вред/ущерб, причиняемый в течение длительного времени

untold ~ неисчислимый ущерб

to cause/to inflict/to work ~ причинять/наносить ущерб

alcohol-related ~ in society вред, наносимый обществу в связи с чрезмерным потреблением алкоголя

harm II *v* вредить, причинять вред, наносить ущерб

to ~ chances подрывать шансы

harmful *a* вредный, пагубный, причиняющий ущерб

~ consequences пагубные последствия

~ policies пагубная политика

harmfulness *n* вредность, пагубность

harmonious *a* гармоничный, согласованный; сбалансированный

~ development of man гармоничное развитие человека

harmonize *v* согласовывать, координировать, приводить в соответствие

to ~ conflicting interests примирять противоположные интересы

to ~ different points of view согласовывать различные точки зрения

harmonized *a* согласованный, приведенный в соответствие; сбалансированный

harmony *n* гармония, согласованность; сбалансированность

racial ~ расовая гармония

harness *v* обуздывать, покорять *(реку и т.п.)*; использовать

to ~ nuclear energy использовать ядерную энергию

harvest *n* урожай

to do the ~ убирать урожай

to gather/to get the ~ in собирать урожай

to save the ~ спасать урожай

hat *n* 1. «шляпа» 2. *правит. жарг.* коррупция 3. *полиц. жарг.* взятка в 5 долларов *(в обоих случаях в основе лежит фраза, сопровождающая вручение взятки: Go buy yourself a hat – «Идите купите себе шляпу»)*

hatch *v* замышлять, тайно подготавливать

to ~ a plot подготавливать заговор

hatched *a разг.* отстраненный от политической деятельности

hatchet *n* топор

to bury the ~ вставать на путь примирения; заключать мир; устанавливать дружественные отношения

to dig up the ~ начинать/объявлять войну

to hang up *one's* **~** отходить от дел

to take up the ~ начинать/объявлять войну

hatchetman *n жарг.* **1.** сподвижник политического деятеля, выполняющий грязную работу **2.** журналист, не останавливающийся перед подтасовкой фактов

hate I *n* ненависть

hate II *v* ненавидеть

hatred *n* ненависть

~ for the enemy ненависть к врагу

racial ~ расовая ненависть

to create ~ порождать ненависть

to face a lava of ~ сталкиваться с волной ненависти

to fan/to foment ~ разжигать ненависть

to have a ~ for *smb* испытывать ненависть к *кому-л.*

to incite ~ разжигать ненависть

to instill ~ for *smth* внушать ненависть к *чему-л.*

to kindle/to sow/to stir up ~ разжигать ненависть

haul *n* **1.** трофей, добыча **2.** перевозка, транспортировка **3.** груз

haven *n* **1.** убежище, прибежище, приют **2.** гавань

safe ~ (надежное) прибежище, зона безопасности

tax ~ налоговый оазис

to give *smb* **a safe ~** давать *кому-л.* надежное прибежище

haves *n pl* **1.** имущие, богатые *(люди, классы)* **2.** богатые страны

havoc *n* опустошение, разорение; хаос

to create political ~ вызывать политический хаос

hawk *n* «ястреб», сторонник решения спорных вопросов военным путем/силой оружия

hard(-line) ~ ярый «ястреб», сторонник силовых методов в политике

war ~ «ястреб», сторонник политики с позиции силы

hawkish *a* воинственно настроенный

hay *n* :

to make political ~ наживать политический капитал

hazard I *n* риск; опасность, угроза

~ of a nuclear war опасность ядерной войны

natural ~ стихийное бедствие

potential ~ потенциальная опасность

radiation ~ радиоактивная опасность

to pose a ~ to human life представлять опасность для жизни людей

to produce public health ~s создавать угрозу для здоровья населения

to put *smth* **at ~** подвергать риску *что-л.*

to run/to stand the ~ рисковать, идти на риск

to take ~s рисковать, идти на риск

hazard II *v* рисковать, идти на риск

hazardous *a* рискованный; опасный

head I *n* **1.** глава, руководитель, начальник; вождь, предводитель **2.** ведущее/главенствующее/руководящее положение **3.** ум, способности **4.** высшая точка; кризис **5.** заголовок

executive ~ главное должностное лицо

pill-/smack-head-~ *эвф.* наркоман

spiritual ~ духовный лидер

supreme ~ верховный глава

to be at the ~ of *smth* возглавлять *что-л.*, быть/находиться во главе *чего-л.*

to bring *smth* **to a ~** обострять *что-л.*; вызывать кризис

to make ~ against подниматься/восставать против; успешно сопротивляться

to take over as ~ of state from *smb* вступать на должность главы государства вместо *кого-л.*

acting ~ of state действующий глава государства

the ~ of a department руководитель ведомства, начальник отдела/департамента

the ~ of a diplomatic mission глава дипломатической миссии/дипломатического представительства

the ~ of a military regime глава военного режима

the ~ of the army командующий вооруженными силами

the ~s of the negotiating teams главы делегаций на переговорах

the Commonwealth Heads of Government главы правительств стран Содружества

the lawful ~ of state законный глава государства

per ~ на душу населения

head II *v* **1.** возглавлять, быть/стоять во главе **2.** возглавлять, идти во главе, идти впереди *(чего-л.)* **3.** *(for)* направляться

to ~ a procession возглавлять процессию

to ~ an army возглавлять армию

to ~ for a compromise стремиться к компромиссу

to ~ the government возглавлять правительство

to be ~ed by *smb* возглавляться *кем-л.*

headbanger *n брит. парл. жарг.* член Лейбористской партии, принадлежащий к ее крайне левому крылу

headhunt *v* **1.** дискредитировать политических противников/оппонентов **2.** «охотиться» за талантами

headhunting *n* **1.** дискредитация противника **2.** «охота» за талантами, подбор высококвалифицированных кадров

heading *n* 1. заголовок 2. рубрика
newspaper ~ газетный заголовок
headline *n* 1. заголовок 2. *pl* краткое изложение содержания последних новостей *(на радио, ТВ)*
banner ~ заголовок на всю ширину (газетной) полосы, шапка
double-column ~ заголовок на две колонки
front-page/page one ~s заголовки на первых полосах газет/обложках журналов
splash ~ броский заголовок
the latest news ~s заголовки последних новостей
to attract/to be high in ~s попадать в заголовки
to bring *smb* **into the** ~s делать *кого-л.* новостью номер один
to capture/to catch/to come into the ~s попадать в заголовки
to dominate the ~s попадать в заголовки многих газет
to get out of the ~s *полит.* уходить в тень
to get *smb* **back into the** ~s *полит.* снова заставить заговорить о *ком-л.*
to grab/to hit/to make the ~s быть в фокусе внимания прессы; попадать в заголовки газет
to thrust *smb* **into the world** ~s делать *кого-л.* темой заголовков газет всего мира
headline-marker *n* человек *или* событие, которому уделяется большое внимание в прессе
head-money *n* избирательный налог
headquarters *n* 1. главное управление; штаб-квартира 2. *воен.* штаб 3. местонахождение *(руководящих органов, организации, фирмы и т.п.)*
division ~ штаб дивизии
police ~ главное полицейское управление
television ~ телевизионный центр
High Command General H. ставка главного командования
Permanent H. of the United Nations постоянная штаб-квартира ООН, центральные учреждения ООН
Supreme H. of Allied Expeditionary Forces (SHAEF) штаб верховного командования союзных экспедиционных сил
headway *n* продвижение вперед; прогресс; успех
to make ~ делать шаги в направлении прогресса; добиваться успеха
health *n* 1. здоровье 2. благосостояние, процветание
economic ~ экономическое благосостояние
to help a country back to economic ~ помогать стране оздоровить экономику
moral ~ **of a nation** нравственное здоровье нации
peril to the public ~ угроза для здоровья населения
healthy *a* здоровый; жизнеспособный, процветающий
~ **economy** процветающая экономика

hearing *n* 1. *юр.* слушание, рассмотрение *(дела)* 2. разбирательство, слушание *(в законодательном органе)* 3. *pl* протоколы заседаний
~ **in camera** закрытое слушание, закрытое заседание суда
~ **of arguments** прения сторон
~ **of witnesses** *юр.* допрос свидетелей
congressional ~ слушание в Конгрессе
open ~ открытое слушание, открытое заседание суда
preliminary ~ предварительное слушание
scheduled committee ~s вопросы, назначенные к слушанию в комитетах; запланированное слушание в комитетах
sensitive ~s слушания *(напр. в Конгрессе)* по деликатной проблеме
to adjourn ~ откладывать слушание
to face a disciplinary ~ подвергаться обсуждению на заседании дисциплинарной комиссии
to give *smb* **a fair** ~ беспристрастно разбирать *чье-л.* дело
to hold a ~ проводить слушание/разбирательство
to postpone ~ откладывать слушание *(дела)*
on first ~ на первом же слушании
public ~ **of cases** открытое рассмотрение дел *(в суде)*
heart *n* суть, сущность
change of political ~ изменение политических взглядов
the ~ **of the matter** суть дела
heathen I *n* 1. язычник 2. варвар
heathen II *a* 1. языческий 2. варварский
heathenism *n* 1. язычество 2. варварство
heavies *n pl журн. жарг.* солидные газеты *или* журналы
heavyweight *n разг.* влиятельное лицо
heckle *v* 1. прерывать оратора репликами *или* каверзными вопросами 2. ставить в затруднительное положение, забрасывая каверзными вопросами *(кандидата на предвыборном собрании)*
hedge *n правит. жарг.* неясно составленное официальное заявление
heel каблук
rubber ~s *брит. полиц. жарг.* 1. дисциплинарный отдел британской полиции 2. политическая полиция
hegemon *n* гегемон
hegemonic *a* руководящий, главный
hegemonism *n* гегемонизм
hegemonist *n* гегемонист
hegemony *n* гегемония
political ~ политическая гегемония
to claim world ~ претендовать на гегемонию в международных делах
to do away with *smb's* ~ **in** *smth* покончить с *чьей-л.* гегемонией в *чем-л.*
to exercise *one's* ~ быть гегемоном; осуществлять свою руководящую роль

to put an end to *smb's* ~ **in** *smth* покончить с чьей-л. гегемонией в *чем-л.*

heir *n юр.* наследник

~ **apparent** наиболее вероятный наследник

~ **presumptive** предполагаемый/возможный наследник

political ~ политический преемник

helicopter *n* вертолет

cargo ~ грузовой вертолет

combat ~ боевой вертолет

helilift *v* перебрасывать *(войска)* вертолетами

helm *n* руль, кормило власти

at the ~ **of power** у кормила власти/правления

to remain at the ~ удерживать бразды правления

to take the ~ **of state** вставать во главе государства

helmet *n* каска; шлем

blue ~**s** «голубые каски» *(войска ООН)*

help I *n* помощь

active ~ эффективная помощь

financial ~ финансовая помощь

humanitarian ~ гуманитарная помощь

mutual ~ взаимопомощь

outside ~ помощь извне

to accept *smb's* ~ принимать чью-л. помощь

to provide ~ оказывать помощь

to receive financial ~ **from abroad** получать финансовую помощь из-за границы

to seek outside ~ добиваться получения помощи извне

to withhold ~ прекращать оказание помощи

help II *v* помогать, оказывать помощь

hemisphere *n* полушарие

northern ~ северное полушарие

western ~ западное полушарие

henchman *n* ставленник; приспешник; пособник

heres/y *n церк.* ересь

Christian ~**ies** христианские ереси

heretic *n* еретик

heretical *a* еретический

heritage *n* 1. наследие; достояние 2. традиция

cultural ~ культурное наследие

national ~ национальная традиция

to preserve ~ сохранять традиции

common ~ **of mankind** общее достояние человечества

hero *n* герой

national ~ национальный герой

popular ~ народный герой

to hail *smb* **as a** ~ превозносить *кого-л.* как героя

herogram *n журн. жарг.* поздравительная телеграмма из редакции корреспонденту, находящемуся в командировке, часто в зоне военных действий

heroic *a* героический, геройский

~ **deed** героический поступок

to wage a ~ **struggle against** *smb* вести героическую борьбу против *кого-л.*

heroism *n* героизм; доблесть

mass/massive ~ массовый героизм

unparalleled ~ беспримерный героизм

to display ~ проявлять героизм

acts of ~ героические дела/поступки

heterogeneity *n* гетерогенность, разнородность, неоднородность

~ **of the population** разнородность населения

heterogeneous *a* разнородный, неоднородный

hibakashi *n япон.* человек, переживший атомную бомбардировку в Хиросиме *или* Нагасаки

hide (hid; hidden, hid) *v* 1. скрывать, прятать, не проявлять 2. скрываться, прятаться

hiding *n* 1. сокрытие, скрывание 2. нахождение в подполье

to be in ~ 1) скрываться от преследования 2) находиться в подполье

in ~ скрывающийся

hierarchic(al) *a* иерархический

hierarchy *n* иерархия, иерархическая лестница

administrative ~ административная иерархия

bureaucratic ~ бюрократическая иерархия

church ~ церковная иерархия

military ~ военная иерархия

party ~ партийная иерархия

high I *n* высшая точка, пик

year's ~ наивысший показатель за год

to reach an all time ~ достигать рекордной цифры *или* абсолютного максимума

high II *a* 1. высокий 2. высший, верховный, главный

~ **contracting parties** высокие договаривающиеся стороны

~ **office** высшая должность

~ **official** высокопоставленное лицо, высокопоставленный чиновник

~ **priority** первоочередность

~ **rank** высшее звание, высший чин

higher *a* вышестоящий

higher-ups *n pl разг.* «шишки», начальство

high-level *attr* 1. происходящий на высоком уровне 2. ответственный, руководящий

~ **conference** совещание на высоком уровне

~ **personnel** руководящие работники, руководители

highlight I *n часто pl* основной момент; основное положение

~**s of a congress** основные документы/решения конгресса

to be in/to hit the ~ быть в центре внимания

highlight II *v* выдвигать на первый план; выделять; придавать большое значение

to ~ *smth* выделять *что-л.*, привлекать внимание к *чему-л.*

highness *n* высочество *(титул)*

high-performance *a* высокоэффективный, высокопроизводительный

high-principled *a* высокоидейный

high-priority *attr* первоочередной, самый важный, приоритетный

high-ranker *n разг.* высокопоставленное должностное лицо, высокопоставленный чиновник
high-ranking *a* высокопоставленный
~ **official** высокопоставленное должностное лицо, высокопоставленный чиновник
highwayman *n уст.* разбойник с большой дороги
hijack *v* 1. угонять, похищать, захватывать *(напр. самолет)* 2. захватывать власть *(в организации, партии и т. п.)*
to ~ **an airplane** угонять/захватывать самолет
to ~ **a vehicle** угонять/захватывать автомобиль
hijacker *n* угонщик самолета, воздушный пират
air ~ угонщик самолета, воздушный пират
to **assist** ~**s** помогать угонщикам
to **harbor** ~**s** укрывать угонщиков
immediate intentions of the ~**s remain unclear** ближайшие намерения угонщиков по-прежнему неясны
hijacking *n* угон, похищение, захват *(напр. самолета)*
air/aircraft ~ угон/захват самолета, воздушное пиратство
hike *n* повышение, увеличение; подъем, рост *(цен, налогов)*
prices ~ рост цен
VAT ~ рост налога на добавленную стоимость, рост НДС
wage ~ повышение зарплаты
Hill *n полит. жарг.* Капитолийский холм *(Конгресс США)*
hinder *v* мешать, препятствовать
to ~ *smb's* **influence** препятствовать распространению *чьего-л.* влияния
Hindoo I *n см.* **Hindu I**
Hindoo II *a см.* **Hindu II**
Hindu I *n* индус
Hindu II *a* индусский, индуистский
Hinduism *n* индуизм
hire I *n* наем; прокат, сдача внаем *или* напрокат
to **work for** ~ работать по найму
hire II *v* нанимать; снимать; брать напрокат
hireling *n презр.* наемник, наймит
historian *n* историк
historic *a* исторический, имеющий историческое значение
~ **date** историческая дата
~ **experience** исторический опыт
~ **significance** историческое значение
to **play a** ~ **part** играть историческую роль
historical *a* исторический, относящийся к истории, связанный с историей
~ **epoch** историческая эпоха
~ **event** историческое событие
historicism *n* историзм
historiographer *n* историограф
historiographic *a* историографический
historiography *n* историография
history *n* история, историческая наука
~ **is in the making** происходит историческое событие

~ **of philosophy** история философии
~ **of social development** история общественного развития
~ **repeats itself** история повторяется
ancient ~ история древнего мира
contemporary ~ современная/новейшая история
human ~ история человечества
life ~ история жизни, жизнеописание, биография
mankind's ~ история человечества
modern ~ новая история
natural ~ история естествознания
universal/world ~ всемирная история
to **alter the course of** ~ менять ход истории
to **become** ~ входить в историю
to **be judged well by** ~ оставлять позитивный след в истории
to **be out of step with** ~ идти не в ногу с историей
to **be swept into the dustbin of** ~ оказываться на свалке истории
to **consign** *smth* to ~ сдавать *что-л.* в архив истории
to **falsify** ~ фальсифицировать историю
to **go down in** ~ входить в историю
to **make** ~ делать/творить историю; входить в историю
to **make** *one's* **mark on** ~ оставлять след в истории
to **march into** ~ входить в историю
to **pass into** ~ уйти в историю *(о событии, партии и т.п.)*
to **predict the course of** ~ предсказывать ход истории
to **reverse the course/the tide of** ~ поворачивать вспять колесо истории
to **rewrite** ~ переписывать заново историю
to **swim with the tide of** ~ действовать в русле исторического процесса
to **turn back the wheel of** ~ поворачивать вспять колесо истории
to **write** *smth.* **off to the dustbin of** ~ отправлять *что-л.* на свалку истории
black spots in ~ черные пятна в истории
course of ~ ход исторического развития, ход истории
current ~ **of international relations** новейшая история международных отношений
distortion of past ~ искажение исторического прошлого
glorious chapters of ~ славные страницы истории
let ~ **judge** история нас рассудит
maker of ~ творец истории
march of ~ ход истории
moment of ~ исторический момент
political ~ **of a country** политическая история страны
revaluation of country's ~ переоценка истории страны
stage of ~ историческая арена

turning point in ~ поворотный пункт в истории

hit I *n* **1.** толчок, удар **2.** попадание

direct ~ прямое попадание

hit II *v* **1.** попадать в цель, поражать цель **2.** наносить ущерб

to ~ the target поражать цель

to be badly ~ сильно пострадать

hit-man *n* наемный убийца; террорист

hive *v (off)* разделять, разукрупнять *(производство и т.п.)*

hive-off *n* образование новой *или* дочерней фирмы

hoax *n* обман, ложная тревога, «утка»

bomb ~ ложный сигнал о якобы подложенной бомбе

hold I *n* **1.** удерживание; захват **2.** власть; влияние

to have ~ on *smb* иметь власть над *кем-л.*; иметь влияние на *кого-л.*

to relax the ~ ослаблять власть/влияние

to strengthen *one's ~ somewhere* усилить свое влияние *где-л.*

to take ~ of *smth* овладевать *чем-л.*

hold II (held) *v* **1.** занимать *(пост, должность и т.п.)* **2.** проводить, устраивать, организовывать **3.** содержать под стражей/в тюрьме **4.** держаться вместе, сохраняться, не разваливаться *(о союзе)*

to ~ a reception устраивать прием

to ~ elections проводить выборы

to ~ government employment состоять на государственной службе

to ~ negotiations вести переговоры

to ~ office 1) занимать пост/должность **2)** быть/находиться у власти *(о партии)*

to ~ regular meetings регулярно проводить заседания

to ~ smb держать *кого-л.* под стражей

to ~ smb against his will насильственно задерживать *кого-л.*

to ~ smb for ransom требовать выкуп за освобождение *кого-л.*

to ~ together держаться вместе/сплоченно

holder *n* владелец; держатель *(документа, векселя и т.п.)*

job ~ 1) человек, имеющий работу **2)** государственный служащий

legal ~ законный владелец

license ~ владелец свидетельства/лицензии

scholarship ~ стипендиат

stock ~ акционер, держатель акций

US passport ~ лицо с американским паспортом, гражданин США

holding *n* **1.** владение *(имуществом и т.п.)* **2.** *юр.* имущество **3.** *фин.* вклад, *pl* авуары

dollar ~s долларовые авуары

foreign exchange ~s иностранные финансовые активы; авуары в иностранной валюте

gold ~s золотой запас

holdover *n* переизбранное на новый срок должностное лицо

hold-up *n* налет; вооруженный разбой

to stage a ~ устраивать/организовывать налет

hole *n* лазейка *(в законодательстве, тексте соглашения, документа и т.п.)*

to pick ~s in *smth* находить лазейки в *чем-л.*

holeproof *a* не оставляющий лазеек/возможности разных толкований *(закона, соглашения, документа и т.п.)*

holiday *n* праздничный день; праздник; день отдыха

bank ~ официальный выходной день

local ~ 1) местный праздник **2)** праздник страны пребывания

national ~ национальный праздник

public ~ государственный праздник

tax ~ *экон. жарг.* временное освобождение нового предприятия от уплаты налогов

to celebrate/to mark a national ~ отмечать национальный праздник

holocaust *n* **1.** уничтожение, истребление, гибель людей *(в огне и т.д.)* **2.** разрушительная война; геноцид, *(тж* H.*)* массовое истребление евреев нацистами

ecological ~ экологическая катастрофа

nuclear ~ ядерная катастрофа, ядерное уничтожение

to bring the world close to a ~ приближать мир к катастрофе

to prevent ~ предотвращать полное уничтожение/истребление

to scale down the threat of a nuclear ~ сокращать угрозу ядерной катастрофы

holocaustal, holocaustic *a* гибельный, разрушительный *(об урагане, о пожаре, войне и т.п.)*

holy *a* святой; священный

~ war священная война

the H. (Apostolic) See Святейший (апостолический) престол, папский престол *(Ватикан)*

homage *n* почтение, уважение; преклонение

to do/to pay/to render ~ воздавать/отдавать должное; признавать заслуги

national ~ to *smb* преклонение народа перед *кем-л.*

home I *n* дом, жилище

children's ~ детский дом

common European ~ общеевропейский дом

foster ~ семья, принявшая на воспитание ребенка, приемная семья

to be confined to *one's ~* находиться под домашним арестом

to demolish ~ сносить дом

to flee *one's ~s* бежать из своих домов

to force *smb* **out of their ~s** выгонять *кого-л.* из их домов

demolition of ~s разрушение/снос домов

home II *a* внутренний; отечественный; национальный

~ market внутренний/отечественный/национальный рынок

~ policy внутренняя политика

~ **trade** внутренняя торговля

smb's political ~ turf *чей-л.* родной штат, где ему обеспечена поддержка избирателей *(США)*

homeland *n* родина, отечество

to abandon *one's* ~ покидать родину

to fight for an independent ~ бороться за независимость своей родины

to return to *one's* **original** ~ возвращаться на свою родину

homeless I *n* бездомные

homeless II *a* бездомный

~ **people** бездомные

home-policy *attr* внутриполитический

home-produced *a* отечественного производства

homestretch *n* заключительная часть/стадия *чего-л.*

to be in the nuclear ~ быть/находиться на последней стадии создания ядерного оружия

homicide *n юр.* убийство

excusable ~ непреднамеренное убийство

felonious ~ преднамеренное/умышленное убийство

justifiable ~ убийство при смягчающих вину обстоятельствах

honest *a* честный

~ **graft** «честная коррупция» *(использование своего политического положения для личного обогащения без явного нарушения закона)*

honesty *n* честность

honeymoon *n* первые несколько недель после избрания на высокий пост *(особ. губернаторский, президентский)*

honor I *n* честь, почет, уважение; *pl* почести

war ~**s** боевые знаки отличия

to be in the guard of ~ стоять в почетном карауле

to bury *smb* **with full military** ~**s** хоронить *кого-л.* со всеми воинскими почестями

to confer ~**s** присуждать награды

to do *smb* **high/supreme** ~ оказывать высокую честь *кому-л.*

to give a lunch in *smb's* ~ давать/устраивать завтрак в честь *кого-л.*

to have the ~ **to represent** *one's* **country** иметь честь представлять свою страну

to pay the last ~**s to** *smb* отдавать последний долг *кому-л.*

honor II *v* почитать, чтить; уважать

to ~ **the memory of** *smb* чтить память *кого-л.*

to ~ **with** *one's* **presence** почтить своим присутствием

honorable *a* 1. почетный 2. уважаемый, почтенный

~ **distinctions** почетные награды; знаки отличия

~ **peace** почетный мир

hooliganism *n* хулиганство

malicious ~ злостное хулиганство

hope I *n* надежда; чаяние

peace ~**s** надежды на мир

to dash ~**s** разрушать надежды

to embody *smb's* ~**s** воплощать *чьи-л.* надежды

to justify/to live up to *smb's* ~**s** оправдывать *чьи-л.* надежды

to vest ~**s in** *smb* возлагать надежды на *кого-л.*

to voice the ~ высказывать/выражать надежду

hope II *v (for)* надеяться, возлагать надежды

hopeful *a* 1. надеющийся 2. обнадеживающий; многообещающий

hopeless *a* безнадежный; безвыходный

hopper *n* урна для предложений по законопроектам, рассматриваемым в палате представителей

horrible *a* страшный, ужасный

~ **devastation** страшные разрушения

horse конь

war ~ «старый боевой конь» *(о ветеране в политике)*

horse-trading *n* торг *(экономический или политический)*

political ~ политический торг

hospital *n* больница

hospitable *a* гостеприимный

~ **reception** радушный/сердечный прием

hospitality *n* гостеприимство

to abuse a country's ~ злоупотреблять гостеприимством страны

host I *n* 1. хозяин 2. ведущий программы *(на радио, телевидении)*

~**s of the Olympics** хозяева Олимпийских игр

summit ~ страна, на территории которой происходит встреча на высшем уровне

to play ~ **to nuclear-powered ships** допускать суда с атомными силовыми установками в свои порты

to play ~ **to** *smb* принимать *кого-л.* в качестве гостя

host II *v* 1. принимать гостей, оказывать гостеприимство 2. вести программу *(на радио, телевидении)*

to ~ **a reception** устраивать прием

to ~ **the Olympics** проводить/принимать у себя Олимпийские игры

hostage *n* заложник

to exchange ~**s** обмениваться заложниками

to extricate ~**s** добиваться освобождения заложников

to free the ~**s** освобождать заложников

to hold *smb* **(as a)** ~ удерживать *кого-л.* в качестве заложника

to negotiate the release of a ~ вести переговоры об освобождении заложника

to obtain the release of ~**s** добиваться освобождения заложников

to purchase the ~**s' freedom** освобождать заложников за выкуп

to release a ~ освобождать/отпускать заложника

to secure the release of ~s добиваться освобождения заложников
to seize ~s брать заложников
to set the ~s free освобождать заложников
to swap ~s for prisoners обменивать заложников на заключенных
to take ~s брать заложников
exchange of ~s обмен заложников
holder of ~s лицо, удерживающее заложников
release of ~s освобождение заложников
rescue of ~s спасение заложников
seizure/taking of ~s захват заложников
hostage-taker *n* лицо, участвующее в захвате заложников
hostage-taking *n* захват заложников
to prevent ~ предотвращать захват заложников
hostile *a* вражеский; враждебный; недружественный
~ act враждебный акт
~ army армия противника
~ sides враждующие стороны
to be ~ to/towards *smb* проявлять враждебность по отношению к *кому-л.*
hostilit/y *n* **1.** враждебность, враждебное отношение; вражда **2.** *pl* военные действия
~ against/to *smth* враждебное отношение к *чему-л.*
large-scale ~ies крупномасштабные боевые действия
undisguised ~ неприкрытая вражда
unremitting ~ies непрекращающиеся военные действия
to bring about the cessation of ~ies способствовать прекращению военных действий
to cease ~ies прекращать военные действия
to embark on ~ies начинать военные действия
to end ~ies прекращать военные действия
to fan ~ разжигать вражду
to feel ~ towards *smb* враждебно относиться к *кому-л.*
to forestall ~ies мешать развязыванию войны
to halt/to hold ~ies прекращать военные действия
to initiate ~ies начинать военные действия
to monitor the end of ~ies следить за соблюдением соглашения о прекращении огня
to open ~ies начинать военные действия
to prevent the renewal of ~ies предотвращать возобновление военных действий
to pursue ~ies вести военные действия
to start ~ies начинать военные действия
to stir up ~ разжигать вражду
to terminate ~ies прекращать военные действия
acts of ~ враждебные действия
break in ~ies перерыв в военных действиях
cessation of ~ies прекращение военных действий
escalation of ~ies эскалация военных действий

flare-up of ~ies усиление военных действий
outbreak of ~ies вспышка военных действий
renewal/reopening/resumption of ~ies возобновление военных действий
suspension of ~ies приостановка/временное прекращение военных действий
termination of ~ies прекращение военных действий
theater of ~ies театр военных действий, ТВД
upsurge of ~ies усиление военных действий
hot *a* **1.** жгучий, злободневный **2.** горячий, напряженный **3.** свежий, только что полученный
~ issue злободневный вопрос
~ line «горячая линия», линия связи между руководителями государств *(используемая при чрезвычайных обстоятельствах)*
~ potato злободневная политическая проблема
~ spot «горячая точка», очаг *(войны, социальной и т.п. напряженности)*
~ tip *разг.* самая свежая информация
hotbed *n* «горячая точка», очаг *(войны, социальной и т.п. напряженности)*
~ of discontent очаг недовольства
~ of revolution очаг революции
~ of tension очаг напряженности
~ of war очаг войны, военный очаг
to create a new ~ of ethnic conflicts создавать новый очаг конфликтов на этнической почве
to do away with a ~ of international tension ликвидировать очаг международной напряженности
to stamp out the dangerous ~ of war погасить опасный очаг войны
liquidation of existing ~s of tension ликвидация существующих очагов напряженности
hour *n* час
duty ~s служебное время
idle ~s простой, перерыв в работе, остановка работы
irregular working ~s ненормированный рабочий день
labor ~s рабочее время; часы работы
longer ~s увеличенный рабочий день
nonofficial ~s сверхурочная работа
office ~s служебное время
overtime ~s (OTH) сверхурочное время
working ~s продолжительность рабочего дня, рабочее время
to call for shorter working ~s требовать сокращения рабочего дня
to cut working ~s сокращать рабочий день
to work long ~s иметь продолжительный рабочий день
at the 11th ~ в последний момент
house I *n* **1.** дом, жилище **2.** дом, здание; помещение **3.** фирма; компания; контора; торговый дом **4.** *(тж* **the H.)** палата *(законодательного органа)*

~**arrest** домашний арест

H. of Commons палата общин *(нижняя палата парламента Великобритании)*

H. of Lords палата лордов *(верхняя палата парламента Великобритании)*

H. of Representatives палата представителей *(нижняя палата Конгресса США)*

apartment ~ многоквартирный дом

branch ~ филиал, отделение

brokerage ~ маклерская контора

business ~ коммерческая фирма

chapter ~ 1) здание, принадлежащее землячеству 2) *церк.* дом капитула

clearing ~ расчетная палата

commercial ~ коммерческая фирма

custom(s) ~ таможня

government ~ правительственная резиденция

opera ~ оперный театр

publishing ~ издательство

rent-controlled ~ дом, темпы роста квартирной платы в котором регулируются законом города

rent-free ~ дом, за проживание в котором не взимается квартирная плата

residential ~ жилой дом

state ~ здание законодательного органа штата

trading ~ торговая фирма; торговый дом

treasure ~ казначейство

War H. *воен. разг.* военное министерство

White H. Белый дом *(США)*

to adjourn the H. объявлять перерыв в работе палаты

to make it to the White H. быть избранным президентом США

to storm a ~ штурмовать дом

dissolution of the H. роспуск палаты

lower H. of Parliament нижняя палата парламента

speaker of the H. спикер палаты

State H. of Representatives палата представителей штата

upper H. of Parliament верхняя палата парламента

house II *v* 1. предоставлять жилище, обеспечивать жильем 2. давать приют/пристанище

household *n* 1. семья; домочадцы 2. (домашнее) хозяйство 3. (the H.) двор *(монарха)*

average ~ средняя семья

private ~ частное хозяйство

Royal H. королевский двор

housing I *n* 1. жилищные условия; обеспеченность жильем 2. *собир.* дома, жилье, жилой фонд 3. жилищное строительство

adequate ~ удовлетворительные жилищные условия

appropriate ~ надлежащие жилищные условия

inadequate ~ плохие жилищные условия

low-income ~ дома для лиц с низким уровнем доходов/для малоимущих

luxury ~ фешенебельные дома

public ~ государственный жилой фонд

racially segregated ~ *ист.* расовая сегрегация в жилищном вопросе

scattered site/scatter-site ~ строительство муниципального жилья в разных районах города для расселения малоимущих, проживающих в центре

to provide ~ **for** *smb* обеспечивать *кого-л.* жильем

housing II *a* жилищный

~ **crisis** жилищный кризис

minimum ~ **standards** минимальная норма жилой площади

howl *v (down)* криками пытаться заставить *кого-л.* покинуть трибуну; сгонять с трибуны

howler *n:*

calamity ~ *полит. жарг.* политик-популист, предсказывающий ужасные последствия в случае осуществления правительством определенных планов

hue *n* оттенок; масть; разновидность

conservative politicians of all ~s консерваторы всех мастей

to attach a political ~ **to** *smth* придавать политическую окраску *чему-л.*

hullabaloo *n разг.* шумиха *(в прессе и т.д.)*

to make a/to whip up ~ поднимать шумиху

human *a* человеческий

~ **being** человек

~ **dignity** человеческое достоинство

~ **mind** человеческий разум

~ **rights** права человека

humane *a* гуманный, человечный

to make a country more ~ придавать внутренней политике страны более гуманный характер

humanism *n* 1. гуманизм 2. гуманность, человечность

humanist *n* гуманист

humanistic *a* гуманистический

humanitarian I *n* 1. гуманист 2. филантроп

humanitarian II *a* 1. гуманный 2. гуманистический 3. гуманитарный

~ **act** гуманный акт

~ **aid** гуманитарная помощь

~ **fields of science** гуманитарные области науки

~ **mission** гуманитарная миссия

humanit/y *n* 1. человечество, род людской 2. гуманность, человечность, человеколюбие 3. *pl* гуманитарные науки

to treat prisoners with ~ гуманно обращаться с заключенными

act of ~ гуманный поступок

destinies of the ~ судьбы человечества

survival of the ~ выживание человечества

humankind человечество, род людской

humbug I *n разг.* 1. очковтиратель, мошенник 2. очковтирательство, мошенничество

humbug II *v разг.* заниматься очковтирательством/мошенничеством

humbuggery мошенничество

humiliate *v* унижать, подвергать унижению

humiliation *n* унижение
   public ~ публичное унижение

hummer *n полиц. жарг.* 1. фиктивный арест с целью обыскать подозреваемого 2. арест по ложному обвинению

humpty-dumpty *n полит. жарг.* «шалтай-болтай» *(проигравший; политический деятель, который терпит поражение; кандидат на выборах, который точно не будет избран)*

hunger *n* 1. голод; недоедание 2. голод, нехватка *(чего-л.)*
   chronic ~ хронический голод
   land ~ земельный голод
   to die of ~ умирать от голода
   to fight against ~ бороться с голодом
   to suffer from ~ страдать от голода/недоедания

hunger-strike *n* голодовка
   to do on a ~ объявлять/начинать голодовку
   to halt/to stop a ~ прекращать голодовку

hunger-striker *n* лицо, объявившее голодовку; участник голодовки

hungry *a* голодный; голодающий
   to go ~ голодать

hunt I *n* охота *(на кого-л.);* погоня, преследование; розыск *(преступника)*
   nationwide ~ розыск *кого-л.* в масштабах страны
   still vote ~ тайная охота за голосами
   a big ~ **is on for a criminal** проводятся широкие мероприятия по розыску преступника

hunt II *v* охотиться *(на кого-л.);* преследовать; разыскивать *(преступника)*
   to ~ **down army rebels** преследовать восставшие армейские части

hush-hush *a разг.* секретный

hustings *n* 1. предвыборная кампания 2. трибуна для предвыборных выступлений

hyperinflation *n* гиперинфляция
   ~ **is running at more than 300 percent a year** ежегодная гиперинфляция превышает 300%

hypocrisy *n* лицемерие, ханжество
   to expose ~ разоблачать лицемерие/ханжество

hypocrite *n* лицемер, ханжа, святоша

hypocritical *a* лицемерный, ханжеский, неискренний

hypothesis *n (pl* **hypotheses)** гипотеза, предположение
   working ~ рабочая гипотеза
   to form/to frame a ~ строить гипотезу
   to put forward a scientific ~ выдвигать научную гипотезу
   to reject a ~ отвергать гипотезу

hypothesize *v* строить гипотезы

hypothetic(al) *a* гипотетический

hysteria *n* истерия
   war ~ военная истерия

to fan/to foment/to stir up/to whip up ~ разжигать истерию

I

ice *n* лед
   to break the ~ **between two countries** приводить к потеплению в отношениях между двумя странами

idea *n* идея, мысль; понятие, представление
   abstract ~s абстрактные представления/понятия
   advanced ~ передовая идея
   alternative ~ альтернативная идея
   basic ~ основная/главная идея/мысль
   challenging ~ интересная мысль/идея
   clear ~ ясное представление
   constructive ~ конструктивная идея/мысль
   dominant ~ господствующая идея
   erroneous ~ ошибочное представление
   essential ~ основная/главная идея/мысль
   European ~ идея объединения Европы
   false ~ ложная идея
   fundamental ~ основная/главная идея/мысль
   general ~ общее представление/понятие
   life-affirming ~s жизнеутверждающие идеи
   man-hateful ~ человеконенавистническая идея
   modern ~ новая/передовая идея
   motive ~ движущая идея
   political ~s политические идеи
   politically credible ~ политически осуществимая идея
   prevailing ~ господствующая идея
   progressive ~ прогрессивная идея
   reactionary ~ реакционная идея
   reigning ~ господствующая идея
   religious ~s религиозные идеи
   scientific ~s научные идеи
   unscientific ~s антинаучные представления
   utopian ~ утопическая идея
   to abandon an ~ отказываться от идеи/мысли
   to accept an ~ принимать идею
   to advance an ~ выдвигать идею
   to brush aside an ~ отклонять/отвергать идею
   to champion an ~ отстаивать/защищать идею
   to cherish an ~ вынашивать идею/мысль
   to convey an ~ выражать идею
   to develop *one's* ~ развивать свою мысль
   to disseminate ~s распространять идеи
   to distort an ~ извращать идею/мысль
   to embrace the ~ охватывать идею/мысль
   to export ~s экспортировать идеи
   to express an ~ выражать идею/мысль
   to flirt with the ~ носиться с идеей/мыслью
   to float an ~ выдвигать идею
   to generate ~s генерировать идеи

to implement ~**s** претворять идеи в жизнь
to nourish an ~ вынашивать идею/мысль
to oppose an ~ противиться идее; быть/выступать против идеи
to plant ~**s** насаждать идеи
to proclaim ~**s** провозглашать идеи
to promote an ~ поддерживать идею/мысль
to propagate ~**s** распространять идеи
to put forward an ~ выдвигать идею
to reject an ~ отвергать/отклонять идею
to renounce an ~ отказываться от идеи
to revive an ~ возрождать идею
to scrap an ~ отказываться от идеи/мысли
to set forth an ~ вносить предложение; выдвигать идею
to spell out *one's* ~**s** излагать свои идеи
to spread ~**s** распространять идеи
to surrender to an ~ примиряться с мыслью
dissemination of ~**s** распространение идей
impact of ~**s** воздействие идей
infiltration of ~**s** проникновение идей
testing ground for new ~**s** лаборатория/полигон для проверки новых идей
viability of ~**s** жизненность идей
ideal *n* **I** идеал
lofty ~**s** высокие идеалы
moral ~**s** нравственные идеалы
social ~**s** общественные идеалы
to harbor democratic ~**s** придерживаться демократических идеалов
to uphold ~**s** отстаивать идеалы
spiritual ~**s of mankind** духовные идеалы человечества
ideal *a* **II** идеальный, совершенный
idealism *n* **1.** *филос.* идеализм **2.** идеализация, идеалистический подход
absolute ~ абсолютный идеализм
critical ~ критический идеализм
objective ~ объективный идеализм
philosophic ~ философский идеализм
skeptical ~ скептический идеализм
subjective ~ субъективный идеализм
to break away from ~ порывать с идеализмом
to succumb to ~ впадать в идеализм
idealist *n* идеалист
objective ~ объективный идеалист
subjective ~ субъективный идеалист
idealistic *a* идеалистический
idealization *n* идеализация
idealize *v* идеализировать
identification *n* **1.** идентификация, установление подлинности/тождественности **2.** опознание, установление личности **3.** определение, выяснение
investigative ~ опознание в ходе следствия
name ~ *полит. жарг.* узнавание фамилии кандидата на выборах его будущими сторонниками
means of ~ средства опознания
identif/y *v* **1.** идентифицировать, отождествлять **2.** *(with)* солидаризироваться *(с кем-л.,*

чем-л.) **3.** опознавать; удостоверять личность
to ~ *oneself* удостоверить свою личность
to ~ *smb* **as a Frenchman** опознать в *ком-л.* француза
to ~ **with the majority** быть солидарным с большинством
identity *n* **1.** идентичность, тождественность **2.** сущность; характерные черты; самобытный характер **3.** личность
~ **of interests** тождественность интересов
~ **of positions** совпадение позиций
~ **of views** идентичность взглядов
cultural ~ национально-культурная специфика
mistaken ~ ошибочно установленная личность
national ~ национальная специфика; лицо нации
to assert *one's* ~ утверждать свою самобытность
to check *smb's* ~ устанавливать *чью-л.* личность
to cover *one's* **real/true** ~ скрывать свою личность
to eradicate a country's national ~ уничтожать национальную специфику страны
to establish *smb's* ~ устанавливать *чью-л.* личность
to hide *one's* **real/true** ~ скрывать свою личность
to stress *one's* **national** ~ подчеркивать свою национальную самобытность
case of mistaken ~ (судебная/следственная) ошибка в установлении преступника
loss of a country's ~ потеря страной своего национального лица
on a false ~ под вымышленной фамилией
search for *smb's* ~ попытки установить *чью-л.* личность
victim of mistaken ~ жертва ошибки в установлении личности преступника
ideological *a* идейный, идеологический
~ **and aesthetic** идейно-эстетический
~ **and moral** идейно-нравственный
~ **and political** идейно-политический
~ **and theoretical** идейно-теоретический
ideologist *n* идеолог
leading ~ ведущий идеолог
official ~ официальный идеолог
party ~**s** идеологи партии
sober-minded ~ трезвомыслящий идеолог
ideology *n* идеология, мировоззрение
~ **based on skin color** идеология, основанная на цвете кожи
advanced ~ передовая идеология
alien ~ враждебная идеология; чуждая идеология
antidemocratic ~ антидемократическая идеология
chauvinistic ~ шовинистическая идеология
colonialist ~ идеология колониализма

communist ~ коммунистическая идеология
hostile ~ враждебная идеология
influential ~ влиятельная/имеющая решающее значение идеология
lifeless ~ безжизненная идеология
nationalist ~ националистическая идеология
official ~ официальная идеология
progressive ~ прогрессивная идеология
racist ~ расистская идеология
religious ~ религиозная идеология
ruling ~ господствующая идеология
socialist ~ социалистическая идеология
traditional ~ традиционная идеология
to disseminate ~ распространять идеологию
to overcome ~ преодолевать идеологию
to share ~ разделять идеологию
to spread ~ распространять идеологию
contaminated by Nazi ~ зараженный нацистской идеологией
forming of ~ формирование идеологии
struggle against ~ борьба против идеологии
idle *a* неработающий, простаивающий; незанятый, безработный *(о рабочей силе)*; свободный, незанятый *(о времени)*
market is ~ на рынке застой
ignominious *a* бесславный
ignominy *n* бесславие
ignorance *n* незнание
legal ~ незнание закона; правовая неграмотность
technical ~ техническая неграмотность
to display *one's* ~ проявлять свою неосведомленность
to expose *one's* ~ демонстрировать свое невежество
to keep *smb* **in** ~ держать *кого-л.* в неведении
to keep the masses in ~ держать массы в невежестве
ignore *v* игнорировать *(кого-л., что-л.)*; пренебрегать *(кем-л., чем-л.)*
Ike *n* «Айк» *(прозвище бывшего президента США Д. Эйзенхауэра)*
illegal I *n* 1. нелегальный иммигрант 2. *развед. жарг.* нелегал *(зарубежный агент, работающий под руководством сотрудников разведки, не входящих в штат посольства)*
illegal II *a* 1. незаконный, нелегальный, запрещенный 2. противозаконный, неправомерный
to make it ~ **to do** *smth* объявлять *что-л.* незаконным
illegalit/y *n* 1. незаконность; нелегальность 2. противозаконность, неправомерность
to exonerate *smb* **of any** ~ реабилитировать *кого-л.*, доказав, что он не нарушал законов
to offset the ~**ies** противостоять незаконным действиям
illegitimate *a* незаконный; неузаконенный
illicit *a* незаконный, запрещенный; *юр.* противоправный
ill-informed *a* плохо информированный, недостаточно осведомленный

illiteracy *n* неграмотность; безграмотность
adult ~ неграмотность среди взрослых
economic ~ экономическая безграмотность
political ~ политическая неграмотность
universal ~ сплошная неграмотность
to eliminate/to eradicate/to stamp out/to wipe out ~ ликвидировать неграмотность
illiterate I *n* 1. неграмотный 2. необразованный человек
economic ~ человек, не разбирающийся в экономических вопросах
illiterate II *a* 1. неграмотный 2. необразованный
ills *n pl* трудности
to cure the country's fundamental economic ~ вылечить основные экономические болезни страны
to put a country's economic ~ **to rights** справиться с экономическими трудностями страны
ill-treat *v* плохо обращаться с *кем-л.*
illusion *n* иллюзия
to create ~**s** создавать иллюзии
illustrious *a* известный, знаменитый; прославленный
ill-will *n* недоброжелательность, враждебность
to accuse *smb* **of** ~ обвинять *кого-л.* в отсутствии доброй воли
image *n* репутация, имидж
flagging ~ падающая популярность
tarnished ~ запятнанная репутация
to boost *smb's* ~ **among** *smb* способствовать росту *чьей-л.* популярности среди *кого-л.*
to build up *smb's* ~ создавать *кому-л.* положительный имидж
to damage a country's ~ наносить ущерб репутации страны
to give a company a bad ~ создавать плохую репутацию компании
to improve *one's* ~ подправить свою репутацию
to polish a country's tarnished ~ укреплять пошатнувшуюся репутацию страны
to raise *one's* **public** ~ поднимать свой авторитет в обществе
to restore a statesman's ~ восстанавливать репутацию государственного деятеля
to sell *one's* **carefully polished** ~ умело подать себя *(о политическом деятеле)*
to shatter the superpower ~ поколебать репутацию сверхдержавы
to taint *smb's* ~ подпортить *чью-л..* репутацию
to tarnish *smb's* ~ запятнать *чью-л.* репутацию
to think in stereotyped ~**s** мыслить стереотипами
country's battered ~ **abroad** подмоченная международная репутация страны
emasculated ~ **of** *smth* выхолощенный образ *чего-л.*
image-maker *n* имиджмейкер
image-making *n* реклама, создающая имидж *(кандидата)*; создание имиджа *(кандидата)*

imbalance *(in smth)* *n* дисбаланс; диспропорция; несбалансированность; несоответствие (в *чем-л.*)

~ **between supply and demand** диспропорция между спросом и предложением

~ **in foreign trade** дисбаланс во внешней торговле

~ **in ground forces** дисбаланс в численности сухопутных войск

~ **of economy** диспропорция в экономике

conventional ~ отсутствие паритета в обычных вооружениях

economic ~s диспропорции в экономике

military ~ отсутствие паритета в военной области

to avoid serious ~ избегать серьезного несоответствия/расхождения

to correct ~s **in world economy** ликвидировать дисбаланс в мировой экономике

to create an ~ создавать дисбаланс/диспропорцию

to eliminate ~s **of economy** ликвидировать диспропорции в экономике

to even out the ~s выравнивать дисбаланс

to introduce an ~ приводить к нарушению равновесия

to redress the ~ восстанавливать равновесие

to reduce ~s **in nuclear armaments** уменьшать диспропорции в ядерных вооружениях

elimination of the arms ~ ликвидация дисбаланса в вооружениях

gross ~ **between the seats gained and the votes cast** большое расхождение между полученным числом мест в парламенте и числом поданных голосов

trade ~ **between two countries** нарушение торгового баланса между двумя странами

trade ~ **in a country's favor** нарушение торгового баланса в пользу какой-л. страны

imbroglio *n* :

the Middle East ~ ближневосточный узел *(очаг конфликта)*

immaturity *n* незрелость

political ~ политическая незрелость

immigrant I *n* иммигрант

illegal ~ незаконный иммигрант

refugee ~ беженец

undesirable ~ нежелательный иммигрант

to exclude ~s не впускать иммигрантов

to stem the flow of illegal ~s останавливать нелегальный въезд в страну иммигрантов

to track down illegal ~s отлавливать незаконных иммигрантов

influx of ~s **from ...** приток иммигрантов из ...

trafficking in illegal ~s переброска нелегальных иммигрантов

immigrant II *a* **1.** иммигрирующий, переселяющийся **2.** иммигрантский

immigrate *v* иммигрировать

immigration I *n* иммиграция, переселение

~ **into a country** иммиграция в страну

collective/large-scale/mass ~ массовая иммиграция

to combat illegal ~ бороться с незаконной иммиграцией

to curb ~ **into a country** резко сокращать иммиграцию в страну

to limit/to restrict ~ ограничивать иммиграцию

immigration II *attr* иммиграционный

immolation *n* жертвоприношение; жертва *(тж перен.)*

nuclear ~ ядерное уничтожение

immortal *a* бессмертный

immortality *n* бессмертие

to obtain ~ обретать бессмертие

immunit/y *n* **1.** неприкосновенность; иммунитет **2.** освобождение *(от налога, платежа и т.п.)*; привилегия, льгота

~ **from prosecution** иммунитет от судебного преследования

~ **from taxation** освобождение от налогов; налоговый иммунитет

~ **of a deputy** неприкосновенность депутата

~**ies of MPs** *брит.* депутатская неприкосновенность членов парламента

~ **of office** неприкосновенность служебного помещения

~ **of residence** неприкосновенность жилища

consular ~ консульский иммунитет

diplomatic ~ дипломатический иммунитет; дипломатическая неприкосновенность

fiscal ~ финансовый иммунитет

full ~ полный иммунитет; полная неприкосновенность

functional ~ функциональная неприкосновенность, функциональные привилегии/льготы

judicial ~ судебный иммунитет

limited ~ ограниченный иммунитет

parliamentary ~ депутатская/парламентская неприкосновенность

personal ~ неприкосновенность личности

presidential ~ президентская юридическая неприкосновенность

restricted ~ ограниченный иммунитет

tax ~ освобождение от налогов; налоговый иммунитет

to abandon *one's* ~ отказываться от своего иммунитета

to claim ~ ссылаться на иммунитет/неприкосновенность

to claim fiscal ~ претендовать на финансовый иммунитет

to deprive *smb* **of** ~ лишать *кого-л.* иммунитета

to enjoy ~ пользоваться иммунитетом/неприкосновенностью

to give *smb* ~ предоставлять *кому-л.* иммунитет

to grant ~ **to** *smb* предоставлять иммунитет *кому-л.*

to have diplomatic ~ пользоваться дипломатической неприкосновенностью

to have the ~ of heads of state пользоваться неприкосновенностью глав государств

to lift smb's **parliamentary ~** лишать кого-л. парламентской неприкосновенности

to lose one's **diplomatic ~** утрачивать дипломатическую неприкосновенность

to plead one's **~** ссылаться на свой иммунитет

to violate smb's **~** нарушать чью-л. неприкосновенность/чей-л. иммунитет

to waive one's **~** отказываться от неприкосновенности

to waive smb's **~** не считаться с чьей-л. неприкосновенностью

to withdraw the diplomatic ~ from smb лишать кого-л. дипломатической неприкосновенности

infringement of ~ нарушение иммунитета

jurisdictional ~ies of states законная неприкосновенность стран

violation of ~ нарушение иммунитета

waiver of ~ отказ от иммунитета

withdrawal of ~ лишение иммунитета

impact n 1. влияние, воздействие 2. последствия, результат

~ of radioactive waste disposal влияние сброса радиоактивных отходов

~ on public opinion воздействие на общественное мнение

direct ~ прямое/непосредственное воздействие

economic ~ воздействие на экономику

environmental ~ воздействие на окружающую среду

favorable ~ благотворное влияние

international ~ международное влияние

long-term ~ долгосрочные последствия

negative ~ отрицательное/негативное воздействие

political ~ политическое воздействие

positive ~ положительное/позитивное воздействие

psychological ~ психологическое воздействие

to cushion the ~ of smth смягчать воздействие чего-л.

to evaluate environmental ~s оценивать воздействие/влияние на окружающую среду

to have a far-reaching ~ for smth иметь далеко идущие последствия для чего-л.

to have a global ~ иметь глобальное влияние

to have a political ~ иметь политические последствия

to have an immediate ~ on smth немедленно сказываться на чем-л.

to offset the ~ нейтрализовать влияние/воздействие

to reduce the ~ уменьшать воздействие

to temper the ~ of inflation смягчать последствия инфляции

under the ~ of smth под воздействием/влиянием чего-л.

impair v ослаблять, уменьшать; ухудшать; подрывать; наносить ущерб

impairment n ослабление, уменьшение; ухудшение; подрыв, нанесение ущерба

~ of international stability нарушение международной стабильности

impartial a беспристрастный, объективный

impartiality n беспристрастность, объективность

to exercise strict ~ проявлять полную беспристрастность

impasse n тупик; безвыходное положение

~ in the negotiations тупик на переговорах

constitutional ~ конституционный тупик

diplomatic ~ дипломатический тупик

political ~ политический тупик

to break an ~ находить выход из тупика

to come to an ~ заходить в тупик (о переговорах)

to find a way out of/to overcome the ~ находить выход из тупика

to reach an ~ заходить в тупик

to resolve the ~ находить выход из тупика, преодолевать трудности

impeach v 1. (of, with) обвинять в совершении тяжкого государственного преступления 2. объявлять импичмент высшему должностному лицу

impeachment n импичмент (процедура привлечения к ответственности высших гражданских должностных лиц)

~ for treason импичмент по обвинению в государственной измене

impede v мешать, препятствовать; затруднять; осложнять

impediment n препятствие, помеха; затруднение; задержка

~ to economic growth препятствие для экономического роста

~ to the development of relations препятствие для развития отношений

economic ~s экономические затруднения/препятствия

political ~s политические препятствия

imperial a имперский

imperialism n империализм

foreign ~ иностранный империализм

information ~ информационный империализм

international ~ международный империализм

world ~ мировой империализм

to destroy ~ разрушать/уничтожать империализм

to fight ~ противостоять империализму/выступать/сражаться против империализма

to overthrow ~ ниспровергать/сбрасывать империализм

age of ~ эпоха империализма

downfall of ~ падение/гибель империализма

nature of ~ природа империализма

imperialist I n империалист

imperialist II a империалистический

imperialistic *a* империалистический

impetus *n* стимул, импульс; побуждение

  discreet ~ сознательно используемый стимул

  further ~ дальнейший стимул

  powerful ~ сильный/мощный толчок/стимул

  temporary ~ временный стимул

  to give a new ~ **to** *smth* давать новый импульс *чему-л.*

  to provide an ~ давать стимул

  to receive an ~ получать стимул

implement I *n* инструмент; прибор; *pl* орудия *(труда)*

  ~s of production орудия производства

  ~s of war боевые средства; орудия войны

implement II *v* выполнять, осуществлять; претворять в жизнь

implementation *n* выполнение *(плана и т.д.)*; осуществление; претворение в жизнь

  ~ of 435 выполнение резолюции ООН № 435

  budget ~ исполнение бюджета

  full(-scale) ~ полное осуществление; выполнение в полном объёме

  practical ~ практическое осуществление, претворение в жизнь

  project ~ осуществление проекта

  safeguard ~ осуществление гарантий

  to begin ~ начинать осуществление/выполнение

  to facilitate project ~ способствовать выполнению проекта

  to suspend ~ приостанавливать осуществление

  successful ~ **of objectives** успешное осуществление целей

implementer *n*:

  peace ~ член комиссии, наблюдающий за соблюдением мирного соглашения

implicate *v* вовлекать, впутывать

  to be ~d in *smth* быть замешанным в *чем-л.*

implications *n pl* последствия

  environmental ~ последствия для окружающей среды

  grave ~ серьёзные последствия

  international ~ международные последствия

  legal ~ правовые последствия

  political ~ политические последствия

  to consider the political ~ **of** *smth* рассматривать политические последствия *чего-л.*

  to estimate possible ~ оценивать возможные последствия

  to have diplomatic ~ иметь дипломатические последствия

  diplomatic ~ **of** *smth* дипломатические последствия *чего-л.*

import I *n* **1.** *(from, to)* импорт, ввоз *(из, в)* **2.** *pl* импортируемые товары

  ~ fell импорт упал/сократился

  ~ have soared импорт резко возрос

  ~s of consumer goods импорт потребительских товаров

  customs/duty-free ~ беспошлинный ввоз

  energy ~ импорт энергоносителей/энергии

  net ~(s) чистый импорт; нетто-импорт

  prohibited ~s товары, запрещённые к ввозу

  projected ~ прогнозная оценка импорта

  service ~s импорт услуг

  total ~ общий объём импорта

  to ban the ~ запрещать ввоз

  to boost ~s резко увеличивать импорт

  to curb ~s ограничивать импорт

  to expand *one's* **~s** расширять свой импорт

  to finance ~s финансировать импорт

  to impose cuts on ~s сокращать импорт

  to impose quotas on ~s устанавливать ограничения/квоты на импорт

  to reduce ~s сокращать импорт

  to restrict ~s ограничивать импорт

  to sustain the ~s поддерживать объём импорта

  ban on ~s запрет на импорт

  contraband ~ **of goods** контрабандный ввоз товаров

  control on ~s контроль за импортом

  decrease in ~s сокращение импорта

  free ~ **of commodities** беспошлинный ввоз товаров

  liberalization of ~s снятие импортных ограничений; либерализация импорта

  reduction in ~s сокращение импорта

  surge in ~s резкий рост импорта

import II *v* импортировать, ввозить

importance *n* значение, значимость

  commercial ~ торговое значение

  crucial ~ первостепенная важность

  decisive ~ решающее значение

  historic ~ историческое значение

  international ~ международное значение

  paramount ~ первостепенная важность; первостепенное значение

  particular ~ особое значение

  practical ~ практическое значение

  primary/prime ~ первостепенное значение

  social ~ социальная значимость

  special ~ особое значение

  strategic ~ стратегическое значение

  universal ~ повсеместное значение

  vital ~ жизненно важное значение

  world(-wide) ~ всемирное значение

  to accentuate the ~ **of** *smth* подчёркивать важность/значимость *чего-л.*

  to attach ~ **to** *smth* придавать значение *чему-л.*

  to be of ~ представлять важность

  to belittle the ~ **of** *smth* преуменьшать значение *чего-л.*

  to demonstrate the ~ наглядно показывать значение

  to downplay the ~ **of** *smth* преуменьшать роль/значение *чего-л.*

  to have an ~ **far beyond the bounds of** *smb's* **bilateral relations** иметь значение, выходящее за рамки *чьих-л.* двусторонних отношений

to minimize/to play down the ~ of *smth* преуменьшать значение *чего-л.*

to realize the ~ of *smth* осознавать важность *чего-л.*

to recognize the ~ признавать значение

to stress the ~ of *smth* подчеркивать важность/значимость *чего-л.*

a matter of nation-wide ~ дело общегосударственного значения

importation *n* импорт, импортирование, ввоз

~ of *smth* **into a country** ввоз *чего-л.* в страну

importer *n* импортер

net ~ нетто-импортер *(какого-л. товара)*

oil net ~s страны – нетто-импортеры нефти

impose *v (on, upon)* облагать *(налогом и т.п.)*; накладывать, налагать *(обязательства, санкции, запрет и т.п.)*

impossibilism *n полит. жарг.* утопический идеал

impotence *n* бессилие, слабость

military ~ военная слабость

impound *v* конфисковать

impoverish *v* **1.** разорять, доводить до нищеты **2.** истощать *(запасы, казну и т.п.)*

impoverishment *n* **1.** обнищание **2.** истощение, оскудение

absolute ~ абсолютное обнищание

permanent ~ постоянное обнищание

relative ~ относительное обнищание

imprison *v* заключать в тюрьму; лишать свободы; брать под стражу

to ~ *smb* **falsely** сажать в тюрьму невиновного

to ~ *smb* **in a psychiatric/mental hospital** принудительно помещать *кого-л.* в психиатрическую лечебницу

to ~ *smb* **without trial** заключать *кого-л.* в тюрьму без суда

imprisonment *n* тюремное заключение; лишение свободы; содержание под стражей

~ before trial предварительное заключение

~ for the term of *one's* **natural life** пожизненное тюремное заключение

false/illegal ~ незаконное лишение свободы

life ~ пожизненное тюремное заключение

rigorous ~ содержание в тюрьме строгого режима

to commute a death sentence to life ~ заменять смертную казнь пожизненным тюремным заключением

to release *smb* **from ~** освобождать *кого-л* от тюремного заключения

to sentence *smb* **to ~** приговаривать *кого-л.* к тюремному заключению

to serve a term of life ~ отбывать пожизненное тюремное заключение

a long term of ~ длительный срок тюремного заключения

punishable by life ~ наказываемый пожизненным тюремным заключением

term of ~ срок тюремного заключения

impropriet/y *n* неподобающее поведение

financial ~ies финансовые нарушения

improve *v* улучшать, совершенствовать; оздоровлять *(обстановку и т.п.)*

to ~ international relations улучшать международные отношения

improvement *n* улучшение, совершенствование; оздоровление *(международного климата и т.п.)*

dramatic ~ заметное улучшение

further ~ дальнейшее улучшение

gradual ~ постепенное улучшение

growing ~ все больше улучшение

long-term ~ долговременное улучшение

marked/noticeable ~ заметное улучшение

permanent ~ постоянное улучшение

rapid ~ быстрое улучшение

steady ~ непрерывное улучшение

radical ~ of international relations радикальное оздоровление международных отношений

impulse *n* толчок, импульс; побуждение

external economic ~ внешний экономический фактор

spiritual ~ духовный импульс

impulses *n pl правит. жарг.* «импульсы» *(указания, даваемые руководителями, участвующими во встрече на высшем уровне, своим подчиненным для составления проекта соглашения или договора)*

impunity *n* **1.** безнаказанность **2.** *юр.* освобождение от наказания

with ~ безнаказанно

in I *n* член организации; лицо, находящееся у власти

in II *attr* находящийся внутри

to be ~ быть членом организации

inability *n* **1.** неспособность **2.** *юр.* недееспособность

inactivity *n* бездействие, бездеятельность, пассивность, инертность

inadequate *a* не отвечающий требованиям; недостаточный; неадекватный

in-and-outer *n* временный работник

inaptitude *n* неумение, неспособность

government's ~ неспособность правительства к руководству страной

inaugural *a* вступительный *(о речи)*

inaugurate *v* **1.** торжественно вводить в должность **2.** торжественно открывать *(выставку, памятник, музей и т.п.)* **3.** вводить *(реформу и т.п.)*

to ~ *smb* **as a President** вводить *кого-л.* в должность президента

inauguration *n* **1.** торжественное введение в должность, инаугурация **2.** торжественное открытие *(выставки, памятника и т.п.)*

presidential ~ торжественное введение в должность президента

incapability *n юр.* недееспособность

incapable *a юр.* недееспособный

incarcerate *v* заключать в тюрьму; лишать свободы

incarceration *n* заключение в тюрьму; лишение свободы
  to remain in ~ оставаться в заключении
incendiary *n* поджигатель; подстрекатель
incentive *n* 1. *(to smth)* стимул, побудительный мотив *(к чему-л.)* 2. льгота
  economic ~ экономический стимул
  financial ~s финансовые стимулы
  individual ~s личные стимулы
  material ~ материальный стимул
  moral ~s моральные стимулы
  provision of ~s стимулирование
  tax ~s налоговые льготы
  to give an ~ **to** *smb* создавать стимул для *кого-л.*
  to introduce profit ~s вводить стимул в виде участия в прибылях
  to weaken the ~ ослаблять стимул
  by profit ~s по соображениям прибыли
  creation of ~s **to work** создание стимулов к труду
  form of ~ форма стимулирования
incident *n* инцидент; происшествие
  ~ **is over** инцидент исчерпан
  ~ **occurred** инцидент произошел
  armed ~ вооруженный инцидент
  border ~ пограничный инцидент
  election ~s инциденты, происшедшие в ходе выборов
  frontier ~ пограничный инцидент
  grave ~ серьезный инцидент
  international ~ международный инцидент
  political ~ политический инцидент
  shooting ~ инцидент с применением огнестрельного оружия; перестрелка
  violent ~ инцидент с применением насилия
  to avoid an ~ избегать инцидента
  to blow an ~ **out of all proportion** раздувать *какой-л.* инцидент
  to consider an ~ **closed** считать инцидент исчерпанным
  to lead up to an ~ приводить к инциденту
  to resolve an ~ урегулировать инцидент
  to stage an ~ подстраивать инцидент
incidental *a* случайный, непредвиденный
incite *v* возбуждать, подстрекать
  to ~ *smb* **to do** *smth* подстрекать *кого-л.* сделать *что-л.*
incitement *n* подстрекательство
  ~ **from without** подстрекательство извне
  ~ **to hostility** подстрекательство к враждебным действиям
  direct ~ прямое подстрекательство
inciter *n* подстрекатель
income *n* доход
  accrued ~ причитающиеся к получению доходы
  aggregate ~ совокупный доход
  annual ~ годовой доход
  anticipated ~ предполагаемый доход
  average ~ средний доход
  average annual ~ среднегодовой доход

  budgetary ~ бюджетные поступления
  collected ~ полученный доход
  current ~ текущий доход
  earned ~ трудовой доход
  effective ~ реальный доход
  family ~ доход семьи
  foreign ~ внешние поступления
  general ~ общий доход; общие поступления
  individual ~ личный доход
  investment ~ доходы по инвестициям
  miscellaneous ~ различные виды дохода
  national ~ национальный доход
  net ~ чистый доход
  per capita/head ~ доход на душу населения
  permanent ~ постоянный доход
  population's ~s доходы населения
  projected ~ предполагаемый доход
  taxable ~s доходы, подлежащие обложению налогом
  total ~ общая сумма дохода
  to account ~ учитывать доходы
  to distribute the ~ распределять доход
  to enjoy a moderate per capita ~ довольствоваться умеренным доходом на душу населения
  to generate ~ давать/приносить доход
  to generate more ~ увеличивать доходы
  to pinch ~s сокращать доходы
  to raise ~ повышать доход
  distribution of ~ распределение дохода
  drop in ~s понижение доходов
  excess of ~ **over expenditure** превышение доходов над расходами
  growth of the ~s увеличение доходов
  increment in the national ~ прирост национального дохода
  level of ~ уровень/размер дохода
  redistribution of ~ перераспределение доходов
  source of ~ источник дохода
  steady decline in ~ неуклонное снижение доходов
incoming *a* 1. поступающий, входящий *(о документах, бумагах)* 2. приходящий к власти после победы на выборах
incommunicado *a* 1. лишенный общения с людьми, отрезанный от внешнего мира 2. находящийся в одиночном заключении
  to hold *smb* ~ держать *кого-л.* в изоляции *(без права переписки)*
  to keep *smb* ~ держать *кого-л.* под стражей *(без права общения с внешним миром)*
in-company *a* корпоративный; существующий внутри фирмы/компании
incompetence *n* 1. некомпетентность 2. *юр.* неправоспособность
  economic ~ некомпетентность в экономических вопросах
incompetent *a* 1. некомпетентный; несведущий 2. неподведомственный 3. *юр.* неправоспособный

inconsistency *n* **1.** несовместимость, несообразность **2.** непоследовательность, противоречивость

status ~ *социол. жарг.* несоответствие своему статусу *(напр.* высокообразованный специалист на непрестижной работе)

inconsistent *a* непоследовательный; противоречивый *(о данных и т.п.);* несогласованный

inconvertible *a* неконвертируемый *(о валюте)*

incorporate *v* **1.** объединять; присоединять **2.** включать, вставлять **3.** регистрировать в качестве юридического лица

incorporation *n* **1.** объединение, присоединение **2.** включение, вставление **3.** регистрация в качестве юридического лица

~ of amendments включение поправок

forcible ~ насильственное присоединение

incorruptibility *n* неподкупность

incorruptible *a* неподкупный

increase *n* рост, увеличение, прирост

absolute ~ абсолютный прирост

annual ~ ежегодный прирост

average annual ~ среднегодовой прирост

blanket wage ~s общее повышение заработной платы

compensatory wage ~s повышение заработной платы для компенсации роста цен

considerable ~ значительное увеличение

cost ~ увеличение расходов

essential ~ существенное увеличение

excessive ~s чрезмерное увеличение

job ~ увеличение числа рабочих мест

major ~ значительное увеличение

natural population ~ естественный прирост населения

pay ~ повышение заработной платы

population ~ прирост населения

price ~ повышение/рост цен

substantial ~ существенный рост; значительное увеличение

sufficient ~ достаточное увеличение

tariff ~ увеличение тарифов; повышение пошлины

unjustified ~s неоправданное повышение

wage ~ повышение зарплаты

to award *smb* **a wage ~** повышать *кому-л.* заработную плату

to be on the ~ расти, увеличиваться

to curb ~s ограничивать повышение

to hold down ~ of purchasing power сдерживать повышение покупательной способности *(населения)*

to implement pay ~s осуществлять решение о повышении зарплаты

to impose tariff ~s on *smth* повышать пошлину на *что-л.*

to offer a pay ~ to *smb* предлагать *кому-л.* прибавку к зарплате

to rescind the bank rate ~s отменять повышение учетной ставки

to win ~ in demand добиваться увеличения спроса

increment *n* **1.** рост, увеличение, прирост, приращение **2.** надбавка

~ in the national income прирост национального дохода

absolute ~ абсолютный прирост

annual ~ ежегодная надбавка

average annual ~ среднегодовой прирост

length-of-service/longevity ~ надбавка за выслугу лет

salary ~ 1) увеличение/повышение зарплаты **2)** *pl* надбавки к зарплате/к окладу

scale of ~s шкала надбавок

incriminate *v юр.* инкриминировать

incrimination *n юр.* инкриминирование

in-crowd *n* элита; избранный/узкий круг лиц

incumbent I *n* должностное лицо; занимающий *какую-л.* должность

incumbent II *a* занимающий *какой-л.* официальный пост в данный момент

incursion *n* вторжение; нашествие; внезапное нападение; налет

~ into a country нарушение границы

cross-border ~ нарушение границы

to launch a major ~ into a country предпринимать крупное вторжение в страну

to rebuff an ~ отбивать попытку вторжения в *какую-л.* страну

indebted *a* имеющий задолженность; находящийся в долгу

indebtedness *n* задолженность; сумма долга

excessive ~ чрезмерная задолженность

external ~ внешняя задолженность

financial ~ финансовая задолженность

foreign ~ внешний долг

growing ~ возрастающая задолженность

long-term ~ задолженность по долгосрочным кредитам

net ~ чистая задолженность

short-term ~ задолженность по краткосрочным кредитам

to cause ~ являться причиной задолженности

growth of ~ рост задолженности

indecision *n* нерешительность

political ~ политическая нерешительность

indelicate *a* некрасивый

indemnify *n (for)* возмещать *(убытки, ущерб);* компенсировать

indemnity *n* возмещение *(убытков, ущерба);* компенсация; контрибуция

cash ~ денежная компенсация

insurance ~ страховое возмещение

termination ~ компенсация в связи с окончанием срока службы; выходное пособие

war ~ контрибуция

to impose war ~ налагать контрибуцию

to pay the war ~ платить контрибуцию

letter of ~ гарантийное письмо

independence *n* независимость; самостоятельность

~ of a state независимость государства

absolute ~ абсолютная независимость
complete ~ полная независимость
de facto ~ фактическая независимость
economic ~ экономическая независимость
full ~ полная независимость
genuine ~ подлинная независимость
intellectual ~ интеллектуальная независимость
national ~ национальная независимость
newly won ~ недавно обретенная независимость
nominal ~ формальная независимость
political ~ политическая независимость
stable ~ прочная независимость
state ~ государственная независимость
technological ~ техническая независимость
total ~ полная независимость
true ~ подлинная независимость
unconditional ~ безусловная независимость
to accelerate *one's* **attainment of** ~ ускорять достижение *чьей-л.* независимости
to achieve ~ **for a country** добиваться независимости для *какой-л.* страны
to assert *one's* ~ отстаивать свою независимость
to attain ~ добиваться/достигать независимости, получать/обретать независимость
to bring a country to ~ добиваться обретения страной независимости
to declare *one's* ~ провозглашать (свою) независимость; объявлять о (своей) независимости
to defend *one's* ~ отстаивать (свою) независимость
to demand ~ требовать предоставления независимости
to deny ~ **to** *smb* отказываться предоставить независимость *кому-л.*
to deprive *smb* **of** ~ лишать *кого-л.* независимости
to ensure ~ обеспечивать независимость
to expand the economic ~ расширять экономическую независимость
to fight for ~ бороться за независимость
to gain/to get ~ добиваться/достигать независимости; получать/обретать независимость
to guarantee ~ гарантировать независимость
to guide a country to ~ вести страну к независимости
to honor *smb's* ~ уважать *чью-л.* независимость
to increase ~ **from a country** усиливать независимость от *какой-л.* страны
to infringe (up)on *smb's* ~ посягать на *чью-л.* независимость
to lose *one's* ~ терять/утрачивать (свою) независимость
to obtain ~ добиваться/достигать независимости; получать/обретать независимость
to preserve *one's* ~ сохранять свою независимость

to proclaim *one's* ~ провозглашать (свою) независимость; объявлять о (своей) независимости
to promote ~ содействовать достижению независимости
to push for ~ добиваться независимости
to put the country's ~ **above any other considerations** ставить во главу угла независимость страны
to reach *one's* ~ достигать независимости
to recognize *smb's* ~ признавать *чью-л.* независимость
to recover *one's* ~ вновь обретать независимость
to regain ~ восстанавливать независимость
to retain *one's* ~ сохранять свою независимость
to safeguard ~ гарантировать независимость
to secure ~ обеспечивать независимость; добиваться независимости
to strengthen ~ укреплять независимость
to strive for ~ стремиться к независимости; бороться за независимость
to struggle for ~ бороться за независимость
to surrender a country's ~ поступаться независимостью страны; отказываться от независимости
to take a country to ~ приводить страну к независимости
to uphold *one's* ~ отстаивать свою независимость
to wage a struggle for ~ вести борьбу за независимость
to win ~ добиваться/достигать независимости; получать/обретать независимость
to yield a country its ~ предоставлять стране независимость
declaration of ~ провозглашение независимости
demands for ~ требования независимости
display of ~ проявление независимости
drive for ~ движение за независимость
granting of ~ **to** *smb* предоставление независимости *кому-л.*
guarantor of a country's ~ гарант независимости страны
president committed to ~ президент, являющийся убежденным сторонником независимости страны
respect for national ~ уважение национальной независимости
restoration of ~ восстановление независимости
return of ~ возвращение независимости
struggle for ~ борьба за независимость
support for ~ поддержка независимости
transition to ~ переход к независимости
independency *n* независимое государство
independent I *n* независимый кандидат
to stand as an ~ баллотироваться в качестве независимого кандидата

independent II *a* **1.** независимый, суверенный, автономный **2.** экономически независимый/самостоятельный

nominally ~ формально независимый

independent-minded *a* настроенный в пользу независимости

index (*pl тж* **indices**) *n* индекс; числовой показатель

~ **of consumption** индекс потребления

~ **of prices** индекс цен

~ **of stocks** индекс курсов акций

consumer price ~ индекс цен на потребительские товары

correction ~ поправочный коэффициент

Dow-Jones ~ индекс Доу-Джонса *(курсов акций)*

economic ~ экономический показатель

employment ~ индекс занятости

foreign trade ~s индексы внешней торговли

price ~ индекс цен

production ~ индекс объема производства

purchasing power ~ индекс покупательной способности

value ~ стоимость товарооборота

wage ~ индекс заработной платы

to improve basic ~s улучшать основные показатели

terms of trade ~ индекс условий торговли

indexation *n* индексация

price ~ индексация цен

Indian I *n* **1.** индеец **2.** индиец

Indian II *a* **1.** индейский **2.** индийский

indication *n* признак, симптом, знак; показатель *(необходимости чего-л.)*

eloquent ~ красноречивый показатель

worrying ~s тревожные признаки

indicator *n* показатель

~s **of levels of living** показатели уровня жизни

appropriate ~s соответствующие показатели

economic ~ экономический показатель

estimate ~ расчетный показатель

finance ~ финансовый показатель

growth ~ показатель роста

key ~ основной показатель

monetary ~ денежный показатель, показатель в денежном выражении

money ~ стоимостный показатель

qualitative ~s качественные показатели

quantitative ~s количественные показатели

social ~ показатель общественного развития

social and economic ~s показатели социально-экономического развития

value ~ стоимостный показатель

vote ~ указатель результата голосования

indict *v* юр. предъявить *(кому-л.)* обвинение; предавать *(кого-л.)* суду, привлекать *(кого-л.)* к судебной ответственности

indictment *n* обвинительное заключение; предъявление обвинения

fierce ~ резкое обвинение

to be under ~ **of** *smth* быть обвиненным в чем-л.

to drop an ~ снимать обвинение *(с кого-л.)*

to get an ~ **on a criminal case** добиваться предъявления обвинения по уголовному делу

to lay down/to serve an ~ предъявлять обвинение

indifference *n* равнодушие, безразличие

political ~ аполитичность

indifferent *a* равнодушный; безразличный; нейтральный

politically ~ аполитичный

indifferentism *n* полит. жарг. пассивность в общественных делах

indigence *n* нищета, нужда, бедность

the masses' crying ~ вопиющая нищета народных масс

indigenous *a* туземный, местный

indigent *a* бедный, нищий; неимущий

indignation *n* негодование, возмущение

deep ~ глубокое возмущение

righteous ~ справедливое негодование

to arouse a wave of ~ вызывать волну возмущения

to cause ~ вызывать негодование/возмущение

outburst of ~ взрыв негодования

individual *n* **1.** личность, человек, индивид **2.** юр. физическое лицо

high net worth ~s полит. правит. жарг. богатые

role of the ~ **in history** роль личности в истории

individualism *n* индивидуализм

extreme ~ крайний индивидуализм

individualist *n* индивидуалист

individualistic *a* индивидуалистический

individuality *n* индивидуальность

to be deprived of ~ обезличиваться

to express *one's* ~ выражать свою индивидуальность

indivisibility *n* неделимость

indivisible *a* неделимый

indoctrinate *v* подвергать идеологической обработке/индоктринации

indoctrination *n* идеологическая обработка, индоктринация

Indo-European *a* индоевропейский

Indonesian I *n* индонезиец

Indonesian II *a* индонезийский

inducement *n* побуждающий мотив, стимул

to give ~ **to** *smth* стимулировать *что-л.*, придавать стимул *чему-л.*

induct *v* призывать на военную службу

inductee *n* призывник

induction *n* призыв на военную службу

to force ~ обеспечивать проведение призыва в армию

industrial *a* промышленный, индустриальный

~ **commodities** промышленные товары

~ **development** индустриальное развитие

industrialist *n* промышленник; предприниматель

big ~ крупный предприниматель

small ~ мелкий предприниматель

industrialization *n* индустриализация

~ **of exports** поощрение развития экспорта

rapid ~ ускоренная/быстрая индустриализация

regional ~ региональная индустриализация

to accelerate ~ ускорять процесс индустриализации

to promote ~ содействовать/способствовать индустриализации

pattern of ~ структура индустриализации

industrialize *v* индустриализировать

industr/y *n* промышленность

~**ies with non-stop production** отрасли с непрерывным циклом производства

advertising ~ индустрия рекламы

aerospace ~ аэрокосмическая промышленность

agricultural ~ сельскохозяйственное производство

aircraft ~ авиационная промышленность

allied ~**ies** смежные отрасли промышленности

ancillary ~**ies** вспомогательные отрасли экономики

armaments/arms ~ военная промышленность

atomic ~ атомная промышленность

auto(mobile) ~ автомобильная промышленность

auxiliary ~ вспомогательная отрасль промышленности

baby ~**ies** новейшие отрасли промышленности

basic ~**ies** базовые отрасли промышленности

building ~ строительная индустрия

capital goods ~**ies** отрасли промышленности, производящие средства производства; тяжелая промышленность

capital-intensive ~ капиталоемкая отрасль промышленности

chemical ~ химическая промышленность

cinematographic ~ киноиндустрия

construction ~ строительная индустрия

consumer goods ~ отрасль промышленности, производящая товары массового спроса; легкая промышленность

cottage ~ кустарные промыслы

craft ~ ремесленное производство

defense(-related) ~**ies** оборонная промышленность

diversified ~ многоотраслевая/диверсифицированная промышленность

domestic ~ внутренняя промышленность

efficient ~ эффективно работающая отрасль промышленности

electric-power ~ электроэнергетика

electronics ~ электронная промышленность

electrotechnical ~ электротехническая промышленность

energy ~ энергетическая отрасль промышленности, энергетика

engineering ~ машиностроение

entertainment ~ индустрия развлечений

export ~**ies** отрасли промышленности, производящие экспортные товары

export-promoting ~**ies** отрасли промышленности, содействующие развитию экспорта

extractive ~ добывающая промышленность

fabricating ~ промышленная индустрия

farming ~ сельскохозяйственное производство

ferrous metal ~ черная металлургия

film ~ киноиндустрия

food-(processing) ~ пищевая промышленность

forest ~ лесная промышленность

fuel ~ топливная промышленность

fuel and power ~**ies** отрасли топливно-энергетической промышленности

heavy ~ тяжелая промышленность

high tech ~ высокотехнологичная отрасль промышленности

highly developed ~**ies** высокоразвитые отрасли промышленности

home ~ отечественная промышленность

import-substituting/import-substitution ~**ies** импортозамещающие отрасли промышленности

infant ~ молодая/неокрепшая отрасль промышленности

instruction ~ образование; просвещение

instrument-making ~ приборостроение

iron and steel ~ черная металлургия; сталелитейная промышленность

key ~ основная/ведущая отрасль промышленности

labor-consuming/labor-intensive ~**ies** трудоемкие производства/предприятия/отрасли промышленности

large-scale ~ крупная промышленность

leisure-time ~**ies** отрасли, производящие товары для досуга

light ~ легкая промышленность

local ~ местная промышленность

machine-building ~ машиностроение

machine-tool ~ станкостроительная промышленность, станкостроение

manufacturing ~ обрабатывающая промышленность

maritime ~ морское судоходство

metal-working ~ металлообрабатывающая промышленность

mining ~ добывающая промышленность; *pl* добывающие отрасли промышленности

monopolistic/monopolized ~ монополизированная отрасль экономики

motor-car ~ автомобильная промышленность

national ~ отечественная промышленность

nationalized ~ национализированная отрасль промышленности

nuclear ~ ядерная/атомная промышленность

nuclear-power ~ ядерная/атомная энергетика

oil ~ нефтяная промышленность

oil-extracting ~ нефтедобывающая промышленность

petrochemical ~ нефтехимическая промышленность, нефтехимия

petroleum ~ нефтяная промышленность

power ~ энергетика

primary ~ добывающая промышленность

printing ~ полиграфическая промышленность, полиграфия

priority ~ies приоритетные отрасли промышленности

processing ~ies перерабатывающие отрасли промышленности

public/publicly-owned ~ies государственные предприятия; муниципальные предприятия

radio engineering ~ радиотехническая промышленность

regional ~ местная промышленность

rural ~ сельскохозяйственное производство

science-consuming/science-intensive ~ наукоемкая промышленность

secondary ~ обрабатывающая промышленность

service(-producing) ~ies отрасли сферы услуг/сферы обслуживания; отрасли инфраструктуры

shipbuilding ~ судостроительная промышленность, судостроение

small-scale ~ies мелкие предприятия

state/state-controlled/state-owned ~ государственная промышленность

steel ~ сталелитейная промышленность

sunrise ~ быстроразвивающаяся отрасль промышленности, использующая передовые технологии

sunset ~ отсталая отрасль промышленности без применения новых технологий

technically advanced/technology(-intensive) ~ отрасль, использующая передовые технологии

tourist ~ индустрия туризма

trade ~ торговля *(как отрасль экономики)*

traditional ~ies традиционные отрасли промышленности

travel ~ индустрия туризма

uneconomic ~ies нерентабельные/неэкономичные отрасли промышленности

up-to-date ~ современная промышленность

user ~ies потребляющие отрасли промышленности

vital ~ies важнейшие отрасли промышленности

war/weapon ~ военная промышленность

to bolster the domestic ~ способствовать развитию отечественной промышленности

to bring all ~ies **to a halt** парализовать работу всех отраслей промышленности

to build ~ies создавать отрасли промышленности

to convert the ~ **to peaceful production** конвертировать военную промышленность (на товары массового спроса)

to cover all ~ies охватывать все отрасли промышленности

to convert the ~ **to military production** переводить промышленность на военные рельсы

to develop ~ развивать промышленность

to disrupt ~ies нарушать работу различных отраслей промышленности

to establish new ~ies создавать новые отрасли промышленности

to invest in an ~ делать капиталовложения в отрасль промышленности

to launch new ~ies создавать новые отрасли промышленности

to nationalize an ~ национализировать отрасль промышленности

to promote ~ способствовать развитию промышленности

to reconstruct an ~ реконструировать отрасль промышленности

to relocate *one's* ~ies переносить свои предприятия в другое место

to restore ~ возрождать/восстанавливать промышленность

to restructure ~ реконструировать промышленность

to sell off an ~ продавать частным владельцам/денационализировать отрасль промышленности

development of national ~ развитие национальной промышленности

industry-wide *a* 1. широко распространенный в промышленности 2. охватывающий всю отрасль

inefficiency *n* неэффективность, непродуктивность; недостаточность

inefficient *a* неэффективный, непродуктивный; недостаточный

ineligibility *n* отсутствие права на избрание

ineligible *a* не имеющий права на избрание; не соответствующий требованиям

inept *a* 1. неподходящий 2. неспособный *(о работнике)* 3. *юр.* недействительный

to replace the ~ **with the efficient** заменять слабых работников сильными

ineptitude *n* неумение

political ~ неискушенность в политике

inequalit/y *n* неравенство

~ **in status** неравенство в положении

~ **in the property status** имущественное неравенство

~ **of nationalities** национальное неравенство

~ **of rights** неравноправие

political ~ies политическое неравенство

property ~ies имущественное неравенство

racial/racist ~ расовое неравенство

social ~ общественное/социальное неравенство

to eliminate the ~ ликвидировать неравенство

to reduce ~ies уменьшать/сокращать несоответствие

inequity n несправедливость

inertia n инерция; инертность

~ in thinking инерция мышления

to overcome ~ преодолевать инерцию

inertness n инертность, косность

inevitable a неизбежный, неминуемый, неотвратимый

to bow to the ~ соглашаться с неизбежным

infamous a позорный, постыдный, бесславный

infamy n бесславие

infantility n инфантилизм, незрелость

infidel n мусульм. неверный

in-fighting n внутренняя борьба (напр. внутри партии)

~ and instability within the administration внутренняя борьба и нестабильность в правительстве

factional ~ межфракционная борьба

infiltrate v 1. проникать (об идеях и т.п.) 2. внедряться, проникать, просачиваться

the enemy ~d our lines противник проник к нам в тыл

infiltration n внедрение, проникновение, просачивание

~ into a country проникновение в страну

~ of ideology into … проникновение идеологии в …

~ of money проникновение денег

economic ~ экономическое проникновение

mob ~ внедрение преступных элементов в какую-л. организацию

political ~ политическое проникновение

infiltrator n 1. нарушитель границы 2. военнослужащий, проникший в тыл противника 3. агент, внедрившийся в органы разведки противника

inflame v возбуждать кого-л.; распалять страсти

inflate v 1. завышать (показатели и т.п.) 2. взвинчивать, вздувать (цены) 3. вызывать/порождать инфляцию

to ~ artificially искусственно раздувать; взвинчивать (цены и т.п.); вызывать инфляцию

inflation n инфляция

~ fell темп инфляции снизился, инфляция уменьшилась

~ held steady уровень инфляции оставался неизменным

~ is getting out of hand инфляция выходит из-под контроля

~ is on very low levels уровень инфляции очень низкий

~ is rampant свирепствует инфляция

~ is rising темп инфляции растет, инфляция растет

~ is running at 7 percent per month ежемесячный уровень инфляции составляет 7 %

~ mounts инфляция нарастает

~ roars инфляция свирепствует

accelerating ~ усиливающаяся инфляция

anticipated ~ ожидаемая инфляция

bottleneck ~ эк. жарг. «инфляция-пробка» (инфляция, связанная с ростом цен, который не сопровождается ростом спроса)

continuous ~ длительная инфляция

controlled ~ контролируемая инфляция

double-digit ~ инфляция, превышающая 10%

galloping ~ быстро прогрессирующая/галопирующая инфляция, гиперинфляция

hidden ~ скрытая инфляция

high ~ высокий уровень инфляции

latent ~ скрытая инфляция

long-run ~ устойчивая инфляция

low ~ низкий уровень инфляции

mounting ~ нарастающая инфляция

oil-led ~ инфляция, вызванная ростом цен на нефть

open ~ неприкрытая/явная инфляция

persistent ~ устойчивая инфляция

price ~ инфляция цен

raging/rampant ~ безудержная инфляция

rapid ~ быстро растущая инфляция

rising ~ растущая инфляция

soaring ~ стремительно прогрессирующая инфляция

single-digit ~ инфляция, не превышающая 10%

spiral ~ все возрастающая инфляция

spiraling ~ спираль инфляции

steady ~ устойчивая инфляция

suppressed ~ подавляемая инфляция

surging ~ усиливающаяся инфляция

sustained ~ постоянная инфляция

unanticipated ~ непредвиденная инфляция

uncontrollable/uncontrolled ~ неконтролируемая инфляция

wage ~ инфляция, вызванная ростом заработной платы

worsening ~ усиливающаяся инфляция

zero ~ нулевая инфляция

to arrest ~ останавливать рост инфляции

to bring ~ down снижать инфляцию

to bring ~ under control обуздывать инфляцию

to cause ~ вызывать инфляцию

to check ~ останавливать рост инфляции

to combat ~ бороться с инфляцией

to conquer ~ справляться с инфляцией

to control ~ контролировать уровень инфляции

to curb ~ сдерживать инфляцию

to curb the rise of ~ приостанавливать рост инфляции

to damp down ~ останавливать рост инфляции

to fuel ~ способствовать росту инфляции

to get on top of ~ справляться с инфляцией

to give an extra spur to ~ давать дополнительный толчок (развитию) инфляции

to halt ~ останавливать рост инфляции

to keep ~ low поддерживать низкий уровень инфляции

to offset ~ компенсировать потери, вызванные инфляцией

to prevent ~ from flaring предотвращать вспышку инфляции

to reduce ~ уменьшать инфляцию

to re-kindle ~ давать новый толчок инфляции

to restrain ~ ограничивать инфляцию

to retard/to slow down ~ затормозить рост инфляции

to stem/to stop ~ останавливать рост инфляции

to tame ~ обуздать инфляцию, справиться с инфляцией

to ward off higher ~ не допускать роста инфляции

to whip up ~ подстегивать инфляцию

adjusted for ~ с поправкой на инфляцию

annual rate of ~ годовой уровень инфляции

backdrop of ~ обстановка, в которой происходит инфляция

big jolts of ~ резкие скачки инфляции

country ravished by ~ страна, разоренная инфляцией

drop/fall in the rate of ~ снижение темпа инфляции

fluctuations of ~ колебания уровня инфляции

high rate of ~ высокий уровень инфляции

jump in ~ скачок инфляции

measures to control the ~ меры для контроля за инфляцией

rate of ~ уровень инфляции

re-emergence of ~ возобновление инфляции

resurgence of ~ новый рост инфляции

rise in ~ рост инфляции

rising tide of ~ нарастание инфляции

savings are being eroded by ~ сбережения съедает инфляция

the latest ~ **figures** последние данные о темпе/уровне инфляции

threat of renewed ~ угроза новой инфляции

wave of ~ волна инфляции

inflationary *a* инфляционный

~ **policy** инфляционная политика

inflexibility *n* негибкость

inflict *v* (on/upon) 1. наносить *(удар и т.п.)* 2. причинять *(убытки, ущерб и т.п.)*

inflow *n* приток; поступление; прилив

~ **of cheap foreign labor** приток дешевой иностранной рабочей силы

capital ~ приток капитала

net ~ чистый доход, *pl* чистые поступления

influence I *n* (**on/with** *smb*) влияние; воздействие *(на кого-л.)*

~ **declines/diminishes/wanes** влияние падает

~ **of ideas** влияние идей

all-round ~ всестороннее влияние

backstage/back-stairs/behind-the-scenes ~ закулисное влияние

beneficial ~ благотворное влияние/воздействие

corrupting ~ разлагающее/тлетворное влияние

cultural ~ культурное влияние

decisive ~ решающее влияние

direct ~ непосредственное воздействие

economic ~ экономическое влияние

fading ~ уменьшающееся влияние; уменьшение влияния

growing ~ возрастающее влияние

ideological ~ идеологическое воздействие

increasing ~ возрастающее влияние

marked ~ заметное/значительное влияние

political ~ политическое влияние

profound ~ глубокое влияние

psychological ~ психологическое воздействие

public ~ общественное воздействие

social ~ социальное влияние

strong ~ сильное влияние

undue ~ *юр.* злоупотребление влиянием

waning ~ уменьшающееся влияние

worldwide ~ всемирное влияние

to be under the ~ 1) быть/находиться под влиянием 2) быть в состоянии алкогольного опьянения

to bear ~ оказывать влияние

to bolster *one's* ~ усиливать свое влияние

to bring ~ оказывать влияние

to buy ~ abroad расширять свое влияние в других странах с помощью экономических средств

to come under *smb's* ~ попадать под *чье-л.* влияние

to counteract *smb's* ~ противодействовать *чьему-л.* влиянию

to curb *smb's* ~ сдерживать/ограничивать *чье-л.* влияние

to delimit spheres of ~ разграничивать сферы влияния

to diminish *smb's* ~ **on** *smb* уменьшать *чье-л.* влияние на *кого-л.*

to erode *smb's* ~ подрывать *чье-л.* влияние

to exercise ~ behind the scenes оказывать закулисное влияние

to exert ~ on *smb* оказывать влияние на *кого-л.*

to expand *one's* ~ расширять свое влияние

to extend *smb's* ~ **over a country** распространять *чье-л.* влияние на *какую-л.* страну

to fall under the ~ of *smb* попадать под *чье-л.* влияние

to flaunt *one's* ~ афишировать свое влияние

to gain ~ among *smb* завоевывать влияние среди *кого-л.*

to have ~ on *smth* оказывать влияние на *что-л.*

to have ~ over/with *smb* иметь влияние на *кого-л.*

to hold *smb's* ~ **in check** препятствовать чьему-л. влиянию

to increase a country's ~ усиливать влияние страны

to intercept *smb's* ~ препятствовать чьему-л. воздействию; не допускать чьего-л. влияния/воздействия

to keep ~ сохранять влияние

to lessen *smb's* ~ **on** *smb* уменьшать чье-л. влияние на *кого-л.*

to lose *one's* ~ **on** *smb* утрачивать влияние на *кого-л.*

to move Ukraine away from Russia's sphere of ~ выводить Украину из сферы влияния России

to neutralize *smb's* ~ нейтрализовать чье-л. влияние

to offset *smb's* ~ нейтрализовать чье-л. влияние; противостоять чьему-л. влиянию

to peddle *one's* ~ распространять свое влияние

to preserve ~ сохранять влияние

to quench the ~ нейтрализовать влияние

to reduce *smb's* ~ **on** *smb* уменьшать чье-л. влияние на *кого-л.*

to reject outside ~s отвергать внешние воздействия

to restrain/to restrict ~ ограничивать влияние

to spread *one's* ~ распространять свое влияние

to strengthen *one's* ~ усиливать влияние

to use *one's* ~ использовать свое влияние

to weaken *smb's* ~ ослаблять чье-л. влияние

to wield (*one's*) ~ иметь влияние, пользоваться влиянием

decline of ~ уменьшение влияния

extension of ~ усиление влияния

growth of ~ рост влияния

loss of personal ~ утрата личного влияния

man of ~ влиятельное лицо

means/measures of ideological ~ средства идеологического воздействия

power of public/social ~ сила общественного воздействия

scramble for ~ борьба за сферы влияния

sphere of ~ сфера влияния

spread of ~ распространение влияния

vestiges of ~ остатки влияния

influence II *v* влиять (*на кого-л./что-л.*)

to ~ *smb* **by** *one's* **example** воздействовать на *кого-л.* силой примера

to ~ **the minds** воздействовать на умы

influential *a* влиятельный

influentials *n pl полит. жарг.* уважаемые граждане, формирующие общественное мнение

influx *n* приток, поступление; прилив; наплыв

~ **of foreign capital** приток/прилив иностранного капитала

~ **of refugees** приток беженцев

~ **of tourists** наплыв туристов

great ~ большой приток

inform *v* сообщать, информировать; извещать, уведомлять

to ~ **against/on** *smb* доносить на *кого-л.*

informal *a* неофициальный; сделанный не по форме, неформальный

~ **visit** неофициальный визит

informant *n* информант; осведомитель; доносчик

information *n* информация; данные

~ **from inside the government** сведения из правительственных кругов

~ **on technical matters** информация по техническим вопросам

additional ~ дополнительная информация

advance ~ **1)** заблаговременно полученная информация **2)** предварительные данные

ancillary ~ вспомогательная информация

appropriate ~ соответствующая/надлежащая информация

background ~ фоновая информация; сведения общего характера

classified ~ секретная информация

commercial ~ коммерческая информация

complete ~ полная информация

confidential ~ секретная информация

contradictory ~ противоречивые данные

current ~ текущая информация

detailed ~ подробная информация

doctored ~ подтасованная информация

documentary ~ документальная информация

economic ~ экономическая информация

exact ~ точная/достоверная информация

expert ~ компетентная информация, компетентные данные

false ~ ложные сведения

first-hand ~ информация из первых рук/из первоисточника

general ~ общая информация

government-approved ~ информация, одобренная правительством

hard ~ достоверная информация

health ~ информация о здравоохранении

imprecise ~ неточная информация

inadequate ~ недостаточная информация

incoming ~ поступающая информация

incomplete ~ неполная информация

initial ~ исходные данные

input ~ входящие данные, входящая информация

inside ~ секретная информация

intelligence ~ разведывательная информация

international ~ международная информация

latest ~ последние сведения

management ~ директивная/административная информация

market ~ информация о состоянии рынка

military ~ военная информация

misleading ~ дезинформация

nonclassified ~ несекретная информация

null ~ отсутствие информации

objective ~ объективная информация

off-the-record ~ неофициальная информация, информация не для печати

output ~ исходящие данные, исходящая информация

pertinent ~ уместная/относящаяся к делу информация

political ~ политическая информация

precise ~ достоверная/точная информация

preliminary ~ предварительная информация

printed ~ печатная информация

private ~ сведения, не подлежащие огласке

privileged ~ конфиденциальная информация

processed ~ обработанные данные

radio ~ радиоинформация

reciprocal ~ взаимная информация

relevant ~ надлежащая информация

reliable ~ надежная информация

scanty ~ скудная информация

scientific ~ научная информация

secondhand ~ информация из вторых рук

secret ~ секретная информация

selected ~ выборочная информация

sensitive ~ секретная информация

shrift ~ оперативная информация

source ~ первичная информация

sparse ~ скудная информация

statistical ~ статистические данные/сведения

supporting ~ обоснование

technical/technological ~ техническая информация

top-secret ~ совершенно секретная информация

true ~ достоверная информация

updated ~ обновленная информация

up-to-date ~ актуальная информация

valuable ~ ценная информация

weather ~ метеосводка

to accumulate ~ накапливать информацию

to acquire ~ получать информацию

to ask smb for ~ обращаться к кому-л. за сведениями

to assemble ~ собирать информацию

to carry ~ помещать информацию/сведения (в СМИ)

to classify ~ засекречивать информацию/ данные

to collect/to compile ~ собирать информацию

to control the flow of ~ контролировать поток информации

to convey ~ to smb передавать информацию кому-л.

to cover up ~ скрывать/замалчивать/утаивать информацию

to declassify ~ рассекречивать информацию

to delegate ~ (to) посылать/направлять информацию (куда-л.)

to dig up ~ добывать/откапывать информацию

to disseminate ~ распространять информацию

to divulge ~ разглашать информацию

to doctor ~ фальсифицировать информацию

to enter ~ записывать информацию

to extract ~ извлекать/добывать информацию

to feed false ~ to smb снабжать кого-л. ложной информацией, дезинформировать кого-л.

to find ~ находить информацию

to furnish ~ снабжать информацией

to gain ~ добывать информацию/сведения

to gather ~ собирать информацию

to get ~ добывать/получать информацию/ сведения

to give ~ давать/предоставлять информацию

to hand over ~ to smb передавать информацию кому-л.

to have access to ~ иметь доступ к информации

to issue ~ публиковать информацию/сведения

to lay ~ against smb предоставлять сведения о ком-л.

to lodge ~ against smb предоставлять сведения о ком-л.

to make ~ secret засекречивать информацию

to manipulate ~ манипулировать информацией

to offer ~ предлагать информацию

to pass ~ to smb передавать информацию кому-л.

to process ~ обрабатывать информацию

to propagate ~ распространять информацию

to provide ~ снабжать информацией

to publish ~ публиковать информацию

to receive ~ получать информацию/сведения

to select ~ отбирать информацию

to share ~ делиться информацией

to spread ~ распространять информацию

to stifle ~ on an event обеспечивать полную секретность события

to submit ~ to smb представлять информацию кому-л.

to supply smb with ~ снабжать кого-л. информацией

to suppress ~ скрывать/замалчивать/утаивать информацию; запрещать распространение информации

to take the lid off ~ рассекречивать информацию

to transmit ~ передавать информацию

to utilize ~ использовать информацию

to withhold from smb ~ about smth скрывать от кого-л. информацию о чем-л.

amount of ~ количество информации

analysis of ~ анализ информации

clearing-house of ~ центр сбора, обработки и распространения информации

collection of ~ сбор информации

consumer of ~ потребитель информации

directness of ~ сведения из первоисточника

disclosure of ~ обнародование информации

dissemination of ~ распространение информации

diversion of ~ дезинформация
exchange of ~ обмен информацией
flow of ~ поток информации
freedom of ~ свобода информации
leak of ~ утечка информации
selection of ~ отбор информации
sharing of ~ обмен информацией
source of ~ источник информации
torrent of ~ поток информации
transfer/transmission of ~ передача информации

informative *a* информационный; содержащий информацию
informed *a* осведомленный; информированный
to keep *smb* ~ держать *кого-л.* в курсе дела
please be ~ that ... пожалуйста, примите к сведению, что ...
informer *n* информатор; осведомитель; доносчик
paid ~ платный осведомитель
police ~ полицейский осведомитель
to turn ~ становиться осведомителем
infraction *n* нарушение *(права, договора, закона и т.п.)*
infrastructure *n* инфраструктура
agricultural ~ аграрная инфраструктура
basic ~ основная инфраструктура *(энергоснабжение, транспорт, связь)*
economic and social ~ социально-экономическая инфраструктура
energy ~ энергетическая инфраструктура
health system ~ инфраструктура системы здравоохранения
industrial ~ инфраструктура промышленности
regional ~ региональная инфраструктура
social ~ социальная инфраструктура
technical ~ производственная инфраструктура
technological ~ технологическая инфраструктура
tourist ~ туристская инфраструктура
to build (up)on/to create the ~ создавать инфраструктуру
to develop ~ развивать инфраструктуру
to overstrain the ~ перегружать/перенапрягать инфраструктуру
to speed up development of the ~ ускорять развитие инфраструктуры
infringe *v (on/upon)* 1. покушаться, посягать *(на что-л.)*; ущемлять *(права и т.п.)* 2. нарушать, не соблюдать
infringement *n* покушение, посягательство *(на что-л.)*; ущемление *(права и т.п.)*
~ of freedom нарушение свободы
~ of interests ущемление интересов
~ of national minority rights ущемление прав национальных меньшинств
~ of rules нарушение правил
~ on liberty посягательство на свободу
~ upon the sovereign rights нарушение суверенных прав

infusion *n* вливание; привнесение
cultural ~ культурное вливание
large-scale ~ of modern arms интенсивное насыщение армии новейшими видами вооружения
inglorious *a* бесславный
inhabitant *n* житель
native ~ коренной житель
town ~ городской житель
per year per ~ в расчете на год на душу населения
inherit *v* наследовать, получать в наследство
inheritance *n* 1. наследование 2. наследство, наследуемое имущество 3. наследие
to acquire *smth* by ~ получать *что-л.* по наследству
to deprive *smb* of one's ~ лишать *кого-л.* наследства
to lay claim to an ~ претендовать на наследство
to leave an ~ to *smb* оставлять наследство *кому-л.*
to obtain/to receive *smth* by ~ получать *что-л.* по наследству
inheritor *n* наследник
inheritress *n* наследница
inhuman *a* бесчеловечный, жестокий
inhumanity *n* бесчеловечность, жестокость
initial *v дип.* парафировать
initialing *n дип.* парафирование
initiate *v* начинать/инициировать *(что-л.)*, приступать *(к чему-л.)*, предпринимать *(что-л.)*; предлагать *(что-л.)*
initiation *n* основание, установление, учреждение, инициация
to conduct an ~ вводить, посвящать
initiative *n* инициатива
diplomatic ~ дипломатическая инициатива
peace ~ мирная инициатива
political ~ политическая инициатива
Private Finance I. *брит.* сбор денег на строительство новых больниц *и т.п.*
Strategic Defense I. (SDI) *ист.* стратегическая оборонная инициатива, СОИ
to abandon one's peace ~ отказываться от своей мирной инициативы
to be full of ~ обладать инициативой
to come forward with a peace ~ выступать с мирной инициативой
to draw up a new ~ готовить новую инициативу
to kill the ~ уничтожать инициативу
to launch/to put forward an ~ выступать с инициативой
to regain the ~ возвращать себе инициативу
to take the ~ брать инициативу в свои руки
to turn the ~ back to *smb* возвращать инициативу *кому-л.*
to unveil an ~ обнародовать инициативу, выступать с инициативой

to wrest the political ~ from *smb* перехватывать политическую инициативу у *кого-л.*

the peace ~ has been deadlocked мирная инициатива не нашла воплощения

injunction *n юр.* судебный запрет

preliminary ~ предварительный судебный запрет

to overturn an ~ отменять судебный запрет

to place an ~ **upon** *smth* накладывать судебный запрет на *что-л.*

injury *n* повреждение, травма; ущерб

war-related ~ военная травма

to escape ~ оставаться невредимым

injustice *n* несправедливость

innings *n* период нахождения у власти

innocence *n* невиновность, невинность; безвредность

to establish *smb's* ~ устанавливать *чью-л.* невиновность

innovation *n* нововведение

to introduce an ~ вводить новое положение, осуществлять нововведение

inquiry *n* расследование

judicial ~ судебное расследование

path-breaking scientific ~ новаторское научное исследование

to set up a commission of ~ создавать комиссию по расследованию

to set up an independent ~ **into** *smth* назначать независимое расследование *чего-л.*

insane *a* безумный

to certify *smb* ~ признавать *кого-л.* невменяемым

insecurity *n* небезопасность, ненадежность

civic ~ отсутствие безопасности для граждан; чувство неуверенности у населения

to create ~ способствовать возникновению чувства неуверенности у населения

inside *a* секретный, тайный; скрытый

insinuate *v* порочить, оскорблять, инсинуировать

insinuation *n* инсинуация; порочащие сведения

insolvency *n* неплатежеспособность

insolvent *a* неплатежеспособный

inspect *v* проверять; инспектировать

inspection *n* проверка, инспекция; инспектирование

on-site ~ *воен.* проверка/инспекция на месте

unfettered ~s беспрепятственная инспекция

to open *smth* **to international** ~ открывать *что-л.* для международной инспекции

weapons of mass destruction ~ инспекция для проверки наличия оружия массового поражения

inspector *n* инспектор, контролер

weapons of mass destruction ~ сотрудник инспекции, проверяющей наличие оружия массового поражения

inspectorate *n* **1.** район, обслуживаемый инспектором/контролером **2.** инспекция; штат

контролеров **3.** должность инспектора/контролера

instability *n* нестабильность

growing ~ растущая нестабильность

ministerial ~ изменения в составе кабинета

political ~ политическая нестабильность

to stop ~ spreading прекращать распространение нестабильности

install *v* (*smb*) официально вводить *кого-л.* в должность, ставить *кого-л.* у власти

installation *n* установка, устройство

key ~s ключевые сооружения, важнейшие здания

military ~ военная база, военный объект

nuclear ~ ядерная установка

to close/to shut down a military ~ закрывать военную базу

instigation *n* подстрекательство

at the ~ **of** *smb* по *чьему-л.* наущению

institute *v* основывать, устанавливать, учреждать; вводить

institution *n* **1.** основание, установление, учреждение; введение **2.** институт (*политический, социальный и т.п.*) **3.** институт; общество; организация

pan-European ~ общеевропейская организация

policy-making ~s институты, вырабатывающие политический курс

institutionalize *v* **1.** наделять законным статусом; учреждать **2.** помещать в психиатрическое лечебное заведение

instruct *v* **1.** инструктировать, давать инструктаж, указания *или* распоряжения **2.** информировать, уведомлять, сообщать

instruction *n* **1.** инструктирование, инструктаж **2.** *pl* инструкции, указания, распоряжения

to follow ~s следовать инструкциям/указаниям

to pass ~s **to** *smb* передавать инструкции *кому-л.*

on the ~s **of** *smb* по *чьему-л.* указанию

instrument *n юр.* **1.** акт; документ **2.** средство, орудие (*чего-л.*)

~ of payment средство платежа

~ of ratification ратификационные грамоты

~ of surrender акт о капитуляции

insult *n* оскорбление

to trade ~s выступать со взаимными оскорблениями

insurance *n* страхование

credit ~ страхование кредитов

social ~ социальное страхование

state ~ государственное страхование

to effect ~ страховать

insure *v* страховать, застраховывать

insurgency *n* мятеж, *pl* волнения

stubborn ~ упорное восстание

to quell an ~ подавлять мятеж

insurgent *n* мятежник; бунтовщик

insurgent-heavy *a* полный мятежников (*о районе, городе и т.п.*)

insurrection *n* восстание
  armed ~ вооруженное восстание
  to crush an ~ подавлять мятеж
  to foment an ~ подстрекать к восстанию
  to launch an ~ начинать мятеж
  to put down an ~ подавлять мятеж
integrate *v* объединять (в единое целое), интегрировать
integration *n* интеграция, объединение
  economic ~ экономическая интеграция
  European ~ объединение Европы
  political ~ политическая интеграция
  to push for closer ~ with Western Europe настойчиво идти по пути более тесной интеграции с Западной Европой
integrity *n* целостность
  economic ~ экономическая целостность
  territorial ~ территориальная целостность
  to respect a country's territorial ~ уважать территориальную целостность страны
intellectual *n* мыслящий человек, интеллектуал; **the ~s** интеллигенция
intelligence *n* **1.** разведывательные данные **2.** разведка; органы разведки
  Aircraft Gathering I. (AGI) иностранные гражданские самолеты, занимающиеся сбором разведывательной информации
  critical ~ важные разведывательные данные
  economic ~ экономическая разведка
  electronic ~ (ELINT) электронная разведка; разведка средствами связи
  human ~ агентурная разведка
  military ~ военная разведка
  to have no firm ~ не иметь точных сведений
intensification *n* усиление, интенсификация
  ~ of labor интенсификация труда
intensify *v* усиливать, интенсифицировать
intensity *n* интенсивность
  capital ~ *эк.* капиталоемкость
  work ~ интенсивность труда
intention *n* намерение, стремление; цель
  aggressive ~s агрессивные намерения
  benign ~s добрые намерения
interbank *a* межбанковский
intercontinental *a* межконтинентальный
intercourse *n* общение людей, связи, сношения *(международные, торговые и т. п.)*
  commercial ~ торговые связи
  diplomatic ~ дипломатические сношения
interdependence *n* взаимосвязь, взаимозависимость
interdiction *n* запрет
interest *n* **1.** интерес, заинтересованность; польза, выгода **2.** *фин.* проценты **3.** деловые круги
  basic ~s коренные интересы
  best ~s насущные интересы
  cardinal ~s коренные интересы
  economic ~s экономические круги
  high ~ высокий процент
  keen ~ пристальный интерес
  legitimate ~s законные интересы

  mutual ~s взаимные интересы
  national ~s национальные интересы
  nationwide ~s общегосударственные интересы
  overriding ~ первоочередной интерес
  security ~s интересы безопасности
  short-range ~s ближайшие интересы
  the higher ~s высшие интересы
  vital ~s жизненные интересы
  to betray the ~s of *smb* предавать интересы *кого-л.*
  to contradict ~s противоречить интересам
  to damage the public ~ наносить ущерб интересам общества
  to harmonize conflicting ~s примирять противоположные интересы
  to hurt badly *smb's* **~s** наносить серьезный ущерб *чьим-л.* интересам
  to ignore *smb's* **~s** игнорировать *чьи-л.* интересы
  to infringe (up)on ~s ущемлять интересы
  to jeopardize *smb's* **~s** ставить под угрозу *чьи-л.* интересы
  to meet *smb's* **~s** отвечать *чьим-л.* интересам
  to pursue *one's* **~s** преследовать свои интересы
  to represent *smb's* **~s** представлять *чьи-л.* интересы
  to safeguard *smb's* **~s** обеспечивать *чьи-л.* интересы
  to serve *smb's* **~s** служить *чьим-л.* интересам
  balance of ~s баланс интересов
  conflict/confrontation of ~s столкновение интересов
  sphere of ~s сфера интересов
interested *a* заинтересованный
interfere *v* вмешиваться, вторгаться *(в чьи-л. дела и т.п.)*
  to ~ in the internal affairs of other countries вмешиваться во внутренние дела других стран
interference *n* вмешательство
  ~ in the domestic/home/internal affairs of a country вмешательство во внутренние дела страны
  direct ~ прямое вмешательство
  foreign ~ вмешательство извне, иностранное вмешательство
  intolerable ~ недопустимое вмешательство
  outside ~ постороннее вмешательство
  unlawful ~ незаконное вмешательство
intergovernmental *a* межправительственный
interim *a* временный; промежуточный
  ~ committee временный комитет
  ~ solution промежуточное решение
interior I *n* внутренние дела *(государства)*
interior II *a* внутренний, относящийся к внутренним делам *(государства)*
intermediar/y I *n* посредник
  to contact *smb* **through ~ies** связываться с *кем-л.* через посредников

intermediary II *a* **1.** посреднический **2.** промежуточный

intermediation *n* посредничество

intern *v* интернировать

internal *a* внутренний

~ **affairs** внутренние дела *(государства)*

~ **trade** внутренняя торговля

International, the *n* Интернационал

international *a* международный

internationalism *n* интернационализм

internationalization *n* интернационализация

internationalize *v* интернационализировать

internee *n* интернированный

Internet *n* (сеть) Интернет

internment *n* интернирование

~ **without trial** интернирование без суда и следствия

interpellate *v* интерпеллировать, делать запрос *(в законодательном органе)*

interpellation *n* интерпелляция, запрос *(в законодательном органе)*

interpreter *n* (устный) переводчик

to attach *smb* **as an** ~ прикомандировывать *кого-л.* в качестве переводчика

to speak through an ~ говорить через переводчика

interrogate *v* допрашивать

interrogation *n* допрос

interrupt *v* прерывать; приостанавливать *(ход, течение чего-л.)*

to ~ **negotiation** прерывать переговоры

interstate *a* **1.** межгосударственный **2.** межштатный

intervene *v* вмешиваться

to ~ **personally in** *smth* лично вмешиваться во *что-л.*

intervention *n* **1.** вмешательство, интервенция **2.** *эк.* интервенция

armed ~ вооруженное вмешательство, вооруженная интервенция

commodity ~ товарная интервенция

military ~ **(into)** военная интервенция (в)

outside ~ вмешательство извне

overt ~ открытое вмешательство

to exercise ~ осуществлять интервенцию

interventionism *n* **1.** политика вмешательства в дела суверенных государств **2.** *эк.* стремление к усилению государственного вмешательства

interview I *n* интервью; собеседование

to give/to grant an ~ давать интервью

to have an ~ **with** *smb* брать интервью у *кого-л.*

interview II *v* интервьюировать, брать интервью; проводить собеседование

to ~ *smb* **on tape** брать у *кого-л.* интервью с записью на пленку

interviewee *n* интервьюируемый

interviewer *n* интервьюер

intifada *n* партизанская борьба в городских условиях *(палестинцев за создание автономии)*

intrigue *n* интрига; происки

underground ~**s** тайные интриги

to expose the ~**s of warmongers** разоблачать происки сторонников войны

introduce *v* **1.** предоставлять, вносить на рассмотрение *(законопроект, поправку и т.п.)* **2.** включать в состав, вводить **3.** вводить, устанавливать *(военное, осадное, чрезвычайное положение; комендантский час и т.п.)*

introduction *n* **1.** представление, внесение на рассмотрение *(проекта резолюции и т.п.)* **2.** введение, установление **3.** (официальное) представление *кого-л. кому-л.*

invade *v* вторгаться, захватывать, занимать, оккупировать

invader *n* захватчик, оккупант

invalid *a* **1.** несостоятельный, необоснованный **2.** *юр.* недействительный, не имеющий законной силы

~ **arguments** несостоятельные доводы

~ **treaty** договор, не имеющий законной силы

invalidate *v* (*smth*) **1.** считать несостоятельным **2.** лишать законной силы, признавать недействительным

invasion *n* вторжение, набег

~ **of privacy** вмешательство в личную/частную жизнь

economic ~ экономическое вторжение

invest *v* **1.** облекать *(полномочиями, правами и т.п.)* **2.** инвестировать, вкладывать *(средства)*

investigate *v* **1.** исследовать **2.** расследовать

investigation *n* **1.** исследование, изучение **2.** расследование. следствие

to be under ~ **for corruption** находиться под следствием по подозрению в коррупции

to conduct/to make an ~ вести/производить расследование

to launch an ~ начинать расследование

to monitor an ~ следить за ходом расследования

to obstruct official ~ препятствовать проведению официального расследования

to order an ~ распорядиться начать расследование

to take *smb* **off the** ~ отстранять *кого-л.* от участия в следствии

investment *n* **1.** инвестирование, помещение капитала **2.** *pl* инвестиции, капиталовложения

~**s abroad** инвестиции за рубежом

capital ~**s** капиталовложения

direct ~**s** прямые инвестиции

private ~**s** частные инвестиции

public ~**s** государственные инвестиции

to attract/to drum up ~ привлекать инвестиции/капиталовложения

to get a good return on *one's* ~**s** получать хорошую прибыль от своих капиталовложений

to warrant ~ гарантировать инвестиции

decline in foreign ~ уменьшение иностранных капиталовложений/инвестиций

obstacle to greater foreign ~ препятствие для увеличения иностранных капиталовложений

investor *n* инвестор, вкладчик

   foreign ~ зарубежный инвестор

inviolability *n* незыблемость, нерушимость; неприкосновенность

   ~ of borders/frontiers нерушимость границ

   ~ of person/personal ~ неприкосновенность личности

inviolable *a* незыблемый, нерушимый; неприкосновенный

invitation *n* приглашение

   ~ list список приглашенных

   ~ to dinner приглашение на обед

   official ~ официальное приглашение

   to accept an ~ принимать приглашение

   to push for an ~ добиваться приглашения

   to renew *one's* **~** возобновлять свое приглашение

invite *v* **1.** приглашать **2.** просить *(о чем-л.)*; побуждать *(к чему-л.)*

   to ~ questions предложить задавать вопросы

   to ~ to a reception приглашать на прием

involve *v* **1.** вовлекать **2.** влечь за собой, вызывать *(последствия)* **3.** осложнять, запутывать

   to ~ a country in armed conflict вовлекать страну в вооруженный конфликт

   to ~ casualties повлечь за собой большие потери *(в живой силе)*

involvement *n* вовлеченность; участие

   ~ in an international boycott участие в международном бойкоте

Irangate *n ист.* Ирангейт *(продажа американского оружия Ирану и передача вырученных денег никарагуанским контрас)*

irreceivable *a* неприемлемый

irreciprocal *a* односторонний

irrefutable *a* неопровержимый

irregular *a* **1.** неправильный; не отвечающий *каким-л.* нормам *или* правилам **2.** *воен.* нерегулярный *(об армии)*

irregularities *n pl* нарушения *(напр. в ходе выборов)*

   ~ in the election results нарушения при подсчете голосов на выборах

   ~ in the elections нарушения на выборах

   electoral/voting ~ нарушения в ходе выборов

   to rectify ~ ликвидировать нарушения

irresponsibility *n* безответственность

irresponsible *a* безответственный

   ~ decision безответственное решение

irreversibility *n* необратимость

island *n* остров

   communist ~ «коммунистический остров» *(Куба)*

isolate *v* изолировать, обособлять, отделять

isolation *n* изоляция, обособление; разобщенность

   diplomatic ~ дипломатическая изоляция

   international ~ международная изоляция

   political ~ политическая изоляция

   self-imposed/self-inflicted ~ добровольная изоляция

   to break the diplomatic ~ положить конец дипломатической изоляции

isolationism *n* изоляционизм

isolationist *a* изоляционистский

issue I *n* **1.** спорный вопрос; предмет обсуждения/спора/разногласий **2.** выпуск, издание; номер, экземпляр *(периодического издания)*

   acute ~ острый/злободневный вопрос

   Baltic ~ проблема балтийских государств

   burning ~ острая/жгучая проблема

   contentious/controversial ~ спорный вопрос

   crucial ~ важный/решающий вопрос

   divisive ~ вопрос, вызывающий раскол

   domestic ~ внутриполитическая проблема

   ethnic ~s национальные/этнические проблемы

   frontier ~ вопрос о границах, проблема границ

   global ~ глобальная проблема

   international ~ международный вопрос

   key ~ ключевая/главная проблема

   legal ~ правовой/юридический вопрос

   major ~ главный/основной вопрос

   nuclear ~ ядерный конфликт

   outstanding ~ нерешенная проблема

   political ~ политическая проблема

   sensitive ~ щекотливый вопрос

   thorny ~ острая проблема

   ticklish ~ щекотливая проблема

   vital ~ вопрос первостепенной важности

   to address an ~ заняться проблемой

   to debate an ~ обсуждать (спорный) вопрос

   to duck an ~ уклоняться от решения вопроса

   to face an ~ стоять перед проблемой

   to give ground on an ~ идти на уступки по спорному вопросу

   to join the ~ принимать участие в дискуссии/прениях

   to lay down the ~s излагать проблемы

   to play down an ~ стараться преуменьшить значение проблемы

   to pursue an ~ решать вопрос

   to settle outstanding ~s урегулировать нерешенные проблемы

issue II *v* **1.** выдавать *(документ, визу и т.п.)* **2.** выпускать, издавать, публиковать

   to ~ a passport выдавать паспорт

item *n* пункт, вопрос *(особ. повестки дня)*; статья *(бюджета и т.п.)*

   ~ on the agenda пункт повестки дня

   ~ under consideration рассматриваемый/обсуждаемый вопрос *(повестки дня)*

J

jack I *n полиц. жарг.* детектив, сыщик; военный полицейский

jack II *n мор.* флаг, гюйс

Union J. *n разг.* британский флаг

jackboot I *n* грубый нажим, неприкрытое давление

jackboot II *v* оказывать давление/грубый нажим

jackbooting *n* давление, грубый нажим

jacket *n тюрем. жарг.* досье на заключенного

bad rep/dirty ~ компромат

jail I *n* тюрьма

high-security ~ тюрьма усиленного режима

makeshift ~ наскоро оборудованная/временная тюрьма

top security ~ тюрьма усиленного режима

to allow *smb* **out of** ~ выпускать *кого-л.* из тюрьмы

to break/to escape from ~ совершать побег/бежать из тюрьмы

to go to ~ **rather than pay a fine** идти в тюрьму вместо уплаты штрафа

to put in ~ сажать/заключать в тюрьму

to send *smb* **to** ~ **for life** приговаривать *кого-л.* к пожизненному тюремному заключению

to sentence *smb* **to 18 months in** ~ приговаривать *кого-л.* к тюремному заключению сроком на 1,5 года

to spend time in ~ отбывать срок тюремного заключения

to walk free from ~ выходить на свободу из тюрьмы

jail II *v* заключать/сажать в тюрьму

to ~ *smb* **for life** приговаривать *кого-л.* к пожизненному тюремному заключению

to ~ *smb* **for terms up to 5 years** приговаривать *кого-л.* к тюремному заключению на срок до 5 лет

to ~ *smb* **for various terms of imprisonment** приговаривать *кого-л.* к различным срокам тюремного заключения

jail-break *n* побег из тюрьмы

jail-breaker *n* преступник, совершивший побег из тюрьмы

jailer *n* тюремщик, тюремный надзиратель

jam *v* создавать радиотехнические помехи/радиопомехи, глушить радиопередачи

jamboree *n разг.* слет *(бойскаутов и т. п.)*

jammed *a тюрем. жарг.* одновременно отбываемые *(о наказаниях)*

jamming *n* глушение радиопередач, создание радиопомех

Japan *n* Япония

"New ~**s"** Тайвань, Гонконг, Южная Корея и Сингапур *(новые центры индустрии)*

Japan-bashing *n* «избиение Японии» *(критика Японии)*

Japanese I *n* японец

American ~ американец японского происхождения

Japanese II *a* японский

jargon *n* жаргон

legal ~ юридический жаргон

negro ~ негритянский жаргон

political ~ политический жаргон

a story devoid of political ~ корреспонденция, в которой отсутствуют политические жаргонизмы

jawbone I *n* **1.** грубый нажим, откровенное давление сверху **2.** политика навязывания профсоюзам ограничений в области заработной платы

jawbone II *v* **1.** оказывать грубый нажим, откровенное давление сверху **2.** навязывать профсоюзам ограничения в области заработной платы

jawboning *n* грубый нажим, откровенное давление сверху

presidential ~ грубый нажим со стороны президента

jehad *n см.* jihad

jeopardize *v* подвергать опасности/риску, ставить под угрозу; рисковать *(чем-л.)*

jeopardy *n* **1.** опасность, риск **2.** *юр.* подсудность

to be in ~ подвергаться опасности

to place *smth* **in** ~ ставить *что-л.* под угрозу, подвергать *что-л.* опасности

to put *smth* **in** ~ подвергать опасности, ставить под угрозу, рисковать *(чем-л.)*

Jesuit *n* иезуит

order of the ~**s** орден иезуитов

Jesuitic(al) *a* иезуитский

Jesuitism *a* иезуитство

jet I *n* реактивный самолет

executive ~ служебный самолет

to re-deploy fighter ~**s to a country** передислоцировать истребители в *какую-л.* страну

jet II *a* реактивный

jet-set *n* элита *(те, кто летает на собственных самолетах)*, богатые путешественники

jet-setter *n* человек, принадлежащий к элите

jettison *v* **1.** жертвовать *(кем-л.)* **2.** отвергать *(что-л.)*

Jew *n* еврей

Jewish *a* еврейский

jihad *n* джихад *(священная война мусульман против «неверных»)*

government ~ правительственный джихад *(жесткая правительственная кампания против чего-л.)*

Jim Crow *n амер. презр.* негр, черный

jingo I *n разг.* ура-патриот, джингоист, крайний шовинист

jingo II *a разг.* ура-патриотический, джингоистический, шовинистический

jingoism *n* ура-патриотизм, джингоизм, крайний шовинизм

jingoist *n* ура-патриот, крайний шовинист

jingoistic *a* ура-патриотический, крайне шовинистический

jirga(h) *n* джирга, совет старейшин *(у ряда народов Центральной Азии)*

job I *n* **1.** работа, занятие **2.** (рабочее) место **3.** (the ~) *брит. полит. жарг.* полицейская служба

~ **for life** пожизненная работа

bad ~ неудача, безнадежное дело

black bag ~ *развед. жарг.* нелегальные/несанкционированные действия секретных органов/спецслужб

blue-collar ~ работа рабочего

bonus ~ сдельная работа

corporate ~ работа в качестве служащего фирмы

dead-end ~ бесперспективная работа, тупиковая должность

entry-level ~ перспективная работа

extra ~ дополнительная работа

full-time ~ работа полный рабочий день

highly paid ~ высокооплачиваемая работа

low-paid ~ низкооплачиваемая работа

managerial ~ административная работа

odd ~ случайная работа

one-man ~ работа, выполняемая одним человеком

overtime ~ сверхурочная работа

painstaking ~ трудоемкая работа

part-time ~ работа неполный рабочий день

permanent ~ постоянная работа

piecework ~ сдельная/аккордная работа

plum ~ *перен.* теплое местечко

private-sector ~ работа в частном секторе

productive ~ производительная работа

professional ~ работа по специальности

public-works ~ место на общественных работах *(строительство дорог и т.п.)*

put-up ~ подлог, махинация

restricted ~ регламентированная работа

risky ~ опасная работа

rush ~ срочная работа

short-run ~ кратковременная работа

steady ~ постоянная работа

temporary ~ временная работа

unrestricted ~ нерегламентированная работа

vacant ~ вакансия, вакантное (рабочее) место

well-paid ~ высокооплачиваемая работа

white-collar ~ работа служащего

to abolish *smb's* ~ упразднять *чью-л.* должность

to apply for a ~ обращаться с просьбой о приеме на работу

to be after *smb's* ~ подсиживать *кого-л.*

to be out of a ~ быть без работы

to be under suspension from *one's* ~ быть временно не допущенным к работе

to boycott *one's* ~ не занимать свои рабочие места

to confirm *smb* **in a** ~ утверждать *кого-л.* в *какой-л.* должности

to create ~**s** создавать новые рабочие места

to cut ~**s** сокращать число рабочих мест

to dismiss *smb* **from his** ~ увольнять *кого-л.* с работы

to do a ~ выполнять/делать работу

to dole out ~ раздавать работы

to ease *smb's* **passage to a new** ~ облегчать *чей-л.* переход на новую работу

to fill new ~**s** заполнять новые рабочие места

to give a ~ предоставлять, давать работу

to go back to *one's* ~**s** возвращаться на работу *(после забастовки)*

to have an open-ended tenure in a ~ иметь право занимать *какую-л.* должность без ограничения срока

to kick *smb* **out of his** ~ выгонять *кого-л.* с работы

to land a ~ *разг.* получать работу

to leave *one's* ~ уходить с работы

to lie down on the ~ работать спустя рукава

to look for a ~ искать работу

to lose *one's* ~ быть уволенным, лишаться работы, терять работу

to nominate *smb* **for the** ~ назначать *кого-л.* на данную должность

to perform ~**s** делать работу

to put ~**s at risk** ставить под угрозу существование рабочих мест

to quit *one's* ~ увольняться, уходить с работы

to seek a ~ искать работу

to stay off the ~ не выходить на работу

to sustain ~**s** сохранять рабочие места

to tackle the ~ браться за работу

to take a ~ **with a firm** поступать на работу в компанию

to threaten ~**s** угрожать потерей рабочих мест

to turn down a ~ отказываться от предложенной работы

to walk off/out of a ~ забастовать

to work within the bounds of *one's* ~ действовать в пределах своих полномочий

5,000 ~**s will go** 5000 рабочих мест будет ликвидировано

a lot of ~**s are at stake** под угрозой множество рабочих мест

creation of new ~**s** создание новых рабочих мест

cuts in ~**s** уменьшение числа рабочих мест

holder of a ~ человек, имеющий работу

loss of a ~ потеря работы

on the ~ в рабочем порядке

out of a ~ без работы

people without ~**s** безработные

job II *v* **1.** работать сдельно **2.** брать случайную работу **3.** заниматься махинациями **4.** злоупотреблять своим служебным положением

jobber *n* (биржевой) маклер, совершающий операции за собственный счет *(вступая в сделки с брокерами)*

jobbing *n* **1.** случайная/нерегулярная работа **2.** маклерство

jobholder *n* **1.** человек, имеющий работу **2.** *амер.* государственный служащий

job-killing *n* ликвидация рабочих мест
jobless *a* безработный
    the average duration for the ~ средняя продолжительность пребывания без работы
job-seeker *n* лицо, ищущее работу, безработный
Johnny Low *жарг.* полицейский
join *v* **1.** вступать в члены *(партии, организации и т.п.)* **2.** объединяться *(с кем-л.)*
    to ~ together сплачиваться
joint *a* совместный, общий; объединенный
jointly *adv* совместно, сообща; вместе, солидарно
joint-stock *a* акционерный
journal *n* журнал
    ~ of a conference бюллетень конференции
    ~ of proceedings протокол заседаний
    abstract(ing) ~ реферативный журнал
    international ~ международный журнал
    London-based ~ лондонский журнал
    official ~ официальное издание; официальный журнал
    science ~ научный журнал
    issue of a ~ номер журнала
journalese *n* газетный язык, газетные штампы
journalism *n* журналистика, журнализм
    check-book ~ «журналистика чековой книжки» *(приобретение прав на издание сенсационных материалов – мемуаров высокопоставленных лиц, преступников и т.п.)*
    gee-whiz ~ сенсационная пресса
    gutter ~ бульварная/желтая пресса
    investigative ~ журналистский жанр – «репортерское расследование»
    muck-raking ~ журналистика, специализирующаяся на сенсационных разоблачениях
    television ~ тележурналистика; телепублицистика
    untainted ~ честная/непродажная пресса
    yellow ~ бульварная/желтая пресса
journalist *n* журналист, газетчик
    accredited ~ аккредитованный журналист
    financial ~ журналист, специализирующийся на освещении финансовых проблем
    freelance ~ журналист, не состоящий в штате органа массовой информации
    intrusive ~ назойливый журналист
    muck-raking ~ журналист, любящий копаться в грязи
    progressive ~ прогрессивный журналист
    radio ~ журналист, работающий на радио, радиожурналист
    sports ~ спортивный/пишущий о спорте журналист
    television ~ корреспондент телевидения, тележурналист
    yellow ~ журналист, пишущий для бульварной/желтой прессы
journalistic *a* **1.** журнальный **2.** журналистский
journalize *v* заниматься журналистикой
journey *n* поездка; путешествие; рейс

    ~ of peace поездка с миссией мира
    ~ on business деловая поездка
jubilance, jubilancy *n* ликование
jubilant *a* ликующий
    to be ~ ликовать
jubilantly *adv* с ликованием; ликующе
jubilate *v* ликовать, торжествовать
jubilation *n* ликование
    ~ in the streets ликование на улицах
jubilee *n* юбилей
    to celebrate *smb's* **~** отмечать *чей-л.* юбилей, чествовать юбиляра
jubilize *v* отмечать *чей-л.* юбилей, чествовать юбиляра
Judaic(al) *a* иудейский
Judaism *n* иудаизм, иудейская религия
judge I *n* судья
    ~ of election член избирательной комиссии
    ~ with security clearance судья, имеющий допуск к секретным материалам
    Appeal ~ судья-член кассационного суда
    district court ~ судья окружного суда
    federal ~ федеральный судья
    High Court ~ член Высокого суда *(Великобритания)*
    independent ~s независимые судьи
    presiding ~ председатель суда
    Supreme Court ~ член Верховного суда
    to choose/to select a ~ избирать судью
judge II *v* **1.** судить, выносить приговор **2.** делать вывод, составлять мнение *(о ком-л., о чем-л.)*
    to ~ by deeds судить по делам
    to ~ *smb* **by his actions** судить *о ком-л.* по его делам
judge-advocate *n* военный прокурор
judging *n* судебное рассмотрение
judgment *n* **1.** суждение, мнение; взгляд; оценка **2.** приговор, решение суда; наказание
    ~ under appeal обжалуемый приговор
    biased ~ необъективное мнение
    black-and-white ~ бескомпромиссное суждение
    bottom-line ~ окончательное суждение
    competent ~ компетентное суждение
    contradictory ~ противоречивое решение
    decisive ~ окончательная оценка
    deliberate ~ зрелое суждение
    expert ~ экспертная оценка
    final ~ окончательное решение/суждение
    impartial ~ беспристрастная оценка
    mature ~ зрелое суждение
    measured ~ взвешенное суждение
    moral ~ моральное суждение
    Nuremberg ~ *ист.* Нюрнбергский процесс *(суд над военными преступниками Второй мировой войны в г. Нюрнберге – Германия)*
    objective ~ объективное мнение
    one-sided ~ пристрастное суждение
    private ~ частное мнение
    risk-benefit ~ оценка, учитывающая все плюсы и минусы *чего-л.*

World Court ~ решение Международного суда

to accept ~ соглашаться с решением суда

to deliver ~ выносить решение

to disturb the ~ вводить в заблуждение

to execute ~ приводить в исполнение решение суда/приговор

to exercise ~ высказывать независимое суждение

to form a ~ составлять мнение/представление

to give ~ выносить решение *(суда)*

to lay *smb* **open to ~** привлекать *кого-л.* к суду

to pass ~ выносить судебное решение, объявлять приговор

to pass *one's* **~ on/upon** *smth* высказывать свое суждение/судить *о чем-л.*

to pronounce ~ выносить судебное решение

to read ~ in open court зачитывать решение в открытом заседании суда

to render ~ выносить судебное решение

to reserve ~ on *smth* воздерживаться от вынесения решения по *какому-л. вопросу*

to reverse *one's* **~** пересматривать свое решение *(о суде)*

to sign ~ подписывать решение

to vacate ~ аннулировать/отменять приговор

in *one's* **~** по мнению *кого-л.*

in the ~ of the UN с точки зрения ООН

revision of ~ пересмотр судебного решения

the ~ is final and without appeal решение окончательно и обжалованию не подлежит

judicature *n брит.* 1. отправление правосудия; судопроизводство 2. судоустройство, система судебных органов

judicial *a* судебный

~ authorities судебные власти

judicially *adv* в судебном порядке

judiciary *n* судоустройство, система судебных органов

independent ~ независимая судебная власть

the ~ судьи

juggle *v* **(with)** обманывать; извращать *(действительность)*; подтасовывать *(факты)*

to ~ with facts подтасовывать факты

jugglery *n* обман; извращение, подтасовка *(фактов и т.п.)*

political ~ политические махинации

juice *n полит. жарг.* «сок» *(власть, влияние)*

junction *n* союз, коалиция

~ of two states коалиция двух государств

to make a ~ соединяться; объединяться

juncture *n* положение дел; конъюнктура

historic ~ исторический момент

this ~ создавшееся положение

at this ~ в настоящий момент

critical ~ of things критическая ситуация

junior *a* 1. подчиненный; нижестоящий 2. младший *(по положению)* 3. несовершеннолетний

junket *n* увеселительная поездка государственного служащего за казенный счет

junkie, junky *n* 1. наркоман 2. торговец наркотиками, наркоторговец

junta *n* хунта

army ~ военная хунта

civilian ~ гражданская хунта

fascist ~ фашистская хунта

military ~ военная хунта

junter *n* член хунты

juridical *a* 1. юридический, правовой 2. судебный

juridically *adv* 1. юридически 2. в судебном порядке

jurisconsult *n* юрисконсульт

jurisdiction *n* 1. отправление правосудия/судопроизводства 2. юрисдикция; подсудность; компетенция суда 3. сфера полномочий, компетенция

~ of the court сфера полномочий/компетенция суда

~ of the court martial юрисдикция военного суда

~ of the International Court of Justice юрисдикция/компетенция Международного суда

administrative ~ административная юрисдикция

appellate ~ апелляционная юрисдикция

compulsory ~ обязательная юрисдикция/подсудность

consular ~ консульская юрисдикция

criminal ~ уголовная юрисдикция

domestic ~ внутренняя компетенция

international ~ международное право

military ~ военная юрисдикция

obligatory ~ обязательная юрисдикция/подсудность

summary ~ суммарное судопроизводство

the court's ~ юрисдикция суда

to be under the ~ of *smb* находиться в компетенции *кого-л.*

to come within the ~ of *smb* подпадать под чью-л. юрисдикцию

to exercise ~ осуществлять юрисдикцию

to extend the ~ over *smth* распространять юрисдикцию на *что-л.*

to fall under the ~ of *smb* подпадать под чью-л. юрисдикцию

to pass over under the ~ of *smb* переходить под чью-л. юрисдикцию

to transfer *smth* **to the ~ to** *smb* передавать *что-л.* под чью-л. юрисдикцию

under the ~ of *smb* в пределах *чьей-л.* юрисдикции

want of ~ неподсудность

within (the scope of) ~ в пределах компетенции

within the domestic ~ в пределах юрисдикции данного государства

jurisdictional *a* 1. подведомственный 2. подсудный

jurisprudence *n* юриспруденция, правоведение

medical ~ судебная медицина

to refer to the ~ ссылаться на юриспруденцию

jurisprudent *n* юрист, правовед

jurisprudential *a* относящийся к юриспруденции

jurist *n* **1.** юрист **2.** адвокат

international ~ юрист-международник

juristical *a* юридический

juror *n* **1.** присяжный заседатель **2.** член жюри (*конкурса и т.п.*)

grand ~ член большого жюри

petty ~ член малого жюри

panel of ~s состав присяжных

jury *n* **1.** *юр.* присяжные (заседатели), состав присяжных; суд присяжных **2.** жюри (*фестиваля и т.п.*) **3.** *перен.* суд

~ of public opinion суд общественного мнения

all-white ~ жюри присяжных, состоящее целиком из белых

blue-ribbon ~ жюри присяжных заседателей из состоятельных слоёв населения

common ~ *брит.* малое жюри (*выносящее решение по вопросам факта в уголовных и гражданских делах*)

coroner's ~ жюри присяжных при коронере

federal grand ~ федеральное большое жюри

grand ~ большое жюри; большой совет присяжных

international contest ~ жюри международного конкурса

petty ~ малое жюри (*выносящее решение по вопросам факта в уголовных и гражданских делах*)

special ~ специальное жюри

trial ~ малое жюри (*выносящее решение по вопросам факта в уголовных и гражданских делах*)

unbiased ~ беспристрастное жюри

to be on a ~ быть в составе жюри

to confuse/to misdirect a ~ вводить в заблуждение жюри; сбивать с толку жюри

to serve to the ~ исполнять обязанности присяжного заседателя

foreman of the ~ старшина присяжных

juryman *n* **1.** присяжный поверенный **2.** член жюри

jurywoman *n* **1.** женщина-присяжный заседатель **2.** женщина-член жюри

just *a* справедливый, правильный; законный

justice *n* **1.** справедливость **2.** судья (*особ. член Верховного суда*) **3.** правосудие, законность

J. of the Peace мировой судья

Chief J. председатель Верховного суда; главный судья

civil ~ гражданское судопроизводство

social ~ социальная справедливость

the Lord Chief J. *брит.* лорд-главный судья

to administer ~ вершить правосудие

to apply ~ утверждать справедливость

to block the course of ~ препятствовать отправлению правосудия

to bring smb to ~ отдавать *кого-л.* под суд/в руки правосудия; привлекать *кого-л.* к судебной ответственности

to carry out ~ отправлять правосудие

to challenge the ~ of smth ставить под сомнение справедливость *чего-л.*

to cry for ~ взывать к справедливости

to deliver smb up to ~ передавать *кого-л.* в руки правосудия

to demand ~ требовать/добиваться правосудия

to do oneself ~ показывать себя с лучшей стороны

to do ~ on/upon smb покарать *кого-л.*

to do ~ to smb отдавать должное *кому-л.*; оценивать должным образом *кого-л.*

to dodge the course of ~ уклоняться от отправления правосудия

to engage in obstruction of ~ препятствовать отправлению правосудия

to ensure ~ обеспечивать справедливость

to exercise ~ осуществлять/отправлять правосудие

to face ~ представать перед судом

to fight for ~ бороться за справедливость

to maintain ~ поддерживать справедливость

to observe ~ соблюдать справедливость

to obstruct ~ препятствовать отправлению правосудия

to pervert ~ мешать отправлению правосудия

to promote ~ содействовать достижению справедливости

to thwart ~ мешать отправлению правосудия

to treat smb with ~ относиться к *кому-л.* справедливо

administration/execution of ~ отправление правосудия

miscarriage of ~ судебная ошибка; нарушение правосудия

travesty of ~ насмешка над правосудием

justiciary *a* судебный; законный

justifiable *a* могущий быть оправданным; позволительный

justification *n* оправдание

there is no economic ~ for the act нет никакого экономического оправдания данному действию

justificative *a* оправдательный, подтверждающий невиновность

justify *v* оправдывать; находить оправдание

justly *adv* справедливо

justness *n* справедливость; верность

juvenile *a* юный, юношеский, молодой; малолетний

~ court суд по делам несовершеннолетних

~ delinquency преступность среди несовершеннолетних

~ offender малолетний преступник

juvenility *n* юность

K

Kalashnikov *n русск.* автомат Калашникова
kamikaze *n* камикадзе, (летчик-)смертник
Kantianism *n филос.* кантианство
Kapitalistate *n нем. полит. жарг.* государственный капитализм
keep (kept) *(out)* *v* не впускать, не допускать
to ~ smb out не впускать *кого-л.* в страну
keg *n* бочонок
powder ~ *тж перен.* пороховая бочка, пороховой погреб *(потенциальный очаг войны, волнений и т.д.)*
to defuse the powder ~ отвратить угрозу войны/волнений
key I *n* 1. ключ *(к решению, пониманию чего-л.)* 2. ключ, ключевая позиция *(обеспечивающая проникновение, вход куда-л., доступ к чему-л.)*
key II *a* ключевой, ведущий; самый главный; важнейший
low ~ без лишнего шума
key-note I *n* основная мысль; ведущая идея; лейтмотив; основной принцип
~ of the report лейтмотив доклада
~ of the speech основная идея выступления
to introduce/to sound/to strike the ~ of policy задавать тон в политике
key-note II *attr* основной, главный
keynoter *n* 1. основной докладчик 2. делегат, выступление которого должно задать тон последующим выступлениям 3. вступительное слово на конференции, которое должно задать тон последующим выступлениям
keystone *n* краеугольный камень, основа
khan *n* хан
kickback *n* взятка
kidnap I *n* похищение человека, захват заложника
kidnap II *v* похищать людей *(с целью вымогательства)*
to ~ for ransom похищать с целью выкупа
kidnapper *n* 1. похититель людей 2. террорист, захватывающий заложников
kidnapping *n* киднэппинг, похищение людей *(с целью вымогательства)*
~ of political leaders похищение политических лидеров
a wave of ~ серия похищений людей
kill *v* 1. убивать 2. проваливать, мешать принятию *или* одобрению *(напр. законопроекта)*
to be ~ed in battle погибать в бою
to ~ knowingly убивать преднамеренно
killer *n* убийца
hired ~ наемный убийца
kamikaze ~ убийца-смертник, камикадзе

professional ~ профессиональный убийца
suspected ~ человек, подозреваемый в убийстве
killing *n* убийство
contract ~ заказное убийство
criminally motivated ~ убийство, носящее криминальный мотив
extrajudicial ~ казнь без суда и следствия
gangland-style ~ убийство в гангстерском стиле
indiscriminate ~s массовое убийство
political/politically-related ~ политическое убийство
random ~ случайное убийство
revenge ~ ответное убийство
sectarian ~s убийства членов другой религиозной общины
tit-for-tat ~ убийство в отместку за убийство
unlawful ~s противозаконные убийства
widespread ~s многочисленные убийства
to carry out/to perpetrate a ~ совершать убийство
convicted of ~ осужденный за убийство
kind *n* род; разновидность; вид
in ~ натурой; в натуре
to pay in ~ расплачиваться товарами/натурой
kindred I *n* родство; близость
spiritual ~ духовное родство
kindred II *a* родственный; аналогичный
king *n* 1. король, монарх 2. заправила, магнат
~ of the Belgians бельгийский король
drug ~ заправила наркобизнеса
self-appointed ~ человек, провозгласивший себя королем
kingdom *n* королевство
United K. Соединенное Королевство
United K. of Great Britain and Northern Ireland Соединенное Королевство Великобритании и Северной Ирландии
king-maker *n* влиятельный политический деятель, от которого может зависеть выдвижение кандидатов на выборах *или* подбор кандидатов на должности в государственном аппарате
kisser *n* :
baby ~ *жарг.* политикан, заигрывающий с избирателями
kiss-off *n разг.* увольнение с работы
kite *n* воздушный змей, *перен.* пробный шар
to fly a ~ зондировать почву
Klan *n разг. см.* **Ku Klux Klan I**
Klansman *n разг.* куклуксклановец
knee *n* колено
to be on one's ~s стоять на коленях *(тж перен.)*
to bow one's ~ to smb преклонять колена перед *кем-л.*
to bring a country to its ~s ставить *какую-л.* страну на колени
to drive smb to his ~s *перен.* ставить *кого-л.* на колени

kneecap (National Emergence Airborne Command Post) *n воен. жарг.* самолет, специально оборудованный как командный пункт президента на случай ядерной войны

Knesset(h) *n* кнессет *(парламент Израиля)*

knight I *n* 1. рыцарь 2. *брит.* дворянин 3. кавалер одного из высших английских орденов

knight II *(smb)* *v* возводить *(кого-л.)* в рыцарское достоинство, присваивать/жаловать *(кому-л.)* дворянское звание/дворянство

knighthood *n* 1. рыцарское звание 2. дворянство, дворянское звание

to confer ~ **on** *smb* пожаловать дворянство *кому-л.*

knockback *n брит. уголовн. и полиц. жарг.* отказ удовлетворить прошение об условном освобождении/об освобождении под залог *или* апелляцию по поводу приговора

knockout *n* нокаут, сокрушительный удар

nuclear ~ *разг.* сокрушительный ядерный удар

know-how *n* ноу-хау; производственный опыт; секреты производства; научно-технические знания

practical ~ практические знания

professional ~ профессиональные знания

technical ~ технические знания

transfer of technological ~ передача секретов производства/научно-технических знаний

knowledge *n* 1. знания; познание; эрудиция 2. осведомленность, знание

basic ~ основополагающие знания

direct ~ сведения из первоисточников

empirical ~ эмпирические знания

encyclopedic ~ энциклопедические знания

extensive ~ обширные знания

fundamental ~ фундаментальные знания

human ~ знания, накопленные человечеством

intimate ~ *(of smth)* хорошие знания *(чего-л.)*

perfect ~ отличные знания

political ~ политические знания

poor ~ слабые знания

practical ~ практические знания

superficial ~ поверхностное знание

technical ~ технические знания

to accumulate ~ накапливать знания

to acquire ~ **in politics** накапливать политические знания

to bring up to date *one's* ~ совершенствовать свои знания

to disseminate ~ распространять знания

to equip *oneself* **with** ~ вооружаться знаниями

to get ~ приобретать/получать знания

to have broad ~ **in** *smth* иметь обширные познания в *чем-л.*

to have inside ~ располагать конфиденциальной информацией

to imbibe ~ впитывать знания

to impart ~ **to** *smb* передавать знания *(кому-л.)*

to improve ~ повышать уровень знаний

to learn the fundamentals of political ~ овладевать основами политических знаний

to pass on ~ передавать знания и опыт

to pool ~ объединять достижения науки *(ресурсы и т.п.)*

to possess ~ обладать знаниями

to spread ~ распространять знания

branches of ~ отрасли знаний

dissemination of ~ распространение знаний

exchange of ~ обмен знаниями

lack of ~ недостаток знаний

rudiments of ~ основы знаний

volume of ~ объем знаний

with the ~ **of** *smb* с ведома *кого-л.*

without the ~ **of** *smb* без чьего-л. ведома

Koran, the *n рел.* Коран

the teachings of the K. учение Корана

Korean I *n* кореец

Korean II *a* корейский

koruna *n* крона *(денежная единица Чехии и Словакии)*

kowtow *n* выражение подобострастия

to ~ **to** *smb* раболепствовать перед *кем-л.*

Kremlin, the *n* Кремль

krona *n* крона *(денежная единица Швеции и Исландии)*

krone *n* крона *(денежная единица Дании и Норвегии)*

Ku Kluxer *n разг.* куклуксклановец

Ku Klux Klan I *n* Ку-клукс-клан *(расистская террористическая организация в США)*

Ku Klux Klan II *attr* куклуксклановский

Ku Klux Klanner *n разг.* куклуксклановец

L

label I *n* ярлык; этикетка

to pin ~ **on** *smb*/**to use** ~ *перен.* приклеивать ярлык, навешивать ярлыки на *кого-л.*

label II *v* приклеивать ярлык *(тж перен.)*

labor *n* 1. труд, работа 2. рабочая сила

agricultural ~ сельскохозяйственный труд

arduous ~ изнурительный труд

cheap ~ дешевая рабочая сила

child ~ детский труд

common ~ неквалифицированный труд

complex/compound ~ квалифицированный/ сложный труд

concrete ~ конкретный труд *(фактически произведенная работа)*

constructive ~ созидательный труд

creative ~ творческая работа

expert ~ высококвалифицированная рабочая сила

female ~ женский труд

forced ~ принудительный труд

hard ~ каторжные работы, каторга

highly mechanized ~ высокомеханизированный труд

highly skilled ~ высококвалифицированный труд
hired ~ наемный труд
indirect ~ 1) вспомогательная работа 2) вспомогательные рабочие
individual ~ индивидуальная трудовая деятельность
industrial ~ промышленный труд
inefficient ~ непроизводительный труд
intellectual ~ умственный труд
juvenile ~ труд несовершеннолетних
live ~ живой труд
lost ~ напрасный труд
manual ~ ручной/физический труд
marginal ~ наименее квалифицированная рабочая сила
mental ~ умственный труд
non-union ~ рабочие, не организованные в профсоюзы
peaceful ~ мирный труд
personal ~ индивидуальная трудовая деятельность
regular ~ постоянная рабочая сила
semi-skilled ~ полуквалифицированная рабочая сила
simple ~ *эк.* простой труд
skilled ~ 1) квалифицированная рабочая сила 2) квалифицированный труд
slave ~ рабский труд
social ~ общественный труд
socialized ~ обобществленный труд
trained ~ квалифицированная рабочая сила
unemployed ~ безработные; незанятая рабочая сила
unionized ~ профессионально организованный труд
unpaid ~ безвозмездный труд
unskilled ~ 1) неквалифицированная рабочая сила 2) неквалифицированный труд
useful ~ полезный труд
useless ~ бесполезный труд
voluntary/volunteer ~ добровольный труд; труд на общественных началах
wage ~ наемный труд
to exploit the ~ of others эксплуатировать чужой труд
to protect the ~ защищать труд
to raise the productivity of ~ поднимать производительность труда
to reduce the flow of unemployed ~ to large towns снижать наплыв безработных в крупные города
to restructure the existing international division of ~ перестраивать/менять структуру существующего международного разделения труда
to use foreign ~ использовать иностранную рабочую силу
to utilize low-cost ~ использовать дешевую рабочую силу/дешевый труд
abolition of forced ~ отмена принудительного труда

abundance of ~ избыток рабочей силы
allocation of ~ распределение рабочей силы; размещение трудовых ресурсов
conditions of ~ условия труда
demand for skilled ~ спрос на квалифицированную рабочую силу
division of ~ разделение труда
drift of ~ приток рабочей силы
fruits of ~ плоды/результаты труда
geographical division of ~ географическое разделение труда
guaranteed remuneration of ~ гарантированная оплата труда
intensification of ~ интенсификация труда
intensity of ~ интенсивность труда
international division of ~ международное разделение труда
intraregional division of ~ внутрирегиональное разделение труда
means of ~ средства труда
migration of ~ миграция рабочей силы
productivity of ~ производительность труда
products of ~ продукты/результаты труда
remuneration of ~ вознаграждение за труд
scientific organization of ~ научная организация труда
surplus of ~ избыток рабочей силы
waste of ~ непроизводительный труд
world cooperation of ~ мировая кооперация труда
labor II *v* трудиться, работать; добиваться
laboratory *n* лаборатория
   naval research ~ научно-исследовательская лаборатория военно-морских сил США
   space ~ космическая лаборатория
   top-secret ~ совершенно секретная лаборатория
labor-consuming *a* трудоемкий
Labor Day День труда (*первый понедельник сентября*)
laborer *n* (неквалифицированный) рабочий
   casual ~ рабочий, живущий на случайные заработки
   day ~ поденный рабочий
   manual ~ работник физического труда
   migrant ~ гастарбайтер
labor-intensive *a* трудоемкий
labor union профсоюз
Labour *a брит.* лейбористский
   left ~ *a* леволейбористский
labour *n брит. см.* labor
Labourism *n брит.* лейборизм
Labourist, Labourite *n брит.* лейборист
labor-saving *a* трудосберегающий
lack *n*:
   ~ of initiative безынициативность
ladder *n* лестница
   escalation ~ эскалационная лестница (*постепенная эскалация конфликта*)
   to climb the ~ делать карьеру; взбираться по служебной лестнице
lady *n* леди, женщина
   first ~ первая леди (*супруга президента*)

Iron L. «Железная леди» *(прозвище бывшего премьер-министра Великобритании М. Тэтчер)*

shopping-bag ~ бездомная женщина *(обычно пожилая)*

the First L. of Downing Street супруга британского премьер-министра

lag *n* запаздывание, отставание

~ in returns задержка с поступлением результатов выборов

~ in technology техническое отставание

cultural ~ культурное отставание

economic ~ отставание в экономике

informational ~ запаздывание информации

laissez-faire *n фр.* невмешательство

laissez-passer *n фр.* пропуск

UN ~ паспорт сотрудника ООН, предоставляющий право свободного пересечения границы

lama *n рел.* лама *(духовное лицо в буддизме)*

lamaism *n рел.* ламаизм

lamaist I *n рел.* ламаист

lamaist II *a рел.* ламаистский

Lamarckism *n* ламаркизм *(концепция эволюции живой природы, сформулированная Ж.Б. Ламарком)*

land *n* земля; страна

~ for peace территориальные уступки в обмен за установление мирных отношений

~ of abode страна проживания

~ laws земельное законодательство

ancestral ~ земля предков

debatable ~ земля как предмет спора

disputed ~ спорная территория

fertile ~ плодородная земля

foreign ~ иностранное государство; другая страна

native ~ родина

no man's ~ нейтральная зона, никому не принадлежащая/забытая Богом земля

public ~ государственная земля; *pl* общественные земли

state-owned ~ государственная земля

the Promised L. *библ.* Земля обетованная

to evict from the ~ сгонять с земли

to expropriate ~ экспроприировать землю

to farm the ~ заниматься земледелием

to give clearance for the ~ *авиа* давать разрешение на посадку

to kick *smb* **out of their own ~** выгонять *кого-л.* из их земли

to lease ~ from the state арендовать землю у государства

to liberalize the sale of ~ разрешать свободную продажу земли

to observe the law of the ~ соблюдать закон страны

to regain *one's* **occupied ~s** возвращать свои захваченные земли

to remove *smb* **forcibly from his ~** выселять *кого-л.* с его земли

to settle new ~s заселять новые земли

plot of ~ земельный участок, надел

the L. of Stars and Stripes Страна звезд и полос *(США)*

the L. of the Golden Fleece Страна золотого руна *(Австралия)*

the L. of the Rising Sun Страна восходящего солнца *(Япония)*

the L. of the Rose Страна розы *(Англия)*

the L. of the Thistle Страна чертополоха *(Шотландия)*

transfer of ~ into private ownership передача земли в частную собственность

unequal distribution of ~ неравное распределение земли

unjust division of ~ несправедливый раздел земли

land-based *a* наземного базирования

land-hungry *a* малоземельный

landing *n* высадка; место высадки; *авиа* посадка, место посадки

sea-borne ~ высадка морского десанта

soft economic ~ конец экономических трудностей

landless, the I *n* безземельные крестьяне

landless II *a* безземельный

landlord *n* 1. *ист.* помещик, землевладелец 2. хозяин дома, домовладелец 3. хозяин гостиницы

landmark *n* 1. поворотный пункт; веха *(в истории)* 2. архитектурный памятник *(охраняемый государством)*

~ in history историческая веха

landmine *n воен.* мина *(особ. противопехотная)*

~s on the road to peace *перен.* препятствия на пути к миру

landowner *n* землевладелец; помещик

landownership, landowning *n* землевладение

landscape *n*:

military ~ военная обстановка

political ~ расстановка политических сил

to transform the political ~ изменять расстановку политических сил

landslide I *n* убедительная победа

~ for *smb* убедительная победа *кого-л.*

~ in *smb's* **favor** подавляющее большинство голосов в *чью-л.* пользу

a Democratic ~ убедительная победа Демократической партии на выборах *(США)*

to elect by a ~ избирать *кого-л.* значительным большинством голосов

to lose in a ~ потерпеть сокрушительное поражение на выборах

to win by/in a ~ одерживать убедительную победу на выборах

landslide II *v* одерживать убедительную победу *(на выборах)*

land tax земельный налог

land tenure землевладение

lane *n* путь, проход, коммуникация

sea ~s морские коммуникации

to **close the sea** ~s перекрывать морские коммуникации

language I *n* язык

~ **of force** язык силы

bad ~ сквернословие, брань

computer ~ язык программирования

diplomatic ~ дипломатический язык

foreign ~s иностранные языки

inflammatory ~ поджигательские речи

kin ~s родственные языки

legal ~ юридическая терминология

national ~ национальный язык

native ~ родной язык

official ~ официальный язык

state ~ государственный язык

violent ~ резкие выражения; резкие формулировки

warlike ~ воинственные высказывания

working ~ рабочий язык *(переговоров и т.п.)*

to **abandon** *one's* **own** ~ отказываться от своего языка

to **employ a** ~ применять, использовать язык *(в судопроизводстве)*

to **make** *one's* ~ **the official tongue of the country** делать свой язык официальным языком страны

to **teach** *smb.* **in their own** ~ учить *кого-л.* на их родном языке

to **use strong** ~ использовать резкие выражения

in the ~ **of arms** на языке оружия

official ~s **of the United Nations** официальные языки ООН *(английский, арабский, испанский, китайский, русский и французский)*

strength of the ~ **in the draft** резкий тон проекта *(резолюции)*

using no uncertain ~ в недвусмысленных выражениях

working ~s **of the United Nations** рабочие языки ООН

language II *attr* языковой

~ **barrier** языковой барьер

Laotian I *n* лаосец, лаотянин; лаоска, лаотянка

Laotian II *a* лаосский

lapse I *n* **1.** ошибка, оплошность **2.** падение **3.** *юр.* прекращение

~ **of time** *юр.* истечение срока давности

security ~ **1)** нарушение правил безопасности **2)** упущение в системе безопасности

to **pinpoint security** ~ указывать на упущение в системе безопасности

lapse *v* **1.** сбиваться с правильного пути **2.** впадать *(в какое-либо состояние)* **3.** *юр.* истекать *(о праве)*

large *a* большой

at ~ **1)** на свободе *(не в заключении)* **2)** в целом, вообще **3)** подробно **4)** имеющий широкие *или* необычные полномочия

large-scale *a* крупный, значительный; крупномасштабный

laser *n* лазер

laser-based *a* основанный на применении лазера

lash I *n* **1.** плеть, ремень, кнут **2.** *перен.* критика

to **be under the** ~ подвергаться резкой критике

lash II *v* ударять, бить, хлестать, бичевать, высмеивать

to ~ **out at** *smb* *перен.* обрушиваться на *кого-л.*; резко критиковать *кого-л.*

latest *n* последние новости, последняя информация

latifundist *n* латифундист

latifundium *n (pl* **latifundia)** латифундия, крупное частное земельное владение

Latina *n* латиноамериканка

Latin American I *n* латиноамериканец; латиноамериканка

Latin American II *a* латиноамериканский

latitude *n* свобода, терпимость

~ **of thought** широта/свобода взглядов

wide ~ широкие полномочия

Latvian I *n* латыш; латышка

Latvian II *a* латвийский

launch *n* запуск

to **detect missile** ~ обнаруживать запуск ракеты

to **postpone missile** ~ откладывать запуск ракеты

launcher *n* **1.** пусковая установка, **2.** ракета-носитель **3.** стартовое сооружение

laundering *n* «отмывание» денег

money ~ «отмывание» денег

laureate *n* лауреат

law *n* закон, право; законодательство, правовая норма

~s **and customs** законы и обычаи

~ **and order** правопорядок

~s **and regulations** законы и постановления/правила

~s **are being ignored** законы не соблюдаются

~ **comes into force** закон вступает в силу

~ **goes through** закон принимается

~s **governing social development** закономерности общественного развития

~s **governing the economy** законы, управляющие экономикой

~s **in force** действующее законодательство

~ **is in force** закон в силе

~ **is invalid** закон не имеет юридической силы

~ **is subject to yearly review** закон подлежит ежегодному пересмотру

~ **is the** ~ закон есть закон

~ **merchant** торговое право

~ **must be upheld** закон необходимо соблюдать; необходимо укреплять правопорядок

~ **of actions** процессуальные нормы; процедурные вопросы

~ **of civil procedure** *юр.* гражданско-процессуальное право

~ **of conflicts** коллизионное право

~ of contracts договорное право

~ of criminal procedure уголовно-процессуальное право

~s of historical development of society законы исторического развития общества

~s of honor кодекс/законы чести

~ of international trade нормы права международной торговли

~ of nations международное право; право народов

~ of nature 1) естественное право **2)** *pl* законы природы

~ of property право собственности

~ of state responsibility нормы права, касающиеся ответственности государства

~ of succession наследственное право

~ of the land законодательство страны; государственный закон; *разг.* конституция

~ of the sea морское право

~ of treaties международное договорное право

~ of value *эк.* закон стоимости

~ on leasing закон об аренде

~ on religion закон о религии

~ on *smth* закон о чем-л.

~ provides for закон предусматривает

~s restraining the press законы, ограничивающие свободу печати

~ should follow its normal course правосудие должно соблюдаться

active ~ действующий закон

administrative ~ административное право

air ~ воздушное право

ambassadorial ~ посольское право

amnesty ~ закон об амнистии

antilabor ~ антирабочий закон

antipollution ~ *брит. разг.* закон о контроле за загрязнением окружающей среды *(официальное название закона – The Control of Pollution Act 1974)*

antismoking ~ закон о борьбе с курением

antiterrorist ~ закон о борьбе с терроризмом

antitrust ~s антимонопольное законодательство

banking ~ банковское право

basic ~ основной закон, конституция

business ~ торговое/торгово-промышленное право

campaign-financing ~s законы о финансировании избирательных кампаний *(США)*

canon ~ *юр.* каноническое право

case ~ *юр.* прецедентное право

child-labor ~s законы о детском труде

civil ~ 1) гражданское право **2)** внутригосударственное право *(в отличие от международного)*

clemency ~ амнистия

club ~ *разг.* закон джунглей, право сильного, кулачное право

commercial ~ торговое/торгово-промышленное право

common ~ *юр.* общее право

company ~ законодательство, регулирующее деятельность компании

conscription ~ закон о всеобщей воинской обязанности/повинности

constitutional ~ государственное/конституционное право

consular ~ консульское право

controversial ~ противоречивый закон

conventional international ~ международное договорное право

cosmic ~ космическое право

criminal ~ уголовное право

crown ~ *брит.* уголовное право

customary ~ *юр.* обычное право

definite ~ определенный закон

discriminatory ~ дискриминационный закон

domestic ~ внутригосударственное право; национальный закон

draft ~ 1) законопроект **2)** закон о призыве в армию

ecclesiastical ~ церковное право

economic ~ экономический закон

election/electoral ~ закон о выборах

emergency ~ чрезвычайный закон

existent/existing ~s существующее законодательство

export control ~ закон о контроле над экспортом

extradition ~ закон об экстрадиции *(о высылке преступников в страну, где они совершили преступление)*

family ~ семейное право

federal ~s федеральные законы

fundamental ~ основной закон

general ~ общий закон

general international ~ общее международное право

gun ~ 1) см. **club law 2)** закон, регулирующий торговлю оружием **3)** закон, запрещающий хранение и ношение огнестрельного оружия гражданским лицам

gun control ~ закон о контроле над оружием

humanitarian ~ гуманитарное право

immigration ~s иммиграционные законы

individual labor ~ закон об индивидуальной трудовой деятельности

internal ~ внутригосударственное право

internal security ~s закон о внутренней безопасности

international ~ международное право

international administrative ~ международное административное право

international humanitarian ~ международное гуманитарное право

international monetary ~ международное валютное право

international private ~ международное частное право

international public ~ международное публичное право

international trade ~ международное торговое право
international treaty ~ международное право
interstate commerce ~s законы о торговле между штатами
inviolable ~ незыблемый закон
irreversible ~ закон, не подлежащий отмене
Islamic holy ~s священные законы ислама
Jim Crow ~ *полит. жарг.* закон, ущемляющий права негров
judicial ~ судебное право
jungle ~ *разг.* закон джунглей, право сильного, кулачное право
labor ~s трудовое право
land ~ земельное право
language ~ закон о государственном языке
local ~ законы штатов *(США)*
Lynch ~ суд Линча, самосуд
maritime ~ морское право
maritime safety ~ закон о безопасности мореплавания
martial ~ 1) военное положение 2) военное право
military ~ военно-уголовное право
municipal ~ 1) внутригосударственное право 2) муниципальное право
national ~ государственное право; национальный закон
natural ~ естественное право
nature ~s законы природы
no-knock search ~ закон, разрешающий обыск без ордера
objective ~s объективные законы
objective economic ~s объективные экономические законы
outer space ~ космическое право
penal ~ 1) уголовное право 2) пенитенциарное право
political ~ государственное право
press ~ закон о печати
private ~ гражданское/частное/личное право
private international ~ международное гражданское право
property ~ право собственности, вещное право
public ~ публичное право; государственное право
public international ~ международное публичное право
race ~ *ист.* расовый закон, закон об апартеиде
racist ~ расистский закон
right-to-know ~ закон, обязывающий правительственные органы отчитываться перед населением о своей деятельности *(1976 г., США)*
right-to-work ~s законы о праве на труд *(законодательство, позволяющее предпринимателям в случае забастовок использовать штрейкбрехеров)*
secession ~ закон о выходе из федерации/страны
security ~ закон о безопасности

segregation ~ *ист.* закон о расовой сегрегации
settled ~ установившаяся/упрочившаяся норма права
shield ~s законы, предоставляющие право журналистам не раскрывать источник публикуемой информации
slip ~ текст закона, представленный в виде брошюры после его принятия
space ~ космическое право
state ~ 1) государственное право 2) закон штата *(США)*
statute ~ статутное право
substantive ~ материальное право
sunset ~ *правит. жарг.* закон, согласно которому все правительственные учреждения, комиссии и программы должны регулярно проходить проверку на их полезность и эффективность
sunshine ~ *правит. жарг.* закон, обязывающий все государственные органы вести свою работу с соблюдением гласности
universal historical ~s общеисторические законы
vagrancy ~ закон о бродяжничестве
wage-restraint ~ закон об ограничении зарплаты
war-time ~s законы военного времени
to abide by the ~ соблюдать закон
to abolish/to abrogate a ~ отменять закон
to abuse the ~ нарушать закон
to acquire force of the ~ приобретать силу закона
to act outside the ~ поступать незаконно
to act within the ~ действовать в рамках закона
to adhere strictly to the ~ строго придерживаться закона
to administer ~ отправлять/осуществлять правосудие
to adopt a ~ принимать/утверждать. закон
to alter/to amend a ~ вносить поправки в закон
to annul a ~ отменять закон
to apply a ~ применять закон
to apply the ~ **to the present case** применять закон к данному делу
to be above the ~ быть неподсудным/выше закона/над законом
to be against the ~ противоречить закону
to be at ~ **with** *smb* судиться с *кем-л.*
to be equal before the ~ быть равным перед законом
to be exempt from the ~ быть неподсудным/неподвластным закону
to be in accordance with the ~ отвечать нормам права
to be recognized in international ~ получать международно-правовое признание
to be under martial ~ быть на военном положении
to become ~ становиться законом
to break a ~ нарушать/преступать закон

to bring the force of the ~ against *smb* использовать силу закона против *кого-л.*

to cancel the martial ~ отменять военное положение

to comply with ~ соблюдать закон

to contradict existing ~s противоречить существующим законам

to contravene a ~ нарушать закон; противоречить закону

to decide *one's* **own ~s** определять свое собственное законодательство

to declare martial ~ вводить военное положение

to defy ~ не подчиняться закону, игнорировать закон

to deny the ~s of social development отрицать закономерности общественного развития

to destabilize ~ and order дестабилизировать правопорядок

to displace the ~ изменять закон

to draw up a ~ разрабатывать закон/законопроект

to drop a ~ отменять закон

to enact a ~ принимать закон

to enact legislation into ~ принимать законопроект, придавать законопроекту силу закона

to enforce ~ обеспечивать выполнение закона, следить за соблюдением закона

to enhance international ~ повышать роль международного права

to ensure ~ and order обеспечивать соблюдение правопорядка

to establish nation-wide martial ~ вводить в стране военное положение

to except from the operation of a ~ изымать из-под действия закона

to execute a ~ исполнять закон

to find ways around the ~ обходить закон

to flout ~ попирать/не выполнять закон

to follow the ~ следовать закону

to go beyond the ~ совершать противозаконный поступок; обходить закон

to go to the ~ обращаться в суд

to guarantee ~ and order гарантировать правопорядок

to have the force of a ~ иметь силу закона

to hide from ~ скрываться от правосудия

to honor the ~ уважать/соблюдать закон

to implement a ~ выполнять закон; вводить закон в действие

to impose nation-wide martial ~ вводить в стране военное положение

to infringe ~ нарушать/преступать закон

to institute/to introduce ~ вводить закон

to introduce a wartime emergency ~ вводить чрезвычайный закон военного времени

to introduce martial ~ вводить военное положение

to invoke ~ обращаться к закону

to issue a ~ обнародовать закон

to keep ~ and order соблюдать правопорядок

to keep in with the ~ подчиняться закону, не нарушать закон

to keep the ~ соблюдать закон

to keep within the ~ держаться в рамках/придерживаться закона

to lay down the ~ распоряжаться, командовать

to lift martial ~ отменять военное положение

to make a ~ издавать закон; составлять закон

to monitor application of a ~ следить за применением закона

to nourish the rule of ~ укреплять власть закона

to observe the ~ соблюдать закон

to offend against the ~ нарушать закон

to operate a ~ in practice применять закон на практике

to override ~ не признавать закон, не считаться с законом

to overstep the ~ выходить за рамки законности

to overturn a ~ отменять закон

to pass a ~ принимать/утверждать закон

to place *oneself* **above the ~** ставить себя над законом

to practice ~ заниматься адвокатурой/юриспруденцией

to proclaim martial ~ вводить военное положение

to promote ~ and public order укреплять законность и общественный порядок

to promulgate a ~ обнародовать закон

to put a ~ into effect/operation вводить закон в действие

to put *one's* **proposals into ~** включать свои предложения в закон

to read ~ изучать право

to reconsider a ~ пересматривать закон

to re-draft a ~ переделывать закон

to re-establish the rule of ~ восстанавливать законность

to reform a ~ изменять закон

to relax a ~ смягчать закон

to repeal a ~ отменять закон

to respect the ~s and customs of a country уважать законы и обычаи страны

to revise a ~ пересматривать закон

to rush a ~ протаскивать закон *(через парламент)*

to scrap a ~ отменять закон

to set *oneself* **above the ~** ставить себя выше закона

to stay within the ~ оставаться в рамках закона

to strike down a ~ не утвердить закон *(в Верховном суде США)*

to study ~ изучать право

to submit *oneself* **to the ~** передавать себя в руки закона

to subvert the ~ подрывать закон

to suspend a ~ приостанавливать действие закона

to take the ~ in(to) *one's* own hands устраивать самосуд

to take the ~ of *smb* привлекать *кого-л.* к суду

to tighten (up) a ~ ужесточать закон

to unmake a ~ отменять закон

to uphold the ~ отстаивать закон

to use the full force of the ~ использовать всю силу закона

to veto a ~ налагать вето на закон

to violate a ~ нарушать/преступать/попирать закон

to waive a ~ не применять закон

a new ~ comes into force новый закон вступает в силу

abuse of the ~ нарушение закона

according to the ~ в соответствии с законом

administration of ~s применение законов

application of the ~ (to) применение закона (к)

binding in ~ обязательный по закону

breach of ~ правонарушение; нарушение закона

breakdown of ~ and order нарушение правопорядка

by ~ по закону

changes to the electoral ~ изменения в законе о выборах

code of international ~ кодекс международного права

compliance with ~ соблюдение закона

conflict of interest ~ запрещение *(конгрессменам, сенаторам)* одновременно занимать должности в частных корпорациях

conflict with the ~ конфликт с законом

contrary to ~ противозаконно

contrary to military ~ противоречащий военному законодательству

court of ~ суд

development of international ~ развитие международного права

disdain for the ~ неуважение к закону; пренебрежение законом

disregard of the ~ нарушение закона

doctor of ~ доктор юридических наук

economic ~s of the development of society экономические законы развития общества

enforcement of a ~ обеспечение выполнения закона

extension of martial ~ продление военного положения

force of ~ сила закона

freeze on the implementation of the ~ блокирование соблюдения закона

gun ~ prevails господствует право сильного

in ~ согласно закону

in British ~ по английским законам

in conformity with the ~ в соответствии с законом

infringement of the ~s нарушение законов

institutions of international ~ институты международного права

in the eyes of the ~ в глазах закона

loop-hole in the ~ лазейка в законе

martial ~ is in force сохраняется военное положение

minions of ~ блюстители порядка

object of international ~ объект международного права

observance of the ~s соблюдение законов

offence of ~ правонарушение; нарушение закона

passage of the ~ принятие закона

power to execute ~s право исполнять законы

principles of ~ правовые нормы

provision in the ~ статья закона

responsibility under international ~ международная ответственность

restoration of the rule of ~ восстановление законности

retreat of the ~ отступление закона

rules of ~ нормы права; господство закона/правопорядка

source of ~ источник права

strict observance of the ~ строгое исполнение законов

subject of international ~ субъект международного права

system of ~ система права

the spirit and the letter of the ~ дух и буква закона

under an amnesty ~ по закону об амнистии

under local ~ согласно местному закону

under the ~ по закону

under the new ~ в соответствии с новым законом

valid in ~ имеющий законную силу

violation of international ~ нарушение международного права

within bounds of international ~ в рамках международного права

law-abiding *a* подчиняющийся законам, соблюдающий законы; законопослушный

law-and-order I *n* 1. правопорядок 2. *брит.* суровые меры

to maintain ~ поддерживать правопорядок

to restore ~ восстанавливать правопорядок

to strengthen ~ укреплять правопорядок

to uphold ~ поддерживать порядок

breakdown of ~ нарушение правопорядка

maintenance of ~ поддержание правопорядка

the bill becomes ~ законопроект становится законом

there is a new ~ in the making готовится новый закон

violations of ~ нарушения правопорядка

law-and-order II *a* суровый, строгий

law-book *n* кодекс/свод законов

law-breaker *n* нарушитель законов

law-enforcement *a* правоохранительный

law-enforcer *n* блюститель закона

lawful *a* законный

lawless *a* беззаконный

lawlessness *n* произвол, беззаконие

growing ~ растущее беззаконие

to expose ~ разоблачать беззаконие

lawmaker *n* законодатель

lawmaking *n* законотворчество, издание закона

law-making *a* законодательный

law-officer *n* юрист; служащий судебного органа

lawsuit *n* судебный процесс; гражданский процесс

paternity ~ дело об установлении отцовства

to bring a ~ **against** *smb* подавать в суд на *кого-л.*

lawyer *n* адвокат

defense ~ защитник, адвокат

international ~ юрист-международник

Philadelphia ~ *жарг.* опытный адвокат, использующий малейшую юридическую лазейку в интересах клиента

prosecution ~ прокурор

lay I *n* 1. направление, расположение 2. *брит. полит. жарг.* министр *или* член палаты общин, который передает документы палате общин для информации ее членов

lay II *v* класть; приводить в *какое-л.* состояние

to ~ **away** запасать; резервировать

to ~ **before** предоставлять на рассмотрение

to ~ **down** формулировать, устанавливать *(правила);* составлять *(план);* излагать *(что-л.)*

to ~ **off** останавливать, прекращать *(работу);* снимать с производства/с эксплуатации; увольнять, отстранять от работы

layaway *n* 1. сбережение 2. отложенное дело

lay-down *n жарг.* провал, неудача

layer *n* слой, пласт

ozone ~ озоновый слой

to destroy the ozone ~ разрушать озоновый слой

to protect the ozone ~ следить за сохранением озонового слоя

a hole in the ozone ~ дыра в (околоземном) озоновом слое, озоновая дыра

depletion of the earth's ozone ~ повреждение/разрушение озонового слоя Земли

the ozone ~ **is thinning** озоновый слой в атмосфере становится тоньше

threat to the ozone ~ угроза озоновому слою

layman *n* 1. мирянин 2. неспециалист, непрофессионал

layoff *n* увольнение

massive ~**s** массовые увольнения

lead I *n* 1. руководство, управление 2. инициатива; первенство, преимущество *(напр. на выборах)* 3. первый абзац газетной статьи, набираемый более крупным шрифтом и кратко излагающий основную новость; передовая статья

~ **in public relations** преимущество в глазах общественности

~ **over** *smb* преимущество над *кем-л.*

big ~ значительное опережение/преимущество *(на выборах, при опросах общественного мнения)*

clear ~ явное преимущество

comfortable ~ значительное преимущество/большинство

firm ~ прочное преимущество

front-page ~ главная статья на первой полосе газеты

slight ~ небольшое преимущество

substantial ~ значительное преимущество

technological ~ первенство в технологии

to be in the ~ быть во главе/впереди; опережать соперника на выборах

to cut the ~ сокращать *чье-л.* преимущество

to enjoy a ~ **over** *smb* иметь преимущество перед *кем-л.* *(согласно опросам общественного мнения)*

to enjoy a 20-point ~ **over a rival party** опережать соперничающую партию на 20 пунктов *(по данным опроса общественного мнения)*

to establish a ~ добиться преимущества над соперником по выборам

to follow *smb's* ~ следовать *чьему-л.* примеру, следовать за *кем-л.*

to gain a ~ занимать первое место

to give a party a ~ **over another party** показывать, что, согласно опросу общественного мнения, партия находится впереди другой партии

to give *smb* **a** ~ **over** *smb* давать *кому-л.* преимущество перед *кем-л.*

to have a ~ занимать первое место; иметь преимущество *(напр. на выборах)*

to hold a ~ иметь большинство

to increase *one's* ~ увеличивать свой отрыв от соперника

to lose the ~ терять первое место; утрачивать инициативу

to maintain a ~ сохранять преимущество

to set the ~ подавать пример

to take a ~ **in helping old people** проявлять инициативу в деле помощи престарелым

to take a 40 % ~ **over a party** обгонять на 40% *какую-л.* партию *(по результатам опросов общественного мнения)*

to take the ~ брать на себя руководство; возглавлять

in the ~ во главе *чего-л.*

narrow ~ **over another party** незначительное большинство голосов избирателей по сравнению с другой партией

opinion polls put Mr. K. in the ~ согласно опросам общественного мнения, у г-на К. преимущество перед соперником

slender ~ **for** *smb* незначительное большинство голосов за *кого-л.*

smb's ~ **has shrunk** *чье-л.* преимущество сократилось (о кандидате на выборах)

the ~ **for most papers** передовая статья в большинстве газет

the ~ **has narrowed** разрыв между кандидатами сократился

lead II *v* (**on** *smth* **with**) отражать *что-л.* в передовой статье *(в газете),* посвящать передовую статью *чему-л.*

to ~ on a story about *smth* в качестве передовицы помещать материал о *чем-л.*

most papers ~ their front-pages with *smth* передовые статьи на первых полосах большинства газет посвящены *чему-л.*

"The Guardian" ~s with an exclusive story в качестве передовой статьи «Гардиан» публикует эксклюзивный материал

the paper ~s on *smth* в передовой статье говорится о *чем-л.*

"The Sunday Times" ~s on the speech by *smb* передовая статья «Санди Таймс» посвящена *чьей-л.* речи

leader *n* 1. руководитель; глава; лидер; вождь 2. передовая статья, передовица

~ of a mutiny главарь мятежа

~ of Congress лидер фракции Конгресса *(США)*

~ of the House of Commons *брит.* лидер палаты общин *(член правительства)*

~ of the House of Lords *брит.* лидер палаты лордов *(член правительства)*

~ of the Senate лидер Сената *(США)*

~s of the disturbances главари/зачинщики беспорядков

~s of the government руководители правительства

acting party ~ исполняющий обязанности лидера партии

all-powerful ~ всемогущий руководитель/лидер

authoritative ~ авторитетный руководитель

block ~ местный политический деятель

caretaker ~ временный руководитель

charismatic ~ харизматический лидер; влиятельный руководитель

church ~ религиозный лидер

civil rights ~ лидер движения борцов за гражданские права

community ~ местный руководитель; лидер/руководитель общины

Congressional ~ лидер Конгресса

conservative ~ консервативный лидер

coup ~ руководитель переворота

decisive ~ решительный руководитель

de facto ~ фактический/неформальный лидер

deputy ~ заместитель лидера

divided ~s руководители, между которыми есть разногласия

effective ~ фактический руководитель

embattled ~ лидер, сталкивающийся с массой проблем и трудностей

experienced ~ опытный руководитель

floor ~ организатор партии в Конгрессе; руководитель партийной фракции в Конгрессе

group ~ бригадир

high-ranking party ~ высокопоставленный партийный лидер

ideological ~ идейный вождь, идейный руководитель

incoming ~ руководитель, приходящий к власти

industrial ~ руководитель промышленного предприятия

key Arab ~s руководители ведущих арабских стран

labor ~ рабочий лидер

leftist political ~ политический лидер левых

longtime ~ руководитель в течение длительного времени

majority ~ 1) лидер партии большинства *(в Конгрессе США)* 2) руководитель группы большинства; лидер большинства

media ~s руководители средств массовой информации

militarist ~s милитаристские лидеры

military ~ военный деятель; военачальник

minority ~ лидер партии меньшинства *(в Конгрессе США)*

moderate ~ лидер, придерживающийся умеренных взглядов

national ~ национальный лидер

opinion ~s уважаемые граждане, формирующие общественное мнение

opposition ~ лидер оппозиции

outstanding ~ выдающийся руководитель/лидер

parliamentary ~ лидер парламента

party ~s партийное руководство, руководители партии

political ~ политический руководитель/лидер/деятель/вождь

popular ~ популярный/пользующийся известностью руководитель

popularly elected ~ лидер, избранный народом

powerful ~ сильный руководитель

progressive ~ прогрессивный деятель

progressive-minded ~ прогрессивно мыслящий деятель

prominent ~ видный/выдающийся деятель/руководитель

protest ~ руководитель демонстрации протеста

public ~ общественный деятель

radical ~ радикальный деятель

rebel military ~ военный руководитель повстанцев

recognized ~ признанный руководитель

reform-minded ~ лидер, являющийся сторонником реформ

regime ~s главари режима

religious ~ религиозный лидер

rightful ~ законный руководитель

second-ranking ~ руководитель среднего звена

self-proclaimed ~ человек, объявивший себя руководителем

Senate majority ~ лидер большинства в Сенате США

spiritual ~ духовный лидер

state ~ государственный деятель

stop-gap ~ временный руководитель

strike ~ руководитель забастовки

strong ~ сильный руководитель

stuck-in-the-mud political ~ консервативно настроенный политический деятель

supreme ~ глава государства

team ~ руководитель группы (*напр. экспертов*)

titular ~ лидер, носящий титул *или* звание

top ~s высшие руководители

top political ~s высшие политические руководители

trade-union ~s профсоюзные лидеры

underground ~s of an uprising подпольное руководство восстания

undisputed ~ бесспорный лидер

union ~ профсоюзный лидер

war ~ военный руководитель

weak ~ слабый руководитель

worthy ~ достойный руководитель

youth ~ лидер молодежи

to censure a government ~ in Parliament принимать вотум недоверия руководителю правительства в парламенте

to crack down on opposition ~s расправляться с лидерами оппозиции

to force a ~ to climb down заставлять лидера уйти в отставку

to get the ~s of the parties together собирать вместе лидеров партии

to make way for a new ~ уступать свое место новому лидеру

to persecute progressive ~s преследовать прогрессивных руководителей

to run for ~ баллотироваться на пост лидера партии

to run for deputy ~ баллотироваться на пост заместителя лидера партии

to stand for ~ баллотироваться на пост лидера партии

to stay on as ~ оставаться лидером

to step down as party ~ отказываться от поста лидера партии

to stick with *one's* **~** сохранять верность своему лидеру

to take over as party ~ приходить к руководству партией; принимать обязанности лидера партии

adviser to a military ~ военный советник

change of ~s смена лидеров

fall of a ~ падение лидера

in defiance of their ~ не подчинившиеся своему лидеру

leader-in-waiting потенциальный лидер партии

removal of political ~s устранение политических лидеров

leadership *n* руководство, управление; руководители

~ of a party руководство партии

accepted ~ признанное руководство

adequate ~ соответствующее (*по уровню*) руководство

aggressive ~ агрессивное руководство

aging ~ стареющее руководство

central ~ центральное руководство

coalition ~ коалиционное руководство

coherent ~ сплоченное руководство

collective ~ коллективное/коллегиальное руководство

competent ~ компетентное руководство

daring ~ смелое руководство

day-by-day ~ повседневное руководство

democratic ~ 1) демократические лидеры 2) лидеры/руководство Демократической партии (*США*)

effective ~ эффективное руководство

incompetent ~ некомпетентное руководство

joint ~ коллективное/коллегиальное руководство

legislative ~ законодательное руководство

legislative advocacy ~ агитация; обработка члена парламента в кулуарах

military ~ военное руководство

military-political ~ военно-политическое руководство

mixed ~ смешанное руководство

national ~ государственное руководство

old-guard ~ руководство из числа «старой гвардии»

party ~ партийное руководство

personal ~ единоличное руководство

political ~ политическое руководство

present ~ нынешнее/теперешнее руководство

pro-reform ~ руководители, являющиеся сторонниками реформ

provisional ~ временное руководство

recognized ~ признанное руководство

responsible ~ ответственное руководство

rotating ~ сменяемое руководство

single ~ единое руководство

skilful ~ искусное руководство

stable ~ стабильное руководство

state ~ государственное руководство

strong ~ сильное руководство

successive ~ сменявшие друг друга руководители

top ~ высшее руководство

trade-union ~ профсоюзное руководство

unified ~ объединенное руководство

union ~ руководство профсоюза

world ~ мировое господство

to abandon the ~ of the country отказываться от руководства страной

to be very well in control of the ~ прочно контролировать руководство

to bring about changes in the ~ производить изменения в руководстве

to challenge *smb* **for the ~** претендовать на занимаемый *кем-л.* пост лидера

to contest the party ~ претендовать на/бороться за руководство партией to defeat the ~ on three counts трижды наносить поражение руководству при голосовании

to disunite the ~ разобщать/раскалывать руководство

to divide the ~ вносить раскол в руководство; вбивать клин между руководителями

to establish a collective ~ создавать коллективное руководство

to exercise/to exert ~ осуществлять руководство

to fight off a challenge to *one's* ~ отстаивать свою должность руководителя

to give ~ осуществлять руководство

to improve the forms and methods of ~ совершенствовать формы и методы руководства

to lose ~ утрачивать лидерство

to maintain the ~ сохранять руководство

to make changes in the ~ производить изменения в руководстве

to provide ~ обеспечивать руководство

to re-assert *one's* ~ вновь утверждать свое руководство

to remove *smb* from ~ отстранять *кого-л.* от руководства

to resign *one's* ~ уходить в отставку с поста руководителя

to retain ~ сохранять лидерство

to secure the political ~ of *one's* country добиваться политического руководства своей страной

to shuffle a party's ~ сменять руководство партии

to stand for the ~ баллотироваться на должность руководителя

to step down from party ~ уходить с поста лидера партии

to support *one's* ~ поддерживать свое руководство

to take up the ~ брать на себя руководство

to weaken the ~ ослаблять руководство

abrasive style of ~ грубый стиль руководства

accession to the ~ приход к руководству

change of ~ смена руководства

contender for ~ претендент на пост лидера

dissatisfaction with the political ~ недовольство политическим руководством

hand-over of ~ передача руководства

principle of collective ~ принцип коллегиальности руководства

shakeup in the ~ изменения в руководстве

style of ~ стиль руководства

sweeping change of ~ значительные изменения в руководстве

under *smb's* ~ под чьим-л. руководством

under the ~ of под руководством

lead-in *n* 1. вступительная речь 2. введение 3. объявление о предстоящей передаче

leaflet *n* листовка; листок

anti-war ~ антивоенная листовка

to disseminate ~s распространять листовки

to drop ~s разбрасывать листовки (*с вертолета или самолета*)

to print ~s печатать листовки

to scatter ~s разбрасывать листовки

to spread ~s распространять/раздавать листовки

league I *n* лига; союз

L. of Arab States Лига арабских государств (*создана в 1945 г. для обеспечения всестороннего сотрудничества между ними*)

L. of Nations *ист.* Лига Наций

L. of Red Cross and Red Crescent Societies Лига обществ Красного Креста и Красного Полумесяца

L. of Women Voters Лига женщин-избирательниц (*США*)

All India Muslim L. *ист.* Всеиндийская мусульманская лига (*создана в декабре 1906 г. в защиту мусульман Индии и возглавила движение, которое привело к созданию в августе 1947 г. мусульманского государства Пакистан*)

Anti-defamation L. of B'nai B'rith Антидиффамационная лига «Бнай Брит» (*созданная в 1913 г. в Нью-Йорке группа по борьбе с антисемитизмом*)

Anti-Imperialist L. *ист.* Антиимпериалистическая лига

Anti-Nazi L. Антинацистская лига (*создана в Великобритании в 1970-е годы*)

Arab L. Лига арабских государств (*создана в 1945 г. для обеспечения всестороннего сотрудничества между ними*)

Ivy L. «Лига плюща» (*ассоциация старейших частных университетов США*)

Young Communist L. *ист.* комсомол

to be in ~ with *smb* быть связанным/быть в сговоре с *кем-л.*

league II *v* объединяться, образовывать союз

leaguer *n* член лиги

leak I *n* утечка (*тж информации*)

radioactive ~ утечка радиоактивности

secret technology ~ утечка секретной технологии

security ~ утечка информации, затрагивающей интересы безопасности государства

to make a ~ организовывать утечку информации

leak II *v* просачиваться (*об информации*); становиться известным (*о секретах, сведениях*)

to ~ out обнаруживаться, становиться известным (*о тайне, секретной информации и т.д.*)

to ~ *smth* to *smb* неофициально сообщать что-л. кому-л. (*обычно представителям прессы*)

leakage *n* утечка (*тж информации*)

deliberate ~ намеренное рассекречивание информации

information ~ утечка информации

radiation ~ утечка радиации

leaky *a воен. жарг.* допускающий утечку радиоактивности *(об атомных реакторах, особенно на подводных лодках)*

lean (leaned, leant) *v (on smb)* **1.** оказывать давление/нажим **2.** опираться на *кого-л.*

leaning *n полит.* склонность, симпатия

leftist ~**s** левые взгляды/тенденции

republican ~**s** республиканские симпатии

leap *n* скачок

big ~ **forward** большой шаг вперед

Great L. *ист.* «Большой скачок» *(КНР)*

lease I *n* аренда; сдача внаем/в аренду

~ **for life** пожизненная аренда

~ **of land** сдача земли в аренду

base ~ аренда военной базы

to cancel a ~ прекращать аренду

to extend a ~ продлевать аренду

to hold the land by ~ арендовать землю

to let on ~ сдавать в аренду

to put out land on ~ сдавать землю в аренду /внаем

to renew a ~ возобновлять аренду

to surrender a ~ отказываться от аренды

to take a house on ~ брать дом в аренду, арендовать дом

to take on ~ арендовать

term of a ~ срок аренды

lease II *v* арендовать; сдавать/брать внаем/в аренду

to ~ **out** сдавать в аренду/внаем

leasehold *n* владение на правах аренды

leaseholder *n* арендатор

leaseholder-state *n* государство-арендатор

leasing *n* сдача в аренду, лизинг

farm ~ сельскохозяйственная аренда

leather-neck *n морск. жарг.* солдат морской пехоты

leave I *n* отпуск; отгул

~ **for creative work** творческий отпуск

~ **is forfeited** право на отпуск утрачено

~ **of absence** отпуск; отгул; невыход на работу

~ **of court** разрешение суда

~ **with pay** оплачиваемый отпуск

~ **without pay (LWOP)** неоплаченный отпуск, отпуск за свой счет/без сохранения содержания

accrued annual ~ накопленный за год отпуск

additional ~ дополнительный отпуск

advance annual ~ авансируемый ежегодный отпуск

annual ~ **(AL)** годовой оплачиваемый отпуск

certified sick ~ **(CSL)** отпуск по болезни, подтвержденный медицинской справкой

compensatory ~ отгул

disability ~ отпуск по состоянию здоровья

home ~ отпуск на родину/в страну постоянного места жительства

maternity ~ отпуск по беременности и родам; декретный отпуск

overtime ~ отгул

paid ~ оплачиваемый отпуск

periodic ~ периодический/очередной отпуск

regular ~ очередной отпуск

sick ~ отпуск по болезни; бюллетень

terminal ~ *амер.* окончательный отпуск; компенсация за неиспользованный отпуск при увольнении

uncertified ~ **(UL)** невыход на работу *(без уважительной причины)*, прогул

unused ~ неиспользованный отпуск *или* отгул

to accrue annual ~ накапливать дни отпуска за год

to be credited with/to be eligible for home ~ пользоваться правом получения отпуска для выезда на родину

to be entitled to a periodic ~ иметь право на периодический отпуск

to be on ~ быть в отпуске

to cancel a ~ отменять отпуск

to exceed *one's* ~ превышать срок отпуска

to go on ~ уходить/идти в отпуск

to grant ~ предоставлять отпуск *или* отгул

to place *smb* **on** ~ отправлять *кого-л.* в отпуск

to take ~ брать отгул/отпуск

to take home ~ брать отпуск для поездки на родину

commutation of ~ денежная компенсация за отпуск

extension of ~ продление отпуска

restitution of advance annual and sick ~ возмещение аванса по отпуску и больничному листу

leave II *v* покидать; оставлять; уходить; уезжать

to ask *smb* **to** ~ предлагать *кому-л.* покинуть страну

Lebanese I *n* ливанец; ливанка

Lebanese II *a* ливанский

lecture *n* лекция

to give a tough ~ **to** *smb* читать строгую нотацию *кому-л.*

leeway *n* **1.** отставание; запас времени **2.** относительная свобода действий

to allow a little ~ предоставлять небольшую отсрочку

to give *smb* **much** ~ предоставлять *кому-л.* значительную свободу действий

to make up ~ наверстывать упущенное

left *n* левые (политические деятели); левые силы

center ~ левый центр

extreme ~ крайне левый; ультралевый; левоэкстремистский

far ~ крайне левый

New L. *ист. жарг.* «Новые левые» *(движение американских противников войны во Вьетнаме)*

Old L. *ист. жарг.* «Старые левые» *(компартии капиталистических стран до 1960-х годов)*

to move/to shift to the ~ производить сдвиг влево, леветь, активизироваться в сторону левизны

shift(ing) to the ~ полевение, активизация в сторону левизны

those on the ~ левые (силы)

left-center, left-centrist *a* левоцентристский

left-footer *a жарг.* католик (*Северная Ирландия*)

leftism *n* левая политика; левачество, левизна

petit-bourgeois ~ мелкобуржуазное левачество

left-inclined *a* левого толка

leftist I *n* член левой группировки; (политический) левый

leftist II *a полит.* левацкий

left-of-center *a* левее центра

left-wing *a* левый, относящийся к левому крылу

left-winger *a* левый; член левого крыла партии

extreme ~ крайне левый

lefty *n разг.* человек, придерживающийся левых взглядов, левак

leg *n* этап; часть пути; фаза

long ~ *воен. жарг.* радиус действия межконтинентальной баллистической ракеты

on the first ~ of *smb's* **African tour** на первом этапе *чьего-л.* турне по Африке

to give a country a ~ up out of its economic crisis помогать стране выбраться из экономического кризиса

legacy *n* наследство; наследие

~ of the past наследие прошлого

~ to be handed over to *smb* наследие, которое должно быть передано *кому-л.*

diplomatic ~ дипломатическое наследие

grim ~ мрачное наследие

theoretical ~ теоретическое наследие

to come into a ~ входить в права наследования

to eliminate the ~ ликвидировать наследие

to keep ~ alive сохранять наследие

to tarnish *smb's* **~** дискредитировать *чье-л.* наследие

legal *a* юридический; законный; легальный; правовой

legalism *n* приверженность букве закона

legalist *n* законник; приверженец закона; юрист; правовед

legality *n* законность; легальность

~ of on act законность действия

~ of *smb's* **dismissal** законность *чьего-л.* увольнения

constitutional ~ конституционная законность

to challenge the ~ of a measure оспаривать законность *какой-л.* меры

to re-establish ~ восстанавливать законность

to strengthen ~ укреплять законность

infringement of ~ нарушение законности

strict observance of ~ строгое/неукоснительное соблюдение законности

legalization *n* легализация; придание законной силы, узаконение

~ of political parties легализация политических партий

legalize *v* узаконивать, легализовать, придавать законную силу

legalized *a* узаконенный, легализованный, разрешенный

legally *adv* легально, законно, юридически на основании закона

legate I *n* легат, папский посол/представитель

legate II *v* завещать

legatee *n* наследник

legation *n* представительство, миссия, дипломатическая миссия

legator *n* завещатель

legend *n развед. жарг.* легенда (*фальшивая биография*)

legion *n* легион

American L. «Американский легион» (*в США организация участников различных войн; основана в 1919 г. участниками Первой мировой войны; узаконена актом Конгресса; штаб-квартира в г. Индианаполисе; влияет на деятельность молодежных и различных военизированных обществ и союзов, обучение будущих военнослужащих, набор в вооруженные силы США*)

British L. «Британский легион» (*организация ветеранов войны в Великобритании; создана в 1921 г. в целях оказания материальной помощи ветеранам, семьям погибших, содействия в вопросах пенсионного обеспечения и устройства на работу; финансируется за счет ежегодных пожертвований, доходов от предприятий – мастерских для инвалидов и членских взносов*)

Foreign L. Иностранный легион (*Франция*)

legionnaire, legionary *n* легионер

legislate *v* издавать законы; осуществлять законодательную власть

to ~ against *smth* запрещать *что-л.* в законодательном порядке

legislation *n* **1.** законодательство, законы **2.** законодательная власть

~ before Parliament законопроект, рассматриваемый парламентом

~ on fire arms законы о хранении и ношении огнестрельного оружия

~ on marriage and the family законодательство о браке и семье

active ~ действующее законодательство

adequate ~ соответствующее законодательство

administrative ~ административное законодательство

adverse ~ законодательство, противоречащее интересам государства

anti-drug ~ законодательство по борьбе с наркоманией

anti-strike ~ антизабастовочное законодательство

appropriate ~ соответствующее законодательство

civil ~ гражданское законодательство

corrective labor ~ исправительно-трудовое законодательство

criminal ~ уголовное законодательство

crisis ~ чрезвычайное законодательство

current ~ существующее законодательство

domestic ~ внутреннее законодательство

draft ~ законопроект

economic ~ хозяйственное законодательство

educational ~ законодательство в области образования

emergency ~ чрезвычайное законодательство; чрезвычайные законы

factory ~ фабричное законодательство

gun-control ~ закон о ношении и хранении огнестрельного оружия

impending ~ предстоящее принятие закона

industrial ~ промышленное законодательство

international ~ международное законодательство

judicial ~ прецедентное право

labor ~ трудовое законодательство

national ~ национальное законодательство

piggyback ~ *полит. жарг.* использование одного законопроекта, чтобы протащить другой

population ~ демографическое законодательство

present ~ существующее законодательство

protectionist ~ протекционистское законодательство

restrictive ~ ограничительное законодательство

shipping ~ законодательство о судоходстве

social ~ социальное законодательство

unconstitutional ~ законодательство, противоречащее конституции

vital ~ важные законы/законопроекты

"whites only" election ~ *ист.* положение о выборах с избирательным правом только для белых (*ЮАР*)

to adopt ~ принимать закон

to approve ~ одобрять законопроект

to assist in the development of national ~ содействовать развитию национального законодательства

to bring forward ~ вносить законопроект

to carry out ~ выполнять законы

to change ~ изменять законодательство/законопроект

to draft new ~ готовить новый законопроект

to finalize ~ оформлять *что-л.* в законодательном порядке

to get ~ **through** протаскивать закон

to get around awkward ~ обходить неудобные законы

to introduce (new) ~ вводить (новое) законодательство

to lift emergency ~ снимать/отменять чрезвычайные законы

to make the ~ **permanent** делать закон постоянным

to pass ~ принимать закон/законопроект

to present new ~ **to Parliament** вносить законопроект на рассмотрение парламента

to rescind/to reverse ~ отменять законы

to suspend ~ приостанавливать действие закона

to take tougher ~ принимать более суровые законы

to veto ~ накладывать вето на законопроект

principles of labor ~ основы законодательства о труде

under new ~ по новому законопроекту

legislational, legislative *a* законодательный

legislator *n* законодатель; член законодательного органа

state ~ член законодательного собрания штата

to elect a ~ избирать члена законодательного органа

to invest a ~ **with** наделять законодателя полномочиями

to nominate a ~ назначать члена законодательного органа на должность

legislatorial *a* законодательный

legislature *n* **1.** законодательный орган, законодательная власть, законодатели, законодательство **2.** закон; законопроект

segregated ~ *ист.* сегрегационный орган

state ~ законодательный орган штата

supreme ~ верховный законодательный орган

to dismantle a ~ распускать законодательный орган

legist *n* правовед; юрист

legitimacy *n* законность, легитимность

to damage the government's political ~ подрывать доверие к политической законности правительства

to give ~ **in the eyes of the people** придавать *чему-л.* законность в глазах народа

to give the stamp ~ придавать *чему-л.* видимость законности

to impugn a country's ~ ставить под сомнение законность существования страны

to win ~ становиться законным

legitimate *a* **1.** законный, легитимный **2.** законнорожденный

legitimate *v* узаконивать; признавать законным

legitimately *adv* законно, правильно

legitimation *n* законность, обоснованность; *юр.* легитимация; *полит. и правит. жарг.* узаконивание *чей-л.* власти

legitimization *n* узаконение

constitutional ~ узаконение в конституции

legitimize *v* (*smth*) узаконивать (*что-л.*)

legman *n разг.* репортер

lend I *n* ссуда, заем

lend II (lent) *v* давать взаймы, ссужать, кредитовать

to ~ **long** предоставлять долгосрочную ссуду

lender *n* кредитор, заимодавец

money ~ кредитор; ростовщик
lending *n* кредитование; ссуда; заем
  ~ official development assistance кредиты по линии официальной помощи в целях развития/по линии ОПР
  bank ~ банковская ссуда
  contractual ~ договорное кредитование
  development ~ предоставление кредитов/займов в целях развития
  direct ~ прямое кредитование
  excessive ~ чрезмерное кредитование
  hard ~ кредитование на жестких условиях
  international ~ международные кредиты
  mutual ~ взаимное кредитование
  soft ~ предоставление займов на льготных условиях
  to warrant long-term development ~ гарантировать долгосрочное кредитование
  sources of soft ~ источники предоставления займов на льготных условиях
lend-lease I *n* ленд-лиз, передача взаймы *или* в аренду (*вооружения, продовольствия и т.п.*)
  reverse ~ оборотный ленд-лиз
lend-lease II *v* передавать (*вооружение, продовольствие и т.п.*) по соглашению о ленд-лизе
lenience, leniency *n* мягкость, снисходительность
  to ask for ~ просить о снисхождении
lenient *a* мягкий, снисходительный
  to be (too) ~ towards/with *smb* быть (слишком) снисходительным по отношению к *кому-л.*
lenity милосердие; мягкость
lessee *n* арендатор, съемщик
lesson I *n* урок
  ~ of history/historical ~ урок истории, урок, который можно извлечь из изучения истории
  political ~ политический урок
  to draw a ~ from *smth* извлекать урок из *чего-л.*
  to give *smb* **a ~ 1)** преподать *кому-л.* урок **2)** проучить *кого-л.*
  to give *smb* **a ~ he would not forget** крепко проучить *кого-л.*
  to learn *one's* **~** усваивать урок
  to teach *smb* **a ~** проучить *кого-л.*
lesson II *v* обучать; поучать, читать нотацию
lessor *n* арендодатель
let-alone *n* невмешательство
lethal *a* смертельный, смертоносный, летальный
Lett *n* латыш; латышка
letter I *n* **1.** письмо; послание; грамота **2.** точность; буквальность **3.** буква
  ~s of credence *дип.* верительные грамоты
  ~ of acceptance 1) уведомление о зачислении (в учебное заведение) **2)** благодарственное письмо, письмо с благодарностью
  ~ of advice уведомление; извещение; авизо
  ~ of appointment уведомление о назначении (*будущего сотрудника на должность*)
  ~ of appreciation письменная благодарность
  ~ of attorney/authority письменная доверенность
  ~ of caution письменное предупреждение
  ~ of censure письменное порицание
  ~ of commendation служебная характеристика; письменная благодарность
  ~ of commitment гарантийное письмо
  ~ of condolence письмо, выражающее соболезнование/сочувствие
  ~ of congratulations поздравительное письмо; письменная благодарность
  ~ of consent письмо о согласии
  ~ of convocation извещение о созыве (*конференции и т.п.*), приглашение принять участие
  ~ of credit аккредитив
  ~ of explanation объяснительная записка
  ~ of greeting приветственное письмо
  ~ of guarantee гарантийное письмо
  ~ of guidance инструктивное письмо
  ~ of indemnity гарантийное письмо
  ~ of inquiry письменный запрос
  ~ of instructions инструктивное письмо
  ~ of introduction рекомендательное письмо
  ~ of the law буква закона
  ~ of notification письменное извещение
  ~ of protest письменный протест
  ~ of recall *дип.* отзывная грамота, рекредитив
  ~ of recommendation рекомендательное письмо
  ~ of reprimand письменный выговор
  ~ of resignation прошение об отставке, заявление об уходе
  ~ of support письмо с выражением поддержки
  ~ of sympathy письмо с выражением соболезнования/сочувствия
  ~ of transmittal препроводительное письмо
  ~ of trust письменная доверенность
  anonymous ~ анонимное письмо
  bread-and-butter ~ письмо с выражением благодарности за гостеприимство
  business ~ деловое письмо
  circular ~ циркулярное письмо, циркуляр
  commercial ~ коммерческое письмо
  complaint ~ рекламация
  confidential ~ конфиденциальное письмо
  covering ~ сопроводительное письмо
  credential ~s *дип.* верительные грамоты
  diplomatic ~ дипломатическое письмо
  follow-up ~ письмо-напоминание; повторное письмо
  invitation ~ приглашение
  kind ~ любезное письмо
  market ~ конъюнктурный обзор; бюллетень о состоянии рынка
  official ~ официальное письмо
  open ~ открытое письмо
  registered ~ заказное письмо
  reminding ~ письмо-напоминание

standard ~ письмо со стандартным/заранее отпечатанным текстом

strongly worded ~ письмо, составленное в резких выражениях; резкое письмо

threatening ~ письмо с угрозой

to acknowledge the receipt of a ~ подтверждать получение письма

to adhere to the ~ **of the law** придерживаться буквы закона

to be presented with ~ **of congratulations** получать письменные поздравления

to carry out instructions to the ~ точно выполнять указания

to close a ~ заканчивать письмо

to deliver *one's* ~ **of recall** вручать свои отзывные грамоты

to dispatch a ~ **(to)** посылать/направлять письмо

to forward a ~ **(to)** направлять/препровождать письмо

to grant a ~ **of appointment** предоставлять письмо о назначении на работу

to keep to the ~ **of the agreement** придерживаться буквы соглашения

to receive the ~ **of recall** принимать отзывные грамоты

to send out a ~ рассылать письмо

in ~ **and in spirit** по форме и по существу

in replay to your ~ в ответ на Ваше письмо

so win *one's* ~ заслуживать право быть членом спортивной организации (*школы, колледжа и т.п.*)

letter II *v* регистрировать

letterbox *n* 1. почтовый ящик 2. *разв. жарг.* «почтовый ящик» (*место или человек, используемые для передачи информации*)

Lettish *a* латышский

lettuce *n жарг.* деньги; доллары

letup *n* ослабление; прекращение; перерыв; передышка

there can't be ~ **in the fight (against** *smth*) нельзя ослаблять борьбу (*против чего-л.*)

level *n* уровень; размер; степень; ступень

~ **of action** исполнительная инстанция

~ **of assurance** уровень гарантии

~ **of business** уровень деловой активности; уровень коммерческой деятельности

~ **of compensation** размер компенсации

~ **of development** уровень развития

~ **of efficiency** степень эффективности

~ **of export/import** уровень экспорта/импорта

~ **of forces** численность вооруженных сил

~ **of infant mortality** уровень детской смертности

~ **of living** уровень жизни, жизненный уровень

~ **of production** уровень производства

~ **of productivity** уровень производительности труда

~ **of radiation** уровень радиации

~ **of readiness** *воен.* боевая готовность

~ **of responsibility** уровень ответственности

average ~ средний уровень

classification ~**s** грифы секретности

common ~ общий уровень

confidence ~ уровень/степень доверия

consumption ~ уровень потребления

critical ~ критический уровень

cultural ~ уровень культурного развития

damage ~ степень повреждения/ущерба

decision-making ~ уровень, на котором принимаются решения

desirable ~ желательный/подходящий уровень

economic ~ уровень экономического развития

educational ~ уровень образования

employment ~ уровень занятости населения

force ~ численность войск

funding ~ размер ассигнований

grade ~ уровень/ступень обучения

high ~ высокий уровень

income ~ уровень дохода

initial ~ исходный уровень

lethal ~ уровень смертности

minimum subsistence ~ прожиточный минимум

morbidity ~ уровень заболеваемости

occupational ~ уровень занятости населения

official poverty ~ официальный уровень/официальная черта бедности

peak ~ высший уровень

people's cultural ~ культурный уровень народа

permanent ~ постоянный уровень

political ~ политический уровень

post ~ должностной уровень

poverty ~ черта бедности

pre-crash ~ уровень до краха на фондовых биржах

pre-crisis ~ уровень до кризиса

price ~ уровень цен

production ~ уровень производства

profit ~ уровень прибыли

radioactivity ~ уровень радиоактивности

record high ~ рекордно высокий уровень

safety ~ степень безопасности

secondary ~ среднее образование

skill ~ уровень квалификации

social ~ социальный уровень развития

stable ~ устойчивый уровень

standard ~ стандартный уровень

stationary ~ неизменный уровень (*цен*)

stock ~ уровень запасов

strong ~ высокий уровень (*валюты*)

subsistence ~ прожиточный уровень

technological ~ уровень техники

tertiary ~ полное среднее/высшее образование

varying ~ изменчивый уровень

work ~ уровень загрузки (предприятия)

to attain ~ достигать уровня

to be above/below the ~ **of** быть выше/ниже уровня

to **elevate to a** ~ поднимать до уровня

to **establish the** ~ **of** устанавливать уровень *чего-л.*

to **even out/up the cultural** ~s **of** выравнивать уровни культурного развития

to **exceed the** ~ **of** превышать уровень *чего-л.*

to **fix the** ~ **of** устанавливать уровень *чего-л.*

to **gain a** ~ достигать уровня

to **hold** ~ удерживать уровень

to **jump to a** ~ резко подняться/подскочить до уровня

to **keep things at a status quo** ~ сохранять статус-кво

to **land on the street** ~ *жарг.* терять работу; оказываться на улице

to **lie within a** ~ оставаться/находиться в пределах уровня

to **live below the official poverty** ~ жить ниже официальной черты бедности

to **maintain a** ~ сохранять уровень

to **maintain** *smth* **at a stable** ~ поддерживать *что-л.* на стабильном уровне

to **make sea** ~s **rise** приводить к повышению уровня моря

to **plummet to record low** ~s падать до рекордно низких уровней (*о курсе валют*)

to **preserve** ~ поддерживать *что-л.* на стабильном уровне

to **raise (above)** ~ поднимать уровень

to **raise** *smth* **to a higher** ~ поднимать *что-л.* на более высокую ступень

to **reduce to a** ~ снижаться до уровня

to **rise to a** ~ подниматься до уровня

to **rise to a higher** ~ подниматься на более высокую ступень

to **set wage** ~s устанавливать уровень зарплаты

to **sink to a** ~ понижаться до уровня

to **sustain the present** ~ **of the country's living standards** поддерживать существующий жизненный уровень в стране

to **trim troop** ~s сокращать численность войск

to **upgrade the technological** ~ поднимать технический уровень

actual ~ **of living** реальный уровень жизни

at ~ на уровне

at all ~s на всех уровнях

at ambassadorial ~ на уровне послов

at consular ~ на уровне консульств

at Foreign Ministers' ~ на уровне министров иностранных дел

at grass-roots ~ на уровне рядовых членов/граждан

at ministerial ~ на уровне министров

at national ~ на национальном/государственном уровне

at observer ~ на уровне наблюдателей (*ООН*)

at political ~ на политическом уровне

at top ~ на высшем уровне

elementary ~ **of education** начальное образование

evening up of the economic development ~s выравнивание уровней экономического развития

first ~ **of education** начальное образование

growth of wage ~ рост уровня заработной платы

on bilateral ~ на двусторонней основе

on global ~ на глобальном уровне

on local ~ на местном уровне

on personal ~ на уровне личных контактов

on political ~ на политическом уровне

on the highest ~ на самом высоком уровне; на уровне глав правительств/государств

on world ~ на мировом уровне

reduction of conventional weapons and troop ~s **in Europe** сокращение обычных вооружений и численности войск в Европе

second ~ **of education** (неполное) среднее образование

the dollar maintained its high ~ курс доллара оставался высоким

third ~ **of education** полное среднее/высшее образование

within higher ~ **(s)** в высших эшелонах (власти)

level II *v* **1.** выравнивать; сглаживать (*различия и т.п.*) **2.** сравнивать с землей

leveler *n* сторонник (социального) равенства; *ист.* левеллер, уравнитель

level-headed *a* спокойный, уравновешенный

leveling *n* выравнивание; сглаживание различий, нивелирование

lever *n* рычаг

economic ~s экономические рычаги

effective management ~s действенные рычаги управления

to **use economic** ~s использовать экономические рычаги

leverage *n* средство воздействия; сила, воздействие, влияние; давление; *полит.* косвенное давление на политического деятеля; рычаг для достижения цели

biographic ~ *развед. жарг.* использование компромата для вербовки *или* дискредитации

economic ~ средства экономического давления, экономические рычаги

limited ~ ограниченное влияние/воздействие

political ~ политическое давление/воздействие/влияние

practical ~ практическое воздействие

to **exert** ~ оказывать давление

to **get** ~ **over** *smb* получать возможность оказывать давление на *кого-л.*

to **get more** ~ добиваться больших политических средств воздействия

to **put the necessary** ~ оказывать необходимое влияние/воздействие

levy I *n* **1.** налогообложение; сбор (*налогов*) **2.** набор (*рекрутов*)

~ **in mass** поголовная мобилизация в армию; всеобщее ополчение

capital ~ налог на капитал

corporate ~ налогообложение компаний/корпораций

excess profit ~ дополнительный налог на сверхприбыль

forced ~ принудительное взыскание *(налога, долга)*

great ~ тяжелое налогообложение

indirect ~ косвенное налогообложение, косвенные налоги

property ~ налог на имущество

successive ~ последовательное взыскание *(налога, долга)*

tax ~ налоговый сбор

variable ~ переменная пошлина

to introduce a ~ on goods вводить налог на товары

levy II *v* взимать, облагать *(налогом)*; налагать *(штраф)*; взыскивать *(долг)*

liabilit/y *n* **1.** ответственность; обязательство; долг; обязанность **2.** *(тж pl)* денежные обязательства; задолженность **3.** помеха, обуза

~ **for breakage** материальная ответственность

~ **for compensation** ответственность за компенсацию

~ **for damage** ответственность за ущерб

~ **for debts** ответственность по долгам

~ **for military services** воинская повинность

~ **for war crimes** ответственность за военные преступления

~ **ies of bank** обязательства банка

~ **of indemnity** обязательство возместить убытки

~ **to carry arms** обязанность отбывать воинскую повинность

~ **ies to foreign officials** обязательства по отношению к иностранным официальным органам

~ **to pay taxes** обязанность платить налоги

absolute ~ неограниченная ответственность

accrued ~ies накопившиеся обязательства

criminal ~ уголовная ответственность

current ~ краткосрочное обязательство

deferred ~ies отсроченные обязательства

direct ~ безусловное обязательство

disciplinary ~ дисциплинарная ответственность

double ~ удвоенное обязательство

employer's ~ ответственность работодателя

external ~ies внешние обязательства; внешняя задолженность

financial ~ финансовая ответственность

fixed ~ies долгосрочные обязательства

foreign ~ внешняя задолженность

limited ~ ограниченная ответственность

long-term fixed ~ies долгосрочные обязательства

material ~ материальная ответственность

outstanding ~ies непокрытые обязательства

political ~ политическая ответственность, политическая помеха

primary ~ первичное обязательство

product ~ ответственность за качество выпускаемой продукции

public ~ гражданская ответственность

secondary ~ косвенное обязательство

serious ~ *(to smb)* серьезная обуза *(для кого-л.)*

short-term ~ краткосрочные пассивы

tax ~ причитающаяся сумма налога

unlimited ~ неограниченная ответственность

to account for ~ составлять задолженность

to admit ~ признавать себя ответственным

to assume ~ принимать на себя обязательства

to confess ~ признавать ответственность/долг/обязательства

to discharge ~ выполнять обязательства

to disclaim ~ отказываться от обязательств

to excuse ~ *юр.* избавлять от судебной ответственности

to exempt/to free from ~ies освобождать от обязательств

to impose ~ies налагать обязательства

to incur ~ies навлекать на себя обязательства в отношении *чего-л.*

to limit ~ ограничивать ответственность

to pledge ~ies брать на себя обязательства

to share ~ разделять ответственность *(за содеянное)*

to shield *smb* **from** ~ защищать *кого-л.* от ответственности

total ~ies общая сумма обязательств

he has become a political ~ в политическом смысле он стал обузой

legal ~ **for** *smth* судебная ответственность за *что-л.*

liable *a* ответственный; обязанный; подлежащий; склонный *(к чему-л.)*

~ **financially** ответственный в финансовом отношении

~ **legally** юридически ответственный; ответственный на основании закона

~ **morally** морально ответственный

~ **to a heavy fine** облагаемый крупным штрафом

~ **to dispute** спорный

~ **to duty** подлежащий обложению пошлиной

~ **to taxes** подлежащий обложению налогами

~ **to variations** подверженный колебаниям

criminally ~ подлежащий уголовной ответственности

to be ~ **to a fine of ...** подлежать штрафу в ...

liaise *v* устанавливать/поддерживать связь с *кем-л.*; действовать согласованно с *кем-л.*

liaison *n* связь; *воен.* связь, взаимодействие

cross-border ~ сотрудничество сил безопасности по обе стороны границы

discreet ~ *развед. жарг.* осторожная связь *(отношения между ЦРУ и службами безопасности в странах, обычно третьего мира, чья официальная политика носит подчеркнуто антиамериканский характер)*

spiritual ~ духовная связь

to maintain ~ (with) поддерживать связь (с)
liaison-officer *n* офицер связи
lib *n разг.* освобождение (от дискриминации)
women's ~ движение за равные права женщин с мужчинами, феминистское движение
libber, libbie *n разг.* участница феминистского движения, феминистка
libel I *n* **1.** клевета (*в печати и т. п.*); диффамация **2.** *юр.* жалоба
to accuse *smb* **of ~** обвинять *кого-л.* в клевете
to allege ~ утверждать о наличии клеветы
to summon *smb* **for ~** возбуждать против *кого-л.* дело за клевету
action for ~ судебное дело по обвинению в клевете
damages for ~ компенсация за клевету
libel II *v* **1.** клеветать (*в печати и т.п.*); заниматься диффамацией; дискредитировать, позорить *кого-л.* **2.** *юр.* подавать жалобу
libellee *n юр.* ответчик
libeller *n* клеветник
libellous *a* клеветнический
liberal I *n* либерал; сторонники либерализма; **(L.)** член партии либералов
free-spending ~ либерал, не скупящийся на расходы
limousine ~ *полит. жарг.* «лимузинный либерал» (*богатый либерал, никогда не встречающийся с массами за исключением, возможно, своих подчиненных*)
old-fashioned ~ либерал старого толка
social ~ социал-либерал
turncoat ~ либерал, перешедший в другую партию
liberal II *a* либеральный; свободомыслящий; гуманитарный; свободный; вольный
liberal-democratic *a* либерально-демократический
liberalism *n* либерализм
economic ~ экономический либерализм, система свободной торговли
extreme ~ крайний либерализм
political ~ политический либерализм
to advocate ~ выступать в защиту либерализма
to exercise ~ осуществлять либерализм
liberalist *n* сторонник либерализма, либералист
liberalistic *a* либерально настроенный
liberality *n* широта взглядов; свобода от предрассудков; либеральность
patriotic ~ патриотичная широта взглядов
unbounded ~ безграничная широта взглядов
liberalization *n* либерализация, снятие ограничений
~ of foreign economic ties либерализация внешнеэкономических связей
~ of the domestic market либерализация внутреннего рынка

~ of the existing legislation либерализация действующих законов
~ of trade policies либерализация торговой политики
economic ~ экономическая либерализация
export ~ либерализация экспорта; снятие экспортных ограничений
import ~ либерализация импорта; снятие импортных ограничений
political ~ политическая либерализация
to take ~ снимать ограничения (*в торговле*)
trade ~ либерализация торговли
liberalize *v* снимать ограничения, либерализовать
liberal-minded *a* либерально настроенный
liberate *v* освобождать
to ~ economically освобождать в экономическом отношении, предоставлять экономическую свободу
to ~ partially освобождать частично
to ~ politically предоставлять политическую свободу
to ~ smb from cares освобождать *кого-л.* от забот
to ~ temporarily освобождать временно
liberation *n* освобождение
colonial people's ~ освобождение колониальных народов
economic ~ экономическое освобождение
national ~ национальное освобождение
to achieve ~ добиваться освобождения
to bar ~ препятствовать освобождению
to secure the ~ обеспечивать/вносить вклад в освобождение
epoch of ~ эпоха освобождения
modern stage of ~ современный этап освободительной борьбы
libertarian *n* борец за свободу; сторонник свободного волеизъявления
civil ~ защитник гражданских свобод, борец за гражданские права
libert/y *n* свобода; *pl* привилегии, вольности
~ and equality свобода и равенство
~ of conscience свобода совести
~ of indifference свобода воли
~ of speech свобода слова
~ of the press свобода печати
absolute ~ абсолютная/неограниченная свобода
basic ~ies основные свободы
civil ~ies гражданские свободы
common ~ всеобщая свобода
complete ~ полная свобода
constitutional ~ конституционная свобода
human/individual ~ies человеческие/гражданские свободы
to abandon ~ies отказываться от свобод
to be at ~ быть на свободе
to curtail civil ~ies ограничивать гражданские свободы
to defend *one's* **~** отстаивать свою свободу
to deprive *smb* **of his ~** лишать *кого-л.* свободы

to enjoy ~ пользоваться свободой
to get *one's* **~** получать свободу; выходить на свободу
to grant *smb* **basic ~s** представлять *кому-л.* основные свободы
to protect civil ~s by the force of law защищать гражданские свободы силой закона
to set at ~ выпускать на свободу, освобождать
affront to civil ~ies ущемление гражданских свобод
at ~ свободный, на свободе
curtailment of civil ~ies ограничение гражданских свобод
encroachment on a country's ~ покушение/наступление на свободу страны
extension of democratic ~ies расширение демократических свобод
infringement of civil ~ies посягательство на гражданские свободы
infringement on ~ посягательство на свободу
persecution and extension of democratic ~ies сохранение и расширение демократических свобод
reduction of civil ~ies свертывание гражданских свобод
restoration of civil ~ies восстановление гражданских свобод
suppression of civil ~ies подавление гражданских свобод
thirst after/zeal for ~ жажда свободы/рвение к свободе
Lib-Lab *n разг.* сторонник двух британских политических партий либералов и лейбористов (*Liberal + Labour*)
liberationism *n ист.* движение за отделение церкви от государства
liberationist *n* 1. борец за свободу личности 2. участница движения за права женщин 3. *ист.* сторонник отделения церкви от государства
liberator *n* освободитель; избавитель
licence *n брит. см.* **license**
license I *n* лицензия; разрешение; свидетельство; водительские права
~ of right право на лицензию
~ to publish a book разрешение на издание книги
~ to shoot разрешение начать войну
export ~ разрешение/лицензия на экспорт
foreign-trade ~ разрешение на внешнеторговые операции
global ~ глобальная лицензия
gun ~ разрешение на владение огнестрельным оружием
illegal ~ незаконное разрешение, незаконная лицензия
import ~ лицензия на импорт
marriage ~ свидетельство о браке
open general ~ открытая общая лицензия
patent ~ патентная лицензия
to apply for a ~ обращаться за лицензией

to buy a ~ покупать лицензию
to do *smth* **under a ~** делать *что-л.* с особого разрешения/по лицензии
to enjoy a ~ пользоваться лицензией
to grant/to issue a ~ выдавать лицензию/разрешение
to observe a ~ соблюдать условия лицензии
to obtain a ~ получать разрешение
to revoke *smb's* **~** аннулировать/отменять *чью-л.* лицензию
to withdraw a ~ изымать лицензию; отменять разрешение
uncontrolled ~ неконтролируемая лицензия
purchase of ~s покупка лицензий
sale of ~s продажа лицензий
trade in ~s торговля лицензиями
under a ~ по лицензии
license II *v* разрешать; выдавать патент; предоставлять лицензию
license III *a* лицензионный
licensed *a* 1. имеющий разрешение/право/лицензию/патент (на *что-л.*) 2. признанный; известный
licensee *n* лицензиат, получатель лицензии
licenser *n* лицо, выдающее разрешение/патент
~ of the press цензор
licensing *n* выдача лицензии, лицензирование
~ of imports and exports лицензирование импорта и экспорта
cross ~ взаимный обмен лицензиями
industrial ~ промышленное лицензирование
liberal ~ лицензирование на льготных условиях
package ~ комплексное лицензирование
licensor *n* лицензиар, продавец лицензии; фирма, продающая лицензию
lid *n полит. жарг.* «крышка» (*временное прекращение политических мероприятий*)
lie I *n* ложь, обман
big ~ большая ложь
blatant ~ наглая ложь
deliberate ~ преднамеренная ложь; заведомая клевета
outrageous ~ возмутительная ложь
to give *smb* **the ~** уличать *кого-л.* во лжи
to give the ~ to *smth* опровергать *что-л.*
to spread ~s распространять ложь; распространять ложные слухи
pack of ~s сплошная ложь
lie II *v*:
to ~ low and make no threats against anybody притаиться и не выступать с угрозами по отношению к *кому-л.*
lie-detector *n* детектор лжи, полиграф
lie-in *n* лежачая демонстрация протеста (*на дорогах перед военными базами и т.п.*)
lieutenant *n* 1. лейтенант 2. заместитель
~-colonel подполковник
~-general генерал-лейтенант
life (*pl* **lives**) *n* жизнь; продолжительность/срок службы; срок (*действие договора и т.п.*); стаж

~affirming жизнеутверждающий

~and-death жизненно важный

~asserting жизнеутверждающий

~ is getting back to normal жизнь нормализуется

~ of an agreement срок действия соглашения

~ of a treaty срок действия договора

~ of dignity достойная жизнь

~ was at risk жизнь была под угрозой

army ~ армейская жизнь

collegiate ~ университетская жизнь

commercial ~ торговля

cultural ~ культурная жизнь

day-to-day ~ повседневная жизнь

economic ~ экономическая/хозяйственная жизнь

everyday ~ повседневная жизнь

expected ~ предполагаемая продолжительность жизни; предполагаемый срок эксплуатации

family ~ семейная жизнь

intellectual ~ интеллектуальная жизнь

married ~ супружество

material ~ материальная жизнь

monastic ~ монашеская жизнь

personal ~ личная жизнь

political ~ политическая жизнь

private ~ личная жизнь

project ~ срок службы объекта строительства

public ~ общественная жизнь

service ~ срок службы, долговечность

social ~ общественная жизнь

society's intellectual ~ духовная жизнь общества

socio-political ~ общественно-политическая жизнь

spiritual ~ духовная жизнь

stressful ~ напряженная жизнь

wild ~ живая природа

to bar *smb* **from public ~** запрещать *кому-л.* заниматься общественной деятельностью

to be in danger of *one's* **~** подвергать опасности свою жизнь

to claim hundreds of ~s приводить к сотням человеческих жертв

to cleanse political ~ in the country очищать политическую жизнь страны от коррупции

to devote *one's* **~ to serving** *one's* **country** посвящать жизнь службе своей стране

to disrupt ~ нарушать жизнь (*города, страны*)

to end ~s лишать *кого-л.* жизни

to endanger many ~s ставить под угрозу жизнь многих

to enter civil ~ демобилизоваться

to fear for *one's* **own ~** опасаться за свою жизнь

to fight for *one's* **political ~** бороться за свое место в политической жизни

to get ~ *разг.* быть приговоренным к пожизненному тюремному заключению

to get ~ back to normal нормализовать обстановку, восстанавливать нормальную жизнь

to give *one's* **~ for** *smth* отдать жизнь за *что-л.*

to give *smb* **a better ~** улучшать *чью-л.* жизнь

to improve the quality of ~ улучшать жизнь

to jail *smb* **for ~** приговаривать *кого-л.* к пожизненному тюремному заключению

to lay down *one's* **~ for** *smth* отдавать жизнь за *что-л.*

to lead normal ~s жить нормальной жизнью

to lose touch with ~ отрываться от жизни

to make an attempt on *smb's* **~** совершать покушение на *кого-л.*

to oust *smb* **from political ~** исключать *кого-л.* из политической жизни

to pay for *smth* **with** *one's* **~** поплатиться за *что-л.* жизнью

to put *smb's* **~ in danger** ставить *чью-л.* жизнь под угрозу

to rebuild *one's* **~** перестраивать свою жизнь

to return to ~ возвращаться к нормальной жизни

to sacrifice *one's* **~** жертвовать своей жизнью

to safeguard the ~ of *smb* ограждать *кого-л.* от посягательств на его жизнь

to seen a better way of ~ искать лучшей жизни

to send *smb* **away for ~** приговаривать *кого-л.* к пожизненному тюремному заключению

to send *smb* **back to private ~** положить конец *чьей-л.* карьере

to take a back seat in political ~ переходить на вторые роли в политической жизни

to take *one's* **own ~** совершать самоубийство

to take the ~ of *smb* лишать жизни *кого-л.*

to threaten *smb's* **~** угрожать *чьей-л.* жизни

amenities of ~ жизненные блага/удобства

appointment for ~ пожизненная должность

at the expense of innocent ~s ценой жизни невинных жертв

attempt on the ~ of *smb* покушение на *кого-л.*

commercial ~ is at a standstill торговля приостановлена

country's integration into general ~ включение страны в жизнь мирового сообщества

events of international ~ события международной жизни

for ~ пожизненно

heavy loss of ~ значительные человеческие жертвы

in exchange for *smb's* **~** в обмен на *чью-л.* жизнь

in search of a better ~ в поисках лучшей доли

it costs more ~s это привело к новым человеческим жертвам

kiss of ~ *перен.* новая жизнь

loss of ~ потери убитыми/погибшими; человеческие жертвы

national and religious way of ~ национальный и религиозный уклад

nostalgia for better ~ тоска по лучшей жизни

phenomena of social ~ события общественной жизни

powerful influence on political ~ мощное влияние на политическую жизнь

quality of ~ жизненный уровень; качество жизни

remote from ~ оторванный от жизни

the quality of ~ has deteriorated жизненный уровень понизился

this might cost ~s это может стоить жизни людям

way of ~ образ жизни

life-chances *n pl социол.* жизненные шансы (*вероятность того, что индивид или группа достигнут определенных социальных целей*)

life-insurance *n* страхование жизни

lifeline *n* жизненно важная дорога, «дорога жизни»

~ of supply «дорога жизни» (*путь снабжения окруженной группировки*)

lifelong *a* пожизненный

lifer *n амер. воен. жарг.* кадровый военный

life-span, life-time *n* продолжительность жизни; срок службы (*оборудования, машин*)

lifestyle *n* образ жизни

lift *v полит. и воен. жарг.* арестовывать

to ~ off стартовать (*о ракете*)

to ~ smb out of a country вывозить *кого-л.* по воздуху из страны

liftoff *n* старт ракеты

light *n* 1. свет 2. *pl* сведения

~ at the end of the tunnel свет в конце тоннеля

to bring to ~ выявлять, выяснять

to give a green ~ to smth давать «добро» на *что-л.*

to put smth in a favorable ~ представлять *что-л.* в выгодном свете

to throw same ~ on smth проливать свет на *что-л.*

in the ~ of smth в свете *чего-л.*

in the ~ of the recent visit в свете недавнего визита

lightning *n* молния

to ride the ~ *разг.* быть казненным на электрическом стуле

lightweight *n* :

political ~ мелкая политическая фигура

like-minded *a* являющийся единомышленником

limbo *n* 1. тюрьма 2. забвение 3. неопределенность 4. преддверие ада

political ~ политическая неопределенность

limdis (Limited Distribution) *развед. жарг.* для ограниченного пользования (*секретная информация, предназначения для пользования не более 50 лицами*)

limehouse *n полит. жарг.* оскорбление политических противников

limelight I *n* свет рампы; центр внимания

to be back in the ~ снова объявляться на политической сцене

to be in the ~ быть в центре внимания; быть на виду

to be out of the ~ утрачивать известность

to drop out of political ~ выпадать из фокуса политической жизни

to grab the ~ усиленно привлекать к себе внимание

to throw the ~ предавать гласности

limelight II *v* ярко освещать; привлекать внимание

limit I *n* лимит, предел, граница; предельная величина

~ of efficiency предельная производительность

age ~ 1) возрастное ограничение 2) предельный срок службы

financial ~s финансовые лимиты

fiscal ~s ограничение расходов

fishing ~s границы зоны рыболовства

inferior ~ минимум

legal ~s законные ограничения

price ~ предельная цена

quantitative ~ количественное ограничение; количественный предел

quota ~s контингентные лимиты

specification ~ допускаемый предел

superior ~ максимум

time ~ предельный срок

time ~ on speeches регламент выступлений

to go beyond the ~ переходить все границы, впадать в крайность; превышать лимит

to impose ~s on smth налагать ограничения на *что-л.*

to set the ~ устанавливать предел

within agreed ~s в согласованных пределах

within the territorial ~ в пределах территориальных вод

within the time ~ в срок

limit II *v* лимитировать, ограничивать

limitation *n* 1. ограничение 2. предельный срок; ограниченность

~ of nuclear arms ограничение ядерных вооружений

~ of production ограничение производства

~ of rights ограничение в правах

~ of strategic offensive arms ограничение стратегических наступательных вооружений

~ on rights ограничение в правах

~s on the amount of baggage ограничение на количество багажа

agreed ~s согласованные ограничения

arms ~s ограничение вооружений

basic ~s основные ограничения

budget ~ бюджетное ограничение

censorship ~s цензурные ограничения

export ~ сокращение/ограничение экспорта

family ~ планирование семьи; регулирование рождаемости

import ~ сокращение/ограничение импорта

strategic armaments/arms ~ ограничение стратегических вооружений

travel ~s ограничение свободы передвижения по стране

to have great ~s иметь большие недостатки

to impose ~s on *smth* налагать ограничения на *что-л.*

to place ~s on *smth* устанавливать/вводить ограничения на *что-л.*

limited *adj* ограниченный, связанный ограничениями

limitless *a* безграничный, беспредельный

line I *n* **1.** линия; позиция; граница; пограничная линия **2.** направление; область (*деятельности*); занятие **3.** происхождение

~ of business направление экономической/производственной деятельности; отрасль торговли

~ of communication линия связи/коммуникации

~ of policy политический курс

applause ~ фраза в выступлении, рассчитанная на аплодисменты

authorities' ~ курс властей

bottom ~ 1) главное соображение **2)** итог

boundary ~ пограничная линия

cautious ~ осторожная позиция

cease-fire ~ линия перемирия/прекращение огня

color ~ цветной барьер

communication ~s пути сообщения

conciliatory ~ примирительная позиция

demarcation ~ демаркационная линия

division ~ граница между штатами

food ~ очередь за продуктами

foreign-policy ~ линия/направление внешней политики

general ~ общая линия

general ~ in foreign policy внешнеполитический курс

green ~ линия, разделяющая враждующие группировки

hard ~ жесткий курс

hawkish ~ on foreign policy агрессивный курс во внешней политике

hot ~ *ист. жарг.* «горячая линия» (*прямая линия связи между Белым домом и Кремлем для использования в случае международного кризиса; была установлена по соглашению между Дж. Кеннеди и Н. С. Хрущевым в 1963 г.*)

international ~ государственная граница

international date ~ демаркационная линия времени

leftist ~ левацкая линия

long-distance ~ междугородная/международная линия связи

main ~ главный путь; основная линия

militant ~ воинственная позиция

moderate ~ умеренный курс

news ~ *радио* последние известия

official ~ официальный курс

open ~ towards *smb* непредубежденный подход к *кому-л.*

peaceful ~ мирный курс

policy ~ политический курс

political ~ политическая линия

poverty ~ черта бедности

rigorous ~ жесткий курс

sea ~s of communication морские коммуникации

security ~ оцепление

severe ~ сверхжесткая позиция

soft ~ мягкая линия

supply ~ путь снабжения

tactical ~s тактические установки

tough ~ жесткий курс

undeviating ~ непоколебимая линия

United Nations peace ~ «линия мира», патрулируемая войсками ООН (*между греческой и турецкой частями о. Кипр*)

to adopt a conciliatory ~ towards *smth* занимать примирительную позицию по отношению к *чему-л.*

to be in ~ with *smb's* **policy** соответствовать *чьей-л.* политике; согласовываться с *чьей-л.* политикой

to break through police ~s прорываться через полицейское оцепление/полицейский кордон

to call for a hard ~ against *smb* призывать к проведению жесткого курса по отношению к *кому-л.*

to chart a ~ вырабатывать линию

to close the ~ закрывать железную дорогу

to come into ~ with *smb* соглашаться, действовать в согласии *кем-л.*

to cross picket ~s быть штрейкбрехером

to cross security ~s проникать через оцепление

to cut all telephone ~s with the outside world перерезать телефонную связь с внешним миром

to depart from a ~ отходить от *какого-л.* курса

to deviate from the official ~ отклоняться от официальной линии/позиции

to draw a ~ подводить черту (*под чем-л.*); класть предел (*чему-л.*)

to fall in ~ behind *smb* следовать *чьему-л.* примеру

to fall into ~ with *smb* соглашаться с *кем-л.*

to follow a ~ проводить линию

to get a ~ on *smth* добывать сведения о *чем-л.*

389

to go over the ~ переходить границы/предел

to harden *one's* **~** занимать более непримиримую позицию

to hold the ~ *воен.* держать оборону

to keep to *one's* **own ~** действовать самостоятельно/независимо

to live below the poverty ~ жить ниже черты бедности

to map out a ~ вырабатывать линию

to model the economy on Western ~ строить экономику по западному образцу

to moderate *one's* **hard ~** смягчать свой жесткий подход/курс

to read between the ~s читать между строк

to reiterate *one's* **~** снова заявлять о своей позиции

to repudiate the party ~ отвергать линию партии

to restate *one's* **~** снова заявлять о своей позиции

to sabotage a power ~ выводить из строя линию электропередачи

to set up picket ~s организовывать линии пикетов

to stand in ~ стоять в очереди

to steer a middle ~ проводить компромиссный курс

to step out of ~ with *smb* занимать позицию, отличающуюся от *чьей-л.*

to take a ~ придерживаться курса, направления

to take *one's* **own ~** действовать самостоятельно/независимо

to talk along parallel ~s не находить точек согласия, *перен.* говорить на разных языках

to toe *smb's* **~** подчиняться *кому-л./чьим-л.* требованиям

to toe the ~ вставать в общий строй; подчиняться

to vote along party ~s голосовать в соответствии с установками своей партии

along democratic ~s по демократическому пути

along similar ~s в том же духе

below the official poverty ~ ниже официальной черты бедности

founder of the Churchill ~ основоположник династии Черчиллей

in the ~ of duty при исполнении служебных обязанностей

on non-party ~s на непартийной основе

redrawing of political ~s within the Parliament изменение соотношения сил в парламенте

softening of *one's* **~** смягчение своей позиции

L. of Death «линия смерти» (*граница территориальных вод Ливии*)

thin blue ~ цепь полицейских

TUC official ~ официальная линия конгресса тред-юнионов (*Великобритания*)

line II *v* **1.** проводить линию **2.** стоять в ряд

to ~ up присоединяться, солидаризироваться

to ~ *oneself* **up unequivocally with** *smb* недвусмысленно солидаризоваться с *кем-л.*

to ~ up against *smb* объединяться против *кого-л.*

to ~ with the opposition объединяться с оппозицией; присоединяться к оппозиции

liner *n* человек, придерживающийся *какой-л.* линии/*какого-л.* курса

tough ~ сторонник жесткого курса

line-up *n* состав правительства/кабинета министров

~ of power расстановка политических сил

government ~ состав правительства

link I *n* **1.** звено **2.** связь, соединение; линия (связи); *pl* узы

~s between two countries связи между двумя странами

~s of brotherhood узы братства

~s to the West связи с Западом

~s with the masses связи с массами

air ~s (with) воздушное сообщение (с)

beneficial ~s выгодные связи

close ~ тесная связь

connecting ~ связующее звено

constitutional ~s конституционные связи

cultural ~s культурные связи

diplomatic ~s дипломатические отношения/связи

Direct Communication L. линия прямой связи (*Россия – США*)

direct telephone ~s (between) линия прямой телефонной связи (между)

economic ~s экономические связи

friendly ~s дружественные связи

growing ~s расширяющиеся связи

Gulf ~s *брит. ист.* «О событиях в районе Персидского залива» (*название радиопрограммы, образовано по сходству с golf links – «площадка для игры в гольф»*)

"Hot Line L." линия прямой связи (*Россия – США*), «горячая линия»

informal ~s неофициальные связи

international ~s международные связи

interstate ~s межгосударственные связи

lasting ~s прочные связи

liaison ~ *воен.* линия связи/взаимодействия

official ~s официальные связи

organic ~s органические связи

reliable ~s надежные связи

satellite television ~ телемост через спутник

security ~s связи органов безопасности двух стран

special ~s особые связи

stable ~ (between) прочная связь (между)

strong ~s прочные связи

terrorist ~s связи с террористами

trade ~s торговые связи

traditional ~s традиционные связи

weak ~ слабое звено

to break diplomatic ~s with a country разрывать дипломатические отношения со страной

to cement ~s укреплять связь

to cut off *one's* ~s with a country разрывать отношения/связи со страной

to damage a country's economic ~s with *smb* наносить ущерб экономическим связям страны с *кем-л.*

to establish ~s between/with *smb* устанавливать связи между/с *кем-л.*

to expand ~s between *smb* расширять связи между *кем-л.*

to extend ~s with *smb* расширять связи с *кем-л.*

to forge ~s with *smb* налаживать/устанавливать связи с *кем-л.*

to have ~s to with a country иметь связи со страной

to loosen ~s ослаблять связи

to maintain ~s with *smb* поддерживать отношения/связи с *кем-л.*

to provide a ~ обеспечивать связь

to re-establish ~s восстанавливать связи/отношения

to reinforce *one's* ~s with a country укреплять свои связи с *какой-л.* страной

to renew/to re-open/to restore/to resume ~s восстанавливать связи/отношения

to set up a direct telephone ~s устанавливать прямую линию телефонной связи

to sever ~s with *smb* разрывать отношения с *кем-л.*

to sever air ~s with a country прерывать воздушное сообщение *с какой-л.* страной

to strengthen ~s укреплять связи

ban on air ~s with a country запрет на воздушное сообщение с *какой-л.* страной

direct ~ between *smth* прямая связь между чем-л.

improvement in ~s between the two countries улучшение отношений между двумя странами

maintenance of ~s поддержание связей

on suspicion of having ~s with *smb* по подозрению в связи с *кем-л.*

questionable ~s with *smb* сомнительные связи с *кем-л.*

resumption of diplomatic ~s (with) восстановление дипломатических отношений (с)

the main ~ in the chain of events главное звено в цепи событий

link II *v* связывать

to ~ up объединяться с *кем-л.*

linkage *n* 1. связь; смычка 2 *полит. жарг.* увязывание отношений между сверхдержавами (*в области разоружения, прав человека, политики в отношении стран «третьего мира» и др.*)

~ between two agreements связь между двумя соглашениями

~ of economic aid to reform связь между экономической помощью и проведением реформ

close ~ тесные связи

economic ~ экономические связи

government-industry ~ правительственно-индустриальный комплекс

inter-industry ~ межотраслевая связь

organic ~ органическая связь

link-up *n* встреча; стыковка; соединение, объединение

~ between two unions объединение двух союзов

lip-service *n* поддержка *чего-л.* на словах

to give ~ to *smth* придерживаться *чего-л.* только на словах

to pay ~ to *smth* поддерживать *что-л.* только на словах

liquid *n экон. жарг.* ликвидные средства

liquidate *v* 1. ликвидировать 2. гасить долги 3. обанкротиться

to ~ *smth* resolutely решительно пресекать *что-л.*

liquidation *n* ликвидация

~ of debts ликвидация/погашение долгов

~ of firm ликвидация фирмы

to go into ~ ликвидироваться

liquidationism *n полит.* ликвидаторство

liquidator *n* ликвидатор

liquidity *n* 1. ликвидность 2. наличность; ликвидные средства

international ~ международные ликвидные средства; международная ликвидность

list I *n* список; перечень; опросный лист/бланк

~ of candidates список кандидатов

~ of desirables список желательных кандидатов

~ of documents перечень документов

~ of goods перечень товаров

~ of honours *брит.* список награжденных

~ of protected buildings список зданий, находящихся под охраной государства

~ of speakers список ораторов

active ~ список кадрового состава; *воен.* список командного состава, состоящего на действительной службе

attendance ~ список присутствующих

banned goods ~ список запрещенных товаров

bigot ~ *развед. жарг.* список лиц, имеющих доступ к сверхсекретной информации

black ~ черный список

commendation ~ *воен.* список представленных к награде

distribution ~ список/реестр рассылки документов

exchange ~ биржевой бюллетень

export ~ список экспортных товаров

free ~ список товаров, не облагаемых пошлиной

hit ~ список критикуемых; *полит. жарг.* список мероприятий

Honours L. *брит.* список награжденных; список пожалованных монархом почетных званий и титулов

housing ~ очередь на жилье

invitation ~ список приглашенных

IRA hit ~ список лиц, подлежащих уничтожению, составленный Ирландской республиканской армией

laundry ~ подробный перечень *чего-л.*; *полит. жарг.* подробное перечисление в речи необходимых планов и мероприятий

mailing ~ список/реестр рассылки документов

membership ~ список членов

nomination ~ список кандидатов

official ~ курсовой бюллетень Лондонской биржи

preliminary ~ первоначальный перечень

price ~ прейскурант, прайс-лист

price preference ~ список товаров, на которые распространяются преференции

priority ~ список *чего-л.* по степени важности/по порядку очередности

registration ~ список избирателей

secret ~ *воен. и пром. жарг.* секретный список (*секретная документация по специальным, обычно военным, исследованиям и разработкам*)

voters'/voting ~ список избирателей

waiting ~ список очередности заявок/заказов, лист ожидания

"wanted" ~ список разыскиваемых преступников

to announce a ~ оглашать список

to appear on a ~ оказаться в списке

to be on a ~ быть в списке

to be on a "wanted" ~ быть в розыске

to be on *smb's* **black** ~ быть у *кого-л.* в черном списке

to be on the "most wanted" ~ находиться в розыске по подозрению в совершении особо опасного преступления

to be on the waiting ~ стоять на очереди

to circulate an attendance ~ просить присутствующих расписаться в списке (*делегатов и т.п.*)

to close the ~ **of speakers** прекращать запись для выступления

to declare the ~ **of speakers closed** объявлять о прекращении записи ораторов

to draw up a ~ составлять список

to enter in a black ~ заносить в черный список

to enter in/on a ~ вносить в список

to establish/to fix a/to make a ~ составлять список

to put *one's* **name on the** ~ **of speakers** записываться в список ораторов

to retain a ~ **of all UN personnel** иметь список всего персонала ООН

to revise a ~ пересматривать список

to shorten a ~ сокращать список

dead people on the voting ~ «мертвые души» в списке избирателей

next speaker on the ~ следующий оратор по списку

priority ~ **of topics** перечень первоочередных вопросов

supplementary ~ **of items** дополнительный список пунктов (*для включения в повестку дня*)

list II *v* перечислять; составлять список

to be ~ed as missing считаться пропавшим без вести

to ~ for service вносить в списки военнообязанных

listener *n* слушатель

foreign ~s зарубежные слушатели

radio ~ радиослушатель

literacy *n* грамотность

economic ~ экономическая грамотность

universal ~ всеобщая грамотность

literate *a* грамотный

literature *n* литература

agitation ~ агитационная литература

foreign ~ зарубежная литература

national ~ национальная литература

political ~ политическая литература

pornographic ~ порнографическая литература

propaganda/propagandistic ~ пропагандистская литература

racist ~ расистская литература

socio-economic ~ социально-экономическая литература

socio-political ~ общественно-политическая литература

Lithuanian I *n* 1. литовец; литовка 2. литовский язык

Lithuanian II *a* литовский

litigant *n* тяжущаяся сторона, сторона в тяжбе

litigation *n* тяжба, гражданский судебный спор/процесс

litigator *n* тяжущаяся сторона, сторона в тяжбе

litigious *a* спорный

liturgy *n церк.* литургия; богослужение

live I *a, adv* в прямом эфире

live II *v* жить

to learn to ~ together учиться жить вместе

loan I *n* заем, кредит

foreign ~s иностранные займы

vital ~ важный заем/кредит

loan II *v* давать взаймы

look I *n* 1. взгляд 2. вид, внешность; выражение

to have a detailed ~ at *smth* подробно рассматривать *что-л.*

to take a comprehensive ~ at the events in всесторонне освещать события *где-л.*

a ~ at the headlines *радио, тлв* прослушайте заголовки/темы новостей

a ~ at the Sunday papers *радио, тлв* прослушайте обзор воскресных газет

here's N. with a ~ at this morning's British newspapers *радио, тлв* обзор сегодняшних утренних британских газет представляет Н.

now a ~ at the latest from the stock markets *радио, тлв* теперь прослушайте последнюю информацию с фондовых бирж

look II *v* (at) глядеть, смотреть (на *что-л.*)

to ~ back оглядываться на прошлое

to ~ elsewhere (for *smth*) обращаться *куда-л.* еще (за *чем-л.*)

loop *n* *правит.* *жарг.* узкий круг советников, имеющих допуск к наиболее секретной информации

loophole *n* лазейка

~ in a treaty лазейка в договоре

tax ~ лазейка в налоговом законодательстве

to exploit a ~ in the regulations пользоваться лазейкой в правилах

to open a ~ открывать лазейку

loose *a* свободный, неприкрепленный

to be on the ~ находиться на свободе

loosening *n* **(up)** послабление

loot I *n* добыча; награбленное

loot II *v* грабить

looter *n* мародер, грабитель

looting *n* грабеж

lord *n* господин; *брит.* лорд; *pl* **(the ~)** палата лордов

L. Chairman of Committees/of Crumbles заместитель председателя палаты лордов

L. Chancellor лорд-канцлер (*спикер палаты лордов и высшее судебное должностное лицо*)

Lords Commissioners лорды-представители казначейства

L. Lieutenant 1) генерал-губернатор Ольстера (*Северная Ирландия*) **2)** лорд-лейтенант, хранитель архива и главный мировой судья графства (*Великобритания*)

L. Mayor лорд-мэр

L. Mayor of London лорд-мэр г. Лондона

~ of the manor помещик

L. Privy Seal лорд-хранитель печати (*министерский пост в Великобритании*)

L. Rector почетный ректор (*университета*)

L. President of the Malaysian Supreme Court лорд-председатель Верховного суда Малайзии

Chief Law L. главный лорд-судья (*Великобритания*)

Conservative L. член палаты лордов-консерваторов

drug ~ главарь наркомафии, заправила наркобизнеса, наркобарон

feudal ~ феодал

First Sea L. Лорд Адмиралтейства (*военно-морской министр Великобритании*)

press ~s газетные короли

First L. of the Admiralty Лорд Адмиралтейства (*военно-морской министр Великобритании*)

First L. of the Treasury первый лорд казначейства (*премьер-министр Великобритании*)

House of Lords *брит.* палата лордов

L. Justice судья кассационного суда

Lords Spiritual епископы – члены палаты лордов

Lords Temporal светские члены палаты лордов

wearing in of a new L. Mayor приведение к присяге нового лорда-мэра

lose *v* терять, нести потери/убытки

to ~ boldly терпеть серьезное поражение

to ~ from *smth* проигрывать от *чего-л.*

to ~ out проигрывать (*в результате подписания договоров, соглашений и т.п.*)

to ~ to *smb* лишаться голосов в пользу *кого-л.*

loser *n* проигравший

~ in a war проигравший войну

vote ~ for the government член правительства, наличие которого будет стоить правящей партии многих голосов избирателей

loss *n* убыток; потеря; ущерб; утрата; проигрыш

~ in foreign exchange потери иностранной валюты

~es in killed and wounded потери убитыми и ранеными

~es in manpower and materiel потери в живой силе и технике

~ of efficiency снижение/падение эффективности

~ of face потеря престижа

~ of independence утрата независимости

~ of innocent life гибель ни в чем не повинных людей

~ of job потеря рабочего места

~ of life человеческие жертвы

~ of nationality утрата гражданства

~ of personal image потеря престижа/имиджа

~ of work снижение эффективности работы

~ on exchange потери на валютном обмене

air-to-air ~ потеря самолета в воздушном бою

bad ~es большие потери

big election ~es потери большого количества голосов на выборах

big job ~es потеря большого числа рабочих мест

business ~ снижение деловой активности

considerable ~es значительные потери

crop ~es потери урожая

dead ~es чистые убытки

direct ~es прямой ущерб

economies ~es экономический ущерб

election ~es потеря голосов на выборах

exchange ~es потери/сокращение валютных резервов

heavy ~es большие/крупные потери

incalculable ~es неисчислимые потери

inherent ~s неустранимые потери

job ~es потеря рабочих мест

light ~ незначительная/малая потеря

material ~es материальные потери, материальный ущерб

moral ~es моральный ущерб

net ~ чистый убыток

operation ~es убытки при эксплуатации

post-harvest food ~es потери после уборки урожая

potential ~es возможные потери
production ~es производственные потери
severe ~ большой убыток; тяжелая потеря
state-wide ~ поражение в масштабах штата
tax ~es потери государства из-за уклонения от уплаты налогов
territorial ~ потеря территории
total ~es общие потери
trading ~ торговый ущерб
war ~s военные потери
windfall ~es непредвиденные потери
working ~es производственные потери
yield ~es потери урожая
to accept the ~es принимать на себя убытки
to cover ~es покрывать убытки
to incur ~es терпеть убытки; нести потери
to inflict heavy ~es причинять/наносить серьезные потери
to investigate ~es расследовать потери
to make ~es наносить убытки (*экономические*)
to make good for a ~ возмещать убыток
to meet ~es покрывать убытки
to record ~es учитывать/регистрировать потери
to recover ~es возмещать потери
to reduce ~es снижать потери/убытки
to result in some ~ **of life** оканчиваться человеческими жертвами
to stem *one's* ~es приостанавливать потери
to suffer/to sustain ~es нести потери
great/heavy ~ **of life** большие человеческие жертвы
not without ~ **to** *smb* не без потерь для *кого-л.*
reparation replacement of the ~es возмещение убытков
loss-maker *n* убыточное предприятие
loss-making *a* убыточный, нерентабельный
lot *n* **1.** участь, доля, судьба; жребий **2.** масса; группа (*людей*); партия (*изделий*); *pl* громадное количество
to cost ~s бросать жребий
to draw ~s тянуть жребий
to improve *one's* ~ улучшать свою жизнь; улучшать материальное положение
to improve the ~ **of the people** улучшать народную долю
by ~ в результате жеребьевки
loud-hailer *n* рупор
loudspeaker *n* громкоговоритель
love *n* любовь
brotherly ~ братская любовь
love-in *n* объятия сторонников мира и дружбы между разными странами
low *n* низкий уровень
all-time ~ самый низкий курс (*валюты, акций*), самый низкий уровень (*цен*)
at an all time ~ на рекордно низком уровне
low-key *a фин.* сдержанный, скромный
low-paid *a* низкооплачиваемый
low-profile *a* сдержанный, скромный

loyal *a* верный, лояльный
to remain ~ **(to)** оставаться лояльным/верным (*кому-л.*)
loyalist *n* **1.** верноподданный; приверженец существующего строя **2.** человек, преданный *кому-л.* **3.** «лоялист» (*член протестантской политической группы в Северной Ирландии, выступающий за укрепление ее связей с Великобританией*)
loyalty *n* лояльность; верность; преданность
~ **to the sovereign** верность монарху
personal ~ личная преданность
political ~ верность политическим идеалам
steadfast ~ непоколебимая преданность
tribal ~ верность роду/племени
to buy the ~ **of those who have been wavering** добиваться поддержки колеблющихся
to exercise ~ проявлять верность
to hype *one's* ~ **to** *smb* шумно заявлять о своей преданности *кому-л.*
to pledge *one's* ~ **to a government** давать обещания в лояльности правительству
to underpin *one's* ~ **to** *smb* подкреплять свою верность *кому-л.*
to win back *smb's* ~ вновь завоевывать *чью-л.* преданность
boundless ~ **to** *smb* беззаветная преданность *чему-л.*
countries with different political ~s страны различной политической ориентации
display of ~ демонстрация лояльности
profound ~ **to the ease of peace** глубокая преданность делу мира
their ~ **is in question** их верность вызывает сомнения
Luftwaffe *n нем. ист.* люфтваффе (*военно-воздушные силы гитлеровской Германии*)
lukewarm *a* прохладный
to be ~ **about** *smth* прохладно относиться к *чему-л.*
lull *n* затишье (*в боях*)
overnight ~ затишье в боевых действиях, продолжавшееся всю ночь
there has been a ~ **in the fighting** бои стихли
lulu *n правит. жарг.* не подлежащая отчетности определенная сумма, выплачиваемая членам Конгресса на покрытие расходов, связанных с выполнением их обязанностей
luminary *n* светило
party ~ выдающийся деятель партии
lure *v* манить
to ~ *smb* **away from a firm** переманивать *кого-л.* из фирмы
Lutheran I *n рел.* лютеранин; лютеранка
Lutheran II *a рел.* лютеранский
Lutheranism *n рел.* лютеранство
luxury *n* **1.** роскошь **2.** излишества, предметы роскоши
to wallow in ~ купаться в роскоши
lynch *v* линчевать
lynching *n* линчевание

M

mace *n* булава *(символ власти)*; жезл *(председателя палаты представителей)*
machination *n* махинации, интриги
  political ~ политические махинации
machine *n* машина, механизм; организационный аппарат
  administrative ~ административный аппарат
  all-powerful military ~ всесильная военная машина
  calculating ~ счетная вычислительная машина
  caretaker ~ временное правительство
  city ~ политическая организация *какой-л.* партии в масштабах города
  docile voting ~ послушная машина голосования
  duplicating ~ дубликатор
  electronic data processing ~ компьютер для обработки данных
  electoral ~ машина по организации выборов
  government ~ государственный аппарат, государственная машина
  legislative ~ законодательный аппарат
  military ~ военная машина страны
  military-police ~ военно-полицейская машина
  party ~ партийный аппарат
  planning ~ аппарат планирования
  political ~ политическая машина
  state ~ государственный аппарат, государственная машина
  voting ~ машина для голосования; машина для подсчета голосов
  war ~ военная машина
  well-oiled ~ хорошо отлаженная машина
  to build up a military ~ создавать вооруженные силы
  to dismantle the military ~ *перен.* разоружаться
  refurbishment of the military ~ обновление военной машины
machine-gun *n* пулемет
machinery *n* 1. механизм, аппарат 2. техника, оборудование, машины
  ~ **for international cooperation** механизм международного сотрудничества
  ~ **of society** структура общества
  ~ **of the UN system** аппарат системы ООН
  administration ~ административный аппарат
  agricultural ~ сельскохозяйственная техника
  automatic ~ автоматика
  capacity ~ капитальное оборудование
  computing ~ компьютерная техника

control ~ контрольный аппарат/механизм
coordinating ~ координационный аппарат
counterintelligence ~ контрразведывательный аппарат
disarmament ~ механизм разоружения
flexible ~ гибкая организация; гибкий административный аппарат
follow-up ~ механизм последующей деятельности
international ~ международный механизм
military ~ военная машина
modern ~ современная/передовая техника
negotiations ~ механизм ведения переговоров
organizational ~ организационный аппарат
overall ~ общий механизм
peace-keeping ~ механизм по поддержанию мира
planning ~ механизм планирования
political ~ политический аппарат
productive ~ производительная техника
publicity ~ средства пропаганды
repression/repressive ~ репрессивный аппарат
rumor ~ машина распространения слухов
state ~ государственный аппарат
up-to-date ~ новейшая техника
wage-bargaining ~ механизм ведения переговоров о повышении зарплаты
to break up the state ~ разрушать государственный аппарат
to buy ~ **abroad** закупать оборудование за границей
to destroy the state ~ разрушать государственный аппарат
to employ international ~ **for** *smth* использовать международный механизм/аппарат для *чего-л.*
to improve the state ~ совершенствовать государственный аппарат
to introduce automatic ~ внедрять автоматику
to set up ~ создавать аппарат/механизм
machtpolitik *n полит. жарг. нем.* политика силы
macroeconomics *n* макроэкономика
Mafia *n* мафия
  eco ~ «экомафия» *(мафия, наносящая ущерб окружающей среде, например, путем сбрасывания радиоактивных отходов вместо надлежащего захоронения)*
  to root out the ~ искоренять мафию
  to stand up to the ~ идти против мафии
mafia-style *a* в стиле мафии
mafioso *n* мафиози
magazine I *n* журнал, периодическое издание
  glamour ~ глянцевый журнал
  illustrated ~ иллюстрированный журнал
  literary ~ литературно-художественный журнал
  weakly ~ еженедельный журнал
  to launch a ~ начинать выпуск журнала

magazine II *attr* журнальный
magistracy *n* магистратура
magistrate *n* председатель полицейского суда, судья низшей инстанции
  to appear before a ~ представать перед судьей низшей инстанции
magnate *n* магнат
  financial ~ финансовый магнат
  land ~ земельный магнат
  media ~ медиамагнат
  oil ~ нефтяной магнат
magnolia *n полит. жарг.* магнолия (*кто-л. или что-л. с юга США*)
mail *n* почта, корреспонденция; рассылка
  diplomatic ~ дипломатическая почта
  direct ~ прямая рассылка
  electronic ~ электронная почта
  foreign ~ заграничная корреспонденция/почта
  outgoing ~ исходящая почта
  private ~ личная почта
  registered ~ заказное почтовое отправление
  pouch of diplomatic ~ сумка с дипломатической почтой
mail *v* отправлять по почте
mainstay *n* опора
  reliable ~ надежная опора
mainstream I *n полит.* центр
  to move to the ~ сдвигаться ближе к центру
mainstream II *a* центристский
maintenance *n* 1. поддержка; сохранение 2. содержание; техническое обслуживание; поддержание (*порядка и т.п.*); уход, эксплуатация
  ~ of buildings and equipment техническое обслуживание зданий и оборудования
  ~ of instrumentation обслуживание контрольно-измерительных приборов
  ~ of law and order поддержка правопорядка
  ~ of peace поддержание/защита мира; сохранение мира
Majesty *n* Величество (*титулование*)
  Her M. the Queen Ее Величество Королева
  Your M. Ваше Величество
Majlis *n* меджлис
major *n* майор
major-general генерал-майор
majority *n* 1. большинство 2. *юр.* совершеннолетие, возраст совершеннолетия
  ~ in favor of *smth* большинство, выступающее за *что-л.*
  ~ in parliament парламентское большинство
  ~ is certain большинство обеспечено
  ~ is heavily for Mr. S. подавляющее большинство выступает за г-на С.
  ~ is unworkable большинства недостаточно для нормальной работы
  ~ of members present and voting большинство присутствующих и участвующих в голосовании членов
  ~ of nearly two to one against the bill большинство два к одному против законопроекта

~ of one большинство в один голос
~ of votes большинство голосов
absolute ~ абсолютное большинство
assured ~ гарантированное/обеспеченное большинство
bare ~ незначительное большинство
big/broad ~ значительное большинство
caucus ~ *брит.* подтасованное большинство
clear(-cut) ~ явное большинство
comfortable ~ значительное большинство
conservative ~ консервативное большинство
considerable ~ значительное большинство
crushing ~ подавляющее большинство
decisive ~ решающее большинство
democratic ~ демократическое большинство
distributed ~ большинство по особому распределению
firm ~ простое большинство
government ~ правительственное большинство
great ~ значительное большинство
increased ~ возросшее большинство
insignificant ~ незначительное большинство
insufficient ~ недостаточное большинство
landslide ~ подавляющее большинство
large ~ значительное большинство
marginal ~ недостаточное большинство
massive ~ значительное большинство
narrow ~ недостаточное большинство
necessary ~ необходимое большинство
outright/overall ~ абсолютное/явное большинство
overwhelming ~ подавляющее большинство
parliamentary ~ парламентское большинство
qualified ~ квалифицированное большинство
quiet ~ молчаливое большинство
relative ~ относительное большинство
requisite ~ требуемое большинство
right-wing ~ правое большинство
second reading ~ большинство голосов при втором чтении законопроекта в парламенте
shoe-string ~ незначительное большинство
silent ~ молчаливое большинство
simple ~ простое большинство
slender/slim/small ~ незначительное большинство
stable ~ прочное большинство
substantial ~ значительное большинство
sweeping ~ подавляющее большинство
two-thirds ~ большинство в 2/3 голосов
unstable ~ непрочное большинство
vast ~ значительное большинство
workable/working ~ большинство, достаточное для нормальной работы
to accept the will of the ~ подчиняться воле большинства
to achieve a ~ добиваться большинства
to adopt *smth* **by ~** принимать *что-л.* большинством голосов
to assemble ~ набирать большинство голосов
to attain *one's* **~** достигать совершеннолетия

to barely cling to *one's* ~ с трудом сохранять свое большинство

to be carried by a ~ быть принятым большинством голосов

to be elected by a ~ быть избранным большинством голосов

to be in the ~ находиться в большинстве

to break *smb's* ~ нарушать чье-л. большинство

to build a ~ создавать большинство

to carry the ~ получать большинство (*голосов и т.п.*)

to cobble together a ~ сколачивать большинство

to command a ~ располагать большинством, пользоваться поддержкой большинства

to concede to a ~ подчиняться решению большинства

to constitute a ~ составлять большинство

to create ~ **against oneself** восстанавливать большинство против себя

to cut *smb's* ~ уменьшать большинство голосов, подаваемых за *кого-л.*

to decide by a ~ постановлять большинством голосов

to elect *smb* **by a** ~ избирать *кого-л.* большинством голосов

to enjoy a ~ иметь большинство

to fall short of the ~ **needed** не набирать необходимого большинства голосов

to form a ~ составлять большинство

to gain/to get a ~ получать большинство голосов

to give ruling party only a bare ~ давать правящей партии лишь незначительное большинство

to have ~ **over** *smb* получать больше голосов, чем *кто-л.*

to leave it to the decision of the ~ оставлять на усмотрение большинства

to lose the ~ лишаться большинства

to muster a two-thirds ~ набирать большинство в две трети голосов

to obtain an assurance of a stable parliamentary ~ обеспечивать себе прочное большинство в парламенте

to overturn a party's ~ лишать *какую-л.* партию большинства голосов избирателей

to receive a ~ получать большинство голосов

to reduce *smb's* ~ уменьшать *чье-л.* большинство

to re-elect *smb* **by a** ~ переизбирать *кого-л.* большинством голосов

to rely on an assured ~ полагаться на обеспеченное большинство

to resolve an issue on a simple ~ решать спорный вопрос простым большинством голосов

to return *smb* **with increased** ~ переизбирать *кого-л.* большим числом голосов, чем в предыдущий раз

to secure an overall ~ добиваться абсолютного большинства

to slash the government's ~ **in Congress** сокращать/уменьшать правительственное большинство в Конгрессе

to speak for the ~ выражать волю большинства

to strengthen one's ~ увеличивать свое большинство

to swing the ~ **in Parliament one's way** привлекать парламентское большинство на свою сторону

to vote in favor of *smth* **by a clear** ~ проголосовать за *что-л.* явным большинством

to win a ~ получать большинство голосов

by a ~ **of** большинством в

by a 9 to 2 ~ большинством в девять членов против двух

by a simple ~ простым большинством

by a two-thirds ~ большинством в две трети

size of the ~ величина большинства

maker *n* создатель, творец; организатор

coup ~ организатор переворота

foreign policy ~ творец внешней политики

policy ~ автор политики; человек, делающий политику

makeup *n* **1.** состав, структура **2.** характер

~ **of a delegation** состав делегации

~ **of a government** состав правительства

~ **of manpower** структура рабочей силы

population ~ **according to sex and age** половозрастная структура населения

the current political ~ (*somewhere*) существующая расстановка политических сил (*где-л.*)

making *n* формирование; принятие (*решений*)

day-to-day decision ~ повседневное принятие решений

decision ~ принятие решения

opinion ~ формирование общественного мнения

policy ~ разработка политики

a more decentralized system of decision ~ большая децентрализация при принятии решений

approach to policy ~ метод выработки политики

maladjustment *n* несоответствие; диспропорция; нарушение

signs of ~ признаки несоответствия/диспропорции

maladministration *n* плохое, неэффективное управление

malaise *n* болезнь; напасть

economic ~ болезнь экономики, экономическая болезнь

political ~ политическая болезнь

to cure a country's economic ~ налаживать экономику страны

malcontent *n* недовольный человек, оппозиционер

maldistribution *n* неправильное распределение, диспропорция в распределении ресурсов

malfeasance *n юр.* должностное преступление

malfunction *n* неисправность в работе; отказ (*механизма и т.п.*)

malnourishment *n* недостаточное питание

malnutrition *n* недоедание; недостаточное питание

 to die of ~ умирать от недоедания

 to fight ~ бороться с недоеданием

malpractice *n* незаконные действия

 electoral ~ подтасовка выборов

Malthusian *n* мальтузианец

Malthusian *a* мальтузианский

Malthusian *n* мальтузианство

maltreat *(smb) v* плохо обращаться (*с кем-л.*)

man I (*pl* **men**) *n* человек, *pl* люди

 ~ **of business** деловой человек

 ~ **of culture** культурный человек

 ~ **of the day** герой дня

 ~ **of destiny** человек, ниспосланный судьбой

 ~ **of distinction** выдающийся человек

 ~ **of experience** опытный человек; квалифицированный работник

 ~ **of the middle** центрист

 ~ **of moderation** человек умеренных взглядов

 ~ **of peace** сторонник мира

 ~ **of the people** человек из народа

 ~ **of principle** принципиальный человек

 ~ **of property** человек-собственник

 ~ **of straw** *разг.* фиктивный претендент

 ~ **of violence** сторонник насилия

 ~ **on horseback** *разг.* военный диктатор; человек, достигший высокого положения

 advance ~ посланник, прибывший в другую страну для подготовки визита главы государства

 All the President's men «Вся президентская рать» (*ближайшее окружение президента США*)

 anchor ~ ведущий теле/радио программы; главный комментатор; обозреватель

 best ~ кандидат на пост президента США, избранный съездом

 butterfly ~ «летун» (*человек, часто меняющий место работы*)

 button ~ *жарг.* рядовой член мафии

 career ~ профессиональный дипломат

 contact ~ *разг.* пресс-секретарь

 cut-off ~ *развед. жарг.* агент-связник

 enlisted ~ рядовой

 environment protection ~ сотрудник управления по охране окружающей среды

 Government ~ (**G-man**) агент ФБР

 grand old ~ республиканец

 hatchet ~ *жарг.* наемный убийца

 heavy ~ *жарг.* наркокурьер

 hold-up ~ бандит, налетчик

 indispensable ~ *тж ирон.* незаменимый человек

 inside ~ тайный агент внутри *какой-л.* организации

 IRA ~ член организации «Ирландская республиканская армия»

 key ~ ключевая фигура

 leading party ~ руководящий деятель партии

 man-of-war's ~ военный моряк

 media ~ работник средств массовой информации

 military ~ военный, военнослужащий

 nine old ~ члены Верховного суда США

 odd ~ решающий голос

 powerful ~ человек, обладающий большой властью

 practical ~ практичный человек

 primitive ~ первобытный человек

 public ~ общественный/публичный человек

 reasonable ~ *юр. жарг.* разумный человек (*как абстрактный эталон для оценки человеческого поведения*)

 right ~ *перен.* «правая рука»

 sandwich ~ человек-реклама (*с рекламными щитами на груди и спине*)

 scientific ~ ученый

 secret service ~ агент/сотрудник спецслужбы

 security ~ сотрудник службы безопасности

 straw ~ кандидат, выставленный с целью отвлечь голоса избирателей от кандидата другой политической группировки

 strong ~ сильная личность

 the most wanted ~ главный разыскиваемый подозреваемый

 top ~ руководитель, глава

 treasury ~ (**T-man**) *разг.* налоговый инспектор

 university ~ человек с университетским образованием

 wanted ~ разыскиваемый человек

 well-informed ~ хорошо осведомленный человек

 to be a ~ **of vision** обладать широким кругозором

 to infiltrate men into country забрасывать людей в *какую-л.* страну

 to reveal men of distinction выявлять выдающихся людей

 grand old ~ **of the right** правый республиканец

man II *v* укомплектовывать личным составом

manageability *n* управляемость

management *n* **1.** управление, руководство, регулирование **2.** администрация, дирекция, руководство, менеджмент

 ~ **by administration command** управление командно-административными методами

 ~ **of economy** управление экономикой

 ~ **of enterprise** руководство/менеджмент предприятия

 administrative ~ административное руководство

 agricultural ~ управление сельским хозяйством

automated ~ автоматизированное управление

business ~ управление коммерческими предприятиями

competent ~ квалифицированное руководство

crisis ~ кризисное управление

data ~ обработка данных

day-to-day ~ повседневное руководство

economic ~ экономическое управление, руководство экономикой

factory ~ управление предприятием

financial ~ управление финансовой деятельностью

forest ~ управление лесным хозяйством

general economic ~ общее хозяйственное управление

hazardous waste ~ утилизация вредных отходов

headquarters ~ администрация центрального учреждения

industrial ~ организация производства; управление промышленными предприятиями

inefficient ~ бесхозяйственность; неумелое хозяйствование

integrated ~ объединенное управление

job ~ организация труда

land ~ землеустройство

manpower ~ руководство кадрами

middle ~ средний управленческий персонал

natural resources ~ управление природными ресурсами

one-man ~ единоначалие

operational ~ оперативное руководство

personnel ~ управление персоналом

poor ~ низкий уровень управления

production ~ управление производством

program ~ программное управление; руководство программой

project ~ руководство проектом

records ~ делопроизводство

resource ~ управление ресурсами

scientific ~ научные методы управления; научное управление

self ~ самоуправление

social ~ социальное управление

system ~ системное руководство

technology ~ управление научно-техническим развитием/прогрессом

top ~ высшее руководство, топ-менеджмент

traffic ~ организация движения *(дорожного и т.п.)*

water ~ водное хозяйство

water resources ~ управление водными ресурсами

to improve ~ улучшать руководство

to interfere in ~ вмешиваться в управление

to perfect ~ совершенствовать управление

to reinforce the ~ усиливать руководство

administrative methods of ~ административные методы управления/хозяйствования

balanced ~ **of world resources and environment** сбалансированное управление мировыми ресурсами и окружающей средой

democratization of ~ демократизация управления

object of ~ объект управления

reorganization of ~ реорганизация управления

structure of ~ структура управления

manager *n* начальник, руководитель; директор, заведующий; управляющий, менеджер

assistant ~ помощник руководителя

business ~ управляющий делами

campaign ~ руководитель предвыборной кампании

deputy ~ заместитель руководителя

floor ~ *парл.* руководитель обсуждения законопроекта

executive ~ исполнительный директор

General M. генеральный директор

House ~ уполномоченный палаты представителей, которому поручается руководство обвинениями в Сенате *(по импичменту)*

labor ~ менеджер по персоналу

office ~ офис-менеджер

personnel ~ менеджер по персоналу

planning ~ руководитель планового отдела

plant ~ директор завода/фабрики

production ~ руководитель производства

program ~ руководитель программы

project ~ руководитель проекта

research ~ научный руководитель

sales ~ коммерческий директор, менеджер по продажам

specialist ~ управляющий-специалист

staff ~ менеджер по персоналу

team ~ руководитель группы

technical ~ технический руководитель

top ~ главный управляющий, топ-менеджер

upper ~ руководитель высшего звена

managerial *a* управленческий, административный, директорский

mandarin *n брит. правит. жарг.* высокопоставленный чиновник

mandate *n* мандат, полномочия, поручения

~ **for negotiations** мандат на ведение переговоров

legislative ~ законодательные полномочия

open-ended ~ полномочия на неограниченный срок

popular ~ мандат от народа

Security Council ~ мандат Совета Безопасности

UN ~ мандат ООН

voter's ~ наказ избирателей

to betray one's ~ не оправдывать доверия избирателей

to carry out one's ~ действовать в соответствии со своим мандатом

to establish ~ **s on** *smth* устанавливать мандаты на *что-л.*

to exceed a ~ выходить за рамки полномочий

to exercise *one's* ~ осуществлять свои полномочия

to extend *smb's* ~ продлевать *чей-л.* мандат/*чьи-л.* полномочия

to fail in *one's* ~ не справляться со своими обязанностями

to fulfil *one's* ~ осуществлять свои полномочия

to get a ~ **from the electorate to do** *smth* получать наказ от избирателей делать *что-л.*

to give a ~ **to** *smb* предоставлять полномочия *кому-л.*

to go beyond *one's* ~ превышать свои полномочия

to have the ~ **to do** *smth* иметь полномочия делать *что-л.*

to have the international ~ **to use force** иметь санкцию международного сообщества на применение силы

to obtain a ~ **for** *smth* получать мандат на *что-л.*

to renew a ~ возобновлять полномочия; продлевать мандат

to weaken a candidate's ~ сокращать/уменьшать полномочия кандидата

to win a ~ завоевывать мандат

clear ~ **for** *smb* четкие полномочия; прямой наказ *кому-л.*

mandatory *a* мандатный; обязательный, принудительный

maneuver I *n* **1.** маневр, ход, шаг **2.** *pl воен.* маневры, учения **3.** хитрый план, интрига

~ **of politicians** интриги политиканов

army ~**s** армейские маневры

behind-the scenes ~**s** закулисные маневры

combined ~**s** совместные учения (*различных родов войск*)

diplomatic ~**s** дипломатические маневры

election ~**s** предвыборные маневры

joint ~**s** совместные маневры

large-scale military ~**s** крупномасштабные маневры

naval ~**s** военно-морские маневры

propaganda ~**s** пропагандистские маневры

tactical ~ тактический маневр

troop ~**s** маневры войск

to check on military ~**s** наблюдать за ходом военных учений

to demand to inspect a country's military ~**s** требовать разрешения присутствовать на военных маневрах страны в качестве наблюдателя

to held military ~**s** проводить военные маневры

to limit *smb's* **freedom of** ~ ограничивать свободу маневрирования для *кого-л.*

to notify *smb* **in advance about military** ~**s** оповещать *кого-л.* заблаговременно о предстоящих военных маневрах

to publicize military ~**s in advance** заранее оповещать о военных учениях

to resort to behind-the-scenes ~**s** прибегать к закулисным маневрам

to undertake ~**s** проводить маневры

inspection of ~**s** наблюдение за проведением маневров

room for ~ пространство для проведения маневра

verification of ~ контроль за проведением маневров

maneuver II *v* **1.** *полит.* маневрировать, интриговать **2.** *воен.* проводить маневры

maneuverer *n* тактик

political ~ хороший тактик в политике

maneuvering *n* маневрирование

diplomatic ~ дипломатическое маневрирование

political ~ политическое маневрирование

social ~ социальное маневрирование

manhunt *n* розыск преступника, облава; погоня

to launch/to start a ~ **for** *smb* начинать розыск *кого-л.*

mania *n* мания

spy ~ шпиономания

manifest I *v* ясно показывать, проявлять

to ~ **itself** проявляться

manifest II *a* очевидный, явный

manifestation *n* показ, проявление; манифестация, демонстрация

~ **of force** демонстрация/проявление силы

~ **of goodwill** проявление доброй воли

~ **of racism** проявления расизма

~ **of unity** демонстрация единства

tangible ~ ощутимое проявление

to struggle against ~ **of nationalism and chauvinism** бороться с проявлениями нацизма и шовинизма

manifesto *n* манифест; предвыборная программа

election ~ предвыборный манифест (*партии*)

party ~ манифест партии

Peace M. Манифест мира

political ~ политический манифест

to address a ~ **to** *smb* обращаться с манифестом к *кому-л.*

to issue/to launch a/to put out a ~ издавать манифест

man-in-the-street *n* первый встречный; человек с улицы; рядовой гражданин

manipulate *v (smb)* манипулировать (*кем-л.*)

manipulation *n* манипулирование; махинация; подтасовка

~ **on stock exchange** биржевые спекуляции

currency ~ спекуляции на валютной бирже

mankind *n* человечество

all ~ все человечество

progressive ~ прогрессивное человечество

to preserve ~ **from the danger/threat of war** оберегать человечество от опасности/угрозы войны

self-preservation of ~ самосохранение человечества

manner *n* манера, способ, форма

in a legal ~ в законной форме

manning *n воен.* укомплектование личным составом; обеспечение обслуживающим персоналом

    mixed ~ воинское подразделение, состоящее из войск разных государств (*напр. войска ООН*)

manoeuvre *n брит. см.* **maneuver**

man-of-war *n* военный корабль

manor *n брит. жарг.* полицейский округ; полицейское подразделение

manpower личный состав; персонал; рабочая сила; людские ресурсы

    badly needed ~ крайне необходимые людские ресурсы

    cheap ~ дешевая рабочая сила

    educated ~ обученные кадры

    high-level ~ кадры высшей квалификации

    highly trained ~ хорошо подготовленные кадры

    industrial ~ кадры промышленности

    low-paid ~ дешевая рабочая сила

    military ~ военный персонал; войска

    qualified ~ квалифицированная рабочая сила

    scientific ~ научные кадры

    semi-skilled ~ полуквалифицированные кадры

    skilled ~ квалифицированная рабочая сила

    technological ~ инженерно-технические кадры

    trained ~ профессионально подготовленная рабочая сила

    unqualified/unskilled ~ неквалифицированная рабочая сила

    to lose ~ терять кадры, лишаться кадров

    to misdirect ~ неправильно распределять рабочую силу

    to provide an adequate supply of skilled ~ обеспечивать подготовку квалифицированных кадров в достаточном количестве

    fluctuation of ~ текучесть рабочей силы

    rational use of ~ рациональное использование кадров

    redundancy of ~ избыток рабочей силы

    shortage of ~ нехватка/недостаток рабочей силы

    surplus of ~ излишек рабочей силы

manslaughter *n* человекоубийство

    involuntary ~ *юр.* непредумышленное убийство

mantle *n* мантия

    to take up *smb's* ~ *перен.* быть продолжателем *чьего-л.* дела

manufacture I *n* **1.** производство, изготовление **2.** обработка

    capitalist ~ капиталистическое производство

    domestic ~ отечественное производство

    full-scale ~ полномасштабное производство

    home ~ отечественное производство

    illicit ~ подпольное производство

    large-scale ~ крупносерийное/крупномасштабное производство

    small-scale ~ мелкое/мелкосерийное производство

    wholesale ~ массовое производство

manufacture II *v* производить, изготовлять

manufacturer *n* производитель

    arms ~ производитель оружия

    car ~ производитель автомобилей

    foreign ~ иностранный производитель

    military ~ предприятие по производству оружия

    weapons ~ производитель вооружения

manufacturing I *n* производство, обработка; обрабатывающая промышленность

manufacturing II *a* промышленный

Maoism *n* маоизм

Maoist I *n* маоист

Maoist II *a* маоистский

map *n* :

    political ~ расклад политических сил

    to put *smb* **on the** ~ *перен. разг.* рекламировать *кого-л.*

    to redraw the ~ перекраивать карту

marauding *n* мародерство

march I *n* марш, демонстрация, шествие, поход

    ~ **for life** марш во имя жизни

    ~ **in defiance of the ban** демонстрация вопреки запрещению

    ~ **in memory of** *smb/smth* демонстрация, посвященная памяти *кого-л./чего-л.*

    ~ **in protest against** *smth* демонстрация протеста против *чего-л.*

    ~ **of events** ход событий

    ~ **of peace** марш мира

    ~ **passed off peacefully** демонстрация прошла мирно

    anti-government ~ антиправительственная демонстрация

    civil rights ~ демонстрация в защиту гражданских прав

    huge ~ массовая демонстрация

    survival ~ марш-протест за выживание (*против нищеты, безработицы и т.п.*)

    torch-light ~ факельное шествие

    to ban ~ запрещать демонстрацию

    to break up ~ разгонять демонстрацию

    to call off ~ отменять демонстрацию

    to hold ~ проводить демонстрацию

    to organize a ~ организовывать поход/демонстрацию

    to stage ~ организовывать демонстрацию

    protest ~ **against** *smth* демонстрация/марш протеста против *чего-л.*

march II *v* маршировать, участвовать в демонстрации

    to ~ **on an embassy** организовывать демонстрацию к посольству

    to ~ **past the embassy** проходить у стен посольства (*о демонстрации*)

    to ~ **through the streets** проходить по улицам (*о демонстрации*)

marcher *n* участник демонстрации/марша/похода

march-past *n* парад *(военный)*, шествие

~ **of civilians** прохождение демонстрации мимо правительственных трибун

margin *n* **1.** минимум, нижняя грань, предел **2.** разница, преимущество, большинство **3.** прибыль, маржа, наценка

~ **of error** предел погрешностей

~ **of fluctuations** граница/предел колебаний *(валют, курсов)*

~ **of profit** чистый доход, прибыль, норма прибыли

~ **of protection** степень протекционизма

~ **of safety** *воен. и полит. жарг.* военное превосходство

~ **over** *one's* **rival** преимущество перед противником *(на выборах)*

admissible ~ допустимый предел

comfortable/enormous ~ значительное большинство

external ~ внешний предел

fixed ~ твердая наценка

gross ~ валовая прибыль

internal ~ внутренний предел

lopsided ~ подавляющее большинство

marketing ~ торговая наценка

narrow ~ незначительное большинство

overwhelming ~ подавляющее большинство голосов

preference/preferential ~s преференциальные льготы; размеры преференциальных льгот

profit ~ **1)** чистая прибыль **2)** коэффициент прибыли

safety ~ гарантийный резерв

small ~ незначительное большинство

trade and transport ~s торгово-транспортные наценки

wide ~ значительное большинство

to approve *smth* **by a narrow** ~ одобрять *что-л.* незначительным большинством голосов

to have a 10 per cent ~ **over** *one's* **rival** получать преимущество в 10% голосов перед своим противником

to vote by an enormous ~ **against** *smb* голосовать значительным большинством голосов против *кого-л.*

to win by a huge ~ побеждать на выборах, получив значительно больше голосов, чем соперник

10 per cent ~ преимущество в 10% голосов

by a comfortable ~ значительным большинством

by a wide ~ на значительную величину

by an overwhelming ~ подавляющим большинством голосов

the necessary 15 per cent ~ **of victory** 15 % голосов противника, необходимых для победы в первом туре голосования

within the ~ **of** *smth* в рамках *чего-л.*

marginal *a* **1.** крайний, предельный; маргинальный, незначительный; частичный; до-

полнительный; неполный; второстепенный **2.** критический, решающий,

marginalize *v* оттеснять *(кого-л.)* на политическую обочину, уменьшать *чье-л.* политическое влияние

marihuana, marijuana *n* марихуана

marine I *n* **1.** морской пехотинец **2.** морской транспорт

mercantile/merchant ~ торговый флот

marine II *a* морской

maritime *a* морской

mark I *n* **1.** знак, метка; клеймо **2.** *ист.* марка *(денежная единица Германии до введения евро)*

trade ~ товарный/фирменный знак

mark II *v* **1.** отмечать *(напр. годовщину)* **2.** выделять, отличать **3.** обозначать, регистрировать

market I *n* **1.** рынок **2.** биржа **3.** торговля, продажа, сбыт

~ **is steady** рынок устойчив

~ **went into a dive** курс акций резко упал

~ **will resume its upward progress** курс акций на фондовой бирже снова будет подниматься

active ~ активный рынок

bear ~ падающий рынок ценных бумаг

black ~ черный рынок

bond and equity ~ рынок ценных бумаг

booming ~ процветающий рынок

bull ~ растущий рынок ценных бумаг

bullion ~ рынок благородных металлов

capital ~ рынок долгосрочного ссудного капитала

Central American Common M. (CACM) Центральноамериканский общий рынок *(ЦАОР)*

colonial ~ колониальный рынок

combined ~ объединенный рынок

commodity ~ товарный рынок

competitive ~ конкурирующий рынок

currency ~ валютная биржа

cut-throat ~ ожесточенная рыночная конкуренция

developed economics ~s рынки развитых стран

domestic ~ отечественный рынок

dull ~ вялый рынок

Eurocurrency ~ евровалютный рынок

exchange ~ валютный рынок

export ~ рынок сбыта экспортных товаров

external ~ внешний рынок

film ~ кинорынок

financial ~ финансовый рынок

flagging ~ вялый/ослабевший рынок

foreign ~ внешний рынок

forward ~ *фин.* рынок операций с ценными бумагами *или* товарами, подлежащими передаче/поставке к определенному сроку

free ~ свободная торговля

freight ~ фрахтовый рынок

frontier-free ~ рынок без внутренних границ

fully-fledged ~ полноценный рынок

global ~ всемирный рынок

grain ~ рынок зерна

heavy ~ 1) затоваренный рынок 2) тяжелый рынок (*биржа, где падают цены акций из-за преобладания предложения над спросом*)

home ~ внутренний рынок

housing ~ рынок жилья

illegal ~ черный рынок

inactive ~ неоживленный/неактивный рынок

information ~ информационный рынок

integrated ~ интегрированный/замкнутый рынок

internal ~ внутренний рынок

international ~ мировой рынок

job/labor ~ биржа труда; рынок труда/рабочей силы

land ~ земельный рынок

local ~ местный рынок

manpower ~ биржа труда; рынок труда/рабочей силы

mass ~ массовый рынок, массовая аудитория

monetary/money ~ денежный рынок

narrow ~ узкий рынок сбыта

national ~ национальный рынок

news ~ рынок новостей

official land ~ государственный земельный рынок

oil ~ нефтяной рынок

outside ~ внешний рынок

overseas ~ зарубежный внешний рынок

paper ~ *развед. жарг.* информация из открытых официальных источников

potential ~ потенциальный рынок

product ~ товарный рынок

profitable ~ выгодный рынок

rampant ~ процветающий рынок

raw-material ~ рынок сырьевых товаров

real estate ~ рынок недвижимости

regional ~ региональный рынок

retail ~ розничный рынок

sales ~ рынок сбыта

secondary ~ вторичный/побочный рынок

share ~ фондовая биржа, рынок акций

sheltered ~ закрытый рынок

single ~ единый рынок

spot ~ *фин. жарг.* рынок операций с ценными бумагами *или* товарами, подлежащими немедленной передаче *или* поставке

stock ~ фондовая биржа, рынок акций

strong ~ устойчивый рынок, рынок со стабильным курсом

tea ~ рынок чая

thin ~ бедный рынок

thirds/Third World ~ рынок стран третьего мира

thriving black ~ процветающий черный рынок

uncertain ~ неустойчивый рынок

uncontrolled ~ неконтролируемый рынок

underexploited ~ недостаточно используемый рынок

uneven ~ неустойчивый рынок

unofficial ~ неофициальный рынок

unsteady ~ неустойчивый рынок

volatile ~ неустойчивый/нестабильный рынок

wholesale ~ оптовый рынок

world ~ мировой рынок

to affect the ~ влиять на рынок, отражаться на рынке

to allocate ~s распределять рынки сбыта

to be in a tough ~ сталкиваться с конкуренцией

to be on the ~ продаваться

to borrow in international ~s брать внешние займы

to boost the stock ~ активизировать операции на фондовой бирже

to compete in foreign ~s соперничать на внешних рынках

to congest the ~ переполнять рынок (*товарами*)

to corner the ~ скупать товары на рынке

to crowd a country out from a ~ вытеснять страну из рынка

to destabilize the ~ дестабилизировать рынок

to develop a ~ завоевывать новые рынки сбыта

to easy access to foreign ~s облегчать доступ к внешним рынкам

to edge towards a common ~ двигаться/идти к созданию общего рынка

to encourage access to ~ способствовать доступу к рынкам сбыта

to end up on the black ~ оказываться на черном рынке (*о товаре*)

to enlarge the size of the ~ увеличивать емкость рынка

to enter a ~ выходить на рынок

to exclude *smb* **from the** ~ вытеснять *кого-л.* с рынка

to find ~s находить сбыт/рынки сбыта; пользоваться спросом

to flood the ~ **with goods** наводнять рынок товарами

to force the ~ оказывать давление на рынок

to force *smb* **from the** ~ вытеснять *кого-л.* с рынка

to gain access to ~ добиваться выхода на рынок

to get access to foreign ~s получать доступ на иностранные рынки

to have no ~ не находить сбыта

to have a ready ~ иметь/находить сбыт

to improve access to ~s расширять доступ к рынкам

to look to a country for ~ рассчитывать на рынок *какой-л.* страны

to lose a ~ терять рынок сбыта

to manipulate the stock ~ заниматься махинациями на фондовой бирже; играть на бирже

to open a country's ~ for foreign goods открывать рынок страны для иностранных товаров

to open up world ~s выходить на мировой рынок

to oust *smb* **from the ~** вытеснять *кого-л.* с рынка

to panic the ~ вызывать панику на рынке/бирже

to penetrate the ~ проникать на рынок

to permit ready access to ~ разрешать свободный доступ к рынкам сбыта

to predominate on the ~ господствовать на рынке

to protect ~s защищать рынки

to put *one's* **money into the stock ~** вкладывать свои деньги в акции

to put *smth* **on the black ~** реализовывать *что-л.* на черном рынке

to regulate ~s регулировать рынки сбыта

to rule the ~ господствовать на рынке

to seek new ~s искать новые рынки

to seize new ~s захватывать новые рынки

to sell *smth* **on the domestic ~** реализовывать *что-л.* на внутреннем рынке

to send the stock ~ reeling вызывать колебания курса акций *(на фондовой бирже)*

to send the stock ~ plunging приводить к падению курсов акций

to serve ~s удовлетворять запросы рынка

to set up a common ~ создавать общий рынок

to split ~s делить рынки сбыта

to stabilize currency ~ стабилизировать валютный рынок

to stamp out the black ~ уничтожать черный рынок

to steady the ~s стабилизировать рынки

to strengthen the ~s укреплять рынки

to suit the ~ удовлетворять требованиям рынка

to swing the ~ изменять конъюнктуру рынка

to take over the ~ захватывать новые рынки

to throw the world commodity ~ into a chaos ввергать мировой товарный рынок в состояние хаоса

to upset the stock ~ нарушать нормальное функционирование фондовой биржи

to win new ~s завоевывать новые рынки сбыта

access to ~s доступ к рынкам

anarchy of ~ анархия рынка

contraction of the ~ сужение рынка

creation of a ~ создание рынка

decline on the ~ спад на рынке

development of ~s освоение/развитие рынков

entrance into the ~ проникновение на рынок

examination/exploration of ~ изучение рынка

fluctuation of ~s неустойчивость рынка

in/on the ~ на рынке

linkages between ~s связи между рынками

noncompetitive on the world ~s неконкурентоспособный на мировом рынке

pattern of ~ структура рынка

renaissance of the ~ возрождение рынка

saturation in the ~ насыщение рынка

shrinkage of the ~ сужение рынка

size of ~ объем/размер/емкость рынка

slump in the stock ~ спад на фондовой бирже

stock ~ falls курс акций на фондовых биржах падает

stock ~ had a steady session курс акций на фондовых биржах был стабильным

stock ~ has barely ruffled рынок ценных бумаг почти не отреагировал

stock ~ has taken a tumble курс акций на фондовой бирже упал

stock ~ was well overpriced курс акций на фондовых биржах был сильно завышен

struggle for ~s борьба за рынки

surge on stock ~s рост курса акций на фондовой бирже

survey of ~s обзор рынков

turbulence in the stock ~ паника на фондовых рынках

volatility in/of the ~ неустойчивость рынка

market II *v* торговать, сбывать, продавать, рекламировать на рынке; находить рынки сбыта

marketable *a* имеющий спрос; ходкий/ходовой *(о товаре)*

marketeer *n* **1.** рыночный агент; участник купли-продажи **2.** сторонник вхождения в общий рынок

black ~ спекулянт, делец черного рынка

marketing *n* торговая деятельность; торговля; сбыт, реализация; маркетинг

black ~ спекуляция на черном рынке

export ~ сбыт экспорта *(товаров)*

industrial ~ сбыт промышленной продукции

to bolster ~ поддерживать сбыт/реализацию продукции

marksman *n* снайпер

police ~ полицейский снайпер

markup *n жарг.* окончательное редактирование законопроекта

marriage *n* брак; союз

~ of convenience *тж перен.* брак по расчету

~ of two parties союз двух партий

bogus ~ фиктивный брак

church ~ церковный брак

civil ~ гражданский брак

fictitious ~ фиктивный брак

mixed (ethnic) ~s смешанные браки
religions ~ церковный брак
to contract a ~ заключать брак
marshal I *n* маршал; судебный исполнитель; начальник полицейского участка
city ~ начальник городской полиции
fire ~ начальник пожарной охраны
night ~ полицейский, дежурящий ночью
sky ~ воздушный маршал (*вооруженный и переодетый в штатское сотрудник службы безопасности, находящийся в самолете для предотвращения попыток воздушного пиратства*)
US M. судебный исполнитель (*во многих штатах его роль состоит в обеспечении порядка на автомагистралях*)
marshal II *v* 1. упорядочивать, приводить в порядок, располагать в определенном порядке 2. распоряжаться; стоять во главе
martial *a* военный
martyr *n* мученик
political ~ политический мученик
to build *smb* **up as** ~ делать из *кого-л.* мученика
martyrdom *n* мученичество
aura of ~ ореол мученика
marxising *n полит. жарг.* насыщение своей речи марксистской терминологией
Marxism *n ист.* марксизм
Marxism-Leninism *n ист.* марксизм-ленинизм
classics of ~ классики марксизма-ленинизма
Marxist *n ист.* марксист
Marxist-Leninist *a ист.* марксистско-ленинский
mask *n* маска
gas ~ противогаз
to keep gas ~s **at the ready** держать противогазы наготове
to tear the ~ **off** *smb* срывать маску с *кого-л.*
to throw off the ~ сбрасывать маску
to wear a ~ носить маску, маскироваться
Mason *n* масон
Masonic *a* масонский
Masonry *n* масонство
mass I *n* масса, *pl* (народные) массы 2. *рел.* месса; обедня
gullible ~es доверчивые массы
open-air ~ месса на воздухе
requiem ~ заупокойная месса
to attend a ~ присутствовать на мессе/обедне
to celebrate ~ справлять мессу
to hold ~ служить мессу
to say ~ **in Latin** служить мессу по-латыни
oppressed ~es угнетенные народные массы
politically inexperienced ~es политически не искушенные массы
popular ~es народные массы
to hold a funeral ~ **for** *smb.* проводить заупокойную обедню в память о *ком-л.*
mass II *attr* массовый
massacre I *n* массовая резня, побоище

~ **of prisoners** уничтожение заключенных
government-sanctioned ~ побоище, санкционированное правительством
to carry out a ~ устраивать побоище
to perpetrate a ~ совершать массовые убийства
to spark off the ~ послужить толчком к побоищу
to stage a ~ устраивать кровавую резню
short of ~ не прибегая к побоищу/к кровавой расправе/резне
massacre II *v* устраивать побоище
mass-hunt *n* розыск преступника
to mount a ~ организовывать розыск преступника
massive *a* массивный; огромный; крупный; массовый; грандиозный; широкий; массированный
master *n* 1. мастер; специалист 2. магистр
M. of Arts (M.A.) магистр гуманитарных наук
M. of Science (M.S.) магистр естественных наук
pay ~ кассир, казначей
political ~s политические мастера/мастера в политике
mastermind I *n* руководитель, вдохновитель, организатор
~ **of the war** главный вдохновитель войны
mastermind II *v* быть инициатором *чего-л.*
master-spy *n* супершпион
match I *n* равный по силам противник, достойный соперник; пара, ровня
to prove ~ **for** *smb* оказаться равным по силе партнером для *кого-л.*
match II *v* 1. состязаться на равных 2. подходить, соответствовать
to ~ *smb* **in military terms** сравниваться с *кем-л.* в военном отношении
mate *n* товарищ, напарник; подручный, помощник
running ~ кандидат на пост вице-президента, баллотирующийся совместно с кандидатом на пост президента
material *n* материал
~s **with military indications** материалы, которые могут иметь военное применение
classified ~ секретный материал
compromising/damaging ~ компрометирующий материал
defense ~ материал военного значения
discrediting ~s компрометирующие материалы
essential ~s существенные материалы
fissile/fissionable ~ расщепляющийся/ядерный материал, ядерное топливо
industrial raw ~s промышленное сырье
mineral raw ~s минеральное сырье
nuclear ~ радиоактивный материал
nuclear waste ~ радиоактивные отходы
processed raw ~s сырье, прошедшее обработку, обработанное сырье

productive ~s основные производственные фонды
propaganda ~ пропагандистский материал
public ~ рекламный материал
publicity ~ рекламный материал; пропагандистский материал
radioactive ~s радиоактивные вещества
raw ~s сырье
restricted ~s материалы, вывоз которых из страны ограничен
revelatory ~ разоблачающий материал
safeguarded ~ материал, поставленный под гарантии (в МАГАТЭ)
scarce ~s дефицитные материалы
secret ~ секретный материал
strategic raw ~s стратегическое сырье
unclassified ~ несекретный/рассекреченный материал
to dump nuclear waste ~s **at sea** выбрасывать радиоактивные материалы в море
to expand the processing of new ~s расширять переработку сырья
to process raw ~s перерабатывать сырье
to stock raw ~s запасать сырье
rational use of raw ~s рациональное использование сырья
release of radioactive ~s **into the sea** сброс радиоактивных материалов в море
stocks of raw ~s запасы сырья
materialism *n филос.* материализм
materialist I *n* материалист
materialist II *a* материалистический
materiel *n* материальная часть, военная техника
to run short of ~ испытывать нехватку военной техники
matriarchal *a* матриархальный
matriarchy *n* матриархат
matter *n* 1. дело, вопрос 2. *филос.* материя
~ **goes to arbitration** дело передается в арбитраж
~ **has acquired wide notoriety** дело получило широкую огласку
~ **is now closed** вопрос исчерпан
~ **of business** деловой вопрос
~ **of concern for** *smb* предмет *чьей-л.* озабоченности
~ **of controversy** предмет разногласий
~ **of expediency** вопрос целесообразности
~ **of fact** факт; реальная действительность
~ **of great national importance** дело большой государственной важности
~s **of interest** вопросы, представляющие интерес
~ **of life and death** вопрос жизни и смерти
~ **of principle** принципиальный вопрос
~ **of priority** первоочередной вопрос
~s **of state** государственные дела
~s **of substance** существенные вопросы
~ **of urgency** срочное дело
~s **within the United Nations competence** вопросы, входящие в компетенцию ООН

administrative ~ административный вопрос
arcane strategic ~ секретный стратегический материал
budgetary ~s бюджетные вопросы
civil ~ грандиозное дело
confidential ~ секретное дело
contentious ~ спорный вопрос
crucial ~ критический/решающий вопрос
cultural ~s вопросы культуры
current policy ~s вопросы текущей политики
disarmament ~ вопрос разоружения
down-to-earth ~s повседневные вопросы
economic ~ экономический вопрос
editorial ~ газетный материал
financial ~ финансовый вопрос
grave ~ важное/серьезное дело
highly organized ~ высокоорганизованная материя
humanitarian ~s гуманитарные вопросы
ideological ~s идеологические вопросы
incidental ~ побочный вопрос
internal ~ внутреннее дело
international ~s международные дела/вопросы
legal ~ юридический/правовой вопрос
living ~ живая материя
military ~s военные вопросы
money ~s финансовые дела
nonliving ~ неживая материя
organizational ~ организационный вопрос
personal ~ персональный вопрос
personnel ~s кадровые вопросы
political ~ политический вопрос
printed ~ отпечатанный материал/документ; печатная продукция
procedural ~s процедурные вопросы
reading ~ материал, предназначенный для чтения
routine ~s текущие дела/вопросы
security ~s вопросы безопасности
social ~s социальные вопросы
subject ~ предмет (*дискуссии, договора*)
substantive ~s существенные вопросы
touchy ~ деликатная проблема
urgent ~s срочные/неотложные вопросы
to ask that a ~ **be treated as urgent** требовать обсуждения вопроса в срочном порядке
to become ~ **of controversy** становиться предметом разногласий
to bring a ~ **before a committee** ставить вопрос на рассмотрение комитета
to clinch ~s окончательно решать/улаживать вопросы
to come to the merits/substance of the ~ переходить к вопросу по существу
to consider ~ **closed** считать вопрос исчерпанным
to deal with ~s рассматривать вопросы
to debate/to discuss ~s обсуждать дела/вопросы

to examine ~s рассматривать вопросы
to improve ~s улучшать обстановку
to intercede in ~ ходатайствовать в *каком-л.* вопросе
to leave a ~ to the chairman's decision оставлять рассмотрение вопроса на усмотрение председателя
to put a ~ to the vote ставить вопрос на голосование
to raise a ~ поднимать вопрос
to refer a ~ to the Supreme Court передавать дело в Верховный суд
to resolve a ~ разрешать вопрос
to settle a ~ by arbitration урегулировать дело с помощью арбитража
to shed light on ~ проливать свет на данную проблему
to speak on the substance of the ~ говорить по существу вопроса/пункта
to submit ~s to settlement представлять дело на разрешение
to take ~s into *one's* **own hands** брать дело в свои руки
to take up ~ поднимать вопрос
to wash *one's* **hands of the ~** умывать руки
as a ~ of discussion в порядке обсуждения
crux of ~ суть дела/вопроса
deferment of controversial ~s откладывание рассмотрения спорных вопросов
deliberations on ~ of particular concern обсуждение вопроса, представляющего особый интерес
gist/point of the ~ суть вопроса
reference of a ~ to a tribunal передача дела в арбитраж/третейский суд
stand on ~ позиция по *какому-л.* вопросу
wide range of ~s широкий круг вопросов
mature *a* зрелый; высокоразвитый
ideologically ~ идеологически зрелый
maturity *n* зрелость
emotional ~ эмоциональная зрелость
political ~ политическая зрелость
mausoleum *n* мавзолей
Lenin's M. Мавзолей В. И. Ленина
maverick *n разг.* сектант, диссидент
max *v (out) жарг.* отбывать максимальный срок тюремного заключения
maximalism *n* максимализм
maximizer *n* сторонник максимального увеличения *чего-л.*
price ~ сторонник максимальных цен
mayor *n* мэр
deputy ~ заместитель мэра
night ~ сотрудник мэрии, дежурящий ночью
MC *сокр. амер.* **(Member of Congress)** член Конгресса США
McCarthist *n* маккартист
McCarthyism *n* маккартизм
means *n* средство; средства
~ of coercion средство принуждения
~ of communication средства сообщения

~ of control средства контроля
~ of cooperation способы сотрудничества
~ of exchange средства обмена
~ of living средства к существованию
~ of mass annihilation средства массового уничтожения
~ of payment средство платежа
~ of production средства производства
~ of protection средства защиты
~ of subsistence средства к существованию
~ of transfer of technology способы передачи технологии
~ of transport средства транспорта/сообщения
~ of verification средства контроля *(за соблюдением соглашения и т.п.)*
~ of warfare средства ведения войны
adequate ~ достаточные средства
administrative ~ административные средства
advanced technological ~ новейшие технические средства
ample ~ достаточные средства
coercive ~ средства принуждения
diplomatic ~ дипломатические средства
economic ~ экономические средства
financial ~ финансовые средства
indirect ~ косвенные средства
legal ~ юридические средства
material ~ материальные средства
military ~ военные средства
national technical ~ (NTMs) национальные технические средства *(контроля и т.п.)*
nonpeaceful ~ немирные средства
nonviolent ~ ненасильственные средства
peaceful ~ мирные средства
political ~ политические средства
powerful ~ мощное средство
scientific and technological ~ научно-технические средства
subsidiary ~ вспомогательные средства
technical ~ технические средства *(контроля и т.п.)*
violent ~ насильственные средства
to attract ~ привлекать средства
to discuss ways and ~ of putting the plan into operation обсуждать пути и способы осуществления плана
to exhaust all other ~ исчерпывать все другие средства
to live beyond *one's* **~** жить не по средствам
to live within *one's* **~** жить по средствам
to look for ~ искать средства
to lose *one's* **~ of subsistence** лишаться средств к существованию
to overcome *smth* **by peaceful ~** преодолевать *что-л.* мирными средствами
to possess the ~ of production владеть средствами производства
to pursue diplomatic ~ преследовать дипломатические цели
to resort to violent ~ прибегать к насилию

to secure *smth* **by constitutional** ~ добиваться *чего-л.* конституционным путем

to try all possible ~ пробовать все возможные способы

to use all ~ **at** *one's* **disposal** использовать все имеющиеся средства

to work out some ~ **of cooperation** разрабатывать способы сотрудничества

by constitutional ~ конституционным путем

by diplomatic ~ дипломатическими средствами

by fair or foul ~ любыми средствами

by foul ~ нечестными средствами

by fraudulent ~ обманным путем

by military ~ военными средствами

by no ~ ни в коем случае

by other than violent ~ ненасильственными средствами

by peaceful ~ мирными средствами

by violent ~ насильственным путем

by whatever ~ **necessary** любыми средствами

individual ownership of ~ **of production** индивидуальная/частная собственность на средства производства

through economic ~ экономическими средствами

measure *n* **1.** мера; мероприятие **2.** показатель, критерий, степень

~ **against** *smb* мера против *кого-л.*

~ **of economic welfare** показатель экономического благосостояния

~ **of efficiency** критерий эффективности

~**s affect** *smth* меры оказывают воздействие на *что-л.*

~**s of security** меры безопасности

~**s to strengthen** *smth* меры по укреплению *чего-л.*

~**s would pass easily through Congress** эти меры легко пройдут через Конгресс

additional ~**s** дополнительные меры

adequate ~**s** надлежащие меры

administrative ~**s** административные меры

agreed ~**s** согласованные меры

agrochemical ~**s** агрохимические мероприятия

alternative ~**s** альтернативные меры

ancillary ~**s** побочные меры

anti-inflation ~**s** антиинфляционные меры

anti-pollution ~**s** меры по борьбе с загрязнением окружающей среды

anti-riot ~**s** меры по подавлению беспорядков

anti-terrorist ~**s** антитеррористические меры

assistance ~**s** меры по оказанию помощи

austerity ~**s** меры жесткой экономии, «затягивание поясов»

bilateral ~**s** двусторонние меры

boycott ~**s** меры бойкота

coercive ~**s** принудительные меры

collateral ~**s** сопутствующие меры; второстепенные/косвенные меры

collective ~**s** коллективные меры

complementary ~**s** дополнительные меры

comprehensive ~**s** всеохватывающие меры

compromise ~ компромиссная мера

compulsory ~**s** принудительные меры

concerted ~**s** совместные меры

conciliatory ~**s** меры примирения

concrete ~**s** конкретные меры

confidence-building ~**s** меры по укреплению доверия

controversial ~**s** спорные меры

cooperative ~**s** совместные меры

coordinated ~**s** согласованные меры

corrective ~**s** коррективные меры

cosmetic ~**s** косметические меры, видимость мер

cost-saving ~ мера экономии

crash ~**s** срочные меры

credible ~**s** меры, вызывающие доверие

crime prevention ~**s** меры по предупреждению преступности

crowd-control ~**s** меры контролирования толпы

defensive ~ оборонительная мера

deflationary ~**s** дефляционные меры

diplomatic ~**s** дипломатические меры

disarmament ~**s** меры по разоружению

discrimination/discriminatory ~**s** дискриминационные меры

Draconian ~**s** драконовские/суровые/жестокие меры

drastic ~**s** жесткие/радикальные/решительные меры

economic ~**s** экономические меры

effective ~**s** эффективные меры

efficient ~**s** действенные меры

emergency ~**s** чрезвычайные/экстренные меры

enforcement ~**s** принудительные меры

environmental (protection) ~**s** меры по охране окружающей среды, природоохранные меры

extra ~**s** дополнительные меры

extraordinary/extreme ~**s** чрезвычайные меры

face-saving ~**s** меры для спасения престижа

financial ~**s** финансовые меры

firm ~**s** решительные меры

fiscal ~**s** финансовые/бюджетные меры

follow-up ~**s** последующие меры

fresh ~**s** новые меры

further ~**s** дальнейшие меры

global ~**s** глобальные меры

government ~**s** правительственные меры

half-way ~**s** половинчатые меры

hard line ~**s** жесткие меры

harmful ~**s** меры, причиняющие вред

high-priority ~**s** первоочередные/неотложные меры

high-risk ~ мера, сопряженная с большим риском

ideological ~**s** идеологические меры

illegal ~s незаконные меры

immediate ~s неотложные/безотлагательные меры

inadequate ~s недостаточные меры

individual ~s индивидуальные меры

inefficient ~s неэффективные меры

initial ~ первоначальная мера

innovative ~s новаторские мероприятия; меры, включающие нововведения

integrated ~s комплексные меры

interacting ~s взаимодействующие меры

interim ~s временные/промежуточные меры

international ~s международные меры

intrusive ~s меры, направленные на вмешательство

joint ~s совместные меры

large-scale ~s крупномасштабные меры/мероприятия

legislative ~s законодательные меры

lenient ~s мягкие меры

low-key ~s ограниченные меры

managerial ~s управленческие меры

mandatory ~s обязательные меры

military ~s военные меры

multilateral ~s многосторонние мероприятия

mutually supporting ~s взаимно поддерживающие меры

nationalization ~s меры по проведению национализации

negotiated ~s согласованные меры

non-armament ~s меры, исключающие дальнейшее вооружение

organizational ~s организационные меры

palliative ~s паллиативные меры

physical protection ~s меры физической защиты

piecemeal ~s частичные меры

policy/political ~s политические меры

practical ~s практические меры

precautionary ~s меры предосторожности

pre-emptive ~s профилактические меры

preparatory ~s подготовительные меры

preventive ~s превентивные/предупредительные меры

protectionist ~s протекционистские меры

protective ~s предохранительные/защитные меры, меры защиты; протекционистские меры

provisional ~s временные меры

punitive ~s карательные меры

reciprocal ~s ответные меры

rehabilitation ~s восстановительные мероприятия

related ~s смежные/связанные с *чем-л.* мероприятия

repressive ~s репрессивные меры

resolute ~s решительные меры

response ~s ответные меры

restraining/restraint ~s сдерживающие меры

restrictive ~s ограничительные меры

retaliatory ~s ответные меры

safeguard ~s защитные меры

safety ~s меры безопасности

scientific ~s научные критерии

security ~s меры по обеспечению безопасности

self-defense ~s меры самообороны

severe/sharp ~s жесткие меры

short-term ~s краткосрочные меры

social ~s общественные/социальные меры

special ~s специальные меры

specific and action oriented ~s конкретные и целенаправленные меры

stern ~s суровые меры

stop-and-search ~s остановка и обыск (*транспортных средств, людей*)

stopgap ~ временная мера

strict/stringent ~s жесткие меры

strong ~s решительные меры

structural transformation ~s меры структурных преобразований

suitable ~s надлежащие меры

sweeping ~s радикальные меры

temporary ~s временные меры

tit-for-tat ~s ответные меры

tough ~s жесткие меры

transitional ~s переходные меры

uncompromising ~s бескомпромиссные меры

unilateral ~s односторонние меры

urgent ~s срочные меры

various ~s различные меры/мероприятия

verification ~s меры по контролю за соблюдением соглашения

vigorous ~s энергичные меры

wholesale repressive ~s массовые репрессии

wide-ranging ~s разносторонние меры

to adopt ~s принимать меры

to agree on a package of ~s согласовывать ряд мер/комплекс мероприятий

to announce ~s объявлять о мерах

to apply ~s применять меры

to bring ~s осуществлять меры

to bring in emergency ~s вводить чрезвычайные меры

to carry ~s into effect/to carry out ~s осуществлять меры

to comply with ~s соблюдать меры

to counter protectionist ~s противостоять протекционистским мерам

to enforce ~s вводить меры

to freeze the implementation of ~s замораживать/откладывать осуществление *каких-л.* мер

to implement ~s осуществлять меры

to impose disciplinary ~s налагать дисциплинарные взыскания

to introduce ~s вводить меры

to outline a package of ~s излагать пакет мер

to override the bank's security ~s обходить имеющиеся в банке меры безопасности

to pass new ~s принимать новые меры (*о законодательном органе*)

to promote constructive ~s способствовать принятию конструктивных решений

to put ~s into effect осуществлять меры

to put a ~ before the House представлять законопроект в палату представителей

to put in place security ~s вводить меры безопасности

to recommend ~s рекомендовать меры

to reconsider a ~ пересматривать *какую-л.* меру

to rescind ~s откладывать меры

to resort to ~s прибегать к мерам

to set ~ to *smth* ограничивать *что-л.*

to single out ~s for priority treatment выделять меры, подлежащие первоочередному рассмотрению

to soften austerity ~s смягчать меры жесткой экономии

to specify ~s уточнять меры

to step up ~s усиливать меры

to support ~s поддерживать меры

to take ~s принимать меры

to take a ~ of *smb перен.* присматриваться к *кому-л.*

to threaten with retaliatory ~s угрожать ответными мерами

to unveil ~s объявлять о мерах

to urge ~s настаивать на принятых мерах

to use political ~s использовать политические меры

to withdraw *one's* **~** отменять свои меры

to work out ~s вырабатывать меры

adoption of ~s принятие мер

application of ~s применение мер

complex of ~s пакет мер, комплекс мероприятий

effects of the ~s результаты *каких-л.* мер

imposition of ~s введение мер

package of ~s пакет мер, комплекс мероприятий

program of ~s программа мер

series of ~s ряд мер

surveillance of ~s контроль мер

tightening of ~s усиление мер

variety of economic and social ~s разнообразие экономических и социальных мероприятий

wave of repressive ~s волна репрессий

wide range of ~s широкий круг мер/мероприятий

meat-eater *n жарг.* крупный взяточник

mechanism *n* механизм

braking ~ механизм торможения

competitive ~ механизм конкуренции

cooperation ~ механизм сотрудничества

economic ~ хозяйственный механизм

European Exchange Rate M. (EERM) *ист.* европейский механизм обменных курсов валют

exchange rate ~ механизм установления валютных курсов

financial and credit ~ финансовый механизм

follow-up ~ механизм последующей деятельности

legal ~ правовой механизм

market ~ рыночный механизм

market regulation ~ механизм рыночного регулирования

negotiating ~ механизм переговоров

political ~ политический механизм

price/pricing ~ механизм ценообразования

verification ~ механизм контроля над соблюдением соглашения

to improve the ~ совершенствовать механизм

mechanization *n* механизация

level of ~ уровень механизации

medal *n* медаль

bronze ~ бронзовая медаль

gold ~ золотая медаль

jubilee ~ юбилейная медаль

silver ~ серебряная медаль

to award a ~ награждать медалью

to give out ~s to *smb* вручать медали *кому-л.*

to present a ~ вручать медаль

medal-ribbon *n* орденская лента

~ brooch орденская колодка

meddling *n* вмешательство

media *n pl* **1.** *см.* **medium 2. (the ~)** средства массовой информации, СМИ

communication/information/mass/news ~ средства массовой информации, СМИ

official ~ официальные средства массовой информации

private ~ частные средства массовой информации

state-run ~ государственные средства массовой информации

to get into the ~ попадать в средства массовой информации

to keep the ~ within certain bounds держать средства массовой информации в определенных рамках

to muzzle the ~ затыкать рот средствам массовой информации

to re-impose strict controls over the ~ восстанавливать строгий контроль над средствами массовой информации

media-fueled *a* разжигаемый средствами массовой информации

mediate *v (between smb)* выступать посредником *(между кем-л.)*

to ~ between the old and new служить связующим звеном между старым и новым

to ~ in a dispute быть посредником в споре

to be well placed to ~ between *smb* занимать подходящую позицию для посредничества между *кем-л.*

to offer to ~ between *smb* предлагать свое посредничество между *кем-л.*

mediation I *n* посредничество

collective ~ коллективное посредничество

formal ~ официальное посредничество

international ~ международное посредничество

labor ~ посредничество в трудовом конфликте

to accept international ~ соглашаться на международное посредничество

to get results through ~ добиваться результатов через посредничество

attempts at ~ попытки посредничества

through ~ of *smb* при посредничестве *кого-л.*

under/with *smb's* **~** при *чьем-л.* посредничестве

mediation II *a* посреднический

mediator *n* посредник

~ in the negotiation посредник на переговорах

~ of the peace settlement посредник в мирном урегулировании

acting ~ исполняющий обязанности посредника

peace ~ посредник в деле мирного урегулирования

UN ~ посредник ООН

to act as a ~ выступать в качестве посредника

to appoint ~s назначать посредников

to continue *one's* **role as ~** продолжать свою роль посредника

to offer *oneself* **as a ~** предлагать свои услуги в качестве посредника

to take the role of ~ брать на себя роль посредника

Medicaid *n* программа медицинской помощи, программа «Медикейд» *(США)*

Medicare *n* программа медицинского страхования, программа «Медикэр» *(США)*

medicine *n* медицина

cosmic ~ космическая медицина

forensic ~ судебная медицина

medieval *a* средневековый

medievalism *n* медиевистика

remnants of ~ пережитки Средневековья

Mediterranean *a* средиземноморский

medium (*pl* **media**) *n* средство (*сообщения, информации*); способ; среда

~ of communication способ/средство связи

~ of understanding средство понимания

audiovisual ~ аудиовизуальное средство

happy ~ золотая середина

ideological ~ средство идеологического воздействия

international payments ~ международное платёжное средство

world ~ мировое средство информации

medium-term *a* среднесрочный

Meesegate *n* *ист.* дело о коррупции Э. Миса (*советника президента Рейгана*)

meet I *n* встреча

postprimary swap ~ встреча после первичных выборов с целью достижения компромиссных решений и сделок

meet II *v* **1.** встречаться, собираться **2.** удовлетворять, отвечать (*требованиям и т.п.*) **3.** покрывать, оплачивать (*расходы и т.п.*)

to ~ at regular intervals заседать регулярно/периодически

to ~ behind closed doors заседать за закрытыми дверями

to ~ face-to-face встречаться лицом к лицу

to ~ informally проводить неофициальную встречу

to ~ outside the country проводить заседание за пределами страны

to ~ periodically заседать время от времени

the conference ~s annually/biennially to decide the policy, program and budget of the organization конференция созывается ежегодно/один раз в два года для выработки политики, программы и бюджета организации

to ~ *smb* **half-way** идти на компромисс/на уступки (*при переговорах и т.п.*)

meeting *n* собрание; совещание; заседание; сессия; митинг; встреча

~ behind closed doors заседание за закрытыми дверьми, закрытое заседание

~ between sessions заседание в промежутках между сессиями

~ broke up with no reported progress встреча была прервана, причем ни о каком прогрессе на ней не сообщается

~ in camera секретное/закрытое заседание, заседание/совещание при закрытых дверях

~ in secret session закрытое заседание

~ in the official level совещание на официальном уровне

~ is in doubt встреча-под вопросом

~ is suspended заседание прерывается

~ ended without agreement встреча закончилась, но ее участники не пришли к соглашению

~ ended without progress встреча закончилась, причем никакого прогресса на ней не достигнуто

~ failed to materialize встреча не состоялась

~ may not go ahead встреча может не состояться

~ of minds достижение взаимопонимания; взаимопонимание; нахождение общих точек зрения/позиций

~ resulted in deadlock совещание зашло в тупик

~ was focused on ... в центре внимания собрания было ...

~ was forthright and constructive встреча была откровенной и конструктивной

~ was requested by *smb* встреча состоялась по просьбе *кого-л.*

~ was solidly against *smth* собрание единодушно выступило против *чего-л.*

~ was very open встреча была очень откровенной

all-night ~ заседание на всю ночь

annual ~ ежегодное собрание

antifascist ~ антифашистский митинг

411

behind-the-scenes ~ закулисная встреча
bilateral ~ двусторонняя встреча
board ~ заседание совета
briefing ~ инструктивное заседание; брифинг
business ~ деловое совещание, деловая встреча; рабочее совещание
cabinet ~ заседание правительства/кабинета министров
campaigning ~ предвыборное собрание
ceremonial ~ торжественное заседание
clandestine ~ тайная встреча
closed-door ~ закрытое совещание
close party ~ закрытое партийное собрание
cold ~ *перен.* прохладная встреча
confidential ~ конфиденциальная встреча
conspiratorial ~ тайное совещание
constituency ~ встреча с избирателями
consultative ~ консультативная встреча
crucial ~ решающая встреча
election ~ предвыборная встреча
electronic ~ совещание с использованием электронных средств (*телефонов, видео-телефонов, Интернета и т.п.*)
emergency ~ внеочередное заседание, экстренная встреча
enlarged ~ расширенное заседание
executive ~ закрытое заседание
exploratory ~ предварительная встреча
extraordinary ~ внеочередное заседание
face-to-face ~ встреча с глазу на глаз/один на один, личная встреча
final ~ заключительное заседание
follow-up ~ последующее плановое совещание; совещание, проводимое в соответствии с решениями предыдущего совещания
forthcoming ~ предстоящее собрание/совещание
founding ~ учредительное собрание
friendly ~ дружеская встреча
full-scale/enlarged ~ пленарное расширенное заседание
G-7 ~ *ист.* встреча стран «Большой семерки» (*США, Великобритания, Канада, Франция, Германия, Италия, Япония*)
general ~ общее собрание
getting-to-know-you ~ ознакомительная встреча
global ~ глобальное совещание
grand ~ торжественное заседание
heads of government ~ встреча глав правительств
high-level ~ совещание руководителей; встреча на высшем уровне
historic ~ историческая встреча
illegal ~ незаконное собрание
immediate ~ немедленная встреча
inaugural ~ организационное/учредительное собрание/заседание
inauguration ~ торжественное заседание/открытие/ознаменование (*чего-л.*)

inconclusive ~ встреча, на которой не удалось решить все проблемы
indignation ~ массовый митинг протеста
informal ~ неофициальная встреча
initial ~ первое заседание (*комитета и т.п.*), начальный этап совещания, первая встреча
international ~ международная встреча, международное совещание
jointly organized ~ совместно организованное собрание/совещание
make-or-break ~ решающая встреча
marathon ~ «марафонское» заседание
mass ~ массовый митинг
ministerial ~ встреча на уровне министров
momentous ~ важная встреча
much publicized ~ **between** *smb* широко разрекламированная встреча между *кем-л.*
multilateral ~s многосторонние встречи
nomination ~ митинг/собрание по выдвижению кандидатур
nonaligned summit ~ встреча глав государств и правительств неприсоединившихся стран
official ~ официальное заседание
open ~ открытое заседание; открытая встреча
open-air ~ митинг на открытом воздухе
opening ~ первое заседание
pan-Arab summit ~ встреча руководителей арабских стран
panel ~ **of experts** совещание специалистов
party ~ партийное собрание
periodic ~s периодические заседания
planned ~ запланированная встреча
plenary ~ пленарное заседание, пленум
political ~ политический митинг
preliminary ~ предварительная встреча
preparatory ~ подготовительная/предварительная встреча
private ~ закрытое заседание; неофициальная встреча; встреча с глазу на глаз
productive ~ результативная встреча
protest ~ митинг протеста
public ~ открытое собрание/заседание
public representatives ~ встреча представителей общественности
rebellious ~ бурный митинг
reconciliation ~ встреча с целью примирения
regional ~ региональная встреча
restricted cabinet ~ заседание кабинета министров в узком составе
round-table ~ заседание/конференция круглого стола, совещание за круглым столом
scheduled ~ намеченная встреча
secret ~ тайное собрание, секретное заседание, секретная встреча
separate ~ раздельное заседание (*палат законодательного органа*)
solidarity ~ митинг солидарности
special ~ специальное заседание

stormy ~ активное/бурное совещание/собрание

substantive ~ встреча с обсуждением вопросов по существу

summit ~ совещание/встреча на высшем уровне, встреча глав правительств, встреча в верхах, саммит

surprise ~ экстренное заседание

three-way ~ трехсторонняя встреча

top-level ~ совещание/встреча на высшем уровне, встреча глав правительств, встреча в верхах, саммит

trade-union ~ профсоюзное собрание

unofficial ~ неофициальное заседание

warm ~ теплая встреча

watershed ~ переломная встреча/переломный пленум

well attended ~ собрание с большим числом участников

to address a ~ выступать на собрании, обращаться с речью к собранию

to adjourn finally the ~ (окончательно) закрывать заседание

to adjourn the ~ **(to)** прерывать заседание, переносить заседание (на)

to agree on a ~ договариваться о встрече

to arrange a ~ организовывать встречу

to attend a ~ присутствовать на собрании/митинге

to ban public ~**s** запрещать собрания

to be pleased with the results of the ~ быть удовлетворенным результатами встречи

to boycott a ~ бойкотировать заседание/собрание

to break up a ~ разгонять собрание

to call a ~ созывать собрание/совещание

to call for a ~ призывать провести встречу

to call off a ~ отменять встречу/собрание

to call the ~ **to order** объявлять заседание открытым, открывать заседание

to call *smb* **to a** ~ созывать *кого-л.* на заседание

to cancel a ~ отменять собрание/заседание

to cast a shadow on a ~ омрачать встречу

to chair a ~ председательствовать на собрании

to close a ~ закрывать заседание

to conduct a ~ проводить собрание

to consult a ~ узнавать мнение участников заседания

to convene/to convoke a ~ созывать совещание

to cover a ~ **for a newspaper** освещать встречу для газеты

to declare a ~ **open/closed** объявлять заседание открытым/закрытым

to decline to take part in a ~ отказываться участвовать в совещании

to describe a ~ **as positive and encouraging** характеризовать встречу как позитивную и многообещающую

to dismiss a ~ распускать собрание/заседание/митинг

to disrupt a ~ срывать собрание/встречу

to dissolve a ~ разгонять собрание

to extend *one's* ~ **into another day** продлевать встречу еще на один день

to fix the date and place of the ~ назначать время и место проведения совещания

to gather to a ~ собираться на совещание

to get summit ~**s underway** организовывать встречи на высшем уровне

to go into the ~ **full of expectations** приступать к встрече с большими надеждами на успех

to hold a ~ проводить встречу/совещание

to host a ~ проводить у себя международное совещание; быть хозяевами встречи

to instigate a ~ выступать с инициативой по проведению встречи

to join a ~ присоединяться к собранию

to leave a ~ покидать собрание/заседание

to open a ~ открывать собрание

to organize a ~ организовывать митинг

to pave the way for a ~ готовить почву для встречи/совещания

to pin too many hopes on one ~ возлагать слишком большие надежды на одну встречу

to postpone a ~ переносить заседание

to preside at/over a ~ председательствовать на заседании, вести собрание

to protest a ~ протестовать против проведения собрания

to put into doubt a ~ **between... and...** ставить под сомнение встречу между ... и ...

to refuse to take part in a ~ отказываться участвовать в совещании

to request a ~ просить о встрече

to resume a ~ возобновлять заседание

to review the prospect of a ~ оценивать перспективы встречи

to sanction a ~ одобрять/санкционировать совещание/встречу

to seek a ~ **with** *smb* добиваться встречи с *кем-л.*

to service ~**s** обслуживать заседания

to sponsor a ~ **between** *smb* организовывать встречу между *кем-л.*

to stage a ~ устраивать митинг

to summon a ~ созывать заседание

to summon *smb* **to a** ~ вызывать *кого-л.* на заседание

to take part in a ~ участвовать в заседании

to take the consensus of opinion of the ~ достигать единства мнений на собрании

to torpedo a ~ срывать встречу

to transfer a ~ **(to)** переносить встречу *(куда-л.)*

to underrate the importance of the ~ недооценивать важность встречи

to wreck a ~ срывать встречу

business of the ~ повестка заседания

conditions under which the ~ **is held** условия созыва заседания

in advance to a ~ в преддверии встречи

in preparation for a ~ with *smb* в порядке подготовки к встрече с *кем-л.*

net effect of ~ окончательный итог встречи

nothing concrete came out of the ~ встреча не привела ни к каким конкретным результатам

notice of ~ повестка дня совещания

officials declined to disclose any details of the ~ чиновники отказались сообщить *какие-л.* подробности встречи

outcome of a ~ исход встречи, результат совещания

preparation of the ~ подготовка заседания

purpose behind the ~ фактическая цель встречи

results of a ~ итоги встречи

series of ~s ряд встреч

site for the ~ место встречи

types of ~ различные категории заседаний

venue for a ~ место проведения встречи

megabuck *n разг.* миллион долларов; *pl.* бешеные деньги

megadeath *n воен. жарг.* миллион погибших *(единица подсчета потерь в ядерной войне)*

megalopolis *n* мегаполис, город-гигант

mega-merger *n* слияние компаний с многомиллионными оборотами

megastate *n* крупный штат *(Калифорния, Нью-Йорк и т.п.)*

megatonnage *n* ядерный потенциал в мегатоннах

me-generation *n ист.* послевоенное поколение в 70-е годы 20 в., отличавшееся поисками самовыражения и личного успеха

member *n* член *(совета, комитета и т.п.)*

~s above the gangway *брит.* члены правительства и члены теневого кабинета

~s below the gangway *брит.* рядовые члены палаты общин

~ of a committee член комитета

M. of Congress член Конгресса США

M. of Parliament (MP) *брит.* член парламента

~ of the Academy действительный член Академии наук

~ of the congregation прихожанин

M. of the European Parliament (MEP) член Европарламента

M. of the House of Commons член палаты общин

~ of the household член семьи

~ of the public представитель общественности

~ of the security forces сотрудник сил безопасности

~ of the staff (штатный) сотрудник

~s present присутствующие члены организации

~s voting члены организации, участвующие в голосовании

additional ~ дополнительный член

alternate ~ кандидат в члены

assigned staff ~ сотрудник ООН со сроком службы 12 и более месяцев

associate ~ 1) член с правом совещательного голоса 2) кандидат в члены; ассоциированный член 3) страна-сотрудник

back-bench ~ *брит.* заднескамеечник *(в парламенте)*

blue collar staff ~s «синие воротнички», рабочие

candidate ~ кандидат в члены организации

card-carrying party ~ член партии с удостоверением в кармане

charter ~ член-основатель

co-opted ~ кооптированный член

detailed staff ~ сотрудник ООН со сроком службы менее 12 месяцев

Euro MP член Европарламента

Europe's Green MPs члены Европарламента от партий «зеленых»

ex office ~ член *(комитета и т.п.)*, входящий *(в комитет и т.п.)* по должности

fellow ~ товарищ по членству в организации

foreign ~ иностранный член

founder/founding ~ член-основатель

full(-fledged) ~ полноправный член

gang ~ член банды

honorary ~ почетный член

life ~ пожизненный член

long-standing ~ давний член

nonadministering ~ член, не обладающий властными полномочиями

British Conservative M. of the European Parliament член Европарламента от британской Консервативной партии

corresponding ~ of the Academy of Sciences член-корреспондент Академии наук

nonclub ~ страна, не являющаяся членом «ядерного клуба» *(т.е. не обладающая ядерным оружием)*

nonoriginal ~s государства, не являющиеся первоначальными членами *(ООН и т.п.)*

nonparty ~ беспартийный член

nonpermanent ~ непостоянный член

nonvoting ~ член с правом совещательного голоса; кандидат в члены

nuclear(-club) ~ страна-член ядерного клуба *(т.е. обладающая ядерным оружием)*

original ~ член-учредитель, первоначальный член

outgoing ~ член, срок полномочий которого истекает

party ~ член партии

permanent ~ постоянный член

private ~ рядовой член парламента *(Великобритания)*

probationer ~ кандидат в члены *(напр. партии)*

rank-and-file ~ рядовой член

ranking ~ старейший член комиссии *(по сроку пребывания в конгрессе)*

ranking majority ~ старейший член комиссии Конгресса от партии большинства

ranking minority ~ старейший член комиссии Конгресса от партии меньшинства

registered ~ зарегистрированный избиратель

retiring ~ член, уходящий в отставку

security service ~ сотрудник службы безопасности

shadow cabinet ~ член теневого кабинета

staff ~ штатный сотрудник

substitute ~s заместители членов

suspected ~ лицо, подозреваемое в принадлежности к запрещенной организации

the Oldest M. старейший член парламента

Tory ~ of Parliament (Tory MP) *брит.* депутат парламента от Консервативной партии

trade-union ~ член профсоюза

vital ~ ключевой член

wavering ~ колеблющийся член *(парламента и т.п.)*

to appoint a ~ to the presidium вводить нового члена в состав президиума

to appoint a regular ~ назначать должностное лицо

to be a ~ of NATO быть членом НАТО

to become a ~ as of right становиться членом автоматически

to dismiss a ~ of the court отстранять от должности члена суда

to elect ~s избирать членов

to invite ~s to vote просить членов проголосовать

to select staff ~s подбирать персонал сотрудников

to suspend a ~ временно исключать члена

to unseat a M. of Parliament смещать члена парламента

to welcome the delegation ~s приветствовать членов делегации

to win new ~s привлекать новых членов

accession of new ~s прием новых членов

disaffected ~ of a political party недовольный член политической партии

elected M. of Parliament избранный депутат парламента

eligible to become a ~ of an organization отвечающий требованиям, предъявляемым к кандидатам в члены организации

expulsion of ~s исключение членов *(из организации)*

junior ~ of a body кандидат в члены органа, член с правом совещательного голоса

key ~ of the administration ответственный сотрудник администрации

nonaligned ~ of the Security Council член Совета Безопасности от неприсоединившегося государства

opposition M. of Parliament член парламента от оппозиции

part-time ~ of the Ulster Defense Regiment боец военизированного отряда «Ассоциация обороны Ольстера» *(ультраправая протестантская организация)*

senior ~ of the British secret service руководящий сотрудник Британской секретной службы

staff ~s in the Professional category сотрудники ООН профессиональной категории

member-countr/y *n* страна-участница *(договора и т.п.)*

~ies of the UN страны-члены ООН

membership I *n* 1. членство 2. число/количество членов; членский состав *(какой-л. партии и т.п.)*

~ is continuing to plunge число членов продолжает резко падать/сокращаться

~ of an organization число членов организации

~ of the party has grown fivefold число членов партии увеличилось в пять раз

collective ~ коллективное членство

dual ~ двойное членство

expanded ~ возросшее членство

falling ~ уменьшение числа членов

fluctuating ~ непостоянное число членов

full ~ полное членство

individual ~ индивидуальное членство

joint ~ совместное членство

NATO ~ членство в НАТО

party ~ членство в партии

permanent ~ постоянное членство

rank-and-file ~ число рядовых членов

to admit a country to ~ принимать страну в члены *(какой-л. организации)*

to apply for ~ подавать заявление о приеме в члены

to consider a country for ~ рассматривать кандидатуру страны на вступление в члены

to enlarge the ~ увеличивать количество членов, расширять членство *(какой-л. организации)*

to exclude *smb* **from party ~** исключать *кого-л.* из партии

to expand the ~ расширять членство *(какой-л. организации)*

to freeze *smb's* **application (for) ~** откладывать рассмотрение *чьей-л.* заявки на вступление, замораживать *чье-л.* вступление (в)

to give up *one's* **~** отказываться от членства

to increase the ~ увеличивать количество членов

to open ~ to all countries предоставлять возможность любой стране стать членом *(организации, банка и т.п.)*

to put *smb's* **~ on hold** откладывать рассмотрение вопроса о *чьем-л.* членстве

to recommend a country for ~ of the UN рекомендовать принять страну в члены ООН

to relinquish *one's* **~ (of)** выходить из состава *(какой-л. партии, организации)*

to renew *one's* **~** возобновлять свое членство

to seek ~ of an organization добиваться членства в организации

to suspend ~ of a state in an international organization приостанавливать членство государства в международной организации

to win *smb* **to** ~ привлекать *кого-л.* в качестве нового члена

trade-union ~ численность профсоюзов

application for ~ заявление о приеме в члены

campaign to boost ~ кампания по привлечению новых членов

evolution of ~ рост числа членов

growth in the organization's ~ быстрый рост членства в организации

organization ~ **now stands at 9 million** численность членов организации сейчас составляет 9 миллионов

rights and benefits resulting from ~ **of the UN** права и преимущества, вытекающие из членства в ООН

membership II *attr* членский

member-state *n* государство-член

memo *n см* **memorandum**

memoirs *n pl* мемуары, воспоминания

memorandum *n* (*pl* **memoranda**) **1.** памятная записка; докладная записка **2.** меморандум; дипломатическая нота

~ **of understanding** меморандум о договоренности

~ **of Understanding of Star Wars** *ист.* Меморандум о взаимопонимании относительно программы «звездных войн» (*подписан США и Великобританией в марте 1986 г.*)

explanatory ~ объяснительная записка

interoffice ~ служебная записка

technical ~ техническая памятная записка

to circulate a ~ (**among**) распространять меморандум (*среди*)

to draw up a ~ составлять служебную/памятную записку

to exchange ~ обмениваться памятными записками

to put out a ~ публиковать меморандум

to send a ~ направлять меморандум

memorial I *n* памятник; *pl* историческая хроника

War M. мемориал воинской славы, памятник погибшим на войне

to deface a ~ осквернять памятник

to unveil a ~ открывать памятник

memorial II *a* мемориальный

memor/y *n* память, воспоминание

to honor *smb's* ~ почтить чью-л. память

to observe a minute of silence in *smb's* ~ почтить память *кого-л.* минутой молчания

to pay the tribute to the ~ (**of** *smb*) почтить память (*кого-л.*)

to put war ~**ies to rest** похоронить воспоминания о военном времени

exploits remain a living ~ слава подвигов не померкла

menace *n* угроза; опасность

~ **of war** угроза войны

~ **to (world) peace** угроза (всеобщему) миру

~ **to safety** угроза безопасности

drug ~ угроза наркобизнеса

ecological ~ экологическая угроза/опасность

impending ~ нависшая угроза

nuclear ~ ядерная угроза

perpetual ~ постоянная угроза

to constitute a ~ представлять угрозу

to visualize the ~ осознавать/представлять себе угрозу

menace *v* угрожать, грозить

Menshevik *n ист.* меньшевик

mentality *n* менталитет, склад ума, психология

consumer ~ потребительский склад ума

new political ~ новое политическое мышление

slave ~ рабская психология

social ~ общественное настроение

war ~ воинственное настроение; военный психоз

mercantile *a* **1.** торговый, коммерческий **2.** меркантильный

mercantilism *n* меркантилизм

mercantilist I *n* меркантилист

mercantilist II *a* меркантилистский

mercenar/y *n* наемник; наемный солдат

foreign ~**ies** иностранные наемники

professional ~**ies** профессиональные наемные солдаты

to enlist/to recruit ~**ies** вербовать наемников

gangs of ~**ies** банды/группы наемников

recruitment of ~**ies** вербовка наемников

use of ~**ies** использование наемников

merchandise *n* товар; товары

merchandise *v* торговать, сбывать

merchandiser *n* торговец, торговая фирма

merchant I *n* торговец, купец

arms ~ торговец оружием

death ~**s** торговцы смертью

merchant II *attr* торговый, коммерческий

merchantman *n* торговое судно

merciless *a* жестокий; беспощадный

mercy *n* милосердие; милость; прощение

to beg/to plead for ~ просить пощады

to show ~ проявлять милосердие

merge *v* сливать, объединять (*банки, предприятия и т.п.*)

to ~ **two organizations into one** объединять две организации в одну

merger *n* слияние, объединение (*банков, предприятий и т.п.*)

~ **of provinces** слияние/объединение провинций

~ **of two parties** слияние двух партий

mega(-buck) ~ слияние крупных компаний

to oppose the ~ выступать против слияния (*партий*)

new party borne out of the ~ новая партия, появившаяся в результате слияния партий

merging *n* слияние, объединение

merit *n* достоинство; заслуга

~**s of the case** существо дела

on the basis of ~ на основе заслуг

message *n* сообщение; послание; поручение

~ has been falling on very welcome ears сообщение воспринималось охотно

~ of condolence(s) послание с выражением соболезнования

~ of congratulation(s) поздравительное послание

~ of greetings приветственное послание, поздравительная телеграмма

~ of support послание с выражением поддержки

administrative ~ приказ/распоряжение по учреждению

annual ~ ежегодное послание (*президента США*)

carefully calibrated ~ тщательно рассчитанное послание

cipher(ed)/coded ~ шифрованное сообщение, шифровка

conciliatory ~ послание в примирительном тоне

distress ~ уведомление/сообщение о бедствии (*авиакатастрофе и т.п.*)

downbeat ~ неприятное сообщение

election ~ предвыборное послание

espionage ~ шпионское донесение

friendly ~ дружественное послание

goodwill ~ послание доброй воли

meteorological ~ метеорологическое сообщение

official ~ официальное послание

operational ~ оперативное сообщение; *воен.* боевое донесение

papal ~ послание папы римского

personal ~ личное послание

reply ~ ответное послание/письмо

routine ~ обычное/регулярное донесение

secret ~ секретное послание

State of the Union M. послание президента США «О положении в стране»

State of the World M. послание президента США «О положении в мире»

urgent ~ срочное сообщение

verbal ~ устное послание

videotape ~ послание, записанное на видеокассету

to address *one's* **~ to** *smb* адресовать свое послание *кому-л.*

to break up a ~ расшифровывать депешу

to carry a ~ to *smb* везти послание *кому-л.*

to decipher/to decode a ~ расшифровывать депешу

to deliver a ~ to *smb* доставлять/передавать сообщение *кому-л.*

to get *one's* **~ across to** *smb* доносить свои взгляды до *кого-л.*

to hammer a ~ home доводить *что-л.* до *чьего-л.* сознания

to hand in a ~ вручать послание

to leave a ~ for *smb* оставлять *кому-л.* сообщение

to receive a ~ from *smb* получать послание от *кого-л.*

to send a ~ to *smb* направлять послание *кому-л.*

to shun the downbeat ~ не реагировать/не обращать внимания на неприятное сообщение

to televise a ~ to the people передавать послание народу по телевидению

exchange of ~s with *smb* обмен посланиями с *кем-л.*

main ~ from the conference лейтмотив конференции

televised ~ to the people телевизионное обращение к народу

messenger *n* курьер; посыльный

diplomatic ~ дипломатический курьер

messianic *a рел.* мессианский

messianism *n рел.* мессианизм, мессианство

metaphor *n* метафора

canine ~s *полит. жарг.* «собачьи» метафоры (*метафоры, в которых ораторы используют образ собаки*)

card ~s *полит. жарг.* «карточные» метафоры (*использование терминов карточных игр в политическом жаргоне*)

metaphysical *a филос.* метафизический

metaphysician *n филос.* метафизик

metaphysics *n филос.* метафизика

method *n* метод, способ, прием, подход

~ of economic cooperation метод экономического сотрудничества

~ of economic-mathematical modeling метод экономико-математического моделирования

~ of exploitation метод эксплуатации

~ of labor метод работы

~ of management метод управления

~ of warfare способ ведения военных действий

~ of work метод работы

ad hoc ~ специальный метод

adaptable ~ приемлемый метод

administrative ~ административный метод

advanced ~ передовой метод

analytical ~ аналитический метод

authoritarian ~ авторитарный метод

brutal ~ варварский метод

case ~ метод анализа конкретных ситуаций

classical ~ традиционный подход

coercive ~ метод принуждения

command ~ командный метод

control ~ метод контроля

conventional ~ шаблонный метод

deductive ~ дедуктивный метод

dialectical ~ *филос.* диалектический метод

dictatorial ~ диктаторский метод

economic ~ экономический метод

empirical ~ эмпирический метод

estimating ~ метод оценки

exact ~ точный метод

forecasting ~ метод прогнозирования

harmful ~ пагубный/порочный метод

high-pressure ~ метод давления

historical ~ исторический метод
illegal ~ противозаконный метод
indirect ~ косвенный метод
inefficient ~ неэффективный метод
inhuman ~ бесчеловечный метод
input-output ~ межотраслевой баланс
inspection ~ метод проверки
intimidation ~ метод запугивания
laboratory ~ лабораторный метод
legal ~ легальный метод
lockstep ~ установленный/негибкий метод
management/managerial ~ метод управления
marketing ~ рыночный метод
mass-production building ~ метод массового гражданского строительства
mathematical ~ математический метод
metaphysical ~ *филос.* метафизический метод
modern ~ современный метод
mutually acceptable ~s взаимоприемлемые методы
new efficiency ~ новый метод экономической эффективности
obsolete ~ устаревший метод
operational ~ метод, обеспечивающий выполнение регулярной программы; оперативный метод
planning ~ метод планирования
police-state ~ метод полицейского государства
prediction ~ метод прогнозирования
progressive ~ передовой/прогрессивный метод
rational ~ рациональный метод
repressive riot control ~ метод жесткого подавления беспорядков
research ~ метод исследования
scientific ~ научный метод
selective ~ выборочный метод
shortcut ~ ускоренный метод
simulation ~ метод моделирования
social ~ общественный метод
standard ~ стандартный метод
statistical ~ статистический метод
strong-arm ~ метод запугивания
verification ~ метод проверки
working ~ метод работы
to adopt a ~ принимать метод
to apply/to employ a ~ применять/использовать метод
to institute a ~ устанавливать метод
to introduce new ~s вводить новую методику
to master a ~ овладевать методом
to recommend a ~ рекомендовать метод
to resort to a ~ прибегать к методу
to simplify the ~ упрощать метод
to use a ~ применять/использовать метод
to vary ~s варьировать методы
effective application of a ~ эффективное применение метода

methodical *a* методический, систематический
Methodism *n рел.* методизм
Methodist I *n рел.* методист
Methodist II *a рел.* методистский
methodological *a* методологический
methodology *n* методология
metropolis *n* столица
metropolitan I *n* **1.** житель столицы, столичный житель **2.** *церк.* митрополит
metropolitan II *a* столичный
mettle *n* отвага, смелость
test of *smb's* **political** ~ проверка *чьей-л.* политической твердости
Middle-East *attr* ближневосточный
middleman *n* посредник, комиссионер
key ~ главный посредник
middle-of-the-road *attr* умеренный, неэкстремистский
middle-of-the-roader *n* человек, придерживающийся умеренных/неэкстремистских взглядов
Mid East (Middle East) *n* Ближний Восток
Midgetman *n* «Миджетмен» (*небольшая мобильная межконтинентальная баллистическая ракета США, несущая одну боеголовку*)
might *n* мощь; могущество; власть; сила
~ **is/makes right** кто силен, тот и прав; по праву сильного
defense ~ оборонное могущество
economic ~ экономическая мощь
military ~ военное могущество
to build up military ~ наращивать военную мощь
to display military ~ демонстрировать военную мощь
to strengthen the defense ~ **of a state** крепить оборонное могущество страны
brutal display of military ~ грубая демонстрация военной мощи
concentration of military ~ сосредоточение военной мощи
show of ~ демонстрация силы
use of armed ~ использование вооруженной силы
mighty *a* могущественный; мощный
migrant *n* переселенец
economic ~ экономический переселенец/мигрант
migrate *v* переселяться, мигрировать
migration *n* миграция, перемещение (*населения и т.п.*)
~ **of capital** миграция капитала
extensive ~ обширная миграция
forced ~ принудительная миграция
illegal ~ нелегальная миграция
individual ~ индивидуальная миграция
industrial ~ перемещение отраслей промышленности в другие районы, миграция промышленности
intercontinental ~ межконтинентальная миграция

internal ~ миграция внутри страны
international ~ международная миграция
intra-continental ~ миграция в пределах континента
intra-regional ~ миграция в пределах региона
labor ~ миграция рабочей силы
local ~ локальная миграция
nonregulated ~ нерегулируемая миграция
permanent ~ постоянная миграция
rural-urban ~ сельско-городская миграция
seasonal labor ~ сезонная миграция рабочей силы
voluntary ~ добровольная миграция
mileage *n* 1. транспортные расходы 2. польза, выгода
political ~ политическая выгода
to get ~ **out of** *smth* извлекать выгоду из чего-л.
milestone *n* краеугольный камень; веха; этап
~ **in relations between** *smb* веха в отношениях между *кем-л.*
historic ~ историческая веха
important ~ важная веха
political ~ политическая веха
militancy *n* воинственность; активность
union ~ активность профсоюзов
militant I *n* 1. боевик 2. боец, борец; активист
outspoken ~s махровая реакция; радикальные элементы; «оголтелые»
union ~ активист профсоюза
to pursue ~s преследовать боевиков
militant II *a* 1. воинствующий; воинственный 2. активный
militarily *adv* в военном отношении
to be strong ~ быть сильным в военном отношении
to help a country ~ помогать стране в военном отношении
militarism *n* милитаризм
helter-skelter ~ оголтелый милитаризм
to oppose ~ выступать против милитаризма
resurgence of ~ возрождение милитаризма
militarist *n* милитарист
militaristic *a* милитаристский
militarization *n* милитаризация, военизация
~ **has reached disturbing levels** милитаризация достигла опасного уровня
~ **of (outer) space** милитаризация космического пространства
~ **of the economy** милитаризация экономики
~ **of the population** милитаризация/военизация населения
total ~ тотальная милитаризация
militarize *v* милитаризировать, милитаризовать, военизировать
militarized *a* военизированный
military I *n* военные; вооруженные силы
~ **are not equipped or trained for this role** войска не оснащены и не подготовлены для этой функции
dangerously overstitched ~ опасно разросшаяся военная машина

powerful ~ военные, наделенные большой властью
US ~ американские военные/вооруженные силы
to be in the ~ служить в армии
to call in the ~ призывать войска; использовать военную силу
to use ~ использовать военную силу
military II *a* военный; воинский
military-controlled *a* находящийся под контролем военных
military-defense *attr* военно-оборонительный
military-diplomatic *a* военно-дипломатический
military-minded *a* милитаристски настроенный; милитаристский
military-oriented *a* ориентированный на военные цели; имеющий военную направленность
military-police *attr* относящийся к военной полиции
military-political *a* военно-политический
military-research *attr* военно-исследовательский
military-space *attr* военно-космический
military-strategic *a* военно-стратегический
militia *n* вооруженное формирование; ополчение
Muslim ~s мусульманские вооруженные формирования
rival ~s соперничающие вооруженные формирования
warring ~s враждующие вооруженные формирования
dissolution of ~ роспуск ополчения
militiaman *n* ополченец; член вооруженного формирования
Millerandism *n* брит. полит. жарг. «мильеранизм» (*сдвиг вправо, происходящий с некоторыми депутатами от социалистической партии; по фамилии французского президента Мильерана*)
millionaire *n* миллионер
mind *n* ум; мнение; мысль
to be of one ~ придерживаться единого мнения
to capture the ~s завладеть умами
to influence the ~s воздействовать на умы
mine *n* мина
anti-personnel ~ противопехотная мина
to hit a ~ подрываться на мине
the bus was blown up by a ~ автобус подорвался на мине
minimizer *n* сторонник минимального уровня *чего-л.*
price ~ сторонник минимальных цен
minion *n* приспешник
ministate *n* малая страна
minister *n* 1. министр 2. *дип.* посланник; советник посольства
~ **ad interim** временно исполняющий обязанности министра

~ **for external affairs** министр иностранных дел

~ **for foreign trade** министр внешней торговли

~ **for health** министр здравоохранения

~ **for internal affairs** министр внутренних дел

~ **for nuclear power** министр ядерной энергетики

~ **counselor** *дип.* советник-посланник

~ **of/for foreign affairs** министр иностранных дел

~ **of cabinet rank** министр-член кабинета

~ **of culture** министр культуры

~ **of defence** министр обороны

~ **of finance** министр финансов

~ **of home affairs** министр внутренних дел

~ **of justice** министр юстиции

~ **of manpower** министр трудовых ресурсов

~ **of national defence** министр по делам национальной безопасности

~ **of public education** министр просвещения

~ **of public health** министр здравоохранения

~ **of trade** министр торговли

~ **of transport** министр транспорта

~ **plenipotentiary** *дип.* полномочный министр

~**Resident** *дип.* министр-резидент

~ **responsible for Northern Ireland** министр по делам Северной Ирландии

~ **responsible for policing** министр, ответственный за охрану порядка

acting ~ исполняющий обязанности министра

acting prime ~ исполняющий обязанности премьер-министра

agriculture ~ *брит.* министр сельского хозяйства

cabinet ~ член кабинета министров

caretaker ~ министр временного правительства

center-right prime ~ премьер-министр правительства «правее центра»

current prime ~ нынешний премьер-министр

defense ~ *брит.* министр обороны

deputy ~ заместитель министра

deputy prime ~ заместитель премьер-министра

economics ~ министр экономики

education ~ министр образования

energy ~ министр энергетики

environment ~ министр по охране окружающей среды

first deputy prime ~ первый заместитель премьер-министра

fishery ~ министр рыболовства

foreign ~ министр иностранных дел

former ~ бывший министр

freely elected prime ~ свободно избранный премьер-министр

full cabinet ~ министр-член кабинета

governmental ~ министр правительства

hard line ~ министр, являющийся сторонником жесткого курса

health ~ министр здравоохранения

home affairs ~ министр внутренних дел

housing ~ министр по делам жилищного строительства

immigration ~ министр по вопросам иммиграции

industry ~ министр промышленности

information ~ министр информации

interim prime ~ временно исполняющий обязанности премьер-министра; премьер-министр временного правительства

interior ~ министр внутренних дел

junior ~ *брит.* младший министр (*член правительства, парламентский секретарь или парламентский заместитель министра*)

justice ~ министр юстиции

lame-duck ~ уволенный министр, дорабатывающий последние дни

law ~ министр юстиции

national defence ~ *брит.* министр национальной обороны

non-departmental ~ министр без портфеля

oil ~ министр нефтедобывающей промышленности

one-time ~ бывший министр

outgoing ~ министр, уходящий в отставку

prime ~ **(PM)** премьер-министр

prime ~**waiting** премьер-министр, назначенный, но еще не утвержденный президентом

relatively junior ~ министр, занимающий сравнительно невысокий пост

resident ~ дипломатический представитель, министр-резидент

senior ranking cabinet ~ министр, возглавляющий одно из важнейших министерств

shadow ~ министр «теневого кабинета»

sports ~ министр спорта

trade ~ министр торговли

trade and industry ~ министр торговли и промышленности

unpaid ~ министр на общественных началах

vice ~ заместитель министра

visiting ~ министр, находящийся в стране с визитом

to be the equivalent of a ~ по рангу соответствовать министру

to confirm a ~ **in his post** утверждать министра в должности

to create a ~ учреждать пост министра

to dismiss a ~ снимать министра

to drop a ~ выводить министра из состава кабинета

to endorse *smb.* **as prime** ~ утверждать *кого-л.* в качестве премьер-министра

to name a council of ~**s** обнародовать состав правительства

to oust a prime ~ снимать премьер-министра

to replace a ~ заменять министра

to resign as prime ~ уходить в отставку с поста премьер-министра

to sack a ~ увольнять министра

to serve as prime ~ быть премьер-министром

to supplant a ~ заменять министра

to swear in a ~ приводить к присяге министра

to table a motion of no-confidence in a prime ~ выносить вотум недоверия премьер-министру

Council of ~s Совет министров

dismissal of ~ отстранение министра

front-runner for the job of the prime ~ наиболее вероятный кандидат на пост премьер-министра

prime ~ on the ropes премьер-министр, который вскоре лишится своего поста

sacking of a ~ отстранение министра

the longest serving prime ~ премьер-министр, проработавший на этом посту дольше всех предшественников

ministerial *a* министерский; правительственный

~ appearance появление министра *(в парламенте)*

prime ~ должность премьер-министра

ministry *n* 1. министерство 2. кабинет министров 3. духовный сан

M. for External Affairs министерство иностранных дел *(Канада, Индия, Австралия)*

M. of Commerce министерство торговли

M. of Communications министерство связи

M. of Culture министерство культуры

M. of Defence министерство обороны

M. of Education министерство образования

M. of Finance министерство финансов

M. of/for Foreign Affairs министерство иностранных дел

M. of Foreign Trade министерство внешней торговли

M. of Health министерство здравоохранения

M. of the Interior министерство внутренних дел

M. of Internal Affairs министерство внутренних дел

M. of Justice министерство юстиции

M. of Trade министерство торговли

Defence M. министерство обороны

Education M. министерство образования

Foreign Trade M. министерство внешней торговли

Health M. министерство здравоохранения

Interior M. министерство внутренних дел

Justice M. министерство юстиции

order ~ силовое министерство

Social Security M. министерство социального обеспечения

to close down a ~ закрывать министерство

to come under the M. of the Interior подчиняться министерству внутренних дел

to merge a ~ with another ~ сливать одно министерство с другим

to reorganize the structure of a ~ реорганизовывать структуру министерства

merger of ~s слияние министерств

reorganization of a ~ реорганизация министерства

mini-summit *n* мини-встреча на высшем уровне, совещание на высшем уровне с ограниченным составом участников

minor *n юр.* несовершеннолетний

minorit/y *n* меньшинство

colored ~ цветное меньшинство

dominant ~ господствующее меньшинство

ethnic ~ национальное/этническое меньшинство

left-wing ~ левое меньшинство

linguistic ~ языковое меньшинство

Muslim ~ мусульманское меньшинство

national ~ национальное меньшинство

oppressed ~ угнетенное меньшинство

persecuted ~ преследуемое национальное меньшинство

racial ~ расовое меньшинство

white ~ белое меньшинство

to be in the ~ быть/находиться в меньшинстве

to remain in the ~ оставаться в меньшинстве

oppression of racial ~ies угнетение расовых меньшинств

persecution of ethnic ~ies преследование этнических меньшинств

underrepresentation of ~ies недостаточный процент представителей национальных меньшинств *(в каком-л. органе и т.п.)*

minute I *n* 1. заметка, набросок 2. *pl* протокол *(заседания, собрания и т.п.)*

Minutes of Proceedings *брит.* протокол заседания палаты лордов

to adduce/to append to the ~s прилагать/приобщать к протоколу

to draw up the ~s вести протокол, протоколировать

to enter *smth* **in the ~s** заносить *что-л.* в протокол

to keep the ~s of the session вести протокол заседания

to make the ~s вести протокол

to record in the ~s заносить в протокол

to record the ~s вести протокол

minute II *v* протоколировать

miracle *n* чудо, выдающееся событие

economic ~ экономическое чудо

political ~ политическое чудо

to be on the brink of an economic ~ стоять на пороге экономического чуда

to experience an economic ~ переживать экономическое чудо

Miranda Rights *амер.* юридические права задержанного, «перечень Миранды» *(право хранить молчание, право воспользоваться помощью адвоката, право знать, что лю-*

бое его высказывание может быть использовано против него; названы по имени Э. Миранды, отстоявшего эти права в суде в 1966 г.)

misallocation *n* нерациональное использование *(ресурсов и т.п.)*

misappropriation *n* хищение

large-scale ~ хищение в крупных размерах

to expose/to reveal ~ раскрывать хищение

misbehavior *n* недостойное поведение

miscalculate *v* допускать просчет

miscalculation *n* просчет

~ **of justice** судебная ошибка

huge ~ грубый просчет

military-political ~s военно-политические просчеты

to make a ~ допускать просчет

misconception *n* неправильное представление

to have ~s **about** *smth* неправильно представлять себе *что-л.*

misconduct *n* проступок; нарушение правил поведения

sexual ~ супружеская неверность

willful ~ умышленное должностное преступление

to commit ~s совершать преступления/злодеяния

to dismiss *smb* **for serious** ~ увольнять *кого-л.* за серьезный проступок

to ~ *oneself* нарушать дисциплину

misdemeanant *n* лицо, совершившее судебно наказуемый проступок

misdemeanor *n юр.* судебно наказуемый проступок, мелкое преступление

financial ~ финансовое нарушение

to commit ~ совершать проступок

misery *n* страдание; нищета

abject ~ крайняя нищета

human ~ человеческие страдания

to live in ~ жить в нищете

misfortune *n* беда, несчастье

to bring ~s **upon** *one's* **country** навлекать несчастья на свою страну

misgiving *n* опасение

misgovern *v* плохо руководить/управлять

misinform *v* дезинформировать, неправильно информировать

misinformation *n* дезинформация

to give/to put out ~ распространять дезинформацию

misinformative *a* дезинформационный

misinformed *a* дезинформированный

misinformer *n* дезинформатор

misinterpret *v* неправильно толковать *(что-л.)*

misinterpretation *n* неправильное толкование/понимание

economic ~s экономические просчеты

mislead *v* вводить в заблуждение

to ~ **Congress** вводить в заблуждение Конгресс

mismanagement *n* бесхозяйственность; неправильное управление

~ **of resources** неправильное управление ресурсами

economic ~ бесхозяйственность

financial ~ финансовая бесхозяйственность

to struggle against ~ бороться с бесхозяйственностью

misquote *v (smb)* неправильно цитировать *(кого-л.)*, искажать *(чье-л.)* высказывание

misrepresent *v* искажать, неверно истолковывать *(факты и т.п.)*

misrepresentation *n* искажение *(фактов и т.п.)*, введение в заблуждение

missile *n воен.* ракета, реактивный снаряд

M.-Experimental (MX) экспериментальная межконтинентальная баллистическая ракета

absolute ~ глобальная ракета

air-launched ~ ракета воздушного базирования

antiballistic ~ противоракета

ballistic ~ баллистическая ракета

countermissile ~ противоракета

cruise ~ крылатая ракета

ground-based/ground-launched ~ ракета наземного базирования

ground-to-air guided ~ управляемая ракета класса «земля – воздух»

ground-to-ground ~ ракета класса «земля – земля»

guided ~ управляемая ракета

interceptor ~ ракета-перехватчик

intercontinental ballistic ~ межконтинентальная баллистическая ракета, МБР

intermediate-range ~ ракета средней дальности/среднего радиуса действия

land-based ~ ракета наземного базирования

long-range ~ стратегическая ракета, ракета дальнего радиуса действия

medium-range ~ ракета средней дальности/среднего радиуса действия

mobile ~ подвижная ракетная пусковая установка

nuclear(-armed) ~ ядерная ракета, ракета с ядерной боеголовкой

nuclear-capable ~ ракета, способная нести ядерную боеголовку

offensive ~s наступательная ракета

operational tactical ~ оперативно-тактическая ракета, ОТР

sea-launched ~ ракета морского базирования

short-range ~ ракета малой/ближней дальности

shorter-range ~ ракета меньшей дальности, РМД; оперативно-тактическая ракета

strategic ~ стратегическая ракета

submarine-launched ~ ракета, запускаемая с подводной лодки; ракета подводного базирования

surface-to-air ~ ракета класса «земля – воздух»

surface-to-surface ~ ракета класса «земля – земля»

to cut back the number of ~s сокращать количество ракет

to deactivate a ~ снимать ракету с боевого дежурства

to demolish a ~ уничтожать ракету

to deploy ~s размещать ракеты

to develop *one's* own ~s разрабатывать собственные ракеты

to dismantle a ~ демонтировать ракету

to eliminate ~s ликвидировать ракеты

to give *smb* more military ~ усиливать *кого-л.* в военном отношении

to launch a ~ запускать ракету

to liquidate ~s ликвидировать ракеты

to locate ~s размещать ракеты

to manufacture ~s изготовлять ракеты

to modernize ~s модернизировать ракеты

to prevent sale of ballistic ~s to neutral countries предотвращать продажу баллистических ракет в нейтральные страны

to scrap ~s ликвидировать ракеты, пускать ракеты на слом

to site ~s in a country размещать ракеты в стране

to station ~s размещать ракеты

to test-fire a ~ производить пробный запуск ракеты

to unleash a ~ выпускать ракету; наносить ракетный удар

destruction of ~s уничтожение ракет

elimination of ~s ликвидация ракет

guidance system of ~s система наведения ракет

new generation of strategic ~s новое поколение стратегических ракет

stationing of American ~s дислоцирование американских ракет

use of ~s against rebel targets применение ракет против объектов, контролируемых повстанцами

missileer, missileman *n воен.* ракетчик

mission *n* 1. миссия; представительство; делегация 2. командировка; поручение; *воен.* задание, задача

~ abroad зарубежная командировка

~ accredited to the United Nations миссия, аккредитованная при ООН

~ of good will миссия доброй воли

ad hoc ~ специальная миссия

civilizing ~ цивилизаторская миссия

combat ~ боевая задача

consular ~ консульское представительство, консульская миссия

diplomatic ~ дипломатическая миссия, дипломатическое представительство

expert ~ обязанность/задача эксперта; командировка группы экспертов

exploratory ~ исследовательская командировка

extraordinary ~ чрезвычайная миссия

fact-finding ~ миссия по установлению фактов, ознакомительная миссия; задание выяснить обстановку на месте

fence-mending ~ миссия с целью укрепления своих позиций

field ~ командировка на места

friendship ~ миссия дружбы

good offices ~ миссия добрых услуг

good-will ~ миссия доброй воли

historic ~ историческая миссия

humanitarian ~ гуманитарная миссия

important ~ ответственное поручение, важное задание

joint ~ совместная командировка

liberating ~ освободительная миссия

limited ~ миссия с ограниченными полномочиями

long-term ~ долгосрочная/длительная командировка

mediation ~ посредническая миссия

military ~ военная миссия; военное задание

observer ~ миссия наблюдателя

operational ~ боевое задание; боевая задача

papal ~ дипломатическая миссия Ватикана

peace ~ миссия мира; миротворческая миссия

peace exploratory ~ миссия для выяснения возможности установления мира

permanent ~ постоянное (дипломатическое) представительство

secret ~ секретное задание

short-term ~ краткосрочная командировка

space ~ космический полет

state ~ официальный визит

strategic ~ стратегическая задача

subsequent ~ последующая задача

supply ~ задание по доставке припасов

trade ~ торговое представительство

troubleshooting ~ миссия по улаживанию конфликта/по ликвидации трудностей

United Nations military observer ~ миссия военных наблюдателей ООН

visiting ~ выездная миссия

to accomplish a ~ выполнить задание/поручение/задачу; закончить работу/командировку

to assign a ~ to *smb* давать поручение/задание *кому-л.*, ставить задачу перед *кем-л.*

to assume a ~ брать на себя задачу/поручение

to be on a ~ выполнять задание

to be on a diplomatic ~ находиться с дипломатической миссией

to be on a state ~ to a country находиться с официальным визитом в стране

to carry out a ~ выполнять поручение

to close (down) a ~ закрывать миссию

to complete/to discharge ~ выполнить задачу/задание

to exchange diplomatic ~s at ambassadorial level обменяться дипломатическими миссиями на уровне посольств

to fulfil *one's* ~ исполнять свою миссию/свои полномочия; выполнять свою задачу

to go on a ~ отправляться в составе делегации; ехать в командировку

to head a ~ возглавлять делегацию

to maintain observer ~s сохранять миссии наблюдателей

to perform a ~ выполнять задачу

to send *smb* **on a** ~ **(to)** посылать *кого-л.* в командировку/командировать *кого-л.* (*куда-л.*)

to set a ~ давать поручение/задание *кому-л.*, ставить задачу перед *кем-л.*

to set off on a ~ отправляться/выезжать в командировку

to set up a diplomatic ~ создавать дипломатическую миссию

to undertake a ~ **1)** брать на себя миссию **2)** совершать командировку

closure of a ~ закрытие миссии

failure of a ~ провал миссии

on a ~ в командировке

on the latest leg of *one's* **peace** ~ на последнем этапе *чьей-л.* миротворческой миссии

Permanent M. to the UN постоянное представительство при ООН

missionary *n* миссионер

missionary *a* миссионерский

misstatement *n* ложное/неправильное заявление *или* показание

mist *n* туман

black ~ *япон. полит. жарг.* «черный туман» (*скандалы и коррупция в правительстве*)

mistake *n* ошибка

to make political ~s делать/допускать политические ошибки

to learn by *one's* ~s учиться на своих ошибках

mister *n* мистер

M. Charley *презр.* белый (*употребляется афроамериканцами*)

M. Wood *брит. полиц. жарг.* полицейская дубинка

mistranslate *v* (*smb*) неправильно переводить (*чье-л. высказывание*)

mistreat *v* (*smb*) плохо обращаться с *кем-л.*

mistreatment *n* плохое обращение

physical ~ физические издевательства

mistrust I *n* недоверие; подозрение

mutual ~ взаимное недоверие

to create ~ вызывать недоверие

to ease *smb's* ~ уменьшать *чье-л.* недоверие

to mute *smb's* ~ приглушать *чье-л.* недоверие

to overcome ~ преодолевать недоверие

to remove ~ устранять недоверие

to revive ~ возрождать недоверие

mistrust II *v* не доверять; подозревать; сомневаться

misunderstanding *n* недоразумение; непонимание

to eliminate causes for ~ устранять причины непонимания

misuse *n* (*of smth*) злоупотребление (*чем-л.*)

~ **of** *one's* **public position for private profit** злоупотребление общественным положением в личных целях

alcohol ~ злоупотребление алкоголем

gross ~ крупное злоупотребление

mixed-race *a* смешанной расы

mob *n* **1.** толпа, сборище, группа людей **2.** *амер. жарг.* мафиозная/преступная группировка

angry ~ рассвирепевшая толпа

button ~ *брит. полиц. жарг.* полицейское оцепление

heavy ~ *брит. полиц. жарг.* специальный отряд полиции быстрого реагирования; дежурный наряд полиции

rioting ~ бесчинствующая толпа

unruly ~ неуправляемая толпа

fury of the ~ ярость толпы

mobile *a* подвижный; мобильный; перемещаемый

mobility *n* подвижность; мобильность; перемещение

labor ~ подвижность рабочей силы; текучесть рабочей силы

mobilization *n* мобилизация

~ **of energy and funds** мобилизация сил и средств

~ **of the forces (for)** мобилизация сил (*для*)

economic ~ мобилизация экономики

industrial ~ мобилизация промышленности

political ~ политическая мобилизация

total ~ всеобщая мобилизация

mobilize *v* мобилизовать(ся)

mob-related *a* связанный с преступностью

mobster *n* гангстер; бандит

mockery *n* насмешка; посмешище

to make a ~ **of** *smth* издеваться над *чем-л.*; устраивать пародию на *что-л.*

modality *n* **1.** *полит. жарг.* «модальность» (*средства достижения поставленной цели*) **2.** *pl дипл. жарг.* «акценты» (*встречи, договора и т.п.*)

mode *n* **1.** способ; метод **2.** образ действий **3.** вид, тип

~ **of distribution** способ распределения

~ **of life** образ жизни

~ **of limitation** способ ограничения

~ **of production** способ производства

~ **of use** способ применения

classified ~ особый режим

model *n* модель; образец; шаблон

development ~ экспериментальная модель

effectiveness ~ модель эффективности

financial ~ финансовая модель

forecasting ~ модель прогнозирования

game ~ игровая модель

global ~ глобальная модель

information ~ информационная модель

marketing ~ маркетинговая модель

optimal ~ оптимальная модель
predictive ~ прогнозирующая модель
production ~ модель производства
profitability ~ модель прибыльности
projection ~ прогнозирующая модель
reduced ~ упрощенная модель
simulation ~ имитационная модель
Western ~ западная модель
to copy Western economic ~s копировать западные экономические модели
to work out a ~ разрабатывать/создавать модель
on the Western ~ по западному образцу
modeling *n* моделирование
economic ~ экономическое моделирование
global ~ глобальное моделирование
regional ~ региональное моделирование
social ~ социальное моделирование
moderate I *n* умеренный (политик); *pl* умеренные элементы
moderate II *a* умеренный, сдержанный
moderate III *v* смягчать; ослаблять; сдерживать
moderation *n* умеренный курс, умеренность
~ **in** *one's* **foreign policy** умеренность во внешней политике
to display ~ демонстрировать сдержанность
to show ~ проявлять умеренность/сдержанность
moderatism *n* умеренность (*политики, взглядов и т.п.*)
moderator *n* арбитр; председатель собрания; председательствующий (*телемоста и т.п.*)
UN ~ посредник ООН
modern(-day) *a* современный
modernism *n* модернизм
modernization *n* модернизация
~ **of the economy** модернизация экономики
fundamental ~ коренная модернизация
social ~ социальное развитие
modernize *v* модернизировать
modification *n* модификация, видоизменение, преобразование, изменение
~ **of the environment** воздействие на окружающую среду
far-reaching ~s далеко идущие изменения
formal ~ официальное уведомление
project ~s проектные изменения
substantial ~ **of the economic structure** существенное изменение экономической структуры
to effect ~s осуществлять/вносить изменения, изменять
to introduce ~s вводить модификации/изменения
modify *v* 1. видоизменять; модифицировать 2. снижать, смягчать
mogul *n* единоличный правитель; магнат, заправила, важная персона
mole *n* развед. жарг. «крот» (*хорошо законспирированный агент, заблаговременно внедренный в организацию противника и не*

используемый до тех пор, пока он не займет там ключевой позиции)
moment *n* момент, период
~ **of truth** момент истины
critical/crucial ~ критический момент
culminating ~ кульминационный момент
historic ~ исторический момент
momentous *a* важный; исторический
momentum *n* движущая сила; наступательный порыв; импульс; темп; толчок
to carry forward the ~ не сбавлять темпа
to cumulate/to develop/to gain/to gather ~ наращивать темп; набирать силу; усиливаться
to generate a ~ создавать импульс/толчок
to give the required ~ давать/сообщать необходимый импульс
to lose the ~ терять темп
to maintain ~ сохранять темп, поддерживать движение
monarch *n* монарх
absolute ~ абсолютный монарх
constitutional ~ конституционный монарх
reigning ~ царствующий монарх
monarchic(al) *a* монархический
monarchism *n* монархизм
monarchist I *n* монархист
monarchist II *a* монархистский, монархический
monarchize *v* устанавливать монархический режим
monarchy *n* монархия
absolute ~ абсолютная монархия
constitutional ~ конституционная монархия
limited ~ ограниченная монархия
nominal ~ номинальная монархия
parliamentary ~ парламентская монархия
parliamentary-constitutional ~ парламентарно-конституционная монархия
unlimited ~ неограниченная монархия
to liquidate a ~ ликвидировать монархию
to reinstate ~ восстанавливать монархию
downfall of a ~ низвержение монархии
overthrow of a ~ свержение монархии
monastery *n* монастырь
monastic *a* монастырский; монашеский
monetarism *n* монетаризм
monetary *a* денежный, финансовый, валютный
~ **and credit** валютно-кредитный
~ **and financial** валютно-финансовый
money *n* деньги; *pl* денежные суммы
~ **destined for refugees** деньги, предназначенные для беженцев
~ **flowing into Britain** деньги, поступающие в Великобританию
~ **in cash** наличные деньги
~ **still owing to the UN** денежная задолженность государства по взносам в ООН
additional ~ дополнительные средства
black ~ экон. жарг. «левый заработок», «черный нал» (*заработок, скрываемый от обложения налогом*)

cheap ~ *экон. жарг.* «дешевые деньги» (*при низком ссудном проценте и легкости получения ссуды*)

dead ~ неиспользуемые деньги

dear ~ *экон. жарг.* «дорогие деньги» (*при высоком ссудном проценте и трудности получения ссуды*)

drug ~ деньги, заработанные наркобизнесом

easy ~ *экон. жарг.* «дешевые деньги» (*при низком ссудном проценте и легкости получения ссуды*)

effective ~ наличные деньги

hard ~ 1) металлические деньги 2) наличные деньги

hot ~ 1) *банк. жарг.* «горячие деньги» (*вклады или капиталовложения из стран с политически нестабильной обстановкой*) 2) *фин. жарг.* деньги, добытые незаконным путем

idle ~ неиспользуемые деньги

loan ~ денежный заем, денежная ссуда

paper ~ бумажные деньги, банкноты

protection ~ деньги за защиту от рэкета

public ~ общественные фонды; государственные средства

queer ~ фальшивые деньги

ready ~ наличные деньги

real ~ *экон. жарг.* «фактические деньги» (*не номинальная, а фактическая стоимость имеющихся денег с учетом инфляции, экономического спада, колебаний курса валют и т.п.*)

redundancy ~ выходное пособие уволенному по сокращению штатов

refugee ~ *банк. жарг.* «деньги беженцев» (*вклады или капиталовложения из стран с политически нестабильной обстановкой*)

seed ~ *экон. жарг.* «деньги для затравки» (*капиталовложения, которые должны повлечь за собой новые капиталовложения, пожертвования и другие поступления средств*)

soft ~ бумажные деньги; банкноты

subsidiary ~ разменная монета

to allocate ~ **to** *smb* **for** *smth* ассигновать деньги *кому-л.* на *что-л.*

to appropriate ~ **to** *smb* **for** *smth* выделять денежные средства *кому-л.* на *что-л.*

to be born into ~ родиться в богатой семье

to borrow ~ одалживать/занимать деньги

to change ~ менять/разменивать/обменивать деньги

to channel ~ **(to)** направлять/использовать деньги (*для*)

to charge ~ **for** *smth* взимать деньги за *что-л.*

to commit ~ **to a country** обязаться оказать денежную помощь *какой-л.* стране

to consume ~ «съедать» средства

to contribute large sums of ~ жертвовать крупные суммы денег

to counterfeit ~ подделывать деньги

to draw ~ **from an account** снимать деньги со счета

to earmark ~ **for** *smth* ассигновать деньги на *что-л.*

to embezzle state ~ растрачивать государственные деньги

to extort ~ вымогать деньги

to extract more ~ **for** *smth* добывать больше денег на *что-л.*

to funnel ~ **to a program** направлять деньги на осуществление *какой-л.* программы

to inject ~ **in the economy** финансировать развитие экономики

to invest *one's* ~ **(in)** инвестировать капитал; делать капиталовложения

to issue ~ выпускать деньги в обращение

to launder ~ «отмывать» деньги

to lavish ~ **on** *smth* тратить огромные суммы денег на *что-л.*

to lend ~ давать деньги взаймы, представлять заем

to make ~ зарабатывать деньги; получать прибыль

to make ~ **out of drugs** наживаться на торговле наркотиками

to place ~ вкладывать деньги

to pool ~ объединять денежные средства

to pour ~ **down the drain** пускать деньги на ветер

to pour huge amounts of ~ **into a country** направлять крупные суммы денег в страну

to press the case for more ~ настаивать на повышении заработной платы

to print ~ печатать денежные знаки, использовать печатный станок

to pump ~ **into a country** перекачивать деньги в страну

to put ~ **into** *smth* вкладывать деньги во *что-л.*

to put the ~ **in escrow** передавать деньги на условное депонирование (*третьей стороне, которая выдаст их получателю только при соблюдении сторонами определенных условий*)

to raise ~ **for** *smth* собирать деньги на *что-л.*; добывать деньги для *чего-л.*

to receive ~ **through postal donations** получать денежные пожертвования по почте

to refund ~ возмещать деньги

to remit ~ переводить деньги

to salt away/to stash the ~ копить/откладывать деньги

to spend ~ **locally** тратить деньги на местные нужды

to stop the flow of ~ прекращать поступление денег

to stem the flow of ~ перекрывать поток денег

to switch the ~s **from one area to another** перебрасывать денежные средства из одной области в другую

to throw ~ **around** сорить деньгами

to tie up ~ 1) замораживать средства 2) вкладывать деньги

to transfer ~ перечислять деньги

to use the public ~ использовать общественные фонды

to waste people's ~ растрачивать народные деньги

to withdraw ~ 1) изымать деньги из обращения **2)** снимать деньги со счета

diversion of ~ to ... переключение денежных средств на ...

haven for ~launderers идеальное место для клиентов, отмывающих «грязные» деньги

flow of ~ поток денег

in ~ terms в текущих ценах; в денежном выражении

investment of ~ капиталовложения

nullification of ~ аннулирование денежных знаков

squandering of state ~ растрата/разбазаривание государственных средств

world of ~ мир финансов

money-grabber *n* стяжатель

money-grabbing *n* стяжательство

money-lender *n* ростовщик

monger *n* продавец, торговец

mongering *n* торговля *(с отрицательным оттенком)*

political ~ политиканство

Monicagate «Моникагейт» *(расследование внебрачной связи президента Клинтона и Моники Левински 1998 г.)*

monitor I *n* наблюдатель *(на выборах, за соблюдением соглашения и т.п.)*

arms ~ инспектор, проверяющий наличие у страны оружия массового поражения

Christian Science M. «Крисчен сайенс монитор» *(ежедневная газета, издается в Бостоне)*

human rights ~ уполномоченный по правам человека

intelligence ~s лица, занимающиеся сбором разведывательной информации

international ~ международный наблюдатель *(напр. на выборах)*

local ~ наблюдатель от местной общественной организации *(за проведением выборов)*

UN ~ наблюдатель ООН

unarmed ~ безоружный наблюдатель *(за соблюдением условий соглашения, ультиматума)*

monitor II *v* контролировать, проверять; наставлять, советовать

monitoring *n* контроль *(за соблюдением постановления, соглашения и т.п.)*; мониторинг; радиоперехват

~ for political activity контроль над политической деятельностью

~ of project assistance контроль над оказанием помощи в целях осуществления проекта

environmental ~ мониторинг/контроль над состоянием среды

international ~ международный контроль

on-site ~ проверка на месте *(напр. соблюдения моратория на испытания ядерного оружия)*

production ~ наблюдение за производством

strict ~ строгий контроль

to enhance ~ усиливать контроль

under international ~ под международным контролем

monocentrism *n* моноцентризм

monolithic *a* монолитный

monopolism *n* монополизм

monopolist *n* монополист

monopolistic *a* монополистический; монопольный

monopolization *n* монополизация

monopolize *v* монополизировать

monopol/y I *n* монополия; исключительное право

~ of/on power монополия на власть

all-powerful ~ies всемогущие монополии

banking ~ies банковские монополии

commercial ~ торговая монополия

complete ~ полная монополия

financial ~ies финансовые монополии

foreign ~ies иностранные монополии

foreign-trade ~ монополия внешней торговли

government ~ государственная монополия

international ~ международная монополия

military-industrial ~ies военно-промышленные монополии

multinational ~ies многонациональные/транснациональные монополии

national ~ies национальные монополии

natural ~ естественная монополия

oil ~ нефтяная монополия, монополия на нефть

private ~ частная монополия

public ~ государственная монополия

scientific and technological ~ научно-техническая монополия

state ~ государственная монополия

supranational ~ies наднациональные монополии

trade ~ торговая монополия, монополия на торговлю

transnational ~ies транснациональные монополии

unfettered ~ неограниченная монополия

world ~ международная монополия

to break the ~ положить конец *чьей-л.* монополии

to drop a party's ~ on power отказаться от монополии партии на власть

to have a ~ of/on *smth* обладать монополией на *что-л.*

dilution of *smb's* **~** подрыв *чьей-л.* монополии

dominance of ~ies господство монополий

rise of the ~ies возникновение монополий

supremacy of ~ies господство монополий

monopoly II *attr* монопольный

Monty *n ист.* прозвище главнокомандующего британскими войсками во Второй мировой войне Монтгомери (Montgomery)

monument *n* памятник

to build a ~ to *smb* ставить памятник *кому-л.*

to inaugurate a ~ открывать памятник

to restore architectural ~s реставрировать архитектурные памятники

to take down a ~ убирать памятник

to unveil a ~ открывать памятник

mood *n* 1. настроение 2. обстановка

~ of accommodation готовность договориться

~ of reconciliation примирительное отношение

~ of the delegates in advance of the conference настроения делегатов перед конференцией

anti-war ~ антивоенные настроения

strong anti-American ~ сильные антиамериканские настроения

tense ~ накаленная обстановка

to be out of step with the public ~ контрастировать с настроением общественности

to be unresponsive to the public ~ не реагировать на настроения народа

to miscalculate the public ~ неверно оценивать настроение общественности

to warn against the current ~ of optimism предостерегать против теперешнего оптимизма

the public ~ of jubilation ликование народа

mopping-up *n воен.* прочесывание (*района*)

moral I *n* мораль; *pl* нравы, нравственность; этика

individual ~s личная/индивидуальная нравственность

licentious ~s распущенные нравы

public ~ общественная мораль, нравственность

to teach ~s to *smb* читать *кому-л.* мораль

moral II *a* моральный, нравственный; этический

~ and ethical морально-этический

~ and political морально-политический

~ and psychological морально-психологический

morale *n* моральный/боевой дух

~ of troops моральный дух войск

civilian ~ моральный дух гражданского населения

high ~ высокий боевой дух

low ~ низкое морально-политическое состояние; низкий моральный дух

national ~ национальное самосознание

public ~ умонастроение общественности

to bolster ~ поддерживать боевой дух/моральное состояние

to boost ~ поднимать моральный/боевой дух

to break ~ сломить моральный дух

to damage/to devastate ~ подрывать моральный дух

to down the ~ понижать *чей-л.* моральный дух

to hit *smb's* **~ very badly** наносить удар по боевому духу *кого-л.*

to keep up *one's* **~** поддерживать моральный дух

to lift ~ поднимать моральный/боевой дух

to provide a tremendous boost to country's ~ обеспечивать значительный подъем морального духа страны

to raise the ~ of soldiers поднимать моральный дух солдат

to restore the ~ of the people восстанавливать моральный дух народа

to sap ~ подрывать моральный дух

to shatter/to undermine the ~ подрывать моральный дух, деморализовывать

restoration to ~ восстановление морального духа

shattering blow to ~ сокрушительный удар по моральному духу

moralism *n* морализм

moralist *n* моралист

moralistic *a* моралистический

morality *n* мораль; принципы поведения; нравственное поведение; *pl* моральные качества

Christian ~ христианская мораль

humanistic ~ гуманистическая мораль

public ~ общественная мораль

moratorium *n* (*pl* **moratoria**) *полит.* мораторий; замораживание

~ has expired срок моратория истек

~ on nuclear tests мораторий на ядерные испытания

~ on *smth* мораторий на *что-л.*

testing ~ мораторий на ядерные испытания

trilaterally negotiated ~ трехсторонний мораторий; мораторий, согласованный между тремя сторонами

unilateral ~ односторонний мораторий

to abide by the ~ соблюдать мораторий

to announce a ~ on *smth* объявлять мораторий на *что-л.*

to break a ~ нарушать мораторий

to call off a ~ отменять мораторий

to declare/to decree a ~ объявлять мораторий

to establish a ~ вводить/устанавливать мораторий

to extend a ~ продлевать мораторий

to grant a ~ предоставлять мораторий

to implement/to impose/to introduce a ~ вводить/устанавливать мораторий

to join a ~ присоединяться к мораторию

to observe a ~ соблюдать мораторий

to oppose the ~ выступать против моратория

to put a ~ вводить/устанавливать мораторий

to revoke a ~ отменять мораторий

to set a ~ вводить/устанавливать мораторий

to **support** a ~ поддерживать мораторий

to **terminate** a ~ прекращать мораторий

extension of the ~ продление моратория

lifting of the ~ отмена моратория

renewal of the ~ возобновление моратория

mortality *n* смертность

child/infant ~ детская смертность

decline in ~ снижение смертности

Moslem I *n устар.* мусульманин (*см. тж* **Muslim**)

Moslem II *a устар.* мусульманский (*см. тж* **Muslim**)

mosque *n* мечеть

mossback *n полит. жарг.* махровый реакционер

moth-ball *v* ставить на консервацию; снимать с вооружения

mother *n* мать

M. Superior игуменья

unmarried ~ мать-одиночка

motherland *n* родина, отечество

to **rise** to **defend** *one's* ~ подниматься на защиту своей родины

motion *n* **1.** движение **2.** предложение (*на совещании, собрании т.п.*)

~ **before** the **conference** предложение, рассматриваемое конференцией

~ **for division** предложение/требование о раздельном голосовании

~ **is adopted/carried by 12 votes to 9 with 2 abstentions** предложение принято 12 голосами против 9 при 2 воздержавшихся

~ **is in order** предложение приемлемо с точки зрения процедуры

~ **is lost/rejected** предложение отклоняется

censure ~ предложение о вотуме недоверия

closure ~ предложение прекратить прения

merger ~ предложение о слиянии (*партий и т.п.*)

no(n)-confidence ~ предложение о вотуме недоверия

procedural ~ предложение по процедурным вопросам

substantive ~ предложение по существу вопроса

table/tabling ~ «предварительный вопрос», по принятии которого прения прекращаются, и проводится голосование

to **adopt** a ~ принимать предложение

to **allow** a **closure** ~ разрешать прекратить прения

to **amend** a ~ изменять предложенную формулировку

to **approve** a ~ **by acclamation** принимать предложение без голосования на основании выражения всеобщего одобрения

to **bring forward/up** a ~ выдвигать предложение

to **carry** a ~ **by a majority** принимать предложение большинством голосов

to **declare** a ~ **receivable** объявлять предложение приемлемым

to **defeat** a ~ проваливать предложение

to **disallow** a **closure** ~ не разрешать прекратить прения

to **fend off/to forestall** a **no-confidence** ~ предотвращать вотум недоверия

to **introduce/to make** a/**to move** a ~ вносить предложение

to **pass** a ~ принимать предложение

to **propose** a ~ вносить предложение

to **put** a ~ **to the vote** ставить предложение на голосование

to **reject** a ~ отклонять предложение

to **second** a ~ поддерживать предложение

to **sign** a ~ подписывать предложение

to **support** a ~ поддерживать предложение

to **survive** a **no-confidence** ~ удерживаться у власти в результате голосования по предложению о выражении недоверия

to **table** a ~ **1)** откладывать рассмотрение предложения на неопределенный срок **2)** *брит.* выдвигать/вносить предложение

to **take** a **decision upon** a ~ принимать решение по предложению

to **take** a **vote on** a ~ голосовать по предложению

to **turn down** a ~ проваливать предложение

to **vote against** a ~ голосовать против предложения

to **withdraw** *one's* ~ снимать свое предложение

mover of a ~ автор предложения

withdrawal of a ~ снятие предложения

motivate *v* мотивировать, служить стимулом

politically ~**d** продиктованный политическими соображениями

to **be** ~**d** (**by** *smth*) руководствоваться (*чем-л.*)

motivation *n* мотив, стимул; стимулирование, поощрение, побуждение; стремление; мотивировка, мотивация

civic ~ гражданственность

direct ~ прямое стимулирование

economic ~ экономическое стимулирование

family-planning ~ стимулирование контроля рождаемости

indirect ~ косвенное стимулирование

long-range ~ долгосрочное стимулирование

non-economic ~ внеэкономический стимул

non-pecuniary ~ нематериальный стимул

profit ~ стремление к получению прибыли

short-range ~ краткосрочное стимулирование

veiled with religious ~ прикрываемый религиозными соображениями

motivator *n* инициатор

motive *n* мотив, стимул, основание, причина; побуждение, стремление

business ~**s** деловые/коммерческие мотивы

good ~ уважительная причина

leading ~ лейтмотив

speculative ~**s** спекулятивные мотивы/побуждения

to **mistake** *smb's* ~**s** заблуждаться относительно *чьих-л.* побуждений

motorcade *n* автоколонна, кортеж автомашин

President's ~ президентский кортеж

motto *n* девиз

~ **of the festival** девиз фестиваля

diplomatic ~ дипломатический девиз

mould *v* формировать, создавать

moulding *n* формирование

~ **of the new man** формирование нового человека

mounting *n* усиление, возрастание

~ **of international tension** усиление/возрастание международной напряженности

mourn *v (smb)* оплакивать *кого-л.*

mourning I *n* траур

to declare a period of national ~ объявлять национальный траур

to fly the flags at half-mast as a token of ~ приспускать флаги в знак траура

to observe a day of ~ in memory of those who died in the fighting соблюдать день траура в память о тех, кто погиб в боях

the world is in ~ мир в трауре

mourning II *a* траурный

mouthpiece *n* рупор; глашатай

move I *n* 1. поступок, действие, движение 2. шаг, акция 3. мера, мероприятие 4. ход

~s **are continuing behind the scene** предпринимаются закулисные шаги

~ **described as pure retaliation** шаг, охарактеризованный как явная месть

~ **has brought protests from** *smb* мера вызвала протесты со стороны *кого-л.*

~ **in the right direction** шаг в правильном направлении

~ **is intimidatory** шаг предпринят с целью запугивания

~s **might fall through** попытки могут провалиться

~s **towards peace** шаги к миру

~ **to strengthen security** мера по укреплению безопасности

~ **was welcomed universally** шаг встретил всеобщее одобрение

aggressive ~s агрессивные акции/шаги

bold ~ смелый шаг

breakaway ~ попытка выйти из состава *(республики и т.п.)*

clever ~ умный ход

compromise ~ компромиссный шаг

conciliatory ~ примирительный шаг

constitutionally suspect ~ мера, сомнительная с точки зрения ее соответствия конституции

decisive ~ решительный шаг, решительная мера

destiny-making ~ судьбоносный шаг

diplomatic ~ дипломатический шаг

historic ~ исторический шаг

important ~ важный шаг

legal ~ юридическая мера

liberalization ~ мера либерализации

peace ~ мера по обеспечению мира; мирная инициатива

political ~ политический ход/маневр

preliminary ~ предварительный шаг

propaganda ~s пропагандистские маневры

protectionist ~ протекционистская мера

rash ~ опрометчивый шаг

retaliatory ~ ответная мера

savvy ~ толковая мера; умный ход

sensationalist ~ сенсационная мера

significant ~ важный шаг

surprise ~ неожиданный ход/шаг

swift ~ оперативно принятая мера

tactical ~ тактический ход

takeover ~ попытка поглощения *какой-л.* компании

tit-for-tat ~ ответная мера

treacherous ~ предательский акт

unprecedented ~ беспрецедентный шаг

unusual ~ необычный шаг

to block a ~ блокировать попытку

to call for a ~ выступать с призывом предпринять *какой-л.* шаг

to discuss a ~ обсуждать меру

to make a ~ делать ход/шаг

to oppose a ~ противиться *какой-л.* мере

to outlaw *smb's* ~ объявлять *чьи-л.* действия вне закона

to reject a ~ as unconstitutional отвергать *какой-л.* акт как противоречащий конституции

to resist a ~ противиться/сопротивляться *какой-л.* мере

to reverse a ~ отменять *какую-л.* меру

to take ~s against *smth* принимать меры против *чего-л.*

to threaten a ~ угрожать *какими-л.* действиями

to vote on a ~ голосовать по *какому-л.* предложению

repressive ~ **against** *smb* действия по подавлению *чьих-л.* выступлений

move II *v* двигаться, продвигаться, развиваться

to ~ **dramatically** действовать энергично

to ~ **in** вводить войска

to ~ **out** выводить войска

to ~ **swiftly** действовать оперативно

to ~ **things forward** добиваться сдвигов

to ~ **to the right** делать сдвиг вправо

to ~ **up** продвигаться по служебной лестнице; получать более высокую должность

movement *n* 1. движение *(общественно-политическое)* 2. движение, динамика; тенденция; колебание; перемещение

~ **behind the unrest in ...** движение, положившее начало волнениям в ...

M. for Algerian Renewal *ист.* Движение за обновление Алжира

~ **for progress** движение за прогресс/за развитие

M. for Restoration of Democracy *ист.* Движение за восстановление демократии

M. for the National Liberation of Palestine *ист.* Национально-освободительное движение Палестины

~ in the market оживление на рынке
~ of solidarity движение солидарности
~ will run out of steam движение выдохнется
active ~ активное движение
adverse price ~s неблагоприятные изменения цен
all-party ~ движение, охватывающее все партии
Anti-Apartheid M. (AAM) *ист.* Движение против апартеида *(британская организация, созданная в 1959 г.)*
anti-British ~ антибританское движение
anti-Catholic ~ антикатолическое движение
anti-colonial(ist) ~ антиколониальное движение
anti-fascist ~ антифашистское движение
anti-feudal ~ *ист.* антифеодальное движение
anti-imperialist ~ *ист.* антиимпериалистическое движение
anti-militarist ~ антимилитаристское движение
anti-missile ~ движение за запрещение ракет
anti-nuclear ~ движение за уничтожение ядерного оружия и против использования атомной энергии
anti-rocket ~ движение за запрещение ракет
antiwar ~ антивоенное движение
Black Liberation M. *ист.* освободительное движение негров
bourgeois-democratic ~ *ист.* буржуазно-демократическое движение
bourgeois-led ~ *ист.* движение под руководством буржуазии
British-troops-out ~ движение за вывод британских войск из Северной Ирландии
broad ~ широкое движение
capital ~ движение капитала
chartist ~ *ист.* чартистское движение
civil rights ~ движение в защиту гражданских прав
communist ~ коммунистическое движение
cooperative ~ кооперативное движение
currency ~s валютные колебания
democracy ~ движение за демократию
democratic ~ демократическое движение
diplomatic ~s дипломатическая активность
downward ~ понижение курса
emancipation ~ освободительное движение
embryonic ~ зарождающееся движение
environmentalist ~ движение за охрану окружающей среды
exiled opposition ~ оппозиционное движение в эмиграции
extremist ~ экстремистское движение
fascist ~ фашистское движение
fascist-military ~ военно-фашистское движение

free ~ свобода передвижения
general ~ общее движение
grass-roots ~ стихийное движение масс
green consumer ~ движение покупателей за производство экологически чистых продуктов
growing ~ растущее движение
ignore-the-law ~ движение за неповиновение законам
independent ~ самостоятельное движение
inflationary ~s инфляционные тенденции
insurrectionary ~ повстанческое движение
international ~ международное движение
labor ~ рабочее движение
left-wing ~s левое движение
Lib M. движение за равноправие женщин
liberation ~ освободительное движение
mass ~ массовое движение
masses ~ движение масс
migration ~s миграционное передвижение
modern ~ современное движение
mounting ~ растущее движение
multiclass ~ многоклассовое движение
national ~ национальное/всенародное движение
national liberation ~ национально-освободительное движение
nationalist ~ националистическое движение
nationwide ~ общенациональное движение
neo-Conservative ~ неоконсервативное движение
neutralist ~ нейтралистское движение
newly legalized ~ недавно легализованное движение
nonaligned ~ движение неприсоединения
non-collaboration ~ движение против сотрудничества с врагом
Nuclear Freeze M. движение за замораживание ядерных арсеналов
Olympic ~ олимпийское движение
opportunist ~ оппортунистическое движение
opposition ~ оппозиционное движение
pacifist ~ пацифистское движение
patriotic ~ патриотическое движение
peace ~ движение за мир/в защиту мира
Peace Defenders' M движение сторонников мира
Peace Fighters' M движение борцов за мир
"peace now" ~ движение за немедленное заключение мира
people's diplomacy ~ движение народной дипломатии
petty-bourgeois ~ мелкобуржуазное движение
political ~ политическое движение
popular ~ народное движение
Popular Front M. *ист.* движение «Народный фронт»
powerful ~ бурный подъем, мощное движение
present-day ~ современное движение

price ~ динамика/движение цен

pro-democracy ~ движение за демократизацию

progressive ~ прогрессивное движение

protest ~ движение протеста

Pugwash ~ *ист.* Пагуошское движение (*международное движение ученых за мир и разоружение*)

radical ~ радикальное движение

reactionary ~ реакционное движение

reform ~ движение в защиту реформ

religions ~ религиозное движение

resistance ~ движение сопротивления

revolutionary ~ революционное движение

secular ~ движение за отделение церкви от государства

separatist ~ сепаратистское движение

skinhead ~ движение «бритоголовых»/скинхедов

social ~ общественное движение

solidarity ~ движение солидарности

spontaneous ~ стихийное движение

staff ~s перемещение/передвижение служебного персонала/штата

strike ~ забастовочное движение

student ~ студенческое движение

sweeping ~ широкое движение

trade-union ~ профсоюзное движение

trend ~ изменение тенденции

underground ~ подпольное движение

upward ~ повышение курса

voluntary ~ добровольное движение

women's ~ женское движение

workers' ~ рабочее движение

world ~ всемирное движение

youth ~ молодежное движение

to affiliate *oneself* with a ~ входить в число участников движения

to be affiliated with the national ~ участвовать в национальном движении

to carry out troop ~s осуществлять переброску войск

to commit a ~ производить/совершать движение

to crush a ~ by sheer force насильственно подавлять движение

to defile a ~ порочить движение

to evict a country from the Olympic ~ исключать страну из Олимпийского движения

to guide a ~ руководить движением

to join a ~ включаться в движение

to line up behind a ~ поддерживать *какое-л.* движение

to make real ~ on an issue предпринимать реальные шаги в *каком-л.* вопросе

to promote a ~ способствовать развитию движения; развивать движение

to put down a ~ подавлять движение

to radicalize a ~ делать движение радикальным

to spark a ~ служить толчком к движению

to spearhead a ~ возглавлять движение

to split a ~ раскалывать движение

to strangle a ~ душить движение

to strengthen a ~ крепить движение

to support a ~ поддерживать движение

to suppress a ~ подавлять движение

to undermine a ~ подрывать движение

to weaken a ~ ослаблять движение

attempts to disunite the ~ попытки разобщить движение

essence and character of national ~s сущность и характер национальных движений

freedom of ~ свобода передвижения

growth of the ~ рост движения

hard core of a ~ ядро *какого-л.* движения

intensification of the ~ интенсификация движения

period of upsurge of the national-liberation ~ период подъема национально-освободительного движения

powerhouse of the ~ оплот/основная движущая сила движения

revitalization of the ~ оздоровление движения

rise of ~ подъем движения

significant forward ~ on arms control значительный прогресс по вопросу о контроле над вооружениями

ups and downs of the ~ подъемы и спады движения

there has been some ~ on the matter в этом деле наблюдается некоторый прогресс

upsurge of the national-liberation ~ подъем национально-освободительного движения

wave of the ~ волна движения

wing of a ~ крыло *какого-л.* движения

movement-busting *n* нападки на движение

mover *n* инициатор

political ~ политический организатор

much-publicized *a* наделавший много шуму

muckey(-a)-muck *жарг.* политический заправила/босс; высший политический деятель

muck-rake *v* заниматься сбором грязных сплетен (*напр. о политических деятелях*)

muck-raker *n* журналист/человек, занимающийся сбором грязных сплетен (*напр. о политических деятелях*), «разгребатель грязи»

mud-slinging *n* клевета, попытка очернить политического противника

Mujahid *n* моджахед

mullah *n* мулла

multicompany *a* крупная корпорация с интересами во многих отраслях промышленности

multiculturalism *n* отстаивание необходимости множества национальных культур

multiethnic *a* многонациональный

multilateral *n* многосторонний (*по количеству участников*)

multilateralism *n* многостороннее разоружение

multilateralist *n* сторонник многостороннего разоружения

multilingual *a* многоязычный

multimarket *attr* связанный с различными рынками сбыта

multimillionaire *n* мультимиллионер, миллиардер

multinational I *n* международная/транснациональная корпорация

multinational II *a* многонациональный, межгосударственный

multipartite *a* многосторонний (*о договоре, соглашении*)

multiparty *attr* многопартийный

multiple *a* **1.** многократный, множественный, многочисленный **2.** сложный, составной

multiple-stage *attr* многоэтапный, многоступенчатый

multiplicity *n* многообразие, разнообразие
~ **of interests** разнообразие интересов
economic ~ наличие в мире множества центров сосредоточения экономической мощи

multiracial *a* многонациональный

multistage *attr* многостепенный, многоступенчатый, многоэтапный

multitude *n* **1.** множество, большое число, масса **2.** толпа; **the** ~ массы

mundane *a* светский

municipal *a* муниципальный, городской

municipality *n* муниципалитет

municipalization *n* муниципализация

municipalize *v* муниципализировать

murder I *n* убийство
appalling ~ отвратительное убийство
atrocious/brutal ~ зверское убийство
capital ~ убийство при отягчающих обстоятельствах
cold-blooded ~ хладнокровное убийство
foul ~ злодейское убийство
judicial ~ узаконенное убийство
mob ~ самосуд толпы
noncapital ~ убийство без отягчающих обстоятельств
premeditated ~ преднамеренное убийство
racially motivated ~ убийство по расовым мотивам
tit-for-tat ~ убийство ради мести
wilful ~ умышленное убийство
to be behind the ~ **of** *smb* быть организатором убийства *кого-л.*
to charge with a ~ обвинять в совершении убийства
to commit a ~ совершать убийство
to confess to a ~ сознаваться в убийстве
to convict *smb* **of** ~ признавать *кого-л.* виновным в убийстве
to engineer the ~ **of** *smb* организовывать убийство *кого-л.*
to find *smb* **guilty of** ~ признавать *кого-л.* виновным в убийстве
to order the ~ **of** *smb* заказывать убийство *кого-л.*
accessory to the ~ соучастник убийства

murder II *v* убивать, совершать убийство
to ~ *smb* **for polical motives** убивать *кого-л.* по политическим мотивам

murderer *n* убийца
convicted ~ человек, осужденный за убийство
escaped ~ беглый преступник, совершивший убийство
hired ~ наемный убийца

muscle *n перен.* сила
financial ~ финансовая мощь
military ~ вооруженные силы, военная сила
nuclear ~ ядерная мощь
political ~ политическая сила
to display the ~ демонстрировать силу
to flex *one's* **diplomatic** ~s проявлять дипломатическую активность
to have the ~ **to fight** иметь силы вести бой
to have the political ~ **to do** *smth* быть политически в силах сделать *что-л.*
to show some political ~ проявлять себя сильным политиком
to use *one's* **financial** ~ **to make a country do** *smth* оказывать финансовое давление на *какую-л.* страну с тем, чтобы заставить ее сделать *что-л.*
to use *one's* **political** ~ использовать средства политического нажима

mushroom гриб
nuclear ~ гриб ядерного взрыва

music *n* музыка
atomic ~ *воен. жарг.* совершенно секретный обмен информацией между Великобританией и США по вопросам контроля и производства ядерного вооружения
martial ~ военные марши
to broadcast martial ~ передавать по радио военные марши

Muslim I *n* мусульманин

Muslim II *a* мусульманский
predominantly ~ преимущественно мусульманский

Muslim-led *a* возглавляемый мусульманами

mutineer *n* мятежник, бунтовщик

mutinous *a* мятежный, повстанческий

muting *n* бунт, мятеж
~ **on the high seas** мятеж в открытом море
anti-government ~ антиправительственный мятеж
to incite *smb* **to** ~ подстрекать *кого-л.* к мятежу
to lead a ~ возглавлять мятеж
to put down/to repress a ~ подавлять мятеж
to stage a ~ организовывать мятеж

mute *v* (*against*) бунтовать; поднимать мятеж; принимать участие в мятеже

muzzle *v* (*smb*) *разг.* заставлять замолчать (*кого-л.*); затыкать рот (*кому-л.*)

mysticism *n* мистика; *филос.* мистицизм
religions ~ религиозный мистицизм

myth *n* миф
propaganda ~s пропагандистские мифы
to bury the ~ *перен.* хоронить миф
to fabricate ~s фабриковать мифы
to spread the ~ распространять миф

N

naives *n брит. полит. жарг.* «простаки» *(новые, политически неискушенные члены социал-демократической партии)*

name *n* имя; фамилия

  assumed ~ вымышленное имя; вымышленная фамилия, псевдоним

  good ~ доброе имя; репутация фирмы

  to clear/to defend *one's* **~** отстаивать свое доброе имя

  to drag a country's ~ through позорить имя страны

  to live under an assumed ~ жить под вымышленным именем

  to make *one's* **~** приобретать известность

  to pursue every avenue to clear *one's* **~** использовать все пути для восстановления своего доброго имени

  to smear *smb's* **~** порочить чье-л. имя

  to stain *one's* **good ~** пятнать свое доброе имя

  to withdraw *one's* **~** снимать свою кандидатуру

  only in ~ лишь номинально

  under an assumed ~ под вымышленной фамилией

name-calling *n полит. жарг.* публичное оскорбление политического противника

napalm *n* напалм

narcobaron *n* наркобарон

narcobusiness *n* наркобизнес

narcomafia *n* наркомафия

narcoterrorism *n* наркотерроризм

narcotic *n* наркотическое средство, наркотик

  to use ~s употреблять наркотики

  dealer in ~s торговец наркотиками

narrowly *adv* незначительным большинством

narrow-mindedness *n* ограниченность *(взглядов и т.п.)*; предрассудки

  national ~ национальная ограниченность

narrow-spirited *a* ограниченный, недальновидный

nation *n* **1.** народ, нация **2.** страна, государство

  ~ of beggars страна нищих

  ~ is in turmoil страна в смятении

  ~ is polarized страна разделилась на два лагеря

  advanced ~s передовые страны

  agricultural trading ~ государство, продающее продукцию сельского хозяйства

  aid-giving ~ страна, оказывающая помощь

  allied ~ союзное государство

  antihitlerite ~s *ист.* антигитлеровские государства

  bankrupt ~ страна-банкрот

  captive ~ порабощенный народ

  civilized ~ цивилизованная страна

colonial ~ колониальная страна

creditor ~ страна-кредитор

debtor ~ страна-дебитор, страна-должник

democratic ~ демократическое государство

developed ~ (промышленно) развитая страна

developing ~ развивающаяся страна

dominant/dominating ~ господствующая нация

EU ~s страны Европейского союза, страны Евросоюза

emerging ~s молодые государства, новые страны

enslaved ~ порабощенный народ

equal ~s национальности, имеющие равные права

exile ~ народ-изгнанник

exporting ~ страна-экспортер

fraternal ~s братские народы

friendly ~ дружественная страна

G-7 ~s *ист.* страны «Большой семерки» (*США, Великобритания, Канада, Франция, Германия, Италия, Япония*)

G-8 ~s страны «Большой восьмерки» (*США, Великобритания, Канада, Франция, Германия, Италия, Япония и Россия*)

Gulf ~s страны Персидского залива

impoverished ~ бедная страна

independent ~ независимая страна

industrialized ~ промышленно развитая страна

lagging ~ отсталая страна

leading western ~s ведущие западные державы

maritime ~ морская держава

member ~ страна-член (*какой-л. организации*)

mercantile ~ торговая нация

most-favored ~ (MFN) страна, пользующаяся режимом наибольшего благоприятствования

needy ~ бедная страна

neutral ~ нейтральная страна

nonaligned ~ неприсоединившаяся страна

noncombatant ~ государство, не участвующее в войне

nonnuclear ~ неядерная страна

North Atlantic ~s страны НАТО

nuclear ~ ядерная страна (*страна, имеющая ядерное оружие*)

nuclear-supplying ~ государство-поставщик ядерной технологии и материалов

oil-exporting ~g страна-экспортер нефти, нефтеэкспортирующая страна

oil-rich ~ страна, богатая нефтью

oppressed ~ угнетенная нация, угнетенный народ

oppressing/oppressor ~ угнетающая нация

peaceful/peace-loving ~ миролюбивое государство

powerful ~ могущественная страна/держава

pro-western ~ прозападное государство
rainbow ~ многонациональное государство
seafaring ~ морская держава
signatory ~ страна, подписавшая документ
smaller ~ малая держава
socialist ~ социалистическая страна
sovereign ~ суверенное государство
subject ~ зависимое/несамостоятельное государство
trading ~ страна-участница внешней торговли
uncommitted ~ неприсоединившаяся/не связанная договором/нейтральная страна
underdeveloped ~ развивающаяся страна
underprivileged ~ неполноправная нация
warring ~s воюющие страны
to bring ~s **together** сближать народы
to draw a ~ **into war** втягивать страну в войну
to establish an independent ~ создавать независимое государство
to live off poorer ~s жить за счет более бедных стран
to proclaim the equality of ~s **and their right to self-determination** провозглашать равноправие наций и их право на самоопределение
to sow strife between ~s разжигать межнациональные распри
to tear a ~ **apart** приводить к расколу страны
to unite a ~ объединять народ
to weld a ~ сплачивать страну
community of free sovereign ~ содружество свободных суверенных народов
equality of ~s равноправие стран и народов
family of ~s семья народов *(государства-члены ООН)*
integration of ~s слияние наций
open to all ~s открытый для всех государств
re-emergence of the country as an independent ~ восстановление государственной независимости страны
national I *n* гражданин; подданный; соотечественник
expatriate ~ эмигрант, экспатриант
foreign ~ иностранный гражданин/подданный; иностранец
to suspect *smb.* **of smuggling Chinese** ~s подозревать *кого-л.* в незаконной перевозке через границу китайских граждан
to train ~s обучать/готовить национальные кадры/местный персонал
evacuation of foreign ~s эвакуация иностранных граждан
national II *a* национальный, государственный, народный
national-democratic *a* национально-демократический
nationalism *n* национализм; национальный характер
~ **is sweeping the republic** волна национализма захлестнула республику

acute ~ сильный национализм
bellicose ~ воинствующий национализм
extreme ~ крайний национализм
grass-roots ~ националистические настроения среди рядовых граждан
great-power ~ великодержавный национализм
local ~ местный национализм
petty-bourgeois ~ мелкобуржуазный национализм
rampant ~ оголтелый национализм
right-wing ~ правый национализм
rising ~ растущий национализм
simmering ~ националистическое брожение, поднимающаяся волна национализма
to combat manifestations of ~ бороться с проявлениями национализма
to eradicate manifestations of ~ искоренять проявления национализма
to play on ~ играть на национализме
to promote ~ способствовать развитию национализма
to reawaken ~ возрождать национализм
to stamp out ~ искоренять национализм
to uphold ~ поддерживать/поощрять национализм
eradication of ~ уничтожение национализма
heartland of ~ центр национализма
manifestation of ~ проявление национализма
resurgence of ~ новая вспышка националистических настроений
surge of ~ вспышка национализма
nationalist I *n* националист
left-wing ~ левый националист, националист левого толка
radical ~ радикальный националист
revolutionary ~ революционно настроенный националист
right-wing ~ правый националист, националист правого толка
nationalist II *a* националистический
to play on ~ **sentiments** играть на националистических чувствах
nationalit/y *n* **1.** гражданство; подданство **2.** нация; народ
advanced ~ развитая нация
backward ~ отсталая нация
double/dual ~ двойное гражданство
lagging ~ отсталый народ
minority ~ национальное меньшинство
oppressed ~ угнетенный народ
underprivileged ~ неполноправный народ
to acquire ~ принимать гражданство
to assimilate the smaller ~ies ассимилировать малые народности
to change ~ сменять гражданство
to get French ~ получать французское гражданство
to have an automatic US ~ автоматически получать американское гражданство
to withdraw a country's ~ **from** *smb* лишать *кого-л.* гражданства страны

acquisition of ~ приобретение гражданства
negation of ~ отказ предоставить гражданство
reintegration of ~ возобновление ранее утраченного гражданства
resumption of ~ возобновление ранее утраченного гражданства
right to a ~ право на гражданство
nationalization *n* национализация
~ **of major companies** национализация крупных компаний
~ **of the land** национализация земли
backdoor ~ национализация обходным путем
land ~ национализация земли
over-all ~ полная национализация
partial ~ частичная национализация
total ~ полная национализация
to uphold ~ поддерживать национализацию
nationalize *v* национализировать
to ~ **foreign enterprises** национализировать иностранные предприятия
national-liberation *attr* национально-освободительный
national-patriotic *a* национально-патриотический
nationhood *n* 1. государственность; статус (самостоятельного) государства 2. национальное существование; статус нации
nationwide *a* общенародный; общенациональный; всенародный; общегосударственный
native I *n* туземец; местный/коренной житель; (**N.**) индеец *(в США и Канаде)*
native II *a* туземный, местный; родной; отечественный; природный
N. American американский индеец
NATO *сокр.* (**North Atlantic Treaty Organization**) Североатлантический союз, НАТО
~**'s eastward expansion** продвижение НАТО на Восток
extention of ~ расширение НАТО
natural-historical *a* естественно-исторический
naturalize *v* натурализовывать(ся); ассимилировать(ся)
to be ~**d** принимать подданство
natural-scientific *a* естественно-научный
nature *n* 1. природа 2. сущность; характер; тип
compulsory ~ принудительный характер
human ~ человеческая природа/натура
to mutilate ~ калечить природу
to overtax ~ загрязнять природу
protection of ~ охрана природы
naval *v* морской; военно-морской
navigable *a* судоходный
navigation *n* мореплавание; навигация; судоходство
international ~ международное судоходство
peaceful ~ мирное судоходство
freedom of ~ свобода судоходства
navy *n* военно-морской флот; военно-морские силы

the American N. has built up its presence in the Mediterranean произошло наращивание американских военно-морских сил в Средиземном море
Nazi I *n* нацист
to collaborate with the ~ сотрудничать с нацистами
Nazi II *a* нацистский
Nazism *n* нацизм, фашизм
to promote ~ способствовать развитию нацизма
to spawn ~ плодить нацизм
Near East Ближний Восток
Near-Eastern *a* ближневосточный
necessary *a* необходимый
socially ~ общественно необходимый
necessit/y *n* 1. необходимость; нужда; потребность; неизбежность 2. *pl* предметы первой необходимости
~**ies of life** предметы первой необходимости
bare ~ насущные/минимальные потребности
basic ~**ies** предметы первой необходимости
conventional ~**ies** необходимые предметы потребления
economic ~ экономическая необходимость
historical ~ историческая необходимость
nature-imposed ~ естественная необходимость
objective ~ объективная необходимость
paramount ~ крайняя необходимость
physical ~ естественная потребность
pressing ~ срочная/настоятельная необходимость
prime ~**ies** предметы первой необходимости
private ~**ies** индивидуальные предметы первой необходимости
urgent ~ срочная необходимость
to point out the ~ **of** *smth* указывать на необходимость *чего-л.*
to realize an objective ~ осознавать объективную необходимость
to urge the ~ настаивать на необходимости
denial of the ~ отрицание необходимости
neck *n* длина шеи; *перен.* минимальное преимущество
~ **and** ~ ноздря в ноздрю, голова в голову *(о кандидатах на выборах при голосовании)*
need I *n* нужда, необходимость; *pl* потребности
actual ~**s** фактические/действительные потребности
cash ~ потребность в наличных деньгах
consumer ~ потребность потребителя
consumption ~**s** потребительские запросы
cultural ~**s** культурные потребности
daily ~**s** повседневные нужды/потребности
defense ~**s** потребности оборонного характера, оборонные потребности
dire ~**s** серьезные затруднения
economic ~**s** экономические затруднения
essential ~**s** важнейшие/основные потребности
growing ~**s** возрастающие потребности

immediate ~s непосредственные/неотложные, насущные потребности
imperative ~ настоятельная необходимость
local ~s местные/локальные потребности
long-felt ~ назревшая необходимость
long-run ~s длительные потребности
material ~s материальные потребности
mounting ~s растущие потребности
personal ~s личные нужды
pressing ~ настоятельная/срочная необходимость
primary ~s насущные/главные/первостепенные потребности
priority ~s первоочередная нужда
social ~s общественные потребности
spiritual ~s духовные запросы
urgent ~s неотложные/крайне необходимые потребности
vital ~s насущные потребности
to be in ~ of *smth* нуждаться в *чем-л.*, испытывать затруднения
to cover the ~ **for** *smth* удовлетворять потребности в *чем-л.*
to emphasize the ~ подчеркивать необходимость, придавать особое значение необходимости
to express the ~ **for further action** заявлять о необходимости дальнейших мер
to have ~ **of** *smth* нуждаться в *чем-л.*
to identify ~s определять/устанавливать потребности
to live in ~ нуждаться, жить в нищете
to meet the ~s удовлетворять потребности
to reflect the ~s отражать потребности
to satisfy the ~s удовлетворять потребности
to serve ~s служить целям
to stress the ~ **for** *smth* подчеркивать необходимость *чего-л.*
hour of dire ~ час испытаний
on the basis of priority ~s на основе первостепенной необходимости
need II *v* нуждаться, иметь потребность *(в чем-л.)*
need-to-know *а правит. жарг.* (кому) положено знать *(для узкого круга лиц)*
needy I *n pl* нуждающиеся
categorically ~ лица, безусловно нуждающиеся в социальной защите
economically ~ экономически нуждающиеся
to take proper account of the ~ учитывать нужды малоимущих
needy II *а* нуждающийся, испытывающий нужду
negative *а* отрицательный; негативный; безрезультатный
to go ~ *полит. жарг.* искать недостатки у соперника вместо изложения своих достоинств
negligence *n* небрежность, халатность; невнимание, неосторожность; безразличие, равнодушие

criminal/culpable ~ преступная халатность/небрежность
negligent *а* небрежный, халатный
negligible *а* незначительный
negotiable *а* могущий быть предметом переговоров
not ~ не подлежащий обсуждению на переговорах, не могущий быть предметом переговоров
negotiate *v* вести переговоры, договариваться; совершать сделку
to ~ **from a position of strength** вести переговоры с позиции силы
to ~ **from strength** вести переговоры с позиции силы
to ~ **indirectly** вести непрямые переговоры
to ~ **on** *smb's* **terms** вести переговоры *на чьих-л.* условиях
to ~ **tenaciously hard** жестко вести переговоры
to ~ **with** *smb* вести переговоры *с кем-л.*
negotiated *а* достигнутый путем переговоров
negotiating *n* переговоры; ведение переговоров; обсуждение условий
change in attitude to ~ изменение отношения к переговорам
negotiations *n pl* переговоры
~ **among equals** переговоры между равными
~ **are at a delicate stage** переговоры вступили в решающую стадию
~ **are at an end** переговоры прекратились
~ **are back on track** переговоры возобновились
~ **are deadlocked** переговоры зашли в тупик
~ **are going above** *smb's* **head** переговоры ведутся без участия *кого-л.*
~ **are underway** идут/ведутся переговоры
~ **behind closed doors** переговоры за закрытой дверью
~ **behind the scenes** закулисные переговоры
~ **broke down** переговоры провалились
~ **center on** *smth* главным вопросом на переговорах является ...
~ **from strength** переговоры с позиции силы
~ **have become bogged down** переговоры застопорились
~ **have been stalled over an issue** переговоры застопорились в связи со спорным вопросом
~ **have collapsed** переговоры закончились безрезультатно
~ **have finished** переговоры закончились
~ **have reached deadlock** переговоры зашли в тупик
~ **have resumed** переговоры возобновились
~ **on disarmament** переговоры по разоружению
~ **reach an impasse** переговоры зашли в тупик
~ **through the medium of** *smb* переговоры при посредничестве *кого-л.*
~ **will bear fruit** переговоры будут плодотворными

~ without any prior conditions переговоры без *каких-л.* предварительных условий

action-oriented ~ переговоры, ориентированные на принятие решений

active ~ активные переговоры

armistice ~ переговоры о перемирии

arms ~ переговоры об ограничении вооружений

arms buying ~ переговоры о закупке вооружений

arms control ~ переговоры о контроле над вооружениями

arms-reduction ~ переговоры о сокращении вооружений

back stage/behind-the-scene ~ закулисные переговоры

bilateral ~ двусторонние переговоры

bruising ~ тяжелые переговоры

business ~ деловые переговоры

complex ~ сложные переговоры

comprehensive ~ всеобъемлющие переговоры

constitutional ~ переговоры о конституции

constructive ~ конструктивные переговоры

control ~ переговоры о контроле

conventional force ~ переговоры о сокращении обычных вооружений и вооруженных сил

cordial ~ переговоры, проходящие в сердечной обстановке

crucial ~ решающие переговоры

current ~ текущие/проходящие переговоры

deadlocked ~ переговоры, зашедшие в тупик

delicate ~ затруднительные/сложные переговоры

detailed ~ переговоры с обсуждением всех деталей

difficult ~ трудные переговоры

diplomatic ~ дипломатические переговоры

direct ~ прямые переговоры

disarmament ~ переговоры по разоружению

discreet ~ осторожные переговоры

dragged-out/drawn out ~ затянувшиеся переговоры

earnest ~ серьезные переговоры

endless ~ бесконечные переговоры

extensive ~ широкие/обстоятельные переговоры

intense ~ напряженные переговоры

face-to-face ~ прямые переговоры

feverish ~ лихорадочные переговоры

follow-on ~ последующие переговоры

forthcoming ~ предстоящие переговоры

global ~ глобальные переговоры

fresh ~ новые переговоры

friendly ~ переговоры, проходящие в дружеской обстановке

fruitful ~ плодотворные переговоры

full-size ~ полномасштабные переговоры

grinding/hard ~ трудные переговоры

hectic ~ активные переговоры

inconclusive ~ безрезультатные переговоры

indirect ~ непрямые/косвенные переговоры

intense/intensive ~ напряженные переговоры

joint ~ совместные переговоры

laborious ~ трудные переговоры

last-minute ~ переговоры в последний момент

lengthy ~ длительные переговоры

limited ~ ограниченные переговоры

meaningful ~ плодотворные/важные/содержательные/конструктивные переговоры

membership ~ переговоры о вступлении в организацию

merger ~ переговоры о слиянии *(партий и т.п.)*

military ~ военные переговоры

ministerial ~ переговоры на уровне министров

multilateral ~ многосторонние переговоры

ongoing ~ проходящие переговоры

painful ~ мучительные переговоры

painstaking ~ кропотливые/трудные переговоры

patient ~ терпеливые переговоры

peace/peaceful ~ мирные переговоры

political ~ политические переговоры

preliminary/preparatory ~ подготовительные/предварительные переговоры

private ~ переговоры при закрытых дверях

prolonged ~ длительные/продолжительные переговоры

protracted ~ длительные/затянувшиеся переговоры

round-table ~ переговоры за круглым столом

secret ~ секретные переговоры

separate ~ отдельные/сепаратные переговоры

social ~ переговоры по социальным проблемам

stalemated ~ переговоры, зашедшие в тупик

stiff ~ трудные переговоры

subsequent ~ последующие переговоры

substantive ~ переговоры с обсуждением вопросов по существу

successful ~ успешные переговоры

summit ~ переговоры на высшем уровне

sustained ~ длительные/непрерывные переговоры

top-level ~ переговоры на высшем уровне

tortuous ~ неискренние переговоры

torturous ~ мучительно трудные переговоры

tough ~ трудные переговоры

trade ~ торговые переговоры

trilateral/tripartite ~ трехсторонние переговоры

truce ~ переговоры о перемирии

US-mediated ~ переговоры при посредничестве США

wage ~ переговоры о повышении зарплаты

well prepared ~ хорошо подготовленные переговоры

to accelerate ~ ускорять переговоры

to accept ~ **with** *smb* соглашаться на переговоры с *кем-л.*

to activate the process of ~ активизировать процесс/ход переговоров

to advance ~ способствовать переговорам

to be bogged down in ~ быть участником застопорившихся переговоров

to be locked in intense ~ **with** *smb* вести длительные и напряженные переговоры с *кем-л.*

to be party to ~ участвовать в переговорах

to be under ~ быть предметом переговоров

to block the start of ~ препятствовать началу переговоров

to break down the ~ срывать переговоры

to break off ~ прерывать/приостанавливать переговоры

to break the deadlock at the ~ преодолевать тупик на переговорах

to bring the ~ **out of the impasse** выводить переговоры из тупика

to call for ~ призывать к переговорам

to call off ~ отменять переговоры

to carry on ~ вести переговоры

to carry out ~ **through an intermediary** вести переговоры через посредника

to close the door on further ~ делать невозможным продолжение переговоров

to come to ~ приходить на переговоры

to commence ~ начинать переговоры

to complete ~ завершать переговоры

to conclude ~ **on** *smth* договариваться о *чем-л.*; проводить переговоры по *какому-л. вопросу*

to conduct ~ **with** *smb* вести переговоры с *кем-л.*

to deadlock ~ заводить переговоры в тупик

to derail ~ срывать переговоры

to determine *smth* **by** ~ решать *что-л.* путем переговоров

to discontinue ~ прерывать переговоры

to disrupt the process of ~ нарушать ход переговоров

to drag *one's* **feet in/to drag out** ~ затягивать переговоры

to draw *smb* **into** ~ втягивать *кого-л.* в переговоры

to emerge from the ~ быть результатом переговоров

to enter ~ приступать к переговорам

to enter into ~ **with** *smb* вступать в переговоры с *кем-л.*

to evade ~ уклоняться от переговоров

to expedite ~ ускорять переговоры

to facilitate ~ **for a political settlement** облегчать переговоры в целях политического урегулирования

to foster ~ способствовать проведению переговоров

to frustrate ~ срывать переговоры

to get down to ~ садиться за стол переговоров

to get ~ **started** добиваться начала переговоров

to give grounds for delay or postponement of the ~ давать основания для задержки *или* отсрочки переговоров

to give new impetus to the ~ давать новый импульс/толчок переговорам

to have a part in the ~ принимать участие в переговорах

to have a vital stake in the outcome of the ~ быть кровно заинтересованным в исходе переговоров

to hold ~ вести/проводить переговоры

to impede ~ затруднять/осложнять переговоры

to improve *one's* **bargaining position at** ~ укреплять свои позиции на переговорах

to initiate ~ начинать переговоры; приступать к переговорам

to intensify the ~ активизировать переговоры

to interrupt ~ прерывать переговоры

to jeopardize progress in the ~ ставить под угрозу успех переговоров

to join in the ~ присоединяться к переговорам

to launch ~ начинать переговоры; приступать к переговорам

to lay the groundwork for ~ подготавливать почву для переговоров

to lead the ~ **into a deadlock** заводить переговоры в тупик

to leak the date of ~ **to the media** разглашать дату переговоров средствам массовой информации

to leave the prime minister politically naked in the ~ оставлять премьер-министра политически безоружным на переговорах

to lose interest in the ~ утрачивать интерес к переговорам

to militate against ~ мешать проведению переговоров

to move the ~ **forward** продвигаться вперед на переговорах

to move the ~ **off the dead-point** сдвигать переговоры с мертвой точки

to move the ~ **to New York** переносить переговоры в Нью-Йорк

to open ~ начинать переговоры

to oversee ~ контролировать ход переговоров; следить за ходом переговоров

to predetermine the outcome of ~ предопределять исход переговоров

to prepare the ground for ~ подготавливать почву для переговоров

to proceed along the course of ~ идти по пути переговоров

to proceed with the ~ продолжать переговоры

to prolong ~ 1) продолжать переговоры **2)** отсрочить/отложить переговоры

to pursue ~ продолжать переговоры

to push *smb* **towards ~** подталкивать *кого-л.* к переговорам

to reject ~ with *smb* отказываться от переговоров с *кем-л.*

to re-launch ~ возобновлять переговоры

to renew/to reopen/to restart/to resume ~ возобновлять переговоры

to review the progress of the ~ делать обзор состояния переговоров

to revitalize the ~ подталкивать стороны к возобновлению переговоров

to revive ~ возобновлять переговоры

to seek early ~ добиваться скорейших переговоров

to seek a solution by ~ стараться решить *что-л.* путем переговоров

to set a date for ~ назначать дату переговоров

to shelve the ~ откладывать переговоры

to side-track the ~ уводить переговоры в сторону; избегать переговоров; откладывать переговоры

to speed up ~ ускорять проведение переговоров

to stall ~ приостанавливать переговоры

to start ~ начинать переговоры

to stop ~ прерывать переговоры

to supervise ~ следить за ходом переговоров

to suspend ~ with *smb* временно прерывать переговоры с *кем-л.*

to take part in the ~ принимать участие в переговорах

to throw the ~ off balance срывать переговоры

to torpedo ~ срывать переговоры

to unblock the ~ находить выход из тупика на переговорах

to undermine the ~ подрывать/срывать переговоры

to undertake ~ проводить переговоры

to walk out of the ~ уходить с переговоров

to wreck ~ срывать переговоры

basis for ~ основа для переговоров

beyond ~ не могущий быть предметом переговоров

break-down in ~ провал переговоров

by ~ путем переговоров

closing stage of ~ заключительная стадия переговоров

collapse of/in ~ провал переговоров

conduct of ~ ведение/проведение переговоров

course of ~ ход переговоров

culmination of ~ кульминационный пункт переговоров

failure of ~ провал переговоров

final stage of ~ заключительная стадия переговоров

flurry of ~ серия переговоров

for the duration of ~ пока идут переговоры

hitch in ~ задержка в переговорах

in the course of ~ в ходе переговоров

it will be a matter of ~ это будет предметом переговоров

machinery and methods of ~ механизм и методика переговоров

not open for/to ~ не подлежащий обсуждению на переговорах

open for/to ~ могущий быть предметом переговоров

outcome of ~ исход переговоров

pace of ~ темп переговоров

pending these ~ пока продолжаются эти переговоры

progress of ~ успех переговоров

renewal of ~ возобновление переговоров

results of ~ результаты/итоги переговоров

resumption of ~ возобновление переговоров

round of ~ раунд переговоров

session of ~ заседание на переговорах

settlement by/through ~ урегулирование путем переговоров

sticking point in the ~ камень преткновения на переговорах

subject of ~ предмет переговоров

through ~ путем переговоров

walkout from ~ уход с переговоров

within the framework of ~ в рамках переговоров

negotiator *n* участник переговоров, член делегации на переговорах, «переговорщик»

~s for the government члены правительственной делегации на переговорах

arms (control) ~ участник переговоров о сокращении вооружений

chief ~ руководитель делегации на переговорах

debt ~ участник переговоров о реструктуризации долга

peace ~ участник мирных переговоров

senior ~ участник переговоров высокого ранга

trade ~ участник торговых переговоров

through ~s через своих представителей на переговорах

neighbor *n* сосед

peaceful ~ мирный сосед

to live in peace with *one's* **~s** жить в мире со своими соседями

neighborly *a* добрососедский; дружеский

neighbour *брит. см.* **neighbor**

neoanarchism *n* неоанархизм

neoanarchist I *n* неоанархист

neoanarchist II *a* неоанархистский

neocapitalism *n* неокапитализм

neocapitalist *a* неокапиталистический

neocolonial *a* неоколониальный

neocolonialism *n* неоколониализм

neocolonialist I *n* неоколонизатор

neocolonialist II *a* неоколониалистский

neoconservatism *n* неоконсерватизм *(консерватизм либерального толка)*

neoconservative I *n* неоконсерватор

neoconservative II *a* неоконсервативный

neofascism *n* неофашизм

neofascist I *n* неофашист

neofascist II *a* неофашистский

neo-Nazi I *n* неонацист

neo-Nazi II *attr* неонацистский

neo-Nazism *n* неонацизм

neorealism *n* филос. неореализм

neo-Trotskyism *n* неотроцкизм

neo-Trotskyite I *n* неотроцкист

neo-Trotskyite II *a* неотроцкисткий

nepotism *n* протекция родне; семейственность, кумовство, непотизм

nepotist *n* человек, оказывающий протекцию своим родственникам

net I *n* сеть

communications ~ сеть связи

social safety ~ система социальных гарантий

net II *attr* чистый, без вычетов, нетто

~ **of amortization** за вычетом амортизации

net III *v* приносить/получать чистый доход

network *n* сеть; система

~ **of institutions** сеть учреждений

~ **of libraries** сеть библиотек

~ **of organized criminal groups** сеть мафии

diplomatic ~ сеть дипломатических представительств

global military ~ сеть военных баз, охватывающая весь мир

intelligence ~ (разведывательная) агентура

international ~ международная сеть

international surveillance ~ международные системы наблюдения

irrigation ~ ирригационная сеть

monitoring ~ контрольная сеть/система

national health development ~ национальная система развития здравоохранения

national mass media ~ национальная система/сеть средств массовой информации

regional infrastructure ~ система региональной инфраструктуры

spy ~ шпионская сеть/агентура

television ~ телевизионная сеть

terrorist ~ террористическая сеть

vast ~ обширная/огромная сеть

World Meteorological Organization Communications N. сеть связи Всемирной метеорологической организации

to break a ~ **smuggling hi-tech equipment into a country** ликвидировать сеть контрабандистов, ввозивших в *какую-л.* страну высокотехническое оборудование

to establish a ~ **of stations** создавать сеть станций

to set up ~ устанавливать/создавать/организовывать систему

to smash an extensive ~ **of spies and saboteurs** разгромить крупную шпионскую и диверсионную сеть

to uncover a ~ **of spies** раскрывать шпионскую сеть

abuse of diplomatic ~**s** нападение на дипломатические представительства

worldwide ~ **of organizations** всемирная система/сеть организаций

neutral I *n* нейтральное государство

neutral II *a* нейтральный; нейтралистский

politically ~ политически нейтральный

to remain ~ соблюдать нейтралитет

to stay ~ сохранять нейтралитет

neutralism *n* нейтралитет; нейтрализм; соблюдение нейтралитета

active ~ активный нейтралитет

positive ~ позитивный нейтрализм

to adopt ~ принимать/одобрять нейтрализм

to be committed to ~ стоять на позициях нейтрализма

foreign-policy course of ~ внешнеполитический курс нейтрализма

neutralist I *n* нейтралист; сторонник нейтралитета/не вхождения в блоки

neutralist II *a* нейтралистский

neutrality *n* нейтралитет

active ~ активный нейтралитет

armed ~ вооруженный нейтралитет

eventual ~ допустимый нейтралитет

nuclear ~ ядерный нейтралитет

passive ~ пассивный нейтралитет

permanent ~ постоянный нейтралитет

perpetual ~ постоянный нейтралитет

positive ~ полит. жарг. позитивный нейтралитет *(установление малыми странами хороших отношений с более крупными государствами при нейтралитете в конфликтах между ними)*

traditional ~ традиционный нейтралитет

to adhere to a policy of ~ придерживаться политики нейтралитета

to break ~ нарушать нейтралитет

to declare ~ объявлять нейтралитет

to display ~ демонстрировать нейтралитет

to embrace ~ принимать нейтралитет/политику нейтралитета

to keep to ~ придерживаться нейтралитета

to maintain ~ сохранять нейтралитет

to opt for ~ избрать политику нейтралитета

to preserve ~ сохранять нейтралитет

to proclaim *one's* ~ заявлять о своем нейтралитете

to pursue ~ проводить политику нейтралитета; придерживаться нейтралитета

to recognize the ~ **of a state** признавать нейтралитет государства

to relinquish/to renounce ~ отказываться от нейтралитета

to respect the ~ **of** *smb* уважать *чей-л.* нейтралитет

to safeguard ~ обеспечивать нейтралитет

to seek ~ стремиться к нейтралитету

policy of ~ политика нейтралитета

neutralization *n* нейтрализация

neutralize *v* нейтрализовать; обезвреживать

news *n* новость, известие, сообщение; новости, информация

~ **comes as a blow to** *smb* новость является ударом для *кого-л.*

~ **did not emerge until Monday** о новости не сообщали до понедельника

~ **has leaked out** информация просочилась

~ **in brief** краткие новости

~ **in the making** репортаж о событии в тот момент, когда оно происходит

~ **is coming out of the country that ....** из страны поступают сообщения о том, что...

~ **is widely carried** сообщение помещено во многих газетах

~ **makes some front-pages** новость вынесена некоторыми газетами на первые полосы

~ **presentation** подача информационного материала

authentic ~ достоверные сведения

bleak ~ мрачные новости

breaking ~ срочная/главная/важная новость

contradictory ~ противоречивые сообщения

current ~ текущие события; хроника

domestic ~ сообщения о событиях внутри страны

dramatic ~ поразительная новость

economic ~ экономические новости

flashy ~ сенсационная новость, сенсация

foreign ~ сообщения о событиях за рубежом

front-page ~ главная новость

grave ~ печальные известия

harmful ~ тревожные новости

heavy ~ печальные известия

home ~ сообщения о событиях внутри страны

international ~ сообщения о событиях за рубежом

late ~ последние новости/известия

managed ~ *полит. жарг.* новости, обработанные в интересах правительства

momentous ~ важная новость

national ~ сообщение о событиях внутри страны

political ~ политическая новость

radio ~ радиосообщения, радионовости

regional ~ региональные новости; обзор событий, происшедших в определенном регионе

reliable ~ достоверные известия

scant ~ скудные/ограниченные/недостаточные сообщения

spot ~ *журн. жарг.* самые свежие новости

stale ~ устаревшие/общеизвестные новости

the latest ~ последние новости

the main foreign ~ основная внешнеполитическая новость

unbiased ~ беспристрастная/объективная информация

world ~ сообщения из-за рубежа

to be in the ~ быть в центре внимания

to broadcast the ~ передавать новости *(по радио и т.п.)*

to circulate the ~ распространять новость

to collect ~ собирать информацию

to cover ~ освещать новости *(в газете и т.п.)*

to dominate the ~ преобладать среди новостей

to fabricate ~ фабриковать новости/информацию

to gain ~ получать новости/известия

to get into the ~ попадать в газеты, в радиопередачи *и т.п.*

to give prominence to the ~ **that ...** выделять сообщения о том, что...

to handle ~ обрабатывать информационные материалы

to keep abreast of the ~ быть в курсе новостей

to link the ~ **of** *smth* **to** *smth* связать сообщение о *чем-л.* с *чем-л.*

to make the ~ быть в центре внимания средств массовой информации

to organize ~ готовить информационный материал

to present ~ сообщать/преподносить известие

to proclaim ~ сообщать новости; обнародовать сообщение

to put a good face on bad ~ делать хорошую мину при плохих новостях; делать вид, что все обстоит благополучно

to submerge all other ~ вытеснять все остальные новости

to suppress ~ замалчивать сообщение; мешать распространению сообщения

to transmit radio ~ передавать новости по радио, передавать радиосообщения/радионовости

to twist ~ искажать/извращать информацию

to welcome the ~ положительно относиться к сообщению

to withhold ~ **for security reasons** не обнародовать новость по соображениям безопасности

after the ~ **broke** после того, как это стало известно

bit of ~ новость

he is much in the ~ о нем много пишут в газетах; он популярен

item of ~ новость

on to other ~ *брит. радио, тлв* переходим к остальным сообщениям

papers give prominence to the ~ **that...** газеты выделяют сообщения о том, что...

piece of ~ новость

political slant in the ~ политическая окраска при передаче новостей

timing for the ~ момент для обнародования новости

this is good ~ **for** *smb* это хорошая новость для *кого-л.*

newsagent *n* продавец газетного киоска/газетно-журнального магазина

newscast(ing) *n* передача последних известий *(по радио, телевидению)*

newscaster *n* диктор; комментатор

newsiers *n полит. жарг.* средства массовой информации

news-item *n* сообщение в печати

compression of ~ сокращение информационного материала

newsmaker *n* человек, находящийся в центре внимания СМИ, *жарг.* ньюсмейкер

newsman *n* журналист; корреспондент; репортер

news media *n pl* средства массовой информации, СМИ

newsmonger *n* сплетник; сплетница

newspaper *n* газета

~ carries a photograph в газете помещена фотография

~s not affected by the ban газеты, на которые не распространяется запрет

~ suspended publication газета перестала выходить

daily ~ ежедневная газета

evening ~ вечерняя газета

government ~ правительственная газета

illegal ~ нелегальная газета

influential ~ влиятельная газета

local ~ местная газета

national ~ общенациональная/центральная газета

opposition ~ оппозиционная газета

popular ~ популярная газета

pro-government ~ проправительственная газета

provincial ~s провинциальные газеты

quality ~ солидная газета

semi-official ~ официозная газета

state-run ~ государственная газета

tabloid ~ бульварная газета; малоформатная газета

ultra-conservative ~ ультраконсервативная газета

wall ~ стенная газета, стенгазета

weekly ~ еженедельная газета

to ban a ~ запрещать газету

to circulate a ~ распространять газету

to close (down) a ~ закрывать газету

to conduct a ~ руководить газетой

to issue a ~ издавать газету

to launch/to maintain a ~ начинать издавать газету

to publish a ~ издавать газету

to put out a ~ выпускать газету

to report for a ~ быть корреспондентом газеты

to shut down/to silence a ~ закрывать газету

to suppress a ~ запрещать газету

to suspend a ~ for ... days приостановить выпуск газеты на ... дней

chain of ~s газетная сеть, принадлежащая одному владельцу

closure of a ~ закрытие/прекращение издания газеты

morning ~ led with... в передовых статьях центральных газет говорится о ...

morning edition of a ~ утренний выпуск газеты

publication of a ~ издание газеты

newsprint *n* газетная бумага

newsreel *n* киножурнал, кинохроника

radio ~ радиохроника

newsstand *n* газетный киоск

"Newsweek" *амер.* «Ньюсуик» *(еженедельный иллюстрированный журнал новостей и обозрений, издающийся в Нью-Йорке)*

newsworthy *a* представляющий интерес для средств массовой информации

nightstick *n* полицейская дубинка

nihilism *n* нигилизм

nihilist I *n* нигилист

nihilist II *attr* нигилистический

nihilistic *a* нигилистический

nil *n* ничего, ноль

nine-to-fives *n* человек, работающий полный рабочий день

nitty-gritty *n* практически важные моменты; основные элементы

~ of politics политическая кухня

to get down to the ~ of smth переходить к сути дела/к основному вопросу *чего-л.*; обращаться к фактам

No 1 номер один; ведущий; руководящий

No 10 (Downing Street) Даунинг-стрит, 10 *(резиденция британского премьер-министра)*, *перен.* британское правительство

nobility *n* дворянство

narcotics ~ *жарг.* наркобарон

nobleman *n* дворянин

no-cuts *attr* выступающий против сокращения

no-go *attr* запретный, закрытый для посторонних

noise *n* шум

big ~ *разг.* важная персона

to make conciliatory ~s высказываться в примирительном духе

to make optimist ~s about smth выражать оптимизм по поводу *чего-л.*

to make positive ~s выступать в поддержку

to make unfriendly ~s towards a country делать недружелюбные высказывания в адрес *какой-л.* страны

no-knock *attr жарг.* произведенный без ордера *(об обыске, аресте)*

nomenclature *n* номенклатура *(изделий и т.п.)*

nomenklatura *n русск.* номенклатура *(высшие государственные чиновники)*

nominally *adv* официально; по официальной версии

nominate *v* назначать; выделять; выставлять кандидатуру

nomination *n* выдвижение на должность; выдвижение кандидата

bartered ~ выдвижение кандидатуры в результате сделки

ministerial ~ выдвижение кандидатуры на пост в министерстве

presidential ~ выдвижение на пост президента

presumptive ~ предполагаемое выдвижение

proposed ~ предполагаемое назначение

to accept the ~ соглашаться с выдвижением своей кандидатуры, соглашаться быть кандидатом

to clinch *one's* ~ обеспечивать свое выдвижение в качестве кандидата

to file a ~ регистрировать выдвижение кандидатуры

to get the ~ **for** *smth* добиваться выдвижения кандидатом на *какой-л.* пост

to make a ~ производить назначение

to muscle *smb.***'s** ~ проталкивать назначение кого-л. на должность

to second *smb's* ~ поддерживать *чью-л.* кандидатуру

to secure the Democratic ~ обеспечивать выдвижение в качестве кандидата от Демократической партии

to seek a ~ добиваться выдвижения своей кандидатуры

to support a ~ поддерживать кандидатуру

to win the ~ **for** *smth* добиваться выдвижения кандидатом на *какой-л.* пост

to withdraw *one's* ~ снимать свою кандидатуру

candidate's ~ **for election** выдвижение кандидатуры на выборах

clear leader for the ~ кандидат на выдвижение на пост, явно опережающий других кандидатов

drive/race for the ~ борьба за выдвижение в качестве кандидата на пост

nominator *n* лицо, производящее назначения/выдвигающее кандидатуру

nominee *n* кандидат на пост, назначенец, выдвиженец

~ **for president** кандидат на пост президента

to accept *smb's* ~ проголосовать за *чью-л.* кандидатуру

to block *smb's* ~ ставить препятствия *чьему-л.* кандидату

to present a panel of ~**s** предоставлять список кандидатов

to reject *smb's* ~ **for Defense Secretary** отклонять *чью-л.* кандидатуру на пост министра обороны

nonaggression *n* ненападение

mutual ~ взаимное ненападение

nonaggressive *a* неагрессивный

nonaligned *a* неприсоединившийся *(к блоку и т.п.)*, нейтральный

nonalignment *n* неприсоединение; нейтралитет; политика неприсоединения к блокам

~ **with military blocs** неучастие в военных блоках

to follow the policy of ~ **with military blocs** проводить политику неприсоединения к военным блокам

policy of ~ политика неприсоединения *(к блокам, договорам и т.п.)*

nonantagonistic *a* неантагонистический

nonaudience *n* общественные круги, не принимающиеся во внимание

nonbeliever *n* неверующий

nonbelligerency *n* ненападение; неучастие в войне

guarantee of ~ гарантия ненападения

nonbelligerent *n* страна, не участвующая в военном конфликте

noncapitalist *a* некапиталистический

noncollaboration *n* политика отказа от сотрудничества *(напр. с врагом)*

noncommercial *a* некоммерческий

noncompetitive *a* неконкурентоспособный

noncompetitiveness *n* неконкурентоспособность

noncompliance *n* несоблюдение; невыполнение; нарушение

nonconfidence *n* недоверие

nondescript *n* нечто неопределенное; *брит. полиц. жарг.* машина без опознавательных знаков полиции *(используемая для слежки за преступниками)*

non-diplomat *n* не дипломат

non-dips (non-diplomats) *n pl брит. дипл. жарг.* «не дипломаты» *(обслуживающий персонал посольства, не имеющий дипломатического статуса)*

nondiscrimination *n* недискриминация

nondiscriminatory *a* недискриминационный

nondoctrinaire *a* недоктринерский

noneconomic *a* неэкономический

nonevent *n* непримечательное/незначительное событие

nongovernmental *a* неправительственный

nonhostile *a* невраждебный

noninterference *n* невмешательство; политика невмешательства

~ **in domestic affairs** невмешательство во внутренние дела

~ **in each other's internal affairs** невмешательство во внутренние дела друг друга

passive ~ пассивное невмешательство

policy of ~ политика невмешательства

principle of ~ **(in)** принцип невмешательства (в)

nonintervention *n* невмешательство

noninterventionist *n* сторонник политики невмешательства

non-issue *n* надуманный вопрос

non-member *n* страна, не являющаяся членом организации

~ **of the UN** государство, не являющееся членом ООН

nonmilitary *a* невоенный

non-Muslim *a* немусульманский

non-national *n* лицо, не являющееся гражданином данной страны

non-NATO power держава, не входящая в НАТО

non-negotiable *a* не являющийся предметом переговоров, не подлежащий обсуждению на переговорах

non-nuclear *a* безъядерный

~ weapon state страна, не обладающая ядерным оружием; неядерная страна

nonobservance *n* несоблюдение

nonofficial *a* неофициальный

nonparliamentary *a* внепарламентский

non-partial *a брит. правит. жарг.* не имеющий права проживать в Великобритании

nonparticipation *n* неучастие

~ in military blocs неучастие в военных блоках

nonpartisan *a* беспартийный

non-party *attr* беспартийный

nonpeaceful *a* немирный

nonpermanent *a* непостоянный

nonperson *n* 1. бывшая важная персона 2. человек, лишенный гражданских прав

to render *smb* **a ~** лишать *кого-л.* гражданских прав

nonpolicy *n* отсутствие политики

nonpolitical *a* аполитичный; не имеющий политической принадлежности

nonproductive *a* непроизводительный *(труд и т.п.)*

nonproliferation *n* нераспространение

~ of nuclear arms/weapons нераспространение ядерного оружия

nuclear ~ нераспространение ядерного оружия

nonracial *a* нерасовый, нерасистский

nonrecognition *n* непризнание *(государства и т.д.)*

nonresident *n* иностранец; нерезидент

nonresistance *n* непротивление

nonsecrets *n pl развед. жарг.* информация, с которой снят гриф секретности

non-self-governing *a* не имеющий самоуправления

nonsignatory *n* страна, не подписавшая договор/соглашение

nonsocialist *a* несоциалистический

nonstaff *attr* внештатный

nonstarter *n* неудачник

nonstriker *n* не участвующий в забастовке

nontraditional *a* нетрадиционный

nonunion *a* не состоящий членом профсоюза

nonunionism *n* антипрофсоюзная политика

non-use *n* неприменение *(силы и т.п.)*

~ of force неприменение силы

~ of nuclear weapons неприменение ядерного оружия

nonviolence *n* отсутствие насилия; ненасильственные средства/меры

to remain true to the principle of ~ сохранять верность принципу ненасилия

nonviolent *a* ненасильственный; являющийся противником насилия

nonvoter *n* избиратель, не явившийся на выборы

nonwhite *a эвф.* «небелый» *(представитель другой расы)*

norm *n* норма, правило; критерий

~s of interstate relations нормы межгосударственных отношений

to conform to democratic ~s соответствовать демократическим нормам

to meet a ~ выполнять норму

to violate legal ~s нарушать юридические нормы

departure from the ~ отклонение от нормы

international ~s of behavior международные нормы поведения

universally recognized ~s общепризнанные нормы

normal *a* нормальный, стандартный

to get back/to return to ~ нормализоваться; нормализовать обстановку

normality *n* нормальное/обычное состояние

to restore ~ in a country восстанавливать нормальную обстановку в стране

to return a country to ~ нормализовывать обстановку в стране

gradual return to ~ постепенная нормализация обстановки

normalization *n* нормализация

normalize *v* нормализовать, оздоровлять *(отношения и т.п.)*

North *n* 1. «Север» *(промышленно развитые штаты США)* 2. промышленно развитые страны Северной Европы

no-strike *attr* отказывающийся от забастовок

no-strings *attr* не сопровождаемый условиями

notable *n* знаменитость

note I *n* 1. заметка, запись; примечание, сноска; записка; расписка 2. (дипломатическая) нота 3. *фин.* долговая расписка; кредитный билет, банкнота

~ for the file справка для досье *(памятная записка, подшиваема к делу)*

~ in answer ответная нота

~ of invitation письменное приглашение

~ of protest нота протеста

~ of thanks благодарственное письмо

~ verbale 1) вербальная нота 2) *дипл. жарг.* неподписанная нота, составленная в третьем лице и выполняющая роль меморандума

bank ~ банковский билет, банкнота

confirmation ~ письменное подтверждение

counter ~ ответная нота

diplomatic ~ дипломатическая нота

identical ~ нота аналогичного содержания; тождественная нота

marginal ~ заметка, примечание на полях

oral ~ устная нота

personal ~ личная нота

promissory ~ вексель; письменное долговое обязательство

protest ~ нота протеста

thank-you ~ благодарственное письмо
treasury ~ казначейский билет
verbal ~ вербальная нота
to circulate a ~ распространять ноту
to exchange ~s обмениваться (дипломатическими) нотами
to hand (over/in) a ~ вручать ноту
to lodge a protest ~ **with a country** вручать ноту протеста *какому-л.* правительству
to make ~s вести запись; делать заметки
to reject a ~ отклонять ноту
to respond to a ~ отвечать на ноту
to send a ~ **to smb** направлять ноту *кому-л.*
to sound a conciliatory ~ выступать в примирительном духе
to strike a cynical ~ брать циничный тон
to take ~ **of smth** принимать во внимание/к сведению *что-л.*
to withdraw high denominator ~s **from circulation** изымать крупные купюры из обращения
exchange of ~s обмен нотами
on an upbeat ~ на оптимистической ноте
note II *v* замечать; записывать; принимать к сведению
to ~ **with deep/grave concern** отмечать с глубоким беспокойством
to ~ **with gratification** отмечать с удовлетворением
to ~ **with growing/increasing concern** с растущим беспокойством отмечать
to ~ **with regret** с сожалением отмечать
to ~ **with satisfaction** с удовлетворением принимать к сведению
note-taker *n* стенографист
notice I *n* уведомление; извещение; объявление; заявление; предупреждение
advance ~ заблаговременное оповещение
conscription ~ *брит.* повестка о призыве в армию
departure ~ уведомление об отъезде
oral ~ устное уведомление
prior ~ предварительное уведомление
written ~ письменное уведомление
to answer conscription ~s откликаться на повестку о призыве в армию
to bring to smb's ~ доводить до сведения *кого-л.*
to come to ~ привлекать внимание
to gather at very short ~ спешно собираться
to give ~ 1) предупреждать/делать предупреждение; уведомлять 2) предупреждать об увольнении
to give a ~ **to the parties** доводить сообщение до сведения сторон
to lay off without ~ увольнять без предупреждения
to provide ~ уведомлять
to serve ~ **on smb** уведомлять *кого-л.*; вручать извещение *кому-л.*
to take ~ **of smth** принимать *что-л.* к сведению

to take no ~ **of smth** не обращать никакого внимания на *что-л.*
to win national ~ добиваться известности во всей стране
at/on short ~ за/в короткий срок; без заблаговременного предупреждения
until further ~ вплоть до дальнейшего уведомления
notice II *v* замечать; уведомлять
notice-board *n* доска для объявлений
notification *n* уведомление, извещение; оповещение; объявление; заявление
~ **of claim** заявление о возмещении убытка
~ **of session** уведомление о созыве сессии
advance ~ заблаговременное уведомление
formal ~ официальное уведомление/извещение/сообщение
prior ~ предварительное уведомление
prompt ~ незамедлительное уведомление
to give ~ уведомлять, направлять уведомление
to make formal ~ **to smb** официально уведомлять *кого-л.*
to provide/to submit ~ уведомлять, направлять уведомление
without ~ без предупреждения
notify *v* уведомлять, извещать; сообщать; ставить в известность; нотифицировать
to ~ **in advance** заблаговременно уведомлять
to ~ **officially** официально уведомлять
to ~ **through diplomatic channels** уведомлять по дипломатическим каналам
notion *n* понятие, представление, мнение
false ~ ложное понятие
general scientific ~ общенаучное понятие
to form a true ~ **of smth** составлять себе правильное представление о *чем-л.*
notionals *n развед. жарг.* фиктивные фирмы, служащие в качестве прикрытия для разведывательной работы
notorious *a* пресловутый, известный *(с плохой стороны)*, получивший печальную известность
novice *n* новичок
diplomatic ~ новичок в дипломатии
no-vote голос «против»
no-win I *n дел ов. и полит. жарг.* патовое положение
no-win II *a* проигрышный, безнадежный
nuance *v полит. жарг.* тонко подходить к проблеме
nucflash *n воен. жарг.* 1. ядерная авария, способная привести к войне 2. появление неопознанного объекта на экране радара противоракетной обороны
nuclear *a* ядерный
~, **biological, chemical (NBC)** ядерный, бактериологический, химический *(об оружии и средствах защиты от него)*
to go ~ становиться ядерной державой
to go publicly ~ открыто обзаводиться ядерным оружием
nuclear-armed *a* с ядерной боеголовкой

nuclearism *n* ядерный век, «ядерное мышление»

nuclearization *n* ядерное вооружение, оснащение ядерным оружием

nuisance *n* неприятность, досада
to treat *smth* **as a national** ~ рассматривать *что-л.* как помеху всей стране

nuke I *n воен. жарг.* ядерное оружие
the poor man's ~ «ядерное оружие для бедных» *(химическое оружие, которым стремятся обзавестись страны, не могущие себе позволить разработку ядерного оружия)*

nuke II *v воен. жарг.* подвергать ядерной бомбардировке, наносить удар с помощью ядерного оружия

nuke-free *a* свободный от ядерного оружия

nukespeak *n* «ядерный жаргон» *(использование эвфемизмов вместо терминов, связанных с применением ядерного оружия)*

null and void юридически несостоятельный и недействительный, потерявший/утративший силу
to become ~ потерять (юридическую) силу
to consider *smth* ~ считать *что-л.* недействительным/не имеющим законной силы
to declare *smth* ~ объявлять *что-л.* утратившим силу

nullification *n* аннулирование, нуллификация

number *n* **1.** число; количество **2.** номер
~ **ten** Даунинг стрит, 10 *(официальная лондонская резиденция премьер-министра Великобритании)*
~ **two** человек номер два *(в государственной иерархии)*
office ~ исходящий номер *(документа)*
one's **opposite** ~ лицо, занимающее аналогичную должность в руководящей иерархии другой страны
overall ~ общее количество
reference ~ номер *(документа)*; индекс; символ
registration ~ входящий/регистрационный номер *(документа)*
serial ~ серийный номер
specified ~ конкретное количество
total ~ общее количество
to put the ~ **of those killed at 20** сообщать о том, что число убитых составляет 20 человек

nuncio *n* папский нунций

nut *n* **1.** гайка **2.** *полиц. жарг.* взятка полицейскому
to tighten ~**s and bolts** *перен.* закручивать гайки

nut-cutting *n полит. жарг.* политический патронаж

nutrition *n* питание
inadequate ~ недостаточное питание, недоедание

O

oath *n* клятва; присяга
~ **of allegiance to** *smb* присяга на верность *кому-л.*
~ **of office** присяга при вступлении в должность государственного чиновника
bodily/corporal ~ клятва, подкрепляемая прикосновением к священному предмету *(напр. к Библии)*
judicial ~ присяга в суде
loyalty ~ клятва верности
pauper's ~ клятвенное заверение просителя о помощи в том, что у него нет *каких-л.* средств к существованию
solemn ~ торжественная клятва
to administer an ~ **to** *smb* приводить *кого-л.* к присяге
to betray/to break *one's* ~ нарушать клятву/присягу
to dispense with an ~ освобождать от принятия присяги
to lie under ~ врать под присягой
to make/to swear/to take an ~ давать клятву; принимать присягу; присягать
to put on ~ приводить к присяге
to sign an ~ давать клятву; присягать
to subscribe to the ~ приводить к присяге; давать клятву
to tender an ~ присягать; принимать присягу
to violate *one's* ~ нарушать клятву/присягу
under/on ~ под присягой

obedience *n* повиновение, послушание
to command ~ добиваться повиновения
to pledge *one's* ~ **to** *smth* обязываться подчиняться *чему-л.*
in ~ **(to)** согласно *(чему-л.)*

obedient *a* послушный, покорный

obituary *n* некролог

object I *n* объект; предмет; цель; задача
~ **of cognition** *филос.* предмет познания
~ **of utility** предмет потребления
unidentified flying ~ **(UFO)** неопознанный летающий объект, НЛО
to attain an ~ достигать цели

object II *v* возражать
to ~ **in principle** принципиально возражать

objection *n* возражение
conscientious ~ отказ от обязательной военной службы по соображениям морального порядка
last-minute ~ возражение, выдвинутое в последнюю минуту
legal ~ законное возражение
to demolish ~**s** опровергать возражения
to disregard an ~ не считаться с возражением; игнорировать возражение; пренебрегать возражением

to drop *one's* ~s отказываться от своих возражений

to overrule an ~ отклонять возражение

to raise/to record ~s **to** *smth* выдвигать возражения против *чего-л.*

to take into account an ~ считаться с возражением

to waive/to withdraw an ~ снимать возражение

objective I *n* цель; поставленная задача

~ **of the negotiations** цель переговоров

agreed ~ согласованная цель

basic ~ главная/основная цель

broad ~s широкие задачи

central ~ главная/основная цель

chief ~ главная/основная цель

commercial ~s коммерческие цели

common ~s общие цели

economic ~ экономическая задача

essential ~ главная/основная цель

follow-up ~ дальнейшая/последующая задача

foreign policy ~ внешнеполитическая цель

fundamental ~ главная/основная цель

immediate ~s непосредственные цели; ближайшие цели

key ~ главная/основная цель

long-range/long-term ~ долгосрочная задача

military ~s военные объекты

overall ~s общие цели

primary ~ главная/основная цель

principal ~ главная/основная цель

production ~ производственное задание

program ~s программные задачи

realistic ~ реальная задача

short-range/short-term ~ краткосрочная задача

social ~s социальные задачи

strategic ~ стратегическая задача

ultimate ~ конечная цель

to achieve/to attain ~ достигать цели

to define ~s определять задачи/цели

to pursue an ~ стремиться к достижению *какой-л.* цели

to reach an ~ достигать цели

to realize the ~s осуществлять цели

to relinquish an ~ отказываться от цели

to set (forth) an ~ ставить целью; поставить цель

community of ~s **and ideals** общность целей и идеалов

objective II *a* объективный, действительный

~ **evidence** объективные данные

~ **fact** объективный факт

~ **opinion** объективное мнение

objectivism *n филос.* объективизм

objectivist *n* объективист

objectivistic *a филос.* объективистский

objectivity *n филос.* объективность

obligation *n* **1.** обязанность **2.** обязательство; долг

~s **incumbent upon** *smb* обязательства, возложенные на *кого-л.*

~s **vis-a-vis a friendly state** обязательства по отношению к дружеской стране

accessory ~ дополнительное обязательство

administrative ~s административные обязательства

allied ~s союзнические обязательства

army ~ воинская повинность

contractual/treaty ~s договорные обязательства, обязательства по договору

counterpart ~s параллельные обязательства

debt-service ~s обязательства по погашению задолженности

express ~s неотложные/срочные обязательства

external ~s внешние обязательства

financial ~ финансовое обязательство

incurred ~s принятые обязательства

inter-allied ~s межсоюзнические обязательства

international ~s международные обязательства

legal ~s **1)** правовые обязанности **2)** правовые обязательства

long-term ~ долгосрочное обязательство

military ~s военные обязательства

moral ~ моральное обязательство

mutual treaty ~s взаимные договорные обязательства

primary ~ основное обязательство

reparation ~ репарационное обязательство

security ~s обязательства гарантировать безопасность

short-term ~ краткосрочное обязательство

slaving ~s кабальные обязательства

solemn ~ торжественное обязательство

statutory ~ уставное обязательство

unliquidated ~s неоплаченные обязательства

to accept ~s принимать на себя обязательства

to act contrary to the imposed ~s противоречить налагаемым обязательствам

to assume ~s принимать на себя обязательства

to be guided by the ~s руководствоваться принятыми на себя обязательствами

to be in breach of *one's* ~s нарушать свои обязательства

to be under an ~ быть связанным обязательством; быть обязанным

to bind *smb* **with an** ~ связывать *кого-л.* обязательством

to breach *one's* ~s нарушать свои обязательства

to cancel an ~ отменять обязательство

to carry out/to discharge an ~ выполнять обязательство

to ease *smb's* ~s облегчать *чьи-л.* обязательства

to fulfil an ~ выполнять обязательство

to have international ~s **under the mandate** иметь международные обязательства согласно мандату

to implement an ~ выполнять обязательство

to impose an ~ on *smb* налагать обязательство на *кого-л.*

to live up to ~ выполнять обязательство

to meet an ~ выполнять обязательство

to observe the ~s соблюдать обязательства

to perform an ~ выполнять обязательство

to pull back from *one's* **~s** отказываться от выполнения своих обязательств

to release *smb* **from an** ~ освобождать *кого-л.* от обязательства

to shrink from *one's* **~s** уклоняться от своих обязательств

to undertake ~s принимать на себя обязательства

to violate ~s нарушать обязательства

to withdraw *one's* **security ~s** отказываться от дальнейшей гарантии безопасности *(какой-л. страны и т.д.)*

breach of ~s невыполнение обязательств

dereliction of ~s нарушение обязательств

fulfilment of contractual ~s выполнение договорных обязательств

observance of contractual ~s соблюдение договорных обязательств

respect for the ~s соблюдение обязательств

suspension of *one's* **~s** временный отказ от выполнения своих обязательств

obligativum impossibilium *лат.* обязательство, которое невозможно выполнить

obligatory *a* обязательный

~ **for all** общеобязательный

obliterate *v* ликвидировать, уничтожать

to ~ **starvation and malnutrition** ликвидировать голод и недоедание

obscurantism *n* мракобесие; обскурантизм

obscurantist *n* мракобес; обскурант

obscurate *v правит. жарг.* затемнять суть дела

obscure *v* **1.** неясный; непонятный; неизвестный **2.** незаметный **3.** мрачный

observance *n* соблюдение *(закона, прав, обычаев и т.п.)*

~ **of human rights** соблюдение прав человека

~ **of legality** соблюдение законности

mutual ~ взаимное/обоюдное соблюдение

strict ~ строгое соблюдение

universal ~ **of a treaty** всеобщее соблюдение договора

to supervise the ~ **of** *smth* следить за соблюдением *чего-л.*

observation *n* наблюдение; исследование; *pl* данные наблюдения

close ~ тщательное наблюдение

direct ~ непосредственное наблюдение

economic ~ результаты экономических наблюдений

indirect ~ косвенное наблюдение

on-site ~ наблюдение на местах

routine ~ регулярное наблюдение

statistical ~s статистические наблюдения

to be under ~ находиться под наблюдением

instruments and methods of ~ приборы и методы наблюдения

observe *v* **1.** наблюдать, замечать; следить **2.** соблюдать *(законы, обычаи и т.п.)* **3.** делать замечания; отмечать, констатировать

to ~ **a minute of silence in tribute to the memory of** *smb* чтить память *кого-л.* минутой молчания

to ~ **a national day** праздновать национальный праздник

to ~ **anniversary** отмечать годовщину

to ~ **economy** соблюдать экономию

to ~ **rites** соблюдать обряды

to ~ **silence** хранить молчание

to ~ *smth* **to the letter** скрупулезно соблюдать *что-л.*

to ~ **strictly** неукоснительно соблюдать

to ~ **the ceremonies** соблюдать церемонии

to ~ **the law** соблюдать закон

observer *n* наблюдатель *(на конференции и т.п.)*

~ **at negotiations** наблюдатель на переговорах

~ **at the UN** наблюдатель при ООН

ceasefire ~ наблюдатель за соблюдением соглашения о прекращении огня

election ~ наблюдатель на выборах

human rights ~ наблюдатель за соблюдением прав человека

international ~ международный наблюдатель

military ~ военный наблюдатель

political ~ политический обозреватель

to accept/to agree to attend in the capacity of ~ соглашаться участвовать в качестве наблюдателя

to appoint *smb* **as** ~ назначать *кого-л.* наблюдателем

to dispatch/to send ~s to a region направлять наблюдателей в *какой-л.* регион

permanent diplomatic ~ **in the UN** постоянный дипломатический представитель в ООН

team of ~s группа наблюдателей

obstacle *n* препятствие, помеха; трудность; преграда

~ **to economic growth** препятствие на пути экономического роста

~ **to peace** препятствие для заключения мира

insuperable/insurmountable/invincible ~ непреодолимое препятствие

to be an ~ **to** *smth* препятствовать *чему-л.*

to clear away all the ~s standing in the way of normalization of relations убирать все, что препятствует нормализации отношений

to constitute/to create ~s создавать/чинить препятствия

to encounter ~s наталкиваться на трудности

to identify the principal ~s определять главные трудности

to lift an ~ устранять препятствие

to overcome ~s преодолевать трудности/препятствия

to push aside an ~ устранять препятствие

to put ~s создавать/чинить препятствия

to reduce ~s сокращать препятствия; уменьшать трудности

to remove/to resolve an ~ устранять препятствие

obstruct *v* преграждать, препятствовать *(продвижению)*; задерживать; устраивать обструкцию; мешать, затруднять

obstruction *n* затруднение; препятствие; обструкция *(в законодательном органе, собрании)*

obstructionism *n* обструкционизм

obstructionist I *n* обструкционист

obstructionist II *attr* обструкционистский

obstructive *a* препятствующий, мешающий; обструкционистский

obtain *v* получать; добывать, приобретать

occasion *n* случай, обстоятельство; возможность; событие; повод; основание, причина

festive ~ праздник

high profile ~ важное событие

historic ~ историческое событие

make-or-break ~ решающее событие

official ~s официальные/служебные обстоятельства

state ~ официальная церемония

to hold an ~ отмечать событие

to mark the ~ отмечать событие

to take ~ to do *smth* воспользоваться благоприятным случаем сделать *что-л.*

on a number of ~s в ряде случаев

on the ~ (of) по случаю; по поводу *(какого-л. события)*

occidental *a* западный

occupant *n* оккупант, захватчик

occupation I *n* **1.** занятие; профессия, должность **2.** оккупация

foreign ~ оккупация иностранными войсками

gainful ~ оплачиваемая работа

industrial ~s промышленные профессии

intellectual ~ интеллектуальное занятие; интеллектуальный труд

military ~ военная оккупация

temporary ~ временная оккупация

to go into some other ~ менять специальность

to languish under foreign ~ томиться в условиях иностранной оккупации

to remain in ~ of a country продолжать оккупировать страну

to rescind *one's* **~ of a country** отказываться от оккупации страны *(и выводить оттуда войска)*

army of ~ оккупационная армия

denunciation of the ~ осуждение оккупации

people under ~ население, находящееся в оккупации

under foreign ~ в условиях иностранной оккупации

occupation II *attr* оккупационный

~ army оккупационная армия

~ forces оккупационные войска

~ regime оккупационный режим

occupational *a* профессиональный

occupationist, occupier *n* оккупант

occupy *v* занимать; захватывать, оккупировать

to ~ a territory оккупировать/захватывать территорию

occur *v* иметь место, случаться; происходить; встречаться, попадаться

occurrence *n* случай, событие; явление; возникновение; возможность *(осуществления чего-л.)*

occurrences *n pl* брит. полиц. жарг. происшествия

odd *a* **1.** странный, необычный; случайный **2.** нечетный *(о числах)*

~ job случайная работа

odd(-)man(-)out *n* человек, не принадлежащий к данной партии *и т.п.*

odds *n* неравенство; преимущество

to be at ~ with *smb* **on** *smth* расходиться во мнениях с *кем-л.* по поводу *чего-л.*

to be at ~ with *smth* находиться в противоречии с *чем-л.*

to remain at ~ with *smb* расходиться во мнениях с *кем-л.*

in the face of overwhelming ~ при подавляющем превосходстве противника

the ~ must be heavily against him шансы на победу должны быть явно у его противника

oderint, dum metuant *лат.* пусть ненавидят, лишь бы боялись

odium *n* всеобщее осуждение

public ~ осуждение со стороны общественности

to expose *smb* **to ~** вызывать недоброжелательное отношение *(ненависть, отвращение)* к *кому-л.*

off *v* воен. и полит. жарг. убить *кого-л.*; совершить террористический акт против *кого-л.*

offence *n* брит. см. **offense**

offend *v* **1.** обижать, оскорблять **2.** юр. совершать проступок/преступление

offender *n* правонарушитель; преступник

criminal ~ преступник

ex-criminal ~ бывший преступник

first ~ лицо, совершившее проступок в первый раз

juvenile ~ малолетний преступник

old ~ рецидивист

political ~ политический преступник

religious ~ нарушитель религиозных канонов

repeat ~ рецидивист

to gather evidence against ~ собирать доказательства *чьих-л.* нарушений

rehabilitation of ~ перевоспитание преступников

offense *n* **1.** правонарушение; проступок, преступление **2.** обида; нападение **3.** воен. наступление

~ against humanity преступление против человечества

~ **against the law** нарушение закона

~ **against the person** преступление против личности

capital ~ преступление, караемое смертной казнью

civil ~ гражданское правонарушение

criminal ~ уголовное преступление

currency ~ нарушение валютного законодательства

customs ~ нарушение таможенных правил

drink-related ~ правонарушение, связанное с употреблением алкоголя

drug(-related) ~ преступление, связанное с наркотиками

economic ~ экономическое/хозяйственное преступление

federal ~ нарушение федерального закона

firearms ~ преступление, связанное с применением *или* незаконным ношением огнестрельного оружия

impeachable ~ правонарушение, влекущее за собой импичмент

military ~ воинский проступок; военное преступление

minor ~ мелкое правонарушение

political ~ политическое преступление

public order ~ нарушение общественного порядка

punishable ~ преступление; уголовно наказуемый проступок

terrorist ~**s** терроризм

to commit an ~ совершать правонарушение/проступок/преступление

to make *smth* **a criminal** ~ делать *что-л.* уголовно наказуемым деянием

an ~ **under current law** преступление по существующему закону

marked increase in such ~**s** заметное увеличение числа подобных преступлений

the ~ **can land you a prison sentence** из-за этого преступления вы можете попасть в тюрьму

the ~ **carries a maximum penalty** это преступление влечет за собой приговор к максимальному сроку тюремного заключения

offensive I *n воен.* наступление; атака

all-out ~ **against guerrillas** решительное наступление на партизан

diplomatic ~ дипломатическое наступление

economic ~ экономическое наступление

general ~ общее/генеральное наступление

ground/land ~ наступление сухопутных войск

lightning ~ молниеносное наступление; блицкриг

long-planned ~ давно спланированное наступление

major ~ крупное наступление

peace ~ мирное наступление

political ~ политическое наступление

propaganda ~ пропагандистское наступление

to beat back an ~ отбивать наступление

to complete an ~ завершать наступательную операцию

to conduct an ~ вести наступление

to cook up an ~ организовывать наступление

to embark on/to go on/to launch/to mount an ~ начинать наступление; переходить в наступление

to re-launch *one's* ~ **against** *smth* возобновлять наступление на *что-л.*

to repel an ~ отбивать наступление

to stop the enemy's ~ останавливать наступление врага

to take an ~ начинать наступление; переходить в наступление

offensive II *a* наступательный

~ **impulse** наступательный порыв

~ **sword** наступательное оружие

~ **war** наступательная война

offer I *n* предложение; оферта

~ **is conditional on** *smth* предложение сопровождается условием о *чем-л.*

~ **of support/help** предложение поддержки/помощи

acceptable ~ приемлемое предложение

arms reduction ~ предложение о сокращение вооружений

ceasefire ~ предложение о прекращении огня

ceiling ~ предложение относительно максимального уровня зарплаты

counter ~ встречное предложение, контроферта

interim ~ промежуточное предложение

no-strings ~ предложение, не сопровождаемое никакими условиями

pay ~ предложение о повышении заработной платы

peace/truce ~ предложение о перемирии

9 per cent pay ~ предложение о повышении зарплаты на 9%

to accept an ~ **from** *smb* принимать *чье-л.* предложение

to consider an ~ рассматривать предложение

to decline an ~ отклонять предложение

to give *smb's* ~ **a cautious welcome** осторожно приветствовать *чье-л.* предложение

to make an ~ делать предложение

to reconsider an ~ пересматривать предложение

to refuse/to reject an ~ отклонять предложение

to renew *one's* ~ возобновлять свое предложение

to take an ~ **from** *smb* принимать *чье-л.* предложение

to terminate/to withdraw an ~ снимать предложение

smb's ~ **remains open** *чье-л.* предложение остается в силе

offer II *v* предлагать; представлять

to ~ **an advice** давать совет

to ~ **a price** предлагать цену

to ~ **a second term in office** предлагать *(кому-л.)* остаться у власти на второй срок

451

to ~ resistance оказывать сопротивление
office *n* 1. контора, канцелярия, офис; ведомство, бюро, учреждение 2. *pl* службы (*помещения*) 3. служба 4. услуга 5. должность 6. властные полномочия, власть
~ accommodation служебные помещения
~ facilities офисные помещения
~ hours часы работы (*в учреждении*), служебные часы
~ man клерк, служащий
~ number исходящий номер (*документа*)
O. of Counter-terrorism of the State Department отдел по борьбе с терроризмом при Государственном департаменте США
O. of General Services бюро общих служб Секретариата (*ООН*)
O. of Legal Affairs правовое бюро
O. of Management and Budget отдел управления и бюджета (*США*)
accountant's ~ финансовый отдел, бухгалтерия
administrator's ~ офис/отдел администратора/управляющего
arms procurement ~ бюро по закупке вооружения
briefing ~ помещение для проведения инструктажа
Colonial O. *ист.* Министерство по делам колоний (*Великобритания*)
Commonwealth O. *ист.* Министерство по делам Содружества (*Великобритания*)
Congressional Budget O. бюджетное управление Конгресса (*США*)
Conservative Party's central ~ штаб-квартира Консервативной партии
editorial ~ редакция газеты/журнала (*помещение*)
elected/elective ~ выборная должность
Executive O. of the President исполнительное управление президента (*США*)
Executive O. of the Secretary-General административная канцелярия генерального секретаря (*ООН*)
field ~ 1) местная контора, местное отделение; периферийное отделение (ООН) 2) служба в полевых условиях
foreign ~ внешнеполитическое ведомство
Foreign O. *ист.* Министерство иностранных дел (*Великобритания*)
Foreign and Commonwealth O. Министерство иностранных дел и по делам Содружества (*Великобритания*)
good ~s добрые услуги; посредничество
government ~s правительственные учреждения
head principal ~ главная контора, главное учреждение; главное управление; штаб-квартира
highest judicial ~s высшие судебные должности
Home O. Министерство внутренних дел (*Великобритания*)

House of Lords Record O. архив британского парламента
inquiry ~ справочное бюро
judicial ~s судебные должности
Justice's O. of Professional Responsibility отдел профессиональной ответственности Министерства юстиции США (*расследует случаи нарушения юристами профессиональной этики*)
legal advice ~ юридическая консультация
Major's ~ канцелярия мэра
military procurator's ~ военная прокуратура
newspaper ~ редакция газеты (*помещение*)
Oval O., the Овальный кабинет (*рабочий кабинет президента США в Белом доме*)
Parliament O. парламентская канцелярия
political ~ политический пост
post-and-telegraph ~ отделение связи
prime minister's ~ канцелярия премьер-министра
printing ~ типография
public ~ 1) государственный аппарат, государственное учреждение 2) правительственный пост
public procurator's ~ прокуратура
purchasing ~ закупочная контора
Record O. архив (*в Великобритании*)
rector's ~ ректорат
Regional ~ региональное отделение
Russian Visa and Registration for Foreigners O. Отдел виз и регистрации иностранцев, ОВИР (*в России*)
statistics ~ статистическое управление, комитет по статистике
trade (promotion) ~ торговое представительство
treasurer's ~ казначейство, касса
Unemployment Benefit Office, the (UBO) *брит.* место получения пособий по безработице; биржа труда
vice-chancellor's ~ ректорат (*университета и т.п.*)
War O. *ист.* Военное министерство (*Великобритания*)
White House O. аппарат Белого дома
to abuse *one's* **~** злоупотреблять служебным положением
to accept the renewal of *one's* **term of ~** соглашаться на возобновление мандата
to approach the end of *one's* **term of ~** приближаться к концу своего пребывания у власти
to assume ~ вступать в должность
to be halfway through *one's* **term of ~** отработать половину срока пребывания на посту
to be in ~ занимать пост; быть у власти
to bug an ~ устанавливать подслушивающие устройства в канцелярии/офисе
to call *smb* **to the Foreign O.** вызывать *кого-л.* в Министерство иностранных дел (*Великобритания*)

to come to ~ вступать в должность

to complete *one's* **term of** ~ завершить пребывание на посту

to confirm *smb* **in** ~ **for life** утверждать *кого-л.* на посту пожизненно

to continue in ~ продолжать исполнять свои обязанности; оставаться у власти

to direct ~**s** руководить учреждениями

to dismiss *smb* **from** *one's* ~ освобождать *кого-л.* от занимаемого поста

to drive *smb* **from** ~ вынуждать/заставлять *кого-л.* уйти в отставку; смещать *кого-л.*

to ease *smb* **into** ~ устраивать *кого-л.* на должность

to elect *smb* **to/into** ~ избирать *кого-л.* на должность/на пост

to end *one's* **term in** ~ закончить срок своего пребывания у власти

to enter (upon)/to get into/to step into/to take ~ вступать в должность; приходить к власти

to extend the term of ~ продлевать полномочия/мандат

to force *smb* **from** ~ вынуждать/заставлять *кого-л.* уйти в отставку; смещать *кого-л.*

to hand over *one's* ~ **to** *smb* передавать *кому-л.* свою должность

to hold a presidential ~ **for two consecutive terms** занимать пост президента два срока подряд

to hound *smb* **out of** ~ посредством травли вынуждать *кого-л.* уйти в отставку

to install/to put *smb* **in** ~ ставить *кого-л.* у власти

to institute *smb* **in(to) an** ~ назначать *кого-л.* на должность

to leave ~ уходить со службы/с должности/в отставку, покидать свой пост

to limit *smb's* **term of** ~ ограничивать срок пребывания *кого-л.* на посту

to lose ~ лишаться власти

to misuse *one's* ~ злоупотреблять служебным положением

to occupy ~ занимать пост

to open *one's* **own** ~**s in a country** открывать свои бюро в *какой-л.* стране

to pass *one's* ~ **to** *smb* передавать власть *кому-л.*

to permit no more than two terms in any elected ~ разрешать занимать любую выборную должность не более двух сроков

to raid an ~ производить рейд в офисе *(компании)*

to reach the highest ~ добиваться высшего поста

to reinstate *smb* **in his/her former** ~ восстанавливать *кого-л.* в прежней должности

to reject *smb's* **bid to stay in** ~ отвергать *чью-л.* попытку остаться у власти

to release *smb* **from** ~ отстранять *кого-л.* от власти

to relieve *smb* **of** *one's* ~ снимать *кого-л.* с работы

to relinquish ~ уходить со службы/с должности/в отставку, покидать свой пост

to remain in ~ оставаться у власти

to remove *smb* **from** ~ **on a bloodless coup** отстранять *кого-л.* от власти в результате бескровного переворота

to renew the term of ~ возобновлять мандат

to resign in ~ выходить в отставку до истечения срока полномочий

to restore *smb* **to** ~ восстанавливать *кого-л.* в должности

to return to ~ возвращаться к власти

to run for an ~ баллотироваться, быть выдвинутым *(куда-л.)*, выставлять свою кандидатуру

to serve out *one's* **full term of** ~ проработать полный срок пребывания на посту

to settle into ~ занимать руководящий пост

to soldier on in ~ продолжать выполнять свои нелегкие обязанности в правительстве

to stand for ~ баллотироваться на *какой-л.* пост

to stay (on) in ~ продолжать оставаться у власти

to step down from ~ уходить в отставку

to step out of ~ подавать в отставку

to swear *smb* **in/into** ~ приводить *кого-л.* к присяге *(обычно президента при вступлении в должность)*

to sweep *smb* **from** ~ смещать *кого-л.* значительным числом голосов

to sweep *smb* **into** ~ избирать *кого-л.* значительным числом голосов

to try to negotiate the removal from ~ **of** *smb* пытаться договориться об отстранении *кого-л.* от власти

to use *one's* **good** ~**s** посредничать

to vote *smb* **out of** ~ отстранять *кого-л.* от власти в результате выборов

to win ~ побеждать на выборах, приходить к власти

a new cabinet will take ~ новый кабинет приступит к исполнению своих обязанностей

abuse of ~ злоупотребление служебным положением

assumption of ~ вступление в должность

brief period in ~ краткое пребывание у власти

curtailment of *one's* **term of** ~ сокращение срока *чьего-л.* пребывания на посту

departure from ~ уход в отставку

fall from ~ отстранение от власти

he was continued in ~ ему продлили срок службы

holder of an ~ должностное лицо

impropriety in ~ нарушение по службе

in ~ у власти

limit of 10 years on the term in ~ ограничение срока занятия должности десятью годами

main ~s of state ключевые посты в кабинете министров

misdemeanor in ~ должностное преступление

renewal of term of ~ возобновление должностного срока, полномочий

rotation of ~ поочередное пребывание в должности, ротация кадров

tenure of ~ пребывание в должности, срок пребывания в должности

term of ~ 1) срок полномочий, срок службы, срок занимаемой должности; срок пребывания в должности/у власти **2)** *pl* условия найма на работу *(служащего)*; условия оплаты

time in ~ пребывание у власти

unfit to hold ~ не подходящий для данной должности

officer *n* **1.** чиновник; государственный служащий, должностное лицо, сотрудник **2.** офицер; полицейский; *развед. жарг.* официальный сотрудник ЦРУ

~ of the court/law судебный исполнитель

~ in charge 1) начальник, руководитель; ответственный чиновник **2)** И.О. постоянного представителя техпомощи ООН

~ in charge of division/section etc. сотрудник, исполняющий обязанности начальника отдела/зав. секцией *и т.п.*

~ in charge of project куратор проекта; сотрудник, ответственный за проект

~s and staff руководящий состав и прочий персонал

~s of the conference должностные лица конференции, президиум

administrative ~ административное должностное лицо, администратор

anti-terrorist ~ полицейский из подразделения по борьбе с терроризмом

arresting ~ (АО) полицейский, производящий арест

associate ~ младший сотрудник

backstopping ~ куратор проекта в штаб-квартире; сотрудник, ответственный за исполнение

bomb disposal ~ специалист по обезвреживанию бомб

budget ~ сотрудник по бюджетным вопросам

career ~ 1) кадровый офицер **2)** профессиональный чиновник

career foreign service ~ профессиональный/карьерный дипломат

case ~ *развед. жарг.* руководитель операции

certifying ~ контролер расходов

chief administrative ~ главное административное должностное лицо; управляющий

Chief Law Enforcement O. министр юстиции

Chief Medical O. главный санитарный инспектор *(Великобритания)*

chief police ~ начальник полиции

child welfare ~ сотрудник по вопросам охраны детства

cipher ~ шифровальщик

civil ~ государственный гражданский служащий

commanding ~s командный состав

commissioned ~ 1) произведенный в офицеры; офицер **2)** назначенный на должность чиновник

conference ~ заведующий секретариатом конференции

consular ~ консульский сотрудник

correctional ~ сотрудник исправительного заведения *(тюремный охранник)*

counterintelligence ~ контрразведчик

customs ~ таможенник, сотрудник таможни

diplomatic ~ дипломатический чиновник; сотрудник международной организации

disbursing ~ лицо, ведающее выплатой жалования; казначей, кассир

disciplinary ~ лицо, ответственное за поддержание дисциплины

document ~ сотрудник, работающий с документами

drug enforcement ~ сотрудник полиции по борьбе с наркотиками

economic affairs ~ сотрудник по экономическим вопросам

election ~ должностное лицо на выборах *(на избирательном участке)*

elective ~ выборное должностное лицо

field ~ 1) служащий периферийного отделения *(ООН)*; служащий, работающий в полевых условиях **2)** оперативный сотрудник полиции, патрульный полицейский

finance ~ сотрудник по финансовым вопросам

first class ~ сотрудник I класса

foreign service ~ чиновник дипломатической службы

highest-ranking ~ 1) самый старший офицер *(из присутствующих)* **2)** высокопоставленный чиновник

immigration ~ иммиграционный чиновник

information ~ сотрудник информационного отдела

intelligence ~ сотрудник/офицер разведки, разведчик

junior ~ младший офицер

law ~ чиновник юридической службы

law enforcement ~ 1) сотрудник правоохранительных органов, сотрудник полиции **2)** судебный исполнитель

legal ~ служащий судебного ведомства

legislative ~ представитель законодательной власти, законодатель

liaison ~ офицер связи

medical ~ врач; сотрудник медицинского отдела

middle-ranking ~s средний командный состав

military ~ армейский офицер

naval recruiting ~ офицер-вербовщик рекрутов для военно-морских сил

peace ~ должностное лицо, наблюдающее за соблюдением общественного порядка; блюститель порядка

personnel ~ сотрудник отдела кадров, *разг.* кадровик

placement ~ сотрудник по вопросам трудоустройства

polling ~ должностное лицо на выборах (*на избирательном участке*)

presiding ~ председатель, председательствующий

press ~ сотрудник, ответственный за связь с прессой; пресс-атташе

preventive ~ таможенный досмотрщик, сотрудник таможни

prison ~ сотрудник тюрьмы; тюремный надзиратель

probation ~ должностное лицо, осуществляющее надзор за условно осужденными

professional ~ профессиональный служащий (*ООН*); профессиональное должностное лицо; специалист

public ~ государственный служащий; должностное лицо

public relations ~ должностное лицо, отвечающее за связи с общественностью

purchasing ~ снабженец

reserve ~ офицер запаса

retired ~ отставной офицер

returning ~ *брит.* уполномоченный по выборам

security ~ офицер службы безопасности

senior ~ 1) старший сотрудник; старшее должностное лицо 2) старший офицер

serving military ~ кадровый офицер

social security ~ чиновник министерства социального обеспечения

Special Branch ~ *брит.* сотрудник спецслужбы

staff ~ штабной офицер

superior ~ вышестоящее должностное лицо

truant ~ инспектор (полицейский) по делам несовершеннолетних

undercover police ~ полицейский, переодетый в гражданскую одежду

to assault police ~s нападать на полицейских

to make way for younger ~s уступать место более молодым офицерам

to transfer an ~ **to some other place of work** переводить сотрудника на другое место работы

police ~s **on horseback** конная полиция

police ~s **on the beat** полицейские патрули

the great ~s **of State** высшие сановники государства

office-seeker *n* претендент на должность

office-work *n* делопроизводство

official I *n* сотрудник; государственный служащий, должностное лицо, чиновник

administration ~ правительственный чиновник (*США*)

aid ~ сотрудник организации, занимающейся оказанием помощи

career diplomatic ~ профессиональный/карьерный дипломат

corrupt ~ коррумпированный/продажный чиновник

customs ~ таможенный чиновник

defense ~ сотрудник министерства обороны

diplomatic ~ дипломатический сотрудник; дипломат

election ~ должностное лицо на выборах (*на избирательном участке*)

embassy ~ служащий посольства

environmental ~ чиновник министерства охраны окружающей среды

family-planning ~ чиновник, ведающий вопросами планирования семьи

government ~ государственный/правительственный чиновник

hand-picked ~ тщательно/специально подобранный сотрудник

health ~ сотрудник министерства здравоохранения

high-level/high-ranking ~ высокопоставленный чиновник

human rights ~ чиновник, занимающийся вопросами прав человека

immigration ~ чиновник иммиграционной службы

international public ~ международный чиновник

Justice ~ *амер.* чиновник министерства юстиции

law enforcement ~ сотрудник правоохранительных органов

lay ~ *профсоюзн. жарг.* член профсоюза, занимающий *какой-л.* профсоюзный пост на общественных началах

leading ~ руководящий сотрудник

local ~ местный государственный служащий/чиновник

low-level ~ мелкий чиновник

municipal ~ муниципальный чиновник

national ~ местный государственный служащий/чиновник

prison ~ тюремный служащий

relief ~ чиновник, занимающийся вопросами оказания гуманитарной помощи

senior ~ ответственный/руководящий работник; старший по званию; официальный служащий; высшее официальное лицо

senior government ~ высокопоставленный чиновник

space ~ чиновник Национального управления авиации и исследования космического пространства (*США*)

state ~ государственный/правительственный чиновник

top ~ высшее правительственное официальное лицо; *pl* руководящий состав

top-level ~ руководящий работник

trade-union ~ профсоюзный работник

to buy a public ~ подкупать должностное лицо

to shelve an ~ отстранять от должности/увольнять служащего

abuses by public ~s злоупотребления со стороны официальных лиц

team of ~s группа сотрудников/официальных сил

official II *a* официальный, служебный; государственный; формальный

~ holidays праздничные дни

officialdom *n* **1.** чиновничество, бюрократический аппарат; официальное руководство **2.** бюрократизм

high-level ~ высокопоставленное чиновничество

officialize *smth v* придавать официальный характер *чему-л.*

officially *adv* официально

offset I *n* возмещение; компенсация; вознаграждение

offset II *v* возмещать; компенсировать; засчитывать

off-year *n* **1.** неурожайный год; год низкой рыночной конъюнктуры **2.** *полит. жарг.* год, когда есть выборы в конгресс, но нет президентских выборов

oft-proclaimed *a* неоднократно провозглашенный

oil *n* нефть

~ field нефтяное месторождение

~ pipeline нефтепровод

~ slick нефтяное пятно *(в море)*

~ spill/spillage утечка нефти

free flow of ~ through the Straight of M. свободный провоз нефти через пролив М.

oilgate *n ист.* скандал вокруг поставок британскими компаниями нефти расистскому режиму Родезии

old I *n* (the ~) *pl* старики

the old ~ очень старые люди *(старше 85 лет)*

old II *a* старый

O. Bailey (the London Central Criminal Court) Лондонский центральный уголовный суд

~ forge реакционер

~ pro старый профессионал *(об опытном политике)*

oleum addere camino *лат.* подливать масло в огонь

oligarch *n* олигарх

oligarchic(al) *a* олигархический

oligarchy *n* олигархия

banking ~ банковская олигархия

financial ~ финансовая олигархия

financial and industrial ~ финансово-промышленная олигархия

iron law of ~ *правит. жарг.* «железный закон олигархии» *(положение о том, что во всех организациях власть всегда берет небольшая элита, что бы ни говорилось в уставе или в конституции этой организации)*

Olympic *a* олимпийский

O. Games Олимпиада

O. village Олимпийская деревня

the Summer O. Games летняя Олимпиада

the Winter O. Games Белая/зимняя Олимпиада

to co-host the O. Games быть хозяевами Олимпийских игр совместно с другой страной

Olympics, the *n* Олимпиада

to cover the ~ освещать Олимпийские игры

to disrupt the ~ срывать Олимпийские игры

ombudsman *n* **1.** омбудсмен, чиновник, рассматривающий претензии граждан к сотрудникам госучреждений **2.** организация, рассматривающая жалобы

human rights ~ уполномоченный по соблюдению прав человека

omnipotence *n* всевластие, всесилие

omnium consensu *лат.* с общего согласия

one-chamber *a* однопалатный

oneness *n* **1.** единство, цельность **2.** союз, соединение

one-party *a* однопартийный

one-sided *a* односторонний

onslaught *n* нападение, штурм, натиск

~ against a country нападение на страну

to wage an ~ on *smb* резко критиковать *кого-л.*

ontological *a филос.* онтологический

ontology *n филос.* онтология

onus probandi *лат.* бремя доказательства *(обязанность приводить доказательства)*

on-year *n* урожайный год, год высокой рыночной конъюнктуры

opening *n* удобный случай; благоприятная возможность

diplomatic ~ благоприятная возможность для дипломатии

openness *n* гласность, открытость

~ at home гласность у себя на родине

operate *v* действовать, работать; управлять; эксплуатировать

to ~ unobserved действовать незаметно

to ~ with data/facts/figures оперировать данными/фактами/цифрами

to ~ with impunity действовать безнаказанно

operating *a* оперативный; эксплуатационный; текущий; исполнительный

~ time рабочее время

operation *n* **1.** работа; деятельность; операция; действие; эксплуатация **2.** сделка

~ defensive in nature операция оборонительного характера

O. "Desert Storm" *ист.* операция «Буря в пустыне» *(удар США и их союзников по Ираку, январь 1991 г.)*

O. "Iraq Freedom" операция «Свобода Ираку» *(2003-2004 г.)*

~ of atomic powerstations эксплуатация атомных электростанций

~ of economy функционирование экономики

~ of the trusteeship system функционирование системы опеки

abortive ~ *воен.* неудачная операция

administrative ~s административная деятельность

air ~s *воен.* воздушные операции

alien smuggling ~ операция по незаконному провозу в страну иностранцев

all weather ~s всепогодная эксплуатация

anti-insurgency ~ операция по подавлению мятежа/восстания

arms smuggling ~ операция, связанная с контрабандой оружия

assistance ~s деятельность, связанная с предоставлением помощи

auxiliary ~s вспомогательные операции

badly carried out ~ плохо проведенная операция

banking ~s банковские операции

black ~s *развед. жарг.* противозаконные операции *(убийства, шантаж)*

budgetary ~s бюджетные операции

bungled ~ проваленная операция

clandestine ~ тайная операция

clean-up ~ операция по зачистке местности

code-named ~ операция под условным названием

combat ~s боевые действия

counter-guerrilla ~s операции по борьбе с партизанами

covert ~ тайная операция

cover-up ~ операция по сокрытию *чего-л.*

cross-border ~ операция по переброске через границу людей, вооружений *и т.п.*

day-to-day ~s ежедневная работа/деятельность

delaying ~s сдерживающие действия

drugs-for-guns ~ поставка наркотиков в обмен на поставку оружия

drug trafficking ~ операция по перевозке наркотиков

emergency aid/relief ~ операция по оказанию чрезвычайной помощи

espionage ~ разведывательная операция

exchange ~s валютные операции

external ~ внешняя операция

extraterritorial ~s *развед.* зарубежные операции

field ~s деятельность на местах, периферийная деятельность, деятельность в полевых условиях

financial ~s финансовые операции

fire-fighting ~ операция по тушению пожара

guerrilla ~s партизанские военные действия

ill-planned ~ плохо спланированная операция

intelligence ~ разведывательная операция

internal ~ внутренняя операция

joint ~ совместная деятельность/работа

landing ~s высадка войск; высадка десанта, десантная операция

lending ~s кредитные операции

market ~s рыночные сделки

military ~ военная операция; *pl* военные действия

monetary ~ денежная операция/сделка

mutual aim ~s действия взаимной цели

nationwide ~ операция в масштабах всей страны

oilcan ~ *правит. жарг.* косметические изменения в бюрократическом аппарате

ongoing ~ продолжающаяся операция

pacification ~ (карательная) операция по «умиротворению» *(напр. повстанцев)*

payment ~s расчетные операции

peace-keeping ~s операции по поддержанию/сохранению мира

personnel ~s кадровая работа

poll-watching ~ наблюдение за проведением выборов

processing ~s процесс обработки

psychological ~ s *воен. жарг.* «психологические операции» *(пропагандистские акции; психологическая обработка войск противника и населения его страны)*

punitive ~ карательные операции/действия

relief and rebuilding ~ операция по оказанию помощи и восстановлению *(после стихийного бедствия)*

rescue ~ операция по спасению; спасательные работы

salvage ~s *развед. жарг.* уничтожение компрометирующих улик

sea ~s *воен.* морские операции

search-and-destroy ~ операция по розыску и уничтожению *(террористов)*

secret ~ тайная операция

sensitive ~ секретная операция

special ~s специальные операции *(полиции)*

spy ~ разведывательная операция

steady ~ устойчивая работа

stop-and-search ~ операция по задержанию и обыску

subversive ~s подрывная деятельность

successful ~ успешная операция

undercover ~ тайная операция

UN peace-keeping ~ деятельность ООН по поддержанию мира

widespread ~ крупная операция

working ~s рабочие/эксплуатационные характеристики

to achieve economic ~ достигать рентабельной эксплуатации *(оборудования и т.п.)*

to administer peace-keeping ~s руководить операциями по поддержанию мира

to break an ~ срывать операцию

to bungle an ~ проваливать операцию

to call into ~ приводить в действие

to carry out an ~ проводить/осуществлять операцию

to carry out a surveillance ~ вести слежку

to come into ~ начинать действовать; вступать в силу

to conclude an ~ заканчивать операцию

to conduct ~s вести/осуществлять деятельность/работу

to conduct house-to-house fishing-out ~s проводить облавы

to coordinate an ~ координировать операцию

to direct ~s руководить операциями

to expand *one's* **foreign ~s** расширять свои внешние *(зарубежные)* операции

to extend *one's* **military ~s** расширять зону своих военных операций

to finance assistance ~s финансировать операции по оказанию помощи

to give the green light for an ~ давать «добро» на проведение *какой-л.* операции

to go into ~ начинать действовать; вступать в силу

to halt an ~ останавливать операцию

to increase security ~s расширять операции по поддержанию безопасности

to launch a military ~ предпринимать военную операцию

to mount an ~ организовывать/предпринимать операцию

to move *one's* **~s to another country** переносить свою деятельность в другую страну

to organize rescue ~s организовывать спасательные работы

to prepare a big military ~ against *smb* готовить крупную военную операцию против *кого-л.*

to prune *one's* **~s** уменьшать масштаб своих операций

to put into ~ вводить/пускать в эксплуатацию; вводить в действие

to put *smth* **out of ~** выводить *что-л.* из строя

to release details of an ~ публиковать подробности операции

to run an ~ руководить операцией

to set in ~ вводить/пускать в эксплуатацию; вводить в действие

to speed *smb's* **~** ускорять *чью-л.* работу/деятельность

to step up ~s усиливать деятельность

to streamline ~s рационализировать *(производственную, хозяйственную)* деятельность

to supervise ~s руководить операциями/работой

to suspend combat ~s приостанавливать боевые действия

to uncover an illicit ~ раскрывать незаконную операцию

cessation of combat ~s прекращение боевых действий

covert ~s under the guise of aid секретные операции под видом оказания помощи

plan of ~s план действий

progress of the ~ ход операции

scale of business ~s масштабы деловых операций

termination of combat ~s прекращение боевых действий

theater of ~ театр военных действий

~ is going according to plan операция проходит по плану

operational *a* оперативный

operationalize *v правит. жарг.* вводить в действие

operative *n* сотрудник *(часто сотрудник разведки)*; оперативный работник

operator *n* 1. оператор; связист 2. спекулянт, делец

political ~ искусный политик

opinio juris gentium *лат.* международные правовые воззрения

opinion *n* мнение, заключение

adverse public ~ неблагоприятное общественное мнение

advisory ~ совещательное мнение; консультативные заключения *(суда)*

authoritative ~ авторитетное мнение

black ~ мнение афроамериканцев

collective ~ общественное мнение

common ~ единое мнение

current ~ общепризнанное мнение

dissenting ~ особое мнение

embittered ~ враждебное мнение

enlightened public ~ просвещенное общественное мнение

expert ~ заключение экспертов; экспертиза

grassroots ~ мнение народа/широкой публики

independent ~ независимое мнение

international public ~ международное общественное мнение

legal ~ юридическое заключение

liberal ~ 1) либеральный взгляд 2) мнение либеральных кругов

mean ~ плохое/низкое мнение *(о ком-л.)*

middle-of-the-road ~ мнение занимающих нейтральную позицию

mutual ~ общее мнение

original ~ самостоятельное суждение

personal ~ личное мнение

positive ~ положительный отзыв

pro-government ~ мнение сторонников правительства

progressive ~ прогрессивное мнение

public ~ общественное мнение

separate ~ особое мнение

sound ~ здравое/разумное мнение

strong ~ твердое мнение

subjective ~ субъективное мнение

unanimous ~ единогласное/единодушное мнение

to accept the ~ соглашаться с мнением

to advance an ~ высказывать мнение

to affect the public ~ влиять на общественное мнение

to alienate Western ~ восстанавливать против себя общественное мнение Запада

to appeal to world ~ апеллировать к мировой общественности

to ask for an advisory ~ запрашивать консультативное заключение

to be of the ~ считать; полагать; придерживаться мнения

to bow to international ~ соглашаться с международным общественным мнением

to confuse public ~ вводить в заблуждение общественное мнение

to court a country's public ~ заигрывать с общественностью страны

to deceive public ~ обманывать общественное мнение

to defy public ~ пренебрегать общественным мнением

to deliver a separate ~ представлять особое мнение

to differ in ~ расходиться во мнениях/во взглядах

to diverge from an ~ отклоняться от прежнего мнения

to divert public ~ from *smth* отвлекать общественное мнение от *чего-л.*

to endorse the ~ соглашаться с мнением

to exchange ~s (on *smth*) обмениваться мнениями *(по какому-л. вопросу)*

to express *one's* **~ on** *smth* высказывать свое мнение о *чем-л.*

to flout international ~ глумиться над международным общественным мнением

to fly in the face of international ~ бросать вызов международному общественному мнению

to fool world ~ обманывать мировое общественное мнение

to form an ~ about *smb* составлять мнение о *ком-л.*

to form public ~ формировать общественное мнение

to gauge public ~ оценивать силу общественного мнения

to give an advisory ~ (on *smth*) давать консультативные заключения *(по какому-л. вопросу)*

to hold moderate ~s придерживаться умеренных взглядов

to ignore public ~ игнорировать общественное мнение

to influence the public ~ влиять на общественное мнение

to maintain *one's* **~** отстаивать свое мнение

to manipulate public ~ обрабатывать общественное мнение, манипулировать общественным мнением

to mobilize public ~ мобилизовать общественное мнение

to muster public ~ производить опрос общественного мнения

to persuade public ~ of *smth* убеждать общественное мнение в *чем-л.*

to placate public ~ успокаивать общественное мнение

to play to public ~ подстраиваться под общественное мнение; искать популярности

to polarize public ~ поляризовать общественное мнение

to reflect public ~ отражать общественное мнение

to register a political ~ выражать мнение по вопросам политики

to represent official ~ быть выразителем официальной точки зрения

to request a legal ~ запрашивать юридическое заключение

to resolve differences of ~ разрешать разногласия во мнениях

to respond to public ~ реагировать на общественное мнение

to shape public ~ формировать общественное мнение

to share *smb's* **~** разделять *чье-л.* мнение

to sound the official ~ исследовать официальное мнение

to stir up local public ~ тревожить местную общественность

to strengthen an ~ подкреплять мнение

to support *smb's* **~** присоединяться к *чьей-л.* точке зрения

to uphold *one's* **~** отстаивать свое мнение

to win over public ~ привлекать на свою сторону общественное мнение

to write down *one's* **~** отзываться *о чем-л.*

all shades of ~ все оттенки общественного мнения

ascertaining of ~ выяснение точек зрения

broad spectrum of ~ самые различные мнения, широкий спектр мнений

community of ~s общность мнений

comprehensive and frank exchange of ~ всесторонний и откровенный обмен мнениями

concurrence of ~s совпадение мнений

differences/divergence/division of ~ расхождения во мнениях

free exchange of ~s свободный обмен мнениями

free flow of public ~ свобода выражения общественного мнения

in our ~ по нашему мнению

polarization of ~s поляризация мнений

public ~ is behind this policy общественное мнение поддерживает эту политику

public ~ was outraged общественность была возмущена

roundup of press ~ обзор печати

sampling of public ~ выборочное изучение общественного мнения

sharp differences of ~ резкие разногласия во мнениях

slide in public ~ падение популярности согласно опросам общественного мнения

state of public ~ состояние общественного мнения

the tide of ~ is following more strongly against *smth* общественное мнение все более оборачивается против *чего-л.*

there is a growing body of ~ that ... все больше распространяется мнение о том, что ...

they are entitled to their ~ они имеют право высказывать свое мнение

wide body of ~ широко распространенное мнение

wide section of ~ значительное число опрошенных

opponent *n* оппонент; противник; враг; противная сторона

~ of reform противник реформ

chief ~ главный/основной противник

formidable ~ грозный соперник

hard-line ~s противники жесткого курса

ideological ~ идеологический противник; идейный противник

implacable ~ непримиримый противник

political ~ политический противник

primary ~ основной противник

vociferous ~ яростный противник

to carry out mass execution of political ~s осуществлять массовые казни политических противников

to placate *one's* **~s** успокаивать/умиротворять своих противников

to put political ~s in prison without trial бросать политических противников в тюрьму без суда и следствия

to root out ~s уничтожать своих противников

suppression of political ~s расправа с политическими противниками

vigorous ~ to the government policies энергичный противник политики правительства

opportunism *n* оппортунизм

opportunist I *n* оппортунист

opportunist II *a* оппортунистический

opportunit/y *n* возможность; перспективы; благоприятный случай, шанс; благоприятная возможность

business ~ies возможности для делового сотрудничества

economic ~ies экономические возможности

educational ~ies возможности получения образования

employment ~ies возможности в области трудоустройства

equal ~ies равные возможности

export ~ies возможности для экспорта

golden ~ прекрасная возможность

historic ~ историческая возможность

job ~ies возможности трудоустройства, вакансии

market(ing) ~ies возможности сбыта

photo ~ *брит. полит. жарг.* возможность для кандидата на выборах сфотографироваться в выигрышной позе *(с детьми, с героями войны и т.д.)*

production ~ies производительные возможности

profit ~ies возможности получения прибыли

trading ~ies торговые возможности

to advance equal ~ обеспечивать равные возможности

to block ~ препятствовать предоставлению возможностей

to create better ~ies создавать более благоприятные возможности

to enjoy equal ~ies пользоваться равными возможностями

to ensure ~ies (for) обеспечивать возможности *(для)*

to expand/to extend ~ies расширять возможности

to give *smb* **an ~** предоставлять *кому-л.* возможность

to lose an ~ упускать возможность/случай

to miss a golden ~ упускать блестящую возможность

to offer a good ~ to do *smth* предоставлять хорошую возможность для выполнения *чего-л.*

to open up ~ies in *smth* открывать возможности в *каких-л.* областях

to overlook an ~ упускать возможность/случай

to promote equal ~ обеспечивать равные возможности

to provide an ~ (for) предоставлять благоприятную возможность *(для)*

to secure equal ~ies for *smb* добиваться равных возможностей для *кого-л.*

to seize every ~ пользоваться любой возможностью

to slip an ~ упускать возможность/случай

to take/to use the ~ (of) пользоваться случаем

to thwart equal ~ препятствовать предоставлению равных возможностей

excellent ~ for *smth* прекрасная возможность для *чего-л.*

taking the ~ пользуясь случаем

we have a window of ~ для нас открываются новые возможности

oppose *v* противостоять; выступать против; сопротивляться; оказывать сопротивление; противиться

to ~ a bill выступать против законопроекта *(в парламенте)*

to ~ *smth* **on the ground that ...** противиться *чему-л.* на том основании, что ...

to be ~d in principle to *smth* быть принципиально против *чего-л.*

opposite I *n филос.* противоположность

unity and struggle of ~s *филос.* единство и борьба противоположностей

opposite II *a* противоположный

opposition *n* противодействие; сопротивление; оппозиция; возражение

~ could come to a head оппозиция может поставить вопрос ребром

~ crumbled оппозиция распалась

~ **fractures** внутри оппозиции намечается раскол

~ **from** *smb* оппозиция со стороны *кого-л.*

~ **had won by 12 percent** оппозиция победила большинством в 12% голосов

~ **in exile** оппозиция в изгнании/в эмиграции

~ **is fading** оппозиция ослабевает

~ **is fragmented** оппозиция организационно раздроблена

~ **is regrouping** оппозиция перегруппировывает силы

~ **to the government troops is in its third day** сопротивление правительственным войскам продолжается третий день

~ **was very divided** среди членов оппозиции были большие разногласия

armed ~ вооруженная оппозиция

blanket ~ сплошная оппозиция

Centre-Right ~ правоцентристская оппозиция

chronically splintered ~ постоянно расколотая оппозиция

conservative ~ консервативная оппозиция

die-hard ~ непримиримая оппозиция

external ~ внешняя оппозиция

fragmented ~ разрозненная оппозиция

grass-roots ~ оппозиция со стороны рядовых членов партии

hard-line ~ оппозиция из числа сторонников жесткого курса

Her Majesty's Loyal O. *брит.* оппозиционная партия в парламенте

implacable ~ непримиримая оппозиция

(inner-)party ~ внутрипартийная оппозиция

internal ~ внутренняя оппозиция

intractable/unyielding ~ непримиримая оппозиция

left-wing ~ левая оппозиция

militant ~ активная оппозиция

moderate ~ умеренная оппозиция

mounting ~ нарастающее сопротивление

nonconfrontationist ~ оппозиция без конфронтации

official ~ официальная оппозиция

organized ~ организованное сопротивление

parliamentary ~ парламентская оппозиция

political ~ политическая оппозиция

potent ~ мощная оппозиция

religious ~ религиозная оппозиция

resolute ~ решительное противодействие

stiff ~ ожесточенное сопротивление

token ~ намек на сопротивление

united ~ объединенная оппозиция

vigorous ~ решительное сопротивление

violent ~ бурная противоборствующая реакция

vociferous ~ яростная оппозиция

widespread ~ широкая оппозиция

workers' ~ рабочая оппозиция

to arouse ~ **from** *smb* вызывать оппозицию со стороны *кого-л.*

to be adamant in *one's* ~ **to** *smth* быть непреклонным в своих возражениях против *чего-л.*

to be in ~ **to** *smth* быть/находиться в оппозиции к *чему-л.*

to buy off the ~ откупаться от оппозиции

to come out in strong ~ **to a move** решительно выступать против *какой-л.* меры

to counter ~ **to** *smb* нейтрализовать оппозицию *кому-л.*

to defuse the ~ **of the backbenchers** ослаблять оппозицию со стороны заднескамеечников

to drop *one's* ~ **to** *smth* отказываться от своих возражений против *чего-л.*

to encounter strong ~ **on the part of** *smth* встречать сильное сопротивление со стороны *кого-л.*

to express ~ **against/to** *smth* выражать свое отрицательное отношение к *чему-л.*

to face ~ сталкиваться с оппозицией/сопротивлением

to fuel ~ давать пищу оппозиции

to gag ~ затыкать рот оппозиции

to give the ~ **more power** усиливать оппозицию

to go over to the ~ переходить в лагерь оппозиции

to live up in ~ находиться в оппозиции; выступать против *(чего-л.)*

to lose all faith in the ~ полностью утрачивать доверие к оппозиции

to meet with stiff ~ встречать упорное сопротивление

to neutralize the ~ нейтрализовать оппозицию

to offer ~ оказывать сопротивление

to provoke the ~ **into street demonstrations** провоцировать оппозицию на проведение уличных демонстраций

to quell ~ подавлять оппозицию

to reaffirm *one's* ~ **to** *smth* подтверждать свои возражения против *чего-л.*

to register *one's* ~ **to** *smth* демонстрировать свое противодействие *чему-л.*

to reverse *one's* ~ **to** *smth* отказываться от своих возражений против *чего-л.*

to run into ~ **from** *smb* сталкиваться с сопротивлением с *чьей-л.* стороны

to show resolute ~ **to** *smth* решительно выступать против *чего-л.*

to silence ~ затыкать рот оппозиции

to soften *one's* ~ **to** *smth* уменьшать свое сопротивление *чему-л.*

to split ~ раскалывать оппозицию

to squelch ~ подавлять оппозицию

to state *one's* ~ **to** *smth* заявлять о своей оппозиции *чему-л.*

to stifle ~ заставлять оппозицию замолчать

to suppress ~ подавлять оппозицию

to undermine ~ ослаблять оппозицию

to unite Britain's ~ объединять британскую оппозицию

to voice ~ **to** *smth* высказывать несогласие с *чем-л.*

crushing of ~ разгром оппозиции

growing body of ~ нарастающая волна оппозиции

in the teeth of heavy ~ *перен.* в атмосфере серьезного сопротивления

leader of the ~ лидер оппозиции

mighty boost for the ~ мощный стимул для оппозиции

realignment of the ~ перегруппировка сил оппозиции

splintering of the ~ раскол в рядах оппозиции

stronghold of ~ оплот оппозиции

the project ran into heavy ~ проект встретил сильное сопротивление

opposition(al) *a* оппозиционный

~ circles оппозиционные круги

~ party оппозиционная партия

oppositionist *n* оппозиционер

oppress *v* угнетать, притеснять; покорять, подчинять

oppressed *a* угнетенный

~ people угнетенный народ

oppression *n* угнетение; притеснение; гнет

~ is nourished by silence притеснениям способствует отсутствие гласности

economic ~ экономическое угнетение

foreign ~ иноземный гнет, иноземное угнетение/притеснение

medieval ~ средневековый гнет

monopoly ~ монополистический гнет

national ~ национальное угнетение; национальный гнет; угнетение национальностей

political ~ политическое притеснение, политический гнет

racial ~ расовое угнетение/притеснение

religious ~ религиозный гнет, религиозное притеснение

social ~ социальный гнет, социальное притеснение

spiritual ~ духовный гнет

to burst the chains of ~ рвать цепи угнетения

to denounce ~ осуждать гнет

to do away with national ~ покончить с национальным гнетом

to eliminate ~ ликвидировать гнет

to fight against ~ выступать против угнетения

to free *oneself* **from the ~** освобождаться от гнета

to put an end to ~ положить конец угнетению

to remove vestiges of ~ ликвидировать остатки угнетения

to rise against ~ восставать против угнетения

to subject *smb* **to ~** подвергать *кого-л.* притеснениям

to throw off ~ сбрасывать гнет

abolition of ~ ликвидация гнета

fetters of ~ оковы угнетения

heartland of ~ оплот угнетения

liberation from ~ освобождение от гнета

liquidation of the ~ ликвидация гнета

under the ~ (of) под гнетом

oppressive *a* жестокий, деспотический; угнетающий

~ system жестокая/деспотичная система

oppressor *n* угнетатель; поработитель, притеснитель

foreign ~s чужеземные поработители

to overthrow ~ свергать поработителей

opt (out of *smth***)** *v* предпочесть выйти *(из состава чего-л.)*

optima fide *лат.* по чести, по совести; добросовестно; честно

optimality *n* оптимальность

optimism *n* оптимизм

cautious ~ осторожный оптимизм

flaming ~ жизнеутверждающий оптимизм

muted ~ сдержанный оптимизм

social ~ социальный оптимизм

well-founded ~ вполне обоснованный оптимизм

to carry *one's* **~ a bit far** проявлять излишний оптимизм

to dim *smb's* **~** уменьшать *чей-л.* оптимизм

to discount ~ by *smb* усомниться в *чьем-л.* оптимизме

to express ~ about/on *smth* выражать оптимизм по поводу *чего-л.*

to give cause for ~ давать основания для оптимизма

to produce a surge of ~ in a country вызывать подъем оптимистических настроений в стране

to warm against excessive ~ предостерегать против чрезмерного оптимизма

inexhaustible source of ~ неисчерпаемый источник оптимизма

optimist *n* оптимист

sober ~ убежденный оптимист

optimistic(al) *a* оптимистический, оптимистичный

to be ~ about *smth* выражать оптимизм по поводу *чего-л.*

to remain ~ оставаться оптимистом; не терять надежды

optimization *n* оптимизация

production-process ~ оптимизация производственного процесса

optimize *v* оптимизировать

optimus testis confitens reus *лат.* признание обвиняемого – лучший свидетель

option *n* 1. решение; вариант; альтернатива; право выбора, выбор 2. сделка, договор; опцион *(преимущественное право на сделку)*

~ of nationality выбор гражданства

diplomatic ~ дипломатическое решение *(конфликта)*

double-zero ~ *ист.* «двойной нулевой вариант» *(ликвидация американских и российских ракет среднего и меньшего радиусов действия)*

green ~ экологически чистый вариант

military ~ военное решение *(конфликта)*

offensive ~ наступательный вариант

political ~ политическое решение

purchase ~ опцион на закупку

social ~ выбор общественной системы

zero ~ нулевой вариант; нулевое решение

zero-zero *см.* **double-zero**

to choose the soft ~ выбирать ненасильственный вариант действий

to discard the ~ отказываться от варианта

to draw up several ~s разрабатывать несколько вариантов

to face the ~ стоять перед выбором

to have no ~ **but to retaliate** не иметь иной альтернативы кроме принятия ответных мер

to have the ~ иметь право выбора

to have two ~s сталкиваться с альтернативой

to invoke to the military ~ прибегать к военному варианту действий

to keep *one's* ~s **open** оставлять за собой право выбора

to look at a number of ~s рассматривать ряд вариантов действий

to narrow socio-economic ~s уменьшать/сужать возможность социально-экономического выбора

to resort to the military ~ прибегать к военному варианту действий

to stand by the military ~ стоять за военное решение проблемы

a military ~ **is a nonwinner** при военном решении не может быть победителей

the ~s **open to** *smb* варианты действий, к которым может прибегнуть *кто-л.*

war is no longer a viable ~ война перестала быть реальным способом разрешения конфликтов

optional *a* необязательный; добровольный; факультативный

oral *a* устный

~ **amendment** устная поправка

~ **message** устное выступление

Orangeman оранжист *(протестант-экстремист в Северной Ирландии, член Ордена Оранжистов – Orange Order)*

oration *n* речь

funeral ~ прощальная речь на официальных похоронах

to deliver/to give an ~ произносить речь

orator *n* оратор

soap-box ~ уличный оратор

oratorical *a* ораторский

oratory *n* риторика; красноречие

campaign ~ речи кандидата во время избирательной кампании

orbit I *n* орбита

near-Earth ~ околоземная орбита

political ~ политическая орбита

to be in the Western ~ *перен.* находиться под западным влиянием

to put a spaceship into ~ выводить на орбиту космический корабль

in space ~ на околоземной орбите

orbit II *v* выводить на орбиту

orbital *a* орбитальный

~ **flight** орбитальный полет

orbiting *a* орбитальный

orchestrate *v* организовывать/координировать *какие-л.* мероприятия *(политического и др. характера)*

orchestration *n* руководство и координация *каких-л.* акций/мероприятий; «оркестровка» *каких-л.* мероприятий

ordain *v* посвящать в духовный сан

ordeal *n* тяжелое испытание; мучение, мука

order I *n* 1. порядок, строй *(общественный)* 2. приказ; распоряжение; решение; постановление; ордер 3. заказ 4. очередность, порядок, повестка, регламент 5. орден *(награда)*

~ **in writing/written** ~ письменное указание/приказание

~ **of agenda items** очередность/порядок рассмотрения пунктов/вопросов повестки дня

~ **of business/of the day** повестка дня

~ **of items** определение порядка обсуждения

O. of Merit *брит.* орден «За заслуги»

~ **of precedence/**~ **of priority** порядок очередности

O. of the Bath *брит.* орден Бани

~ **of the debate** порядок проведения прений

O. of the Garter *брит.* орден Подвязки

~s **dried up** заказы прекратились

~s **for French account** заказы из Франции

~s **for government account** правительственные заказы

~s **from on high** указания свыше

court ~ постановление суда

deportation ~ ордер на депортацию

detention ~ ордер на арест

established ~ установленный порядок

executive ~ распоряжение президента, правительственное распоряжение

existing economic ~ существующий экономический порядок

extradition ~ ордер на экстрадицию

fascist ~ фашистские порядки

feudal ~ феодальные порядки

filled ~ выполненный заказ

gag ~ *журн. жарг.* постановление суда, запрещающее средствам массовой информации освещать ход данного судебного процесса

gagging ~ распоряжение о неразглашении

government ~s правительственный заказ

illegal ~ незаконный приказ

job ~ производственный заказ

law and ~ *юр.* правопорядок

legal ~ правовой порядок/режим, правопорядок

letter ~ *воен.* письменный приказ

manufacturing ~ производственный заказ, заказ на изготовление nationalization ~ распоряжение о национализации

New Information O., The *ист.* новый информационный порядок

New International Economic O. (NIEO), The *ист.* Новый международный экономический порядок *(1974 г.)*

New World Information and Communication O., The *ист.* новый международный порядок в области информации и коммуникации

partial ~ частичный порядок

pressing ~ срочный заказ

priority ~ первоочередной заказ

probation ~ *юр.* освобождение под надзор полиции

profitable ~ прибыльный заказ

public ~ общественный порядок

Royal Victorian O. *брит.* орден королевы Виктории

rush ~ срочный заказ

shoot-on-sight ~ приказ открывать огонь без предупреждения

social ~ общественный порядок; общественный строй

special ~ специальный приказ, специальное распоряжение

standing ~ распорядок; регламент; постоянно действующая инструкция

unfilled/unfulfiled ~ невыполненный заказ

war ~ военный заказ

to accept an ~ принимать приказ к исполнению

to act on/under ~s from *smb* действовать по чьим-л. указаниям

to adhere to ~s выполнять приказы

to alter an ~ изменять заказ

to annul an ~ отменять приказ

to appeal against an ~ обжаловать приказ/распоряжение

to arrest by court ~ подвергать аресту по решению суда

to await ~s ожидать приказов

to award an ~ to *smb* награждать кого-л. орденом

to be issued with a court ~ получать повестку в суд

to be under ~s to do *smth* иметь указания делать что-л.

to bid for an ~ добиваться заказа

to bring about a new information ~ создавать новый порядок в области информации

to call to ~ **1)** призывать к порядку **2)** открывать заседание

to cancel an ~ отменять приказ

to complete the ~ on time выполнять заказ в срок

to decorate *smb* **with an** ~ награждать кого-л. орденом

to defy/to disobey an ~ не подчиняться приказу

to disregard an ~ игнорировать приказ

to disrupt ~ нарушать порядок

to disturb public ~ нарушать общественный порядок

to do *smth* **on** *smb's* ~s делать что-л. по чьему-л. приказу

to endanger public ~ угрожать общественному порядку

to enforce ~ следить за соблюдением порядка

to enhance ~ укреплять порядок

to ensure ~ обеспечивать порядок

to establish ~ устанавливать порядок

to execute/to fill an ~ выполнять приказ

to follow the ~s given by *smb* следовать приказам, отданным кем-л.

to get an ~ получать заказ

to give ~s отдавать распоряжения

to halt a deportation ~ приостанавливать действие ордера на депортацию

to ignore *one's* ~s не подчиняться приказам

to impose ~ on the country наводить порядок в стране

to invest *smb* **with an** ~ награждать кого-л. орденом

to issue an ~ издавать/отдавать приказ

to keep ~ соблюдать/поддерживать порядок, следить за порядком

to lift a house arrest ~ отменять ордер на домашний арест

to obey an ~ подчиняться приказу

to operate on ~s from on high действовать по указаниям свыше

to overthrow the old ~ свергать старый строй

to place ~s for *smth* **abroad** размещать заказы на что-л. за границей

to place *smb* **under a detention** ~ брать кого-л. под стражу

to preserve ~ сохранять порядок

to put things in ~ наводить порядок *(в экономике и т.п.)*

to raise a point of ~ выступать по порядку ведения заседания

to reestablish ~ восстанавливать порядок

to rescind an ~ отменять приказ

to restore constitutional ~ восстанавливать конституционный порядок

to revoke the expulsion ~ отменять распоряжение о высылке

to safeguard ~ обеспечивать порядок

to serve a court ~ **on** *smb* вручать кому-л. судебную повестку

to sign an ~ подписывать приказ

to take *one's* ~s **from** *smb* подчиняться кому-л.

to threaten public ~ угрожать общественному порядку

to uphold a government deportation ~ оставлять в силе правительственный ордер на депортацию

to win an ~ получать заказ

to withdraw an ~ отменять приказ

breach of ~ нарушение регламента

breakdown of social ~ нарушение общественного порядка

call to ~ призыв к порядку

contempt of court ~ неуважение к постановлению суда

contravention of ~s нарушение приказов

disobedience of ~s неподчинение приказам

execution of an ~ выполнение заказа

expulsion ~ **on** *smb* ордер на высылку/на депортацию *кого-л.*, распоряжение о выдворении *кого-л.*

fierce competition for an ~ ожесточённая конкуренция за получение заказа

maintenance of public ~ охрана/поддержание общественного порядка

obstacle to a new economic ~ препятствие для нового экономического порядка

on the ~s **of** *smb* по распоряжению *кого-л.*

overseas ~s **remain buoyant** число зарубежных заказов продолжает оставаться высоким

presentation with an ~ вручение ордена

restoration of public ~ восстановление общественного порядка

show of ~ видимость порядка

threat to public ~ угроза общественному порядку

under standing ~ согласно существующему положению

order II *v* приказывать; распоряжаться; заказывать

to ~ *smb* **home out/to leave the country** выдворять *кого-л.* из страны

order-bearer *n* орденоносец

order-restoring *n* восстановление порядка

ordinance *n* **1.** указ **2.** постановление муниципального совета

ordination *n* посвящение/рукоположение в духовный сан

organ *n* орган; государственное учреждение

~s **for international relations** органы внешних сношений

~s **of justice** органы юстиции

~ **of political leadership** орган политического руководства

~ **of state power** орган государственной власти

central state ~ центральный государственный орган

control ~ контрольный орган; орган по контролю

coordinating ~ координирующий орган

decision-making ~ директивный орган; орган, принимающий решения

deliberative/deliberating ~ совещательный орган

fact-finding ~ орган, предназначенный для ознакомления с обстановкой

higher ~ высший орган

intergovernmental ~ межправительственный орган

international ~ международный орган

judicial ~ судебный орган

legislative ~ законодательный орган

local ~ местный орган

main ~ главный орган

negotiating ~ орган для ведения переговоров

permanent ~ постоянный орган

policy-making ~ орган, определяющий политику

political ~ политический орган

principal ~ главный орган

public ~ государственный орган

punitive ~ карательный орган

regional ~ региональная организация

state ~ государственный орган

subsidiary ~s **(of the UN)** вспомогательные органы *(ООН)*

supervisory ~ контрольный орган

supreme ~ верховный/высший орган

to establish an ~ учреждать/создавать орган

organization *n* организация; устройство; объединение; структура

~ **based in Washington** организация со штаб-квартирой в Вашингтоне

~ **committed to violence** организация, опирающаяся на насильственные методы

O. for Economic Cooperation and Development (OECD) *ист.* Организация экономического сотрудничества и развития, ОЭСР

O. for European Economic Cooperation *ист.* Организация европейского экономического сотрудничества

O. for Security and Cooperation in Europe (OSCE) Организация по безопасности и сотрудничеству в Европе, ОБСЕ

O. for Trade Cooperation Организация торгового сотрудничества

O. of African Unity (OAU) Организация африканского единства, ОАЕ

O. of American States (OAS) Организация американских государств, ОАГ

O. of Asian News Agencies (OANA) Организация азиатских информационных агентств, ОАИА

O. of Central American States (OCAS) Организация государств Центральной Америки, ОГЦА

~ **of labor** организация труда

O. of Petroleum Exporting Countries (OPEC) Организация стран-экспортёров нефти, ОПЕК

O. of Regional Cooperation for Development Организация регионального сотрудничества в целях развития

Afro-Asian People's Solidarity O. (AAPSO) *ист.* Организация солидарности народов Азии и Африки, ОСНАА

anti-war ~s антивоенные организации

Australian Security Intelligence O. (ASIO) Австралийская организация обеспечения безопасности

autonomous ~ автономная организация

banned ~ запрещенная организация

Basque separatist ~ Баскская сепаратистская организация *(Испания)*

breakaway ~ отколовшаяся организация

Central Treaty O. (CENTO) Организация Центрального договора

child care ~ организация по дошкольному воспитанию; попечительская организация

competent ~ компетентная организация

comprehensive trade ~ всеобъемлющая торговая организация

Conservative Students O. Организация студентов-членов Консервативной партии *(Великобритания)*

consultative ~ консультативная организация

country-wide ~ единая организация для всей страны

democratic ~ демократическая организация

design ~ проектная организация

educational ~ общеобразовательная организация

emigrant ~ эмигрантская организация

environmental ~ организация по защите окружающей среды

ethnic ~ этническая организация

European O. for Nuclear Research Европейская организация по ядерным исследованиям

ex-service ~ организация бывших военнослужащих

extremist ~ экстремистская организация

fascist ~ фашистская организация

finance and banking ~ финансово-банковская организация

Food and Agriculture O. of the United Nations (FAO) Продовольственная и сельскохозяйственная организация ООН

governmental ~ государственная организация

government-run ~ организация, управляемая государством; государственное учреждение

grassroots ~ массовая организация

Greenpeace O. организация «Гринпис» *(сторонников охраны окружающей среды)*

humanitarian ~ организация по оказанию гуманитарной помощи

illegal ~ нелегальная организация

independent ~ независимая организация

inferior ~ нижестоящая организация

informal ~ неформальная организация; неформальное объединение

intelligence ~ разведывательная организация

intergovernmental ~ межправительственная организация

international ~ международная организация

International Civil Aviation O. (ICAO) Международная организация гражданской авиации, ИКАО

International Criminal Police O. (INTERPOL, ICPO) Международная организация уголовной полиции, ИНТЕРПОЛ

International Labour O. (ILO) Международная организация труда, МОТ

International Maritime O. (IMO) Международная морская организация

international monetary and financial ~ международная валютно-финансовая организация

International O. of Standardization (IOS) Международная организация по стандартизации, МОС

International Radio and Television O. (IRTO) Международная организация радиовещания и телевидения

International Refugee O. Международная организация по делам беженцев

International Shipping O. Международная организация по судоходству

International Trade O. Международная организация по торговле

interstate trade and economic ~s межгосударственные торгово-экономические организации

kindred ~s родственные организации

legal ~ правовая организация

mass public ~s массовые общественные организации

military ~ военная организация

monetary and credit ~s валютно-кредитные организации

mutual-aid ~s организации, оказывающие взаимную помощь

National O. for Women (NOW) Национальная организация женщин

nongovernmental ~s неправительственные организации

North Atlantic Treaty O. (NATO) Организация Североатлантического договора, НАТО

outlawed ~ запрещенная организация

Palestine Liberation O. (PLO) Организация освобождения Палестины, ООП

Pan-American Health O. (PAHO) Панамериканская организация здравоохранения

paramilitary ~ полувоенная/военизированная организация

patriotic ~ патриотическая организация

political ~ политическая организация

preferred provider ~ (PPO) система предпочтительного выбора

primary ~ первичная организация

procurement ~ заготовительная организация

pro-fascist ~ профашистская организация

proscribed ~ запрещенная организация

public ~ общественная организация

regional ~ региональная организация

related ~s родственные организации

religious ~ религиозная организация

revanchist ~ реваншистская организация

revolutionary ~ революционная организация
sales ~ организация по сбыту *(продукции)*
self-financing ~ хозрасчетная/самофинансируемая организация
self-governing ~ организация с самоуправлением
self-supporting/self-sustained ~ хозрасчетная/самофинансируемая организация
separatist ~ организация сепаратистов, сепаратистская организация
sister ~s родственные организации
social ~ общественная организация
socio-political ~ общественно-политическая организация
South-East Asia Treaty O. (SEATO) Организация договора Юго-Восточной Азии, СЕАТО
splinter ~ раскольническая организация
sponsoring ~ финансирующая организация
state-political ~ государственно-политическая организация
steering ~ руководящая организация
terrorist ~ террористическая организация
trade-union ~ профсоюзная организация
trading ~ торговая организация
transnational ~ транснациональная корпорация
ultra-right fascist-type ~ ультраправая организация фашистского толка
umbrella ~ головная организация, объединяющая ряд других организаций
underground ~ подпольная организация
underworld ~ преступная организация
United Nations Educational, Scientific and Cultural O. (UNESCO) Организация Объединенных Наций по вопросам образования, науки и культуры, ЮНЕСКО
United Nations Industrial Development O. (UNIDO) Организация Объединенных Наций по промышленному развитию, ЮНИДО
United Nations O. (UNO) Организация Объединенных Наций, ООН
United Nations Truce Supervision O. in Palestine (UNTSO) Орган ООН по наблюдению за выполнением условий перемирия в Палестине, ОНВУП
United Towns O. Всемирная федерация породненных городов, ВФПГ
universal ~ всемирная организация
unofficial ~ неформальная организация; неформальное объединение
Warsaw Treaty O. *ист.* Организация Варшавского Договора, ОВД
World Health O. (WHO) Всемирная организация здравоохранения, ВОЗ
World Intellectual Property O. Всемирная организация интеллектуальной собственности, ВОИС
World Meteorological O. (WMO) Всемирная метеорологическая организация, ВМО
World Tourism O. Всемирная туристская организация

World Trade O. (WTO) Всемирная торговая организация, ВТО
worldwide ~ всемирная организация
youth ~ молодежная организация
to ban an ~ объявлять вне закона/запрещать организацию
to be accredited to an ~ быть аккредитованным при *какой-л.* организации
to be part of an ~ входить в организацию
to boot a country from an ~ выдворять *какую-л.* страну из *какой-л.* организации
to create an ~ создавать организацию
to disband/to dissolve an ~ распускать организацию
to eliminate *smb* **from an** ~ исключать *кого-л.* из организации
to establish an ~ основывать/учреждать организацию
to expel *smb* **from an** ~ исключать *кого-л.* из организации
to extend *one's* ~ *(somewhere)* создавать филиал своей организации *(где-л.)*
to found an ~ основывать/учреждать организацию
to infiltrate an ~ внедряться в *какую-л.* организацию
to keep faith in an ~ сохранять веру в *какую-л.* организацию
to keep the ~ **in being** сохранять организацию
to lie within an ~ находиться в рамках организации
to make an ~ **legal** легализовать организацию
to persecute an ~ преследовать прогрессивную организацию
to politicize an ~ придавать организации политический характер
to proscribe an ~ запрещать организацию
to put an ~ **on a legal footing** придавать юридический статус *какой-л.* организации
to run an ~ руководить организацией
to set up a branch ~ создавать филиал
to smash an ~ ликвидировать организацию *(часто преступную)*
to stay in an ~ оставаться в организации
to withdraw from an ~ выходить из организации
at the headquarters of the ~ в штаб-квартире организации
expansion of an ~ расширение организации
political wing of an ~ политическое крыло *какой-л.* организации
rebirth of an ~ возрождение *какой-л.* организации
scientific ~ **of labor** научная организация труда, НОТ
withdrawal from an ~ выход из организации
organizational *a* организационный
~ **and educational** организационно-воспитательный
organize *v* организовывать, устраивать

to ~ a ceasefire организовывать прекращение огня

to ~ a coverup заметать следы

to ~ a government формировать правительство

to ~ a sit-in организовывать сидячую забастовку

organized *a* организованный; подготовленный

~ **labor** члены профсоюза

organizer *n* организатор

oriental *a* восточный

orientalism *n* востоковедение

orientalist *n* востоковед

orientation *n* ориентация; направленность

foreign policy ~ внешнеполитическая ориентация

ideological ~ идеологическая ориентация

political ~ политическая ориентация

pro-Western ~ прозападная ориентация

to consolidate ~ укреплять ориентацию

to maintain ~ сохранять ориентацию

origin *n* 1. источник, начало; происхождение 2. подлинник, оригинал

ethnic ~ этническое происхождение

national ~ национальная принадлежность

racial ~ расовое происхождение, расовая принадлежность

social ~ социальное происхождение

of Asian ~ азиатского происхождения

original I *n* подлинник, оригинал

to read *smth* **in the** ~ читать *что-л.* в подлиннике/в оригинале

original II *a* 1. первоначальный; первый; подлинный 2. оригинальный; своеобразный

originality *n* самобытность

originally *adv* первоначально; сначала

originate *v* 1. порождать; давать начало 2. *(from)* происходить, брать начало, возникать

originator *n* создатель *(учения и т.п.)*

Orthodox *a* 1. *рел.* православный 2. ортодоксальный; правоверный

Orthodoxy *n* 1. *рел.* православие 2. ортодоксальность; правоверность; догматизм

ostracize *(smb)* *v* подвергать остракизму; изгонять

oust *v* 1. вытеснять *(капитал, конкурентов и т.п.)* 2. отстранять *кого-л.* от власти, смещать *кого-л.*

ouster *n* отстранение от власти, смещение/снятие с поста/с должности; изгнание

out *adv* вне, снаружи, наружу

to be ~ 1) бастовать 2) *воен.* быть выведенным *(о войсках)*

to order *smb* ~ выдворять *кого-л.* из страны

outbreak *n* 1. взрыв; вспышка; начало *(войны, болезни)* 2. восстание; мятеж, бунт; возмущение

~ **of hostilities** начало военных действий

~**s of vandalism and looting** вспышки вандализма и грабежей

outburst *n* взрыв, вспышка

~ **of belligerence** вспышка воинственности

~ **of indignation** взрыв негодования

in sporadic ~**s** в виде спорадических вспышек

outcast *n* отщепенец; отверженный; изгнанный; бездомный; бродяга

outcome *n* результат; последствие; исход

~ **of negotiations** результаты/исход переговоров

diplomatic ~ дипломатический выход из положения

peaceful ~ мирный исход

predicted ~ предсказанный результат

successful ~**s** благоприятные итоги

the ~ **is predestined** исход предопределен

outcry *n* протест, возмущение

parliamentary ~ возмущенная реакция парламента

public ~ возмущение/протесты общественности

to cause an ~ вызывать возмущение

outfit *n* 1. группа, фракция; предприятие, учреждение 2. оборудование; комплект

~ **of equipment** комплект оборудования

influential ~ влиятельная группа *(лиц)*

outflow *n* отлив; утечка; вывоз; отток; миграция

~ **of gold** вывоз золота

~ **of population** отток населения

~ **of trained manpower** отток профессионально подготовленной рабочей силы

net ~ чистый отток средств

profit ~ отток прибыли

capital ~ **abroad** утечка капитала за границу

outgo *n* расходы

outgoing *a* уходящий в отставку после поражения на выборах *или* в связи с истечением срока избрания; сменяемый

outhawk *v* *полит. жарг.* превзойти «ястребов» *(сторонников жесткого/агрессивного политического курса)*

outlaw I *n* 1. изгнанник; беглец 2. разбойник; лицо, находящееся вне закона 3. организация, объявленная вне закона

outlaw II *v* объявлять/ставить вне закона, запрещать

to ~ a party объявлять партию вне закона

to ~ a strike объявлять забастовку незаконной

to ~ a union запрещать профсоюз

to ~ discrimination объявлять вне закона/запрещать дискриминацию

outlay I *n* издержки, расходы

annual ~**s** ежегодные расходы

capital ~ капиталовложения

defence ~**(s)** военные расходы; расходы на оборону

enormous financial ~ огромные финансовые затраты

military ~**s** военные расходы

original ~**s** первоначальные затраты

production ~**s** производственные расходы/издержки

public ~ государственные расходы/капиталовложения

transport ~s транспортные издержки

to boost ~s for education увеличивать расходы на образование

to curb government ~s ограничивать государственные расходы

outlay II *v* тратить, расходовать

outlet *n* 1. выход, проход 2. ранок сбыта, торговая точка

~ to the sea выход к морю

market ~s рынки сбыта

weapon ~ компания, используемая для сбыта оружия

outline I *n* общий очерк, набросок, эскиз; конспект

~ for a political settlement план политического урегулирования

in broad/general ~s в общих чертах, в широком смысле

outline II *v* рисовать в общих чертах; делать резюме; выделять

outlook *n* точка зрения; кругозор; вид, взгляд; перспектива; мировоззрение

bearish ~ *фин. жарг.* пессимистический прогноз

bullish ~ *фин. жарг.* оптимистический прогноз

economic ~ экономические перспективы; экономический обзор

narrow ~ узкий кругозор

philosophical world ~ философское мировоззрение

political world ~ политическое мировоззрение

scientific world ~ научное мировоззрение

world ~ мировоззрение

world economic ~ перспективы развития мировой экономики

to adopt the scientific world ~ принимать/утверждать научное мировоззрение

to broaden *one's* ~ расширять свой кругозор

to form the world ~ формировать мировоззрение

to spread the scientific ~ распространять/внедрять научное мировоззрение

to uphold a scientific world ~ отстаивать научное мировоззрение

current ~ for *smth* современная/существующая точка зрения на *что-л.*

outmaneuver *v* перехитрить *кого-л.*

outmodel *a* старомодный, отживший, устаревший

out-of-work *a* безработный

out-of-worker *n* безработный

outpace *v* опережать

outperform *v* превосходить *что-л.* по рабочим характеристикам

outpoll *v* опережать на выборах

output *n* выпуск/выработка продукции; произведенная продукция; производительность, мощность

~ ceiling согласованный максимальный выпуск продукции

~ falls выпуск падает

~ increases выпуск увеличивается

~ is equal to выпуск равен *(чему-л.)*

~ rises выпуск повышается

annual ~ годовая выработка

average ~ среднее количество выработанной продукции

current ~ текущий объем производства; текущая производительность

export ~ экспортный объем производства/выпуск продукции

effective ~ действительная/фактическая производительность

final ~ конечная продукция

global industrial ~ глобальный объем промышленного производства

gross ~ валовая продукция

import-substituting manufacturing ~ выпуск импортозамещающей продукции обрабатывающей промышленности

industrial ~ объем промышленного производства

large ~ крупносерийное производство

low ~ низкий выпуск продукции

manufacturing ~ выпуск продукции обрабатывающей промышленности

per capita industrial ~ выпуск промышленной продукции на душу населения

specific ~ удельная производительность

total ~ общий объем производства

total gross ~ совокупная валовая продукция

world industrial ~ мировое промышленное производство

world manufacturing ~ мировой выпуск продукции обрабатывающей промышленности

world mineral ~ мировая добыча полезных ископаемых

to cut ~ of crude oil by 13 per cent сокращать производство сырой нефти на 13 процентов

to increase oil ~ увеличивать добычу нефти

to raise ~ увеличивать выпуск продукции

growth of industrial ~ рост промышленного производства

level of industrial ~ уровень промышленного выпуска

reduction in ~ to agreed levels сокращение выпуска продукции до согласованных уровней

rise in the general level of ~ повышение общего уровня производства

zero growth of ~ нулевой рост выпуска продукции

outrage I *n* 1. бесчинство; беззаконие 2. оскорбление 3. возмущение

~ against humanity преступление против человечества

to commit ~s бесчинствовать

to express ~ at *smth* выражать возмущение по поводу *чего-л.*

to revert to every ~ and atrocity не останавливаться перед грубым насилием и зверствами; прибегать к насилию и зверствам

outrage II *v* **1.** нарушать закон/права **2.** бесчинствовать; оскорблять **3.** глубоко возмущать

to ~ public opinion оскорблять общественное мнение

outrageous *a* **1.** жестокий; бесчеловечный **2.** неистовый **3.** оскорбительный; возмутительный

outseg *v полит. жарг.* (от **outsegregate**) превзойти в плане расовой дискриминации и сегрегации известных расистов

outset *n* начало

overdraft *n* овердрафт; перерасход; превышение кредита

overdue *a* просроченный; запоздалый

overestimate *v* переоценивать, оценивать слишком высоко

overexpenditure *n* перерасход средств

military ~ чрезмерные военные расходы

overflight *n* пролет (*над чужой страной, территорией*), перелет границы

military ~s over *smb's* **territory** пролет военных самолетов над *чьей-л.* территорией

overfly *v* пролетать (*над страной, территорией*)

to ~ a country without permission пролетать над страной без разрешения

overflying *n* пролет (*над страной, территорией*)

ban on ~ a country запрет на пролет над *какой-л.* страной; запрет на использование воздушного пространства *какой-л.* страны

overfulfill *v* перевыполнять (*план и т.п.*)

overhaul *n* пересмотр

~ of a political system перестройка политического устройства

major ~ радикальный пересмотр

complete ~ of *smth* полный пересмотр чего-л.

overhead I *n* накладные расходы

general ~ общие накладные расходы

overhead II *a* накладной

~ charges/costs/expenses накладные расходы

overheating *n эк. жарг.* «перегрев» (*инфляция, вызванная нехваткой ресурсов при расширении спроса*)

~ of the economy «перегрев» экономики

overkill *n*:

nuclear ~ ядерный потенциал многократного уничтожения

overleaf *n* оборотная сторона

overload I *n* перегрузка

overload II *v* перегружать

overlord *n* повелитель

military ~ главнокомандующий

overmanned *a* с раздутыми штатами

overpay *v* переплачивать

overpopulation *n* перенаселение, перенаселенность

overpricing *n* завышение цен, продажа по завышенным ценам

overproduce *v* производить в количестве, превышающем спрос

overproduction *n* перепроизводство

chronic ~ хроническое перепроизводство

industrial ~ промышленное перепроизводство

overreact *v* превышать пределы необходимой обороны; предпринимать слишком суровые меры

overreaction *n* чрезмерная реакция

~ by police слишком резкая реакция со стороны полиции

overrepresented *a* представленный в *какой-л.* организации чрезмерно большим количеством делегатов

override *v* (*smth*) отменять (*решение и т.п.*)

overrule *v* считать недействительным, отвергать (*постановление, решение*)

overseas *a* заморский, иностранный, заграничный, внешний (*о торговле*)

oversee *v* следить, наблюдать (*за чем-л., кем-л.*); осуществлять надзор/контроль

oversight *n* **1.** недосмотр; упущение; оплошность **2.** надзор

government ~ правительственный надзор

parliamentary ~ недосмотр со стороны парламента

overspending излишние расходы

to slash the ~ значительно уменьшать дефицит бюджета

overstaffed *a* с раздутыми штатами

overstaffing *n* раздувание штатов

overstock *v* затоваривать

overstocking *n* затоваривание

market ~ затоваривание рынка

overt *a* открытый, публичный; очевидный, явный; легальный

~ act *юр.* открытое/явное действие

~ criticism открытая/честная критика

~ struggle открытая/легальная борьба

overthrow I *n* ниспровержение, свержение, низложение, гибель

immediate ~ немедленное свержение

violent ~ насильственное свержение

revolutionary ~ революционный переворот

overthrow II (**overthrew, overthrown**) *v* свергать, низвергать, сбрасывать

to ~ a government свергать правительство

to ~ in a coup свергать в ходе переворота

overtime I *n* сверхурочное время

~ pay сверхурочная оплата

excessive ~ чрезмерная сверхурочная работа

to accept ~ соглашаться на сверхурочную работу

to be on ~ работать сверхурочно

overtime II *adv* сверхурочно

to work ~ работать сверхурочно

overtone *n* намек, подтекст

political ~ политическая окраска

racial ~s расистский душок

to take on political ~s получать политическую окраску

overture *n* попытка, предложение; *pl* начало переговоров; заигрывание

peace ~s мирные предложения/инициативы

to make diplomatic ~s проводить дипломатические переговоры; проводить дипломатический зондаж

to make peace ~s вносить мирные предложения

diplomatic ~s **from** *smb* дипломатические заигрывания со стороны *кого-л.*

smb's ~s **to the West** чьи-л. заигрывания с Западом

the country's ~s **have been well received** предложения данной страны встретили положительное отношение

overview *n* контроль, инспектирование; общий обзор

civilian ~ инспектирование/контроль со стороны гражданских лиц

overwhelm 1. *v* переполнять, овладевать (*о чувстве*) **2.** сокрушать; разбивать (*врага*)

overwhelming *a* **1.** поразительный, потрясающий, ошеломляющий **2.** сокрушительный **3.** подавляющий **4.** безграничный, несметный **5.** непреодолимый

~ **defeat** сокрушительное поражение

~ **majority** подавляющее большинство

~ **pressure** сокрушительный натиск

overwork I *n* сверхурочная работа

overwork II *v* перегружать работой; быть перегруженным работой

own I *v* владеть; обладать

publicly ~ed находящийся в общественном владении; государственный

to ~ *one's* **faults** признавать свои ошибки

own II *a* собственный

to hold *one's* ~ **against US dollar** удерживать свои позиции по отношению доллару США (*о валюте*)

in this region the Conservatives have held their ~ в этом регионе консерваторы сохранили свои позиции

owner *n* собственник, владелец; хозяин

joint ~ совладелец

lawful/legal/legitimate ~ законный владелец

media ~s владельцы средств массовой информации

petty private ~ мелкий частный собственник

rightful ~ полноправный собственник

small ~ мелкий собственник

ownership *n* собственность; владение; право собственности

~ **of** *smth* собственность на *что-л.*

collective ~ коллективная собственность

dual ~ двойное владение

feudal ~ феодальное владение

government/state ~ государственная собственность

joint ~ совместная собственность

land ~ землевладение

majority ~ контрольный пакет акций

mixed ~ смешанная собственность

partial ~ частичное владение

private ~ частная собственность

private land ~ частная собственность на землю

public ~ общественная собственность

share ~ владение акциями

social ~ общественная собственность

state-monopoly ~ государственно-монополистическая собственность

to ban private ~ **of** *smth* запретить частное владение на *что-л.*

to establish ~ **of** *smth* устанавливать собственность на *что-л.*

to sell *smth* **into private** ~ продавать *что-л.* в частную собственность

to take *smth* **into public** ~ национализировать *что-л.*

to transfer *smth* **to private** ~ денационализировать *что-л.*

form of ~ форма собственности/владения

right of ~ **of** *smth* право собственности на *что-л.*

transfer of ~ передача права собственности на *что-л.*

Oxfam «Оксфам», Оксфордский комитет помощи голодающим

O. America «Оксфам Америка» (*благотворительная организация США, типа британской «Оксфам»*)

ozone *n* озон

~ **killer** вещество, поражающее озоновый слой

~ **layer** озоновый слой (*атмосферы*)

protective layer of ~ **around our planet** защитный озоновый слой вокруг нашей планеты

P

pace *n* темп; шаг; скорость

to force the ~ **of work** форсировать/ускорять работу (*конференции, симпозиума и т.п.*)

to keep ~ **with** *smb* идти в ногу с *кем-л.*, не отставать от *кого-л.*

to set the ~ подавать пример, задавать темп (*кому-л, чему-л*)

pacer *n жарг.* рабочий с высокой производительностью труда

pacification *n* **1.** умиротворение; усмирение **2.** *воен. жарг.* «умиротворение» (*карательные операции*)

pacifism *n* пацифизм (*антивоенное движение, сторонники которого отрицают любые военные действия*)

pacifist I *n* пацифист

pacifist II *a* пацифистский

package I *n* **1.** комплексное соглашение; комплексная сделка; комплекс; комплексный план; пакет предложений; соглашение по ряду вопросов **2.** комплект, набор, пакет

~ of bills пакет законопроектов

~ of concessions ряд уступок

~ of humanitarian aid пакет предложений по оказанию гуманитарной помощи

~ of measures/of policies пакет мер, комплекс мероприятий

~ of reforms пакет реформ

~ will go through пакет предложений будет принят

aid ~ соглашение о предоставлении помощи; комплексная помощь; комплексный план предоставления помощи

anti-crime ~ пакет мер по борьбе с преступностью

assistance ~ пакет нескольких видов помощи

austerity ~ пакет мер по строгой экономии

balanced ~ сбалансированное комплексное соглашение

compromise ~ компромиссное комплексное решение

controversial ~ комплекс предложений, вызвавший противоречия

economic (policy) ~ комплекс мероприятий в области экономической политики государства; пакет предложений по экономическим вопросам

emergency ~ пакет чрезвычайных мер

energy ~ комплекс мероприятий в области энергетики

Family Assistance P. пособие на детей, чьи родители получают пособие по безработице *(Австралия)*

integral ~ единый пакет предложений /мероприятий

public ~ комплекс государственных мероприятий

reform ~ пакет предложений по реформе

regional peace ~ пакет предложений, направленных на достижение мира в данном регионе

rescue ~ комплекс мер по спасению/освобождению *кого-л*

technology ~ комплексная технология

total ~ единый пакет предложений/мероприятий, мероприятий

share ~ пакет акций

software ~ пакет программного обеспечения

to announce increased aid ~s for *smb* объявлять об увеличении помощи *кому-л.*

to develop a single ~ in varied technical areas разрабатывать единый комплекс мероприятий в различных областях техники

to negotiate a ~ вести переговоры по комплексу вопросов

to push an aid ~ in the Senate проталкивать через сенат пакет мер по оказанию помощи

to reject a ~ отвергать пакет предложений

to unveil an assistance ~ обнародовать пакет мер по оказанию помощи

to work on a ~ разрабатывать пакет предложений

as a/in a single ~ в едином пакете, комплексно

package II *attr* комплексный

packaging *n* комплексный подход

~ of foreign technology комплексная передача иностранной технологии

packing *n* заполнение

~ the galleries «заполнение галерки» *(сторонниками одного кандидата)*

court ~ расширение состава суда

pact *n* **1.** пакт, договор, соглашение **2.** блок

~ of peace пакт мира

Amazon P. Амазонский пакт *(заключен в 1978 г. между странами бассейна р. Амазонка с целью сохранения экологического равновесия в регионе)*

Andean P. Андский пакт *(договор андских стран с целью создания региональной зоны торговли; подписан в 1969 г.)*

ANZUS defence ~ оборонительный пакт АНЗЮС *(между Австралией, Новой Зеландией и США)*

consultative ~ консультативный пакт

electoral ~ блок на выборах

interim ~ временное соглашение

Lib-Lab ~ соглашение между партией либералов и правых лейбористов *(Великобритания)*

military ~ военный пакт

mutual assistance ~ пакт о взаимной помощи

mutual defence ~ пакт о взаимной обороне

non-aggression ~ договор/пакт о ненападении

non-nuclear ~ договор/соглашение об отказе от размещения ядерного оружия на своей территории

North Atlantic P. Североатлантический договор

regional ~ региональный пакт

security ~ договор о безопасности

tripartite ~ трехсторонний пакт

unity ~ соглашение об установлении единства

Warsaw P. *ист.* Варшавский договор

to accept *smb's* **peace ~** соглашаться с условиями мирного соглашения, предложенными *кем-л.*

to conclude a ~ with *smb* заключать договор/пакт с *кем-л.*

to denounce a ~ денонсировать пакт

to enter into an electoral ~ with *smb* образовывать с *кем-л.* блок на выборах

to infringe a ~ нарушать пакт

to make a ~ with *smb* заключать договор/пакт с *кем-л.*

to reach an electoral ~ with a party образовывать с *какой-л.* партией блок на выборах

to reject outright any form of electoral ~ сразу отклонять любую форму блока на выборах to secede from a ~ выходить из состава участников договора/пакта

to sign a security ~ with *smb* подписывать пакт о безопасности с *кем-л.*

to walk out of a ~ выходить из состава участников договора/пакта

to wind up a ~ свертывать договор

to withdraw from a ~ выходить из состава участников договора/пакта

disregard of *one's* ~ with *smb* нарушение своего договора с *кем-л.*

voidance of a ~ недействительность пакта

Warsaw P. has dissolved блок стран Варшавского договора самораспустился

pad *n* :

launch ~ стартовая площадка для запуска ракет

one time ~ одноразовый шифр

launching ~ into politics трамплин для политической деятельности

pagan I *n* язычник

pagan II *attr* языческий

paganism *n* язычество

page *n* 1. страница; газетная полоса 2. служитель *(в законодательном собрании)* 3. посыльный *(в конгрессе)*

back ~ последняя страница

blank ~ «белое пятно» в истории страны

editorial ~ редакционная полоса газеты

foreign ~s газетные страницы о международной жизни

front ~ первая страница

home ~ официальная Web-страница *(напр. организации)*

inside ~s внутренние полосы газет

leader ~ страница, на которой помещена передовая статья

to add a fresh ~ (to) вписать новую страницу (в)

pair I *n* 1. пара 2. два члена оппозиционных партий, не участвующие в голосовании по соглашению

pair II *v* договариваться о неучастии в голосовании *(о двух членах противных партий)*

pairing *n* взаимное неучастие в голосовании *(парламентская практика, когда член правящей партии и член оппозиционной партии договариваются не голосовать в палате общин, сохраняя существующее соотношение сил в палате)*

palace *n* дворец

presidential ~ президентский дворец

pale *n* граница

~ of settlement черта оседлости

pamphlet *n* 1. брошюра 2. памфлет

Pan-African *a* панафриканский

Pan-Africanism *n* панафриканизм

Panamanian-registered *a* зарегистрированный в Панаме; под панамским флагом

Pan-American *a* панамериканский

Pan-Americana, Pan-Americanism *n* панамериканизм

Pan-Arabic *a* панарабский

Pan-Arabism *n* панарабизм

Pan-Asiatic *a* паназиатский

panegyric *n* панегирик

panel *n* 1. группа *(лиц)*; список *(лиц)*; личный состав, персонал; комиссия; жюри; список (жюри) присяжных заседателей 2. семинар; совещание

~ of arbitrators арбитражная комиссия

~ of experts группа специалистов/экспертов

~ of journalists комиссия журналистов

~ of nominees список кандидатов

advisory ~ консультативная группа

blue-ribbon ~ жюри присяжных заседателей из обеспеченных слоев населения

conciliation ~ группа по примирению

congressional ~ комиссия конгресса

expert ~ группа экспертов

fact-finding ~ комиссия по выяснению фактического положения дел

international ~ 1) международная группа экспертов 2) международный семинар

international arbitration ~ международная арбитражная комиссия

investigating ~ комиссия по расследованию

jury ~ список лиц, которые должны исполнять обязанности присяжных заседателей

management ~ группа управления

presidential ~ президентская комиссия

scientific advisory ~ группа ученых советников

Senate ~ сенатская комиссия

technical ~ 1) группа технических специалистов 2) технический семинар; техническое совещание

three-judge ~ суд в составе трех членов

UN-selected P. специально созданная комиссия ООН

working ~ рабочий семинар

panelist *n* 1) участник дискуссии по радио *или* телевидению 2) член комиссии

Pan-German *ист.* пангерманский

Pan-Germanism *n ист.* пангерманизм

Panhonlib *n см.* Panlibhonco

panic *n* паника

stock exchange ~ паника на бирже

to cause ~ вызывать панику

to create a ~ создавать/вызывать панику

to quell the ~ положить конец панике

to sow ~ сеять панику

to spread ~ among *smb* порождать/распространять панику среди *кого-л.*

panic-monger *n* паникер

panic-stricken *a* охваченный паникой

to become ~ впадать в панику

Pan-Islamic *a* панисламистский

Pan-Islamism *n* пани. .мизм

Panlibhonco = Pa.a. , Liberia, Honduras and Costa Rica *ком. ерч. жарг.* Панама, Либерия, Гондурас и К ста-Рика *(торговое судно, зарегистрирова. .е в одной из этих* *стран и плавающее под «удобным флагом» – см. flag of convenience)*

panopolis *n правит. жарг.* перемещение населения из центра города при городском планировании

pantheon *n* **1.** пантеон *(совокупность богов одной религии)* **2. (P.)** пантеон *(усыпальница знаменитых людей)*

pantomime *n* пантомима

diplomatic ~ дипломатический спектакль

pantouflage *n правит. жарг.* занятие бывшими чиновниками ключевых постов в экономике

panzer *a воен. жарг.* бронированный, бронетанковый

panzers *n pl* бронетанковые войска

papacy *n* папство; папский престол

papal *a* папский

paper I *n* **1.** газета **2.** документ **3.** статья; научный доклад

~**s carry front-page stories about...** газеты помещают на первых полосах материал о...

~ **leads on** *smth* в передовой статье газеты говорится о чем-л.

~**s concentrate largely on** *smth* газеты уделяют главное внимание *чему-л.*

~**s give coverage to** *smth* газеты освещают *что-л.*

~**s run accounts on** *smth* в газетах помещают сообщения о *чем-л.*

background ~**s** вспомогательные материалы/документы; справочные документы

ballot ~ избирательный бюллетень

campus ~ университетская газета

conference room ~ документ зала заседаний

ethnic ~ газета национального меньшинства

forged ~ поддельный документ

forged voting ~**s** поддельные избирательные бюллетени

Green P. *брит. правит. жарг.* «Зеленая книга» *(правительственная публикация, в которой излагаются предложения для всеобщего обсуждения)*

identity ~ документ, удостоверяющий личность

letterhead ~ официальный бланк учреждения

mass circulation ~ газета, выходящая большим тиражом

notice ~ *брит. правит. жарг.* письменное уведомление членов палаты общин о повестке дня

null and void ballot ~ недействительный бюллетень

parliamentary ~ парламентский документ

pink ~ *брит. полит. жарг.* парламентское извещение о ежедневном или еженедельном поступлении документов в парламент

position ~ *полит. жарг.* документ о позиции организации по *какому-л.* вопросу

pumpkin ~**s** *ист.* ненадежные доказательства

underground ~ подпольная/запрещенная газета

UN ~**s** документы ООН

valid ballot ~ действительный бюллетень

voting ~ избирательный бюллетень

White P. *брит. правит. жарг.* «Белая книга» *(официальный правительственный документ; представляется палате общин британского парламента)*

working ~ рабочий документ

to check *smb's* ~**s** проверять у *кого-л.* документы

to close down a ~ закрывать газету

to deposit a voting ~ **in the ballot-box** опускать бюллетень в урну

to leak ~**s** разглашать содержание секретных документов

to show *one's* ~**s** предъявлять документы

to spoil *one's* **ballot** ~ портить свой избирательный бюллетень

to work on ~**s** работать с документами

arrangements of presentation of ~**s** порядок представления докладов/документов

summary of the ~ резюме доклада

voting ~**s left blank or null and void will not be reckoned/taken into account** пустые *или* недействительные бюллетени не считаются

White P. on defence «Белая книга» по вопросам обороны

wide dissemination of the ~**s** широкое распространение документов

paper II *v (over)* заклеивать бумагой; *перен.* затушевывать

his speech merely ~**ed over the cracks in the party** его речь была лишь попыткой затушевать раскол в партии

Paper Clips *ист.* операция «Скрепки» *(операция по вывозу в США в 1944-45 гг. немецких ученых-ракетчиков)*

papism *n* **1.** папство **2.** *пренебр.* католицизм

papist *пренебр.* католик; папист

par *n* равенство; паритет

~ **of exchange** валютный паритет

on a ~ **with** *smb* на паритетных началах с *кем-л.*

parade *n* парад

ceremonial ~ торжественный марш

Easter ~ пасхальное шествие

farewell ~ прощальный парад

identity ~ опознание преступника среди ряда людей

military ~ военный парад

to command a ~ командовать парадом

to inspect/to review a ~ принимать парад

paradise *n* рай

speculators' ~ рай для спекулянтов

paradox *n* парадокс

paradoxical *a* парадоксальный

paradoxicalness *n* парадоксальность

para-governmental *a* полуправительственный; связанный с правительством; официозный, близкий к правительственным кругам

paragraph *n* **1.** параграф; абзац; пункт **2.** газетная заметка
  ~ of a resolution пункт резолюции
parajournalism *n* псевдожурналистика
paralegal I *n* ассистент адвоката
paralegal II *a* близкий к юридическим кругам
parameter *n* параметр; показатель; характеристика
  basic/key ~s основные параметры/характеристики
  sociological ~ социологический показатель
  technological ~ технологический показатель
paramilitaries *n pl* вооруженные формирования
paramilitary I *n* член вооруженного формирования
paramilitary II *a* полувоенный, военизированный; вооруженный
paramount *a* первостепенный, наиважнейший, высший
  ~ chiefs высшее верховное руководство
parapolitical *a* околополитический, связанный с политикой
paratrooper *n* солдат воздушно-десантных войск, десантник
pardon I *n* помилование
  presidential ~ помилование *кого-л.* властью президента
  unconditional ~ безоговорочное помилование
  to announce a ~ for *smb* объявлять о помиловании *кого-л.*
  to get the President's ~ быть помилованным президентом
  to grant *smb* **a ~** помиловать *кого-л.*
  to receive the President's ~ быть помилованным президентом
pardon II *v (smb)* помиловать *(кого-л.)*
parent *n* родитель
  single ~ мать/отец-одиночка
pariah *n* пария, отверженный
  to brand *smb* **a ~** объявлять *кого-л.* отверженным
parish *n* приход *(церковный)*
parishioner *n* прихожанин; прихожанка
parity I *n* паритет; равенство
  ~ in ground forces равенство в численности сухопутных войск
  ~ of exchange валютный паритет
  agreed ~ согласованный паритет
  dollar ~ долларовый паритет
  fixed ~s твердые паритеты *(валют)*
  gold ~ золотой паритет
  military ~ (with *smb***)** военный паритет, равенство вооружений *(с кем-л.)*
  military-strategic ~ военно-стратегический паритет
  missile and nuclear ~ ракетно-ядерный паритет
  monetary ~ валютный паритет
  nuclear ~ ядерный паритет, ядерное равновесие
  numerical ~ численный паритет; численное равенство

pay ~ равная зарплата
strategic ~ равенство в стратегических вооружениях
wage ~ равная зарплата
  to achieve/to attain ~ достигать паритета
  to break the ~ нарушать паритет
  to establish military-strategic ~ устанавливать военно-стратегический паритет
  to give *smb* **~ with** *smb* обеспечить *кому-л.* паритет с *кем-л.*
  to keep up/to maintain ~ сохранять равенство/паритет
  to reach ~ достигать паритета
parity II *attr* паритетный
parlance *n* способ выражения; язык
  newspaper ~ газетный жаргон
  in legal ~ на юридическом языке
parley *n* переговоры, совещание
parliament *n* **1.** парламент **2.** срок, на который избран парламент
  ~ in exile парламент в изгнании
  ~ is in recess парламент находится на каникулах
  ~ meets парламент собирается на заседание
  ~ reassembles парламент снова собирается
  ~ that is returned after the elections новый состав парламента после выборов
  ~ voted to dissolve itself парламент проголосовал за самороспуск
  bicameral ~ двухпалатный парламент
  common ~ общий парламент
  European P. Европейский парламент, Европарламент
  federal ~ федеральный парламент
  full-time ~ постоянно работающий парламент
  hung ~ парламент, где ни одна партия не имеет большинства
  local ~ местный парламент
  national ~ национальный парламент
  newly elected ~ вновь избранный парламент
  permanently functioning ~ постоянно работающий парламент
  rubberstamp ~ послушный парламент *(который автоматически принимает все законопроекты, вносимые правительством)*
  tricameral ~ трехпалатный парламент *(ЮАР)*
  two-chamber ~ двухпалатный парламент
  unicameral ~ однопалатный парламент
  to air *smth* **in ~** обсуждать/рассматривать *что-л.* в парламенте
  to be marginalized in ~ играть второстепенную роль в парламенте *(о мелкой политической партии)*
  to consult ~ советоваться с парламентом
  to convene ~ созывать парламент
  to converge on ~ собираться/сходиться у здания парламента
  to convoke ~ созывать парламент
  to dissolve ~ распускать парламент
  to dominate the ~ иметь большинство в парламенте

to elect a new ~ избирать новый парламент

to enter ~ as an opposition входить в парламент в качестве оппозиции

to face a hostile ~ иметь дело с враждебно настроенным парламентом

to fill the 124-seat ~ избрать всех 124 членов парламента

to go before ~ быть представленным на рассмотрение парламента *(о законопроекте)*

to hold the swing votes in ~ регулировать соотношение сил в парламенте

to mislead ~ вводить в заблуждение парламент

to prorogue ~ объявлять перерыв в работе парламента

to push through ~ a package of tax reforms проталкивать через парламент пакет реформ налогообложения

to put *smth* **before ~** представлять *что-л.* на рассмотрение парламента

to recall ~ созывать парламент, находящийся на каникулах

to return a new ~ избирать новый парламент

to smear ~ чернить парламент

to stand up in ~ to condemn a plan выступать в парламенте с осуждением плана

to step down from ~ выходить из состава парламента

to submit a law to ~ представлять закон на рассмотрение парламента

to summon ~ созывать парламент

to suspend ~ приостанавливать работу парламента

to swear in a new ~ приводить к присяге членов нового парламента

to vote *one's* **~ out of existence** принимать решение о самороспуске парламента

to win the biggest number of seats in ~ получать максимальное число мест в парламенте

to withdraw from ~ покидать зал заседаний парламента

all party group of Members of P. группа членов парламента из представителей разных партий

composition of ~ состав парламента

convocation of ~ созыв парламента

dissolution of ~ роспуск парламента

during/in this ~ в пределах срока, на который избран данный парламент; за время работы теперешнего парламента

meeting of ~ заседание парламента

privilege of ~ депутатская неприкосновенность

regular session of ~ очередная сессия парламента

state opening of ~ церемония официального открытия парламента

suspension of ~ временное прекращение работы парламента

the biggest single group in ~ партия, имеющая абсолютное большинство в парламенте

parliamentarian *n* парламентарий, депутат парламента

parliamentarism *n* парламентаризм

parliamentary *a* парламентский, парламентарный

parole I *n* **1.** честное слово, обещание **2.** условное освобождение *(из мест лишения свободы)*; освобождение на поруки

~ is discretionary условное освобождение зависит от усмотрения местных тюремных властей

early ~ *юр.* условно-досрочное освобождение

to free/to release *smb* **on ~** освобождать *кого-л.* условно

parole II *v* отпускать на поруки

parolee *n* заключенный, условно отпущенный на свободу

part I *n* **1.** часть; доля; сторона; участие; деталь **2.** роль

best ~ большая часть

component ~s составная часть/деталь

crucial ~ ключевая роль

declarative ~ декларативная часть

essential ~ основная/неотъемлемая часть

important ~ важная роль

integral ~ необъемлемая/органическая составная часть

key ~ ключевая роль

leading ~ ведущая роль

official ~ торжественная часть *(вечера и т.п.)*

operative ~ оперативная часть

preambular ~ вступительная часть

to play an appropriate ~ играть соответствующую роль

to take an active ~ in *smth* принимать активное участие в *чем-л.*

part II *v* делить на части; разъединять

partiality *n* пристрастие, пристрастность

reverse ~ *правит. жарг.* дискриминация; предубеждение против *какой-л.* социальной группы

participant *n* участник, участвующий

~ of the Resistance movement *ист.* участник движения Сопротивления

conference ~ участник конференции/совещания

direct ~ прямой участник

indirect ~ косвенный участник

participate *v (in)* участвовать; принимать участие (в)

participation *n (in smth)* участие *(в чем-л.)*; приобщение *(к чему-л.)*

active ~ активное участие

broad ~ широкое участие

direct ~ непосредственное/прямое участие

equal ~ равное участие

extensive ~ широкое участие

foreign ~ иностранное участие; участие иностранного капитала

personal ~ личное участие

political ~ участие в политической деятельности/жизни

state ~ участие государства

voluntary ~ добровольное участие

participator *n* участник

~ **in the crime** соучастник преступления

particular *n* деталь, подробность; *pl* сведения, подробности

partisan I *n* 1. партизан 2. приверженец, сторонник

offensive ~ государственный служащий, симпатизирующий *какой-л.* оппозиционной политической партии

to be ~ in a conflict быть сторонником одной из сторон в конфликте

partisan II *a* 1. партизанский 2. партийный, имеющий отношение к интересам *какой-л.* партии

partisanship *n* политические симпатии, приверженность *(чему-л.)*

partition I *n* раздел, расчленение *(страны)*

~ **of a country** раздел страны

~ **of property** раздел имущества

~ **of sovereignty** разделение власти

partition II *v* расчленять, разделять *(страну)*

partner *n* участник, компаньон, партнер

alliance ~ участник союза, союзник

bargaining ~ партнер по переговорам

business ~ деловой партнер

coalition ~ партнер по коалиции

commercial ~ торговый партнер

dominant ~ доминирующий партнер

economic ~ экономический партнер

equal ~s равноправные партнеры

fair ~ честный партнер

fighting ~ военный партнер; союзник

importing ~ импортер

latent ~ негласный участник *какого-л.* предприятия

negotiating ~ партнер по переговорам

potential ~ потенциальный партнер

reliable ~ надежный партнер

safe ~ надежный партнер

trade/trading ~ торговый партнер

untrustworthy ~ ненадежный партнер

partnership *n* сотрудничество; товарищество; партнёрство

P. for Peace (PFP) «Партнерство ради мира» *(организация, созданная НАТО для стран, не являющихся ее членами)*

~ **of equals** партнерство равных

~ **of nations** партнерство государств

beneficial ~ выгодное партнерство

limited ~ компания с ограниченной ответственностью

mutually profitable ~ взаимовыгодное партнерство

trading ~ торговое партнерство

unlimited ~ компания с неограниченной ответственностью

to put strains on the ~ осложнять отношения с партнерами

part-time *a* неполный рабочий день

to be on ~ быть занятым неполный рабочий день

part/y *n* 1. партия 2. группа 3. отряд 4. участник, *юр.* сторона 5. прием *(гостей)*

~ **at fault** виновная сторона

~ **has disintegrated** партия распалась

~ **in office/in power** партия, находящаяся у власти, правящая партия

~ **in the war** воюющая сторона

~ **is down one per cent** партия потеряла один процент голосов

~ **is very much back in its stride** партия в значительной мере восстановила свое влияние

~ **is well ahead of all the other ~ies combined** партия намного опережает все остальные партии вместе взятые

~ **of division** раскольническая партия

~ **of government** партия, находящаяся у власти, правящая партия

~ **of privilege** «партия избранных» *(о Республиканской партии США)*

~ **of social concern** партия, заботящаяся о социальных нуждах

~ **of the people** «партия народа» *(о Демократической партии США)*

~ **of the right** правая партия

~ **to a case** сторона по делу

~ **to a conference** участник конференции/совещания

~ **to a lawsuit** сторона в судебном процессе

~ **to an agreement** участник соглашения

~ **to legal proceedings** сторона в судебном процессе

~ **to conflict** участник конфликта

~ **to dispute** участник конфликта, конфликтующая сторона

~ **wedded to a system** партия, поддерживающая *какую-л.* систему/преданная *какой-л.* системе

~**ies concerned** участвующие стороны; заинтересованные стороны

~**ies involved** участвующие стороны

~**ies of the government coalition** партии правительственной коалиции

~**ies to a treaty** участники договора

~**ies to the Statute of the International Court of Justice** участники Статута Международного суда

adverse ~ противная сторона

agrarian ~ аграрная партия

approved ~ зарегистрированная партия

attacking ~ нападающая сторона

authorized ~ разрешенная партия

beleaguered ~ партия, испытывающая политические затруднения

breakaway ~ отколовшаяся партия

center/centrist ~ партия центра, центристская партия

clerical ~ клерикальная партия

coalition ~**ies** коалиционные партии

communist ~ коммунистическая партия
conflicting ~ies конфликтующие стороны
Congress ~ партия «Индийский национальный конгресс»
Conservative ~ Консервативная партия (*Великобритания*)
contending ~ies спорящие стороны
contracting ~ контрагент, договаривающаяся сторона
decline center-right ~ies уменьшение влияния партий правого центра
defaulting ~ не явившаяся в суд сторона
Democratic ~ Демократическая партия (*США*)
disputing ~ies спорящие стороны
dominant ~ правящая партия
ecological ~ экологическая партия
environmentally responsible ~ партия, стоящая за охрану окружающей среды
extreme right-wing ~ крайняя правая партия
far-right ~ крайне правая партия
feuding ~ies враждующие стороны
fraternal ~ братская партия
fringe ~ мелкая политическая партия
governing ~ правящая партия
Grand Old P. (G.O.P) *жарг.* Республиканская партия (*США*)
Green ~ партия «зеленых»
guilty ~ виновная сторона
hard-line ~ партия сторонников жесткого курса
High Contracting Parties высокие договаривающиеся стороны
incumbent ~ партия, находящаяся у власти
independent ~ независимая/самостоятельная партия
influential ~ влиятельная партия
injured ~ пострадавшая сторона
interested ~ заинтересованная сторона
involved ~ies участвующие стороны
Labour P. Лейбористская партия (*Великобритания*)
landing ~ десантный отряд
lay ~ies светские (*неклерикальные*) партии (*напр. политические партии Италии кроме христианских демократов*)
leading ~ies ведущие партии
left(-wing) ~ левая партия
leftist ~ левая/левацкая партия, партия левацкого толка
left-of-center ~ левоцентристская партия
legal ~ легальная партия
legitimate ~ партия, разрешенная законом
liberal ~ либеральная партия
Liberal Democratic P. Либерально-демократическая партия (*Великобритания*)
Liberal P. Либеральная партия (*Великобритания*)
mainstream ~ies основные партии
majority ~ партия большинства
mature ~ зрелая партия
merged ~ объединенная партия

middle-(of-the-)road ~ центристская партия
militant and tried ~ боевая и испытанная партия
minor ~ мелкая партия
moderate ~ партия умеренных
much-shrunk ~ значительно уменьшившаяся партия
national-democratic ~ национал-демократическая партия
nationalist ~ националистическая партия
Nazi ~ нацистская партия
new splinter ~ новая партия, отколовшаяся от старой
newly formed ~ недавно образованная партия
opposing ~s враждующие стороны
opposite ~ противная сторона
opposition ~ оппозиционная партия
parliamentary ~ парламентская фракция (*какой-л. партии*)
people's ~ народная партия
political ~ политическая партия
progressive ~ прогрессивная партия
pro-reform ~ партия сторонников реформ
pro-western ~ прозападная партия
radical ~ радикальная партия
raiding ~ диверсионная группа; облава
reactionary ~ реакционная партия
reformist ~ реформистская партия
registered ~ зарегистрированная партия
Republican P. Республиканская партия (*США*)
rescue ~ спасательная экспедиция, спасательный отряд
revolutionary ~ революционная партия
right(-wing) ~ партия правых
rigidly disciplined ~ партия с жесткой дисциплиной
ruling ~ правящая партия
Social Democratic P. Социал-демократическая партия (*Великобритания*)
socialist ~ социалистическая партия
Social-Liberal Democratic P. Партия социал-либеральных демократов (*Великобритания*)
third ~ третья сторона
Tory ~ Консервативная партия (*Великобритания*)
ultra-religious ~ies ультра-религиозные партии
viable ~ жизнеспособная партия
warring ~s противоборствующие стороны
working ~ рабочая группа (*комиссии, конференции и т.п.*)
to abolish a ~ прекращать деятельность партии
to admit to the ~ принимать в партию
to allow a political ~ разрешать существование политической партии
to ban a ~ запрещать партию; объявлять партию вне закона
to be a ~ **to** *smth* быть причастным к *чему-л.*

to beat a ~ into third place отбросить партию на третье место

to belong to a ~ принадлежать *какой-л.* партии

to bolster a ~ оказывать поддержку партии

to call upon the ~ies to *smth* призывать стороны к *чему-л.*; требовать от сторон *чего-л.*

to campaign for a ~ вести предвыборную кампанию *какой-л.* партии

to continue as a separate ~ продолжать существовать в качестве самостоятельной партии

to create a ~ создавать партию

to declare a ~ illegal объявлять партию незаконной

to defect from a ~ выходить из партии

to dissolve a ~ распускать партию

to eject *smb* **from the ~** изгонять *кого-л.* из партии

to emerge from the general election as the biggest single ~ получать абсолютное большинство голосов на выборах *(о партии)*

to establish a ~ создавать партию

to expel *smb* **from a ~** исключать *кого-л.* из партии

to follow a ~ быть сторонником *какой-л.* партии

to form a ~ создавать партию

to found a ~ основывать партию

to gauge the mood of the ~ оценивать настроение партии

to go to the ~ обращаться к партии

to harmonize hostile ~ies примирять враждующие стороны

to help a ~ forwards помогать успеху партии

to hold a ~ together сплачивать партию; сохранять единство партии

to infiltrate a ~ внедряться в партию

to inflict a smashing defeat on a ~ наносить *какой-л.* партии сокрушительное поражение

to join a ~ вступать в партию

to launch a ~ создавать партию

to lead a ~ руководить партией

to legalize/to legitimize a ~ легализовывать/узаконивать партию

to make the ~ accountable to the congress делать партию подотчетной съезду

to merge with a ~ объединяться с *какой-л.* партией

to negate a ~ отрицать существование партии

to outlaw a ~ запрещать партию

to pitchfork a ~ into a leadership contest толкать партию на борьбу за место лидера

to place the ~ies in a position of inequality before the court ставить стороны в неравное положение перед судом

to plunge a ~ into a crisis ввергать партию в кризис

to pull out of the ~ выходить из партии *(о фракции)*

to purge a ~ производить чистку в партии

to purge *smb* **from the ~** исключать *кого-л.* из партии в результате чистки

to push a ~ into opposition заставлять партию уйти в оппозицию

to put the ~ on a good footing to fight for *smth* создавать хорошие предпосылки для борьбы партии за *что-л.*

to quit the ~ выходить из партии

to rally around a ~ сплачиваться вокруг партии

to rejuvenate a ~ омолаживать партию; оживлять деятельность партии

to re-launch a ~ возобновлять деятельность партии

to relinquish *one's* **presidency of a ~** отказываться от своего поста председателя партии

to renovate a ~ обновлять партию

to resign from a ~ выходить из партии

to retain *one's* **grip on the ~** сохранять свою власть над партией

to return a ~ to power вновь приводить партию к власти

to secede from a ~ выходить из партии

to set up a ~ создавать партию

to shoot past a ~ обходить *какую-л.* партию *(на выборах)*

to split the ~ раскалывать партию

to stand down from the post of the leader of a ~ уходить в отставку с поста лидера партии

to stick with the ~ сохранять верность партии

to sweep a ~ from office отстранять партию от власти

to switch ~ies переходить в другую партию

to switch to another ~ переходить в другую партию

to team up with a ~ заключать союз с партией

to unite ~ies объединять партии

to vote a ~ out проваливать партию на выборах

to withdraw from a ~ выходить из партии

to write a ~'s obituary *перен.* хоронить партию

breakup of a ~ раскол в партии

conservative wing of a ~ консервативное крыло партии

constitution of a ~ устав партии

demise of a political ~ кончина политической партии

departure from a ~ выход из партии

disbandment/dissolution of a ~ роспуск партии

expulsion from the ~ исключение из партии

founder of a ~ основатель партии

fusion of two ~ies слияние двух политических партий

grassroot organization of a ~ низовая/первичная организация партии

groups outside the ~ политические группировки, не входящие в партию

liberal wing of the ~ либеральное крыло партии

marginalization of a ~ утрата партией ведущей роли, превращение партии во второстепенную

merger of two ~ies слияние двух политических партий

multiplicity of ~s многопартийность

national convention of a ~ национальный съезд партии

one's **power base in the ~** основа *чьей-л.* власти в партии

pillar of a ~ опора партии

political extinction of a ~ утрата партией ее политического значения

political in-fighting within a ~ политическая борьба внутри партии

purge of the ~ чистка партии

rebels within a ~ члены партии, восстающие против политики руководства

routing of a ~ разгром партии *(на выборах)*

row within the ~ скандал внутри партии

split within a ~ over *smth* раскол в партии по поводу *чего-л.*

suspension of political ~ies временное запрещение деятельности политических партий

the biggest single ~ партия, имеющая абсолютное большинство в парламенте

the two ~ies are split on *smth* между двумя партиями существуют разногласия по *какому-л.* вопросу

unity of the ~ единство партии

with the consent of the ~ies с согласия сторон

partyness *n полит. жарг.* партийность *(соответствие партийной идеологии)*

pass I *n* пропуск; паспорт

official ~ служебный пропуск

to suspend *smb's* **~** объявлять *чей-л.* пропуск недействительным

pass II *v* 1. проходить 2. передавать 3. принимать *(закон, резолюцию)*; выносить *(решение, приговор)* 4. сдавать *(экзамен)*

to ~ a resolution утверждать резолюцию

to ~ beyond the point of no return делать *что-л.* необратимым

to ~ off without a hitch проходить гладко

passage *n* 1. проезд, проход 2. одобрение, утверждение *(закона)*

~ of reforms through the House of Lords прохождение реформ через палату лордов

free ~ свободный проход *(судов через пролив)*

guaranteed safe ~ гарантированное право безопасного выезда из страны

to grant *smb* **safe ~ to** *somewhere* разрешать *кому-л.* беспрепятственный выезд *куда-л.*

to guarantee *smb* **safe ~** гарантировать *кому-л.* право свободного выезда из страны

free ~ through the Gulf свобода судоходства по Персидскому заливу

passenger *n* пассажир

to X-ray ~s at the tarmac gates подвергать пассажиров досмотру с помощью рентгеновской аппаратуры перед выходом на летное поле

passion *n* страсть

~s are rising страсти накаляются

to arouse the ~s разжигать страсти

to calm ~s успокаивать страсти

to cool ~s охлаждать страсти

to ignite ~s разжигать страсти

to stir up national ~ разжигать национальные страсти

passivity *n* пассивность

to overcome ~ of *smb* преодолевать *чью-л.* пассивность

passport *n* паспорт

~ for traveling abroad загранпаспорт

diplomatic ~ дипломатический паспорт

false ~ поддельный/фальшивый паспорт

foreign ~ заграничный паспорт

forged ~ поддельный/фальшивый паспорт

national ~ внутренний паспорт

service ~ служебный паспорт

to carry a diplomatic ~ иметь дипломатический паспорт

to collect *smb's* **~** забирать у *кого-л.* паспорт

to enter a country on a false ~ въехать в страну по фальшивому паспорту

to forge a ~ подделывать паспорт

to grant ~s to *smb* выдавать паспорта *кому-л.*

to hold a diplomatic ~ иметь дипломатический паспорт

to issue a ~ выдавать паспорт

to slip *smb* **of his ~** лишать *кого-л.* паспорта

to travel on an American ~ путешествовать с американским паспортом

to vise a ~ визировать паспорт

eligible for a British ~ имеющий право на британское гражданство

passport-holder *n* владелец паспорта; подданный

British ~ британский подданный

past *n* прошлое

war-time ~ военное прошлое

to break with the ~ рвать с прошлым

to shake free of *one's* **~** освобождаться от своего прошлого

to stir up the ~ ворошить прошлое

complete negation of the ~ полное отрицание прошлого

it is a thing of the ~ все это в прошлом

paster *n* полоска клейкой бумаги *(которой избиратель может заклеить имя кандидата в бюллетене и вписать имя иного кандидата)*

pastor *n церк.* пастор

patch *n брит. полиц. жарг.* полицейский округ; полицейское подразделение

patch *v (up)* улаживать *(противоречия)*

patent I *n* патент; диплом

existing ~ действующий патент

foreign ~ иностранный патент
home ~ отечественный патент
land ~ *юр.* документ о праве собственности на землю
valid ~ действующий патент
to grant a ~ выдавать патент
to hold a ~ for/on *smth* иметь патент на *что-л.*
to issue a ~ выдавать патент
to take out a ~ for/on *smth* патентовать *что-л.*
patent II *attr* патентный
patent III *v (smth)* патентовать *что-л.*; получать патент на *что-л.*
patentee *n* владелец патента
patent-holder *n* владелец патента
paternalism *n* патернализм
paternalize *v* опекать
paternalized *a* зависимый
path *n* путь, курс
~ of development путь развития
~ of struggle путь борьбы
~ to dictatorship путь к диктатуре
~ to peace and security путь к миру и безопасности
democratic ~ демократический путь *(развития конфликта и т.п.)*
to choose *one's* **own ~** выбирать свой путь
to continue on the reformist ~ продолжать идти по пути реформ
to embark on/to enter the ~ вступать на путь
to follow *one's* **~** идти своим путем
to go down the wrong ~ идти по неправильному пути
to mark the ~ отмечать путь
to pursue *one's* **own ~** идти своим собственным путем
to share the same ~ идти по одному пути
to take the ~ вставать/вступать на путь
to tread the careful ~ действовать осторожно
along the ~ that has been charted по намеченному пути
pathfinder *n* исследователь; следопыт; первопроходец; застрельщик
patience *n* терпение
to appeal/to call for ~ призывать к терпению
patriarch *n церк.* патриарх
P. of Moscow and All Russia Патриарх Московский и всея Руси
patriarchate *n церк.* патриархия; патриаршество
patriarchy *n церк.* патриархат
patrimonial *a полит. жарг.* примыкающий к территориальным водам; находящийся на удалении от 12 до 200 миль от берега
patriot *n* патриот
ardent ~ страстный патриот
true ~ подлинный патриот
patriotic *a* патриотический
patriotism *n* патриотизм
ardent/flaming ~ пламенный патриотизм

to display ~ проявлять патриотизм
patrol I *n* дозор, патруль, патрулирование
army ~ армейский патруль
border ~ пограничный патруль/дозор
military ~ военный патруль
police ~ полицейский патруль
stop-and-search ~ патрулирование с остановкой и обыском транспортных средств
to be on ~ патрулировать
to remain on ~ off the coast of a country продолжать патрулировать побережье страны
on mobile ~ при патрулировании на автомашине
patrol II *attr* патрульный
patrol III *v* патрулировать
patrolling *n* патрулирование
patron *n* покровитель; *pl* почетный комитет
patronage I *n* **1.** патронаж, покровительство; шефство **2.** раздача должностей и постов победившей на выборах партией
political ~ политическое покровительство
to confer ~ (up) on *smb* покровительствовать *кому-л.*
to dispense/to extend ~ to *smb* оказывать покровительство *кому-л.*
to have royal ~ пользоваться покровительством монарха
to take *smb* **under** *one's* **~** брать шефство над *кем-л.*
patronage II *attr* шефский
patronize *v (smb)* оказывать покровительство *кому-л.*; шефствовать над *кем-л.*
pattern *n* модель; система; структура; стиль
~ of agricultural production структура/характер сельскохозяйственного производства
~ of consumption структура потребления
~ of international trade economic relations структура международных торгово-экономических отношений
~ of life образ жизни
~ of migration характер миграции *(населения)*
~ of resource use структура/характер использования (природных) ресурсов/богатств
~ of development структура развития
colonial ~ колониальная структура
cultural ~ структура культурного развития
development ~ структура развития
economic ~ экономическая структура
established ~ установившаяся практика
export ~ структура экспорта
family ~ модель семьи
favorable trade ~ благоприятная структура торговли
foreign trade ~ структура товарооборота внешней торговли
indulgence ~ мягкое руководство
input ~ структура затрат
job ~ штатное расписание
holding ~ *бирж. жарг.* на бирже без перемен

land-use ~ схема/система землепользования

sales ~ структура сбыта

social ~ структура социального развития

socio-cultural ~ социально-культурный характер

trade/trading ~ структура торговли

traditional export ~ традиционная структура экспорта

voting ~ избирательная структура

to change a country's export ~ изменять структуру экспорта страны

to evolve a ~ вырабатывать систему

to restructure the existing ~ перестраивать существующую структуру

pauper *n* **1.** бедняк, нищий **2.** живущий на пособие по бедности

pauperism *n* нищета, бедность

pauperization *n* пауперизация, обнищание

pause *n* пауза, временное прекращение

~ **in the fighting** временное прекращение боевых действий

creative ~ *перен.* временное прекращение войны

pay ~ замораживание заработной платы

pawn *n тж перен.* пешка

~ **in a political game/used by political forces** пешка в политической игре

political ~ пешка в политической игре

pay I *n* **1.** плата, жалованье, заработная плата **2.** расплата, возмездие

~ **does not keep up with the rising cost of living** зарплата не поспевает за ростом стоимости жизни

average ~ средняя зарплата

back ~ **1)** задолженность по заработной плате **2)** выплата задолженности *(напр. по зарплате)*

base/basic ~ основная заработная плата

call-in ~ плата за явку

competence ~ заработная плата с учетом квалификации работника

day's ~ дневная заработная плата

equal ~ равная зарплата

extra ~ дополнительная плата

fair ~ справедливая зарплата

final ~ окончательный расчет

high ~ высокая заработная плата

hourly ~ почасовая оплата

human hazard ~ плата за вредность производства/за опасность работы

lay-off ~ выходное пособие

leveling ~ уравнительная оплата

long-service ~ надбавка за выслугу лет

low ~ низкая заработная плата

maternity ~ оплаченный декретный отпуск

minimum ~ минимальная заработная плата

monthly ~ месячная зарплата

piece-rate/piecework ~ сдельная оплата

premium ~ премиальное вознаграждение

retirement ~ пенсия за выслугу лет

retroactive ~ оплата за проделанную работу

seniority ~ надбавка к заработной плате за выслугу лет

severance ~ выходное пособие

sick ~ пособие по болезни

strike ~ выплата бастующим

take-home ~ реальная заработная плата, чистый заработок *(за вычетом всех налогов)*

terminal ~ окончательный расчет

weekly ~ недельная зарплата

to demand higher ~ требовать повышения зарплаты

to draw *one's* ~ получать зарплату

to freeze ~ замораживать зарплату

to get fair ~ получать справедливую зарплату

to go on strike for more ~ объявлять забастовку с требованием повышения зарплаты

to press demands for better ~ настаивать на требованиях о повышении зарплаты

to raise *smb's* ~ повышать *кому-л.* зарплату

to receive lay-off ~ получать расчет

to seek a higher ~ добиваться повышения заработной платы

to take severance ~ получать выходное пособие

demand for more ~ требование повысить зарплату

in the ~ **of the enemy** на службе у врага

processing of the final ~ обработка окончательного расчета

rate of ~ оклад, ставка заработной платы

strike over ~ забастовка с требованием повышения зарплаты

vacation with/without ~ оплачиваемый/неоплачиваемый отпуск

pay II *v* платить *(за что-л.)*; оплачивать *(что-л.)*

to ~ **by/in installments** платить в рассрочку

to ~ **dearly for** *smth* дорого заплатить за *что-л.*

to ~ **in advance** платить вперед /авансом

to ~ **in blood for** *smth* платить за *что-л.* кровью

to ~ **in cash** платить наличными

to ~ **in full** оплатить полностью

to ~ **in kind** платить натурой

to ~ **$ ... towards the cost of** *smth* заплатить ... долларов в счет стоимости *чего-л.*

payable *a* подлежащий оплате; оплачиваемый; причитающийся

pay-action *n* забастовка *(с требованием повысить зарплату)*

pay-day *n* день выдачи заработной платы

paymaster *n* казначей

P. General главный казначей *(Великобритания)*

payment *n* платеж; оплата; погашение *(долга)*; выплата; денежное вознаграждение; жалование; взнос

~ **by/in cash** платеж наличными

~ **by installments** платеж в рассрочку

~ **by results** оплата по результатам

~ for official hospitality выплата на представительские расходы

~ for services вознаграждение за услуги

~ in anticipation досрочная уплата, предоплата

~ in gold уплата золотом

~ in hard currency оплата в конвертируемой валюте

~ in kind оплата натурой

~ in lieu of the travel expenses денежная компенсация дорожных расходов

~ of language bonus выплата надбавки за знание языков

additional ~ дополнительный платеж

advance ~ аванс

allowance ~ выплата пособий

backdoor ~s незаконные выплаты

blackmail ~ выплата денег в результате шантажа

cash ~ уплата наличными деньгами

child benefit ~ выплата пособия на ребенка

compensation ~ выплата компенсации

compulsory ~ обязательный платеж

current ~s текущие платежи

debt ~ выплата долгов

debt service/servicing ~ выплата долгов и процентов по ним

differential ~ дифференцированная оплата

dividend ~ выплата дивидендов

ex gratia ~ добровольный платеж

exchange ~s валютные платежи/расчеты

external ~s внешние расчеты

extra ~ дополнительная оплата

extra interest ~ дополнительная уплата процентов

federal interest ~ выплата процентов по государственному долгу

final ~ окончательный расчет

incentive ~ премия

indemnity ~ денежная компенсация

installment ~ платеж в рассрочку

interest ~ выплата ссудного процента

international ~s международные расчеты/платежи

local currency ~ выплата в местной валюте

lump-sum ~ единовременная выплата

non-cash ~ безналичный расчет

outstanding ~ невзысканный платеж

partial ~ частичный платеж

payroll ~ выплата жалованья

post adjustment ~ выплата в связи с корректировками по месту службы *(ООН)*

price-support ~s дотации для поддержания уровня цен

progress ~s постепенные платежи

redundancy ~ *брит.* выходное пособие в связи с сокращением

reparations ~s репарационные платежи

salary ~ выплата жалования/заработной платы

sensitive ~s *делов. жарг.* «деликатные платежи» *(взятки, даваемые компаниями ино-*

странным правительствам за крупные заказы)

separation ~ расчет *(выплаты)* по окончании срока службы

social security ~s выплаты по социальному страхованию

state benefit ~s государственные пособия

tax-free ~ выплата, не подлежащая обложению налогам

termination indemnity ~ денежная компенсация в связи с окончанием службы

token ~ символический взнос/платеж

unemployment ~ пособие по безработице

to anticipate ~ платить раньше срока

to authorize ~ санкционировать выплату

to be 2 years behind in *one's* **~s** иметь двухлетнюю задолженность по взносам/выплатам

to collect ~ взимать плату

to default on ~ прекращать выплату

to defer ~ откладывать платеж

to deposit the ~ класть жалование на счет *(в банке)*

to effect ~ производить платеж, платить по счету

to enforce ~ взыскивать платеж

to freeze ~ прекращать выплату

to maintain the equilibrium in balances of ~s поддерживать равновесие платежных балансов

to make an initial ~ делать первый взнос

to make transit ~s производить транзитные платежи

to meet the ~ выплатить взнос, осуществить платеж

to present for ~ предъявлять к оплате

to renege on *one's* **alimony ~** уклоняться от уплаты алиментов

to stop ~s прекращать платежи

to suspend ~ on a country's foreign debt приостанавливать выплату внешнего долга страны

to withhold ~s приостанавливать платежи

active balance of ~s активный платежный баланс, превышение доходов над расходами

balance of ~s платежный баланс

deferral of ~s отсрочка платежей

delay in debt ~ отсрочка выплат по займам

guaranteed monthly ~ for work гарантированная ежемесячная оплата труда

in ~ for *smth* в уплату за *что-л.*

multilateralization of ~s многосторонность платежей/расчетов

passive balance of ~s пассивный платежный баланс, превышение расходов под доходами

rescheduling of ~s отсрочка платежей

retroactivity of ~ обратное действие денежного вознаграждения

settlement of ~s урегулирование платежей

term of ~ 1) срок платежа 2) *pl* условия платежа

payoff *n разг.* **1.** выплата **2.** выгода, вознаграждение **3.** взятка; откат

payroll *n* платежная ведомость; списочный состав сотрудников

  government/public ~ государственные рабочие и служащие

  to be on ~ быть в штате сотрудников (*предприятия*)

  to be on *smb's* ~ работать на *кого-л.*

  to put *smb* on the public ~ зачислять *кого-л.* на государственную службу

paytriotism *n жарг.* стремление к более высоким окладам

pay-your-way *attr* хозрасчетный, самоокупаемый

peace *n* мир; спокойствие; общественный порядок

  ~ **of/throughout the world** всеобщий мир; мир во всем мире; мир между народами

  ~ **on earth** мир на земле

  ~ **through justice** мир, основанный на справедливости

  ~ **through law** мир, основанный на соблюдении законности

  ~ **through strength** мир с позиции силы, достижение мира с позиции силы

  ~ **with honor** почетный мир

  ~ **without annexations or indemnities** мир без аннексий и контрибуций

  Cold ~ «холодный мир», прохладные отношения (*образовано по аналогии с Cold war – «холодная война»*)

  comprehensive ~ всеобъемлющее мирное соглашение

  democratic ~ демократический мир

  domestic ~ мир внутри страны

  durable ~ прочный мир

  elusive ~ труднодостижимый мир

  enduring ~ прочный мир

  everlasting ~ вечный мир

  fragile ~ непрочный/хрупкий мир

  general ~ всеобщий мир; мир во всем мире

  genuine ~ подлинный мир

  global ~ всеобщий мир

  honorable ~ почетный мир

  international ~ всеобщий мир

  inviolable ~ нерушимый мир

  just ~ справедливый мир

  lasting ~ прочный мир

  negotiated ~ мир, достигнутый путем переговоров

  noncoercive ~ ненасильственный мир

  overall ~ всеобщий мир

  patched-up ~ ненадежный/непрочный мир

  permanent ~ постоянный мир

  precarious ~ ненадежный/непрочный мир

  predatory ~ грабительский мир

  public ~ общественный порядок

  regional ~ мир в регионе

  separate ~ сепаратный мир

  shaky ~ неустойчивый мир

  solid/stable ~ прочный мир

  true ~ подлинный мир

  uneasy ~ непрочный мир

  universal ~ всеобщий мир

  unjust ~ несправедливый мир

  world(wide) ~ всеобщий мир; мир во всем мире

  to accept an honorable ~ принимать условия почетного мира

  to achieve ~ **through negotiation** добиваться/достигать мира посредством переговоров

  to advance the cause of ~ способствовать делу мира

  to advocate ~ выступать в защиту мира; отстаивать мир

  to be at ~ быть в мире; не воевать

  to be guided by the principles of ~ **and co-operation** руководствоваться принципами мира и сотрудничества

  to be in the forefront of endeavors towards ~ быть в первых рядах сторонников защиты мира

  to be in the interest of ~ отвечать интересам укрепления мира

  to be solidly for ~ единодушно выступать за мир

  to beg for ~ просить мира

  to block avenues/the path/the way to ~ мешать достижению мира, ставить препятствия на пути к миру

  to bolster ~ активно поддерживать мир

  to boost chances for ~ увеличивать вероятность достижения мира

  to breach the ~ нарушать мир

  to bring about ~ добиваться мира

  to build ~ бороться за мир

  to campaign for ~ проводить кампанию/агитировать за мир

  to champion ~ отстаивать дело мира

  to cherish ~ защищать мир

  to clamor for ~ требовать мира

  to commit a breach of ~ нарушать мир

  to complete the ~ добиться прочного мира

  to conclude ~ заключать мир

  to consolidate ~ укреплять мир

  to contribute to ~ содействовать делу мира

  to crusade for ~ выступать за мир

  to declare ~ провозглашать мир

  to defend ~ защищать мир

  to desire ~ желать мира

  to discuss ~ обсуждать проблему мирного урегулирования

  to disturb ~ нарушать общественный порядок

  to endanger ~ создавать угрозу миру

  to ensure ~ обеспечивать мир

  to establish ~ устанавливать мир

  to exist in ~ существовать в условиях мира

  to forge ~ устанавливать мир

  to further ~ укреплять мир

  to get ~ добиться мира

  to give ~ **a chance** соглашаться на мирное урегулирование to **guarantee** ~ гарантировать мир

to **halt threat to** ~ останавливать угрозу миру

to **help the cause of** ~ способствовать делу мира

to **herald a lasting** ~ предвещать прочный мир

to **hold the key to** ~ обладать ключом к миру

to **impede** ~ препятствовать миру

to **impose** ~ устанавливать мир

to **improve** ~ укреплять мир

to **jeopardize** ~ ставить мир под угрозу

to **join in the struggle for** ~ включаться в борьбу за мир

to **keep for** ~ поддерживать порядок

to **labor for** ~ добиваться мира

to **let go in** ~ отпускать с миром

to **live together in** ~ мирно сосуществовать

to **maintain** ~ поддерживать/сохранять мир

to **make** ~ заключать/устанавливать мир

to **negotiate for** ~ вести переговоры о мире

to **offer** ~ **from a position of strength** предлагать мир с позиции силы

to **pave the way for** ~ прокладывать путь к миру

to **pledge to maintain** ~ брать обязательство поддерживать мир

to **pose a threat to** ~ являться угрозой миру

to **preserve** ~ отстаивать/беречь/сохранять мир

to **probe for** ~ зондировать возможность сохранения мира

to **proclaim** ~ провозглашать мир

to **promote** ~ способствовать достижению мира

to **protect** ~ защищать мир

to **provide** ~ обеспечивать мир

to **pursue** ~ добиваться мира

to **put obstacles in the way of** ~ ставить препятствия на пути к миру

to **reach a lasting** ~ добиваться прочного мира

to **realize** ~ добиваться мира

to **restore** ~ **to a country** восстанавливать мир в стране

to **retain** ~ сохранять/поддерживать мир

to **safeguard** ~ защищать/обеспечивать мир; стоять на страже мира

to **secure** ~ добиваться мира

to **seek a negotiated** ~ добиваться мира в результате переговоров

to **serve the cause of** ~ служить делу мира

to **squander an opportunity for** ~ упускать возможность достижения мира

to **stand for** ~ стоять за мир

to **stand on guard of** ~ стоять на страже мира

to **strengthen** ~ укреплять мир

to **strive for** ~ стремиться к миру

to **sue for** ~ требовать мира

to **support** ~ поддерживать мир

to **sustain** ~ сохранять мир

to **take steps toward** ~ принимать меры для достижения мира

to **talk** ~ **1)** вести мирные переговоры **2)** проводить миролюбивую политику по отношению к *кому-л.*

to **test a country's sincerity for** ~ проверять, насколько искренне страна хочет мира

to **threaten** ~ угрожать миру

to **uphold** ~ отстаивать мир

to **usher in** ~ приносить мир

to **violate** ~ нарушать мир

to **wage** ~ бороться/вести борьбу за мир

to **win** ~ добиваться мира

to **work for** ~ бороться за мир/за сохранение мира

to **yearn for** ~ жаждать мира; стремиться к миру

achievement of a lasting ~ достижение прочного мира

appeal for ~ призыв к миру

aspiration for ~ стремление к миру

atmosphere of ~ атмосфера мира

avenues to ~ пути к миру

bid for ~ попытка установления мира

breach of ~ нарушение мира

breakdown of the ~ срыв мирного соглашения

bulwark/buttress of ~ оплот мира

call for ~ призыв к миру

cause of ~ дело мира

champion of ~ защитник мира

charter of ~ хартия мира

committed to ~ преданный делу мира

concern for ~ забота о мире

consistent policy of ~ последовательная политика мира

consolidation of ~ укрепление/упрочение мира

danger to ~ угроза миру

Decree on P. *ист.* Декрет о мире

dedication to ~ преданность делу мира

defence of ~ защита мира

defender of ~ защитник мира

desire for ~ стремление к миру

destroyer of ~ нарушитель мира

devotion to the cause of ~ приверженность делу мира

disturbance of ~ нарушение мира

dove of ~ голубь мира

drive for ~ движение за мир; борьба за мир

earnest of ~ залог мира

efforts for ~ усилия в деле обеспечения мира

envoy of ~ посланец мира

fight for ~ борьба за мир

fighter for ~ борец за мир

for the sake of ~ на благо мира, ради мира

forces of ~ силы мира

guarantee of ~ гарантия мира

linchpin of ~ залог мира; гарантия мира

maintenance of ~ защита/поддержание/сохранение мира

menace to ~ угроза миру

momentum towards ~ тяга к миру

pact of ~ пакт мира

partisan of ~ сторонник мира
path to ~ путь к миру
plan for ~ план мира
policy of ~ политика мира
preliminary terms for ~ предварительные условия мира
preservation of ~ сохранение мира
prevention and removal of threats to ~ предотвращение и устранение угрозы миру
pursuit of ~ поиски мира
push for ~ решительные действия во имя мира
quest for ~ поиски мира
realization of ~ достижение/осуществление мира
reestablishment/restoration of ~ восстановление мира
road to ~ путь к миру
safeguarding of ~ обеспечение мира
search for ~ поиски мира
state of ~ состояние мира
step towards ~ шаг к миру
strengthening of ~ укрепление/упрочение мира
stronghold of ~ оплот мира
struggle for ~ борьба за мир
supporter of ~ сторонник мира
Teachers for P. «Учителя за мир» *(международное движение)*
terms of ~ условия мира
threat to ~ угроза миру
thrust for ~ настойчивые призывы к заключению мира
Wave of P., The «Волна мира» *(неделя действий ООН за ядерное разоружение)*
way to ~ путь к миру
work for ~ борьба за мир
zone of ~ зона мира
peaceable *a* миролюбивый, мирный
peace-breaker *n* нарушитель мира; нарушитель общественного спокойствия
peace-breaking *n* нарушение мира; нарушение общественного спокойствия
peace-building *n* установление мира
peace-feeler *n* дипломатическое зондирование *(в отношении мирных переговоров)*
peace-fighter *n* борец за мир
peaceful *n* мирный, спокойный
peacefully *adv* мирно, спокойно
to settle the matter ~ урегулировать вопрос мирными средствами
peacefulness *n* миролюбие
peace-in *n* демонстрация в защиту мира
peace-inner *n* участник демонстрации в защиту мира
peacekeeper *n* 1. страж мира; солдат из состава миротворческих сил *(ООН)*; *pl* войска по поддержанию мира; миротворческие силы 2. (**P.**) *воен. жарг.* «страж мира» *(ракета MX)*
peacekeeping *n* поддержание/сохранение мира
peace-lover *n* сторонник мира

peace-loving *a* миролюбивый
peace-maker *n* миротворец
peace-making I *n* установление мира, борьба за мир; миротворческая деятельность; примирение
peace-making II *a* миротворческий
peacenik *n разг.* сторонник мира/политики мирного урегулирования; *амер. ист.* противник войны во Вьетнаме *(см. тж vietnik)*
peace-pipe *n* трубка мира
peacetime *n* мирное время
in ~ в мирное время
peak I *n* пик, вершина, максимум
~**s and valleys** подъем и спад
peak II *attr* пиковый, максимальный, предельный
peaking *n полит. жарг.* способ ведения избирательной кампании, при которой ее пик достигается за 1-2 дня до выборов
peasant I *n* крестьянин
peasant II *attr* крестьянский
peasantry *n* крестьянство
pebble *n* галька, булыжник
Brilliant ~**s** *ист.* «Блестящая галька» *(план развертывания в космосе платформ, оснащенных малоразмерными ракетами-перехватчиками; часть программы СОИ)*
peculiarit/y *n* особенность
individual ~**ies** индивидуальные особенности
national ~**ies** национальные особенности
peddler *n* разносчик
influence ~ распространитель влияния
peddling *n* :
drug ~ торговля наркотиками
influence ~ использование своего высокого положения в обществе в корыстных целях
peer *n* пэр, лорд
hereditary ~ наследственный пэр
life ~ пожизненный пэр
spiritual ~**s** пэры из числа духовенства
temporal ~**s** светские пэры *(в отличие от епископов и архиепископов)*
peerage *n* звание пэра
to confer ~ производить в пэры
peeress *n* супруга пэра; обладательница титула пэра
pegging *n эк.* фиксация, замораживание
pay ~ замораживание зарплаты
price ~ замораживание цен
wage ~ замораживание зарплаты
penal *a* карательный, уголовный *(о законах)*
~ **servitude** каторжные работы
penalize *v* карать/наказывать
to ~ **the less well-off** ударять по неимущим
penalty *n* наказание; взыскание, штраф
alternative fine/imprisonment ~ наказание тюремным заключением с правом замены его денежным штрафом
death ~ смертная казнь
legal ~ наказание по приговору суда, правовая мера
party ~ партийное взыскание

stiff ~ строгое наказание

to abolish the death ~ отменять смертную казнь

to commute the death ~ **for imprisonment for life** заменять смертную казнь пожизненным заключением

to face the death ~ находиться под угрозой смертного приговора

to impose a ~ **on** *smb* накладывать на *кого-л.* взыскание

to pay the ~ нести наказание

to reintroduce the death ~ восстанавливать смертную казнь

to remit a ~ смягчать *или* отменять наказание

to suffer a ~ нести наказание

laxness of ~ мягкость наказания

remission of ~ снятие взыскания

pending I *a* находящийся на рассмотрении; нерешённый

pending II *prep* 1. в продолжение, в течение 2. до

~ **the final decision** (впредь) до окончательного решения

penetrate *v* 1. проникать; внедряться 2. постигать, вникать

penetration *n* 1. проникновение 2. проницательность

market ~ проникновение на рынок

peaceful ~ мирное проникновение

penitentiary *n* исправительное учреждение *(тюремного типа)*

penniless *a* не имеющий ни гроша

penny-pinching *n* мелочная экономия

pension I *n* пенсия; пособие

backdated ~s задолженность по пенсиям, пенсии за предыдущие месяцы

contributory ~ пенсия из взносов рабочих и предпринимателей

disability ~ пенсия по инвалидности

incapacity ~ пенсия по нетрудоспособности

individual ~ персональная пенсия

life ~ пожизненная пенсия

long-service ~ пенсия за выслугу лет

loss-of-bread-winner ~ пенсия семье, потерявшей кормильца

maximum ~ максимальная пенсия

merit ~ персональная пенсия

minimum ~ минимальная пенсия

old-age ~ пенсия по возрасту

retirement ~ пенсия по старости

sickness ~ пенсия по болезни

state ~ государственная пенсия

top-hat ~s *экон. жарг.* высокие пенсии, назначаемые руководящим сотрудникам

war ~ пенсия ветерану войны

to award a ~ назначать пенсию

to draw a ~ получать пенсию

to give a retirement ~ назначать пенсию при выходе в отставку

to grant a ~ назначать пенсию

to live on a ~ жить на пенсию

to retire on a ~ уходить на пенсию

scale of ~ размер пенсии

system of ~s система пенсионного обеспечения

pension II *v* назначать пенсию

to ~ *smb* **off** отправлять *кого-л.* на пенсию

pensionary *n* брит. пенсионер

pensioneer *v полит. жарг.* вести избирательную кампанию с обещанием повысить пенсии по старости

pensioner *n* пенсионер

Pentagon *n* Пентагон *(Министерство обороны США)*

Pentagonese *n* жаргон сотрудников Пентагона

people *n* 1. народ, нация; племя 2. люди; население, жители

~ **eligible to vote** люди, имеющие право голоса

~ **from all walks of life** представители всех слоёв общества

~ **hungry for power** люди, рвущиеся к власти

~ **in the middle** выжидающие

~ **in work** работающие; люди, имеющие работу

~ **of a special mould** люди особого склада

~ **of divergent views** люди, придерживающиеся различных взглядов

~ **of good will** люди доброй воли

~ **of voting age** лица, достигшие возраста избирателя

~ **on the left** брит. левые

~ **on the right** брит. правые

~ **out of work** безработные

~ **regarded as security risks** люди, ненадёжные с точки зрения безопасности

«**P. versus ...**» «Народ против ...» *(употребляется в названиях судебных дел в США)*

Arab ~s арабские народы

backward ~s отсталые народы/народности

border ~ жители приграничных районов

common ~ обыкновенные/простые люди

country ~ деревенские жители

dependent ~s народы зависимых стран

disabled ~ инвалиды

displaced ~ перемещённые лица

distinguished ~ выдающиеся люди

enslaved ~s порабощённые народы

fraternal ~s братские народы

freedom-loving ~ вольнолюбивый народ

heroic ~ героический народ

indigenous ~ коренное население

jobless ~ безработные

lagging ~s отсталые народы/народности

long-suffering ~ многострадальный народ

low-income ~ бедные/малообеспеченные люди

national security ~ члены совета национальной безопасности; советники президента по вопросам национальной безопасности

oppressed ~s угнетённые народы

peace-loving ~ миролюбивый народ

personnel ~ штатный персонал

plain-clothes security ~ сотрудники органов государственной безопасности в штатском

poverty-stricken ~ люди, живущие в нищете

professional ~ квалифицированные специалисты

progressive-minded ~ передовые/прогрессивные люди

rebellious ~ восставший народ

sitting on the fence ~ выжидающие

socially deprived ~ социально обездоленные люди

sovereign ~s суверенные народы

tainted ~люди с подмоченной репутацией

trained ~ квалифицированные специалисты

tribal ~ племена

working ~ работающие люди; трудящиеся

young ~ молодежь

to appeal to the ~ обращаться к народу

to break ~ сломить моральный дух гражданского населения

to bring ~ **freedom** освобождать народы; приносить свободу народам

to bring ~ **out onto the streets** вызывать стихийные демонстрации

to carry the ~ **with one** убеждать народ в своей правоте

to challenge the ~s бросать вызов народам

to consult the ~ советоваться с народом

to eliminate the ~ уничтожать народ

to exploit ~s эксплуатировать народы

to express the will of the ~ выражать волю народа

to exterminate the ~ уничтожать народ

to go against the ~ идти против народа

to inflict hurt on ~ наносить обиду народу

to lead ~ руководить людьми/народом

to leave ~ **homeless** лишать людей крова

to liberate the ~s освобождать народы

to lose touch with the ~ утрачивать связь с народом

to meet the growing needs of the ~ удовлетворять растущие потребности народа

to mix with ordinary ~ общаться с рядовыми гражданами

to protest about at the plight of the ~ протестовать против тяжелого положения народа

to put ~ **first** ставить превыше всего интересы народа

to raise the ~ **to rebellion** поднимать народ на восстание

to rally the broad sections of the ~ сплачивать широкие слои народа

to reflect the aspirations of ~s отражать чаяния народов

to rule the minds of the ~ завладевать умами людей

to save the ~ **from complete extermination** спасать народ от полного уничтожения

to serve the ~ служить народу

to subjugate the ~ покорять народ

to submit to the will of the ~ подчиняться воле народа

to take an issue directly to the ~ обращаться по *какому-л.* вопросу непосредственно к народу

to turn *one's* **back on** *one's* ~ повернуться спиной к своему народу

to unite ~s объединять народы

to wipe out whole strata of the ~ уничтожать целые слои населения

to write off ~ не обращать внимания на нужды народа

exodus of ~ **on ethic grounds** массовый исход населения на почве национальной розни

for the benefit of the ~ на благо народа

plight of the ~ тяжелое положение народа

segment of the ~ слой населения

strata of the ~ слои населения

per *prep* в расчете на; в среднем на; в, за

~ **annum** в год

~ **capita** на душу населения

~ **cent** процент

~ **day/diem** в день, в сутки

~ **head** на душу населения

~ **hour** в час

~ **month** в месяц

~ **week** в неделю

~ **year** в год

percentage *n* процент, процентное отношение

percenter *n жарг.* ростовщик, процентщик

five ~ *полит. жарг.* «пятипроцентовик» (*посредник, способный за 5% комиссионных организовать выгодный правительственный контракт*)

perception *n* восприятие; понимание

public ~ общественное восприятие/понимание

perform *v* выполнять; осуществлять; делать; исполнять

performance *n* 1. выполнение; работа; производительность; показатель/результат деятельности; техническая характеристика 2. спектакль

actual ~ фактический экономический показатель

better ~ повышение производительности труда

budgetary ~ исполнение бюджета

deteriorating ~ ухудшающийся показатель

dramatic ~ сенсационный результат

economic ~ экономический показатель/результат

good ~ высокая производительность труда

job ~ показатель/результаты деятельности/труда

market ~ характеристика рынка

maximum ~ максимальная производительность

trade ~ результаты торговли

to deteriorate economic ~ ухудшать экономический показатель/результат

to enhance ~ повышать производительность

to give a limp ~ **in the television debate** производить вялое впечатление во время теледебатов

to improve/to strengthen ~ улучшать показатели

improved export ~ **of developing countries** увеличение экспорта со стороны развивающихся стран

party's poor ~ **in an election** плохие результаты партии на выборах

performer *n* исполнитель

ordinary ~ рядовой исполнитель

perfect ~ безупречный исполнитель

peril *n* опасность

war ~ военная угроза, опасность войны

to be fraught with ~ **for** *smb* быть чреватым опасностью для *кого-л.*

period *n* 1. период, срок 2. время, эпоха 3. цикл 4. *амер.* точка

~ **of duty** служебное время; служебные часы; время работы

~ **of reconstruction** восстановительный период

~ **of relative calm** период относительного затишья

~ **of transition** переходный период

~ **under review** рассматриваемый период

budget ~ бюджетный период

cooling-off ~ период остывания *(период переговоров между профсоюзами и нанимателями, во время которого действует запрет на проведение забастовок)*

crucial ~ критический период/момент

grace ~ срок отсрочки платежа; льготный срок/период

guarantee ~ гарантийный срок

honeymoon ~ «медовый месяц» *(начальный период пребывания президента по должности после победы на выборах)*

initial ~ первоначальный срок; начальный период

intra-war ~ *воен. жарг.* период обмена ядерными ударами

operating ~ эксплуатационный период; рабочий период

organization ~ организационный период

past-war ~ послевоенный период

payback ~ срок погашения (задолженности)

pay-off ~ период окупаемости

preparatory ~ подготовительный период

pre-war ~ предвоенный период

prior ~ предыдущий/прошлый период

probation(ary) ~ испытательный срок/период; период стажировки

repayment ~ срок погашения задолженности

reporting ~ отчетный период

specified ~ **of time** установленный период времени

stagnant ~ застойный период

training ~ период обучения

transition(al) ~ переходный период

trial ~ испытательный срок

troubling/turbulent ~ беспокойный/бурный период

to cover the ~ охватывать период

to extend the repayment ~ продлевать срок платежа

to put a ~ **to** поставить точку; положить конец *(чему-л.)*

in the ~ **ahead** в будущем

periodic *a* периодический

periodical I *n* периодическое издание; *pl* периодика

periodical II *a* периодический

periodization *n* периодизация

perish *v* погибать, умирать

perjurer *n* лжесвидетель

perjury *n* лжесвидетельство

to commit ~ лжесвидетельствовать; совершать лжесвидетельство; давать ложные показания

perk *n разг. (от perquisite)* побочный доход; *pl* дополнительные блага, привилегии, льготы

abuse of ~s злоупотребление льготами

permanent *a* постоянный

permission *n* разрешение

discretionary ~ избирательное разрешение

formal ~ формальное разрешение

to apply for ~ обращаться за разрешением

to refuse *smb* **visa** ~ отказывать *кому-л.* в выдаче визы

to seek ~ **from** *smb* **to do** *smth* добиваться разрешения от *кого-л.* делать *что-л.*

to win ~ **for** *smth* добиться разрешения на *что-л.*

permit I *n* разрешение; пропуск; лицензия

entry ~ въездная виза, разрешение на въезд

exit ~ выездная виза, разрешение на выезд

export ~ экспортная лицензия

labor ~ разрешение на работу *(для эмигрантов)*

police ~ разрешение полиции

reentry ~ разрешение на повторный въезд

residence/resident ~ вид на жительство *(для иностранцев)*

temporary ~ временное разрешение

work ~ разрешение на работу *(для эмигрантов)*

to grant resident ~ **to** *smb* предоставлять *кому-л.* вид на жительство

to obtain special ~ получать специальные пропуска

to refuse entry ~s **to** *smb* отказывать *кому-л.* во въездных визах

permit II *v* позволять, разрешать; допускать

perpetrate *v* совершать *(обыкн. преступление)*

perpetrator *n* преступник; виновный

~ **of a crime** преступник

perquisites *n pl* льготы, побочные преимущества, привилегии

persecute *v (smb)* преследовать; подвергать гонениям/преследованиям
  to ~ for beliefs преследовать за убеждения
  to ~ on religious grounds преследовать по религиозным причинам
  without fear of being ~d не опасаясь преследований
persecution *n* **1.** гонение, преследование **2.** репрессии
  police ~ преследования со стороны полиции
  political ~ политические гонения; преследование по политическим мотивам
  to be subjected to ~ преследоваться, подвергаться преследованиям /гонениям
  to escape ~ избежать преследований
  to flee from political ~ бежать от политических преследований
  to protect against ~ ограждать от преследований
  to subject to ~ подвергать гонениям
  to suffer cruel ~s подвергаться жестоким гонениям
persecutor *n* преследователь, гонитель
persistence *n* постоянство, устойчивость
person *n* человек, лицо, субъект
  ~s concerned заинтересованные лица
  ~s in need of supervision (PINS) лица, подлежащие наблюдению
  ~ of historic dimensions историческая личность
  ~ of importance важное лицо
  anti-nuclear ~ член кампании за ядерное разоружение
  artificial ~ юридическое лицо
  composite international ~ сложное международное лицо (*многонациональное государство-федерация*)
  displaced ~ перемещенное лицо
  eligible ~ 1) лицо, имеющее право быть избранным 2) лицо, имеющее право на *что-л.*
  extraditable ~ лицо, подлежащее выдаче
  highly placed ~ человек, занимающий высокий пост, высокопоставленное лицо
  illiterate ~ неграмотный
  insecure ~ политически неблагонадежный человек
  insured ~ застрахованный
  international ~ субъект международного права
  interned ~ интернированное лицо
  investigated ~ подследственное лицо
  juridical/legal ~ юридическое лицо
  natural ~ физическое лицо
  needy ~ бедняк; лицо с низким уровнем дохода
  principled ~ принципиальный человек
  private ~ частное лицо
  real international ~ реальное международное лицо (*суверенное государство*)
  self-supporting ~ лицо с обеспеченным доходом
  stateless ~ лицо без гражданства

  third ~ третье лицо, третья сторона
  very important ~ (VIP) важная персона, VIP-персона
  to detain suspicious ~s задерживать подозрительных лиц
  to veto a ~ отвергать *чью-л.* кандидатуру
  recognition of international ~ признание международного лица
persona *n лат.* особа, личность, персона
  ~ grata *дип.* персона грата
  ~ non grata *дип.* персона нон грата
  to declare *smb* **~ non grata** объявлять *кого-л.* персоной нон грата
personage *n* выдающаяся личность; персонаж
personal *a* личный; индивидуальный; персональный
personality *n* **1.** личность **2.** деятель
  dual ~ раздвоение личности
  historical ~ историческая личность
  international ~ международный деятель
  leading religious ~s ведущие религиозные деятели
  striking ~ яркая личность/фигура
  making up of ~ становление личности
  molding of ~ формирование личности
  role of ~ in history роль личности в истории
personnel *n* кадры, личный состав, сотрудники, персонал
  administrative ~ административный персонал
  armed forces ~ личный состав вооруженных сил
  auxiliary ~ вспомогательный персонал
  counterpart ~ местный персонал, дублирующий специалистов ООН; местные сотрудники, работающие в паре со специалистами ООН; параллельный персонал
  diplomatic ~ дипломатические работники
  engineering and technical ~ инженерно-технические работники
  executive ~ руководящий состав
  experienced ~ квалифицированный персонал; квалифицированные кадры
  field service ~ персонал, работающий на местах
  fixed-term ~ персонал, работающий по срочным контрактам (*в течение определенного срока*)
  high-level ~ руководящие работники
  international ~ международный персонал
  junior ~ младший персонал
  key ~ основной состав сотрудников; ведущие специалисты
  leading ~ руководящие кадры
  liaison ~ *воен.* офицеры связи
  local ~ местный/национальный персонал
  locally recruited ~ персонал, набираемый на местах
  managerial ~ административно-управленческий аппарат; руководящие кадры
  military ~ военный персонал
  office and management ~ административно-управленческий персонал

officer ~ офицерский состав

operating ~ обслуживающий/технический персонал

operational, executive and administrative ~ (OPEX) оперативный, исполнительный и административный персонал

project ~ персонал проекта/объекта

qualified ~ квалифицированный персонал

regular ~ кадровый персонал

research and educational ~ научно-педагогический персонал

scientific and technical ~ научно-технические кадры

security ~ силы безопасности

senior ~ руководящий состав

service ~ 1) военнослужащие 2) технический персонал

skilled ~ квалифицированный/подготовленный персонал, квалифицированные кадры

support ~ вспомогательный персонал

technical assistance ~ технический персонал

trade ~ торговые работники

trained ~ квалифицированный/подготовленный персонал

to train ~ обучать/готовить личный состав

briefing of ~ инструктаж/брифинг персонала

changes in ~ кадровые изменения

deployment of ~ расстановка кадров

education of ~ воспитание кадров

in charge of ~ занимающийся кадровыми вопросами

migration of trained ~ миграция квалифицированных кадров

outflow of qualified professional ~ миграция/утечка квалифицированных профессиональных кадров

placement of ~ расстановка кадров

perspective I *n* перспектива

bleak ~ мрачная перспектива

to put a different ~ **on** *smth* представлять *что-л.* в другом свете

perspective II *a* перспективный

persuade *v* убеждать, уговаривать

persuasion *n* убеждение

ideological ~s идеологические убеждения

military ~ убеждение военными средствами

political ~ 1) убеждение политическими средствами 2) политические убеждения

religious ~ вероисповедание

by peaceful ~ путем мирного убеждения

measures of ~ меры убеждения

methods of ~ методы убеждения

pertain *v* относиться, иметь отношение *(к чему-л.)*; принадлежать

pertaining to *prep* относительно, в отношении; касающийся, относящийся (к); связанный (с)

perturb *v* беспокоить, волновать, тревожить

perturbation *n* потрясение

monetary and financial ~s валютно-финансовые потрясения

pessimism *n* пессимизм

pessimist *n* пессимист

pesticide *n* пестицид

uncontrolled use of ~s неконтролируемое применение пестицидов

peter *n брит. тюремн. жарг.* тюремная камера

petition I *n* петиция, заявление, прошение, просьба

to address a ~ **to** *smb* обращаться с петицией к *кому-л.*

to be presented with a ~ получать петицию

to deliver a ~ **to** *smb* доставлять петицию *кому-л.*

to hand in a ~ **to** *smb* вручать петицию/прошение *кому-л.*

to make a ~ **to** *smb* обращаться с петицией к *кому-л.*

to present a ~ **to** *smb* вручать петицию/прошение *кому-л.*

to reject a clemency ~ отклонять ходатайство о помиловании

to sign a ~ подписываться под петицией

petition II *v* обращаться с петицией к *кому-л.*

to ~ **the House of Lords** *v* обращаться с петицией к палате лордов

petitioner *n* петиционер, проситель; *юр.* истец

petrodiplomat *n* дипломат, представляющий страну-экспортера нефти

petrodollars *n pl эк. жарг.* нефтедоллары *(доходы от экспорта нефти)*

petrol-bomb I *n* бутылка с зажигательной смесью

petrol-bomb II *v* бросать бутылки с зажигательной смесью

petty *a* маловажный, незначительный; мелкий; ограниченный; узкий

petty-bourgeois *a* мелкобуржуазный

petty-minded *a* обывательский

pharisaic(al) *a* фарисейский

pharisaism, phariseism *n* фарисейство

pharisee *n* фарисей

phase I *n* фаза

final ~ заключительная фаза

prosperity ~ фаза экономического подъема

transitional ~ переходный этап

to enter a crucial ~ вступать в решающую фазу

at a critical ~ в критической стадии

phase II *v* осуществлять постепенный переход

phased *a* постепенный, поэтапный

phase-down *n* постепенное сокращение

to negotiate a ~ **of military presence** вести переговоры о постепенном сокращении военного присутствия

phenomenon *n (pl phenomena)* явление

anti-social ~ антисоциальное явление

basic ~ базисное явление

crisis ~ кризисное явление

natural ~ явление природы, природное явление

negative ~ негативное явление
political ~ политическое явление
retrogressive ~ регрессивное явление
social ~ общественное/социальное явление
socio-economic ~ социально-экономическое явление
socio-political ~ общественно-политическое явление
temporary ~ временное явление
to combat the negative ~ бороться с негативным явлением
essence of ~ сущность явления
philanthrope *n* филантроп
philanthropy *n* филантропия
philistine I *n* обыватель, филистер
philistine II *a* обывательский
Philistinism *n* филистерство
philosopher *n* философ
philosophical *a* философский
philosophize *v* философствовать
philosophy *n* философия
dogmatic ~ догматическая философия
dualistic ~ дуалистическая философия
eclectical ~ эклектическая философия
German classical ~ немецкая классическая философия
idealistic ~ идеалистическая философия
materialist ~ материалистическая философия
modern ~ современная философия
doctor of ~ **(Ph.D.)** доктор философии
phone *n* телефон
to tap a ~ **line** прослушивать телефонные разговоры
phone-tapping *n* прослушивание телефонных разговоров
to indulge in ~ заниматься прослушиванием телефонных разговоров
photograph *n* фотоснимок, фотография
passport approved ~ фотография на паспорт
satellite ~ снимок, сделанный со спутника
photographer *n* фотограф
press ~ фотожурналист, фотокорреспондент, фоторепортер
phrase *n* словосочетание; фраза
pointer ~ *полит. жарг.* вставленная в речь фраза, которая должна понравиться аудитории
in the accepted ~ как принято говорить
phrase-monger *n* фразер
phrase-mongering *n* фразерство
physician *n* врач
International ~ **for the Prevention of Nuclear War (IPPNW)** «Врачи мира за предотвращение ядерной войны» *(организация)*
physicist *n* физик
atomic ~ физик-атомщик
pick *v*:
to ~ *smb* **up** забирать, задерживать *(кого-л.)*
to ~ *smb* **up for questioning** задерживать *кого-л.* для допроса

picket I *n* пикет
mass ~**s** массовое пикетирование
strike ~ забастовочный пикет, пикет бастующих рабочих
to be on a ~ быть в пикете, пикетировать
to break up ~**s** разгонять пикеты
to place ~**s** выставлять пикеты
picket II *v* пикетировать
to ~ **a factory** пикетировать фабрику
picketer *n* пикетчик
picketing *n* пикетирование
chain ~ пикетирование по кругу
picket-line *n* пикеты, заслон пикетчиков
to cross a ~ быть штрейкбрехером
picketman *n* пикетчик
picture I *n* картина; фотография, снимок
compromising ~ компрометирующий снимок
country's political ~ расстановка политических сил в стране
gloomy ~ мрачная картина
rosy ~ радужная картина
to disappear from the ~ уходить с политической сцены
to give a distorted ~ **of** *smth* давать искаженную картину *чего-л.*
to paint a black ~ **of the situation** рисовать мрачную картину обстановки
to release ~**s of** *smb* публиковать чьи-л. фотографии
picture II *v* описывать, изображать; представлять себе
piece-work *n* сдельная работа
piece-worker *n* сдельщик
piety *n* набожность
pigeon *n уголов. жарг.* полицейский осведомитель
pigeon-hole *v smth* класть под сукно; откладывать в долгий ящик
pilgrim *n* пилигрим, паломник
pilgrimage *n* паломничество, странствие
to be on ~ совершать паломничество
to make a ~ **(to)** совершать паломничество *(куда-л.)*
place of ~ место паломничества
pill *n* таблетка
sunshine ~ *эвф.* таблетка наркотика ЛСД
pillage *n* грабеж
~ **of resources** разграбление ресурсов
pillory *n ист.* позорный столб
pilot *attr* опытный, пробный, экспериментальный, контрольный
on a ~ **basis** в порядке эксперимента
pilot-cosmonaut *n* летчик-космонавт
pin *n развед. жарг.* микрофотокамера
pink-collar *n* работник/работница сферы обслуживания
pinkerton *n жарг.* частный сыщик, «пинкертон»
pinko *n полит. жарг.* «розовый» *(о либералах, левых)*
pink-slip *v* увольнять, выгонять

pioneer I *n* пионер; первопроходец

pioneer II *v* организовывать (*что-л.*) впервые, быть инициатором (*чего-л.*)

pipeline I *n* **1.** трубопровод **2.** источник информации; система снабжения **3.** процесс подготовки/доработки/разработки
diplomatic ~s дипломатические каналы
to block a ~ блокировать нефтепровод
to be put/to go into the ~ быть отправленным на доработку
in the ~ в работе, в процессе разработки

pipeline II *v* направлять на доработку/разработку

piracy *n* **1.** пиратство **2.** нарушение авторского права, «пиратство» **3.** хищение интеллектуальной собственности
~ in the high seas пиратство в открытом море
air ~ воздушное пиратство

pirate *n* пират
air ~ воздушный пират

pitch *n* *полит. жарг.* предвыборные выступления кандидата

pitfall *n* западня, ловушка

pivot *n* точка опоры; основной пункт, основа
~ of political life основа политической жизни

pivotal *a* основной; центральный

placate *v* *smb* успокаивать, умиротворять *кого-л.*

place I *n* **1.** место, местонахождение **2.** должность
~ of birth место рождения
~ of confinement/detention место заключения
~ of residence постоянное местожительство
another ~ «другое место» (*так члены одной из палат британского парламента называют его другую палату*)
holy ~ святое место
meeting ~ место встречи/собрания/заседания
noteworthy ~ достойное/достопримечательное место
polling ~ избирательный участок, пункт для голосования
public ~ общественное место
voting ~ избирательный участок, пункт для голосования
working ~ рабочее место
to fill the ~ left by *smb* занять должность, освобожденную *кем-л.*
to force *smb* **into third ~** заставить *кого-л.* довольствоваться третьим местом (*напр. на выборах*)
to gain a ~ in Parliament получать место в парламенте
to occupy a special ~ занимать особое место
to order *smb* **out of a ~** приказывать *кому-л.* покинуть *какое-л.* место
to put *smb* **in their ~** ставить *кого-л.* на место
to realize *one's* **~** знать свое место
to take the ~ of *smb* замещать *кого-л.*
to take the leading ~ занимать ведущее положение

people in high ~s люди, занимающие высокие посты

place II *v* *smb/smth* помещать; ставить; устанавливать
highly ~d высокопоставленный
to ~ with размещать (*заказы*); заключать (*договоры о поставках и т.п.*)

placeman *n* ставленник

plain-clothes man *n* полицейский в штатском

plaintiff *n* *юр.* истец

plan *n* план, программа; проект
~s are bogged down выполнение планов затормозилось
~ for development план развития
~s for increased autonomy планы усиления автономии
~s for sanctions планирование санкций
~ of action план действий
~ remains on the table план остается в повестке дня переговоров
ad hoc ~ специальный план
adventurous ~ авантюристический план
aggressive ~ агрессивный план
American-mediated peace ~ план мирного урегулирования, осуществляемый при посредничестве США
annexations ~ план аннексирования
annual ~ годовой план
austerity ~ план жесткой экономии
balanced ~ сбалансированный план
California ~ «Калифорнийский план» (*метод отбора судей – кандидатуру предлагает губернатор штата*)
carefully orchestrated ~ тщательно продуманный план
cease-fire ~ план прекращения огня
comprehensive ~ всеобъемлющий/комплексный/обширный план
compromise ~ компромиссный план
constructive ~ конструктивный план
contingence ~ аварийный/запасной план; план на случай чрезвычайных обстоятельств
controversial ~ спорный план
counter ~ встречный план
curtailed ~ сокращенный/укороченный план
cuts ~s планы по сокращению
daily ~ суточный план
deficit-reduction ~ план уменьшения дефицита
deregulation ~ план отказа от государственного регулирования (*цен и т.п.*)
detailed ~ подробный план
development ~ план развития/разработки
ecological survival ~ план защиты окружающей среды
economic ~ экономический план
efficiency ~ поощрительная система заработной платы
elaborate ~ тщательно подготовленный план
expansionist ~s захватнические планы
extremist ~s экстремистские планы
financing ~ финансовый план

game ~ *делов. и полит. жарг.* план игры; план действий

general ~ общий план; генеральный план

general manager ~ обоюдная форма городского управления – мэром города и генеральным управляющим (*назначаемым мэром данного города*)

green ~ план охраны окружающей среды

ideal ~ идеальный план

impracticable ~ нереальный/невыполнимый план

independence ~ план обеспечения независимости

indicative ~ ориентировочный/предположительный план

individual national development ~s планы индивидуального национального развития

installment ~ план покупки *чего-л.* в рассрочку

integrated ~ сбалансированный план

intermediate ~ промежуточный план

intervention ~s интервенционистские планы, планы по вторжению

linkage ~ план(ы) объединения *чего-л.*

local ~ местный/локальный план

lofty ~ честолюбивый план

long-range/long-term ~ перспективный/долгосрочный/долговременный план

management ~ план организационной деятельности

Marshall P. *ист.* план Маршалла

master ~ генеральный план

medium-term ~ среднесрочный план

minute-by-minute podium ~ программа прений, расписанная по минутам; регламент

Missouri ~ «Миссурийский план» (*метод отбора судей – специальный комитет предлагает 3 кандидатуры на одну вакансию, а губернатор выбирает из них одного кандидата*)

monthly ~ месячный план

national ~ национальный план

national reconciliation ~ план национального примирения

operating ~ производственный план; оперативный план

operation ~ план операции; оперативный план

overall ~ всеобъемлющий/общий план

package ~ комплексный план

pay-as-you-go ~ плата из текущих доходов

peace ~ план мирного урегулирования

perspective ~ перспективный план

phased ~ поэтапный план

practicable ~ реальный/выполнимый план

preliminary ~ предварительный план

production ~ производственный план

realistic ~ реальный/выполнимый план

regional ~ региональный план

regional peace ~ план установления мира в регионе

research ~ план научных исследовании

resettlement ~ план переселения

retirement ~ план пенсионного обеспечения

security ~ план обеспечения безопасности

short-range/short-term ~ краткосрочный план

single ~ единый план

state ~ государственный план

strategic ~ стратегический план

strong-mayor ~ широкие полномочия мэра города, включая право вето на решения муниципалитета

technical development ~ план технического развития

UN-brokered peace ~ план установления мира, осуществляемый при посредничестве ООН

unified ~ единый план

work ~ план работ по проекту

to abandon a ~ отказываться от плана

to accept a ~ **as it stands** принимать план в его теперешнем виде

to achieve a ~ успешно выполнять план

to acquiesce in/to a ~ молча *или* неохотно соглашаться с планом

to adhere to a ~ придерживаться плана

to adopt a ~ принимать план

to agree on a ~ согласовывать план

to alter the basic format of a ~ менять основной характер плана

to approve a ~ одобрять план

to back a ~ поддерживать план

to block a ~ блокировать план

to call off a ~ отказываться от плана

to cancel a ~ отменять план

to carry out a ~ выполнять план

to check ~ **fulfilment** проверять выполнение плана

to commit *oneself* **to a** ~ принимать обязательство выполнить план

to confound the ~s срывать планы

to cooperate with a ~ сотрудничать при осуществлении плана

to correct a ~ корректировать план

to create a fusion of two ~s объединять два плана

to defy *smb's* ~s не подчиняться *чьим-л.* планам

to denounce a ~ разоблачать план

to devise a ~ разрабатывать план

to discuss a ~ обсуждать план

to dismiss a ~ отказываться от плана

to disrupt ~s срывать планы

to draft a ~ составлять план

to draw up a ~ составлять план

to effect a ~ выполнять/осуществлять план

to elaborate a ~ разрабатывать план

to embark on a development ~ вступать на путь развития (*экономики и т.п.*)

to enact a ~ принимать план

to endorse a ~ одобрять план

to establish a national ~ **of action** устанавливать государственный план действий

to execute a ~ выполнять план
to fashion a ~ разрабатывать план
to foil a ~ срывать план
to formulate a ~ вырабатывать/составлять/формулировать план
to frustrate a ~ срывать план
to fulfill a ~ выполнять план
to further a ~ способствовать осуществлению плана
to give new impetus to a peace ~ давать новый толчок осуществлению плана мирного урегулирования
to go ahead with *one's* ~ продолжать осуществлять свой план
to hand down a ~ **to** *smb* спускать план кому-л.
to harbor a ~ вынашивать план
to implement a ~ выполнять/осуществлять план
to impose a strict security ~ вводить в действие план жестких мер безопасности
to interrupt a ~ мешать осуществлению плана
to lay *one's* ~**s bare** раскрывать свои планы
to leak ~**s** осуществлять утечку информации о планах
to make contingency ~**s** разрабатывать варианты плана *(на случай изменения обстановки)*
to mastermind a ~ руководить *(часто тайно)* осуществлением плана
to mature a ~ детально разрабатывать план
to modify a ~ изменять план
to monitor a ~ наблюдать за осуществлением плана
to outline a ~ намечать план *(в общих чертах)*
to pigeon-hole a ~ класть план под сукно
to press ahead with a ~ настойчиво проводить план
to propose a ~ выдвигать/предлагать план
to push forward with a ~ продолжать осуществлять план
to push through *one's* ~ проталкивать свой план
to put a ~ **into operation** осуществлять план
to put forward a compromise ~ выдвигать компромиссный план
to reject a ~ отвергать план
to retract a ~ отказываться от плана
to reveal a ~ обнародовать план
to revise a ~ пересматривать план
to sabotage a ~ саботировать план
to scrap a ~ забраковывать план; отказываться от плана
to scuttle a ~ уклоняться от принятия плана; срывать план
to set a ~ **in motion** приводить план в действие
to set out a ~ излагать план
to shape a ~ намечать план *(в общих чертах)*

to shelve a ~ класть план под сукно
to spurn a ~ отвергать план
to stick to a ~ придерживаться плана
to submit a ~ представлять план на рассмотрение
to supervise a ~ контролировать выполнение плана
to support a ~ поддерживать план
to suspend a ~ приостанавливать осуществление плана
to throw ~ **into disarray** нарушать планы
to thwart/to torpedo/to undermine a ~ расстраивать/срывать план
to unveil a ~ обнародовать план
to work out a ~ разрабатывать план
adoption of a ~ принятие плана
architect of a ~ автор плана
cancellation of a ~ отмена плана
clarification of a ~ разъяснение плана
control/target figures of the ~ контрольные цифры плана
coordination of ~**s** согласование планов
deficiencies in a ~ недостатки плана
disclosure of a ~ обнародование плана
drawing up of a ~ разработка/составление плана
essentials of a ~ основные положения плана
execution/fulfilment/implementation of a ~ выполнение/осуществление плана
imposition of a ~ навязывание плана
in compliance with a ~ в соответствии с планом
matching of ~**s** согласование планов
opposition to a ~ отрицательное отношение к плану
principal items of the ~ главные/основные пункты плана
provisions of a ~ положения плана
under the ~ по/согласно плану

plane *n* 1. самолет 2. уровень, стадия *(развития)*
chase (air)~ 1) самолет-истребитель 2) легкий быстрый самолет, с которого ведется наблюдение во время испытаний нового самолета
combat ~ боевой самолет
military transport ~ военно-транспортный самолет
pilotless ~ беспилотный самолет
relief ~ самолет с грузом гуманитарной помощи
spy ~ самолет-разведчик; самолет-шпион
to bring down a ~ сбивать самолет
to commandeer a ~ захватывать самолет
to detect a ~ обнаруживать самолет
to place *smth* **on a higher** ~ поднять *что-л.* на более высокий уровень
to seize a ~ захватывать самолет
to shoot down a ~ сбивать самолет
to throw in ~**s** вводить в действие авиацию

plank *n полит. жарг.* один из пунктов предвыборной платформы

central ~ of *smb's* **policy** основной пункт чьей-л. политической программы

planned *a* плановый; спланированный

planner *n pl* планирующие органы

NATO ~s члены комитета военного планирования НАТО *(в Брюсселе)*

planning *n* планирование

active ~ активное планирование

adaptive ~ адаптивное планирование

advanced ~ перспективное планирование

aggregate ~ общее/укрупненное планирование

agricultural ~ планирование сельского хозяйства

annual ~ планирование на год

broad-brush ~ *полит. жарг.* наметки плана

central(ized) ~ централизованное планирование

comprehensive ~ всестороннее планирование

contingency ~ планирование действий при различных вариантах обстановки

development ~ планирование развития

economic ~ планирование экономики; экономическое планирование

elaborate ~ детальное планирование

family ~ планирование семьи; контроль/регулирование рождаемости

financial ~ финансовое планирование

forward ~ перспективное планирование

indicative ~ индикативное планирование

initiative ~ стимулы, усиливающие эффективность развития экономики

integrated economic and social development ~ интегрированное социально-экономическое планирование развития

joint ~ совместная плановая деятельность

land-use ~ планирование землепользования

local-level ~ местное планирование

long-range/long-term ~ долгосрочное/перспективное планирование

management ~ планирование организационной деятельности

manpower ~ планирование трудовых ресурсов

market ~ планирование сбыта

military ~ военное планирование

national(-scale)/nationwide ~ общегосударственное планирование

operational ~ оперативное планирование

perspective ~ перспективное планирование

policy/political ~ политическое планирование

pre-disaster ~ планирование мер на случай стихийного бедствия

preliminary ~ предварительное планирование

production ~ производственное планирование, планирование производства

program ~ программное планирование

project ~ планирование проектов

regional ~ региональное планирование

routine ~ текущее планирование

scientific ~ научное планирование

sectoral ~ отраслевое планирование

short-range/short-term ~ краткосрочное планирование

social ~ социальное планирование

socio-economic ~ социально-экономическое планирование

state ~ государственное планирование

strategic ~ стратегическое планирование

systematic ~ систематическое планирование

systems ~ планирование систем

technological/technology ~ планирование научно-технического развития

territorial ~ территориальное планирование

town and country ~ городское и сельское планирование

war ~ военное планирование

to abandon central ~ отказываться от централизованного планирования

to introduce ~ in the economy вводить/внедрять планирование в экономику

to raise the level of scientific ~ повышать научный уровень планирования

econometric methods of ~ экономико-математические методы планирования

scientific basis of ~ научная основа планирования

scope of ~ масштаб/размах планирования

social aspect of economic ~ социальный аспект экономического планирования

techniques of ~ методы/методика планирования

plant *n* **1.** предприятие; завод; установка; оборудование **2.** подставное лицо, подсадная утка **3.** *журн. и полит. жарг.* информация, данная журналисту политическим деятелем, заинтересованным в ее публикации

automobile ~ автомобильный завод

atomic power ~ атомная электростанция

chemical ~ химический завод

classified ~ секретный завод

complete ~ комплектное оборудование

dedicated ~ специализированное предприятие

demonstration ~ опытный/показательный завод

idle ~ бездействующее предприятие

industrial ~ промышленное предприятие

manufacturing ~ предприятие обрабатывающей промышленности; завод-изготовитель

nuclear (power) ~ атомная электростанция, ядерный реактор

nuclear reprocessing ~ установка для регенерации ядерного топлива

nuclear weapon(s) ~ завод, производящий атомное/ядерное оружие

pilot ~ опытный/экспериментальный завод; опытно-промышленная установка

plutonium-reprocessing ~ завод по переработке плутония

power ~ электростанция

standby ~ резервное промышленное предприятие; резервная технологическая установка

turnkey ~ завод, сданный «под ключ»/полностью готовый к эксплуатации

up-to-date ~ современный завод

uranium-processing ~ установка по переработке урана

utility ~ коммунальное предприятие

war ~ военный завод

to bring a ~ **to a halt/a standstill** останавливать завод, прекращать работу завода

to decommission a nuclear power ~ закрывать атомную электростанцию

to launch a ~ открывать завод/фабрику

to run a ~ руководить предприятием

to shut down a ~ останавливать завод, прекращать работу завода

platform *n* трибуна; платформа *(политическая, предвыборная)*; позиция *(политическая)*

draft ~ проект платформы

election ~ предвыборная платформа

government ~ правительственная платформа

no-cuts ~ платформа тех, кто выступает против сокращения

political ~ политическая платформа

to adopt a ~ принимать платформу

to deny *smb* **an easy** ~ лишать *кого-л.* легкого доступа к трибуне

to share an election ~ **with another party** выступать на выборах в блоке с другой партией

play I *n* игра

power ~ борьба за власть

play II *v* играть

to ~ **down (the importance of)** *smth* стараться преуменьшить значение *чего-л.*

to ~ *smb* **against** *smb* натравливать *кого-л.* на *кого-л.*

player *n* игрок, участник

political ~ участник политической кампании

plea *n* 1. *юр.* заявление подсудимого/защитника 2. просьба; призыв; обращение

clemency ~ просьба о помиловании

passionate/powerful ~ страстный призыв

ringing ~ решительный призыв

to deliver a ~ выступать с призывом

to make a ~ **against** *smth* выступать против *чего-л.*

to make a ~ **to** *smb* обращаться с просьбой к *кому-л.*

to turn down a ~ **for mercy from** *smb* отклонять *чье-л.* прошение о помиловании

plea-bargaining *n юр. жарг.* переговоры о заключении сделки о признании вины

plead *v юр.* выступать с заявлением в суде

to ~ **guilty** признавать себя виновным

to ~ **not guilty** не признавать себя виновным

plebiscite *n* плебисцит; референдум

national ~ плебисцит в масштабах всей страны

to call for a ~ требовать проведения плебисцита

to go to the polls in a ~ участвовать в плебисците

to hold a ~ проводить плебисцит

to lose a ~ терпеть поражение в ходе плебисцита

pledge I *n* залог; обязательство; взнос; *эк.* обеспечение *(по ссуде)*

~ **of states** обязательство государств

~**s of contribution** официально обещанные взносы

election ~ предвыборное обязательство

financial ~**s** финансовые обязательства/взносы

initial ~**s** первоначальные взносы

"no new taxes" ~ обязательство не вводить новых налогов

paper ~ обязательство/обещание на бумаге

to break a ~ нарушать обязательство

to dump an election ~ не сдержать свое предвыборное обещание

to fulfil a ~ выполнять обязательство

to get a ~ **of noninterference in the affairs of ...** получать обязательство не вмешиваться в *чьи-л.* дела

to give *smb* **a** ~ давать *кому-л.* обещание

to honor a ~ выполнять взятое на себя обязательство

to redeem the ~**s** выполнять данные обещания

announcement of ~**s** объявление взносов

pledge II *v* принимать на себя обязательства; обязываться

to be ~**ed** быть обязанным, брать на себя обязательство

plenary *a* полный, неограниченный, пленарный

plenipotentiary I *n* полномочный представитель; уполномоченный

plenipotentiary II *a* полномочный; неограниченный

pleno jure *лат.* с полным правом

plight *n* бедственное положение

~ **of the poor** тяжелое положение бедноты

~ **of the third world** тяжелое положение стран третьего мира

economic ~ бедственное состояние экономики

financial ~ бедственное финансовое положение

to alert *smb* **to the** ~ **of** *smb* обращать *чье-л.* внимание на бедственное положение *кого-л.*

to alleviate/to ease the ~ **of** *smb* облегчать *чье-л.* бедственное положение

to exploit the ~ **of** *smb* воспользоваться *чьим-л.* бедственным положением

to relieve the ~ of *smb* облегчать *чье-л.* бедственное положение

to share *smb's* **~** разделить *чье-л.* бедственное положение

to worsen the ~ of *smb* ухудшать *чье-л.* и без того бедственное положение

the ~ of the refugees cries out for international relief бедственное положение беженцев требует международной помощи

plods *n pl полит. жарг.* полиция палаты общин

plot I *n* **(against** *smb*) заговор; интрига *(против кого-л.)*

~ against the authorities заговор против властей

~ to assassinate *smb* заговор с целью совершения террористического акта

~ to overthrow the government заговор с целью свержения правительства

abortive ~ неудавшийся заговор

antigovernment(al) ~ заговор против правительства

assassination ~ заговор с целью политического убийства

coup ~ заговор с целью переворота

covert ~ тайный заговор

entangled ~ сложный заговор

failed ~ провалившийся заговор

international ~ международный заговор

large-scale ~ крупный заговор

massive ~ крупный заговор

police ~ полицейский заговор

rightist ~ заговор правых, заговор реакционеров

terrorist ~ заговор террористов

to be behind the ~ быть вдохновителем/руководителем заговора

to be implicated in a ~ быть замешанным в заговоре

to be in a ~ участвовать в заговоре

to be involved in a ~ быть участником заговора; быть втянутым в заговор; участвовать в заговоре; иметь отношение к заговору

to denounce a ~ осуждать заговор

to discover a ~ раскрывать заговор

to engineer a ~ готовить/замышлять заговор

to expose a ~ раскрывать заговор

to foil/to frustrate a ~ срывать заговор

to hatch a ~ готовить/замышлять заговор

to initiate a ~ начинать заговор, быть инициатором заговора

to instigate a ~ готовить/замышлять заговор

to mastermind a ~ быть вдохновителем/руководителем заговора

to mount a ~ готовить/замышлять заговор

to orchestrate a ~ быть вдохновителем/ руководителем заговора

to organize a ~ организовывать заговор

to thwart a ~ срывать заговор

to uncover/to unmask a ~ раскрывать заговор

involvement in terrorist ~s участие в террористических заговорах

part of a ~ часть заговора

the main mover of the ~ главный инициатор заговора

plot II *v* готовить/организовывать заговор

to ~ against the government готовить заговор против правительства

to ~ in the dark секретно готовить заговор

to ~ to kill *smb* устраивать заговор с целью убийства *кого-л.*

to ~ to overthrow *smb* организовать заговор с целью свержения *кого-л.*

plotter *n* заговорщик, участник заговора

ploy *n* уловка

classic negotiation ~ классический прием, применяемый на переговорах

election ~ предвыборный маневр

political ~ политическая уловка

propaganda ~ пропагандистская уловка, пропагандистский трюк/ход

public relations ~ рекламный трюк; «пиар(ов)ская» уловка

tactical ~ тактическая уловка

to fall for *smb's* **~** поддаваться на *чью-л.* уловку

plum *n полит. жарг.* **1.** «теплое местечко», выгодная должность **2.** выгодный заказ *(предоставленный за поддержку на выборах)*

plummet *v* резко падать *(о курсе валют и акций)*

plump *v* **(for)** голосовать только за одного кандидата *(при возможности отдать голос нескольким)*

plunder I *n* разбой, грабеж, разграбление

~ of natural resources расхищение природных ресурсов

plunder II *v* грабить; расхищать

plundering *n* расхищение

plunge I *n* резкое падение

market ~ резкое падение курса акций *(на фондовых биржах)*

plunge II *v* резко упасть

pluralism *n* плюрализм

economic ~ экономический плюрализм

political ~ политический плюрализм

to allow some sort of political ~ допускать некоторую степень политического плюрализма

turnaway from political ~ отказ от политического плюрализма

pluralist *n* плюралист

pluralistic *a* плюралистический

plurality *n* относительное большинство голосов

plutocracy *n* плутократия

plutocrat *n* плутократ

plutocratic *a* плутократический

pocket I *n* **1.** карман **2.** район **3.** очаг

~ of poverty район нищеты

~ of resistance очаг сопротивления

to be in *smb's* ~ *перен.* быть в *чьих-л.* руках

to hit *smb* **in the** ~ *перен.* ударить *кого-л.* по карману

to line *one's* ~s *перен.* поживиться

pocket II *v (smth) полит. жарг.* задерживать подписание законопроекта до окончания законодательной сессии *(когда он утратит силу)*

pocket-veto I *n* «карманное вето», задержка *(президентом)* подписания законопроекта до окончания законодательной сессии

pocket-veto II *v* задерживать подписание законопроекта до окончания законодательной сессии *(когда он утратит силу)*

pocket-war *n* непродолжительная интервенционистская война с целью установления политического господства

podium *n* трибуна

pogey *n канадск.* благотворительное пособие

pogrom I *n русск.* погром

pogrom II *v* учинять погром

pogrom-maker *n* погромщик

point *n* **1.** место, пункт, точка **2.** момент *(времени)* **3.** очко **4.** суть, смысл; точка зрения **5.** пункт, момент, вопрос, дело **6.** *полит. жарг.* кандидат на президентских выборах, вырвавшийся вперед по числу собранных голосов **7.** прицел **8.** острога

~ **at issue** вопрос, о котором идет речь/спор

~ **of contention** спорный пункт, пункт противоречий

~ **of difference** пункт, по которому имеются расхождения

~ **of drafting** вопрос редакционного характера *(проекта резолюции и т.п.)*

~ **of no return** момент, после которого *какой-л.* процесс становится необратимым

~ **of order** вопрос по порядку ведения заседания, процедурный вопрос

~ **of principle** принципиальный вопрос

~ **of substance** вопрос по существу

~ **of tension** очаг международной напряженности

~s **of disagreement** вопросы, по которым нет согласия

assembly ~ место/пункт сбора

border crossing ~ пограничный контрольно-пропускной пункт

crucial ~ важный/критический момент

diplomatic ~s дипломатические очки *(выигрыш)*

entry ~ пункт въезда в страну

exit ~ пограничный пункт для вывода войск

focal ~ основной/узловой момент, главный/основной вопрос

hot ~ горячая точка

key ~ важный пункт/вопрос

news ~ новость; сообщение

polling ~ избирательный пункт/участок

sore ~ больной вопрос

sticking ~ камень преткновения; препятствие *(на переговорах)*

strategic ~ ключевое место

transit ~ перевалочный пункт

turning ~ поворотный пункт

vital ~ существенный вопрос

to be ahead of *smb* **by two** ~s быть впереди *кого-л.* на два пункта *(на выборах или при опросе общественного мнения)*

to harmonize different ~s **of view** согласовывать различные точки зрения

to hold *smb* **at gun** ~ держать *кого-л.* под дулом пистолета

to make a ~ высказывать *что-л.*; доказывать свою правоту

to push the government ~ **of view** отстаивать точку зрения правительства

to raise a ~ поднимать вопрос

to reiterate a ~ вновь излагать точку зрения

to resolve a sticking ~ разрешать противоречие, мешавшее заключению соглашения

to rule on a ~ **of order** выносить постановление по порядку ведения заседания

to score political ~s набирать политические очки

to set up check ~s устанавливать контрольно-пропускные пункты

to stand at a turning ~ стоять на перепутье/на распутье

to win *smb* **over to** *one's* ~ **of view** склонить *кого-л.* на свою сторону

to yield a ~ делать уступку

at gun ~ под угрозой применения оружия

focal ~ **of tension** очаг напряженности

on a ~ **of clarification** в порядке уточнения

on a technical ~ относительно формулировки

poisoning *n* отравление

radiation ~ поражение радиацией

polarization *n* поляризация

class ~ классовая поляризация

growing ~ растущая поляризация

social ~ социальная поляризация

polarize *v* **1.** поляризовать, делить на противоположные группировки **2.** поляризоваться, разделяться, раскалываться

to ~ **into camps** делиться на противоположные лагери

polemic(al) *a* полемический, спорный

polemics *n* полемика, спор, дискуссия; полемизирование; искусство полемики

to carry on ~ вести полемику

to enter into ~ вступать в полемику

plea for an end to ~ призыв прекратить полемику

polemi(ci)st *n* полемист, автор полемических произведений

polemize *v* **(with** *smb***)** полемизировать *(с кем-л.)*

police I *n* полиция; **(the** ~**)** полицейские

~ **are bracing themselves for more demonstrations** полиция готовится к разгону новых демонстраций

~ **are under orders to shoot anyone on sight** полиция получила приказ открывать огонь по любому без предупреждения

~ **beat demonstrators with truncheons** полиция избила демонстрантов дубинками

~ **charged the crowd** полиция напала на толпу

~ **have been out in force** улицы патрулировались крупными силами полиции

~ **have sealed (off) the embassy** полиция оцепила посольство

~ **in riot gear** полиция, экипированная для подавления беспорядков

~ **made no attempt to interfere** полиция не пыталась вмешиваться

~ **moved in to restore order** полиция ворвалась, чтобы восстановить порядок

~ **on horseback/on horses** конная полиция

~ **opened fire on demonstrators** полиция открыла огонь по демонстрантам

~ **recovered hand-grenades and automatic rifles** полиция конфисковала ручные гранаты и автоматические винтовки

~ **stayed away** полиция не вмешивалась

~ **used batons** полиция пустила в ход дубинки

~ **used tear-gas and water cannon** полиция применила слезоточивый газ и водометы

colonial ~ *брит. полиц. жарг.* провинциальная полиция

criminal ~ уголовная полиция

detective ~ сыскная полиция

fiscal ~ налоговая полиция

helmeted ~ полиция в касках

home ~ *брит. полиц. жарг.* столичная полиция

intelligence ~ контрразведка

local ~ местная полиция

metropolitan ~ столичная полиция

military ~ **(MP)** военная полиция

mounted ~ конная полиция

paramilitary ~ полувоенные полицейские формирования

plain-clothes ~ полицейские в штатском

political ~ политическая полиция

railway ~ железнодорожная полиция

riot ~ полицейские формирования для борьбы с беспорядками

secret ~ тайная полиция

security ~ тайная полиция; органы государственной безопасности

state ~ полиция штата

strengthened ~ усиленный наряд полиции

traffic ~ дорожная полиция

to battle (the) ~ вести бои/сражение с полицией, нападать на полицию

to be in the firm grip of the ~ находиться под строгим контролем полиции

to be wanted by (the) ~ разыскиваться полицией

to connive with (the) local ~ сговариваться с местной полицией

to contact the ~ связываться с полицией

to deploy thousands of ~ развертывать полицейские формирования численностью в несколько тысяч человек

to fall victim to ~ оказываться жертвой полиции

to give *oneself* **up to the** ~ сдаваться полиции

to go to the ~ обращаться в полицию

to hand *smb* **over to the** ~ передавать *кого-л.* в руки полиции

to pelt the ~ **with stones** забрасывать полицию камнями

to penetrate the ~ внедряться в полицию

to post ~ расставлять посты полиции

to push past the ~ пробиваться через оцепление полиции

to register with the ~ регистрироваться в полиции

to stone the ~ забрасывать полицию камнями

to surrender to the ~ сдаваться полиции

to tip off the ~ давать сигнал полиции

a group of ~ **wielding truncheons** группа полицейских с дубинками в руках

clashes with the ~ столкновения с полицией

sought/wanted by ~ разыскиваемый полицией

police II *v* **1.** нести полицейскую службу **2.** осуществлять полицейские функции **3.** управлять, контролировать **4.** наблюдать за выполнением *(условий договора; о войсках ООН)*

policeman *n* полицейский, полисмен

~ **of the world** мировой жандарм

~ **on the beat** полицейские патрули

global ~ мировой жандарм

off-duty ~ полицейский, свободный от дежурства

on-duty ~ полицейский на дежурстве

plainclothes ~ полицейский в штатском

traffic ~ полицейский-автоинспектор

to act as a world ~ действовать в качестве мирового жандарма

to cheek a ~ вести себя вызывающе по отношению к полицейскому

polic/y *n* **1.** политика; политический курс; стратегия; система; *(towards smth)* позиция **2.** страховой полис

~ **from (positions of) strength** политика с позиции силы

~ **in science and technology** научно-техническая политика

~ **is bearing fruit** политика приносит свои плоды

~ **is constitutional** политика не противоречит конституции

~ **of a newspaper** позиция газеты

~ **of aid** политика помощи

~ **of alliances** политика союзов

~ **of amicable cooperation with** *smb* политика дружественного сотрудничества с *кем-л.*

~ **of appeasement** политика умиротворения

~ **of belt-tightening** политика затягивания поясов
~ **of capitulation** политика капитуляции
~ **of compromise** политика компромиссов
~ **of conciliation** соглашательская политика
~ **of confrontation** политика конфронтации
~ **of connivance** политика попустительства
~ **of containment** политика сдерживания *(агрессора и т.п.)*
~ **of cooperation** политика сотрудничества
~ **of détente** политика разрядки напряженности
~ **of democracy and social progress** политика демократии и социального прогресса
~ **of deterrence** политика сдерживания
~ **of dictate** политика диктата
~ **of discrimination** дискриминационная политика
~ **of economic blockade and sanctions** политика экономических блокад и санкций
~ **of economy** режим экономии
~ **of elimination** политика уничтожения
~ **of expansion and annexation** политика экспансии и аннексии
~ **of fiscal rigor** жесткая финансовая политика
~ **of freedom of expression** политика свободы слова
~ **of friendship** политика дружбы
~ **of genocide** политика геноцида
~ **of good-neighborliness** политика добрососедства
~ **of goodwill** политика доброй воли
~ **of inaction** политика бездействия
~ **of intervention** политика вмешательства
~ **of intimidation** политика запугивания
~ **of isolation** политика изоляции
~ **of militarism** политика милитаризма, милитаристская политика
~ **of militarization** политика милитаризации
~ **of military confrontation** политика военной конфронтации
~ **of military force** военно-силовая политика
~ **of national reconciliation** политика национального примирения
~ **of neutrality** политика нейтралитета
~ **of nonalignment** политика неприсоединения
~ **of noninterference/nonintervention** политика невмешательства
~ **of nonviolence** политика отказа от насильственных действий
~ **of obstruction** политика препятствий и помех; обструкционистская политика
~ **of openness** политика гласности
~ **of pacification** политика усмирения
~ **of peace** политика мира
~ **of peaceful co-existence** политика мирного сосуществования
~ **of plunder** политика грабежа
~ **of protectionism** политика протекционизма

~ **of racial segregation and discrimination** политика расовой сегрегации и дискриминации
~ **of reconciliation** политика примирения
~ **of reform(s)** политика реформ
~ **of regulating prices** политика регулирования цен
~ **of renewal** политика обновления
~ **of restraint** политика сдерживания
~ **of revanche/of revenge** политика реваншизма/реванша, реваншистская политика
~ **of subjugation** политика покорения
~ **of violence** политика насилия
~ **of wage restraint** политика сдерживания роста заработной платы
~ **of war** политика войны
~ **towards/vis-á-vis/with regard to a country** политика по отношению к *какой-л.* стране
~ **won out** эта политика одержала верх
active ~ активная политика
adventurist(ic) ~ авантюристическая политика
aggressive ~ агрессивная политика
agrarian/agricultural ~ аграрная/сельскохозяйственная политика
alternative ~ альтернативная политика
annexationist ~ захватническая политика; политика аннексий/захвата
anti-inflationary ~ антиинфляционная политика, политика сдерживания инфляции
anti-national ~ антигосударственная политика
anti-nuclear ~ 1) антиядерная политика 2) политика недопущения захода *(в свои порты)* судов с ядерным оружием на борту *(о стране)*
anti-recessionary ~ антикризисная политика
appropriate ~ соответствующая политика
arms ~ политика в области вооружений
austere/austerity ~ политика «затягивания поясов»/строгой экономии
autonomous ~ независимая политика
balanced ~ сбалансированная политика
banking ~ банковская политика
bankrupt ~ обанкротившаяся политика
basic ~ основная политика
beggar-my-neighbor ~ политика протекционизма во время спада мировой торговли *(ее цель — способствовать росту своей экономики за счет ограничения импорта)*
bellicose ~ агрессивная политика
big stick ~ политика «большой дубинки»
big-time ~ большая политика
bipartisan ~ двухпартийная политика
blind-eye ~ политика закрывания глаз на *что-л.*
bloc ~ политика блоков
bomb-in-the-basement ~ политика сокрытия наличия у страны ядерного оружия
bridge-building ~ политика «наведения мостов»

brinkmanship/brink-of-war ~ политика балансирования на грани войны

broad-brush ~ *полит. жарг.* наметки политики

budget ~ бюджетная политика

cadres ~ кадровая политика

carrot and stick ~ политика «кнута и пряника»

cautious ~ осторожная/осмотрительная политика

centrist ~ центристская политика

circumspect ~ осмотрительная политика

class ~ классовая политика

clean-air ~ политика борьбы за чистый воздух

closed-door trade ~ торговая политика «закрытых дверей»

coherent ~ последовательная политика

cold war ~ *ист.* политика «холодной войны»

colonial ~ *ист.* колониальная политика

colonialist ~ колонизаторская политика

commercial ~ торговая политика

common ~ общая политика

comprehensive national science and technology ~ всеобъемлющая государственная политика в области науки и техники

concerted ~ согласованная политика

confrontation ~ политика конфронтации

consistent ~ последовательная политика

containment ~ политика сдерживания

controversial ~ противоречивая политика

coordinated ~ согласованная политика

counterproductive ~ политика, приводящая к обратным результатам

country's fundamental ~ основные направления политики страны

credible ~ политика, внушающая доверие

credit ~ кредитная политика

credit card ~ политика в области кредитных карт

crumbling ~ обанкротившаяся политика

cultural ~ культурная политика

current ~ текущая политика

damaging ~ пагубная политика

defeatist ~ капитулянтская/пораженческая политика

defense ~ политика в области обороны

deflationary ~ политика дефляции

demilitarization ~ политика демилитаризации

democratic ~ демократическая политика

destabilization ~ курс на дестабилизацию

deterrent ~ политика сдерживания

development ~ политика экономического развития

dilatory ~ политика проволочек

diplomatic ~ дипломатическая политика

disarmament ~ политика разоружения

discretionary ~ осмотрительная политика

discriminatory ~ дискриминационная политика

disinflation ~ антиинфляционная политика, политика сдерживания инфляции

divide-and-rule ~ политика «разделяй и властвуй»

domestic ~ внутренняя политика

dynamic ~ динамичная политика

economic ~ экономическая политика

economic and commercial ~ торгово-экономическая политика

embargo ~ политика эмбарго

emigration ~ эмиграционная политика

emission ~ эмиссионная политика

employment ~ политика обеспечения занятости

energy ~ политика в области энергетики

environmental ~ политика в области охраны окружающей среды

erroneous ~ ошибочная политика

European ~ европейская политика

even-handed ~ беспристрастная политика

expansionary ~ политика экономического роста

expansionist ~ захватническая/экспансионистская политика

extreme right-wing ~ крайне правая политика

fair ~ справедливая политика

farm ~ аграрная/сельскохозяйственная политика

far-reaching ~ долгосрочная политика; политика дальнего прицела

far-sighted ~ дальновидная политика

federal ~ политика федерального правительства

financial ~ финансовая политика

firm ~ твердый политический курс

fiscal ~ бюджетная/налоговая политика

flexible ~ гибкая политика

foreign ~ внешняя политика

foreign aid ~ политика помощи иностранным государствам

foreign-economic ~ внешнеэкономическая политика

foreign trade ~ внешнеторговая политика

forward-looking ~ дальновидная политика

free trade ~ политика свободной торговли

general ~ общая политика

generous ~ великодушная/щедрая политика

give-and-take ~ политика взаимных уступок

global ~ глобальная политика

good neighbor ~ политика добрососедства

government('s) ~ правительственный курс, правительственная политика

great-power ~ великодержавная политика

green ~ политика защиты окружающей среды

gunboat ~ политика «канонерок»

hands-off ~ политика государственного невмешательства *(в экономику)*

hard-line ~ жесткий курс

harmful ~ пагубная политика

harmonized ~ согласованная политика

health ~ политика в области здравоохранения

hegemonic ~ гегемонистская политика

high-risk ~ рискованная политика

home ~ внутренняя политика

ill-thought-out ~ плохо продуманная политика

imperial ~ имперская политика

imperialist ~ империалистическая политика

import ~ импортная политика

import substitution ~ политика импортозамещения

independent ~ независимая/самостоятельная политика

industrial ~ политика развития промышленности

inflationary ~ политика, ведущая к инфляции

inhuman ~ бесчеловечная политика

instigatory ~ подстрекательская политика

insurance ~ страховой полис

internal ~ внутренняя политика

international ~ международная политика

internment ~ политика интернирования

interventionist ~ политика вмешательства, интервенционистская политика

investment ~ инвестиционная политика

iron-fist ~ политика «железного кулака»/«железной руки»

irreversible ~ необратимая политика

kid-glove ~ осторожная/умеренная политика

labor mediation ~ посредническая политика в области труда

laissez-faire ~ политика невмешательства

land ~ земельная политика

language ~ политика в области языка, языковая политика

leash-loosening ~ политика либерализации

left-wing ~ политика левых

lending ~ кредитная политика

liberal ~ либеральная политика

liberalized ~ более либеральная политика

long-range/long-term ~ долгосрочная политика

lunatic ~ безрассудная политика

maritime ~ морская политика

marketing ~ политика сбыта

militaristic ~ милитаристская политика

mobile ~ маневренная политика

moderate ~ умеренный политический курс

monetarist ~ монетаристский курс

monetary ~ валютная/денежно-кредитная/финансовая политика

much-heralded ~ разрекламированная политика

mushy ~ мягкотелая/мягкая политика

national ~ государственная политика

nationalistic ~ националистическая политика

nationalities ~ политика в национальном вопросе

native ~ политика в отношении туземного населения

nativist ~ политика превосходства родившихся в стране граждан над иммигрантами

neo-colonialist ~ неоколониалистская политика

neutral/neutrality ~ политика нейтралитета

New Economic P. (NEP) *ист.* новая экономическая политика, НЭП

news ~ отбор/освещение новостей

nonaligned/nonalignment ~ политика неприсоединения/неучастия

noninterference/nonintervention ~ политика невмешательства

nonnuclear ~ политика отказа от ядерного оружия; политика, направленная против размещения ядерного оружия на территории страны

nuclear ~ политика в области ядерного оружия

nuclear defense ~ политика в вопросе ядерной обороны

nuclear deterrent ~ политика ядерного сдерживания

nuclear-free ~ политика отказа от ядерного оружия; политика, направленная против размещения ядерного оружия на территории страны

obstructionist ~ обструкционистская политика

official ~ официальная политика, официальный курс

official trade ~ государственная торговая политика

oil ~ нефтяная политика

one-child-family ~ кампания за то, чтобы в каждой семье было не более одного ребенка *(КНР)*

one-sided ~ однобокая/пристрастная политика

open-door ~ политика «открытых дверей»

openly pursued ~ открыто проводимая политика

opportunistic ~ оппортунистическая политика

optimal ~ оптимальная политика

ostrich(-like) ~ политика самообмана, страусиная политика

outward-looking ~ политика, направленная на развитие внешних контактов

overall ~ общая/всеобъемлющая политика

overtly racist ~ неприкрыто расистская политика

parliamentary ~ парламентская политика

party ~ политика партии

passive ~ пассивная политика

pay-curb ~ политика ограничения заработной платы

peace(ful) ~ политика мира, мирная политика

peace-loving ~ миролюбивая политика

personnel ~ кадровая политика

plunderous ~ грабительская политика, политика грабежа

political ~ политический курс

population ~ демографическая политика

position-of-strength ~ политика «с позиции силы»

practical ~ практическая политика

predatory ~ грабительская политика, политика грабежа

price control ~ политика регулирования цен

price-formation/pricing ~ политика в области ценообразования

pricing ~ ценовая политика

principled ~ принципиальная политика

progressive ~ прогрессивная политика

protectionist ~ протекционистская политика

pro-war ~ милитаристская политика

pro-Western ~ прозападная политика

public ~ официальная государственная политика

push-and-drag ~ политика проволочек

racial/racist ~ расистская политика, политика расизма

radical ~ политика коренных преобразований, радикальная политика

rapacious ~ хищная политика

reactionary ~ реакционная политика

realistic ~ реалистическая политика

recession-induced ~ политика, вызванная экономическим кризисом/спадом

reform(ist) ~ реформистская политика, политика реформ

regional ~ региональная политика

repressive ~ политика репрессий

resettlement ~ переселенческая политика

retrograde ~ реакционная политика

revanchist ~ реваншистская политика

revisionist ~ ревизионистская политика

rigid economic ~ жесткая экономическая политика

robust foreign ~ сильная внешняя политика

ruinous ~ гибельная политика

safe ~ осторожная политика

sanctions ~ политика осуществления санкций

scientifically substantiated ~ научно обоснованная политика

scorched-earth ~ политика выжженной земли

selfless ~ бескорыстная политика

separatist ~ сепаратистская политика

shoot-to-kill anti-terrorist ~ приказ стрелять на поражение в подозреваемых террористов

short-sighted ~ близорукая/недальновидная политика

single-child ~ кампания за то, чтобы в каждой семье было не более одного ребенка *(КНР)*

social ~ социальная политика

socio-economic ~ социально-экономическая политика

sound ~ разумная политика

splitting ~ раскольническая политика

state ~ государственная политика; *амер.* политика штата

stated ~ официальная политика

staunch ~ твердая политика

sterile ~ бесплодная/безрезультатная политика

stick-and-carrot ~ политика «кнута и пряника»

stringent ~ жесткая политика

strong ~ сильная политика

structural ~ структурная политика

suitable ~ приемлемая политика

sustained ~ устойчивая политика

tariff ~ тарифная политика

tax(ation) ~ налоговая политика

technological ~ политика в области технологий

tight ~ жесткая политика

time-serving ~ приспособленческая политика

tough ~ жесткий курс; жесткая политика

trade ~ торговая политика

trade-unionist ~ тред-юнионистская политика

traditional ~ традиционная политика

treacherous ~ предательская политика

unified ~ единая политика

united ~ единая *(с кем-л.)* политика

unsophisticated ~ политика, проводимая неискушенным политическим деятелем

vigorous ~ активная/решительная политика

vote-losing ~ политика, ведущая к потере голосов избирателей

wage(s) ~ политика в области заработной платы

wage-freeze ~ политика замораживания заработной платы

wait-and-see ~ выжидательная политика/тактика

war-economy ~ политика военной экономики

wealth-creating ~ политический курс на обогащение

whip-and-carrot ~ политика «кнута и пряника»

wise ~ мудрая политика

world ~ мировая политика

to abandon ~ отходить/отказываться от политики

to abide by ~ придерживаться политики

to adhere to ~ придерживаться политики; быть верным *какой-л.* политике

to administer ~ проводить политику; осуществлять политику

to adopt ~ принимать политику, брать на вооружение политический курс

to advise *smb* **on** ~ быть *чьим-л.* политическим советником

to advocate ~ отстаивать политику

to apply ~ проводить политический курс

to approve ~ одобрять политику

to argue for tougher ~ настаивать на ужесточении политики

to assign *smth* **the status of state** ~ возводить *что-л.* в ранг государственной политики

to back down from ~ отказываться от *какой-л.* политики

to be adept at foreign ~ быть искушенным в вопросах внешней политики

to be at odds with ~ противоречить *какой-л.* политике

to be committed to *one's* ~ быть приверженным своей политике

to be wary about *smb's* ~ настороженно относиться к *чьему-л.* политическому курсу

to break away from *smb's* ~ отходить от *чьей-л.* политики

to bring *one's* **defense** ~ **closer together** согласовывать свою политику в области обороны

to camouflage *one's* ~ маскировать свою политику

to carry out/to carry through ~ проводить политику

to champion ~ защищать/отстаивать политику

to change *one's* ~ менять свою политику

to condemn ~ осуждать политику

to conduct ~ проводить политику

to conflict with *smb's* ~ противоречить *чьей-л.* политике

to continue ~ продолжать политику

to coordinate *one's* ~ **over** *smth* координировать свою политику в *каком-л.* вопросе

to cover up *one's* ~ маскировать свою политику

to criticize ~ критиковать политику

to decide ~ определять политику, принимать политические решения

to declare ~ объявлять политику

to denounce ~ осуждать политику

to design ~ планировать политику

to determine ~ определять политику

to develop/to devise ~ разрабатывать политику

to direct ~ руководить политикой

to discredit ~ дискредитировать политику

to dismantle *one's* ~ отказываться от своей политики

to disrupt ~ срывать политику

to dissociate *oneself* **from** *smb's* ~ отмежевываться от *чьей-л.* политики

to dither about *one's* ~ колебаться при проведении своей политики

to dump ~ отказываться от политики

to effect ~ осуществлять политику

to effect a ~ **of insurance** страховаться; приобретать страховой полис

to elaborate ~ вырабатывать политику

to embark on/to embrace ~ принимать *какой-л.* политический курс

to employ ~ применять политику

to end ~ прекращать политику

to endanger ~ ставить под угрозу политику

to endorse ~ одобрять политику

to establish ~ устанавливать политику

to examine ~ рассматривать политику

to execute/to exercise ~ проводить политику

to explain ~ разъяснять политику

to expound ~ излагать политику

to express ~ высказывать политические взгляды

to follow ~ следовать политике; проводить политику

to forge ~ вырабатывать политику

to formulate ~ определять политику

to frame ~ вырабатывать политику

to give up ~ отказываться от политики

to guide ~ направлять политику

to halt *smb's* ~ останавливать *чью-л.* политику

to harden *one's* ~ ужесточать свою политику/позицию

to harmonize ~ координировать/согласовывать политику

to hold to ~ придерживаться политики

to implement ~ проводить политику

to initiate ~ положить начало политике

to institutionalize ~ законодательно закреплять политику

to interfere in ~ вмешиваться в политику

to introduce ~ вводить политику

to investigate ~ расследовать политику

to justify *one's* ~ оправдывать свою политику

to keep ~ сохранять политику неизменной

to keep ~ **going** продолжать политику

to launch ~ начинать проведение политики

to lay ~ **before the electorate for approval** излагать политический курс для его одобрения избирателями

to lay down ~ устанавливать политический курс

to lose control of ~ утрачивать контроль над политикой

to maintain ~ продолжать политику

to make ~ быть творцом политики

to make a U-turn in ~ делать поворот на 180° в политике

to make clear *one's* ~ разъяснять свою политику

to make defense ~ заниматься вопросами обороны

to make *one's* **own** ~ принимать самостоятельные политические решения

to map out ~ намечать политический курс

to moderate ~ делать политику более умеренной

to modify ~ изменять политику

to outline ~ намечать политический курс

to overturn ~ отвергать политику, отказываться от *какой-л.* политики

to present ~ излагать политику

to proclaim *one's* **commitment to** ~ публично обязываться проводить *какую-л.* политику

to profess ~ заявлять о политике

to promote the reform ~ способствовать успеху политики реформ

to propagate ~ пропагандировать/рекламировать политику

to pursue ~ проводить политику

to put across *smb's* ~ **to** *smb* доводить свою политику до *кого-л.*

to put forward ~ выдвигать политический курс

to put *one's* ~ **into practice** осуществлять свою политику

to question ~ подвергать сомнению политику

to railroad through *one's* ~ протаскивать свою политику

to reappraise *one's* ~ пересматривать свою политику

to reassess *one's* ~ **toward a country** пересматривать свою политику по отношению к *какой-л.* стране

to reconsider *one's* ~ пересматривать свою политику

to reform ~ перестраивать политику

to reject ~ отвергать политику

to relax *one's* ~ **towards** *smb* смягчать свою политику по отношению к *кому-л.*

to rethink *one's* ~ пересматривать свою политику

to reveal ~ **(of)** разоблачать политику

to reverse *one's* ~ изменять свою политику

to review ~ 1) делать обзор политики 2) пересматривать политику

to rewrite ~ изменять политику

to set out ~ излагать политику

to shape ~ определять/разрабатывать политику

to signal a change in foreign ~ свидетельствовать об изменении внешней политики

to spearhead *one's* ~ направлять острие своей политики

to spell out *one's* ~ **in advance** заранее излагать свою политику

to stick to a ~ придерживаться *какой-л.* политики

to support ~ поддерживать политику

to test ~ проверять политику

to thrash out ~ вырабатывать/обсуждать политику

to tighten monetary ~ вводить более строгие правила в финансовой политике

to tone down *one's* **more controversial** ~ ограничивать свои менее популярные политические меры

to validate ~ поддерживать *какую-л.* политику/политическую линию

to violate ~ отступать от политики

to work out ~ разрабатывать политику

about-turn in ~ полный поворот в политике

advocacy of ~ отстаивание/пропаганда политики

advocate of ~ сторонник *какой-л.* политики

architect of ~ инициатор *какой-л.* политики

breach of ~ отход от политики

champion of ~ сторонник *какой-л.* политики

change in/of ~ изменение в политике

change of emphasis in ~ смещение акцентов в политике

commitment to ~ **of nonintervention** приверженность политике невмешательства

comprehensive set of ~ всесторонняя система политической деятельности

conduct of ~ проведение политики

continuity in ~ преемственность в политике

continuity of ~ преемственность политики

continuity with *smb's* ~ преемственность в отношении *чьей-л.* политики; продолжение *чьей-л.* политики

cornerstone of ~ краеугольный камень/основа политики

departure in ~ отход от политики

diametrically opposed ~ диаметрально противоположная политика

distortion of ~ извращение политики

experience of ~ опыт руководства политикой

for reasons of ~ по политическим соображениям

formation of foreign ~ выработка внешнеполитического курса

formulation of ~ разработка политики

framework for ~ основы политики

godfather to ~ крестный отец *какого-л.* политического курса

in line with ~ в соответствии с политикой

in the field of foreign ~ в области внешней политики

inadmissibility of ~ недопустимость политики

independent line of ~ независимый политический курс

intolerableness of ~ нетерпимость политики

it's against our ~ это противоречит нашей политике

liberalization of ~ либерализация политики

line of ~ направление политики

main plank of *smb's* ~ главный пункт *чьей-л.* политической программы

major changes to ~ большие изменения в политике

manifestation of ~ проявление политики

massive condemnation of *smb's* ~ массовое осуждение *чьей-л.* политики

misconduct of ~ проведение неправильной политики

old faces can't make new ~ для новой политики нужны новые люди

proponent/protagonist of ~ сторонник *какой-л.* политики

reappraisal of ~ переоценка политики

reassessment/reevaluation/reexamination of ~ пересмотр/переоценка политики

renewal of ~ возобновление политики
re-orientation of ~ изменение политического курса
rethink of ~ пересмотр политики
reversal of ~ резкое изменение политики; поворот в политике на 180°
revision of ~ пересмотр политики
shift in ~ изменение политики
state remuneration of labor ~ политика государства в области заработной платы
sweeping review of ~ радикальный пересмотр политики
switch in ~ изменение политики
tightening of ~ проведение более жесткой политики
toughening of ~ ужесточение политики
turn in ~ поворот в политике
turning point in ~ поворотный пункт в политике
U-turn in ~ поворот на 180° в политике
viability of ~ жизнеспособность политики
zigzags in ~ зигзаги/отклонения в политике
policymaker *n* автор/творец политики; лицо, определяющее политику
policymaking *n* принятие политических решений; выработка политики; определение курса действий
political *a* политический
~ **and economic** политико-экономический
~ **and legal** политико-правовой
overtly ~ открыто политический
politically *adv* политически; в политическом отношении; с политической точки зрения
~ **correct (PC)** политкорректный *(не дискриминирующий людей по какому-л. признаку)*
~ **motivated** вызванный политическими причинами
politician *n* **1.** политик; политический/государственный деятель **2.** политикан
~**s of all persuasions** политики разных убеждений
~ **of moderate views** политик умеренных взглядов
~ **of stature** крупный политик
able and effective ~ способный политик, добивающийся результатов
astute ~ хитрый политик
budding ~ многообещающий политический деятель; политик, подающий большие надежды
campaigning ~ политик, проводящий свою избирательную кампанию
cautious ~ осторожный политик
centrist ~ политик-центрист
consummate ~ опытный/тонкий политик
corrupt ~ продажный политик
cross-road ~ колеблющийся политик
diehard ~ непреклонный политик
exiled ~ политик, находящийся в ссылке *(тж за границей)*
far-sighted ~ дальновидный политический деятель

hang-dog ~ политик-карьерист
independent ~ независимый политический деятель
influential ~ влиятельный политик
leading opposition ~ ведущий оппозиционный деятель
machine ~ политикан, обеспечивающий победу кандидата любыми средствами
master ~ опытный политик
mercenary ~ продажный политикан
moderate ~ умеренный политический деятель
old guard ~ политик, принадлежащий к «старой гвардии»
opposition ~ оппозиционный политический деятель
peanut ~ дешевый политикан
power-hungry ~ политик, жаждущий власти
professional ~ профессиональный политик
pro-independence ~ политик, являющийся сторонником независимости *(страны, автономии и т.п.)*
reactionary ~ реакционный политик
remarkable ~ выдающийся политик
responsible ~ ответственный политик
second-rate ~ второсортный политик
senior ~ крупный политический деятель
shrewd ~ проницательный политик
sober(-minded) ~ трезвомыслящий политик
successful ~ преуспевающий политик
top ~ ведущий политический деятель
trigger-happy ~ политический авантюрист
uncompromising ~ бескомпромиссный политик
up-and-coming ~ перспективный политик
wily ~ хитрый политик
politicization *n* **1.** политизация, придание *или* приобретение политического характера/политической окраски **2.** *(чье-л.)* политическое образование
politicize *v* **1.** заниматься политикой **2.** *(smth)* придавать политический характер *(чему-л.)* **3.** рассуждать о политике, политизировать **4.** *(smb)* политически развивать *(кого-л.)*, заниматься *(чьим-л.)* политическим образованием
politicking *n* **1.** политическая активность **2.** политиканство
politico *n разг.* **1.** политик **2.** политикан
politicoholic *n* человек, одержимый политической деятельностью
politics *n pl* **1.** политика; политическая деятельность **2.** политические убеждения **3.** политические махинации
~ **of compromise** политика компромиссов
~ **of material interests** политика материальной заинтересованности
active ~ активная политическая жизнь
bad ~ плохая политика
behind-the scenes ~ кулуарная политика
bloodthirsty ~ кровавая политика
cheap ~ политиканство

politics

competitive ~ политический плюрализм

confrontation ~ политика конфронтации

consensus ~ политика консенсуса/принятия единогласных решений

dirty ~ грязная политика; нечестные приемы в избирательной кампании *(подтасовка результатов выборов и т.п.)*

domestic ~ внутренняя политика

foreign ~ внешняя политика

green ~ политика охраны окружающей среды

gutter ~ грязная политика

international ~ международная политика

local ~ местная политическая борьба

lunar ~ вопросы, не имеющие практического значения

machine ~ политическая жизнь, определяемая партийной машиной, находящейся в руках партийных боссов

multiparty ~ многопартийная политика, политический плюрализм

parliamentary ~ парламентская политика

party ~ партийная политика

peanut ~ мелкое политиканство; закулисные интриги; популистская политика

power ~ политика с позиции силы

practical ~ *полит. жарг.* выгодная политика

pressure ~ политика давления

world ~ мировая политика

to assume an nonaligned posture in global ~ занимать нейтральную позицию на мировой политической арене

to be engaged in ~ заниматься политикой

to be interested in ~ интересоваться политикой

to break the mould of ~ отклоняться от политического курса

to change radically a country's ~ приводить к крупным изменениям в политической жизни страны

to clean up a country's ~ очищать от лжи политику страны

to disqualify *smb* **from** ~ запрещать *кому-л.* заниматься политической деятельностью

to drop out of ~ сходить с политической арены

to engage in ~ заниматься политикой; посвящать себя политической деятельности

to enter ~ начать заниматься политической деятельностью

to get involved in ~ впутываться в политику

to go in for/to go into ~ заниматься политикой; посвящать себя политической деятельности

to gravitate towards ~ тяготеть к политике

to have disagreements about ~ иметь политические расхождения

to influence a country's ~ влиять на политику страны

to intervene in ~ вмешиваться в политику

to introduce ~ **into industrial affairs** привносить политику в конфликт на предприятиях

to keep up with ~ следить за политикой

to know the ins and outs of ~ знать все тонкости политики

to leave ~ отказываться от дальнейшей политической деятельности

to manipulate a country's internal ~ манипулировать внутренней политикой страны

to meddle in ~ вмешиваться в политику

to play ~ 1) вести политическую игру; проводить политику 2) играть в политику

to pursue ~ заниматься политикой

to quit ~ уходить из политики

to re-enter ~ возобновлять политическую деятельность

to remain aloof from ~ не вмешиваться в политику

to restructure a country's ~ перестраивать политику страны

to retire from ~ уходить от политической деятельности

to return to ~ возвращаться в политику

to stay out of ~ не вмешиваться в политику; оставаться вне политики

to talk ~ говорить о политике

ABC of ~ основы политики

continuity and stability in a country's ~ преемственность и стабильность в политической жизни страны

polarization in a country's ~ поляризация политических сил страны

realm of ~ область/сфера политики

seamy side of ~ неприглядная сторона политики

the nitty-gritty of ~ политическая кухня

What are his ~? Каковы его политические взгляды?

politologist *n* политолог

politology *n* политология

poll I *n* **1.** голосование, выборы **2.** *pl* избирательный участок **3.** список избирателей/кандидатов **4.** подсчет голосов **5.** количество поданных голосов **6.** опрос/результаты опроса общественного мнения

~ **closed (up)** голосование закончилось; избирательные участки закрылись

~ **opens for presidential election** начинается голосование на президентских выборах

~ **was declared invalid** результаты голосования были объявлены недействительными

early ~ досрочные выборы

exit ~ опрос/результаты опроса журналистами избирателей, выходящих из помещений, где проходит голосование

heavy ~ высокая активность избирателей; высокий процент участия избирателей в выборах

light ~ низкая активность избирателей; низкий процент участия избирателей в выборах

low percentage ~ низкий процент участия избирателей в выборах

national public-opinion ~ всенародный опрос

(public) opinion ~ опрос общественного мнения

reliable ~ объективный опрос общественного мнения

secret ~ тайные выборы

snap ~ досрочное голосование

straw ~ небольшой опрос общественного мнения

trouble-free ~ выборы, прошедшие спокойно

to be ahead in the opinion ~ опережать соперников по данным опросов общественного мнения

to be behind in the opinion ~ отставать от своих политических соперников по данным опросов общественного мнения

to be top of the ~ набирать наибольшее число голосов на выборах

to boycott the ~(s) бойкотировать выборы

to carry an opinion ~ содержать результаты опроса общественного мнения

to carry out an opinion ~ проводить опрос общественного мнения

to cheat at the ~ мошенничать на выборах

to come bottom of the ~ набирать меньше голосов, чем другие кандидаты/партии

to come top of the ~ набирать больше голосов, чем другие кандидаты/партии

to conduct an opinion ~ проводить опрос общественного мнения

to damage *smb's* **standing in the opinion ~s** вредить *чьей-л.* популярности при опросах общественного мнения

to declare the ~ объявлять результаты голосования

to disrupt the ~s срывать выборы

to do badly in the ~ терпеть неудачу на выборах

to eat into *smb's* **lead in the public opinion ~** сокращать разрыв в популярности с *кем-л.* *(по данным опроса общественного мнения)*

to go down in the opinion ~s терять рейтинг при опросах общественного мнения

to go to the ~s together выдвигать единого кандидата *(от двух и более партий)*

to go to the ~s идти на выборы, принимать участие в выборах

to hold free and fair ~s проводить свободные и справедливые выборы

to improve *one's* **poor standing in the opinion ~s** улучшать свою позицию в глазах общественного мнения

to lead the opinion ~s занимать первое место при опросах общественного мнения

to lose ground in the opinion ~s терять позиции по данным опросов общественного мнения

to publish an opinion ~ публиковать результаты опроса общественного мнения

to rig the ~ подтасовывать результаты голосования

to rise in the ~s получать более высокий (чем раньше) процент голосов при опросах общественного мнения

to slog it out in the ~s бороться за поддержку общественности

to slump in the opinion ~s терять рейтинг при опросах общественного мнения

to stay away from ~ не участвовать в выборах, бойкотировать выборы

to sweep the ~s одержать убедительную победу на выборах

to take part in the ~s идти на выборы; участвовать в выборах

to top the ~ набирать наибольшее число голосов на выборах

to trail *smb* **in the opinion ~** отставать от *кого-л.* по результатам опроса общественного мнения

to triumph at the ~s побеждать на выборах

findings of a public opinion ~ результаты опроса общественного мнения

opinion ~s forecast a victory for *smb* опросы общественного мнения предсказывают победу *кого-л.*

opinion ~s give him a comfortable lead over his rival согласно опросам общественного мнения, он значительно опережает своего соперника (по выборам)

outcome of the ~ результат голосования на выборах

poor showing in the ~s низкий результат на выборах

standings in the ~s степень популярности по данным опросов общественного мнения

poll II *v* получать/собирать голоса

to ~ highest набирать больше всех голосов

to ~ well набирать большое число голосов на выборах

polling *n* **1.** выборы, голосование, подача голосов **2.** выяснение *чьих-л.* взглядов с помощью опроса

~ is underway идет голосование на выборах

~ passed off quietly/peacefully выборы прошли спокойно

depth ~ *полит. жарг.* выяснение не только политических симпатий опрашиваемого, но также их причин и степени вероятности их сохранения

to abandon ~ прекращать голосование на выборах

to disrupt ~ срывать голосование

to suspend ~ приостанавливать голосование на выборах

pollster *n* **1.** лицо, производящее опрос общественного мнения, интервьюер **2.** институт общественного мнения

poll-tax *n* подушный налог

pollutant *n* загрязняющее вещество, загрязнитель *(окружающей среды)*

man-made ~s искусственные/промышленные загрязняющие вещества, загрязнители *(окружающей среды)*

pollute *v* *(smth)* загрязнять *что-л.*

polluter *n* страна *или* предприятие, загрязняющие окружающую среду

pollution *n* загрязнение *(окружающей среды)*
~ of rivers/seas, etc. загрязнение рек/морей и *т.п.*
accumulated ~ аккумулированное загрязнение окружающей среды
air ~ загрязнение атмосферы/воздуха
chemical ~ загрязнение химическими отходами
environmental ~ загрязнение окружающей среды
industrial ~ промышленное загрязнение окружающей среды
man-made ~ искусственное загрязнение *(атмосферы, океана)*
marine ~ загрязнение морей и океанов
nuclear ~ ядерное загрязнение
radioactive ~ радиоактивное загрязнение
toxic air ~ загрязнение атмосферы токсичными веществами
water ~ загрязнение воды
to combat air and water ~ бороться с загрязнением воздуха и воды
to come to grips with air ~ браться за решение проблемы загрязнения воздуха
to control ~ ограничивать загрязнение окружающей среды
to curb ~ ограничивать загрязнение окружающей среды
to protect from ~ защищать *(окружающую среду)* от загрязнения
to tackle industrial ~ браться за проблему загрязнения окружающей среды промышленными отходами
level of environmental ~ уровень загрязнения окружающей среды
prevention of environmental ~ предотвращение загрязнения окружающей среды
poll-watcher *n* наблюдатель на выборах
polycentrism *n* полицентризм
polygraph *n* полиграф, детектор лжи
pontiff *n* первосвященник; епископ; понтифик
supreme ~ Папа Римский; понтифик
pontifical *a* 1. епископский; епископальный 2. догматический
pool I *n* общий фонд; объединенные запасы; объединенный резерв; объединение, пул
~ of cheap labor рынок дешевой рабочей силы
~ of experts резерв специалистов
~ of foreign exchange общий фонд иностранной валюты
~ of resources объединение ресурсов
dollar ~ долларовый пул, объединенный долларовый фонд
gold ~ золотой пул
patent ~ патентный пул
pool II *v* объединять, создавать общий фонд
pooling *n* объединение *(средств, ресурсов и т.п.)*
poor I *n* **(the ~)** беднота, бедняк
the rural ~ сельская беднота

the urban ~ городская беднота
poor II *a* бедный, неимущий; плохой
desperately ~ доведенный до крайней степени нищеты
Pope *n* Папа Римский *(глава римско-католической церкви)*
popemobile *n* папамобиль *(автомобиль, в котором ездит папа римский)*
poplarism *n* брит. полит. жарг. помощь бедным, оказываемая местным муниципалитетом невзирая на правительственную политику экономии
popular *a* **(among/with** *smb***)** популярный, известный *(среди кого-л.)*; народный
popularity *n* популярность, известность
domestic ~ популярность внутри страны
flagging ~ падающая популярность
personal ~ личная популярность
waning ~ падение популярности
to belie *smb's* **~** подрывать чью-л. популярность
to boost *smb's* **~** усиливать чью-л. популярность, способствовать росту чьей-л. популярности
to bring political ~ приносить политическую популярность
to command ~ from *smb* пользоваться популярностью у *кого-л.*
to cut into *smb's* **~** подрывать чью-л. популярность
to enjoy ~ пользоваться популярностью
to erode *one's* **~** подтачивать чью-л. популярность
to ride on a wave of ~ пользоваться огромной популярностью
to suffer a significant loss of ~ в значительной мере утрачивать популярность
to win ~ завоевывать/приобретать популярность
indirect test of the ~ of *smb* косвенная проверка чьей-л. популярности
rise of ~ рост популярности
slide in *smb's* **~** снижение чьей-л. популярности
wide measure of ~ значительная популярность
popularization *n* популяризация
popularize *v* популяризировать, распространять
populate *v* заселять, населять
sparsely ~d малонаселенный
population *n* население; жители
~ in the low income bracket население с низким уровнем дохода
active ~ активное население
actual ~ фактическое население
adult ~ взрослое население
civilian ~ гражданское население
economically active ~ экономически активное население
effective working ~ производительное население
employable ~ трудоспособное население

human ~ народонаселение
illiterate ~ неграмотное население
indigenous ~ коренное/местное население
industrial ~ промышленное население
institutional ~ лица, находящиеся в учреждениях закрытого типа *(в тюрьмах и т.п.)*
laboring ~ трудоспособное население
literate ~ грамотное население
local ~ местное население
marginal ~ маргинальные слои населения
mixed ~ смешанное население
native ~ коренное/основное население
needy ~ нуждающееся население
prison ~ число заключенных
resident ~ постоянное население
rural ~ жители сельской местности
settled ~ оседлое население
surplus ~ избыточное население
total ~ общая численность населения
troops ~ численный состав войск
urban ~ городское население
working ~ трудоспособное население
world ~ мировое население
to abuse the ~ обижать население, плохо обращаться с жителями
to browbeat the ~ запугивать население
to expel the ~ изгонять население
to exterminate the civil ~ истреблять гражданское население
to feed growing ~ обеспечивать питанием растущее население
to form a large proportion of the ~ составлять значительную часть населения
to intimidate the ~ запугивать население
to panic the ~ вызывать панику среди населения
to placate the ~ успокаивать население
to reduce the prison ~ уменьшать число заключенных
to represent a broad cross-section of the ~ представлять широкие слои населения
to slaughter the ~ уничтожать население
to spare hostile ~ щадить гражданское население страны-противника
to terrorize the ~ терроризировать население
age composition of the ~ возрастной состав населения
age-sex classification of the ~ распределение населения по возрастно-половым группам
broad cross-section of the ~ широкие слои населения
broad masses of ~ широкие массы населения
bulk of the ~ основная масса населения
cultural level/standard of the ~ культурный уровень населения
division of the ~ into social groups распределение населения по общественным группам

educational level of ~ образовательный уровень населения
ethnic composition of the ~ этнический состав населения
ethnic homogeneity of the ~ этническая однородность населения
fluctuation of the ~ текучесть населения
geographical distribution of the ~ географическое распределение населения
heterogeneity of the ~ неоднородность населения
income of the ~ доход населения
inflow of rural ~ to towns приток сельского населения в города
least privileged groups of ~ наиболее обездоленные слои общества
legal education of the ~ правовое воспитание населения
low-bracket category of the ~ малообеспеченные слои населения
natural growth of ~ естественный прирост населения
poor sections of the ~ неимущие слои населения
pressure of ~ upon resources отставание увеличения ресурсов от роста населения
scarcity of ~ нехватка людских ресурсов
section of the ~ слой/часть населения
strata of the ~ слои населения
structure of the ~ структура населения
substantial proportion of the ~ значительная часть населения
unprecedented rate of ~ growth беспрецедентный темп роста населения
well-to-do sections of ~ зажиточные слои населения

populism *n* 1. популизм 2. *ист.* народничество
to spread a new ~ распространять новое народничество
populist *n* популист
populistic *a* популистский
pork *n полит. жарг.* «жирный кусок» *(крупные субсидии, льготы и т.п.)*
porkbarrel *n полит. жарг.* «бочка со свининой» *(казна государства или штата, откуда местные политики могут получать средства для своего района и для укрепления своего политического влияния)*
porkbarrelling *n полит. жарг.* получение местными политиками средств государства *или* штата для своего района и для укрепления своего политического влияния
pornobusiness *n* порнобизнес
pornographic *a* порнографический
pornography *n* порнография
porridge *n брит. тюремн. жарг.* «овсяная каша» *(тюремное заключение)*
port *n* порт, гавань
~ of call порт захода судна
~ of destination порт назначения
~ of documentation порт приписки/регистрации

~ of entry порт ввоза

~ of loading порт отгрузки

commercial ~ торговый порт

free ~ свободный порт

home ~ порт приписки/регистрации

to call at a ~ заходить в порт

to close a country's ~s to another country's ships закрывать порты страны для судов другой страны

portfolio *n* портфель *(пост в правительстве)*

Home Affairs P. *брит.* пост министра внутренних дел

to accept a ~ принимать министерский пост

to allocate the ~s распределять посты/министерские портфели

to distribute the ~s распределять посты/министерские портфели

to hang on to the Foreign Affairs ~ *брит.* стараться сохранить портфель министра иностранных дел

to lose the Interior ~ *брит.* лишаться портфеля министра внутренних дел

pose *v* формулировать, излагать

position *n* **1.** положение; местонахождение, расположение **2.** должность, место **3.** состояние **4.** *(regarding smth, with regard to smth)* точка зрения; позиция

~ of influence влиятельная позиция; высокая должность

~s in trade позиции в торговле

actual ~ фактическое положение *(дел)*

altered international ~ изменившаяся внешнеполитическая обстановка

bargaining ~ позиция для достижения желаемых результатов на переговорах

conciliatory ~ примиренческая позиция

country's number one ~ ведущее положение страны в мире; положение первой державы

domestic ~ внутреннее положение, обстановка внутри страны

dominant/dominating ~ господствующее/доминирующее положение; ключевая позиция

economic ~ экономическое положение

excepted ~ должность, не подлежащая замещению по итогам конкурсных экзаменов

fallback ~ *полит. жарг.* готовность *(политика или участника переговоров)* отступить

financial ~ финансовое положение

firm ~ прочная позиция

hard-line ~ жесткая позиция

hostile ~ враждебная позиция

influential ~ влиятельный пост

intermediate ~ промежуточное положение

international ~ международная обстановка, международное положение

key ~ ключевая позиция

leading ~ руководящая должность

legal ~ правовое положение

lowly ~ скромная должность

marginal ~ неопределенная позиция

military ~s военные позиции

monopoly ~ монопольное положение

negative ~ негативная/деструктивная позиция

negotiating ~ позиция на переговорах

nonaligned ~ позиция неприсоединения, позиция неприсоединившейся страны

political ~ политическое положение

powerful ~ влиятельный пост

precarious ~ непрочная позиция

privileged ~ привилегированное положение

rigid ~ жесткая позиция

secure ~ прочная позиция

sensitive ~ должность с допуском к государственным секретам

shaky ~ непрочное положение

social ~ общественное/социальное положение

strong ~ сильная позиция

tough ~ жесткая позиция

trading ~ торговая позиция

unacceptable ~ неприемлемая позиция

unassailable ~ неприступная позиция

uncompromising ~ бескомпромиссная позиция

unstable ~ неустойчивое положение

vacant ~ вакантная должность

vulnerable ~ уязвимое положение

to abuse *one's* **~ of power** злоупотреблять властью

to adhere to a ~ придерживаться позиции

to adopt a ~ занимать позицию

to aggravate the ~ усугублять положение

to be firmly entrenched in *one's* **~** упорно стоять на своем

to be in a ~ to do smth быть в состоянии сделать *что-л.*

to be in an unbeatable ~ уверенно опережать соперников

to bolster *smb's* **~** усиливать *чью-л.* позицию

to cement *one's* **~ in the public's mind** укреплять свою репутацию в глазах общественного мнения

to change ~ изменять свою позицию

to clarify a ~ разъяснять позицию

to confirm *one's* **~** подтверждать свою позицию

to conform with the country's humanitarian ~ соответствовать гуманной позиции данной страны

to consolidate a ~ укреплять позицию

to convey a country's ~ излагать позицию страны

to defend *one's* **~** защищать свою позицию

to define *one's* **~ on smth** определять свое отношение к *чему-л.*

to deviate from *one's* **~** отходить от своей позиции

to disclose *one's* **~** раскрывать свою позицию

to dislodge smb from their ~ выбивать кого-л. с занимаемых позиций

to distort smb's ~ искажать чью-л. позицию

to explain one's ~ разъяснять свою позицию

to exploit one's ~ пользоваться своим положением

to explore smb's ~ прощупывать чью-л. позицию

to fill a ~ занимать пост

to force smb from his ~ заставлять кого-л. уйти со своего поста

to gain a ~ завоевывать позицию

to give up one's ~s сдавать свои позиции

to harden one's ~ ужесточать свою позицию

to hold a high ~ занимать высокую должность

to improve one's ~ улучшать свою позицию/свое положение

to jockey for ~ делить посты

to jostle for ~ бороться за должность

to leave smb in a very exposed ~ politically делать чью-л. позицию политически очень уязвимой

to lose a ~ утрачивать позицию, лишаться должности

to maintain a ~ сохранять позицию

to make one's ~ clear разъяснять свою позицию

to moderate one's ~ занимать более умеренную позицию

to move smb from his ~ смещать кого-л. с его поста

to occupy a ~ занимать позицию/пост

to preserve one's economic ~s сохранять свое экономическое положение

to reach a common ~ добиваться единства взглядов

to reaffirm one's ~ вновь подтверждать свою позицию

to reconsider one's ~ пересматривать свою позицию

to redeem one's ~ восстанавливать свое положение

to regain one's ~s on the international scene восстанавливать свои позиции на международной арене

to reiterate one's ~ вновь подтверждать свою позицию

to relinquish one's ~ уходить в отставку

to rely on ~s of strength полагаться на политику с позиции силы

to remove smb from his ~ снимать кого-л. с занимаемой должности

to retain one's ~s сохранять свои позиции

to rethink one's ~ пересматривать свою позицию

to reverse one's ~ изменять свою позицию

to set forth the ~ of one's government излагать позицию своего правительства

to set out one's opening ~ излагать свою исходную позицию (на переговорах)

to shift one's ~ менять свою позицию

to soften one's ~ занимать менее жесткую позицию

to state one's ~ излагать свою позицию

to stick to a ~ придерживаться какой-л. позиции

to strengthen smb's ~ усиливать чью-л. позицию

to switch one's ~ изменять свою позицию

to take a ~ занимать позицию

to temper smb's ~ ослаблять чью-л. позицию

to undercut smb's ~ ослаблять/подрывать чью-л. позицию

to undermine smb's ~ ослаблять/подрывать чью-л. позицию

to water down smb's ~ ослаблять чью-л. позицию

to weaken smb's ~ ослаблять чью-л. позицию

to win a ~ завоевывать позицию

to worsen the ~ ухудшать положение

adoption of a ~ занятие позиции (по какому-л. вопросу)

change of ~ изменение позиции

departure from one's ~ отход от своей позиции

elevation to a dominant ~ of smb назначение кого-л. на руководящую должность

from a ~ of strength с позиции силы

hardening of one's ~ ужесточение своей позиции

in an increasingly isolated ~ во все большей изоляции

movement in smb's ~ подвижка в чьей-л. позиции

shift in smb's ~ изменение чьей-л. позиции

strengthening of ~s упрочение позиций

the government's ~ stands позиция правительства остается неизменной

positive a положительный; позитивный; уверенный

positivism n филос. позитивизм

positivist n позитивист

positivistic a позитивистский

posse n 1. (вооруженный) отряд 2. амер. группа граждан, собранная шерифом (для проведения операции)

~ comitatus лат. полномочия шерифа округа

possess v (smth) владеть, обладать (чем-л.)

possession n 1. обладание, владение 2. pl имущество, собственность

colonial ~s колониальные владения

foreign ~s иностранные владения

individual ~ индивидуальное владение

overseas ~s заморские владения

personal ~s личная собственность

territorial ~s территориальные владения

to deny ~ мешать захвату; не давать завладеть

to negotiate a ~ away отказываться от владения в результате переговоров

to take ~ (of smth) завладевать (чем-л.)

possessor n владелец, обладатель

possibilism n полит. жарг. реализм в разработке социально-экономических реформ

possibilit/y *n* возможность

~ **of preventing wars** возможность предотвращения войн

ample ~ies большие/обширные возможности

economic ~ экономическая возможность

favorable ~ благоприятная возможность

limited ~ies ограниченные возможности

presidential ~ потенциальный президент

production ~ies производственные возможности

remote ~ минимальная возможность

unlimited ~ies неограниченные возможности

to afford ~ies предоставлять возможности

to create ~ for *smth* создавать возможность для *чего-л.*

to discount a ~ исключать возможность

to eliminate a ~ of *smth* исключать возможность *чего-л.*

to examine the ~ of *smth* рассматривать возможность *чего-л.*

to exclude the ~ of *smth* исключать возможность *чего-л.*

to explore the ~ of *smth* изучать возможность *чего-л.*

to investigate a ~ of *smth* изучать возможность *чего-л.*

to make full use of the ~ies полностью использовать возможности

to open new ~ies for *smth* открывать новые возможности *чего-л.*

to rule out the ~ исключать возможность

to use all the ~ies for *smth* использовать все возможности для *чего-л.*

possible *n* возможный кандидат

post I *n* **1.** должность, пост **2.** почта **3.** столб

~ **of a minister** министерский пост

~s subject to geographical distribution должности, подлежащие географическому распределению (*ООН*)

additional ~ дополнительная должность

ambassadorial ~ должность посла

authorized ~ утвержденная штатная должность

border control ~ пограничный контрольно-пропускной пункт

ceremonial ~ формальная должность; церемониальная должность

command ~ командный пункт

established ~ штатная должность

estimated ~ предполагаемая должность

executive ~ руководящая должность

extra-budgetary ~ внебюджетная должность

frontier ~ пограничный пост, пограничная застава

general service ~ должность категории общего обслуживания (*ООН*)

government ~ правительственный пост

high ~ высокий пост

higher-level professional ~ должность руководящего работника/высококвалифицированного специалиста

honorary ~ почетная должность

lucrative ~ выгодный пост

monitoring ~ контрольный пункт наблюдателей (*ООН*)

operational ~ оперативная должность

overload ~ внештатная должность

police ~ полицейский пост, отделение полиции

policy-making ~ должность, определяющая политику

political ~ государственная должность, занимаемая представителем победившей на выборах партии

provisional ~ временная должность

public ~ правительственный пост, правительственная должность

responsible ~ ответственный пост

sensitive ~ in the government важный/ключевой пост в правительстве

staging ~ перевалочный пункт

temporary ~ временная должность

titular ~ номинальная должность

top ~ высший пост

to abandon *one's* ~ оставлять пост, уходить с поста

to abolish a ~ отменять/упразднять пост/должность

to allot a ~ выделять штатную должность

to appoint *smb* **to a ~** назначать *кого-л.* на должность

to block *smb* **from securing a ~** мешать *кому-л.* занять должность

to concentrate on a more important ~ сосредотачиваться на более важной работе

to confirm *smb* **in his ~** утверждать *кого-л.* в должности

to create a new ~ создавать новую должность

to discharge *smb* **from his ~** освобождать *кого-л.* от занимаемой должности

to distribute ~s распределять должности

to divide ~s between *smb* делить портфели между *кем-л.*

to fill a ~ занимать должность

to give up *one's* ~ отказываться от своего поста

to hold a ~ занимать должность/пост

to job *smb* **into a ~** устраивать *кого-л.* на работу по протекции

to leave *one's* ~ **at** *one's* **request** уходить со своей должности по собственному желанию

to make a bid for a ~ предпринимать попытку занять должность

to move *smb* **from one ~ to another** переводить *кого-л.* с одной должности на другую

to nominate *smb* **to a ~** назначать *кого-л.* на должность

to occupy a ~ занимать должность

to promote *smb* **to a ~** назначать *кого-л.* на более высокую должность

to quit *one's* ~ уходить в отставку

to recommend *smb* **for a ~** рекомендовать *кого-л.* на *какую-л.* должность

to re-confirm *smb* **in his ~** снова утверждать *кого-л.* в его должности

to relegate *smb* **to a ~** переводить *кого-л.* на какую-л. должность

to relieve *smb* **of his ~** освобождать *кого-л.* от занимаемой должности

to relinquish *one's* **~** оставлять свою должность/свой пост

to remain at *one's* **~** оставаться на своем посту

to remove *smb* **from his ~** освобождать *кого-л.* от занимаемой должности

to resign *one's* **~/from a ~** уходить с занимаемого поста; уходить в отставку

to retain *one's* **~** сохранять свой пост

to share out government ~s делить министерские портфели

to stay (on) in *one's* **~** оставаться на своем посту

to strip *smb* **of his ~** лишать *кого-л.* его должности

to surrender *one's* **~** отказываться от своего поста

to take on/up a ~ вступать в должность

to undertake a ~ принимать пост

to vacate a ~ освобождать должность

to win a ~ получать должность

to wrench a ~ away from *smb* отнимать пост у *кого-л.*

abolition of a ~ упразднение/ликвидация поста/должности

appointment to a ~ назначение на пост/на должность

contender for a ~ претендент на должность

elimination of a ~ упразднение/ликвидация поста/должности

grade of ~ категория должности

range of ~s квота/число должностей

tenure of ~ пребывание на посту/в должности

post II *v* **1.** объявлять, опубликовывать **2:** отправлять по почте

post-crash *a* произошедший после краха на бирже

poster *n* плакат, афиша, постер

to put up ~s развешивать плакаты

posterity *n* потомство; потомки

posthumous *a* посмертный

postman *n* брит. правит. жарг. руководящий чиновник

postmaster *n* начальник почтового отделения; почтмейстер

P. General глава почтового ведомства, главный почтмейстер (*США*)

postpone *v* откладывать; отсрочивать; переносить

to ~ *smth* **indefinitely** откладывать *что-л.* на неопределенный срок

postponement *n* перенос, откладывание, отсрочка

post-revolutionary *a* послереволюционный

post-Soviet *a* постсоветский

posture *n* **1.** отношение; поза; позиция; доктрина **2.** положение; состояние

offensive military ~ наступательная военная доктрина

stiff ~ жесткая позиция

tough ~ on *smth* жесткая позиция по *какому-л.* вопросу

warlike ~ воинственная позиция

to adopt a ~ занимать позицию

to be in a strong negotiating ~ занимать сильную позицию для ведения переговоров

to develop a more even-handed ~ занимать более беспристрастную/нейтральную позицию

to ease away from *one's* **offensive military ~** понемногу отходить от своей наступательной военной доктрины

to move from an offensive to a defensive ~ переходить от наступательной доктрины к оборонительной

to take an unilateral ~ занимать одностороннюю позицию

posturing *n* позирование

political ~ популизм, политическое позирование

public ~ игра на публику

post-war *a* послевоенный

post-Watergate *a* произошедший после уотергейтского скандала (*см.* **Watergate**)

potato *n* :

national security hot ~ *жарг.* деликатная проблема государственной безопасности

small ~ *жарг.* мелкая сошка

potentate *n* властелин

oil ~ нефтяной магнат

potential I *n* потенциал; (потенциальная) возможность

defense ~ оборонный потенциал, обороноспособность

economic ~ экономический потенциал

energy ~ энергетический потенциал

export ~ экспортный потенциал

flap ~ *разг. жарг.* информация, обнародование которой скомпрометирует *кого-л.*, компромат (*на кого-л.*)

fuel and power ~ топливно-энергетический потенциал

get-rich-quick ~ возможность быстрого обогащения

industrial ~ промышленный потенциал

life ~ жизненный потенциал

market ~ потенциал рынка

military ~ военный потенциал

nuclear ~ ядерный потенциал

political ~ политический потенциал

powerful ~ мощный потенциал

productive ~ производительный потенциал

regional development ~ потенциал развития региона

resource ~ потенциал природных ресурсов

revolutionary ~ революционный потенциал

scientific ~ научный потенциал

scientific and technical ~ научно-технический потенциал
spiritual ~ духовный потенциал
technical ~ технический потенциал
war ~ военный потенциал
war-economy ~ военно-экономический потенциал
to assess ~s оценивать потенциальные возможности
to build up the ~ наращивать/создавать потенциал
to determine the ~ определять потенциал
to enhance ~ повышать/увеличивать потенциал
to realize ~s реализовывать возможности
to reduce the ~ сокращать потенциал
growth of the ~ увеличение/рост потенциала
potential II *a* потенциальный; возможный
potentiality *n* потенциальность; потенциальная возможность
pot-head *n жарг.* наркоман, употребляющий марихуану
pouch *n* дипломатическая/служебная почта
to send/to transmit *smth* **by** ~ посылать *что-л.* служебной почтой
pound (sterling) *n* фунт стерлингов *(денежная единица Великобритании)*
~ **fell back a little** курс фунта немного упал
~ **had a bumpy day** в течение дня курс фунта стерлингов колебался
~ **has been hit by** *smth* курс фунта стерлингов пострадал от *чего-л.*
~ **held steady against most currencies** курс фунта стерлингов оставался стабильным по отношению к большинству валют
~ **is up slightly** курс фунта стерлингов немного поднялся
~ **looked healthier** курс фунта стерлингов стабилизировался
~ **lost more ground against other currencies** курс фунта по отношению к другим валютам продолжал падать
~ **moved ahead** курс фунта стерлингов поднялся
~ **received a modest boost** курс фунта несколько поднялся
~ **rises/surges** курс фунта стерлингов поднимается
to depress/to reduce the value of the ~ понижать курс фунта стерлингов
to send the ~ **soaring on the foreign exchange** поднимать курс фунта стерлингов на валютной бирже
fall in the ~ падение курса фунта стерлингов
international value of the ~ курс фунта стерлингов на валютных рынках мира
strength of the ~ прочность фунта стерлингов
pounding *n* бомбардировка
poverty *n* бедность, нищета
abject ~ ужасающая нищета

dire ~ страшная нищета
mass ~ массовая нищета
rural ~ сельская нищета
spiritual ~ духовная бедность
widespread ~ широко распространенная нищета
to deal with ~ бороться с бедностью
to eliminate ~ ликвидировать нищету
to end ~ покончить с бедностью
to endure ~ терпеть нужду
to eradicate ~ искоренять нищету
to live in ~ жить в бедности
to live on the verge of ~ жить на грани нищеты
to map the causes of ~ устанавливать причины бедности
to put an end to ~ покончить с нищетой
to reduce to ~ доводить до нищеты
to wipe out ~ ликвидировать нищету
to work against ~ бороться с нищетой
elimination of ~ ликвидация нищеты
eradication of ~ искоренение/ликвидация нищеты
pocket of ~ район проживания бедноты
poverty-belt *n* районы земного шара, в которых национальный доход на душу населения ниже уровня прожиточного минимума
power *n* 1. сила; мощь; способность 2. энергия 3. власть, сила 4. право, полномочия 5. держава
~ **has passed out of the hands of a party** партия была отстранена от власти/лишилась власти
~ **is ebbing** *(чья-л.)* мощь ослабевает
~ **of attorney** доверенность
~ **of influence** сила воздействия
~ **of organization** организаторские способности
~ **of recognition** право предоставлять слово
~ **of the law** сила закона
~ **of the purse** власть кошелька
~s **of arrest and interrogation** полномочия производить аресты и проводить допросы
~s **of internment** *брит.* полномочия производить интернирование
~s **of stop and search** полномочия останавливать и обыскивать любых подозрительных лиц
~s **of the presidency** президентские полномочия
~s **that be** сильные мира сего; власть имущие; власть предержащие
~s **to do** *smth* полномочия сделать *что-л.*
~ **to sign** право подписи
ABC P. (Argentina, Brazil, Chile) союз трех государств Южной Америки – Аргентины, Бразилии, Чили
absolute ~ абсолютная/неограниченная власть
administering ~ 1) ведущая держава 2) держава, оказывающая помощь
administrative ~ исполнительная власть
allied ~s союзные державы

appointive ~ право производить назначения
atomic ~**s** атомные державы
authoritarian ~ авторитарная власть
autocratic ~ самодержавная власть
Axis Powers *ист.* державы оси *(Берлин-Рим, Берлин-Токио)*
belligerent ~**s** воюющие державы
broad ~**s** широкие полномочия
buying ~ покупательная способность
capitalist ~ капиталистическая держава
centralized ~ централизованная власть
centrally organized political ~ централизованное политическое руководство
colonial ~ колониальная держава
competitive ~ конкурентоспособность
constituent ~ законодательная власть
constitutional ~**s** конституционные полномочия
creative ~ творческая сила
dangerous ~ опасная власть
de facto ~ фактическая власть
decision-making ~ право принимать решение
depleted ~ ослабевшая власть
detaining ~ право на задержание
deterrent ~ сдерживающая мощь
developing nuclear ~ развивающаяся страна, создающая собственное ядерное оружие
dictatorial ~**s** диктаторские полномочия
discretionary ~ 1) дискреционная власть *(право распоряжаться по своему усмотрению)* 2) *pl* особые полномочия *(глав государств)*
dual ~ двоевластие
economic ~ 1) экономическая власть 2) экономически развитая держава
electric ~ электрическая энергия
emergency ~**s** чрезвычайные полномочия
emerging nuclear ~ страна, создающая собственное ядерное оружие
Entente ~**s** *ист.* державы Антанты
enumerated ~**s** права, предусмотренные конституцией
executive ~ исполнительная власть
extensive ~**s** широкие полномочия
extra ~**s** дополнительные полномочия
extra-constitutional ~**s** полномочия, выходящие за рамки конституции
federally generated ~ *амер.* электроэнергия государственных электросетей
foreign ~ иностранная держава
full ~**s** полномочия
general ~**s** общие полномочия
great ~ великая держава
greater ~**s** расширенные полномочия
imperial ~ имперская держава, империя
imperialist ~ империалистическая держава
implied ~**s** скрытые права
increased ~**s** расширенные полномочия
industrial ~ индустриальная держава
inherent ~**s** неотъемлемые права

inland ~ держава, расположенная внутри другой страны
invincible ~ неодолимая сила
judicial/judiciary ~ судебная власть
labor ~ рабочая сила
large ~**s** широкие полномочия
leading ~ ведущая держава
legal ~ законная власть
legislative ~ законодательная власть
limited ~**s** ограниченные полномочия
limitless ~ неограниченная власть
major ~ крупная держава
majority ~ власть большинства
mandatory ~**s** 1) мандатные полномочия 2) страны-мандатарии
maritime ~ морская держава
market ~ господство на рынке
military ~ 1) военная держава 2) военная мощь
monopoly ~ монопольная власть; власть монополии
motive ~ движущая сила
naval ~ морская держава
non-nuclear ~ неядерная держава
nuclear ~ 1) ядерная держава 2) ядерная энергия/энергетика
occupying ~ оккупирующая держава
official ~**s** официальные власти
outside ~**s** иностранные державы
Pacific ~ тихоокеанская держава
peaceful/peace-loving ~ миролюбивая держава
personal ~ личная власть
plenary ~ широкие полномочия
plenipotentiary ~ 1) неограниченная власть 2) *pl* неограниченные полномочия
political ~ политическая власть
popular ~ народная власть, народовластие
principle ~ ведущая/крупная держава
purchasing ~ покупательная способность
real ~ реальная власть
real purchasing ~ реальная покупательная способность
regional ~ 1) местная власть 2) господствующая сила в своем регионе
reserved ~ резервированное право
retaliatory ~ способность к нанесению ответного удара
revolutionary ~ революционная власть
royal ~ королевская власть
signatory ~ держава, подписавшая договор
space ~ космическая держава
special ~**s** особые полномочия
specific ~**s** определенные полномочия
state ~ государственная власть
strong executive ~**s** широкие полномочия для исполнения принятых решений
supreme ~ верховная власть
sweeping ~**s** широкие полномочия
third ~ третье государство
trading ~ торговая держава
transforming ~ преобразующая сила

treaty-making ~ право заключения договоров

tutelary ~ государство-опекун

unlimited ~ 1) неограниченная власть 2) *pl* неограниченные полномочия

untrammeled ~ неограниченная власть

unwarranted ~ незаконная власть

vast ~s широкие полномочия

veto ~s право вето

victorious ~s державы-победительницы

war ~s чрезвычайные полномочия правительства в военное время

Western Powers западные державы

wide ~s широкие полномочия

world ~ мировая держава

to abandon ~ отказываться от власти

to abuse *one's* ~s злоупотреблять полномочиями

to accord ~s **to** *smb* предоставлять полномочия *кому-л.*

to acquire ~ приобретать власть

to act outside *one's* ~s выходить за пределы своих полномочий

to adopt ~s принимать полномочия

to assume ~ брать власть в свои руки; приходить к власти

to assume ~s брать на себя полномочия

to attain ~ добиваться власти

to be back in ~ возвращаться к власти

to be endowed with wide ~s быть облаченным широкими полномочиями

to be greedy for ~ жаждать власти

to be in a position of ~ занимать руководящую должность

to be poised to return to ~ быть готовым вернуться к власти

to bolster *one's* **challenge to political** ~ усиливать свои притязания на политическую власть

to break the monopoly of ~ разрушать монополии власти

to bring *smb* **nearer to** ~ приближать *чей-л.* приход к власти

to broaden the ~ **vested in the government** расширять полномочия правительства

to carry *smb* **to** ~ приводить *кого-л.* к власти

to catapult *smb* **into** ~ быстро приводить *кого-л.* к власти

to cede ~ **to** *smb* уступать власть *кому-л.*

to centralize ~ **in** *smb's* **hands** сосредоточивать власть в *чьих-л.* руках

to check a country's ~ преграждать путь мощи *какой-л.* страны

to cling to ~ цепляться за власть

to come back into ~ возвращаться к власти

to come to ~ **in a coup** приходить к власти в результате переворота

to come to ~ приходить к власти; брать власть в свои руки

to concede ~ уступать власть

to concentrate all ~ **in** *one's* **hands** сосредоточивать всю полноту власти в своих руках

to confer necessary ~s предоставлять необходимые полномочия

to confirm *smb* **in** ~ утверждать *чье-л.* назначение во главе государства

to consolidate ~ укреплять власть

to conspire to seize ~ организовывать заговор с целью захвата власти

to continue in ~ продолжать оставаться у власти

to curb *smb's* ~s ограничивать *чьи-л.* полномочия

to curb *smb's* ~ ограничивать *чью-л.* власть

to delegate ~s **to** *smb* передавать/делегировать полномочия *кому-л.*

to demand further limits on *smb's* ~ требовать дальнейшего ограничения *чьей-л.* власти

to demilitarize atomic ~ переключать использование атомной энергии с военных на мирные цели

to devolve ~ передавать власть на места; усиливать автономию; осуществлять децентрализацию

to dilute *smb's* **grip on** ~ ослаблять *чью-л.* власть

to display a country's ~ демонстрировать мощь страны

to disturb the balance of ~ нарушать равновесие сил

to do all in *one's* ~ делать все, что в силах данного человека

to do everything in *one's* **legitimate** ~ делать все в пределах своей законной власти

to drive *smb* **from** ~ отстранять *кого-л.* от власти

to enhance the ~ **of Parliament** усиливать власть парламента

to enjoy unlimited ~ пользоваться неограниченной властью

to entrench *oneself* **in** ~ закрепляться у власти

to erode *smb's* ~s подрывать *чью-л.* власть

to establish ~ устанавливать власть

to exceed *one's* ~s превышать свои полномочия

to exclude *smb* **from** ~ не допускать *кого-л.* к власти

to exercise ~s осуществлять власть, использовать полномочия

to exercise ~ **of influence** оказывать воздействие

to exert ~ пользоваться властью

to exhibit *one's* **full** ~s предъявлять свои полномочия

to extend *one's* **military** ~ увеличивать свою военную мощь

to extend *one's* **political** ~ распространять свою политическую власть

to extend *smb's* ~s расширять *чьи-л.* полномочия

to fall from ~ лишаться власти

to fight *smb* **for** ~ бороться с *кем-л.* за власть

to force smb from ~ смещать *кого-л.*; отстранять *кого-л.* от власти

to foreclose on the use of military ~ исключать использование военной мощи

to furnish smb with ~s предоставлять *кому-л.* полномочия

to further *one's* own ~ укреплять свою власть

to gain ~ захватывать власть; приходить к власти

to get into ~ приходить к власти

to give smb emergency ~s предоставлять *кому-л.* чрезвычайные полномочия

to give up *one's* ~ отказываться от власти

to go beyond *one's* constitutional ~s превышать свои конституционные права

to grant smb ~s предоставлять *кому-л.* полномочия

to hand over ~ to smb передавать власть *кому-л.*

to hang on to ~ цепляться за власть

to have ~ иметь власть

to have decision-making ~s иметь полномочия принимать решения

to have no legal ~ to do smth не иметь законного права делать *что-л.*

to help smb to ~ помогать *кому-л.* придти к власти

to hold military ~ контролировать вооруженные силы

to hold the balance of ~ поддерживать равновесие сил

to hold the reins of ~ удерживать бразды правления

to increase ~s расширить полномочия

to indulge in an orgy of state ~ упиваться государственной властью

to install smb in ~ ставить *кого-л.* у власти

to invest smb with extensive ~s наделять *кого-л.* широкими полномочиями

to invoke ~s использовать полномочия

to jockey for ~ пробиваться к власти

to keep *oneself* in ~ удерживаться у власти

to keep smb out of ~ не допускать *кого-л.* к власти

to keep the ~s сохранять полномочия

to lead *one's* party to ~ вести свою партию к власти

to leave ~ уходить от власти

to lessen smb's ~ уменьшать *чью-л.* власть

to limit the ~ of smb ограничивать *чью-л.* власть

to lodge a great deal of ~ in smb's hands сосредоточивать большую власть в *чьих-л.* руках

to loosen *one's* grip on ~ уступать часть своей власти

to lose *one's* ~ over smb утрачивать власть над *кем-л*

to lust for ~ жаждать власти

to maintain an overall grip on ~ прочно удерживаться у власти

to make a bid for ~ делать попытку захватить власть

to misuse *one's* ~ of veto злоупотреблять своим правом вето

to monopolize ~ монополизировать власть

to move out of ~ лишаться власти

to move some ~ from ... to ... передавать часть *чьей-л.* власти *кому-л.*

to oust smb from ~ отстранять *кого-л.* от власти, смещать *кого-л.*

to overstep *one's* ~s превышать свои полномочия

to overthrow the ~ свергать власть

to personalize ~ стремиться к установлению своей личной власти

to phase out the use of nuclear ~ постепенно отказываться от использования атомной энергии

to place ~ into smb's hands передавать власть *кому-л.*

to prejudice the ~ ограничивать права

to preserve *one's* ~s сохранять свои полномочия

to preserve *one's* present ~ and privilege сохранять свою власть и привилегии

to put smb in/into ~ ставить *кого-л.* у власти

to put too much ~ into smb's hands наделять *кого-л.* слишком большой властью

to raise smb to ~ приводить *кого-л.* к власти

to reach ~ достигать власти

to re-assert *one's* own ~ снова утверждать свою власть

to reduce smb's ~s ограничивать *чьи-л.* полномочия

to regain *one's* ~ возвращать себе власть; возвращаться к власти

to reinforce presidential ~ усиливать президентскую власть

to release smb from ~ отстранять *кого-л.* от власти

to relinquish ~ отказываться от власти

to relinquish some of *one's* ~s отказываться от некоторых полномочий

to remain in ~ оставаться у власти

to remove smb from ~ отстранять *кого-л.* от власти

to renew ~s возобновлять полномочия

to renounce the use of nuclear ~ for all but peaceful purposes отказываться от использования ядерной энергии в немирных целях

to restore smb to ~ восстанавливать *кого-л.* у власти

to restrain ~ ограничивать власть

to resume ~ возвращаться к власти

to retain ~ narrowly удерживаться у власти незначительным большинством голосов

to return smb to ~ переизбирать *кого-л.*

to rise to ~ приходить к власти

to rival smb for supreme ~ бороться с *кем-л.* за высшую власть

to scrap smb's ~s лишать *кого-л.* полномочий

to seek the removal from ~ of *smb* добиваться отстранения от власти *кого-л.*

to seize ~ in a coup захватывать власть в результате переворота

to share ~ with *smb* разделять власть с *кем-л.*

to shift ~ to the inflected передавать власть аппарату

to stay in ~ оставаться у власти

to step down from/out of ~ уходить от власти; отказываться от власти

to strap *smb's* **buying ~** ограничивать *чью-л.* покупательную способность

to strengthen *one's* **grip on ~** укреплять свою власть

to strengthen police ~s усиливать полномочия полиции

to strengthen the defense ~ of the country укреплять оборонную мощь страны

to strip *smb* **of all ~s** лишать *кого-л.* всех полномочий

to strip *smb* **of much of his ~** значительно ограничивать *чью-л.* власть

to struggle for ~ бороться за власть

to surrender *one's* **~s** отказываться от своих полномочий

to sweep *smb* **from/out of ~** смещать *кого-л.*; отстранять *кого-л.* от власти

to sweep *smb* **into ~** приводить *кого-л.* к власти в результате победы на выборах подавляющим большинством голосов

to take ~ into *one's* **hands** брать власть в свои руки

to take away purchasing ~ понижать покупательную способность

to take over ~ приходить к власти; захватывать власть

to take over presidential ~s брать на себя президентские полномочия

to take some ~ away from *smb* уменьшать *чью-л.* власть

to thrust *smb* **into ~** ставить *кого-л.* у власти в результате переворота

to tighten *one's* **grip on ~** укреплять свою власть

to topple *smb* **from ~** свергать *кого-л.*; отстранять *кого-л.* от власти

to transfer ~ to *smb* передавать власть *кому-л.*

to transfer some of *one's* **~s to** *smb* передавать часть своих полномочий *кому-л.*

to trim *smb's* **~s** ограничивать *чьи-л.* полномочия

to undercut the ~ of the opposition ослаблять оппозицию

to undermine *smb's* **~** подрывать *чью-л.* власть

to upgrade ~s увеличивать полномочия

to upset the balance of ~ нарушать равновесие сил

to use *one's* **~s** использовать свои полномочия

to usurp ~ узурпировать власть

to vest *smb* **with ~** облекать *кого-л.* властью

to vie for ~ бороться за власть

to water down *smb's* **~s** ограничивать *чьи-л.* полномочия

to weaken *one's* **grip on ~** отказываться от монополии на власть

to wield absolute ~ пользоваться абсолютной властью

to win ~ захватывать/завоевывать власть; приходить к власти

to wrest ~ from *smb* вырывать власть у *кого-л.*

abuse of ~ злоупотребление властью

accession to ~ приход к власти

acquisition of market ~ установление господства на рынке

advent of ~ приход к власти

alternation of ~ чередование у власти двух партий

alternative sources of ~ альтернативные источники энергии *(использование солнца, ветра и т.п.)*

arrogance of ~ высокомерие силы

assumption of ~ приход к власти

balance of ~ соотношение сил

bid for greater ~s попытка добиться расширения своих полномочий

bodies of ~ органы власти

change of ~ смена власти

conquest of political ~ завоевание политической власти

contender for ~ претендент на власть

corridors of ~ коридоры власти

decentralization of ~ децентрализация власти

decline in purchasing ~ снижение покупательной способности

delegation of ~s передача полномочий

demonstration of ~ демонстрация силы

departure from ~ уход от власти

derogation of the ~s аннулирование полномочий

devolution of ~ to the regions передача власти на места/органам местного самоуправления, децентрализация власти

display of ~ демонстрация мощи

division of ~ разделение власти

equilibrium of ~ равновесие сил *(в мире)*

exercise of the ~ (to do *smth***)** использование власти *(для чего-л.)*

extension in ~ продление пребывания у власти

extension of ~s расширение полномочий

fall from ~ отстранение от власти

greater reliance on nuclear ~ увеличение использования атомной энергии

grip on ~ пребывание у власти

handover of ~ передача власти

hold on ~ удержание *кем-л.* власти

in ~ у власти

increased pressure on *smb* **to relinquish ~** усиление давления на *кого-л.* с целью заставить его отказаться от власти

jockeying for ~ борьба за власть
long run of ~ долгое пребывание у власти
lust for ~ жажда власти
misuse of ~ злоупотребление властью
monopoly of ~ монополия на власть
organ of state ~ орган государственной власти
overthrow of *smb's* ~ свержение *чьей-л.* власти
party in ~ правящая партия
peaceful transfer of ~ мирная передача власти
push for ~ борьба за власть
redistribution of ~ перераспределение власти
reduction in purchasing ~ уменьшение покупательной способности
reduction of *smb's* ~ ограничение *чьей-л.* власти
reins of ~ бразды правления
removal from ~ отстранение от власти
resurgence of military ~ восстановление военной мощи
return to ~ возврат к власти
rise of ~ приход к власти
road to ~ путь к власти
seizure of ~ захват власти
separation of ~s разделение полномочий
sharing of ~ with *smb* разделение власти с *кем-л.*
source of ~ источник власти
strengthening of the ~ усиление власти
strengthening of the economic and defense ~ of the state укрепление экономической и оборонной мощи государства
struggle for ~ борьба за власть
succession to ~ вступление на должность главы государства
surrender of ~s to *smb* передача полномочий *кому-л.*
switch of ~ from ... to ... переход власти от ... к ...
the dollar's holding ~ устойчивость курса доллара
the main ~ behind the throne главная сила, фактически находящаяся у власти
time in ~ время пребывания у власти
too much ~ is invested in the president президент наделен слишком большой властью
transfer of ~ to *smb* передача власти *кому-л.*
transition of ~ передача власти
under existing ~s в соответствии с имеющимися полномочиями
usurpation of ~ узурпация власти
verification of ~s проверка полномочий
vested with broad ~s облеченный широкими полномочиями
with deciding voting ~ с правом решающего голоса
power-crazed *a* помешанный на власти
power-drunk *a* опьяненный властью
powerful *a* мощный, сильный; могущественный, влиятельный

power-house *n* центр власти
power-hungry *a* жаждущий власти
power-intensity *n* энергоемкость
to decrease ~ снижать энергоемкость
power-intensive *a* энергоемкий
powerless *a* бессильный; маловлиятельный
power-station *n* электростанция
atomic ~ атомная электростанция, АЭС
geothermal ~ геотермическая электростанция
heat ~ теплоэлектростанция
highly economical ~ высокоэкономичная электростанция
nuclear ~ атомная электростанция, АЭС
solar ~ солнечная электростанция
thermal ~ теплоэлектростанция, ТЭС
tidal electric ~ приливная электростанция, ПЭС
wind-driven ~ ветровая электростанция
powwow *n* полит. жарг. говорильня (*политическое собрание, где ведутся пустые разговоры*)
practice I *n* 1. практика; опыт; навык 2. деятельность, занятие; метод; система
acceptable ~ приемлемая практика
administrative ~ административная практика
anticompetitive ~ монополистическая практика, практика нечестной конкуренции
business ~ практика деловых отношений
commercial ~ коммерческая практика
common ~ обычная/распространенная практика
concerted ~ 1) согласованная практика 2) согласованные действия
contractual ~ договорная практика
corrupt ~ взяточничество, подкуп; продажность, коррупция; развращенность
current ~ текущая деятельность; современная практика
diplomatic ~ дипломатическая практика
economic ~s экономические традиции
established ~ установленная практика
fair employment ~ прием на работу без дискриминации
financial ~ финансовая практика/деятельность
foreign exchange ~ валютная практика
general ~ всеобщая практика
generally accepted international ~ общепринятая международная практика
human rights ~s вопросы соблюдения прав человека
improved agricultural ~s улучшенные методы ведения сельского хозяйства
international ~ международная практика
judicial ~ юридическая практика
management ~s методы управления
monopoly ~ монополистическая практика
predatory ~s грабительские методы
prevalent ~ общепринятая/распространенная практика
restrictive ~s in industry меры по ограничению конкуренции в промышленности

revolutionary ~ революционная практика
running ~ обычная практика
sharp ~ мошенничество
social ~ общественная практика
standard ~ установленная практика
trade/trading ~ торговая практика
traditional ~ традиционная практика
treaty ~ договорная практика
unacceptable ~ неприемлемая практика
unfair competitive ~s методы нечестной конкуренции
unfair employment ~ дискриминация при приеме на работу
unlawful ~ противозаконная практика
wide ~ широкая практика
working ~ трудовая деятельность/практика
to counter unfair trade ~s бороться с нечестными действиями в области торговли
to enrich the ~ обогащать практику
to join theory and ~ сочетать теорию с практикой
to put into ~ осуществлять на практике
to renounce the ~ отказываться от практики
to substitute the existing ~ заменять существующую практику
in ~ на практике, практически
in world ~ в мировой практике
practice II *v* **1.** применять; практиковать **2.** действовать; заниматься *чем-л.*
practiced *a* опытный, умелый
pragmatism *n* прагматизм, реализм в политике
pragmatist *n* прагматик
pragmatic(al), pragmatist(ical) *a* прагматический
praise *n* похвала
to have warm ~ **for** *smb* тепло отзываться о *ком-л.*
to heap ~ **on a country** осыпать *какую-л.* страну похвалами
to offer warm ~ **to** *smb* тепло отзываться о *ком-л.*
to sing *smb's* ~ превозносить *кого-л.*
praxis *n* критерий практики
pray-in *n* собрание верующих в церкви
pray-inner *n* участник собрания верующих
preach *v* (*smth*) проповедовать *что-л.*; призывать к *чему-л.*; читать проповедь
preacher *n* религиозный проповедник
~ **of Christianity** проповедник христианства
preaching *n* религиозная проповедь
preamble *n* преамбула
~ **to the UN Charter** преамбула Устава ООН
treaty's ~ преамбула договора
pre-capitalist *a* докапиталистический
precaution *n* (**against** *smth*) предосторожность, мера предосторожности (*против чего-л.*)
city ~s меры предосторожности в городе
elaborate ~s тщательные меры предосторожности

extensive ~s усиленные меры предосторожности
extra ~s дополнительные меры предосторожности
massive ~s значительные меры предосторожности
safety ~ техника безопасности
security ~s меры безопасности
strict/tight security ~s жесткие меры безопасности
to take ~s **against** *smth* принимать меры предосторожности против *чего-л.*
precedence *n* первенство, старшинство; приоритет; первоочередность
to accord ~ предоставлять слово вне очереди
to be accorded ~ получать право выступить первым/вне очереди
precedent *n* (**for** *smth*) прецедент (*для чего-л.*)
damaging/dangerous ~ опасный прецедент
to avoid creating a ~ избегать создания прецедента
to break a ~ нарушать прецедент
to cause a ~ создавать прецедент
to cite a ~ ссылаться на прецедент
to create/to establish a ~ создавать прецедент
to invoke a ~ ссылаться на прецедент
to set a ~ создавать прецедент
without ~ беспрецедентный
precedential *a* прецедентный
precept *n* завет, предначертание
precinct *n* **1.** полицейский *или* избирательный участок **2.** участок как наименьшая административная единица
voting ~ избирательный участок
precipice *n* **1.** обрыв; пропасть **2.** опасное положение
nuclear ~ ядерная катастрофа
to push a country into the ~ толкать страну в пропасть
precision *n* точность
strike ~ точность нанесения удара (*в ядерной войне*)
précis-writer *n* составитель протоколов/ кратких отчетов
preclude *v* устранять; предотвращать
to ~ *smb* **from doing** *smth* препятствовать *кому-л.* сделать *что-л.*
preconception *n* :
ideological ~ идеологические предпосылки
precondition *n* предварительное условие; предпосылка
basic ~ основное предварительное условие; основная предпосылка
economic ~ экономическая предпосылка
to accept *smb's* ~s принимать *чьи-л.* предварительные условия
to satisfy *smb's* ~s удовлетворять *чьи-л.* предварительные условия
to set ~s ставить предварительные условия
with no/without ~s без предварительных условий

predecessor *n* предшественник

predicament *n* затруднительное положение
  global ~ затруднительное положение в глобальном масштабе

predict *v* предсказывать; прогнозировать

predictable *a* предсказуемый

prediction *n* предсказание; прогноз; прогнозирование
  computer ~s компьютерный прогноз
  feasibility ~ прогнозирование практической осуществимости
  long-run/long-term ~ долгосрочный прогноз
  short-term ~ предсказание на ближайшее будущее, краткосрочный прогноз
  to make ~s делать предсказания

predominance *n* преобладание, господство
  US's ~ **in NATO** господство США в НАТО

predominate *v* (**over**) преобладать *(над)*

pre-election *attr* предвыборный

pre-eminence *n* превосходство
  to achieve regional ~ достигать превосходства над другими странами региона

pre-emptive *a* превентивный, упреждающий

preference *n* преференция; предпочтение; преимущество, льгота
  customs ~s таможенные преференции
  marginal ~ наименьшее предпочтение
  nondiscriminatory ~s недискриминационные преференции
  racial ~ предпочтение по расовому признаку
  special ~s особые/специальные преимущества/преференции/льготы/предпочтения
  tariff ~s тарифные льготы/преференции
  to accord ~s предоставлять льготы/преференции
  to enjoy a ~ пользоваться преимущественным правом/льготой/преференцией
  to give a nation special aid ~ оказывать *какой-л.* стране предпочтение в деле предоставления помощи
  to grant ~s предоставлять преимущества/преимущественные права
  trade ~s торговые преференции
  scheme/system of ~s система преференций

preferential *a* предпочтительный; преференциальный; льготный, преимущественный

prehistory *n* предыстория
  ~ **of mankind** предыстория человечества

pre-in *n* страна-кандидат на вступление в международную организацию

prejudice I *n* 1. предубеждение; предрассудок; пережиток в сознании; предвзятое мнение 2. вред, ущерб
  caste ~s кастовые предрассудки
  deep-seated ~ глубоко укоренившееся предубеждение
  ideological ~s идеологические предубеждения
  national ~s национальные предрассудки
  nationalistic ~s националистические предрассудки

old ~s пережитки прошлого
racial ~s расовые предрассудки
religious ~s религиозные предрассудки
to eradicate ~s искоренять предрассудки
to flaunt *one's* ~s афишировать свои предубеждения
to instill ~s насаждать предрассудки
to lay aside *one's* ~s забывать о своих предубеждениях
to overcome *one's* ~s преодолевать свои предрассудки
to surmount religious ~s преодолевать религиозные предрассудки
to terminate with extreme ~ *развед. жарг.* совершать политическое убийство *(крупного политического деятеля или даже главы государства)*
with ~ **to the interests of** *smb* в ущерб интересам *кого-л.*
without ~ **to** *smth* без ущерба для *чего-л.*

prejudice II *v* 1. причинять/наносить ущерб/вред; ущемлять *(интересы)* 2. восстанавливать *(против)* 3. уменьшать *(возможность и т.п.)*
  to ~ *smb* **against** *smb* восстанавливать *кого-л.* против *кого-л.*
  to be ~**d against** *smth* относиться к *чему-л.* с предубеждением

prejudicial *a* пагубный, вредный
  ~ **to national security** наносящий ущерб безопасности страны

prelacy *n* 1. прелатство 2. высшие сановники церкви

prelate *n* прелат

preliminaries *n pl* предварительные переговоры; подготовительное мероприятие; прелиминарии

preliminary *a* предварительный

prelude *n* прелюдия; первый шаг
  as a ~ **to** *smth* в качестве первого шага к *чему-л.*

premeditated *a* преднамеренный, умышленный

premier *n* премьер(-министр)
  first deputy ~ первый заместитель премьер-министра

premiership *n* должность/пост премьер-министра
  to appoint *smb* **to the** ~ назначать *кого-л.* премьер-министром
  to relinquish the ~ отказываться от должности премьер-министра
  to restore *smb* **to** ~ восстанавливать *кого-л.* на посту премьер-министра
  to tear the ~ **in half** разделять срок пребывания на посту премьер-министра на два срока *(Израиль)*

premise *n* 1. предпосылка, принцип, положение 2. *pl* здание, помещения
  constitutional ~ положение/статья конституции

diplomatic ~s здание дипломатического представительства

industrial ~s промышленные помещения

mutual benefit ~s взаимовыгодные предпосылки

office ~s служебные помещения

rightful ~s правовые предпосылки

value ~s исходные принципы оценки

on that ~ исходя из этой предпосылки

violation of diplomatic ~s вторжение в здание дипломатического представительства

premium (*pl тж* **premia**) *n* надбавка, премия, вознаграждение

accelerating ~ прогрессивная премия

export ~ экспортная премия

extra ~ дополнительная награда

incentive ~ поощрительное вознаграждение

insurance ~ страховая премия, страховой платеж

pre-ordained *a* предопределенный

preparation *n* составление; приготовление, подготовка

all-round ~ всесторонняя подготовка

frenzied ~ лихорадочная подготовка

military ~s военные приготовления

secret ~s секретные приготовления

war ~s военные приготовления

to facilitate ~ облегчать подготовку/подготовительную деятельность

to make ~s for *smth* готовиться к *чему-л.*, проводить подготовку к *чему-л.*

preparatory *a* подготовительный, предварительный

preparedness *n* готовность

high ~ высокая степень боевой готовности

military ~ боеготовность

preplanning *n* разработка предварительного плана, предварительное планирование

preponderance *n* перевес, превосходство

prerequisite *n* (**for** *smth*) предпосылка; необходимое предварительное условие (*чего-л., для чего-л.*)

essential ~ важная предпосылка

external ~ внешняя предпосылка

historical ~ историческая предпосылка

internal ~ внутренняя предпосылка

international ~ международная предпосылка

material ~ материальная предпосылка

objective ~ объективная предпосылка

socio-economic ~ социально-экономическая предпосылка

spiritual ~ духовная предпосылка

subjective ~ субъективная предпосылка

to create ~s for *smth* создавать предпосылки для *чего-л.*

prerogative *n* прерогатива, исключительное право, привилегия

to take *smb's* **presidential ~s away from** *smb* лишать *кого-л.* президентских привилегий

pre-schedule *attr* досрочный

presence *n* присутствие, наличие

~ in court явка в суд

~ of the US forces присутствие американских войск

army ~ присутствие войск; военное присутствие

diplomatic ~ дипломатическое присутствие

heavy police ~ сосредоточение крупных сил полиции

military ~ военное присутствие; присутствие военного контингента

NATO's conventional ~ in Europe наличие в Европе сил НАТО, оснащенных обычным (*неядерным*) оружием

naval ~ присутствие военно-морских сил

police ~ присутствие полиции

Royal ~ присутствие членов королевской семьи

to boost *one's* **military ~ somewhere** наращивать свое военное присутствие *где-л.*

to build up *one's* **naval ~** сосредоточивать военно-морские силы

to expand *one's* **military ~ (in)** наращивать количество своих войск (*где-л.*)

to maintain *one's* **military ~** сохранять свое военное присутствие

to reduce *one's* **naval ~ somewhere** сокращать присутствие своих военно-морских сил *где-л.*

to scale down a country's military ~ somewhere сокращать военное присутствие страны *где-л.*

to solidify *one's* **military ~ in an area** закрепляться в *каком-л.* районе (*о войсках*)

to step up a country's military ~ somewhere усиливать военное присутствие *какой-л.* страны *где-л.*

retraction of *smb's* **military ~** сокращение *чьего-л.* военного присутствия

present *v* представлять; вручать

to ~ in writing представлять в письменной форме

presentation *n* освещение, подача

biased ~ of *smth* тенденциозность в освещении *чего-л.*

presenter *n* ведущий (*телевизионной или радиопрограммы*)

presentment *n юр.* обвинительное заключение

preservation *n* охрана; предохранение, сохранение

~ of nature охрана природы

~ of peace сохранение мира

~ of the environment охрана окружающей среды

preserve I *n* заказник, заповедник

game ~ охотничий заповедник

state forest ~ государственный лесной заповедник

preserve II *v* оберегать; сохранять

preside *v* председательствовать

presidency *n* **1.** председательство **2.** президентство **3.** период пребывания на посту президента

~ over the European Union председательство в Евросоюзе

collective ~ коллективное президентство

directly elected ~ прямые выборы президента

provisional ~ временное исполнение обязанностей президента

rotating ~ поочередное президентство

young ~ недавно начавшийся срок президентства

to assume the ~ вступать в должность президента

to back *smb* **for the ~** поддерживать выдвижение *чьей-л.* кандидатуры на пост президента

to combine the ~ with the role of prime minister объединять/сочетать должности президента и премьер-министра

to contest the ~ бороться на выборах за пост президента

to give up the ~ отказываться от должности президента

to hold the ~ быть президентом

to launch a bid for the ~ начинать борьбу за пост президента

to make it to the ~ добиваться поста президента

to measure *smb* **for the ~** приглядываться к *кому-л.* как кандидату на пост президента

to resign from the ~ уходить в отставку с поста президента

to scrap ~ упразднять пост президента

to secure the ~ обеспечивать себе пост президента

to stand for the ~ баллотироваться на пост президента

to succeed to the ~ становиться следующим президентом

to win the ~ добиваться поста президента

accession to the ~ вступление на пост президента

attempt at the ~ попытка занять пост президента

central plank of *one's* **~** центральный пункт предвыборной программы кандидата в президенты

change-over in the ~ смена президента

contender for the ~ претендент на пост президента

nomination of *smb* **for the ~** выдвижение *кого-л.* на пост президента

push for the ~ стремление стать президентом

president *n* (*тж* **P.**) **1.** президент **2.** председатель

~ designate/elect избранный, но еще не вступивший на пост президент

~ emeritus экс-президент

~ for life пожизненный президент

P. of the Senate председатель Сената

~ pro tempore исполняющий обязанности президента

acting ~ исполняющий обязанности председателя/президента

activist ~ президент, проводящий активную политику

actual ~ нынешний президент

bread-and-butter ~ президент, уделяющий основное внимание внутриэкономическим проблемам

caretaker ~ временный президент

ceremonial ~ президент, не обладающий властью

current ~ нынешний президент

democratically elected ~ демократически избранный президент

Deputy P. заместитель президента

executive ~ президент с широкими исполнительными полномочиями

former ~ бывший президент

honorary ~ почетный председатель

illegitimate ~ незаконный президент

incumbent ~ теперешний президент

interim ~ временно исполняющий обязанности президента

lame-duck ~ президент, срок полномочий которого скоро истекает

life ~ пожизненный президент

minority ~ президент меньшинства

nominal ~ лицо, официально являющееся президентом

outgoing ~ президент, уходящий в отставку

party ~ председатель партии

past ~ бывший президент

pro-reform ~ президент-сторонник реформ

regional ~s президенты стран данного региона

Senate P. председатель сената

serving ~ президент, находящийся у власти

sitting ~ президент, находящийся у власти

state ~ президент государства

temporary ~ временный председатель

war ~ президент военного времени

to announce a new ~ объявлять о приходе к власти нового президента

to be elected ~ быть избранным на пост президента

to be sworn in as acting ~ быть приведенным к присяге в качестве исполняющего обязанности президента

to block confirmation of *smb* **as ~** мешать утверждению *кого-л.* в качестве президента

to bring down a ~ свергать президента

to choose a ~ подбирать кандидатуру президента

to confirm *smb* **as ~** утверждать *кого-л.* в должности президента

to continue as ~ оставаться президентом

to depose a ~ смещать президента

to diminish the ~' standing наносить удар по престижу президента

to entrust the ~ (with) возлагать на президента (*напр. решение каких-л. вопросов*)

to inaugurate a new ~ вводить в должность нового президента

to install *smb* **as** ~ вводить *кого-л.* в должность президента

to make a run for ~ баллотироваться на пост президента

to operate at the behest of the ~ действовать по указаниям президента

to oust a ~ свергать президента

to overthrow a ~ **in a military coup** свергать президента в результате военного переворота

to pick a ~ подбирать кандидатуру президента

to re-elect *smb* **(as)** ~ переизбирать *кого-л.* на пост президента

to remove a ~ смещать президента

to run for ~ баллотироваться на пост президента

to stand for ~ баллотироваться на пост президента

to step down as ~ уходить в отставку с поста президента

to take over as ~ принимать на себя обязанности президента

to topple a ~ свергать президента

adviser to the ~ советник президента

contender for ~ претендент на пост президента

heir to the ~ наследник президента

inauguration of the ~ введение в должность президента

replacement of the ~ смена председателя

swearing-in of a new ~ приведение к присяге нового президента; инаугурация президента

The P. of the (UN) General Assembly Председатель Генеральной Ассамблеи (ООН)

presidential *a* президентский

~ **favor** *жарг.* сильное желание быть избранным президентом

~ **guard** охрана президента, президентская охрана

~ **itch** *жарг.* сильное желание быть избранным президентом

~ **timber** человек, способный выполнять функции президента

to appear ~ проявлять себя в качестве президента

to sound ~ говорить как президент

president-maker *n полит. жарг.* «творец президентов»

presidentship *n* период пребывания на посту, президентство

presidium *n* президиум

~ **of a meeting** президиум собрания

honorary ~ почётный президиум

working ~ рабочий президиум

to elect a ~ избирать президиум

press I *n* **1.** давление, прессинг **2.** пресса; печать; представители печати

collegiate ~ студенческая пресса *(газеты и журналы, издаваемые студентами)*

daily ~ ежедневные газеты

democratic ~ демократическая печать

departmental ~ ведомственные издания

émigré ~ эмигрантская пресса

foreign ~ зарубежная печать

full-court ~ *полит. жарг.* «прессинг по всей площадке» *(повсеместное активное давление)*

governmental ~ правительственная печать

gutter ~ *разг.* бульварная/жёлтая пресса

international ~ международная пресса

legal ~ легальная печать

local ~ местная печать

national ~ национальная пресса

official ~ официальная печать

opposition ~ оппозиционная пресса

party ~ партийная печать

periodical ~ периодическая печать

reactionary ~ реакционная печать

state-owned ~ государственная пресса

stop ~ *журн. жарг.* «срочно в номер»; «в последний час» *(новости, помещаемые в газете в специально оставленном месте в последний момент)*

trade-union ~ профсоюзная печать

world ~ мировая пресса/печать

yellow ~ жёлтая пресса

to be in the ~ быть в печати, печататься

to censor the ~ подвергать печать цензуре

to come off the ~ выходить в свет, появляться в печати

to get a bad ~ подвергаться критике со стороны прессы

to go unreported in the ~ оставаться не освещённым в печати *(о событии)*

to hamstring the ~ ограничивать свободу печати

to leak *smth* **to the** ~ организовывать утечку информации о *чём-л.* в прессу

to meet the ~ давать пресс-конференцию

to muzzle the ~ затыкать рот прессе; надевать намордник на прессу

to shackle/to silence the ~ затыкать рот прессе

control of the ~ контроль над прессой

freedom of the ~ свобода печати

press II *v* настаивать; торопить; нажимать; требовать

to ~ **ahead with** *smth* энергично проводить *что-л.* в жизнь

to ~ **for** *smth* настаивать на *чём-л.*

to ~ **one's claims** настаивать на своих требованиях

to ~ **one's opinion on** *smb* навязывать *кому-л.* своё мнение

to ~ *smb* **to do** *smth* оказывать давление на *кого-л.*, чтобы он сделал *что-л.*

to ~ **the point** настаивать на *чём-л.*

press-aide *n* пресс-секретарь

press-box *n* ложа прессы

press-briefing *n* брифинг с участием прессы

press-clipping *n* вырезка из газеты, журнала

press-conference *n* пресс-конференция

press-correspondent *n* корреспондент *(газеты, журнала и т.п.)*

press-cutting *n* вырезка из газеты, журнала

press-gallery *n* места для представителей прессы

pressing I *n* прессинг, давление, нажим
~ **comes from** *smb* давление исходит от *кого-л.*
~ **is building up/is mounting** давление нарастает/усиливается
~ **the flesh** *полит. жарг.* тесное общение с толпой избирателей *(рукопожатия, хлопанье по плечу)*

pressing II *a* неотложный, срочный; настоятельный
~ **matter/point** неотложный/срочный вопрос
~ **problem** назревшая/неотложная задача
~ **question** неотложный/срочный вопрос
~ **request** настоятельная просьба

pressman *n* журналист; репортер

press-officer *n* пресс-атташе, сотрудник по связям с прессой

press photographer *n* фотокорреспондент

press release *n* сообщение для печати, пресс-релиз

press room *n* комната для журналистов, пресс-центр

pressure I *n* 1. давление, воздействие, нажим 2. затруднение, трудное положение
~ **against** *smb/smth* давление/воздействие *на кого-л./что-л.*
~ **for a cease-fire** давление с целью заставить *кого-л.* заключить соглашение о прекращении огня
~ **for money** нехватка денежных средств
~ **from** *smb/smth* давление/воздействие с *чьей-л.* стороны
~ **from below for change** давление снизу с требованием перемен
~ **from the streets** давление народных масс
~ **of poverty** гнет нищеты
~ **of the world public opinion** давление мирового общественного мнения
~ **on** *smb/smth* давление/воздействие *на кого-л./что-л.*
~ **through** *smb* давление/воздействие через *кого-л.*
~ **to do** *smth* давление с целью заставить сделать *что-л.*
additional ~ дополнительное давление
balance of payments ~ трудности с платежным балансом
concerted ~ совместное давление
congressional ~ давление (со стороны) конгресса
considerable ~ значительное давление
continuing ~ постоянное давление
diplomatic ~ дипломатический нажим
economic ~ экономическое давление
enormous ~ огромное давление
external ~ давление извне

financial ~ финансовые затруднения
flagrant ~ вопиющий/грубый нажим
foreign ~ внешнее давление; давление извне
fresh ~ дополнительное/новое давление
frontal ~ фронтальное давление
graduated ~ постепенно усиливаемое давление
heavy ~ сильное давление
increased ~ возросшее давление
increasing ~ нарастающее/усиливающееся давление
inflationary ~ давление инфляции; инфляционное воздействие
intense ~ сильное давление
internal ~ внутреннее давление
international ~ международное давление
law-enforcement ~ меры с целью обеспечить соблюдение законности
maximum ~ максимальное давление
military ~ военное давление
mounting ~ возрастающее/нарастающее/увеличивающееся/усиливающееся давление
naked ~ неприкрытое давление
outside ~ давление извне/со стороны
overt ~ открытое давление
political ~ политическое давление
popular ~ давление народных масс
population ~ перенаселение
psychological ~ психологическое давление
public ~ давление общественности
relentless ~ неослабевающее давление
repeated ~ неоднократный нажим
resignation ~ давление на *кого-л.* с целью заставить его уйти в отставку
short-term ~ кратковременное давление
undue ~ чрезмерное давление
wage ~ требование повышения заработной платы
to apply diplomatic ~ оказывать дипломатическое давление
to be immune to international ~ быть нечувствительным к международному давлению
to be subjected to/to be under/to bear ~ подвергаться давлению
to bow to ~ поддаваться/уступать нажиму
to bring ~ подвергать давлению
to buckle under *smb's* ~ поддаваться/уступать *чьему-л.* давлению
to build up ~ **on a country** усиливать давление на *какую-л.* страну
to come under ~ подвергаться давлению
to curb ~s сдерживать давление/проявления *чего-л.*
to diminish ~ ослаблять давление
to ease inflationary ~s ослаблять давление инфляции
to exercise ~ оказывать давление
to exert ~ подвергать давлению
to face ~ подвергаться давлению
to feel under ~ испытывать давление
to give in to the ~ поддаваться давлению

to head off ~ избегать давления

to impose ~ **on** smb оказывать давление на кого-л.

to increase/to intensify ~ усиливать давление

to keep (up) ~ продолжать оказывать давление

to maintain ~ не прекращать/продолжать оказывать давление

to marshal political ~ **against a country** организовывать политическое давление на страну

to oppose ~ противостоять давлению

to put renewed ~ **on** smb возобновлять давление на кого-л.

to reduce military ~ **on** smb уменьшать военное давление на кого-л.

to relax ~ ослаблять/уменьшать давление

to resign under ~ **from** smb уходить в отставку под давлением кого-л.

to resist (the) ~ сопротивляться давлению

to respond to peaceful ~ поддаваться давлению мирными средствами

to stand firm against ~ не поддаваться давлению

to step up ~ **on** smb усиливать давление на кого-л. ·

to subject smb **to** ~ подвергать кого-л. давлению

to succumb to ~ поддаваться/уступать давлению

to tighten ~ усиливать давление

to tolerate ~ мириться с давлением

to use one's ~ использовать свое давление

to withstand smb's ~ противостоять чьему-л. давлению

to withstand the enemy's ~ сдерживать противника

to yield to ~ поддаваться давлению

in response to public ~ под давлением общественности

lever of ~ рычаг давления

under smb's ~ под чьим-л. давлением

pressure II v (smb/smth) оказывать давление (на кого-л.); форсировать (что-л.)

to ~ **out (smb)** оказать на кого-л. давление с целью принудить его уйти в отставку

pressurize v (smb/smth) оказывать давление на кого-л./что-л.

to ~ smb **into doing/to do** smth заставить кого-л. делать что-л.

prestige n (**with/among** smb) престиж; авторитет (у/среди кого-л.)

~ **is on the line** на карту поставлен (чей-л.) престиж

~ **plummeted** престиж резко упал

~ **soared** престиж резко возрос

considerable ~ значительный престиж

dwindling ~ снижающийся/падающий престиж

great ~ большой авторитет

immense ~ огромный авторитет

international ~ международный авторитет/престиж

military ~ военный престиж

personal ~ личный престиж

to carry ~ иметь престиж

to damage the ~ наносить ущерб престижу

to deal a blow to smb's ~ наносить удар по чьему-л. престижу

to enhance one's ~ поднимать свой престиж

to enjoy ~ пользоваться авторитетом

to gain ~ завоевывать авторитет/престиж

to have ~ пользоваться авторитетом

to lose one's ~ утрачивать престиж

to restore one's ~ восстанавливать престиж/авторитет

to undermine smb's ~ подрывать чей-л. престиж

to win ~ завоевывать авторитет/престиж

blow to smb's ~ удар по чьему-л. престижу

loss of ~ потеря авторитета/престижа

prestigious a престижный

pre-study n предварительное изучение

~ **of a bill** n предварительное изучение законопроекта

pre-summit n предварительная встреча (перед встречей на высшем уровне)

presumption n 1. предположение 2. юр. презумпция

~ **of innocence** юр. презумпция невиновности

pretext n (**for** smth) предлог (для чего-л.); отговорка

far-fetched ~ искусственная/неубедительная отговорка

to look for a ~ **to intervene** искать предлог для вмешательства

under the ~ **of** smth под предлогом чего-л.

prevail v преобладать; господствовать; превалировать; побеждать

to ~ **on** smb **to do** smth убеждать кого-л. сделать что-л.

prevailing a преобладающий, превалирующий, господствующий; распространенный, существующий, принятый

prevalence n преобладание

prevaricate v вилять, тянуть с ответом

prevarication n увиливание, уклонение от ответа

prevent v (**from**) предотвращать, предупреждать; предохранять; препятствовать (чему-л.)

prevention n предотвращение; предупреждение, предупредительная мера

~ **of cruelty to children** предотвращение жестокого обращения с детьми

crime ~ предотвращение преступлений

disease ~ профилактика заболеваний

injury ~ предупреждение несчастных случаев

preventive a предупредительный; превентивный; предохранительный; упреждающий

preview v (smth) давать предварительную информацию о чем-л.

prevision *n* предвидение
  scientific ~ научное предвидение
pre-war *a* довоенный, предвоенный
prey *n* добыча
  to fall ~ to *smth* становиться жертвой *чего-л.*
price I *n* **(for/of)** цена *(на что-л./чего-л.)*
  ~s are on the downward slide цены падают/снижаются
  ~s collapse/decline/drop/fall цены падают/снижаются
  ~s fluctuate цены колеблются
  ~s go down цены падают/снижаются
  ~s go up/increase цены растут
  ~s plummet цены резко падают
  ~s plunged to their lowest цены достигли рекордно низкой отметки
  ~s push up цены подскакивают
  ~s rally цены растут после падения
  ~s react цены падают после подъема
  ~s rebound цены подскакивают
  ~s remain unstable цены остаются нестабильными
  ~s rise цены возрастают
  ~s rocket/shoot up цены резко возрастают
  ~s showed their second major gain цены снова значительно поднялись
  ~s skyrocket цены резко возрастают
  ~s slip back цены падают после подъема
  ~s slump цены падают/снижаются
  ~s spiral downwards цены резко падают
  ~s surge ahead цены резко возрастают
  ~s tumble цены резко падают
acceptable ~ приемлемая цена
actual ~ фактическая цена
advanced ~ повышенная цена
agricultural ~s цены на сельскохозяйственные продукты
asking ~ запрашиваемая цена
attractive ~ приемлемая/сходная цена
bargain ~ низкая цена
basic ~ основная цена
blue-chip ~s цены на самые дорогие бумаги *(акции)*
bottom ~ минимальная цена
buying ~ закупочная цена
ceiling ~ максимальная цена
closing ~ цена при закрытии биржи
commodity ~s цены на сырьевые товары
common ~ единая/общая цена
comparable ~s сопоставимые цены
competitive ~ конкурентоспособная цена
consumer ~s цены на потребительские товары
contract ~ договорная цена
cost ~ себестоимость
current ~ существующая/текущая цена
decontrolled ~s нерегулируемые цены
discount ~ цена со скидкой
discriminatory ~s дискриминационные цены
dumping ~ демпинговая/бросовая цена
effective ~ фактическая цена
equitable ~ справедливая цена

escalating ~s растущие цены
exorbitant ~ непомерно высокая цена
export ~ экспортная цена
fair ~ приемлемая/справедливая/сходная цена
farm produce ~s цены на сельскохозяйственные продукты
firm ~ стабильная цена
fixed ~ фиксированная цена
fluctuating ~ колеблющаяся цена
food ~s цены на продовольствие/на продукты питания
going ~ существующая цена
grain ~ цена на пшеницу
guaranteed ~ гарантированная цена
heavy/high ~ высокая цена
highest ~ максимальная цена
import ~ импортная цена
inflated ~ взвинченная цена
international ~s цены на международном рынке
knock-down ~ бросовая цена
list ~ цена по прейскуранту
long ~ высокая цена
low ~ низкая цена
lowest ~ минимальная цена
market ~ рыночная цена
market-determined ~ конъюнктурная цена
maximum ~ максимальная цена
minimum ~ минимальная цена
moderate ~ умеренная цена
monopoly ~s монопольные цены
net ~ цена-нетто
offer ~ предлагаемая цена
oil ~ цена на нефть
peak ~ максимальная цена
pegged ~ фиксированная цена
popular ~ общедоступная цена
pre-determined ~ заранее назначенная цена
preferential ~ льготная цена
prohibitive ~ недоступная цена
purchase ~ закупочная цена
reasonable ~ умеренная цена
reduced ~ сниженная цена
regular ~ обычная цена
remunerative ~ выгодная цена
resale ~ перепродажная цена
reserve ~ отправная цена *(на аукционе)*
retail ~ розничная цена
rising ~s растущие цены
rock-bottom ~ минимальная цена
sale/selling ~ продажная цена
settlement ~ договорная/согласованная цена
shaky ~s колеблющиеся цены
share ~s курс акций
speculative ~ спекулятивная цена
stable ~s стабильные/устойчивые цены
state-set ~ государственная цена
state-subsidized ~ цена, установленная с учетом государственной дотации/субсидии
steep/stiff ~ непомерно высокая/чрезмерная цена

stock ~s курс акций
support ~ гарантированная цена
target ~ намеченная/ожидаемая цена
trade ~ оптовая цена
uniform ~s единые цены
unit ~ цена за единицу
unstable ~s неустойчивые цены
upset ~ низшая цена (*которую согласны уплатить участники аукциона*)
variable ~ колеблющаяся цена
volume/wholesale ~ оптовая цена
world (market) ~ мировая цена; цена на мировом рынке
to accept a ~ принимать цену
to agree on a ~ договариваться о цене
to alter a ~ изменять цену
to beat down a ~ сбивать цену
to bolster a ~ поддерживать цену
to boost the ~s приводить к росту цен
to bring (about) a rise in ~s приводить к росту цен
to bring down ~s снижать цены
to bring *smth* in line with world ~s приводить *что-л.* в соответствие с мировыми ценами
to charge a ~ запрашивать/назначать цену
to command a high ~ продаваться по высокой цене
to compete with ~s конкурировать с ценами
to control ~s регулировать цены
to cut a ~ снижать цену
to decontrol ~s отказываться от контроля над ценами
to decree ~s централизованно устанавливать цены
to depress ~s приводить к снижению цен
to deregulate ~s вводить свободные цены; отпускать цены
to double ~s удваивать цены
to drive down a ~ сбивать цену
to drive up a ~ взвинчивать цену
to eliminate the wide fluctuations in commodity ~s устранять значительные колебания цен на сырьевые товары
to ensure stable ~s обеспечивать устойчивые цены
to fetch a high ~ продаваться по высокой цене
to fix a ~ назначать/устанавливать цену
to force down the ~s сбивать цены
to free ~s либерализировать/отпускать цены
to freeze a ~ замораживать цену
to get a high ~ продаваться по высокой цене
to impose a freeze of ~s вводить замораживание цен
to increase a ~ повышать цену
to inflate a ~ взвинчивать цену
to institute control over ~s устанавливать контроль над ценами
to keep ~s down препятствовать росту цен
to level down ~s понижать цены

to level up ~s поднимать цены
to lift controls on ~s отменять контроль над ценами
to lower a ~ снижать цену
to maintain ~s поддерживать/сохранять цены на одном уровне
to mark down a ~ понижать цену
to mark up a ~ повышать цену
to pay a ~ for *smth* расплачиваться/поплатиться за *что-л.*
to pay a high ~ дорого заплатить (*тж перен.*)
to pay a human ~ заплатить за *что-л.* человеческими жизнями
to place a ~ on *smb's* head назначать награду за поимку *или* уничтожение *кого-л.*
to push down a ~ сбивать цену
to push up a ~ взвинчивать цену
to put a ~ on *smth* назначать цену на *что-л.*
to put up a ~ повышать цену
to quote a ~ *бирж.* назначать котировать цену
to raise a ~ повышать цену
to reduce a ~ снижать цену
to regulate ~s регулировать/упорядочивать цены
to reverse the decline of ~s приостанавливать падение цен
to roll back/to scale down a ~ снижать цену
to secure remunerative, equitable and stable ~s обеспечивать выгодные, справедливые и устойчивые цены
to sell *smth* at inflated ~s продавать *что-л.* по повышенным ценам
to send ~s diving приводить к резкому падению цен
to send ~s skyrocketing/soaring приводить к резкому росту цен
to send ~s through the roof приводить к резкому росту цен
to send ~s tumbling резко сбивать цены
to set a ~ назначать/устанавливать цену
to settle a ~ договариваться о цене
to slash a ~ резко снижать цену
to stabilize ~s стабилизировать цены
to support ~s поддерживать цены
to sustain the ~ удерживать цену
to tumble a ~ снижать цену
to undercut ~s сбивать цены
at a certain ~ по определенной цене
at cost ~ по себестоимости
at current ~s в текущих ценах
at reduced ~s по сниженным ценам
at the ~ of the day по цене дня
below cost ~ ниже себестоимости
collapse in/of ~s обвал цен
cut in/decline in ~s снижение цен
difference in ~s разница цен
drop in/fall in/of ~s падение цен
fluctuation in ~s колебание цен
freeze of ~s замораживание цен
in comparable ~s в сопоставимых ценах
increase in ~s рост цен; повышение цен

inflationary soaring of ~s инфляционный рост цен

jump in ~s скачок цен

level of ~s уровень цен

maintenance of ~s сохранение уровня цен

oil ~s touched $ ... a barrel цены на нефть достигли ... долларов за баррель

plunge in ~s резкое падение цен

reduction of ~s снижение цен

rise in ~s рост цен

share ~s are showing big losses курс акций резко падает

share ~s were slightly weaker курс акций несколько упал

slide in share ~s падение курса акций

slump in ~s падение цен

soaring of the ~ резкое повышение цены

stabilization of ~s стабилизация цен

surge in ~s резкий скачок цен

uplift in ~s рост цен

volatility in share ~s колебания стоимости акций

worldwide fall in share ~s падение курса акций на мировых фондовых биржах

price II *v* назначать цену, оценивать

price-list *n* прейскурант; прайс-лист

pricing *n* ценообразование, установление цен

differential ~ установление разных уровней цен

predatory ~ хищническая ценовая политика

realistic ~ реалистическое ценообразование

pride *n* гордость

national ~ национальная гордость; национальный престиж

demands of national ~ соображения национального престижа

to take ~ in smth гордиться *чем-л.*

priest *n* священник *(католический)*

High P. верховное духовное лицо; верховный священник/жрец

Roman Catholic ~ католический священник

priesthood *n* духовенство

to accept smb into the ~ возводить *кого-л.* в духовный сан

to enter the ~ принимать духовный сан

primacy *n филос.* первичность

prima facie *лат. юр.* убедительные доказательства

primaries *n pl* «праймериз», первичные/предварительные выборы в различных штатах *(для определения кандидатов в президенты)*

bitter ~ первичные выборы, сопровождавшиеся острой предвыборной борьбой

closed ~ закрытые предварительные выборы

early ~ досрочные первичные выборы

mandatory ~ обязательные предварительные выборы

nonpartisan ~ беспартийные предварительные выборы

open ~ открытые предварительные выборы

optional ~ необязательные предварительные выборы

presidential ~ президентские предварительные выборы

run-off ~ второй тур предварительных выборов

to lose the ~ терпеть поражение на первичных выборах

primary *a* главный, первостепенный; важнейший; основной; исходный; первичный

prime minister *(тж P.)* премьер-министр

caretaker P. премьер-министр временного правительства

deposed P. премьер-министр, отправленный в отставку

serving P. действующий премьер-министр

to install smb as a P. вводить *кого-л.* в должность премьер-министра

to secure the job of P. обеспечивать себе пост премьер-министра

to serve as P. работать в качестве премьер-министра

prime-minister-elect *n* только что избранный премьер-министр

prime-ministerial *a* на уровне премьер-министров; относящийся к премьер-министру

prime ministership должность премьер-министра

priming *n:*

~ of economy стимулирование экономики; меры по стимулированию экономики

pump ~ *делов. и правит. жарг.* стимулирование с помощью политики дефицитного финансирования

primitive-communal *a* первобытнообщинный

primitivism *n* примитивизм

prince *n* принц

P. of Wales Принц Уэльский *(наследник британского престола)*

P. Royal наследный принц

crown ~ кронпринц

princess *n* принцесса

P. Royal принцесса-старшая дочь монарха

principal *n* 1. глава, начальник, руководитель 2. участник договора 3. капитал, основная сумма 4. *разв. жарг.* агент-связник

~ and interest капитал и проценты

~s of the contract стороны/участники договора

~ of the firm глава фирмы

principality *n* княжество

principle *n* 1. принцип 2. основа 3. закон

~ of action принцип действия

~ of collective leadership принцип коллективного руководства

~ of collective security принцип коллективной безопасности

~ of equal advantage принцип равной выгоды

~ of equal rights among peoples принцип равноправия народов

~ of equal security принцип равной безопасности

~ **of equity** принцип справедливости

~ **of freedom of information** принцип свободы информации

~ **of good neighborliness** принцип добрососедства

~ **of independence** принцип независимости

~ **of material incentive** принцип материальной заинтересованности/материального стимулирования

~ **of nonalignment** принцип неприсоединения

~ **of nondiscrimination** принцип отсутствия дискриминации

~ **of noninterference** принцип невмешательства во внутренние дела других стран

~ **of nonintervention in the internal affairs of other countries** принцип невмешательства во внутренние дела других стран

~ **of non-use of force in international relations** принцип неприменения силы в международных отношениях

~ **of one-man management** принцип единоначалия

~ **of "one man one vote"** принцип «один избиратель – один голос»

~ **of optimality** принцип оптимальности

~ **of peaceful co-existence** принцип мирного сосуществования

~ **of preferential treatment** принцип преференциального режима

~ **of price parity** принцип паритета цен

~ **of relief for low per capita income countries** принцип предоставления льгот странам с низким доходом на душу населения

~ **of safeguarding** принцип применения гарантий

~ **of self-determination of peoples** принцип самоопределения народов

~ **of self-reliant development** принцип развития с опорой на собственные силы

~ **of social justice** принцип социальной справедливости

~ **of sovereignty** принцип суверенитета

~ **of unanimity of the permanent members of the Council** принцип единогласия постоянных членов Совета

~s **of cooperation** принципы сотрудничества

~s **of economic assistance** принципы экономической помощи

~s **of equality of all people** принцип равенства всех людей

~s **of justice and international law** принципы справедливости и международного права

~s **of labor legislation** основы законодательства о труде

~s **of management** принципы управления

~s **of mutual respect for territorial integrity and sovereignty** принципы взаимного уважения территориальной целостности и суверенитета

basic ~ основной принцип

ceiling ~ принцип максимального размера взноса *(ООН)*

consensus ~ принцип консенсуса

democratic ~s демократические нормы/ принципы

ethical ~ этический принцип

floor ~ принцип минимального размера взноса *(ООН)*

foreign-policy ~s внешнеполитические принципы

fundamental ~ основополагающий принцип

funding ~ принцип изыскания средств

general ~s общие принципы

generally accepted accounting ~s **(GAAP)** общепризнанные принципы бухгалтерского учета

guiding ~ руководящий принцип, директива

Haldane ~ *брит. полит. жарг.* принцип независимости государственных научно-исследовательских организаций от правительственных органов *(назван в честь инициатора – профессора J.B.S.Haldane)*

human ~s гуманные принципы

humanistic ~s гуманистические принципы

ideological ~ идеологический принцип

immutable ~ неизменный/непреложный принцип/закон

just ~s справедливые принципы

key ~ важнейший принцип

liberal-democratic ~s либерально-демократические принципы

matching ~ принцип параллельного взноса *(ООН)*

methodological ~ методологический принцип

military-political ~ военно-политический принцип

moral ~s нравственные устои

most-favored-nation ~ принцип наибольшего благоприятствования

national ~ национальный принцип

noble ~s благородные принципы

organizational ~ организационный принцип

overriding ~ основной принцип

per capita ceiling ~ принцип максимального размера взносов на основе уровня дохода на душу населения *(ООН)*

policy-making ~s программные установки

"polluter pays" ~ принцип «загрязняющий окружающую среду должен это компенсировать»

practical ~s практические принципы

profit-making ~s принципы, направленные на извлечение прибыли

progressive ~s прогрессивные принципы

radical ~ основной принцип

rightful ~s правовая основа

scientific and technological ~s научно-технические принципы

self-help ~ принцип самопомощи

sound ~s здоровые принципы

strategic ~s стратегические принципы

tactical ~s тактические принципы

unanimity ~ принцип единогласия
underlying ~ основополагающий принцип
unshakable ~s нерушимые принципы
to abandon ~s отказываться от принципов
to accept ~s принимать принципы
to adhere to a ~ быть верным принципу, придерживаться принципа
to adopt a ~ принимать принцип
to assert a ~ утверждать принцип
to be based on respect for the ~ **of sovereign equality** основываться на уважении принципа суверенного равенства
to bolster the ~s **of peaceful coexistence** поддерживать принципы мирного сосуществования
to break a ~ нарушать принцип
to compromise *one's* ~s поступаться своими принципами
to defend *one's* ~s **against** *smb* защищать свои принципы от *кого-л.*
to ditch *one's* ~s отказываться от своих принципов
to enunciate a ~ провозглашать принцип
to follow a ~ следовать принципу
to formulate a ~ формулировать принцип
to forsake *one's* ~s поступаться своими принципами
to give up *one's* ~s отказываться от своих принципов
to implement a ~ осуществлять принцип
to invoke ~s учитывать принципы
to issue guiding ~s издавать руководящие принципы
to lay down ~s устанавливать принципы
to live up to definite ~s жить согласно определенным принципам
to observe ~s соблюдать принципы
to proclaim a ~ провозглашать принцип
to realize ~s реализовывать принципы
to recognize ~s признавать принципы
to restore UN's ~s восстанавливать/возрождать принципы ООН
to set forth/out ~s излагать принципы
to strengthen ~s укреплять принципы
to swallow *one's* ~s поступаться своими принципами
to uphold a ~ отстаивать принцип
to violate a ~ нарушать принцип
to weaken progressive ~s ослаблять прогрессивные принципы
to work put ~s вырабатывать принципы
adherence to *one's* ~s приверженность своим принципам
adoption of a precautionary ~ принятие мер предосторожности
application of ~s применение принципов
contravention of the ~s **of the UN** нарушение принципов ООН
in accordance with the ~s в соответствии с принципами
in conformity with the ~s в согласии с принципами

observance of ~s соблюдение принципов
production of guiding ~s создание руководящих принципов
recommitment to the ~s возврат/возвращение к принципам
the ~s **laid down by the Constitution** принципы, установленные конституцией
the ~s **laid down in the UN Charter** принципы, сформулированные в Уставе ООН
the ~s **of the Charter** принципы Устава *(ООН)*
the ~s **of the United Nations** принципы Организации Объединенных Наций
printing *n* печатание
money ~ печатание денег
uncontrolled ~ **of money** неконтролируемое использование печатного станка
prior *a* предшествующий; прежний; первоочередной
~ **to** раньше, прежде
prioritize *v (smth)* **1.** придавать основное значение *(чему-л.)* **2.** ставить на внеочередное обсуждение
priorit/y I *n* приоритет; преимущество; первоочередность; порядок срочности/очередности; первоочередная задача
~ **of items** порядок рассмотрения пунктов повестки дня; очередность
~ **of the questions** очередность рассмотрения вопросов
absolute ~ первейшая задача; абсолютный приоритет
economic ~ies экономические приоритеты, первоочередные экономические задачи
existing ~ies существующий порядок очередности
first/high ~ первоочередная задача
industrial development ~ies приоритеты промышленного развития
key domestic ~ наиболее важная и срочная внутриполитическая проблема
low ~ несрочная задача
main ~ основная задача
maximum ~ максимальный приоритет, максимальная срочность
national ~ies национальные приоритеты
overriding ~ основная/первоочередная задача
sufficient ~ достаточный приоритет
top ~ основная/первоочередная задача
to accord special ~ уделять первоочередное внимание
to address ~ies заниматься первоочередными проблемами
to adopt (a set of) ~ies устанавливать порядок очередности *чего-л.*
to be of the highest ~ быть первоочередной задачей
to determine development ~ies определять приоритет развития
to establish an order of ~ устанавливать очередность/порядок рассмотрения вопросов

to give ~ to smth отдавать приоритет чему-л.

to give lower ~ to smth считать что-л. менее срочным делом

to have ~ иметь приоритет; быть первоочередной задачей

to justify the ~ оправдывать приоритет

to place first ~ on smth придавать первостепенное значение чему-л.

to put ~ on smth считать что-л. срочным делом

to receive high ~ получать преимущественное право/приоритет/первоочередность; приобретать первостепенное значение

to select industrial ~ies устанавливать приоритеты промышленного развития

to take ~ пользоваться преимуществом

matter of high ~ первоочередной вопрос

motion for ~ предложение о первоочередности

order of ~ порядок очередности

projects of equally high ~ проекты, обладающие равнозначной первоочередностью

request for ~ просьба о первоочередном рассмотрении

switch of ~ies from ... to ... пересмотр очередности чего-л.

topics of high ~ перечень первоочередных вопросов

priority II a приоритетный, первоочередной

priors n pl тюремн. жарг. уголовное прошлое

prison n тюрьма

high security ~ тюрьма усиленного режима

low security ~ тюрьма обычного режима

maximum security ~ тюрьма строгого/усиленного режима

military ~ военная тюрьма

top security ~ тюрьма строгого режима

to be in ~ for one's **beliefs** находиться в тюрьме за свои убеждения

to commit smb **to ~** заключать кого-л. в тюрьму

to decree ~ for two months for smb утверждать двухмесячный срок тюремного заключения для кого-л.

to end up in ~ угодить в тюрьму

to escape from ~ бежать/совершать побег из тюрьмы

to face 20 years in ~ if convicted в случае признания виновным быть приговоренным к двадцатилетнему тюремному заключению

to free smb **from ~** освобождать кого-л. из тюрьмы

to languish in ~ томиться в тюрьме

to put smb **in ~** заключать/сажать кого-л. в тюрьму

to release smb **from ~** освобождать кого-л. из тюрьмы

to send smb **to ~** приговаривать кого-л. к лишению свободы/к тюремному заключению

to sentence smb **to ~ for terms ranging from ... to ... on charges of ...** приговаривать кого-л.

к тюремному заключению на срок от ... до ... по обвинению в ...

to serve some time in ~ отбывать некоторый срок тюремного заключения

to set smb **free from ~** освобождать кого-л. из тюрьмы

to throw smb **into ~** бросать кого-л. в тюрьму/за решетку

to use a rope ladder to escape from ~ бежать из тюрьмы при помощи веревочной лестницы

release from ~ освобождение из тюрьмы

prisoner n узник, заключенный, пленный

~ of conscience политический заключенный, политзаключенный; узник совести

~ of the past пленник прошлого

~ of war (POW) военнопленный

~ on parole заключенный, освобожденный под честное слово/на поруки

~ on remand арестованный, оставленный или снова взятый под стражу (для проведения дальнейшего расследования)

longest held ~s военнопленные, дольше других находящиеся в плену

long-term ~ заключенный, отбывающий длительный срок

maximum security ~ заключенный, содержащийся в тюрьме строгого/усиленного режима

political ~ политический заключенный, политзаключенный

remand ~ юр. находящийся в предварительном заключении

war ~ военнопленный

to be taken ~ попадать в плен

to brutalize a ~ жестоко обращаться с заключенным

to discharge a ~ освобождать заключенного

to exchange war ~s производить обмен военнопленными

to execute political ~s казнить политзаключенных

to free a ~ освобождать заключенного

to hold ~s for their political beliefs держать людей в заключении за их политические убеждения

to house ~s awaiting trial содержать арестованных, ожидающих суда

to interrogate a ~ of war допрашивать военнопленного

to keep smb **a ~** держать кого-л. в тюрьме/в заключении/в плену

to liberate ~s освобождать узников

to make smb **~** 1) брать кого-л. в плен 2) брать кого-л. под стражу; арестовывать кого-л.

to order the release of ~s приказывать освободить заключенных

to reform ~s перевоспитывать заключенных

to release a ~ выпускать/освобождать заключенного

to search a ~ обыскивать заключенного; подвергать арестованного обыску
to set free a ~ выпускать/освобождать заключенного
to take *smb* **~** 1) брать *кого-л.* в плен 2) брать *кого-л.* под стражу; арестовывать *кого-л.*
to torture/to try ~s пытать заключенных
exchange of war ~s обмен военнопленными
first batch of political ~s первая партия политических заключенных
ill-treatment/maltreatment of ~s плохое обращение с заключенными
release of ~s under an amnesty освобождение заключенных по амнистии
repatriation of ~s of war репатриация военнопленных
token exchange of ~s символический обмен военнопленными
treatment of ~s обращение с заключенными/военнопленными
privacy *n* 1. неразглашение; секретность 2. частная жизнь
presidential ~ *правит. жарг.* право президента США не доводить определенную информацию до сведения судебных органов и Конгресса
to intrude on the ~ of the investor нарушать тайну вклада
breach/invasion of *smb's* **~** вмешательство в *чью-л.* частную/личную жизнь
private I *n воен.* рядовой
to bust *smb* **back to ~** разжаловать *кого-л.* в рядовые
private II *a* частный, личный; тайный, конфиденциальный, секретный
to meet in ~ проводить встречу с глазу на глаз
privately *adv* в узком кругу; по секрету
to meet ~ проводить закрытое заседание
privately-owned *a* находящийся в частном владении
private-monopoly *attr* частномонополистический
privation *n (тж pl)* лишения, нужда
economic ~s экономические лишения
to bring ~ to *smb* нести *кому-л.* лишения
to endure/to suffer ~s терпеть лишения
privatization *n* приватизация; введение частной собственности; денационализация
to accelerate ~ ускорять приватизацию
privatize *v (smth)* приватизировать; денационализировать *(что-л.)*
privilege I *n* 1. льгота, привилегия; преимущество 2. порядок рассмотрения предложений по степени их важности
class ~s классовые привилегии
consular ~s консульские привилегии
contractual ~s договорные льготы
customs ~s таможенные льготы/привилегии
diplomatic ~s дипломатические привилегии
economic ~s экономические привилегии

executive ~ 1) привилегии исполнительной власти 2) *правит. жарг.* право президента США не доводить определенную информацию до сведения судебных органов и Конгресса
legal ~ законное/юридическое преимущественное право; законная привилегия
national ~s национальные привилегии
one-sided ~s односторонние привилегии
parliamentary ~ парламентские привилегии
reciprocal ~s взаимные/равные привилегии
religious ~s религиозные привилегии
undue ~s чрезмерные льготы/привилегии
to abuse *one's* **~s** злоупотреблять своими привилегиями
to be deprived of ~s лишаться льгот/привилегий
to campaign against official ~s вести кампанию против официальных льгот/привилегий
to claim diplomatic ~ ссылаться на дипломатическую неприкосновенность
to enjoy/to exercise ~s пользоваться/обладать привилегиями/льготами/привилегиями
to give up ~s отказываться от привилегий
to grant ~s предоставлять льготы/привилегии
to guard *one's* **~s jealously** ревностно оберегать свои льготы/преимущества/привилегии
to lose *one's* **~s** лишаться своих льгот/привилегий
to play ~s использовать привилегии
to renounce ~s отказываться от привилегий
to secure ~s добиваться льгот
to strip *smb* **of his ~s** лишать *кого-л.* льгот/привилегий
to waive ~s отказываться от привилегий
abolition of ~s отмена привилегий
abuse of ~ злоупотребление привилегиями
breach of ~s нарушение привилегий
encroachment on ~s посягательство на привилегии
privilege II *v* давать привилегию
privileged I *n* привилегированные слои общества
the less ~ менее привилегированные
negatively ~ *социол. жарг.* «отрицательно привилегированные» *(т.е. бедные)*
privileged II *a* привилегированный
prize *n* приз; премия
~ on *smb's* **head** вознаграждение за поимку *кого-л.*
first ~ первая премия
incentive ~ поощрительная премия
Nobel P. Нобелевская премия
Nobel peace ~ Нобелевская премия мира
State P. Государственная премия
to award a ~ to *smb* присуждать *кому-л.* премию
to collect *one's* **Nobel peace ~** получать Нобелевскую премию мира

to present the ~ вручать приз/премию

to run for the Nobel peace ~ претендовать на Нобелевскую премию мира

prize-winner *n* призер, лауреат

pro *n разг.* профессионал

pro-active *a правит. жарг.* составленный заблаговременно *(о планах)*; упреждающий *(о действиях)*

pro-American *a* проамериканский

pros and cons доводы за и против

to consider/to weigh up all the ~ взвешивать/оценивать все доводы за и против

probation *n* **1.** испытание; испытательный срок **2.** *юр.* условное освобождение

period of ~ испытательный срок

to place/to put *smb* **on ~** приговаривать *кого-л.* условно

probationary *a* испытательный

probationer *n* стажер; практикант

probe I *n* **1.** тщательное рассмотрение; расследование; зондаж **2.** зонд **3.** космическая станция

intelligence ~ *развед. жарг.* «разведывательный зондаж» *(проникновение в помещение для сбора информации или для установки подслушивающих устройств)*

interplanetary automatic ~ межпланетная автоматическая станция

probe II *v (smth, into smth)* расследовать *(что-л.)*; производить расследование *(чего-л.)*

problem *n* **1.** проблема; трудность **2.** задача **3.** вопрос

~ becomes more acute проблема обостряется/становится более острой

~ comes under scrutiny in most papers эта проблема рассматривается большинством газет

~s demand the urgent attention of *smb* эти проблемы срочно требуют *чьего-л.* внимания

~ facing the country проблема, стоящая перед страной

~ is compounded by *smth* проблема осложняется *чем-л.*

~ of development проблема развития

~ of first priority вопрос первостепенной важности

~ of great concern for *smb* проблема большой важности для *кого-л.*

~ of instability проблема неустойчивости/нестабильности

~ of paramount importance вопрос первостепенной важности

~s of mutual concern проблемы, представляющие взаимный интерес

~s of peace, security and cooperation проблемы мира, безопасности и сотрудничества

~s of the elderly проблемы пожилых людей

~s of war and peace проблемы войны и мира

~s to be sorted out проблемы, в которых предстоит разобраться

~s which face the world today проблемы, которые в настоящее время стоят перед миром

acute ~ острая проблема

age-old ~ давняя/старая/наболевшая проблема

agrarian ~ аграрная проблема

anticipated ~ предполагаемая проблема

balance-of-payment ~ проблема платежного баланса

basic ~ основная проблема

border ~ вопрос о границах, проблема границ

burning ~ злободневная проблема

cardinal ~ кардинальная проблема

cash-flow ~ нехватка наличных денег

chief ~ главная/важная проблема

common ~ общая проблема/трудность

competitiveness ~ проблема конкурентоспособности

complex/complicated ~ сложная проблема

conflict ~ конфликтная проблема

contentious/controversial ~ спорный вопрос

critical/crucial ~ важнейшая/ключевая проблема

cultural ~ проблема культуры

current ~ текущий вопрос

daily ~ повседневная проблема

dark ~ запутанный вопрос

debt ~ проблема задолженности

deep(-seated) ~ сложная/серьезная проблема

delicate ~ деликатная/щекотливая проблема

difficult ~ трудная проблема

diplomatic ~ дипломатическая проблема

disputable ~ спорный вопрос

domestic ~ внутренняя проблема

drug ~ проблема наркотиков

economic ~ экономическая проблема/трудность

education ~ проблема в области образования

employment ~ проблема занятости

endemic ~ местная проблема

environmental ~ проблема охраны окружающей среды; экологическая проблема

ethnic ~ национальный вопрос

farming ~ проблема сельского хозяйства

financial ~ финансовая проблема

financial liquidity ~ проблема финансовой ликвидности

focal ~ актуальная проблема

food ~ продовольственная проблема, продовольственные трудности

foreign debt ~ проблема внешнего долга

formidable ~ серьезная/труднопреодолимая проблема

fuel and energy ~ топливно-энергетическая проблема

global ~ глобальная проблема

grave ~ серьезная проблема

growing ~s нарастающие трудности

hair-raising ~ ужасающая проблема/трудность

heavy ~ серьезная проблема

high priority ~ проблема первостепенной важности

housing ~ жилищная проблема
human ~s проблемы человечества
human rights ~ проблема прав человека
humanitarian ~ гуманитарная проблема
immediate ~ ближайшая задача
important ~ важная проблема
incipient ~s возникающие проблемы
industrial ~s конфликты в промышленности
infrastructure ~ проблема инфраструктуры
inherited ~ унаследованная проблема
insuperable ~ непреодолимая проблема/трудность
insurmountable ~ непреодолимая проблема/трудность
interconnected ~s взаимосвязанные проблемы
interdisciplinary ~ проблема на стыке нескольких наук
interlinked ~s взаимосвязанные проблемы
internal ~ внутренняя проблема
international ~ международная проблема
interrelated ~s взаимосвязанные проблемы
intractable ~ трудноразрешимая проблема
intricate ~ сложная/трудная задача
key ~ ключевая/основная проблема
kindred ~ смежная/родственная проблема
labor ~s выступления рабочих; волнения среди рабочих
labor-shortage ~ проблема нехватки рабочей силы
logistical ~ проблема материального обеспечения *(снабжения, перевозки и т.п.)*
long-standing/long-term ~ давняя/старая/наболевшая проблема
main ~ важнейшая/основная/узловая проблема
major ~ важная/главная/узловая проблема
mammoth ~ гигантская/огромная проблема
market ~ проблема рынка; рыночная проблема
massive ~ большая/важная/сложная проблема
minor ~ второстепенная проблема
monetary and financial ~ валютно-финансовая проблема
nationalist/nationality ~ национальный вопрос
nation-wide ~ государственная/общезначимая задача
number one ~ проблема первостепенной важности
outstanding ~ нерешенная проблема
painful ~ наболевшая проблема
pending ~ назревшая проблема; нерешенный вопрос
perennial ~ вечная проблема
persistent ~ трудноразрешимая проблема
personnel ~ кадровый вопрос
pivotal ~ важнейшая/ключевая проблема
political ~ политическая проблема
pollution ~ проблема загрязнения окружающей среды

present-day ~ проблема современности
pressing ~ актуальная/насущная проблема
priority ~ первоочередная проблема
regional ~ региональная проблема
related ~ смежная/родственная проблема
root ~ важнейшая/главная/ключевая/основная проблема
safety ~ проблема обеспечения безопасности
sale ~ проблема сбыта
scientific ~ научная проблема
sensitive ~ деликатная/щекотливая проблема
serious ~ серьезная проблема
severe ~ острая/серьезная проблема
social ~ социальная проблема
socio-economic ~ социально-экономическая проблема
sociological ~ социологическая проблема
solvable ~ разрешимая проблема
specific ~ конкретная проблема
stirring ~ волнующая проблема
surmountable ~ преодолимая трудность
technical ~ техническая проблема
territorial ~ территориальная проблема
Third World debt ~ проблема задолженности стран третьего мира
thorny ~ острая проблема
topical ~ актуальная/насущная проблема
touchy ~ деликатная/щекотливая проблема
trading ~ проблема торговли
traditional ~ традиционная проблема
transport ~ проблема транспорта
universal ~ глобальная проблема
unprecedented ~ беспрецедентная проблема
unresolved/unsolved ~ нерешенная проблема, нерешенный вопрос
urgent ~ актуальная/назревшая/насущная/неотложная/острая проблема/задача
vital ~ жизненно важная проблема
world food ~s мировые продовольственные проблемы
world-wide ~ мировая проблема
to add to a country's ~s увеличивать трудности, испытываемые страной
to address a ~ заниматься проблемой; браться за решение вопроса
to aggravate a ~ обострять/осложнять проблему
to alleviate a ~ снимать остроту вопроса
to appreciate the seriousness of the ~ осознавать/понимать серьезность проблемы
to attack a ~ браться за решение проблемы
to avoid ~s избегать проблем
to bring up a ~ поднимать/ставить на обсуждение проблему
to combat economic ~s бороться с экономическими трудностями
to come up against a ~ сталкиваться с проблемой
to complicate a ~ осложнять проблему
to compound the ~s **already facing** *smb* осложнять и без того трудные проблемы, стоящие перед *кем-л.*

to confront a ~ сталкиваться с проблемой
to constitute the core of the ~ составлять суть проблемы
to cope with a ~ справляться с задачей
to counteract a ~ принимать меры по *какой-л.* проблеме
to create a ~ создавать проблему/трудность
to deal successfully with ~s решать проблемы; успешно справляться с проблемами/с трудностями
to deal with a ~ подходить к вопросу; рассматривать проблему; справляться с трудностью
to define a ~ определять проблему
to deflect from one's internal ~s отвлекать внимание от своих внутренних проблем
to discuss a ~ обсуждать проблему
to dodge a ~ уклоняться от решения проблемы
to drag *one's* **feet on a ~** затягивать обсуждение *какого-л.* вопроса на переговорах
to ease a ~ облегчать/упрощать решение проблемы
to engender a new ~ создавать новую проблему
to exacerbate a ~ обострять проблему
to examine a ~ изучать проблему
to face a ~ сталкиваться с проблемой
to find a solution to a ~ находить решение проблемы
to get to grips with a ~ браться за решение проблемы/задачи
to get to the bottom of a ~ добираться до сути проблемы
to grapple with a ~ пытаться справиться с проблемой
to handle a ~ решать проблему/задачу
to iron out a ~ урегулировать вопрос/проблему
to meet a ~ разрешать проблему
to overcome a ~ разрешать проблему; преодолевать трудность
to overstate a ~ драматизировать проблему
to play down a ~ преуменьшать значение проблемы
to politicize a ~ придавать проблеме политический характер
to pose a ~ создавать проблему
to promote solution of ~s способствовать решению проблем
to provide a permanent solution to a ~ обеспечивать постоянное решение проблемы
to put ~s on the table открыто излагать проблемы
to put forward a ~ выдвигать/ставить проблему
to reflect the magnitude of the ~ отражать важность проблемы
to resolve a ~ решать задачу/проблему
to respond to agricultural ~s реагировать на трудности в сельском хозяйстве
to run into a ~ сталкиваться с проблемой

to see eye to eye on a ~ иметь одинаковые взгляды по *какому-л.* вопросу
to settle a ~ урегулировать проблему
to show sympathetic understanding of a ~ относиться с пониманием к проблеме
to side-step a ~ уходить от решения вопроса
to simplify a ~ упрощать проблему
to solve a ~ решать/разрешать проблему
to sort out ~s разбираться с проблемами
to speak out about a ~ высказываться по проблеме
to suffer economic ~s испытывать экономические затруднения
to sweep ~s back under the carpet откладывать решение проблем
to tackle a ~ решать проблему; бороться за решение вопроса
to thrash out a ~ утрясать проблему
to touch upon a ~ касаться проблемы; затрагивать проблему
to wash *one's* **hands of a ~** умывать руки; прекращать заниматься решением вопроса
to work out a ~ решать задачу
complexity of a ~ сложность проблемы
comprehensive consideration of a ~ комплексное рассмотрение проблемы
easy ways out of economic ~s легкие пути преодоления экономических трудностей
elaboration of economic ~s разработка решений экономических проблем
half-way solution of the ~ половинчатое решение вопроса
hard core of a ~ суть проблемы
heart of the ~ суть проблемы
inability to solve urgent ~s неспособность решать насущные проблемы
key part of the ~ суть проблемы
range of ~s круг вопросов
resolution of a ~ решение проблемы
settlement of a ~ урегулирование проблемы
solution of/to a ~ решение вопроса/проблемы
spectrum of ~s комплекс вопросов/проблем
problematique *n фр.* проблематика
global ~ глобальная проблематика
to identify a new global ~ определять новую глобальную проблематику
pro-British *a* пробританский
procedural *a* процедурный
procedure *n* **1.** процедура; метод **2.** правила; порядок ведения дел; *юр.* судопроизводство
~ for negotiations процедура переговоров
~ of conciliation согласительная процедура
~ of customs таможенная процедура
~ of the elections порядок проведения выборов
~ of the meeting порядок/процедура ведения заседания
agreed ~ согласованная процедура
appropriate ~ надлежащая/соответствующая процедура
civil ~ гражданский процесс

conference ~ регламент конференции

constitutional ~s конституционные процедуры

criminal ~ уголовный процесс

customs ~s таможенные правила

decision-making ~ процесс принятия решений

deportation ~s правила депортации

election ~ порядок проведения выборов

electoral ~ избирательная процедура

emergency ~ чрезвычайная мера

engineering ~ технологический процесс

estimation/evaluation ~ процедура/метод оценки

extradition ~ процедура экстрадиции

fact-finding ~ процедура выяснения фактического положения дел; процедура расследования; процедура установления фактов

fast-track ~ *жарг.* ускоренная процедура *(преодоление бюрократических рогаток)*

financial ~ финансовая процедура

forecasting ~ метод прогнозирования

inspection ~ процедура контроля/инспекции

irregular ~ неправомерная процедура

judicial ~ судебная процедура

legal ~s судопроизводство

management/managerial ~s методика/методы управления

negotiating ~s процедура переговоров

nomination ~ порядок выдвижения кандидатов

operating ~ метод работы; способ эксплуатации

operational ~s действующие правила; рабочие операции

optimum ~ оптимальный метод

oral ~ устное судопроизводство

parliamentary ~ парламентская процедура

planning ~ методика планирования

proper ~ надлежащая/соответствующая процедура

rule-making ~ правила, регулирующие судопроизводство

safeguards ~ процедура применения гарантий

security ~s меры безопасности

sophisticated ~s совершенные/современные/усложненные методы

statistical ~ статистический метод

treaty prolongation ~ порядок продления договора

usual ~ обычная процедура

verification/verifying ~s методика/процедура контроля/проверки

vote-counting ~ процедура подсчета голосов

voting ~ порядок голосования

working ~ методика работы

written ~ письменное судопроизводство

to adhere to the rules of ~ придерживаться правил

to adopt rules of ~s устанавливать правила процедуры

to apply a ~ применять процедуру

to be exempt from extradition ~s иметь право не подвергаться экстрадиции

to employ ~s применять/использовать процедуры/методы

to establish rules of ~ устанавливать правила процедуры

to fix the voting ~ устанавливать процедуру голосования

to follow the ~ следовать процедуре/методике проведения *(работ)*, соблюдать технологический процесс

to go through the correct ~s проходить необходимые формальности

to settle ~ урегулировать процедурные вопросы

to streamline the bureaucratic ~s упрощать бюрократические процедуры

to tighten immigration ~s усложнять порядок иммиграции

abuse of ~ нарушение процедуры

as a matter of routine ~ в рабочем порядке

enforcement of the rules of ~ соблюдение правил процедуры

in accordance with diplomatic ~ в дипломатическом порядке

norms of judicial ~ *юр.* процессуальные нормы

questions of ~ процессуальные вопросы

rules of ~ правила процедуры

proceed *v* **(from)** продолжать; исходить *(от; из)*; **(to)** переходить *(к чему-л.)*

to ~ **from the recognition (of)** исходить из признания *(чего-л.)*

proceeding *n* 1. поступок; *pl* поведение, деятельность 2. *pl* труды, записки; протоколы 3. *pl* судебный процесс; судопроизводство; судебное разбирательство

~s **follow the pre-ordained script** судебный процесс проходит по заранее написанному сценарию

arbitration ~s арбитражное разбирательство

conference ~s труды конференции

irregular ~ неправильное действие

judicial/legal ~s судебный процесс; судопроизводство; судебное разбирательство

legislative ~s законодательная процедура

oral ~s *юр.* устное судопроизводство

trial ~s судебный процесс; судопроизводство; судебное разбирательство

written ~s 1) *юр.* письменное судопроизводство 2) труды, протоколы *(ученого совета и т.п.)*

to begin criminal ~s **against** *smb* возбуждать уголовное дело против *кого-л.*

to bring disciplinary ~s **against** *smb* рассматривать вопрос о применении дисциплинарных мер против *кого-л.*

to disrupt ~s мешать проведению заседания

to drop ~s against *smb* прекращать судебное преследование *кого-л.*

to have control of the ~s at a meeting осуществлять руководство ходом заседания

to initial ~s возбуждать/начинать процесс/дело

to institute legal ~s against *smb* возбуждать судебное дело против *кого-л.*

to obstruct the ~s мешать отправлению правосудия

to open judicial ~s against *smb* возбуждать дело против *кого-л.*

to order a halt to legal ~ against *smb* распоряжаться о прекращении судебного дела против *кого-л.*

to start criminal ~s against *smb* возбуждать уголовное дело против *кого-л.*

to study the ~s of the meeting изучать материалы совещания

to take ~s against *smb* возбуждать дело против *кого-л.*

proceeds *n pl* доход, выручка, поступление

export ~ доходы от экспорта, экспортные поступления

process I *n* **1.** процесс; процедура **2.** *юр.* вызов в суд **3.** судопроизводство

~ of democratization процесс демократизации

~ of détente процесс разрядки международной напряженности

~ of economic growth процесс экономического роста

~ of national liberation процесс национального освобождения

~ of polarization процесс поляризации

~ of production процесс производства, производственный процесс

administrative ~ процесс управления

all-European ~ общеевропейский процесс

automated ~ автоматизированный процесс

budget-balancing ~ процесс сбалансирования бюджета

budget-making ~ процесс составления бюджета

complex/complicated ~ сложный процесс

constitutional ~ конституционная процедура

construction ~ процесс строительства

continuous ~ непрерывный процесс

contradictory ~ противоречивый процесс

decision-making ~ процесс принятия решения

decolonization ~ процесс деколонизации

democratization ~ процесс демократизации

demographic ~ демографический процесс

development ~ процесс развития

due ~ надлежащее судопроизводство

disarmament ~ процесс разоружения

disconnection ~ процесс разобщения

economic ~ экономический процесс

educational ~ воспитательный процесс

engineering ~ технологический процесс

evolutionary ~ эволюционный процесс

historical ~ исторический процесс

industrialization ~ процесс индустриализации

inflationary ~ инфляционный процесс

information transfer ~ процесс передачи информации

integration ~ процесс интеграции

interconnected ~s взаимосвязанные процессы

internal ~ внутренний процесс

intricate ~ сложный процесс

irreversible ~ необратимый процесс

judicial ~ процесс отправления правосудия

labor ~ процесс труда

labor-intensive ~ трудоемкий процесс

law-governed ~ закономерный процесс

liberation ~ процесс освобождения

long ~ длительный процесс

long drawn-out ~ затянувшийся процесс

long-term ~ длительный процесс

managerial ~ процесс управления

manufacturing ~ производственный процесс

modernization ~ процесс модернизации

multiform ~ многообразный процесс

natural ~ естественный процесс

natural-historical ~ естественно-исторический процесс

negative ~ негативный процесс

negotiating ~ процесс переговоров

on-going ~ непрерывный/постоянный процесс

on-off peace ~ процесс мирного урегулирования, проходящий с переменным успехом

overall ~ единый процесс

painful ~ болезненный процесс

paper-laden ~ бумаготворческая/бюрократическая процедура

peaceful ~ мирный процесс

peace-making ~ процесс мирного урегулирования/примирения

political ~ политический процесс

positive ~ позитивный процесс

preconvention bargaining ~ предсъездовский торг *(при выдвижении кандидата)*

production ~ производственный процесс

programming ~ процесс программирования

progressive ~ прогрессивный процесс

rapid ~ быстрый процесс

reform ~ процесс реформ

rehabilitation ~ процесс восстановления

revolutionary ~ революционный процесс

short-circuited ~ замкнутый процесс

social ~ социальный процесс

socio-economic ~ социально-экономический процесс

spasmodic ~ хаотический процесс

stagnant ~ застойный процесс

stalled peace ~ затянувшийся процесс мирного урегулирования

teaching and educational ~ учебно-воспитательный процесс

technological ~ технологический процесс

transitional ~ переходный процесс

unification ~ процесс объединения
work ~ производственный процесс
worldwide ~ всемирный/мировой процесс
to abuse the electoral ~ совершать нарушения на выборах
to accelerate a ~ ускорять процесс
to bolster the peace ~ укреплять процесс мирного урегулирования
to bring *smb* into the peace ~ подключать *кого-л.* к процессу мирного урегулирования
to broker the peace ~ быть посредником в процессе мирного урегулирования
to cement the peace ~ укреплять процесс мирного урегулирования
to coordinate a ~ координировать процесс
to damage the peace ~ вредить процессу мирного урегулирования
to derail the peace ~ срывать процесс мирного урегулирования
to destabilize the peace ~ дестабилизировать процесс мирного урегулирования
to disengage from the peace ~ выходить из участия в процессе мирного урегулирования
to disrupt the Middle East peace ~ срывать процесс мирного урегулирования на Ближнем Востоке
to enhance the democratic ~ способствовать демократическому процессу
to facilitate the ~ of import substitution облегчать процесс замены импорта
to follow the constitutional ~ действовать в соответствии с конституцией
to further a ~ ускорять процесс; способствовать процессу
to get the peace ~ moving сдвигать с мертвой точки процесс мирного урегулирования
to get the peace ~ off the ground начинать процесс мирного урегулирования
to get the peace ~ underway начинать процесс мирного урегулирования
to give up on the peace ~ терять надежду на возможность мирного урегулирования
to guide the ~ направлять процесс
to hamper the peace ~ мешать процессу мирного урегулирования
to hasten the ~ of unification ускорять процесс объединения
to help the peace ~ способствовать процессу мирного урегулирования
to hurry along the peace ~ ускорять процесс мирного урегулирования
to improve the production ~s совершенствовать производственные процессы
to inaugurate an election ~ вводить процедуру выборов
to intensify production ~s интенсифицировать производственные процессы
to jeopardize the peace ~ ставить под угрозу процесс мирного урегулирования
to join in the peace ~ включаться в процесс мирного урегулирования

to keep *smb* out of the peace ~ не допускать *чьего-л.* участия в процессе мирного урегулирования
to keep the peace ~ afloat продолжать процесс мирного урегулирования
to keep the peace ~ alive не давать заглохнуть процессу мирного урегулирования
to mechanize production ~s механизировать производственные процессы
to monitor the election ~ следить за ходом выборов
to move the peace ~ forward развивать процесс мирного урегулирования
to obstruct the peace ~ мешать процессу мирного урегулирования
to place the peace ~ in jeopardy ставить под угрозу процесс мирного урегулирования
to push the peace ~ forward продвигать процесс мирного урегулирования
to put a new impetus behind the peace ~ придавать новый импульс процессу мирного урегулирования
to put the peace ~ back on track возобновлять процесс мирного урегулирования
to put the peace ~ in jeopardy ставить под угрозу процесс мирного урегулирования
to put the peace ~ on hold замораживать мирный процесс
to re-energize the peace ~ давать новый толчок процессу мирного урегулирования
to regulate a ~ регулировать процесс
to re-launch the peace ~ возобновлять мирный процесс
to remain within the peace ~ продолжать участвовать в процессе мирного урегулирования
to rescue the peace ~ спасать процесс мирного урегулирования
to re-start the peace ~ возобновлять процесс мирного урегулирования
to restore the peace ~ восстанавливать/возрождать процесс мирного урегулирования
to revitalize the peace ~ активизировать процесс мирного урегулирования
to revive the peace ~ возобновлять/возрождать процесс мирного урегулирования
to salvage/to save the peace ~ спасать процесс мирного урегулирования
to scuttle the peace ~ срывать процесс мирного урегулирования
to set back the peace ~ делать шаг назад в процессе мирного урегулирования
to set up a managerial ~ налаживать процесс управления
to shatter the pacification ~ вредить процессу умиротворения
to slow down a ~ замедлять процесс
to speed up the peace ~ ускорять процесс мирного урегулирования
to stall the peace ~ тормозить процесс мирного урегулирования
to start a negotiating ~ начинать переговоры

to stay within the peace ~ продолжать участвовать в процессе мирного урегулирования

to throw *one's* **weight behind the peace ~** использовать свое влияние для поддержания процесса мирного урегулирования

to thwart the constitutional ~ мешать конституционному процессу

to turn *one's* **back on the peace ~** отвергать процесс мирного урегулирования

to undermine the peace ~ подрывать процесс мирного урегулирования

to underpin the reform ~ поддерживать процесс реформ

to withdraw from the peace ~ прерывать свое участие в мирном урегулировании

to wreck the peace ~ срывать процесс мирного урегулирования

basic laws of historical ~ основные закономерности исторического развития

breakthrough in the peace ~ крупный успех в деле мирного урегулирования

collapse of the peace ~ провал процесса мирного урегулирования

commitment to the peace ~ приверженность процессу мирного урегулирования

completion of the construction ~ завершение процесса строительства

damaging to the peace ~ наносящий ущерб процессу мирного урегулирования

deepening of integration ~s углубление процессов интеграции

foot-dragging in the peace ~ затягивание процесса мирного урегулирования

in the ~ в процессе работы

renewal of the peace ~ возобновление процесса мирного урегулирования

slowing down of the reform ~ замедление процесса реформ

the country had a part to play in the peace ~ страна должна сыграть свою роль в мирном урегулировании

the peace ~ goes forward процесс мирного урегулирования продолжается

the peace ~ hangs by a thread судьба мирного процесса висит на волоске

the peace ~ has been stalled процесс мирного урегулирования был приостановлен

the peace ~ has broken down процесс мирного урегулирования сорван

the peace ~ is in limbo процесс мирного урегулирования предан забвению

the peace ~ is in tatters процесс мирного урегулирования сорван

the ups and downs of the peace ~ удачи и неудачи мирного процесса

to serve a ~ on *smb* вызывать *кого-л.* в суд повесткой

under the peace ~ в рамках процесса мирного урегулирования

process II *v* перерабатывать, обрабатывать

processing *n* обработка; переработка *(сырья, продуктов)*; обработка *(данных)*

automatic data ~ (ADP) автоматическая/машинная обработка данных

data ~ обработка данных

digital data ~ цифровая обработка данных

electronic data ~ электронная обработка данных

food ~ переработка пищевых продуктов

fuel ~ переработка топлива

industrial ~ промышленная обработка

information ~ обработка информации

integrated data ~ комплексная обработка данных

on-line ~ оперативная обработка данных

statistical ~ of data статистическая обработка данных

procession *n* шествие, процессия

anti-government ~ антиправительственная демонстрация

candle-lit ~ шествие с зажженными свечами

cross ~ *церк.* крестный ход

funeral ~ траурная процессия

torch-light ~ факельное шествие

to disperse a ~ with tear gas разгонять шествие с применением слезоточивого газа

pro-choice *attr* являющийся сторонником разрешения абортов

proclaim *v* провозглашать, объявлять

newly ~ed недавно провозглашенный

to solemnly ~ торжественно провозглашать

proclamation *n* провозглашение; объявление; воззвание, прокламация

~ of martial law объявление военного положения

procurator *n* прокурор

~ fiscal *шотл.* (местный) прокурор

military ~ военный прокурор

Procurator-General *n* Генеральный прокурор

procure *v* приобретать; закупать; снабжать, поставлять

procurement *n* приобретение; получение *(оборудования и т.п.)*; закупки; поставки; материально-техническое снабжение

arms ~ поставка оружия

military ~ военные закупки

produce I *n* 1. продукция; сельскохозяйственные продукты 2. товары 3. результат, исход

agricultural ~ сельскохозяйственные продукты

farm ~ продукты сельского хозяйства

loss of ~ through waste потеря сельскохозяйственной продукции при сборе, хранении и транспортировке

produce II *v* изготавливать, производить; вырабатывать; выпускать

to ~ under license производить по лицензии

producer *n* изготовитель; производитель; поставщик

commodity ~ товаропроизводитель

Europe's second largest coal ~ страна, занимающая второе место в Европе по добыче угля

non-OPEC ~ производитель нефти, не являющийся членом Организации стран-экспортеров нефти

oil ~ производитель нефти

product *n* продукт; изделие; продукция

~ **of labor** продукт труда

~**s of particular interest to** *smb* товары, представляющие особый интерес для *кого-л.*

aggregate ~ совокупный продукт

agricultural ~ сельскохозяйственная продукция

bulk ~ массовый продукт

competitive ~**s** конкурентоспособная продукция

complete ~ готовая продукция

domestic ~ отечественная продукция; национальный продукт

end ~ конечный продукт

environmentally acceptable ~ экологически безопасный/чистый продукт

environmentally friendly ~ экологически безопасный/чистый продукт

export/exportable ~**s** экспортная продукция

farm ~ сельскохозяйственная продукция

final ~ конечный продукт

finished ~ готовая продукция

green ~ экологически чистый продукт

gross ~ валовой продукт

gross domestic ~ **(GDP)** валовой внутренний продукт, ВВП

gross national ~ **(GNP)** валовой национальный продукт, ВНП

gross social ~ валовой общественный продукт

half-finished ~ полуфабрикат

high-quality ~ высококачественный продукт

import ~ импортная продукция

industrial ~ промышленное изделие

intermediate ~ промежуточный продукт, полуфабрикат

labor and material intensive ~**s** трудозатратные и материалоемкие товары

manufactured ~**s** готовые изделия

marginal ~ маргинальный/предельный продукт

national ~ национальный продукт

natural ~ естественный/природный продукт

net national ~ чистый национальный продукт

nonstandard ~ нестандартное изделие

oil ~**s** нефтепродукты

per capita gross domestic ~ валовой внутренний продукт на душу населения

primary/prime ~ **1)** основной/первичный/профилирующий продукт **2)** сырье, сырьевой товар

ready-made ~ готовая продукция

residual ~**s** отходы производства

second/secondary ~ вторичный/побочный продукт

semi-finished/semi-manufactured ~ полуфабрикат

skill-intensive ~**s** товары, требующие высокой квалификации для их производства

social ~ общественный продукт

socially necessary ~ общественно необходимый продукт

standard ~ стандартное изделие

surplus ~ прибавочный продукт

top-quality ~ изделие высшего качества

total ~ совокупный продукт

waste ~**s** отходы производства

to dump *one's* ~ продавать свою продукцию по демпинговым ценам

to increase demand for natural ~**s** повышать спрос на естественные продукты

to specify ~**s** оговаривать/точно определять изделия/продукцию/товар

to turn out finished ~ выпускать готовую продукцию

quality of ~ качество продукции

rise in the gross national ~ рост валового национального продукта

production *n* 1. изготовление; производство 2. продукция 3. производительность

~ **advances rapidly** производство быстро развивается

~ **declines/decreases** производство уменьшается

~ **falls** производство падает

~ **increases** производство расширяется

~ **of consumer goods** производство товаров широкого потребления

~ **of illicit alcohol** незаконное производство алкоголя

~ **of means of** ~ производство средств производства

~ **outstrips demand** производство превышает спрос

~ **rises** производство повышается

agricultural ~ сельскохозяйственное производство

animal ~ животноводство

annual ~ годовое производство

arms ~ производство вооружений

atomic power and energy ~ производство атомной электрической энергии

batch ~ серийное производство

coal ~ производство угля

commercial ~ промышленное производство

commodity ~ товарное производство

continuous ~ непрерывное производство

crop ~ производство сельскохозяйственных культур

current ~ текущее производство

daily ~ дневная производительность

domestic ~ отечественное производство

economically effective ~ экономически эффективное производство

end ~ конечная продукция

energy ~ производство электроэнергии

fabricated ~ готовая продукция

fertilizer ~ производство удобрений
fishing ~ рыболовство
flexible ~ гибкое производство
flow ~ поточное производство
food ~ производство продовольственных товаров/продуктов питания
full-scale ~ **of the neutron bomb** полномасштабное производство нейтронной бомбы
global ~ глобальное производство
high ~ высокая производительность
high-cost ~ дорогостоящее производство
highly organized ~ высокоорганизованное производство
highly remunerative ~ высокорентабельное производство
individual ~ индивидуальное производство
industrial ~ промышленное производство
joint ~ совместное производство
labor-intensive ~ трудоемкое производство
lagging industrial ~ отставание промышленного производства
large-scale ~ крупное/массовое производство
limited ~ ограниченное производство
line ~ поточное производство
mass ~ крупное/массовое производство
material ~ материальное производство
mechanized ~ машинное производство
nonspecialized ~ неспециализированное производство
nonwaste ~ безотходное производство
per capita/per head ~ производство на душу населения
pilot ~ опытное производство
planned ~ плановое производство
power ~ производство электроэнергии
profitable ~ рентабельное производство
public ~ общественное производство
runaway ~ быстро растущее производство
serial ~ серийное производство
short-run/small-scale ~ мелкосерийное производство
social ~ общественное производство
specialized ~ специализированное производство
stagnant ~ застой в производстве
steel ~ производство стали
subsidiary ~ подсобное производство
subsistence ~ натуральное хозяйство
technology-intensive ~ технологическое производство
total world ~ общее мировое производство
unequally distributed food ~ неравномерное распределение производства пищевых продуктов
unprofitable ~ убыточное производство
volume ~ массовое производство
war ~ военное производство
waste-free ~ безотходное производство
wasteful ~ убыточное производство
wasteless ~ безотходное производство
well organized ~ хорошо организованное производство

world ~ мировое производство
to be engaged in ~ быть занятым в сфере производства
to boost agricultural ~ стимулировать сельскохозяйственное производство
to bring ~ **up to full capacity** доводить производство до полной мощности
to curtail ~ сокращать производство
to cut (back) ~ свертывать/сокращать производство
to decrease the costs of ~ снижать издержки производства
to develop ~ развивать производство
to diversify ~ диверсифицировать/разнообразить продукцию
to ensure ~ **to full capacity** полностью загружать производственные мощности
to escalate arms ~ увеличивать производство оружия
to establish an optimal rate of ~ устанавливать оптимальный уровень производства
to estimate the volume of ~ определять объем производства
to expand ~ расширять производство
to gear ~ **to the new demand** выпускать продукцию с учетом спроса
to gear up ~ увеличивать выпуск продукции
to generate ~ производить продукцию
to halt ~ приостанавливать производство
to increase ~ расширять производство
to keep ~ **going** продолжать выпуск продукции
to limit ~ ограничивать/сокращать производство
to lower the costs of ~ снижать издержки производства
to maximize the ~ **of oil** максимально увеличивать добычу нефти
to organize ~ организовывать производство
to pool ~ объединять производство
to possess the means of ~ владеть средствами производства
to put *smth* **into mass** ~ начинать серийное производство *чего-л.*, запускать *что-л.* в серию
to raise the standard of ~ повышать качество производства
to rationalize ~ рационализировать производство
to reduce ~ свертывать/сокращать производство
to shut down ~ прекращать производство
to stimulate agricultural ~ стимулировать сельскохозяйственное производство
anarchy of ~ анархия производства
automation of ~ автоматизация производства
comprehensive mechanization of ~ комплексная механизация производства
costs of ~ издержки производства
curtailment/cutback of/cuts in ~ сокращение объема производства

decline/drop in ~ снижение уровня производства

effectiveness of ~ эффективность производства

expansion of ~ расширение/рост производства

improvement of ~ совершенствование производства

improvement of effectiveness of ~ повышение эффективности производства

level of ~ уровень производства

machine mode of ~ машинный способ производства

means of ~ средства производства

mode of ~ способ производства

rate of ~ производительность

scale of ~ масштаб производства

self-reliance/self-sufficiency in ~ самообеспеченность производства

social character of ~ общественный характер производства

socialization of ~ обобществление производства

sphere of material ~ сфера материального производства

structure of industrial ~ структура промышленного производства

switchover from military to civilian ~ переориентация производства с военного на гражданское

technical reequipment of ~ техническое перевооружение производства

technology of ~ технология производства

uninterrupted development of ~ непрерывное развитие производства

volume of ~ объем производства

productive *a* производительный, продуктивный; производственный

productivity *n* производительность, продуктивность

agricultural ~ продуктивность сельского хозяйства

biological ~ биологическая продуктивность

economic ~ экономическая результативность

falling ~ падение производительности

high ~ высокая производительность

higher ~ повышение производительности

industrial ~ производительность труда в промышленности

labor ~ производительность труда

marginal ~ предельная производительность

marketing ~ результативность маркетинга

per capita ~ производительность на душу населения

social labor ~ производительность общественного труда

to achieve high labor ~ добиваться высокой производительности труда

to expand ~ развивать/расширять производительность

to increase/to raise labor ~ повышать производительность труда

to send ~ **soaring** резко повысить производительность труда

improvements in industrial ~ повышение производительности промышленности

rise in labor ~ рост производительности труда

pro-English *a* проанглийский

pro-European 1. сторонник сохранения и расширения Европейского союза **2.** *брит.* сторонник вступления Великобритании в Европейский союз

profess *v* **1.** открыто признавать, заявлять **2.** обучать, преподавать **3.** исповедовать *(веру)* **4.** заниматься *какой-л.* деятельностью

profession *n* профессия, род занятий

mass ~ массовая профессия

related ~s смежные специальности

to acquire a ~ получать специальность

persons of free/liberal ~s лица свободных профессий

wide choice of ~s широкий выбор профессий

professional *n* профессионал, специалист; кадровый служащий

political party ~ политик-профессионал

proficiency *n* опытность, умение, сноровка, искусство

to acquire ~ **(in)** достигать мастерства *(в чем-л.)*

profile *n* **1.** профиль; очертание **2.** характер, манера **3.** краткий биографический очерк

high ~ активная позиция, действенная поддержка

political ~ политическое лицо

public ~ краткая биография общественного деятеля

to enjoy a high public ~ быть известным своей общественной активностью

to keep a low ~ не выделяться; не привлекать к себе внимания

to maintain a high ~ выделяться; быть заметным

to raise a country's ~ **somewhere** поднимать престиж страны *где-л.*

profit I *n* **1.** прибыль, доход **2.** выгода, польза

after-tax ~ прибыль за вычетом налога

average ~ средняя прибыль

commercial ~ торговая прибыль

easy ~ легкая нажива

enormous ~ огромные прибыли

excess ~ сверхприбыль

fabulous ~s баснословные прибыли

hidden ~ скрытая прибыль

high ~s высокие прибыли

huge ~ огромные прибыли

industrial ~ промышленная прибыль

interim ~s промежуточная прибыль

maximum ~ максимальная прибыль

monopoly ~s монополистические прибыли

mutual ~ взаимная выгода

net ~ чистая прибыль

personal ~ личная выгода

planned ~ плановая прибыль

pretax ~ общая прибыль без учета выплаты налога

territorial ~ территориальные приобретения

trade/trading ~ торговая прибыль

war ~s военные прибыли

to boost ~s увеличить прибыли

to bring (in)/to carry ~ давать/приносить доход/прибыль

to derive ~ получать выгоду; извлекать доход

to enhance ~s увеличивать доходы/поступления/прибыль

to extract ~ **from** *smth* извлекать выгоду/доход/прибыль из *чего-л.*

to increase ~s увеличивать доходы/поступления/прибыль

to make ~ получать прибыль

to maximize ~s извлекать максимум прибыли

to obtain ~ получать прибыль

to produce ~ давать/приносить доход/прибыль

to put ~ **before morality** ставить прибыль выше соображений морального порядка

to raise ~s повышать прибыль

to realize a ~ получать прибыль

to reap fine ~s получать высокую прибыль

to repatriate ~s вывозить прибыль за пределы страны

to secure ~s обеспечивать/получать прибыль

to sell *smth* **at/for a** ~ продавать *что-л.* с прибылью

to set limits on ~s вводить ограничения на прибыль

to share ~s делить прибыль

to share in ~s участвовать в прибылях

to squeeze out the maximum ~s выжимать максимум прибылей

to take ~ получать прибыль

to yield ~ давать/приносить доход/прибыль

allocation of ~s распределение прибылей

division of ~s дележ прибылей

drive for ~ погоня за прибылью

extraction of ~ извлечение прибыли

for (the sake of) ~ ради выгоды/прибыли

in pursuit/in quest of ~ в погоне за прибылью

level of ~ размер прибыли

margin of ~ чистая прибыль, чистый доход

rate of ~ норма прибыли

redistribution of ~s перераспределение доходов

repatriation of ~s вывоз/репатриация прибылей

transfer of ~s **abroad** перевод прибылей за границу

profit II *v (from smth)* наживаться на *чем-л.*; извлекать прибыль из *чего-л.*

profitability *n* рентабельность, прибыльность

assured ~ гарантированная прибыльность

commercial ~ коммерческая рентабельность/доходность

long-term ~ долгосрочная рентабельность

short-term ~ краткосрочная рентабельность

to raise ~ повышать рентабельность

profitable *a* выгодный; доходный; рентабельный; благоприятный

profiteer I *n* спекулянт

to ~ **at** *smb's* **expense** наживаться за *чей-л.* счет *(особ. в военное время)*

profiteer II *v* наживаться; спекулировать

profiteering *n* спекуляция

profit-maker *n* прибыльное предприятие

pro forma *лат.* ради формы; для проформы

pro-German *a* прогерманский

prognosis (*pl* **prognoses)** *n* прогноз

gloomy ~ мрачный прогноз

pessimistic ~ пессимистичный прогноз

prognosticate *v* предсказывать

prognostication *n* предсказание

pro-government *a* поддерживающий правительство, проправительственный

program I *n* программа

~ **aimed at** *smth* программа, направленная на *что-л.*

~ **for economic cooperation** программа экономического сотрудничества

~ **for peace and international cooperation** программа мира и международного сотрудничества

~ **has begun its most difficult period** программа вступила в самую трудную фазу

~ **has raised objections** программа вызвала возражения

~ **of action (against** *smth***)** программа действий *(против чего-л.)*

~ **of activities** программа деятельности

~ **of consolidation** программа консолидации

~ **of general and complete disarmament** программа всеобщего и полного разоружения

~ **of gradual change** программа постепенных изменений

~ **of measures** программа мер

~ **of militarization** программа милитаризации

~ **of national rebirth** программа национального возрождения

~ **of research** научно-исследовательская программа

~ **of revival** программа возрождения

~ **of work** программа работы

action ~ программа действий

action-oriented ~ программа практических мер

activated ~ осуществляемая программа

ad hoc ~ специальная программа

advanced technical training ~s программы усовершенствования технической подготовки

aerospace ~ аэрокосмическая программа

agrarian ~ аграрная программа

agrarian reform ~ программа аграрных реформ

aid ~ программа (оказания) помощи

all-embracing ~ всеобъемлющая программа

alternative ~ альтернативная программа
ambitious ~ грандиозная программа; амбициозная программа
anti-inflation ~ антиинфляционная программа
anti-marine pollution ~s проекты по борьбе с загрязнением морей
armament ~ программа вооружения
assistance ~ программа (оказания) помощи
atomic energy ~ программа по атомной энергии
atoms-for-peace ~ программа использования атомной энергии в мирных целях
austerity ~ программа жесткой/строгой экономии, программа «затягивания поясов»
ballot-counting ~ программа подсчета голосов
bilateral ~ двусторонняя программа
black ~s *воен. жарг.* тайные программы Пентагона
broad(-ranging) ~ обширная/широкая/широкомасштабная программа
budget ~ программа бюджета; программа финансирования
categorical assistance ~ программа помощи конкретным категориям нуждающихся *(слепым, престарелым, детям без родителей, полностью нетрудоспособным)*
civil nuclear(-power) ~ программа мирного использования атомной энергии/развития атомной энергетики
clear-cut ~ четкая программа
coherent ~ целостная программа
component ~ составная программа; программа, состоящая из нескольких составляющих
comprehensive ~ комплексная программа; всеобъемлющая программа
compromise ~ компромиссная программа
concerted ~ согласованная программа
concrete ~ конкретная программа
consolidated ~ объединенная программа
constructive ~ конструктивная программа
country ~s программы по странам
crash ~ ускоренная программа
daily ~ of sittings ежедневное расписание заседаний
detailed ~ подробная программа
development ~ 1) программа развития 2) программа опытно-конструкторских работ
disarmament ~ программа разоружения
disease control ~s программы борьбы с болезнями
dormant ~ законсервированная программа
draft ~ проект программы
economic development ~ программа экономического развития
economic recovery ~ программа восстановления экономики
economic reform ~ программа экономических реформ
election ~ предвыборная программа

energy ~ энергетическая программа
established ~ принятая программа
European Recovery P. *ист.* Программа восстановления Европы *(план Маршалла)*
expanded ~ расширенная программа
export promotion ~ программа содействия экспорту
family planning ~ программа контроля рождаемости
famine relief ~ программа помощи голодающим
feasible ~ выполнимая программа
feed-back ~ программа анкетирования
fellowship ~ программа предоставления стипендий и грантов
field ~s программы на местах
fiscal ~ бюджетная программа
flight ~ программа полета *(в космос)*
follow-on/follow-up ~ программа дальнейших мероприятий
food ~ продовольственная программа
foreign policy ~ внешнеполитическая программа
general democratic ~ общедемократическая программа
global ~ глобальная программа
government ~ правительственная программа
health ~ программа здравоохранения
home-policy ~ внутриполитическая программа
housing ~ программа жилищного строительства
industrial development ~ программа развития промышленности
innovative ~ новаторская программа
in-plant training ~ программа обучения без отрыва от производства
integrated ~ единая программа
interdisciplinary ~ of research программа исследований на стыке нескольких наук
intergovernmental ~ межправительственная программа
investment promotion ~ программа, содействующая капиталовложениям
job-training ~ программа производственного обучения
joint ~ совместная программа
land reform ~ программа земельной реформы
large-scale ~ широкомасштабная программа
live ~ прямая передача *(по телевидению)*
long-range/long-term ~ долгосрочная/перспективная программа
major ~ основная программа
manned ~ программа пилотируемых полетов
marine ~ морская программа
massive ~ обширная программа
maximum ~ программа-максимум
medium-term ~s среднесрочные программы
militant ~ боевая программа

military-political ~ военно-политическая программа

military-space ~s военно-космические программы

minimum ~ программа-минимум

modernization ~ программа модернизации

monitoring and evaluating ~s программы контроля и оценки

multilateral aid ~ программа многосторонней помощи

national ~ государственная программа

nation-wide ~ общенациональная программа

natural resources development ~ программа освоения природных богатств

negotiating ~ программа по ведению переговоров

nondefense ~ необоронительная программа

non-nuclear defense ~ военная программа, предусматривающая отказ от ядерного оружия

nuclear ~ ядерная программа

nuclear-power ~ программа по атомной энергетике

nuclear test ~ программа ядерных испытаний

nuclear-weapons ~ программа создания ядерного оружия

operational ~ оперативная программа

optional ~ факультативная программа; программа по выбору

party ~ партийная программа, программа партии

Peace P. Программа мира

peaceful ~ мирная программа

phased ~ поэтапная программа

pilot ~ экспериментальный проект

political ~ политическая программа

population ~ демографическая программа

power ~ программа в области энергетики

price support ~ программа стабилизации цен

priority ~ первоочередная программа

privatization ~ программа приватизации/денационализации

production ~ производственная программа

promotion ~ программа содействия

public ~ государственная программа

public investment ~ программа государственных инвестиций

reconstruction ~ программа восстановления/реконструкции

recovery ~ программа восстановления/реконструкции

reform ~ программа реформ

regional ~ региональная программа

regular ~ регулярная программа

rehabilitation ~ программа восстановления/реконструкции

research ~ научно-исследовательская программа

resettlement ~ программа переселения

restructured ~ измененная/пересмотренная программа

retraining ~ программа переподготовки

revised ~ исправленная/пересмотренная программа

rural development ~ программа развития деревни

safeguards ~ программа гарантий

safety standards ~ программа норм безопасности

scientific ~ научная программа

social ~ программа социального развития

social welfare ~ программа социального обеспечения

sound ~ разумная программа

space (exploration) ~ программа исследования космического пространства

special-purpose ~ целевая программа

Star Wars ~ *ист.* программа «звездных войн»

Strategic Defense Initiative P. *ист.* программа стратегической оборонной инициативы, программа СОИ

study ~ учебная программа

target ~ целевая программа

technical aid ~ программа технической помощи

terrorism reward ~ программа выплаты вознаграждений за информацию о готовящихся террористических актах

tough ~ жесткая программа

training ~ программа профессиональной подготовки

unconstructive ~ неконструктивная программа

unemployment insurance ~ страхование на случай потери работы

United Nations Environment P. (UNEP) Программа Организации Объединенных Наций по окружающей среде, ЮНЕП

utopian ~ утопическая программа

vast ~ широкая программа

viable ~ жизнеспособная программа

war ~ программа военного производства; военная программа

wasteful ~ расточительная программа

welfare ~ социальная программа

well-balanced ~ хорошо сбалансированная программа

well-planned ~ хорошо спланированная программа

well-thought-out ~ хорошо подготовленная/продуманная программа

wide-ranging ~ широкая программа

work ~ рабочая программа; программа работ

world food ~ всемирная продовольственная программа

youth exchange ~ программа молодежного обмена

to activate a ~ вводить программу в действие

to administer a ~ выполнять/осуществлять программу

to adapt a ~ приспосабливать программу

to **adopt** a ~ принимать программу

to **advance** a ~ выдвигать программу

to **apply** a ~ использовать/применять программу

to **approve** a ~ утверждать/одобрять программу

to **arrange** a ~ подготавливать программу

to **attack** *smb's* ~ **publicly** публично критиковать *чью-л.* программу

to **authorize** a ~ санкционировать программы

to **be responsible for** a ~ нести ответственность за выполнение программы

to **block** a ~ блокировать программу

to **bring up** a ~ выдвигать программу

to **carry out** a ~ выполнять/осуществлять программу

to **carry through** a ~ проводить программу

to **combine** ~s объединять программы

to **compromise** a ~ компрометировать программу

to **conduct** a ~ проводить программу

to **construct** a ~ составлять программу

to **contribute to** a ~ способствовать выполнению программы; вносить вклад в программу

to **counter** a ~ противостоять программе

to **cripple** a ~ мешать проведению программы

to **cut social** ~s сокращать ассигнования на социальные нужды

to **dismantle** a ~ отказываться от программы

to **draft** a ~ разрабатывать проект программы

to **draw up** a ~ составлять программу

to **elaborate** a ~ разрабатывать программу

to **embark on** a ~ приступать к осуществлению программы

to **endorse** a ~ одобрять программу

to **enhance** a ~ увеличивать программу

to **examine** a ~ рассматривать программу

to **execute** a ~ выполнять программу

to **expand/to extend** a ~ расширять программу

to **foment** a ~ **of civil disobedience** разжигать кампанию гражданского неповиновения

to **forgo** a ~ поступаться программой

to **formalize** a ~ оформлять программу

to **formulate** a ~ излагать программу

to **freeze test** ~ замораживать программу испытаний

to **fulfill** a ~ выполнять программу

to **give support to** a ~ оказывать помощь при осуществлении программы

to **go ahead with** a ~ проводить программу

to **halt** a ~ приостанавливать программу

to **imperil** a ~ ставить под угрозу выполнение программы

to **implement** a ~ выполнять программу

to **initiate** a ~ начинать осуществление программы

to **jeopardize** a ~ ставить под угрозу выполнение программы

to **launch** a ~ начинать осуществление программы

to **lay down** a ~ вырабатывать программу

to **lay out** a ~ излагать/намечать программу

to **map out** a ~ намечать/составлять программу

to **monitor** a ~ следить за выполнением программы

to **outline** a ~ излагать/намечать программу

to **press ahead with** a ~ настойчиво продолжать программу

to **proclaim** a ~ провозглашать программу

to **profess** a ~ придерживаться программы; отстаивать программу

to **promulgate** a ~ обнародовать программу

to **pursue** a ~ проводить программу

to **put** a ~ **in jeopardy** ставить под угрозу выполнение программы

to **put brakes on** a ~ тормозить проведение программы

to **put forward** a ~ выдвигать программу

to **resume** a ~ возобновлять программу

to **review** a ~ пересматривать программу

to **scrap** a ~ свертывать программу

to **set out** a ~ излагать/намечать программу

to **set up** a ~ составлять программу

to **shut down** a ~ закрывать программу

to **slash** a ~ урезать ассигнования на *какую-л.* программу

to **speed up** a ~ ускорять осуществление программы

to **sponsor** a ~ спонсировать программу

to **unfreeze** *one's* **nuclear** ~ размораживать свою ядерную программу

to **unveil** *one's* ~ обнародовать свою программу

to **water down** *one's* ~ ослаблять свою программу

coordinator of a ~ координатор программы

diminution in a ~ сокращение программы

domestic assaults on a ~ нападки внутри страны на программу

execution of a ~ выполнение/осуществление/реализация программы

halt to the ~ прекращение работ по программе

implementation/performance of a ~ выполнение/осуществление/реализация программы

revision of a ~ пересмотр программы

systematic assessment of the relevance, adequacy, progress, efficiency, effectiveness and impact of a ~ систематическая оценка уместности, соответствия, развития, результативности, эффективности и воздействия программы

under the ~ согласно/в соответствии с программой

program II *v* составлять/разрабатывать программу; программировать

program-maker *n* составитель/разработчик программы

programmatic *a* программный

programming *n* составление/разработка программы; программирование

budget ~ бюджетное/сметное программирование

country ~ **of technical assistance** система составления программ технической помощи по странам

country health ~ система составления программ здравоохранения по странам

detailed ~ подробное программирование

inter-country ~ составление программ помощи развивающимся странам

joint ~ совместное программирование

statistical ~ статистическое программирование

target ~ целевое программирование

progress I *n* прогресс; развитие; рост; движение вперед; успех; достижение

~ **all over the world** прогресс во всем мире

~ **in** *smth* достижение в *чем-л*

~ **of events** ход событий

~ **on an issue** достижение по *какому-л.* вопросу

~ **towards** *smth* достижение в направлении *чего-л.*

across-the-board ~ повсеместный прогресс

all-round/comprehensive ~ всесторонний прогресс

considerable ~ значительный прогресс/рост

consistent ~ последовательный прогресс

diplomatic ~ успех на дипломатическом поприще

economic ~ экономический прогресс

encouraging ~ обнадеживающие успехи

even ~ равномерный прогресс; равномерное развитие

genuine ~ подлинный прогресс

good ~ значительный прогресс/рост

industrial ~ промышленный прогресс

lasting ~ прочные достижения, прочный успех

limited ~ ограниченный прогресс/рост/успех; ограниченное продвижение/развитие

political ~ политический успех

rapid ~ быстрый прогресс, ускоренное/быстрое развитие

real ~ реальный прогресс/успех

scientific ~ научный прогресс

slow ~ медленный прогресс, медленное развитие

social ~ социальный прогресс

socioeconomic ~ социально-экономический прогресс

spectacular ~ впечатляющий успех

speedy ~ быстрый прогресс

spiritual ~ духовный прогресс

substantial ~ значительный прогресс

sustained ~ устойчивый рост, устойчивое развитие

tangible ~ заметный прогресс

technical ~ технический прогресс

technological ~ технологический прогресс

tremendous ~ колоссальный прогресс/успех

undeniable ~ несомненный прогресс

uneven ~ неравномерный/скачкообразный прогресс; неравномерное развитие

unimpeded ~ беспрепятственное продвижение

to accelerate ~ ускорять прогресс/развитие/рост

to achieve/to attain ~ добиваться/достигать прогресса/успеха

to administer economic ~ руководить экономическим прогрессом

to be in ~ продолжаться; продвигаться; развиваться; происходить

to block ~ мешать/препятствовать прогрессу/росту

to contribute to ~ содействовать/способствовать прогрессу/развитию/росту

to encourage *smb's* ~ способствовать *чьему-л.* прогрессу

to endanger ~ **already made** ставить под угрозу уже достигнутые успехи

to ensure ~ обеспечивать прогресс

to facilitate ~ способствовать достижению прогресса/успеха

to hamper ~ мешать/препятствовать прогрессу/росту

to hinder ~ задерживать/тормозить прогресс/развитие/рост

to hold back ~ сдерживать прогресс

to impede ~ мешать/препятствовать прогрессу/росту

to make ~ развиваться; преуспевать; делать успехи; добиваться успеха; двигаться вперед; прогрессировать

to obstruct ~ задерживать/тормозить прогресс/развитие/рост

to promote ~ содействовать/способствовать прогрессу/развитию/росту

to review the ~ **of the work** делать обзор хода работ

to speed (up)/to step up ~ ускорять прогресс/развитие/рост

to stipulate ~ обусловливать прогресс

to strive for real ~ стремиться добиться реального прогресса/успеха

to take the road of social and economic ~ вставать на путь социально-экономического прогресса

to thwart ~ мешать/препятствовать прогрессу/росту

acceleration of ~ ускорение прогресса/развития/роста

blockage to ~ препятствие на пути к прогрессу

break on social ~ тормоз общественного развития

chances of ~ шансы на успех

lack of ~ отсутствие прогресса/сдвигов

lines of ~ направления прогресса/развития

rate of ~ темп развития/роста

sign of ~ признак успеха

struggle for social ~ борьба за социальный прогресс

with no tangible ~ to report при отсутствии ощутимых результатов

progress II *v* продвигаться вперед; прогрессировать; развиваться; делать успехи

progressive *a* прогрессивный, передовой; возрастающий, поступательный

progressiveness *n* прогрессивность

progressives *n pl* прогрессивные силы/элементы

prohibit *v* запрещать; мешать; препятствовать

prohibition *n* 1. запрещение; запрет 2. **(P.)** *ист.* сухой закон (*США*)

~ **of nuclear weapons** запрещение ядерного оружия

~ **of war propaganda** запрещение пропаганды войны

complete and general ~ полное и всеобщее запрещение

explicit ~ прямое/ясно выраженное запрещение

global ~ всеобщее/глобальное запрещение

immediate ~ безотлагательное/немедленное запрещение

overall ~ общее запрещение

total ~ полное/тотальное запрещение

unconditional ~ безоговорочное запрещение

to lift ~**s** отменять запреты

prohibitive *a* запретительный, запрещающий, препятствующий

pro-Japanese *a* прояпонский

project I *n* 1. проект; план; схема 2. объект строительства

~ **of the century** проект века

ambitious ~ амбициозный проект

approved ~ утвержденный проект

building ~ строительный/строящийся объект

carefully selected ~**s** тщательно отобранные проекты

construction(al) ~ строительный/строящийся объект

cost sharing ~ совместно финансируемый проект; проект с распределением расходов между участниками

defense ~ проект нового вида вооружений

demonstration ~ показательный проект

development ~ опытно-конструкторская работа

economic ~ экономически выгодный проект

family-planning ~ проект по регулированию рождаемости

famine relief ~ проект оказания помощи голодающим

feasible ~ практически осуществимый проект

field ~**s** проекты на местах

follow-on ~ задание на доработку

global ~ глобальный проект

high priority ~ проект первоочередной важности

individual ~ индивидуальный проект

industrial ~ промышленный строительный объект

infrastructure ~ проект/строительный объект инфраструктуры

initial ~ первоначальный проект

inter-country ~ межгосударственный проект; проект с участием двух *или* более стран

interregional ~ межрегиональный проект

irrigation ~ ирригационный проект

joint ~ совместный проект

larger ~ крупный проект

large-scale ~ крупномасштабный проект

long-term ~ долгосрочный проект

major ~ важнейший/основной проект

Manhattan P. *ист.* проект «Манхэттен» (*проект производства первых атомных бомб в США*)

medium-sized ~ среднемасштабный проект

military ~ военный объект

model ~ показательный проект

multicountry ~ проект/строительный объект, в котором участвуют несколько стран

multipurpose ~ многоцелевой проект

national development ~ национальный проект развития

nonmilitary ~ гражданский объект

on-going ~ проект, находящийся в процессе выполнения

operational ~ действующий объект

original ~ первоначальный проект

particular ~ особый проект

pilot ~ опытный/экспериментальный проект

pre-investment ~ предынвестиционный проект

productive ~ строительный объект в сфере производства

program-assisted ~**s** проекты, получающие помощь по программе развития

regional ~ региональный проект

research ~ научно-исследовательский проект

short-term ~ краткосрочный проект

smaller ~ малый проект

small-scale/small-sized ~ маломасштабный проект

sound ~ обоснованный проект

specialized ~ специализированный проект/объект строительства

specific ~ конкретный/особый проект

subregional ~ субрегиональный проект

technical assistance ~ проект по линии технической помощи

technical cooperation ~ проект технического сотрудничества

transnational ~ многосторонний/транснациональный проект

turn-key ~ объект, сдаваемый «под ключ» (*доведенный до полной эксплуатационной готовности*)

umbrella ~ полный/всеобъемлющий проект

UNDP-supported ~**s** проекты, финансируемые программой развития ООН/ПРООН

unfair ~ неподходящий/несоответствующий проект

United Nations-operated ~**s** проекты, осуществляемые ООН

unsound ~ невыгодный проект
viable ~ жизнеспособный проект
to approve a ~ одобрять/утверждать проект
to be attached to a ~ быть занятым в проекте
to bring a ~ **to the Council** представлять проект Совету
to build an industrial ~ строить промышленный объект
to carry out a ~ выполнять проект
to consider a ~ рассматривать проект
to delay a ~ задерживать выполнение проекта
to draw up a ~ составлять проект
to earmark money for a ~ выделять деньги на проект
to embark on a ~ приступать к проекту
to enhance a ~ ускорять проект
to estimate/to evaluate a ~ оценивать проект
to examine the implementation of the ~ проверять выполнение проекта
to execute a ~ выполнять проект
to extend a ~ **into the next year** продлевать действие проекта на следующий год
to finalize a ~ завершать проект
to implement a ~ осуществлять проект/план
to initiate a ~ приступать к осуществлению проекта; начинать проект
to invest in a ~ вкладывать капитал в проект
to order a ~ заказывать проект
to select a ~ выбирать проект
to serve with ~s быть занятым в проектах
to sponsor ~s субсидировать/финансировать проекты
to study the feasibility of the ~ давать технико-экономическое обоснование проекта
to support a ~ поддерживать/финансировать проект
to underwrite a ~ обеспечивать финансовую поддержку проекта
abortion of a ~ прекращение проекта
commissioning of ~s ввод в строй объектов
completion of a ~ окончание/завершение проекта; окончание строительства объекта
description of a ~ описание проекта
estimated cost of the ~ сметная стоимость проекта
evaluation of industrial ~s оценка промышленных проектов
field implementation of ~s осуществление проектов на местах
modified version of the ~ модифицированный вариант проекта
physical feasibility of a ~ физическая выполнимость/осуществимость проекта
project II *v* проектировать, составлять проект; прогнозировать; планировать
projection *n* прогноз, прогнозирование; перспективная оценка
~s of trade needs прогнозы потребностей в торговле
computer ~ компьютерный прогноз
long-range/long-term ~ долгосрочное прогнозирование

short-term ~ краткосрочное прогнозирование
technological ~ прогноз развития техники
projectionist *n* функционер
proletarian *n* пролетарий
proletariat *n* пролетариат
pro-life *a* являющийся сторонником запрещения абортов
proliferate *v* размножаться, расти; распространять(ся); увеличивать, порождать
proliferation *n* распространение; быстрое увеличение; количественный рост
~ of armaments распространение вооружений
~ of chemical weapons распространение химического оружия
~ of international organizations рост числа международных организаций
~ of missiles распространение ракет
~ of parties рост числа партий
nuclear ~ распространение ядерного оружия
overt ~ открытое распространение ядерного оружия
to control ~ контролировать распространение ядерного оружия
to curtail nuclear ~ ограничивать распространение ядерного оружия
to ignore ~ игнорировать/не обращать внимания на распространение ядерного оружия
to impede the ~ of nuclear weapons препятствовать распространению ядерного оружия
official in charge of ~ чиновник, занимающийся вопросами распространения ядерного оружия
proliferator *n* страна, которая обзавелась ядерным оружием после вступления в силу договора о нераспространении ядерного оружия *(1968 г.)*
prolong *v* продлевать, пролонгировать; отсрочить
prolongation *n* продление, пролонгация; отсрочка
~ of the working day удлинение рабочего дня
prolonged *a* длительный, затяжной
pro-marketeer *n* сторонник рыночной экономики
prominence *n* известность
to come to ~ получать известность
to give page-one ~ **to a story** выносить новость на первые полосы газет
prominent *a* видный; выдающийся; известный *(о человеке)*
promise *n* 1. обещание; обязательство 2. надежда
~ of more to come залог дальнейшего прогресса
campaign ~ предвыборные обещания
clear ~ четкое обещание
to backtrack on a ~ отказываться от своего обещания
to carry out *one's* ~ выполнять свое обещание
to cling to *one's* ~ держаться своего обещания/обязательства

to **consider** *oneself* **free of contractual** ~s считать себя свободным от взятых обязательств

to **deliver on** *one's* ~s выполнять свои обещания

to **fulfill a** ~ сдержать обещание

to **hold out** ~ **for the poor** обнадеживать бедноту

to **keep** *one's* **election** ~s сдержать свои предвыборные обещания

to **make good** *one's* ~ сдержать свое обещание

to **obtain firm** ~s получать твердые заверения

to **renege on** *one's* ~ нарушать свое обещание

to **stick to** *one's* ~ придерживаться своего обещания

to **view a** ~ **with caution** осторожно отнестись к чьему-л. обещанию

promote *v* (*smth/smb*) 1. способствовать, содействовать; поощрять 2. повышать в должности/в звании

promoter *n* учредитель, покровитель; промоутер

promotion *n* 1. содействие, поощрение 2. повышение по службе/в должности/в звании; продвижение по службе

~ **of human rights** содействие осуществлению прав человека

employment ~ содействие росту занятости

export ~ поощрение экспорта, содействие развитию экспорта

government ~ государственное содействие

health ~ содействие развитию здравоохранения

industrial ~ содействие развитию промышленности

tourism/tourist ~ поощрение туризма

to **get a** ~ получать повышение по службе

to **recommend** *smb* **for** ~ рекомендовать кого-л. на повышение

promotional *a* содействующий; стимулирующий; поощрительный

prompt *a* немедленный

promulgate *v* (*smth*) обнародовать, провозглашать; промульгировать

promulgation *n* обнародование; опубликование; провозглашение

pro-Nazi *a* пронацистский

pronounced *a* ощутимый, заметный

pronouncement *n* заявление, выступление, мнение, высказывание

official ~ официальное заявление

public ~ публичное высказывание/заявление

to **back up** *one's* ~s подкреплять свои заявления (*документами, фактами и т.п.*)

to **wiggle off campaign** ~s изворачиваться, отказываясь от своих высказываний, сделанных в ходе предвыборной кампании

pro-nuke *a* являющийся сторонником использования атомного оружия

proof *n* 1. доказательство 2. испытание

absolute ~ несомненное доказательство

ample ~ достаточное доказательство

conclusive ~ решающее/убедительное доказательство

convincing ~ убедительное доказательство

firm/hard ~ существенное доказательство

incontrovertible ~ неопровержимое доказательство

independent ~ объективное доказательство

positive ~ несомненное доказательство

substantial ~ существенное доказательство

valid ~ веское доказательство

to **afford fresh** ~ **of** *smth* давать/приносить новые доказательства чего-л.

to **furnish** ~ представлять доказательства

to **need** ~ нуждаться в доказательствах

to **offer** ~ представлять доказательства

prop *v* (*smb up*) поддерживать (*кого-л.*) у власти

propagand *v* вести пропаганду, пропагандировать

propaganda *n* (*against*) агитация, пропаганда (*против*)

~ **aimed at** *smb* пропаганда, предназначенная для кого-л.

~ **directed at** *smth* пропаганда, направленная на что-л.

~ **of ideas** пропаганда идей

advance ~ предварительная пропаганда

anti-fascist ~ антифашистская пропаганда

anti-war ~ антивоенная пропаганда

black ~ *разв. жарг.* «черная пропаганда», дезинформация

broad ~ широкая пропаганда

chauvinistic ~ шовинистическая пропаганда

deceitful ~ лживая пропаганда

empty ~ пустая пропаганда

foreign-policy ~ внешнеполитическая пропаганда

hate ~ пропаганда ненависти

healthy-life ~ пропаганда здорового образа жизни

hostile ~ враждебная пропаганда

legal ~ правовая пропаганда, пропаганда правовых знаний

mass ~ массовая пропаганда

militaristic/military ~ милитаристская пропаганда

neo-Nazi ~ неонацистская пропаганда

nonhostile ~ невраждебная пропаганда

official ~ официальная пропаганда

pacifist ~ пацифистская пропаганда

political ~ политическая пропаганда

pro-Western ~ прозападная пропаганда

racist ~ расистская пропаганда

radio ~ радиопропаганда

reactionary ~ реакционная пропаганда

revanchist ~ реваншистская пропаганда

revolutionary ~ революционная пропаганда

rightist ~ пропаганда правых взглядов

slanderous ~ клеветническая пропаганда

subversive ~ подрывная пропаганда
systematic ~ систематическая пропаганда
television/TV ~ телепропаганда
vicious ~ злобная пропаганда
war ~ пропаганда войны
wild ~ оголтелая пропаганда
to air ~ **over the radio** вести пропагандистские радиопередачи
to allow ~ **to go unchallenged** допускать беспрепятственное распространение пропаганды
to ban war ~ запрещать пропаганду войны
to carry out ~ вести пропаганду
to condemn all forms of war ~ осуждать любую пропаганду войны
to conduct ~ вести пропаганду
to counteract *smb's* ~ противодействовать чьей-л. пропаганде
to disseminate ~ распространять пропаганду
to launch ~ начинать пропаганду
to manipulate ~ умело использовать пропаганду
to neutralize ~ нейтрализовать пропаганду
to put over *one's* ~ доводить свою пропаганду до сознания слушателей
to reap a ~ **harvest** пожинать плоды пропагандистской кампании
to renounce the ~ **of war** отказываться от пропаганды войны
to spread ~ распространять пропаганду
to stem ~ пресекать пропаганду
to succumb to ~ поддаваться пропаганде
counteraction against ~ противодействие пропаганде
distribution of ~ распространение пропаганды
effectiveness of ~ действенность пропаганды
means of ~ средства пропаганды
methods of ~ методы пропаганды
piece of ~ агитка
propagandist *n* пропагандист, агитатор
propagandist(ic) *a* пропагандистский
propagandize *v* пропагандировать, вести пропаганду
propagate *v* распространять; распространяться
propagation *n* распространение
proper *a* подходящий, соответствующий условиям; правильный, надлежащий; присущий, свойственный
property I *n* 1. имущество; собственность; принадлежность 2. свойство, характерная особенность
common ~ всеобщее достояние
communal ~ общественная собственность
cooperative ~ кооперативная собственность
foreign ~ иностранное имущество, иностранная собственность
industrial ~ промышленная собственность
intellectual ~ интеллектуальная собственность
landed ~ земельная собственность
landowner ~ помещичье землевладение

large(-scale) ~ крупная собственность
movable ~ движимое имущество
national ~ всенародное достояние
nationalized ~ национализированная собственность
personal ~ индивидуальная/личная собственность
petty ~ мелкая собственность
private ~ частная собственность
public ~ государственная/общественная собственность
real ~ недвижимое имущество, недвижимость
small-scale ~ мелкая собственность
social ~ государственная/общественная собственность
state(-owned) ~ государственная собственность
tangible ~ материальное имущество, реальная собственность
to account for UN ~ отчитываться за имущество ООН
to acquire ~ приобретать собственность
to burgle and bug private ~ вламываться в чужие дома и устанавливать там подслушивающие устройства
to confiscate ~ конфисковать имущество
to damage government ~ наносить ущерб государственному имуществу
to desecrate church ~ осквернять собственность церкви
to destroy ~ причинять ущерб собственности
to expropriate foreign ~ экспроприировать иностранное имущество
to insure *one's* ~ **against** *smth* страховать имущество от *чего-л.*
to levy on a person's ~ взыскивать долг с помощью описи имущества должника
to lose *one's* ~ лишаться собственности
to maintain intellectual ~ **throughout the world** охранять интеллектуальную собственность во всем мире
to misappropriate ~ присваивать/растрачивать чужую собственность
to nationalize private ~ национализировать частную собственность
to protect social ~ защищать общественную собственность
to renounce/to resign a ~ отказываться от собственности
to respect private ~ уважать частную собственность
to safeguard private ~ беречь/охранять частную собственность
to take up arms to protect *one's* ~ браться за оружие для защиты своего имущества
appearance of private ~ возникновение частной собственности
confiscation of ~ конфискация имущества
damage to ~ ущерб имуществу/собственности

form of ~ форма собственности

protection of intellectual ~ охрана интеллектуальной собственности

right to private ~ право на частную собственность

socialization of ~ обобществление собственности

state form of ~ государственная форма собственности

property II *attr* имущественный

prophecy *n* пророчество

prophet *n* пророк

pro-PLO-Palestinian *n* палестинец, поддерживающий «Организацию освобождения Палестины»

proportion *n* соотношение, пропорция; соразмерность; часть, доля, процент

~ between supply and demand соотношение между спросом и предложением

correct ~s правильное соотношение

to establish correct ~s (between) устанавливать правильное соотношение *(между)*

proportional *a* пропорциональный

proportionality *n* пропорциональность

proportionate *a* пропорциональный

proposal *n* предложение

~ about *smth* предложение о *чем-л.*

~ against *smth* предложение против *чего-л.*

~ as amended предложение с внесенными в него поправками

~s contain nothing new в предложениях нет ничего нового

~ for *smth* предложение в пользу *чего-л.*

~ for a ceasefire предложение заключить соглашение о прекращении огня

~ from *smb* предложение с *чьей-л.* стороны

~ goes before the full General Assembly предложение поступает на рассмотрение пленарного заседания Генеральной Ассамблеи

~s go to the vote in Parliament предложения ставятся на голосование в парламенте

~ in favor of *smth* предложение в пользу *чего-л.*

~ of peace предложение о мире

~ on *smth* предложение о *чем-л.*

~ on the non-use of force in international relations предложение о неиспользовании силы в международных отношениях

acceptable ~ приемлемое предложение

alternative ~ альтернативное предложение

anticrime ~ предложение, направленное на борьбу с преступностью

arms control ~ предложение по контролю над вооружениями

blanket ~ комплексное предложение

bold ~ смелое предложение

budget ~s предложения по бюджету

cease-fire ~ предложение о прекращении огня

compromise ~ компромиссное предложение

constructive ~ конструктивное предложение

counter-~ контрпредложение

courageous ~ смелое предложение

detailed ~ подробное предложение

draft ~ предложенный проект *(договора)*

eye-catching ~ внешне очень заманчивое предложение

far-reaching ~ далеко идущее предложение

formulated ~ подготовленное предложение

global double-zero ~ *ист.* глобальный двойной нулевой вариант *(ликвидация ракет среднего радиуса действия и оперативно-тактических ракет во всем мире)*

interim ~ предварительное предложение

meaningful ~ содержательное предложение

numerous ~s многочисленные предложения

package ~ комплексное предложение

peace ~ мирное предложение

preliminary ~ предварительное предложение

radical ~ радикальное предложение

rationalization ~ рационализаторское предложение

revised ~ пересмотренное предложение

serious ~ серьезное предложение

sharply differing ~s резко различающиеся предложения

specific ~ конкретное предложение

sweeping ~ всеобъемлющее/всестороннее предложение

troop-cut ~ предложение о сокращении численности вооруженных сил

unworkable ~ неосуществимое предложение

zero-option ~ предложение о «нулевом варианте»

to accept/to adopt a ~ принимать предложение

to advance a ~ вносить/выдвигать предложение

to allocate a ~ to the committee for consideration and report передавать предложение комитету для рассмотрения и представления доклада

to alter a ~ изменять предложение

to amend a ~ вносить поправку в предложение

to approve a ~ одобрять предложение

to back away from a ~ отходить/отказываться от ранее внесенного предложения

to ballot a ~ баллотировать предложение; проводить голосование по предложению

to block a ~ блокировать принятие предложения

to carry out a ~ выполнять предложение

to concur with a ~ соглашаться с предложением

to consider a ~ null and void считать предложение недействительным

to consider a ~ рассматривать предложение

to contest a ~ оспаривать предложение

to decline a ~ отвергать/отклонять предложение

to defeat a ~ heavily проваливать предложение значительным большинством голосов

to deliver a robust defense of *one's* ~ произносить хорошо аргументированную речь в защиту своего предложения

to denounce a ~ осуждать предложение

to disapprove a ~ отвергать/отклонять предложение

to discuss a ~ обсуждать предложение

to dismiss a ~ отвергать/отклонять предложение

to draft a ~ вырабатывать/готовить/разрабатывать предложение

to draw back from a ~ отходить/отказываться от ранее внесенного предложения

to draw up a ~ вырабатывать/разрабатывать предложение

to endorse a ~ одобрять предложение

to explore a ~ изучать предложение

to finalize a ~ формулировать предложение

to float ~**s** выдвигать предложения

to formulate a ~ формулировать предложение

to implement a ~ осуществлять предложение

to initiate ~**s** выдвигать предложения

to kill a ~ проваливать предложение

to lay out *one's* ~ излагать свое предложение

to make/to move/to offer a ~ вносить/выдвигать предложение

to oppose a ~ возражать против предложения

to overturn a ~ отвергать/отклонять предложение

to pass a ~ принимать предложение

to place a ~ **on the agenda of the session** включать предложение в повестку дня сессии

to place conditions on *one's* ~ связывать свое предложение с выполнением определенных условий

to pour cold water on a ~ *перен.* критиковать предложение

to prepare a ~ готовить предложение

to present a ~ представлять предложение

to put forward a ~ вносить/выдвигать/представлять на рассмотрение предложение

to rebut a ~ отвергать предложение

to reject a ~ отвергать/отклонять предложение

to revise a ~ пересматривать/изменять свое предложение

to second a ~ поддерживать предложение

to set aside a ~ отвергать/отклонять предложение

to set out *one's* ~**s** выдвигать свои предложения

to study a ~ изучать предложение

to submit a ~ представлять/вносить предложение

to support a ~ поддерживать предложение

to table a ~ представлять на рассмотрение предложение

to take a stand for *or* **against a** ~ высказываться за *или* против предложения

to take up a ~ принимать предложение

to turn down a ~ отвергать/отклонять предложение

to unveil a ~ обнародовать предложение

to vote against a ~ голосовать против предложения

to vote down a ~ провалить предложение

to water down a ~ ослаблять предложение

to weight down a ~ принижать значение предложения

to welcome a ~ приветствовать предложение

to withdraw a ~ снимать предложение

to work out a ~ вырабатывать/готовить/разрабатывать предложение

implementation of ~**s** реализация предложений

on the ~ **of** *smb* по предложению *кого-л.*

perceptible to *smb's* **disarmament** ~**s** восприимчивый к *чьим-л.* предложениям о разоружении

rebuttal of a ~ отклонение предложения

under *smb's* **peace** ~ согласно *чьему-л.* мирному предложению

proposer *n* доверенное лицо кандидата на выборах

proposition *n* положение; утверждение; предложение

~**s put before the whole nation for discussion** предложения, представленные для всеобщего обсуждения

basic tactical ~ основное тактическое положение

essential ~**s** принципиальные положения

to make a bold ~ выступать со смелым предложением

proprietary I *n разв. жарг.* фирма, которая служит прикрытием для разведывательной работы

proprietary II *a* собственнический

proprietor *n* собственник, владелец

landed ~ землевладелец

newspaper ~ владелец газеты

petty ~ мелкий собственник

pro-reformer *n* сторонник реформ

prorogation *n* пророгация, перерыв в работе парламента по указу главы государства

prosecute *v* (*smb/smth*) **1.** преследовать *(судебным порядком)*; возбуждать дело против *кого-л.* **2.** проводить; выполнять; вести, заниматься *(чем-л.)*

prosecution *n* **1.** судебное преследование **2.** обвинение *(как сторона в судебном процессе)*

criminal ~ уголовное преследование

private ~ частный иск

to bring a private ~ **for** *smth* **against** *smb* возбуждать частный иск за *что-л.* против *кого-л.*

to handle ~ вести обвинение

to initiate a ~ возбуждать дело

Director of Public P. директор государственного обвинения *(генеральный прокурор в Великобритании)*

prosecutor *n* обвинитель, прокурор
  military ~ военный прокурор
  public/state ~ государственный обвинитель, прокурор
prospect I *n* перспектива; планы; надежда
  ~**s for/of peace** перспективы достижения/заключения мира
  ~**s for improvement** перспективы на улучшение
  ~**s of success** надежды на успех
  broad ~**s** широкие перспективы
  development ~ перспектива развития
  economic ~ экономическая перспектива
  electoral ~**s** перспективы на выборах; перспективы избрания
  employment ~**s** перспективы занятости
  harvest ~**s** виды на урожай
  hopeless ~ безнадежная перспектива
  long-run/long-term ~ долгосрочная перспектива
  luminous ~**s** светлая перспектива
  ominous ~**s** угрожающая/удручающая перспектива
  remote ~ отдаленная перспектива
  rosy ~**s** радужные перспективы
  strong ~**s** устойчивые перспективы
  to assess the ~ **for/of** *smth* выяснять/оценивать перспективу *чего-л.*
  to bring the ~ **of peace nearer** приближать перспективу заключения мира
  to dampen ~**s of** *smth* делать маловероятными перспективы *чего-л.*
  to explore the ~ **of** *smth* выяснять перспективу *чего-л.*
  to hold out gloomy ~**s for a country** сулить мрачные перспективы для страны
  to impair the ~**s for** *smth* подрывать перспективы *чего-л.*
  to look at the ~ рассматривать перспективы
prospect II *v* исследовать; делать изыскания; разведывать *(месторождения)*
  to ~ **for oil and gas** вести разведку нефти и газа
prospective *a* будущий; ожидаемый
prospectus *n* проспект, план
prosper *v* преуспевать; процветать
prosperity *n* благосостояние; процветание; экономический подъём
  ~ **at home and peace abroad** процветание внутри страны и мир вовне
  economic ~ экономическое процветание
  to assure future ~ обеспечивать будущее процветание
  to enjoy ~ процветать
  to jeopardize the ~ **of** *smb* ставить под угрозу чье-л. процветание
  period of ~ период расцвета
prosperous *a* процветающий
prostitution *n* проституция
prostrate *v (oneself)* падать ниц
  to ~ *oneself* **before** *smb* падать ниц перед кем-л.

protagonist *n* сторонник; поборник
protect *v (from, against)* защищать; ограждать; (пред)охранять *(от)*
  to be ~**ed by law** быть под защитой закона
protectee *n* охраняемое лицо
protection *n* 1. защита, охрана 2. покровительство, протекция
  ~ **against abuses** защита от злоупотреблений
  ~ **of literary and artistic works** охрана прав на произведения литературы и искусства
  ~ **of national minorities** защита национальных меньшинств
  bankruptcy ~ защита от банкротства
  border ~ охрана границ
  chemical ~ химическая защита
  consumer ~ защита интересов потребителя
  diplomatic ~ дипломатическая защита
  effective ~ эффективная защита/охрана
  environmental ~ защита/охрана окружающей среды
  health ~ охрана здоровья
  international ~ международная защита
  job ~ сохранение рабочих мест
  labor ~ охрана труда
  legal ~ правовая защита
  marine environment ~ предотвращение загрязнения моря
  maternity ~ охрана материнства
  nature ~ охрана природы
  physical ~ физическая защита
  radiological ~ радиационная защита
  social ~ социальная защита
  to be under police ~ находиться под защитой полиции
  to extend *one's* ~ **to** *smb* оказывать *кому-л.* покровительство/протекцию
  to get round-the-clock ~ находиться под постоянной защитой
  to give ~ **to** *smb* обеспечивать защиту *кому-л.*
  to invoke ~ молить/призывать о защите
  to provide ~ **for** *smb* обеспечивать защиту *кому-л.*
  to secure diplomatic ~ обеспечивать дипломатическую защиту
  to seek ~ искать защиты
  citizens under British consular ~ граждане, находящиеся под защитой британского консульства
  equal ~ **of the law** равная защита со стороны закона
  under military ~ под защитой войск
  under police ~ под защитой полиции
protectionism *n* протекционизм, политика протекционизма
  agrarian ~ аграрный протекционизм
  agricultural ~ сельскохозяйственный протекционизм *(субсидии фермерам)*
  trade ~ торговый протекционизм
  to campaign against ~ вести кампанию против протекционизма

protectionist I *n* **1.** сторонник протекционизма, протекционист **2.** сторонник охраны окружающей среды

to strengthen the hand of the ~s усиливать позиции сторонников протекционизма

protectionist II *a* протекционистский

protective *a* защитительный; защитный; протекционистский

protector *n* защитник

protectorate *n* протекторат

British ~ британский протекторат

protégé *n* протеже

protest I *n* (**against, about, at, over**) протест; демонстрация протеста (*против, по поводу*)

~ continues unabated демонстрации протеста не затихают

~ has engulfed a large area демонстрации протеста охватили большой район

~ has erupted into violence демонстрация протеста вылилась в насилие

~s were politically motivated протесты были вызваны политическими причинами

angry ~ гневный протест

anti-government ~ демонстрация протеста против политики правительства

anti-nuclear ~ демонстрация протеста против ядерного вооружения

big ~ широкий протест

black ~ протест со стороны чернокожего населения

categorical ~ категорический протест

daylong ~ демонстрация протеста, продолжавшаяся целый день

diplomatic ~ протест по дипломатическим каналам

disciplined and orderly ~s демонстрации протеста, проходящие дисциплинированно и с соблюдением порядка

disruptive ~ беспорядки в знак протеста

emotionally charged ~ эмоциональный протест

energetic ~ энергичный протест

ethnic ~ демонстрация протеста национального меньшинства

extraparliamentary ~s протесты вне парламента

formal ~ официальный протест

freedom ~ демонстрация протеста против несоблюдения гражданских свобод

international ~s протесты международной общественности

legitimate ~ законный протест

mass(ive) ~ всеобщий/массовый протест

mounting ~ нарастающий протест

muted ~ приглушенный протест

nationalist ~ демонстрация протеста на националистической основе

official ~ официальный протест

orchestrated ~ подстроенный протест

peaceful ~ мирная демонстрация протеста

pro-democracy ~ демонстрация протеста сторонников демократизации

public ~ протест общественности

renewed ~s новые протесты

resolute ~ решительный протест

scattered ~s отдельные протесты

silent ~ молчаливый протест

sit-down ~ сидячая демонстрация протеста

sit-in ~ занятие помещения в знак протеста

sizable ~ крупная демонстрация протеста

spontaneous ~ стихийный протест

stiff ~ решительный протест

street ~ уличная демонстрация протеста

strong ~ решительный протест

student ~ протест среди студентов, студенческая демонстрация протеста

suicide ~ самоубийство в знак протеста

vigorous ~ энергичный протест; решительный протест

violent ~ демонстрация протеста, сопровождавшаяся столкновениями

widespread ~s многочисленные протесты

to abandon *one's* **~** отказываться от своего протеста

to arouse a ~ вызывать протест

to break up a ~ разгонять демонстрацию протеста

to bring ~s from *smb* вызвать протесты с чьей-л. стороны

to call off the ~s отменять демонстрации протеста

to cause a storm of ~s from *smb* вызывать бурю протестов с чьей-л. стороны

to crush a ~ подавлять демонстрацию протеста

to curb the wave of ~s останавливать волну протестов

to dampen (down) the ~s ослаблять протесты

to decline a ~ отклонять протест

to defy the vehement ~s игнорировать яростные протесты

to deliver a sharp ~ передавать/вручать ноту/послание с выражением резкого протеста

to draw ~s from *smb* вызывать протесты с чьей-л. стороны

to end the ~ пресекать демонстрацию протеста

to enter a ~ подавать протест

to express a ~ выражать протест

to face an immense wave of ~s сталкиваться с мощной волной протестов

to forestall ~s предупреждать протесты

to hold *one's* **~** проводить демонстрацию протеста

to incite anti-government ~s подстрекать к демонстрации протеста против политики правительства

to initiate a ~ быть инициатором демонстрации протеста

to instigate (a) ~ подстрекать к протесту/к демонстрации протеста

to issue a token ~ публиковать формальный протест

to launch a ~ выступать с протестом

to lodge a ~ with *smb* заявлять протест *кому-л.*

to make a formal ~ (to *smb)* заявлять официальный протест *(кому-л.)*

to mount/to orchestrate/to organize a ~ организовывать демонстрацию протеста

to pick up the social ~ воспользоваться социальным протестом

to prompt ~ from *smb* вызывать протесты с чьей-л. стороны

to provoke ~s вызывать протесты

to put down the large-scale show of ~s подавлять многочисленные проявления протеста

to quell a ~ подавлять протест/демонстрации протеста

to raise one's voice in ~ выражать протест

to reject a ~ отклонять протест

to resign in ~ (at *smth)* уходить в отставку в знак протеста *(против чего-л.)*

to spark (off) ~s вызывать протесты

to stage a ~ организовывать демонстрацию протеста

to stamp out ~s положить конец протестам

to start a wave of ~s вызывать волну протестов

to step up one's ~s усиливать протест

to take one's ~ far enough заходить достаточно далеко в своем протесте

to take the steam out of smb's ~s ослаблять чей-л. протест, устранив главную причину

to voice one's ~ (against *smth)* выражать протест *(против чего-л.)*

to walk out in ~ (against *smth)* покидать заседание в знак протеста *(против чего-л.)*

amid continuing ~s на фоне продолжающихся протестов

as/in ~ against/at/over *smth* в знак протеста против *чего-л.*

day of national ~ день общенародного протеста

eruption of ~s вспышка протестов

note of ~ нота протеста

repression of ~s подавление демонстраций протеста

resurgence of mass ~ новые массовые протесты

spontaneous gesture of ~ стихийное проявление протеста

storm of ~s буря протестов

wave of ~s волна протестов

protest II *v* **(to** *smb* about/against/at/over *smth;* **амер. ~** *smth)* возражать, заявлять *(кому-л.)* протест, протестовать *(по поводу чего-л.)*

to ~ strongly заявлять решительный протест

Protestant *n* протестант

protestant *a* протестантский

Protestantism *n* протестантизм, протестантство

protester, protestor *n* участник демонстрации протеста

~s marched through the streets участники демонстрации протеста прошли по улицам

anti-nuclear ~ участник демонстрации протеста против ядерного вооружения/размещения ядерного оружия/захода в порты страны судов с ядерным вооружением

antiwar ~ участник демонстрации протеста против войны

peaceful ~ участник мирной демонстрации протеста

stone-throwing ~ участник демонстрации протеста, бросающий камни *(в полицию и т.п.)*

unarmed ~ безоружный участник демонстрации протеста

Vietnam ~ *ист.* американец, протестовавший против войны во Вьетнаме

to disperse ~s разгонять демонстрацию протеста

to fire on ~s вести огонь по участникам демонстрации

protocol *n* протокол *(документ, церемония)*

~ of deposited ratifications протокол о сдаче на хранение ратификационных грамот

~ was thrown to the winds все условности протокола были отброшены

additional ~ дополнительный протокол

diplomatic ~ дипломатический протокол

entry ~ протокол о вступлении страны в международную организацию

final ~ заключительный протокол

optional ~ протокол, не имеющий обязательной силы

quadripartite ~ четырехсторонний протокол

secret ~ секретный протокол

tentative ~ предварительный протокол

trade ~ протокол о торговых отношениях

to adhere to the ~ придерживаться протокола, соблюдать протокол

to adopt a ~ принимать протокол

to ratify a ~ ратифицировать протокол

to sign the final ~ подписывать итоговый протокол

prototype *n* прототип

~ of the new economic relations прототип новых экономических отношений

prove *v* доказывать; утверждать; удостоверять

to ~ oneself положительно проявлять себя

to ~ smth categorically убедительно доказывать *что-л.*

provide *v* обеспечивать; предусматривать; предоставлять, снабжать

~ed (that) при условии, что; в том случае, если

to ~ against *smth* принимать меры против *чего-л.*

to ~ for *smth* предусматривать *что-л.*

to ~ smb with *smth* обеспечивать/снабжать *кого-л. чем-л.*

as ~ed как указано

province *n* провинция

autonomous ~ автономная провинция/область

French-speaking ~ франкоязычная провинция

rebel-held ~ провинция, удерживаемая повстанцами

troubled ~ провинция, охваченная беспорядками

volatile ~ провинция, где положение нестабильное

to administer a ~ управлять провинцией

to police a ~ поддерживать порядок в провинции

to restore a ~ **to a country** возвращать провинцию в состав страны

provincial *a* провинциальный

provision *n* **1.** ассигнование, обеспечение, снабжение **2.** *pl* продовольствие **3.** положение, пункт, статья, условие (*договора, закона, соглашения, программы*); постановление

~ **of the Charter** пункт/положение устава

~**s laid down in the treaty** положения, изложенные в договоре

adequate ~**s** надлежащие ассигнования

basic ~**s** основные положения

binding ~**s** обязательные положения

budgetary ~**s** бюджетные ассигнования

contingency ~ ассигнование на непредвиденные расходы

mandatory ~**s** обязательные положения (*договора, устава*)

optional/permissive ~ необязательное/факультативное положение

substantive ~**s** постановляющая/резолютивная часть

sunset ~ *юр. жарг.* положение в законе, оговаривающее срок его действия

total money ~ общие денежные ассигнования

treaty ~**s** пункты/условия договора

to apply the ~ **(to)** применять положение (к)

to circumvent treaty ~**s** обходить положения договора

to infringe the ~**s** нарушать положения

to invoke the ~**s** учитывать положения

to make ~ **(for)** предусматривать (*что-л.*)

to obtain an adequate ~ добиваться надлежащего условия

to reconcile the ~ согласовывать условие

to respect the ~**s of a treaty** выполнять положения договора

to supervise the observance of treaty ~**s** контролировать выполнение условий договора

lack of everyday ~**s** отсутствие самых необходимых продуктов

nonobservance of the ~**s of a contract** несоблюдение условий контракта

scope of a ~ охват/сфера применения положения

social ~ **from cradle to grave** пожизненное социальное обеспечение

provisional *a* временный; предварительный

provisionally *a* временно

provisionals *n разг.* «временные» (*члены и сторонники «временного» военного крыла партии Шин Фейн – см.* **Sinn Fein**; *высту-*

пают за объединение Ирландии путем вооруженной борьбы с применением террористических методов)

proviso *n* условие; оговорка

provocateur *n* провокатор

provocation *n* провокация; вызов; подстрекательство

armed ~ вооруженная провокация

deliberate ~ сознательная провокация

gross ~ грубая провокация

military ~ военная провокация

open ~ неприкрытая провокация

political ~ политическая провокация

war ~ военная провокация

to carry out ~**s** совершать/устраивать провокации

to halt *one's* ~**s** прекращать свои провокации

to stop ~**s** прекращать/пресекать провокации

act of ~ провокационный акт

at/on the slightest ~ по малейшему поводу

provocative *a* вызывающий; провокационный; провокаторский

provoke *v* провоцировать; вызывать

pro-Watergate *n* приверженец тактики скандала (*см.* **Watergate**)

pro-Western *a* прозападный

pro-Westerner *n* человек прозападной ориентации

proxy *n* **1.** полномочие; доверенность **2.** уполномоченный; заместитель

pseudo-culture *n* псевдокультура

pseudo-democracy *n* лжедемократия

pseudo-democratic *a* лжедемократический

pseudo-elections *n* так называемые выборы, пародия на выборы

pseudo-historian *n* лжеисторик

pseudo-legal *a* псевдоюридический

pseudo-science *n* псевдонаука

pseudo-scientific *a* псевдонаучный

psychiatry *n* психиатрия

crime ~ уголовная психиатрия; психиатрия преступника

forensic/legal ~ судебная психиатрия

psychological *a* психологический

psychologist *n* психолог

psychology *n* психология

consumer's ~ психология потребителя

national ~ национальная психология

small-proprietor ~ мелкособственническая психология

social ~ общественная/социальная психология

to recast man's ~ перестраивать психологию людей

psywar *n* (*om psychological warfare*) психологическая война

public I *n* публика; общественность; народ

~ **at large** широкая общественность; широкие слои населения

general ~ широкая общественность

world ~ мировая общественность

to appeal to the ~ взывать/обращаться с призывом к общественности to call on the ~ to be on the alert призывать общественность к бдительности

to give evidence in ~ давать показания на открытом заседании

to go ~ about *smth.* обнародовать *что-л.*, заявить во всеуслышание о *чем-л.*

to go out in ~ показываться в общественных местах

to inform the world ~ about *smth* информировать мировую общественность о *чем-л.*

to keep the ~ in the dark скрывать *что- л.* от народа

to make ~ обнародовать, публиковать, предавать гласности

to misinform the ~ дезинформировать общественность

to mislead the ~ дезориентировать общественность

to reassure the ~ успокаивать общественное мнение

to win over the ~ привлекать на свою сторону общественность

to woo the hearts of the ~ завоевывать расположение общественности

in ~ публично, открыто

members of the ~ представители общественности

open to the ~ открытый для народа

public II *a* 1. государственный; общенациональный 2. общественный; коммунальный

to go ~ 1) выступать публично 2) создавать открытое акционерное общество

to make *smth* ~ обнародовать/опубликовать *что-л.*; предать *что-л.* гласности

publication *n* 1. публикация; опубликование 2. издание; *pl* литература

cheap ~s бульварная литература

mammoth sale ~ издание с очень большим тиражом

nonofficial ~ неофициальное издание

periodical ~s периодические издания, периодика

rag/trashy ~s бульварная литература

subversive ~s подрывная литература

United Nations ~ издание Организации Объединенных Наций

to maintain day-to-day ~ обеспечивать ежедневный выпуск *(газеты)*

to narrow the scope of official secrets ~s сократить перечень публикаций, относимых к числу содержащих сведения, не подлежащие разглашению

to seek the injunction preventing ~ of *smth* добиваться судебного запрета на публикацию *чего-л.*

to suppress a ~ запрещать издание

to suspend ~ временно закрывать газету/ прекращать публикацию

to urge ~ of a book настаивать на издании книги

public-fund *v* (*smb*) субсидировать *кого-л.* из общественных фондов

publicist *n* публицист

highly qualified ~s наиболее квалифицированные специалисты по публичному праву

publicity *n* 1. известность, гласность, публичность 2. реклама, рекламирование; паблисити

advanced ~ заблаговременная реклама

blanket ~ сплошная реклама *кого-л.* на страницах газет

wide ~ широкая гласность/реклама

to attract ~ привлекать внимание общественности

to avoid ~ избегать шума вокруг своего имени

to get/to receive (wide) ~ получать (широкую) огласку, получать/приобретать (широкую) известность

to give (broad/extensive/wide) ~ to *smth* делать *что-л.* достоянием *(широкой)* гласности, предавать *что-л.* *(широкой)* огласке, *(широко)* (раз)рекламировать *что-л.*

to seek ~ добиваться известности

to take away ~ from *smb* лишать *кого-л.* рекламы

blaze of ~ широкая известность

publicize *v* (*smth*) публиковать; рекламировать; оглашать; оповещать; предавать гласности

highly ~d широко разрекламированный

publicly *adv* публично, открыто

to pledge ~ давать публичные заверения

publish *v* (*smb/smth*) публиковать; издавать

to ~ a book издавать книгу

to bar *smth* from ~ing запрещать публиковать *что-л.*

to be ~ed помещать свои произведения в печати

publisher *n* издатель

pudding *n* развед. жарг. «пудинг» *(прозвище ООН, ее членов и деятельности)*

pull *n* брит. полиц. жарг. арест

pull *v* 1. брит. полиц. жарг. арестовывать 2. выводить; выходить

to ~ back *воен.* отводить войска

to ~ out 1) снимать свою кандидатуру *(на выборах)* 2) выходить из состава организации 3) выводить войска

pullout *n воен.* вывод войск

military ~ вывод войск

token ~ символический вывод войск

troop ~ вывод войск

to verify *smb's* ~ контролировать вывод *чьих-л.* войск

punish *v* наказывать; налагать взыскание

to ~ *smb* according to Islamic laws наказывать *кого-л.* в соответствии с исламскими законами

to ~ *smb* severely строго наказывать *кого-л.*

punishable *a* наказуемый

punishment *n* (for *smth*) наказание *(за что-л.)*

capital ~ смертная казнь, высшая мера наказания

collective ~ коллективное наказание

condign ~ заслуженная кара

corporal ~ телесное наказание

cruel ~ жестокое наказание
Draconian ~ драконовские наказания
harsh/heavy ~ суровое/тяжкое наказание
inevitable ~ неотвратимое наказание
just ~ справедливое наказание
lenient/light/mild ~ легкое/мягкое наказание
severe/stiff ~ суровое/тяжкое наказание
summary ~ 1) наказание, назначаемое в суммарном порядке 2) *воен.* дисциплинарное взыскание
to administer ~ наказывать; применять наказание
to be brought to ~ **for** *one's* **crimes** понести наказание за преступление
to bring back capital ~ восстанавливать смертную казнь
to determine ~ определять меру наказания
to escape ~ избегать наказания
to exempt *smb* **from** ~ освобождать *кого-л.* от наказания
to impose/to inflict ~ **on** *smb* налагать взыскание на *кого-л.*, приговаривать к наказанию *кого-л.*
to lessen *smb's* ~ смягчать наказание *кому-л.*
to make the ~ **for the crime** обеспечивать соответствие наказания преступлению
to mete out ~ назначать/определять наказание
to mitigate a ~ смягчить наказание
to receive severe ~ подвергаться суровому наказанию
to suffer/to take ~ отбывать наказание, подвергаться наказанию
to threaten *smb* **with** ~ угрожать *кому-л.* наказанием
abolition of capital ~ отмена смертной казни
as/in ~ **for** *smth* в наказание за *что-л.*
execution of a ~ исполнение наказания
reintroduction of capital ~ восстановление смертной казни
punitive *a* карательный
punk *n* панк
puppet *n* марионетка
purchase I *n* покупка; закупка
~**s abroad** закупки за границей
arms ~**s** закупки вооружения
government ~**s** правительственные закупки
hire ~ покупка в рассрочку
local ~ закупка на местном рынке
military ~**s** закупки военного снаряжения
public/state ~**s** государственные закупки
wholesale ~**s** оптовые закупки
to effect a ~ осуществлять закупку/покупку
purchase II *v* покупать; закупать
purge I *n полит.* чистка
~ **of party ranks** *ист.* чистка партийных рядов
loyalty ~ чистка (*среди государственных служащих*) по признаку лояльности
party ~ *ист.* чистка в партии
political ~ политическая чистка
to carry out a ~ проводить чистку
to launch a ~ **of** *smb* начать чистку среди *кого-л.*

to wage a ~ **of** *smth* проводить чистку *чего-л.*
purge II *v полит.* подвергать чистке; проводить чистку
Puritan *n* пуританин
Puritanism *n* пуританство
new P. *социол. жарг.* «новое пуританство» (*сторонники атомных электростанций об их противниках*)
purity *n* чистота
ideological ~ идеологическая чистота
purpose *n* цель, намерение; (пред)назначение
~ **of life** смысл жизни
authorized ~**s** официально утвержденные/намеченные цели
broad ~ явное намерение
central/principal ~ основная цель
civil ~**s** гражданские цели
defensive ~**s** цели обороны
dual ~ двойная цель
economic ~**s** экономические цели
great ~ великая цель
hostile ~ враждебная цель
information ~ информационная цель
legitimate ~ законная цель
military ~ военная цель
nonhostile ~ невраждебная цель
overall ~ общая цель
peaceful ~**s** мирные цели
practical ~**s** практические цели
specific ~ конкретная/специальная цель
ultimate ~ конечная цель
to accomplish the ~**s set forth (in)** выполнять цели, указанные (*в*)
to achieve/to gain/to fulfil *one's* ~ достигать своей цели
to further/to promote a ~ содействовать/способствовать достижению цели
to list the ~**s** перечислять цели
to meet the ~ отвечать цели
to proclaim a ~ провозглашать цель
to pursue a ~ преследовать цель
to serve *one's* ~ соответствовать своему назначению, отвечать требованиям; подходить, годиться
to set forth the ~**s** излагать цели
to spend for military ~**s** расходовать на военные цели
for business ~**s** ради выгоды
for prestige ~**s** для престижа
for protective ~**s** в целях защиты
for the ~ **of** с целью
of set ~ преднамеренно, с умыслом
on ~ с целью, нарочно
realization of the ~**s** осуществление целей
to good ~ с большим успехом
to little ~ почти безрезультатно/безуспешно
to no ~ напрасно, тщетно, безуспешно, зря
to some ~ с некоторой пользой, небесполезно, небезуспешно
unity of ~ единство цели
purse *n* кошелек; казна
public ~ государственная казна

one country's ~ is deeper that another's у одной страны больше денег, чем у другой

pursuance *n* выполнение, исполнение

in ~ (of) во исполнение *(чего-л.)*

pursuant *a* **(to)** согласно, в соответствии *(с)*

~ to Council resolution в соответствии с резолюцией совета

pursue *v* **1.** преследовать; искать **2.** осуществлять, проводить *(политику)*; преследовать *(цель)*; придерживаться *(чего-л.)*; следовать *(по избранному пути)*

pursuer *n* преследователь

pursuit *n* **1.** преследование; погоня; поиски *(кого-л.)* **2.** занятие

~ of the enemy преследование противника

daily ~s повседневные дела/занятия

hot ~ 1) преследование по горячим следам/по пятам 2) преследование вражеских *(обычно террористических)* отрядов с нарушением границы другого государства

intellectual ~s умственные занятия

in ~ of peace добиваясь мира

right of hot ~ право преследования преступников с нарушением границы другого государства

push I *n* толчок; давление; протекция; критическое положение

diplomatic ~ дипломатические усилия

political ~ напористость в политике

push II *v* продвигать(ся), подвигать

pusher *n* самоуверенный, напористый человек, извлекающий собственную выгоду; толкач

cookie ~ *амер. полиц. жарг.* молодой дипломат, преуспевающий благодаря светским манерам, а не знаниям в области международных отношений

pushover *n* **1.** легкая победа **2.** слабый противник

pussyfooting *n* *полит. жарг.* сверхосторожность, нерешительность *(официального лица или кандидата на выборах)*

put *v*:

to ~ *oneself* **forward** выдвигать свою кандидатуру

putsch *n* путч, переворот

armed ~ вооруженный путч

military ~ военный путч/переворот

to carry out a ~ осуществить путч/переворот

putschist I *n* путчист

putschist II *a* путчистский

Q

quadrennial *a* **1.** происходящий раз в четыре года **2.** длящийся четыре года

quadriad *n* *правит. жарг.* квадриада *(специальная группа высших экономических советников президента)*

quadrilateral, quadripartite, quadruple *a* четырехсторонний

quadruplicate *n* один из четырех одинаковых экземпляров *(особ. о документах)*; *pl* четыре одинаковых экземпляра

in ~ в четырех экземплярах

quake *n* землетрясение

Quaker *n* *рел.* квакер

qualification *n* **1.** ограничение, оговорка, ценз **2.** *обыкн. pl* квалификация, подготовленность, годность **3.** свидетельство об окончании учебного заведения **4.** оценка, характеристика

~ of *smb's* **privileges** ограничение *чьих-л.* привилегий

additional ~s дополнительные должностные требования

educational ~s полученное образование

excellent/fine ~s отличная квалификация

language ~s знание иностранных языков

literacy ~ образовательный ценз

necessary ~s необходимая квалификация

outstanding ~s выдающаяся квалификация

physical ~s физическая пригодность

professional ~s профессиональная подготовленность/квалификация

property ~ имущественный ценз

residential ~ *ист.* ценз оседлости

special ~s особые требования

strong ~s высокая квалификация

tax ~ налоговый ценз

voting ~ избирательный ценз

to accept *smb's* **statement with certain ~s** принимать *чью-л.* формулировку с некоторыми поправками

to accept *smb's* **statement without ~** принимать *чью-л.* формулировку без изменений

to challenge ~s of the experts оспаривать компетенцию экспертов

to use a term without ~ широко пользоваться термином

qualified *a* **1.** с оговоркой **2.** квалифицированный, пригодный

~ as an engineer имеющий квалификацию инженера

~ by education and experience for the position имеющий достаточное образование и достаточный опыт для этой должности

~ for admission to membership отвечающий требованиям, предъявляемым к членам *(организации)*

~ for *smth* пригодный/подходящий для *чего-л.*

~ for the job пригодный/подходящий для данной работы

~ statement заявление с оговоркой

~ to do *smth* пригодный/подходящий для выполнения *чего-л.*

eminently ~ высококвалифицированный, с выдающейся подготовкой

fully ~ полностью подготовленный, высококвалифицированный

highly ~ высококвалифицированный

well ~ вполне квалифицированный

he is ~ **to pass judgment on this matter** он достаточно квалифицирован, чтобы судить об этом деле

qualif/y *v* **1.** делать пригодным/правомочным **2.** уменьшать, умерять; сопровождать оговорками/условиями **3.** быть/становиться пригодным/правомочным, получать право **4.** получать свидетельство об окончании учебного заведения

to ~ **as a doctor** получать диплом врача

to ~ **for the vote** получать право голоса

to ~ **one's consent** сопровождать свое согласие рядом условий

to ~ **one's promise** связывать свое обещание с условиями/оговорками

he ~**ied to teach mathematics** он окончил учебное заведение с дипломом учителя математики

his age ~**ies him for the vote** по возрасту он имеет право голоса

I must ~ **my statement** я должен сделать оговорку

what ~**ies her to represent us?** какие качества позволяют ей быть нашим представителем?

will you ~ **for a pension?** вам будет положена пенсия?

quango *n* **1.** (*сокр. от quasi-autonomous national government organization*) полуавтономные комитеты *и т.п.* в правительственных органах **2.** (*сокр. от quasi-autonomous nongovernmental organization*) полуавтономные неправительственные организации

quantification *n правит. жарг.* сведение сложных проблем к простым решениям путем сосредоточения на статистических данных

quantophrenia *n социал.* квантофрения (*увлечение квантификацией общих положений*)

quantum *n* **1.** количество; сумма **2.** объем

~ **of exports** объем экспорта

~ **of imports** объем импорта

~ **of output** объем продукции

~ **of world trade** объем мировой торговли

quarantine I *n* **1.** карантин **2.** *перен.* блокада, эмбарго

strict ~ жесткий карантин

to impose/to institute a ~ вводить карантин

to lift a ~ отменить карантин

in ~ в условиях карантина

quarantine II *v* содержать в карантине, помещать в карантин

quarrel *n* ссора, конфликт

bitter ~ острый конфликт

furious ~ ожесточенный конфликт

long-standing ~ давний конфликт

never-ending ~ непрекращающийся конфликт

violent ~ конфликт, сопровождаемый вспышками насилия

to lead to a ~ приводить к конфликту

to patch up/to settle a ~ **with** *smb* урегулировать конфликт с *кем-л.*

quarrelling *n* споры, конфликты

internecine ~ междоусобные споры, внутренние конфликты

quarter *n* **1.** место **2.** пощада, снисхождение **3.** квартал **4.** *pl* квартиры, жилье, помещение **5.** американская монета в 25 центов, «четвертак»

business ~**s** деловые круги

diplomatic ~**s** дипломатические круги

financial ~**s** финансовые круги

highest ~**s** высшие круги

king's ~**s** резиденция короля

officers' ~**s** офицерские квартиры

political ~**s** политические круги

residential ~**s** жилой квартал, жилое помещение

to ask for ~ просить пощады

to lose *one's* **claim receive** ~ *юр.* терять право на пощаду

at close ~**s** в тесном соседстве; вблизи

Black ~**s of New York** кварталы Нью-Йорка с черным населением

in the highest ~**s** в высших кругах

the army went into winter ~**s** армия разместилась в зимних квартирах

they were fighting at close ~**s** они вели ближний бой

quartering *n* вычет зарплаты за 15 минут работы при опоздании на работу больше, чем на 2 минуты

quarterly *n* периодическое издание, выходящее раз в квартал (*4 раза в год*)

quartermaster *n* квартирмейстер

Q. General генеральный квартирмейстер, начальник квартирмейстерской службы

quasi I *adv* как будто, как бы, якобы, почти

quasi II *a* кажущийся, видимый

quasi- квази-, полу- (*как составная часть слова*)

quasi-agreement *n* квазисоглашение

quasi-corporate *a* квазикорпоративный, государственный, муниципальный

quasi-corporation *n* государственная/муниципальная корпорация

quasi-money *n финан. жарг.* чеки и *др.* документы, заменяющие деньги

quaverer *n брит. торг. жарг.* колеблющийся покупатель

queen *n* **1.** королева **2.** владычица

~ **abdicates (a throne)** королева отказывается от престола

~ **consort** супруга правящего короля

~ **dowager** вдовствующая королева

~ **mother** королева-мать (*титул вдовствующей королевы, матери царствующего монарха*)

~ **mounts the throne** королева восходит на престол

beauty ~ королева красоты, победительница конкурса красоты

despotic ~ деспотичная королева
popular ~ популярная королева
strong ~ сильная королева
weak ~ слабая королева
to crown a ~ короновать королеву
to depose/to dethrone a ~ свергать королеву
to proclaim *smb* ~ провозглашать *кого-л.* королевой
to toast the ~ провозглашать тост за здоровье королевы
Britain was ~ **of the seas** Англия была владычицей морей
queendom *n* 1. правление королевы 2. владения королевы, королевство
queenhood *n* 1. положение королевы 2. период правления королевы
Queen-in-Parliament *n брит.* законодательные и конституционные функции монарха (*королевы*)
queenly *a* относящийся к королеве
quest *n* спрос (*на товары*)
question I *n* 1. вопрос 2. допрос; следствие
~ **calling for ventilation** вопрос, требующий обсуждения (*особ. публичного*)
~ **of mutual concern/interest** вопрос, представляющий взаимный интерес
~ **of procedure** процедурный вопрос
~ **of the day** наиболее актуальный вопрос
~ **under discussion** обсуждаемый вопрос
academic ~ вопрос, имеющий академическое значение
blunt ~ прямой вопрос
burning ~ острый вопрос
contentions ~ спорный вопрос
controversial ~ противоречивый вопрос
debatable ~ спорный вопрос
far-reaching ~ вопрос, чреватый серьезными последствиями
grave ~ важный/серьезный вопрос
human rights ~ проблема прав человека
iffy *разг.* гипотетический вопрос
irrelevant ~ вопрос, не относящийся к делу; вопрос не по существу
legitimate ~ законный вопрос
missile ~ проблема ликвидации ракет
moral ~ вопрос этики
open/pending ~ нерешенный/открытый/находящийся на рассмотрении/рассматриваемый вопрос
peripheral ~ второстепенный вопрос
pivotal ~ главный/основной вопрос
preliminary ~ предварительный вопрос
primal ~ главный/основной вопрос
privileged ~ внеочередной вопрос
probing ~ прощупывающий вопрос
refugee ~ проблема беженцев
relevant ~ вопрос по существу
reunification ~ вопрос воссоединения
thorny ~ острый вопрос
ticklish ~ деликатный вопрос
unresolvable ~ неразрешимый вопрос
unsettled ~ неразрешенный вопрос

vexed ~ больной/злободневный/острый/ спорный вопрос
written ~ вопрос в письменной форме
to address a ~ заниматься *каким-л.* вопросом
to bring up a ~ поднимать/ставить вопрос
to call into ~ ставить *что-л.* под сомнение
to call *smb* **in** ~ 1) подвергать *кого-л.* допросу, допрашивать *кого-л.* 2) отдавать *кого-л.* под суд
to clarify/to clear up a ~ вносить ясность в вопрос
to complicate a ~ запутывать/усложнять вопрос
to consider a ~ рассматривать вопрос
to decry a ~ похоронить проблему
to depart/to deviate/to digress from a ~ отклоняться от темы
to discard a ~ исключать вопрос
to dodge/to duck a ~ уклоняться от ответа на вопрос
to entangle a ~ запутывать/усложнять вопрос
to enter upon ventilation of a ~ приступать к обсуждению вопроса; открывать дебаты/дискуссию/прения по вопросу
to exclude a ~ исключать вопрос
to field a ~ справляться с трудным вопросом
to invite ~**s** предлагать задавать вопросы
to leave a ~ **to the court** оставлять вопрос на рассмотрение суда
to open a ~ поднимать/ставить вопрос
to parry a ~ парировать вопрос
to pepper *smb* **with** ~ забрасывать *кого-л.* вопросами
to put a matter to the ~ ставить вопрос на голосование
to resolve/to settle/to solve a ~ разрешать вопрос/проблему
to separate a ~ **from** отделять проблему от (*чего-л.*)
to set aside a ~ откладывать решение вопроса
to skirt ~**s** уклоняться от вопросов
to speak to the ~ выступать/говорить по существу вопроса
to take ~**s** отвечать на вопросы (*после выступления*)
to touch upon a ~ касаться вопроса
to treat a ~ рассматривать/интерпретировать вопрос
question II *v* допрашивать
questionable *a* сомнительный, не внушающий доверия, ненадежный
questioner *n* интервьюер
questioning *n* допрос
close ~ интенсивный допрос
to be under ~ быть допрашиваемым
to release *smb* **after** ~ выпускать *кого-л.* после допроса
to take *smb* **in for** ~ задерживать *кого-л.* для допроса

he is wanted for ~ by the police полиция разыскивает его для допроса

questionnaire *n* анкета, вопросник, опросный лист

to answer a ~ отвечать на вопросы анкеты

to circulate/to distribute a ~ раздавать/рассылать анкету/вопросник

to draw up a ~ составлять анкету/вопросник

to fill in/up/out a ~ заполнять анкету

queue *n брит.* очередь

~ **for food** очередь за продуктами

to form a ~ образовывать очередь

to join the ~ вставать в очередь

to jump the ~ проходить/влезать без очереди

to stand in a ~ стоять в очереди

queue *v (up)* становиться в очередь, стоять в очереди

to ~ **up for** *smth* стоять (в очереди) за *чем-л.*

quick *a* быстрый

~ **and dirty** дешевый, легкий, быстрый, но низкокачественный (*о способе решения проблемы*)

quick-yielding *a* с быстрой экономической отдачей

quid *n разг.* (*pl* **quid**) фунт стерлингов

quinquennial *a* 1. длящийся/продолжающийся пять лет 2. происходящий один раз в пять лет

quisle *v* быть предателем; продавать свою родину

quisling *n* предатель

quit *v* 1. выплачивать долг 2. освобождать от обязательств 3. уходить в отставку/с работы

to ~ **because of/over** *smth* увольняться из-за *чего-л.*/в связи с *чем-л.*

to give *smb* **notice to** ~ предупреждать *кого-л.* об увольнении

quitclaim *n юр.* отказ от права

quittance *n* 1. оплата/возмещение 2. освобождение от обязательств долга

quitter *n* лидер, уклоняющийся от борьбы и уходящий в отставку

quixotic *a* донкихотский, идеалистический

quiz *v* допрашивать, опрашивать

police ~**ed the neighbors about the incident** полиция опросила соседей об этом инциденте

quorum *n* кворум

to ascertain that there is a ~ проверять/убеждаться, имеется ли кворум

to constitute a ~ составлять кворум

to have a ~ иметь кворум

to lack a ~ не иметь кворума

to make (up) a ~ составлять кворум

to raise a ~ собирать кворум

to reach a ~ достигать кворума

quota *n* 1. квота, норма 2. количество иммигрантов, которым разрешен въезд

agreement ~ согласованная квота

bargaining ~ контингент, установленный с целью получения торговых уступок

bilateral ~**s** двусторонние квоты/контингенты

country-by-country ~ квота для каждой страны

current ~**s** текущие квоты

ethnic ~ процентная норма

export ~ квота на экспорт, экспортная квота

global ~ глобальная квота

IMF ~ квота в Международном валютном фонде

import ~ квота на импорт, импортная квота

inspection ~ минимальное число, необходимое при голосовании

negotiated price ~ квота для торговли по договорной/обусловленной цене

overall ~ общая квота

production ~ норма выработки

racial ~ процентная норма

taxable ~ доля облагаемых налогом товаров *или* доходов

to assign a ~ устанавливать квоту/норму

to be subject to ~ зависеть от установленной квоты

to establish a ~ устанавливать квоту/норму

to exceed *one's* ~ превышать свою норму

to fill/to fulfill a ~ выполнять норму

to fix a ~ устанавливать квоту/норму

to meet a ~ соответствовать норме, выполнять норму

to take up a ~ выбирать/использовать квоту

quotation *n* 1. цитата; цитирование 2. *бирж.* котировка; курс; расценка; цена 3. предложение, оферта

~ **for a foreign currency** котировка иностранной валюты

direct ~ прямая котировка

exchange ~ биржевая котировка, биржевой курс

final ~ окончательная/последняя котировка

first ~ начальная котировка

last ~ окончательная/последняя котировка

market ~ 1) биржевая котировка, биржевой курс 2) рыночная цена

nominal ~ номинальная котировка (*ориентировочный курс, базирующийся на последних сделках*)

official ~ официальный курс

share/stock ~ котировка акций

quote I *n* 1. цитата 2. запрашиваемая цена

quote II *v* 1. цитировать 2. назначать цену, ставку, котировать(ся)

to ~ **an unnamed government official** приводить слова чиновника, фамилия которого не названа

to ~ **Iraq TV** со ссылкой на иракское телевидение

quotient *n* 1. коэффициент 2. часть, доля

electoral ~ число голосов, необходимое для избрания одного кандидата

intelligence ~ **(IQ)** коэффициент умственного развития

Quran *n* Коран

Quranic *a* относящийся к Корану

R

rabbi *n* **1.** *рел.* раввин **2.** *полит. жарг.* «раввин» *(политический покровитель)*
race *n* **1.** раса **2.** борьба, конкуренция; избирательная кампания **3.** гонка *(вооружений)*
~ for power борьба за власть
~ for the presidency борьба за пост президента
armament/arms ~ гонка вооружений
close electoral ~ предвыборный марафон с почти одинаковыми результатами
dual ~ баллотирование одновременно на два поста
ever-spiraling ~ безудержная гонка вооружений
human ~ человеческий род
kindred ~s родственные расы/племена
legislative ~ кампания по выборам в законодательный орган
master ~ «высшая раса», раса господ
mixed ~ смешанная раса
nuclear arms ~ гонка ядерных вооружений
one-man ~ безальтернативные выборы
president/presidential ~ предвыборная борьба за пост президента
rat ~ ожесточенная конкуренция
runaway arms ~ безудержная гонка вооружений
statewide ~ избирательная кампания по выборам в законодательное собрание штата
two-horse ~ предвыборная борьба двух кандидатов/партий
unchecked/uncontrolled/unlimited arms ~ неконтролируемая/неограниченная гонка вооружений
white ~ белая раса
yellow ~ желтая раса
to accelerate the arms ~ ускорять гонку вооружений
to avert the arms ~ in space предотвращать распространение гонки вооружений в космосе
to be a centerpiece of the arms ~ быть главным моментом в гонке вооружений
to boost the arms ~ наращивать гонку вооружений
to bridge the gap in the arms ~ ликвидировать отставание в области гонки вооружений
to bridle the arms ~ обуздывать/приостанавливать/сдерживать гонку вооружений
to cease the arms ~ останавливать/прекращать гонку вооружений
to check the arms ~ обуздывать/приостанавливать/сдерживать гонку вооружений
to cling to the ~ продолжать участвовать в предвыборном марафоне

to consider *smb* **an inferior ~** считать *кого-л.* низшей расой
to contain the arms ~ обуздывать/приостанавливать/сдерживать гонку вооружений
to contest the ~ for the American presidency бороться на выборах за пост президента США
to curb/to curtail the arms ~ обуздывать/приостанавливать/сдерживать гонку вооружений
to cut the arms ~ ограничивать/ослаблять/свертывать гонку вооружений
to embark on an arms ~ начинать гонку вооружений
to encourage the arms ~ поощрять гонку вооружений; способствовать гонке вооружений
to end the arms ~ останавливать/прекращать гонку вооружений
to extend the arms ~ to outer space распространять гонку вооружений на космос
to freeze the arms ~ обуздывать/приостанавливать/сдерживать гонку вооружений
to halt the arms ~ останавливать/прекращать гонку вооружений
to hot up the arms ~ подогревать гонку вооружений
to intensify the arms ~ усиливать гонку вооружений
to justify the arms ~ оправдывать гонку вооружений
to launch an arms ~ развязывать гонку вооружений
to limit the arms ~ ограничивать/ослаблять/свертывать гонку вооружений
to narrow the gap in the arms ~ ликвидировать отставание в области гонки вооружений
to prevent an arms ~ предотвращать гонку вооружений
to protest against the nuclear arms ~ протестовать против гонки ядерных вооружений
to pull ahead in the arms ~ вырываться вперед в гонке вооружений
to pursue an arms ~ проводить гонку вооружений
to put an end to the arms ~ положить конец гонке вооружений
to put *smb* **out of the ~** снимать *чью-л.* кандидатуру на выборах
to reduce the arms ~ ограничивать/ослаблять/свертывать гонку вооружений
to reenter the ~ возобновлять свое участие в предвыборной кампании
to restrain the arms ~ обуздывать/приостанавливать/сдерживать гонку вооружений
to restrict the arms ~ ограничивать/ослаблять/свертывать гонку вооружений
to reverse the arms ~ поворачивать вспять гонку вооружений
to run *one's* **~** участвовать в предвыборном марафоне

to run neck-and-neck in the presidential ~ иметь примерно одинаковое количество голосов при баллотировании на пост президента

to scale down the arms ~ ограничивать/ослаблять/свёртывать гонку вооружений

to speed up the arms ~ ускорять гонку вооружений

to spread the arms ~ to outer space распространять гонку вооружений на космос

to spur/to whip up the arms ~ нагнетать/раздувать гонку вооружений

to stop the arms ~ останавливать/прекращать гонку вооружений

to unleash an arms ~ развязывать гонку вооружений

arms ~ in (outer) space гонка вооружений в космическом пространстве

economic and social consequences of the arms ~ социально-экономические последствия гонки вооружений

halt to the arms ~ прекращение гонки вооружений

inadmissibility of the arms ~ недопущение гонки вооружений

new spiral in the armaments ~ новый виток гонки вооружений

restraint of the strategic arms ~ сдерживание гонки стратегических вооружений

runner in the presidential ~ кандидат на президентских выборах

slackening of the arms ~ ослабление гонки вооружений

South-Americans of mixed ~ «цветные» южноамериканцы

struggle against the arms ~ борьба против гонки вооружений

upgrading of the arms ~ усиление гонки вооружений

without regard to ~ независимо от расовой принадлежности

racial *a* расовый, расистский

racialism *n брит.* расизм

naked ~ неприкрытый расизм

eradication of ~ искоренение расизма

misanthropic ideology of ~ человеконенавистническая идеология расизма

proliferation of ~ распространение расизма

total abolition of ~ полное искоренение расизма

racialist *n* расист

racism *n* расизм

downright ~ махровый расизм

institutionalized ~ узаконенный расизм

reverse ~ расизм наоборот (дискриминационные меры и выступления против белых)

positive ~ *полит. жарг.* демонстрация отсутствия у политического деятеля расовых предрассудков

social ~ *полит. и социол. жарг.* скрытый расизм, делающий представителей национальных меньшинств гражданами второго сорта

undisguised ~ неприкрытый/откровенный расизм

to combat ~ and racial discrimination бороться с расизмом и расовой дискриминацией

to eradicate ~ искоренять расизм

to protest ~ выступать против расизма

to reject ~ отказываться от расизма

manifestation of ~ проявление расизма

total eradication of ~ полная ликвидация расизма

racist I *n* расист

rabid ~ ярый расист

white ~s белые расисты

threats and persecutions of the ~s угрозы и преследования со стороны расистов

racist II *a* расистский; расовый

racket *n* афера, жульничество, мошенничество; вымогательство, рэкет, шантаж

extortion/protection ~ рэкет

smuggling ~ контрабандистская организация

racketeer I *n* рэкетир, бандит, вымогатель, профессиональный шантажист

racketeer II *v* шантажировать, вымогать; заниматься мошенничеством/бандитизмом

racketeering *n* вымогательство, рэкет, шантаж

political ~ политический подкуп и террор; политические махинации

radar-evading *a* не обнаруживаемый радарами

radiation I *n* радиация; облучение

excess ~ превышение допустимого уровня радиации

nuclear ~ ядерная радиация

to die from the after-effects of ~ умирать от последствий облучения

to expose to ~ подвергаться облучению; создавать опасность облучения

to leak ~ допускать утечку радиации

contaminated by ~ заражённый радиацией

release of ~ утечка радиации

radiation II *attr* радиационный

radical I *n полит.* радикал

left ~ левый радикал

petty-bourgeois ~ мелкобуржуазный радикал

radical II *a полит.* радикальный

left-wing ~ леворадикальный

radicalism *n* радикализм

anarchist ~ анархический радикализм

left-wing ~ левый радикализм

to temper *one's* **~** умерять свой радикализм

radio *n* радио

black ~ *воен. жарг.* радиопередача, имитирующая передачу радиостанции противника

state(-controlled)/state-owned ~ государственное радио

white ~ *развед. жарг.* официальная пропагандистская радиостанция

to go on ~ to say that … говорить в своём выступлении по радио, что …

to go on state ~ выступать по государственному радио

to speak over the ~ выступать по радио
by/over the ~ по радио
radioactive *a* радиоактивный
radioactivity *n* радиоактивность
   increased ~ повышенная радиоактивность
radiological *a* радиационный; радиологический (*в медицине*)
raid I *n* (on/over *smth*) налет, нападение, рейд
   ~ **across the border** рейд через границу
   ~s **by the police on homes** налеты полиции на дома
   ~s **have gone on unabated** налеты продолжались с той же силой
   ~ **on a house** налет на дом
   air ~ воздушный налет
   bombing ~ налет бомбардировочной авиации, бомбардировка
   commando-type ~ *брит.* нападение десантно-диверсионных войск «коммандос»
   cross-border ~ рейд через границу
   guerrilla ~ партизанский рейд
   house ~ поиск преступника в домах
   police ~ полицейская облава, полицейский рейд
   punitive ~ карательная экспедиция
   to carry out a ~ предпринимать/проводить/делать/совершать налет/рейд/облаву
   to fly ~s **over** *smth* наносить удары бомбардировочной авиацией по *чему-л.*
   to launch a ~ предпринимать/проводить/делать/совершать налет/рейд/облаву
   to make a ~ предпринимать/проводить/делать/совершать налет/рейд/облаву
   to make bombing ~s **over** *smth* наносить удары бомбардировочной авиацией по *чему-л.*
   to stage a ~ предпринимать/проводить/делать/совершать налет/рейд/облаву
   air ~s **on civilian targets** воздушные налеты на невоенные цели
raid II *v* (*smth*) совершать рейд/налет на *что-л.*
raider *n* рейдер; участник рейда
raiding *n* «рейдерство» (*участие в предварительных выборах партии противника с целью подрыва ее престижа*)
rail *v* (against *smth*) обрушиваться с критикой на *что-л.*, поносить *что-л.*
rain *n* дождь
   acid ~ кислотный дождь
rainbow-chasing *n* прожектерство
raise *n* повышение (*напр. зарплаты*)
   automatic pay ~s автоматический рост зарплаты
   wage ~ повышение зарплаты
   across-the-board 3 to 5 percent ~ **each year** ежегодное повышение зарплаты в среднем на 3 – 5 %
rall/y I *n* 1. митинг; сбор; слет; собрание 2. оживление (*спроса*) 3. подъем (*курса валюты*) после падения
   ~ **against** *smth* митинг в знак протеста против *чего-л.*

~ **drew 100,000 people** на митинг собралось 100 000 человек
~ **has passed off without incident** митинг прошел без инцидентов
~ **in support of** *smb/smth* митинг в защиту/в поддержку *кого-л./чего-л.*
~ **marking** *smth* митинг в честь *чего-л.*
~**ies passed off peacefully** митинги прошли спокойно
anti-American ~ антиамериканский митинг
anti-government ~ антиправительственный митинг
anti-independence ~ митинг противников независимости
anti-nuclear/anti-nuke ~ митинг протеста против курса на развитие ядерной энергетики и ядерного оружия
authorized ~ санкционированный митинг
campaign ~ предвыборный митинг
city ~ общегородской митинг
continual ~ перманентный митинг
democracy ~ митинг в защиту демократии
election ~ предвыборный митинг
friendship ~ митинг дружбы
hastily organized ~ спешно организованный митинг
huge ~ большой митинг
independence ~ митинг в защиту независимости
joint ~ совместный митинг
mammoth ~ гигантский митинг
mass ~ массовый митинг
opposition ~ митинг сторонников оппозиции
peace ~ митинг в защиту мира
pro-merger ~ митинг сторонников слияния двух партий
protest ~ митинг протеста
public ~ митинг общественности
senate ~ предвыборный митинг кандидата в сенаторы
strike ~ митинг участников забастовки
traditional ~ традиционный сбор/слет
unauthorized/unofficial ~ несанкционированный митинг
victory ~ митинг по случаю победы
to address a ~ выступать на митинге
to attend a ~ присутствовать на митинге
to break up a ~ разгонять митинг
to clamp down on political ~**ies** принимать меры против проведения политических митингов
to disrupt a ~ срывать митинг
to gather for a ~ собирать на митинг
to hold a ~ **at a specially designated site** проводить митинг в специально отведенном месте
to hold a ~ **in defiance of an official ban** проводить митинг, не взирая на официальный запрет
to join a ~ принимать участие в митинге
to move a ~ переносить митинг (*в другое место*)

to organize a ~ организовывать митинг
to sanction a ~ разрешать митинг
to stage a ~ организовывать митинг
to tell a ~ that ... в своем выступлении на митинге говорить, что ...
authorization for a ~ санкционирование митинга
ban on ~ies запрещение митингов
modest ~ in the value of the dollar небольшой подъем курса доллара
rally II *v* 1. собирать(ся); сплачивать(ся); собирать на митинг 2. оживляться *(о спросе)* 3. повышаться *(о курсе валюты)*
to ~ around *smb* сплачиваться вокруг *кого-л.*
to ~ *smb* **against** *smth* сплачивать *кого-л.* против *чего-л.*
ramifications *n pl* сложные последствия *(какой-л. проблемы и т.п.)*
political ~ сложные политические последствия
to have political ~ иметь далеко идущие политические последствия
rampage I *n* разгул, буйство
to go on the ~ буйствовать; неистовствовать *(о толпе)*
rampage II *v* буйствовать, неистовствовать
rancor *n* злоба, озлобленность; злопамятство
range I *n* 1. сфера; круг; охват; размах 2. предел 3. дальность; диапазон; величина; зона/область распространения, радиус действия 4. ряд; комплекс; группа
~ of goods ассортимент товаров
~ of use область применения
price ~ размер колебания цен
to cover a wide ~ (of *smth***)** охватывать широкий круг/ряд *(чего-л.)*
to shoot *smb* **at point-blank ~** стрелять в *кого-л.* в упор
wide ~ of problems широкий круг проблем
range II *v* **(from ... to ...)** колебаться *(в определенных пределах)*
rank I *n* 1. ранг; категория, разряд; класс; должность, звание, чин 2. ряд *pl* **(the~ s)** рядовые члены *(партии и т.п.)*; *воен.* рядовой состав
~ and file рядовые члены *(партии и т.п.)*; *воен.* рядовой состав
academic ~ ученое звание
cabinet ~ статус члена правительства
diplomatic ~ дипломатический ранг
military ~ воинское звание
other ~s *брит.* рядовой и сержантский состав
service ~ служебное положение
to break ~s with *smb* нарушать единый фронт/единство рядов с *кем-л.*
to break ~s with a country отказываться от сотрудничества с *какой-л.* страной
to close ~s выступать единым фронтом; сплотить ряды, сплотиться
to confer on *smb* **a ~ of ambassador** присваивать *кому-л.* ранг посла

to elevate *smb* **to a ~** повышать *кого-л.* до какой-л. должности
to elevate *smth* **to the ~ of** *smth* возводить что-л. в ранг *чего-л.*
to give *smb* **a cabinet ~** включать *кого-л.* в состав правительства
to hold a cabinet ~ быть членом правительства
to lessen *smb's* **~** понижать *кого-л.* в чине
to promote *smb* **to the next ~** повышать *кого-л.* в звании, присваивать *кому-л.* очередное звание
cohesion of ~s единство рядов
disarray in *smb's* **~s** разброд в *чьих-л.* рядах
disunity in government ~s отсутствие единства среди членов правительства
labor ~-and-file *брит.* рядовые члены Лейбористской партии
servility to ~ чинопочитание
within *one's* **party's ~s** в рядах своей партии
rank II *v* **(among, with, as)** занимать *какое-л.* место; классифицировать
rank-and-filer *n брит.* средний/простой человек, рядовой гражданин
ranking I *n* классификация; ранжирование; иерархия; упорядочение
social ~ социальная иерархия
ranking II *a* видный, высокопоставленный *(о чиновнике, дипломате и т.п.)*
ransom *n* выкуп
to demand millions of dollars in ~ требовать в качестве выкупа за заложников миллионы долларов
to demand ~ from *smb* требовать выкуп у *кого-л.*
to hold *smb* **to ~** удерживать *кого-л.* в качестве заложника для получения выкупа; *перен.* шантажировать *кого-л.*
to pay ~ выплачивать выкуп
rap *v журн.* критиковать
rapacious *a* грабительский, хищнический
rapport *n* взаимопонимание, контакт
close ~ with the masses тесный контакт с массами
to develop a ~ добиваться взаимопонимания с *кем-л.*
to strike up a personal ~ устанавливать личный контакт
rapprochement *n фр. дип.* **(between, with)** возобновление дружественных отношений *(между государствами и т.д.)*; сближение позиций *(государств)*
~ between peoples сближение между народами
~ of national cultures сближение национальных культур
~ with a country сближение с *какой-л.* страной
cautious ~ осторожное сближение
political ~ политическое сближение
to obstruct the ~ between *smb* препятствовать сближению между *кем-л.*

570

to pave the way towards ~ between the two countries прокладывать путь к сближению между двумя странами

to seek (a) ~ добиваться сближения

rate I *n* **1.** темп; уровень; показатель **2.** норма; размер **3.** местный налог

~s of assessment ставки взносов *(ООН)*

~ of consumption норма потребления

~ of domestic capital formation темп внутренних капиталовложений

~ of economic development темп экономического развития

~ of economic growth темп экономического роста

~ of exchange валютный курс; обменный курс

~ of growth темп роста

~s of increase in/of the national income темпы (при)роста национального дохода

~ of industrialization темп индустриализации

~ of inflation уровень инфляции

~ of interest банковский процент, процентная ставка

~ of killing число убитых

~ of population growth темпы роста народонаселения

~ of profit/return норма прибыли

~ of surplus value норма прибавочной стоимости

~ of unemployment уровень безработицы

~ of work интенсивность/производительность работы

abstention ~ процент воздержавшихся при голосовании

accounting exchange ~ расчетный валютный курс

activity ~(s) показатель/степень экономической активности населения

annual growth ~ годовой темп роста

average annual ~ среднегодовой показатель

bank (lending) ~(s) банковская учетная ставка; банковский ссудный процент

basic ~ основная ставка *(заработной платы)*

birth ~ рождаемость

black-market ~ обменный курс на черном рынке

building societies' mortgage ~s процент ипотечного займа, предоставляемого строительными обществами

child mortality ~ детская смертность

closing currency ~s курсы валют к моменту закрытия валютной биржи

commercial interest ~ коммерческая норма ставка/процента

commission ~ *фин.* комиссионные

contribution ~s курсы валют взносов

crime ~ уровень преступности

(currency) exchange ~ валютный курс; обменный курс

current ~ курс дня, текущий курс

death ~ смертность

discount ~ размер скидки

divorce ~ число разводов

dollar ~ курс доллара

economic growth ~ темп экономического развития/роста

effective exchange ~ действующий валютный курс

effective interest ~ действующая норма ставка/процента

fixed exchange ~ фиксированный обменный курс

flexible (exchange) ~ гибкий/свободно колеблющийся (валютный) курс

floating ~s (of exchange) «плавающие»/свободно колеблющиеся курсы валют

foreign exchange ~s курсы иностранных валют, валютные курсы

freight ~s перевозочные тарифы; фрахтовые ставки *(плата за перевозку грузов)*

infant mortality ~ детская смертность

general ~ общий коэффициент

growth ~ темпы роста

high ~ высокий курс/процент/темп/уровень

high tax ~s высокие налоги

household ~ местный налог

illiteracy ~ процент неграмотных

industrial growth ~s промышленные темпы роста

inflation ~ индекс/уровень инфляции

interest ~ банковский процент, процентная ставка

key discount ~ процент основной скидки

lending ~(s) ссудный процент

literacy ~ уровень грамотности

low ~ низкий курс/процент/темп/уровень

mean annual ~ среднегодовой показатель

mortality ~ смертность

official ~ официальный курс

operational exchange ~ операционный валютный курс

overall growth ~ общий темп роста

pay ~ уровень зарплаты

piecework ~ сдельная оплата

population growth ~ темп роста населения

priority growth ~s опережающие темпы роста

production ~ норма выработки; производительность

profit ~ норма прибыли

record abstention ~ рекордное число воздержавшихся от участия в выборах

recruitment ~ *экол.* восполнимость

reliability ~ надежность *(прибора, машины и т.п.)*

rising unemployment ~ рост безработицы

soaring inflation ~ быстро растущая инфляция

sterling ~ курс фунта стерлингов

survival ~ выживаемость

target ~ запланированные темпы роста

tariff ~ тарифная ставка

time ~ повременная оплата

top marginal tax ~ верхний предел налогообложения

total ~ общий коэффициент

unemployment ~ уровень безработицы

value-added tax/VAT ~s величина налога на добавленную стоимость/НДС

wage ~ s ставки заработной платы

world market ~s курсы/ставки мирового рынка

yen-dollar ~ курс иены по отношении к доллару

to accelerate/to speed up ~s of growth ускорять темпы роста

to achieve the maximum ~ of growth достигать максимального темпа роста

to charge interest ~s of 6 per cent взимать шесть процентов

to cut interest ~s снижать банковский процент

to cut the birth ~ уменьшать рождаемость

to harmonize VAT ~s согласовывать величину налога на добавленную стоимость/НДС

to improve the literacy ~ повышать процент грамотного населения/степень грамотности

to lower interest ~s снижать процент по вкладам

to maintain annual ~s of growth поддерживать годовые темпы роста

to push interest ~s very high высоко поднимать банковский процент

to raise at a rapid ~ расти/повышаться быстрым темпом

to raise the bank ~ повышать банковскую учетную ставку

to raise interest ~s повышать банковский процент

to slow down ~s of growth замедлять темпы роста

annual ~ of increase ежегодный прирост

at a much slower ~ гораздо более медленным темпом

at an easy ~ по невысокой цене, дешево, на льготных условиях

at an even greater ~ еще более быстрым темпом

at prevailing ~s of exchange по существующему валютному курсу

at the black market ~ по обменному курсу на черном рынке

at the official exchange ~ по официальному обменному курсу

at too low ~ слишком медленными темпами

average ~ of profit средняя норма прибыли

common table of ~s общая таблица валютных курсов

comparable ~ of increase сравнительный темп роста/прирост

cut in interests ~s снижение процента по вкладам

decrease in the inflation ~ снижение темпа инфляции

exchange ~ between the dollar and the yen соотношение курсов доллара и иены

fall in the exchange ~ падение курса валюты

fluctuations of currency exchange ~ колебания обменных курсов валют

huge discrepancy in exchange ~s большое расхождение между обменными курсами

interest ~s are at an all-time high банковский процент достиг рекордно высокого уровня

long-term ~ of interest долгосрочная процентная ставка

official ~ of pay должностной оклад

reduction in interest ~s снижение банковского процента

rise in interest/lending ~s рост банковского/ссудного процента

rise in the inflation ~ to 3.5 per cent повышение уровня инфляции до 3,5 процента

short-term ~ of interest краткосрочная процентная ставка

stable ~ of exchange устойчивый курс валюты

stable ~s of growth стабильные/устойчивые темпы роста

steady exchange ~ of the pound стабильный обменный курс фунта стерлингов

two-tie ~ of exchange двойной курс валюты

rate II *v* оценивать; исчислять; определять; измерять; устанавливать

to ~ *smth* **very high** высоко оценивать *что-л.*

rate-capping *n* снижение местных налогов

rated *a* номинальный; установленный; расчетный; проектный

rate-payer *n* налогоплательщик *(местного налога)*

ratification *n* ратификация; ратификационная грамота

~s of an agreement ратификационные грамоты соглашения

conditional ~ условная ратификация

early ~ скорейшая ратификация

parliamentary ~ ратификация парламентом

partial ~ частичная ратификация

speedy ~ скорейшая ратификация

to be subject to ~ подлежать ратификации

to deposit the ~s with a country сдавать ратификационные грамоты на хранение *какой-л.* стране

ratify *v* подтверждать; ратифицировать; утверждать

rating *n* **1.** рейтинг, уровень популярности **2.** оценка; определение; установление

credit ~ кредитный рейтинг

poll ~s результаты опроса общественного мнения

priority ~ установление степени важности/ порядка очередности

to boost *one's* **own ~** поднимать свой престиж

to downgrade the credit ~ снижать кредитный рейтинг

to upgrade the credit ~ поднимать кредитный рейтинг

ratio *n* (со)отношение; пропорция; коэффициент, степень

benefit-cost ~ отношение дохода/прибыли к издержкам/затратам

capital-labor ~ капиталовооруженность труда

capital-output ~ капиталоемкость; фондоемкость

cost-effectiveness ~ коэффициент эффективности затрат

debt-to-income ~ отношение задолженности к доходу

energy-output ~ энергоемкость производства/продукции

financial ~ финансовый коэффициент

heavy dependency ~ высокий коэффициент зависимости/показатель числа иждивенцев

investment ~ доля капиталовложений

labor input ~ коэффициент трудового участия

male-female ~ соотношение числа мужчин и женщин

money-income ~ отношение суммы денег к доходу

operating ~ норма рентабельности

ration I *n* паек

to claim a ~ требовать паек

to come up with the ~s *брит. воен. жарг.* раздавать награды направо и налево

to cut ~s уменьшать норму продажи продуктов

ration II *v (smth)* выдавать *что-л.* по карточкам

rational *a* разумный, рациональный, целесообразный

rationality *n* рациональность

rationalization *n* 1. рационализация 2. *делов. жарг.* сокращение штата

rationalize *v* рационализировать

rationing *n* нормирование, карточная система

bread ~ нормирование хлеба

widespread ~ карточки на многие товары

to implement the petrol ~ вводить карточки на бензин

to impose/to introduce ~ вводить карточную систему

ravage *v (smth)* опустошать, разорять

ravages *n pl* опустошение, разрушение

~ of war разрушения, причиненные войной

reach *n* досягаемость, доступность

it is beyond the technical ~ (of *smb)* технически это не возможно *(для кого-л.)*

react *v* реагировать

to ~ angrily to *smth* раздраженно реагировать на *что-л.*

to ~ coolly to *smth* прохладно относиться к *чему-л.*

to ~ critically to *smth* критически реагировать на *что-л.*

to ~ defiantly to *smth* вызывающе реагировать на *что-л.*

to ~ favorably to *smth* положительно относиться к *чему-л.*

to ~ sharply to *smth* резко реагировать на *что-л.*

to ~ swiftly and decisively реагировать быстро и решительно

to ~ to *smth* **with great severity** принимать суровые ответные меры против *чего-л.*

reaction *n* 1. реакция; ответ 2. реакция, реакционность 3. воздействие, влияние 4. противодействие

anticipatory ~ упреждающий удар

cautious ~ осторожная реакция

chain ~ цепная реакция

contradictory ~ противоречивая реакция

domestic ~ внутренняя реакция, внутренние реакционные силы

external/foreign ~ внешняя реакция, внешние реакционные силы

forthright ~ непосредственная реакция

guarded ~ осторожная реакция

harsh ~ резкая реакция

internal ~ внутренняя реакция; внутренние реакционные силы

international ~ международная реакция

local ~ местная реакция

mixed ~ неоднозначная реакция

official ~ официальная реакция

overall ~ общая реакция

protective ~ *эвф.* бомбардировка целей противника, предпринятая якобы в отместку за его удар *или* в порядке самозащиты

public ~ реакция общественности

strong ~ сильная реакция

tit-for-tat ~ ответные действия в отместку за *что-л.*

undisguised ~ неприкрытая реакция

vicious ~ оголтелая реакция

world ~ мировая реакция

to anticipate a ~ ожидать/предвидеть реакцию

to ask *smb* **for his ~ about** *smth* спрашивать *кого-л.* о его отношении к *чему-л.*

to assess the ~ to *smth* оценивать реакцию на *что-л.*

to bring a sharp ~ from *smb* вызывать резкую реакцию со стороны *кого-л.*

to draw a hostile ~ from *smb* вызывать враждебную реакцию с *чьей-л.* стороны

to evoke a negative ~ вызывать негативную реакцию

to gauge the political ~ to *smth* оценивать политическую реакцию на *что-л.*

to offer resistance to ~ оказывать сопротивление действиям реакции

to provoke a stormy ~ вызывать бурную реакцию

cool ~ from a country to a proposal прохладная реакция *какой-л.* страны на предложение

forces of ~ силы реакции, реакционные силы

rampage of ~ разгул реакции
severity of *smb's* ~ сила/резкость *чьей-л.* реакции
tepid ~ **to** *smth* прохладная реакция на *что-л.*
too quick ~ **to events** слишком поспешная реакция на события
reactionar/y I *n* реакционер
~**ies of all hues** реакционеры всех мастей
bellicose ~ воинствующий реакционер
blackest/diehard ~ махровый реакционер
domestic ~**ies** внутренние реакционеры, внутренняя реакция
extreme ~ крайний реакционер
foreign ~**ies** иностранные/внешние реакционеры
internal ~**ies** внутренние реакционеры, внутренняя реакция
international ~**ies** международные реакционеры
local ~**ies** местные реакционеры
right-wing ~**ies** правые реакционеры
reactionary II *a* реакционный
reactor *n* реактор
atomic/nuclear ~ ядерный/атомный реактор
reader *n* читатель
general ~ массовый читатель
news ~ диктор новостных передач
readership, the *n* читательская аудитория; количество читателей
readiness *n* готовность
battle/combat/fighting ~ боевая готовность, боеготовность
military ~ военная готовность
operational ~ эксплуатационная готовность; боевая готовность
war ~ готовность к войне
to express *one's* ~ выражать готовность
to inspect the combat ~ **of troops** проверять боеготовность войск
to maintain combat ~ **at a proper level** поддерживать боеготовность на должном уровне
to signal *smb's* ~ **to allow** *smth* свидетельствовать о *чьей-л.* готовности разрешать *что-л.*
in constant ~ в постоянной готовности
reading *n* чтение *(законопроекта и т.п.)*
first ~ первое чтение законопроекта в парламенте *(официальное внесение законопроекта в парламент)*
second ~ второе чтение законопроекта в парламенте *(обсуждение его в целом)*
third ~ третье чтение законопроекта в парламенте *(рассмотрение законопроекта в целом, внесение возможных поправок, не затрагивающих его существа)*
to adopt a bill at the first/second/third ~ принимать законопроект в первом/во втором/в третьем чтении
to approve a bill at the second ~ утверждать законопроект во втором чтении
to get the second ~ быть принятым во втором чтении *(о законопроекте)*

to give a favorable ~ **to** *smth* толковать *что-л.* в благоприятном свете
readjustment *n* реорганизация, перестройка
rolling ~ *эк. жарг.* экономический спад
readmission *n* вторичный/повторный прием *(куда-л.)*
formal application for ~ официальное заявление о вторичном приеме
ready *a* 1. готовый, наличный 2. быстрый, легкий
~ **made** готовое изделие
~ **to use** готовый к употреблению/к использованию
to be fully combat ~ быть в полной боевой готовности
to get ~ **militarily** подготавливаться в военном отношении
reaffirm *v* (вновь) подтверждать
Reaganaut *n ист.* сторонник президента Рейгана *(США)*
Reaganism *n ист.* политика президента США Р. Рейгана
reaganomics *n ист.* «рейганомика» *(состояние экономики США в годы президентства Р. Рейгана)*
real *a* реальный, настоящий
realignment *n* перестройка, пересмотр, перегруппировка
realism *n* реализм; *полит. жарг.* «реализм» *(концепция, согласно которой главным предметом политической науки является власть, а второстепенными – идеология, права человека, всевозможные доктрины и т.п.)*
natural ~ *филос.* естественный реализм
political ~ политический реализм
to display political ~ проявлять политический реализм
to show ~ проявлять здравый подход
realist *n* реалист
realistic *a* реалистический
realistically-minded *a* реалистически мыслящий
realit/y *n* действительность; реальность
historical ~ историческая реальность
objective ~ объективная реальность
political ~**ies** политические реальности
to be in accord with ~ соответствовать действительности
to come to terms with the political ~ примиряться с политической реальностью
to face ~ сталкиваться с реальной действительностью
to falsify ~ фальсифицировать действительность
to recognize new ~**ies** признавать новые реальности
crude distortion of ~ грубое искажение действительности
realization *n* 1. осуществление, реализация *(чего-л.)* 2. осознание, понимание
effective ~ эффективное осуществление

practical ~ практическая реализация
to bring about the ~ приводить к осуществлению/реализации
to ensure effective ~ обеспечивать эффективное осуществление
growing ~ **that ...** все большее понимание того, что ...
realize *v* представлять себе; осознавать, отдавать себе отчет; учитывать
reallocation *n (of smth)* перераспределение *(чего-л.)*
realpolitik *n нем. полит. жарг.* 1. реальная политика, исходящая из критерия практики и целесообразности 2. политика с позиции силы
reappoint *v (smb)* снова назначать *кого-л.*
reapportionment *n* перераспределение мест *(в Конгрессе или в законодательном собрании штата)*
reappraisal *n* переоценка
agonizing ~ мучительная переоценка
rear *n* тыл
in the enemy's ~ в тылу врага
rear-admiral *n* контр-адмирал
rearm *v* перевооружать(ся)
rearmament *n* перевооружение
rearrange *v* перестраивать, переделывать; реконструировать
rearrangement *n* перестройка, переделка; реконструкция
rearrest I *n* повторный арест
rearrest II *v (smb)* подвергать *кого-л.* повторному аресту
reason I *n* 1. причина, довод, мотив, основание, соображение 2. разум
domestic ~ причина внутреннего порядка, внутриполитическая причина
legitimate ~ уважительная причина
major ~ главная причина
to appeal to ~ взывать к разуму
to give a ~ **for** *smth* мотивировать/обосновывать *что-л.*
to have every ~ **to say ...** иметь все основания сказать ...
to help *smb* **to the path of** ~ помогать *кому-л.* встать на разумный путь
to set out ~s излагать причины
to leave/to retire for health ~s уходить на пенсию по состоянию здоровья
to shoot *smb* **dead for no apparent** ~ застрелить *кого-л.* без видимых причин
for biological ~s по биологическим причинам
for environmental ~s по экономическим причинам
for health ~s по состоянию здоровья
for humanitarian ~s по гуманным соображениям
for internal ~s по причинам внутреннего характера
for personal ~s по причинам личного характера

for political/policy ~s по политическим соображениям/мотивам
for safety ~s по соображениям безопасности *(физической)*
for security ~s по соображениям государственной безопасности
for socio-economic ~s по социально-экономическим причинам
for tactical ~s по тактическим соображениям
for valid ~s по уважительным причинам
variety of ~s ряд причин
reason II *v* 1. рассуждать 2. убеждать
reasoning *n* 1. рассуждение, логический ход мысли 2. аргументация, доводы
cut-and-dried ~ трафаретное/шаблонное обоснование, шаблонный довод
reassert *v (smb, smth)* снова подтверждать, вновь заявлять; восстанавливать
to ~ *oneself* **somewhere** восстанавливать свои позиции *где-л.*
reassessment *n* переоценка, пересмотр
~ **of one's history** переоценка своей истории
reassurance *n* (повторное) заверение; подтверждение
to give a ~ **to** *smb* снова заверять *кого-л.*
reassure *v* 1. вновь заверять/убеждать 2. успокаивать; подбодрять; утешать
rebate *n* скидка, уступка; льгота при уплате налога
~s **for poorer people** налоговые льготы для малоимущих
tax ~s налоговые льготы
rebel I *n* восставший, повстанец, бунтовщик, мятежник
antigovernment ~s антиправительственные повстанцы
army ~s восставшие армейские части
to clear the ~s **from the city** очищать город от мятежников/повстанцев
to dislodge the ~s выбивать восставших с занимаемых позиций
to harbor armed ~s давать убежище вооруженным повстанцам
to placate the ~s успокаивать восставших
to rearm ~s перевооружать повстанцев
to wipe out ~s уничтожать мятежников
rebel II *attr* восставший, повстанческий; мятежный
rebel III *v* поднимать восстание/мятеж; бунтовать; восставать, *(against)* протестовать
rebellion *n* восстание; мятеж, бунт
armed ~ вооруженное восстание, вооруженный мятеж
counterrevolutionary ~ контрреволюционный мятеж
incipient ~ назревающее восстание
military ~ военный мятеж
much-heralded ~ восстание, которое предрекали
short-lived ~ непродолжительное восстание
to be in open ~ **against** *smb* открыто восставать против *кого-л.*

to bring the ~ under control подавлять восстание

to crush ~ подавлять восстание/мятеж

to foment ~ подстрекать к восстанию/к мятежу

to go into open ~ начинать вооруженное восстание

to incite ~ подстрекать к восстанию/к мятежу

to join in the ~ присоединяться к восставшим

to lead a military ~ возглавлять военный мятеж

to plot a ~ готовить восстание

to put down/to quash/to quell ~ подавлять восстание/мятеж

to spark off a ~ служить толчком к восстанию

to stamp out/to still/to suppress ~ подавлять восстание/мятеж

to stir up ~ подстрекать к восстанию/к мятежу

to sustain a ~ поддерживать восстание/мятеж

to wipe out a ~ подавлять восстание/мятеж

to work up a ~ подстрекать к восстанию/к мятежу

act of political ~ акт политического неповиновения

aftermath of a ~ последствия мятежа

hunger is the driving force behind the ~ причиной восстания является голод

protracted period of ~ затяжное/продолжительное восстание

ringleader of a ~ главарь/зачинщик мятежа

rebellious *a* повстанческий; восставший, мятежный; непокорный

rebirth *n* возрождение

national ~ национальное возрождение

to attain national ~ добиваться/достигать национального возрождения

rebound *n* переходный период

economic ~ переходный период в экономике

rebuff I *n (to)* отпор

crushing ~ сокрушительный отпор

effective ~ действенный отпор

political ~ политический отпор

resolute ~ решительный отпор

severe ~ резкий отпор

to deliver a ~ давать отпор, наносить поражение

to deliver a calculated ~ произносить намеренно резкую ответную речь

to meet with a ~ встречать/получать отпор

rebuff II *v (smb, smth)* давать отпор (кому-л., чему-л.)

to ~ smth defiantly смело давать отпор чему-л.

rebuilding *n* восстановление (разрушенных зданий и т.п.)

~ of a country восстановление страны

rebuke I *n* упрек

diplomatic ~ дипломатический упрек

to issue a clear ~ to smb высказывать явный упрек кому-л.

sharp ~ to smb резкий упрек кому-л.

rebuke II *v* упрекать, делать замечание/порицание

to ~ smb publicly публично распекать кого-л.

to ~ smb sharply делать кому-л. замечание в резких выражениях; резко критиковать кого-л.

reburial *n* перезахоронение

rebut *v (smb, smth)* опровергать; отвергать

rebuttal *n* **1.** опровержение **2.** ответ на обвинение оппоненту/конкуренту на выборах

recalculation *n* перерасчет

recall *n* **I** отзыв (должностного лица с места работы на родину)

~ of an ambassador отзыв на родину посла

~ of an expert отзыв на родину эксперта

recall II *v (smb)* отзывать кого-л.

recant *v* публично каяться в чем-л.

recantation *n (of smth)* публичное отречение (от чего-л.)

receipt *n pl* **1.** получение **2.** расписка в получении; квитанция **3.** денежные поступления; доходы

annual ~ годовая выручка

budget ~s бюджетные доходы

daily ~ дневная выручка

domestic ~ внутреннее поступление

export ~s экспортные поступления/доходы

government ~s государственные доходы/поступления

money ~s денежные поступления

monthly ~ месячная выручка

to acknowledge ~ подтверждать получение

receivable *a* подлежащий получению

receivables *n pl фин.* дебиторская задолженность

receive *v* получать; принимать

reception *n* прием *(for smb – в честь кого-л.)*

~ for smb/in honor of smb прием в честь кого-л.

chilly/cool ~ прохладный прием

cordial ~ сердечный/радушный/теплый прием

diplomatic ~ дипломатический прием

embassy ~ прием в посольстве

enthusiastic ~ восторженный/горячий прием

favorable ~ благоприятный прием

frosty ~ прохладный прием

gala ~ праздничный прием

hearty ~ сердечный/радушный/теплый прием

hostile ~ враждебный прием

kind ~ учтивый прием

lukewarm ~ прохладный прием

rapturous/rousing ~ восторженный/горячий прием

state ~ официальный прием

unfriendly ~ недружественный прием

warm ~ сердечный/радушный/теплый прием

to face/to get a lukewarm ~ from smb встречать прохладный прием с чьей-л. стороны to give *smb* **a cool** ~ холодно принимать *кого-л.*

to give a ~ **on the occasion of** *smth* устраивать прием *(по случаю чего-л.)*

to grant *smb* **a warm** ~ тепло принимать *кого-л.*

to have a **lukewarm** ~ **from** *smb* встречать прохладный прием с *чьей-л.* стороны

to **invite to** a ~ приглашать на прием

to put on a ~ **on the occasion of** *smth* устраивать прием *(по случаю чего-л.)*

to receive a **lukewarm** ~ **from** *smb* встречать прохладный прием с *чьей-л.* стороны

to run into a **hostile** ~ встречать враждебный прием

to **speak at** a ~ **held in honor of** *smb* выступать на приеме в честь *кого-л.*

to thank *smb* for the kind ~ and hospitality accorded благодарить *кого-л.* за радушный прием и оказание гостеприимства

at the ~ на приеме

recess I *n* перерыв *(в работе, в заседании)*; *брит.* парламентские каникулы

Easter ~ пасхальные каникулы парламента

long summer ~ летние парламентские каникулы

parliamentary ~ парламентские каникулы

to **close down for the summer** ~ закрываться на летние каникулы *(о британском парламенте)*

to **take a** ~ объявлять перерыв *(в заседаниях)*

Parliament adjourned for ~ парламент был распущен на каникулы

recess II *v* делать перерыв *(в работе, заседаниях)*

to ~ **for deliberation** удаляться на совещание

recession *n* понижение, падение; спад, рецессия

~ **from a contract** отступление от договора

~ **has hit the bottom** экономический спад достиг низшей точки

~ **in demand** падение спроса

business ~ спад деловой активности

deep ~ глубокий спад

economic ~ спад в экономике, экономический спад

general economic ~ общий экономический спад

global ~ мировой экономический спад

growth ~ спад темпов роста

industrial ~ спад в промышленности

inflationary ~ инфляционный спад

long-lived ~ долгосрочный спад

major ~ значительный спад

minor ~ незначительный спад

shipping ~ уменьшение морских перевозок

short-lived ~ кратковременный спад

to **be poised on the brink of** ~ находиться на пороге экономического спада

to **cause a** ~ вызывать спад

to **drag a country into a** ~ приводить страну к экономическому спаду

to experience a **deep economic** ~ переживать/испытывать глубокий экономический спад

to **steer away from** ~ стремиться избежать спада

to **trigger a** ~ служить толчком к спаду

to turn a country **back from the brink of** ~ предотвращать сползание страны к кризису

area hit by the ~ район, в котором произошел экономический спад

brink of economic ~ грань экономического спада

country is moving into a ~ в экономике страны начинается спад

country plunged into a ~ в стране начался спад экономики

country's recovery from the ~ выход страны из экономического кризиса

economy has gone/has slipped into ~ начался экономический спад

economy will pick up out of the ~ экономика преодолеет спад

if a ~ **hits** если наступит спад в экономике

recessionary *a* кризисный, застойный

rechanneling *n* переключение

~ **of resources** переключение ресурсов

recidivist *n юр.* рецидивист

recipient *n* получатель; страна, получающая помощь

~ **country** страна-получатель

~ **of aid** страна-получатель помощи

welfare ~ получатель пособия

reciprocity *n* взаимность, взаимный обмен

in the spirit of ~ **and good will** в духе взаимности и доброй воли

on condition of ~ на условиях взаимности

on the basis of equality and ~ на основе равенства и взаимности

recitals *n pl* декларативная часть *(документа)*

reckon *v* **(on** *smth)* рассчитывать *(на что-л.)*

reckoning *n* расплата; счет, вычисление, расчет

day of ~ час расплаты

recognition *n* признание *(правительства и т.п.)*

~ **de facto** признание де-факто, фактическое признание

~ **de jure** признание де-юре, юридическое признание

~ **from international community** признание со стороны международного сообщества

~ **of a belligerency** признание воюющей стороны

~ **of claims** признание претензий

~ **of the legitimate rights** *(of smb)* признание *(чьих-л.)* законных прав

~ **of new states** признание новых государств

~ **of** *smb's* **rights** признание *чьих-л.* прав

bare ~ признание само по себе

de facto ~ признание де-факто, фактическое признание

de jure ~ признание де-юре, юридическое признание

diplomatic ~ дипломатическое признание
immediate ~ незамедлительное признание
implicit ~ подразумеваемое признание
international ~ международное признание
legal ~ правовое признание
mutual de jure ~ взаимное признание сторон де-юре
mutual frontier ~ взаимное признание границы
nationwide ~ всенародное признание
official ~ официальное признание
outright ~ прямое признание
prompt ~ незамедлительное признание
straight-out ~ прямое признание
unconditional ~ безоговорочное признание
universal ~ всеобщее признание
wide ~ широкое признание
to accord ~ **to a country** дипломатически признавать страну
to achieve ~ добиться признания
to be met with wide ~ получать широкое признание
to clamor for ~ шумно требовать признания
to encourage ~ поощрять признание
to enjoy nationwide ~ пользоваться всенародным признанием
to extend ~ **to a country** дипломатически признавать страну
to gain ~ добиться признания
to give/to grant diplomatic ~ **to a country** дипломатически признавать страну
to obtain ~ добиться признания
to refuse diplomatic ~ отказывать в дипломатическом признании
to seek ~ **on the cheap** искать дешевый способ добиться признания
to seek international ~ добиваться международного признания
to win ~ добиться признания
to withdraw diplomatic ~ отказываться от *(ранее объявленного)* дипломатического признания
to withhold ~ **from** *smb* не признавать *кого-л.*
there is growing ~ **of the fact that ...** все больше нарастает понимание того факта, что…
recognize *v* **1.** признавать, учитывать; воздавать должное; соглашаться *(с чем.-л.)* **2.** узнавать *(кого-л.)* **3.** предоставлять слово *(кому-л.)*
recognized *a* признанный
generally ~ общепризнанный
internationally ~ получивший международное признание
recolonization *n* реколонизация
recolonize *v (smth)* реколонизировать
recommend *v* рекомендовать
to ~ **unanimously** рекомендовать единогласно
recommendation *n* рекомендация
~**s on any questions or matters** рекомендации по любым вопросам или делам

appropriate ~ надлежащая рекомендация
concerted ~ согласованная рекомендация
inadequate ~**s** недостаточные рекомендации
relevant ~**s** соответствующие рекомендации
scientific ~**s** научные рекомендации
sound ~**s** обоснованные/правильные рекомендации
to abide by ~**s/to adhere to a** ~ следовать/придерживаться рекомендации
to adopt a ~ принимать рекомендацию
to approve a ~ одобрять/утверждать рекомендацию
to carry out ~**s** выполнять рекомендации
to convey ~**s** передавать/направлять рекомендации
to draw up ~**s** вырабатывать рекомендации
to endorse ~**s** подтверждать рекомендации
to give *smb* **a** ~ давать *кому-л.* рекомендацию
to implement ~**s** выполнять/осуществлять рекомендации
to make a ~ вносить/представлять рекомендацию
to refrain from giving a ~ воздерживаться от дачи рекомендации
to set out/to submit a ~ вносить/представлять рекомендацию
carrying out of the ~**s** выполнение рекомендаций
drafting of ~**s** подготовка рекомендаций
on/upon the ~**s (of)** по *чьей-л.* рекомендации
recompense *n* компенсация; вознаграждение
sufficient ~ достаточная компенсация
reconceptualization *n социол. жарг.* новый взгляд на проблему
reconcile *v* согласовывать; улаживать; примирять; приводить в соответствие
reconciliation *n* **(with)** согласование, улаживание; примирение
~ **between the races** расовое примирение
inter-Arab ~ примирение между арабскими странами
national ~ национальное примирение
to achieve/to reach ~ добиваться/достигать примирения
to reach some kind of national ~ добиваться некоторого успеха в достижении национального примирения
to reciprocate on a spirit of ~ отвечать в духе примирения
to seal the postwar ~ **between the two countries** закреплять послевоенное примирение между двумя странами
to seek ~ добиваться примирения
to start moves towards ~ предпринимать шаги к примирению
policy of national ~ политика национального примирения
process of ~ процесс примирения
reconciliatory *a* примиренческий
reconnaissance *n воен.* разведка *(войсковая)*

reconsider *v* пересматривать, повторно обсуждать, повторно рассматривать
to ~ one's decision пересматривать свое решение
reconsideration *n* пересмотр, повторное рассмотрение
reconstitute *v* восстанавливать
reconstruct *v* реконструировать, перестраивать
reconstruction *n* реконструкция; перестройка
economic ~ перестройка экономики
post-war ~ послевоенное восстановление экономики
radical ~ радикальная реконструкция
technical ~ техническая реконструкция/перестройка
to help in a country's ~ помогать в перестройке страны
general plan of ~ генеральный план реконструкции
reconvene *v* снова собираться *(после перерыва)*; вновь созывать; собираться на сессию после парламентских каникул
reconversion *n* реконверсия *(перевод военной промышленности на мирные рельсы)*
reconvert *v* осуществлять реконверсию
record I *n* **1.** запись, учет, регистрация; ведомость, протокол **2.** летопись **3.** послужной список, прошлое; репутация, характеристика, личное дело; досье **4.** рекорд
~ of examination протокол допроса
~ of service послужной список
~ of the meeting протокол заседания
~ of work стаж работы, трудовой стаж
accounting ~s бухгалтерский учет; бухгалтерские счета; материально-балансовые учетные документы
arrival ~ регистрация прибытия и выбытия
attendance ~ бланк регистрации *(явки/неявки на работу)*
congressional ~s протоколы заседаний конгресса
Congressional R. официальный бюллетень/отчеты Конгресса *(США)*
country's human rights ~ положение с соблюдением прав человека в *какой-л.* стране
criminal ~ уголовное прошлое; досье на преступника
daily ~ суточная ведомость
dazzling ~ список *чьих-л.* блестящих достижений
departure ~ регистрация выбытия
expert's ~ 1) досье/личное дело эксперта 2) подшивка деловых бумаг/отчетов эксперта
government's ~ деятельность правительства
human rights ~ репутация в плане соблюдения прав человека
inventory ~s инвентарные описи
leave ~ регистрация отпусков *или* отгулов
migration ~ регистрация движения населения
negotiating ~ материалы переговоров
official ~ официальный протокол/отчет

operating ~s эксплуатационные учетные документы
payroll ~ ведомость заработной платы
personal ~(s) личное дело, досье
police ~ судимости и приводы
progress ~ регистрация хода работ
public ~ публичный акт, документ публичного характера
service ~ *воен.* послужной список
shorthand ~ стенограмма
summary ~ краткий отчет
utilization ~ отчет об эксплуатации, стенограмма
verbatim ~ стенограмма
smb's **voting ~** *чьи-л.* результаты голосования; число голосов, собранных *кем-л.*
smb's **war/wartime ~** *чье-л.* военное прошлое
to bear ~ to удостоверять истинность *(фактов и т.п.)*
to break a world ~ побить мировой рекорд
to break an Olympic ~ побить олимпийский рекорд
to consult the ~ ознакомляться с протоколом; проверять данные по протоколу
to delete from the ~ вычеркивать/изымать/исключать из протокола
to enter in/on the ~s заносить в протокол
to establish ~ устанавливать рекорд
to expunge from the ~ вычеркивать/изымать/исключать из протокола
to go on ~ заявлять; официально выступать *(с занесением текста выступления в протокол)*
to have a bad ~ иметь плохую репутацию
to have a clear ~ иметь незапятнанное прошлое
to have a criminal ~ иметь уголовное прошлое
to have a good ~ иметь хорошую репутацию
to have a police ~ состоять на учете в полиции *(как бывший преступник)*
to improve *one's* **human rights ~** исправлять положение с соблюдением прав человека в своей стране
to keep to the ~s держаться сути дела
to place a statement on ~ вносить/включать заявление в протокол
to read into the ~ вносить в протокол непроизнесенную речь
to set up a ~ устанавливать рекорд
to strike (out) from the ~ вычеркивать/изымать/исключать из протокола
for the ~ к сведению; для занесения в протокол
off the ~ неофициально; конфиденциально; не для печати/протокола
on (the) ~ 1) открытый для печати 2) наблюдавшийся, зарегистрированный
the historical ~s suggest that ... история учит, что ...; исторический опыт показывает, что ...

record II *v* регистрировать; записывать; протоколировать; учитывать

record III *attr* рекордный

recorder *n* самопишущий/регистрирующий прибор

flight data ~ «черный ящик» *(бортовой самописец на вертолете, самолете)*

record-holder *n* рекордсмен

national ~ рекордсмен страны

world ~ рекордсмен мира

recording *n* запись; регистрация

data ~ регистрация/запись данных

time of ~ время/дата регистрации

recount *n* пересчет, вторичный подсчет *(голосов)*

to request a ~ требовать пересчета голосов

recoup *v* брать реванш

recourse *n* обращение за помощью

they have no legal ~ нет судебной инстанции, куда они могли бы обратиться

recover *v* **1.** восстанавливать(ся); оживлять(ся) **2.** возмещать

to ~ from излечиваться от

recovery *n* восстановление; оживление

economic ~ экономическое оздоровление/восстановление

fugitive ~ отдел по поиску и поимке лиц, скрывающихся от правосудия

full ~ полное возмещение/восстановление

partial ~ частичное возмещение/восстановление

strong ~ быстрое восстановление *(темпов роста)*

sustained ~ устойчивое оживление *(деловой активности)*

world ~ восстановление/подъем в мировом масштабе

to be on the way to ~ быть на пути к подъему

to facilitate economic ~ способствовать экономическому восстановлению

to stage a ~ начинать выходить из кризиса

blueprint of economic ~ программа восстановления экономики

the dollar's ~ подъем курса доллара после его падения

recreation *n* восстановление сил, отдых

recriminations *n pl* **(against** *smb)* встречные обвинения *(против кого-л.)*

public ~ взаимные публичные обвинения

recruit *n* **1.** недавно принятый на работу; новичок **2.** рекрут; новобранец

to make/to win ~s привлекать новых членов

recruit *v (smb)* принимать на работу; вербовать *(напр. в армию)*

recruiter *n* вербовщик

army ~ армейский вербовщик

recruiting *n* набор на работу; вербовка *(напр. в армию)*

staff ~ подбор персонала

recruitment *n* комплектование личным составом; набор на работу; вербовка *(напр. в армию)*

~ of mercenaries вербовка наемников

~ of staff members комплектование/набор персонала/сотрудников

labor/manpower ~ набор рабочей силы

to carry out ~ комплектовать личным составом

rectification *n* исправление; поправка; устранение ошибки; ректификация *(международное право)*

rectify *v* исправлять; ректифицировать *(международное право)*

rectitude *n* честность, нравственность; правота

moral ~ порядочность

recurrent *a* повторяющийся, периодический *(о кризисах)*; повторный

recycle *v* перерабатывать *(отходы)*

red *n* долг, задолженность

to run in the ~ быть в долгу

in the ~ в долгах

red-baiting *n ист.* охота за «красными»

redeem *v* выкупать; погашать; возвращать, выплачивать *(долг)*

redefine *v* пересматривать; изменять

redemption *n* **1.** выкуп *(напр. облигаций)*; погашение, выплата *(долга)* **2.** спасение, освобождение

redeploy *v* передислоцировать(ся); перебрасывать *(войска)*

redeployment *n* перестройка; перемещение; реорганизация; перестановка *(оборудования и т.п.)*; перегруппировка; передислокация *(войск)*

redetain *v (smb)* снова арестовывать *кого-л.*

redevelopment *n* новая застройка *(вместо разрушенных зданий)*

urban ~ реконструкция городов

red-handed *a* пойманный на месте преступления

to catch *smb* **~** ловить *кого-л.* с поличным

redistribution *n* перераспределение

~ of land перераспределение земли

red-line I *n* дискриминация отдельных районов города путем отказа владельцам собственности в займах/страховке

red-line II *v* осуществлять дискриминацию отдельных районов города путем отказа владельцам собственности в займах/страховке

redress I *n* возмещение, компенсация

to seek full ~ for the damage done to *smb* добиваться полной компенсации за ущерб, причиненный *кому-л.*

to seek legal ~ добиваться возмещения/компенсации ущерба через суд

redress II *v* возмещать, восстанавливать

reduce *v* сокращать *(расходы)*; снижать *(цены, доходы, потери)*; уменьшать; понижать *(в должности)*

to ~ substantially в значительной степени уменьшать/снижать

reduced-price *a* льготный

reduction *n* **1.** снижение, сокращение, уменьшение **2.** скидка **3.** понижение в должности

~ **in/of armaments** сокращение вооружений

~**(s) in/of armed forces** сокращение вооруженных сил

~ **of establishment** сокращение, частичное упразднение учреждения

~ **of nuclear weapon** сокращение ядерных вооружений

actual ~ фактическое сокращение

agreed ~**s** согласованные сокращения *(войск)*

arms ~**(s)** сокращение вооружений

balanced ~ сбалансированное сокращение

bilateral ~**(s)** взаимное сокращение ядерного оружия

budget ~ сокращение бюджета

conventional *(***arms***)* ~**(s)** сокращение обычных вооружений

debt ~ уменьшение долга

deficit ~ сокращение дефицита

equitable and verifiable arms ~**s** эквивалентное и поддающееся проверке сокращение вооружений

follow-up ~**s** последующие сокращения

gradual ~ 1) постепенное сокращение *(расходов)* 2) снижение *(цен)*

great ~ большое/значительное снижение

initial ~ первоначальное сокращение

large-scale ~ крупномасштабное сокращение

major/massive ~ крупное сокращение

multilateral ~ многостороннее сокращение

mutual ~**s** взаимное сокращение

negotiated ~**s** сокращения, согласованные в результате переговоров

nuclear arms ~ сокращение ядерных вооружений

overall strategic arms ~ всеобщее сокращение стратегических вооружений

something-for-nothing ~**(s)** одностороннее сокращение *(ядерного оружия)*

something-for-something ~**(s)** взаимное сокращение *(ядерного оружия)*

staff ~ сокращение штатов

substantial ~ существенное сокращение

tension ~ уменьшение напряженности

total ~ общее сокращение

troop ~ сокращение войск

unilateral ~**(s)** одностороннее сокращение

to effect ~**s** производить/осуществлять сокращения

to embark on a unilateral ~ приступать к одностороннему сокращению

to implement/to make ~**s** производить/осуществлять сокращения

to secure a ~ добиваться сокращения

balanced military ~ **on the frontier** сбалансированное сокращение войск на границе

Graduated Reciprocated R. in Tension (GRIT) постепенное взаимное уменьшение напряженности

reciprocal missile ~**s between** *smb* взаимное сокращение числа ракет *кем-л.*

redundanc/y *n* излишек *(рабочей силы)*

~ **of manpower** избыток *(рабочей силы)*

compulsory ~**ies** насильственные сокращения штата

widespread ~**ies** повсеместные сокращения штатов

to create ~**ies** сокращать штат

to face ~ оказываться под угрозой сокращения/увольнения по сокращению штатов

redundant *a* излишний; уволенный по сокращению штатов

to find/to make *smb* ~ увольнять *кого-л.* по сокращению штатов; сокращать *кого-л.*; подводить *кого-л.* под сокращение

redundantee *n* уволенный по сокращению штатов

reeducate *v* перевоспитывать

reeducation *n* перевоспитание

reel *v* пошатываться; дрогнуть (в бою), отступать

to send *smb* ~**ing** наносить *кому-л.* удар, от которого его позиции будут сильно подорваны

reelect *v* переизбирать

to be comfortably ~**ed** быть переизбранным значительным большинством голосов

to ~ *smb* **in a landslide** переизбирать *кого-л.* подавляющим числом голосов

reelection *n* переизбрание, перевыборы

immediate ~ неотложные перевыборы

to beat *smb* **for** ~ не избирать *кого-л.* на второй срок

to nominate *smb* **for** ~ выдвигать *кого-л.* для переизбрания

to seek ~ добиваться своего переизбрания

to seek ~ **for a third term in office** баллотироваться на третий срок

to stand for ~ баллотироваться для переизбрания

reeligible *a* имеющий право на переизбрание

reels *n pl полит. жарг.* телевидение

reemigrant *n* реэмигрант

reemigrate *v* реэмигрировать

reemigration *n* реэмиграция

reemployment *n* восстановление на работе

~ **of those made redundant** восстановление на работе тех, кто попал под сокращение

reenlistment *n* сверхсрочная военная служба; поступление на сверхсрочную службу

reescalation *n* новый этап эскалации

reevacuate *v* реэвакуировать

reevacuation *n* реэвакуация

reexamination *n* вторичное рассмотрение; вторичная оценка; вторичный опрос *(населения)*

reexamine *v* повторно рассматривать/исследовать; повторно расследовать/проверять; пересматривать

reexport *n* реэкспорт, вывоз ранее ввезенных товаров; *pl* реэкспортированные товары

reexporter *n* реэкспортер

reference *n* 1. ссылка; указание; упоминание 2. полномочия 3. рекомендация; справка 4. *pl* характеристика *(как документ)*

~ of work компетенция, круг полномочий

~ to ссылка на

~ to authorities ссылка на источники

~ was made to me здесь ссылались на мое выступление

oblique ~ косвенная ссылка

personal ~ личная рекомендация

qualifying ~ уточняющая ссылка

to hand in terms of ~ вручать мандат

to make an oblique ~ to *smth* косвенно ссылаться на *что-л.*

frame of ~ рамки рассмотрения *(проблемы)*; компетенция, круг прав; система взглядов

in ~ to ссылаясь на; относительно; что касается

terms of ~ мандат; круг обязанностей *(сотрудника)*

with ~ to ссылаясь на; относительно; что касается

without ~ to независимо от; безотносительно

referendum *pl* **referenda** *n* референдум

~ on independence референдум о предоставлении независимости

~ over the future of the country's economy референдум о будущем экономики страны

national/nationwide/popular ~ национальный/всеобщий референдум

UN-monitored ~ референдум под наблюдением ООН

to boycott ~ бойкотировать референдум

to call a ~ объявлять референдум

to call for a ~ призывать к проведению референдума

to call off/to cancel a ~ отменять референдум

to declare the ~ invalid объявлять референдум не имеющим законной силы

to hold ~ over *smth* проводить референдум по *какому-л.* вопросу

to ignore a ~ бойкотировать референдум

to monitor a ~ наблюдать за проведением референдума

to organize a ~ организовывать референдум

to put *smth* **to a ~** выносить *что-л.* на референдум

to run a ~ over *smth* проводить референдум по *какому-л.* вопросу

to submit *smth* **to a ~** выносить *что-л.* на референдум

to supervise a ~ наблюдать за проведением референдума

to vote in a ~ участвовать в референдуме

if the result of the ~ goes against him если результат референдума будет не в его пользу

use of ~ использование референдума

reflag *v* заменять флаг судна *(т.е. его государственную принадлежность)*

reflagging *n* замена флага, под которым ходит судно

reflate *v* проводить рефляцию

reflation *n* рефляция; новая, искусственная инфляция *(после дефляции)*

reflect *v* **1.** отражать **2.** размышлять

reflection *n* размышление

to grant time for ~ предоставлять время на размышление

reform I *n* реформа

~s are achieving real momentum реформы набирают темп

~s are on course предстоят реформы

~ goes to Parliament реформа поступает на рассмотрение парламента

~ has entered a critical phase реформы вступили в решающую фазу

~ has virtually come to a standstill реформы фактически приостановлены

~ is in its infancy реформа находится на начальной стадии

~ isn't working properly реформа буксует/не срабатывает

~s will work реформы начнут приносить результаты, реформы заработают

~ within the existing structures реформа в рамках существующей системы

administrative ~s административные реформы, реформы административного аппарата

agrarian ~ аграрная реформа

basic ~s основные реформы

comprehensive ~ всеобъемлющие реформы

constitutional ~(s) изменение конституции, конституционная реформа

credit ~s кредитные реформы

currency ~ денежная реформа

democratic ~s демократические реформы

drastic ~s радикальные реформы

economic ~ экономическая реформа

educational ~s реформы в области народного образования

electoral ~ реформа избирательной системы

far-reaching ~s далеко идущие реформы

full-blooded economic ~s полнокровные экономические реформы

genuine ~ подлинные реформы

half-way ~ половинчатая реформа

impending ~ предстоящая реформа

iniquitous ~ несправедливая реформа

internal ~s внутренние реформы

land ~ земельная реформа

land-tenure ~ реформа землепользования

legislative ~ законодательная реформа

liberal ~s либеральные реформы

limited ~ ограниченная реформа

long-term ~s долгосрочные реформы

major ~ важная реформа

market-oriented ~s реформы, направленные на создание рыночной экономики

market-style ~s рыночные реформы

mindless ~ бессмысленные реформы

monetary ~ денежная реформа

overdue ~s давно назревшие реформы

parliamentary ~ парламентская реформа

petty ~s незначительные реформы

planned ~s намеченные реформы
political ~s политические реформы/преоразования
price ~ реформа цен
progressive ~ прогрессивная реформа
promised ~s обещанные реформы
radical ~ радикальная реформа
social ~s социальные реформы
socio-economic ~ социально-экономическая реформа
stringiest ~s жесткие реформы
structural ~s структурные реформы
substantial ~s существенные реформы
tax/taxation ~ налоговая реформа
tentative ~s предварительные реформы
tough ~ жесткая реформа
urgent ~s крайне необходимые реформы
wage ~ реформа заработной платы
wide-ranging ~(s) радикальные реформы
widespread ~ повсеместная реформа
to accelerate ~s ускорять реформы
to adopt a ~ принимать реформу
to apply brakes to the process of ~ тормозить процесс реформ
to be committed to economic ~ быть связанным обязательством осуществлять экономические реформы
to be supportive of ~s быть лояльным к курсу реформ
to block ~s блокировать реформы/проведение реформ
to bring about/to carry out/to carry through ~s осуществлять/проводить реформы
to champion ~ выступать сторонником преобразований/реформ
to contemplate ~s намечать реформы
to continue on the path of economic ~s продолжать идти по пути экономических реформ
to continue with ~s продолжать реформы
to copy the ~s **introduced by** *smb* копировать реформы, введенные *кем-л.*
to criticize the slow pace of ~ критиковать медленный темп проведения реформ
to crush the ~s уничтожать программу реформ
to decide major ~s принимать решение об основных реформах
to deliver ~s осуществлять/проводить реформы
to demand political ~ требовать политических реформ
to derail/to disrupt ~s срывать реформы
to deter *smb's* ~s сдерживать осуществление *чьих-л.* реформ
to dilute the effectiveness of ~s ослаблять эффективность реформ
to dismantle ~s отменять реформы
to draw up a program of ~s вырабатывать программу реформ
to effect ~s осуществлять/проводить реформы

to encourage further ~s поощрять продолжение реформ
to endanger ~s ставить под угрозу программу реформ
to endorse ~s одобрять/утверждать реформы
to endorse a slow-down of social ~s санкционировать замедление социальных реформ
to follow in the footsteps of *smb's* ~s следовать примеру *чьих-л.* реформ
to force the pace of *one's* ~s ускорять темп осуществления своих реформ
to forge ahead with political and economic ~s вырываться вперед в деле проведения политических и экономических реформ
to get tax ~ **on the road** давать ход налоговой реформе
to give ~ **a chance** пробовать проводить реформы
to go ahead with ~s продолжать энергично проводить реформы *(несмотря на трудности)*
to implement ~s осуществлять/проводить реформы
to initiate ~s выступать инициатором проведения реформ; приступать к проведению реформ
to inject ~ **into the system** реформировать систему
to institute/to introduce ~s выступать инициатором проведения реформ; приступать к проведению реформ
to keep ~s **on track** продолжать реформы
to make ~s осуществлять/проводить реформы
to make the ~s **irreversible** делать реформы необратимыми
to model *one's* ~s **after those of another country** вырабатывать свои реформы по образцу реформ другой страны
to move towards economic ~ идти к экономическим реформам
to obstruct ~s мешать проведению реформ
to oppose ~s противиться реформам
to outline political and economic ~s обрисовать политические и экономические реформы
to press ahead with *one's* ~s настойчиво продолжать свой курс реформ
to press for ~s настаивать на проведении реформ
to propose a ~ предлагать реформу
to pursue ~s осуществлять/проводить реформы
to push (ahead) *one's* ~s энергично проводить свои реформы
to push ahead with a ~ продолжать энергично проводить реформы *(несмотря на трудности)*
to push the pace of ~ ускорять темп проведения реформ

to push through (congress) a ~ протаскивать/проталкивать реформу *(через конгресс)*
to put on ice all the ~s замораживать все реформы
to question the pace of *smb's* **~s** ставить под сомнение темп проведения *чьих-л.* реформ
to resist ~s противиться реформам
to restrain the pace of ~s тормозить проведение реформ
to roll back ~s сворачивать реформы
to rush economic ~s спешить с проведением экономических реформ
to rush *smb* **into ~s** подталкивать *кого-л.* к осуществлению реформ
to safeguard ~s быть гарантом реформ
to scrap ~s отказываться от реформ
to shape a ~ разрабатывать реформу
to shy away from ~s уклоняться от проведения реформ
to slacken the pace of making ~s замедлять темпы проведения реформ
to slow down the (pace of) ~s замедлять темп реформ
to speed up economic ~s ускорять экономические реформы
to stall ~s приостанавливать реформы
to stand firm in the defense of ~s твердо стоять на защите реформ
to stray from the path of ~s сворачивать с курса реформ
to suspend ~s приостанавливать реформы
to take *one's* **~s still further** продолжать свои реформы
to undertake ~s осуществлять/проводить реформы
to undo a ~ отменять реформу
to unite under the banner of ~ объединяться под знаменем реформ
to urge ~s настаивать на проведении реформ
to water down economic ~s ослаблять экономические реформы
to work out a ~ разрабатывать реформу
advocate of economic ~ сторонник экономических реформ
backtracking from ~ отход от реформ
blueprint for political ~ программа/наметки политических реформ
broad program of ~s обширная программа реформ
coherent ~ of the economy последовательная реформа экономики
commitment to ~s приверженность курсу реформ
declared aim of the ~ официальная цель реформы
depth of the ~ глубина реформы
implementation of a ~ осуществление/проведение реформы
introduction of ~s введение реформ
mainstream of ~s преобладающая тенденция в проведении реформ

pace of ~s темп проведения реформ
pace of ~s should be faster темп проведения реформ должен быть более высоким
package of ~s пакет реформ
policy of ~s политика реформ
prerequisite of ~s предпосылка реформ
program of ~s программа реформ
progress of ~s темп проведения реформ
proponent of ~s сторонник реформ
rollback of the ~s ликвидация реформ
sabotage to ~s саботирование реформ
slow-down of ~s замедление/снижение темпа реформ
support for ~s поддержка реформ
test of ~s проверка реформ
tide of ~s washing across the world волна реформ, прокатывающаяся по миру
we are long overdue for ~s нам давно пора проводить реформы
reform II v реформировать
to ~ *oneself* перестраиваться
smb's **will to ~** *чье-л.* желание проводить реформы
reformative, reformatory *a* реформаторский
reform-by-coup *n* установление диктатуры для проведения реформ
reformer *n* 1. реформатор 2. сторонник реформ
~s are beginning to win out сторонники реформ начинают побеждать
adamant ~ убежденный сторонник реформ
ardent ~ активный проводник/горячий сторонник реформ
democratic ~ сторонник демократических реформ
economic ~ инициатор/сторонник экономических реформ
farsighted ~ дальновидный сторонник реформ
forward-looking ~ прогрессивный сторонник реформ
maverick ~ заядлый сторонник реформ
rise of the ~s усиление позиций сторонников реформ
reforming *n* осуществление реформ
reformism *n* реформизм
modern ~ современный реформизм
social-democratic ~ социал-демократический реформизм
reformist I *n* 1. реформатор 2. сторонник реформ
leading ~ ведущий реформатор
reformist II *a* реформистский, реформаторский
reform-minded *a* являющийся сторонником реформ
reform-weary *a* уставший от реформ
refrain v **(from)** воздерживаться *(от)*
refuge *n* убежище
to find/take ~ находить убежище/пристанище; укрываться, спасаться
to give *smb* **~** предоставлять *кому-л.* убежище
to seek ~ добиваться убежища

in ~ нашедший убежище

refugee *n* **1.** беженец; эмигрант **2.** *брит. полит. жарг.* «беженец» *(бывший лейборист, реже консерватор, которого удалось переманить в социал-демократическую партию)*

~s **fleeing the region** беженцы, покидающие регион

~s **streaming towards the border** поток беженцев к границе

bona fide ~ настоящий беженец

economic ~ экономический беженец *(эмигрант из материальных соображений)*

illegal ~ незаконный беженец

political ~ политический беженец

real ~ настоящий беженец

to accept ~s принимать беженцев

to close the door on/to debar ~s не допускать беженцев в страну

to ease the plight of the ~s облегчать тяжелое положение беженцев

to give shelter to/to harbor/to shelter ~s давать приют беженцам

to smuggle illegal ~s **into the country** тайно провозить в страну незаконных беженцев

to stem the influx of ~s останавливать приток беженцев

backlog of ~s еще не вывезенные беженцы

exodus/flow of ~s поток беженцев

influx of ~s приток беженцев

mass exodus of ~s **from a country** массовый выезд/исход беженцев из страны

repatriation of the ~s репатриация беженцев

stream of ~s поток беженцев

refund I *n* возмещение *(расходов)*; возврат денег

cash ~ возврат денег наличными; погашение задолженности наличными деньгами

refund II *v* возмещать *(расходы)*; возвращать деньги

refusal *n* отказ

absolute/adamant/flat ~ решительный отказ

implacable ~ категорический отказ

motivated ~ мотивированный отказ

strict ~ строгий отказ

to maintain *one's* ~ **to do** *smth* по-прежнему отказываться сделать *что-л.*

to reconsider *one's* ~ **to do** *smth* пересматривать свой отказ сделать *что-л.*

refuse *n* мусор, отходы, отбросы

utility ~ утильсырье

refusenik *n разг.* «отказник» *(человек, которому отказали в выездной визе)*

refutation *n* (официальное) опровержение

refute *v (smth)* опровергать *(что-л.)*

regalia *n pl* регалии

regard *n* внимание, уважение

due ~ должное внимание

to pay due ~ **(to)** уделять должное внимание *(чему-л.)*

as an expression/a token of high ~ в знак внимания

regency *n* регентство

to set up a ~ устанавливать регентство

regeneration *n* восстановление

~ **in certain areas** возрождение некоторых районов

economic and social ~ экономическое и социальное возрождение

industrial ~ возрождение промышленности

urban ~ возрождение городов

regent *n* регент

regime *n* **1.** режим, строй; система **2.** правительство

~ **of the high seas/of the open sea** режим открытого моря

~ **of the territorial waters** режим территориальных вод

aggressive ~ агрессивный режим

anti-democratic ~ антидемократический режим

anti-national/anti-popular ~ антинародный режим

authoritarian ~ авторитарный режим

boundary ~ пограничный режим

brutal ~ жестокий режим

capitulations ~ капитулянтский режим

civilian ~ власть гражданского правительства, гражданское правительство

colonial ~ колониальный режим

corrupt ~ продажный режим

criminal ~ преступный режим

crumbling ~ разваливающийся режим

decayed ~ прогнивший режим

decomposing ~ разваливающийся режим

defunct ~ более не существующий режим

democratic ~ демократический режим

deposed ~ свергнутый режим

despotic ~ деспотический режим

detested ~ ненавистный режим

dictatorial ~ диктаторский режим

dying ~ умирающий режим

dynastic ~ династический режим

existing ~ существующий режим

fascist ~ фашистский режим

fascist-type ~ режим фашистского типа

frontier ~ пограничный режим

gendarme ~ жандармский режим, жандармские порядки

genocidal ~ режим геноцида

hated ~ ненавистный режим

illegitimate ~ незаконный режим

implacable ~ жестокий режим

international legal ~ международный правовой режим

legal ~ правовой режим

mercenary ~ продажный режим

military ~ власть военного правительства, военный режим

military-police ~ военно-полицейский режим

minority ~ режим меньшинства

monarchical/monarchist ~ монархический режим

national-democratic ~ национально-демократический режим
navigation ~ режим судоходства
nonexistent ~ несуществующий режим
nonproliferation ~ режим нераспространения *(ядерного оружия)*
obsolete political ~s отжившие политические режимы
occupation ~ оккупационный режим
oppressive ~ деспотический режим
passport ~ паспортный режим
patriotic ~ патриотический режим
people's democratic ~ народно-демократический режим
police ~ полицейский режим
preferential ~ преференциальный режим
present ~ существующий режим
presidential ~ президентское правление
progressive ~ прогрессивный режим
protectorate ~ режим протектората
pro-Western ~ прозападный режим
puppet ~ марионеточный режим
reactionary ~ реакционный режим
safeguards ~ режим гарантий
secular ~ светский режим
social ~ социальный строй
socialist ~ социалистический строй
stringent verification ~ режим строжайшего контроля
terrorist ~ террористический режим
totalitarian ~ тоталитарный режим
treaty ~ договорный режим
tsarist ~ *ист.* царский режим
US-equipped and financed ~s режимы, финансируемые США и оснащенные американской техникой
verification ~ система контроля
white-minority ~ режим белого меньшинства
to buttress up ~ укреплять существующий режим
to cancel ~ ликвидировать режим/строй
to condemn a ~ осуждать режим
to destabilize the ~ дестабилизировать режим
to discredit a ~ дискредитировать режим
to eliminate a ~ ликвидировать режим/строй
to erode a sanctions ~ подрывать систему санкций
to establish ~ устанавливать режим/порядок
to impose a ~ **(on** *smb***)** навязывать режим *(кому-л.)*
to maintain a ~ поддерживать режим
to overthrow a ~ свергать режим
to prop up ~ укреплять существующий режим
to renounce a ~ отказываться от режима
to set up a ~ устанавливать режим/порядок
to sustain a ~ помогать удержаться режиму
to topple a ~ свергать режим
to underpin the present ~ укреплять существующий режим

to work out a verification ~ разрабатывать систему контроля
condemnation of the ~ осуждение режима
demise of a ~ конец режима
dismantling of a ~ демонтаж режима
downfall/fall of a ~ падение режима
installation of a ~ установление режима
international ~ **of seaports** международный режим морских портов
removal of the discriminatory ~ устранение дискриминационного режима
violent overthrow of the ~ насильственное свержение режима

regiment *n* полк
Ulster Defense R. (UDR) Полк защиты Ольстера *(полувоенная протестантская организация Северной Ирландии)*

region *n* 1. область; регион; район; край; зона 2. область, сфера *(деятельности, интересов и т.п.)*
~ **of science** область/сфера науки
administrative ~ административный район
agricultural ~ сельскохозяйственный район
alternate ~ запасный район
Asian-Pacific ~ азиатско-тихоокеанский регион
autonomous ~ автономная область
border ~ пограничный район
breakaway ~ область, которая пытается выйти из состава республики/страны
cocaine trafficking ~ регион незаконной торговли кокаином
disputed ~ спорная область
especially backward ~s наиболее отсталые районы
high security ~ область, где действуют жесткие меры безопасности
industrial ~ промышленная область
industrialized ~ промышленно развитая область
military ~ военный округ
nonindustrialized ~ промышленно отсталая область
predominantly Russian ~ регион с преобладанием русскоязычного населения
remote ~ отдаленный район
stricken ~ район, пострадавший от стихийного бедствия
tense ~ район напряженности
underdeveloped ~ слаборазвитый регион
volatile ~ политически нестабильный регион
to convert a ~ **into a nuclear-free zone** превращать регион в безъядерную зону
to cover a ~ **for** *smb* освещать события в *каком-л.* регионе для *кого-л.*
to depopulate a ~ уничтожать население области
to destabilize a ~ дестабилизировать обстановку в регионе
to give a ~ **a limited degree of autonomy** предоставлять области ограниченную автономию

to give *smb* **more control over a** ~ усиливать чей-л. контроль над *какой-л.* областью

to lose *one's* **grip in a** ~ утрачивать влияние в *каком-л.* регионе

to make a ~ **a nuclear-free zone** превращать регион в безъядерную зону

to seal off a ~ **from the outside world/from the rest of the world** изолировать область от внешнего мира

to turn a ~ **into a nuclear-free zone** превращать регион в безъядерную зону

to turn a ~ **into a zone of peace** превращать регион в зону мира

outside *one's* ~ **of origin** за пределами своего государственно-территориального образования

the whole ~ **remains extremely tense** обстановка во всем регионе остается крайне напряженной

transfer of a ~ передача области *(куда-л.)*

regional *a* региональный; областной, районный

regionality *n* региональность

register I *n* журнал *(записей)*; опись; реестр; запись *(в журнале)*

electoral ~ список избирателей

register II *v* вносить в список *(кандидатов)*; регистрировать(ся); показывать; отмечать

periodic ~ периодическая перерегистрация *(избирателей)*

permanent ~ постоянная регистрация *(избирателей)*

to ~ **a childbirth** регистрировать рождение ребенка

to ~ **a marriage** регистрировать брак

to ~ **a vote** регистрироваться в качестве избирателя

to ~ *oneself* регистрироваться

to apply/to make applications to ~ **to vote** заявлять о желании регистрироваться в качестве избирателя

Registrar *n* :

the R. of the International Court of Justice секретарь Международного суда

registration *n* регистрация; прописка; учет

~ **of delegates** регистрация делегатов

civil ~ регистрация актов гражданского состояния

marriage ~ регистрация брака

to apply for (voter) ~ заявлять о желании зарегистрироваться в качестве избирателя

registry *n* список избирателей

listed on the ~ числящийся в списках избирателей

regrading *n* переаттестация

regress I *n* регресс, экономический упадок

regress II *v* регрессировать

regressive *a* регрессивный

regret I *n* сожаление

~ **was tempered with a note of optimism** сожаление было смягчено ноткой оптимизма

deep/profound ~ глубокое сожаление

to express *one's* ~ **at/over** *smth* выражать сожаление по поводу *чего-л.*

regret II *v* сожалеть

to ~ *smth* **deeply** глубоко сожалеть о *чем-л.*

regrettable *a* достойный сожаления

regrouping *n* перегруппировка

political ~ перегруппировка политических сил

regular I *n* **1.** кандидат, официально выдвинутый партией на первичных выборах **2.** избиратель, постоянно голосующий за данную партию

regular II *a* регулярный; обычный; постоянный

regularit/y *n* закономерность

~**ies of the national liberation movements** закономерности национально-освободительных движений

economic ~ экономическая закономерность

natural ~ естественная закономерность

regulate *v* регулировать

regulation *n* **1.** регулирование **2.** правило; инструкция; *pl* технические условия/нормы; административные положения/правила; устав

~ **of international monetary and financial relations** упорядочение международных валютно-финансовых отношений

censorship ~**s** правила цензуры

currency ~**s** валютные правила/инструкции

economic ~ экономическое регулирование

emergency ~**s** чрезвычайное законодательство

export ~**s** экспортные правила

financial ~**s** постановления положений о финансах; финансовый регламент *(ООН)*

fishing ~ правила рыболовства

government ~ государственное регулирование

internal ~**s** правила внутреннего распорядка

international air ~**s** международные правила полетов

legal ~ **of** *smth* правовое регулирование *чего-л.*

national trade ~ национальное регулирование торговли

occupational safety and health ~**s** правила техники безопасности и охраны труда

office ~**s** правила внутреннего распорядка учреждения

outmoded ~**s** устаревшие правила

passport ~**s** паспортный режим

production-stopping ~**s** инструкции, мешающие производству

provisional ~**s** временные правила

road ~**s** правила дорожного движения

rules and ~**s** правила внутреннего распорядка

safety ~**s** правила техники безопасности

staff ~**s** инструкции для служебного персонала; правила внутреннего распорядка

state ~ государственное регулирование

straightjacket ~s жесткие правила

sweeping ~s постановления по широкому кругу вопросов

technical ~s технические условия/нормы

tight ~s жесткие правила

transport ~s правила перевозки/транспортировки

uniform ~s единообразные правила

visa ~s правила выдачи виз

to adopt ~s устанавливать/вводить правила

to deviate from ~s нарушать инструкции/устав

to establish ~s устанавливать/вводить правила

to follow the ~s соблюдать правила

to impose/to introduce ~s устанавливать/вводить правила

to issue ~s **and codes of practice** издавать правила и нормы практического руководства

to make ~s устанавливать/вводить правила

to tighten ~s ужесточать правила

to violate ~s нарушать инструкции/устав

in breach of British ~s в нарушение британских правил

nonobservance of ~s несоблюдение постановлений

state-monopoly ~ **in the economy** государственно-монополистическое регулирование экономики

strict observance of constitutional ~s строгое соблюдение положений конституции

under the country's security ~s согласно правилам безопасности, действующим в стране

rehabilitate *v (smb)* реабилитировать *кого-л.*, восстанавливать *кого-л.* в правах

rehabilitation *n* **1.** восстановление; реконструкция **2.** реабилитация, восстановление в правах

~ **of industrial production** восстановление промышленного производства

political ~ политическая реабилитация

urban ~ реконструкция городов

rehabilitee *n* реабилитированное лицо

Reich *n нем. ист.* рейх

reification *n социол. и полит. жарг.* превращение рабочего в придаток машины

reign I *n* власть; царствование; правление

~ **of a minority** правление меньшинства

~ **of terror** правление, основанное на страхе; разнузданный террор

during the ~ **of the present Pope** во время правления нынешнего Папы Римского

under *smb's* ~ под чьей-л. властью; при чьем-л. правлении

reign II *v* править, управлять, царствовать

reignite *v (smth)* снова разжигать *(что-л.)*

reimburse *v* возмещать, компенсировать, возвращать; покрывать *(расходы)*

reimbursement *n* возмещение, компенсация; возврат; покрытие *(расходов)*

~ **of travel expenses** возмещение дорожных расходов

partial ~ частичное возмещение расходов

to claim ~ **of expenses incurred** требовать возмещения понесенных расходов

to provide ~ возмещать расходы

to receive ~ получать компенсацию/возмещение

reimport *n* реимпорт, ввоз ранее вывезенных товаров; *pl* реимпортированные товары

reimporter *n* реимпортер

reimprisonment *n* повторное заключение в тюрьму; возвращение в тюрьму

rein *n* повод, вожжа; *pl* бразды

~s **of government** бразды правления

to assume the ~s **of government** брать бразды правления

to drop the ~s **of government** выпускать из рук бразды правления

to give *smb* **free** ~ **to do** *smth* предоставлять *кому-л.* свободу в *чем-л.*

to hold the ~s повелевать, держать бразды правления

reinforce *v* усиливать; укреплять

reinforcement *n воен.* подкрепление

fresh ~s новые/свежие подкрепления

heavy ~s крупные подкрепления

police ~s полицейские подкрепления

troop ~s воинские подкрепления

to call in police ~s вызывать полицейские подкрепления

to draft ~s набирать подкрепления

to move ~s **into a city** вводить подкрепления в город

to send in ~s посылать подкрепления

reinstate *v (smb)* восстанавливать *кого-л.* на работе/на посту/в должности

reinstatement *n* восстановление на работе/на посту/в должности

reintegration *n* вторичное включение в состав

reinvest *v* реинвестировать

reiterate *v* вновь подтверждать, повторять

reject *v (smth)* отвергать, отказывать(ся); отклонять

to ~ *smth* **narrowly** отклонять *что-л.* незначительным большинством голосов

to ~ *smth* **out of hand** отклонять *что-л.* с ходу/сразу

rejection *n* отказ, отклонение

outright ~ прямой отказ

rejectionism *n* непризнание *(государства)*

rejectionist *n* **1.** лицо, не признающее *что-л.* **2.** *полит. жарг.* араб, не признающий государства Израиль

rejects *n pl* **1.** брак **2.** отходы

losses due to ~ потери от брака

relation *n (among, between, with)* отношение; связь

~s **among states** отношения между государствами

~s are at a low ebb отношения прохладные

~s are at a very sensitive stage отношения находятся в очень деликатной стадии

~s are at an impasse отношения зашли в тупик

~s are at the lowest point отношения ухудшились как никогда

~s are complicated отношения сложные/осложнены

~s are going perceptibly warmer by the day отношения заметно теплеют с каждым днем

~s are overshadowed (by *smth***)** отношения омрачены *(чем-л.)*

~s are seriously/severely strained отношения очень напряженные

~s are tense отношения напряженные

~s are troubled отношения сложные/осложнены

~s at the ambassadorial level отношения на уровне послов

~s between *smb* **are taking a turn for the worse** отношения между *кем-л.* начали ухудшаться

~s between the two countries were slightly downhill отношения между двумя странами были прохладными

~s calm down отношения нормализуются

~s came close to breaking point отношения были на грани разрыва

~s clouded by *smth* отношения, омраченные *чем-л.*

~s deteriorated отношения ухудшились

~s have plunged/soured to a new lowebb отношения еще более ухудшились

~s have taken a decided turn for the better в отношениях наблюдается явный поворот к лучшему

~s have taken a step forward в отношениях сделан шаг вперед

~s improve dramatically/substantially отношения заметно/значительно улучшаются

~s move on to a new footing отношения переходят на новый уровень

~ of forces соотношение сил

~s of friendship отношения дружбы

~s of peace, good-neighborliness and co-operation отношения мира, добрососедства и сотрудничества

~s of production производственные отношения

~s soured отношения ухудшились

~s turned to ice отношения стали крайне холодными

~s warm up в отношениях наблюдается потепление

agrarian ~s аграрные отношения

amicable ~s дружественные отношения

antagonistic ~s антагонистические отношения

balanced ~s сбалансированные отношения

bilateral ~s двусторонние отношения

brotherly ~s братские отношения

business ~s деловые отношения

capitalist ~s капиталистические отношения

causal ~ причинная связь

cause-and-effect ~s *филос.* причинно-следственная связь

chilly ~s прохладные отношения

church-(to-)state ~s отношения между церковью и государством

civilian-military ~s отношения между гражданами и военными

clan ~s родовые отношения

close ~s тесные связи

cold ~s холодные отношения

commercial ~s торговые отношения

commodity-money ~s товарно-денежные отношения

constructive ~s конструктивные отношения

consular ~s консульские отношения

cool ~s прохладные/натянутые отношения

cordial ~s with *smb* сердечные отношения с *кем-л.*

credit ~s кредитные отношения

credit and monetary ~s кредитно-денежные отношения

cultural ~s культурные отношения

currency and credit ~s валютно-кредитные отношения

demographic ~s демографические отношения

deteriorating ~s ухудшающиеся отношения

diplomatic ~s дипломатические отношения

direct diplomatic ~s непосредственные дипломатические отношения

East-West ~s отношения между Востоком и Западом

economic ~s экономические отношения

equitable ~s равноправные отношения

exemplary ~s образцовые отношения

existing ~s существующие отношения

exploitative ~s отношения, построенные на эксплуатации

export-import ~s экспортно-импортные/внешнеторговые связи

external ~s внешние связи

family and marital ~s семейно-брачные отношения

feudal-patriarchal social ~s феодально-патриархальные общественные отношения

flourishing ~s превосходные отношения

foreign ~s международные отношения

foreign economic ~s внешнеэкономические отношения

foreign policy ~s внешнеполитические отношения

formal ~s официальные отношения

fragile ~s непрочные отношения

fraternal ~s братские отношения

friendly ~s дружественные отношения

frosty ~s прохладные/натянутые отношения

good ~s хорошие отношения

good neighborhood ~s добрососедские отношения

harmonious ~s гармоничные отношения

healthy ~s здоровые отношения

human ~s человеческие отношения

improved ~s улучшившиеся отношений

industrial ~s производственные отношения

inequitable ~s неравноправные отношения; несправедливые/пристрастные отношения

inter-American ~s межамериканские отношения

interethnic ~s межнациональные отношения

intergovernmental ~s межгосударственные отношения

international ~s международные отношения

international cultural ~s международные культурные связи

international legal ~s международно-правовые отношения

interparty ~s межпартийные отношения

interpersonal ~s отношения между людьми

interstate ~s 1) межгосударственные отношения 2) *амер.* отношения между штатами

kinship ~s родственные отношения/связи

labor ~s трудовые/производственные отношения; отношения в процессе труда; отношения между трудом и капиталом

legal ~s правовые отношения

lukewarm ~s прохладные/натянутые отношения

marital ~s брачные отношения

market ~s рыночные отношения

matriarchal ~s матриархальные отношения

mature ~s развитые отношения

monetary/money ~s валютные/денежные отношения

moral ~s нравственные отношения

multilateral ~s многосторонние связи

mutual ~s взаимоотношения

mutually beneficial ~s взаимовыгодные отношения

national ~s национальные отношения

neighborly ~s добрососедские отношения

new ~s новые связи

nonantagonistic ~s неантагонистические отношения

normal ~s нормальные отношения

official ~s официальные отношения

party-to-party ~s межпартийные отношения

patriarchal ~s патриархальные отношения

peaceful ~s мирные отношения

permanent diplomatic ~s постоянные дипломатические отношения

political ~s политические отношения

precapitalist ~s докапиталистические отношения

prevailing ~s преобладающие отношения

prickly ~s непростые/сложные отношения

private economic ~s частно-хозяйственные отношения

private property ~s частнособственнические отношения

production ~s производственные отношения

progressive ~s прогрессивные отношения

proper ~s надлежащие отношения

public ~s взаимоотношения организации с общественностью; связь со средствами массовой информации; «пиар»

race ~s отношения между расами

sincere ~s искренние отношения

Sino-Russian ~s китайско-российские отношения

social ~s общественные/социальные отношения

social and legal ~s социально-правовые отношения

socialist ~s социалистические отношения

socio-economic ~s социально-экономические отношения

special ~s особые отношения

stable ~s стабильные/устойчивые отношения

state-to-state ~s 1) межгосударственные отношения 2) *амер.* отношения между штатами

strained ~s напряженные/натянутые/обостренные отношения

superpower ~s отношения между сверхдержавами

tense ~s напряженные/натянутые/обостренные отношения

tension-free ~s отношения без напряженности

trade ~s торговые отношения

trade and economic ~s торгово-экономические отношения/связи

trading ~s торговые отношения

treaty ~s отношения, вытекающие из договора

tribal ~s межплеменные отношения

uneasy ~s сложные отношения

unruffled ~s нормальные/спокойные отношения

warm ~s теплые отношения

working ~s рабочие отношения

world economic ~s международные экономические отношения

to adjust production ~s регулировать производственные отношения

to advance *one's* ~s давать новый толчок развитию отношений между своими странами

to affect ~s **with other countries** отражаться на отношениях с другими странами

to aggravate the ~s обострять отношения

to arrange economic ~s **on a long-term basis** строить экономические отношения на долговременной основе

to attain sharp improvement in ~s достигать резкого улучшения в отношениях

to be set on a course of improved ~s **with the rest of the world** идти по линии улучшения отношений с остальными странами мира

to bedevil ~s отрицательно сказываться на отношениях

to beef up ~s укреплять отношения

to better ~s улучшать отношения

to break off diplomatic ~s altogether полностью разрывать дипломатические отношения

to break up ~s разрывать отношения

to bring ~s with a country back to a balance нормализировать отношения с *какой-л.* страной

to bring about a further improvement in East-West ~s приводить к дальнейшему улучшению отношений между Востоком и Западом

to build new social ~s строить новые общественные отношения

to carry out diplomatic ~s осуществлять дипломатические отношения

to cast a shadow over ~s омрачать отношения

to cause a rift in ~s приводить к ухудшению в отношениях

to clear away obstacles to better ~s with *smb* убирать все, что препятствует улучшению отношений с *кем-л.*

to cloud *smb's* **~s** омрачать отношения

to color *smb's* **~s** отражаться на *чьих-л.* отношениях

to complicate ~s осложнять отношения

to consolidate improvement in ~s закреплять улучшение отношений

to contribute to the expansion of friendly ~s способствовать расширению дружественных связей

to create friction in ~s создавать трения в отношениях

to cut (off) diplomatic ~s with *smb* разрывать с *кем-л.* дипломатические отношения

to damage ~s between two countries портить/ухудшать отношения между двумя странами

to deal a severe blow to ~s between *smb* наносить серьезный удар по отношениям между *кем-л.*

to develop good-neighborly ~s развивать добрососедские отношения

to disturb ~s between two countries портить/ухудшать отношения между двумя странами

to downgrade *one's* **diplomatic ~s with** *smb* понижать уровень дипломатических отношений с *кем-л.*

to ensure stable economic ~s гарантировать/обеспечивать устойчивые экономические отношения

to enter (into) a new era of ~s начинать новую эру в отношениях

to entertain friendly ~s with *smb* поддерживать дружеские отношения с *кем-л.*

to establish equitable ~s with *smb* устанавливать равноправные отношения с *кем-л.*

to exacerbate international ~s обострять международные отношения

to expand ~s расширять отношения

to express an interest in better ~s with *smb* проявлять интерес к улучшению отношений с *кем-л.*

to extend ~s расширять отношения

to foster good ~s with a country способствовать развитию хороших отношений с *какой-л.* страной

to freeze ~s замораживать отношения

to get to the heart of ~s переходить к сути отношений

to give a new impetus to ~s давать новый импульс развитию отношений

to govern international economic ~s определять международные экономические отношения

to have diplomatic ~s иметь/поддерживать дипломатические отношения

to heal a rift in ~s ликвидировать разлад в отношениях

to heal the strained ~s with a country устранять напряженность в отношениях с *какой-л.* страной

to hope for improved ~s надеяться на улучшение отношений

to impair ~s неблагоприятно отражаться на отношениях

to impose new strains on the government's ~s with *smb* еще больше осложнять отношения правительства с *кем-л.*

to improve ~s with *smb* улучшать свои отношения с *кем-л.*

to inject a strain in the ~s between *smb* вносить напряженность в отношения между *кем-л.*

to institutionalize new ~s законодательно закреплять/узаконивать отношения

to interrupt ~s (временно) прерывать отношения

to introduce market ~s вводить рыночные отношения

to introduce new strains in *smb's* **~s with a country** делать еще более напряженными/еще больше усложнять *чьи-л.* отношения с *какой-л.* страной

to jeopardize ~s ставить под угрозу отношения

to keep up ~s поддерживать дипломатические отношения

to lay the foundations of international ~s закладывать основу международных отношений

to lead to better ~s приводить к улучшению отношений

to look forward to improved ~s with ... надеяться на улучшение отношений с ...

to maintain diplomatic ~s поддерживать дипломатические отношения

to make a plea for closer ~s between *smb* выступать с призывом упрочить отношения между *кем-л.*

to mar ~s between two countries портить/ухудшать отношения между двумя странами

to mend ~s налаживать отношения

to normalize ~s нормализовать отношения

to open a new era in ~s открывать новую эру в отношениях

to open diplomatic ~s with ... устанавливать дипломатические отношения с ...

to patch up *one's* ~s восстанавливать хорошие взаимоотношения

to pave the way for an improvement of ~s between ... прокладывать путь к улучшению отношений между ...

to place ~s between two countries on a new footing ставить отношения между двумя странами на новую основу

to place strain on ~s between ... вносить напряженность в отношения между ...

to plague ~s отравлять/омрачать/портить отношения

to plunge *smb's* ~s in a new crisis ввергать чьи-л. отношения в новый кризис

to poison ~s отравлять/омрачать/портить отношения

to prejudice ~s отражаться на отношениях

to preserve harmonious ~s сохранять гармоничные отношения

to promote friendly ~s способствовать развитию дружественных отношений

to put ~s between two countries on a new footing ставить отношения между двумя странами на новую основу

to raise ~s to a new level поднимать отношения на новый уровень

to reassess *one's* ~s with a country пересматривать свои отношения с *какой-л.* страной

to rebuild *one's* ~s with *smb* восстанавливать свои отношения с *кем-л.*

to recast/to reconsider *one's* ~s with *smb* пересматривать свои отношения с *кем-л.*

to reestablish diplomatic ~s восстанавливать дипломатические отношения

to reform *one's* ~s with *smb* перестраивать свои отношения с *кем-л.*

to reformulate *one's* ~s with *smb* пересматривать свои отношения с *кем-л.*

to remove obstacles to normal ~s устранять препятствия для нормализации отношений

to render inconceivable any improvement in ~s делать немыслимым *какое-л.* улучшение отношений

to renew diplomatic ~s восстанавливать дипломатические отношения

to renormalize ~s снова нормализовать отношения

to reopen diplomatic ~s восстанавливать дипломатические отношения

to repair ~s улучшать/нормализовать отношения

to reshape ~s изменять отношения

to restore diplomatic ~s восстанавливать дипломатические отношения

to restructure international ~s перестраивать международные отношения

to resume diplomatic ~s восстанавливать дипломатические отношения

to review *one's* ~s with *smb* пересматривать свои отношения с *кем-л.*

to rupture diplomatic ~s разрывать дипломатические отношения

to see *smb* about bilateral ~s встречаться с *кем-л.* для обсуждения двухсторонних отношений

to seek better ~s with ... добиваться улучшения отношений с ...

to set up diplomatic ~s with *smb* устанавливать дипломатические отношения с *кем-л.*

to sever ~s разрывать отношения

to smooth ~s with *smb* улучшать свои отношения с *кем-л.*

to solidify ~s укреплять отношения

to sour ~s between two countries портить/ухудшать отношения между двумя странами

to sow discord in ~s вносить разлад в отношениях

to stall further improvement in ~s приостанавливать дальнейшее улучшение отношений

to strain ~s обострять отношения

to strengthen ~s укреплять отношения

to suspend ~s (временно) прерывать отношения

to take ~s to the brink of rupture приводить отношения на грань разрыва

to take up full diplomatic ~s возобновлять дипломатические отношения в полном объеме

to test the waters for the restoration of diplomatic ~s прощупывать почву относительно возможности восстановления дипломатических отношений

to turn a new page in ~s with *smb* открывать новую страницу в отношениях с *кем-л.*

to unfreeze ~s between *smb* размораживать отношения между *кем-л.*

to upgrade ~s поднимать отношения на более высокий уровень

to want better ~s with *smb* хотеть улучшения отношений с *кем-л.*

to warm (up) *one's* ~s with *smb* улучшать свои отношения с *кем-л.*

to withhold diplomatic ~s воздерживаться от установления дипломатических отношений

to work for better ~s добиваться улучшения отношений

to worsen ~s between two countries портить/ухудшать отношения между двумя странами

acceleration of ~s ускорение развития отношений

aggravation ~s ухудшение отношений

«blank spot» in *smb's* ~s «белое пятно» в отношениях между *кем-л.*

breach of/break in/breakdown in ~s разрыв отношений

breakthrough in ~s прорыв в отношениях

chill in ~s охлаждение в отношениях

comprehensive improvement of ~s общее улучшение отношений

continuity in foreign ~s преемственность во внешней политике

cooling of ~s охлаждение в отношениях

crisis in ~s кризис в отношениях

deterioration in ~s ухудшение отношений

development of ~s развитие отношений

establishing/establishment of ~s установление отношений

freeze in ~s замораживание отношений

frostiness in ~s охлаждение в отношениях

growing warmth in ~s **between the two countries** все более заметное потепление в отношениях между двумя странами

high level of ~s **between** *smb* высокий уровень отношений между *кем-л.*

high point in ~s важный момент в отношениях

in spite of improved ~s несмотря на улучшение отношений

in the field of international ~s в области международных отношений

interruption of ~s перерыв/пауза в отношениях, приостановление отношений

landmark in ~s поворотная веха в отношениях

level of ~s уровень отношений

lull of ~s перерыв/пауза в отношениях, приостановление отношений

maturing of ~s развитие отношений

milestone in ~s **between** *smb* веха в отношениях между *кем-л.*

mutual distrust in ~s взаимное недоверие в отношениях

need for further improved ~s **between the two countries** необходимость дальнейшего улучшения отношений между двумя странами

new era in international ~s новая эра в международных отношениях

new page in ~s новая страница в отношениях

new type of ~s новый тип отношений

normalization of ~s нормализация отношений

obstacle to better ~s препятствие для улучшения отношений

positive assessments of ~s положительные оценки отношений

power lever in ~s мощный рычаг в отношениях

reestablisment/renewal/reopening/restoration/resumption of ~s восстановление отношений

reordering of ~s перестройка взаимоотношений

rift in ~s разлад/трещина в отношениях

rupture in ~s разрыв отношений

severance of diplomatic ~s разрыв дипломатических отношений

souring of ~s ухудшение отношений

sphere of foreign economic ~s сфера внешнеэкономических отношений

state of ~s состояние отношений

step back in ~s шаг назад в отношениях

straining in ~s напряженность в отношениях

stumbling block to improving ~s **between ...** препятствие улучшению отношений между ...

thaw in ~s потепление в отношениях

transition nature of ~s переходный характер отношений

turning point in ~s поворотный пункт в отношениях

warming of ~s потепление в отношениях

within the frame of East-West ~s в рамках отношений между Востоком и Западом

relationship *n* отношения; взаимоотношения, взаимозависимость; связь

~ **between church and state** отношения между церковью и государством

~ **between nature and society** соотношение природы и общества

~ **of science and practice** связь науки с практикой

amiable ~ дружественные отношения

bilateral ~ двусторонние отношения

burgeoning ~ намечающиеся взаимоотношения

city-to-city ~ связи между городами

close ~ тесные отношения/связи

disturbed ~ ненормальные отношения

economic ~ экономические взаимоотношения

equal ~ отношения равенства; равноправные отношения

equitable ~ справедливые отношения

expanding ~ расширение отношений

global ~ международные отношения

harmonious ~ гармоничные отношения

human ~ человеческие отношения

interindustry ~ межотраслевые связи

intimate ~ близкие отношения

kindred ~ родственные отношения

labor ~ трудовые отношения

long(-term) ~ долгие/продолжительные отношения

neighborly ~ добрососедство

new ~ новые связи

normal ~ нормальные отношения

operational ~ действующие/оперативные связи

party-to-party ~ отношения между партиями

political ~ политические отношения

productive ~ продуктивные отношения

relaxed ~ ослабление напряженности в отношениях

same sex ~ гомосексуализм, лесбиянство

smooth ~ ровные отношения

stable ~ устойчивые взаимоотношения

state-to-state ~ отношения по государственной линии; межгосударственные отношения

sterile ~ непродуктивные отношения

strategic ~ отношения, основанные на общности стратегических интересов

strengthening ~ укрепление отношений

strenuous ~ напряженные отношения

strong ~ тесные отношения/связи

trade ~s торговые (взаимо)отношения

transatlantic ~ трансатлантические отношения, отношения между странами атлантического региона

transpacific ~ отношения между странами тихоокеанского региона

triangular ~ трехсторонние отношения

trusting ~ отношения доверия

unbreakable ~ нерушимые отношения

uneasy ~ сложные отношения

working ~ рабочие отношения

to be on the side of peaceful ~ быть за мирные отношения

to broaden the ~ расширять отношения

to carry *one's* **weight in the security ~** нести свою часть бремени в обеспечении безопасности

to cement the ~ укреплять отношения

to cloud the ~ омрачать отношения

to create a good ~ with *smb* устанавливать хорошие отношения с *кем-л.*

to dismantle a ~ разрушать отношения

to disrupt a ~ портить отношения

to end a ~ прекращать отношения

to enjoy a workable ~ иметь хорошие рабочие отношения

to enter into a person-to-person ~ вступать в личный контакт, устанавливать личный контакт

to establish a good ~ with *smb* устанавливать хорошие отношения с *кем-л.*

to govern a ~ регулировать отношения

to have a workable ~ иметь хорошие рабочие отношения

to improve ~ улучшать отношения

to inject some warmth in the chilly ~ вносить некоторое потепление в прохладные отношения

to lay the foundations for *one's* **new ~** закладывать основы для новых взаимоотношений

to paper over/to patch up *one's* **~** сглаживать противоречия в своих отношениях

to reassess *one's* **~** пересматривать свои отношения

to repair ~ улучшать отношения

to sever ~ разрывать отношения

to strain bilateral ~ ухудшать двусторонние отношения

to streamline ~ повышать эффективность отношений

to strengthen ~ укреплять взаимоотношения

to withdraw from security ~ выходить из пакта безопасности

cordial ~ between the two countries сердечные отношения между двумя странами

establishment of a normal ~ with a country установление нормальных отношений с *какой-л.* страной

new type of international ~ новый тип международных отношений

positive ~ with *smb* позитивные отношения с *кем-л.*

strains in the ~ between *smb* напряженность в отношениях между *кем-л.*

relativism *n* релятивизм

relax *v* ослаблять(ся); уменьшать напряжение

relaxation *n* смягчение, ослабление; разрядка; уменьшение

~ of discipline ослабление дисциплины

~ of *smb's* **rule** ослабление *чьей-л.* власти

~ of tension ослабление/уменьшение напряженности

~ of world-wide confrontation ослабление конфронтации во всем мире

military ~ смягчение военной обстановки

relay *n* **1.** смена; эстафета **2.** радио- *или* телепередача

work ~ рабочая эстафета

to carry a live ~ вести прямую передачу

release I *n* **1.** освобождение; избавление **2.** выпуск *(продукции)* **3.** опубликование

~ of shares выпуск акций

conditional ~ условное освобождение из заключения

early prison ~ досрочное освобождение из тюрьмы

hostage ~ освобождение заложников

press ~ сообщение для печати/прессы; официальное заявление для печати; пресс-релиз, пресс-бюллетень

to attain/to bring about *smb's* **~** добиваться *чьего-л.* освобождения *(из заключения)*

to demand an early ~ требовать скорейшего освобождения

to do press ~ делать сообщение для печати

to gain *smb's* **~** добиваться *чьего-л.* освобождения *(из заключения)*

to negotiate the ~ of the hostages вести переговоры об освобождении заложников

to obtain *smb's* **~** добиваться *чьего-л.* освобождения *(из заключения)*

to order the ~ of *smb* распоряжаться выпустить *кого-л.* на свободу

to secure *smb's* **~** добиваться *чьего-л.* освобождения *(из заключения)*

early ~ on parole условно-досрочное освобождение

release II *v (smb)* **1.** выпускать на свободу, освобождать *(кого-л.)* **2.** публиковать

to ~ *smb* **conditionally** освобождать *кого-л.* условно

to ~ smb on humanitarian grounds освобождать *кого-л.* по соображениям гуманности

to ~ smb unconditionally освобождать *кого-л.* без всяких условий

to ~ smb unharmed отпускать *кого-л.* на свободу невредимым

relegalization *n* новая легализация

relegitimize *v (smth)* снова легализовать *(какую-л. организацию)*

reliability *n* надежность; безопасность *(в работе)*

political ~ политическая благонадежность

reliable *a* надежный; прочный; заслуживающий доверия, благонадежный

reliance *n* опора, надежда

relic *n* 1. остаток; пережиток 2. *рел.* реликвия

~s of Empire пережитки империи

relief *n* 1. помощь; облегчение 2. пособие; освобождение от уплаты; льгота, скидка 3. смена

~ of troops смена войск

disaster ~ оказание помощи в связи со стихийными бедствиями

emergency ~ чрезвычайная помощь

famine ~ помощь голодающим

humanitarian ~ гуманитарная помощь

mortgage tax ~ скидка по налогам на закладные

tax ~ льгота по налогу

unemployment ~ пособие по безработице

to administer~ оказывать помощь

to distribute emergency ~ распределять чрезвычайную продовольственную помощь

to render ~ оказывать помощь

relieve *v* 1. оказывать помощь, облегчать 2. освобождать от должности

to ~ smb as ... освобождать *кого-л.* от должности ...

religion *n* религия

Buddhist ~ буддистская религия, буддизм

Christian ~ христианская религия, христианство

Islamic ~ исламская религия, ислам

national ~ национальная религия

official ~ официальная религия

predominant ~ господствующая религия

state ~ государственная религия

treatment of ~s отношение к религии

to misuse ~ for political purposes злоупотреблять религией в политических целях

to practice one's ~ openly открыто отправлять религиозные культы/исповедовать свою религию

to profess a ~ исповедовать религию

to put one ~ against another противопоставлять одну религию другой

religiosity *n* религиозность

religious *a* религиозный

relocate *v* перемещать(ся), перебазировать(ся)

relocation *n* перемещение, передислокация, перебазирование

rely *v* **(on/upon** *smth/smb*) полагаться *(на что-л./кого-л.)*

to ~ on smb for arms supplies зависеть от чьих-л. поставок оружия

remains *n* останки

to hand over the ~ of smb передавать кому-л. чьи-л. останки

remand I *n юр.* возвращение *(арестованного)* под стражу

to be a ~ находиться под стражей *(в ожидании суда)*

remand II *v юр.* возвращать под стражу

remark *n* замечание, реплика

inciting ~ подстрекательское высказывание

off-the-record ~ неофициальное высказывание

opening ~s вступительные замечания

poisonous ~ ядовитое замечание

provocative ~ провокационное заявление

to clarify one's ~s пояснять свои высказывания

to correct one's ~s вносить поправки в свои высказывания

to disavow one's ~s отказываться от своих слов

to make a ~ делать замечание, подавать реплику

to play down ~s by smb стараться преуменьшить значение чьих-л. замечаний

to react painfully to critical ~s болезненно реагировать на критику

to retract/to withdraw one's ~ брать свои слова обратно *(напр. в парламенте по требованию спикера)*

extension of ~s право занесения в протокол добавления к выступлению

thrust of smb's ~s колкость чьих-л. замечаний

his ~s carry some weight к его замечаниям стоит прислушаться

remed/y *n* средство, мера *(против чего-л.)*; лекарство

active ~ эффективное средство

local ~ies меры локального характера

to exhaust all diplomatic ~ies исчерпывать все дипломатические средства

to revert to age-old ~ies прибегать к испытанным средствам

remilitarization *n* ремилитаризация, повторная милитаризация

remilitarize *v* ремилитаризировать, повторно милитаризировать

remission *n* 1. прощение; помилование; освобождение *(от ответственности и т. п.)* 2. *юр.* отказ от права *и т.п.*

debt ~ досрочное освобождение от долговых обязательств

tuition ~ освобождение от платы за обучение

removal *n* смещение *(с поста и т.п.)*; устранение; удаление

to call for smb's ~ выступать с призывом отстранения *кого-л.* от власти

to seek *smb's* ~ добиваться *чьего-л.* отстранения *(от власти)*/увольнения

remove *v* смещать *(с поста и т.п.)*; устранять; удалять

remunerate *v* оплачивать; компенсировать; вознаграждать

remuneration *n* оплата *(за труд)*; компенсация; вознаграждение; гонорар

~ **in kind** оплата в натуральной форме

~ **in money** оплата в денежной форме

~ **of labor** оплата труда

material ~ материальное вознаграждение

without ~ бесплатно

to bring the total ~ **(to)** доводить общую сумму денежного вознаграждения *(до)*

to offer incomparably superior ~ предлагать несравнимо высокое вознаграждение

remunerative *a* выгодный, хорошо оплачиваемый, доходный

renaissance *n* 1. возрождение 2. **(R.)** эпоха Возрождения, Ренессанс

economic ~ экономическое возрождение

renationalization *n* новая/повторная национализация, ренационализация, деприватизация

renegade I *n* отщепенец, отступник, ренегат

renegade II *a* ренегатский

renegation *n* ренегатство

renegotiate *v (smth)* проводить новые переговоры по *какому-л.* вопросу

renewal *n* возрождение; возобновление; обновление

~ **of friendly relations** возобновление дружественных отношений

economic ~ экономическое обновление

political ~ политическое обновление

spiritual ~ духовное обновление

urban ~ городская реконструкция

process of ~ процесс обновления

renominate *v (smb)* вторично выставлять *чью-л.* кандидатуру

renomination *n* повторное выдвижение кандидата

renounce *v* отказываться *(от своих прав, требований и т.п.)*; отрекаться; отклонять; отвергать

renovation *n* возрождение, обновление

economic ~ экономическое возрождение

spiritual ~ духовное возрождение

renowned *a* знаменитый, известный

to be internationally ~ пользоваться международной известностью

rent I *n* рента; арендная плата; квартирная плата

absolute ~ абсолютная рента

delinquent ~ просроченная квартплата

ground ~ земельная рента

high ~ высокая рента

land ~ земельная рента

low ~ низкая рента

money ~ денежная рента

natural ~ натуральная рента

free of ~ не облагаемый рентой

sharp rise in ~s резкое повышение квартирной платы

rent II *v* арендовать, брать в аренду, снимать

rentier *n* рантье

renunciation *n* отказ *(от права и т.п.)*; (само)отречение

~ **of the use of force** отказ от применения силы

reorganization *n* реорганизация; перестройка; преобразование

drastic ~ радикальная реорганизация

structural ~ **of production** структурная перестройка производства

to complete the ~ завершать перестройку/реорганизацию

reorganize *v* реорганизовывать; преобразовывать; перестраивать

reorientation *n* переориентация

~ **of foreign policy** переориентация внешнеполитического курса

radical ~ **of the economic policy** коренная переориентация экономической политики

reparation *n* компенсация ущерба; *pl* репарация

war ~s репарация

to exact ~s требовать репарации

to fix the amount of ~s устанавливать размер репарации

to get ~s получать репарацию

to make ~s **to** *smb* выплачивать репарацию *кому-л.*

to pay ~s выплачивать репарацию

to receive ~s получать репарацию

nature and extent of the ~ характер и размер возмещения

repartition *n* распределение; перераспределение

~ **of the world** передел мира

repatriate *v* репатриировать, возвращать(ся) на родину

to ~ *smb* **against their wishes** насильственно репатриировать *кого-л.*

to ~ *smb* **forcibly** насильственно репатриировать *кого-л.*

repatriation *n* 1. репатриация, возвращение на родину 2. *фин. жарг.* возвращение на родину личных активов *или* активов компании

~ **of prisoners of war** репатриация военнопленных

compulsory/forced/forcible/mandatory ~ насильственная, принудительная репатриация

prisoners of war ~ репатриация военнопленных

repayable *a* подлежащий выплате/возмещению

repayment *n* оплата; возмещение

advance ~s авансовые платежи

debt ~ выплата долга

foreign debt ~s выплата внешнего долга

monthly ~s ежемесячные взносы *(за товар, купленный в рассрочку)*

mortgage ~s выплаты по закладной

to absolve *smb* **of** ~s **for 5 years** освобождать *кого-л.* от выплаты долга на 5 лет

to make ~ погашать задолженность

rescheduling of debt ~s отсрочка выплаты/реструктуризация долга

repeal *v (smth)* аннулировать, отменять *(что-л.)*

repeater *n* незаконно голосующий несколько раз во время выборов

repel *v (smth)* отбивать *(атаку, нападение, нападки)*

repellent *n:*

shark ~ *делов. жарг.* «средство для отпугивания акул» *(меры, принимаемые компанией с целью избежать ее поглощения другой компанией)*

repentant *a* кающийся, раскаивающийся

repercussion *n* последствие; влияние; результат; отклик

harmful ~s вредные последствия

international ~s международные последствия/отклики

political ~s политические последствия

to assess the political ~s **of** *smth* оценивать политическую реакцию на *что-л.*

to have ~s иметь последствия, вызывать резонанс

replace *v* заменять, замещать; восстанавливать, пополнять

to ~ *smb* **as Chancellor** *брит.* заменять *кого-л.* на посту министра финансов

replacement *n* замещение, замена; возмещение; пополнение

~ **of manual labor by machinery** замена ручного труда машинным

loss ~ возмещение потерь

replenish *v* пополнять *(запасы и т.п.)*

replenishment *n* возмещение *(денежных средств)*; пополнение *(запасов и т.п.)*

reply I *n* 1. ответ 2. *юр. жарг.* «ответ» *(заключительная речь адвоката на суде)*

to receive an official ~ получать официальный ответ

reply II *v* отвечать *(на письмо/запрос)*

report I *n* 1. доклад; отчет 2. сообщение; сводка; репортаж

~s **are consistent with other evidence** сообщения согласуются с другими данными

~ **cleared by censors** сообщение, прошедшее цензуру

~s **come from reliable sources** сообщения поступают из надежных источников

~s **filter out/through that ...** просачиваются сообщения о том, что ...

~ **just in** только что поступившее сообщение

~ **just out** только что опубликованное сообщение

~ **of the Secretary General** доклад Генерального секретаря

~ **on the management** доклад об управлении

~s **quoting Lebanese sources** сообщения со ссылкой на ливанские источники

~s **reaching here** поступающие сюда сообщения

~s **say that ...** в сообщениях говорится о том, что ...; по/согласно сообщениям ...

accounting ~ бухгалтерский отчет

accurate ~ точное сообщение

administrative ~ отчет по административным вопросам

analytical progress ~ аналитический доклад о ходе работ

annual ~ ежегодный доклад; годовой отчет

army ~ сообщение армейского командования

authenticated ~ подтвержденное сообщение

background ~ сообщение по истории вопроса

bimonthly ~s двухмесячные служебные отчеты

circumstantial ~ подробный/обстоятельный доклад/отчет

conflicting/confused/confusing ~ противоречивое сообщение

congressional ~ доклад конгрессу/конгресса

consolidated ~ сводный отчет

contradictory ~s противоречивые сообщения

detailed ~ подробный/обстоятельный доклад/отчет

documentary ~ документально обоснованный доклад

draft ~ проект доклада

efficiency ~ служебная характеристика; аттестация

expert's ~ служебный отчет/заключение эксперта

eyewitness ~ сообщение очевидца

factual ~ доклад, отражающий фактическое положение дел

false ~ ложное сообщение

favorable ~ положительный отзыв

feasibility ~ доклад/заключение о практической осуществимости/выполнимости *(проекта и т.п.)*

final ~ заключительный отчет

financial ~ финансовый отчет

fresh ~ новое сообщение

full ~ полный доклад/отчет

general ~ общий отчет

in-depth ~ исчерпывающий доклад

information ~ информационное сообщение

initial ~ первоначальный/предварительный отчет

intelligence ~ разведывательная сводка

interim ~ предварительный отчет

intermittent ~s время от времени появляющиеся сообщения

interview ~ доклад по собеседованию

joint ~ совместный доклад/отчет

leaked ~ сообщение, распространенное с помощью утечки, просочившееся сообщение

leave ~ стандартный бланк регистрации невыхода на работу *(ввиду отпуска, отгула, болезни и т. п.)*

liaison ~ *воен.* донесение офицера связи

majority ~ доклад о мнении большинства

market ~ обзор конъюнктуры/состояния рынка

material balance ~ материально-балансовый отчет

medical ~ медицинское заключение

minority ~ доклад о мнении меньшинства, особое мнение *или* заявление меньшинства

mission ~ отчет о командировке

monthly ~ ежемесячный отчет

news ~ информационное сообщение

nil ~ пустой отчет; отчет с нулевыми показателями *(из-за перерыва в деятельности)*

official ~ официальный отчет

on-the-spot ~ сообщение с места происшествия корреспондента-очевидца

optimistic ~ оптимистическое сообщение

periodic ~ периодический отчет

political ~ политический доклад

preliminary ~ предварительный отчет

premature ~ преждевременное сообщение

press ~ сообщение печати

progress ~ доклад о результатах/о ходе работы

provisional ~ предварительный отчет

quarterly ~ квартальный отчет

regular ~s регулярные доклады/отчеты/сообщения

routine weather ~ регулярная сводка погоды

secret ~ секретный доклад

shorthand ~ стенографический отчет

six-monthly ~ полугодовой отчет

special ~ специальный отчет/доклад; специальное донесение/сообщение

statistical ~ статистический отчет

substantive ~ основательный доклад

summary ~ краткий отчет/доклад

supplementary ~ дополнительный доклад; дополнительное сообщение

terminal ~ заключительный отчет

travel expense ~ отчет о командировочных расходах

uncensored ~ сообщение, не прошедшее цензуру

unconfirmed ~ неподтвержденное сообщение

United Nations ~ доклад ООН

unjust ~ неправильное сообщение

unofficial ~ неофициальное сообщение

unverified ~ неподтвержденное сообщение

upcoming ~ предстоящий доклад

updated ~ доклад, дополненный новыми данными; обновленный доклад

verbatim ~ стенографический отчет

well founded ~ вполне обоснованное сообщение

to act upon ~ принимать меры на основе доклада

to address ~ (to) направлять доклад/отчет *(кому-л.)*

to adopt ~ одобрять/утверждать доклад

to alter ~ изменять доклад

to amend ~ вносить поправку в доклад

to approve ~ одобрять/утверждать доклад

to attach credence to ~s верить сообщениям

to bring the ~ up-to-date включать в доклад самые последние сведения/данные; пополнять доклад новыми данными; обновлять содержание доклада

to carry ~ помещать сообщение *(в газете)*, передавать сообщение *(по радио или телевидению)*

to check ~ проверять сообщение

to clear news ~s подвергать цензуре сообщения о текущих событиях

to collect ~s собирать сообщения

to complete/to conclude a ~ заканчивать доклад/сообщение

to confirm a ~ подтверждать сообщение

to consider a ~ рассматривать доклад/отчет

to contest a ~ оспаривать *какое-л.* сообщение

to contradict a ~ противоречить сообщению

to declassify a ~ рассекречивать доклад

to deliver ~ выступать с докладом; делать доклад

to deny a ~ опровергать сообщение

to discount a ~ сомневаться в истинности сообщения

to dismiss a ~ as baseless отвергать сообщение как безосновательное

to draw up a ~ готовить/составлять доклад

to file expenditure ~s предоставлять отчет о расходах

to finalize a ~ завершать/окончательно оформлять доклад

to forward a ~ to *smb* направлять доклад/отчет *кому-л.*

to give a ~ on *smth* делать отчет о *чем-л.*

to give a ~ serious study серьезно изучать сообщение

to hear a ~ заслушивать отчет

to include *smth* **in a ~** включать/заносить *что-л.* в доклад

to initiate a ~ предлагать доклад

to investigate a ~ изучать доклад

to issue a ~ опубликовывать/обнародовать доклад

to keep a ~ under lock and key to prevent leaks держать доклад за семью замками во избежание утечки информации

to leak a ~ to the press давать «утечку» сообщения прессе, «сливать» сообщение в прессу

to make a ~ выступать с докладом; делать доклад

to make a ~ «Restricted» относить отчет к категории материалов «для служебного пользования»

to make comments on a ~ комментировать доклад; делать комментарий/критические замечания к докладу to mention *smth* in a ~ упоминать/констатировать/отмечать *что-л.* в докладе

to monitor ~s следить за сообщениями

to obtain a ~ получать доклад

to prepare a ~ готовить/составлять доклад

to present a ~ *(to smb)* представлять доклад *(кому-л.)*

to produce a ~ составлять доклад

to publish the ~s on a yearly basis ежегодно издавать доклады

to put a ~ into shape редактировать доклад

to receive a ~ with some caution осторожно относиться к сообщению

to reconsider a ~ пересматривать доклад

to release a ~ опубликовывать/обнародовать доклад

to send *smb* a ~ пересылать *кому-л.* сообщение

to state *smth* in a ~ указывать *что-л.* в докладе

to submit a ~ for *smb's* consideration представлять доклад на рассмотрение *кому-л.*

to suppress a ~ запрещать публикацию сообщения

to take a ~ seriously серьезно относиться к сообщению

to unveil a ~ опубликовывать/обнародовать доклад

to verify a ~ проверять сообщение

to write a ~ писать доклад

according to unofficial ~s по неофициальным сообщениям

basic theses of ~ основные положения доклада

brief outline ~ тезисы доклада

debate on ~ прения по докладу

declassification/derestriction of ~ рассекречивание доклада

discussion of ~ прения по докладу

heads of ~ тезисы доклада

independent confirmation of ~ подтверждение сообщения из независимого источника

observations on ~ замечания по докладу

veracity of ~ достоверность сообщения

report II *v* докладывать; сообщать; представлять отчет

to ~ back to *smb* отчитываться перед *кем-л.*, докладывать результаты

to ~ for a country быть журналистом *какой-л.* страны

to ~ for a newspaper from a country быть корреспондентом газеты в *какой-л.* стране

to ~ on *smth* сообщать о *чем-л.*

to ~ personally to President подчиняться/докладывать лично президенту

to ~ *smth* at first hand быть первоисточником, сообщать *что-л.* из первых рук

to ~ *smth* in full подробно сообщать о *чем-л.*

to ~ *smth* prominently сообщать о *чем-л.* на видном месте *(в газете, журнале и т.п.)*

to ~ to *one's* government делать доклад/докладывать результаты своему правительству

nothing to ~ никаких происшествий не случилось

the republic is ~ed back to normal по поступающим сообщениям, обстановка в республике нормализовалась

reportage *n* репортаж

immediate ~ прямой репортаж

on-the-spot ~ репортаж с места событий

report-back *n* отчет, доклад о результатах

reportedly *adv* по имеющимся сообщениям

reporter *n* 1. докладчик 2. репортер 3. подотчетное лицо

~ of the committee докладчик комитета

court ~ стенографист/протоколист суда

general assignment ~ журналист широкого профиля

newspaper ~ корреспондент газеты

official stenotype ~ секретарь, ведущий стенографическое протоколирование заседаний

verbatim ~s стенографистки, стенографический отдел

to brief ~s проводить брифинг для корреспондентов

reporting *n* 1. отчетность; учет 2. предоставление информации 3. репортаж

~ of data представление/сообщение данных

biased ~ необъективное освещение событий

financial ~ предоставление финансовой отчетности

newspaper ~ газетный репортаж

regular ~ регулярная отчетность

represent *v (smb)* представлять *(кого-л.)*, быть чьим-л. представителем

thinly ~ed слабо представленный

to accept to be ~ed соглашаться быть представленным

to be highly ~ed быть представленным высокопоставленными деятелями *(министрами и т.п.)*

to invite to be ~ed предлагать послать представителя

to ~ *one's* country in a foreign state представлять свою страну в иностранном государстве

representation *n* представительство

~ in the government представительство в правительстве

balanced ~ сбалансированное представительство *(в каком-л. органе)*

consular ~ консульское представительство

diplomatic ~ дипломатическое представительство

equal ~ равное представительство

field ~ представительство на местах

parliamentary ~ представительство в парламенте, парламентское представительство

permanent ~ постоянное представительство

popular ~ народное представительство

proportional ~ **(PR)** пропорциональное представительство *(в каком-л. органе)*

state ~ норма представительства от штата *(США)*

trade ~ торговое представительство

to ensure equitable geographical ~ обеспечивать справедливое географическое представительство

to give *smb* **sufficient** ~ обеспечивать *кому-л.* достаточное представительство

to have greater/stronger ~ **in parliament** быть лучше представленным в парламенте

to make a ~ **to** *smb* дип. делать представление *кому-л.*, заявлять протест

cost of legal ~ стоимость найма адвоката

expenses on ~ представительские расходы

government with substantial centrist ~ правительство, в котором широко представлены центристы

system of proportional ~ система пропорционального представительства

representative I *n* **1.** *(of smb/smth)* представитель *(кого-л., чего-л.)*; делегат, уполномоченный *(кого-л., чего-л.)* **2. (R.)** член палаты представителей *(США)*

~ **at a parley** представитель на переговорах

~**s from all walks of life** представители всех слоёв населения

~**s of member states** представители государств-членов ООН

~ **with special responsibility for arms control** представитель, занимающийся вопросами контроля над разоружением

accredited ~ уполномоченный представитель

alternate ~ замещающий представителя

authentic ~ подлинный/истинный представитель

authorized ~ полномочный представитель; полноправный представитель

consular ~ консульский представитель

designated ~ назначенный представитель

diplomatic ~ дипломатический представитель

elected ~ выбранный представитель

field ~ представитель на месте

foreign ~ зарубежный представитель

legitimate ~ законный представитель

official ~ официальный представитель

permanent ~ постоянный представитель

personal ~ личный представитель

plenipotentiary ~ полномочный представитель

prominent ~ видный представитель

qualified ~ правомочный представитель

Resident R. постоянный представитель; резидент-представитель программы развития ООН

sole ~ единственный представитель

special ~ специальный представитель

specially designated ~ специально назначенный представитель

top ~ представитель высокого ранга

trade ~ торговый представитель

to appoint a ~ назначать представителя

to exchange diplomatic ~**s** обмениваться дипломатическими представителями

to send a ~ посылать представителя

to withdraw a diplomatic ~ отзывать дипломатического представителя

Deputy Permanent R. of a country to the UN заместитель постоянного представителя страны при ООН

House of Representatives палата представителей *(США)*

Permanent R. of a country to the UN постоянный представитель страны при ООН

recall of diplomatic ~**s** отзыв дипломатических представителей

representative II *a* **1.** характерный, показательный **2.** представительный

repress *v* подавлять; репрессировать

repression *n* репрессия; подавление; расправа; репрессивная мера; гнёт

brutal and senseless ~ жестокое и бессмысленное подавление

domestic ~ репрессии внутри страны

government ~ репрессии со стороны правительства

mass/massive ~**s** массовые репрессии

police ~**s** полицейские расправы/репрессии

political ~ политическое преследование, политическая травля; *pl* политические репрессии

racial ~ расовый гнёт

savage ~**s** зверские/жестокие репрессии

unrelenting ~ безжалостное подавление

to be subjected to cruel ~**s** подвергаться жестоким репрессиям

to begin a new period of brutal ~ начинать новый период жестоких репрессий

to bring an end to ~**s** класть конец репрессиям

to carry out ~**s** проводить репрессии

to increase/to intensify ~**s** усиливать/ужесточать репрессии

to oppose racial ~ выступать против расового гнёта

to resort to ~ прибегать к репрессиям

apparatus of ~ аппарат репрессий

techniques of ~ способы подавления

wave of ~ волна репрессий

repressive *a* репрессивный

reprieve I *n* отсрочка приведения в исполнение (смертного) приговора

to grant *smb* **a** ~ отсрочить приведение в исполнение смертного приговора *кому-л.*

reprieve II *v (smb)* отсрочивать казнь

reprimand I *n* выговор

severe ~ строгий выговор

warning ~ выговор с предупреждением

to give *smb* **a** ~ объявлять выговор *кому-л.*

reprimand II *v* делать/объявлять выговор

to ~ *smb* **severely** объявлять *кому-л.* строгий выговор

reprint *n* оттиск *(статьи, документа)*

reprisal *n (against smb)* расправа; ответная мера; ответный удар; ответное действие; *юр.* репрессалия

economic ~s экономические репрессалии

government ~s репрессалии со стороны правительства

to carry out ~s проводить репрессалии

to escalate ~s усиливать репрессалии

to exercise ~s проводить репрессалии

to suffer ~s подвергаться репрессалиям

to take ~s **against** *smb* применять репрессалии по отношению к *кому-л.*

savage ~ **against** *smb* зверская/дикая расправа над *кем-л.*

law of ~ право возмездия

threat of ~s угроза репрессалий

reprocessing *n* переработка, регенерация

reproduction *n* **1.** воспроизведение *(текста, документа)* **2.** *эк.* воспроизводство

~ **of labor/power** воспроизводство рабочей силы

annual ~ годовое воспроизводство

enlarged/expanded ~ расширенное воспроизводство

simple ~ простое воспроизводство

social ~ общественное воспроизводство

reprove *v* делать выговор/порицание

republic *n* республика

~ **attached to a country** республика, присоединенная к *какой-л.* стране

autonomous ~ автономная республика

banana ~ *пренебр.* банановая республика *(о малой латиноамериканской/африканской стране)*

bourgeois-democratic ~ буржуазно-демократическая республика

breakaway ~ республика, вышедшая из состава федерации

corporative ~ корпоративная республика

country's constituent ~s республики, из которых состоит страна

democratic ~ демократическая республика

ethnically diverse ~ многонациональная республика, республика смешанного национального состава

federal ~ федеральная республика

federative ~ федеративная республика

independent ~ независимая республика

Islamic ~ исламская республика

linchpin ~s основные республики

national ~ национальная республика

parliamentary ~ парламентская республика

People's Democratic R. народно-демократическая республика

People's R. народная республика

rebellious ~ мятежная республика

secular ~ республика без официальной религии; светская республика

self-proclaimed ~ территория, провозгласившая себя республикой; самопровозглашенная республика

Socialist R. *ист.* социалистическая республика

unitary ~ унитарная республика

to declare a country a ~ объявлять страну республикой

to establish a ~ учреждать/основывать республику

to favor a ~ выступать за республику

to found a ~ учреждать/основывать республику

to join a ~ входить в состав республики

to leave a ~ выходить из состава республики

to proclaim a ~ провозглашать республику

emergence of a ~ появление республики

union of equal ~ союз равноправных республик

republican I *n* **1.** республиканец **2. (R.)** член Республиканской партии США

moderate R. умеренный республиканец

republican II *a* республиканский

repulse I *n* отпор, отражение

to suffer a ~ терпеть поражение

repulse II *v* отражать *(нападки, атаку и т.п.)*; отвергать *(обвинения и т.п.)*

reputable *a* авторитетный *(об эксперте, специалисте и т.п.)*

reputation *n* репутация; добрая слава

~ **is at stake** *(чья-л.)* репутация поставлена на карту; речь идет о *(чьей-л.)* репутации

dubious ~ сомнительная репутация

international ~ международная репутация

spotless ~ незапятнанная репутация

tainted/tarnished ~ запятнанная/подмоченная репутация

to acquire a ~ приобретать репутацию; становиться известным

to blacken *smb's* ~ порочить *чью-л.* репутацию

to bring a country's ~ **into disrepute** запятнать репутацию страны

to damage a country's international ~ наносить ущерб международному престижу страны

to do damage to a country's ~ **internationally** вредить репутации страны в глазах мировой общественности

to enjoy a good ~ пользоваться доброй славой

to restore *smb's* ~ восстанавливать *чью-л.* репутацию

to sully/to tarnish *one's* ~ запятнать свою репутацию

to win a ~ завоевывать репутацию

shame to a country's ~ **internationally** позор для международной репутации страны

request I *n (for smth)* запрос; просьба; заявка; требование

~ **for** *smth* просьба о *чем.-л.*

~ **for a delay of the execution** требование об отсрочке исполнения приговора

~ **from** *smb* запрос от *кого-л.*

aid ~ просьба об оказании помощи

credit ~ заявка на получение кредита

extradition ~ просьба об экстрадиции

procurement ~ заявка на поставку

project ~ запрос о проекте; заявка на капитальные вложения

specific ~ специальный запрос, специальная заявка

urgent ~ срочный запрос, срочная заявка/просьба

written ~ письменный запрос; письменная просьба

to accede to *smb's* ~ удовлетворять чью-л. просьбу

to address a ~ **to** направить просьбу

to agree to ~**s by a country** соглашаться удовлетворить требования *какой-л.* страны

to be in great ~ пользоваться большим спросом

to be in poor ~ пользоваться малым спросом

to comply with a ~ выполнять запрос/заявку

to consider *smb's* ~ **sympathetically** положительно рассматривать чью-л. просьбу

to drop *one's* ~ отказываться от своей просьбы

to formulate a ~ готовить/составлять/формулировать запрос

to get *one's* ~ **through** добиваться удовлетворения своей просьбы *(в конгрессе)*

to grant *smb's* ~ удовлетворять чью-л. просьбу

to implement a ~ выполнять запрос

to make a ~ делать запрос; обращаться с просьбой

to meet *smb's* ~ удовлетворять чью-л. просьбу

to perform services at the ~ **of** *smb* оказывать услуги по просьбе *кого-л.*

to receive a ~ получать запрос/заявку

to refuse/to repulse a ~ отказывать в просьбе

to respond to a ~ реагировать на запрос/заявку/просьбу

to send a ~ **(to** *smb***)** направлять/посылать запрос *(кому-л.)*

to turn down flatly a ~ категорически/наотрез отказываться удовлетворить просьбу

according to/in accordance with your ~ в соответствии с Вашей просьбой

appraisal of the ~ оценка запроса

at *smb's* ~ по чьей-л. просьбе

in line with *smb's* ~ согласно/в соответствии с чьей-л. просьбой

in response to ~**s by** *smb* в ответ на чьи-л. пожелания

mounting number of ~**s** возрастающее число запросов/заявок

rejection of a ~ отклонение просьбы

under a Freedom of Information ~ по заявке согласно закону о свободном доступе к информации

upon *smb's* ~ по чьей-л. просьбе

within 24 hours of a ~ в течение 24 часов после обращения с просьбой

request II *v* просить; запрашивать; требовать

as ~**ed** согласно просьбе

requirement *n* потребность; требование; необходимое условие

basic ~**s** основание потребности

constantly rising ~**s** постоянно растущие потребности

cultural ~**s** культурные запросы

current ~**s** текущие потребности

domestic ~**s** внутренние потребности

environmental ~**s** требования по охране окружающей среды

external debt-servicing ~**s** потребности в погашении внешней задолженности

global ~**s** глобальные потребности/условия

growing ~**s** растущие потребности

institutional ~**s** организационные требования

local ~**s** местные потребности

manpower ~**s** потребности в рабочей силе

market ~**s** требования рынка; рыночный спрос

material ~**s** материальные потребности

operational ~**s** эксплуатационные требования

personal ~**s** личные потребности

preferential ~**s** преференциальные требования

programmatic ~**s** программные требования

research ~**s** требования к научным исследованиям

security ~**s** требования безопасности

skill ~**s** требования к квалификации

social ~**s** общественные потребности

special ~**s** специальные требования

specific ~**s** конкретные/определенные требования

spiritual ~**s** духовные запросы/потребности

staffing ~**s** необходимая численность персонала

technological ~**s** технологические требования

urgent ~**s** неотложные потребности

visa ~**s** необходимые условия для получения виз

vital ~ жизненная потребность

to adapt to local ~**s** приспосабливать к местным потребностям

to cope with the ~**s** справляться с потребностями

to estimate ~**s** определять потребности

to fulfill the ~**s** выполнять требования

to identify ~**s** определять потребности

to impose/to introduce visa ~**s for** *smb* вводить необходимость виз *для кого-л.*

to lay down ~**s** вырабатывать требования

to match/to meet ~**s** соответствовать/отвечать требованиям; удовлетворять потребности

to react to different ~**s** реагировать на различные требования/потребности/условия

to satisfy ~**s** соответствовать/отвечать требованиям; удовлетворять потребности

to set out the ~**s** излагать требования/технические условия

to suit ~**s** соответствовать/отвечать требованиям; удовлетворять потребности growth of ~s рост потребностей

requisition *n* реквизиция

rerun *n* **1.** повторный показ кинофильма; повторная радио-/телепередача **2.** повторные выборы

rescheduling *n* перепланировка, изменение графика

debt ~ отсрочка выплаты/реструктуризация долга

rescue *n* спасение; спасательные работы

to take charge of the ~ возглавлять спасательные работы

rescuer *n* спасатель

research *n* исследование; изучение; научно-исследовательская работа

~ and development (R & D) научные исследования и разработки, научно-исследовательские и опытно-конструкторские разработки, НИОКР

advanced ~ передовые/прогрессивные исследования

AIDS ~ исследования по СПИДУ

applied ~ прикладные исследования

basic ~ фундаментальные исследования

collaborate ~ совместное исследование

collective ~ коллективное исследование

contract ~ научные исследования, проводимые по контрактам

economic ~ экономические исследования

engineering ~ технические исследования

experimental ~ экспериментальные исследования

field ~ исследования на местах; полевые исследования

fundamental ~ фундаментальные исследования

health ~ исследования в области здравоохранения

health services ~ исследования в области услуг, предоставляемых системой здравоохранения

health systems ~ исследования в области систем здравоохранения

industrial ~ исследования в области промышленности

interdisciplinary ~ междисциплинарное исследование

joint ~ совместные исследования

laboratory ~ лабораторные исследования

large-scale ~ крупномасштабные исследования

market(ing) ~ изучение конъюнктуры рынка; изучение/анализ перспектив рынков сбыта

media ~ изучение методов работы средств массовой информации

peace ~ исследования проблем мира

scientific ~ научные исследования

socioeconomic ~ социально-экономические исследования

to build up scientific and technological ~ накапливать/увеличивать количество научно-технических исследований

to carry on/to carry out/to conduct/to do ~ вести/проводить научные исследования

to encourage ~ поощрять исследования

to guide ~ направлять исследования

to promote ~ способствовать научному исследованию

to reorient ~ давать новые направления научным исследованиям

to undertake ~ предпринимать/начинать научные исследования

object of ~ объект исследования

subject of ~ предмет исследования

researcher *n* исследователь

human rights ~ исследователь проблемы прав человека

resegregation *n* ресегрегация

resentment *n* возмущение

deep-seated ~ скрытое возмущение

to stir up considerable ~ вызывать большое возмущение

reservation *n* **1.** *(about)* оговорка; условие; сомнение **2.** бронирование; сохранение **3.** резервация **4.** *полит. жарг.* данная политическая партия

~ of rights сохранение прав

grave ~s серьезные опасения

serious ~ серьезная оговорка

usual ~ обычная оговорка

to be off the ~ *полит. жарг.* оставаться в рядах партии, но не поддерживать ее кандидата на выборах

to be on the ~ *полит. жарг.* сохранять верность своей партии

to express ~s высказывать опасения

to have serious ~ иметь/содержать серьезные оговорки

to make ~s делать/выдвигать оговорки

to resolve *one's* ~s разрешать свои сомнения

to voice ~s делать/выдвигать оговорки

subject to ~s с оговорками

with ~s с оговорками

without ~s безоговорочно

reserve *n* запас, резерв

buried ~ скрытый резерв

depleted ~s истощившиеся запасы

dollar ~ долларовый резерв

emergency ~s аварийный запас

excess ~ избыточный резерв

external ~s внешние резервы

food ~s продовольственные резервы

foreign currency/exchange ~s резервы в иностранной валюте

gold ~ золотой запас/резерв

hard currency ~s запасы конвертируемой валюты

hidden ~ скрытый резерв

international (monetary) ~s международные (валютные) резервы

labor ~s трудовые резервы

latent ~s скрытые резервы

liability ~ резерв обязательств

local ~s местные резервы

manpower ~s трудовые резервы

mineral ~s запасы полезных ископаемых

monetary ~s валютные резервы, валютный фонд

nature ~ заповедник

official ~s официальные резервы

operating ~ резерв на покрытие эксплуатационных/оперативных расходов

production ~s производственные резервы

profitable ~s рентабельные запасы

strategic ~s стратегические запасы

total ~s общие резервы

world gold ~s мировой золотой запас

to build up ~s создавать резервы

to deplete *one's* **foreign currency** ~s истощать свои запасы иностранной валюты

to dip into foreign-exchange ~s прибегать к своим инвалютным запасам

to drain *one's* **foreign currency** ~s истощать свои запасы иностранной валюты

to draw on ~s расходовать из резервов

to mobilize internal ~s мобилизовать внутренние резервы

to seek additional ~s изыскивать дополнительные резервы

drain on a country's foreign ~s утечка запасов иностранной валюты страны

member of the police ~ член полицейского резерва

the world's proven oil ~s разведанные мировые запасы нефти

reservist *n воен.* резервист

police ~ резервист полиции

to call up ~s призывать резервистов

to mobilize ~s мобилизовать резервистов *(в армию)*

resettle *v (smb)* переселять *(кого-л.)*

resettlement *n* переселение

reshape *v* придавать новую форму *или* вид; меняться; перестраивать; преобразовывать

reshaping *n* преобразование; перестройка

reshuffle I *n* реорганизация *(кабинета, правительства и т.п.)*; перестановки *(в правительстве)*

cabinet/government ~ перестановки в составе правительства

ministerial ~ реорганизация кабинета министров

palace ~ дворцовый переворот

sweeping cabinet ~ значительные изменения в составе правительства

wide-ranging cabinet ~ большие/радикальные изменения в составе правительства

to carry out/to make a cabinet ~ производить перестановки в правительстве

reshuffle II *v* производить перестановку *(в кабинете министров, в кадрах)*; реорганизовать *(правительство)*

residence *n* 1. жительство, проживание 2. местожительство; местопребывание; квартира; резиденция

country ~ загородная резиденция

official ~ официальная резиденция

permanent ~ постоянное местожительство

temporary ~ временное местожительство

to give *smb* **temporary** ~ **on a country** предоставить *кому-л.* временное разрешение на проживание в стране

country of ~ страна постоянного местожительства

place of ~ место жительства/пребывания

permanent place of ~ постоянное место жительства

residency *n* резиденция

resident I *n* резидент *(1. лицо, проживающее по месту службы; местный постоянный житель 2. агент разведки, действующий на территории другого государства)*

~s **have been advised to stay indoors** жителям было рекомендовано не покидать своих жилищ

civilian ~s мирные жители

illegal ~ лицо, нелегально проживающее в стране

legal ~ лицо, легально проживающее в стране

local ~ местный житель

original ~ абориген

permanent ~ постоянный житель/представитель

temporary ~ временно проживающий

foreign ~ **in the country** иностранец, проживающий в данной стране

resident II *a* постоянно живущий/проживающий

~ **abroad** проживающий за границей

residential *a* жилой; жилищный

residentura *n русск. развед.* резидентура

resign *v* уходить/подавать в отставку; отказываться от должности

to ~ **as leader of a party** уходить в отставку с поста лидера партии

to ~ **before the term is up** уходить в отставку досрочно

to ~ **en masse** коллективно подавать в отставку

to ~ **for personal reasons** уходить в отставку по личным мотивам/по причинам личного характера

to ~ **for the good of the party** уходить в отставку для блага партии

to ~ **from a body** уходить в отставку/увольняться из *какой-л.* организации

to ~ **in a huff** уходить в отставку от обиды

to ~ **in the wake of the scandal** уходить в отставку после скандала

to ~ **on grounds of ill health** выходить на пенсию по состоянию здоровья

to ~ **over** *smth* уходить в отставку из-за чего-л./в связи с чем-л.

to agree in principle to ~ в принципе соглашаться уйти в отставку

to be under pressure to ~ подвергаться давлению с целью заставить уйти в отставку

to force *smb* **to** ~ заставлять *кого-л.* уйти в отставку

to intend to ~ собираться подать в отставку

to make an offer to/to offer to ~ **(from** *one's* **post)** изъявлять готовность уйти в отставку, подавать в отставку

to threaten to ~ угрожать уйти в отставку

resignation *n* отставка; заявление об отставке; уход в отставку, увольнение по собственному желанию

~ **across the board** массовая отставка

~ **from Parliament** выход из состава парламента

~ **from the party** выход из партии

~ **of the government** отставка правительства

abrupt ~ внезапная отставка

attempted ~ попытка уйти в отставку

forced ~ вынужденная отставка

to accept *smb's* ~ принимать *чью-л.* отставку

to announce *one's* ~ объявлять о своей отставке

to call for *smb's* **(immediate)** ~ призывать *кого-л.* (немедленно) уйти в отставку

to cause *smb's* ~ вызывать *чью-л.* отставку

to demand *smb's* ~ требовать *чьей-л.* отставки

to discuss the terms for *one's* ~ обсуждать условия своего ухода в отставку

to dismiss calls for *one's* ~ отвергать призывы уйти в отставку

to file a ~ подавать заявление об отставке

to force *smb's* ~ заставлять *кого-л.* уйти в отставку

to give in *one's* ~ вручать прошение об отставке/заявление об уходе

to hand in *one's* ~ подавать в отставку

to lead to *smb's* ~ приводить к *чьей-л.* отставке

to offer *one's* ~ подавать в отставку

to reject calls for *one's* ~ отвергать призывы уйти в отставку

to secure *smb's* ~ добиваться *чьей-л.* отставки

to send in *one's* ~ вручать прошение об отставке/заявление об уходе

to spark the cabinet's ~ служить толчком к отставке кабинета министров

to submit the ~ **of** *one's* **cabinet** подавать в отставку вместе со своим кабинетом *(о премьер-министре)*

to take note of a ~ принимать к сведению просьбу об отставке

to withdraw *one's* ~ брать обратно заявление об отставке

call for *smb's* ~ призыв к *кому-л.* уйти в отставку, требование *чьей-л.* отставки

catalyst for *smb's* ~ то, что ускорило *чью-л.* отставку

flood of ~**s** масса заявлений об уходе/о выходе из организации

resist *v* сопротивляться; оказывать сопротивление

resistance *n* сопротивление; противодействие; **(the R.)** *ист.* Сопротивление, движение Сопротивления

~ **from** *smb* сопротивление с *чьей-л.* стороны

~ **of reactionary forces** сопротивление реакционных сил

~ **to change** сопротивление переменам

armed ~ вооруженное сопротивление

civil/civilian ~ сопротивление гражданского населения

determined ~ решительное сопротивление

dogged ~ упорное сопротивление

enemy ~ сопротивление противника

fierce ~ ожесточенное/яростное сопротивление

growing/mounting ~ нарастающее сопротивление

nonviolent ~ ненасильственное сопротивление

passive ~ пассивное сопротивление

popular ~ сопротивление народа, массовое сопротивление

spotty ~ разрозненное сопротивление

stiff ~ упорное сопротивление

strong ~ сильное сопротивление

stubborn ~ упорное сопротивление

sustained ~ длительное сопротивление

valiant ~ героическое сопротивление

weak ~ слабое сопротивление

widespread ~ сопротивление широких слоев населения

to be in no shape for sustained ~ быть не в силах оказывать продолжительное сопротивление

to break down ~ ломать сопротивление

to crush ~ подавлять сопротивление

to encounter ~ встречать сопротивление

to furnish ~ оказывать сопротивление

to keep up ~ продолжать оказывать сопротивление

to maintain ~ продолжать оказывать сопротивление

to make ~ оказывать сопротивление

to meet with ~ встречать сопротивление

to offer ~ оказывать сопротивление

to overcome/to overpower ~ преодолевать сопротивление

to provide/to put up ~ оказывать сопротивление

to put down/to reduce ~ подавлять сопротивление

to run into ~ встречать сопротивление

to smash/to suppress ~ подавлять сопротивление

to wear down ~ ломать сопротивление

against the old guard's ~ преодолевая сопротивление старой гвардии

campaign of civil ~ кампания гражданского сопротивления

leaders of rebel ~ руководители сопротивления, оказываемого восставшими

packet of ~ очаг сопротивления

resolute *a* решительный, твердый, непоколебимый

resolutely *adv* решительно

to respond ~ решительно реагировать

resolution n **1.** *(about/on smth)* резолюция, решение, постановление **2.** решимость, решительность **3.** разрешение, урегулирование *(конфликта, проблемы)*

~ **against a country** резолюция, осуждающая *какую-л.* страну

~ **binding on** *smb* резолюция, обязательная для *кого-л.*

~ **calling for an end to the war** резолюция, призывающая положить конец войне

~ **comes into effect** резолюция вступает в силу

~ **deploring** *smth* резолюция, в которой выражается сожаление по поводу *чего-л.*

~ **fell short of imposing sanctions on** *smb* в резолюции не нашли отражения предложения о введении санкций против *кого-л.*

~ **passed with a lopsided margin of 91-4** резолюция была принята подавляющим большинством голосов: 91 «за», 4 «против»

~ **seeking an end to the war** резолюция, призывающая положить конец войне

~ **was carried by an overwhelming majority** резолюция была принята подавляющим большинством голосов

~ **won overwhelming support** резолюция получила поддержку подавляющего большинства

amended ~ резолюция с внесенными в нее поправками

antinuclear ~ антиядерная резолюция

ceasefire ~ резолюция о прекращении огня

concurrent ~ постановление конгресса, принятое раздельно обеими палатами

consensus ~ единогласно принятая резолюция

consolidated draft ~ объединенный проект резолюции

continuing ~ продлеваемая резолюция

draft ~ проект резолюции

emergency ~ чрезвычайная резолюция

executive ~ резолюция по вопросам исполнительной власти

follow-up ~ резолюция в развитие предыдущей

interim ~ временная резолюция

joint ~ совместная резолюция

key ~ ключевая резолюция

lopsided ~ односторонняя/тенденциозная резолюция

mandatory ~ резолюция, имеющая обязательную силу

nonbinding ~ резолюция, не имеющая обязательной силы

one-sided ~ односторонняя резолюция

revised draft ~ пересмотренный проект резолюции

stern ~ строгая резолюция

strong ~ решительная резолюция

substitute ~ резолюция взамен предложенной

timid ~ робкая резолюция

UN ~ резолюция ООН

unanimous ~ единогласное решение, единогласно принятая резолюция

use-of-force ~ резолюция о применении силы

widely supported ~ резолюция, получившая широкую поддержку

to abide by a ~ соблюдать/выполнять резолюцию, придерживаться резолюции

to accept a ~ соглашаться выполнять резолюцию, подчиняться резолюции

to adhere to a ~ соблюдать/выполнять резолюцию, придерживаться резолюции

to adjourn the consideration of a draft ~ откладывать/прерывать рассмотрение проекта резолюции

to adopt a ~ **unanimously** принимать резолюцию единогласно

to agree a draft ~ согласовывать проект резолюции

to amend a ~ вносить поправки в резолюцию

to annul a ~ отменять резолюцию

to apply a ~ применять резолюцию

to approve a ~ одобрять резолюцию

to be close to ~ быть близким к разрешению *(о конфликте, проблеме)*

to be in line with the ~ соответствовать резолюции

to bring forward a draft ~ выдвигать проект резолюции

to bury a ~ *перен.* хоронить резолюцию

to call for full implementation of the ~ призывать к всеобъемлющему выполнению резолюции

to carry out/through/to comply with a ~ соблюдать/выполнять резолюцию, придерживаться резолюции

to conflict with the letter and spirit of the ~ противоречить букве и духу резолюции

to co-sponsor a ~ совместно поддерживать резолюцию

to debate a ~ обсуждать резолюцию

to disprove a ~ отклонять резолюцию

to disregard a ~ не соблюдать резолюцию

to draft/to draw up a ~ составлять резолюцию

to emasculate a ~ выхолащивать резолюцию

to endorse a ~ одобрять резолюцию

to enforce a ~ добиваться выполнения резолюции

to finalize a ~ вырабатывать окончательный проект резолюции

to flout a ~ попирать резолюцию

to fulfil a ~ **to the letter** полностью выполнять резолюцию

to go beyond a ~ выходить в своих действиях за рамки резолюции

to hammer out a ~ вырабатывать/составлять резолюцию

to have in place a ~ добиваться принятия резолюции

to honor a ~ соблюдать резолюцию

to implement a ~ выполнять резолюцию

to impose a ~ навязывать резолюцию

to **introduce a draft** ~ представлять/вносить на рассмотрение проект резолюции/решения

to **modify a** ~ изменять резолюцию

to **move a draft** ~ представлять/вносить на рассмотрение проект резолюции/решения

to **oppose a** ~ выступать против резолюции

to **overrule/to overturn a** ~ отклонять/отвергать резолюцию

to **pass a** ~ **by acclamation** принимать резолюцию без голосования

to **prepare a** ~ вырабатывать/готовить/составлять резолюцию

to **propose a** ~ вносить на рассмотрение резолюцию

to **put a draft** ~ **before the General Assembly** представлять проект резолюции на рассмотрение Генеральной Ассамблеи

to **put forward a** ~ представлять на рассмотрение резолюцию

to **put the draft** ~ **to the vote** ставить проект резолюции на голосование

to **react to a** ~ реагировать на резолюцию

to **reject a** ~ отклонять/отвергать резолюцию

to **repudiate a** ~ отвергать резолюцию

to **rescind a** ~ отменять резолюцию

to **respond to a** ~ реагировать на резолюцию

to **reverse a** ~ отменять резолюцию

to **second a** ~ поддерживать резолюцию

to **seek implementation of a** ~ добиваться выполнения резолюции

to **show** ~ проявлять решительность/решимость

to **speak in favor of the** ~ высказываться в поддержку резолюции

to **sponsor a** ~ поддерживать резолюцию

to **submit a** ~ **for approval** вносить/представлять резолюцию на утверждение

to **subscribe to a** ~ соглашаться с резолюцией

to **support a** ~ поддерживать резолюцию

to **sway away from a** ~ отходить от резолюции

to **table a** ~ вносить/выдвигать/предлагать/представлять (на рассмотрение) резолюцию

to **turn down a** ~ отклонять/отвергать резолюцию

to **veto a** ~ налагать вето на резолюцию

to **vote down a** ~ отклонять/отвергать резолюцию

to **walk back from a** ~ отходить от резолюции

to **water down a** ~ **(by/with amendments)** ослаблять резолюцию (поправками)

to **withdraw a draft** ~ снимать проект резолюции

to **work out a** ~ вырабатывать/готовить/составлять резолюцию

acceptance of a ~ принятие резолюции

as laid down by the ~ как предусматривается в резолюции

blueprint for a new ~ проект новой резолюции

centerpiece of a ~ главный пункт резолюции

defiance of a ~ игнорирование резолюции

implementation of a ~ выполнение резолюции

in pursuance of the ~ в порядке выполнения резолюции

military ~ **of the confrontation** военное разрешение конфронтации

noncompliance with a ~ несоблюдение резолюции, отказ от выполнения резолюции

operative part of a ~ постановляющая часть резолюции

pursuant to the ~ в соответствии с резолюцией

reversal of a ~ отмена резолюции

sponsor of the ~ автор/спонсор резолюции

unanimous passage of a ~ единогласное принятие резолюции

unconditional acceptance of a ~ безоговорочное принятие резолюции

under the ~ согласно резолюции

resolve I *n* решение; намерение; решимость

political ~ политическая решимость

to **display political** ~ проявлять политическую решимость

to **stiffen/to strengthen** *smb's* ~ усиливать *чью-л.* решимость

to **weaken international** ~ ослаблять решимость мирового сообщества

resolve II *v* решать, разрешать *(вопрос)*, принимать решение; постановлять

resort I *n* средство, прибежище

last ~ последнее средство

resort II *v* **(to)** обращаться; прибегать *(к чему-л.)*

resource *n* 1. способ; средство 2. *обыкн. pl* ресурсы; запасы 3. отдых, развлечения 4. находчивость, изобретательность

abundant ~s изобилие ресурсов

additional ~s дополнительные средства

adequate ~s достаточные ресурсы

available ~s имеющиеся/наличные ресурсы

currency ~s валютные ресурсы

diminishing ~s тающие ресурсы/запасы

economic ~s экономические ресурсы

energy ~s энергоресурсы

environmental ~s ресурсы окружающей среды

essential ~s основные/необходимые ресурсы

extrabudgetary ~s внебюджетные ресурсы/средства

financial ~s финансовые/денежные источники/ресурсы; источники финансирования

finite ~s ограниченные ресурсы

foreign exchange ~s запасы иностранной валюты

fuel ~s топливные ресурсы

fuel and energy/power ~s топливно-энергетические ресурсы

fuel and raw materials ~s топливно-сырьевые ресурсы

health ~s ресурсы здравоохранения

human ~s людские ресурсы

information ~s источники информации

internal ~s внутренние ресурсы

labor ~s трудовые ресурсы
limitless ~s неограниченные ресурсы
local ~s местные ресурсы
manpower ~s трудовые ресурсы
material ~s материальные ресурсы
material and financial ~s материально-финансовая база
material and technical ~s материально-техническая база
military ~s военные ресурсы
mineral ~s ресурсы/запасы полезных ископаемых
monetary ~s денежные ресурсы
national ~s национальные ресурсы/богатства
natural ~s природные ресурсы
nonrenewable/nonreproducible ~s невоспроизводимые ресурсы
physical ~s материальные ресурсы
potential ~s потенциальные ресурсы
power ~s энергетические ресурсы
productive ~s производственные ресурсы
rationally utilized ~s рационально используемые ресурсы
raw material ~s сырьевые ресурсы, ресурсы сырья
recycled ~s вторичное сырье
renewable natural ~s возобновляемые природные ресурсы
scarce ~s дефицитные ресурсы
specific ~s конкретные/определенные ресурсы
substantial ~s существенные ресурсы
timber ~s лесные богатства, запасы леса
vital ~s жизненные ресурсы
water ~s водные ресурсы
water power ~s гидроэнергоресурсы
world ~s мировые ресурсы
to affect allocations of ~s влиять/воздействовать на распределение ресурсов
to afford ~s предоставлять ресурсы
to allocate ~s распределять ресурсы
to apply ~s использовать ресурсы
to canalize/to channel ~s to *smth* направлять ресурсы на *что-л.*
to contribute ~s предоставлять ресурсы/средства, обеспечивать ресурсами
to deplete ~s истощать ресурсы
to derive ~s **from the sea** извлекать/добывать/получать ресурсы из моря
to develop natural ~s осваивать/разрабатывать природные ресурсы
to divert ~s отвлекать/переключать ресурсы
to drain ~s истощать ресурсы
to exploit ~s разрабатывать ресурсы; использовать ресурсы
to generate ~s создавать ресурсы
to make maximum use of natural ~s максимально использовать природные ресурсы
to manage ~s управлять ресурсами
to marshal ~s распределять ресурсы
to mobilize ~s мобилизовать ресурсы
to pool ~s объединять ресурсы

to possess large ~s обладать большими ресурсами/природными богатствами
to prevent depletion of ~s предотвращать истощение ресурсов
to process natural ~s перерабатывать природные ресурсы
to provide ~s обеспечивать ресурсы
to redeploy ~s переключать ресурсы
to release ~s высвобождать ресурсы
to rely on *one's* **own** ~s надеяться только на свои силы
to secure the utilization of ~s обеспечивать использование ресурсов
to spread ~s рассредоточивать/распределять ресурсы
to stimulate the flow of foreign ~s **(to)** стимулировать приток внешних ресурсов/средств (в)
to target existing ~s **to those more in need** направлять имеющиеся ресурсы тем, кто в них больше нуждается
to top ~s подключать/использовать ресурсы
to use/to utilize ~s **to maximum effect** использовать ресурсы наиболее эффективно
to waste ~s растрачивать ресурсы
allocation of ~s распределение ресурсов
country is devoid of natural ~s страна лишена природных ресурсов
depletion of essential ~s истощение основных ресурсов/природных богатств
deterioration of natural ~s ухудшение природных ресурсов
development of natural ~s освоение природных богатств/ресурсов
distribution of ~s распределение ресурсов
exploitation of ~s разработка ресурсов; использование ресурсов
exploration of natural ~s разведка природных ресурсов
fairer sharing out of the world's ~s более справедливое распределение мировых запасов
indiscriminate use of natural ~s беспорядочное использование природных ресурсов
marshaling of ~s распределение ресурсов
misallocation of ~s нерациональное распределение ресурсов
mismanagement of ~s бесхозяйственное использование ресурсов
net flow of financial ~s чистый приток финансовых средств
overall flow of ~s общий приток ресурсов/средств
pooling of ~s объединение ресурсов
processing of mineral and agricultural ~s переработка полезных ископаемых и продуктов сельского хозяйства
rational use of ~s рациональное использование ресурсов
redeployment of ~s **(from ... to ...)** переключение/перевод/перераспределение ресурсов (с ... на ...)

saving of ~s экономия ресурсов
transfer of ~s передача средств
use of ~s использование ресурсов
volume of productive ~s объем производственных ресурсов
waste/wasteful use of natural ~ расточительное использование природных ресурсов
resource-saving I *n* ресурсосбережение
resource-saving II *a* ресурсосберегающий
respect I *n* уважение
~ **for human rights** уважение прав человека
~ **for labor** уважение к труду
~ **for the individual** уважение к личности
~ **of the sovereignty and independence of the country** уважение суверенитета и независимости страны
genuine ~ искреннее уважение
mutual ~ взаимное уважение
universal ~ всеобщее уважение
to assure *smb* **of one's profound ~** заверять *кого-л.* в глубоком уважении
to command/to enjoy ~ of *smb*/**among** *smb* пользоваться уважением *кого-л.*/среди *кого-л.*
to deserve ~ заслуживать уважение
to encourage ~ поощрять уважение
to express *one's* ~ выражать/свидетельствовать свое уважение
to gain the ~ of *smb* добиваться *чьего-л.* уважения
to hold *smth* **in the greatest ~** питать глубокое уважение к *чему-л.*
to inspire the ~ and confidence of the people пользоваться уважением и доверием народа
to lose all ~ терять всякое уважение
to pay *one's* **last ~s to** *smb*/*one's* ~s **to the dead** отдавать дань уважения умершему; отдавать последние почести *кому-л.*; прощаться с покойным
to promote ~ for *smth* поощрять уважение к *чему-л.*
to show lack of ~ for human rights проявлять полное неуважение к правам человека
to treat *smb* **with special ~** относиться к *кому-л.* с особым уважением
to win ~ добиваться уважения
as a mark/sign of ~ в знак уважения
with due ~ с должным уважением
respect II *v* уважать; соблюдать *(напр. закон)*
respite *n* отсрочка; передышка
to buy some ~ добиваться передышки
respond *v* отвечать, реагировать
to ~ decisively/defiantly to *smth* решительно/вызывающе реагировать на *что-л.*
to ~ in kind *перен.* платить той же монетой
to ~ from strength/weakness реагировать с позиции силы/слабости
to ~ to *smth.* **militarily** отвечать на *что-л.* военными мерами, прибегать к военному ответу на *что-л.*

to ~ to *smth* **with tolerance and maturity** в ответ на *что-л.* проявлять терпимость и выдержку
to ~ with tear gas применять в ответ слезоточивый газ
respondent *n юр.* ответчик
response *n* (**to**) ответ; отклик; ответное действие; (ответная) реакция
~ **to events** реакция на события
armed ~ вооруженный отпор
formal ~ официальный ответ
frosty ~ холодная реакция
hard-line ~ жесткая реакция
initial ~ первоначальная реакция
keen ~ живой отклик
likely ~ возможная реакция
limited ~ ограниченные ответные действия
lively ~ живой отклик
lukewarm ~ прохладная реакция
matching ~ эквивалентная реакция
measured ~ взвешенная реакция
mild ~ мягкая реакция
military ~ ответ военными средствами
mixed ~ неоднозначная реакция
negative ~ отрицательный отклик, отрицательная реакция
patchy ~ неоднозначная реакция
positive ~ положительная реакция, положительный ответ
public ~ общественный резонанс
sharp ~ резкая реакция
skeptical ~ скептический отклик
soft ~ мягкая реакция
widespread ~ широкий отклик
to be met with a crushing ~ встречать сокрушительный отпор
to carry out a ~ осуществлять ответные действия
to demand an unequivocal ~ требовать недвусмысленного ответа
to evoke a ~ вызывать отклик
to find a widespread ~ among *smb* находить широкий отклик среди *кого-л.*
to gauge the likely ~ of *smb* определять *чью-л.* возможную реакцию
to give a cautions ~ to *smth* осторожно реагировать на *что-л.*
to have a wide public ~ иметь/получать большой общественный резонанс
to make an instant ~ to *smth* немедленно реагировать на *что-л.*
to meet with a mixed ~ быть встреченным по-разному
to mount a military ~ to *smth* организовывать ответ военными средствами на *что-л.*
to produce a constructive ~ to *smth* давать конструктивный ответ на *что-л.*
to provoke a ~ from *smb* вызывать реакцию с *чьей-л.* стороны
to receive a frosty ~ встречать холодную реакцию
to rouse a keen ~ вызывать живой отклик

cool ~ (to *smth***)** прохладная реакция *(на что-л.)*

doctrine of flexible ~ доктрина «гибкого реагирования» *(выборочное применение обычного и ядерного оружия в ответ на агрессию)*

flexible ~ to deter aggression гибкое реагирование для сдерживания агрессии

in ~ for *smth* в ответ на *что-л.*

stern ~ from *smb* жесткая реакция с *чьей-л.* стороны

strategy of flexible ~ доктрина «гибкого реагирования» *(выборочное применение обычного и ядерного оружия в ответ на агрессию)*

responsibilit/y *n* ответственность; обязанность; обязательство

~ is vested in the General Assembly ответственность возлагается на Генеральную Ассамблею

~ lies on the shoulders of/rests with *smb* ответственность лежит на *ком-л.*

~ under international law международно-правовая ответственность

additional ~ дополнительная ответственность/обязанность

administrative ~ административная ответственность

civic/civil ~ гражданская ответственность

collective ~ коллективная ответственность

direct ~ непосредственная ответственность

dotted-line ~ 1) поделенная ответственность **2)** *делов. и полит. жарг.* несубординационные отношения

economic ~ экономическая ответственность

explicit ~ определенная ответственность

full ~ полная ответственность

global ~ международная ответственность

grave/heavy/immense ~ серьезная/огромная ответственность

international ~ международная ответственность

joint ~ совместная ответственность

legal ~ правовая ответственность

main ~ главная ответственность

management ~ административная ответственность

ministerial ~ ответственность министра

moral ~ моральная ответственность

official ~ies служебные обязанности

overall ~ общая ответственность

pecuniary ~ материальная ответственность

personal ~ личная/персональная ответственность

political ~ политическая ответственность

primary ~ главная ответственность

private ~ личная/персональная ответственность

shared ~ поделенная ответственность

social ~ социальная ответственность

sole ~ полная ответственность

special ~ особая ответственность

straight-line ~ 1) прямая ответственность **2)** *полит. и делов. жарг.* отношения подчинения

ultimate ~ конечная ответственность

wide ~ большая ответственность

to absolve *smb* **from all personal ~ for** *smth* освобождать *кого-л.* от личной ответственности за *что-л.*

to accept ~ брать на себя ответственность

to acknowledge/to admit ~ for *smth* признавать свою ответственность за *что-л. (часто за диверсию, террористический акт)*

to apportion ~ распределять ответственность

to assign ~ to *smb* возлагать ответственность на *кого-л.*

to assume ~ брать на себя ответственность

to avoid ~ уклоняться от ответственности

to bear ~ for *smth* нести ответственность за *что-л.*

to charge *smb* **with ~** возлагать ответственность на *кого-л.*

to claim ~ признавать ответственность

to confer ~ on *smb* возлагать ответственность на *кого-л.*

to cover *smb's* **~ies** охватывать *чьи-л.* обязанности

to decline ~ for *smth* снимать с себя ответственность за *что-л.*

to decrease ~ уменьшать ответственность

to delegate ~ to *smb* (пере)поручать *что-л./* передавать ответственность *кому-л.*

to deny ~ отрицать свою ответственность за *что-л.*

to diminish ~ снижать ответственность

to discharge *one's* **~ies** исполнять свои обязанности

to disclaim ~ снимать с себя ответственность

to dodge ~ избегать/уклоняться от ответственности

to enhance ~ увеличивать ответственность

to entrust *smb* **with ~** возлагать ответственность на *кого-л.*

to escape ~ избегать/уклоняться от ответственности

to evade *one's* **~ies** уклоняться от исполнения своих обязанностей

to excuse *oneself* **from any ~** уклоняться от любой ответственности

to exercise *one's* **~ies** выполнять свои обязанности

to fall within the ~ (of) входить в обязанность *(кого-л., чего-л.)*

to free *oneself* **of ~** снимать с себя ответственность

to give ~ to *smb* возлагать ответственность на *кого-л.*

to have/to hold ~ нести ответственность, быть ответственным

to impose ~ on *smb* возлагать ответственность на *кого-л.*

to increase ~ повышать/увеличивать ответственность

to lower ~ снижать/уменьшать ответственность

to meet *one's* **~ies** выполнять/исполнять свои обязанности

to place ~ on *smb* возлагать ответственность на *кого-л.*

to put ~ on *smb* возлагать ответственность на *кого-л.*

to release/to relieve from ~ освобождать от ответственности

to relieve *oneself* **of ~** снимать с себя ответственность

to relinquish ~ for *smth* отказываться от ответственности за *что-л.*

to remove from politicians the ~ for *smth* снимать с политиков ответственность за *что-л.*

to share ~ with *smb* делить ответственность с *кем-л.*

to shift ~ for *smth* **onto** *smb* перекладывать ответственность за *что-л.* на *кого-л.*

to shirk *one's* **~ies** уклоняться от исполнения своих обязанностей

to shoulder ~ for *smth* брать на себя ответственность за *что-л.*

to show more ~ проявлять больше ответственности

to shuffle off ~ перекладывать ответственность на других

to take (on/over) ~ for *smth* брать на себя ответственность за *что-л.*

to take ~ on *one's* **own shoulders** брать/принимать на себя ответственность/обязанность

to undertake ~ for *smth* брать на себя ответственность за *что-л.*

to weigh *one's* **~** взвешивать свою ответственность

position of ~ ответственное положение

sense of ~ чувство ответственности

wider defense ~ies увеличение расходов на оборону

within *smb's* **personal ~** под чьей-л. личной ответственностью

responsible *a* **(for** *smth***) 1.** ответственный *(за что-л.)* **2.** важный; надежный

~ to *smb* ответственный перед *кем-л.*

to be ~ for быть ответственным/отвечать за *что-л.*

to confess to being ~ for *smth* признаваться в совершении *чего-л.*

to hold *smb* **~** привлекать *кого-л.* к ответственности

to protect those really ~ прикрывать истинных виновников

responsibly *adv* ответственно

restitution *n* реституция

restoration *n* восстановление; реставрация

restore *v* **1.** восстанавливать; возрождать *(традиции, обычаи)* **2.** реставрировать

to ~ *smth* **to the full** полностью восстанавливать *что-л.*

restrain *v* сдерживать; удерживать; запрещать; ограничивать

restraint *n* **1.** сдерживание; запрещение; ограничение **2.** сдержанность, выдержка

~ in inter-state relations сдержанность в межгосударственных отношениях

~s of poverty тиски нужды

~ of trade ограничение торговли

~ on foreign trade activities ограничение/сдерживание внешнеторговой деятельности

budgetary ~ ограничение бюджетных расходов

export ~s ограничения на экспорт

financial ~ ограничение финансовых расходов

great ~ большая сдержанность

legal ~s юридические ограничения

maximum ~ максимальная сдержанность

monetary ~ ограничение расходов

mutual ~ взаимная сдержанность

nuclear weapons ~s ограничение распространения ядерного оружия

pay ~ сдерживание роста заработной платы

the utmost ~ максимальная сдержанность

treaty ~s ограничения, установленные договором

wage ~ ограничение зарплаты

to act without ~ иметь свободу действий

to appeal for ~ from a country призывать *какую-л.* страну проявлять сдержанность

to call for ~ from both sides призывать обе стороны проявлять сдержанность

to call on ~ призывать *кого-л.* проявлять сдержанность

to demonstrate/to exercise ~ проявлять сдержанность/выдержку

to free *smb* **from ~** освобождать *кого-л.* из заключения

to impose/to introduce/to put tough ~s on/upon *smth* вводить жесткие ограничения на *что-л.*

to relax ~s on *smth* ослаблять ограничения на *что-л.*

to show ~ проявлять сдержанность/выдержку

to speak without ~ говорить свободно

to urge *smb* **to exercise ~** призывать *кого-л.* проявлять сдержанность

appeal/call/plea for ~ призыв проявлять сдержанность

without any ~s без *каких-л.* ограничений

restrict *v* ограничивать

restricted *a* **1.** ограниченный **2.** «для служебного пользования» *(гриф секретности)*

restriction *n* ограничение

~ of sovereignty ограничение суверенитета

~ of the rights ограничение прав

~s are in force действуют ограничения

~s on goods ограничения на товары

~s on travel by diplomats about the country ограничения на передвижение дипломатов по стране

border ~ ограничение пропуска через границу

budget ~ бюджетное ограничение

court ~s ограничения, вводимые судом

creeping trade ~s постепенное усиление ограничений торговли

currency ~s валютные ограничения

direct ~ прямое ограничение

discriminatory ~s дискриминационные ограничения

emergency ~s ограничения из-за чрезвычайного положения

emigration ~s ограничения на эмиграцию

exchange ~s валютные ограничения

export ~s ограничения на экспорт, экспортные ограничения/квоты

financial ~s финансовые ограничения

global ~ глобальное ограничение

high tech ~s ограничения на продажу высокотехнологического оборудования

import ~s ограничения на импорт, импортные ограничения/квоты

indirect ~ косвенное ограничение

local ~ локальное ограничение

military ~s военные меры безопасности

national ~s национальные ограничения

pay ~s ограничение заработной платы

pointless ~s ненужные ограничения

political ~s политические ограничения

press ~s ограничения свободы печати

price ~s ограничение цен

qualitative ~s качественные ограничения

quantitative ~s количественные ограничения

racial ~s расовые ограничения

reporting ~s постановление суда, запрещающее средствам массовой информации освещать ход данного судебного процесса

rigid ~s строгие ограничения

security ~s ограничения по соображениям безопасности

sweeping ~s большие ограничения

tariff ~s тарифные ограничения

temporary ~s временные ограничения

tight/tough ~s жесткие ограничения

trade ~s торговые ограничения

traffic ~s ограничения движения транспорта

travel/traveling ~s ограничения на свободу передвижения

unnecessary ~s ненужные ограничения

visa ~s ограничения на выдачу виз

wage ~s ограничение заработной платы

to circumvent ~s обходить ограничения

to dismantle ~s ликвидировать/отменять/снимать ограничения

to ease ~s ослаблять/уменьшать ограничения

to impose/to introduce ~s on *smth* вводить/выдвигать/накладывать ограничения на *что-л.*

to lift ~s ликвидировать/отменять/снимать ограничения

to overturn a ~ отменять ограничение

to place ~s on *smth* вводить/выдвигать/накладывать ограничения на *что-л.*

to reimpose ~s on *smth* восстанавливать ограничения на *что-л.*

to relax ~s ослаблять/уменьшать ограничения

to remove ~s ликвидировать/отменять/снимать ограничения

to tighten ~s ужесточать/усиливать ограничения

easing of ~s уменьшение/ослабление ограничений

imposition of ~s введение ограничений

relaxation of ~s уменьшение/ослабление ограничений

without ~ без ограничения

restrictive *a* ограниченный, сдерживающий

restructure *v* реорганизовывать; перестраивать, менять структуру

restructuring *n* перестройка

~ **of economy** перестройка экономики

~ **of international economic relations** перестройка международных экономических отношений

~ **of society** перестройка общества

general ~ общая перестройка структуры

industrial ~ перестройка промышленной структуры

massive ~ широкая перестройка

political ~ политическая перестройка

progressive ~ прогрессивные преобразования

radical ~ радикальная перестройка

social ~ социальное переустройство

socio-economic ~ социально-экономическая перестройка

to speed up ~ ускорять перестройку

call for ~ **economic relations** призыв к перестройке экономических отношений

result *n* 1. результат, следствие, последствие 2. *брит. полит. жарг.* арест; успешное осуждение преступника 3. *брит. уголовн. жарг.* оправдание

~s **are in the balance** результаты невозможно предсказать

~s **are predetermined** результаты предопределены

~ **is definitive/final** результат *(голосования)* является окончательным

~s **obtained** достигнутые результаты

actual ~ фактический результат

approximate ~ приближенный результат

close ~ победа с незначительным перевесом голосов

contest ~s результаты конкурса

disappointing ~s досадные результаты

disastrous ~s гибельные последствия

early ~s предварительные результаты/итоги *(напр. выборов)*

election ~s результаты выборов

encouraging ~s обнадеживающие результаты

end ~ конечный результат, итог

final ~s окончательные результаты

good ~s хорошие результаты
immediate ~ немедленный/непосредственный результат
initial ~s предварительные результаты
invalid ~ недействительный результат
meaningful ~s важные/существенные результаты
necessary ~s необходимые результаты
official ~s официальные результаты *(выборов)*
optimum ~ оптимальный результат
phoned-in ~s результаты *(выборов)*, поступающие по телефону
political ~s политические итоги/результаты
positive ~ положительный результат
preliminary/provisional election ~s предварительные результаты выборов
referendum ~s результаты референдума
ruinous ~s гибельные последствия
significant ~s значительные результаты
tangible ~ ощутимый результат
voting ~s результаты/итоги голосования
to abide by/to accept the ~ признавать результаты *(выборов)*
to achieve ~s добиваться/достигать результатов
to annul election ~s аннулировать результаты выборов
to assess the ~s оценивать результаты
to attain ~s добиваться/достигать результатов
to challenge the ~s оспаривать результаты
to communicate ~s (to *smb*) сообщать результаты *(кому-л.)*
to declare ~s объявлять результаты
to endorse ~s утверждать результаты
to get ~s добиваться/достигать результатов
to give ~s давать/приносить результаты
to honor the ~s **of the elections** признавать результаты выборов
to impair the ~s отрицательно отражаться на результатах
to inflate the actual ~s преувеличивать фактические результаты
to make public the ~s оглашать результаты
to make substantial analysis of the ~s **(of)** проводить существенный анализ результатов
to obtain ~s добиваться/достигать результатов
to overturn the election ~s отменять результаты выборов
to pool the ~s подытоживать результаты; подводить итоги
to produce ~s давать/приносить результаты
to respect the ~s **of the elections** признавать результаты выборов
to rig/to stage-manage election ~s подтасовывать/фальсифицировать результаты выборов
to share the ~s **with** *smb* обмениваться результатами с *кем-л.*

to yield ~s давать/приносить результаты
detailed coverage of the election ~s подробное освещение результатов выборов
falsification of the election ~s фальсификация (результатов) выборов
inconclusive ~s **of an election** отсутствие заметного перевеса у *какой-л.* партии, участвовавшей в выборах
initial ~s **show a clear lead for ...** согласно предварительным результатам, ... значительно опережает своих соперников *(по выборам)*
smb's **poor** ~s **in the election** *чьи-л.* слабые результаты на выборах
with almost half of the ~s **in** теперь, когда поступила почти половина результатов
without concrete ~s без конкретных результатов

resurgent *a* возрождающийся
retail *n* розница, розничная продажа
by ~ в розницу
retailer *n* розничный торговец
retaliate *v* принимать ответные меры; мстить; применять репрессии; платить *кому-л.* той же монетой;
to ~ **against** *smb* принимать ответные меры против *кого-л.*
to ~ **for** *smth* мстить за *что-л.*
to ~ **further** принимать дальнейшие ответные меры
to ~ **massively** наносить массированный ответный удар
retaliation *n* возмездие; ответное действие; ответный удар
~ **by military means** возмездие с помощью военных средств
~ **in kind** ответный удар тем же оружием
anticipatory ~ упреждающий удар
immediate ~ немедленный ответный удар
limited nuclear ~ ответный ядерный удар ограниченной мощности
massive ~ *воен. жарг.* «массированное возмездие» *(ответный ядерный удар)*
military ~ ответный удар вооруженными силами
mirror image ~ выдворение равного количества дипломатов другой страны в отместку за высылку дипломатов этой страны
protective ~ ответный удар в целях защиты
to threaten ~ угрожать ответными мерами
in ~ **at/ for** *smth* в отместку за *что-л.*
retaliatory *a* ответный; карательный; репрессивный; производимый в отместку
retardation *n* замедление
growth ~ замедление темпов (экономического) роста
reticence *n* сдержанность
to exhibit diplomatic ~ проявлять дипломатическую сдержанность
retinue *n* свита, эскорт
retire *v* **1.** уходить на пенсию/в отставку **2.** *(smb)* увольнять *кого-л.* **3.** *(smth)* снимать

что-л. с вооружения **4.** оплачивать, гасить *(вексель)*

to ~ a bill оплачивать счет/вексель

to ~ in favor of *smb* уходить в отставку, уступив свой пост *кому-л.*

to ~ on health grounds уходить на пенсию по состоянию здоровья

to ~ voluntarily добровольно уходить на пенсию

retired *a* отставной, находящийся в отставке/на пенсии

retiree *n* пенсионер

early ~ человек, недавно вышедший на пенсию

retirement *n* **1.** отставка; уход в отставку/на пенсию **2.** погашение долга

debt ~ погашение долгов/задолженности

early ~ ранний выход на пенсию

enforced ~ вынужденный уход на пенсию/в отставку

to announce *one's* **~** объявлять о своем уходе на пенсию/в отставку

to come out of ~ возвращаться из отставки

to go into ~ уходить в отставку

to go into enforced ~ быть вынужденным уйти в отставку

to send *smb* **into ~** отправлять *кого-л.* на пенсию/в отставку

retort I *n* возражение

to make a ~ возражать

retort II *v* возражать; парировать; отвечать резко и остроумно

retraction *n* отказ от своих слов

to make a public ~ публично брать обратно свои обвинения

retrading *n* спекуляция; перепродажа

retraining *n* переподготовка *(кадров)*, переквалификация

occupational/professional ~ профессиональная переподготовка

retreat *n* отступление

~ on the program отступление в вопросе о программе

temporary ~ временное отступление

to bring about *smb's* **~ from reform** заставлять *кого-л.* отказаться от реформ

retrenchment *n* сокращение расходов

military ~s сокращение военных расходов/вооруженных сил

re-trial *n юр.* пересмотр/повторное слушание дела

to order a ~ *юр.* назначать повторное слушание дела

retribution *n* возмездие, кара

to exercise a ~ against a country наказывать *какую-л.* страну

retroactive *a* имеющий обратную силу

retrograde *a* реакционный

retrograde *n* ретроград

return I *n* **1.** возвращение; возврат; возмещение **2.** доход, выручка, прибыль **3.** оборот **4.** отчет **5.** *pl* результаты *(напр. выборов)*

annual ~ годовая прибыль

average ~ средний доход

average annual ~ среднегодовая прибыль

census ~s результаты переписи

direct ~ прямой доход; прямая отдача

early ~s предварительные результаты выборов

economic ~ экономическая отдача *(от чего-л.)*

election ~s результаты выборов

gross ~ валовой доход

high ~(s) высокая прибыль

marginal ~ предельный доход

official ~s официальные результаты выборов

preliminary ~s предварительные результаты выборов

profit ~ прибыль

quick ~ быстрое получение дохода

social ~ общественный доход

tax ~ налоговая декларация

unscheduled ~ незапланированное возвращение

to inhibit the ~ of the refugees препятствовать возвращению беженцев

to pave the way for immediate ~ to work открывать путь к немедленному возобновлению работы

early ~ to the polls досрочные выборы

in ~ for *smth* в обмен на *что-л.*

return II *v* возвращаться

to ~ to the fold возвращаться в лоно *(церкви, союза и т.п.)*

returnee *n* вернувшийся на родину, *жарг.* возвращенец

reunification *n* воссоединение

~ of the two countries воссоединение двух стран

family ~ воссоединение семей

to pave the way towards ~ прокладывать путь к объединению

to speed up steps towards ~ ускорять меры, направленные на воссоединение

peaceful ~ of a country мирное воссоединение страны

reunify *v* воссоединять(ся)

reunion *n* воссоединение

reunite *v* воссоединять(ся); снова соединяться

Reuters «Рейтер» *(крупнейшее британское информационное агентство)*

revalidation *n* перерегистрация *(членского билета, пропуска и т.п.)*

revaluation *n* переоценка; ревальвация *(валюты)*

revalue *v* переоценивать; ревальвировать *(валюту)*

revanche *n* реванш

revanchism *n* реваншизм

revanchist *n* реваншистский

revanchist *a* реваншистский

reveal *v* обнаруживать, обнажать; разоблачать; выдавать *(секрет)*, раскрывать *(секрет)* it was ~ed that ... было обнародовано, что ...

revelation *n* открытие, раскрытие *(секрета)*; обнародование

~**s in the press** сенсационные сообщения в прессе

revenge I *n* месть; реванш

social ~ социальный реванш

to have *one's* ~ брать реванш

to hoard a ~ **against** *smb* вынашивать планы мести против *кого-л.*

to take ~ **(upon)** мстить

to take the path of ~ **and retaliation** вставать на путь отмщения

to threaten ~ угрожать мщением

to vow ~ клясться отомстить

in ~ **for** *smth* в отместку за *что-л.*

public's desire for ~ жажда мести со стороны общественности

revenge II *v* мстить

revenge-seeker *n* реваншист

revenge-seeking I *n* реваншизм

global social ~ глобальный социальный реваншизм

revenge-seeking II *a* реваншистский

revenue *n* (годовой) государственный доход; прибыль; выручка; поступления

~ **from tourism** доходы от туризма

~**s for the state** государственные доходы

advertising ~ доход от рекламы

budget ~ бюджетные доходы

casual ~ нерегулярные поступления

circulation ~ доход от тиража *(газеты, журнала)*

effective ~ реальный доход

export ~ доходы от экспорта

fabulous ~**s** баснословные прибыли

fallen ~**s** снижение государственных доходов

Inland R. *брит.* Управление налоговых сборов

internal ~ государственные доходы

marginal ~ предельный доход

miscellaneous other ~**s** различные прочие доходы

oil ~**s** доходы от продажи нефти

operating ~ текущие поступления

public ~ государственные доходы

tax ~ налоговые поступления, доходы от налогообложения

to raise ~ 1) увеличивать доходы бюджета 2) получать доходы *(о государственных организациях)*

to raise new ~**s** изыскивать новые источники доходов

decline/drop in oil ~**s** падение доходов от продажи нефти

flow of ~ поступление доходов

increase of $ ... in ~**s** рост государственных доходов на ... долларов

slump in oil ~**s** падение доходов от продажи нефти

reverberation *n* отклики; последствия

Reverend *n* преподобный *(титул священника)*

reversal *n* полное изменение; перемена

~ **of a country's position in the world** изменение положения/позиции страны в мире

~ **of policy** полное изменение политического курса

~ **of the situation** перемена обстановки *(политической, экономической и т.п.)*

reverse I *n* поражение, неудача

electoral ~ поражение на выборах

major ~ крупное поражение

severe ~ жестокое поражение

to suffer a ~ терпеть поражение

reverse II *v* разворачиваться; менять *(что-л.)* на прямо противоположное

to ~ *oneself* изменять свою позицию

review I *n* 1. обзор; обозрение 2. пересмотр

~ **of a charter** пересмотр устава

~ **of the article** пересмотр статьи *(договора и т.п.)*

~ **of today's papers** *радио* обзор сегодняшних газет

analytical ~ аналитический обзор

annual ~ ежегодный обзор

budgetary ~ бюджетный обзор

capsule ~ краткий обзор

continuing/continuous ~ постоянный контроль

final ~ окончательная проверка

financial ~ финансовый обзор

in-depth ~ подробный обзор

international ~ международное обозрение

judicial ~ пересмотр судебного решения

literary ~ литературное обозрение

market ~ обзор рынка

mid-term ~ обзор за половину срока

naval ~ военно-морской парад

periodic ~ периодическая проверка; периодический обзор

pictorial ~ фотохроника

press ~ обзор печати

special ~ специальный обзор; специальная проверка

wide-ranging ~ подробный обзор

to come under ~ изучаться, рассматриваться

to keep a matter under continuous ~ держать вопрос под постоянным контролем

to make a ~ делать/проводить обзор

to seek a judicial ~ добиваться пересмотра судебного решения

critical ~ **of** *smth* критический разбор чего-л.

period under ~ рассматриваемый период

review II *v* 1. рассматривать, анализировать; делать обзор; рецензировать 2. пересматривать

revile *v* бранить, поносить; гневно осуждать

much ~**d** объект частого осуждения/поношения

revise *v* исправлять; пересматривать

as ~**d and amended** с внесенными изменениями и поправками

revision *n* пересмотр, ревизия
  constitutional ~ пересмотр конституции
  downward ~ пересмотр в сторону уменьшения
  to claim a ~ *юр.* просить о пересмотре *(решения суда)*
revisionism *n* ревизионизм
  modern ~ современный ревизионизм
revisionist I *n* ревизионист
revisionist II *a* ревизионистский
  left-wing ~ леворевизионистский
  right-wing ~ праворевизионистский
revival *n* возрождение; восстановление
  ~ **of economic growth** возобновление роста экономики
  ~ **of revanchism and militarism** возрождение реваншизма и милитаризма
  business ~ оживление конъюнктуры, хозяйственное/экономическое оживление
  economic ~ восстановление экономики
  genuine national ~ подлинное национальное возрождение
  national ~ национальное возрождение
  political ~ политическое возрождение
  social ~ социальное возрождение
  trade ~ оживление торговли
  to achieve economic ~ добиваться экономического возрождения
revive *v* возрождать; возобновлять; оживать
revoke *v* отменять, аннулировать
revolt I *n* восстание, мятеж, бунт
  ~ **against the government** антиправительственный мятеж
  ~ **came to a head** бунт назрел
  ~ **from a party** демонстративный выход из партии
  abortive ~ неудавшееся восстание
  back-bench ~ *брит.* бунт «заднескамеечников»
  civil ~ мятеж гражданского населения
  separatist ~ сепаратистский мятеж
  starvelings' ~ *ист.* голодный бунт
  threatened ~ угроза восстания
  to avert off a ~ предотвращать волнения
  to crush a ~ **(by force)** подавлять восстание (силой)
  to declare *oneself* **in open** ~ **against** *smb* объявлять о своем неподчинении *кому-л.*
  to defuse a ~ гасить восстание
  to head off a ~ предотвращать волнения
  to incite *smb* **to** ~ подстрекать *кого-л.* к восстанию/мятежу/бунту, поднимать *кого-л.* на восстание
  to lead a ~ возглавлять мятеж
  to minimize the ~ уменьшать число несогласных
  to put down/to repress a ~ подавлять восстание/мятеж
  to rise (up) in ~ восставать
  to rouse *smb* **to** ~ подстрекать *кого-л.* к восстанию/мятежу/бунту, поднимать *кого-л.* на восстание

  to stir up *smb* **to** ~ подстрекать *кого-л.* к восстанию/мятежу/бунту, поднимать *кого-л.* на восстание
  to suppress a ~ подавлять восстание/мятеж
  to trigger a ~ вызывать возмущение
revolt II *v* **(against)** восставать, бунтовать
revolution *n* революция; переворот
  ~ **in leadership** революционные изменения в руководстве
  ~ **without shots** бескровная революция
  agrarian ~ аграрная революция
  armed ~ вооруженное восстание
  black ~ революция черного населения
  bloody ~ кровавая революция
  bourgeois ~ буржуазная революция
  contemporary scientific and technological ~ современная научно-техническая революция
  cultural ~ культурная революция
  Cultural R. «Культурная революция» *(в Китае)*
  democratic ~ демократическая революция
  domestic ~ внутренняя революция
  full-scale ~ полномасштабная революция
  general national ~ общенациональная революция
  green ~ *эк. и социол.* «зеленая революция» *(увеличение производства зерновых культур в развивающихся странах в результате применения высокоурожайных сортов и научных методов их культивирования)*
  impending ~ назревающая революция
  industrial ~ промышленная революция
  liberation ~ освободительная революция
  minor ~ небольшое изменение
  national ~ национальная революция
  national-liberation ~ национально-освободительная революция
  palace ~ дворцовый переворот
  political ~ политическая революция
  popular ~ народная революция
  scientific and technical/technological ~ научно-техническая революция
  social ~ социальная революция
  socialist-type ~ революция социалистического типа
  the Great October Socialist R. *ист.* Великая Октябрьская социалистическая революция
  the Orange R. «Оранжевая революция» *(в Украине в 2005 г.)*
  the Russian ~ **of 1905-1907** русская революция 1905-1907 гг.
  the Tender/the Velvet ~ «Бархатная революция» *(в Чехословакии в 1989 г.)*
  transport ~ транспортная революция
  uninterrupted ~ непрерывная революция
  victorious ~ победоносная революция
  violent ~ насильственная революция
  to accomplish a ~ совершать революцию
  to bring a ~ **closer** приближать революцию

to bring about a ~ вызывать революцию; приводить к революции

to carry out a ~ совершать революцию

to defend the gains of the ~ отстаивать завоевания революции

to foment ~ подстрекать к революции

to get the ~ moving давать ход революции

to inject a ~ внедрять революцию

to launch a ~ начинать/поднимать революцию

to make a ~ совершать революцию

to make a ~ in science производить переворот/революцию в науке

to overthrow *smb* **in a ~** свергать *кого-л.* в результате революции

to precipitate a ~ ускорять приближение революции

to steer the ~ осуществлять руководство революцией

to suppress the ~ подавлять революцию

to take part in a ~ участвовать в революции

basic principles of the ~ основные принципы революции

cradle of a ~ колыбель революции

driving forces of the ~ движущие силы революции

export of ~ (to a country) экспорт революции (*в какую-л.* страну)

gains of a ~ завоевания революции

theory of ~ теория революции

tide of liberation ~s волна освободительных революций

revolutionary I *n* революционный деятель, революционер

armchair ~ кабинетный революционер

professional ~ профессиональный революционер

prominent ~ видный революционер

staunch/steadfast ~ стойкий революционер

true ~ истинный/настоящий революционер

revolutionary II *a* революционный

revolutionary-minded *a* революционно настроенный

revolutionize *v* революционизировать

reward I *n* вознаграждение, премия; поощрение, награда

just ~ заслуженная награда

marginal ~ предельное вознаграждение

material ~ материальное поощрение

monetary/money ~ денежное вознаграждение

to authorize a ~ официально назначать награду

to offer a large ~ for the death of *smb* предлагать большое вознаграждение за убийство *кого-л.*

to put a large ~ on *smb's* **head** объявлять большое вознаграждение за *чью-л.* голову

to reap the ~s of prosperity пожинать плоды процветания

reward II *v* награждать; премировать; поощрять

to be justly ~ed быть заслуженно вознагражденным

rework *n пром. жарг.* стоимость материалов и трудовых затрат, потерянных из-за плохой работы

rhetoric *n* **1.** риторика **2.** полемика

harsh ~ резкая полемика

meaningless ~ пустое фразерство

uncompromising ~ бескомпромиссная риторика

to be hooked by *smb's* **~** поддаваться *чьим-л.* увещеваниям

rich, the *n* богатые

newly ~ нувориш

ride *n* :

to give *smb* **an uncomfortable ~** *перен.* заставить *кого-л.* почувствовать себя неуютно

to have an easy ~ легко побеждать

to have a wonderful ~ in the press получать прекрасные отклики в прессе

rider *n* **1.** дополнение, поправка; дополнительная статья (*к документу*); дополнение *или* поправка к законопроекту, обычно не имеющая никакого отношения к его сути **2.** *юр.* частное определение

to pass a ~ *юр.* выносить частное определение

riding *n канадск.* избирательный округ по выборам в парламент

riff-raff *n* подонки общества

violent ~ буйствующие подонки общества

rifle *n* винтовка

automatic ~ автоматическая винтовка

to brandish a ~ размахивать винтовкой

to fire hunting ~s стрелять из охотничьих ружей

rift *n* трещина; разрыв, разлад (*в отношениях*)

~ between two countries трещина в отношениях между двумя странами

~ in a country's relations with *smb* трещина в отношениях страны с *кем-л.*

~ in the government раскол в правительстве

~ on the right противоречия/раскол среди правых

~ over *smth* разлад по поводу *чего-л.*

current ~ существующие/теперешние противоречия

developing ~ увеличивающийся разрыв

ideological ~ конфликт на почве идеологии

major ~ серьезное ухудшение отношений

open ~ открытый конфликт

serious ~ серьезный разлад

transatlantic ~ разногласия между США и их европейскими союзниками

to cause/to create a ~ вызывать разлад/ухудшение отношений, приводить к разладу/ухудшению отношений

to deepen the ~ углублять противоречия

to end a ~ in relations улучшать отношения, ликвидировать напряженность в отношениях/противоречия

to exploit a ~ пользоваться противоречиями/расколом в своих целях

to heal the ~ урегулировать конфликт/разногласия

to patch up a ~ between/with *smb* ликвидировать/преодолевать конфликт/противоречия между *кем-л.*, улаживать противоречия между *кем-л.*

to rigidify the ~ between *smb* закреплять разрыв между *кем-л.*

to widen the ~ обострять/углублять противоречия

to worsen a diplomatic ~ between two countries увеличивать трещину в отношениях между двумя странами

diplomatic ~ between *smb* дипломатические трения между *кем-л.*

healing of diplomatic ~s восстановление дипломатических отношений

increasing ~ between *smb* усиление противоречий между *кем-л.*

rigging *n* **1.** регулировка; установка **2.** подтасовка, фальсификация

alleged vote ~ якобы имевшая место фальсификация результатов выборов

ballot/election/vote ~ фальсификация результатов выборов *или* референдума

widespread ~ массовая фальсификация результатов выборов

right I *n* **1.** право **2. (the ~)** *полит.* правые

~s don't come without responsibilities наличие прав предполагает наличие обязанностей

~ of abode право проживания в стране

~ of accession право присоединения

~ of appeal право обжалования

~ of assembly право собраний

~ of association право объединения *(в общественные организации)*

~ of asylum право убежища

~ of authorship право авторства

~ of conscience свобода совести

~ of defense право на защиту

~ of entry to a country право въезда в страну

~ of freedom of thought, conscience and religion право на свободу мысли, совести и религии

~ of impeachment of the President право законодательного органа объявлять импичмент президенту

~ of inheritance право наследования

~ of innocent passage право плавания в чужих территориальных водах военных судов, не имеющих враждебных намерений

~ of learning право на получение образования

~ of nations/peoples of/to self-determination право наций/народов на самоопределение

~ of navigation право судоходства

~ of passage право переброски войск через чужую территорию

~ of peoples to determine their own destiny право народов определять свою судьбу

~ of peoples to order their own destinies право народов распоряжаться своей судьбой

~ of possession право владения

~ of property право собственности

~ of publication право издания

~ of recourse *юр.* право регресса

~ of reply право на ответ *(в печати)*

~ of secession право на отделение

~ of self-defense право на самооборону

~ of settlement право поселения

~ of sovereignty право на суверенитет

~ of the defendant to remain silence право подсудимого отказаться от дачи показаний

~ of veto право вето

~ of visit право осмотра *(морских судов)*

~ of workers to strike право рабочих на забастовку

~s of a man права человека

~s of (national) minorities права (национальных) меньшинств

~s of small states права мелких государств

~s of the child права ребенка

~s of trade unions права профсоюзов

~ to a nationality право на гражданство

~ to an abortion право на аборт

~ to assembly право собраний

~ to associate in public organizations право объединения в общественные организации

~ to choose *one's* own destiny право распоряжаться своей судьбой

~ to demonstrate право на участие в демонстрациях

~ to education право на получение образования

~ to elect and be elected право избирать и быть избранным

~ to emigrate право эмигрировать

~ to equality before the law право на равенство перед законом

~ to exist право на существование

~ to fly a maritime flag право плавания под морским флагом

~ to form and to join trade unions право создания профсоюзов и вхождения в профсоюзы

~ to free choice of employment право на свободный выбор работы

~ to free education право на бесплатное образование

~ to free medical services право на бесплатное медицинское обслуживание

~ to free speech право свободы слова

~ to freedom of conscience право на свободу совести

~ to freedom of opinion and expression право на свободу убеждений и на свободное их выражение

~ to freedom of peaceful assembly and association право на свободу мирных собраний и ассоциаций

~ to freedom of religion право на свободу религии

~ **to freedom of thought** право на свободу мысли

~ **to health protection** право на охрану здоровья

~ **to housing** право на жилище

~ **to independence** право на независимость

~ **to inherit** право наследования

~ **to juridical equality** право на юридическое равенство

~ **to keep and bear arms** право на хранение и ношение оружия

~ **to know** право рядовых граждан знать о деятельности официальных органов

~ **to labor** право на труд

~ **to life, liberty and security of person** право на жизнь, на свободу и на личную неприкосновенность

~ **to maintenance** право на материальное обеспечение

~ **to marry and to found a family** право на брак и создание семьи

~ **to material security in old age, sickness and disability** право на материальное обеспечение в старости, в случае болезни и потери трудоспособности

~ **to national autonomy** право на национальную автономию

~ **to national independence and sovereignty** право на национальную независимость и суверенитет

~ **to** *one's* **own convictions** право на собственные убеждения

~ **to own property** право на владение собственностью

~ **to privacy** право на неприкосновенность частной жизни

~ **to residence** право выбора местожительства

~ **to rest (and leisure)** право на отдых

~ **to run the country** право руководить страной

~ **to sail** право судоходства

~ **to secede** право на отделение

~ **to security of person** право на неприкосновенность личности

~ **to self-rule** право на самоуправление

~ **to silence** право отказа от дачи показаний

~ **to sit the case before the court** право участвовать в заседаниях по рассматриваемому в суде делу

~ **to social insurance** право на социальное обеспечение

~ **to speedy trial** право на быстрое судебное разбирательство

~ **to study in the native language** право учиться на родном языке

~ **to take part in government** право на участие в управлении страной

~ **to take part in the management and administration of state and public affairs** право участвовать в управлении государственными и общественными делами

~ **to territorial integrity** право на территориальную целостность

~ **to trial by jury** право быть судимым судом присяжных

~ **to vote** право голоса

~ **to work** право на труд

abortion ~ право на аборт

basic ~s основные права

belligerent ~s права воюющих сторон

capitulations ~s капитуляционные права

center ~ «правый центр» *(политическая группировка внутри партии правее центра)*

civic/civil ~s права граждан; гражданские права

confirmation ~ право утверждения

constitutional ~ конституционное право

contractual ~s договорные права

cultural ~s культурные права

democratic ~s демократические права

economic ~s экономические права

electoral ~ право голоса; избирательное право

essential ~ важное право

exclusive ~s исключительные права

fishing ~ право рыболовства

full ~ полное право

fundamental ~s основные права

gay ~s права гомосексуалистов

guaranteed ~ гарантированное право

honorable ~ почетное право

human ~s права человека

immutable ~ неотъемлемое право

improved human ~s улучшение положения с соблюдением прав человека

inalienable ~ неотъемлемое право

individual ~s права человека

inherent ~ неотъемлемое право

irrevocable ~ неотъемлемое право

land ~ право на землю

landing ~ право посадки самолетов

lawful/legal/legitimate ~ юридическое/законное право

minority ~s права меньшинств

monopoly ~ монопольное право

moral-political ~ морально-политическое право

national ~s национальные права

navigation ~ право судоходства

negotiating ~ право вести переговоры

occupation ~s оккупационные права, права оккупационной державы

oil exploration ~ право вести разведку нефти

overflying ~ право пролета над страной; право пользования воздушным пространством страны для пролета

parental ~s родительские права

people's basic ~s основные права человека

personal ~s личные права

political ~s 1) политические права 2) правые политические группировки

port ~ право пользования портами страны

preferential ~ преимущественное право
procedural ~s процедурные права
proprietary ~ право собственности
religious ~ право на свободу вероисповедания
sacred ~s священное право
social ~s социальные права
socio-political ~s социально-политические права
sole ~ монопольное/исключительное право
sovereign ~ суверенное право
special drawing ~s **(SDR)** *эк.* «особые права заимствования» *(право членов Международного валютного фонда заимствовать деньги из этого фонда в зависимости от величины их вкладов)*
territorial ~s территориальные права
trade union ~s права профсоюзов
transit ~ право транзитного проезда
treaty ~s договорные права
unconditional ~ неотъемлемое право
undisputed ~ неоспоримое право
unequal ~s неравные/неодинаковые права
veto ~ право вето
vital ~s первостепенные/жизненно важные права
voting ~ право голоса; избирательное право
to abandon a ~ отказываться от права
to abolish/to abrogate a ~ отменять право
to abuse *smb's* ~s **1)** нарушать/ущемлять чьи-л. права **2)** злоупотреблять правами
to accept a ~ соглашаться с правом
to accrue a ~ приобретать право
to achieve *one's* **legitimate** ~s добиваться осуществления своих законных прав
to acknowledge ~s признавать права
to alter ~s изменять права
to assert *smb's* ~s отстаивать/защищать чьи-л. права, выступать в защиту чьих-л. прав
to be equal in ~s быть равноправным
to be within *one's* ~s **in doing** *smth* быть вправе делать что-л.
to challenge *smb's* ~ оспаривать чье-л. право
to champion *smb's* ~s отстаивать/защищать чьи-л. права, выступать в защиту чьих-л. прав
to come out in support of *smb's* ~s отстаивать/защищать чьи-л. права, выступать в защиту чьих-л. прав
to consolidate *smb's* ~s усиливать чьи-л. права
to contest *smb's* ~ оспаривать чье-л. право
to contravene human ~s противоречить правам человека
to curtail the ~s урезать кого-л. в правах, ограничивать чьи-л. права
to deny *smb's* ~ лишать кого-л. права, отказывать кому-л. в праве
to deprive *smb* **of** ~ лишать кого-л. права, отказывать кому-л. в праве
to dispute *smb's* ~ оспаривать чье-л. право
to encourage respect for human ~s поощрять уважение прав человека

to enjoy a ~ **to** *smth*/**to do** *smth* обладать/пользоваться правом, иметь право на что-л./делать что-л.
to enshrine the ~ **of citizenship in the constitution** записывать право гражданства в конституции
to ensure a ~ обеспечивать право
to erode *smb's* ~s ущемлять чьи-л. права
to establish a ~ устанавливать право
to exercise a ~ использовать/осуществлять право, пользоваться правом
to fight for social ~s **and liberties** бороться за социальные права и свободы
to flout democratic ~s не уважать демократические права
to forfeit *one's* ~ утрачивать/лишаться своего права
to give/to grant *smb* **a** ~ предоставлять кому-л. право
to guarantee a ~ гарантировать право
to have a ~ **to** *smth*/**to do** *smth* обладать/пользоваться правом, иметь право на что-л./делать что-л.
to honor human ~s соблюдать права человека
to implement a ~ использовать/осуществлять право, пользоваться правом
to infringe *smb's* ~s ущемлять чьи-л. права
to limit a ~ ограничивать право
to lose a ~ утрачивать право
to maintain *smb's* ~s отстаивать/защищать чьи-л. права, выступать в защиту чьих-л. прав
to make new commitments to human ~s брать на себя новые обязательства в деле соблюдения прав человека
to monitor human ~s следить за соблюдением прав человека
to observe human ~s соблюдать права человека
to place restrictions on the ~s устанавливать ограничения на права
to prejudice a ~ наносить ущерб праву
to preserve a ~ сохранять право
to proclaim a ~ провозглашать право
to promote respect for and observance of human ~s поощрять уважение и соблюдение прав человека
to protect a ~ защищать право
to push *smb* **to the** ~ *полит.* приводить к чьему-л. сдвигу вправо
to reaffirm *one's* ~ подтверждать свое право
to realize a ~ использовать/осуществлять право; пользоваться правом
to recognize a ~ признавать право
to redeem *one's* ~s восстанавливать свои права
to refuse *smb* ~ лишать кого-л. права, отказывать кому-л. в праве
to relinquish/to renounce a ~ отказываться от права
to remove *smb's* ~ лишать кого-л. права, отказывать кому-л. в праве

to reserve a ~ to do *smth* оставлять/ сохранять за собой право делать *что-л.*

to respect a ~ уважать право

to restore *one's* ~s восстанавливать свои права

to restrict a ~ ограничивать право

to retain a ~ сохранять право

to revive *one's* ~s восстанавливать свои права

to revoke *smb's* ~s аннулировать *чьи-л.* права

to stand up for *smb's* ~s отстаивать/защищать *чьи-л.* права, выступать в защиту *чьих-л.* прав

to strengthen *smb's* ~s усиливать *чьи-л.* права

to strip *smb* of a ~ лишать *кого-л.* права, отказывать *кому-л.* в праве

to struggle for a ~ бороться за право

to suppress *smb's* ~ подавлять *чьи-л.* права

to trample on human ~s попирать права человека

to uphold the ~ поддерживать *чье-л.* право

to vindicate *smb's* ~s отстаивать/защищать *чьи-л.* права, выступать в защиту *чьих-л.* прав

to violate *smb's* ~s нарушать/ущемлять *чьи-л.* права

to waive a ~ отказываться от права

a country's ~ to protect itself право (страны) защищать себя

abridgment of ~s ограничение прав

abuse of ~s 1) нарушение прав 2) злоупотребление правами

advocates of human ~s поборники прав человека

assault on *smb's* ~s наступление на *чьи-л.* права

campaigner for/champion of human ~s борец за гражданские права

commitment to human ~s приверженность защите прав человека

country's record on human ~s репутация страны в деле соблюдения прав человека

crackdown against human ~s наступление на права человека

crude violation of ~s грубое нарушение прав

curtailment of ~s ограничение/урезание прав

declaration of ~s декларация прав

declaration on ~s декларация о правах

defendant's ~ to silence право подсудимого отказаться от дачи показаний

deprivation of ~s бесправие, лишение прав

disregard of/for human ~s несоблюдение прав человека

drift to the ~ (in the government) сдвиг вправо (*в правительстве*)

entry ~s to a country право въезда в страну

equal ~s (with *smb*) равные права (*с кем-л.*)

European Court of Human Rights Европейский суд по правам человека

explicit recognition of a country's ~ to exist прямое признание права *какой-л.* страны на существование

flagrant violation(s) of ~s вопиющее/ грубое нарушение прав

frustration of ~s бесправие, лишение прав

hypocrisy over human ~s лицемерие в вопросе о соблюдении прав человека

implementation of ~s осуществление прав

infringement(s) of *smb's* ~s нарушение *чьих-л.* прав

International Covenant on Civil and Political Rights Международный пакт о гражданских и политических правах

invasion of *smb's* ~s нарушение *чьих-л.* прав

lack of ~s бесправие, лишение прав

lacking ~s бесправный

nation's ~ to self-determination право нации на самоопределение

observance of human ~s соблюдение прав человека

on the political ~ принадлежащий к правым партиям

postures about human ~s отношение к проблеме прав человека

protection of ~s защита прав

realization of ~s осуществление прав

recognition of ~s признание прав

respect for/of ~s уважение прав

restoration of ~s to *smb*/of *smb's* ~s восстановление *чьих-л.* прав

suppression of civil ~s приостановление действия гражданских прав

suspension of a ~ приостановление права

swing to the ~ (in the government) сдвиг вправо (*в правительстве*)

tensions on human ~s напряженность в вопросе о правах человека

theoretical ~ to secede from a country теоретическое право выйти из состава страны

Universal Declaration of Human Rights Всеобщая декларация прав человека

upholder of civil ~s защитник гражданских прав

waiver of a ~ отказ от права

with a ~ to vote с правом голоса

without a ~ to vote без права голоса, с совещательным голосом

right II *a* 1. правый, правильный 2. *полит.* (*часто* R.) правый

extreme ~ крайне правый; ультраправый

far ~ крайне правый

rightful *a* законный, правомерный

rightism *n* 1. правый уклон 2. *полит. жарг.* нежелание идти на компромиссы

rightist *n полит.* правый

right-of-center *a полит.* правоцентристский

right-to-life *a* отстаивающий право на жизнь

right-to-lifer *n* защитник права на жизнь

right-to-work *a* дающий право не членам профсоюза на получение работы

~ states штаты, дающие право не членам профсоюза на получение работы

right-wing *a полит.* правый

extreme ~ крайне правый

right-winger *n* человек, придерживающийся правых взглядов; правый

moderate ~ умеренно правый

riksdag *n* риксдаг *(парламент Швеции)*

ring *n* (преступная) организация

arms-and-drug-smuggling ~ организация контрабандистов оружия и наркотиков

baby-smuggling ~ организация контрабандистов, вывозящих детей

cocaine-smuggling ~ организация контрабандистов кокаина

corruption ~ организация взяточников

drugs-for-arms ~ подпольная организация, продающая наркотики и на вырученные деньги покупающая оружие

drug-smuggling/drug-trafficing ~ организация контрабандистов наркотиков

espionage ~ шпионская организация/сеть

forgery ~ группа фальшивомонетчиков

industrial-espionage ~ сеть промышленного шпионажа

international drug-trafficing ~ международная организация торговли/торговцев наркотиками

to break up a ~ ликвидировать преступную организацию/шайку

to run a ~ руководить преступной организацией

to smash a ~ ликвидировать преступную организацию/шайку

to uncover a ~ раскрывать преступную организацию/шпионскую сеть

discovery of a spy ~ раскрытие шпионской сети

ring-fence *v эк. правит. жарг.* закреплять кадры за определенными отраслями промышленности в случае чрезвычайных обстоятельств *(напр. войны)*

ringleader *n* зачинщик, главарь

~ **in a mutiny** главарь/зачинщик мятежа

to arrest the ~s арестовывать зачинщиков/главарей

riot *n* мятеж, бунт, восстание, беспорядки

~s **have broken out/erupted** вспыхнули волнения

bread ~ *ист.* хлебный бунт

communal ~s межобщинные столкновения; волнения среди представителей национальных общин

ethnic ~s волнения на национальной почве

food ~s голодные бунты

food price ~ бунт с требованием снизить цены на продукты питания

intercommunal ~s межобщинные столкновения; волнения среди представителей национальных общин

nationalist(ic) ~s волнения на националистической почве

pro-democracy ~ восстание в защиту демократии

race/racial ~s волнения/беспорядки на расовой почве

street ~(s) уличные беспорядки

widespread ~ волнения на большой территории

to crush the ~ подавлять восстание

to engineer ~s устраивать беспорядки

to incite a ~ подстрекать к мятежу

to quell the ~ подавлять восстание

to set off/to spark off ~s вызывать волнения/беспорядки

inciting to ~ подстрекательство к мятежу

outbreak of ~ вспышка беспорядков/волнений

suppression of ~s пресечение беспорядков

rioter *n* мятежник, участник беспорядков

rip-off *n* мошенничество

price ~ мошенничество с повышением цен

rise I *n* 1. подъем; повышение; увеличение 2. начало; возникновение

~ **of living standards** повышение жизненного уровня

~ **of the dollar** повышение курса доллара

~ **to power** приход к власти

fresh ~ новый подъем

large pay ~ значительное повышение зарплаты

price ~ повышение/рост цен

rapid ~ быстрое повышение, быстрый рост/подъем

relative ~ относительный подъем

steady ~ устойчивое повышение

steep prices ~ резкое повышение цен

substantial pay ~ значительное повышение зарплаты

tax ~ рост/увеличение налогов

VAT ~ рост налога на добавленную стоимость/НДС

to award a pay ~ **to** *smb* повышать *кому-л.* зарплату

to call for a substantial pay ~ выступать с призывом о значительном повышении зарплат

to demand a pay ~ требовать повышения зарплаты

to enjoy a meteoric ~ делать головокружительную карьеру

to give a pay ~ **to** *smb* повышать *кому-л.* зарплату

to grant a pay ~ **to** *smb* повышать *кому-л.* зарплату

to implement a pay ~ осуществлять повышение зарплаты

to impose a pay ~ **on** *smb* повышать зарплату *кому-л.*

to keep wage ~s **in check** сдерживать рост зарплаты

to meet in full the strikers' demand for a pay ~ полностью удовлетворять требования забастовщиков о повышении зарплаты

to press for a ~ настаивать на повышении зарплаты

to profit on the price ~s наживаться на росте цен

to **receive large pay** ~s получать значительную прибавку к заработной плате

to **reverse the price** ~s отменять повышение цен

to **speculate for the** ~ играть на бирже на повышение

to **stem the dollar's** ~ останавливать рост курса доллара

to **stop price** ~s останавливать рост цен

to **suspend price** ~s приостанавливать повышение цен

cost of living pay ~ увеличение зарплаты в связи с ростом стоимости жизни

partial compensation for price ~s частичная компенсация за рост цен

pay ~ (**of 7 %**) повышение зарплаты (на 7 %)

smb's **meteoric** ~ **from political obscurity** *чей-л.* головокружительный взлет после политической безвестности

wage ~ (**of 7%**) повышение зарплаты (на 7 %)

rise II *v* 1. подниматься; увеличиваться (*напр. о ценах*). 2. появляться, возникать

to ~ **up** (**against** *smb*) восставать (*против кого-л.*)

rising *n* 1. повышение; подъем 2. восстание

armed ~ вооруженное восстание

to **put down a** ~ подавлять восстание

risk I *n* риск; опасность

~ **increases** опасность возрастает

~ **of an accidental outbreak of a nuclear war** риск случайного развязывания ядерной войны

~ **of an armed conflict** опасность возникновения вооруженного конфликта

~ **of arrest** риск быть арестованным

~ **of famine** опасность голода

~ **of overreacting** опасность превышения пределов необходимой обороны

~ **to a population center** угроза для населенного пункта

~ **of war** опасность войны

acceptable/admissible ~ допустимый риск

bad investment ~ риск неудовлетворительного инвестирования/капиталовложения

calculated ~ сознательный риск

conditional ~ условный риск

extra ~s дополнительная опасность; дополнительный риск

inherent ~ неминуемый риск

mean ~ средний риск

minimum ~ минимальный риск

moderate ~ умеренный риск

negligible ~ незначительный риск

perceived ~ предполагаемый риск

relative ~ относительный риск

security ~ политически неблагонадежный человек

serious ~ серьезная опасность

special ~ особый риск

tolerated ~ допустимый риск

undesirable ~ нежелательный риск

undue ~ неоправданный риск

unnecessary ~ ненужный риск

to **cover a** ~ страховать риск

to **eliminate the** ~ устранять опасность

to **expose to** ~ подвергать риску

to **lessen a** ~ уменьшать опасность/риск

to **pose a** ~ **to** *smth* представлять угрозу для *чего-л.*

to **put** *smb* **at** ~ подвергать *кого-л.* опасности

to **put** *smth* **at** ~ ставить *что-л.* под угрозу

to **reduce a** ~ уменьшать опасность/риск

to **remove a** ~ устранять риск

to **run a** ~ рисковать, подвергаться риску

to **take a** ~ рисковать, идти на риск

to **wake up to a** ~ осознавать риск/опасность

risk II *v* рисковать

to ~ **life and limb** рисковать жизнью и здоровьем

risky *a* рискованный

rite *n* обряд, ритуал

religious ~s религиозные обряды

performance of religious ~s отправление религиозных обрядов

ritual I *n* обряд, ритуал

ritual II *a* обрядовый, ритуальный

ritualism *n* обрядовость

rival I *n* конкурент, соперник

~s **in the world market** соперники на мировом рынке

chief ~ основной соперник

commercial ~s торговые конкуренты

political ~ политический соперник

to **beat** *one's* ~ **by a decisive margin** побеждать своего соперника, собрав решающее большинство голосов

to **catch up** *one's* ~ догонять своего соперника

to **fall behind** *one's* ~ отставать от своего соперника

to **gain ground on** *one's* ~ добиваться преимущества над своим соперником

to **overwhelm** *one's* ~ перегонять своего противника по числу собранных голосов

to **trail behind** *one's* ~ отставать от своего соперника

comfortably/well ahead of *one's* ~s намного опережая своих соперников

rival II *v* конкурировать, соперничать

rivalry *n* соперничество, конкуренция

~ **between** *smb* соперничество между *кем-л.*

~ **on the market** конкуренция на рынке

bitter ~ острое соперничество

economic ~ экономическое соперничество

ethnic ~ борьба на национальной почве

friendly ~ дружеское соперничество

intercommunal ~ межобщинные противоречия

longstanding ~ давнишнее соперничество

military ~ военное соперничество

political ~ политическое соперничество

regional ~ региональное соперничество

road *n* дорога; путь

~ of progress путь прогресса

~ to freedom and progress путь к свободе и прогрессу

~ to success путь к успеху

~ to the White House путь в Белый дом *(т.е. к президентству)*

main ~s главные дороги

royal ~ легкий путь *(к чему-л.)*

the Silk R. *ист.* «Шелковый путь»

to barricade ~s строить баррикады на дорогах

to be left on the side of the ~ оставаться на обочине *(общественно-политической жизни)*

to block a ~ блокировать дорогу

to clear the ~ расчищать путь

to close/to close down/to cut ~s перекрывать дороги

to embark upon ~ брать курс, избирать путь

progressive ~ of development прогрессивный путь развития

the first step on the ~ of reconciliation первый шаг на пути к примирению

to follow/to take the ~ брать курс, избирать путь

to seal off the ~s перекрывать дороги

roadblock *n* контрольно-пропускной пункт; блок-пост; заграждение на дороге

~s across the city заграждения на многих улицах города

heavy ~s мощные заграждения на дорогах/улицах

to erect ~s создавать заграждения на дорогах

to put up a ~ устанавливать заграждение на дороге

to remove ~s разбирать заграждения на дорогах

to set up ~s создавать заграждения на дорогах

roadmap *n* **1.** дорожная карта **2.** план; инструкция **3.** (**R., R. for Peace**) «Дорожная карта» *(план по окончательному урегулированию израильско-палестинского конфликта и созданию независимого палестинского государства)* **4.** *pl* «Дорожные карты» *(документ по сотрудничеству России и Европейского союза в четырех общих пространствах – экономическом, внешней безопасности, гуманитарном и пространстве свободы, внутренней безопасности и правосудия)*

R. foundation основные положения «Дорожной карты»

R. progress прогресс «Дорожной карты»

to advance the R. process продвигать процесс «Дорожной карты»

to design the R. разрабатывать «Дорожную карту»

to implement the R. претворять в жизнь «Дорожную карту»

to initiate the R. foundation положить начало «Дорожной карте»

early versions of the R. ранние варианты «Дорожной карты»

enemy of the R. враг «Дорожной карты»

proponent of the R. сторонник «Дорожной карты»

roast *v (smb)* резко критиковать *кого-л.*

robbery *n* ограбление

all-cash ~ ограбление, в результате которого были похищена вся наличность

armed ~ вооруженное ограбление

robot *n* робот

industrial ~ промышленный робот

robotics *n* робототехника

robotization *n* роботизация

robotize *v* роботизировать

rocket *n* ракета

carrier ~ ракета-носитель

Chinese-made ~ ракета китайского производства

multistage ~ многоступенчатая ракета

solid-fuel ~ ракета на твердом топливе

space ~ космическая ракета

rocketry *n* ракетная техника

role *n* роль, значение

~ in world affairs роль в международных делах

advisory ~ консультативная/совещательная роль

back-seat ~ второстепенная/подчиненная роль

backstage/behind-the-scene ~ закулисная роль

certain ~ определенная роль

constructive ~ конструктивная роль

consultative ~ право совещательного голоса, роль консультанта

crucial/decisive ~ решающая роль

determining ~ определенная роль

deterrent ~ сдерживающая роль

divisive ~ раскольническая роль

dominant ~ доминирующая роль

enhanced world ~ возросшая роль в мировых делах

global policing ~ роль мирового жандарма

guiding ~ ведущая/руководящая роль

historical ~ историческая роль

historically progressive ~ исторически прогрессивная роль

impartial ~ беспристрастная роль

important ~ важная роль

influential ~ влияние

key ~ ключевая роль

leadership ~ роль лидера

leading ~ авангардная/ведущая/руководящая роль

low-key ~ пассивная роль, пассивность

main/major ~ главная/основная роль

managerial ~ ведущая/руководящая роль

mediating/mediation ~ посредническая роль, роль посредника

mobilizing ~ мобилизующая роль

nonpartisan ~ беспристрастная роль

organizing ~ организующая роль
patriotic ~ патриотическая роль
pivotal ~ ключевая роль
policing ~ полицейские функции; функция поддержания порядка
political ~ политическая роль
positive ~ положительная роль
progressive ~ прогрессивная роль
prominent ~ важная роль
shuttle ~ посредническая роль, роль посредника
significant ~ значительная роль
social ~ социальная/общественная роль
socio-political ~ социально/общественно-политическая роль
steadying ~ стабилизирующая роль
stimulating ~ стимулирующая роль
subordinate ~ второстепенная/подчиненная роль
supplementary ~ вспомогательная роль
unique ~ уникальная роль
vanguard ~ авангардная/ведущая/руководящая роль
vital ~ жизненно-важная роль
to abdicate *one's* ~ **as a nuclear power** отказываться от статуса ядерной державы
to assume a ~ брать на себя роль
to be in search of a new ~ находиться в поисках новой роли
to boost *smb's* ~ превозносить *чью-л.* роль
to broaden the ~ расширять роль
to carry out *one's* ~ выполнять/осуществлять свою роль
to enhance the ~ поднимать/повышать роль
to exercise *one's* ~ выполнять/осуществлять свою роль
to gain an awareness of *one's* **historical** ~ осознавать свою историческую роль
to give *smb* **a** ~ давать *кому-л.* роль
to gloss over *smb's* ~ затушевывать *чью-л.* роль
to note the positive ~ **of** *smb* отмечать *чью-л.* положительную роль
to perform *one's* ~ выполнять/осуществлять свою роль
to play a ~ играть *какую-л.* роль
to play a big brother ~ играть роль «старшего брата»
to play down *smb's* ~ стараться преуменьшить *чью-л.* роль
to play a vital backstage ~ проводить большую закулисную работу
to raise *smb's* ~ усиливать *чью-л.* роль
to relinquish *one's* **leading** ~ отказываться от своей ведущей/руководящей роли
to take a ~ брать на себя роль
awareness of *one's* ~ осознание своей роли
enhancement of the ~ повышение роли
expansion of *smb's* ~ расширение *чьей-л.* роли
in a facilitate ~ со вспомогательной функцией

in a mediating ~ в роли посредника
roll *n* список; реестр; документ
~ **of honor** список убитых на войне
death ~ список убитых/погибших
electoral ~ список избирателей
jam ~ *брит. тюремн. жарг.* условное освобождение заключенного
statute ~ сборник/свод законов
welfare ~ список на получение пособия по безработице
to be on death ~ быть в списке убитых/погибших
to drive *smb* **off welfare** ~**s** исключать *кого-л.* из списков на получение пособия по безработице
to put *smb* **on the death** ~ заносить *кого-л.* в список смертников
roll-back *n эк. жарг.* возвращение к более низким ценам
roll-call *n* **1.** перекличка, проверка присутствия **2.** поименное голосование
rolling *n* катание
log ~ взаимные услуги; взаимная поддержка между членами Конгресса
room *n* **1.** комната, помещение; место, пространство **2.** возможность
~ **for maneuver** возможность для маневра
hearing ~ помещение для заседаний комитета
news ~ отдел/студия новостей *(в СМИ)*
reception ~ приемная
smoke-filled ~ *полит. жарг.* встреча политических деятелей, на которой принимается решение о выдвижении кандидатуры от партии на пост президента
third ~ *брит. дипл. жарг.* «третья комната» *(младшие сотрудники министерства иностранных дел)*
to have ~ **for maneuver** иметь возможности для маневрирования
to make ~ **for younger men** уступать место более молодым
roorback *n полит. жарг.* диффамация, пасквиль, очернение соперника на выборах
root I *n* корень, основа, причина, источник
~ **of evil** корень зла
~**s of national conflicts** корни национальных противоречий/столкновений, конфликтов
grass ~**s** *полит. жарг.* «корни травы» *(рядовые избиратели или рядовые члены партии; массы; низы)*
social ~**s of a phenomenon** социальные корни *какого-л.* явления
to take ~ **somewhere** укореняться *где-л.*
root II *v* внедрять(ся)
rope *n* канат
to drop the cold war tug-of-war ~ отказываться от дальнейшего ведения холодной войны
to walk a (dangerous) tight ~ вести рискованную политику

roper *n* *полиц.* *жарг.* полицейский в штатском

roster *n* список; реестр

rostrum *n* трибуна *(ораторская)*
~ **of a congress** трибуна съезда
to be on the ~ занимать трибуну
to come down from the ~ спускаться с трибуны
to get up on/to/to mount the ~ подниматься на трибуну
to speak from a ~ говорить с трибуны
from a ~ с трибуны
on a ~ на трибуне

Rotarian *n* ротарианец, член клуба «Ротари»

rotate *v* чередовать(ся)

rotation *n* 1. ротация 2. переход сотрудников учебных и научных учреждений в госаппарат и наоборот
~ **in office** поочередное пребывание в должности
in ~ по очереди, попеременно
principle of ~ принцип ротации

rouble *n* рубль
convertible ~ конвертируемый рубль
transfer/transferable ~ переводной рубль
to make the ~ **convertible with foreign currencies** делать рубль конвертируемым по отношению к иностранным валютам
to peg the ~ фиксировать границы курса рубля

round I *n* 1. раунд *(переговоров)* 2. виток *(гонки вооружений)* 3. *воен.* патрон
~ **of negotiations/talks** раунд переговоров
~ **one** первый раунд *(выборов и т.п.)*
milk ~ *брит.* привлечение выпускников вузов для работы в промышленности
to fire blank ~**s** стрелять холостыми патронами
to start a new ~ **of diplomacy** начинать новый тур дипломатических контактов
new ~ **of the arms race** новый виток гонки вооружений
second ~ **of balloting** повторное голосование
second ~ **of voting** второй тур выборов

round II *v* (**up**) арестовывать, производить облаву на *кого-л.*

roundup *n* облава
police ~ полицейская облава
in a ~ в ходе облавы

route *n* маршрут
exit ~ маршрут вывода (войск)
sea ~**s** морские коммуникации
to block a ~ блокировать дорогу
to close the sea ~**s** перекрывать морские коммуникации
main ~ **between ...** основной путь между ...

routine *n* установившаяся/обычная практика; определенный режим; заведенный порядок
daily ~ распорядок дня
office ~ правила делопроизводства

row *n* конфликт, скандал
~ **blew out/blew up/broke out** разразился скандал
~ **comes at an awkward time** скандал происходит в неподходящий момент
~ **erupted** разразился скандал
~ **has worsened** скандал еще больше разгорается
diplomatic ~ дипломатический скандал
extradition ~ скандал по поводу *чьей-л.* экстрадиции
long-running ~ затянувшийся скандал
major ~ крупный скандал
political ~ политический скандал
spy ~ скандал в связи с выдворением *кого-л.* за шпионаж
tit-for-tat expulsions ~ скандал в связи со взаимной высылкой дипломатов *или* журналистов
tit-for-tat trade ~ торговый скандал с контрмерами против другой стороны
trade ~ скандал в сфере торговли
to defuse a ~ урегулировать/гасить конфликт
to head off a ~ предотвращать скандал
to provoke a ~ вызывать скандал, служить толчком к скандалу
to re-ignite a ~ служить толчком к новой вспышке скандала
to resolve a ~ **amicably** разрешать конфликт в дружеской атмосфере
to settle/to sort out a ~ урегулировать/гасить конфликт
to spark (off) a ~ вызывать скандал, служить толчком к скандалу
to worsen a ~ усиливать скандал

royal *n* 1. королевский 2. гриф «совершенно секретно» *(с сентября 1980 г. употребляется в Великобритании вместо Top Secret)*

royalism *n* роялизм

royalist *n* роялист

royalistic *a* роялистский

rub *v* тереть; приходить в соприкосновение, задевать
to ~ **together** срабатываться, «притираться»

rubberstamp I *n* орган, механически штампующий спускаемые ему решения

rubberstamp II *v* проштемпелевывать *(решение, резолюцию)*

rubbish *n* мусор
rose-garden ~ *полит.* *жарг.* подготовленные высказывания президента США на официальных приемах, многие из которых происходят в розарии *(Rose Garden)* Белого дома
to dump ~ **in the sea** сбрасывать мусор в море

ruble *см.* **rouble**

ruckus *n* *разг.* скандал; волнения
to raise a ~ поднимать шум/скандал

rug *n* :
to pull/to tear the ~ **from under** *smb* выбивать у *кого-л.* почву из-под ног

ruin I *n* **1.** разорение **2.** *pl* развалины, руины
  to clear the ~s расчищать развалины/руины
  to face ~ стоять на грани разорения
ruin II *v* разрушать; разорять; губить
ruination *n* разорение; разрушение
ruinous *a* разорительный, губительный, разрушительный
rule I *n* **1.** правило; устав; норма; право **2.** власть; владычество; господство; правление; управление
  ~ by decree правление с помощью указов
  ~ of force право силы
  ~ of foreign capital господство иностранного капитала
  ~ of germaneness право «выступления по существу» *(по которому прения могут быть прекращены, если, по мнению спикера, палата отклонилась от рассмотрения дел)*
  ~ of law власть закона; законность
  ~ of terror власть террора
  R. of the Court регламент суда, правила судопроизводства
  ~ of the gun право сильного
  ~ of the military правление военных
  ~ of unanimity of great powers правило единогласия великих держав
  ~s and customs of war законы и обычаи войны
  ~s and regulations правила внутреннего распорядка
  ~s for carrying out *one's* **functions** порядок выполнения своих функций
  ~s for international trade правила международной торговли
  ~s governing *smth* правила, регулирующие *что-л.*
  ~s inherited from правила, унаследованные от
  ~s laid down in *smth* положения, указанные в *чем-л.*
  ~s of confidentiality положения о неразглашении тайн
  ~s of international law нормы международного права
  ~s prescribed by *smb* правила, предписанные *кем-л.*
  ~s relating to trade правила, относящиеся к торговле
  alien ~ иностранное господство
  arbitrary ~ деспотичное правление; произвол
  army ~s воинский устав
  authoritarian/autocratic ~ авторитарное/деспотичное правление
  British ~ британское господство
  central government ~ правление центрального правительства
  civil/civilian ~ гражданское правление, правление гражданского правительства
  closed ~ процедура, запрещающая/ограничивающая число поправок к законопроекту
  common ~ общеизвестное правило

  constitutional ~ конституционное правление
  contractual ~s договорные нормы
  direct ~ прямое правление *(из центра)*
  direct presidential ~ прямое президентское правление
  domestic ~s внутренние правила
  economic ~ экономическое господство
  emergency ~ особый порядок управления; *pl* правила, действующие в связи с чрезвычайным положением
  eunuch ~ *полит. жарг.* «правило евнуха» *(статья в конституциях штатов, запрещающая губернаторам штатов занимать свой пост два срока подряд)*
  executive ~ президентское правление
  existing ~s существующие правила/постановления
  financial ~s финансовые правила
  foreign ~ иностранное господство
  fundamental ~ основные правила
  gag ~ *полит. жарг.* «правило затыкания рта» *(любое действие в парламенте или Конгрессе, которое может ограничить прения)*
  gavel ~ *полит. жарг.* использование прав председателя; лишение председателем слова неугодных ораторов
  general ~ общая норма; общее правило
  generally accepted ~s общепринятые нормы
  generally recognized ~s общепризнанные нормы
  genocidal ~ правление с геноцидом
  ground ~s основополагающие правила
  hard-and-fast ~ твердое/непреложное правило
  home ~ самоуправление
  humanitarian ~s нормы гуманности
  immigration ~s иммиграционные постановления/правила
  industrial safety ~s техника безопасности
  international ~s нормы международного права, международные нормы
  iron hand ~ правление «железной рукой»
  job safety ~s техника безопасности
  legal ~s правовые/юридические нормы
  majority ~ правление большинства; принцип подчинения меньшинства большинству
  mandate ~ мандатное управление
  military ~ власть военного правительства
  mob ~ *разг.* самосуд, суд Линча; бесчинства толпы
  monopoly ~ господство монополий
  multilateral ~s многосторонние правила
  no-strike ~ судебный запрет на проведение забастовки
  one-party ~ однопартийное руководство страной
  one-time ~ былое господство
  open ~ процедура, позволяющая конгрессменам вносить поправки в законопроект при его обсуждении

operating ~s правила эксплуатации
party ~s партийные нормы, партийный устав
pertinent ~s соответствующие правила
police ~ полицейский режим
political ~ политическое господство; политическая власть
Ponsonby R. *брит. правит жарг.* правило Понсонби *(разрешающее правительству санкционировать соглашение без одобрения парламента, если последний не вынес по нему решения в течение 21 дня)*
popular democratic ~ народно-демократическая форма правления/власть
presidential ~ президентское правление
previous question ~ правило досрочного голосования
procedure ~s правила процедуры *(в законодательном органе)*; регламент
provisional ~ временное правило
proxy ~ марионеточный режим
repressive ~ репрессивный режим
revised ~s пересмотренные правила
set ~ установленное правило
single-party ~ однопартийное правление
special ~ специальная процедура
staff ~ правила/устав для персонала
standing ~ устав
ten minute ~ *брит. полит. жарг.* десятиминутный регламент в прениях по новому законопроекту в палате общин
totalitarian ~ тоталитарный режим
trade ~s правила торговли
treaty ~s договорные нормы
unanimity ~ принцип единогласия
unit ~ положение, по которому вся делегация штата голосует за одного кандидата
virtual one-party ~ фактически однопартийное правление
voting ~s правила голосования
white minority ~ *ист.* правление белого меньшинства
'White only' ~ *ист.* правление белого меньшинства в ЮАР
world ~ мировое господство
to abolish ~ ликвидировать господство
to accept ~s одобрять/признавать правила
to achieve majority ~ добиваться правления большинства
to adhere to a ~ придерживаться правила, соблюдать правило
to adopt a ~ принимать правило
to apply ~s to *smb/smth* применять правила к *кому-л./чему-л.*
to be subject to/to be under foreign ~ находиться под иностранным владычеством
to breach/to break a ~ нарушать правило
to bring in a ~ вводить правило
to bring in majority ~ вводить правление большинства
to circumvent a ~ обходить правило
to comply with/to conform to a ~ придерживаться правила, соблюдать правило

to construe a ~ толковать правило
to contravene a ~ противоречить правилу
to determine a ~ определять правило
to draw up ~s разрабатывать правила
to eliminate ~ ликвидировать господство
to emerge from military to civilian ~ переходить от правления военных к гражданскому правительству
to end the ~ покончить с господством
to entrench minority ~ закреплять правление меньшинства
to establish a ~ устанавливать правило
to establish the ~ of *smb* устанавливать правление *кого-л.*
to exercise arbitrary ~ править как диктатор
to extend *one's* ~ **by another 4 years** продлевать срок своего правления еще на 4 года
to flee *smb's* ~ бежать из-под *чьей-л.* власти
to frame ~s вырабатывать/определять/составлять правила
to implement presidential ~ осуществлять президентское правление
to impose/to introduce *smb's* ~ вводить *чье-л.* правление
to infringe a ~ нарушать правило
to institute a democratic ~ устанавливать демократическое правление
to interpret a ~ толковать правило
to lay down a ~ устанавливать правило
to lift emergency ~ отменять чрезвычайные полномочия правительства
to live under alien ~ жить под иностранным господством
to maintain ~s поддерживать/соблюдать правила
to note an infringement/a violation of the ~s констатировать нарушение правил
to obey/to observe a ~ придерживаться правила, соблюдать правило
to overthrow/to throw off *smb's* ~ свергать *кого-л.*
to put a territory under direct ~ **from ...** ставить территорию под прямое управление из ...
to put an end to *smb's* ~ покончить с *чьим-л.* господством, положить конец *чьему-л.* господству
to reestablish the ~ **of law** восстанавливать законность
to remain under *smb's* ~ оставаться под *чьим-л.* управлением
to respect the ~s **of the international law** уважать нормы международного права
to restore civilian ~ восстанавливать гражданское правление
to return to civilian ~ возвращаться к гражданскому правлению
to revert to *smb's* ~ возвращаться под *чье-л.* управление
to stick to a ~ придерживаться правила, соблюдать правило
to submit to the ~s подчиняться правилам, придерживаться правил

to suffer from *smb's* ~ страдать от *чего-л.* гнета

to suspend the ~s of procedure приостанавливать действие правил процедуры

to violate a ~ нарушать правило

to waive a ~ не применять правило

to work to ~ работать строго по правилам *(вид забастовки)*

to work under a unanimity ~ работать при условии единогласия

abidance by the ~s соблюдение правил

advent of *smb's* ~ *чей-л.* приход к власти

against international ~s of behavior противоречащий международным нормам поведения

bending of ~s произвольное толкование правил

direct ~ of Northern Ireland from London прямое управление Северной Ирландией из Лондона

during *smb's* ~ в годы *чьего-л.* правления

forms of political ~ формы политической власти

handover to a civilian ~ передача власти гражданскому правительству

imposition of Central Government ~ введение правления центрального правительства

in accordance/conformity with the ~s в соответствии с правилами

incompatibility with the ~s of behavior несовместимость с нормами поведения

infringement of the ~s of procedure нарушение правил процедуры

manipulation of ~s манипулирование правилами

over-riding of ~s игнорирование правил

parliamentary checks on presidential ~ парламентские ограничения президентского правления

restoration of civilian ~ восстановление гражданского правления

return of civilian ~ возврат к гражданскому правлению

striving for economic ~ стремление к экономическому господству

terms of the ~s of procedure положения правил процедуры

transition from military to civilian ~ переход от правления военных к гражданскому правительству

under *smb's* ~ при *чьем-л.* правлении

rule II *v* 1. править, управлять; господствовать 2. постановлять; устанавливать

to ~ by decree управлять с помощью указов

to ~ *smth* **as unconstitutional** постановить считать *что-л.* противоречащим конституции

to ~ *smth* **out unequivocally** недвусмысленно исключать *что-л.*

to ~ with an iron fist/rod править железной рукой

ruler *n* правитель

absolute ~ самовластный правитель

behind-the-scenes ~ действительный правитель

benevolent ~ добрый правитель

Islamic ~ исламский правитель

military ~ военный диктатор

supreme ~ верховный правитель

tyrannical ~ правитель-деспот/тиран

ruling I *n* постановление; решение

~ **of the President** постановление/решение президента

Appeal Court ~ постановление кассационного суда

constitutional ~ конституционное решение

court ~ решение суда

European ~ постановление Европейского суда по правам человека

to accept the court ~ принимать постановление суда; соглашаться с постановлением суда

to ask for a ~ просить председателя вынести постановление

to challenge the chairman's ~ оспаривать председательское решение

to endorse a ~ **by** *smb* поддерживать *чье-л.* постановление

to give a ~ выносить постановление

to hand down a ~ оглашать решение

to make a ~ принимать постановление *(о судье)*

to reject a ~ отвергать постановление

to respect a ~ уважать решение

to uphold a ~ поддерживать решение *(часто суда низшей инстанции)*

ruling II *a* правящий

rumor *n* слух

~ **has been running rife through the city** по городу ходят слухи

~s have been circulating in Baghdad about ... в Багдаде ходят слухи о ...

~ **persist that .../there is a strong ~ that ...** ходят упорные слухи, что ...

~s were unfounded слухи были необоснованными

false ~ ложный слух

latrine ~ вздорный слух

persistent/strong ~s упорные слухи

untrue ~ ложный слух

wild ~s нелепые слухи

to deny/to dismiss a ~ опровергать слух

to fabricate ~s фабриковать слухи

to fuel ~s давать пищу слухам

to peddle/to put about ~s распространять/распускать слухи

to refute a ~ опровергать слух

to spread ~s распространять/распускать слухи

denial of ~s опровержение слухов

fabrication of ~s фабрикация слухов

proliferation of ~s распространение слухов

spate of ~s волна слухов

the city was rife with ~s в городе ходило множество слухов

rumor-monger *n* распространитель слухов

rumor-mongering *n* распространение слухов

run I *n* **1.** бег; побег **2.** ход, порядок *(чего-л.)* **3.** тираж **4.** отрезок времени **5.** спрос **6.** испытание

~ **of a newspaper** тираж газеты

~ **of business** ход дел

~ **of office** продолжительность службы

~ **on an article** спрос на *какой-л.* предмет

~ **on coffee** спрос на кофе

~ **on the bank** массовое изъятие вкладов из банка

long ~ 1) продолжительная работа 2) продолжительный период 3) крупная партия *(изделий)*

mail ~ *жарг.* перлюстрация

nonstop ~ безостановочная работа

production ~ массовое/серийное производство *(изделий)*

short ~ 1) краткосрочная работа 2) короткий период времени 3) небольшая партия *(изделий)*

to be on the ~ скрываться *(о беглом преступнике)*, находиться «в бегах»

to take the chicken ~ бежать из страны, опасаясь репрессий

run II *v* **1.** бежать **2.** вести *(предприятие, дело)*, руководить, управлять **3.** гласить *(о документе, статье и т.п.)* **4.** баллотироваться *(for a post – на пост)*

to ~ **against** *smb* баллотироваться на выборах в качестве *чьего-л.* противника

to ~ **away** опережать *(соперника по выборам)*

to ~ **off** истекать *(о сроке)*

to ~ *smb* выставлять *кого-л.* кандидатом

to ~ **well ahead** намного опережать *(соперника по выборам)*

runner *n* **1.** бегун **2.** *брит. полиц. жарг.* побег; заключенный, готовящийся к побегу

agent ~ *разв. жарг.* агент-связник

drug ~ контрабандист наркотиков

to do a ~ *брит. полиц. жарг.* бежать из тюрьмы

running I *n* **1.** бег; пробег, рейс **2.** баллотирование; ведение избирательной кампании **3.** ведение дел; управление

~ **for the exercise** *полит. жарг.* баллотирование на выборах без надежды на успех

~ **like a dry creek** *полит. жарг.* пассивное ведение кандидатом предвыборной кампании

drug ~ контрабанда наркотиков

gun ~ контрабанда оружия

to be out of the ~ отказываться от участия в борьбе за пост *(напр. президента)*

day-to-day ~ *(of smth)* повседневное руководство *(чем-л.)*

running II *a* текущий, постоянный, непрерывный

run-off *n* *(between smb)* второй тур выборов, повторное голосование

run-up *n* преддверие

in the ~ **to a conference** в преддверии конференции

rupture *n* разрыв

~ **of diplomatic relations** разрыв дипломатических отношений

open ~ **between** *smb* открытый разрыв между *кем-л.*

rush I *n* стремительное движение, спешка, сутолока

gold ~ золотая лихорадка

rush II *v* спешить

to ~ *smth* **through** спешно протаскивать *(напр. законопроект через парламент)*

Russian *n* русский

White R. *ист.* белогвардеец

Russian-backed *a* поддерживаемый Россией

Russian-speaking *a* русскоговорящий, русскоязычный

russification *n* русификация

Russophobe *n* русофоб

Russophobia *n* русофобия

ruthless *a* безжалостный

S

sabotage I *n* саботаж; диверсия; вредительство

~ **could not be ruled out** не исключена диверсия

economic ~ экономический саботаж; экономическая диверсия

ideological ~ идеологическая диверсия; идеологический саботаж

industrial ~ промышленный саботаж

intensive ~ **activity** активная диверсионная деятельность

petty ~ мелкие диверсии/саботаж

political ~ политическая диверсия

to commit acts of ~ совершать акты саботажа

to find no trace of ~ не обнаруживать следов диверсии

to introduce urgent measures to guard against ~ вводить срочные меры для предотвращения диверсий

to perform an act of ~ осуществлять диверсию/диверсионный акт

to practice ~ саботировать, *разг.* саботажничать; прибегать к диверсии/диверсионным актам

act of economic ~ экономическая диверсия

sabotage II *v* саботировать *что-л.*; производить диверсии

to ~ **an idea** саботировать/подрывать идею

to ~ **work** саботировать работу

saboteur *n* саботажник; диверсант; вредитель

ideological ~ идеологический диверсант
political ~ политический диверсант
sabre *n* 1. сабля, шашка 2. *перен.* оружие
to rattle ~s бряцать оружием
to rattle ~s **against a country** угрожать войной *какой-л.* стране
sabre-rattler *n* поджигатель войны
sabre-rattling *n* бряцание оружием, поджигание войны
sachem *n полит. жарг.* политический лидер
sack I *n* 1. мешок, куль 2. *разг.* увольнение
to face the ~ оказаться под угрозой увольнения
to get the ~ быть уволенным
to give the ~ увольнять
sack II *v* (*smb*) увольнять (*кого-л.*), давать отставку (*кому-л.*)
sacking *n* увольнение
mass ~s массовые увольнения
sacred *a* священный; неприкосновенный; святой
~ **and inviolable** священный и неприкосновенный
~ **cow** *журн. жарг.* «священная корова» (*человек вне критики*)
~ **duty** священный долг
~ **war** священная война
sacrifice I *n* жертва; жертвоприношение
human ~ человеческое жертвоприношение
to accept ~s смиряться с жертвами
to make ~s приносить жертвы; идти на жертвы
the ~s **were worthwhile** жертвы были не напрасными
sacrifice II *v* жертвовать, приносить в жертву; совершать жертвоприношение
to ~ *one's* **life for** *one's* **country** отдавать жизнь за родину
sadness *n* грусть; скорбь
to express ~ выражать свою скорбь
safe *a* безопасный, надежный; гарантированный
~ **house** *развед. жарг.* «надежный дом» (*место, где содержатся перебежчики из другой страны и другие лица, которым необходимо избежать внешних контактов; проводятся встречи с агентурой; содержатся и допрашиваются тайной полицией задержанные*)
to feel ~ чувствовать себя в безопасности
to make the world ~ **for peace** обеспечивать мир на земле
safeguard I *n* гарантия; охрана, защита; предосторожность
~s **on peaceful uses of nuclear energy** гарантии в отношении мирного использования ядерной энергии
constitutional ~s конституционные гарантии
effective ~s эффективные гарантии
fool-proof ~s надежные гарантии
full-scope ~s полные гарантии

industrial ~s техника безопасности на производстве
political ~ политические гарантии
revised ~s пересмотренные гарантии
security ~s гарантии безопасности
treaty ~s гарантии по договору
to accept ~s принимать гарантии
to apply/to implement ~s применять гарантии
to obtain ~s **against** *smth* добиваться гарантий, обеспечивающих *что-л.*
to verify the ~s контролировать соблюдение гарантий
administration of ~s осуществление гарантий
application of ~s применение гарантий
termination of ~s прекращение гарантий
safeguard II *v* гарантировать (*что-л.*); обеспечивать гарантии; защищать; охранять; беречь
to ~ **international peace and security** обеспечивать международный мир и безопасность
safeguarded *a* обеспеченный/охватываемый гарантиями
safety *n* безопасность; надежность, сохранность
environmental ~ сохранность окружающей среды
genuine ~ подлинная безопасность
improved road ~ усовершенствованная безопасность автомобильных дорог
industrial ~ охрана труда
labor ~ охрана труда
maritime ~ безопасность на море
nuclear ~ ядерная безопасность
occupational ~ охрана труда
radiation/radiological ~ радиационная безопасность
to ensure ~ обеспечивать безопасность
to guarantee *smb's* ~ гарантировать *чью-л.* безопасность
to improve ~ **of diplomats** усиливать безопасность дипломатов
for reasons of ~ по соображениям безопасности
sail *n* парус
to take wind out of *smb's* **propaganda** ~s уменьшать эффективность *чьей-л.* пропаганды
salar/y *n* должностной оклад; жалование (*служащих*)
annual ~ годовой оклад
annual base ~ основной годовой оклад
assessable ~ жалованье, подлежащее обложению налогом
base/basic ~ основной оклад
fat ~ высокий оклад
fixed ~ твердый оклад
government ~ государственный оклад
gross ~ расчетная заработная плата
inadequate ~ недостаточный оклад

local level ~ies оклады местных служащих

net ~ оклад без надбавок, «чистый» оклад

pensionable ~ оклад, учитывающийся при начислении пенсии

stated ~ твердый оклад

to cut ~ies снижать оклады служащих

to draw a fixed ~ быть на твердом окладе

to fix ~ies устанавливать жалования

to pay ~ платить жалованье

to raise ~ повышать жалованье

to restructure ~ пересматривать зарплату служащему

advance on ~ аванс в счет заработной платы

increase in average ~ прирост средней заработной платы

rate of ~ ставка оклада

sale *n* 1. продажа; сбыт 2. распродажа *(по сниженным ценам)* 3. тираж

~ of honors торговля почетными званиями

arms ~s продажа оружия

clandestine ~s тайная продажа

domestic ~s реализация продукции на внутреннем рынке

export ~ продажа на экспорт

lucrative ~s выгодная продажа

missile ~s продажа ракет

net ~s нетто-реализация, чистая сумма продаж

public ~ торги; распродажа

retail ~ розничная продажа, розничная торговля

revenge counter ~s *полит. жарг.* меновая торговля

wash ~ *бирж. жарг.* фиктивная сделка

wholesale ~ оптовая продажа, оптовая торговля

to block the ~ of *smth* блокировать продажу чего-л.

to cut back on *one's* **arms ~s** сокращать продажи оружия

to cut off direct weapons ~s to a country прекращать прямые продажи оружия *какой-л.* стране

to deplore arms ~s to *smb* выступать против продажи оружия *(кому-л.)*

to kill a ~ срывать продажу

to resume arms ~s to ... возобновлять продажу оружия ...

to subsidize ~s субсидировать продажу

a huge fall in ~s резкое падение сбыта

sales manager *n* менеджер по продажам

sall/y *n* вылазка

to repulse all aggressive ~ies давать отпор любым агрессивным вылазкам

salute I *n* салют; приветствие

holiday ~ праздничный салют

royal/21-gun ~ артиллерийский салют из 21 орудия

to fire a ~ салютовать, производить салют

to take the ~ принимать парад

salute II *v* приветствовать; салютовать

salvage *n* спасение; вознаграждение за спасение

salvation *n* спасение

economic ~ спасение экономики

Sam *n* *амер. юр. жарг.* сотрудник федерального правоохранительного органа

sample *n* 1. образец; проба 2. **(the ~)** опрошенные *(при опросе общественного мнения)*

sampling *n* отбор; выбор; выборка; взятие проб

sanctify *v* 1. освящать 2. оправдывать *(что-л.)* 3. причислять к лику святых *(кого-л.)*

to ~ greed and selfishness оправдывать жадность и эгоизм

sanction I *n* 1. санкция; утверждение, ратификация; разрешение; одобрение 2. правовая санкция

comprehensive ~s всеобъемлющие санкции

contractual ~s договорные санкции

diplomatic ~s (against *smb***)** дипломатические санкции *(против кого-л.)*

economic ~s экономические санкции

effective ~s эффективные санкции

financial ~s финансовые санкции

full-scale ~s всеобъемлющие санкции

general ~s широкомасштабные санкции

harsh ~s суровые санкции

heavy ~s жесткие санкции

ineffective ~s неэффективные санкции

intensified ~s усиленные санкции

legal ~ правовая санкция

limited ~s ограниченные санкции

mandatory ~s принудительные санкции; обязательные санкции

military ~s военные санкции

penal ~s уголовные преследования, уголовные санкции

political ~s политические санкции

punitive ~s карательные санкции

retaliatory ~s контрсанкции, ответные санкции

self-damaging ~s санкции, ударяющие по тому, кто их применяет

severe/stiff ~s жесткие санкции

sweeping ~s широкомасштабные санкции

tough ~s жесткие санкции

trade ~s торговые санкции

war ~s военные санкции

wide-ranging ~s широкие санкции

UN-backed ~s санкции, поддерживаемые ООН

to abide by ~s соблюдать санкции

to adopt ~s принимать решение о введении санкций

to agree ~s соглашаться на санкции

to apply ~s to a country применять санкции против *какой-л.* страны

to approve ~s against a country одобрять санкции против *какой-л.* страны

to assess the impact of ~s оценивать действие санкций

to avert the threat of ~s by a country предотвращать угрозу санкций со стороны страны

to back diplomatic ~s поддерживать дипломатические санкции

to break ~s обходить санкции

to bust ~s срывать санкции

to bypass ~s обходить санкции

to call for ~s against *smb* **to remain/to stay in force** призывать к продолжению санкций против *кого-л.*

to circumvent ~s обходить санкции

to confront economic ~s противостоять экономическим санкциям

to ease ~s ослаблять санкции

to employ economic ~s (against) применять экономические санкции *(против)*

to enforce ~s применять санкции

to evade ~s обходить санкции

to extend ~s to include *smth* распространять санкции на *что-л.*

to force *smb* **into ~s** заставлять *кого-л.* ввести санкции

to get the ~ of *smb* получать чье-л. согласие

to give ~ (to) давать санкцию *(на)*

to grant ~ to *smth* давать санкцию на *что-л.*

to guard against the effect of ~s принимать меры предосторожности против действия санкций

to have superior ~s about *smth* иметь разрешение сверху по *какому-л.* вопросу

to implement ~s осуществлять санкции

to impose ~s against/on a country вводить санкции против *какой-л.* страны

to intensify ~s against a country усиливать санкции против *какой-л.* страны

to introduce economic ~s against a country вводить экономические санкции против *какой-л.* страны

to keep ~s in place сохранять санкции

to lift ~s отменять санкции

to maintain ~s сохранять санкции

to monitor the implementation of the ~s следить за осуществлением санкций

to obtain the ~ (of) получать санкцию

to oppose ~s выступать против санкций

to order trade ~s against a country распоряжаться о введении торговых санкций против *какой-л.* страны

to persist with the ~s упорствовать с продолжением санкций

to press for ~s настаивать на санкциях

to reaffirm ~s against *smb/smth* подтверждать санкции против *кого-л./чего-л.*

to reimpose ~s восстанавливать санкции

to relax ~s ослаблять санкции

to remain committed to ~s продолжать придерживаться санкций

to remove/to rescind ~s отменять санкции

to resist ~s оказывать сопротивление/противодействовать санкциям

to respect ~s придерживаться санкций

to shrug off ~s делать вид, что санкции не имеют значения

to support ~s поддерживать санкции

to suspend ~s приостанавливать санкции

to tighten/to toughen ~s ужесточать санкции

to use ~s against *smb* применять санкции против *кого-л.*

to violate ~s нарушать санкции

to waive ~s отменять санкции

to widen ~s расширять санкции

to withdraw economic ~s against a country отказываться от экономических санкций против страны

to withstand ~s выдерживать санкции

advocacy of ~s поддержка санкций

appetite for ~s желание ввести санкции

application of ~s применение санкций

call for tougher economic ~s призыв усилить экономические санкции

dilution of ~s ослабление санкций

extension of ~s расширение санкций

impact of ~s действие санкций

imposition of ~s against/on a country введение санкций против страны

intensification of ~s усиление санкций

lifting of ~s отмена санкций

package of ~s пакет/комплекс санкций

pursuit of strong ~s применение жестких санкций

renewal of ~s against *smb* возобновление санкций против *кого-л.*

review of ~s пересмотр санкций

toughening of ~s ужесточение санкций

use of ~s against a country применение санкций против *какой-л.* страны

without recourse to ~s не прибегая к санкциям

sanction II *v* санкционировать; утверждать

to ~ *smb's* **arrest** санкционировать *чей-л.* арест

sanctuary *n* убежище

diplomatic ~ убежище на территории дипломатической миссии

to find a ~ находить убежище; укрываться

to give ~ to *smb* предоставлять (политическое) убежище *кому-л.*

to obtain a ~ получать убежище

to provide ~ for *smb* обеспечивать убежище для *кого-л.*

to refuse *smb* **~** отказывать *кому-л.* в предоставлении политического убежища

to seek ~ искать/добиваться убежища

to take ~ находить прибежище; укрываться

Sane Freeze *n* «Сэйн Фриз» *(антивоенная организация в США)*

sanitation *n* санитария; улучшение санитарных условий

improvement of environmental ~ оздоровление внешней среды

sanitize *v развед. жарг.* «подчищать» *(изымать компрометирующую и секретную информацию из документов, подлежащих опубликованию)*

sanity *n* здравомыслие

political ~ политическое здравомыслие
sarbut *n брит. полиц. жарг.* полицейский осведомитель
sarcasm *n* сарказм
  demure ~ скрытый сарказм
sash *n* орденская лента
  to hand over the presidential ~ **to** *smb* передавать президентский пост *кому-л.*
satellite I *n* **1.** *полит.* сателлит **2.** (искусственный) спутник **3.** *эк.* компания-придаток крупной фирмы
  anti-missile ~ противоракетный спутник
  anti-satellite ~ антиспутник
  artificial Earth ~ искусственный спутник Земли
  communication ~ спутник связи
  defensive ~ спутник ПРО
  killer ~ *разг.* спутник, уничтожающий другой спутник
  man-made ~ искусственный спутник
  manned ~ спутник с человеком на борту, пилотируемый спутник
  meteorological ~ метеорологический спутник
  military ~ военный спутник
  navigational ~ навигационный спутник
  operational ~ действующий спутник
  spy ~ разведывательный спутник, спутник-шпион
  television/TV ~ телевизионный спутник
  weather ~ метеорологический спутник
  to launch/to place a ~ **in Earth orbit** запускать спутник на орбиту Земли
satellite II *attr* спутниковый
  ~ **debate** телемост через спутники
satellitism *n полит.* сателлитизм
  dual ~ *полит. жарг.* «двойной сателлитизм» *(использование малой страной политики нейтралитета для получения выгод от двух сильных стран)*
satisfaction *n* удовлетворение *(чего-л.)*
  ~ **of material needs** удовлетворение материальных нужд
  want ~ удовлетворение потребностей
  to express ~ **over** *smth* выражать удовлетворение в связи с *чем-л.*
satisfy *v* удовлетворять; соответствовать
  to ~ **doubts** рассеивать сомнения
  to ~ **the demand** удовлетворять спрос
  to ~ **the interests** удовлетворять интересы
  to ~ **a request** удовлетворять просьбу
satrap *n* **1.** сатрап **2.** *жарг.* мелкий политикан
save *v* экономить; беречь *(силы и т.п.)*; накапливать
  to ~ **mankind from war** спасать/уберегать человечество от войны
  to ~ **the world from a nuclear holocaust** спасать мир от ядерной катастрофы
saving I *n* **1.** экономия; сбережение **2.** *pl* сбережения; сэкономленные средства; накопления
  budgetary ~s бюджетные накопления
  business ~s накопления предпринимателей

  capital ~ экономия денежных средств; накопление капитала
  domestic ~s внутренние сбережения
  ex ante ~s предполагаемые сбережения
  ex post ~s фактические сбережения
  foreign exchange ~s сбережения в иностранной валюте
  government ~s государственные накопления
  household ~s семейные накопления
  individual ~s личные сбережения
  national ~s внутренние/национальные/государственные накопления
  net ~s чистые сбережения/накопления
  personal ~s личные сбережения
  private ~s частные сбережения
  public ~s государственные накопления
  real ~s реальные накопления
  significant ~ значительная экономия
  to collect ~s собирать накопления, накапливать *(средства)*
  to encourage ~ способствовать формированию сбережений
  to entrust *one's* ~s **(to)** вверять/поручать чьи-л. сбережения *(кому-л.)*
  to generate ~ порождать/производить/образовывать накопления
  to lose *one's* ~s лишаться своих сбережений
  to reserve ~s **for** *smth* резервировать/сберегать накопления для *чего-л.*
  to transfer ~s **(from ... to ...)** переводить/передавать/перераспределять накопления *(из ... в ...)*
  to use ~s использовать накопления
saving II *a* бережливый; экономный; сберегающий
  capital ~ капиталосберегающий
  energy ~ энергосберегающий
  labor ~ трудосберегающий
savings-bank *n* сберегательный банк
savior *n* спаситель
  ~ **of the nation** спаситель нации
scab *n разг.* штрейкбрехер, скеб
scaffold *n* эшафот
  to be spared the ~ быть помилованным
scale I *n* **1.** масштаб; размер **2.** размах **3.** шкала; уровень
  ~ **of assessment** шкала обложения
  ~ **of charges** шкала расходов
  ~ **of confrontation** масштабы/степень конфронтации
  ~ **of increment** шкала надбавок *(к окладу)*
  ~ **of living** уровень жизни
  ~ **of operations** масштаб производства
  ~ **of payment** шкала ставок
  ~ **of wages** шкала/ставки заработной платы
  base ~ базисная шкала
  colossal ~ грандиозные масштабы
  industrial ~ производственный масштаб
  national ~s национальные масштабы
  natural ~ натуральная величина
  pay ~ шкала/ставки заработной платы

progressive taxation ~ прогрессивная шкала налогообложения

rate ~ шкала расценок/тарифных ставок

salary ~s шкала/ставки окладов

social ~ общественная/социальная лестница

time ~ масштаб/шкала времени

wage ~ шкала/ставки заработной платы

to reduce the ~ of confrontation уменьшать степень конфронтации

on a broad ~ в широком масштабе

on a full ~ полным ходом

on a global ~ в глобальном масштабе

on an international ~ в международном масштабе

on a nation-wide ~ в общегосударственном масштабе

on a world-wide ~ во всемирном масштабе

scale II *v* масштабировать

~ down понижать, сокращать

~ up повышать, увеличивать

scalp-hunters *n развед. жарг.* «охотники за скальпами» *(сотрудники разведки, которые ищут потенциальных перебежчиков и помогают им покинуть свою страну)*

scandal *n* скандал

~ on top of ~ скандал за скандалом

~ rocking the political boat скандал, вызвавший потрясение в политических кругах

arms-to-Iran ~ «Ирангейт» *(продажа американского оружия Ирану и передача денег никарагуанским контрас)*

banking ~ банковский скандал

bribery ~ скандальная история с взятками

corruption ~ скандал в связи с коррупцией

financial ~ финансовый скандал

mushrooming ~ разрастающийся скандал

political ~ политический скандал

share dealing ~ скандал в связи с продажей акций

social ~ публичный скандал

Watergate S. «Уотергейт»

to be a party to a ~ быть замешанным в скандале

to be embroiled in a financing ~ быть замешанным в финансовом скандале

to become embroiled in a stock market ~ оказываться замешанным в скандале на фондовой бирже

to cause a ~ вызывать скандал

to distance *smb* **from a ~** ограждать *кого-л.* от скандала

to give rise to a ~ вызывать скандал

to hush up a ~ замять скандал

to uncover a financial ~ раскрывать финансовый скандал

to unravel a ~ расследовать все подробности скандального дела

at the height of the ~ в разгар скандала

in the wake of a share-dealing ~ как последствие скандала с продажей акций

reverberations from the ~ отзвуки скандала

the spy ~ has come to light стали известны подробности скандала со шпионажем

scandalous *a* скандальный

scapegoat *n* козёл отпущения

to make *smb* **a ~ for** *smth* делать *кого-л.* козлом отпущения за *что-л.*

to use *smb* **as a ~** делать *кого-л.* козлом отпущения

scarce *a* скудный, недостаточный; редкий; дефицитный

scarcity *n* нехватка, недостаток; дефицит

acute food ~ острая нехватка продовольствия

scare *n* страх; паника

bomb ~ паника, вызванная угрозой заложенной бомбы

health ~ паника, вызванная угрозой здоровью населения

radiation ~ страх перед радиацией

Scandilux *n* «Скандилюкс» *(неофициальное объединение представителей социалистических и социал-демократических партий Норвегии, Дании, Голландии и Люксембурга)*

scare-mongering *n* разжигание страха; запугивание

political ~ политическое запугивание

Scargillism *n брит. полит. жарг.* «скаргиллизм» *(крайне левое течение в британском рабочем движении; по имени А. Скаргилла, председателя национального профсоюза горняков)*

scathing *a* резкий, едкий, язвительный

scenario *n* сценарий; вариант

best case ~ *полит. жарг.* наилучший вариант

worst case ~ *полит. жарг.* наихудший вариант

scene *n* **1.** место действия; арена **2.** *разг.* скандал, сцена

crime ~ место преступления

domestic political ~ внутриполитическая обстановка

political ~ политическая арена

world political and economic ~ международное политическое и экономическое положение

to appear on the historical ~ появляться на исторической сцене

to come onto the political ~ выходить на политическую арену

to enter the political ~ появляться на политической арене

to pass from the ~ *перен.* уходить со сцены

to retire *smb* **from the political ~** убирать *кого-л.* с политической сцены, отправив его на пенсию

to set the ~ for a meeting готовить почву для встречи

to work behind the ~s вести закулисную деятельность

developments on the international ~ развитие событий на международной арене

on the domestic ~ внутри страны
sceptic *n*:
   Euro ~ *брит.* противник слишком тесного сближения Великобритании с Европейским союзом
schedule I *n* **1.** расписание, график, план **2.** таблица, схема; программа **3.** список; перечень цен, тарифов **4.** опись. **5.** шкала
   carefully planned ~ тщательно спланированный график
   demand ~ график спроса
   feasible ~ реальный план
   inquiry ~ опросный лист, анкета
   meeting ~ расписание встреч
   operation ~ календарный план работы
   pay ~ сетка/график зарплаты
   post adjustment ~ шкала коррективов по месту службы
   task ~ календарный план выполнения заданий
   tentative ~ предварительный график
   work ~ план работы, календарный план
   working ~ рабочий план
   to bear up to *one's* ~ физически выдерживать напряженный график работы
   to cut back on *one's* ~ **of meetings** сокращать программу своих встреч
   to fall behind ~ отставать от графика
   to keep to *one's* ~ соблюдать свой график
   to meet ~ выдерживать/укладываться в график; выполнять график/план
   according to ~ по расписанию
   ahead of ~ досрочно, опережая график, с опережением плана
   behind ~ с запозданием выполнения плана/графика
   five years behind ~ на пять лет позже срока
   on ~ точно, вовремя, согласно плану/графику
schedule II *v* планировать, назначать, составлять расписание, намечать
schedulitis *n разг.* склонность к планированию в ущерб работе
scheme I *n* **1.** план, программа, проект **2.** схема, диаграмма **3.** система, структура
   ~ **of payment** система оплаты труда
   ~ **of preferences** система преференций
   ~ **of society** структура общества
   abortive ~ неудавшийся план
   development ~ схема развития
   educational ~ система образования
   electronic tagging ~ план организации слежки за преступником с помощью электронного прибора на его теле
   European security ~ система безопасности в Европе
   incentives ~ премиальная система; поощрительная система
   job creation ~ программа создания новых рабочих мест
   land-holding ~ программа землепользования

   land reform ~ программа земельной реформы
   lifeboat ~ план спасения пострадавших от *чего-л.*
   multilateral ~ многосторонняя программа
   privatization ~ план приватизации
   pyramid investment ~ «финансовая пирамида» *(мошенническое выманивание денег у населения)*
   Unemployment Training S. план переподготовки безработных *(Великобритания)*
   to abandon a ~ отказываться от плана
   to evolve a ~ разворачивать план
   to implement a ~ осуществлять план/программу/проект
   to lay a ~ составлять план
   implementation of a ~ **by the back door** проведение плана обходным путем
scheme II *v* планировать, проектировать
schemer *n* интриган
scholar *n* стипендиат; ученый *(гуманитарий)*
scholarship *n* **1.** ученость; эрудиция **2.** стипендия
   state ~ государственная стипендия
   to get a ~ получать стипендию
scholastic I *n* схоласт
scholastic II *a* схоластический
scholasticism *n филос.* схоластика
school *n* **1.** школа; учебное заведение **2.** научное направление **3.** направление в искусстве
   art ~ художественная школа
   boarding ~ школа-интернат
   business ~ бизнес-школа
   comprehensive secondary ~ общеобразовательная школа
   correspondence ~ заочная школа
   desegregated ~ школа с десегрегацией в обучении
   direct-grant ~ школа прямого субсидирования *(получающая деньги непосредственно от министерства финансов, а не от местного отдела образования; Великобритания)*
   elementary ~ начальная школа
   evening ~ вечерняя школа
   gladiator ~ *тюремн. жарг.* «школа гладиаторов» *(тюрьма особо строгого режима)*
   graduate ~ аспирантура
   high ~ средняя школа
   higher ~ высшее учебное заведение
   integrated ~ смешанная школа
   international ~ международная школа *(для детей специалистов и экспертов из разных стран)*
   junior high ~ неполная средняя школа
   military ~ кадетский корпус
   multiracial ~ школа без расовой сегрегации
   nursery ~ детский сад *(младшая группа с 2 до 4 лет)*
   parochial ~ церковноприходская школа

preparatory ~ (частная) подготовительная школа

primary ~ начальная школа; школа первой ступени

private ~ частная школа

professional ~ юридический *или* медицинский колледж *или* факультет

public ~ 1) *амер.* бесплатная государственная школа 2) *брит.* привилегированная частная средняя школа

residential ~ школа-интернат

secondary ~ средняя школа

senior high ~ старшие классы средней школы *(11-12 классы)*

specialized higher ~ высшее специализированное учебное заведение

specialized secondary ~ среднее специализированное учебное заведение

state ~ *брит.* государственная школа

technical ~ техническая школа

undergraduate ~ факультет с четырехлетним сроком обучения, по окончании которого студенты получают диплом бакалавра наук *или* искусств, бакалавриат

to finish ~ окончить школу

science *n* наука

agricultural ~s сельскохозяйственные науки

allied ~s смежные науки

applied ~ прикладная наука

Christian S. христианское учение

creation ~ креационизм, вера в сотворение мира высшей силой

cutting-edge ~ передовая наука

economic ~ экономическая наука

exact ~ точная наука

fundamental ~s фундаментальные науки

historical ~s исторические науки

information ~ информатика

life ~s науки о живой природе *(биология, медицина и т.п.)*

military ~ военное дело, военная наука

natural ~ естествознание

occult ~s оккультные науки; науки о непознанном *(парапсихология и т.п.)*

physical ~s естественные науки

political ~ политология, политическая наука

related ~s смежные науки

social ~ социология; *pl* общественные науки

specialized ~ отраслевая наука

technical ~s технические науки

theoretical ~s теоретические науки

to be engaged in ~ заниматься наукой

to expand the field of ~ расширять область применения науки

to harness ~ **(for)** использовать науку *(для)*

to keep abreast of ~ следить за успехами науки

to popularize ~ популяризировать науку

to promote ~s содействовать развитию наук

to slow down progress of ~ тормозить развитие науки

to widen the field of ~ расширять область применения науки

calling for ~ призвание к научной деятельности

doctor of ~ **(Sc. D.)** доктор естественных наук

man of ~ деятель науки

march of ~ успехи науки

shrine of ~ храм науки

scientific *a* научный; ученый

scientist *n* ученый

distinguished ~ выдающийся ученый

forensic ~ *юр.* судебный эксперт

leading ~ ведущий/крупнейший ученый

political ~ политолог

prominent ~ видный ученый

social ~ обществовед

top ~s ведущие ученые

world-famous ~ всемирно известный ученый

Federation of American Scientists Федерация американских ученых

Scientologist *n* сайентолог, последователь сайентологического учения

Scientology *n* сайентология *(учение, основанное Л. Роном Хаббардом в 1951 г.)*

scissorbill *n* *жарг.* рабочий, не являющийся членом профсоюза; рабочий, имеющий приработок

scissors *n* ножницы

price ~ *эк. жарг.* ножницы цен

scoop I *n* *журн. жарг.* сенсация; сенсационный материал

scoop II *v* *журн. жарг.* добыть сенсационный материал

scope *n* 1. сфера, масштаб, рамки 2. размах, охват 3. компетенция 4. цель

~ **of activity** сфера деятельности

~ **of an agreement** сфера действия соглашения

~ **of inquiry** область исследования

~ **of market** размеры рынка

~ **of negotiations** рамки переговоров

~ **of the judgment** объем решения

overall ~ общий объем

subject ~ тематический охват

to assume wide ~ приобретать широкий размах

to broaden the ~ **of assistance** увеличивать размеры помощи

to expand the ~ **of** увеличивать/расширять масштаб/размеры/рамки

to fall within the ~ **of a treaty** подпадать под действие договора

to limit the general ~ **of Article 10** ограничивать общий смысл статьи 10

beyond the ~ вне компетенции

in the ~ **of** *smth* в сфере *чего-л.*

within the ~ **of** *smth* в рамках/пределах *чего-л.*

score *v* 1. добиваться, достигать *(успеха)* 2. *амер.* резко критиковать

637

to ~ **an advantage** получать преимущество

to ~ **success** добиваться успеха

to ~ **a victory** одерживать победу

scorn *n* презрение

to **pour** ~ **on** *smth* презрительно отзываться о чем-л.

scorpion *n* брит. воен. жарг. «скорпион» *(гражданский житель Гибралтара)*

scot-free *adv* безнаказанно

to **get off** ~ оставаться безнаказанным

Scotland Yard *n* Скотленд-Ярд, Столичная полиция *(центральное управление полиции и сыскного отделения в Лондоне)*

anti-terrorist branch of S. Y. отделение по борьбе с терроризмом английской полиции Скотленд-Ярд

scourge *n* бич; бедствие

social ~ социальный бич, социальное бедствие

scramble *n* борьба

~ **for contracts** борьба за контракты

corporate ~ борьба между корпорациями

scramble *v* развед. и воен. жарг. зашифровывать телефонный разговор

scrape *v (in)* с большим трудом добиваться победы на выборах

scrap-heap *n* свалка

to **consign** *smb* **to the** ~ **of history** перен. выбрасывать/отправлять *кого-л.* на свалку истории

the ~ **of history** перен. свалка истории

screen *n* 1. ширма, экран, защита, прикрытие, завеса 2. сито, грохот, решето

security ~ проверка благонадежности

to **maintain a strict security** ~ производить строгую проверку благонадежности

screw *n* 1. брит. тюрем. жарг. тюремщик 2. гайка, винт

to **tighten a** ~ **on a country** ужесточать санкции против *какой-л.* страны

scribe *n* журн. жарг. корреспондент

scrutineer *n* наблюдатель на выборах

scrutinize *v* 1. рассматривать 2. тщательно изучать, исследовать 3. проверять

to ~ **a project** тщательно изучать проект

scrutiny *n* 1. проверка правильности проведения выборов 2. тщательное исследование/изучение

international ~ международное расследование

to **be under** ~ проходить проверку, расследоваться

to **come under** ~ подвергнуться расследованию/рассмотрению

to **subject** *smth* **to** ~ расследовать *что-л.*

open to public ~ открытый для общественного контроля

technical ~ **of applications** техническое рассмотрение заявок

scuffle I *n* драка, стычки, потасовка

~**s between police and the strikers** стычки между полицией и забастовщиками

minor ~ мелкая стычка

scuffle II *v* участвовать в стычках/драках/потасовках

sea *n* море

high ~ открытое море

inland/land-locked ~ внутреннее море

open ~ открытое море

the four ~**s** «четыре моря»; моря, омывающие Великобританию *(Атлантический океан, Ирландское море, Северное море, пролив Ла-Манш)*

to **control the** ~**s** господствовать на море

to **dominate the** ~**s** быть сильнее на море *(иметь преимущество в военно-морских силах)*

on the high ~ в открытом море

sea-based *a* морского базирования

sea-jack *v* угонять морские суда

sea-jacking *a* угон морских судов

seal I *n* печать

the Great S. of the United States of America государственный герб США

to **set the** ~ **on** *smth* перен. завершать *что-л.*

seal II *v* (**off**) перекрывать; блокировать

to ~ **off a city** перекрывать въезд в город

search I *n* 1. поиск; розыск 2. обыск

big ~ крупная операция по розыску

house-to-house ~**s** повальные обыски

intensive ~ (**for** *smb*) усиленный розыск *(кого-л.)*

no-knock ~ внезапный обыск

police ~ полицейский розыск

vice presidential ~ поиски подходящей кандидатуры на пост вице-президента

widespread ~**s** повальные обыски

to **call off a** ~ отменять розыск

to **carry out/to conduct a** ~ производить обыск

to **mount a** ~ **for** *smb* организовывать розыск *кого-л.*

to **resist a legitimate** ~ **by** *smth* противиться законному обыску со стороны *кого-л.*

to **step up the** ~ усиливать поиски

search II *v* 1. искать; разыскивать 2. производить обыск

to ~ **for** *smb/smth* разыскивать *кого-л./что-л.*

to ~ **the homes of suspects without warrants** производить без ордера обыски в домах подозреваемых

searching *n* поиск

intensive ~ усиленный поиск

season *n* сезон; период

Silly S. полит. жарг. «глупый сезон» *(когда кандидаты на пост президента США говорят только то, что от них ждут избиратели; начинается в конце января в год президентских выборов)*

seasonality *n* эк. жарг. сезонные изменения спроса

seat *n* 1. место; должность 2. мандат; место в выборном органе/парламенте 3. местопребывание; местонахождение 4. очаг *(напр. конфликта)*

~ in Parliament место в парламенте

~ left vacant освободившееся место *(в парламенте)*

~ of government местопребывание правительства

~ of honor почётное место

~ on the board место в совете *(директоров)*

~s at stake места в законодательном органе, за которые идёт борьба на выборах

~s of military conflicts очаги военных конфликтов

catbird ~ выгодная позиция *или* ситуация

council ~ место в муниципалитете

Euro ~ место в Европарламенте

marginal ~ место в парламенте, судьба которого зависит на выборах от незначительного числа голосов избирателей

nonvoting ~ должность/пост кандидата в члены; пост члена с правом совещательного голоса

safe Republican ~ избирательный округ, где победа республиканцев считается обеспеченной

Senate ~ место в Сенате

to bar a country from a UN ~ не принимать *какую-л.* страну в ООН

to be in the driving ~ играть ведущую роль

to capture a ~ завладевать местом в парламенте

to contest a ~ бороться за место *(напр. в парламенте)*

to control 30 of the 60 seats иметь *(напр. в парламенте)* 30 мест из 60

to create ~s of conflicts and war danger создавать очаги конфликтов и военной опасности

to deny a party ~s in the European parliament не давать *какой-л.* партии мест в Европарламенте

to evict *smb* **from his parliamentary ~** лишать *кого-л.* его парламентского мандата

to fill a ~ занимать должность

to gain enough ~s to form a coalition government получать достаточно мест *(напр. в парламенте)* для формирования коалиционного правительства

to get a ~ in Parliament получать место в парламенте

to lose *one's* **~ to** *smb* **in the election** уступать место *(напр. в парламенте)* в пользу *кого-л.* в результате выборов

to renew half the ~s обновлять наполовину состав *(напр. парламента)*

to reserve ~s for a party резервировать места *(напр. в парламенте)* для *какой-л.* партии

to resign *one's* **~** выходить из состава *(напр. парламента)*

to resign *oneself* **to a back ~** примиряться с ролью второстепенной политической силы

to retain a parliamentary ~ сохранять место в парламенте

to run for a ~ баллотироваться

to seek a ~ добиваться места *(напр. в парламенте)*

to win a ~ in Strasbourg получать место в Европарламенте

secede *v* **1.** отделяться; выходить *(из партии, союза, из состава страны и т.п.)* **2.** выходить из федерации *(о штате)*

to ~ from a republic выходить из состава республики

secession *n* **1.** раскол; выход *(из партии и т.д.)* **2.** выход из федерации *(о штате)*

to contemplate ~ замышлять отделение

secessionist I *n* сепаратист

secessionist II *a* сепаратистский

secession-minded *a* желающий отделиться

seclude *v* отделять, изолировать

seclusion *n* изоляция, уединение; замкнутость

national ~ национальная замкнутость

to remain in ~ оставаться в уединении

second I *v* **1.** поддерживать, помогать **2.** *воен.* командировать

to ~ a motion поддерживать предложение

to ~ words with deeds подкреплять слова делами

second II *a* второй; второстепенный

secondary *a* вторичный; второстепенный, побочный, производный

second-best *a* второсортный; по качеству уступающий только первому, занимающий второе место

seconder *n* лицо, поддерживающее выдвижение *чей-л.* кандидатуры на выборах

second-hand *a* подержанный, бывший в употреблении, *разг.* «секонд хэнд»

secondment *n* *воен.* командировка

secrecy *n* конспирация; секретность; тайна

professional ~ служебная тайна

to keep ~ соблюдать конспирацию

to remove some of the ~ surrounding *smth* уменьшать секретность, которой окружают *что-л.*

to shroud/to wrap *smth* **in ~** окружать *что-л.* завесой секретности/тайны, окружать *что-л.* тайной

in strict ~ в строгой секретности

secret I *n* секрет, тайна; секретная информация

dead ~ глубокая тайна

economic and political ~s экономические и политические секреты

industrial ~s промышленные секреты

official ~ государственная тайна

scientific and technological ~s научно-технические секреты

state ~ государственная тайна

top ~ гриф «совершенно секретно»

to betray ~s выдавать тайны

to disclose military ~s разглашать военные тайны

to divulge state ~s разглашать государственные тайны

to entrust *smb* **with a** ~ доверять *кому-л.* тайну

to force a ~ заставлять открыть тайну

to gather ~s **about** *smth* заниматься сбором секретной информации о *чем-л.*

to give away a ~ **to** *smb* разглашать тайну *кому-л.*

to guard state ~s хранить государственную тайну

to have access to state ~s иметь доступ к государственным секретам/тайнам

to keep state ~s хранить государственные секреты

to pass ~s **to a country** передавать секретную информацию *какой-л.* стране

to reveal state ~s разглашать государственную тайну

to shield ~s **from Parliament** скрывать государственные тайны от парламента

to unveil the ~s раскрывать тайны

disclosure of intelligence ~s обнародование секретов разведки

secret II *a* тайный, секретный

~ **diplomacy** тайная дипломатия

~ **meeting** тайное совещание

~ **service** секретная служба, служба разведки

~ **treaty** тайный договор

to be bound by the Official S. Act to keep silent не иметь права разглашать государственные секреты согласно закону о сохранении государственных тайн

to meet in ~ проводить тайную встречу

to sit in ~ проводить закрытое заседание

secretarial *a* секретарский

secretariat(e) *n* секретариат

S. of the United Nations секретариат ООН

full-time ~ штатный секретариат

general ~ генеральный секретариат

party ~ секретариат партии

to organize the ~ организовать секретариат

to put *smb* **in charge of the** ~ поручать *кому-л.* заведовать секретариатом

to run the S. руководить секретариатом

secretary *n* 1. секретарь 2. министр

S. Designate назначенный министром

S. General генеральный секретарь

S. of Agriculture министр сельского хозяйства

S. of Commerce министр торговли

S. of Defense министр обороны

S. of Health and Human Services министр здравоохранения и коммунально-бытового обслуживания

S. of Health, Education and Welfare министр здравоохранения, образования и социального обеспечения

S. of Housing and Urban Development министр жилищного строительства и городского развития

S. of Labor министр труда

S. of State 1) *амер.* государственный секретарь, министр иностранных дел 2) *брит.* министр

S. of State for Defence *брит.* министр обороны

S. of State for Energy *брит.* министр энергетики

S. of State for Foreign and Commonwealth Affairs *брит.* министр иностранных дел и по делам Содружества

S. of State for Northern Ireland *брит.* министр по делам Северной Ирландии

S. of State for Social Security ~ *брит.* министр социального обеспечения

S. of State for Trade and Industry *брит.* министр торговли и промышленности

S. of State for Transport *брит.* министр транспорта

S. of State for Wales *брит.* министр по делам Уэльса

~ **of the conference** секретарь конференции

S. of State for the Environment *брит.* министр по вопросам охраны окружающей среды

S. of the Interior министр внутренних дел

S. of the Navy министр военно-морских сил

S. of the Treasury министр финансов

S.-General of the League of Arab Nations генеральный секретарь Лиги арабских стран

academic ~ ученый секретарь

Acting S.-General исполняющий обязанности генерального секретаря

Administrative S. административный секретарь

Assistant S. помощник министра

Commerce S. министр торговли

conference ~ секретарь конференции

Education S. *брит.* министр образования

Embassy's press ~ пресс-секретарь посольства

Energy S. *брит.* министр энергетики

Environment S. *брит.* министр по вопросам охраны окружающей среды

Executive S. исполнительный секретарь *(ООН)*

Foreign S. *брит. ист.* министр иностранных дел

Health S. *брит.* министр здравоохранения

Home S. *брит.* министр внутренних дел

Honorary S. почетный секретарь

NATO S.-General генеральный секретарь НАТО

parliamentary ~ *брит.* парламентский секретарь *(член правительства, младший министр; является заместителем министра по связям с парламентом)*

parliamentary private ~ *брит.* личный парламентский секретарь министра *(фактически является помощником министра в парламенте)*

press ~ пресс-секретарь

private ~ личный секретарь

senior ~ ответственный секретарь

Shadow S. *брит.* министр теневого кабинета

Trade S. министр торговли

Transportation S. министр транспорта

Treasure S. министр финансов

UN S.-General генеральный секретарь ООН

Under S. заместитель министра

White House Press S. начальник информационной службы Белого дома

to appoint the S.-General назначать генерального секретаря

to continue as Foreign S. сохранять пост министра иностранных дел

Assistant S. of State помощник министра иностранных дел США

Assistant S. of State for Middle Eastern Affairs помощник государственного секретаря США по Ближнему Востоку

Assistant S. of the Army помощник министра сухопутных войск США

Chief Scientific S. to the Academy главный ученый секретарь академии

Deputy S. of State заместитель министра иностранных дел США

First S. of the Embassy *дип.* первый секретарь посольства

State S. for Religious Affairs министр по делам религий

sect *n* секта

neo-mystic religious ~s неомистические религиозные секты

religious ~ религиозная секта

sectarian I *n* сектант

sectarian II *a* сектантский

sectarianism *n* сектантство; религиозно-общинная рознь

religious ~ религиозное сектантство

unconcealed ~ неприкрытая межобщинная рознь

section *n* **1.** отдел, секция, подразделение; *воен.* отделение **2.** раздел; статья, параграф **3.** слой *(общества и т.п.)*

~s of a conference секции конференции

~s of the population слои населения

administrative ~ административный отдел

intermediate ~s промежуточные слои *(общества)*

less-well-off ~s малообеспеченные слои *(общества)*

lower ~s низшие слои *(общества)*

middle ~s средние слои *(общества)*

moderate ~s умеренные слои *(общества)*

patriotically-minded ~s патриотически настроенные слои *(общества)*

petit bourgeois ~s мелкобуржуазные слои

Secretariat Recruitment S. отдел комплектования персоналом секретариата

socially active ~s of the population социально активные слои населения

underprivileged ~s малоимущие слои населения

upper ~s верхние слои *(общества)*

working ~s трудовая масса; работающая часть общества

sector *n* сектор; сфера; отрасль; часть; участок

agrarian ~ аграрный сектор *(экономики)*

agricultural ~ сельскохозяйственный сектор

backward ~s отсталый сектор *(экономики)*

basic development ~s основные/ведущие секторы развития

commodity ~ товарный сектор

cooperative ~ кооперативный сектор

declining ~ of the economy сокращающийся/депрессивный сектор экономики

defense-industrial ~ оборонно-промышленный комплекс

domestic ~ внутренний сектор *(экономики)*

domestic market oriented ~ сектор *(экономики)*, ориентированный на внутренний рынок

economic ~ экономический сектор

export ~ отрасль, работающая на экспорт, экспортная отрасль

financial ~ финансовый сектор

general government ~ сектор органов государственного управления

government ~ государственный сектор *(экономики)*

health ~ сектор здравоохранения

industrial ~ отрасль/сектор промышленности

manufacturing ~ обрабатывающая отрасль промышленности

major ~s основные секторы *(экономики)*

modern ~ передовой сектор *(экономики)*

national ~ национальный сектор

nongovernment ~ частный сектор

primary ~ добывающая промышленность и сельское хозяйство

priority ~s отрасли преимущественного развития, приоритетные отрасли

private ~ частный сектор

public ~ государственный сектор

service ~ сфера обслуживания

social ~ социальный сектор

state ~ государственный сектор

strategic ~ стратегическое направление

sunrise ~s of the economy новые отрасли экономики

trade ~ сфера торговли

to build up a state ~ создавать государственный сектор

to boost the private ~ усиливать частный сектор

to call for a greater role for the private ~ выступать с призывом увеличить роль частного сектора

to cut back the state ~ уменьшать государственный сектор

to enlarge the public ~ расширять государственный сектор

to establish a public ~ создавать государственный сектор

to expand the public ~ расширять государственный сектор

to give the public ~ priority in *smth* предоставлять государственному сектору приоритет в *чем-л.*

to overhaul the public ~ приводить в порядок общественный сектор экономики

to strengthen the commodity ~ стабилизировать товарный сектор

to widen the public ~ расширять государственный сектор

predominance of the public ~ in the economy преобладание государственного сектора в экономике

secular *a* светский; мирской

secure *v* добиваться, обеспечивать, гарантировать; закреплять

to ~ development обеспечивать развитие

to ~ due recognition for the rights гарантировать права

secure *a* 1. прочный, надежный 2. *воен., развед.* безопасный (*о системах связи, защищенных от подслушивания или перехвата информации*)

securit/y *n* 1. безопасность; защита; надежность; охрана 2. обеспечение; гарантия 3. *pl* ценные бумаги

~ of a person неприкосновенность личности

~ of employment гарантия занятости

additional ~ дополнительное обеспечение

cash ~ денежное обеспечение

collective ~ коллективная безопасность

common ~ всеобщая безопасность

comprehensive ~ всеобъемлющая безопасность

cooperative ~ безопасность на основе сотрудничества

defaulted ~ies обесцененные ценные бумаги

domestic ~ внутренняя безопасность

economic ~ экономическая безопасность

fool-proof ~ абсолютно надежная безопасность, *жарг.* «защита от дурака»

foreign ~ies иностранные ценные бумаги

general ~ всеобщая безопасность

global ~ глобальная/всеобщая безопасность

government ~ies *фин.* государственные ценные бумаги

guilt-edged ~ies первоклассные/особо надежные ценные бумаги

heavy ~ жесткие меры безопасности

internal ~ внутренняя безопасность

international ~ международная безопасность

job ~ гарантия занятости, обеспеченность работой

lifelong ~ пожизненное социальное обеспечение

material ~ материальное обеспечение

military ~ военная безопасность

national ~ национальная безопасность; национальная оборона

nuclear ~ ядерная безопасность

oil ~ies ценные бумаги нефтяных компаний

personal ~ личная безопасность

political ~ политическая безопасность

public ~ies государственные ценные бумаги

regional ~ безопасность в регионе

reinforced ~ усиленные меры безопасности

reliable ~ надежная безопасность

social ~ социальное обеспечение

state ~ государственная безопасность

state ~ies государственные ценные бумаги

strict ~ жесткие меры безопасности

third-world ~ безопасность стран «третьего мира»

tight ~ жесткие меры безопасности

universal ~ всеобщая безопасность

to beef up/to bolster ~ усиливать меры безопасности

to breach ~ нарушать инструкцию по безопасности; нарушать меры безопасности

to cite ~ ссылаться на правила безопасности

to compromise a country's ~ отражаться на безопасности страны

to consolidate ~ укреплять безопасность

to double ~ удваивать меры безопасности

to endanger national ~ угрожать национальной безопасности

to enforce/to enhance ~ усиливать меры безопасности

to ensure ~ гарантировать/обеспечивать безопасность

to guarantee national ~ гарантировать национальную безопасность

to heighten ~ усиливать меры безопасности

to impair ~ наносить ущерб безопасности

to improve ~ усиливать меры безопасности

to jeopardize the ~ of a country ставить под угрозу безопасность страны

to maintain tight ~ осуществлять жесткие меры безопасности

to promote international ~ обеспечивать международную безопасность

to provide ~ предоставлять обеспечение

to reduce a country's ~ снижать безопасность страны

to reinforce ~ усиливать меры безопасности

to safeguard the ~ of the country обеспечивать безопасность страны

to stand guard over *one's* **national ~** стоять на страже интересов безопасности своей страны

to step up ~ усиливать меры безопасности

to strengthen international ~ укреплять международную безопасность

to subvert the ~ of the country подрывать безопасность страны

to threaten the ~ of the state угрожать безопасности государства

to tighten (up) ~ усиливать меры безопасности; принимать повышенные меры безопасности

to undermine ~ подрывать безопасность

to upgrade ~ усиливать меры безопасности

to uphold ~ обеспечивать соблюдение мер безопасности

amid tight ~ при соблюдении жестких мер безопасности

blow to national ~ удар по национальной безопасности

breach of ~ нарушение мер безопасности

cutback on ~ уменьшение ассигнований на поддержание безопасности

groundwork for future ~ основа для будущей безопасности

heavy ~ is in place приняты жесткие меры безопасности

on (the) grounds of national ~ по соображениям национальной безопасности

quest for ~ поиски путей обеспечения безопасности

restoration of ~ to a region восстановление безопасности в регионе

search for greater ~ попытки усилить безопасность

strengthening of ~ укрепление безопасности

system of collective ~ система коллективной безопасности

vital to the ~ (of) жизненно важный для безопасности *(чего-л.)*

security-building *n* упрочение безопасности

sedition *n* подстрекательство к мятежу

seek *v* **(after/for** *smth)* **1.** искать; изыскивать; разыскивать **2.** добиваться; пытаться; стараться; стремиться

to ~ to do *smth* стараться сделать *что-л.*

seeker *n* **1.** ищущий *(что-л.)* **2.** добивающийся *(чего-л.)*

asylum ~ лицо, добивающееся политического убежища

job ~ человек, который ищет работу

publicity ~ домогающийся известности

seethe *v* бурлить от недовольства

segregate *v* *(smb)* отделять *кого-л.* по расовому признаку

to ~ housing проводить сегрегацию в жилищном вопросе

segregation *n* изоляция; сегрегация

administrative ~ одиночное заключение

racial ~ расовая сегрегация

therapeutic ~ *тюремн. жарг.* «лечебная изоляция» *(одиночная камера)*

tribal ~ племенная сегрегация

to abolish racial ~ отменять расовую сегрегацию

to condemn racial ~ осуждать расовую сегрегацию

Seim *n* сейм *(парламент Польши)*

seismograph *n* сейсмограф

to set off ~s быть зарегистрированным сейсмографами *(о ядерном взрыве)*

seize *v* захватывать *(силой оружия)*; завладевать

to ~ an opportunity пользоваться удобным случаем

to ~ (the reins of) power захватывать бразды правления

seizure *n* захват; изъятие

~ of a consulate захват консульства

~ of a plane захват самолета

~ of arms and ammunition захват оружия и боеприпасов

~ of lands захват земель

~ of power захват власти

drug ~ захват партии наркотиков; конфискация наркотиков

forcible ~ (of *smth)* насильственный захват *(чего-л./кого-л.)*

land ~ захват земель/территории

to make ~ (of *smth)* конфисковывать *(что-л.)*

risk of ~ риск захвата

select *v* отбирать, выбирать

to ~ out *правит. жарг.* уволить

selection *n* **1.** выбор; отбор; селекция **2.** подборка *(в газете)*

careful ~ тщательный отбор

to make ~ of staff members проводить отбор персонала

thorough ~ of specialists тщательный подбор специалистов

selective *a* выборочный

selectorate *n* члены политической партии, пользующиеся правом избирать представителя, «истинные избиратели», «сильные мира сего»

self-administration *n* самоуправление

public ~ общественное самоуправление

self-affirmation *n* самоутверждение

self-annihilation *n* самоуничтожение

~ of mankind самоуничтожение человечества

self-awareness *n* самосознание

national ~ национальное самосознание

self-condemnation *n* самобичевание

self-confident *a* самоуверенный, самонадеянный

self-consciousness *n* самосознание

national ~ национальное самосознание

to awaken national ~ пробуждать национальное самосознание

self-contained *a* **1.** самостоятельный, независимый **2.** саморегулирующийся **3.** замкнутый; изолированный; автономный

self-control *n* **1.** саморегулирование **2.** самообладание

self-critical *a* самокритичный

self-criticism *n* самокритика; самокритичность

to indulge in ~ заниматься самокритикой

self-deceit/self-deception *n* самообман

self-declared *a* самопровозглашенный

self-defense *n* самооборона; самозащита

collective ~ коллективная самооборона

individual ~ индивидуальная защита

to act in ~ действовать в порядке самозащиты

to fire in ~ открывать огонь в порядке самозащиты

legitimate exercise in ~ акт законной самообороны

means of ~ средство индивидуальной защиты

self-determination *n* самоопределение
  ~ of nations самоопределение наций
  free ~ свободное самоопределение
  ideological ~ идеологическое самоопределение
  national ~ национальное самоопределение
  to ensure ~ достигать самоопределения
  right to ~ право на самоопределение
self-discipline *n* самодисциплина
self-education *n* самообразование
  political ~ политическое самообразование
  to be occupied with ~ заниматься самообразованием
self-employed *a* работающий не по найму; принадлежащий к свободной профессии
self-extinction *n* самоуничтожение
self-finance/self-financing *n* самофинансирование
self-governed *a* самоуправляемый
self-governing *a* самоуправляющийся
self-government *n* самоуправление
  local ~ местное самоуправление
  partial ~ частичное самоуправление
  to achieve ~ достигать самоуправления
  to attain a full measure of ~ достигать полного самоуправления
  to develop ~ развивать самоуправление
  to obtain ~ получать самоуправление
  bodies of ~ органы самоуправления
self-interest *n* личная выгода; заинтересованность
self-isolation *n* самоизоляция
  deliberate ~ from *smb* добровольная самоизоляция от *кого-л.*
selflessness *n* самоотверженность
self-management *n* (хозяйственное) самоуправление
  ~ of enterprises самоуправление предприятий
self-preservation *n* самосохранение
self-proclaimed *a* самопровозглашенный
self-rehabilitation *n* самореабилитация
self-reliance *n* самостоятельность; самообеспечение
  economic ~ экономическая самостоятельность; экономическое самообеспечение
self-reliant *a* полагающийся на свои силы; уверенный в себе; самодостаточный
self-repayment *n* самоокупаемость
self-reproach *n* самобичевание
self-restraint *n* сдержанность
  bilateral ~ обоюдная сдержанность
  mutual ~ взаимная сдержанность
self-righteous *a* ханжеский, фарисейский
self-rule *n* самоуправление
  limited ~ ограниченное самоуправление
  to achieve ~ добиваться самоуправления
  to implement ~ осуществлять самоуправление
  limited period of ~ ограниченный период самоуправления
self-sacrifice самопожертвование

self-seeking *n* рвачество
self-service *n* самообслуживание
self-styled *a* самозванный
self-sufficiency *n* самообеспеченность; самоокупаемость; экономическая самостоятельность
  economic ~ экономическая самостоятельность; самоокупаемость
  to achieve/to attain economic ~ достигать экономической самостоятельности
self-sufficient *a* самостоятельный, самообеспеченный; самоокупающийся
  technologically ~ автономный *(об устройстве)*
  to be ~ не зависеть от других
self-supporting *a* независимый
self-sustained *a* самоподдерживающийся; саморегулирующийся
sell *v* продавать; торговать
  to ~ at a discount продавать со скидкой
  to ~ on credit продавать в кредит
  to ~ on foreign markets продавать на иностранных рынках
  to ~ out распродавать
  to ~ retail продавать в розницу
  to ~ up продавать с торгов
  to ~ wholesale продавать оптом
seller *n* **1.** продавец **2.** ходовой товар
  arms ~ торговец оружием
  intermediate ~ посредник
selling *n* продажа; сбыт
  heavy ~ активная продажа
  frenzy of ~ панический сброс акций
sell-off *n* распродажа; продажа; сброс *(акций)*
  stock market ~ сброс акций на фондовой бирже
sellout *n* предательство
semantics *n*:
  I am not going to debate ~ with you я не собираюсь спорить/оправдываться
semi-annual *a* полугодовой
semi-automatic *a* полуавтоматический
semi-colonial *a* полуколониальный
semi-colony *n* полуколония
semi-manufactures *n pl* полуфабрикаты
seminar *n* **1.** семинар **2.** *брит. правит. жарг.* «семинар» *(комитет на уровне кабинета министров, занимающийся экономической политикой)*
  interdisciplinary ~ in economics объединенный семинар по вопросам экономики
  international ~ международный семинар
  theoretical ~ теоретический семинар
  to conduct ~ проводить семинар
  to convene ~ устраивать семинар
  to participate in a ~ участвовать в семинаре
  to speak at ~ выступать на семинаре
  to take part in a ~ участвовать в работе семинара
semi-official *a* полуофициальный
semi-products *n pl* полуфабрикаты
semi-skilled *a* полуквалифицированный

semi-weekly *n* издание, выходящее два раза в неделю

Senate *n* Сенат *(верхняя палата Конгресса США и парламента Франции)*

full S. пленарное заседание Сената; Сенат полного состава

State S. Сенат штата

US S. Сенат США

to run for S. баллотироваться в Сенат

at the pleasure of the S. по усмотрению Сената

with the advice and consent of the S. с одобрения Сената

senator *n* сенатор

cotton ~ *полит. жарг.* «хлопковый сенатор» *(член Сената США от хлопкопроизводящего штата)*

holdover ~ сенатор, остающийся в обновленном составе сената

junior ~ младший сенатор *(избранный в сенат позже другого от того же штата)*

lame-duck ~ сенатор, заканчивающий свою работу до вступления в должность вновь избранного сенатора

senior ~ старший сенатор *(избранный в сенат раньше другого от того же штата)*

State ~ сенатор законодательного собрания штата

three-term ~ сенатор, отработавший в этой должности три срока

senatorial *a* сенатский

send (down) *v брит. юр. и полиц. жарг.* «отправлять вниз» *(приговаривать к тюремному заключению; связано с тем, что в Центральном уголовном суде в Лондоне ступеньки от скамьи подсудимых к тюремным камерам ведут вниз)*

sendoff *n* проводы

low-key ~ проводы без торжественной церемонии

senior I *n* **1.** пожилой человек; ветеран **2.** студент последнего курса

senior II *a* старший

seniority *n* старшинство; трудовой стаж; выслуга лет

sensation *n* сенсация

to cause a ~ вызывать сенсацию

to make a ~ производить сенсацию

sensational(ist) *a* сенсационный

sense *n* **1.** смысл; значение **2.** сознание, рассудок; разум

common ~ здравый смысл

good ~ благоразумие

to lose *one's* **~ of direction** терять политическую ориентацию

to reinforce the ~ of misgivings among *smb* усиливать *чьи-л.* опасения

against all economic ~ это экономически бессмысленно

sensible *a* **1.** правильный, разумный; благоразумный **2.** значительный, ощутимый

sensing *n* проверка; выяснение

needs ~ *правит. и полит. жарг.* выяснение нужд народа

remote ~ *воен. и развед. жарг.* сбор разведывательной информации с помощью спутника *или* самолета-шпиона

sensitive *a развед. и правит. жарг.* секретный; не подлежащий оглашению; деликатный *(часто о материале о скандальных историях и ошибках в высших эшелонах власти)*

sentence I *n* приговор *(суда)*

absolutely ~ оправдательный приговор

brutal ~ жестокий приговор

custodial ~ приговор к тюремному заключению

exemplary ~ приговор в назидание другим

heavy prison ~ приговор к длительному тюремному заключению

just ~ справедливый приговор

lengthy jail ~ длительный срок тюремного заключения

lenient ~ мягкий приговор

life ~ приговор к пожизненному тюремному заключению

light/mild ~ мягкий приговор

noncustodial ~ приговор, не связанный с лишением свободы

overlenient ~ слишком мягкий приговор

soft ~ мягкий приговор

stiff ~ суровый приговор

suspended ~ условный приговор

unjust ~ несправедливый приговор

unsubstantiated ~ необоснованный приговор

to abolish the death ~ отменять смертную казнь

to appeal against a ~ обжаловать приговор

to ask for a 20-year prison ~ for *smb* требовать 20-летнего тюремного заключения для *кого-л.*

to avoid a ~ избегать приговора

to be given a prison ~ быть приговоренным к тюремному заключению

to be under ~ of death быть приговоренным к смертной казни

to begin a long prison ~ начинать отбывать длительный срок тюремного заключения

to carry a life ~ влечь за собой приговор к пожизненному тюремному заключению

to carry out a ~ приводить приговор в исполнение

to commute a ~ смягчать приговор

to commute the death ~ to life imprisonment заменять смертный приговор пожизненным тюремным заключением

to finish a ~ отбыть срок тюремного заключения

to give *smb* **a life ~** приговаривать *кого-л.* к пожизненному тюремному заключению

to give *smb* **minimal ~** давать *кому-л.* минимальный срок *(заключения)*

to hand down/out a ~ выносить приговор; оглашать приговор

to implement a ~ приводить приговор в исполнение

to impose a ~ on *smb* выносить приговор *кому-л.*

to lift the death ~ отменять смертный приговор

to mete out a ~ выносить приговор

to mitigate a ~ смягчать приговор

to overturn the death ~ отменять смертный приговор

to pass a death ~ on *smb* выносить смертный приговор *кому-л.*

to quash a ~ отменять приговор

to ratify a ~ утверждать приговор

to receive a life ~ быть приговоренным к пожизненному заключению

to reduce *smb's* **prison ~** уменьшать *кому-л.* срок тюремного заключения

to repeal/to rescind/to revoke a ~ отменять приговор

to serve *one's* **~** отбывать срок наказания

to set *smb's* **~ aside** отменять приговор, вынесенный *кому-л.*

to suspend a ~ приостанавливать исполнение приговора; задерживать вступление приговора в силу

to uphold a ~ подтверждать приговор *(о вышестоящем суде)*

appeal against a death ~ обжалование смертного приговора

execution of a ~ исполнение приговора

expiry of a ~ истечение срока приговора

pending ~ в ожидании приговора

reduction of ~ смягчение приговора

repeal of a ~ отмена приговора

sentence II *v* приговаривать, выносить приговор, осуждать

to ~ conditionally приговаривать/осуждать условно

to ~ *smb* **in absentia** приговаривать *кого-л.* заочно

to ~ *smb* **to be shot by a firing-squad** приговаривать *кого-л.* к расстрелу

to ~ *smb* **to death** приговаривать *кого-л.* к смертной казне

to ~ *smb* **to hang** приговаривать *кого-л.* к смертной казни через повешение

to ~ to life-imprisonment приговаривать к пожизненному тюремному заключению

sentencing *n* приговор *(суда)*

custodial ~ приговор к лишению свободы

noncustodial form of ~ наказание, не связанное с лишением свободы

sentiment *n* чувство, настроение; *pl* настроения *(населения и т.п.)*

anti-Japanese ~ анти-японские настроения

anti-nuclear ~ антиядерные настроения

anti-war ~s антивоенные настроения

grass-roots ~s настроения масс

isolationist ~s изоляционистские тенденции

national ~s национальные чувства

nationalist ~s националистические настроения

opposition ~s оппозиционные настроения

patriotic ~s патриотические чувства

private-owner ~s частнособственнические настроения

pro-British ~s пробританские настроения

public ~s настроения/позиция общественности; общественное мнение

revanchist ~s реваншистские настроения

revolutionary ~s революционные чувства/настроения

recessionist ~s настроения в пользу отделения *(от республики)*/выхода из состава *(республики)*; сепаратистские настроения

separatist ~s сепаратистские настроения

to exploit the religious ~s of the people использовать религиозные чувства народа

to inflame national ~ разжигать националистические настроения

to stir up chauvinistic ~s подогревать шовинистические настроения

to voice the general ~ выражать общее настроение

flare-up of hostile ~s вспышка враждебных настроений

huge display of nationalist ~ взрыв национализма

overriding ~ among *smb* настроения, преобладающие среди *кого-л.*

suppression of national ~s подавление национальных чувств

separate I *v* **1.** отделять; разделять; разлучать; разъединять **2.** *воен. жарг.* увольнять из вооруженных сил

to ~ religion from politics отделять религию от политики

to ~ truth from falsehood отличать истину от лжи

separate II *a* отдельный; особый; изолированный; сепаратный; самостоятельный

separateness *n* сегрегация

separation *n* **1.** разъединение; разобщение **2.** отделение **3.** разделение **4.** увольнение *(с работы)*; уход в отставку

~ from service увольнение с работы/службы

~ of powers разделение власти

~ of the Church from the state отделение церкви от государства

political ~ политическое отделение

complete ~ from a country полное отделение от *какой-л.* страны

separation *n* сепаратизм

to curb ~ бороться с сепаратизмом

separatist I *n* сепаратист

suspected ~ человек, подозреваемый в том, что он сепаратист

separatist II *a* сепаратистский

separative *a* сепаратистский

sequence *n* последовательность, последствие, результат

~ of events последовательность событий

feasible planning ~ экономическая целесообразность последовательности планирования

sequester, sequestrate *v юр.* секвестировать; конфисковывать

to ~ the property налагать арест на имущество; конфисковывать имущество

sequestration *n юр.* секвестр; наложение ареста *(на имущество)*; конфискация

serf *n ист.* крепостной крестьянин

serfdom *n ист.* крепостная зависимость, крепостничество, крепостное право

sergeant-at-arms *n брит.* парламентский пристав

sermon *n* проповедь; поучение

sermonizing *n* чтение проповедей/морали

servant *n* служащий; слуга, прислуга

civil ~ государственный гражданский служащий; чиновник

domestic ~ прислуга

international civil ~ международный служащий, служащий международной организации

middle-ranking civil ~ чиновник среднего звена

public ~ сотрудник государственного аппарата/учреждения; государственный служащий

secret ~ сотрудник разведки

senior civil ~ руководящий чиновник

serve *v* 1. служить; обслуживать 2. отбывать срок тюремного заключения

to ~ in the army проходить службу в армии

to ~ news обеспечивать информацией

to ~ on *(a board etc.)* быть членом *(правления и т.п.)*

to ~ one's country служить своей стране

to ~ smb as an alibi служить *кому-л.* в качестве алиби

to ~ the interests служить интересам

to ~ 4 years отбывать четырехлетний срок тюремного заключения

service I *n* 1. служба; обслуживание, сервис 2. заслуга; услуга 3. эксплуатация 4. срок службы

~ with the colors 1) действительная военная служба 2) *брит.* участие в боевых действиях

~s to foreign troops обслуживание иностранных войск

active ~ действительная военная служба

administrative ~s 1) административный отдел 2) административная служба 3) административные услуги

advisory ~ консультативная служба; консультативные услуги, консультации

amusement and recreation ~s рекреационные услуги и развлечения *(клубы и т.п.)*

analytical ~s аналитические услуги

auxiliary ~s вспомогательные службы

base ~ *ист.* отработка; барщина

battle ~ служба в действующей армии

British Intelligence S. Британская разведывательная служба

broadcasting ~ служба радиовещания

budgetary ~s услуги, связанные с составлением бюджета/с финансовым планированием

career ~ государственная служба

civil ~ государственная служба; гражданская служба

classified ~ *амер.* должности, на которые чиновники назначаются по результатам экзаменов *(всего 18 классов)*

closed ~s госучреждения, где руководящие должности занимают только свои сотрудники

communal public ~s коммунальные услуги

community ~s общественные услуги

compulsory military ~ обязательная военная служба, воинская повинность

computer ~s компьютерные услуги

conciliation ~ *брит.* служба примирения *(бастующих рабочих и предпринимателей)*

consular ~ консульская служба

consultant ~s консультативные услуги

consultation ~ консультативная служба

consumer ~s обслуживание потребителей

continuous ~ непрерывная служба; непрерывный срок работы

counter-intelligence ~ контрразведка

Criminal Intelligence S. *брит.* Уголовный розыск

data processing ~s услуги по обработке данных

debt ~ погашение задолженности

dedication ~ служба освящения

development planning advisory ~s консультативные услуги по планированию развития

diplomatic ~ дипломатическая служба

diplomatic pouch ~ специальная диппочта *(ООН)*

emergency ~ аварийная служба

employment ~ служба/бюро занятости *(населения)*

essential ~s основные виды услуг

expatriate advisory ~ консультационное агентство для экспатриантов

expert ~s услуги специалистов

export ~s экспортные службы

extension ~s дополнительные услуги; дополнительные сферы обслуживания

Federal Security S. Федеральная служба безопасности, ФСБ *(Россия)*

field ~s служба на местах *(ООН)*

financial ~s финансовые услуги; финансовая служба

foreign ~ дипломатическая служба

foreign intelligence ~ иностранная разведка

functional ~s производственные услуги

government ~ государственная служба

government foreign ~s государственные ведомства и службы за границей

guidance and counseling ~s служба профессиональной ориентации *(в школах США)*

health ~s здравоохранение; служба здоровья

honorable ~ безупречная служба

information ~ информационная служба

integrated ~s разнообразные услуги

intelligence ~ (государственная) разведывательная служба

Internal Revenue S. Служба внутренних государственных доходов; Налоговое управление *(Министерства финансов США)*

international civil ~ международная гражданская служба, служба в международных организациях

international information ~ международная информационная служба, международный информационный сервис

investment ~s услуги по инвестированию/капиталовложению

joint ~ совместное/комбинированное обслуживание

labor ~ трудовая повинность

language ~s лингвистические услуги; языковая служба

legal ~s юридические услуги

local ~ сфера услуг *(предоставляемая служащими учреждений ООН)* по месту жительства *(наборщики, секретари и т.п.)*

long ~ многолетний стаж работы

long-distance telephone ~ междугородное/международное телефонное сообщение

mail and messenger ~ курьерская служба, экспедиция

management ~s управленческие услуги; услуги по управлению

management consulting ~s консультативные услуги в области управления

management information ~ служба управления информацией

maternity and child care ~ охрана материнства и детства

medical ~ медицинское обслуживание

memorial ~ *рел.* поминальная служба

merchant ~ торговый флот

messenger ~ курьерская служба, экспедиция

meteorological ~ метеорологическая служба

military ~ военная/воинская служба; служба в армии

municipal ~s коммунальные услуги

national ~s 1) гражданская/государственная служба 2) *брит.* воинская/трудовая повинность

Naval Investigative S. следственная служба военно-морских сил США

operational ~ эксплуатационная служба

outstanding ~s выдающиеся заслуги

oversea ~ *брит.* служба теле- и радиовещания для зарубежных стран

personal ~s личные услуги; бытовые услуги

postal ~s почтовое обслуживание; почтовая служба/связь

pouch ~ почтовая служба

press ~ пресс-служба

procurement ~s услуги по материально-техническому снабжению; услуги по поставке *(оборудования)*

public ~ 1) государственная служба 2) служба охраны общественного порядка 3) *pl* органы государственного управления 4) *pl* коммунальные услуги; обслуживание населения

public health ~ здравоохранение

radio ~ радиослужба

rear ~s службы тыла

religious ~ богослужение

reporting ~s отдел официальных отчетов *(ООН)*

round-the-world ~ *мор.* услуги глобального характера

sanitary ~s санитарные службы *(водоснабжение, канализация и т.п.)*

Secret S. 1) *брит.* секретная служба; разведка и контрразведка 2) *амер.* личная охрана президента, вице-президента и членов их семей

security ~ служба безопасности

selective ~ воинская повинность/обязанность

short-term advisory ~s краткосрочные консультативные услуги

social ~ социальная сфера; *pl* социальное обеспечение; социальное обслуживание

social welfare ~s социальное обеспечение

special ~ специальная служба

state ~ государственная служба

state security ~ служба государственной безопасности

statistical ~ статистический учет

subcontracted ~s услуги, предоставляемые субподрядчиками

tangible ~s материальные услуги

technical ~s техническое обслуживание; технические услуги

technical training ~s услуги по технической подготовке

through ~ прямое сообщение *(самолетом, поездом и т.п.)*

UN civil ~ гражданская служба ООН

universal military ~ всеобщая воинская обязанность

voluntary national ~ добровольная военная служба

war ~ военная служба

to attend a memorial ~ присутствовать на поминальной службе

to be at *one's* ~ быть/находиться в *чьем-л.* распоряжении

to be of ~ быть полезным

to build up a coherent international civil ~ создавать согласованную международную гражданскую службу

to call up for military ~ призывать на военную службу

to complete continuous ~ заканчивать непрерывную службу

to conduct a ~ проводить богослужение

to cut back on health and social ~s урезать ассигнования на здравоохранение и социальные нужды

to do army ~ служить в армии

to do community ~ выполнять общественную работу

to do jury ~ быть присяжным заседателем

to do *one's* **military** ~ проходить военную службу

to elude ~ уклоняться от воинской службы

to employ ~s использовать служебные обязанности

to enter on ~ приступать к служебным обязанностям

to establish regular air ~ устанавливать регулярное воздушное сообщение

to extend ~s расширять услуги

to give an idea diplomatic lip ~ дипломатически поддерживать *какую-л.* идею на словах

to give the Health S. a substantial boost in funding выделять крупные ассигнования на нужды здравоохранения

to go into ~ поступать на вооружение

to have *smth* **in** ~ иметь *что-л.* на вооружении

to hold a secular ~ проводить гражданскую панихиду

to improve health ~ улучшать здравоохранение

to introduce compulsory military ~ вводить всеобщую воинскую повинность

to keep government ~s **going** обеспечивать функционирование правительственного аппарата

to lead a ~ *церк.* проводить службу

to lessen *smb's* ~s умалять *чьи-л.* заслуги

to offer ~s предлагать услуги

to pay lip ~ **(to)** относиться формально *(к чему-л.)*; поддерживать *(что-л.)* на словах

to perform ~s выполнять услуги/работы

to place at the ~ **of the people** ставить на службу народу

to provide ~s предоставлять услуги

to put into ~ принимать на вооружение

to reduce compulsory military ~ сохранять срок обязательной военной службы

to render ~s **to** *smb* предоставлять/оказывать услуги *кому-л.*

to say a ~ *церк.* отправлять богослужение

to smooth the way to privatizing the health ~ готовить почву для денационализации здравоохранения

to take ~ **with** *smb* поступать на службу к *кому-л.*

to take into *one's* ~ нанимать

to take *smth* **out of** ~ снимать *что-л.* с вооружения

to undermine the international civil ~ подрывать международную гражданскую службу

to utilize the ~s **(of** *smb)* использовать *(чьи-л.)* услуги

at your ~ к вашим услугам

break in ~ перерыв в стаже работы

call to military ~ призыв на военную службу

continuous length of ~ непрерывный стаж работы

deterioration in the social ~s ухудшение социального обеспечения и коммунального обслуживания

evasion of military ~ уклонение от военной службы

exigency of ~ крайняя необходимость/ потребность в работе

expiration of ~ окончание срока службы

extension of the ~s **of an expert** продление срока службы эксперта

great ~s **to the state** большие заслуги перед государством

length of labor ~ продолжительность трудового стажа

liable for military ~ военнообязанный

moral objection to compulsory military ~ возражение против обязательной военной службы по моральным соображениям

on active ~ на действительной службе

period of ~ срок службы; трудовой стаж

provision of consultative ~s предоставление консультативных услуг

separation from the ~ *воен.* увольнение

uninterrupted length of ~ непрерывный стаж работы

service II *v* 1. обслуживать; оказывать услугу 2. эксплуатировать

to ~ **industry** обслуживать промышленность

serviceman *n* военнослужащий

secret ~ сотрудник службы безопасности

to trace American servicemen missing in Iraq выяснять судьбу американских военнослужащих, без вести пропавших в Ираке

British ~ **based abroad** британский военнослужащий, проходящий службу за границей

servicing *n* обслуживание

debt ~ погашение долга; обслуживание долга

servitude *n* рабство; порабощение; *юр.* сервитут

penal ~ каторжные работы

to deliver from ~ освобождать от рабства

session *n* заседание, собрание; сессия

~ **of talks** сессия переговоров

~ **of the NATO Council** сессия Совета НАТО

~s **away from Headquarters** сессии, проводимые вне центральных учреждений/штабквартиры ООН

all-night ~ заседание, продолжавшееся всю ночь

anniversary ~ юбилейная сессия

annual ~ ежегодная сессия

biennial ~s сессии/заседания, происходящие раз в два года

brain-storming ~ заседание с выдвижением и обсуждением ряда идей для решения проблем, заседание с «мозговым штурмом»

budget ~ бюджетная сессия

closed(-door) ~ закрытое заседание

closing ~ заключительное заседание

court ~ заседание суда; сессия суда

emergency ~ чрезвычайное заседание

executive ~ 1) заседание сената по вопросам исполнительной власти *(утверждение назначений, ратификация договоров и т.п.)* 2) *брит.* закрытое заседание

extraordinary ~ чрезвычайная сессия

final ~ заключительное заседание

fruitless ~ безрезультатное заседание

full ~ **of the General Assembly** пленарное заседание Генеральной Ассамблеи *(ООН)*

inaugural ~ первая сессия *(законодательного органа)*

joint ~ совместное заседание

jubilee ~ юбилейная сессия

lame-duck ~ сенат, заканчивающий свою работу до вступления в должность вновь избранного состава

make-or-break ~ решающее заседание

marathon ~ продолжительное заседание

opening ~ первое заседание

original ~ первоначальное/первое заседание

overnight ~ заседание, которое продолжалось всю ночь

panic ~ кризисная сессия

petty ~s *юр.* «малые сессии»

plenary ~ пленарная сессия, пленум, пленарное заседание

private ~ закрытое заседание

question-time ~ *брит.* сессия, посвященная ответам правительства на вопросы оппозиции

regular ~ очередная сессия

restricted ~ закрытое заседание

resumed ~ возобновленная сессия

secret ~ закрытое заседание

skull ~ *правит. и делов. жарг.* встреча для обмена мнениями

special ~ специальная сессия

stormy ~ бурная сессия

substantive ~ основная сессия

summer ~ летняя сессия

trading ~ торги на бирже

to adjourn a ~ откладывать заседание

to appear before a closed ~ давать показания на закрытом заседании

to be in ~ заседать

to be out of ~ не заседать

to break off *one's* ~ прерывать свое заседание

to break up a ~ закрывать заседание/сессию

to call a ~ созывать сессию

to cancel a ~ отменять заседание

to close a~ закрывать заседание/сессию

to convene/to convoke a ~ созывать сессию

to discuss *smth* **in secret** ~ осуждать *что-л.* на закрытом заседании

to disrupt the ~ **of Parliament** срывать сессию парламента

to end *one's* ~ **with a sense of optimism** заканчивать заседание с чувством оптимизма

to fix the date and place of the next ~ устанавливать дату и место следующей сессии

to go into an emergency ~ собираться на чрезвычайное заседание

to have a sea-saw ~ колебаться *(о ценах, о курсе акций, валюты)*

to hear *smth* **in closed** ~ заслушивать *что-л.* на закрытом заседании

to hold an extraordinary ~ проводить внеочередное заседание

to meet in closed ~ собираться на закрытое заседание

to open the ~ открывать сессию

to postpone to the next ~ откладывать на следующую сессию

to show up for a ~ являться на заседание

to sit in permanent ~ заседать постоянно

at the joint ~ **of the two Chambers of Parliament** на совместном заседании обеих палат парламента

between ~s в промежутке между заседаниями

duration of the ~ продолжительность заседания

hands-on ~ *полит. жарг.* непосредственные поиски решения политической проблемы

in closed ~ на закрытом заседании

in full ~ на пленарном заседании

in private ~ на закрытом заседании

notification of a ~ уведомление о созыве сессии

the Senate goes into executive ~ Сенат переходит к рассмотрению вопросов исполнительной власти *(ратификация договоров, утверждение назначений и т.п.)*

set-aside *n правит. жарг.* государственные запасы для особых нужд *(продовольствие, транспортные средства, различные товары)*

setback *n* **1.** препятствие; неудача; поражение; затруднение **2.** регресс; спад; движение назад

~ **in production** спад производства

common ~ общая неудача; поражение для всех

electoral ~ поражение на выборах

military ~ военная неудача; отход, отступление

personal ~ личная неудача

political ~ политическая неудача

to face ~s сталкиваться с неудачами

to produce ~s **for a party** порождать затруднения для *какой-л.* партии

to receive a ~ терпеть неудачу/поражение

to suffer a humiliating ~ терпеть унизительное поражение

settle *v* **1.** решать, улаживать, регулировать **2.** расплачиваться, погашать *(задолженность)* **3.** поселяться, обосновываться

to ~ **a bill** оплачивать счет

to ~ a border dispute урегулировать пограничный спор
to ~ a claim удовлетворять требование
to ~ a debt выплачивать/покрывать долг
to ~ a difference урегулировать/улаживать спор
to ~ a question разрешать вопрос
to ~ for nothing less than *smth* не соглашаться на меньшее, чем *что-л.*
settlement *n* **1.** решение, урегулирование *(спора)* **2.** соглашение **3.** расчет, погашение *(задолженности)* **4.** поселение; колония; заселение; колонизация **5.** *ист.* сеттльмент *(европейский квартал в колонии)*
~ of account оплата/погашение счета
~ of a dispute урегулирование спорного вопроса
~ of debts погашение/урегулирование долгов/задолженности
~ of relations урегулирование отношений
amicable ~ решение вопроса мирным путем
boundary ~ пограничное урегулирование
comprehensive ~ всеобъемлющее урегулирование
compromise ~ компромиссное решение
definitive ~ окончательное урегулирование
diplomatic ~ решение *(конфликта и т.п.)* средствами дипломатии
early ~ скорейшее урегулирование
equitable/fair ~ справедливое урегулирование/решение
final ~ окончательный расчет
full ~ окончательное урегулирование
general ~ всеобщее урегулирование
genuine ~ подлинное урегулирование
human ~ населенный пункт
interim ~ временное урегулирование
international ~ международное соглашение
judicial ~ решение проблемы через суд
just ~ справедливое урегулирование
land ~ заселение земель
lasting ~ прочное урегулирование; окончательное соглашение
long-term ~ долговременное урегулирование
militarized ~ военизированное поселение
monetary and financial ~s валютно-финансовые расчеты
multilateral ~s многосторонние расчеты
negotiated ~ урегулирование в результате переговоров; политическое урегулирование
negotiating ~ урегулирование на основе переговоров
out-of-court ~ полюбовное соглашение
overall ~ всеобщее/всеобъемлющее урегулирование
pacific ~ мирное урегулирование/решение *(споров и т.п.)*
package ~ комплексное урегулирование
pay ~ урегулирование разногласий в вопросе оплаты труда

peace(ful) ~ мирное урегулирование
political ~ политическое урегулирование
post-war ~ послевоенное урегулирование
urban ~ городское поселение
wage ~ урегулирование разногласий в вопросе оплаты труда
to accomplish the peace ~ завершать мирное урегулирование
to achieve a negotiated ~ with *smb* достигать урегулирования с *кем-л.* в результате переговоров
to arrange a ~ with *smb* достигать договоренности с *кем-л.*; заключать соглашение с *кем-л.*
to come to a ~ приходить к соглашению
to delay peaceful ~s задерживать решения о мирном урегулировании
to derail a ~ срывать соглашение
to dismantle a ~ ликвидировать поселение
to disrupt ~ срывать урегулирование
to endanger progress towards peace ~ ставить под угрозу процесс мирного урегулирования
to find a ~ находить решение
to hammer out a peace ~ добиваться мирного урегулирования
to impose a pay ~ навязывать соглашение о заработной плате
to lay the groundwork for a ~ закладывать основы для урегулирования
to make ~ 1) достигать договоренности **2)** производить расчет/оплату
to move towards peace ~ двигаться к мирному урегулированию
to negotiate a ~ вести переговоры об урегулировании
to obstruct a ~ препятствовать урегулированию
to pressure *smb* **into a peace ~** оказывать давление на *кого-л.* с целью заставить его согласиться на мирное урегулирование
to produce a formula for a ~ вырабатывать приемлемую формулировку соглашения
to promote the ~ способствовать урегулированию
to reach an out-of-court ~ решать проблему полюбовно
to seek peaceful ~s добиваться мирного урегулирования *(вопроса, конфликта)*
to set up a ~ создавать поселение
to slam the door to a peaceful ~ делать невозможным мирное урегулирование
to work for a lasting ~ добиваться прочного урегулирования
to work out a ~ вырабатывать условия урегулирования
actual terms of ~ конкретные условия соглашения/урегулирования
basic principles for a ~ основные принципы урегулирования
framework for a comprehensive ~ основа для всеобщего урегулирования

further progress towards a peace ~ дальнейший прогресс в деле мирного урегулирования

just ~ of the territorial claims справедливое урегулирование территориальных притязаний

major obstacle to a ~ крупное препятствие для урегулирования

process of the Middle-East ~ процесс ближневосточного урегулирования

progress towards a ~ прогресс в деле урегулирования

principles for a peaceful ~ принципы мирного урегулирования

receptive to a political ~ склонный к политическому урегулированию

search for a ~ поиски урегулирования

terms of ~ условия соглашения/урегулирования

unilaterally to impose a pay ~ навязать урегулирование по зарплате в одностороннем порядке

settler *n* поселенец

setup *n* уклад жизни

party ~ структура партии

to restore the old ~ возвращать старые порядки

sever *v* разъединять; разделять; разрывать *(отношения)*

to ~ diplomatic and economic relations with *smb* разрывать дипломатические и экономические отношения с *кем-л.*

severance *n* **1.** отделение, выход из состава *(чего-л.)* **2.** разрыв *(отношений и т.п.)* **3.** увольнение *(особ. из армии)*

sexism *n* сексизм, дискриминация по половому признаку

sexploitation *n* эксплуатация в сексуальных целях

sex-tourism *n* туризм с целью получения сексуальных услуг, секс-туризм

shackle *v* заковывать *(в кандалы)*

to ~ smb hand and foot заковывать *чьи-л.* руки и ноги в кандалы

shackles *n* оковы

to break the ~ разрывать оковы

shadow I *v* неотступно следить за *кем-л.*; вести наблюдение

shadow II *a брит. полит. жарг.* «теневой» *(о членах оппозиции, входящих в «теневой кабинет»)*

shadowbox *v* уклоняться от ответа/принятия решения *и т.п.*; темнить

shah *n* шах

shake *v* трясти; потрясать

to ~ the tree *развед. жарг.* «трясти дерево» *(искать потенциальных перебежчиков среди недовольных)*

shake-up *n* перемещение *(должностных лиц)*; перестановки *(в правительстве)*

Cabinet ~ изменения в составе правительства

government ~ большие изменения в составе правительства

political ~ политические перемены; перестановки в руководстве/правительстве; реорганизация правительства

radical ~ радикальные перестановки

to give a through ~ to the state apparatus основательно перетрясать государственный аппарат; производить крупную реорганизацию государственного аппарата

sweeping ~ in the leadership радикальные изменения в руководстве

shaman I *n рел.* шаман

shaman II *attr рел.* шаманский

shamanism *n рел.* шаманство

shamanic, shamanistic *a рел.* шаманский

shame *n* позор

national ~ национальный позор

shameful *a* позорный; постыдный

shantytown *n* трущобы

share I *n* **1.** доля, часть; участие; пай **2.** *брит.* акция

~ closed higher к моменту закрытия фондовой биржи цены на акции были выше

~ in a business доля в деле/в предприятии

~ in foreign trade удельный вес во внешнеторговом обороте

~ in the profit участие в прибыли; доля прибыли

~ of capital доля капитала

~ of debt servicing доля погашения задолженности

~ of labor доля труда

~ of repayment доля погашения

~ plunged стоимость акций резко упала

~ to bearer акция на предъявителя

liberal ~ большая доля

preference ~s привилегированные акции

the lion's ~ львиная доля

voting ~s акции с правом голоса; голосующие акции

to bear *one's* **~ in** *smth* принимать участие в *чем-л.*

to buy ~s покупать акции

to buy back ~s выкупать (собственные) акции

to contribute a larger ~ towards defense costs нести большую долю расходов на оборону

to float ~s выпускать акции

to have *one's* **~ in** *smth* принимать участие в *чем-л.*

to hold ~ in a company иметь акции *какой-л.* компании

to issue ~s выпускать акции

to re-allocate ~s перераспределять акции

to sell ~s in state enterprises продавать акции на государственных предприятиях

to send ~s tumbling приводить к резкому падению курса акций

to suspend a company's ~s at the stock exchange временно прекращать продажу акций *какой-л.* компании на фондовой бирже

to take *one's* **~ in** *smth* принимать участие в чем-л.

to unload the ~s избавляться от акций

batch of ~s пакет акций

issuer of ~s компания, выпускающая акции

on Wall Street ~s suffered big losses на Нью-Йоркской бирже курсы акций резко упали

the number of ~s changing hands was ... число проданных акций составило ...

share II *v* делить; распределять; иметь долю/часть; участвовать; разделять *(мнение и т.п.)*

to ~ *smb's* **sorrow** разделять *чье-л.* горе

to ~ the feeling of joy разделять чувство радости

to ~ the hope разделять надежду

shareholder, shareowner *n* акционер, держатель акций; пайщик

the largest single ~ наиболее крупный держатель акций

small ~ мелкий держатель акций

Sharia, the *n* шариат *(в исламе: свод религиозных и юридических правил, основанных на Коране)*

sharing *n* участие; разделение; совместное владение/пользование; распределение

burden ~ справедливое распределение/разделение бремени расходов *(между союзниками)*

cost ~ распределение затрат

international ~ международное совместное участие

market ~ раздел рынка

profit ~ участие в прибылях

revenue ~ разделение доходов

skill ~ обмен опытом; передача опыта

task ~ разделение функций

work ~ распределение работы/рабочих заданий

to achieve a wide measure of political power ~ добиваться значительных успехов в разделении власти

joint ~ of the profits and risks совместное участие в доходах и убытках

power ~ (with *smb***)** разделение власти *(с кем-л.)*

sharpshooter *n* юр. жарг. «снайпер» *(адвокат, который, используя лазейки в законе, добивается оправдания явно виновных ответчиков)*

shed *n* сарай; барак

labor ~ эк. жарг. источник рабочей силы

sheep-dipping *n* развед. жарг. **1.** тайное использование военного средства под гражданским прикрытием **2.** внедрение агентуры в (подрывную) организацию с целью получения информации

sheet *n* таблица; ведомость; лист; список

bad snitch ~ компромат

balance ~ балансовый отчет

clean ~ незапятнанная репутация

employment ~ послужной список

instruction ~ инструкция; инструкционная карта

news ~ листок новостей

payroll ~ платежная ведомость

smear ~ характеристика на неугодное лицо, полная злобных/клеветнических нападок

tally ~ лист с результатами голосования

wage ~ платежная ведомость

work ~ анкета

sheikh *n* шейх

shelling *n* артиллерийский обстрел, обстрел снарядами

shelter I *n* кров, убежище

air-raid/bomb-proof ~ бомбоубежище

church-run ~ церковный приют

homeless ~ ночлежка для бездомных

tax ~ безналоговая зона

to give a ~ предоставлять убежище

to look for ~ искать пристанища

to seek ~ somewhere искать убежище *где-л.*

in need of ~ нуждающийся в убежище

shelter II *v* давать убежище *(кому-л.)*

sheltered *a* эк. жарг. **1.** не испытывающий конкуренции **2.** имеющий налоговую скидку *или* освобожденный от налога

shelve *v* откладывать в долгий ящик

sheriff *n* шериф, судебный исполнитель

sherpas *n* правит. жарг. «шерпы» *(группа чиновников и советников, готовящих материалы для международных конференций)*

shield *n* щит; перен. защита; защитник

defense ~ оборонительный щит

human ~ живой щит

nuclear ~ ядерный щит

ozone ~ озоновый щит

protective ~ оборонительный щит

defensive ~ in space космический оборонительный щит

shift I *n* смена; сдвиг; перемещение, перестановка

~ in policy изменение политического курса

day ~ дневная смена

policy ~ изменение политики/политического курса

power-to-the-people ~ изменение политики в пользу передачи власти народу

public opinion ~ сдвиг в общественном мнении

significant ~ важное изменение политики

swing ~ пром. жарг. скользящий график сменной работы

to work flexible ~s работать по скользящему графику

to work in two ~s работать в две смены

slight ~ to the right полит. небольшой сдвиг вправо

shift II *v* **1.** переключаться; перемещать **2.** менять; передавать; переводить

to ~ financial resources from military to peaceful uses переключать финансовые средства с военных на мирные цели

Shiism *n рел.* шиизм *(направление в исламе)*

Shiite *n рел.* шиит, последователь шиизма

ship *n* корабль; судно

~ **flying a British flag** судно, плавающее под британским флагом

American-flagged ~ корабль под американским флагом

anti-submarine ~ *воен.* противолодочный корабль

cargo ~ грузовое судно

combat ~ *воен.* боевой корабль

death ~ *коммерч. жарг.* «корабль смерти» *(судно, кораблекрушение которого подстроено с целью получения страховой премии)*

dry-cargo ~ сухогрузное судно, сухогруз

escort ~ *воен.* корабль сопровождения

guided-missile ~ *воен.* ракетный корабль

merchant ~ торговое судно

passenger ~ пассажирское судно

re-flagged ~ корабль, сменивший флаг

space cargo ~ транспортный космический корабль

support ~ *воен.* корабль поддержки

third-party ~ корабль третьей стороны *(не участвующей в конфликте)*

waterborne ~ надводный корабль

to convoy ~**s** конвоировать суда

to disable a ~ выводить корабль из строя

to exclude nuclear arms ~**s from a country's ports** закрывать порты страны для кораблей с ядерным оружием

to hump ~ переходить на сторону бывших противников

to impound a ~ конфисковывать судно

to put ~**s on alert** приводить флот в состояние боевой готовности

to search a merchant ~ обыскивать торговое судно

to sink a cargo ~ топить торговое судно

escorting of ~**s** эскортирование судов

shipbuilding *n* судостроение

shipment *n* погрузка; отправка; перевозка; поставка

arms ~ **to (a country)** поставки оружия *(какой-л. стране)*

ship-owner *n* судовладелец

shipping *n* судоходство; мореплавание; морские перевозки

~ **of natural gas** поставка природного газа (морским путем)

civil ~ гражданские суда, гражданский флот

international ~ международное судоходство

merchant ~ торговое судоходство

neutral ~ нейтральные суда; судоходство нейтральных стран

nonbelligerent ~ мирные морские перевозки

to escort ~ эскортировать суда

to inspect ~ производить досмотр судов

to paralyze neutral ~ парализовывать судоходство нейтральных стран

to protect Gulf ~ обеспечивать свободу судоходства в Персидском заливе

to safeguard international ~ **in the Gulf** обеспечивать безопасность международного судоходства в Персидском заливе

to warn all international ~ **to stay away** предупреждать суда всех стран не заходить в данный район

shock *n* шок; потрясение

oil-price ~ шок, вызванный резким повышением цен на нефть

to subject *smb* **to electric** ~ подвергать *кого-л.* пытке электрическим током

shoe *n* **1.** ботинок; туфля **2.** *pl разг. жарг.* фальшивые документы

to fill *smb's* ~**s** занимать чью-л. должность

to step into *smb's* ~**s** занимать чью-л. должность

shoo-in *n* бесспорный победитель, кандидат, успех которого на выборах обеспечен

shoot *v* стрелять; расстреливать

to ~ **and kill** *smb* **in an ambush** застрелить *кого-л.* из засады

to ~ **from the hip** высказываться необдуманно/резко

to ~ *smb* **at close range** стрелять в *кого-л.* в упор

to ~ *smb* **at/on sight** открывать огонь по *кому-л.* без предупреждения

to ~ *smb* **dead** застрелить *кого-л.*

to ~ *smb* **to death** застрелить *кого-л.*

to ~ **wildly** вести беспорядочную стрельбу

shooting *n* стрельба, расстрел

~ **broke out** началась стрельба

sectarian ~ убийство на почве межобщинной розни

to execute by ~ расстреливать

mass ~**s of civilian population** массовые расстрелы мирного населения

string of ~**s** целая серия инцидентов со стрельбой

shoot-out *n* **(between** *smb***)** перестрелка *(между кем-л.)*

violent ~ ожесточенная перестрелка

to set off a ~ начинать/завязывать перестрелку

shop *n* **1.** магазин **2.** цех, мастерская; завод; предприятие

bucket ~ черная биржа

closed ~ предприятие, принимающее на работу только членов профсоюза данной отрасли

open ~ предприятие, принимающее на работу членов и не членов профсоюза

self-service ~ магазин самообслуживания

talking ~ говорильня; дискуссионный клуб

union ~ предприятие, принимающее на работу только членов данного профсоюза

to loot ~**s** грабить магазины

to put goods into the ~**s** наполнять полки магазинов

to set up a ~ начинать дело; открывать магазин/предприятие

bare shelves of the ~s пустые полки магазинов

shopping *n* поход по магазинам

asylum ~ поиски политического убежища в разных странах

recreational ~ *коммерч. жарг.* «покупки для развлечений» *(покупка сувениров, предметов роскоши вместо предметов первой необходимости)*

short *a* краткий; краткосрочный; недостаточный

to be ~ of (money, food etc) испытывать недостаток, нуждаться в *(деньгах, пищевых продуктах и т.п.)*

to borrow ~ брать взаймы на короткий срок

the party is ~ of an overall majority у партии недостает нескольких мест до абсолютного большинства

shortage *n* дефицит; нехватка; недостаток *(в чем-л.)*

~ of coal нехватка угля

~s of food нехватка продовольствия

~ of foreign exchange нехватка иностранной валюты

~ of money денежный дефицит

~ of raw materials нехватка сырья

~ of skilled manpower дефицит квалифицированной рабочей силы

acute ~ острый дефицит/недостаток

cash ~ нехватка наличных денег

chronic ~ хронический дефицит

critical ~ острый дефицит

dollar ~ нехватка долларов

exchange ~ валютный дефицит

extreme ~ крайний недостаток *чего-л.*

food ~ нехватка/дефицит продовольственных товаров

housing ~ недостаток жилищного фонда/жилья, нехватка жилья

job ~ недостаток вакансий/рабочих мест

labor/manpower ~ нехватка рабочей силы

raw materials ~ дефицит сырья

staff ~ нехватка персонала, недоукомплектованность штатов

to beat food ~s бороться с нехваткой продуктов

to combat a ~ бороться с дефицитом

to ease the current food ~s уменьшать нехватку продовольствия

to eliminate food ~s ликвидировать продовольственный дефицит

to face acute food ~s сталкиваться с острой нехваткой продовольствия

to meet the ~s удовлетворять нехватку/недостаток

to overcome food ~s преодолевать дефицит продовольственных товаров

to relieve acute ~s покрывать наиболее острый дефицит

to solve the problem of food ~s решать проблему нехватки продовольствия

to suffer an acute ~ of *smth* испытывать острый недостаток *чего-л.*

serious ~ of *smth* серьезный недостаток *чего-л.*

shortcoming *n* недостаток, изъян

to disclose ~s выявлять недостатки

to eliminate ~s устранять недостатки

to gloss over ~s скрывать недостатки

to lay bare ~s вскрывать/разоблачать недостатки

to overcome ~s изживать/преодолевать недостатки

to rectify ~s исправлять недостатки

to remove ~s устранять недостатки

shortcut *n* кратчайший путь, путь напрямик; рациональный/экономный способ/метод достижения

legal ~ средство избежать обычной судебной процедуры

to take a legal ~ делать *(что-л.)* в обход закона

shortfall *n* дефицит *(бюджета и т.п.)*

~ of savings недостаток сбережений

budgetary ~ бюджетный дефицит

export ~ падение/снижение экспорта, сокращение экспортных поступлений

production ~ невыполнение плана выпуска продукции

shorthanded *a* испытывающий недостаток в рабочей силе, недоукомплектованный

short-lived *a* недолговечный

short-sighted *a* близорукий, недальновидный

short-sightedness *n* близорукость, недальновидность

political ~ политическая близорукость

short-term *a* кратковременный, краткосрочный

shot *n* 1. выстрел 2. стрелок 3. удар 4. съемка 5. попытка

~ in the arm возбуждающее средство, стимул

answering ~ ответный выстрел

big ~ «шишка»; важная персона

close-up ~ крупный план

warning ~ предупредительный выстрел; *перен.* предупредительная мера

to be ~ and seriously wounded получать серьезное огнестрельное ранение

to fire a ~ выстрелить, сделать выстрел

to fire ~s at random вести беспорядочную стрельбу

to fire warning ~s делать предупредительные выстрелы; стрелять в воздух

exchange of ~s перестрелка

shotgun *v* *правит. и делов. жарг.* передавать сообщение на всех частотах и по всем каналам

shout *v (smb* **down)** срывать криками чье-л. выступление; заставлять *кого-л.* криками покинуть трибуну

show I *n* выставка; шоу, представление; спектакль

~ of force демонстрация силы

~ of hands открытое голосование

air ~ авиационная выставка, авиасалон

defense ~ выставка вооружения

political ~ политическое шоу

public ~ публичная демонстрация

to mount a ~ of defiance организовывать демонстрацию неподчинения

show II *v* демонстрировать

to ~ signs of fresh thinking проявлять признаки нового подхода

to ~ up poorly собирать мало голосов на выборах

showdown *n* **1.** проба сил; окончательная проверка; решающая схватка **2.** решительные меры **3.** поединок

political ~ проба политических сил

to back away from a ~ смягчать свою позицию, чтобы избежать столкновения

to force a ~ with *smb* решать конфликт с *кем-л.* военными средствами

to provoke a ~ вызывать конфронтацию

to shirk ~ стараться избежать силового варианта

showing *n* демонстрация *(чего-л.)*; результат

dismal ~ плачевные результаты

strong election ~ высокие результаты на выборах

to make a strong ~ показывать хорошие результаты

party's poor ~ in the election плохие результаты партии на выборах

smb's strong ~ in the public opinion polls *чьи-л.* высокие результаты по данным опросов общественного мнения

show-up *n полиц. жарг.* процедура опознания преступника среди присутствующих

shrewdness *n* проницательность, практичность

political ~ политическая проницательность

shrine *n* гробница

to worship a holy ~ поклоняться святой гробнице/святым мощам

shutdown *n* прекращение *(работы и т.п.)*; закрытие *(предприятия)*

plant ~ закрытие предприятия

to call for a complete ~ of the nuclear industry выступать с призывом полностью закрыть ядерную энергетику

indefinite ~ of a radio station закрытие радиостанции на неопределенный срок

shuttle I *n* челнок

peace ~s посредничество между воюющими сторонами с целью достижения перемирия

space ~ космический корабль многоразового использования

shuttle II *v* **(between** *smb***)** курсировать между *кем-л. (в качестве посредника)*

shuttle-flight *n* челночный полет

shuttling *n* челночная дипломатия

sick-out *n* вид забастовки, когда не выходят на работу под предлогом болезни

side I *n* сторона

social ~ of things социальный аспект

warring ~s стороны в вооруженном конфликте

to be on *smb's* **~** быть на *чьей-л.* стороне

to change ~s перекидываться на другую сторону; переходить на сторону противника

to choose ~s определять, за кого голосовать/кого поддерживать

to represent the Iranian ~ представлять иранскую сторону

to switch ~s сменять партнера по коалиции; переходить на сторону бывшего противника

to take ~s принимать *чью-л.* сторону; становиться на *чью-л.* сторону

to win *smb* **to one's ~** привлекать *кого-л.* на свою сторону

side II *v* **(with)** примыкать *(к кому-л.)*, быть на стороне *(кого-л.)*

sideline *v* **(smb)** отодвигать *(кого-л.)* на второй план, переводить *(кого-л.)* на второстепенную работу

to be ~d находиться на обочине политической жизни

sidelines *n pl* **1.** обочина **2.** задний план; второй план

to be pushed to the ~ отходить на второй план

to keep *smb* **on the ~** не давать *кому-л.* вступить в конфликт

to leave *smb* **on the political ~** оставлять *кого-л.* на политической обочине

to push *smth* **to the ~** отодвигать *что-л.* на обочину

siege *n* осада

prison ~ осада тюрьмы

to be under ~ находиться в осаде

to break a ~ прорывать блокаду

to introduce a state of ~ вводить осадное положение

to lay ~ to a building осаждать/осадить здание

to lift a ~ снимать осаду

to proclaim a state of ~ объявлять осадное положение

to stand a ~ выдерживать осаду

to withstand a ~ выдерживать осаду

sign *n* признак; знак; символ

~ of strength признак силы

~ of weakness признак слабости

victory ~ знак победы

to give the thumbs-up ~ делать знак, показывающий, что дела идут хорошо

to interpret *smth* **as a ~ of weakness** истолковывать *что-л.* как признак слабости

to raise *one's* **hands in a victory ~** поднимать руки в знак победы

nascent ~s of change зарождающиеся признаки перемен; ростки нового

unmistakable ~ of *smth* верный признак *чего-л.*

V for Victory ~ знак победы V, изображаемый пальцами

sign *v* подписывать *(документ и т.п.)*

to ~ a document подписывать документ

to ~ a pledge of secrecy давать подписку о неразглашении

signal *n* сигнал

clear ~ явный сигнал

to heed the warning ~s прислушиваться к предупреждениям

to send a firm ~ **to** *smb* явно давать понять *кому-л.*

to send mixed ~s **to** *smb* по-разному реагировать на *чьи-л.* действия

signatory *n* лицо/сторона, подписавшая документ, договор, соглашение

~ **of the appeal** лицо, подписавшее обращение

~ **to a convention** *(лицо, сторона)* подписавший конвенцию, документ; подписавший документ

signature *n* подпись

authentic ~ подлинная подпись

to collect/to gather ~s собирать подписи

to put *one's* ~ **on a document** скреплять документ своей подписью

to witness a ~ заверять подпись

collection of ~s сбор подписей

significance *n* 1. значение, смысл 2. важность, значимость; значительность

cognitive ~ познавательное значение

historic ~ историческое значение

tremendous ~ огромное значение

to assume ~ приобретать значение

to play down the ~ **of** *smth* стараться преуменьшить значение *чего-л.*

significant *a* значительный; существенный; характерный; показательный; важный

signify *v* означать, значить; иметь значение; выражать

please ~ прошу высказаться/поднять руку

signing *n* подписание *(документа и т.п.)*

signing *n* **(on)** *правит. жарг.* требование пособия по безработице

silence I *n* молчание

in sinister ~ в зловещей тишине

minute's/moment's ~ минута молчания

strong ~ враждебное молчание

to impose ~ **on** *smb* принуждать *кого-л.* к молчанию

to maintain a strict public ~ не разглашать информацию *(напр. о ходе переговоров)*

to observe/to pay a minute's in *smb's* **memory** почтить *чью-л.* память минутой молчания

silence II *v* заставлять *кого-л.* замолчать

silk *n брит. юр. жарг.* «шелк» *(адвокат высшего ранга)*

silo *n* башня *или* шахта цилиндрической формы

fixed ~ стационарная установка для запуска ракет

missile ~ пусковая шахта ракеты

simplification *n* упрощение

simplify *v* упрощать

sinecure *n* синекура; «теплое местечко»

to be ensconced in a ~ устраиваться на «теплое местечко»

single-handed *a* в одиночку

Sinn Féin Шин фейн *(политическое крыло Ирландской республиканской армии)*

Sinn-Féiner *n* шинфейнер *(член партии Sinn Fein)*

sister *n* «сестра» *(обращение к участнице движения женщин за свои права)*

seven ~s 1) *торг. жарг.* семь крупнейших международных нефтяных компаний: Бритиш петролеум, Эксон, Галф, Мобил, Ройал Датч Шелл, Стандард Ойл оф Калифорния, Тексако 2) **(S. S.)** «Семь сестер» *(ассоциация семи старейших женских колледжей в США)*

sister-city *n* город-побратим

sit I *n* положение; позиция

current ~ положение на сегодняшний день

sit II *v* сидеть; находиться

to ~ **by idly** сидеть сложа руки

to ~ **down with** *smb* садиться с *кем-л.* за стол переговоров

to ~ **on a powder keg** сидеть на пороховой бочке

sit-down *n* сидячая демонстрация, сидячая забастовка

to stage a ~ устраивать сидячую забастовку

sit-downer *n* участник сидячей забастовки

site *n* 1. *(строительная)* площадка; участок *(для застройки)* 2. место; местонахождение 3. космодром; позиция ракеты

building/industrial ~ строительная площадка

launching ~ *воен.* пусковая площадка

missile ~ стартовая позиция ракеты, площадка для ракет; стартовый комплекс

nuclear ~ ядерный объект

test ~ испытательный полигон

weapons ~ огневая позиция

to dismantle a test ~ ликвидировать испытательный полигон

to inspect nuclear ~s инспектировать ядерные объекты

sit-in *n* сидячая забастовка

to break up a ~ разгонять участников сидячей забастовки

to stage a ~ организовывать сидячую забастовку

sit-in *v* устраивать сидячую забастовку

siting *n* размещение *(объекта, площадки и т.п.)*

sit-inner *n* участник сидячей демонстрации

sitting *n* заседание, собрание

~ **is called to order** заседание открыто

~ **is open** заседание открыто

all-night ~ заседание, продолжавшееся всю ночь

closed ~ закрытое заседание

final ~ заключительное/последнее заседание

joint ~ совместное заседание

opening ~ первое заседание, открытие

public ~ открытое заседание

to adjourn a ~ откладывать продолжение заседания

to be dispensed from ~ быть освобожденным от участия в заседаниях

to postpone a ~ отсрочивать/откладывать заседание

to resume a ~ возобновлять заседание

to suspend a ~ откладывать заседание

situation *n* ситуация; положение; обстановка; состояние

~ **becomes clearer/clarifies** ситуация/обстановка проясняется

~ **deteriorates** обстановка ухудшается

~ **eases** напряженность ослабевает

~ʼ**gets out of control/goes out of hand** положение/обстановка выходит из-под контроля

~ **has worsened** обстановка ухудшилась

~ **is approaching crisis point** обстановка становится критической

~ **is back to normal** обстановка нормализовалась

~ **is balanced** установилось равновесие

~ **is calm** обстановка спокойная

~ **is changing** обстановка меняется

~ **is confused** обстановка сложная

~ **is critical** обстановка критическая

~ **is deadlocked** ситуация тупиковая

~ **is fragile** обстановка непрочная

~ **is hazardous** обстановка опасная

~ **is in turmoil** обстановка напряженная

~ **is pregnant with peril** обстановка чревата опасностью

~ **is quiet** обстановка спокойная

~ **is returning to normal** обстановка нормализуется

~ **is ripe for further conflict** обстановка чревата новыми конфликтами

~ **is tense** обстановка напряженная

~ **is uncertain** обстановка неопределенная

~ **is under control** положение контролируется

~ **now is a far cry from what it was** обстановка сейчас резко отличается от обстановки *когда-л.*

~ **of despair** атмосфера отчаяния

~ **of "neither war, nor peace"** обстановка «ни войны, на мира»

~ **settles down** обстановка нормализуется

~ **there goes largely unreported** об обстановке там почти ничего не сообщается

actual ~ существующее положение

acute ~ острая обстановка

awkward ~ неловкое/щекотливое положение

commanding ~ господствующее положение

complicated ~ сложная обстановка

conflict ~ конфликтная ситуация

confusing ~ запутанная обстановка

contradictory ~ противоречивая ситуация

crisis ~ кризисная ситуация

critical ~ критическое положение; кризисная ситуация

current ~ текущая обстановка

dangerous ~ опасная обстановка

dead-end/deadlocked ~ тупиковая ситуация

declining security ~ ухудшение положения с безопасностью

demographic ~ демографическая обстановка

deteriorating ~ ухудшающаяся обстановка/ситуация

disastrous ~ бедственное положение

dramatic ~ тяжелое/напряженное/острое положение

economic ~ экономическое положение

emergency ~ чрезвычайное положение; критическое положение

escalating ~ обостряющаяся ситуация, усугубляющееся положение

explosive ~ взрывоопасная обстановка/ситуация

extreme ~ крайняя/экстремальная ситуация

financial ~ финансовое положение

fluid ~ быстро меняющаяся обстановка

food ~ положение с продовольствием

fragile ~ непрочное положение

geographical ~ географическое положение

give-and-take ~ обстановка, требующая компромиссов

grave ~ серьезная обстановка

grim ~ мрачная обстановка

health ~ состояние системы здравоохранения

human rights ~ положение с соблюдением прав человека

inflammable ~ взрывоопасная обстановка

initial ~ исходная обстановка

internal ~ внутренняя обстановка

international ~ международное положение

irreversible ~ необратимое положение

labor ~ положение на рынке труда

law-and-order ~ обстановка с соблюдением законности и порядка

marginal ~s пограничные случаи

military ~ военное положение, военная обстановка/ситуация

military and political ~ военно-политическая обстановка

murky ~ неясная обстановка

nonstabilized ~ нестабильная обстановка

no-win ~ безвыходное положение

one-against-the-rest ~ ситуация, когда одна страна противостоит остальным странам

peaceful ~ спокойная обстановка

political ~ политическое положение; политическая ситуация/обстановка; политическая конъюнктура

pre-accord ~ обстановка до заключения соглашения

precarious ~ рискованное/ненадежное/опасное положение, опасная ситуация

pre-crisis ~ предкризисное положение

present ~ существующее/настоящее положение

present-day ~ современная действительность/обстановка

radiation ~ радиационная обстановка

regional ~ региональная обстановка

security ~ обстановка в области безопасности

shambolic ~ *брит.* полнейший хаос

shifting ~ изменяющаяся обстановка

socio-economic ~ социально-экономическое положение

socio-political ~ социально-политическое положение

special ~ *делов. жарг.* особая ситуация *(особо благоприятная обстановка для получения доходов)*

specific ~ особое положение

stalemate ~ патовая/тупиковая ситуация, безвыходное положение

strategic ~ стратегическое положение

subordinate ~ зависимое/подчиненное положение

tense ~ напряженное положение, напряженная обстановка

threat ~ угрожающее положение, угрожающая обстановка

uncertain ~ неопределенное положение

uncontrollable ~ неуправляемая ситуация, положение, не поддающееся контролю

unequal ~ неравноправное положение

ungovernable ~ неуправляемая ситуация, неуправляемое положение

unsatisfactory ~ неудовлетворительное положение

unstable ~ неустойчивое положение

violent ~ обстановка насилия

volatile ~ нестабильная обстановка; неустойчивое положение

vulnerable ~ уязвимое положение

warlike ~ военное положение

world ~ международное положение

world trade ~ положение в международной торговле

worrying ~ обстановка, внушающая беспокойство

worsening ~ ухудшающаяся обстановка, ухудшающееся положение

to adjust to the ~ привыкать/приспосабливаться к обстановке

to aggravate the ~ ухудшать/обострять положение, обстановку, усугублять положение

to ameliorate the ~ смягчать обстановку

to appraise/to assess the ~ оценивать обстановку

to avert further aggravation of the ~ предотвращать дальнейшее ухудшение обстановки

to back out of the ~ выходить из положения

to be in a grave ~ находиться в тяжелом положении

to be in control of the ~ контролировать обстановку

to be in touch with the ~ быть в курсе дел

to be living through a difficult political ~ переживать трудные политические времена

to be on top of the ~ быть хозяином положения

to become the master of the ~ становиться хозяином положения

to begin a full-scale review of the ~ начинать обширный обзор положения

to bring the ~ **to a stalemate** заводить дело в тупик

to bring the ~ **to the attention of the authorities** обращать внимание властей на сложившуюся обстановку

to bring the ~ **under control** брать ситуацию под контроль; наводить порядок

to bring the military ~ **into balance** добиваться равновесия в численности войск и в вооружениях

to calm the ~ нормализовать обстановку; разряжать обстановку

to change the strategic ~ изменять стратегическое положение

to clarify the ~ прояснять ситуацию

to come out of a difficult ~ выходить из трудного положения

to complicate the ~ осложнять обстановку

to contain the ~ предотвращать дальнейшее обострение обстановки

to control the ~ контролировать ситуацию; быть хозяином положения

to cool the ~ разряжать обстановку

to cope with worsening ~ справляться с ухудшающейся ситуацией

to create a dangerous ~ создавать опасную обстановку

to deal with the ~ справляться с возникшими проблемами

to debate the international ~ обсуждать международное положение

to de-escalate the ~ уменьшать напряженность ситуации

to define the ~ определять ситуацию

to defuse the ~ разряжать обстановку

to destabilize the ~ дестабилизировать положение, дестабилизировать обстановку

to deteriorate the ~ ухудшать обстановку

to ease the ~ разряжать обстановку

to escalate/to exacerbate the ~ обострять обстановку

to exploit the ~ пользоваться обстановкой

to face a new economic ~ встречаться с новой экономической ситуацией

to formalize the ~ узаконивать положение

to get more closely acquainted with the realities of the ~ знакомиться с фактическим положением поближе

to get the maximum benefit out of the ~ извлекать максимальную выгоду из сложившейся обстановки

to handle the ~ справляться с возникшими проблемами

to have the ~ **in hand** быть хозяином положения

to have the ~ **under control** контролировать положение

to improve the ~ улучшать положение

to inflame the ~ обострять обстановку, *перен.* подливать масла в огонь

to influence a ~ оказывать влияние/влиять на ситуацию

to investigate the ~ изучать обстановку

to keep a close watch on the political ~ внимательно следить за политической обстановкой

to keep the ~ calm поддерживать спокойствие

to keep the ~ under security внимательно следить за обстановкой

to keep the lid on the ~ скрывать фактическое положение

to let the ~ drift on упускать контроль над обстановкой

to lose control of the ~ утрачивать контроль над положением

to maintain an explosive ~ сохранять взрывоопасную ситуацию

to meet the ~ действовать в соответствии с обстановкой/обстоятельствами

to mishandle the ~ оказываться неспособным справиться с создавшейся обстановкой

to misjudge the ~ неправильно оценивать обстановку

to monitor the ~ следить за развитием обстановки событий

to move the ~ forward способствовать движению вперед

to normalize the ~ (in) нормализовать положение/обстановку *(где-л.)*

to oversee the present ~ следить за существующей обстановкой

to overstate the ~ преувеличивать трудности

to prevent a repeat of the ~ избегать повторения ситуации

to reassess the ~ заново оценивать обстановку

to reconsider the ~ пересматривать свою оценку обстановки

to rectify/to redress the ~ исправлять создавшееся положение

to relieve *smb's* облегчать чье-л. положение

to report on a ~ докладывать обстановку

to respond to an urgent ~ реагировать на создавшуюся неотложную ситуацию

to restore the ~ восстанавливать положение

to reverse the present ~ радикально изменять существующую ситуацию

to review the ~ обозревать/рассматривать положение; анализировать положение

to save the ~ спасать положение

to see the ~ at first hand лично знакомиться с обстановкой

to shoot *one's* **way out of the ~** прибегать к оружию с целью выхода из создавшейся обстановки

to stabilize the ~ стабилизировать обстановку/положение

to study the ~ изучать обстановку

to suit the new ~ соответствовать новой обстановке

to supervise the ~ следить за положением в стране

to tackle the ~ решать сложившуюся ситуацию

to take a pessimistic view of the ~ пессимистически оценивать обстановку

to weigh the ~ оценивать ситуацию

to worsen the ~ ухудшать обстановку

accounts of the ~ *somewhere* сообщения об обстановке *где-л.*

adjustment of a ~ урегулирование обстановки

aggravation of the ~ ухудшение/осложнение обстановки

appraisal of the international ~ анализ международной обстановки

assessment of the ~ оценка обстановки

complication of the international ~ осложнение международной обстановки

domestic ~ (of a country) внутреннее положение *(в стране)*

gravity of the ~ серьезность положения

improvement of the international ~ улучшение/оздоровление международной обстановки

in connection with/in the context of the existing ~ в связи с создавшимся положением

measures to deal with the balance of payments ~ меры, направленные на преодоление дефицита платежного баланса

normalization of the international ~ нормализация международной обстановки

reversal of the ~ резкое изменение обстановки

six *n* шестерка

the Delhi S. *ист.* «делийская шестерка» *(шесть, в основном неприсоединившихся, государств: Швеция, Греция, Индия, Аргентина, Танзания, Мексика. Выступили с рядом мирных инициатив)*

size *n* размер; объем; емкость

~ of the market емкость рынка

skate *n* парень, личность, тип

labor ~ *профсоюзн. жарг.* ветеран профсоюза

skell *n жарг.* бездомный

skeptic *n* скептик

skeptical *a* скептический

to be ~ about *smth* скептически относиться к *чему-л.*

skepticism *n* скептицизм

skill *n* **1.** мастерство, умение; квалификация; навык **2.** *pl* квалифицированные кадры **3.** *pl* знания; квалификация

artistic ~ художественное мастерство

diplomatic ~s дипломатическая квалификация

engineering ~s инженерно-технический опыт; инженерно-техническое мастерство

high professional ~ высокое профессиональное мастерство

job ~s профессиональная квалификация

labor ~s трудовые навыки
language ~s лингвистические навыки
management ~s мастерство/умение/навыки руководства
managerial ~s умение/мастерство управления
oratorical ~ ораторское искусство
practical ~s практические навыки
productive ~s производственный практический опыт, мастерство, умение
professional ~s профессиональные умения/навыки
special linguistic ~s специальная лингвистическая квалификация
supervisory ~s практический опыт работы по надзору/контролю
technical/technological ~s техническая квалификация
vocational ~s профессиональные навыки/умения, профессиональное мастерство
to acquire ~ овладевать мастерством/искусством/умением
to create new ~s создавать новые профессии/новый практический опыт
to demonstrate leadership ~s демонстрировать навыки руководителя
to develop ~s совершенствовать мастерство/умение
to generate ~s готовить квалифицированные кадры
to import ~s **from abroad** импортировать/ввозить квалифицированные кадры из-за границы
to improve one's ~ повышать свою квалификацию
to possess ~s обладать умением/мастерством/практическим опытом работы
to share ~ **with** smb делиться с кем-л. умением/мастерством/искусством
to train necessary ~s готовить необходимые кадры
to transfer ~s **and knowledge** передавать практический опыт и знания
exchange of ~s обмен профессиональными умениями/мастерством/квалификацией/опытом
international flow of ~s международный поток профессиональных квалифицированных кадров
transfer of ~s передача умения/мастерства/навыков
skilled a квалифицированный
highly ~ **specialist** специалист высокой квалификации
skill-intensive a требующий высокой квалификации
skill-sharing n обмен опытом
to be engaged in ~ участвовать в обмене опытом
skinhead n бритоголовый, скинхед (член профашистски настроенной молодежной банды)

skirmish I n стычка, схватка; перестрелка
~es **between demonstrators and police** стычки между демонстрантами и полицией
skirmish II v перестреливаться, сражаться
sk/y n небо; воздушное пространство
Open ~ies «Открытое небо» (разрешение взаимных инспекционных полетов над территориями договаривающихся сторон)
to gain control of the ~ies добиваться превосходства в воздухе
to master the ~ies завоевывать господство в воздухе, добиваться господства в воздухе
skyjack v угонять самолет, заниматься воздушным пиратством
skyjacking, sky-piracy n воздушное пиратство, угон самолета
skyrocket v быстро возрастать/подниматься
the prices began to ~ цены начали быстро возрастать
skyrocketing n быстрый рост цен или курсов акций
slacken v ослабевать
slam v (smb) жарг. резко критиковать (кого-л.)
slander n клевета
evil ~ гнусная клевета
slander v клеветать (на кого-л.)
slanderer n клеветник
to give a rebuff to ~s давать отпор клеветникам
slanderous a клеветнический
slap n:
diplomatic ~ **in the face** дипломатическая пощечина
slashing n сокращение
job ~ сокращение числа рабочих мест
slate n список кандидатов (неофициально согласованный перед первичными выборами)
slaughter I n массовая резня, убийство; кровопролитие, кровавая расправа, бойня; побоище
~ **of the innocent** массовое убийство невинных
slaughter II v убивать, резать
slave n раб
colonial ~s колониальные рабы
contemporary ~s современные рабы
wage ~ перен. человек, живущий на зарплату
slave-holder, slave-owner n рабовладелец
slave-owning a рабовладельческий
slavery n рабство
colonial ~ колониальное рабство; колониальное порабощение
double ~ двойное рабство/закабаление
spiritual ~ духовное рабство
to abolish ~ уничтожать рабство
to emancipate women from economic and social ~ освобождать женщин от экономического и социального рабства
downfall of colonial ~ крушение колониального рабства
slave-trade n работорговля

slave-trader *n* работорговец

sleaze *n* низкопробность

political ~ коррумпированность политика; политическая нечистоплотность

sleep *v* спать

to ~ out (rough) ночевать на улице, не иметь крыши над головой

sleeper *n полит. жарг.* незаметно включенная в законопроект поправка, действие которой станет очевидным при применении закона

slickum *n воен. жарг.* крылатая ракета морского базирования *(от аббревиатуры SLCM – Sea-Launched Cruise Missile)*

slide I *n* спад; падение *(курса акций и т.п.)*

uncontrollable ~ in the economy неконтролируемый спад в экономике

slide II *v* падать; снижаться; ухудшаться

to ~ into recession испытывать экономический спад

slinging *n* бросание; швыряние

mud ~ поливание грязью *(особ. противника перед выборами)*

slip *n* 1. ошибка, промах, описка, оговорка 2. сопроводительное письмо; записка 3. бланк, узкая и длинная полоска, служащая документом

~ of the tongue оговорка, ошибка

blue ~ *полит. жарг.* «синий листок» *(одобрение каждым сенатором кандидатуры председателя сената)*

pink ~ уведомление об увольнении

voting ~ избирательный бюллетень

slippage *n полит. жарг.* постепенная утрата одним из кандидатов преимущества по результатам опросов общественного мнения

slogan *n* лозунг; призыв; слоган

anti-government ~ антиправительственный лозунг

canned ~ затасканный политический лозунг

creative ~ творческий призыв

economic ~ экономический лозунг

empty ~ пустой лозунг

extreme ~ экстремистский лозунг

nationalistic ~s националистические призывы

patriotic ~ патриотический лозунг

political ~ политический лозунг

popular ~ популярный лозунг

worn-out ~ затасканный лозунг

to chant ~s скандировать лозунги

to daub walls with ~s малевать лозунги на стенах

to realize a ~ реализовывать лозунг

to shout (out) ~s against *smth* выкрикивать лозунги, направленные против *чего-л.*

to spread ~s on walls наклеивать лозунги на стены

sloganeering *n* использование лозунгов *(для политических и др. целей)*

slot *n жарг.* должность

slowdown *n* спад; снижение

~ of imports спад/снижение импорта

business ~ спад деловой активности

to conduct a work ~ проводить «итальянскую забастовку» *(сознательно замедлять темп работы)*

slowness *n* спад, замедление, снижение

slugger *n жарг.* неутомимый труженик

sluggish *a* 1. застойный; вялый 2. ленивый; медлительный

sluggishness *n* косность, медлительность

slump I *n* спад экономической активности

~ in demand падение спроса

dramatic ~ in the value of shares резкое падение курса акций

slump II *v* падать; снижаться *(о темпах развития и т.п.)*

slums, the *n pl* трущобы

smack-head *n жарг.* наркоман, употребляющий героин

small-scale *a* маломасштабный, мелкий

small-time *a* мелкий *(о политике, террористе и т.д.)*

smash(-up) *n* крах, банкротство

~ of a business банкротство предприятия

to go to ~ разоряться, становиться банкротом

smear I *n* клевета

unfounded ~s необоснованные, клеветнические нападки

smear II *v (smb)* клеветать *(на кого-л.)*, компрометировать *(кого-л.)*

smoke *n развед. жарг.* дезинформация

smokescreen *n тж перен.* дымовая завеса

~ for terror дымовая завеса для прикрытия терроризма

to put up a ~ создавать дымовую завесу

smooth *v* сглаживать; выравнивать; смягчать, успокаивать

to ~ the way готовить почву

smuggle *v (in/out)* провозить контрабандой *(в/из)*

to ~ smth in ввозить *что-л.* контрабандным путем

to ~ smth out of a country вывозить *что-л.* из страны контрабандным путем

smuggler *n* контрабандист

drug ~ контрабандист наркотиков

smuggling *n* контрабанда

~ of heroin into the country контрабандный ввоз героина в страну

arms ~ контрабанда оружия

drug ~ контрабандный ввоз наркотиков

to be linked with drug ~ быть связанным с контрабандой наркотиков

to combat the ~ of drugs into a country бороться с контрабандой наркотиков в страну

to implicate *smb* **in drug ~** вовлекать *кого-л.* в контрабанду наркотиков

snake *n ист. эк. жарг.* «валютная змея» *(созданная в 1972 г. система валют стран «Общего рынка», курс которых может колебаться в согласованных пределах от-*

носительно друг друга, причем в меньшей степени, чем относительно валют стран, не входящих в «Общий рынок»)

~ in the tunnel *ист. эк. жарг.* решение стран Европейского экономического сообщества/«Общего рынка» создать «валютную змею»

snakecheck *n полит. жарг.* проверка текста речи *или* заявления с целью устранения всего, что может повредить оратору

snatch *n развед. жарг.* незаконный арест

sneaky *n развед. жарг.* подслушивающее устройство *или* скрытая камера

snipe *n* 1. агитационный плакат *(обычно с портретом кандидата)*, вывешиваемый на улице 2. *жарг.* законник; крючкотвор

social *a* социальный; общественный

~ and ethnic социально-этнический

~ and legal социально-правовой

~ being *филос.* общественное бытие

~ changes социальные изменения

~ ill социальное зло

~ justice социальная справедливость

~ order 1) общественный строй 2) общественный порядок

~ reforms социальные реформы

~ revival социальное возрождение

~ stratum социальный слой

~ structures социальные структуры

~ welfare социальное обеспечение; социальная помощь

socialism *n* социализм

~ ex cathedra социализм на словах, «кабинетный социализм»

academic/armchair ~ социализм на словах, «кабинетный социализм»

bourgeois ~ утопический социализм

Christian ~ христианский социализм

democratic ~ демократический социализм

lemon ~ *брит. полит. жарг.* «лимонный социализм» *(капитализм в сочетании с вмешательством государства в экономическую жизнь во время правления лейбористов)*

market ~ рыночный социализм *(сильная рыночная экономика в сочетании с общественной собственностью на средства производства)*

national ~ национал-социализм, нацизм

Utopian ~ утопический социализм

to adopt ~ переходить на позиции социализма

to build ~ строить социализм

to establish ~ устанавливать социализм

abandonment of ~ отказ от социализма

socialist *n* 1. социалист 2. *pl* принятое в Великобритании название членов лейбористской партии

clause IV ~ *брит. полит. жарг.* социалист, признающий четвертый пункт Устава британской Лейбористской партии

left(-wing) ~ левый социалист

national ~ национал-социалист, нацист

right ~ правый социалист

Utopian ~ утопический социалист

socialist *a* социалистический

~ party социалистическая партия

to turn ~ становиться социалистическим

socialization *n* социализация; обобществление, национализация

~ of production обобществление/национализация производства

socialize *v* 1. обобществлять; национализировать 2. общаться, встречаться

social-reformist I *n* социал-реформист

social-reformist II *a* социал-реформистский

societ/y *n* общество

~ at large общество в целом

~ free from drugs общество, свободное от наркотиков

~ of free enterprise общество свободного предпринимательства

~ plagued by prostitution and drug addition общество, где процветают проституция и наркомания

~ with a high level of organization общество высокой организованности

advanced ~ развитое общество

affluent ~ общество всеобщего благосостояния; общество изобилия

antagonistic ~ антагонистическое общество

balanced ~ общество, основанное на принципах справедливости

bourgeois ~ буржуазное общество

building ~ *брит.* жилищно-строительное общество

bureaucratized ~ общество с развитой бюрократией

capitalist ~ капиталистическое общество

civilized ~ цивилизованное общество

class ~ классовое общество

closed ~ закрытое общество

consumer ~ общество потребления

contemporary ~ современное общество

developed ~ развитое общество

divided ~ разделенное общество

exploitative ~ эксплуататорское общество

fair ~ справедливое общество

free ~ свободное общество

global ~ глобальное общество

high ~ высший свет

human ~ человеческое общество

industrial ~ индустриальное общество

industrialized ~ промышленно развитое общество

just ~ справедливое общество

law ~ *брит.* ассоциация юристов

market-orientated ~ общество, в котором преобладают рыночные отношения

modern ~ современное общество

multiparty ~ многопартийное общество

multiracial ~ многонациональное общество

mutual-aid ~ общество взаимопомощи

open ~ открытое общество, общество, для которого характерна гласность

patriarchal ~ патриархальное общество

permissive ~ общество вседозволенности

pluralistic ~ плюралистическое общество

producers' co-operative ~ промысловая кооперация

progressive ~ передовое общество

Red Crescent S. общество Красного Полумесяца

Red Cross S. общество Красного Креста

religiously pluralistic ~ общество религиозного плюрализма

repressive ~ общество подавления

scientific ~ научное общество

secret ~ тайное общество

secular ~ светское *(гражданское, не церковное)* общество

sick ~ больное общество

socially homogeneous ~ социально однородное общество

sports ~ спортивное общество

stable ~ стабильное общество

students' scientific ~ студенческое научное общество

totalitarian ~ тоталитарное общество

voluntary ~ добровольное общество

to advance human ~ продвигать вперед человеческое общество

to bring about a democratic ~ создавать демократическое общество

to build (up) a new ~ строить новое общество

to examine human ~ исследовать человеческое общество

to fall through the cracks of ~ опускаться на дно; превращаться в отбросы общества

to institute a ~ основывать/учреждать/создавать общество

to reshape ~ изменять общество

to shackle ~ сдерживать общественное развитие

to transform ~ преобразовывать общество

to withdraw from ~ удаляться от общества

to work for a freer ~ бороться за создание более свободного общества

birthmark of the old ~ «родимое пятно»/пережиток старого общества

dregs of ~ отбросы общества; подонки; отщепенцы

economic remaking of ~ экономическое преобразование общества

formation and development of ~ формирование и развитие общества

needs of ~ потребности общества

outcast of ~ отщепенец

political foundations of ~ политические основы, устои общества

sectors/segments of ~ слои общества

socio-demographic *a* социально-демографический

socio-economic *a* социально-экономический

sociogroup *n социол. жарг.* социальная группа

socio-historical *a* социально-исторический

socio-linguistics *n* социолингвистика

sociological *a* социологический

sociologist *n* социолог

sociology *n* социология

applied ~ прикладная социология

empirical ~ эмпирическая социология

political ~ политическая социология

positivistic ~ позитивистская социология

scientific ~ научная социология

socio-political *a* общественно-политический

socio-psychological *a* социально-психологический

soft belly *n полит. жарг.* «подбрюшье» *(уязвимая в военном отношении или политически нестабильная территория)*

soft-line *v* проводить мягкую линию/мягкий курс

soft-liner *a* сторонник мягкого курса

soft-pedal *v полит. жарг.* спускать *что-л.* на тормозах, стараться преуменьшить значение *чего-л.*

software *n* программное/математическое обеспечение *(в отличие от аппаратного)*; немашинная/нематериальная часть

sojourn *n* пребывание в стране *(с визитом)*

soldier *n* солдат

~ **of fortune** «солдат удачи», солдат-наемник

atomic ~ «атомный» солдат, солдат атомной войны

career ~ кадровый военный

conscript ~ новобранец

disabled ~ инвалид войны

eminent ~ выдающийся военачальник

front-line ~ фронтовик

heavily armed ~s хорошо вооруженные солдаты; солдаты с тяжелым вооружением

mercenary ~ солдат-наемник

peace-keeping ~ солдат миротворческих сил

to draft ~s призывать на военную службу

to recruit ~s **forcibly** насильственно вербовать солдат

to trim 80,000 ~s сокращать армию на 80 000 человек

contingent of ~s контингент войск

soldiering *n промышл. жарг.* отлынивание от работы; уклонение от исполнения обязанностей

sole *a* единственный; исключительный

solemn *n* торжественный

solemnly *a* торжественно

solicitor *n юр.* поверенный; адвокат

solidarity *n* солидарность, сплоченность

common ~ всеобщая солидарность

fraternal ~ братская солидарность

international ~ международная солидарность

militant ~ боевая солидарность

moral ~ моральная солидарность

transatlantic ~ трансатлантическая солидарность

world-wide ~ всемирная солидарность

to be in ~ **with** *smb* быть солидарным с *кем-л.*

to break ~ нарушать солидарность

to demonstrate ~ демонстрировать солидарность

to display ~ проявлять солидарность

to express *one's* ~ выражать свою солидарность

to pledge *one's* ~ заявлять о своей солидарности

to strengthen ~ укреплять солидарность

in ~ **with** *smb* в знак солидарности с *кем-л.*

load of ~ груз солидарности *(гуманитарная помощь пострадавшим)*

out of ~ **with** *smb* из солидарности с *кем-л.*

solution *n* решение, разрешение *(проблемы, вопроса и т.п.)*

~ **lies in the hands of** *smb* решение зависит от *кого-л.*

acceptable ~ приемлемое решение

agreed ~ согласованное решение

alternative ~ альтернативное решение

basic ~ основное решение

Berlin Wall ~ *ист.* предотвращение нарушений границы с помощью создания пограничных сооружений между ГДР и Западным Берлином – «Берлинской стены»

cake-mix ~ *полит. жарг.* готовое решение, спущенное сверху

complete ~ полное решение

complex ~ комплексное решение

compromise ~ компромиссное решение

diplomatic ~ решение *(конфликта)* дипломатическими средствами; дипломатическое решение *(проблемы)*

durable ~ надежное решение

equitable ~ справедливое решение

face-saving ~ решение, направленное на сохранение престижа

feasible ~ возможное/допустимое решение

final ~ окончательное решение

general ~ общее решение

genuine ~ подлинное решение

honorable ~ почетное решение

ideal ~ идеальное решение

interim ~ промежуточное решение

just ~ справедливое решение

long-term ~ решение, рассчитанное на длительную перспективу

military ~ военное решение *(конфликта)*

negative ~ отрицательное/негативное решение

negotiated ~ решение *(проблемы)* путем переговоров; политическое решение *(проблемы)*

optimal/optimum ~ оптимальное решение

partial ~ частичное решение

peaceful ~ мирное решение

political ~ политическое решение/урегулирование

positive ~ положительное/позитивное решение

quick fix ~ быстрое и легкое решение

radical ~ радикальное решение

rational ~ рациональное решение

reasonable ~ разумное решение

satisfactory ~ удовлетворительное решение

simplistic ~ упрощенное решение

speedy ~ срочное/безотлагательное решение

uniform ~ единое решение

zero ~ нулевое решение

to achieve a ~ достигать решения

to advance a new ~ предлагать новое решение

to broker a peaceful ~ быть посредником в достижении мирного решения

to find a ~ **(to** *smth***)** находить решение *(чего-л.)*

to force a negotiated ~ прилагать усилия, чтобы добиться решения в результате переговоров

to have the will to find a ~ обладать волей, необходимой для нахождения решения

to help towards a ~ помогать достижению решения

to negotiate a ~ добиваться решения путем переговоров

to offer an alternative ~ предлагать альтернативное решение

to propose a compromise ~ предлагать компромиссное решение

to reach a political ~ **to** *smth* достигать политического решения *чего-л.*

to search for a political ~ искать политическое решение

to secure a peaceful ~ **through an international conference** добиваться мирного решения с помощью международной конференции

to seek a ~ **to/for a problem** добиваться/изыскивать решения проблемы

to seek a compromise ~ идти на компромисс

to settle for a two-state ~ соглашаться на решение, предусматривающее существование двух государств *(в Палестине)*

to try to find an agreeable ~ пытаться найти приемлемое решение

to work out a ~ вырабатывать решение проблемы

creative ~ **of pressing problems** творческое решение назревших проблем

lasting ~ **to a problem** прочное решение проблемы

practical ~ **of the tasks** практическое решение задач

search for ~**s** поиск решений

solve *v* решать

to ~ **a problem** решать вопрос

solvency *n* платежеспособность

solvent *a* платежеспособный

son *n* сын

favorite ~ *амер. полит. жарг.* «любимый сын» *(кандидат на политический пост, особ. пост президента, поддерживаемый* *политическими организациями и политическим руководством своего штата)*

sophism *n филос.* софистика

sophisticated *a* **1.** искушенный, опытный **2.** сложный, усложненный **3.** усовершенствованный

sophistication *n* усовершенствование

sophomore *n* **1.** лицо, исполняющее *какие-л.* обязанности второй год **2.** студент-второкурсник
to be a ~ in Congress исполнять свои обязанности в Конгрессе второй год

sophomoric *a* поверхностный, неглубокий; незрелый

sore *n* **1.** рана, нарыв **2.** больное место
open ~ общественное зло
running ~ незаживающая рана

sorority *n* женская община, землячество *(в университете и т.п.)*

sorosis *n (pl soroses)* женское общество, женский клуб

sortie *n* вылазка
neofascist ~ неофашистская вылазка
revenge-seeking ~s реваншистские вылазки

soul *n* человек; душа
300,000 ~s 300 000 душ населения

sound *a* **1.** правильный, здравый; исправный; разумный; обоснованный **2.** доброкачественный; целый; крепкий; устойчивый
ecologically ~ экологически обоснованный/оправданный
economically ~ экономически обоснованный/оправданный/выгодный/разумный

soundness *n* **1.** обоснованность, правильность **2.** доброкачественность; устойчивость
financial ~ финансовая устойчивость; платежеспособность

source *n* источник, начало, первопричина
~ of controversy источник противоречий
~ of employment источник занятости
~ of foreign currency источник иностранной валюты
~ of funds источник финансирования
~ of income источник дохода
~ of information источник информации
~ of international terrorism колыбель/источник международного терроризма
~ of revenue источник дохода
~ of subsistence источник существования
~s close to the government близкие к правительству источники
~s of financing источники финансирования
~s of international law источники международного права
~s of international tension источники международной напряженности
~s of raw materials источники сырья
~s of social progress источники общественного прогресса
~s of supply источники снабжения
additional ~ дополнительный источник
alternative ~ альтернативный источник

alternative energy ~s альтернативные источники энергии
appropriate ~s соответствующие/подходящие источники
chief ~ основной источник
diplomatic ~s дипломатические источники
domestic ~s внутренние источники
doubtful ~s сомнительные источники
external ~s внешние источники *(финансирования)*
extrabudgetary ~s внебюджетные источники; источники, не предусмотренные бюджетом
governmental ~s правительственные источники
informed ~ источник информации; информированный источник
intelligence ~s источники *(информации)* из числа сотрудников разведки
internal ~s внутренние источники *(финансирования)*
key ~ важный источник
military ~s военные источники
mob ~s источники информации из криминальных кругов
nongovernmental ~s неправительственные источники
opposition ~s представители оппозиции, послужившие источником информации
original ~ первоисточник
outside ~s внешние источники
permanent ~ постоянный источник
political ~s политические силы
power ~s источники энергии
primary ~ первоисточник
principal ~ основной источник
private ~s частные источники *(финансирования)*
public ~s государственные источники *(финансирования)*
reliable/responsible ~ надежный/достоверный источник *(информации)*
senior ~ высокопоставленный источник *(информации)*
top Whitehall ~ *брит.* руководящий правительственный чиновник, послуживший источником информации
unclassified ~ несекретный/рассекреченный источник информации
well-informed ~s хорошо информированные источники
well-placed ~ источник информации, осведомленный в силу своего служебного положения
to disclose *one's* **~s of information** раскрывать свои источники информации
to mobilize internal ~s мобилизовывать внутренние источники
to quote government ~s ссылаться на правительственные источники
to refer to foreign ~s ссылаться на иностранные источники

to remove a ~ of tension устранять источник напряженности

to reveal *one's* **~s of information** раскрывать свои источники информации

according to highly-placed government ~s по данным из высокопоставленных правительственных источников

at the ~ в начале

cheap ~ of labor дешевый источник рабочей силы

from ~s close to the government из близких к правительству источников

nonconventional ~s of energy нетрадиционные источники энергии

renewable ~s of energy возобновляемые/восполняемые источники энергии

use of new ~s of energy применение новых источников энергии

south *n* 1. юг 2. **(S.)** слаборазвитые страны; страны третьего мира

the Solid S. *ист.* «единодушный Юг» *(прозвище южных штатов, возникшее в связи с тем, что до Второй мировой войны большинство южан единодушно голосовали на выборах за представителей демократической партии)*

sovereign I *a* суверен, монарх

sovereign II *a* 1. верховный, высший; неограниченный, полновластный, самодержавный, монархический 2. суверенный, независимый

~ equality суверенное равенство

~ people суверенный народ

~ state суверенное государство

sovereignization *n* суверенизация

sovereignty *n* 1. суверенитет; суверенность 2. верховная власть; владычество

~ over a territory владычество над территорией

economic ~ экономический суверенитет

full ~ полный суверенитет

nascent ~ неутвердившийся суверенитет

national ~ национальный суверенитет

permanent ~ постоянный суверенитет

political ~ политический суверенитет, политическая независимость

popular ~ народный суверенитет

state ~ государственный суверенитет

titular ~ номинальный суверенитет

unqualified ~ неограниченный суверенитет

to abandon *one's* **fight for ~** отказываться от борьбы за суверенитет

to be under British ~ находиться под британским владычеством

to claim ~ over a region претендовать на владычество над *какой-л.* областью

to concede some of the country's ~ частично поступаться суверенитетом страны

to defend *one's* **~** защищать свой суверенитет

to encroach upon *smb's* **~** посягать на *чей-л.* суверенитет

to enjoy ~ пользоваться суверенитетом/суверенным правом

to establish ~ устанавливать суверенитет

to exercise ~ осуществлять право суверенитета

to extend *smb's* **~ over a territory** распространять свою власть на *какую-л.* территорию

to gain ~ завоевывать суверенитет

to give up *one's* **~** отказываться от суверенитета

to guarantee ~ гарантировать суверенитет

to hamper ~ препятствовать суверенитету

to hurt a country's ~ нарушать суверенитет страны

to impair a country's ~ over a territory подрывать владычество страны над *какой-л.* территорией

to infringe ~ покушаться на суверенитет; нарушать суверенитет

to lose ~ утрачивать/терять суверенитет

to observe *one's*/**to perform acts of ~** соблюдать суверенитет

to preserve *one's* **~** сохранять суверенитет

to protect national ~ защищать национальный суверенитет

to put a country's ~ at risk ставить под удар суверенитет страны

to question a country's ~ оспаривать суверенитет страны

to recognize *(smb's)* **~** признавать *(чей-л.)* суверенитет

to regain ~ восстанавливать суверенитет

to relinquish *one's* **~** отказываться от суверенитета

to respect a country's ~ уважать суверенитет страны

to restore the ~ (of) восстанавливать суверенитет

to restrict the ~ of a country ограничивать суверенитет страны

to revert to a country's ~ возвращаться под власть *какой-л.* страны

to rob *smb* **of his ~** лишать *кого-л.* суверенитета

to safeguard political ~ гарантировать/охранять политический суверенитет

to seek increased ~ from *smb* добиваться у *кого-л.* расширения суверенитета

to strengthen ~ укреплять суверенитет

to surrender *one's* **~** отказываться от суверенитета

to trample (up) on *smb's* **~** попирать *чей-л.* суверенитет

to undermine ~ подрывать суверенитет

to violate a country's ~ нарушать суверенитет страны

to win national ~ завоевывать национальный суверенитет

a country's abdication of its ~ in favor of another country отказ страны от своего суверенитета в пользу другой страны

aggression against a country's ~ покушение на суверенитет страны

declaration of ~ провозглашение суверенитета

encroachments on *smb's* **~** посягательство на *чей-л.* суверенитет

infringement upon the ~ нарушение суверенитета

insult to *smb's* **~** ущемление *чьего-л.* суверенитета

principle of ~ принцип суверенитета

recognition of ~ признание суверенитета

renunciation of ~ отказ от суверенитета

respect for national ~ уважение национального суверенитета

restoration of the country's ~ восстановление суверенитета страны

right of ~ право на суверенитет

sharing of ~ разделение суверенитета

surrender of ~ отказ от суверенитета

violation of a country's ~ нарушение суверенитета страны

space *n* **1.** пространство, место **2.** расстояние; промежуток *(времени)* **3.** космос

air ~ воздушное пространство

breathing ~ передышка

economic ~ экономическое пространство

floor ~ жилая площадь, жилплощадь

living ~ жизненное пространство

ocean ~ морское пространство

outer ~ космическое пространство, космос

restricted air ~ запретная зона воздушного пространства

white ~ пробел

to carry out demilitarization of ~ проводить демилитаризацию космоса

to claim prominent front-page ~ быть помещенным на видном месте; быть напечатанным на первых полосах газет *(о материале)*

to command the greatest amount of ~ занимать самое большое место на страницах газет

to enter a country's air ~ входить в воздушное пространство страны

to explore outer ~ исследовать космическое пространство

to gain a breathing ~ добиваться передышки

to introduce into the air ~ of another state вторгаться в чужое воздушное пространство

to penetrate the capital's air ~ проникать в воздушное пространство столицы

to send *smb* **into ~** посылать *кого-л.* в космос

to step into outer ~ выходить в открытый космос

to violate the air ~ нарушать воздушное пространство

conqueror of (outer) ~ покоритель космоса

conquest of outer ~ покорение космоса

development of outer ~ for peaceful purposes освоение космического пространства в мирных целях

peaceful uses of outer ~ мирное использование космического пространства

space-based *a* космического базирования

spaceman *n* **1.** космонавт **2.** *воен. жарг.* «космонавт» *(сторонник использования космического пространства в военных целях)*

space-out *a жарг.* находящийся под влиянием наркотиков

spaceship, spacecraft *n* космический корабль

automatic ~ беспилотный/автоматический космический корабль

manned ~ пилотируемый космический корабль

span *n* продолжительность, период; срок

~ of life продолжительность жизни

C-~ телевизионный канал, демонстрирующий заседание Конгресса США

spank *v жарг.* критиковать

spare *v (smb)* сохранять жизнь *(кому-л.)*

spasmodic *a* скачкообразный

Spaso House «Спасо-Хауз» *(резиденция посла США в Москве)*

spate *n* **1.** поток; волна **2.** приступ; прилив

~ of violence волна насилия

speak *v* говорить

to accord the right to ~ предоставлять слово

to allow *smb* **to ~ in peace** позволять *кому-л.* спокойно выступать

to ask to ~ просить слова

to ~ defiantly about *smth.* говорить вызывающе о *чем-л.*

to ~ for *smb* выступать в качестве *чьего-л.* представителя; говорить от имени *кого-л.*

to ~ from a script говорить по бумажке

to ~ from the floor говорить с места

to ~ from the rostrum говорить с трибуны

to ~ in support (of) защищать/выступать в защиту *кого-л.*

to ~ into the microphone говорить в микрофон

to ~ on behalf of *smb* выступать от имени *кого-л.*

to ~ on radio выступать по радио

to ~ one's allotted time использовать предоставленное для выступления время

to ~ optimistically about *smth* оптимистически высказываться о *чем-л.*

to ~ out sharply against *smb* резко выступать против *кого-л.*

to ~ through an interpreter говорить через переводчика

to ~ under duress давать показания под нажимом/по принуждению

to ~ up высказываться откровенно

to ~ very much from the heart говорить от души/от всего сердца/очень искренне

to ~ warmly about *smth* тепло отзываться о *чем-л.*

to ~ with a single voice выражать единую точку зрения

to waive *one's* **right to ~** отказываться от выступления

the statistics ~ for themselves цифры говорят сами за себя

speaker *n* 1. оратор; докладчик 2. (S.) председатель; спикер

S. of the House of Lords спикер палаты лордов

S. of the House of Representatives спикер палаты представителей *(Конгресса США)*

electrifying ~ оратор, произносящий зажигательные речи

keynote ~ главный оратор/докладчик

parliamentary ~ спикер парламента

previous ~ предыдущий оратор

stump ~ оратор, участвующий в предвыборной борьбе

to boo a ~ освистывать оратора

to call the ~ **to order** призывать оратора не отклоняться от темы выступления; призывать оратора к соблюдению регламента

to direct the ~ **to avoid inflammatory words** просить оратора не допускать резких выражений

to direct the ~ **to discontinue the speech** лишать оратора слова

to interrupt a ~ прерывать оратора

to invite a ~ **to be brief** просить оратора быть кратким

to limit the time accorded to a ~ ограничивать время выступления оратора

to put *one's* **name on the list of the ~s** записываться для выступления в прениях; записываться в список ораторов

to restrict the time allotted to a ~ ограничивать время выступления оратора

list of ~s список выступающих

speaking *n* 1. разговор 2. выступление *(оратора)*

plain ~ откровенный/прямой разговор, разговор без обиняков

to do some public ~ выступать с докладами перед широкой аудиторией

to restrict *smb* **from** ~ **out** не давать *кому-л.* высказаться откровенно

spearhead I *n* инициатор; инициативная группа

spearhead II *v* возглавлять *(что-л.)*; быть инициатором *(чего-л.)*

to ~ **a campaign** возглавлять кампанию

special *a* специальный, особый; особенный; специального/особого назначения

specialist *n* специалист

~ **with long professional experience** специалист с большим профессиональным опытом работы

broad ~ специалист широкого профиля

defense ~ специалист по вопросам обороны

experienced ~ опытный специалист

foreign ~ иностранный специалист

high-level/highly-qualified/highly-skilled ~ специалист высокой квалификации, высококвалифицированный специалист

indigenous ~ местный специалист

narrow ~ узкий специалист

Soviet affairs ~ *ист.* советолог

young ~s молодые специалисты

to enroll ~s проводить набор специалистов

to turn out ~s выпускать специалистов *(из учебного заведения)*

retraining of ~s переподготовка специалистов

turn-out of ~s выпуск специалистов *(из учебного заведения)*

specialization *n* специализация

industrial ~ промышленная/производственная специализация

inter-regional industrial ~ внутрирегиональная промышленная специализация

narrow ~ узкая специализация

specialize *v* специализироваться

specialized *a* специализированный

specific *a* особый; характерный; определенный, конкретный, точный; специальный; специфический

~ **aim** определенная/конкретная цель

~ **distinction** характерное отличие

specifically *adv* специально; определенно, конкретно

specification *n* 1. спецификация; перечень 2. *pl* технические условия/требования

project ~ проектное здание

safety ~s правила техники безопасности

technical ~s технические условия/спецификации

exchange of technical ~s обмен технической документацией

specifics *n pl* специфика; особенности

national ~ особенности национальной жизни народов

specified *a* определенный, конкретизированный

specify *v* устанавливать, точно определять, конкретизировать; означать; обуславливать; указывать

spectator *n* зритель; наблюдатель

uninvolved ~ безучастный зритель

wingside ~ сторонний наблюдатель

to remain a ~ оставаться безучастным наблюдателем

spectrum *n* 1. спектр 2. расклад; расстановка *(сил)*

political ~ расклад политических сил

across the geographic ~ повсеместно; (по)всюду

high end of the conflict ~ *воен. жарг.* «верхний край спектра конфликта» *(состояние войны)*

speculate *v* (in/on) спекулировать

to ~ **for the decline** играть на понижение

to ~ **for the fall** играть на понижение

to ~ **on the stock exchange** играть на бирже

speculation *n* 1. спекуляция 2. *pl* слухи, догадки; предположения

~ **grows that ...** распространяются слухи о том, что ...

speculation

~ is rife ходят слухи
currency ~ валютная спекуляция
editorial ~ предположения в редакционных статьях
growing ~ распространяющиеся слухи
monetary ~ валютная спекуляция
mounting ~ увеличение числа слухов
political ~ политическая спекуляция
pure ~ чистый домысел
total ~ сплошной вымысел
widespread ~ широко распространенные слухи
to damp down ~ приглушать слухи
to dismiss ~ that ... отвергать домыслы о чем-л.
to fuel ~ давать пищу слухам/разговорам
to give rise to ~ давать пищу для догадок/предположений
to heighten the ~ that ... раздувать слухи о том, что ...
to lead to ~ that ... давать пищу слухам о том, что ...
to quash any ~ that ... предотвращать любые слухи о том, что ...
to spark off/to stir up ~ about *smth* давать пищу для слухов о *чем-л.*
to trigger ~ давать пищу слухам
meeting has provoked fresh ~s about *smth* встреча породила новые слухи относительно *чего-л.*
press ~ about *smth* предположения, высказываемые прессой относительно *чего-л.*
speculative *a* спекулятивный
speculator *n* спекулянт
currency ~ валютный спекулянт
land ~s спекулянты землей
speech *n* речь; выступление
~ couched in general terms речь, выдержанная в общих выражениях
~ for the defense защитительная речь
~ from the throne тронная речь
~ in reply ответная речь
~ of welcome приветственная речь
~ on European matters речь о европейских делах
~ received a mixed reception реакция на речь была различной
~ was well received речь была принята хорошо
acceptance ~ речь после избрания на пост
accusatory ~ обличительная речь
arresting ~ захватывающая речь
austerity ~ речь с призывом «затянуть пояса»
bitter ~ резкая речь
blunt ~ откровенная речь, откровенное выступление
brilliant ~ яркая речь
campaign ~ речь в ходе предвыборной кампании
capital ~ прекрасная речь
cautiously worded ~ речь, составленная в осторожных выражениях

closing ~ заключительная речь, заключительное слово/выступление
concession ~ речь с признанием своего поражения на выборах
conciliatory ~ речь в примирительном тоне
concluding ~ заключительная речь, заключительное слово/выступление
disappointing ~ речь, разочаровавшая аудиторию
emotional ~ взволнованная, волнующая речь
epoch-making ~ эпохальная речь
fiery ~ пламенная речь
fighting ~ боевая речь
flaming ~ пламенная речь
foreign policy ~ речь по внешнеполитическим вопросам
free ~ свобода слова
hard-hitting ~ резкая речь
hard-line ~ речь, выдержанная в духе жесткого курса
historic ~ историческая речь
hot ~ горячее выступление
inaugural/inauguration ~ инаугурационная речь *(торжественная речь, произносимая при вступлении в должность, открытии выставки и т.п.)*
inflammatory ~ подстрекательская речь
introductory ~ вступительная речь
keynote ~ 1) основное выступление **2)** вступительная речь, призванная задать тон последующим выступлениям
lack-luster ~ бесцветная речь
long-awaited ~ долгожданная речь
maiden ~ 1) первая речь члена парламента в парламенте **2)** первая речь конгрессмена в законодательном органе
major policy ~ важный политический доклад
much quoted ~ часто цитируемая речь
one minute ~ одноминутная речь
opening ~ вступительная речь; вступительное слово
peaceful ~ миролюбивая речь
policy-making ~ программное выступление
ponderous ~ скучный/нудный доклад
powerful ~ яркая/убедительная речь
rebellious ~s бунтарские речи
resignation ~ речь при уходе в отставку
sapid ~ интересный/живой, содержательный доклад; содержательная речь
seditious ~ бунтарская/подстрекательская речь
self-critical ~ самокритичное выступление
state-of-the-nation ~ доклад о положении в стране
stirring ~ волнующая речь
substantial ~ содержательная речь
televised ~ выступление по телевидению
tough ~ резкая речь
UN ~ речь в ООН
uncompromising ~ бескомпромиссная речь
unscheduled ~ незапланированное выступление

valedictory ~ прощальная речь

victory ~ речь кандидата, победившего на выборах

violent ~ страстная речь

welcoming ~ приветственная речь

whistle stop ~ короткая речь кандидата во время избирательной кампании

wide-ranging ~ речь, охватывающая широкий круг вопросов

to carry *smb's* ~ **live on nationwide radio and television** вести прямую передачу *чьей-л.* речи по центральному радио и телевидению

to deliver a ~ произносить речь

to exchange ~s обмениваться речами

to give a ~ выступать с речью; произносить речь

to hear an emotional ~ **by** *smb* выслушивать *чью-л.* эмоциональную речь

to interrupt *smb's* ~ прерывать *чью-л.* речь

to lessen the impact of a ~ уменьшать воздействие *чьей-л.* речи

to make a ~ произносить речь

to make a wide-ranging ~ касаться в своей речи целого ряда вопросов

to pick a theme for *one's* ~ выбирать тему для своей речи

to rehearse *one's* ~ репетировать свою речь

to respond negatively to a ~ отрицательно реагировать на *какую-л.* речь

to study *smb's* ~ **in detail** внимательно изучать *чью-л.* речь

to televise a ~ **live** вести прямую телепередачу речи

to unite in praise of *smb's* ~ совместно хвалить *чье-л.* выступление

curtailment of free ~ ограничение свободы слова

delivery of a ~ произнесение речи

faculty of ~ дар слова, ораторское искусство

freedom of ~ свобода слова

gift of ~ дар слова, ораторское искусство

in connection with the previous ~ в связи с предыдущим выступлением

liberty of ~ свобода слова

repression of free ~ подавление свободы слова

tenor of *smb's* ~ смысл *чьей-л.* речи

speechify *v* ораторствовать, произносить речь *(напыщенную)*

speechwriter *n* составитель речей *(для кого-л.)*, *проф.* спичрайтер

speed *n* скорость; темп

up to ~ *полит. жарг.* в курсе последних фактов

speeder *n* *пром. жарг.* рабочий с высокой производительностью труда

speedup *n* ускорение, форсирование; увеличение выпуска продукции

spell *v* (**out**) детально разрабатывать

spender *n* тратящий большие средства на *что-л.*

large defense ~ страна, расходующая большие средства на оборону

spending *n* расходы, затраты

backdoor ~ закулисное финансирование; «финансирование с черного хода»

budgetary ~ бюджетные расходы

defense ~ расходы на оборону; военный бюджет

domestic ~ расходы внутри страны

massive ~ крупные расходы

military ~ военные затраты/расходы

public ~ расходы на общественные нужды, общественные расходы

to announce cuts in *one's* **defense** ~ объявлять о сокращении своих ассигнований на оборону

to boost a country's defense ~ наращивать военный бюджет страны

to control consumer ~ регулировать расходы потребителей

to cut ~ **on** *smth* урезать ассигнования на *что-л.*

to cut back on agricultural ~ сокращать расходы на сельское хозяйство

to freeze ~ **on** *smth* замораживать расходы на *что-л.*

to increase military ~ увеличивать военные затраты/расходы

to make cuts in government ~ сокращать правительственные расходы

to raise military ~ **to an unprecedented high** поднимать военные расходы до беспрецедентного уровня

to reduce military ~ уменьшать военные затраты/расходы

to rein back public ~ уменьшать государственные расходы

to restrain ~ ограничивать расходы

to take "a meat cleaver" to ~ резко ограничивать расходы

to trim federal ~ ограничивать государственные расходы

boost in ~ увеличение расходов

cut in ~ сокращение расходов

decline in ~ уменьшение расходов

freeze in ~ замораживание расходов

increase in ~ увеличение расходов

large-scale in ~ большой рост расходов

on the ~ **side** в плане расходов

reduction of/slowdown in ~ сокращение расходов

tightening up on ~ урезывание расходов

watchdog on government ~ *жарг.* парламентский комитет по наблюдению за правительственными расходами

sphere *n* 1. сфера, область, круг, поле *(деятельности)* 2. социальная среда

~ **of action** сфера действия

~ **of activity** сфера деятельности

~ **of circulation** сфера обращения

~ **of foreign economic relations** сфера внешнеэкономических отношений

~ of influence сфера влияния

~ of interest сфера интересов

~ of national economy сфера национальной экономики

~ of services сфера услуг

~ of the economy сфера экономики

consumption and service ~ сфера потребления и обслуживания

diplomatic ~ дипломатическая сфера

economic ~ экономическая сфера

foreign-policy ~ внешнеполитическая сфера

high ~s высшие слои *(общества)*

ideological ~ идеологическая сфера

material-production ~ сфера материального производства

military ~ военная сфера

nonmaterial ~ непроизводственная сфера

particular ~ определенная сфера

political ~ политическая сфера

production ~ сфера производства

services ~ сфера обслуживания

social ~ социальная сфера

spill *n* утечка

oil ~ утечка нефти

spin-off *n* **1.** побочный продукт *(производства)* **2.** передача части активов *(дочерней компании)*

spiral *n* спираль; виток

inflationary ~ спираль инфляции

price ~ виток роста цен

upward ~ in the cost of *smth* резкий рост стоимости *чего-л.*

spirit *n* **1.** дух; моральная сила **2.** воодушевление **3.** *pl* настроение; атмосфера

~ of bayonet наступательный дух

~ of discontent дух недовольства

~ of harmony дух гармонии

~ of reconciliation дух примирения

~ of struggle дух борьбы

~ of the age дух эпохи

~ of the agreement дух соглашения

~ of the speech подлинный смысл речи; суть речи

~ of the time дух времени

defiant ~ дух неповиновения

democratic ~ демократический дух

evil ~ зло

friendly and cooperative ~ дух дружбы и сотрудничества

good ~ добро

high moral ~ высокий моральный дух

martial ~ воинственный дух

national ~ национальный дух; дух народа

public ~ общественное мнение

team ~ командный дух

to be consonant with the ~ of the times отвечать духу времени

to break *one's* **~** сломить *чей-л.* дух/волю

to enter into a ~ of reconciliation проникаться духом примирения

to infuse/to put ~ into *smb* воодушевлять *кого-л.*

to show a mean ~ проявлять/показывать себя с дурной стороны

to show a right ~ проявлять себя с хорошей стороны

to show the fighting ~ проявлять боевой дух

contrary to the ~ of вопреки духу *чего-л.*

greatness of ~ величие духа

in a ~ of reciprocity в духе взаимности

in accordance with the ~ of в соответствии с духом *чего-л.*

man of ~ человек сильный духом

man of unbending ~ человек несгибаемой воли

spiritual *a* духовный

spiritualism *n* *филос.* спиритуализм *(направление, рассматривающее дух в качестве первоосновы действительности)*

spiritualist *n* спиритуалист

spiritualistic *a* *филос.* спиритуалистический

spitball *v* *правит. и делов. жарг.* высказывать самые невероятные предположения

spiv *n* *жарг.* мелкий спекулянт; жулик, «жук»

splash *n* *жарг.* сенсация; эффект

front-page ~ материал, помещенный на видном месте на первой полосе газеты

to cut a ~ наделать шуму; произвести сенсацию

split I *n* раскол, разрыв

~ between *smb* раскол между *кем-л.*

~ in opposition ranks раскол в рядах оппозиции

~ in the party раскол в партии

~ over *smth* расхождения по поводу *чего-л.*

~ within the ranks of an organization раскол в рядах организации

four-way ~ положение, когда голоса избирателей распределились между четырьмя кандидатурами

growing ~ нарастающий раскол

ideological ~ идеологический раскол, идеологические противоречия

internal ~ внутренний раскол

open ~ between *smb* открытый раскол между *кем-л.*

to bridge a ~ between *smb* преодолевать раскол между *кем-л.*

to cause a ~ вызывать раскол

to heal/to mend a ~ преодолевать раскол

to prevent a ~ предотвращать раскол

to produce a ~ приводить к расколу

to provoke a ~ within a party вызывать раскол в партии

to resolve a ~ преодолевать противоречия

to show signs of a ~ проявлять признаки раскола

split II *v* раскалывать, разделять; делить на части

to ~ a country разделять страну

to ~ ideologically расходиться по идеологическим вопросам

to ~ off откалывать(ся); отделять

splitting *a* раскольнический

~ policy раскольническая политика

spoiler *n полит. жарг.* кандидат, утративший шансы на победу, но выступающий с целью раскола голосов и недопущения победы своего соперника

spokesman *n* **1.** представитель, выступающий от своей организации; делегат **2.** оратор **3.** выразитель, представитель *(класса, эпохи и т.п.)*

~ at the embassy представитель посольства *(выступивший с заявлением)*

excellent ~ блестящий оратор

foreign ministry ~ представитель министерства иностранных дел

front-bench ~ *брит.* член парламентской фракции из числа руководителей оппозиционной партии, являющийся членом теневого кабинета

government ~ представитель правительства

presidential ~ представитель президента

rebel ~ представитель повстанцев

sole ~ единственный представитель

State Department S. представитель государственного департамента

UN ~ представитель ООН

White House S. представитель Белого дома

official ~ for the talks представители сторон, участвующих в переговорах

spokespeople *n pl* представители, выступающие от своих организаций

spokesperson *n* представитель/представительница, выступающие от своей организации

spokeswoman *n* представительница, выступающая от своей организации

environment ~ женщина-представитель министерства охраны окружающей среды

sponsor I *n* **1.** попечитель, покровитель **2.** спонсор **3.** устроитель, организатор; инициатор **4.** автор проекта *(резолюции и т.п.)* **5.** рекламодатель

~ of a resolution автор проекта резолюции

~ of terrorism организатор/вдохновитель терроризма

program ~ организатор программы

sponsor II *v* **1.** финансировать; поддерживать **2.** устраивать, организовывать **3.** предлагать, вносить *(предложение)*; выдвигать *(кандидатуру)*; быть инициатором/автором

to ~ a program финансировать программу

to ~ a resolution вносить проект резолюции

to ~ a suggestion вносить предложение

sponsorship *n* **1.** гарантия; поручительство **2.** поддержка; финансирование

under the ~ of the United Nations под эгидой ООН

with the ~ of *smb* при чьей-л. поддержке

spontaneity *n* спонтанность; стихийность

spoof *v брит. воен. жарг.* дезинформировать противника

spook *n развед. жарг.* «призрак» *(работник разведывательного органа, особ. ЦРУ)*

sport *n* спорт

multiracial ~ спорт без расовой дискриминации

spot *n* **1.** место; местность; район; точка **2.** товар, подлежащий немедленной оплате **3.** цена при немедленной оплате

blank ~ белое пятно *(в истории)*

hot ~ горячая точка

trouble ~ очаг напряженности; горячая точка

to be in the ~ быть в центре внимания

to be on the ~ быть на месте *(события и т.п.)*

to capture the second ~ выходить на второе место *(в предвыборном марафоне)*

spotlight *n* центр внимания

to be in the ~ быть в центре внимания

to cast a public ~ on *smth* предавать *что-л.* огласке

to come under the/to find *oneself* **in the ~** оказываться в центре внимания

to keep the ~ on a country держать в центре внимания *какую-л.* страну

to place *smb.* **into the ~** привлекать внимание общественности к *кому-л.*

spread I *n* **1.** распространение **2.** разворот *(газеты, журнала)*

~ of nuclear weapons распространение ядерного оружия

front-page ~ *журн.* разворот на первой полосе

spread II *v* распространять(ся), простираться

spread-eagle I *a* шовинистический

spread-eagle II *v* произносить шовинистические речи

spread-eagleism *n полит. жарг.* шовинизм, ура-патриотизм, непомерное восхваление *(мощи США)*

spree *n* активная деятельность; приступ деятельности

share-buying ~ активная закупка акций

spring *n* весна

the Prague S. «Пражская весна» *(события в Чехословакии весной 1968 г.)*

springboard *n* **1.** трамплин **2.** плацдарм

sprog *n* **1.** *брит. воен. жарг.* новобранец **2.** *брит. полиц. жарг.* младший полицейский

spur *v* ускорять

to ~ economic and social advancement ускорять социально-экономический прогресс

sputnik *n русск.* (космический искусственный) спутник

live via ~ прямая передача через спутник

spy I *n* шпион; разведчик; тайный агент

~ chief начальник разведывательного управления

foreign ~ агент иностранной разведки

master ~ крупный разведчик

police ~ агент полиции

suspected ~ человек, подозреваемый в шпионаже

to identify/to unmask a ~ разоблачать шпиона

alleged ~ for *smb's* **secret service** человек, подозреваемый в шпионаже в пользу *какой-л.* разведки

spy II *v* заниматься шпионажем; следить, шпионить; добывать разведданные

to ~ for a country вести шпионскую деятельность в пользу *какой-л.* страны

to ~ on *smb* шпионить за *кем-л.*

spy III *attr* шпионский

~ fever/hysteria/mania/scare шпиономания

spycatcher *n* контрразведчик, «охотник за шпионами»

spying *n* шпионаж

to indict *smb* **on charges of ~** признавать *кого-л.* виновным в шпионаже

to order *smb* **to leave the country on suspicion of ~** выдворять *кого-л.* из страны по подозрению в шпионаже

for alleged ~ по обвинению в шпионаже

on suspicion of ~ по подозрению в шпионаже

spy-in-the-sky *n* самолет-разведчик

spy-ring *n* шпионская сеть

to break up a ~ ликвидировать шпионскую сеть

to lead/to operate a ~ руководить шпионской сетью

to uncover a ~ раскрывать шпионскую сеть

controller of a ~ сотрудник разведки, руководящий шпионской сетью

leader of a ~ руководитель шпионской сети

squabble I *n* стычка, ссора; пререкание, перебранка

interparty ~s межпартийная грызня

political ~ политическая перебранка

squabble II *v* **(about** *smth***)** ссориться; пререкаться, препираться *(по поводу чего-л.)*

squad *n воен.* отделение; отряд; подразделение

anti-drug ~ подразделение полиции по борьбе с оборотом наркотиков

anti-riot ~ подразделение полиции по подавлению беспорядков

anti-terrorist ~ подразделение полиции по борьбе с терроризмом

death ~ эскадрон смерти; отряд смертников

firing ~ команда для расстрелов; отряд, выполняющий расстрел

flying ~ 1) наряд полиции 2) *брит.* полицейский отряд быстрого реагирования 3) полицейская автомашина

hit ~ группа специального назначения *(ликвидация, диверсии)*

police riot ~ спецотряд полиции, отряд специального назначения

self-defense ~ отряд самообороны

truth ~ «команда разоблачения» *(для дискредитации кандидата партии противника)*

vice ~ «полиция нравов»; отделение по борьбе с преступлениями морального характера

volunteer public order ~ народная дружина

to be shot by a firing ~ быть расстрелянным

to face a firing ~ быть приговоренным к расстрелу

to lead a GOP truth ~ at the Democratic convention возглавлять республиканскую «команду разоблачения» на предвыборном съезде Демократической партии *(США)*

to sentence *smb* **to a firing ~** приговаривать *кого-л.* к расстрелу

execution by a firing ~ расстрел

squander *v* растрачивать, расточать *(средства и т.п.)*

squanderer *n* расточитель

squatter *n* сквоттер *(человек, самовольно занявший пустующие дом или квартиру)*

squeal *n полиц. жарг.* 1. вызов полиции для помощи *или* для расследования 2. отчет о ходе расследования

squeeze I *n* 1. вымогательство, принуждение 2. затруднение

credit ~ повышение учетной ставки для уменьшения кредитов как средство обуздания инфляции

money ~ денежные затруднения, нехватка денег

spending ~ ограничение расходов

to put the ~ on *smb* оказывать нажим на *кого-л.*

to tighten the economic ~ on a country усиливать экономический нажим на страну

squeeze II *v* вымогать; обременять *(налогами и т.п.)*

to ~ private spending сокращать частные расходы

squeezer *n* 1. сторонник уменьшения *чего-л.* 2. вымогатель 3. эксплуататор

wage ~ сторонник уменьшения заработной платы

squib *n журн. жарг.* небольшая информационная заметка

stab I *v* **(***smb***)** наносить *кому-л.* удар ножом

to ~ *smb* **to death** закалывать *кого-л.*

stab II *attr профсоюзн. жарг.* достигнутый в результате переговоров

stability *n* стабильность, устойчивость; твердость *(убеждений, решений и т.п.)*; непоколебимость

arms ~ краткая пауза в гонке вооружений из-за паритета в вооружениях

currency ~ стабильность курса валюты

economic ~ экономическая стабильность

environmental ~ сохранность окружающей среды

financial ~ финансовая стабильность

fragile ~ нестабильная обстановка

global ~ глобальная стабильность

international ~ международная стабильность

long-term ~ период длительной стабильности

market ~ стабильность рынка

political ~ политическая стабильность

price ~ стабильность цен

regional ~ стабильность в регионе

strategic ~ стратегическая стабильность

to erode ~ подрывать стабильность

to impair the ~ of *smth* нарушать стабильность *чего-л.*

to lose ~ утрачивать стабильность

to maintain ~ поддерживать стабильность

to promote ~ содействовать/способствовать стабильности/устойчивости

to reduce ~ снижать стабильность

to restore ~ восстанавливать стабильность

to strengthen ~ укреплять стабильность

to threaten a country's economic ~ ставить под угрозу экономическую стабильность страны

to undermine ~ подрывать стабильность

to upset ~ подрывать стабильность

factor of ~ фактор стабильности

impairment of ~ нарушение стабильности

maintenance of strategic ~ поддержание стратегической стабильности

stabilization *n* стабилизация

~ of the exchange rate стабилизация курса валют

~ of the political situation стабилизация политической обстановки

economic ~ стабилизация экономики, экономическая стабилизация

market ~ стабилизация рынка

political ~ стабилизация политических сил; стабилизация политического положения

stabilize *v* стабилизировать, делать устойчивым

stable *a* устойчивый; стабильный; прочный; непоколебимый

staff *n* 1. штат *(сотрудников)*, персонал, личный состав, сотрудники 2. штаб

auxiliary ~ вспомогательный штат сотрудников

commissioned ~ офицерский состав

consular ~ штат консульства

directing ~ руководящий персонал

embassy ~ штат посольства

executive ~ управленческий персонал

expert ~ штат специалистов

field local ~ местный персонал периферийных отделений *(ООН)*

General S. генеральный штаб

international ~ международный персонал

local ~ местный персонал

locally recruited ~ персонал, набираемый на местах *(ООН)*

managerial ~ руководящий персонал

medical ~ медицинский персонал

national ~ национальный персонал

operating ~ оперативный персонал

organizing ~ организационный штаб *(по проведению каких-л. мероприятий)*

overhead ~ управленческий персонал

part-time ~ персонал, занятый неполный рабочий день

planning ~ аппарат планирования

professional ~ профессиональные сотрудники

professional and teaching ~ профессорско-преподавательский состав

scientific ~ штат научных сотрудников

secretariat ~ персонал/сотрудники секретариата

service/servicing ~ обслуживающий персонал

special ~ технический персонал

substantive ~ оперативный персонал

support ~ вспомогательный персонал

teaching ~ профессорско-преподавательский состав; обучающий персонал; штат преподавателей

technical ~ технический персонал

temporary ~ временные сотрудники

trained ~ обученный/подготовленный персонал

UN nonessential ~ вспомогательный персонал ООН

to assign ~ выделять персонал

to be on the ~ находиться/состоять в штате *(учреждения)*

to employ the ~ нанимать штат/персонал

to engage local ~ нанимать на работу местный персонал

to hire ~ нанимать на работу служащих/персонал

to recruit ~ набирать/нанимать персонал

to reduce ~ сокращать штат

to second ~ откомандировывать персонал

cuts in administrative ~ сокращение управленческого аппарата

diplomatic ~ of the embassy дипломатический штат посольства

employment of the ~ найм персонала

member of the ~ штатный сотрудник

recruitment of ~ набор персонала

redeployment of ~ перемещение сотрудников

reduction in/of ~ сокращение штатов

turnover of ~ текучесть кадров

staffer *n* штатный сотрудник

UN ~ сотрудник ООН

staffing *n* укомплектование *(кадрами)*; набор кадров

stage I *n* 1. стадия, этап, фаза 2. арена, поприще

~ of activity арена деятельности

~ of development стадия развития

~ of politics политическая арена, политическое поприще

~ of struggle стадия борьбы

additional ~ дополнительная стадия

closing ~ завершающий этап

committee ~ стадия комитета *(между вторым чтением и стадией доклада)*

democratic ~ демократическая стадия

design ~ стадия проектирования

development ~ стадия развития

economic ~ ступень хозяйственного развития; экономическая стадия развития

final ~ заключительный этап

inevitable ~ неизбежная стадия

initial ~ начальная стадия, начальный этап

intermediate ~ промежуточная стадия
logical ~ логическая стадия
planning ~ стадия планирования
political ~ политическая арена
preparatory ~ подготовительная стадия
report ~ стадия доклада *(после стадии комитета)*
research ~ стадия научных исследований
transitional ~ переходная ступень
to be in the blueprint ~ быть/находиться на стадии планирования
to bypass a ~ миновать стадию
to carry out in ~**s** осуществлять поэтапно
to enter a ~ вступать в этап
to mark an important ~ знаменовать собой важную стадию
to reach another ~ вступать в новую стадию
to set the ~ **for** *smth* подготавливать почву для *чего-л.*
to take the ~ брать слово
at an early ~ на ранней стадии
at the initial ~ на начальной стадии
in the formative ~ в стадии образования/становления
player on the world ~ игрок на мировой арене
stage II *v* организовывать, устраивать
to ~ **a coup** устраивать переворот
to ~ **a demonstration** проводить демонстрацию
to ~ **a strike** устраивать/объявлять забастовку
stage-by-stage *attr* поэтапный
stagflation *n* стагфляция, (экономическая) стагнация, сопровождаемая инфляцией
stagnant *a* застойный, вялый, бездеятельный
~ **economy** застойная экономики
stagnate *v* находиться в состоянии застоя
stagnation *n* *экон.* застой; инертность; стагнация; спад
~ **of production** приостановка роста производства
business ~ спад деловой активности
economic ~ застой в экономике
general ~ общий застой
industrial ~ застой в промышленности
to fall into ~ приходить к застою
to overcome ~ преодолевать застой
to shake the country out of ~ выводить страну из застоя
in a state of ~ в состоянии застоя
stair-work *n* закулисные интриги
stake *n* **1.** ставка **2.** доля; часть *(в чем-л.)*
to be at ~ быть поставленным на карту
to raise the ~**s** *тж перен.* повышать ставки
to sell *one's* продавать свой пакет акций
stalemate *n* тупик *(в переговорах т.п.)*; тупиковая ситуация
~ **between** *smb* тупик в отношениях между *кем-л.*
~ **in the peace process** тупик в мирном урегулировании
military ~ военный тупик

nuclear ~ «ядерный тупик» *(взаимное устрашение ядерным оружием)*
political ~ политический тупик
to break the ~ находить выход из тупика
to end in ~ заходить в тупик
to loosen the diplomatic ~ намечать выход из дипломатического тупика
to reach a ~ заходить в тупик
to unblock the ~ преодолевать тупик, находить выход из тупика
Stalinism *n* сталинизм
stalinist I *n* сталинист
stalinist II *a* сталинский
stalking-horse *n* фиктивная кандидатура; претендент на власть, не имеющий реальных шансов *(выдвигаемый с целью раскола оппозиции)*
stall *v* тянуть с ответом/принятием решения
stalwart *n* непоколебимый/стойкий приверженец своей партии
stamp I *n* штамп; печать
rubber ~ орган, безоговорочно подчиняющийся *кому-л.* *(готовый «проштемпелевать» любое решение)*
stamp II *v* (**out**) искоренять
to ~ **out drug smuggling** искоренять контрабанду наркотиков
stampede I *n* **1.** массовое паническое бегство **2.** массовый переход делегатов съезда на сторону нового кандидата на пост президента
stampede II *v* **1.** обращать *(кого-л.)* в бегство **2.** обращаться в бегство; бежать в панике
to ~ **from the scene** бежать в панике с места происшествия
stance *n* позиция; установка
~ **on** *smth* позиция по *какому-л.* вопросу
~ **towards** *smth* позиция по отношению к *чему-л.*
adamant ~ непреклонная позиция
compromise ~ компромиссная позиция
dovish ~ миролюбивая позиция
firm ~ твердая позиция
flexible ~ гибкая позиция
independent foreign policy ~ независимая внешнеполитическая позиция
neutral ~ нейтральная позиция
provocative ~ провокационная позиция
self-interested ~ эгоистическая позиция
tough ~ жесткая позиция
unified ~ согласованная позиция
to adopt a political ~ занимать политическую позицию
to alter *one's* ~ изменять свою позицию
to be disappointed by *smb's* ~ быть разочарованным *чьей-л.* позицией
to change *one's* ~ **on** *smth* изменять свою позицию по *какому-л.* вопросу
to maintain a restrained ~ продолжать проявлять сдержанность
to moderate *one's* ~ занимать более умеренную позицию

to **move away from** *one's* ~ отходить от своей позиции

to **soften** *one's* ~ смягчать свою позицию

to **take a** ~ занимать позицию

toughening of a ~ ужесточение позиции

stand I *n* **1.** место, позиция, положение **2.** *перен.* точка зрения; позиция, установка **3.** трибуна

~ **in life** жизненная позиция

active ~ активная позиция

anti-war ~ антивоенная позиция

civic/civil ~ гражданская позиция

common ~ общая точка зрения

consistent ~ последовательная позиция

constructive ~ конструктивная позиция

controversial ~ противоречивая позиция

definite ~ определенная позиция

democratic ~ демократическая позиция

editorial ~ позиция редакции *(газеты и т.п.)*

far-sighted ~ дальновидность; дальновидная позиция

fatalistic ~ фаталистическая позиция

firm ~ твердая позиция

ideological ~ идейная позиция

implacable ~ непримиримая позиция

independent ~ независимая позиция

indifferent ~ безучастная позиция

international ~ международная позиция; расклад сил на международной арене

left-of-center ~ левоцентристская позиция

moderate ~ умеренная позиция

obstructionist ~ обструкционистская позиция

passive ~ пассивная позиция

principle(d) ~ принципиальность; главная/основная позиция/точка зрения

reviewing ~ трибуна на параде

tough ~ решительная/жесткая позиция

uncompromising ~ бескомпромиссность; непримиримая позиция

VIP ~ трибуна для особого важных персон

to **adopt a** ~ **(on** *smth***)** занимать позицию *(по какому-л. вопросу)*

to **change** *one's* ~ изменять свою позицию

to **define** *one's* ~ определять свою позицию

to **determine the** ~ определять позицию/политику

to **endorse the** ~ **taken by** *smb* одобрять позицию, занятую *(кем-л.)*

to **maintain a** ~ отстаивать позицию

to **make a** ~ **for** *smth/smb* выступать в защиту *чего-л./кого-л.*

to **praise** *smb's* **strong and principled** ~ хвалить *кого-л.* за его решительную и принципиальную позицию

to **reach a common** ~ вырабатывать общую позицию

to **recognize a** ~ признавать позицию/точку зрения

to **relax** *one's* **firm** ~ **on** *smth* занимать менее жесткую позицию по *какому-л.* вопросу

to **revise** *one's* ~ пересматривать свою позицию

to **soften** *one's* ~ смягчать свою позицию

to **take a** ~ вставать на позицию; занимать позицию

to **uphold a** ~ отстаивать позицию

to **water down** *one's* ~ смягчать свою позицию

fallacy of *smb's* ~ несостоятельность *чьей-л.* позиции

strong ~ **(on an issue)** сильная позиция *(в каком-л. вопросе)*

stand II *v* **1.** стоять; быть расположенным, находиться **2.** баллотироваться, выставлять свою кандидатуру на выборах

offer ~**s** предложение остается в силе

to ~ **a siege** выдерживать осаду

to ~ **accused of** *smth* быть обвиненным в чем-л.

to ~ **against** *smb* соперничать с *кем-л.* на выборах, баллотироваться на выборах в качестве *чьего-л.* соперника

to ~ **aloof from political struggle** стоять в стороне от политической борьбы

to ~ **as an MP** *брит.* баллотироваться на выборах в парламент

to ~ **back (in favor of others)** уступать место *(другим)*

to ~ **by 1)** защищать, поддерживать *(кого-л.)* **2)** придерживаться *(чего-л.)*; следовать *(чему-л.)*

to ~ **by** *smb* **publicly** публично поддерживать *кого-л.*

to ~ **by the constitution** придерживаться конституции

to ~ **down** снимать свою кандидатуру; уходить в отставку

to ~ **down in** *smb's* **favor** сложить свои полномочия в *чью-л.* пользу

to ~ **firm on** *smth* не идти на уступки в *каком-л.* вопросе

to ~ **firmly behind/for** *smth* твердо отстаивать *что-л.*

to ~ **for** выступать за *(что-л.)*

to ~ **for a third term** баллотироваться на третий срок

to ~ **for liberty** стоять за свободу

to ~ **for President** баллотироваться на пост президента

to ~ **in force** оставаться в силе *(о приказе и т.п.)*

to ~ **in the breach** принимать на себя главный удар

to ~ **in the forefront of** *smth* стоять во главе *чего-л.*

to ~ **in the way of** *smth* препятствовать *чему-л.*

to ~ **on** *one's* **present course** придерживаться своего теперешнего курса

to ~ **on** *one's* **rights** настаивать на своих правах

to ~ *one's* **ground** не сдавать позиций; не отходить от своих убеждений

to ~ secure быть в безопасности
to ~ shoulder to shoulder with *smb* **against** *smb* стоять плечом к плечу с *кем-л.* против *кого-л.*
to ~ to lose идти на верное поражение
to ~ to win иметь шансы на успех
to ~ together быть едиными *(перед лицом чего-л.)*
to ~ unopposed быть единственным кандидатом в своем избирательном округе; не иметь соперников на выборах
to ~ up to *smb* оказывать сопротивление *кому-л.*, мужественно сопротивляться *кому-л.*

standard *n* **1.** норма; стандарт; эталон; уровень **2.** качество; критерий
~ of behavior/of conduct норма поведения
~ of life уровень жизни
~ of living жизненный уровень
~ of living has fallen 15 per cent жизненный уровень понизился на 15 %
~ of living is lagging far behind of *smth* уровень жизни значительно отстает от *чего-л.*
~ of well-being уровень благосостояния
~s of accommodation нормы удобств
~s of efficiency уровень работоспособности
~s of labor культура труда
~s of living declined steadily уровень жизни неуклонно снижался
agreed ~s согласованные критерии/нормы
basic ~s основные нормативы
commercial ~ торговый стандарт
cultural ~s культурный уровень
design ~s проектно-конструкторские стандарты
double ~ двойной подход/стандарт
educational ~ образовательный стандарт
engineering ~ технический стандарт; техническая норма
environmental ~s нормы по охране окружающей среды
ethnical ~s нравственные/этические нормы
falling living ~s падение уровня жизни
family living ~s уровень жизни семьи
gold ~ *фин.* золотой стандарт
gold-exchange ~ *фин.* золотовалютный стандарт
high living ~s высокий уровень жизни
high production ~ высокая культура производства
industrial ~ промышленный стандарт
international ~ международный стандарт
international labor ~s международные правовые нормы о труде
Islamic ~s исламские принципы
labor efficiency/performance ~ норма трудоемкости; уровень интенсивности труда
labor safety ~s техника безопасности
living ~s жизненный уровень, уровень жизни
low living ~s низкий жизненный уровень
material ~s материальный уровень, материальные условия

moral ~s моральные нормы
national ~ национальный стандарт
performance/production/productivity ~ норма выработки/производительности
professional ~ уровень профессиональной подготовки
quality ~ стандарт качества
safety ~s правила техники безопасности
scientific and technological ~ научно-технический уровень
social ~s общественные нормы
socially acceptable ~s социально приемлемые нормы
summery ~s сводные нормативы
target ~ плановая норма
trading ~ торговый стандарт
universal moral ~s общечеловеческие нормы нравственности
working ~ 1) рабочий эталон 2) общепринятый стандарт
to adopt double ~s применять двойной стандарт/подход
to contribute to higher living ~s способствовать повышению жизненного уровня
to create international labor ~s создавать международные нормы о труде
to establish ~s for nuclear safety and environmental protection устанавливать нормы ядерной безопасности и защиты окружающей среды
to formulate basic safety ~s разрабатывать основные нормы безопасности
to improve a country's living ~s повышать жизненный уровень населения страны
to lower ~s of living снижать жизненный уровень
to maintain high ~s поддерживать высокий уровень
to meet medical ~s before appointment отвечать/удовлетворять требованиям медицинского заключения до назначения *(на должность)*
to meet noise pollution ~s оставаться в пределах допустимых норм шума
to meet qualifying ~s отвечать требованиям/критериям, дающим право *(на)*
to press for higher living ~s требовать более высокого уровня жизни
to promote better ~s of life содействовать улучшению условий жизни
to provide a radical improvement in living ~s обеспечивать коренное улучшение жизненного уровня
to raise the ~ of living повышать уровень жизни
to respect international ~s of behavior уважать международные нормы поведения
to secure the highest ~s of efficiency обеспечивать наивысшую эффективность
to set a ~ устанавливать критерий/норму
to set a high ~ (of *smth***)** показывать отличный пример *(чего-л.)*

to sustain the living ~s поддерживать уровень жизни

advance in living ~s повышение жизненного уровня

decline/drop in living ~s падение уровня жизни

erosion/fall of living ~s снижение жизненного уровня

growth in living ~s рост жизненного уровня

policy of double ~s политика двойных стандартов

raising of educational ~s повышение образовательных норм

rise in the ~ of living повышение уровня жизни

up to world ~s на уровне мировых стандартов

standard-bearer *n* знаменосец

standardization *n* стандартизация

integrated ~ комплексная стандартизация

product ~ стандартизация продукции

regional ~ региональная стандартизация

to introduce ~ вводить стандартизацию

standby *n* 1. горячий сторонник 2. готовность 3. резерв

to be on ~ быть наготове

stand-by *a* резервный, запасной; вспомогательный

standing I *n* 1. репутация 2. (финансовое) положение 3. *юр. жарг.* основание для возбуждения иска *или* возмещения ущерба через суд

country's ~ репутация страны

financial ~ финансовое положение

high ~ высокое положение; сильная позиция

ideological ~ идейная позиция

legal ~ законное положение

observer ~ статус наблюдателя

personal ~ личная репутация

public ~ общественная репутация

social ~ общественное положение

to boost *smb's* **~** усиливать *чью-л.* позицию

to enhance *one's* **~ with the public** увеличивать свою популярность

to improve *one's* **~ with** *smb* повышать свою репутацию в *чьих-л.* глазах

standing II *a* постоянный; постоянно действующий; установленный; неизменный

standoff *n* 1. нейтрализация, сведение на нет 2. тупик, тупиковое положение 3. холодный прием

diplomatic ~ холодный дипломатический прием

nuclear ~ обоюдное обладание ядерным оружием, сводящее на нет военное превосходство *какой-л.* из сторон

to agree to a ~ договариваться о том, чтобы воздерживаться от дальнейшего обострения конфликта

military ~ along the border тупиковая ситуация в результате концентрации войск по обе стороны границы

standoffish *a* сдержанный; холодный, неприветливый

standpattism *n* консерватизм

standpoint *n* точка зрения

Euro-centrism ~ евроцентристская точка зрения

theoretical ~ теоретические позиции

to adopt a ~ of *smth* стоять на *какой-л.* позиции

to approach *smth* **from the scientific ~** подходить к *чему-л.* с научных позиций

to evaluate *smth* **from the ~ of** *smth* оценивать *что-л.* с позиции *чего-л.*

to uphold *one's* **~** отстаивать свою позицию

from the ~ (of) с позиции *(чего-л.)*

standstill *n* затишье; бездействие; мертвая точка

to bring a city to a ~ останавливать движение городского транспорта

the capital has come to a virtual ~ жизнь в столице фактически остановилась

staples *n pl* основные продукты/товары

star *n* 1. звезда; знаменитость; идол 2. *брит. тюремн. жарг.* «звезда» *(заключенный, впервые отбывающий срок)*

Stars and Stripes «звезды и полосы» *(флаг США)*; *перен.* США

rising ~ *перен.* восходящая звезда

start *n* начало; старт

Head S. федеральная программа развития сети дошкольных учреждений *(США)*

to make a fresh ~ предпринимать новую попытку

starting-point *n* 1. исходная позиция, исходный пункт 2. *воен.* исходный рубеж

start-up *n* 1. пуск; ввод в эксплуатацию 2. *фин. жарг.* первоначальный капитал 3. компания-вкладчик первоначального капитала

starvation *n* 1. голод; истощение 2. голодовка 3. голодная смерть

~ is widespread во многих районах свирепствует голод

mass ~ массовый голод

to bring *smb* **to the brink of ~** приводить *кого-л.* на грань голода, доводить *кого-л.* до голодовки

to die from ~ умирать от голода; умирать голодной смертью

to face ~ 1) испытывать голод 2) быть под угрозой голодной смерти

to hold/to keep ~ at bay не допускать голодовки

close to/on the verge of ~ на грани голодной смерти

starve *v* умирать от голода; голодать

to ~ out *smb* выморить *кого-л. откуда-л.* голодом

to ~ to death умирать голодной смертью

state I *n* 1. государство 2. штат *(административно-территориальная единица)* 3. состояние; положение

~s **concerned** заинтересованные государства

~ **holding most electoral votes** штат, где больше всего голосов избирателей

~ **of affairs** положение/состояние дел

~ **of emergency** чрезвычайное положение

~ **of market** состояние рынка; рыночная конъюнктура

~ **of residence** страна пребывания

~ **of siege** осадное положение

~ **of the economy** состояние экономики

~ **of trade** состояние торговли

~ **of war** состояние войны

~s **parties (to** *smth*) государства-стороны; государства-участники *(чего-л.)*

~s **with different social structures** государства с различными социальными системами

~ **within a** ~ государство в государстве

accrediting ~ *дип.* аккредитирующее государство

active ~ рабочее состояние

adjacent ~ примыкающее/соседнее государство

aggressor ~ государство-агрессор

agrarian ~ аграрное государство

agrarian-industrial ~ аграрно-индустриальное государство

alarming ~ тревожное положение/состояние

allied ~ союзное государство

apartheid ~ расистское государство

associated ~s присоединившиеся страны

Baltic ~s государства Балтии *(Латвия, Литва, Эстония)*

banner ~ передовой штат *(штат, набравший наибольшее число голосов за данного кандидата; США)*

belligerent ~s воюющие государства

border/bordering ~s пограничные государства

bourgeois ~ *ист.* буржуазное государство

bourgeois-democratic ~ *ист.* буржуазно-демократическое государство

bourgeois-parliamentary ~ *ист.* буржуазно-парламентское государство

buffer ~ буферное государство

bureaucratic police ~ полицейско-бюрократическое государство

capitalist ~ капиталистическое государство

cast-ridden ~ штат, где наиболее сильна кастовость *(в Индии)*

civilized ~ культурное/цивилизованное государство

client ~ государство-марионетка; государство-сателлит

coastal ~ прибрежное государство

constitutional ~ конституционное государство

contesting ~s спорящие государства

continental ~ континентальное государство

contracting ~ государство-участник

corporate ~ корпоративное государство

delinquent ~ *дип.* государство-правонарушитель

dependent ~ зависимое государство

depository ~ государство-депозитарий

developed ~ развитое государство

donor ~ государство-донор *(предоставляющее помощь и т.п.)*

enemy ~ вражеское государство

equal ~s равноправные государства

exploiting ~ эксплуататорское государство

exporting ~ страна-экспортер

extra-zonal ~ государство, не входящее в зону *(свободную от ядерного оружия и т.п.)*

federal ~ федеральное государство; союзное государство

federative ~ федеративное государство

friendly ~ дружественное государство

front-line ~ прифронтовое государство

guarantor ~ государство-гарант

Gulf ~s страны Персидского залива

hinterland ~ материковое государство

home ~ отечество

hopeless ~ безнадежное состояние/положение

independent ~ самостоятельное государство; независимое государство

initial ~ начальное/исходное состояние

island ~ островное государство

land-locked ~ государство, не имеющее выхода к морю

law-based/law-governed ~ правовое государство

leading ~ ведущее государство

lease-holder– ~ государство-арендатор

legal ~ правовое государство

littoral ~ прибрежное государство

loosely knit ~ государство с непрочной структурой

mandatory ~ государство-мандатарий

mediator ~ государство-посредник

member ~ страна-участник; государство-член *(ООН и т.п.)*

militarist ~ милитаристское государство

military-police ~ военно-полицейское государство

moderate ~ политически умеренное государство

multinational ~ многонациональное государство

national ~ национальное государство

national-democratic ~ национально-демократическое государство

nationally uniform ~ национально однородное государство

near-land-locked ~ государство, почти не имеющее выхода к морю

near-nuclear ~ государство, стоящее на пороге создания ядерного оружия

neighboring ~ соседнее государство

neutral/neutralist/neutralized ~ нейтральное государство

new ~ молодое государство; недавно образованное государство

newly-independent ~ молодое независимое государство

newly proclaimed ~ только что провозглашенное государство

nonaligned ~s непpisоединившиеся государства

nonbelligerent ~ невоюющее государство

noncoastal ~ неприбрежное государство

nondemocratic ~ недемократическое государство

nonlittoral ~ неприбрежное государство

non-member ~ государство, не являющееся членом *какой-л.* организации

non-nuclear/non-nuclear-weapon ~ (NNWS) государство, не обладающее ядерным оружием

nonsignatory ~ государство, не подписавшее договор; неприсоединившееся государство

normal ~ нормальное состояние/положение

nuclear capable ~ государство, способное производить ядерное оружие

nuclear-weapon ~s государство, обладающее ядерным оружием

oceanic coastal ~ океаническое прибрежное государство

offending ~ государство-нарушитель международного права

oil ~ страна-производитель нефти

one-party ~ однопартийное государство

opposite ~s государства с различными социальными системами

parent ~ метрополия

participant/participating ~ государство-участник *(договора и т.п.)*

peace-loving ~ миролюбивое государство

permanently neutral ~ постоянно нейтральное государство

pivotal ~ «ключевой штат» *(в ходе выборов)*

police ~ полицейское государство

prenuclear ~ государство, стоящее на пороге создания ядерного оружия

princely ~ княжество

producer ~ страна-производитель

proletarian ~ *ист.* пролетарское государство

protected ~ государство, находящееся под протекторатом

protecting/protector ~ государство-протекторат

provider ~ государство-поставщик

puppet ~ марионеточное государство

rebel ~ бунтующее государство

receiving ~ 1) *дип.* принимающее государство 2) государство-получатель *(помощи и т.п.)*

recipient ~ государство-получатель *(помощи и т.п.)*

reparian ~ прибрежное государство

requesting ~ запрашивающее государство; государство, требующее *чего-л.* *(напр. выдачи преступника)*

rightful ~ правовое государство

rogue ~ ненадежное государство *(которому нельзя доверять атомное оружие)*

satellite ~ государство-сателлит

secular ~ светское государство

self-sufficient ~ экономически независимое государство

separate ~ отдельное государство

signatory ~ страна, подписавшая *(договор и т.п.)*; *дип.* сигнатарий

slave ~ рабовладельческое государство

sovereign ~ суверенное государство; независимое государство

stable ~ устойчивое состояние/положение

stagnant ~ застойное состояние

successful ~ благоприятное состояние

territorially integral ~ территориально целостное государство

terrorist ~ террористическое государство

theocratic ~ теократическое государство *(управляемое духовенством)*

The Succession S. *ист.* государства, образовавшиеся после распада Австро-Венгрии на основании Версальского договора

The United S. of Europe Соединенные Штаты Европы

The Warsaw Treaty S. *ист.* государства-участники Варшавского договора

threshold ~ государство, стоящее на пороге создания ядерного оружия

totalitarian ~ тоталитарное государство

transgressing/transgressor ~ государство-правонарушитель

transient ~ временное/скоротечное состояние

trustee ~ государство-опекун

unified ~ объединенное государство

unitary ~ унитарное государство; государство без автономий

user ~ государство-потребитель

vassal ~s вассальные государства

viable ~ жизнеспособное государство

welfare ~ государство всеобщего благоденствия

young sovereign ~s молодые суверенные государства

zonal ~s государства, входящие в зону *(свободную от ядерного оружия и т.п.)*

to accept the existence of a ~ признавать существование *какого-л.* государства

to achieve a Palestinian ~ добиваться восстановления суверенного палестинского государства

to announce a ~ of emergency объявлять чрезвычайное положение

to be at the helm of a ~ стоять у кормила власти

to be in a ~ of *smth* находиться в *каком-л.* состоянии

to call a ~ of emergency объявлять чрезвычайное положение

to call a ~ of siege объявлять осадное положение

to carry a ~ добиваться победы на выборах/одерживать победу в *каком-л.* штате

to conspire against the ~ участвовать в заговоре против государства

to create a ~ создавать государство

to declare a ~ объявлять о создании государства, провозглашать государство

to declare a ~ of alert объявлять тревогу

to declare a ~ of emergency объявлять чрезвычайное положение

to destabilize a ~ дестабилизировать обстановку в государстве

to detain *smb* **under the current ~ of emergency** задерживать *кого-л.* согласно действующему закону о чрезвычайном положении

to dismantle a ~ ликвидировать государство

to end the ~ of war выходить из состояния войны

to establish a ~ of siege вводить осадное положение

to establish an independent ~ создавать независимое государство

to expel a member ~ from the United Nations исключать государство из числа членов ООН

to extend the ~ of emergency продлевать чрезвычайное положение

to fight for an independent ~ бороться за создание независимого государства

to form a ~ образовывать государство

to govern/to guide a ~ руководить государством

to impose a ~ of emergency вводить чрезвычайное положение

to incorporate a ~ into a country включать *какое-л.* государство в состав страны

to institute a ~ of siege объявлять осадное положение; вводить/устанавливать осадное положение

to introduce a ~ of emergency вводить чрезвычайное положение

to lift the ~ of emergency отменять чрезвычайное положение

to modernize the welfare ~ улучшать благосостояние

to proclaim a ~ of siege объявлять осадное положение

to proclaim an independent ~ провозглашать независимое государство

to put a city on a ~ of emergency вводить чрезвычайное положение в городе

to recognize a ~ признавать государство

to reconstitute a ~ восстанавливать *какое-л.* государство

to reduce to the ~ of *smth* низводить до *какого-л.* положения

to re-impose the ~ of siege вновь вводить/восстанавливать осадное положение

to relax the ~ of emergency ослаблять чрезвычайное положение

to renew the ~ of emergency возобновлять чрезвычайное положение

to set up a ~ основать государство

to shake the foundation of the ~ поколебать основы государства

to sign away a ~ подписывать соглашение о ликвидации государства

to stop short of recognizing a ~ не признавать *какое-л.* государство

to take action under the ~ of siege принимать меры в соответствии с приказом о введении осадного положения

to take over the helm of ~ брать бразды правления государством

to undermine the security of the ~ подрывать безопасность государства

access to ~ secrets доступ к государственным секретам

admission of a ~ in the United Nations прием государства в члены Организации Объединенных Наций

affairs of ~ государственные дела

at the helm of a ~ у руля правления государством; у кормила правления/власти

breakup of a ~ развал государства

call of the ~s перекличка штатов *(на национальном съезде партии для подсчета голосов за кандидата в президенты)*

creation of a ~ создание государства

disintegration of a ~ распад государства

dissolution of a ~ ликвидация государства; распад государства

erection/founding of a ~ создание/основание государства

imposition of a ~ of emergency введение чрезвычайного положения

in a ~ of stagnation в состоянии застоя

possession of ~ secrets знание государственных секретов

proclamation of a ~ провозглашение государства

responsibility of ~s ответственность государств *(за международные правонарушения)*

self-imposed ~ of isolation состояние изоляции, на которую страна сама себя обрекла

state within a ~ государство в государстве

transition towards a multiparty ~ переход к многопартийному государству

unity of the ~ единство государства

state II *v* заявлять; излагать; выражать; сообщать; высказывать; констатировать; формулировать

to ~ about the support of *smb* заявлять о поддержке *кого-л.*

to ~ an opinion/a question *etc.* излагать мнение/вопрос *и т.п.*

to ~ with good reason заявлять с полным основанием

state-approved *a* одобренный государством

statehood *n* статус государства; государственность; существование государства

independent ~ независимое государственное существование; государственная независимость national ~ национальная государственность

to acquire *one's* **own** ~ обретать собственную государственность

to attain sovereign ~ достигать суверенитета

to regain sovereign ~ восстанавливать государственный суверенитет

to restore/to revive national ~ возрождать национальную государственность

claim for ~ требование о создании собственного государства

form of ~ форма государственного устройства

restoration of national ~ возрождение национальной государственности

statehouse *n* здание законодательного органа штата *(США)*

state-legal *a* государственно-правовой

stateless *a* не имеющий гражданства *какой-л.* страны

statement *n* 1. сообщение; заявление; высказывание; утверждение 2. вывод; заключение 3. доклад 4. отчет; баланс; ведомость

~ **of regret** заявление с выражением сожаления

~ **to Parliament** заявление в парламенте

~ **to the House of Commons** заявление в палате общин

~ **to the nation** обращение к народу

absurd ~ абсурдное заявление

agreed ~ согласованное заявление

arrival ~ заявление по прибытии

bellicose/belligerent ~ воинственное заявление

binding ~ **on** *smth* заявление, влекущее определенные обязательства

broad ~ откровенное заявление

cataclysmic ~ катастрофическое заявление

clarification ~ разъяснительное заявление

conciliatory ~ примирительное заявление

concise ~ краткое заявление

contradictory ~ противоречивое заявление

cynical ~ циничное заявление

daily ~ ежедневный отчет

defamatory ~ клеветническое заявление

departure ~ заявление перед отъездом

direct ~ ясное/недвусмысленное заявление; откровенное заявление

dogmatic ~ категорическое заявление

far-reaching ~ обязывающее заявление

financial ~ финансовый отчет

foreign-policy ~ заявление по вопросам внешней политики

formal ~ официальное заявление

government ~ правительственное заявление, заявление правительства

groundless ~ голословное заявление

harshly worded ~ заявление, составленное в резком тоне

hypocritical ~ лицемерное заявление

inaccurate ~ неточное утверждение

inflammatory ~ подстрекательское заявление

interim ~ промежуточный отчет

joint ~ совместное заявление

military ~ воинственное заявление

misleading ~ дезориентирующее заявление

official ~ официальное заявление

opening ~ вступительное заявление

oral ~ 1) устный доклад 2) устное заявление

outrageous ~ оскорбительное заявление

policy ~ программное/правительственное заявление

policy-making ~ программное политическое выступление

political ~ политическое выступление/заявление

positive ~ положительное заявление

powerful ~ убедительное заявление

program ~ программное заявление

public ~ 1) публичное заявление 2) публичное выступление

quarterly ~ квартальная ведомость; квартальный отчет

Sherman ~ *полит. жарг.* окончательный отказ баллотироваться на выборах *(от заявления генерала У. Т. Шермана в 1884 г.: «Я не соглашусь на выдвижение моей кандидатуры и не буду исполнять обязанности президента в случае избрания»)*

strong ~ резкое заявление

strong-worded ~ заявление, составленное в резких выражениях

tough ~ резкое заявление

unequivocal ~ недвусмысленное заявление

unilateral ~ одностороннее заявление после того, как переговоры зашли в тупик

unyielding ~ заявление, не содержащее уступок

verbal ~ устное заявление

work ~ отчет о работе

written ~ 1) письменный доклад 2) письменное заявление

to acknowledge a ~ принимать заявление к сведению

to adopt a ~ принимать заявление

to agree a compromise ~ согласовывать компромиссное заявление

to announce the text of a ~ оглашать текст заявления

to approve a ~ одобрять заявление

to broadcast a government ~ передавать правительственное сообщение

to challenge the accuracy of a ~ оспаривать правильность утверждения

to come out with a ~ выступать с заявлением

to comment on *smb's* ~ комментировать *чье-л.* заявление

to confirm a ~ подтверждать правильность заявления

to contradict a ~ противоречить заявлению

to deliver a ~ делать заявление

to dispute a ~ ставить под сомнение заявление

to dissociate *oneself* **from** *smb's* ~ отмежевываться от *чего-л.* заявления

to go back on *one's* ~ нарушать обещания, содержащиеся в сделанном ранее заявлении

to hammer out an agreed ~ работать над составлением согласованного заявления, выработать согласованное заявление

to hand in a ~ **to the embassy** вручать заявление посольству

to highlight *smb's* ~ выделять *чье-л.* заявление; привлекать внимание к *чему-л.* заявлению

to issue a ~ публиковать заявление

to make a ~ делать заявление; выступать с заявлением

to make a note of *smb's* ~ принимать к сведению *чье-л.* заявление

to make *one's* ~ **clear** разъяснять свое заявление

to match a ~ **by deeds** подкреплять заявление делом

to misinterpret *smb's* ~ превратно истолковывать *чье-л.* заявление

to note a ~ отмечать заявление

to place a ~ **on record** заносить заявление в протокол

to pour scorn upon/to ridicule *smb's* ~ высмеивать *чье-л.* заявление

to publish/to put out/to release a ~ публиковать заявление

to put up a ~ оглашать заявление

to read a ~ зачитывать заявление

to receive written ~**s** принимать письменные доклады

to repudiate *one's* ~ отказываться от своего заявления

to repute *smb's* ~ опровергать *чье-л.* заявление

to retract/to retreat a ~ брать обратно ранее сделанное заявление

to sign a joint ~ подписывать совместное заявление

to submit a written ~ представлять письменный доклад

to welcome a ~ приветствовать заявление

to withdraw a ~ брать обратно свое устное заявление

to work out a joint ~ вырабатывать совместное заявление

agreed text of a ~ согласованный текст заявления

exact ~ **of the question** точное изложение вопроса

restrictions on public ~**s** ограничение публичных заявлений

wording of the ~ формулировка заявления

state-monopoly *a* государственно-монополистический

state-owned *a* принадлежащий государству, государственный

state-political *a* государственно-политический

state-run *a* руководимый государством; находящийся в ведении государства; государственный

statesman *n* государственный деятель

conspicuous ~ видный государственный деятель

leading ~ руководящий государственный деятель

mature ~ опытный государственный деятель

outstanding ~ выдающийся государственный деятель

peace-making ~ государственный деятель-миротворец

prominent ~ выдающийся государственный деятель

statesmanship *n* государственная мудрость

to exercise ~ проявлять государственную мудрость

statesperson *n* государственный деятель *(обычно женщина)*

stateswoman *n* государственный деятель-женщина

station I *n* **1.** станция; место; участок; стоянка **2.** *развед. жарг.* резидентура *(при посольстве)*

~ **of destination** станция назначения

atomic power ~ атомная электростанция, АЭС

automatic interplanetary ~ автоматическая межпланетная станция

ballot ~ избирательный участок

bootleg radio ~ *разг.* подпольная радиостанция

broadcasting ~ радиовещательная станция

dissident radio ~ диссидентская радиостанция

duty ~ место работы

experimental ~ экспериментальная станция

guided missile tracking ~ станция слежения за управляемыми ракетами

hydroelectric power/hydro-power ~ гидроэнергетическая станция, ГЭС

jamming ~ станция глушения *(радиопередач)*

laser-equipped space ~ космическая станция, оснащенная лазерным оружием

mobile instruction ~ мобильная станция обучения

mobile polling ~ передвижной избирательный участок

nuclear energy/nuclear power ~ атомная электростанция, АЭС

official duty ~ основное место работы

orbital scientific ~ орбитальная научная станция

orbiting ~ орбитальная станция

pirate radio ~ пиратская радиостанция

police ~ полицейский участок

polling ~ избирательный участок

radar ~ радиолокационная станция, РЛС

radio broadcasting ~ радиовещательная станция

recruiting ~ призывной пункт

space ~ космическая станция

space tracking ~ станция слежения за космическими объектами

television ~ телевизионная станция

unmanned ~ автоматическая станция *(напр. сейсмическая)*

work ~ рабочее место

to attend a police ~ являться в полицейский участок

to close a nuclear power ~ закрывать атомную электростанцию

to decommission a commercial nuclear power ~ отказываться от дальнейшего использования промышленной атомной электростанции

to force people into polling ~s силой заставлять избирателей голосовать

to march to the police ~ in protest организовывать демонстрацию протеста к зданию полицейского участка

to shut down a commercial nuclear power ~ закрывать промышленную атомную электростанцию

proliferation of nuclear power ~s строительство новых атомных электростанций

station II *v* находиться, размещать(ся); располагать; проживать; базироваться; дислоцировать(ся)

stationing *n* размещение

~ of new weapons размещение новых видов оружия

statism *n эк. жарг.* экономика, контролируемая государством

statist *n* сторонник государственного контроля в экономике

statistical *a* статистический

statistician *n* статистик

statistics *n* статистика

agricultural ~ сельскохозяйственная статистика

commercial ~ коммерческая статистика

crime ~ статистика преступлений

economic ~ экономическая статистика

improved ~ улучшенная/усовершенствованная статистика

industrial ~ промышленная статистика

international ~ международная статистика

population ~ демографическая статистика

social ~ социальная статистика

socio-economic ~ социально-экономическая статистика

trade ~ торговая статистика

vital ~ статистика народонаселения

to be based upon ~ основываться на статистических данных

to improve demographic ~ улучшать демографические статистические данные

to keep the world's ~ вести учет международных статистических данных

to release ~ публиковать статистические данные

release of ~ опубликование статистических данных

statue *n* статуя

S. of Liberty статуя Свободы

to topple a ~ демонтировать памятник *кому-л.*

to unveil a ~ открывать памятник

stature *n* рост *(человека)*; достоинство, качество

to boost the President's ~ поднимать авторитет президента

to enhance *smb's* **~** усиливать *чью-л.* популярность

to give *smb* **additional ~** придавать *кому-л.* дополнительный политический вес

status *n* 1. общественное положение; статус; репутация 2. положение дел; состояние

~ in status *лат.* государство в государстве

~ of a deputy статус депутата

~ of an independent state статус независимого государства

~ of Great Power статус великой державы

~ of member членство

~ of minorities положение национальных меньшинств

~ of negotiations состояние переговоров

~ of parliament статус парламента

~ of women положение женщин

belligerent ~ статус воюющей стороны

citizenship ~ гражданство

civil ~ гражданское состояние

colonial ~ колониальный статус

consultative ~ консультативный статус

denuclearization ~ статус безъядерной зоны

dependency ~ статус/положение об иждивенцах

diplomatic ~ дипломатический статус

dominion ~ статус доминиона

economic ~ экономическое положение

employment ~ служебное положение

equal ~ равное положение

family ~ семейное положение

final ~ окончательный статус

financial ~ финансовое положение

full voting ~ право решающего голоса

health ~ состояние здоровья

interim ~ временный статус

intermediate-term ~ среднесрочный статус

international ~ международный статус

legal ~ правовой статус

long-term ~ долгосрочный статус

marital ~ семейное положение

most favorable nation (MFN) ~ статус наибольшего благоприятствования

neutral ~ статус нейтралитета, нейтралитет

nonaligned ~ статус неприсоединившегося государства

observer ~ статус наблюдателя

official ~ служебное положение; официальный статус

pariah ~ положение парии/отверженного

permanent ~ постоянный статус

personal ~ личное общественное положение; персональный статус

property ~ имущественное положение

republican ~ республиканский статус

short-term ~ кратковременный статус

social ~ социальный статус; общественное положение

socioeconomic ~ социально-экономическое положение

special ~ особый статус

temporary resident's ~ временное разрешение на проживание в стране

temporary worker ~ временное право на работу

unequal ~ неравноправное положение

work ~ занимаемая должность; профессия

to accord *smb* **diplomatic** ~ предоставлять *кому-л.* дипломатический статус

to achieve a ~ получать статус

to admit a country to an observer ~ предоставлять стране статус наблюдателя в международной организации

to affect the ~ **of a country** отражаться на статусе страны

to alter the ~ **of a country** изменять статус страны

to be committed to a ~ придерживаться *какого-л.* статуса

to be in long-term ~ находиться в долгосрочной командировке

to be on pay ~ быть на денежном довольствии

to contravene *one's* ~ **as a diplomat** не соответствовать статусу дипломата

to demand a ~ требовать *какого-л.* статуса

to enjoy ~ пользоваться статусом

to enter into official ~ принимать официальный статус; обладать официальным статусом

to gain a refugee ~ добиваться статуса беженца

to get a ~ получать статус

to give consultative ~ **to** *smb* предоставлять консультативный статус *(кому-л.)*

to give *smb* **refugee** ~ предоставлять *кому-л.* статус беженца

to grant observer ~ **of the UN** предоставлять статус наблюдателя при ООН

to have ~ иметь статус

to keep *one's* **preferential-trade** ~ сохранять торговый статус наибольшего благоприятствования

to look again at a refugee's ~ пересматривать статус области

to qualify for refugee ~ подходить под категорию беженца

to regularize *one's* ~ **in a country** урегулировать свой статус в стране

to renew most favored nation trading ~ **for a country** восстанавливать статус наибольшего благоприятствования в торговле для *какой-л.* страны

to restore a party's legal ~ снова легализовать партию

to retain the ~ сохранять статус

to seek observer ~ добиваться статуса наблюдателя

to withdraw a country's most favored nation's trading ~ лишать страну торгового статуса наибольшего благоприятствования

applications for refugee ~ прошения о предоставлении статуса беженца

on a government-to-government ~ на межправительственном уровне

parity of ~ равный статус

political ~ **of a territory** политический статус территории

prisoner of war ~ статус военнопленного

status quo *лат.* статус-кво, существующее положение

economic ~ экономическое статус-кво

political ~ политическое статус-кво

to freeze the ~ сохранять статус-кво

to maintain the ~ поддерживать статус-кво

to preserve the ~ сохранять статус-кво

to restore the ~ восстанавливать статус-кво

statute *n* статут; устав; законодательный акт

S. of the International Court of Justice Статут Международного суда

limitation ~ *юр.* закон о сроках давности

to be set forth in the ~ излагаться в уставе

to bind *oneself* **to accept** ~ давать обязательство признавать статут

infraction of the ~ нарушение закона

The S. of the Permanent Court of International Justice Статут Постоянной палаты международного правосудия

statutory *a* установленный законом; уставной; соответствующий закону; наказуемый по закону

~ **constitution** установленная законом конституция

~ **obligations** установленные законом обязательства

~ **provision** законодательное положение

staunch *a* верный; стойкий; лояльный

staunchness *n* стойкость

stay I *n* разрешение остаться в стране; пребывание *где-л.*

to extend *one's* ~ *somewhere* продлевать свое пребывание *где-л.*

to give *smb* **a year's** ~ **in the country** разрешать *кому-л.* остаться в стране на год

stay II *v* оставаться; пребывать

to ~ **away** бойкотировать *(что-л.)*, воздерживаться от участия *(в чем-л.)*

to ~ **away from polls** не участвовать в выборах

to ~ **away from work** бастовать

to ~ **on** продолжать оставаться у власти; продолжать исполнять свои обязанности

to ~ **out (of** *smth***)** не вмешиваться *(во что-л.)*

stay-at-homes *n pl разг.* избиратели, не принимающие участия в выборах

stayaway *n* воздержание *(от чего-л.)*, бойкот *(чего-л.)*

work ~ забастовка

steadfast *a* стойкий, твердый; прочный

steadfastness *n* твердость; стойкость

steadily *adv* неуклонно, постоянно

steady *a* неуклонный; устойчивый; постоянный; спокойный

   the dollar is ~ курс доллара остается неизменным

steam-roller *n* нажим; грубое давление

steer *v* направлять; руководить; управлять; держаться *(какого-л. курса)*; следовать

   to ~ a country to peace and democracy вести страну к миру и демократии

   to ~ a middle course придерживаться золотой середины, избегать крайностей

stem-winder *n полит. жарг.* оратор, произносящий зажигательные речи

stenography *n* стенография

step I *n* этап; фаза; шаг; ступень; мера; поступок; действие

   ~ backwards шаг назад

   ~ forward шаг вперед

   ~ in the right direction шаг в нужном направлении

   ~ towards ending the conflict мера, направленная на прекращение конфликта

   aggressive ~ агрессивный шаг

   appropriate ~ надлежащая/соответствующая мера

   cautious ~ осторожная мера

   cosmetic ~ чисто косметическая мера

   decisive ~ решительный шаг

   effective ~ эффективная мера; эффективный этап/шаг

   essential ~ существенный/важный шаг

   false ~ ложный шаг

   fatal ~ роковой шаг

   healthy ~ разумная мера; разумный шаг

   hesitating ~ неуверенный шаг

   important ~ важная мера; важный шаг

   initial ~ первоначальный/исходный шаг; *pl* первоначальные меры

   interim ~ промежуточный этап

   limited ~ ограниченный шаг; ограниченная мера

   major ~ важный/существенный шаг

   positive ~ положительная мера

   practical ~ практический/реальный/шаг

   resolute ~ решительная мера; решительный шаг

   retrograde ~ реакционный шаг/поступок

   significant ~ важный шаг

   thoughtless ~ необдуманный шаг

   transitional ~ промежуточная мера

   to be out of ~ with *smth* идти не в ногу с *чем-л.*

   to follow in *smb's* **~s** следовать *чьему-л.* примеру

   to go one ~ further делать еще один шаг

   to go up the ~s *брит. полиц. жарг.* «отправиться вверх по лестнице», пойти под суд *(в Лондонском центральном уголовном суде ведут из камер вверх к скамье подсудимых)*

   to initiate ~s предпринимать шаги/меры

   to keep ~ with *smb* идти в ногу с *кем-л.*

   to make ~s осуществлять меры; делать шаги в *каком-л.* направлении

   to make a false ~ делать ложный шаг, совершать ошибку

   to offer to ~ down выражать готовность уйти в отставку

   to pass over to practical ~s переходить к реальным мерам

   to remain out of ~ with other countries продолжать занимать позицию, отличающуюся от позиции других стран

   to stay in ~ with *smb* продолжать идти в ногу с *кем-л.*

   to take ~s предпринимать меры/шаги

   to take an unprecedented ~ идти на беспрецедентный шаг

   as a first ~ в качестве первого шага

   two steps forward, one ~ back два шага вперед, один шаг назад

step II *v* делать шаг

   to ~ aside выходить из предвыборной борьбы

   to ~ backward in *one's* **development** делать шаг назад в своем развитии

   to ~ down отказываться от своего поста/власти; отрекаться от престола; уходить в отставку

   to ~ down because of ill health уходить в отставку по состоянию здоровья

   to ~ down early уходить в отставку досрочно

   to ~ down in favor of *smb* уходить в отставку, уступив свой пост *кому-л.*

   to ~ down voluntarily уходить в отставку добровольно

   to ~ forward делать шаг вперед

   to ~ into *smb's* **shoes** занимать *чей-л.* пост

   to ~ up military expenditures наращивать военные расходы

   to ~ up расширять, увеличивать; усиливать, ускорять

   to urge *smb* **to ~ down** требовать от *кого-л.* уйти в отставку

step-by-step *adv* постепенно; поэтапно

stepping-stone *n* **(towards** *smth***)** средство достижения *(чего-л.)*

stereotype *n* стереотип

   ~s of thinking стереотипы мышления

   behavior ~ поведенческий стереотип

   political ~ политический стереотип

   social ~ социальный стереотип

   stable ~ устойчивый стереотип

   to break old ~s ломать прежние стереотипы

   to free *oneself* **from obsolete ~s** освобождаться от устаревших стереотипов

   to turn away from ~s отходить от стереотипов

sterile *a воен. жарг.* «стерильный» *(об оружии иностранного производства, происхождение которого сложно определить и которое поэтому удобно использовать для тайных поставок)*

sterilize v **1.** *развед. жарг.* «очищать» документ от секретной информации **2.** *воен. жарг.* превращать *какой-л.* район в пустыню

stick n палка; *перен.* кнут
big ~ «большая дубинка»

sticker n *пром. жарг.* работник, не заинтересованный в продвижении по службе

stickies n *полит. жарг.* официальное крыло Ирландской республиканской армии

stickler n (**for** *smth*) ярый сторонник *(чего-л.)*; защитник, приверженец

stills n *полит. жарг.* печатные средства массовой информации

stimulate v стимулировать; поощрять

stimulation n стимулирование; поощрение
economic ~ экономическое стимулирование

stimulus n стимул, толчок
to give a great ~ (to *smth*) давать/придавать большой стимул *(чему-л.)*
to provide a ~ стимулировать

stint n период службы/работы
back-to-back ~s следующие непосредственно друг за другом периоды службы/работы *где-л.*

stipulate v обусловливать, ставить условием, предусматривать/оговаривать *(в договоре и т.п.)*

stipulated a обусловленный, оговоренный *(в договоре и т.п.)*

stipulation n условие, оговорка

stir v волновать
to ~ up the animals *полит. жарг.* «дразнить гусей» *(затевать спор, который повредит собственной предвыборной кампании или карьере)*

stitch v (**up**) *брит. полиц. жарг.* фабриковать *(доказательства)*

stock I n **1.** запас(ы); склад **2.** сырье; материалы **3.** имущество; капитал; фонд(ы) **4.** группа населения **5.** акция *(ценная бумага)*
~s advanced курс акций поднялся
~s closed lower по итогам торговой сессии курс акций понизился
~s declined курс акций упал
~s fell sharply курс акций резко упал
~ in hand наличный запас
~ is rising курс акций растет
~ of bills of exchange сумма/пакет векселей
~ of capital основной капитал
~ of commodities запас товаров
~ of dubious value акции сомнительной ценности
~ of equipment запас оборудования
~ of orders портфель заказов
~ of wealth накопленное богатство
available ~s наличные запасы
bank ~ капитал банка
basic ~ базовый/нормальный запас
buffer ~s буферные/резервные запасы
business ~ коммерческие запасы товаров *(в торговой сети)*
capital ~ акционерный капитал

consignment ~ груз; партия товаров
contingency ~ резервный запас
declared ~s объявленные запасы
depleted ~s истощенные запасы
dollar ~ ценные бумаги США
emergency ~s чрезвычайные/резервные запасы; неприкосновенные запасы
excess(ive) ~ излишек товаров; избыточный запас
existing ~s существующие запасы
extra ~ дополнительный запас
finished ~ запас готовой продукции
foreign ~ 1) иностранная акция **2)** поколение эмигрантов
foreign corporate ~s акции иностранных компаний
general ~s обычные акции
gold ~ золотой запас серебра
hidden ~s скрытые запасы
housing ~ жилой/жилищный фонд
industrial ~ акции промышленных компаний
insurance ~s акции страховых компаний
international ~s международные запасы
maximum ~ максимальный запас
minimum ~ критический запас
monetary/money ~ количество денег в обращении; денежные запасы
penny ~ акция, рыночная цена которой меньше 1 доллара
physical ~ реальный запас
public ~ государственные ценные бумаги
reported ~s объявленные запасы
reserve ~s неприкосновенный запас
silver ~ запас серебра
strategic ~ стратегические запасы
surplus ~ излишек товаров; избыточный запас
total ~ суммарный запас
trade ~ товарные запасы
undeclared ~s необъявленные запасы
visible ~s видимые запасы
weapons ~s запасы вооружения
working ~ текущий запас
world coal ~s мировые запасы угля
to be out of ~ не иметь(ся) в наличии
to hold a ~ держать запас товаров
to lay in a ~ создавать запас
to replenish the ~ пополнять запас
to take ~ проводить инвентаризацию
in ~ в запасе

stock II v запасать, хранить на складе; снабжать
to ~ up with coal запасаться углем

stockbroker n биржевой маклер

stock-jobbing n спекуляция акциями

stockpile I n *(тж pl)* запас; резерв
~s of weapons запасы оружия
accumulated ~s накопленные запасы
chemical ~s запасы химического оружия
nuclear ~s запасы ядерного оружия
to destroy the ~s of nuclear weapons уничтожать запасы ядерного оружия

to keep/to retain weapon ~s сохранять запасы оружия

substantial ~s of food значительные запасы продовольствия

stockpile II *v* накапливать; делать запасы

stockpiling *n* накопление; создание запасов

stock-still *adv* смирно; не шелохнувшись

to stand ~ стоять, не шелохнувшись *(о солдатах)*

stone I *n* камень

to hurl ~s бросать камни

to leave no ~ unturned in *one's* **efforts to do** *smth* использовать все средства в своих попытках добиться *чего-л.*

to pelt the police with ~s забрасывать полицию камнями

stepping ~ for *smth* средство для достижения цели

stone II *v* забрасывать камнями; бросать камни *(о демонстрантах)*

stone-throwing *n* бросание камней *(демонстрантами и т.п.)*

stone-wall I *n* оппозиция; парламентская обструкция

stonewall II *v полит. жарг.* упрямо стоять на своем; устраивать обструкцию

stonewaller *n* обструкционист

stonewalling *n* обструкция; помехи; препятствия

stooge *n разг.* марионетка, приспешник; подручный

stool *n жарг.* осведомитель, «стукач»

stop-go *n эк. жарг.* экономическая политика, при которой чередуются меры, стимулирующие и ограничивающие экономический рост

stop-over *n* остановка *(в пути следования)*

authorized rest — разрешенная остановка в пути для отдыха с оплатой расходов

stoppage *n* забастовка; остановка производства; прекращение работы

all-out ~ всеобщая забастовка

indefinite ~ забастовка, объявленная на неопределенный срок

national ~ всеобщая забастовка

official ~ официальная забастовка

prolonged ~ продолжительная забастовка

unofficial ~ неофициальная забастовка

work ~ забастовка

to call for a ~ призывать к забастовке

to call off a ~ призывать к окончанию забастовки

to end a ~ прекращать забастовку

storage *n* 1. хранение; складирование 2. хранилище; склад

store *v* накапливать, запасать; хранить *(на складе)*; снабжать

to ~ data in a computer хранить информацию в компьютере/в электронном виде

storehouse *n* склад

storm *n* 1. буря; шторм 2. штурм

brain ~ «мозговой штурм»

to ride out a political ~ выдерживать политическую бурю

to take by ~ брать штурмом

to weather a financial ~ выдерживать финансовую бурю

storm-trooper *n* штурмовик

storthing *n* стортинг *(парламент Норвегии)*

stor/y *n* 1. *журн.* газетный материал; тема, событие, сюжет 2. статья, очерк 3. история; легенда

~ behind *smb's* **arrest** причина чьего-л. ареста

~ that dominates the papers новость, которая преобладает в газетах

big ~ новость, которой газеты уделяют большое внимание; главный материал на страницах газеты

cover ~ легенда *(разведчика или полицейского агента)*

domestic ~ газетная статья о положении/событиях внутри страны

dope ~ 1) обзор политических событий *(в газете)* 2) *полит. жарг.* утечка информации, специально организованная для выяснения общественного мнения по *какому-л.* вопросу

exclusive ~ материал, помещенный только в одной газете, эксклюзив

follow-up ~ статья, продолжающая *какую-л.* тему

foreign ~ газетная статья с зарубежной информацией

frontpage ~ статья, помещенная на первой полосе газеты

human-interest ~ газетный очерк, представляющий интерес для широкой публики

lead ~ главная статья газеты; передовая статья; газетная статья, помещенная на видном месте

main news ~ статья, содержащая главную новость

news ~ информационный материал

page one ~ материал на первой полосе *(в газете)*

top ~ главная новость/статья *(в газете)*

to approach a ~ подходить к теме/событию

to break a ~ обнародовать новость *(в газетах)*

to carry a ~ помещать/публиковать статью

to give prominence to a ~ выделять *какую-л.* новость *(о газетах)*

to headline a ~ озаглавливать статью

to put about a ~ распространять слух

look at the main ~ies in the news краткая сводка основных новостей

many papers lead with the ~ about ... во многих газетах передовые статьи посвящены ...

one ~ continues to overshadow all other topics одна новость продолжает оставаться в центре внимания

papers carry ~ies about *smth* в газетах помещены статьи о *чем-л.*

summary of the main ~ies краткая сводка основных новостей

straddle *v* вести двойственную политику

straighten *v брит. полиц. жарг.* успешно подкупать *кого-л.*

straightener *n брит. полиц. жарг.* взятка

strain *n* напряжение; усилие

mental ~ умственное напряжение

physical ~ физическое напряжение

to ease ~s on the balance-of-payments difficulties уменьшать трудности в сфере платежного баланса

to place severe ~s on *smth* возлагать жесткие условия на *что-л.*; обременять/усугублять *что-л.*

to put a considerable ~ on relations (between) привносить значительную напряженность в отношения *(между)*

diplomatic ~ has not run out возможности дипломатии не исчерпаны

strait *n* 1. (узкий) пролив 2. *pl* затруднительное положение, трудности

economic ~s экономические трудности

financial ~s финансовые трудности

international ~ международный пролив

to be in financial ~s испытывать финансовые затруднения

in great ~s в бедственном положении

stranglehold *n* господство; засилье; ухудшение

economic ~ over a country экономическое господство над страной

to make *smb* **do** *smth* **by the ~ of effective sanctions** заставлять *кого-л.* сделать *что-л.*, не давая ему обойти санкции/с помощью эффективных санкций

strangulation *n* ухудшение

economic ~ экономическое ухудшение

financial ~ финансовое ухудшение

strategic *a* 1. стратегический 2. *воен. жарг.* «стратегический» *(пригодный для ядерной войны)*

~ defense initiative (SDI) *воен. ист.* Стратегическая оборонная инициатива, СОИ

~ situation стратегическое положение

strategical *a* стратегический

strategist *n* стратег

armchair ~ кабинетный стратег

nuclear ~ ядерный стратег

strategy *n* стратегия; политика; линия поведения

~ of annihilation стратегия войны на уничтожение

~ proved out тактика оправдалась

aggressive ~ агрессивная стратегия

alternative ~ альтернативная стратегия

anti-inflation ~ тактика борьбы с инфляцией

anti-insurgency ~ стратегия борьбы с мятежниками

bridge building ~ стратегия «наведения мостов»

cautious ~ осторожная стратегия

common ~ общая стратегия; общий подход

correct ~ правильная стратегия

dash-to-the-market ~ программа быстрого перехода к рыночной экономике

deterrence/deterrent ~ стратегия устрашения; доктрина сдерживания

economic ~ экономическая стратегия/политика

effective ~ действенная/эффективная стратегия

electoral ~ предвыборная тактика; тактика предвыборной борьбы

flexible ~ гибкая стратегия

flexible response ~ стратегия «гибкого реагирования»

foreign-policy ~ внешнеполитическая стратегия

forward ~ прогрессивная стратегия

global ~ глобальная стратегия/политика

grass-roots ~ тактика заигрывания с избирателями путем изображения из себя человека из народа

independent ~ независимая стратегия/политика

industrial development ~ стратегия промышленного развития

integrated world ~ комплексная всемирная стратегия/политика

international development ~ международная стратегия развития

international disarmament ~ международная стратегия разоружения

joint ~ совместная стратегия

long-range ~ долгосрочная стратегия

long-term ~ политика дальнего прицела; долгосрочная политика

long-term integrated ~ долговременная совместная стратегия

massive retaliation ~ стратегия массированного ответного удара

military ~ военная стратегия

national ~ национальная стратегия, национальная/государственная политика

national development ~ национальная стратегия развития

national food ~ национальная стратегия в области продовольствия

negative ~ тактика дискредитации противника на выборах

no-city ~ ядерный удар только по военным объектам

nuclear ~ ядерная стратегия

nuclear deterrent ~ стратегия ядерного сдерживания

overall economic ~ общая экономическая стратегия

political ~ политическая стратегия

regional ~ региональная политика/стратегия

revamped ~ обновленная тактика

self-reliant ~ стратегия самообеспечения/самостоятельного экономического развития

socio-economic ~ социально-экономическая стратегия

victorious ~ стратегия победы

to adopt a ~ принимать стратегию

to agree (on) a common ~ согласовывать общую стратегию

to be out the heart of *smb's* **~** лежать в основе *чьей-л.* тактики

to devise a ~ разрабатывать стратегию

to draw up *one's* **~** намечать стратегию/тактику/план действий

to elaborate the ~ разрабатывать стратегию

to evaluate a ~ оценивать стратегию

to formulate economic ~ формулировать экономическую политику

to implement a ~ осуществлять стратегию/политику

to map out *one's* **~** намечать стратегию/тактику/план действий

to monitor a ~ контролировать стратегию

to plot *one's* **~** тайно разрабатывать свою тактику

to re-define *one's* **nuclear ~** пересматривать свою ядерную стратегию

to set a ~ принимать стратегию

to work out a global ~ разрабатывать глобальную стратегию

implementation of the ~ осуществление стратегии/политики

re-think of military ~ полный пересмотр военной стратегии

shaper of ~ автор стратегии

softening in the rebels' ~ снижение активности военных действий повстанцев

switch in ~ изменение тактики

stratification *n* расслоение

constant ~ постоянное расслоение

stratum (*pl* **strata**) слой; прослойка *(общества)*

social ~ социальный слой

lower ~ of society низший слой общества

stream *n* поток

continuous ~ of events непрекращающийся поток событий

streamer *n* транспарант; газетный заголовок-шапка

festive/holiday ~s праздничные транспаранты

streaming *n* деление учащихся по потокам *(А, В, С)* в зависимости от способностей

streamline *v* рационализировать, ускорять *(процессы производства)*

street *n* улица

No 10 Downing S. Даунинг стрит, 10 *(резиденция британского премьер-министра; употребляется в значениях «британский премьер-министр», «британское правительство»)*

Wall S. Уолл-Стрит *(улица в Нью-Йорке, где находится биржа)*; *перен.* американский финансовый капитал, финансовый центр

to block/to choke the ~s блокировать улицы *(о демонстрантах)*

to come out on ~s выходить на улицы

to line the ~s стоять вдоль улиц *(о людях)*

to march through the ~s проходить по улицам *(о демонстрантах)*

to pack the ~s заполнять улицы *(о демонстрации)*

to patrol ~s патрулировать улицы

to seal off the ~s оцеплять улицы

to stay off the ~s не появляться на улицах

to take to the ~s выходить на улицы

to tour the ~s разъезжать по улицам

strength *n* **1.** сила; мощь; прочность; устойчивость *(рынка)* **2.** эффективность; численный состав, численность *(войск и т.п.)*

~ of sterling устойчивость фунта стерлингов

aggregate ~ общая численность *(войск)*

bargaining ~ сила *чьей-л.* позиции на переговорах

competitive ~ конкурентоспособность

economic ~ экономическая стабильность

fighting ~ боевая мощь

industrial ~ промышленная мощь

manpower ~ численность личного состава

military ~ военная мощь

numerical ~ численный состав *(войск)*

overall ~ общая численность *(войск)*

peace ~ *воен.* численность войск в мирное время

spiritual ~ духовные силы

voting ~ число голосов, которыми партия располагает в парламенте

war ~ *воен.* боевой состав; численность войск в военное время

to adjust *one's* **troop ~ downward** снижать численность своих войск

to boost a country's military ~ усиливать военную мощь страны

to build up *one's* **~** сосредотачивать войска

to conserve *one's* **~** беречь силы

to cut *one's* **troop ~** сокращать численность своих войск

to deplete a country's ~ ослаблять страну

to display military ~ демонстрировать военную мощь

to find the ~ to condemn *smth* находить в себе силы осудить *что-л.*

to gain/to gather ~ набирать силу; разрастаться

to have an overwhelming conventional ~ иметь значительное превосходство в обычных вооружениях

to lose a third of *one's* **electoral ~** лишаться поддержки одной трети избирателей

to maintain *one's* **military ~** поддерживать свою военную мощь

to move into an area in ~ вводить крупные силы в *какой-л.* район

to muster up *one's* **~** собираться с силами

to put on a show of ~ устраивать демонстрацию силы

to recover/to regain ~ восстанавливать силы

to reduce troop ~ сокращать численность войск

to spell out *smb's* **~s and weaknesses** описывать подробно *чьи-л.* сильные и слабые стороны

to unite *one's* ~ объединять свои силы/усилия

to use *one's* ~ **for good** использовать свою силу для доброго дела

buildup of Western ~ **against a country** сосредоточение вооруженных сил западных стран против *какой-л.* страны

by ~ **of arm** грубой силой

from a position of ~ с позиции силы

level of ~ *воен.* штатная численность *(войск)*

preponderance of military ~ военное превосходство

show of ~ демонстрация силы

test of ~ проверка силы

strengthen *v* крепить; укреплять; усиливать

to ~ *(smb's)* **hand** усиливать *(чью-л.)* позицию

to ~ **an opinion** подкреплять мнение

to ~ **international peace and security** укреплять международный мир и безопасность

to ~ *smb's* **control of** *smth* усиливать *чей-л.* контроль над *чем-л.*

to ~ **the power** укреплять власть

to ~ **the unity** укреплять единство

strengthening *n* укрепление *(власти и т.п.)*, усиление

~ **of friendly ties** укрепление дружеских связей

all-round ~ всестороннее/всемерное укрепление

stress I *n* **1.** нажим; давление; напряжение; стресс **2.** ударение; значение

mental ~ умственное напряжение

to lay ~ **on** *smth* придавать значение *чему-л.*, подчеркивать *что-л.*

to lay particular ~ **on** *smth* делать особый упор на *что-л.*

stress II *v* подчеркивать; обращать особое внимание *(на)*; придавать особое значение; делать ударение

strife *n* борьба, спор; ссора, раздор

communal ~ общинная рознь

confessional ~ религиозная рознь

ethnic ~ национальная междоусобица

intercommunal ~ межобщинная вражда

intraparty ~ внутрипартийные раздоры; борьба внутри одной партии

national ~ национальная рознь

political ~ политические разногласия

racial ~ расовая рознь

religious ~ религиозная рознь

sectarian ~ междоусобица

tribal ~ племенная рознь

to be at ~ находиться в состоянии борьбы/в противоречии

to cease from ~ складывать оружие

to fan/to incite ~ разжигать межнациональную рознь

to make ~ сеять раздор

fomenting of religious ~ разжигание религиозной вражды

policy of ~ политика раздоров

strike I *n* **1.** удар **2.** забастовка, стачка; бойкот

~ **of utter devastation** разрушительный удар

all-out ~ всеобщая забастовка

counterforce ~ ядерный удар по военным объектам

crushing ~ сокрушительный удар

first ~ первый удар *(в ядерной войне)*

general ~ всеобщая забастовка

go-slow ~ замедленный темп работы *(вид забастовки)*; итальянская забастовка

Great S., the *ист.* «Великая стачка» *(всеобщая забастовка в Великобритании в 1926 г.)*

guerrilla ~**s** забастовки на отдельных предприятиях

hunger ~ голодная забастовка; голодовка

lightning ~ спонтанная забастовка, забастовка без предупреждения; краткая забастовка

limited nuclear ~ ограниченный ядерный удар

mammoth ~ грандиозная забастовка

massive ~**s** массовые забастовки

military ~ военный удар

nuclear missile ~ ракетно-ядерный удар

pit ~ забастовка шахтеров

preemptive ~ упреждающий/превентивный удар

preventive ~ **1)** упреждающий/превентивный удар **2)** превентивная/предупредительная забастовка

protective reaction ~ *эвф.* бомбардировка

retaliatory/second ~ *воен.* ответный удар

sit-down/sit-in ~ сидячая итальянская забастовка; забастовка, в которой рабочие занимают предприятие, не допуская штрейкбрехеров

splendid first ~ *воен.* упреждающий удар, уничтожающий силы противника и обеспечивающий победу

surgical ~ *воен.* молниеносный удар, *особ.* ограниченное нападение с воздуха

to make a ~ **at** *smth воен.* наносить удар по *чему-л.*

to mount a retaliatory ~ **against** *smb* предпринимать/наносить ответный удар *кому-л.*

rocket ~ **against rebel bases** ракетный удар по базам мятежников

strike II *v* бастовать, объявлять забастовку; наносить удар; бойкотировать

to ~ **a blow** нанести удар

to ~ **against long hours** бастовать за сокращение рабочего дня

to ~ **at the basis of the international system** подрывать основы мировой системы

to ~ **in sympathy** бастовать в знак солидарности

to ~ **militarily against a country** наносить удар вооруженными силами по *какой-л.* стране

to ~ over the increasing threat to *one's* **jobs** бастовать ввиду усиления угрозы потерять работу

to ~ root укореняться

strike-breaker *n* штрейкбрехер

strike-breaking *n* штрейкбрехерство; срыв забастовки

striker *n* забастовщик; участник забастовки

strike-torn *a* охваченный забастовкой

string *n* 1. веревка 2. ряд

~s attached дополнительные условия

first ~ основное условие

political ~s политические условия

to pull the ~s *перен.* нажимать на все кнопки

to win a ~ of successes одержать ряд побед

no ~s attached без *каких-л.* условий

on a ~ в полной зависимости; на поводу

stringency *n* нехватка; напряженность

economic ~ экономическая напряженность

financial ~ финансовая напряженность

labor ~ нехватка рабочей силы

money ~ недостаток денежных средств

stringer *n* *журн.* внештатный корреспондент, работающий в «горячих точках», *проф.* стрингер

string-pulling *n* *разг.* «нажимание на рычаги», проталкивание *(чего-л.)*

strip *n* 1. длинный узкий кусок; лента, полоска 2. участок, полоса земли

Gaza ~ сектор Газа

strive *v* *(against, with)* стараться, бороться *(против, с)*; *(for)* бороться *(за)*

to ~ for peace стремиться к миру

to ~ hard прилагать все усилия

to ~ to win стараться победить

stroke *n* удар

in one ~ одним ударом

strong *a* сильный, могущественный; решительный; твердый; крепкий

~ evidence убедительное/веское доказательство

~ faith твердая вера

~ measures крутые меры

~ mind/sense здравый ум

~ opinion твердое мнение

~ partisan страстный защитник

~ party многочисленная партия

militarily ~ сильный в военном отношении

to give ~ support to *smb/smth* оказывать решительную поддержку *кому-л./чему-л.*

to grow ~ усиливаться; укореняться

not ~ conventionally не имеющий больших обычных *(неядерных)* вооружений

stronghold *n* 1. оплот; цитадель; твердыня 2. *воен.* опорный пункт

~ of reactionary forces оплот реакции

anti-government ~ оплот антиправительственных сил

impregnable ~ неприступная цитадель; неприступный оплот

main ~ основной оплот

reliable ~ of peace and progress надежный оплот мира и прогресса

structural *a* структурный

structure *n* структура; сооружение; устройство; строй

~ of society структура общества, строй

~ of the cabinet структура кабинета министров

agrarian ~ аграрная структура

archaic ~ архаичная/устаревшая структура

budgetary ~ структура бюджета

class ~ классовая структура

complex ~ сложное устройство

component ~ компонентная структура

economic ~ экономическая структура

family ~ состав семьи

federal ~ федеральное устройство

industrial ~ 1) отраслевая структура 2) *pl* промышленные здания и сооружения

international ~ международная структура

management ~ структура управления

market ~ рыночная структура

nonproliferation ~ режим нераспространения

occupational ~ профессиональная структура

organizational ~ организационное строение, организационная структура

patriarchal ~ патриархальный уклад

pay ~ структура заработной платы

political ~ политическая структура, политическое устройство

population ~ состав народонаселения

post-war world ~ послевоенное устройство мира

power ~ структура власти

program ~ структура программы

residential ~s жилые здания и сооружения

revenue ~ структура доходов

sex ~ половой состав *(населения)*

simple ~ простое устройство

social ~ социальная структура; социальный строй; общественное устройство

socio-economic ~ социально-экономическая структура

state ~ 1) структура государства; государственное устройство 2) государственная структура

territorial ~ территориальная структура

tripartite ~ структура, состоящая из трех элементов

unified industrial ~ единая система промышленности

wage-and-salary ~ структура заработной платы

to dismantle political ~s ликвидировать политические структуры

diversification of the economic ~ диверсификация экономической структуры

struggle I *n* борьба

~ for dignity борьба с целью отстоять свое достоинство

~ for existence борьба за существование

~ for markets and spheres of influence борьба за рынки и сферы влияния

~ for national liberation борьба за национальное освобождение

~ for peace and security of peoples борьба за мир и безопасность народов

~ for succession борьба за место преемника

~ to divert the threat of war борьба за предотвращение угрозы войны

active ~ активная борьба

acute ~ острая борьба

age-old ~ многовековая борьба

antifeudal ~ *ист.* антифеодальная борьба

antimonopoly ~ борьба против монополий

armed ~ вооруженная борьба

bitter ~ острая/ожесточённая борьба

centuries-old ~ многовековая борьба

common ~ совместная борьба

conscious ~ сознательная борьба

continuous ~ продолжительная/длительная борьба

courageous ~ мужественная/смелая/беспристрастная борьба

covert ~ скрытая/тайная борьба

daily ~ ежедневная борьба

decisive ~ решительная борьба

diplomatic ~ дипломатическая борьба

domestic ~ борьба внутри страны

drawn-out ~ затяжная борьба

economic ~ экономическая борьба

emancipatory ~ борьба за освобождение женщин

factional ~ фракционная борьба

fierce ~ жестокая борьба

freedom ~ борьба за свободу

gender ~ борьба против дискриминации женщин

general ~ общая борьба

guerrilla ~ партизанская война

hard ~ тяжелая/трудная борьба

heroic ~ героическая борьба

holy ~ священная борьба

ideological ~ идеологическая борьба

inner-party ~ внутрипартийная борьба

intensive ~ напряженная борьба

internal ~ внутренняя борьба

international ~ международная борьба

joint ~ совместная/общая борьба

just ~ справедливая борьба

leadership ~ борьба за руководство *(партией и т.п.)*

liberation ~ борьба за освобождение, освободительная борьба

life and death ~ борьба не на жизнь, а на смерть

long ~ длительная борьба

mass ~ массовая борьба

military ~ вооруженная борьба

mounting ~ нарастающая борьба

national liberation ~ национально-освободительная борьба

organized ~ организованная борьба

overall ~ (все)общая борьба

overt ~ открытая/легальная борьба

parliamentary ~ парламентская борьба

peaceful ~ мирная борьба, мирные формы борьбы

peoples' ~ борьба народов

persistent ~ упорная борьба

political ~ политическая борьба

postwar ~ послевоенная борьба

power ~ борьба за власть

practical ~ практическая борьба

resolute ~ решительная борьба

righteous ~ справедливая борьба

sharp ~ острая борьба

spontaneous ~ стихийная борьба

strike ~ стачечная борьба, забастовочное движение

uncompromising ~ бескомпромиссная борьба

underground ~ подпольная борьба

unparalleled ~ беспримерная борьба

unrelieved ~ беспрестанная борьба

uphill ~ трудная борьба

victorious ~ победоносная борьба

vigorous ~ активная борьба; отчаянная борьба

worldwide ~ всемирная борьба

to abandon the ~ отказываться от борьбы

to be a symbol of ~ **for** *smth* быть символом борьбы за *что-л.*

to be engaged in the ~ **for** *smth* вести борьбу за *что-л.*

to be locked in a struggle with *smb* схватиться в борьбе с *кем-л.*

to carry on the ~ вести борьбу

to complicate the ~ осложнять борьбу

to coordinate the ~ координировать борьбу

to embark on a ~ подниматься на борьбу

to enter into ~ вступать в борьбу

to escalate the ~ усиливать борьбу

to give up on *one's* ~ признать бесплодность своей борьбы

to intensify ~ обострять/усиливать борьбу

to join the ~ включаться в борьбу

to mount a ~ организовывать борьбу

to proclaim the ~ провозглашать борьбу

to promote the ~ способствовать борьбе

to pursue *one's* ~ вести борьбу; продолжать борьбу

to rally to ~ поднимать на борьбу

to renew *one's* ~ **against** *smb* возобновлять борьбу против *кого-л.*

to resort to armed ~ прибегать к вооруженной борьбе

to resume the ~ возобновлять/продолжать борьбу

to rise to ~ подниматься на борьбу

to serve a symbol of ~ **for** *smth* служить символом борьбы за *что-л.*

to settle down for a ~ готовиться к борьбе

to step up *one's* ~ усиливать борьбу

to support a ~ поддерживать борьбу

to take part in a ~ участвовать в борьбе

to use one or another form of ~ использовать ту *или* иную форму борьбы

to wage a ~ вести борьбу

to win the ~ побеждать в борьбе

aggravation of the ~ обострение борьбы

complexities of the ~ сложности борьбы

course of ~ ход борьбы

emphasis on armed ~ упор на вооруженную борьбу

experience of ~ опыт борьбы

extraparliamentary forms of ~ непарламентские формы борьбы

forms of ~ формы борьбы

intensification of ~ активизация борьбы

means of ~ средства борьбы

methods of ~ методы борьбы

nonparliamentary forms of ~ внепарламентские формы борьбы

outcome of ~ исход борьбы

parliamentary forms of ~ парламентские формы борьбы

symbol of ~ символ борьбы

waning of the ~ затухание борьбы

weakening of the ~ ослабление борьбы

whirlpool of ~ водоворот борьбы

struggle II *v* бороться; сражаться

to ~ **against fascism** бороться с фашизмом

to ~ **consistently for universal peace** последовательно бороться за мир во всем мире

to ~ **for supremacy** бороться за господство

to ~ **to bring the situation under control** бороться за восстановление контроля над ситуацией

struggler *n* борец

freedom ~ борец за свободу

student *n* студент

credit ~ полноправный студент *(в отличие от вольнослушателя)*

graduate ~ аспирант

hunger-striking ~**s** студенты, участвующие в голодовке

pro-democracy ~**s** студенты, выступающие за демократию

stud/y I *n* изучение; исследование; научная работа; научные занятия; анализ

action-oriented ~**ies** целевые исследования

advanced ~**ies** перспективные исследования

applied ~**ies** прикладные исследования

area ~**ies** страноведение

basic ~**ies** фундаментальные исследования

case ~ изучение конкретного случая; исследование на конкретном примере; анализ отдельной проблемы

comparative ~**ies** сравнительные исследования

comprehensive ~ всесторонний анализ

creative ~ творческое изучение

deep ~ фундаментальное исследование

detailed ~ детальное исследование

economy ~ экономический анализ

environmental ~ исследование окружающей среды

experimental ~**ies** экспериментальные исследования

feasibility ~ технико-экономическое обоснование, ТЭО; анализ технико-экономической целесообразности

field ~**ies** полевые исследования

in-depth ~**ies** глубокие/тщательные исследования

investment feasibility ~**ies** технико-экономическое обоснование инвестиций

pilot ~ опытное/экспериментальное исследование

practical ~ стажировка

preinvestment ~**ies** предынвестиционные исследования

sectoral ~**ies** отраслевые исследования

selective sociological ~ выборочное социологическое обследование

social/sociological ~ социологическое исследование

specialized ~**ies abroad** специализированное обучение за границей

technical and economic ~ технико-экономический анализ

to fund a ~ финансировать исследования

to initiate ~**ies** предпринимать исследования

to make a close ~ **of** *smth* тщательно изучать *что-л.*

to submit detailed ~**ies to** *smb* представлять подробные изучения *кому-л.*

to undertake ~**ies** проводить исследования

study II *v* **1.** изучать; исследовать; анализировать **2.** учиться; обучаться

study-tour *n* учебно-ознакомительная поездка

stuffing *n* наполнение; набивание

ballot box ~ наполнение избирательных урн бюллетенями членами избирательных комиссий в пользу *какого-л.* кандидата

stultification *n* бесплодные усилия

stumbling-block *n* камень преткновения

stump *v полит. жарг.* «стоять на пне» *(проводить предвыборный митинг на открытом воздухе)*

stunt *n* трюк

political ~ политический трюк

propaganda ~ пропагандистский трюк

publicity ~ рекламный трюк

stupefy *v* притуплять *(ум, сознание и т.п.)*, одурманивать

style *n* стиль

authoritarian ~ командно-административный стиль руководства

collegiate ~ коллегиальность

management ~ стиль руководства/управления

man-of-the-people campaign ~ ведение предвыборной кампании в стиле «человек из народа»

negotiating ~ стиль ведения переговоров

political ~ стиль политического руководства

to recast *one's* **political** ~ пересматривать стиль работы политического деятеля

sharp change of management ~ резкое изменение стиля руководства
sub-commission n подкомиссия
   UN ~ on human rights подкомиссия ООН по правам человека
sub-committee n подкомиссия; подкомитет
   congressional ~ подкомиссия конгресса
   Senate ~ сенатская подкомиссия
   to chair a House ~ быть председателем подкомиссии палаты представителей *(США)*
   to establish regional ~ учреждать региональный подкомитет
sub-company n дочерняя компания
subcontractor n субконтрактор; субподрядчик
subculture n субкультура
sub-editor n заместитель редактора
subemployment n эк. жарг. полубезработица
subheading n подзаголовок
subject I n 1. тема; вопрос 2. предмет, (учебная) дисциплина 3. подданный
   ~ of a book содержание книги
   ~ of negotiations предмет переговоров
   ~s of concern to smb предметы/учебные дисциплины, представляющие интерес для *кого-л.*
   British ~ британский подданный
   compulsory ~s обязательные предметы/учебные дисциплины
   economic ~ экономическая дисциплина
   forbidden ~ запретная тема
   foreign ~ иностранный подданный
   general ~ общий вопрос
   loyal ~ верноподданный
   optional ~s факультативные учебные предметы/дисциплины
   topical ~ злободневная тема
   to keep to the ~ придерживаться темы; не отклоняться от темы
   to raise a ~ поднимать вопрос
   to stick to the ~ придерживаться темы; не отклоняться от темы
   deviation from the ~ отклонение от темы
   on the ~ of smth по поводу *чего-л.*
subject II v 1. подчинять, покорять 2. (to) подвергать *(воздействию, влиянию)*
   to ~ a country to smb's **rule** подчинять страну *чьему-л.* господству
   to ~ a nation покорять страну
   to ~ to exploitation подвергать эксплуатации
subject III a 1. зависимый, подчиненный 2. (to) подверженный 3. (to) подлежащий; обусловленный *(чем-л.)*; подвластный
   ~ nations зависимые/несамостоятельные государства
   ~ to при условии, допуская
   ~ to control подлежащий контролю
   ~ to reduction подлежащие сокращению *(о ракетах, вооружении и т.п.)*
   to be held ~ находиться в подчинении/в зависимости
   states ~ to foreign rule государства, находящиеся под иностранным владычеством
subjection n подчинение; зависимость

~ of peoples to alien subjugation подчинение народов иностранному игу
subjective a субъективный
subjectiveness n субъективность
subjectivism n филос. субъективизм
subjectivist n филос. субъективист
subjectivistic a филос. субъективистский
subjectivity n субъективность
subject-matter n предмет *(дискуссии, договора и т.п.)*; содержание, тема *(лекции, книги)*; вопрос
   ~ of a treaty предмет/содержание договора
   ~ of negotiations/of talks предмет переговоров
   ~ of the discussion предмет обсуждения/дискуссии
   to handle ~ обрабатывать материал
subjugate v покорять, порабощать, подчинять
   to ~ peoples порабощать народы
subjugation n покорение, подчинение, порабощение
   ~ of territory покорение территории
   economic ~ экономическое подчинение
subjugator n поработитель, покоритель; завоеватель
sublimate n подуровень *(сокращения вооружений)*
submarine n подводная лодка
   atomic/nuclear-powered ~ атомная подводная лодка
   strategic ~ подводная лодка, служащая для запуска ядерных ракет; стратегическая подводная лодка
submission n 1. подчинение; повиновение *(кому-л.)* 2. представление *(напр. доказательств)*
   ~ of a report представление доклада
   to keep in ~ держать в повиновении
   to provide a formal ~ делать официальное представление
   to yield ~ подчиняться
   deadline/the latest date for ~ of smth крайний срок представления *чего-л.*
   policy of economic ~ политика экономического подчинения
submit v 1. подчиняться 2. представлять, подавать *(документы)*
   to ~ for consideration представлять на рассмотрение
   to ~ to the General Assembly for approval представлять на утверждение Генеральной Ассамблее
   to ~ to terms подчиняться условиям
subordinate I n подчиненный
subordinate II a зависимый, подчиненный; второстепенный
   ~ body подчиненный орган
   ~ interests второстепенные интересы
   ~ position зависимое положение
subordinate III v подчинять
   to ~ one's **interests to** smth подчинять свои интересы *чему-л.*

to be ~ed to a Council подчиняться Совету

subordination *n* подчинение, зависимое положение; субординация

~ **of the minority to the majority** подчинение меньшинства большинству

conscious ~ сознательное подчинение

departmental ~ ведомственная подчиненность

subparagraph *n* абзац; подпункт

subpoena I *n юр.* судебная повестка

to serve a ~ on *smb* вручать судебную повестку *кому-л.*

subpoena II *v (smb)* вызывать *кого-л.* в суд повесткой

subprogram *n* раздел программы

subscriber *n* подписчик

subscription *n* подписка *(на газеты и т.п.)*

~ **to newspapers and periodicals** подписка на газеты и журналы

annual ~ годовая подписка

to pay for *smth* by ~ платить за *что-л.* по подписке

to restrict ~ ликвидировать подписку

subsection *n* подпункт/параграф

subsequent *a* последующий; более поздний

~ **ratification of the treaty** последующая ратификация договора

subsequently *adv* впоследствии

subsidiary I *n* дочерняя компания; филиал

subsidiary II *a* вспомогательный; дополнительный; дочерний *(о фирме и т.п.)*

subsidize *v* субсидировать *кого-л.*; давать субсидию/дотацию *кому-л.*

subsid/y *n (обыкн. pl)* субсидия; дотация

~ **in kind** субсидия в натуральной форме

agricultural ~ies дотации/субсидии фермерам

direct ~ies прямые субсидии

export ~ies дотации экспортерам

farm ~ies дотации фермерам

government ~ies государственные дотации/субсидии

heavy ~ies крупные дотации

indirect ~ies косвенные субсидии

industrial ~ies промышленные субсидии

military ~ies военные субсидии

public ~ies государственные дотации/субсидии

trade ~ies торговые дотации

to allocate ~ies for housing construction выделять средства на жилищное строительство

to cut (back) ~ies снижать/сокращать субсидии

to eliminate ~ies отменять дотации/субсидии

to grant state ~ies to *smb* предоставлять государственные субсидии *(кому-л.)*

to lower ~ies снижать/сокращать дотации

to phase out farm ~ies постепенно ликвидировать субсидии фермерам

to provide huge ~ies обеспечивать большую дотацию

to reduce agricultural ~ies сокращать дотации сельскому хозяйству

to remove ~ies on *smth* отменять дотации на *что-л.*

to slash food ~ies резко сокращать дотации на продукты питания

abolition of food ~ies отмена государственной дотации на продукты питания

cut in ~ies уменьшение дотаций

elimination of ~ies отмена дотаций

total removal of all farm ~ies полное прекращение всех дотаций/субсидий фермерам

subsistence *n* **1.** существование **2.** средства существования

necessary ~ необходимые средства существования

reasonable ~ средний/умеренный прожиточный минимум

means of ~ средства существования

minimum of ~ прожиточный минимум

substance *n* **1.** вещество; материя **2.** сущность, суть; *филос.* субстанция

auxiliary ~ вспомогательные материалы

ozone-harming ~s вещества, разрушающие озоновый слой

toxic ~s токсичные вещества

to come to the ~ of the matter переходить к рассмотрению вопроса по существу

substantial *a* существенный; значительный

~ **talks** важные переговоры

substantially *adv* существенно, значительно, в значительной мере

substantiate *v* подкреплять *(фактами, доводами)*, обосновывать

to ~ one's proposal обосновывать свое предложение

substantiation *n* обоснование

substantive *a* существенный; по существу

substitute I *n* заместитель; замена

substitute II *v* замещать; заменять

substitution *n* замещение; замена

import ~ импортозамещение; замена импорта отечественной продукцией

subterfuge *n* увертка, отговорка, уловка

skillful ~ искусная увертка

to resort to ~ прибегать к увертке

subversion *n* подрывная деятельность; диверсия; ниспровержение

economy ~ экономическая подрывная деятельность

ideological ~ идеологическая подрывная деятельность

to plot ~ against the government строить заговор против правительства

to step up ~ усиливать подрывную работу

violent ~ of neighbors насильственные подрывные действия по отношению к соседним странам

subversive I *n* подрывной элемент

subversive II *a* разрушительный, губительный; подрывной

~ **activities** подрывная деятельность

~ **tendencies** губительные тенденции

to be ~ of discipline подрывать дисциплину

succeed *v* **1.** достигать цели; удаваться; преуспевать, иметь успех **2.** следовать *(за чем-л.)*; быть *чьим-л.* преемником; наследовать *кому-л.*

success *n* успех, удача

clear ~ явный успех

considerable ~ значительный успех

deserved ~ заслуженный успех

diplomatic ~ дипломатический успех

dramatic ~ колоссальный/сенсационный успех

economic ~s хозяйственные/экономические успехи

electoral ~ успех на выборах

facile ~ легкий успех

lasting ~ прочный успех

magnificent ~ огромный успех

major ~ большой успех

massive ~ огромный успех

military ~s военные успехи

outstanding ~ выдающийся успех

partial ~ частичный успех

predicted ~ предсказанный успех

public relations ~ пропагандистский успех

sudden ~ неожиданный успех

tangible ~ реальный успех; ощутимый успех

tremendous ~ огромный/потрясающий успех

unqualified ~ явный/сплошной успех

to achieve ~ достигать/добиваться успеха

to anticipate ~ предвидеть успех

to aspire to further ~s стремиться к дальнейшим успехам

to be (of) a ~ пользоваться успехом, иметь успех

to build on earlier ~s закреплять достигнутые успехи

to judge *smth* **a huge ~** расценивать *что-л.* как огромный успех

to label *smth.* **as ~** считать *что-л.* успехом

to make a ~ делать успехи

to parade *one's* **~s** выставлять напоказ/выпячивать свои успехи

to promote ~ содействовать/способствовать успеху

to report ~s for *one's* **troops** сообщать об успехах своих войск

to score major ~s добиваться/достигать крупных успехов

to wish ~ желать успехов

by contrast with the political and economic ~ в противоположность политическим и экономическим успехам

critical for the ~ of *smth* решающий для успеха *чего-л.*

earnest of ~ залог успеха

without ~ безуспешно

successful *a* удачный, успешный, преуспевающий

successfully *adv* успешно

succession *n* последовательность, преемственность; наследование *(трона)*

in ~ в определенной последовательности

presidential ~ порядок замещения поста президента в случае его смерти/нетрудоспособности

successor *n (to smb)* преемник; наследник

designated ~ официальный преемник

hard-line ~ преемник, являющийся сторонником жесткого курса

likely ~ вероятный преемник

to choose a ~ (to smb) подбирать преемника *(кому-л.)*

to discover a natural potential ~ обнаруживать естественного потенциального преемника

to hand over to *one's* **~** передавать власть своему преемнику

to prepare ~s готовить себе смену

man often tipped as a likely ~ человек, которого часто называли в качестве вероятного преемника

sue *v (smb)* предъявлять иск *(кому-л.)*; подавать в суд *(на кого-л.)*; привлекать *(кого-л.)* к судебной ответственности

to ~ smb for *smth* подавать в суд на *кого-л.* за *что-л.*; предъявлять *кому-л.* судебный иск за *что-л.*

suffer *v* страдать; испытывать *(голод и т.п.)*; нести *(потери)*; терпеть

to ~ a big slump in living standards страдать от сильного снижения жизненного уровня

to ~ a change претерпевать изменение

to ~ a defeat/setback терпеть поражение/неудачу

to ~ a gun-shot wound получать огнестрельное ранение

to ~ from a diplomatic cold болеть «дипломатической болезнью» *(т.е. оказываться больным по дипломатическим соображениям)*

to ~ from declining supplies страдать от уменьшения снабжения

to ~ from heavy flood страдать от сильного наводнения

to ~ from hunger and poverty страдать от голода и нищеты

to ~ grievously in *one's* **bereavement** мучительно переживать свою тяжелую утрату

to ~ losses терпеть убытки; нести потери

suffering *n* страдание

cruel ~ ужасные страдания

human ~ человеческие страдания

indiscriminate/untold ~ массовые/неисчислимые страдания; неописуемые бедствия

to alleviate ~ облегчать страдания

to cause ~ причинять страдания

to inflict ~ on a people причинять страдания народу

sufficiency *n* достаточность

reasonable ~ разумная достаточность *(вооружений)*

principle of reasonable defense ~ принцип разумной достаточности для нужд обороны

sufficient *a* достаточный

suffrage *n* голосование; право голоса, избирательное право

direct ~ прямое избирательное право

equal ~ равное избирательное право

female ~ избирательное право для женщин

positive ~ активное избирательное право

universal ~ всеобщее избирательное право

universal adult ~ всеобщее избирательное право для совершеннолетних

women's ~ избирательное право для женщин

suffragette *n ист.* суфражистка *(сторонница предоставления избирательного права женщинам)*

suffragist *n* сторонник равного избирательного права *(особ. для женщин)*

suggestion *n* предложение; совет

to adopt a ~ принимать предложение

to prepare ~**s** подготавливать предложения

to reject a ~ отклонять/отвергать предложение

to retract ~**s** снимать свое предложение

suicide *n* самоубийство

economic ~ экономическое самоубийство

mass ~ коллективное/массовое самоубийство

political ~ политическое самоубийство

string of ~**s** серия самоубийств

to commit ~ совершать самоубийство

suit I *n* судебное дело; иск

civil ~ гражданский иск

divorce ~ бракоразводный процесс

to bring/to file a ~ **against** *smb* подавать в суд на *кого-л.*

to reopen a ~ возобновлять иск

to win *one's* **law** ~ **against** *smb* выигрывать судебное дело против *кого-л.*

law ~ **against** *smb* судебное дело против *кого-л.*

suit II *v* удовлетворять требованиям; подходить; соответствовать

suitability *n* пригодность, годность

suitable *a* подходящий; соответствующий; приемлемый; удовлетворяющий требованиям

suitcasing *n угол. жарг.* передача очень крупных взяток

sultan *n* султан

sultanate *n* султанат

sum I *n* сумма

~ **in words** сумма прописью

~ **of money** денежная сумма

~ **owing** причитающаяся сумма

~ **paid in** уплаченная сумма

~ **payable** сумма, подлежащая уплате

adequate ~ достаточная сумма

gross ~ общая сумма

lump ~ единовременная выплата

total ~ общая сумма

to deposit a ~ **in a bank on interest** открывать вклад в сберегательном банке для получения дохода в виде процентов

to shell out a ~ **for** *smth* ассигновать сумму на *что-л.*

sum II *v* вычислять сумму

to ~ **up 1)** суммировать **2)** подводить итог

summarize *v* суммировать; резюмировать; подводить итог; обобщать

summary I *n* краткое изложение; резюме, сводка; сводная таблица

~ **of costs** сводная таблица расходов

~ **of the latest news** сводка последних известий

annual ~ годовая сводка

brief ~ краткая сводка; краткое изложение

latest news ~ краткая сводка последних известий

operations ~ оперативная сводка

project ~ проектная сводка; краткое изложение проекта

to compile a ~ составлять сводку

to make up a ~ составлять сводку

summary II *a* **1.** краткий, суммарный **2.** *юр.* скорый, осуществляемый в упрощенном порядке

summation *n* **1.** суммирование, подведение итога **2.** *юр.* заключительная речь в суде

to deliver *one's* ~ произносить заключительную речь в суде

summing-up *n* **1.** *юр.* заключительная речь судьи **2.** подведение итога

summit I *n* **1.** вершина; предел **2.** *полит.* высшие сферы **3.** встреча на высшем уровне, встреча в верхах, саммит

Arab ~ встреча глав государств и правительств арабских стран

arms control ~ встреча на высшем уровне по вопросу контроля над вооружениями

Common Market S. *ист.* совещание глав государств стран «Общего рынка»

economic ~ экономическое совещание на высшем уровне

emergency ~ внеочередная встреча на высшем уровне

extraordinary ~ чрезвычайное/внеочередное совещание в верхах/на высшем уровне

forthcoming ~ предстоящая встреча на высшем уровне

fruitful ~ плодотворная встреча на высшем уровне

G-8 ~ встреча руководителей «Большой восьмерки»

Islamic ~ совещание глав государств и правительств стран-членов организации «Исламская Конференция»

low-key ~ рабочая встреча на высшем уровне

mini ~ кратковременная встреча в верхах

nonaligned ~ конференция глав государств и правительств неприсоединившихся стран

preliminary ~ предварительная встреча в верхах

projected ~ намеченная встреча на высшем уровне

superpower ~ встреча руководителей глав сверхдержав

three-way ~ трехсторонняя встреча на высшем уровне

White House-Congress budget ~ встреча президента США с лидерами Конгресса для обсуждения бюджета

to arrange an early ~ **with** *smb* организовывать в ближайшее время встречу на высшем уровне с *кем-л.*

to bring a ~ **one step closer** делать встречу на высшем уровне еще более возможной

to clear the way towards a ~ открывать путь к встрече на высшем уровне

to consider the next ~ **for early next year** рассматривать возможность проведения следующей встречи на высшем уровне в начале следующего года

to go into a ~ идти на встречу на высшем уровне

to hold a ~ проводить встречу на высшем уровне

to host a ~ принимать у себя участников встречи на высшем уровне

to make progress towards a ~ добиваться успеха в деле созыва совещания в верхах

to pack *one's* **bags for the** ~ собираться на встречу на высшем уровне

to pave/to smooth the way for/to ~ прокладывать дорогу встрече на высшем уровне, готовить встречу на высшем уровне

to place the proposed ~ **in jeopardy** ставить под угрозу намеченную встречу глав государств

to rush *smb* **into a** ~ **with** *smb* торопить *кого-л.* с проведением встречи на высшем уровне с *кем-л.*

to set a date for a ~ назначать дату встречи на высшем уровне

to stay away from a ~ воздерживаться от участия во встрече на высшем уровне

to torpedo a ~ срывать встречу на высшем уровне

to touch upon the possibility of a ~ касаться возможности проведения встречи на высшем уровне

to upstage a ~ отвлекать внимание от встречи на высшем уровне

build-up to the ~ подготовительные мероприятия к встрече на высшем уровне

in the run-up to the ~ в преддверии встречи на высшем уровне

main obstacle to a ~ главное препятствие на пути к встрече на высшем уровне

meeting at the ~ совещание/встреча на высшем уровне

outcome of the ~ результат встречи на высшем уровне

political tensions within the ~ политическая напряженность среди участников встречи в верхах

prospect of a ~ перспектива встречи на высшем уровне

tangible fruits of the ~ ощутимые плоды встречи на высшем уровне

the issue of human rights continues to dominate the ~ основным вопросом повестки дня встречи на высшем уровне продолжает оставаться проблема прав человека

summit II *v* принимать участие во встрече на высшем уровне/в саммите

summiteer *n* участник встречи на высшем уровне, участник саммита

summeteering *n* проведение встречи на высшем уровне

summit-level *a* происходящий на высшем уровне

summitry *n* 1. практика проведения встреч/ совещаний на высшем уровне 2. дипломатия, основанная на встречах на высшем уровне

summon *v* вызывать (*в суд и т.п.*)

summons *n* вызов (*в суд*); (судебная) повестка

superarmament *n* сверхвооружение

Supercabinet *n* «сверхкабинет» (*неофициальное название Совета национальной безопасности США, состоящего из президента, вице-президента, госсекретаря, министра обороны, директора ЦРУ и др. высокопоставленных должностных лиц*)

superdelegate *n* делегат съезда партии из партийной элиты (*сенатор, конгрессмен, губернатор штата, партийный чиновник*)

supergrass *n жарг.* осведомитель

superintendent *n* 1. заведующий, управляющий; начальник; директор 2. *амер.* комиссар просвещения (*глава департамента просвещения штата*) 3. *брит.* директор воскресной школы

county ~ *брит.* попечитель школ графства

state school ~ комиссар просвещения штата

superior *a* 1. высший, высшего качества; превосходящий 2. старший (*по должности*)

superiority *n* превосходство, преимущество

~ **in conventional arms** превосходство в обычных вооружениях

~ **in numbers** численное превосходство

air ~ *воен.* превосходство в воздухе

clear ~ **in** *smth* явное превосходство в *чем-л.*

conventional ~ превосходство в обычный видах вооружения

economic ~ экономическое превосходство

ideological ~ идеологическое превосходство

military ~ военное превосходство

moral ~ моральное превосходство

national ~ национальное превосходство

nuclear-missile ~ ракетно-ядерное превосходство

numerical ~ численное превосходство

overwhelming ~ подавляющее превосходство

strategic ~ стратегическое превосходство

technological ~ превосходство в уровне развития техники

troop ~ превосходство в численности войск

to achieve/to attain ~ достигать превосходства

to challenge *smb's* ~ оспаривать *чье-л.* превосходство

to enjoy ~ **in** *smth* иметь превосходство в *чем-л.*; пользоваться превосходством в *чем-л.*

to ensure military ~ **of one state over another** обеспечивать военное превосходство одного государства над другим

to have ~ **in** *smth* иметь превосходство в *чем-л.*; пользоваться превосходством в *чем-л.*

to lose absolute ~ **in** *smth* утрачивать абсолютное превосходство в *чем-л.*

to maintain ~ удерживать/сохранять преимущество

to regain the ~ возвращать утраченное превосходство

to secure ~ обеспечивать превосходство

to seek ~ добиваться превосходства

to strive for ~ стремиться к превосходству

to win ~ достигать превосходства

Super Mac *ист.* «Супер Мак» *(прозвище бывшего премьер-министра Великобритании Гарольда Макмиллана)*

superman *n* супермен, сверхчеловек

supermobile *n дел. жарг.* молодой способный руководящий работник, часто меняющий места работы

supermonopoly *n* сверхмонополия

supernuke *n жарг.* смотритель на атомной электростанции

superordinate *n жарг.* начальник

superpower *n* сверхдержава

~ **to be reckoned with** сверхдержава, с которой необходимо считаться

declining ~ сверхдержава, переживающая упадок

post-its-prime ~ сверхдержава, время расцвета которой миновало

regional ~ региональная сверхдержава

to bend the knee to a ~ преклоняться перед сверхдержавой

to play the two ~**s off against each other** настраивать две сверхдержавы против друг друга

superprofit *n* сверхприбыль

extraction of ~**s** извлечение сверхприбылей

super-rank *n жарг.* высокое звание

superstate *n* сверхдержава

harbinger of a European ~ предвестник европейского сверхгосударства *(Соединенных штатов Европы)*

superstition *n* суеверие; предрассудок

to eradicate religious ~**s** искоренять религиозные предрассудки

superstitiousness *n* суеверность

superstructure *n* надстройка

economic ~ экономическая надстройка

ideological ~ идеологическая надстройка

non-economic ~ внеэкономическая надстройка

political ~ политическая надстройка

state-legal ~ государственно-правовая надстройка

supertax *n* налог на сверхприбыль

Super Tuesday 1. «Великий вторник» *(день выборов президента США – первый вторник ноября)* **2.** «Великий вторник», «супер-вторник» *(второй вторник марта високосного года, когда сразу в нескольких штатах США проходят первичные выборы и партийные конференции)*

supervise *v* осуществлять надзор, наблюдать; контролировать, руководить

to ~ **the observance of a treaty's provisions** контролировать выполнение условий договора

supervision *n* надзор; контроль; руководство; наблюдение

~ **of foreign investments** контроль над иностранными капиталовложениями/инвестициями

~ **of nuclear weapons withdrawal** наблюдение за выводом ядерного оружия *(из какой-л. страны)*

administrative ~ административный надзор

close ~ тщательное наблюдение

engineering ~ технический надзор/контроль

general ~ общий контроль/надзор

international ~ **over** *smth* международное наблюдение за *чем-л.*

judicial ~ судебный надзор

plebiscite ~ наблюдения за проведением плебисцитов

political ~ политический надзор

procurator's ~ прокурорский надзор

public ~ государственный контроль

technical ~ технический надзор/контроль

to place occupied land under temporary UN ~ временно располагать на оккупированной территории посты наблюдателей ООН

under the ~ **(of)** под руководством/под надзором

with minimal ~ **from** *smb* при минимальном контроле со стороны *кого-л.*

supervision *a юр.* надзорный

supervisor *n* **1.** инспектор; контролер **2.** (непосредственный) начальник

supplement I *n* приложение, дополнение; добавление; добавка *(к заработной плате)*

supplement II *v* дополнять, пополнять

supplementary *a* дополнительный; добавочный

supplier *n* поставщик

arms ~ поставщик оружия

international ~ международный поставщик

reliable ~ надежный поставщик

suppl/y I *n* **1.** снабжение; поставка **2.** запасы; сырье и материалы; ресурсы **3.** *эк.* предложение

~ **and demand** предложение и спрос

~ **exceeds/outstrips demand** предложение превышает/превосходит спрос

~ **of arms is critical to the war** поставки оружия имеют решающее значение для исхода войны

~ **of labor** обеспеченность рабочей силой

~ **of resources** обеспечение ресурсами

~**ies on hand** наличный запас

adequate ~ достаточный запас

alternative power ~**ies** альтернативные источники энергии *(солнечная энергия, энергия ветра и т.п.)*

ample ~**ies** достаточный запас

arms ~ поставки оружия

available ~**ies** наличные ресурсы/запасы

emergency food ~**ies** срочные поставки продовольствия

energy ~ энергоресурсы; энергоснабжение

excess ~ превышение предложений над спросом; избыточное предложение

expendable ~ предметы и материалы текущего потребления

food ~ **1)** продовольственные ресурсы/запасы **2)** снабжение продовольствием

international relief ~**ies** международная помощь пострадавшим от стихийного бедствия

labor ~ трудовые ресурсы, ресурсы рабочей силы

maintenance ~**ies** материально-техническое обеспечение

massive ~ крупные поставки

military ~**ies to a country** военные поставки *какой-л.* стране

nonlethal ~**ies** поставки, не включающие вооружение и боеприпасы

office ~**ies** канцелярские принадлежности

poor ~ недостаточное снабжение

relief food ~**ies** поставки продовольственной помощи

scanty ~ недостаточное/скудное снабжение

scientific ~**ies** научные материалы

short ~ недостаточный запас

technical ~ техническое снабжение

water ~ водоснабжение

world coal ~**ies** мировые запасы угля

to affect ~ оказывать влияние на предложение

to allow only humanitarian ~**ies through** разрешать провоз только гуманитарных грузов

to be in ~ поступать в достаточном количестве

to block ~**ies** препятствовать поставкам

to cut down on ~**ies of raw materials** сокращать поставки сырья

to cut off ~**ies** прекращать поставки

to deliver technical ~**ies** осуществлять технические поставки

to disrupt food ~**ies** нарушать поставки продовольствия

to ferry ~**ies to a country** перебрасывать поставки в страну

to fly in ~**ies** доставлять предметы снабжения по воздуху

to halt ~**ies** прекращать поставки

to hamper ~**ies** препятствовать снабжению

to improve food ~**ies** улучшать снабжение продовольствием

to keep ~**ies away from** *smb* препятствовать снабжению *кого-л.*

to run short of ~**ies** истощать запасы

consignment of ~**ies for** *smb* партия грузов для *кого-л.*

cutting off ~**ies from a country** прекращение поставок из *какой-л.* страны

distribution of relief ~**ies** распределение гуманитарной помощи

drop in ~ падение предложения

improvement of food ~**ies** улучшение снабжения продовольствием

in short ~ дефицитный

lack of basic ~**ies and services** отсутствие основных предметов потребления и услуг

level of ~ **1)** норма снабжения **2)** размер запаса

moratorium on arms ~**ies** мораторий на поставки оружия

source of ~ источник снабжения

supply II *v* снабжать, обеспечивать, поставлять

to ~ **a demand** удовлетворять спрос

to ~ *smb* **with military secrets** снабжать *кого-л.* секретной военной информацией

support I *n* помощь; поддержка; опора; средства к существованию; обеспечение

~ **for** *smb* **across the widest political spectrum** поддержка *кого-л.* самыми различными политическими кругами

~ **for** *smb/smth* **is fading** поддержка *кого-л./чего-л.* ослабевает

~ **for the agreement in Westminster has waned** поддержка соглашения со стороны британского парламента уменьшилась

~ **for the strike is crumbling** поддержка забастовки уменьшается

~ **is dwindling** поддержка уменьшается

active ~ активная поддержка

administrative ~ административная помощь

all-out ~ максимальная поддержка; безусловная поддержка; всемерная поддержка

all-round ~ всесторонняя поддержка; всемерная поддержка

broad ~ широкая поддержка

clear ~ явная поддержка

congressional ~ **for** *smth* поддержка Конгрессом *чего-л.*

consistent ~ последовательная поддержка

continuous ~ постоянная/непрерывная помощь/поддержка

covert ~ тайная поддержка

delayed ~ отсроченная/задержанная помощь

diplomatic ~ дипломатическая поддержка

direct ~ непосредственная поддержка/помощь

dwindling ~ уменьшающаяся поддержка

economic ~ экономическая помощь

effective ~ эффективная поддержка/помощь

engineer ~ инженерное обеспечение

financial ~ финансовая помощь/поддержка, финансовое обеспечение

firm ~ твердая поддержка

flagging ~ ослабевающая поддержка

fraternal ~ братская поддержка

full-hearted ~ охотно оказываемая поддержка, поддержка от всего сердца

government ~ правительственная поддержка

grass-root ~ поддержка масс/народа

high-level ~ поддержка со стороны высшего руководства

indirect ~ косвенная поддержка

informational ~ информационное обеспечение

international ~ международная поддержка

managerial ~ помощь управленческого аппарата

mass ~ массовая/широкая поддержка; поддержка масс

material ~ материальная поддержка/помощь; материальное обеспечение

material and technical ~ материально-техническое обеспечение

military ~ военная помощь/поддержка

moral ~ моральная поддержка

mutual ~ взаимная поддержка

noble ~ благородная поддержка

organizational ~ организационная помощь

overwhelming ~ поддержка подавляющего большинства

political ~ политическая поддержка/помощь

popular ~ народная поддержка, поддержка народа

public ~ 1) государственная помощь 2) общественная поддержка, поддержка общества

renewed ~ возобновленная поддержка

resolute ~ решительная поддержка

resounding ~ полная поддержка

social ~ социальная опора; социальная поддержка

solid ~ единодушная поддержка

staunch ~ твердая поддержка

substantial/substantive ~ значительная помощь; существенная/основательная/весомая поддержка

tacit ~ молчаливая поддержка

technical/technological ~ техническая помощь; техническое обеспечение

total ~ полная поддержка

unabashed ~ открытая поддержка

unanimous ~ единодушная поддержка

unconditional ~ безоговорочная поддержка

unequivocal ~ явная/безоговорочная поддержка

unfailing ~ непоколебимая поддержка

unqualified ~ безоговорочная поддержка

unreserved ~ неограниченная поддержка

unshakable ~ непоколебимая поддержка

unwavering ~ неизменная поддержка

verbal ~ словесная поддержка

visa ~ визовая поддержка

voter ~ поддержка избирателей

waning ~ уменьшающаяся поддержка

weakening ~ ослабление поддержки

wholehearted ~ горячая поддержка

wide ~ широкая поддержка

wide-spread ~ широкая поддержка

world-wide ~ всемирная поддержка

to abandon ~ **for** *smb* отказываться от поддержки *кого-л.*; лишить *кого-л.* поддержки

to affirm *one's* ~ **for** *smb* подтверждать свою поддержку *кого-л.*

to assure *oneself* **of** *smb's* ~ заручаться *чьей-л.* поддержкой

to attract more public ~ добиваться усиления поддержки со стороны общества

to bolster ~ усиливать поддержку

to broaden ~ **for** *smth* обеспечивать более широкую поддержку *чего-л.*

to build up ~ **for** *smb* создавать поддержку *кому-л.*

to buy the ~ **of local population** добиваться поддержки местного населения

to cancel ~ прекращать помощь/поддержку

to canvass *smb* **for** ~ добиваться поддержки с *чьей-л.* стороны

to cement the ~ **of the right** упрочивать поддержку правых

to command majority ~ пользоваться поддержкой большинства

to count on *smb's* ~ рассчитывать на *чью-л.* поддержку

to court *smb's* ~ добиваться *чьей-л.* поддержки

to cut off ~ лишать *кого-л.* поддержки

to declare *one's* ~ заявлять о своей поддержке

to deign *smb's* ~ удостаиваться *чьей-л.* поддержки

to demonstrate *one's* **solid** ~ демонстрировать единодушную поддержку

to deviate from *one's* ~ **of** *smb* прекращать поддержку *кого-л.*

to double the ~ удваивать поддержку

to draw *one's* ~ **from** *smb* пользоваться *чьей-л.* поддержкой; получать поддержку от *кого-л.*

to drop *one's* ~ **for** *smb* отказываться от оказания поддержки *кому-л.*; прекращать поддержку *кого-л.*

to drum up ~ for *smth* искать сторонников *чего-л.*; просить оказать поддержку *чему-л.*

to enjoy mass ~ пользоваться поддержкой народа

to enlist *smb's* **~** заручаться *чьей-л.* поддержкой

to erode *smb's* **~ for** *smth* ослаблять чью-л. поддержку *кого-л.*

to express ~ for *smth* выражать поддержку *кого-л.*

to find wide public ~ встречать широкую поддержку общества

to forfeit international ~ лишаться международной поддержки

to gain ~ получать поддержку

to garner ~ собирать голоса *(в ходе предвыборной кампании)*

to gather ~ within the army находить сторонников в рядах армии

to gauge the ~ оценивать размеры поддержки

to get ~ получать помощь/поддержку

to give *smb* **~** оказывать *кому-л.* поддержку

to have *smb's* **~** пользоваться *чьей-л.* поддержкой

to intensify the ~ усиливать/увеличивать помощь

to lean on the ~ of *smb* опираться на чью-л. поддержку

to lend ~ оказывать поддержку

to lessen *one's* **~ for** *smb* уменьшать поддержку, оказываемую *кому-л.*

to lobby for ~ добиваться поддержки *(парламента и т.п.)*

to lose ~ терять поддержку

to maintain electoral ~ сохранять поддержку избирателей

to meet with ~ находить поддержку

to mobilize international political ~ мобилизовывать международную политическую поддержку

to muster ~ for *smth* находить поддержку *чему-л.*

to obtain ~ получать помощь/поддержку

to offer ~ предлагать помощь/поддержку

to pledge ~ обещать поддержку

to provide ~ оказывать поддержку/помощь

to raise ~ for *smth* добиваться поддержки *чего-л.*

to rally ~ искать сторонников; заручаться поддержкой

to rally to the ~ of *smth* сплачиваться для поддержки *чего-л.*

to reaffirm *one's* **~ for** *smb* подтверждать свою поддержку *кого-л.*

to receive ~ получать поддержку/помощь

to recover political ~ восстанавливать политическую поддержку

to reevaluate *one's* **~** пересматривать свою поддержку *кого-л.*

to regain ~ вновь добиваться поддержки

to reiterate *one's* **~ for** *smb* подтверждать свою поддержку *кого-л.*

to rely on the ~ опираться на поддержку

to render ~ оказывать поддержку

to restate *one's* **~ for** *smth* вновь подтверждать свою поддержку *кого-л.*

to secure the ~ of/to seek ~ from *smb* добиваться *чьей-л.* поддержки

to shout ~ for *smb* поддерживать криками *кого-л.*

to show ~ for *smth* демонстрировать свою поддержку *чего-л.*

to step up *one's* **~ for** *smth* усиливать поддержку *чего-л.*

to swing one's ~ behind *smb.* бросаться на поддержку *кого-л.*

to test ~ for *smb.* проверять наличие поддержки *кого-л.*

to throw *one's* **~ behind** *smb* оказывать поддержку *кому-л.*

to urge for more measured ~ for *smb* призывать проявлять большую осторожность/взвешенность при поддержке *кого-л.*

to voice ~ for *smth* высказываться в поддержку *чего-л.*

to water down *one's* **~ for** *smb* уменьшать свою поддержку, оказываемую *кому-л.*

to whittle away ~ for *smb* уменьшать поддержку *кого-л.*

to widen electoral ~ усиливать поддержку со стороны избирателей

to win *smb's* **~** добиваться *чьей-л.* поддержки

to withdraw *one's* **~ for** *smth* отказываться от дальнейшей поддержки *чего-л.*

big surge in ~ for *smb* значительное усиление поддержки *кого-л.*

decline of/drop in ~ уменьшение поддержки

fall in electoral ~ ослабление поддержки со стороны избирателей

lack of ~ отсутствие поддержки

loss of ~ потеря поддержки

resurgence of ~ резкое усиление поддержки

show of ~ for *smb* демонстрация поддержки *кого-л.*

support II *v* помогать; поддерживать; содействовать; обеспечивать; финансировать

to ~ life обеспечивать средства к существованию

to ~ *smb* **militarily** оказывать *кому-л.* военную поддержку

to ~ *smb* **to the end** поддерживать *кого-л.* до конца

to ~ *smth* **without qualification** безоговорочно поддерживать *что-л.*

to ~ the motion поддерживать предложение

to ~ the peace initiative поддерживать мирную инициативу

supporter *n* сторонник; приверженец

anti-apartheid ~ *ист.* сторонник движения против апартеида

core ~ верный сторонник

erstwhile ~ бывший сторонник

government ~ сторонник правительства

hard-line ~ сторонник/приверженец жесткой политики
keen ~ страстный сторонник/приверженец
Labor ~ сторонник лейбористов
longtime ~ давний сторонник
loyal ~ верный сторонник, стойкий приверженец
"No" vote ~ сторонник голосования «против»
opposition ~ сторонник оппозиции
outspoken ~ откровенный сторонник
peace ~ сторонник мира, борец за мир
political ~ политический сторонник
pro-government ~ сторонник правительства
staunch ~ убежденный сторонник; верный сторонник
strong ~ активный сторонник
to cause alarm among *one's* **own ~s** вызывать тревогу среди своих сторонников
to exhort *one's* **~s to do** *smth* призывать своих сторонников сделать *что-л.*
to rally *one's* **~s** сплачивать своих сторонников
to win a ~ приобретать сторонника
supporting *a* вспомогательный
suppress *v* подавлять; пресекать; запрещать *(газету и т.п.)*; замалчивать *(факты и т.п.)*; утаивать *(правду)*
to ~ a newspaper запрещать газету
to ~ anger сдерживать гнев
to ~ by armed force подавлять силой оружия
to ~ publication запрещать издание
to ~ the rights подавлять права
suppression *n* подавление; запрещение *(газеты и т.п.)*; замалчивание *(фактов и т.п.)*
~ by force подавление силой
~ of an uprising подавление восстания
~ of civil rights *юр.* приостановление действия гражданских прав
~ of facts умалчивание фактов
~ of illicit traffic пресечение незаконной торговли *(наркотиками и т.п.)*
~ of political opponents расправа с политическими противниками
~ of press freedom подавление свободы печати
~ of rights пресечение беспорядков
~ of strikes подавление забастовок
~ of the liberation struggle подавление освободительной борьбы
brutal ~ жестокое подавление
supragovernment *a* надправительственный
supranational *a* наднациональный
suprastate *a* надгосударственный
supremacist *n* сторонник превосходства
white ~ расист, сторонник превосходства белой расы
supremacy *n* превосходство; господство; верховная власть
air ~ *воен.* господство в воздухе
national ~ «общенациональное преимущество»

naval ~ *воен.* господство на море
nuclear ~ ядерное превосходство
political ~ политическое превосходство
racial ~ расовое превосходство
technological ~ техническое превосходство
territorial ~ территориальное господство
world ~ мировое господство
to attain decisive military ~ достигать решающего военного превосходства
to establish *one's* **~** утверждать свое господство/свою власть
to maintain *one's* **~** сохранять свое господство
countenance for world ~ стремление к мировому господству
forcible establishment of world ~ насильственное установление мирового господства
supreme *a* верховный; высший
supremo *n* 1. правитель/руководитель с неограниченными полномочиями 2. *жарг.* начальник
aid ~ координатор по оказанию помощи
cultural ~ чиновник, возглавляющий культуру
surcharge *n* доплата
to pay a war-risk ~ производить доплату в связи с риском из-за военных действий
surge I *n* увеличение; подъем; повышение
~ forward повышение курса акций
last-minute ~ резкое увеличение *(напр. числа сторонников)* в последнюю минуту
surge II *v* увеличиваться; возрастать; подниматься
surmount *v* преодолевать
surpass *v* превосходить, превышать
surplus *n* излишек, избыток; превышение; остаток
~ of agricultural produce излишки сельскохозяйственной продукции
~ of funds излишек денежных средств
~ of manpower избыток рабочей силы
~ of population избыток населения
~ of products излишки продуктов производства
agricultural ~ излишки сельскохозяйственной продукции
budget(ary) ~ превышение доходов бюджета над расходами, активное сальдо бюджета
cash ~ кассовый излишек
consumer ~ потребительская надбавка/выгода
current ~ текущие прибыли
demand ~ избыток спроса
export/exportable ~ превышение экспорта над импортом, активное сальдо торгового баланса
external ~ активное сальдо платежного баланса
farm ~ излишки сельскохозяйственной продукции
food ~ излишки продовольствия

import ~ превышение импорта над экспортом, пассивное сальдо торгового баланса

labor force ~ избыток рабочей силы

trade ~ превышение экспорта над импортом, активное сальдо торгового баланса

to create a labor force ~ создавать избыток рабочей силы

to double a country's trade ~ удваивать активное сальдо торгового баланса страны

to ease a country's trade ~ уменьшать активное сальдо торгового баланса страны

to reduce a country's trade ~ **with another country** сокращать активное сальдо торгового баланса с другой страной

active balance of payments ~ активный платежный баланс

adverse balance of payments ~ пассивный платежный баланс

drop in a country's big trade ~ снижение чрезмерного торгового сальдо страны

negative/passive/unfavorable balance of payments ~ пассивный платежный баланс

surrender I *n* сдача *(без боя)*, капитуляция

military ~ военная капитуляция

political ~ политическая капитуляция

uncommitted/unconditional ~ безоговорочная капитуляция

instrument of unconditional ~ акт о безоговорочной капитуляции

shameful ~ **to the enemy** постыдная капитуляция перед врагом

terms of ~ условия капитуляции

surrender II *v* сдаваться; уступать, подчиняться; отказываться; капитулировать

to ~ *(oneself)* **to smb's influence** подпадать под *чье-л.* влияние

to ~ **a city** сдавать/отдавать врагу город

to ~ *one's* **office** подавать в отставку

to ~ *one's* **right to** *smb* отказываться от своего права в *чью-л.* пользу

to ~ **to discretion** сдаваться на милость победителя

to ~ **unconditionally** безоговорочно капитулировать

surrogates *n полит. жарг.* знаменитости, выступающие в поддержку кандидата на выборах *(для увеличения его и своего рейтинга)*

surveillance *n* надзор; слежка; наблюдение

~ **of an embassy** наблюдение за зданием посольства

covert ~ тайное наблюдение

electronic ~ электронная разведка; электронное подслушивание

political ~ политическая слежка

technical ~ *развед. жарг.* разведка техническими средствами

to be under ~ находиться под наблюдением

to elude police ~ ускользнуть от наблюдения полиции

to initiate ~ **of** *smb* устанавливать слежку за *кем-л.*

to keep *smb* **under** ~ вести слежку за *кем-л.*; держать *кого-л.* под наблюдением

to put *smb* **under** ~ устанавливать надзор/наблюдение за *кем-л.*

survey I *n* **1.** обозрение, обзор; исследование **2.** проектно-изыскательские работы **3.** инспектирование; осмотр **4.** опрос общественного мнения

~ **by questionnaire** анкетный опрос

analytical ~ аналитический обзор

continuous ~ текущий учет; непрерывное обследование

daily news ~ ежедневный обзор новостей

economic ~ обзор экономического положения

exhaustive ~ исчерпывающий обзор

exploratory ~ предварительное обследование

industrial ~ изучение/обзор отраслей промышленности

judicial ~ судебный осмотр

labor force ~ изучение рынка рабочей силы

market ~ изучение/обзор состояния рынка

multipurpose ~ многоцелевое обследование

national ~ общенациональный опрос

pilot ~ предварительное обследование

political and economic ~ политико-экономический обзор

population ~ демографический обзор; обследование населения

preliminary ~ предварительный осмотр; общий обзор

public opinion ~ опрос общественного мнения

questionnaire ~ анкетный метод обследования, анкетирование

regular ~ регулярная проверка

sample/selective ~ выборочное обследование

sociological ~ социологическое обследование

telephone ~ опрос общественного мнения по телефону

verification ~ контрольное обследование

Voter Research and S. организация, занимающаяся опросом избирателей и анализом их мнения

World Economic S. мировой экономический обзор; обзор мирового экономического положения

to carry out/to conduct/to make/to undertake a ~ делать обзор; проводить исследование/изыскание/обследование/инспектирование

survey II *v* проводить обзор/исследование/осмотр/инспектирование

survivability *n* выживаемость

survival *n* **1.** выживание **2.** пережиток

~ **of humanity/of mankind** выживание человечества

~**s of the past** пережитки прошлого

economic ~ экономическое выживание

global ~ сохранение жизни на Земле, всеобщее выживание

medieval ~**s** средневековые пережитки

national ~ выживание нации
nuclear ~ выживание в ядерной войне
political ~ продолжение политической карьеры, политическое выживание
to be free from ~s of the past быть свободным от пережитков прошлого
to combat ~s of the past бороться с пережитками прошлого
to eliminate/to get rid of ~s of the past лик-
видировать/изживать пережитки прошлого;
покончить с пережитками прошлого
to overcome the ~s of the past in the minds
of the people преодолевать пережитки прошлого в сознании людей
to put an end to ~s покончить с пережитками
to struggle for ~ бороться за выживание
abolition of the ~s ликвидация/устранение
пережитков
withering away of the ~s of the past отми-
рание пережитков прошлого
survive v оставаться в живых, выживать; выдерживать, переносить; уцелеть
to ~ a nuclear war оставаться в живых в
ядерной войне
to ~ politically уцелеть в качестве политической фигуры
suspect I n подозреваемый
criminal ~ подозреваемый преступник
leading ~ основной подозреваемый
political ~ лицо, подозреваемое в незаконной политической деятельности
terrorist ~ подозреваемый в терроризме
to brand ~s as guilty заклеймить подозреваемых как виновных
to fire on sight on ~s открывать огонь по
подозрительным лицам без предупреждения
to round up ~s задерживать подозреваемых
to shadow/to tail a ~ следить за подозре-
ваемым
to track down a ~ выслеживать подозреваемого
search for ~s розыск подозреваемых
suspect II v подозревать
to be ~ed (of) находиться под подозрением
suspend v приостанавливать; прекращать;
временно откладывать; временно отстранять (от должности)
to ~ negotiations временно приостанавли-
вать/прерывать переговоры
to ~ smb from attending the Commons for 5
days запрещать кому-л. присутствовать на
заседаниях палаты общин в течение пяти
дней
to ~ smb from working временно отстранять кого-л. от работы
to ~ the meeting прерывать заседание
to ~ the rules приостанавливать/прекращать
действие правил
suspension n приостановка; временное прекращение; временное отстранение (от должности)

~ of a session перерыв в работе сессии
~ of business приостановка деловой активности
~ of convertibility прекращение свободного
обмена валюты
~ of payments прекращение платежей
~ of quotas отмена квот
~ of tests приостановка испытаний (ядерного оружия и т.п.)
~ of the rights and privileges приостановление прав и привилегий
~ pending investigation временное отстранение от должности впредь до выяснения
обстоятельств дела
~ without pay временное удержание оклада
temporary ~ временное прекращение
union's ~ временное запрещение деятельности профсоюза
suspicion n подозрение; недоверие
~ falls on (smb) подозрение падает на (кого-л.)
~s are unfounded подозрения безосновательны
mutual ~ взаимное подозрение/недоверие
ungrounded ~s необоснованные подозрения
to allay ~s рассеивать/отводить/успокаивать
подозрения
to arouse ~ вызывать подозрение/недове-
рие
to be under ~ быть под подозрением
to entertain a strong ~ иметь сильное подозрение
to fuel ~s давать пищу для подозрений
to give full weight to ~ подкреплять подозрение
to lay oneself open to ~s навлекать на себя
подозрения
to shoot smb dead on ~ застрелить кого-л.
по подозрению в чём-л.
on ~ of smth по подозрению в чём-л.
mutual ~ remains deep on each side обе
стороны по-прежнему испытывают недоверие по отношению друг к другу
suspiciousness n подозрительность
sustain v 1. переносить, испытывать, претерпевать; выдерживать, выносить 2. поддерживать, оказывать поддержку; подкреплять
to ~ a claim поддерживать претензию
to ~ a defeat терпеть поражение
to ~ an electoral shock испытывать шок в
результате выборов
to ~ casualties воен. нести потери
to ~ employment поддерживать уровень занятости
to ~ growth поддерживать темпы роста
sustained a устойчивый; длительный; непрерывный (о росте и т.п.); стабильный, постоянный
~ effort постоянное/длительное усилие
swallowing n поглощение (напр. одной страны другой)

swap *n* обмен

prisoner ~ обмен пленными

swart gevaar *африкаанс ист. полит. жарг.* «черная опасность» *(опасность, которую черное население якобы представляло для белого населения Южной Африки)*

swastika *n* свастика

fascist ~ фашистская свастика

sway *n* авторитет, влияние, власть

sweep *n* облава, «зачистка»

swimmingly *adv* гладко, без проблем

sympathizer *n* сочувствующий, сторонник

symposium *(pl* symposia) *n* симпозиум

to conduct a ~ проводить симпозиум

syndicalism *n* синдикализм

syndicalist I *n* синдикалист

syndicalist II *a* синдикалистский

syndicate *n* синдикат; консорциум; (the S.) *уголовн. жарг.* «Синдикат» *(эвфемизм для обозначения «семей» американской мафии)*

banking ~ банковский консорциум

coal ~ угольный синдикат

finance ~ финансовый синдикат

newspaper ~ газетный синдикат

to form a ~ организовать консорциум

syndrome *n* синдром

synod *n* 1. *церк.* синод 2. *брит.* церковный совет

General S. Генеральный синод *(верховный орган англиканской церкви)*

synopsis *n* конспект; реферат

system *n* 1. система 2. способ; метод 3. сеть 4. строй

~ **of collective security** система коллективной безопасности

~ **of exploitation** система эксплуатации

~ **of geographical distribution** система географического распределения

~ **of government** система правления

~ **of government and public organizations** система государственных и общественных организаций

accounting ~ система бухгалтерского учета; система счетов; методы бухгалтерии

administrative ~ административная система/сеть

advanced ~ усовершенствованная система

air-based ~ система воздушного базирования

aircraft telecommunications ~ система авиационных телекоммуникаций

antagonistic ~s антагонистические системы

anti-ballistic missile (ABM)/anti-missile defense ~ система противоракетной обороны, ПРО

anti-missile space defense ~ противоракетная космическая оборонительная система

anti-satellite (ASAT) ~s системы противоспутниковой обороны

authoritative ~ авторитарная система

automated ~ автоматизированная система

automated management ~s автоматизированные системы управления, АСУ

automatic control ~ автоматическая система управления

automatic data processing ~ система автоматической обработки данных

banking ~ банковская система

bipartisan/biparty ~ двухпартийная система

bonus ~ премиальная система

bureaucrat ~ бюрократическая система

capitalist ~ капиталистическая система; капиталистический строй

capitalist economic ~ капиталистическая система мировой экономики

career development ~ система карьерного роста

centrally planned ~ страна с плановой экономикой

clan ~ родовой строй

classified national defense ~ засекреченная система национальной обороны

collective security ~ система коллективной безопасности

communal ~ общинный строй

communications ~ система связи

competitive price ~ система конкурентных цен

complex ~ сложная система

comprehensive ~ всеобъемлющая система

compulsory purchase ~ система обязательных закупок

computer ~ компьютерная система

constitutional ~ конституционная система; конституционный строй; конституционализм

contract ~ система контрактов

control ~ система управления; система контроля

conventional ~ система выдвижения кандидатов на пост президента на съездах партии

country programming ~ система составления программ по странам

credit ~ кредитная система

credit and banking ~ кредитно-банковская система

cultural ~ культурная система

currently-operating ~ постоянно действующая система

decentralized ~ децентрализованная система

defense ~ система обороны

delivery ~ система доставки *(напр. ядерного оружия к цели)*

democratic political ~s демократические политические системы

deterrent ~ средство сдерживания путем устрашения

different social ~s различные социальные системы

distribution ~ система распределения

dynamic international ~ динамичная международная система

early warning ~ *воен.* система раннего оповещения

economic ~ экономическая система; экономический строй

ecological ~ экологическая система

educational ~ система образования

effective/efficient ~ эффективная система

election/electoral ~ избирательная система

electronic ~ электронная система

European Monetary S. (EMS) Европейская валютная система

exploitation/exploiting ~ эксплуататорский строй

fair ~ справедливая система

family-planning ~ система планирования семьи *(контроля рождаемости)*

federal grant ~ система государственных дотаций

finance and credit ~ финансово-кредитная система

financial ~ финансовая система

first-past-the-post voting ~ система выборов, при которой победившим считается кандидат, набравший относительное большинство голосов

forecasting ~ система прогнозирования

free enterprise ~ система свободного предпринимательства

free market ~ система свободного рынка

global ~ глобальная система

grid ~ единая энергосистема

ground-based ~ *воен.* система наземного базирования

health (care) ~ система здравоохранения

historically established ~ исторически сложившаяся система

home security ~ система внутренней безопасности

immunity ~ система дипломатической неприкосновенности

industrial ~ промышленный комплекс

inequitable ~ неправоправная система

information ~ информационная система

institutional ~ институционная система

integrated ~ интегрированная/объединенная система

intelligence ~ система сбора и анализа информации; разведывательная система

international ~ международная система

International Nuclear Information S. (INIS) Международная система ядерной информации, ИНИС

International Trusteeship S. Международная система опеки

irrigation ~ оросительная система

judicial ~ судебная система; система судебных учреждений

land-based antiballistic missile ~ система противоракетной обороны наземного базирования

land tenure ~ система землепользования

legal ~ правовая система; система правосудия; система судебных учреждений

life-support ~ *косм.* система жизнеобеспечения

majority ~ мажоритарная система

management/managerial ~ система административного управления

mandate/mandatory ~ мандатная система

mayor-council ~ система городского управления «мэр – совет»

market ~ рыночная система/экономика

merit ~ «система заслуг», продвижение по службе по результатам аттестации

metric ~ метрическая система *(мер)*

missile and satellite detection ~ система обнаружения ракет и спутников

missile delivery ~ система доставки реактивных снарядов к цели

monarchical ~ монархический строй

monetary ~ денежная/валютная система, система финансов

monetary and credit ~ денежно-кредитная система

monitoring ~ система контроля *(авиации, железных дорог и т.п.)*

monopolistic ~ монополистическая система

motor-road and railway ~ сеть автомобильных и железных дорог

multifaceted ~ многогранная система

multilateral payments ~ система многосторонних расчетов

multiparty ~ многопартийная система

mutually-acceptable ~ взаимно приемлемая система

national accounting and control ~ национальная система учета и контроля

national defense ~ система обороны страны

new arms ~s новые системы оружия

noncapitalist ~ некапиталистическая система

obsolete social ~ отживший общественный строй

old ~ старая система

one-man-one-vote ~ избирательная система, при которой каждый избиратель имеет один голос

one-member-one-vote ~ система, при которой каждый член партии имеет при голосовании один голос

one-party ~ однопартийная система

opposing social ~s противоборствующие общественные системы

optimum ~ оптимальная система

outmoded ~ архаичная система

parliamentary ~ парламентская система

party ~ партийная система

payments ~ система платежей

pension ~ пенсионное обеспечение

people's democratic ~ народно-демократический строй

philosophical ~ философская система

planning ~ система планирования

political ~ политическая система; политический строй

post adjustment ~ система коррективов по месту службы *(ООН)*
power ~ энергосистема
preferential ~ система преференций
premium ~ премиальная система
presidential ~ президентская система правления
price ~ система цен
private enterprise ~ система частного предпринимательства
program budgeting ~ система составления бюджета по программам
proportional representation ~ система пропорционального представительства
public pension ~ государственная пенсионная система
records ~ система учетных документов
regimented political ~ политическая система с ограниченной свободой
reports ~ система отчетов
republican ~ республиканская система; республиканский строй
ruling ~ господствующая система; господствующая стадия развития
safeguards ~ система гарантий
satellite-tracking ~ система слежения за спутниками
sea-based ~ *воен.* система морского базирования
security ~ система безопасности
social ~ социальная/общественная система; общественный строй
social security ~ система социального обеспечения
socio-economic ~ социально-экономическая система
socio-political ~ общественно-политический строй
space defense ~ космическая оборонная система
space weapons ~s системы космического вооружения
space-based ~ *воен.* система космического базирования
spoils ~ раздача должностей сторонникам победившей партии
stability ~ система стабильности
stable ~ устойчивая система
state ~ государственный строй; государственное устройство
state-managed social security ~ государственная система социального обеспечения
state political ~ государственно-политическое устройство
strategic nuclear-weapon ~s системы стратегических ядерных вооружений
submarine-based ~ *воен.* система базирования на подводных лодках
supply ~ система снабжения
tariff ~ тарифная система
taxation ~ налоговая система

technologically advanced weapons ~s современные системы вооружения
territorial ~ территориальная система
training ~ система подготовки персонала
tribal ~ родовой строй
trusteeship ~ система опеки
two-party ~ двухпартийная система
united economic ~ единая экономическая система
visa ~ система виз
voting ~ избирательная система
wage ~ система оплаты труда, система заработной платы
world ~ мировая система
world trading ~ система мировой торговли
to abandon a ~ отказываться от системы
to alter the ~ изменять систему
to apply the trusteeship ~ **to territories** распространять систему опеки на территории
to choose its own economic ~ выбирать свою собственную экономическую систему
to consolidate the ~ укреплять систему
to deploy a ~ размещать/разворачивать систему *(напр. обороны)*
to destroy the ~ разрушать систему
to develop an antiballistic missile ~ разрабатывать систему ПРО *(противоракетной обороны)*
to discard the ~ отказываться от системы
to displace a ~ вытеснять систему
to elaborate a new electoral ~ разрабатывать новую избирательную систему
to eliminate the ~ ликвидировать систему
to establish a ~ создавать систему
to expand the ~ расширять систему
to formulate a ~ разрабатывать/вырабатывать систему
to implement a ~ внедрять систему
to improve ~ улучшать систему
to introduce a multiparty ~ вводить многопартийную систему
to join in the political ~ **of a country** становиться членом политической системы страны
to maintain the ~ поддерживать систему
to make a breach in the ~ пробивать брешь в системе
to merge *one's* **monetary** ~s объединять свои валютные системы
to move faster towards a market ~ быстрее двигаться к рыночной экономике
to overhaul/to reform a country's political ~ перестраивать политическую систему страны
to phase the new ~ **in gradually** постепенно вводить новую систему
to place under the trusteeship ~ учреждать опеку
to reshape the banking ~ преобразовывать банковскую систему
to revamp the electoral ~ пересматривать систему выборов
to set up a ~ создавать/учреждать систему
to shatter the ~ разрушать систему

to strengthen the ~ укреплять систему

to support the development of health ~s поддерживать развитие систем здравоохранения

to undermine a democratic ~ подрывать демократическую систему

to weaken the ~ ослаблять систему

abolition of the ~ ликвидация системы

advantages of the ~ преимущества системы

break-up of the ~ распад системы

British entry into the European Monetary S. вступление Великобритании в Европейскую валютную систему

collapse of the ~ распад системы

crisis of the ~ кризис системы

deficiency of the ~ недостаток системы

disintegration of the ~ распад системы

formation of the ~ образование системы

generalized ~ of preferences система всеобщих преференций

job-by-job ~ of payment аккордная система оплаты труда

liberalization of the political ~ либерализация политической системы

misuse of the judicial ~ for political purposes злоупотребление судебной системой в политических целях

overhaul of the tax ~ пересмотр системы налогообложения

remnants of the ~ остатки системы

transition to a multiparty ~ переход к многопартийной системе

systematization n систематизация

systematize v систематизировать

T

tab n счет

interest ~ счет на выплату процентов

to keep ~s on smth разг. держать что-л. под наблюдением, следить за чем-л.

table I n 1. стол 2. таблица

bargaining ~ стол переговоров

Lord's ~ церк. алтарь

manning ~ штаты, штатное расписание; ведомость личного состава

negotiating ~ стол переговоров

peace ~ стол мирных переговоров

round ~ переговоры за круглым столом, круглый стол

to bring the parties to the conference/negotiating ~ заставлять стороны сесть за стол переговоров

to come to the conference/negotiating ~ садиться за стол переговоров

to entice smb to the negotiating ~ побуждать кого-л. сесть за стол переговоров

to force smb back to the negotiating ~ заставлять кого-л. вернуться за стол переговоров

to get smb around/to the negotiating ~ заставлять кого-л. сесть за стол переговоров

to get round the conference/negotiating ~ садиться за стол переговоров

to go back to the negotiating ~ возвращаться за стол переговоров

to go off the ~ быть снятым с повестки дня

to lure smb to the round ~ завлекать кого-л. за стол переговоров

to meet around the ~ to discuss smth садиться с кем-л. за стол переговоров

to return to the negotiating ~ возвращаться за стол переговоров

to strengthen smb's hand at the negotiating ~ усиливать чью-л. позицию на переговорах

to take one's government closer to the negotiating ~ подводить свое правительство ближе к столу переговоров

to turn from the battlefield to the negotiating ~ переходить от боевых действий к переговорам

to turn the ~s on smb перен. бить кого-л. его же оружием; платить кому-л. той же монетой

at the negotiating ~ за столом переговоров

those on both sides of the negotiating ~ участники переговоров

table II v ставить на обсуждение; представлять; предлагать

tabloid n малоформатная газета; презр. бульварная газета, таблоид

taboo I n запрещенная тема, запрет; табу

taboo II a запретный, запрещенный

taboo III v запрещать; бойкотировать

tacit a молчаливый

~ approval молчаливое согласие

tackle v решать (что-л.), браться (за что-л.); заниматься (чем-л.); энергично работать (над чем-л.)

tact n такт

masterful display of ~ and diplomacy мастерское проявление такта и дипломатии

tactical a тактический; оперативный; боевой

tactics n тактика

~ of delays тактика проволочек

~ of terror тактика террора

~ won't work тактика будет безрезультатной

bullying ~ тактика запугивания

delaying ~ тактика проволочек/затяжек (при ведении переговоров)

dictatorial ~ диктаторская тактика

diversionary ~ дип. отвлекающие маневры

flexible ~ гибкая тактика

hit-and-run ~ тактика партизанской войны

scare ~ тактика запугивания

smear ~ тактика очернения (политических противников и т.п.); неприкрытая клевета; вздорные обвинения splitting ~ раскольническая тактика

steamroller ~ «тактика парового катка»

subversive ~ подрывные действия

underhand campaign ~ закулисная тактика проведения кампании

violent ~ тактика насильственных действий

to adopt a new and more violent ~ избирать новую, более насильственную тактику

to alter/to change one's ~ изменять свою тактику

to employ ~ использовать/применять тактику

to pursue ~ проводить тактику

to use ~ использовать/применять тактику

change of ~ смена тактики

restore to strong-arm ~ обращение к тактике применения силы

spoiling ~ at a meeting тактика саботажа на встрече

tailism n полит. жарг. «хвостизм» (политическая ошибка, состоящая в том, что партия не ведет за собой массы, а идет на поводу у масс)

tainted a запятнанный

take I n (on smth) выручка от чего-л./от продажи чего-л.

take II v брать; принимать

to ~ in впускать в страну

to ~ on брать (на работу и т.п.)

to ~ one брит. полиц. жарг. брать взятку (о полицейском)

to ~ out воен. жарг. убивать, уничтожать (цель)

to ~ over брать на себя руководство; быть чьим-л. преемником

to ~ smb dead or alive брать кого-л. живым или мертвым

to ~ up обсуждать (план и т.п.)

takeover n 1. захват (территории, власти) 2. приобретение контрольного пакета акций; поглощение одной компании другой компанией

~ against rival bid приобретение контрольного пакета акций несмотря на заявку конкурентов

bloodless military ~ бескровный военный переворот

company ~ переход фирмы в другие руки

military ~ военный переворот; захват власти военными

taker n берущий

hostage ~ захвативший заложника/заложников

taking n взятие, овладение; захват

hostage ~ захват заложника/заложников

talk n разговор, беседа; pl переговоры

~s about «переговоры о переговорах»

~s are alarmingly behind schedule вызывает тревогу, что переговоры затягиваются

~s are at a standstill переговоры приостановлены

~s are critical переговоры абсолютно необходимы

~s are deadlocked переговоры зашли в тупик

~s are due to resume переговоры должны возобновиться

~s are getting nowhere переговоры ни к чему не приводят

~s are going ahead/underway переговоры ведутся/продолжаются

~s are going well переговоры идут хорошо

~s are heading for deadlock переговоры заходят в тупик

~s are in doubt есть сомнения относительно того, состоятся ли переговоры

~s are in high gear переговоры идут полным ходом

~s are in jeopardy переговоры находятся под угрозой

~s are into their final day переговоры сегодня заканчиваются

~s are not going fast enough переговоры идут недостаточно быстро

~s are only a start переговоры – всего лишь начало

~s are progressing at a snail's pace переговоры ведутся с черепашьей скоростью

~s are progressing smoothly переговоры проходят нормально

~s are progressing well переговоры идут хорошо

~s are set to fail переговоры обречены на неудачу

~s are stalemated переговоры зашли в тупик

~s are still on track переговоры все еще идут

~s are taking place in a constructive atmosphere переговоры проходят в конструктивном духе

~s at a ministerial level переговоры на уровне министров

~s at the highest level переговоры на высшем уровне

~s at the level of deputy foreign ministers переговоры на уровне заместителей министров иностранных дел

~s between smb have run into last-minute difficulties на переговорах между кем-л. в последнюю минуту возникли затруднения

~s between the two sides переговоры между двумя сторонами

~s bogged down/faltered on smth переговоры застопорились из-за чего-л.

~s broke down переговоры закончились безрезультатно/провалились

~s came to a standstill переговоры были приостановлены

~s center on (smth) в центре переговоров (что-л.), центральной темой переговоров является ...

~s collapsed переговоры закончились безрезультатно/провалились

~s come at a time when ... переговоры проходят в такое время, когда ...

~s **concentrate on** (*smth*) в центре переговоров стоит вопрос о (*чем-л.*)

~s **dragged on for years** переговоры тянулись много лет

~s **ended in agreement** переговоры привели к достижению соглашения

~s **ended in failure/inconclusively/without agreement/failed to make any progress** переговоры закончились безрезультатно/провалились

~s **foundered on** *smth* переговоры были сорваны из-за *чего-л.*

~s **get underway** переговоры начинаются

~s **go into a second day** переговоры продолжаются второй день

~s **go on** переговоры продолжаются

~s **had a successful start** переговоры начались удачно

~s **had been momentous** переговоры были важными

~s **hang by a thread/in the balance** судьба переговоров висит на волоске

~s **have been constructive and businesslike** переговоры были конструктивными и проходили в деловой обстановке

~s **have broken up in failure** переговоры оказались неудачными и были прерваны

~s **have ended on an optimistic note** переговоры закончились на оптимистической ноте

~s **have ended with little sign of agreement/program** переговоры не привели к *каким-л.* заметным результатам

~s **have fallen through** переговоры закончились безрезультатно/провалились

~s **have got off to a friendly start** переговоры начались в дружеской атмосфере

~s **have got off to a successful start** переговоры начались удачно

~s **have made little progress towards peace** успехи на переговорах в деле достижения мира незначительны

~s **have never been closer to an agreement** участники переговоров еще никогда не были так близки к достижению соглашения

~s **have reached deadlock** переговоры зашли в тупик

~s **have reopened** возобновились переговоры

~s **have run into difficulties/into trouble** в ходе переговоров возникли трудности

~s **inch forward** переговоры продвигаются медленно

~s **is burgeoning again about ...** снова начинаются разговоры о ...

~s **made progress** переговоры были успешными

~s **may continue into tomorrow** переговоры могут затянуться до завтра

~s **may not get off the ground** переговоры могут не начаться

~s **now under way** проходящие сейчас переговоры

~s **of peace** разговоры о мире

~s **of procedural nature** переговоры процедурного характера

~s **on a range of issues** переговоры по ряду проблем

~s **on conventional stability** переговоры о стабилизации уровня обычных вооружений

~s **open** переговоры начинаются

~s **overran by half an hour** переговоры продолжались на полчаса дольше, чем было запланировано

~s **overshadowed by** *smth* переговоры, омраченные *чем-л.*

~s **produced no results** переговоры не дали результатов

~s **reconvene** переговоры возобновляются

~s **remain deadlocked** тупик в переговорах не преодолен

~s **restart/resume** переговоры возобновляются

~s **stalled over the issue** переговоры застопорились при обсуждении проблемы

~s **under the auspices of** *smb* переговоры под *чьим-л.* патронажем/под *чьей-л.* эгидой

~ **was held/conducted in an atmosphere (of)** беседа протекала в духе ...

~s **went (on) late into the night** переговоры затянулись до глубокой ночи

~s **went into the small hours of the morning** переговоры затянулись за полночь

~s **went smoothly** переговоры прошли гладко

~s **were due to start a month ago** переговоры должны были начаться месяц назад

~s **were not conclusive** на переговорах не удалось решить все проблемы

~s **were suspended** переговоры были прерваны

~s **were warm, friendly and cordial** переговоры проходили в теплой, дружеской и сердечной обстановке

~ **will be dominated by the row which ...** на результатах переговоров не может не сказаться скандал, который ...

~s **will cover** *smth* в ходе переговоров будет обсуждено *что-л.*

~s **will focus on** *smth* главным вопросом/в центре переговоров будет вопрос о *чем-л.*; главное внимание на переговорах будет уделено *чему-л.*

~s **will go ahead** переговоры все же состоятся

~s **will take place at the undersecretaries of foreign affairs level** переговоры будут проходить на уровне заместителей министров иностранных дел

~s **will yield an agreement** переговоры приведут к соглашению

~s **with** *smb* **are not acceptable** переговоры с *кем-л.* неприемлемы

~s **with the mediation of** *smb* переговоры при посредничестве *кого-л.*

~s **without preconditions** переговоры без *каких-л.* предварительных условий

~s **would make little headway** успех на переговорах будет незначительным

abortive ~s безрезультатные/безуспешные/неудачные переговоры

accession ~s переговоры о приеме страны в международную организацию

ambassadorial(-level) ~s переговоры на уровне послов

arduous ~s трудные переговоры

arms (control) ~s переговоры о контроле над вооружениями

backstage ~s закулисные переговоры

barren ~s бесплодные переговоры

beneficial ~s полезные переговоры

bilateral ~s двусторонние переговоры

bittersweet ~ *развед. жарг.* инструктаж вновь завербованного агента об условиях сотрудничества

border ~s переговоры о границе

businesslike ~s переговоры, проходящие в деловой атмосфере

carefully prepared ~s тщательно подготовленные переговоры

cease-fire ~s переговоры о прекращении огня

coalition ~s переговоры о создании коалиции

collapsed ~s провалившиеся/сорванные переговоры

confidential ~s конфиденциальные переговоры

confrontational ~s жесткие переговоры

constructive ~s конструктивные переговоры

conventional (stability) ~s переговоры о стабилизации уровня обычных вооружений

conventional arms control ~s переговоры о контроле над обычными вооружениями

conventional-force ~ переговоры о сокращении численности войск и обычных вооружений

conventional forces in Europe/CFE ~s переговоры о сокращении обычных вооружений в Европе

cordial ~s переговоры, проходящие в атмосфере сердечности

deadlocked ~s переговоры, зашедшие в тупик

detailed ~s подробные переговоры

direct ~s прямые переговоры, переговоры с глазу на глаз

disarmament ~s переговоры о разоружении

discreet ~s переговоры, не освещаемые средствами массовой информации

divisive ~s переговоры, ведущие к расколу/вскрывающие наличие значительных разногласий

early ~s переговоры, которые должны начаться в ближайшее время

election ~ предвыборная агитация

emergency ~s срочные переговоры

equal ~s равноправные переговоры

Europe-wide ~s общеевропейские переговоры

exhaustive ~s исчерпывающие переговоры

exploratory ~s предварительные переговоры

extensive ~s переговоры по широкому кругу вопросов

face-to-face ~s прямые переговоры, переговоры с глазу на глаз

familiarization ~s ознакомительные переговоры

farewell ~s последние переговоры перед отъездом

follow-on/-up ~s дальнейшие/последующие переговоры

force-reduction ~s переговоры о сокращении численности войск и обычных вооружений

formal ~s 1) переговоры по процедурным вопросам 2) официальные переговоры

forthcoming ~s предстоящие переговоры

four-way ~s четырехсторонние переговоры

frank ~s откровенные переговоры

fresh ~s новые переговоры

friendly ~s переговоры, проходящие в дружеской атмосфере

frosty ~s переговоры, проходящие в холодной атмосфере

fruitful ~s плодотворные переговоры

fruitless ~s бесплодные переговоры

full ~s исчерпывающие переговоры

full-scale ~s полномасштабные переговоры

further ~s дальнейшие/последующие переговоры

get-to-know-you ~s переговоры с целью установления контакта с новым руководителем страны

good-faith ~s откровенные переговоры

hard-going ~s трудные переговоры

highest-level ~s переговоры на высшем уровне

high-level ~s переговоры на высоком уровне

inconclusive ~s безрезультатные переговоры

indirect ~s непрямые переговоры

industrial promotion ~s переговоры, содействующие развитию промышленности

informal ~s неофициальные переговоры

intensive ~s напряженные переговоры

intercommunal ~s межобщинные переговоры

interesting ~s интересные переговоры

interparty ~s межпартийные переговоры

last-ditch ~s упорные переговоры

last-minute ~s переговоры в последнюю минуту

lengthy ~s длительные переговоры

low-level ~s переговоры на низком уровне

make-or-break ~s решающие переговоры

man-to-man ~s переговоры между двумя главами правительств с глазу на глаз

marathon ~s многодневные переговоры

meaningful ~s плодотворные переговоры

membership ~s переговоры о вступлении в организацию

ministerial ~s переговоры на уровне министров

more ~s продолжение переговоров

multilateral ~s многосторонние переговоры

Mutual and Balanced Force Reduction/ MBFR ~s переговоры о взаимном сбалансированном сокращении вооружений и вооруженных сил

non-stop ~s непрерывные переговоры

normalization ~s переговоры о нормализации отношений

nuclear and space arms ~s переговоры по ядерным и космическим вооружениям

on-and-off ~s прерывающиеся и возобновляющиеся переговоры

open ~s переговоры в атмосфере откровенности

Open Skies T. переговоры об «открытом небе» (*о разрешении пролетов гражданских самолетов над территориями иностранных государств*)

pay ~s переговоры о повышении зарплаты

peace ~s мирные переговоры

pep ~ «накачка»

political ~s политические переговоры

positive ~s конструктивные переговоры

pre- ~s предварительные переговоры

preliminary/preparatory ~s предварительные переговоры

pre-summit ~s переговоры о подготовке встречи на высшем уровне

prime-ministerial ~s переговоры на уровне премьер-министров

private ~s закрытые переговоры

productive ~s продуктивные переговоры

profound ~s содержательные переговоры

programmatic ~ предвыборные выступления кандидата с изложением его программы

proposed ~s намеченные переговоры

proximity ~s переговоры с целью сближения позиций сторон

rapprochement ~s переговоры о сближении

realistic ~s реалистические переговоры

resumed ~s возобновленные/возобновившиеся переговоры

reunification ~s переговоры о воссоединении страны

round-table ~s переговоры за круглым столом

sales ~s переговоры о продаже

scheduled ~s запланированные переговоры

secret ~s секретные переговоры

security ~s переговоры об обеспечении безопасности

sensible ~s разумные переговоры

separate ~s отдельные/сепаратные переговоры

serious ~s серьезные переговоры

sincere ~s откровенные переговоры

stage-by-stage ~s поэтапные переговоры

stormy ~s бурные переговоры

Strategic Arms Limitation Talks (SALT) переговоры об ограничении стратегических вооружений, переговоры ОСВ

Strategic Arms Reduction Talks (START) переговоры о сокращении стратегических вооружений

substantial/substantive ~s переговоры по существу

summit ~s переговоры на высшем уровне, переговоры глав правительств

three-sided/three-way ~s трехсторонние переговоры

top-level ~s переговоры на высшем уровне

trade ~s переговоры о торговле, торговые переговоры

trilateral/tripartite ~s трехсторонние переговоры

two-way ~s двусторонние переговоры

umbrella peace ~s объединенные переговоры по вопросам разоружения

unconditional ~s переговоры без предварительных условий

United Nations-mediated ~s переговоры при посредничестве ООН

United Nations-sponsored ~s переговоры, проводимые под эгидой ООН

unity ~s переговоры об обеспечении единства

unofficial ~ неофициальная беседа

unproductive ~s непродуктивные переговоры

unscheduled ~s незапланированные переговоры

useful ~s полезные переговоры

weighty ~s весомые переговоры

wide-ranging ~s переговоры по широкому кругу вопросов

workmanlike ~s переговоры, проходящие по-деловому

to abandon the ~s отказываться от продолжения переговоров

to achieve much progress at the ~s добиваться большого успеха на переговорах

to advance the ~s продвигать переговоры вперед

to approach the ~s **in a confident mood** подходить к переговорам с уверенностью

to attend ~s участвовать в переговорах

to augur well for the ~s сулить успех переговорам

to authorize informal ~s разрешать ведение неофициальных переговоров

to back away from ~s уклоняться от переговоров

to back off from ~s уходить с переговоров

to bar *smb* **from** ~s не допускать *кого-л.* к участию в переговорах

to be at the heart of the ~s быть в центре переговоров

to be involved in the ~s участвовать в переговорах

to be locked in ~s вести длительные переговоры

to be more flexible in the ~s проявлять бо́льшую гибкость на переговорах

to bedevil the ~s срывать переговоры

to begin (the) ~s начинать/открывать переговоры

to block the ~s блокировать переговоры

to boost the ~s стимулировать переговоры

to break off ~s прерывать переговоры

to break the deadlock in the ~s находить выход из тупика на переговорах

to break the silence which surrounded the ~s нарушать конфиденциальность переговоров

to breath fresh life into the ~s придавать новый импульс переговорам

to bring a country into the ~s between *smb* вовлекать/подключать *какую-л.* страну к переговорам между *кем-л.*

to bring about peace ~s добиваться мирных переговоров

to bring the two sides together for ~s сводить стороны для переговоров

to broker ~s быть посредником на переговорах

to call for fresh ~s призывать к возобновлению переговоров

to call for urgent ~s with *smb* призывать срочно начать переговоры с *кем-л.*

to call off ~s отменять переговоры

to call off a round of ~ откладывать раунд переговоров

to co-chair the ~s быть сопредседателями на переговорах

to come away from the ~ empty-handed возвращаться с переговоров с пустыми руками

to come to the ~s empty-handed приходить на переговоры с пустыми руками *(без новых предложений)*

to complete/to conclude ~s завершать переговоры

to conduct exploratory ~s зондировать почву

to conduct in ~s вести переговоры

to convene ~s организовывать встречу для переговоров

to cut the ~s short прерывать переговоры

to damage the ~s вредить/мешать/препятствовать переговорам, подрывать пер

to demand a prompt resumption of peace ~s требовать скорейшего возобновления переговоров о мире

to derail/to disrupt the ~s срывать переговоры

to dominate the two days of ~s быть главным вопросом на переговорах, которые продлятся два дня

to drag out the ~s затягивать переговоры

to end ~s without agreement заканчивать переговоры без заключения соглашения

to end three days of ~s заканчивать трехдневные переговоры

to engage in ~s вести переговоры

to engage in political ~s заниматься политическими разговорами

to enter (into) ~s вступать в переговоры

to expel *smb* **from the ~s** исключать *кого-л.* из состава участников переговоров

to extend ~s amid reports of *smth* продлевать переговоры, в то время как поступают сообщения о *чем-л.*

to extend *one's* **~s for another day** продлевать переговоры еще на один день

to fly to a country for further ~s лететь в страну для продолжения переговоров

to follow the ~s следить за ходом переговоров

to force *smb* **into ~s** принуждать *кого-л.* к переговорам

to frustrate the ~s срывать переговоры

to get the ~s back on course возобновлять переговоры

to get the ~s moving again добиваться прогресса на переговорах

to get the ~s off the ground сдвигать переговоры с мертвой точки

to get the ~s underway начинать переговоры

to give the ~s an added impetus придавать дополнительный стимул переговорам

to go into the ~s приступать к переговорам

to go *somewhere* **for more ~s with** *smb* ехать *куда-л.* для продолжения переговоров с *кем-л.*

to hamper the ~s вредить/мешать/препятствовать переговорам, подрывать переговоры

to have a second round of ~s with *smb* проводить второй тур переговоров с *кем-л.*

to have/to hold further/more ~s with *smb* проводить дальнейшие переговоры/продолжать переговоры с *кем-л.*

to hold ~s at the request of *smb* проводить переговоры по *чьей-л.* просьбе

to hold ~s in an exceptionally warm atmosphere вести переговоры в исключительно теплой атмосфере

to host ~s быть принимающей стороной на переговорах

to initiate the ~s быть инициатором переговоров

to interrupt ~s прерывать переговоры

to iron out difficulties in the ~s устранять трудности, возникшие в ходе переговоров

to join *smb* **in the ~s** включаться в *чьи-л.* переговоры, принять участие в *чьих-л.* переговорах

to keep the ~s alive продолжать переговоры

to launch a new round of ~s начинать новый тур переговоров

to leave *smb* **out of ~s** не допускать *кого-л.* к участию в переговорах

to lie at the heart of the ~s находиться в центре внимания участников переговоров

to maintain *one's* **~s for 10 days** продолжать переговоры еще 10 дней

to make good/substantial progress at/in the ~s добиваться значительного/существенного успеха на переговорах

to make *smb* **more flexible in the ~s** заставлять *кого-л.* занять более гибкую позицию на переговорах to **mediate in the** ~s быть посредником на переговорах

to **nurture** ~s способствовать успеху переговоров

to **obstruct the** ~s вредить/мешать/препятствовать переговорам, подрывать переговоры

to **offer unconditional** ~s **to** *smb* предлагать *кому-л.* провести переговоры, не сопровождаемые никакими условиями

to **open (the)** ~s начинать/открывать переговоры

to **open the way to broader** ~s открывать путь к расширению числа участников переговоров

to **pave the way for** ~s прокладывать путь к переговорам

to **postpone** ~s **indefinitely** откладывать переговоры на неопределенный срок

to **prejudice in jeopardy the further** ~s ставить под угрозу дальнейшие переговоры

to **proceed with the** ~s продолжать переговоры

to **pull out of the** ~s в одностороннем порядке прекращать переговоры

to **push for peace** ~s настаивать на мирных переговорах

to **push forward the** ~s активизировать переговоры; давать толчок переговорам

to **push the** ~s **to the brink of collapse** доводить переговоры до грани провала

to **push the** ~s **towards stalemate** заводить переговоры в тупик

to **put in jeopardy the further** ~s ставить под угрозу дальнейшие переговоры

to **put the proposals to arms reduction** ~s ставить предложения на рассмотрение участников переговоров о сокращении вооружений

to **put the** ~s **back on track** возобновлять прерванные переговоры

to **receive** ~s добиваться возобновления переговоров

to **record the** ~ записывать беседу

to **reject** ~s отказываться от переговоров

to **re-launch/to reopen** ~s возобновлять переговоры

to **renounce all** ~ **of force** отказываться от угроз применения силы

to **reschedule** ~s **for later in March** переносить переговоры на вторую половину марта

to **resolve the deadlock in the** ~s выводить переговоры из тупика

to **restart/to resume** ~s возобновлять переговоры

to **resume** ~s **after a lapse of 18 months** возобновлять переговоры после полуторагодового перерыва

to **resume** ~s **on two tracks** возобновлять переговоры в двух направлениях

to **sabotage the** ~s срывать переговоры

to **save** ~s **from collapse** предотвращать провал переговоров

to **schedule** ~s намечать/планировать переговоры

to **seek** ~s **with** *smb* добиваться переговоров с *кем-л.*

to **seek a solution through** ~s искать решения путем переговоров

to **set up peace** ~s организовывать мирные переговоры

to **show more flexibility in** ~s проявлять больше гибкости на переговорах

to **slow down** ~s замедлять переговоры

to **soften** *one's* **position in** ~s смягчать позицию на переговорах

to **speak in advance of** ~s выступать в преддверии переговоров

to **speed up** ~s ускорять переговоры

to **stall** ~s затягивать переговоры

to **start (the)** ~s начинать/открывать переговоры

to **stay away from** ~s не желать участвовать в переговорах

to **steer a diplomatic course in** *one's* ~s проводить дипломатическую линию на переговорах

to **step up** ~s ускорять переговоры

to **stymie the** ~s вредить/мешать/препятствовать переговорам, подрывать переговоры

to **thwart the** ~s срывать переговоры

to **torpedo the** ~s вредить/мешать/препятствовать переговорам, подрывать переговоры

to **unblock** ~s находить выход из тупика на переговорах

to **undermine the** ~s срывать переговоры

to **walk out of/to withdraw from** ~s уходить с переговоров, отказываться от продолжения переговоров

after a full day of ~s после переговоров, продолжавшихся целый день

another round of ~s **gets under way today** сегодня начинается новый тур переговоров

breakdown in/of ~s провал переговоров

breakthrough in the ~s крупный успех на переговорах

business-like atmosphere of ~s деловая атмосфера на переговорах

by (means of) ~s посредством/путем переговоров

call for fresh ~s призыв провести новые переговоры

completion of ~s завершение переговоров

conduct of ~s ведение/проведение переговоров

crux of the ~s коренной вопрос переговоров

current round of ~s нынешний раунд переговоров

delay in the ~s затягивание переговоров

disruption of ~s срыв переговоров

failure at the ~s неудача на переговорах

failure of the ~s провал переговоров

final round of ~s заключительное заседание на переговорах

fresh round of ~s новый тур переговоров

friendly atmosphere in the ~s дружеская атмосфера на переговорах

in a follow-up to *one's* **~s** в качестве продолжения переговоров

in the ~s на переговорах

in the course of ~s в ходе переговоров

in the last/latest round of the ~s в ходе последнего тура переговоров

mediator in the ~s посредник на переговорах

more peace ~s are going to take place/ getting underway/lie ahead переговоры о мирном урегулировании будут продолжены

news lockout during the ~s конфиденциальность переговоров

no further ~s are scheduled новых переговоров не планируется

observer at the ~s наблюдатель на переговорах

offer of ~s предложение провести переговоры

outcome of the ~s исход переговоров

pace of the ~s темп переговоров

participant in the ~s участник переговоров

parties at the ~s участники переговоров

present at the ~s are ... в переговорах участвуют ...

rapid progress in ~s быстрый прогресс на переговорах

renewal/resumption of ~s возобновление переговоров

round of ~s раунд переговоров

session of the ~s заседание на переговорах

setback in the ~s трудности в ходе переговоров

successful progress of the ~s успешный ход переговоров

the agreement was signed at the end of 5 days of ~s соглашение было подписано в итоге переговоров, продолжавшихся 5 дней

the area affected in the ~s район, о котором говорится на переговорах

the outcome of the ~s is not easy to predict исход переговоров нелегко предсказать

the pace of the ~s is slow переговоры идут медленно

the progress of the ~s ход переговоров

there was a sense of achievement at the end of the ~s к концу переговоров стороны почувствовали реальные достижения

this problem will be at the heart of the ~s эта проблема будет в центре переговоров

those in the ~s стороны, ведущие переговоры

three days of ~s have failed to make any tangible progress после трехдневных переговоров нет никакого ощутимого прогресса

too much ~s and not enough action слишком много разговоров и недостаточно дел

touchstone of progress in the ~s показатель успеха на переговорах

walkout from the ~s демонстративный уход с переговоров

wide range of ~s целая серия переговоров

talk II *v* вести беседу, разговаривать

to ~ about *smth* вести переговоры о *чем-л.*

to ~ directly to *smb* вести прямые переговоры с *кем-л.*

to ~ face to face вести переговоры с глазу на глаз

to ~ for *oneself* высказывать свою личную точку зрения

to ~ in generalities говорить в общих выражениях

to ~ to *smb* **direct** вести с *кем-л.* прямые переговоры

to ~ to *smb* **through a third party** вести переговоры с *кем-л.* через посредника

to ~ to the press выступать перед журналистами

to ~ tough вести беседу/говорить резко

to agree to keep ~ing договариваться продолжить переговоры

to begin ~ing with *smb* начинать переговоры с *кем-л.*

to get *smb* **~ing together** добиваться прямых переговоров между *кем-л.*

to get *smb* **to ~** заставлять *кого-л.* высказаться

to keep on ~ing продолжать переговоры

to sit down and ~ to *smb* начинать переговоры с *кем-л.*

they ~ed late into the night переговоры между ними продолжались до глубокой ночи

talk-in *n* митинг, собрание, диспут

talking *n* переговоры, разговор

behind-the-scene ~ закулисные переговоры

hard ~ трудные переговоры

straight ~ открытые переговоры

sweet ~ *разг.* задабривание

tough ~ трудные переговоры

talking-point *n* довод, аргумент

big ~ серьезный довод/аргумент

tally *n* итоговое число, итог

vote ~ число поданных голосов

tampering *n* вмешательство

electronic ~ установка электронных подслушивающих устройств

vote ~ фальсификация избирательных бюллетеней/результатов голосования

tangible *a* материальный, реальный, вещественный

tank *n* 1. бак, сосуд, резервуар 2. танк

think ~ «мозговой центр»; консультативный орган для разработки новых идей и дачи экспертных рекомендаций

in the ~ *бирж. жарг.* резко падающий *(о ценах)*

Iraqi ~s have rolled into Kuwait иракские танки вторглись в Кувейт

tanker *n* танкер

~s entitled to British protection танкеры, имеющие право на защиту со стороны Великобритании

~ flying the American flag танкер под американским флагом

Japanese-registered ~ японский танкер; танкер под японским флагом

Panama-flagged ~ танкер под панамским флагом

re-flagged ~ танкер, сменивший флаг

to charter a ~ фрахтовать танкер

to re-flag a ~ менять флаг на танкере

tap *v* **1.** использовать; подключать **2.** прослушивать

to ~ a telephone прослушивать телефонные разговоры

to ~ new reserves использовать/подключать новые резервы

tape *n* тесьма, лента

red ~ *разг.* волокита; бюрократизм

to bulldoze *one's* **way through mountains of red ~** пробиваться сквозь бюрократические рогатки

to cut through the red ~ преодолевать бюрократические рогатки

to fight red ~ бороться с бюрократизмом

to slash red ~ покончить с бюрократизмом

tapping *n* **1.** подключение **2.** прослушивание

~ of telephone conversations прослушивание телефонных разговоров

phone/telephone/wire ~ прослушивание телефонных разговоров

target I *n* **1.** цель, целевая установка; плановая цифра; плановое задание **2.** цель, мишень, объект

~ for criticism предмет критики

~ for voluntary contributions плановая цифра добровольных взносов

~ of *smb's* **attacks** объект нападений со стороны *кого-л.*

civilian ~ гражданский объект *(при бомбардировке или обстреле)*

easy ~ легкая мишень для нападок

economic ~s экономические задачи

financial ~s финансовые целевые показатели

finite ~ конечная цель

general ~s общие цели

global ~s мировые плановые/намеченные показатели

growth ~s намеченные темпы роста

intermediate ~s промежуточные задачи

key ~ основная цель

long-term ~ долгосрочная цель

lucrative ~ выгодная мишень для нападок

main ~ основная цель

mobile ~ подвижная цель

operational ~s оперативные цели

optimum ~s оптимальные цели

overall ~ общая/всеобъемлющая задача/цель

plan/planned ~s намеченные рубежи; контрольные цифры

pledging ~ целевое задание по взносам

prime ~ важная цель

principal ~ главный объект *(нападения, критики)*

production ~ намеченный/плановый объем продукции

profit ~ намеченная сумма прибыли

quantitative ~ количественные целевые показатели; количественное задание

short-term ~ краткосрочная цель

social ~ социальная/общественная цель

soft ~ *воен. жарг.* уязвимая цель

soft-skinned ~ *эвф.* живая мишень для бомбы

specific ~s конкретные задачи/цели

UN aid ~s намеченные цели помощи, оказываемой ООН

to achieve/to attain the ~ достигать намеченной цели, выполнять намеченные/плановые показатели

to beat the ~ перевыполнять план

to establish ~ устанавливать контрольную цифру/плановое задание

to exceed the ~ перевыполнять план

to fall short of the planned ~s не достигать запланированных целей

to fix ~ устанавливать контрольную цифру/плановое задание

to fulfill/to hit the ~ достигать намеченной цели, выполнять намеченные/плановые показатели

to meet the ~ выполнять план

to overfulfill the ~ перевыполнять план

to penetrate ~s within a country поражать цели внутри страны

to prepare specific ~s подготавливать специальные плановые задания

to reach new ~s выходить на новые рубежи

to realize the ~ достигать намеченной цели, выполнять намеченные/плановые показатели

to set operational ~s ставить оперативные плановые задания/задачи

to smash the ~ перевыполнять план

below the planned ~ меньше запланированного

financial ~ for the assistance program запланированный объект финансирования программы помощи

legitimate ~ for attack законная цель для нанесения удара

reappraisal of economic ~s переоценка экономических целей

target II *v* **1.** ставить/намечать цель **2.** делать *кого-л.* мишенью

targeting *n* наведение на цель

countervalue ~ наведение ядерного оружия на гражданские объекты

negative ~ *полит. жарг.* опорочивание *(ведение политической кампании не столько путем раскрытия своих достоинств, сколько путем компрометирования противника)*

tariff *n* тариф, расценка; пошлина; шкала ставок/сборов

agricultural ~ таможенный тариф на сельскохозяйственные продукты

compensatory ~ компенсационный тариф
customs ~ таможенный тариф
differential ~ дифференциальный тариф
discriminatory ~ дискриминационный/избирательный тариф
import ~ пошлины на импорт
low ~s низкие пошлины
preferential ~ льготный тариф
prohibitive/punitive ~ запретительный/протекционистский тариф
reduced ~ льготный тариф
trade ~ торговая пошлина
zone ~ зональный тариф
to impose/to introduce high ~s against goods from a country вводить высокие пошлины на товары из *какой-л.* страны
to introduce prohibitive ~s against European goods вводить протекционистские пошлины на европейские товары
to unify ~s унифицировать тарифы
tarnish *v* вызывать потускнение; пятнать
~ed **by scandals** запятнанный скандалами
task I *n* задача; задание
~ **of high priority** первоочередная задача
~ **of paramount importance** задача огромной важности
additional ~ внеплановое задание
arduous ~ тяжелая/трудная задача, трудное задание
basic ~ главная/основная задача
central ~ главная/основная задача
complex ~ сложная задача, сложное задание
current ~s текущие/очередные задачи
daunting/difficult ~ тяжелая/трудная задача, трудное задание
economic ~ экономическая задача
economic development ~s задачи экономического развития
foreign-policy ~ внешнеполитическая задача
formidable ~ тяжелая/трудная задача, трудное задание
fundamental ~ главная/основная задача
general democratic ~ задача общедемократического характера; общедемократическая задача
history-making ~ задача исторической важности
honorable ~ почетная задача
immediate ~ ближайшая задача
impossible-doing ~ невыполнимая задача
individual ~ индивидуальное задание
international ~ международная задача
key/main/major ~ главная/основная задача
national ~ национальная задача
noble ~ благородная задача
practical ~ практическая задача
present-day ~s текущие/очередные задачи
pressing ~ неотложная задача
primary/principal/priority ~ главная/основная/приоритетная задача
radical ~ коренная задача

single ~ единая задача
social ~ социальная задача
top-priority ~ первоочередная задача
urgent ~ неотложная задача
vast ~ огромная задача
vital ~s насущные задачи
vitally important ~ жизненно важная задача
work ~ рабочее задание
to abandon *one's* ~ отказываться от своей задачи
to accomplish a ~ выполнять задание/задачу
to allot a ~ возлагать задачу
to assume a ~ брать на себя задачу
to carry out a ~ выполнять задание/задачу
to commit a ~ **to** *smb* поручать *кому-л.* задание
to complete a difficult ~ завершать трудную задачу
to do a ~ выполнять задание/задачу
to elaborate practical ~s разрабатывать практические задачи
to entrust *smb* **with the** ~ **of** поручать *кому-л.* выполнить *(что-л.)*
to formulate a ~ формулировать задачу
to fulfill/to meet/to perform a ~ выполнять задание/задачу
to set a ~ ставить задачу
to set *oneself* **a** ~ ставить перед собой задачу
to solve a ~ решать задачу
to specify a ~ определять задачу
to tackle a ~ браться за решение задачи
to take on a daunting ~ брать на себя решение труднейшей задачи
to take *smb* **to** ~ **for** *smth* делать *кому-л.* выговор за *что-л.*; критиковать *кого-л.* за *что-л.*
to undertake a ~ брать на себя задачу
awareness of the nationwide ~s понимание общегосударственных задач
colossal ~s **facing the government** колоссальные задачи, стоящие перед правительством
fulfillment of social ~s решение социальных задач
scope of the ~ масштаб задачи
setting of new ~s постановка новых задач
task II *v* ставить задачу; давать задание
tax I *n* **(on** *smth***)** налог; пошлина; сбор; обложение
~ **in kind** натуральный налог, продналог
assessed ~ прямой налог
back ~ налог, уплаченный задним числом
beer ~ налог на пиво
capital gains ~ налог на прибыль
cigarette ~ налог на сигареты
commodity ~es налоги на товары
controversial ~ налог, вызывающий противоречия
delinquent ~es невыплаченные налоги
direct ~ прямой налог

emergency ~es чрезвычайные налоги
federal ~es федеральные налоги
federal sin ~es федеральные налоги на алкогольные напитки и табачные изделия
flat rate poll ~ местный налог
gasoline ~ налог на бензин
hidden ~ скрытый налог
import ~es on smth пошлины на ввоз чего-л.
income ~ подоходный налог
indirect ~ косвенный налог
inheritance ~ налог на наследство
internal ~ внутренний налог
land ~ земельный налог
local ~ местный налог
luxuries ~ налог на предметы роскоши
municipal ~ местный налог
national ~ общегосударственный налог
occupational ~ налог на профессию
personal income ~ личный подоходный налог
poll ~ подушный налог
progressive ~ прогрессивный налог
progressive income ~ прогрессивный подоходный налог
property ~ поимущественный налог; налог на недвижимое имущество
salary ~ налог на зарплату
sales ~ налог с продаж
school ~ школьный налог
single ~ единый налог
special ~es специальные налоги
super ~ добавочный/дополнительный подоходный налог
telephone ~ налог на телефон
turnover ~ налог с оборота
value added ~ (VAT) налог на добавленную стоимость, НДС
wage ~ налог на зарплату
wine ~ налог на вино
to abate ~es снижать/сокращать налоги
to abolish/to rule out a ~ отменять налог
to boost ~es повышать/увеличивать налоги
to collect ~es собирать налоги
to cut (down) ~es снижать/сокращать налоги
to dodge~es уклоняться от уплаты налогов
to ease ~es снижать/сокращать налоги
to evade ~es уклоняться от уплаты налогов
to exempt from ~es освобождать от налогов
to impose a ~ on smth облагать что-л. налогом
to increase ~es повышать/увеличивать налоги
to introduce in new ~es вводить новые налоги
to levy a ~ on smth облагать что-л. налогом
to pay ~es платить налоги
to put up ~es повышать/увеличивать налоги
to raise ~es on the consumer увеличивать налогообложение потребителя

to reduce ~es снижать/сокращать налоги
to rule in new ~es вводить новые налоги
to withhold the ~ удерживать налог
abolition of ~es отмена налогов
after ~ за вычетом налога
before ~ до вычета налога
cutting ~es for the better-off сокращение налогов на имущих
exemption from ~es освобождение от уплаты налогов
foes of higher ~es противники повышения налогов
free of income ~ без взимания подоходного налога
liable to a ~ подлежащий обложению налогом
nonpayment of ~ неуплата налога
rebate of the ~ льготная сумма налога
reduction of ~es сокращение налогов
tax II v облагать налогом/пошлиной
to ~ smb heavily облагать кого-л. большим налогом
to ~ the rich to the limit облагать максимальным налогом богатых
taxable a подлежащий налогообложению
taxation n налогообложение
double ~ двойное налогообложение
local ~ местные налоги
national ~ общее налогообложение
progressive ~ прогрессивное налогообложение
unfair ~ несправедливое налогообложение
to exempt from ~ освобождать от налогообложения
to waive ~ отменять налогообложение
burden of ~ бремя налогов
tax-collector n сборщик налогов
tax-free a не облагаемый налогом
taxpayer n налогоплательщик
Taylorism n эк. тейлоризм
teach v преподавать
teacher n педагог, преподаватель, учитель
sociologe ~ преподаватель социологии
teach-in n 1. семинар, обсуждение 2. студенческое собрание в знак протеста
teaching n учение, преподавание
religious ~ религиозное учение
team I n 1. группа (специалистов, экспертов); бригада; комиссия; команда (в т. ч. группа организаторов выборов президента) 2. экипаж (корабля, самолета и т.п.) 3. члены правительства/делегации
~ of experts группа/бригада экспертов
~ of mediators группа посредников
~ of propagandists агитбригада
~ of UN experts группа экспертов ООН
arms control ~ делегация на переговорах о контроле над вооружениями
bomb disposal ~ команда саперов-специалистов по обезвреживанию бомб
demolition ~ бригада подрывников
development ~ группа разработчиков

economic ~ группа экономических советников

fact-finding ~ комиссия, проверяющая фактическое положение дел

forecasting ~ группа прогнозирования

government ~ правительственная делегация на переговорах

health ~ группа медицинских работников

inspecting/inspection ~ группа инспекторов/ контроля

investigating ~ комиссия по расследованию

management ~ руководящий состав

mediation ~ группа посредников

medical ~ группа медицинских работников

military-assistance ~ группа по оказанию военной помощи

national ~ сборная команда

national security ~ состав Совета национальной безопасности США

negotiating ~ делегация на переговорах

observer ~ группа наблюдателей

patronage ~ шефская бригада

production ~ производственная бригада; производственное звено

project ~ группа специалистов, работающая над проектом

relief ~ группа сотрудников по оказанию продовольственной помощи

rescue ~ бригада спасателей

research ~ научно-исследовательская группа

SIX/Sabotage, Intelligence and Experiment ~s развед. жарг. группа агентов, занимающихся диверсиями, разведкой и проверкой имеющейся информации

tiger ~ правит. жарг. группа специалистов для решения особо трудной проблемы

UN human rights observer ~ группа наблюдателей ООН за соблюдением прав человека

UN observer ~ группа наблюдателей ООН

US country ~ развед. жарг. группа сотрудников американской разведки, руководящих ее операциями в другом государстве

visiting ~ группа специалистов/команда, находящаяся с визитом в какой-л. стране

volunteer ~ группа добровольцев

working ~ рабочая группа

to assemble one's **foreign policy** ~ подбирать членов будущего правительства, которые будут заниматься вопросами внешней политики

to build one's ~ создавать/формировать правительство

to change many in the ~ менять состав правительства

to choose one's ~ подбирать новый состав правительства

to dispatch a UN ~ направлять группу наблюдателей ООН

to form one's ~ создавать/формировать правительство

to head a ~ возглавлять правительство/группу/бригаду

to name one's ~ называть членов своего кабинета

to pick one's ~ подбирать новый состав правительства

to put together a ~ «сколачивать»/создавать команду (правительство)

to reshuffle one's ~ производить изменения в составе правительства

to run a ~ развед. жарг. руководить группой агентов

to send an investigating ~ **to** ... направлять комиссию по расследованию в ...

to send in a technical ~ **to the Gulf** направлять группу экспертов в район Персидского го залива

to set up a permanent ~ **of advisers** создавать постоянную группу советников

to train a national ~ тренировать национальную сборную команду

to work as a ~ работать как единая команда

country's ~ **at the negotiations** делегация страны на переговорах

country's ~ **at the UN** делегация страны в ООН

international ~ **of scientists** группа ученых из разных стран

the prime minister is picking his ~ премьер-министр подбирает членов своего кабинета

team II v (**up with** smb) v объединяться с кем-л., работать сообща

teargas I n слезоточивый газ

to die from the effects of ~ умирать от поражения слезоточивым газом

to fire ~ применять слезоточивый газ

teargas II v (**to** smb) использовать слезоточивый газ против кого-л.

technique n техника; технические приемы; метод; технология

bandwagon ~ способ привлечения избирателей

conventional construction ~s обычные методы строительства

data processing ~ метод/методика обработки данных

development planning ~s методы планирования развития

evaluation ~ методика оценки

farming ~ агротехника

fertility regulation ~s методы регулирования рождаемости

forecast/forecasting ~ метод прогнозирования

improved ~s усовершенствованные методы

industrial ~s методы/технология производства

inspection ~ метод контроля

investment promotion ~s методы/способы, содействующие инвестициям/капиталовложениям

labor-intensive ~s трудоемкие методы производства

technolog/y

latest ~ новейшая технология; *pl* новейшие методы

management ~s методы управления

manufacturing ~s методы/технология производства

marketing ~s методы маркетинга/сбыта

modern communication ~s современные технические средства связи

monitoring ~s средства/методы контроля/наблюдения

negotiating ~ метод ведения переговоров

planning ~s методы планирования

poor ~ несовершенная методика

production ~s методы/технология производства

project evaluation ~ метод оценки проекта

research ~ методика исследований

safeguards ~s средства защиты

safety ~ техника безопасности

should cost ~ *жарг.* установление с самого начала предельной стоимости строительства объекта

space ~s космическая техника

up-to-date ~s современные методы

verification ~s методы/средства проверки/контроля

to adopt ~s and technologies to local requirements применять технику и технологию к местным требованиям

to introduce ~s внедрять методы

to obtain ~s овладевать техническими приемами/методами

fight/struggle to master ~ борьба за овладение техникой

technocrat *n* технократ

technological *a* технологический, технический

technologism *n социол.* технологизм *(убеждение, что обществом необходимо управлять по техническим принципам)*

technolog/y *n* техника; технические средства; технология; методика

~ **of production** технология производства

adequate ~ соответствующая технология

advanced ~ передовая техника; передовая/прогрессивная технология

alternative ~ies альтернативные технические решения

antipollution ~ технология защиты окружающей среды от загрязнения

appropriate ~ соответствующая технология

appropriate health ~ необходимые технические возможности и методики системы здравоохранения

capital-intensive ~ капиталоемкая технология

capital-saving ~ капиталосберегающая технология

control ~ технология контроля

embodied ~ овеществленная технология

high ~ передовая/новейшая технология

high-waste ~ высокоотходная технология

imported ~ импортируемая технология

industrial ~ промышленные технические средства

intensive ~ интенсивная технология

labor-intensive ~ трудоемкая технология

labor-saving ~ трудосберегающая технология

low-energy-intensive ~ энергосберегающая технология, технология с низкой энергоемкостью *(с малыми энергозатратами на единицу продукции)*

low-waste ~ малоотходная технология

management ~ техника управления

military ~ военная техника/технология

non-polluting ~ технология, исключающая загрязнение окружающей среды

non-waste ~ безотходная технология

nuclear ~ ядерная технология/техника

nuclear-weapons ~ технология изготовления ядерного оружия

package ~ комплексная технология

peaceful nuclear ~ использование ядерной энергии в мирных целях

process ~ технология производственного процесса

requisite ~ нужная технология/техника

resource-saving ~ies ресурсосберегающие технологии

sensitive ~ техника, которая может иметь военное значение; засекреченная технология

soft ~ технология, не приносящая вреда окружающей среде

sophisticated ~ усложненная технология

space ~ космическая технология

state-of-the-art ~ самая современная технология

suitable ~ приемлемая технология

unpackaged ~ некомплексная технология

up-to-date ~ современная/новейшая техника/технология

waste-free ~ безотходная технология

widely acknowledged ~ies широко признанные технологические методы

to acquire ~ получать/приобретать технологию

to adopt ~ies to the needs and conditions of a developing country приспосабливать/применять технику/технологию к нуждам и условиям развивающейся страны

to apply ~ применять технологию

to choose appropriate ~ выбирать соответствующую технологию

to develop ~ развивать/совершенствовать технику/технологию

to import ~ies импортировать технологию

to increase access of developing countries to ~ увеличивать доступ развивающихся стран к технологии производства/техническим средствам

to introduce new ~ внедрять новую технику/технологию

to master new ~ осваивать новую технологию

723

to select and design appropriate ~ies отбирать и разрабатывать соответствующие технические средства/производственные процессы

to transfer ~ies передавать технологию

to transplant ~ies переносить технику/технологию/технологические процессы из одной страны в другую

to use ~ применять технологию

access to nuclear ~ доступ к ядерной технологии

adaptation of industrial ~ приспособление промышленной технологии

exchange of ~ among countries обмен технологиями/техническими средствами между странами

export of ~ экспорт технологии

growth of ~ технический прогресс

level of ~ уровень развития техники

packaged transfer of ~ комплексная передача технологии

transfer of ~ передача технологии

upward spiral of ~ совершенствование техники

utilization of progressive ~ies применение прогрессивных технологий

technostructure *n социол. жарг.* «техноструктура» *(люди, управляющие техникой)*

teenager *n* юноша *или* девушка в возрасте от 13 до 19 лет

telecast I *n* телевизионное вещание, телепередача

direct ~ прямая телевизионная трансляция

telecast II *v* передавать *что-л.* по телевидению

telecaster *n* корреспондент телевидения

telecasting *n* телевизионное вещание

direct ~ прямое телевизионное вещание

telecommunications *n pl* телекоммуникации

teleconferencing *n* 1. конференц-связь 2. телеконференция

telectorate *n* избиратели, которые фактически не участвуют в избирательной кампании, а лишь следят за ней по телевидению

telegram *n* телеграмма

~ of congratulations поздравительная телеграмма

telephone *n* телефон

red ~ *юр. жарг.* «красный телефон» *(прямой провод между чиновниками Германии, Швейцарии, Австрии и Италии для координации действий по борьбе с терроризмом)*

secure ~ *развед. жарг.* «безопасный телефон» *(прямой провод для сообщения секретной информации на высшем уровне)*

to tap *smb's* ~ прослушивать *чей-л.* телефон

teleprinter *n* телепринтер

teletype I *n* телетайп

teletype II *v* передавать по телетайпу

teletypewriter *n* телетайп

televise *v (smth)* передавать *что-л.* по телевидению

to ~ *smth* **live** вести прямую телепередачу о *чем-л.*

television (TV) *n* телевидение

cable ~ кабельное телевидение

commercial ~ коммерческое телевидение

to air *smth* **on ~** показывать *что-л.* по телевидению

to appear live on ~ выступать в прямом эфире

to be glued to the ~ не отрываться от телевизора, «прилипнуть» к экрану

to go on ~ to announce that ... выступать по телевидению с объявлением о том, что ...

to go on ~ to appeal for *smth* выступать по телевидению с призывом к *чему-л.*

to go on/to make an appearance on ~ выступать по телевидению

to parade *smb* **on ~** показывать *кого-л.* по телевидению

to speak on ~ выступать по телевидению

smb's **appearance on ~** *чье-л.* выступление по телевидению

teller *n* 1. член счетной комиссии *(на выборах)* 2. кассир *(в банке)*

to appoint ~s назначать членов счетной комиссии

temperature *n* температура

political ~ политическая обстановка; накал политических страстей

to cool/to lower the ~ охлаждать страсти; сбивать накал страстей

to lower the diplomatic ~ ослаблять напряженность в дипломатических отношениях

to raise the ~ накалять обстановку

political ~ has gone up/risen substantially политическая обстановка заметно накалилась

political ~ was high политические страсти разгорелись

sharp rise in the political ~ разгул политических страстей

tempo *n* темп

to step up the diplomatic ~ активизировать дипломатические усилия

temporary *a* временный

temporizer *n* конъюнктурщик

tempt *v (smb)* соблазнять

to ~ *smb* **away** переманивать *кого-л.*

tempus *(pl* **tempora)** *n лат.* время, темп

~ fugit время бежит

tempora mutantur, et nos mutamur in illis времена меняются, а вместе с ними меняемся и мы

ten *n* десять, десятка

the T., the top ~ 1) первая десятка; десять главных, лучших в *чем-л.* 2) *юр. жарг.* составленный ФБР список десяти главных разыскиваемых преступников США

tenancy *n* владение

life ~ пожизненное владение

tend *v* иметь тенденцию/склонность; способствовать; направляться

tendenc/y *n* тенденция, стремление; течение; наклонность; направление

breakaway ~ies сепаратистские тенденции
capitalist ~ капиталистическая тенденция
contrary ~ies противоречивые тенденции
crisis ~ies кризисные тенденции
democratic ~ демократическая тенденция
egalitarian ~ies тенденции эгалитаризма/равноправия
falling ~ тенденция к понижению
historical ~ies исторические тенденции
inflationary ~ies инфляционные тенденции
latent ~ скрытая тенденция
leftist ~ies левацкие/левые тенденции
left-sectarian ~ левосектантская тенденция
leveling ~ies уравнительные тенденции
marked ~ заметная тенденция
militant ~ воинственность
militarist ~ies милитаристские тенденции
nationalist(ic) ~ националистические тенденции
negative ~ негативная тенденция
neutralist ~ies нейтралистические традиции
opportunist ~ies оппортунистические течения
political ~ политическая тенденция
positive ~ положительная тенденция
progressive ~ прогрессивная тенденция
protectionist ~ies протекционистские тенденции
recessionary ~ies кризисные/застойные тенденции, тенденции к спаду
rising ~ растущая тенденция; тенденция к повышению
separatist ~ies сепаратистские тенденции
subversive ~ies разрушительные тенденции
unification ~ies тенденции к объединению
to have a ~ иметь тенденцию
to intensify the ~ усиливать тенденцию
to stimulate ~ies (**to**) стимулировать тенденцию (к)
to stir neutralist ~ies вызывать нейтралистские тенденции
nationalist ~ies **are sharpening** националистические тенденции обостряются
tendentious *a* тенденциозный
tendentiousness *n* тенденциозность
tender I *n* 1. предложение/заявка на подряд/тендер 2. платежное средство
illegal ~ незаконное платежное средство
legal ~ законное платежное средство
to hold a ~ проводить тендер
to invite a ~ объявлять/назначать тендер
tender II *v* подавать заявку *(на торгах)*
tenet *n* догмат; принцип; доктрина
tenor *n* направление; смысл, содержание
~ **of** *smb's* **remarks** смысл *чьих-л.* замечаний
tense *a* напряженный
the city has remained ~ напряженность в городе не спадает
tension I *n* напряженность
~ **between nationalities** напряженность между национальностями

~ **between the two countries is getting more pronounced** напряженность между двумя странами становится все заметнее
~ **continues** напряженность сохраняется
~ **goes up** происходит эскалация напряженности; напряженность постепенно нарастает/усиливается
~ **has eased** напряженность ослабла/уменьшилась
~ **heightened** напряженность усилилась
~ **in relations** напряженность в отношениях
~ **in troubled areas** напряженность в беспокойных районах
~ **is escalating** происходит эскалация напряженности; напряженность постепенно нарастает/усиливается
~ **is mounting** происходит эскалация напряженности; напряженность постепенно нарастает/усиливается
~ **is increasing** происходит эскалация напряженности; напряженность постепенно нарастает/усиливается
~ **is rising** происходит эскалация напряженности; напряженность постепенно нарастает/усиливается
~ **lessened** напряженность ослабла/уменьшилась
~ **of struggle** напряженность борьбы
~ **remains high** напряженность сохраняется
~ **subsided** напряженность ослабла/уменьшилась
acute ~ острая напряженность
border ~ напряженная обстановка на границе
dangerous ~ опасная напряженность
diplomatic ~ напряженность в дипломатических отношениях
East-West ~ напряженность в отношениях между Востоком и Западом
ethnic ~ напряженность между различными этническими группировками
increased ~ возросшая напряженность
increasing ~ нарастающая напряженность
international ~ международная напряженность
military ~ военная напряженность
mounting ~ нарастающая напряженность
national ~ межнациональная напряженность
nationalist ~ напряженность на националистической основе
political ~ политическая напряженность
prowling ~ нарастающая напряженность
racial ~ расовые противоречия, напряженность на расовой почве
regional ~ региональная напряженность
renewed ~ новая напряженность
sectarian ~ напряженность между представителями различных сект
social ~ социальная напряженность
trade ~ напряженность в торговых отношениях
world ~ международная напряженность

to ease ~ смягчать/ослаблять/разряжать напряженность

to accelerate/to aggravate ~ усиливать/обострять/усугублять напряженность

to alleviate ~ смягчать/ослаблять/разряжать напряженность

to bring ~ **to a new height** приводить к новому усилению напряженности

to build up military ~ нагнетать военную напряженность

to calm ~ смягчать/ослаблять/разряжать напряженность

to cause ~ **between** *smb* вызывать/создавать напряженность в отношениях между *кем-л.*

to combat communal ~ бороться за ликвидацию межобщинной напряженности

to contribute to the lessening/relaxation of international ~ содействовать уменьшению международной напряженности

to create ~ **between** *smb* вызывать/создавать напряженность в отношениях между *кем-л.*

to defuse current ~ разряжать существующую напряженность

to dispel ~ смягчать/ослаблять/разряжать напряженность

to eliminate sources of international ~ устранять источники международной напряженности

to end military ~ положить конец военной напряженности

to escalate/to exacerbate ~ усиливать/обострять/усугублять напряженность

to fan ethnic ~s разжигать межнациональную напряженность

to foment/to generate ~ **between** *smb* вызывать/создавать напряженность в отношениях между *кем-л.*

to height ~ усиливать/обострять/усугублять напряженность

to highlight the ~s подчеркивать наличие напряженных отношений

to increase ~ усиливать/обострять/усугублять напряженность

to lessen ~ смягчать/ослаблять/разряжать напряженность

to lift ~ снимать напряженность

to maintain ~ сохранять напряженность

to mount ~ усиливать/обострять/усугублять напряженность

to produce ~ **between** *smb* вызывать/создавать напряженность в отношениях между *кем-л.*

to reduce/to relax/to relieve ~ смягчать/ослаблять/разряжать напряженность

to step/to whip up ~ усиливать/обострять/усугублять напряженность

to worsen ~s усиливать напряженность

aggravation of ~ усиление напряженности

alleviation of ~ ослабление/уменьшение/ смягчение напряженности

atmosphere of ~ напряженная обстановка

buildup of ~ нагнетание напряженности

decrease in ~s уменьшение напряженности

easing of ~ ослабление/уменьшение/ смягчение напряженности

elimination of ~s устранение напряженности

escalation of ~ усиление напряженности

flash-point/focus of ~ очаг напряженности

heightening/increase of ~ усиление напряженности

lessening of ~ ослабление/уменьшение/ смягчение напряженности

new spiral of ~ новый виток напряженности

periods of ~ **in international affairs** периоды обострений в международных делах

process of relaxation of international ~ процесс разрядки международной напряженности

reduction/relaxation of ~ ослабление/уменьшение/смягчение напряженности

removal of ~ ликвидация напряженности

seat of ~ очаг напряженности

social ~s **boiled over in lootings** социальная напряженность вылилась в грабежи

worsening of ~ усиление напряженности

some of the ~s **still lingered** некоторые противоречия все еще оставались

tension II *v* создавать напряженность

tentative *a* опытный, пробный, экспериментальный; предположительный

tenure *n* владение, собственность, имущество; пребывание в должности; срок пребывания в должности; полномочия

land ~ землевладение

life ~ пожизненный срок пребывания в должности

smb's ~ **of office** *чье-л.* пребывание на должности

term *n* **1.** срок *(тюремного заключения, пребывания на посту и т.п.)*; предел; период **2.** термин; выражение **3.** *pl* условия; отношения

~s **and conditions** условия

~s **of an agreement** условия соглашения

~s **of a contract** условия контракта

~s **of existing international instruments** условия существующих международных соглашений

~s **of financing** условия финансирования

~s **of interest** условия начисления процентов

~s **of office** срок избрания; срок полномочий; срок службы

~s **of payment** условия платежа

~s **of reference** статут, круг полномочий; компетенция, мандат; сфера действия

~s **of sale** условия продажи

~s **of settlement** условия разрешения спора

~s **of surrender** условия капитуляции

~s **of trade** условия торговли

~s **of a treaty** условия договора

~s **of delivery** срок поставки

~s **ranging from 18 months to 7 years** сроки тюремного заключения от 1,5 до 7 лет

~s **required of** *smb* условия, предъявляемые *кому-л.*

acceptable ~s приемлемые условия

arbitration ~ условия арбитража

binding ~s **of contract** обязательные условия контракта/договора

ceasefire ~s условия соглашения о прекращении огня

concessionaire ~s льготные условия

deferred payment ~s условия отсрочки платежей

disastrous entry ~s гибельные условия вступления

easy ~s льготные условия

equal ~s одинаковые/равные условия

expired ~ истекший срок

favorable ~s льготные условия

fettering ~s кабальные условия

fixed ~ установленный/определенный срок

harsh ~s жестокие условия

harsh jail ~ длительный срок тюремного заключения

hostile ~s враждебные выражения

humiliating peace ~s унизительные условия мира

intermediate ~ средний срок

long ~ долгий срок

mutually acceptable ~s взаимоприемлемые условия

mutually advantageous ~s взаимовыгодные условия

one-sided ~s односторонние условия; условия в пользу одной из сторон

out-of-court compensation ~s условия полюбовного соглашения о компенсации

peace ~s условия заключения мира

political ~ политический термин

prison ~ срок тюремного заключения

probationary ~ испытательный срок

shipping ~s условия перевозки

short ~ краткий срок

soft ~s льготные условия

tough ~s тяжелые условия

trade ~s условия торговли

trial ~ испытательный срок

two-year ~ двухлетний срок

unacceptable ~s неприемлемые условия

unexpired ~ не истекший срок

usual ~s обычные условия

to abide by ~s выполнять/соблюдать условия

to accept the ~s принимать условия; соглашаться на условия

to agree to *smb's* ~s соглашаться на *чьи-л.* условия

to be on bad/good ~s быть в плохих/хороших отношениях

to be on right ~s **with the right people** быть в нужных отношениях с нужными людьми

to be sworn in for a four-year ~ быть приведенным к присяге для занятия поста на четырехлетний срок

to begin *one's* ~ **of office** начинать срок своего пребывания у власти

to bring to ~ приводить к соглашению

to come to ~ **with** *smb* договариваться с *кем-л.*

to come to ~ **with what happened** примиряться с тем, что произошло

to complete *one's* ~ отбыть наказание

to comply with all the ~s **of the agreement** соблюдать все условия соглашения

to couch *smth* **in very friendly** ~s излагать *что-л.* в очень дружелюбных выражениях

to cut short *smb's* ~ сокращать срок пребывания *кого-л.* у власти/в заключении

to dictate *one's* ~s диктовать свои условия

to discuss *smth* **in general** ~s обсуждать *что-л.* в общем виде

to ease the financial ~s **of assistance** облегчать финансовые условия оказания помощи

to extend *smb's* ~ **(in office)** продлевать срок *чьего-л.* пребывания у власти

to gain another 5-year ~ быть избранным на новый пятилетний срок

to give *smb* **a six-year** ~ приговаривать *кого-л.* к шестилетнему тюремному заключению

to grant loans on easy ~s предоставлять займы на льготных условиях

to impose ~ навязывать условия

to impose long prison ~s приговаривать *кого-л.* к длительным срокам тюремного заключения

to improve the ~s **of trade** улучшать/совершенствовать условия торговли

to last *one's* **full** ~ **of office** дотягивать до конца установленного срока пребывания у власти

to meet the ~s удовлетворять условиям

to modify the ~ **of references** изменять круг полномочий

to negotiate the ~s **of peace** договариваться об условиях мира

to observe the ~ **of a peace plan** соблюдать положения плана мира

to offer the ~s **of service** предлагать условия работы

to outline the ~s **for** *smth* излагать условия *чего-л.*

to run for a second ~ баллотироваться на второй срок

to protest to *smb* **in the strongest** ~s заявлять *кому-л.* резкий протест

to return *smb* **to his third** ~ **of office** избирать *кого-л.* на третий срок

to run for another ~ баллотироваться еще на один срок

to sentence *smb* **to a long prison** ~ приговаривать *кого-л.* к длительному тюремному заключению

to serve a life ~ отбывать пожизненное тюремное заключение

to serve a prison ~ отбывать срок тюремного заключения

to serve a third ~ оставаться на посту на третий срок

to serve *one's* **~ under a harsh regime** отбывать заключение в тюрьме строго режима

to serve out the remainder of *one's* **~ as President** дослужить до конца срока в качестве президента

to set out the ~s for *smth* излагать условия *чего-л.*

to specify the ~ of reference устанавливать объем полномочий

to spell out *one's* **~s for peace** излагать свои условия мира

to stand for a second ~ баллотироваться на второй срок

to stretch the repayment ~ растягивать срок выплаты долга

to win a landslide third ~ быть избранным на третий срок значительным большинством голосов

to win favorable ~s добиваться благоприятных условий

to win *one's* **second ~ in office** быть избранным на второй срок

to work out the ~s of reference разрабатывать полномочия

bid for a fourth ~ in office попытка остаться в должности на четвертый срок

couched in polite ~s сформулированный в вежливых выражениях

early in *smb's* **~** в самом начале *чего-л.* пребывания на должности/у власти

expiration of the ~ of office истечение срока полномочий

for an indefinite ~ на неопределенный срок

in ~s в показателях, в единицах, в выражениях

in absolute ~s в абсолютном выражении

in distinct ~ недвусмысленно

in diplomatic ~s в дипломатической форме

in dollar ~s в долларовом исчислении

in general ~s в общих выражениях

in military ~s в военном отношении

in monetary/money ~s в денежном/стоимостном выражении

in numerical ~s в количественном выражении

in no uncertain ~s в недвусмысленных выражениях

in ~s of в пересчете на

in ~s of figures в цифровом выражении

in ~s of gold в золотом исчислении

in ~s of money в денежном выражении

in ~s of numbers в количественном отношении

~ in office ends/expires in December срок пребывания на должности истекает в декабре

in ~s of percentage points в процентном выражении

in ~s of production в производственном выражении

in ~s of value в стоимостном выражении

in per capita ~s в расчете на душу населения

in percentage ~s в процентном выражении

in physical ~s в физических единицах, в натуральном выражении

in quantitative ~s в количественном выражении

in real ~s в реальном выражении, в неизменных ценах

in restrained ~s в сдержанной/ограниченной форме

in strong ~s в резких выражениях, в резком тоне

in the clearest/unequivocal/unmistakable ~s в недвусмысленных выражениях

in the long ~ в конечном счете, в итоге

in value ~s в стоимостном выражении

initial ~ of a convention первоначальный срок действия конвенции

on ~s на условиях

on acceptable ~s на приемлемых условиях

on advantageous/beneficial ~s на выгодных условиях

on conventional ~s на обычных/общепринятых условиях

on easy ~s на льготных условиях

on equal/even ~s на равных условиях

on favorable ~s на благоприятных условиях

on hard ~s на тяжелых условиях

on highly concessional interest ~s на условиях предоставления большой процентной скидки

on hire-purchase ~s на условиях покупки в рассрочку

on lobby ~s *полит. жарг.* без ссылки на источники

on low interest ~s на условиях предоставления низкого процента

on most favored nation ~ в соответствии с режимом наибольшего благоприятствования

on much easier ~s на более льготных условиях

on mutually advantageous ~s на взаимовыгодных условиях

on ~ of complete equality при условии полного равенства

on reasonable ~s на приемлемых условиях

on soft ~s на доступных/льготных условиях

on straight business ~s на чисто деловых условиях

on the usual trade ~s на обычных торговых условиях

preferential ~ for the supply of *smth* льготные условия для поставки *чего-л.*

prior to the expiration of the ~ до истечения срока

prison ~s ranging from five years to life сроки тюремного заключения от пяти лет до пожизненного

prolongation of the ~ продление срока

smb's **second/third ~ in office** второй/третий срок пребывания *кого-л.* у власти

under the ~s of a clearing agreement по условиям соглашения о клиринговых расчетах

under the ~s of the peace plan согласно условиям плана установления мира

under the ~s of the treaty по условиям договора

terminate *v* прекращать; заканчивать(ся); аннулировать, расторгать

termination *n* прекращение; окончание; истечение срока

~ of acts of aggression прекращение актов агрессии

~ of an agreement окончание срока соглашения

~ of a contract аннулирование/прекращение действия контракта

war ~ окончание/исход войны

notice of ~ уведомление об окончании службы

terminus (*pl* termini) *n лат.* конечная точка, цель, назначение; конечная станция/ остановка

~ ad quem конечная точка

~ a quo исходный пункт

terr *n жарг.* террорист

terra incognita *лат.* неизвестная земля; неизвестная страна; *перен.* нечто совершенно неизвестное

territorial *a* территориальный

territor/y *n* 1. территория 2. *амер.* территория, административная единица, не имеющая прав штата, но избирающая свое законодательное собрание

~ies detached from enemy states территории, отторгнутые от вражеских государств

~ies held under mandate территории, находящиеся под мандатом

~ in dispute спорная территория

~ies of contiguous states территории прилегающих государств

~ reverts to a country территория возвращается стране

~ under a country's administration территория, находящаяся под управлением страны

~ under *smb's* flag территория, входящая в состав *какого-л.* государства

~ies voluntarily placed under the trusteeship system территории, добровольно включенные в систему опеки

annexed ~ аннексированная территория

border ~ приграничная территория

claimed ~ территория, являющаяся объектом притязаний с *чьей-л.* стороны

demilitarized ~ демилитаризованная территория

densely populated ~ густонаселенная территория

dependent ~ies зависимые территории

disputed ~ спорная территория

divided ~ разделенная территория

hotly contested ~ территория, за которую ведутся ожесточенные бои

illegally occupied ~ незаконно оккупированная территория

inviolable ~ неприкосновенная территория

liberated ~ освобожденная территория

long-disputed ~ территория, являющаяся предметом давних споров

mandated ~ подмандатная территория

national ~ национальная/государственная территория

neutral ~ нейтральная территория

non-self-governing ~ несамоуправляющаяся территория

occupied ~ оккупированная территория

overseas ~ies заморские владения

regained ~ies воссоединенные земли

Scheduled T. *экон.* стерлинговая зона; страны стерлинговой зоны

seized ~ies захваченные территории

self-governing ~ самоуправляющаяся территория

sensitive ~ территория с рядом секретных оборонных объектов

shrunken ~ уменьшившаяся территория

sparsely populated ~ малонаселенная территория

state ~ государственная территория

trust ~ подопечная территория

to administer trust ~ies управлять подопечными территориями/территориями под опекой

to advance into enemy ~ вступать на вражескую территорию

to annex the conquered ~ to a state аннексировать/присоединять завоеванную территорию к государству

to be master of *one's* own ~ быть хозяином своей территории

to break a ~ away from a country отторгать *какую-л.* территорию от страны

to cede ~ уступать территорию

to claim a ~ претендовать на территорию

to concede ~ to *smb* делать территориальные уступки *кому-л.*

to conquer a ~ завоевывать территорию

to consolidate ~ies объединять территории

to control ~ контролировать территорию

to control no clearly defined ~ не контролировать никакой определенной территории

to encroach upon the ~ (of) посягать на территорию

to cross onto a country's ~ проникать на территорию страны

to exercise the administration of the trust ~ осуществлять управление территорией под опекой

to fight for ~ yard by yard сражаться за каждую пядь территории

to hand a ~ over to a country передавать *какую-л.* территорию стране

to have designs on a country's ~ иметь виды на территорию *какой-л.* страны

to have expansionist designs on a ~ иметь захватнические замыслы в отношении *какой-л.* территории

to have some claims on a ~ претендовать на *какую-л.* территорию

to incorporate a ~ into a republic включать территорию в состав республики

to infiltrate a ~ проникать на территорию

to intrude into a ~ вторгаться на территорию

to invade a country's ~ вторгаться на территорию страны

to keep the lid on the occupied ~ies *перен.* сохранять контроль над положением на оккупированных территориях

to lay claim to a ~ претендовать на *какую-л.* территорию

to liberate a ~ освобождать территорию

to occupy foreign ~ies оккупировать чужие территории

to penetrate a ~ (in strength) проникать на *чью-л.* территорию *(о военных силах)*

to quit a ~ unconditionally уходить с территории безо всяких условий

to reconquer a ~ освобождать территорию, занятую противником

to regain ~ возвращать себе территорию

to relinquish/to renounce a ~ отказываться от *какой-л.* территории

to resume a ~ возвращать ранее захваченную территорию

to retrieve the occupied ~ies возвращать себе территории, захваченные врагом

to return a ~ to a country's sovereignty восстанавливать суверенитет страны над *какой-л.* территорией

to spill out into a ~ распространяться на территорию *(о конфликте)*

to supervise the administration of trust ~ies наблюдать за управлением подопечными территориями

to take control of a large ~ завладевать значительной территорией

to take over a ~ from the control of a country забирать *какую-л.* территорию из-под управления *какой-л.* страны

to vacate a ~ оставлять территорию

to violate a country's ~ нарушать границы страны

to violate a sovereign ~ нарушать границы суверенной территории

to win back a ~ возвращать себе территорию

to withdraw all military bases and installations from ~ies ликвидировать все военные базы и сооружения на территориях

acquisition of ~ by force захват/ насильственное приобретение территории

annexation of a ~ аннексия/присоединение *какой-л.* территории

claims to a ~ претензии на *какую-л.* территорию

dismemberment of a ~ расчленение территории

encroachments on a ~ посягательство на территорию

in a country's ~ на территории страны

in the occupied ~ies на оккупированных территориях

incursion into a ~ вторжение на территорию

inviolability of ~ неприкосновенность территории; территориальная целостность

not to give up/to yield one inch of *one's* **~** не уступать ни пяди своей земли

occupation of foreign ~ies захват чужих территорий

relative calm in the ~ относительное спокойствие на территории

responsibilities towards a ~ ответственность за территорию

sliver of ~ небольшой кусок территории

subjugation of a ~ покорение территории

territorial expansion into a country's ~ территориальная экспансия за счет территории *какой-л.* страны

terror *n* **1.** страх, ужас **2.** террор

fascist ~ фашистский террор

murderous ~ кровавый террор

police ~ полицейский террор

sheer/stark ~ смертельный страх

state ~ государственный террор

to employ/to engage in to ~ применять террор, прибегать к террору

to inspire ~ вызывать/возбуждать страх

to resort to ~ применять террор, прибегать к террору

to sow ~ насаждать/применять террор

to strike ~ into *smb* вселять страх в *кого-л.*

to unleash a reign of ~ against *smb* развязывать террор против *кого-л.*

city was plugged into ~ город был охвачен страхом

Day of T. День террора, День ужаса *(11 сентября 2001 г., когда в результате террористических актов были разрушены башни-близнецы в Нью-Йорке и совершено нападение на Пентагон)*

new wave of ~ новая волна террора

reign of ~ разгул террора

strategy of ~ тактика террора

voice of ~ рупор терроризма

wave of political ~ волна политического террора

terrorism *n* терроризм

brutal ~ зверский/жестокий терроризм

global ~ глобальный терроризм

group ~ групповой терроризм

individual ~ индивидуальный терроризм

international ~ международный терроризм

political ~ политический террорризм

predatory ~ варварский терроризм

state ~ государственный терроризм

state-sponsored ~ терроризм, финансируемый государством

transnational ~ международный терроризм

to abet ~ поощрять терроризм; содействовать/потворствовать террористам

to align *oneself* **with** ~ вставать на сторону террористов

to be obsessed with ~ быть одержимым манией терроризма

to be soft on ~ проявлять мягкость по отношению к терроризму

to combat ~ бороться с терроризмом

to condemn ~ осуждать терроризм

to counter ~ противостоять/противодействовать терроризму

to denounce ~ осуждать терроризм

to encourage ~ поощрять терроризм; содействовать/потворствовать террористам

to eradicate ~ искоренять терроризм; покончить с терроризмом

to escalate the policy of state ~ усиливать политику государственного терроризма

to fight ~ бороться с терроризмом

to give in to ~ поддаваться нажиму террористов

to give *one's* **backing to international** ~ оказывать поддержку международному терроризму

to go over/to acts of open/undisguised ~ переходить/прибегать к открытым террористическим действиям

to launch further ~ возобновлять терроризм

to perpetrate an act of ~ совершать террористический акт

to practice ~ заниматься террористической деятельностью

to propagate ~ распространять терроризм

to reject ~ **in all its forms** отвергать терроризм в любой форме

to renounce ~ отказываться от терроризма

to resort to ~ прибегать к терроризму

to show a lack of resolve in combating ~ не проявлять решимости в борьбе с терроризмом

to sponsor ~ поддерживать терроризм

to step up ~ усиливать терроризм

to stop international ~ положить конец международному терроризму

to suppress ~ пресекать терроризм

to surrender to ~ капитулировать перед терроризмом

to take a stand against ~ выступать против терроризма

to undermine action against ~ подрывать усилия, направленные против терроризма

to yield to ~ идти на уступки терроризму

accessory to ~ пособник/соучастник терроризма

act of ~ террористический акт

condemnation of ~ осуждение терроризма

control of ~ борьба с терроризмом

firm stand against ~ твердая позиция против терроризма

obnoxious forms of ~ отвратительные формы терроризма

policy of state-sponsored ~ политика государственного терроризма

rejection of ~ отказ от терроризма

renunciation of ~ **in all its forms** отказ от терроризма во всех его формах

threat of ~ угроза терроризма

terrorist I *n* террорист

hardcore ~ закоренелый террорист

inveterate ~ матерый террорист

out-and-out ~ отъявленный террорист

professional ~ профессиональный террорист

reformed ~ исправившийся террорист

suspected ~ лицо, подозреваемое в террористической деятельности

urban ~ городской террорист

world ~ международный террорист

to deal with ~**s** справляться с террористами

to harbor ~**s** давать убежище террористам

to leave *smb* **to the mercy of the** ~**s** оставлять *кого-л.* на милость террористов

to safeguard the people against ~**s** защищать народ от террористов

to stop ~**s** останавливать террористов

bunch of ~**s** кучка террористов

safe haven for ~**s** надежное прибежище для террористов

terrorist II *a* террористический

terrorize *v* терроризировать, запугивать

to ~ *smb* **into fleeing from a country** терроризировать *кого-л.*, пока они не покинут страну

tertium non datur *лат.* «третьего не дано»; одно из двух; или – или

test I *n* испытание; проверка, исследование

~ **of confidence in** *smb* проверка доверия *кому-л.*

~ **of popularity for** *smb* проверка *чьей-л.* популярности

atmospheric nuclear ~ испытание ядерного оружия в атмосфере

compulsory AIDS ~ принудительная проверка на СПИД

economy ~ оценка экономичности

electoral ~ проверка популярности с помощью выборов

field ~ полевые испытания

laboratory ~ лабораторные испытания

lie detector ~ проверка на детекторе лжи

literacy ~ проверка грамотности

loyalty ~ проверка лояльности

means ~ проверка материального положения населения

military ~ испытание в военных целях

nuclear ~ ядерное испытание

nuclear weapons ~ испытание ядерного оружия

underground nuclear ~**s** подземные ядерные испытания

weapon(s) ~ испытание оружия

to abandon nuclear weapon ~**s** отказываться от испытаний ядерного оружия

to call off a ~ отменять испытание

to carry out a ~ проводить испытание

to cease ~ прекращать испытания

to conduct a ~ проводить испытание

to deplore nuclear ~s выражать сожаление по поводу испытаний ядерного оружия

to detect a nuclear ~ обнаруживать факт проведения испытания ядерного оружия

to discontinue nuclear ~s прекращать ядерные испытания

to give *smb* **advance notice about a ~** заблаговременно оповещать *кого-л.* о предстоящем испытании

to impose a strict means ~ for new applicants вводить строгую проверку имущественного положения лиц, претендующих на *что-л. (напр. на пособие по безработице)*

to launch ~s начинать испытания

to put to ~ подвергать испытаниям

to refrain from nuclear ~s воздерживаться от испытаний ядерного оружия

to reintroduce a ban on all nuclear ~s восстанавливать запрет на все ядерные испытания

to resume ~s возобновлять испытания

to stop ~s прекращать испытания

to submit *smb* **to a lie detector ~** подвергать *кого-л.* проверке на детекторе лжи

to win a ~ of opinion побеждать при опросе общественного мнения

acid ~ for *smb перен.* пробный камень для *кого-л.*

acid ~ of *smb's* **intentions** *перен.* лакмусовая бумажка, на которой проверяются *чьи-л.* намерения

ban of ~s запрещение испытаний

general and complete cessation of nuclear weapons ~s всеобщее и полное прекращение испытаний ядерного оружия

organization faces a daunting credibility ~ предстоит серьезнейшая проверка доверия к организации

prohibition of ~s запрещение испытаний

real ~ of strength подлинная проверка силы

series of ~s серия испытаний

site of nuclear ~s место проведения испытаний ядерного оружия

temporary halt of nuclear weapons ~s временное прекращение испытаний ядерного оружия

test II *v* испытывать; подвергать испытанию; проверять

testament *n* завещание; *религ.* завет

test-firing *n* испытательные пуски, стрельбы *(о боевых ракетах и пр.)*

testify *v* выступать в качестве свидетеля; давать (свидетельские) показания

to ~ before a Congressional committee давать показания комитету Конгресса

to refuse to ~ отказываться от дачи показаний

testimonial *n* рекомендация; характеристика

testimonium paupertatis *лат.* «свидетельство о бедности»; признание слабости, несостоятельности в *чем-л.*

testimony *n юр.* показания; свидетельство

ample ~ подробные доказательства

convincing ~ убедительное свидетельство

defendant's ~ показания подсудимого/ответчика/обвиняемого

false ~ ложные показания

true ~ правдивые показания

videotaped ~ *юр.* показания, записанные на видеокассету

to change *one's* **~** изменять свои показания

to confirm *one's* **~** удостоверять/подтверждать свои показания

to give ~ давать показания

to hear ~ заслушивать показания в суде

to prove *one's* **~** удостоверять/подтверждать свои показания

testing *n* испытание; проверка

field ~ полевые испытания

laboratory ~ лабораторные испытания

nuclear ~ испытания ядерного оружия

tit-for-tat nuclear ~ ответные испытания ядерного оружия

to call a halt to nuclear ~ объявлять о прекращении испытаний ядерного оружия

to disrupt nuclear ~ срывать испытание ядерного оружия

to halt ~ прекращать испытания

to monitor ~ следить за проведением испытаний

limitations/limits on ~ ограничение испытаний

long-term reduction in ~ долговременное сокращение испытаний

testis unus, testis nullus *лат.* один свидетель – не свидетель

test-launch *v (smth)* производить пробный запуск *(чего-л.)*

tête-à-tête *n фр.* встреча с глазу на глаз

text *n* текст

agreed ~ согласованный текст

authentic ~ подлинный/аутентичный текст

authoritative ~ официальный текст

final ~ окончательный текст

jointly drafted ~ совместно выработанный текст

negotiated treaty ~ согласованный текст договора

original ~ первоначальный текст; подлинный текст

plain ~ открытый текст

revised ~ пересмотренный текст

to adopt a ~ by consensus единодушно принимать текст *(какого-л. документа)*

to amend a ~ вносить в текст изменения/поправки

to cancel a ~ аннулировать текст

to clarify the ~ уточнять текст *(договора и т.п.)*

to deposit the authentic ~ in the archives сдавать оригинал в архив

to draft out a ~ вырабатывать текст

to refer to the ~ ссылаться на текст

to reproduce the ~ **in full/in part** воспроизводить текст полностью/частично

to secure conformity between ~**s** обеспечивать согласованность текстов

to vote a ~ проводить голосование по тексту

to weaken the ~ ослаблять текст *(резолюции)*

to work out a ~ вырабатывать текст

equally authentic ~**s of the Charter** равно аутентичные тексты Устава

textbook *n* учебник

campaign ~ сборник материалов к выборной кампании

Democratic/Republican campaign ~ сборник предвыборных агитационных материалов, издаваемых Демократической/Республиканской партией США

textual *a* текстуальный

thank *n обыкн. pl* благодарность

one's **most heartfelt** ~**s** благодарность от всего сердца

to express/to extend *one's* ~**s** выражать благодарность/признательность

Thatcherism *n ист.* тэтчеризм *(политический курс премьер-министра Великобритании М. Тэтчер, политика консерваторов)*

Thatcherite *n ист.* «тэтчерист» *(сторонник М. Тэтчер)*

thatcherite *a ист.* тэтчеровский *(характерный для взглядов М. Тэтчер)*

thaw *n* оттепель, потепление

~ **in relations between** *smb* потепление в отношениях между *кем-л.*

diplomatic ~ потепление/оттепель в дипломатических отношениях

international ~ потепление в международных отношениях

political ~ потепление политического климата, политическая оттепель

to affect the diplomatic ~ отражаться на оттепели в дипломатических отношениях

to make the ~ **in relations possible** делать возможным потепление в отношениях

theater *n* театр

~ **of war (operations)** театр военных действий, ТВД

then-ambassador *n* тогдашний посол/представитель

theocratic *a* теократический

theologian *n* богослов, теолог

theological *a* богословский, теологический

theology *n* богословие, теология

Christian ~ христианская теология

Muslim ~ мусульманская теология

theoretical *a* теоретический

theoretician, theorist *n* теоретик

conspiracy ~ сторонник теории заговора

theorization *n* теоретизирование

theorize *v* теоретизировать

theor/y *n* теория

~**ies enshrined in textbooks** теории, увековеченные в учебниках; хрестоматийные теории

all-round ~ всесторонняя теория

anti-scientific ~ антинаучная теория

conspiracy ~ теория заговора

convergence ~ теория конвергенции

domino ~ теория домино

idealistic ~ идеалистическая теория

last resort ~ *полит. жарг.* «теория последней надежды» *(обоснование необходимости для Великобритании сохранять собственное ядерное оружие: если Великобритания останется без союзников, ее ядерное оружие явится средством сдерживания потенциального агрессора)*

madman ~ *воен. жарг.* угроза применить ядерное оружие по приказу «рассерженного» президента

Malthusian ~**ies** мальтузианские теории

natural-scientific ~**ies** естественно-научные теории

nuclear winter ~ теория ядерной зимы

opportunist ~ оппортунистическая теория

political ~ политическая теория

progressive ~ передовая/прогрессивная теория

pseudo-scientific ~ псевдонаучная теория

radical ~ радикальная теория

scientific ~ научная теория

social and political ~**ies** социально-политические теории

sociological ~**ies** социологические теории

sound ~ разумная теория

stages ~ *правит. жарг.* «теория стадий» *(концепция развития слаборазвитых стран от легкой к тяжелой, а затем к химической и электронной промышленности)*

value ~ *эк.* теория стоимости

to adopt a new ~ брать на вооружение новую теорию

to connect ~ **with practice** связывать теорию с практикой

to create a ~ создавать теорию

to develop a new ~ **of** *smth* разрабатывать новую теорию *чего-л.*

to evolve a ~ развивать/создавать теорию

to implement a ~ осуществлять/претворять в жизнь теорию

to join ~ **and practice** сочетать теорию с практикой

to link ~ **with practice** связывать теорию с практикой

to master a ~ овладевать теорией

to put forward a ~ выдвигать теорию

to work out a new ~ **of** *smth* разрабатывать новую теорию *чего-л.*

countervailing ~ **of pressure politics** теория компенсации политического давления

economic ~ **of value** экономическая теория стоимости

subscriber to a ~ сторонник *какой-л.* теории

therapy *n* лечение, терапия

shock ~ **(on the economy)** шоковая терапия (экономики)

thermonuclear *a* термоядерный

to go ~ обзаводиться термоядерным оружием

thesis *n* (*pl* **theses**) тезис, положение

theses of the speech тезисы выступления

program ~ программное положение

to advance a ~ выдвигать *какое-л.* положение

things *n pl* обстановка, положение

~ **are hotting up** обстановка накаляется

~ **can't carry on as they are** так больше не может продолжаться

~ **have quieted down** обстановка нормализовалась

~ **moved slowly** события развивались медленно

~ **these days are changing fast** обстановка в наше время быстро меняется

~ **were making progress** обстановка улучшалась

~ **were relatively peaceful** обстановка была относительно спокойной

~ **will calm down** страсти улягутся; обстановка нормализуется

to change ~ изменять обстановку

to cool ~ **down between ... and ...** разряжать обстановку; снимать напряженность в отношениях между ... и ...

to hold ~ **in place** ничего не менять

to keep abreast of ~ быть в курсе событий

to make ~ **better for** *smth* улучшать *чье-л.* положение

to meddle in ~ вмешиваться в дела

to patch up ~ **with** *smb* восстанавливать хорошие отношения с *кем-л.*

to put ~ **right** исправлять положение

to run ~ быть главным, возглавлять *что-л.*

to sort ~ **out** разбираться *(с делами)*

it would take some time before ~ **would fall into place** для нормализации обстановки потребуется некоторое время

the worse ~ **are, the better it would be** чем хуже, тем лучше

thinker *n* мыслитель

thinking *n* 1. мышление 2. мнение; представление; доктрина

dialectical ~ *филос.* диалектическое мышление

foreign-policy ~ внешнеполитическое мышление

international ~ международное мышление/сознание

military ~ военная доктрина

new ~ новое мышление

old ~ старое мышление

political ~ политическое мышление

strategic ~ 1) стратегическое мышление 2) стратегическая доктрина

to be in tune with *smb's* ~ быть согласным с *чьим-л.* мышлением

to change people's ~ изменять мышление людей

to embrace a new economic ~ принимать новое экономическое мышление

to introduce new ~ **to** *smth* привносить новое мышление во *что-л.*

dogmatism of ~ догматизм мышления

new ways of ~ новое мышление

stereotypes of ~ стереотипы мышления

think-tank *n* коллектив ученых, научно-исследовательский институт, «мозговой трест», коллективный мозг, консультативный орган при руководстве

think-tanker *n* ученый, участник «мозгового центра»

those *pron* (*pl om* **that**) те

~ **asked** опрошенные

thought *n* мысль; мышление

abstract ~ абстрактное мышление

philosophical ~ философская мысль

political ~ политическая мысль

scientific ~ научная мысль

to give all sides pause for a diplomatic ~ давать всем сторонам передышку, чтобы обдумать следующие дипломатические шаги

threat *n* угроза, опасность

~ **dies down** угроза уменьшается

~ **has not diminished** угроза не уменьшилась

~ **of a trade war** угроза торговой войны

~ **of aggressive wars** опасность агрессивных войн

~ **of armed intervention** угроза вооруженного вмешательства

~ **of force** угроза силой

~ **of nuclear war** угроза ядерной войны

~ **of nuclear war is low and diminishing** угроза ядерной войны невелика и продолжает уменьшаться

~ **of universal destruction** угроза всеобщего уничтожения

~ **of using force** угроза применения силы

~ **of war** военная угроза

~ **recedes** угроза уменьшается

~ **to international peace** угроза международному миру

~ **to kill a hostage** угроза убить заложника

~ **to law and order** угроза для законности и порядка/для правопорядка

~ **to peace** угроза миру

~ **to public order** угроза общественному порядку

~ **to security** угроза для безопасности

~ **to shipping** угроза судоходству

bomb ~ угроза применения бомбы

chemical ~ химическая угроза

covert ~ скрытая угроза

death ~ угроза смерти

diplomatic ~ дипломатическая угроза

direct ~ непосредственная/прямая угроза

fascist ~ фашистская угроза

grave ~ большая/серьезная/значительная угроза

immediate ~ непосредственная угроза

inflationary ~ угроза инфляции

latent ~ скрытая угроза

major ~ большая/серьезная/значительная угроза

mortal ~ смертельная угроза

mounting ~ нарастающая угроза

none-too-veiled ~ нескрываемая угроза

nuclear ~ ядерная угроза

nuclear and ecological ~ ядерная угроза для экологии

ominous ~ зловещая угроза

pervading ~ распространяющаяся угроза

potent ~ большая/серьезная/значительная угроза

radical ~ основная угроза

serious ~ большая/серьезная/значительная угроза

strike ~ угроза забастовки

thinly veiled ~ плохо скрытая/завуалированная угроза

veiled ~ завуалированная/скрытая угроза

to avert the ~ of war between ... and ... предотвращать угрозу войны между ...

to back up one's ~s by smth подкреплять свои угрозы чем-л.

to be under ~ находиться под угрозой

to be under a mounting ~ подвергаться нарастающей угрозе

to call off one's ~ временно отказываться от своей угрозы

to cancel one's ~ отказываться от своей угрозы

to carry ~s (against) содержать угрозы (против)

to carry out one's ~ осуществлять свою угрозу

to contain a country's ~ сдерживать угрозу со стороны какого-л. государства

to counter the ~ from smb противостоять угрозе с чьей-л. стороны

to defuse a ~ устранять угрозу

to defy ~s не придавать значения угрозам

to deter smb from any future ~ of invasion удерживать кого-л. от угрозы вторжения в будущем

to eliminate a ~ устранять угрозу

to escalate a ~ наращивать угрозу

to fear ~ бояться угроз

to free the world of the ~ of nuclear war освобождать мир от угрозы ядерной войны

to go ahead with one's ~s осуществлять свои угрозы

to ignore a ~ игнорировать угрозу

to issue a veiled ~ высказывать завуалированную угрозу

to lessen the ~ of war уменьшать угрозу войны

to lift a ~ отказываться от угрозы

to meet the ~ справляться с угрозой

to pose a ~ to one's neighbors представлять угрозу для соседних государств

to pose a serious security ~ представлять серьезную угрозу для безопасности

to present a ~ to smth представлять угрозу для чего-л.

to proceed with one's ~s продолжать свои угрозы

to put smth under ~ ставить что-л. под угрозу

to reduce a ~ уменьшать угрозу

to refrain from ~s воздерживаться от угроз

to remove a ~ устранять угрозу

to renew one's ~ возобновлять свою угрозу

to represent a ~ for/to smb/to smth представлять угрозу для кого-л./чего-л.

to repudiate the ~ or use of force отвергать угрозу применения или применение силы

to resort to direct ~s прибегать к прямым угрозам

to stand up to smb's ~s не поддаваться на чьи-л. угрозы

to step up one's ~s усиливать свои угрозы

to suspend one's ~ временно отказываться от своей угрозы

to undervalue the ~ of war недооценивать угрозу войны

to use/utter ~s угрожать

to wake up to a ~ начинать осознавать опасность

to withdraw a ~ отказываться от угрозы

to yield to ~s from smb поддаваться на чьи-л. угрозы

death ~ against smb угроза убить кого-л.

decisive lessening of the nuclear ~ решительное уменьшение ядерной угрозы

diplomatic ~s fly to and for происходит обмен дипломатическими угрозами

escalating spiral of ~s эскалация угроз

he received ~s ему угрожали

in reply to ~s в ответ на угрозы

massive ~ to the security of a country серьезная угроза безопасности страны

military ~ from smb военная угроза со стороны кого-л.

new flood ~ to Sudan новая угроза наводнения для Судана

suspension of one's ~ временный отказ от угрозы

tankers under ~ from ... танкеры, которым угрожает ...

under ~ под угрозой

under ~ of closure под угрозой закрытия

verbal ~s against smb устные угрозы в чей-л. адрес

threaten v грозить, угрожать

to ~ smb at gun point/with a pistol угрожать кому-л. пистолетом

to ~ smb verbally выступать с устными угрозами в чей-л. адрес

threatening a угрожающий, грозящий; грозный (об опасности и т.п.)

three num три

the Big T. ист. «Большая тройка» (Сталин, Рузвельт, Черчилль)

threshold *n* порог

nuclear ~ *воен. и полит. жарг.* ядерный порог *(момент обзаведения ядерным оружием или первого применения ядерного оружия)*

to cross the nuclear ~ переступить ядерный порог *(обзавестись собственным ядерным оружием)*

throat *n* горло

to force/to ram/to thrust *smth* **down** *smb's ~ перен.* навязывать *кому-л.* свое мнение, свои идеи *и т.д.*

throne *n* трон; престол

to accede to/to ascend the ~ вступать на престол

to cast *smb* **from the ~** сбрасывать *кого-л.* с трона, низлагать *кого-л.*

to claim the ~ претендовать на престол

to come to the ~ вступать на престол

to lose the ~ быть свергнутым с престола

to sit on the ~ сидеть на троне, царствовать

to step down from the ~ отрекаться от престола

to succeed (on) to the ~ наследовать трон

to take the ~ вступать на престол

accession to the ~ вступление на престол

pretender to the ~ претендент на престол

thrower *n* метатель

stone ~ демонстрант, бросающий камни в полицию

throw out *v* выдворять *кого-л.*

thrust *n* удар; толчок

to make a ~ наносить удар

thruster *n делов. жарг.* карьерист

ticket *n* 1. билет; ярлык; квитанция 2. *полит. жарг.* список кандидатов одной из партий на выборах 3. *брит. полиц. жарг.* ордер на обыск или на арест

balanced ~ *полит. жарг.* политическая программа и подбор кандидатов, рассчитанные на получение голосов максимального числа политических группировок

free meal ~ бесплатный талон на питание

kangaroo ~ *полит. жарг.* список кандидатов на выборах, в котором кандидат на пост вице-президента более популярен, чем кандидат на пост президента

national ~ список кандидатов на пост президента и вице-президента *(США)*

split ~ 1) *полит. жарг.* голос, не отданный на выборах ни одному из кандидатов политических партий 2) бюллетень, по которому избиратель голосует одновременно за представителей двух партий

straight ~ голосование только за кандидатов своей партии

united ~ общий список кандидатов

to be on the democratic ~ быть в списке кандидатов от демократической партии на выборах

to keep *smb* **off the ~** не допускать включения *чьего-л.* имени в избирательные бюллетени

to present a united ~ представлять общий список кандидатов

to run on a ~ with *smb* баллотироваться вместе с *кем-л.* от одной партии *(напр. о кандидатах на посты президента и вице-президента, губернатора штата и его заместителя)*

to vote a ~ голосовать за тот или иной список

to vote straight ~ голосовать за кандидатов своей партии

tide *n* волна *(выступлений, забастовок)*; течение, направление

~ of enthusiasm волна энтузиазма

political ~ ход политических событий

to turn the ~ быть переломным моментом; изменить ход событий

political ~ is running in *smb's* **favor** ход политических событий складывается в *чью-л.* пользу

tie *n* связь; обязательство; *pl* связи, узы, отношения

~s of friendship узы дружбы

advantageous commercial ~s взаимовыгодные торговые связи

all-round ~s всесторонние связи

alumni ~s солидарность выпускников

bilateral ~s двусторонние связи

blood ~s кровные узы

business ~s деловые связи

close ~s тесные связи

commercial trade ~s торговые связи

consular ~s консульские отношения

cultural ~s культурные связи

deep ~s прочные связи

diplomatic ~s дипломатические отношения

direct ~s прямые связи

economic ~s экономические связи

external/foreign economic ~s внешнеэкономические связи

friendly ~s дружественные связи

growing ~s растущие связи

integration ~s интеграционные связи

inter-branch ~s межотраслевые связи

international ~s интернациональные/международные связи

inter-parliamentary ~s межпарламентские связи

intra-branch ~s внутриотраслевые связи

intra-regional economic ~s внутрирегиональные экономические связи

legal ~s правовые связи

long-standing ~s давнишние связи

looser ~s менее тесные связи

lucrative trade ~s выгодные торговые связи

mutually advantageous/beneficial economic ~s взаимовыгодные экономические связи

old school ~s солидарность выпускников

party-to-party ~s межпартийные связи

political ~s политические связи

scientific ~s научные связи

scientific and technical ~s научно-технические связи

Sino-Russian ~s китайско-российские отношения/связи

social ~s общественные связи

superpower ~s отношения между сверхдержавами

technological ~s технические связи

three-way ~ предвыборная борьба трех кандидатов

trade ~s торговые связи

trade and economic ~s торгово-экономические связи

traditional ~s традиционные связи

world economic ~s международные экономические связи

to break ~s **with** *smb* разрывать отношения с *кем-л.*

to call for stronger ~s призывать к укреплению связей

to cement/to consolidate *one's* ~s **with** *smb* укреплять связи с *кем-л.*

to cultivate ~s **with** *smb* поддерживать связи с *кем-л.*

to cut ~s **with** *smb* разрывать отношения с *кем-л.*

to develop ~s развивать связи

to disrupt ~s **with** *smb* разрывать отношения с *кем-л.*

to escape *one's* ~s **to a country** отделяться от страны

to establish ~s **with** *smb* устанавливать связи с *кем-л.*

to establish diplomatic ~s **with a country** устанавливать дипломатические отношения с *какой-л.* страной

to expand/to extend ~s расширять связи

to forge closer ~s **with a country** устанавливать более тесные связи с *какой-л.* страной

to foster closer ~s **between the two countries** укреплять связи между двумя странами

to freeze ~s замораживать связи

to hope for improved ~s надеяться на улучшение отношений

to improve ~s укреплять/крепить связи

to leave diplomatic ~s **formally intact** формально не нарушать дипломатические связи

to loosen *one's* ~s **with** *smb* ослаблять свои связи с *кем-л.*

to maintain *one's* ~s **with** *smb* сохранять связи с *кем-л.*

to normalize ~s нормализовать отношения

to open up ~s **with** *smb* устанавливать связи с *кем-л.*

to preserve the economic, cultural and political ~s сохранять экономические, культурные и политические связи

to promote the development of ~s содействовать развитию связей

to reestablish ~s восстанавливать связи

to renew/to reopen/to restore/to resume diplomatic ~s **with** восстанавливать дипломатические отношения с

to seek closer ~s **with a country** добиваться упрочения связей с *какой-л.* страной

to set up ~s **with** *smb* устанавливать связи с *кем-л.*

to sever ~s **with** *smb* разрывать отношения с *кем-л.*

to solidify/to strengthen ~s укреплять/крепить связи

to upgrade ~s **with a country** поднимать уровень (дипломатических) отношений с *какой-л.* страной

to wish closer ~s **of friendship** желать укрепления дружеских отношений

broadening and deepening of mutually advantageous ~s расширение и углубление взаимовыгодных связей

establishment of diplomatic ~s установление дипломатических отношений

extension of ~s развитие связей

restoration/resumption of diplomatic ~s восстановление дипломатических отношений

rupture of ~s разрыв отношений

scope of economic ~s масштаб экономических связей

severance of economic and trade ~s разрыв экономических и торговых связей

souring of ~s ухудшение отношений

wish for closer ~s **with** *smb* желание установить более тесные связи с *кем-л.*

tiger *n* тигр

paper ~ *ист.* бумажный тигр *(термин Мао Цзедуна, употребленный им впервые в 1946 г. для обозначения мнимой опасности)*

Tamil Tigers «Тамильские тигры» *(организация тамильских сепаратистов в Шри-Ланке, придерживающаяся насильственных методов борьбы)*

tightening *n*:

belt~ *перен.* затягивание поясов; вынужденное уменьшение расходов

tight-lipped *a* молчаливый, скрытный

to remain ~ **about** *smth* хранить молчание по поводу *чего-л.*

tilt I *n* спор, ссора, стычка; нападение; удар

at full ~ полным ходом, изо всех сил

tilt II *v* критиковать *кого-л./что-л. (в печати и т.п.)*

timber *n*:

presidential ~ *полит. жарг.* перспективный кандидат в президенты

time *n* **1.** время **2.** период; срок **3.** раз **4.** темп

~s **are changing** времена меняются

~ **for reform is now** время реформ наступило

~ **is now ripe for an international conference to convene** настало время для созыва международной конференции/международного совещания

~ **is on the side of** *smb* время на стороне *кого-л.*

~ **is right for** *smth* **to do** *smth* наступил подходящий момент для *чего-л.*

~ **is ripe for action** пришло время действовать

~ of change время перемен
~ of delivery срок доставки/поставки
~ of nonuse период бездействия *(чего-л.)*
~ was running out in the search for a solution время поисков решения истекало
air ~ *радио, тлв* эфирное время
ample ~ достаточное количество времени
changing ~s время перемен
critical/crucial ~ критический/решающий момент
difficult ~s тяжелые времена
down ~ время простоя, простой
dull ~s периоды спадов экономической активности
duty ~ служебное время
effective ~ эффективное время, фактически затраченное время
election ~ время выборов
estimated ~ расчетное время
full ~ полный рабочий день, полное рабочее время
Greenwich mean ~ среднее время по Гринвичу
idle ~ время простоя, простой
individual working ~ индивидуальное рабочее время
labor ~ рабочее время
leisure ~ свободное время
lie ~ время простоя, простой
life ~ срок службы, долговечность
load ~ период внедрения *(технологии)*
lost ~ время простоя, простой
machine ~ машинное время
mean ~ среднее время
mission ~ продолжительность выполнения задачи; продолжительность командировки
mutually convenient ~ взаимно удобное время
off ~ нерабочее время
operating ~ рабочее время; эксплуатационное время
part ~ неполный рабочий день
peace ~ мирное время
peak viewing ~ телевизионные часы пик
personal ~ личное время
politically awkward ~ политически неудачный момент
prime ~ *проф.* «прайм-тайм» *(время суток, когда телеаудитория самая большая, обычно вечер)*
prison ~ тюремное заключение
Question T. *брит. полит. жарг.* ежедневное время парламентских запросов
radio ~ время в радиоэфире
round trip travel ~ время, затраченное на поездку в отпуск и возвращение в страну пребывания
schedule ~s сроки исполнения
sensitive ~ очень сложное время
short ~ короткий срок
socially necessary labor ~ *эк.* общественно необходимое рабочее время

spare ~ досуг, свободное время
standby ~ время простоя, простой
surplus labor ~ *эк.* прибавочное рабочее время
survival ~ долговечность
tax ~ время подачи налоговых деклараций *(с начала года до 15 апреля)*
tough economic ~s трудные времена в развитии экономики
troubled ~s смутное/тревожное время
turbulent ~s бурное/беспокойное время
voting ~ время начала и окончания подачи голосов
working ~ рабочее время
to adapt to modern ~s приспосабливаться к современности
to agree on ~ and venue договариваться о времени и месте *(проведения переговоров)*
to be in time with the ~s соответствовать духу времени
to bite one's ~ дожидаться нужного момента
to buy ~ стараться выиграть время
to do ~ отбывать срок тюремного заключения
to gain ~ выигрывать время
to go through dark/tough ~s переживать трудные времена
to have a difficult ~ испытывать трудности
to hit rough ~s переживать трудные времена
to inform *smb* **in good ~** своевременно информировать *кого-л.*
to live through turbulent ~s переживать беспокойное время
to outrun one's ~ опережать свое время
to play for ~ тянуть/стараться выиграть время
to stand the test of ~ выдерживать проверку временем
ahead of ~ досрочно
at one's leisure ~ в свободное время, на досуге
his ~ is still to come его время еще не наступило
if we hit rough ~s если у нас будут трудные времена
in ~ of war во время войны
it comes at a sensitive ~ это происходит в очень сложное время
smb's **policy faces a critical ~** для *чьей-л.* политики наступил критический момент
take-it-or-leave-it ~ время соглашаться *или* отказываться
there are hard ~s ahead еще предстоят тяжелые времена
they face perilous ~s ahead их ожидают опасные времена
they have ~ on their side время работает на них
we have ~ on our side время работает на нас
time-bomb *n* бомба замедленного действия
ticking ~ *перен.* бомба, заложенная под *что-л.*
time-card *n* карточка учета прихода на работу и ухода с работы

to punch *one's* **~ in** пробивать карточку при явке на работу

to punch *one's* **~ out** пробивать карточку при уходе с работы

time-limit *n* регламент

to fix a ~ устанавливать регламент *(для выступления)*

to keep within/to observe the ~ придерживаться регламента

within the ~ в пределах установленного срока

within a ~ to be fixed в пределах устанавливаемого срока

time-server *n* конъюнктурщик

timetable *n* расписание, график

~ for democratic reforms график проведения демократических реформ

~ for withdrawal of troops график вывода войск

production ~ график выпуска продукции

to box *smth* **into a particular ~** укладываться с *чем-л.* в определенный срок

to establish/to set out a ~ for *smth* устанавливать график *чего-л.*

to specify a ~ уточнять график

time-work *n* повременная работа

timing *n* выбор времени; распределение по времени/по срокам

~ of project activities распределение по времени выполнения проекта

tinderbox *n перен.* очаг напряженности

tip I *n* верхушка

~ of the iceberg *перен.* верхушка/видимая часть айсберга

terror ~ наводка а возможном террористическом акте

tip II *v* называть *кого-л.* в качестве вероятного победителя

to ~ *smb* **as a possible Prime-Minister** называть *кого-л.* в качестве возможного премьер-министра

tip-off *n* донос, сигнал

~ by agents предупреждение со стороны агентов

accurate ~ точный сигнал, точное предупреждение

to act on a ~ действовать на основании полученного донесения

tissue *n* ткань

~ of lies *перен.* сплошная ложь

tit-for-tat *n* око за око, зуб за зуб; ответные действия в отместку за *что-л.*

title *n* **1.** почетное звание, титул **2.** заглавие

academic ~ ученое звание

post ~ занимаемая должность

royal ~ королевский титул

to strip *smb* **of his ~** лишать *кого-л.* его звания

titled *a* титулованный

tizzy *n* ажиотаж

toast *n* тост

to propose a ~ to *smb* провозглашать тост за *чье-л.* здоровье

to propose a ~ to the friendship between ... провозглашать тост в честь дружбы между ...

Toby *n брит. полиц. жарг.* полицейское подразделение; полицейский участок

together *adv* вместе

to be solidly ~ in *smth* быть едиными в *чем-л.*

togetherness *n* единство

toil I *n* тяжелый труд

toil II *v* трудиться

toiler *n* труженик

simple ~s простые труженики

token *n* знак, символ

as a ~ of friendship в знак дружбы

by the same ~ с таким же успехом; при применении того же критерия

tokenism *n социол. жарг.* привлечение правительством, средствами массовой информации, промышленниками *и т. п.* нескольких представителей нацменьшинств *или* женщин для создания видимости демократии

tolerance *n* терпимость, толерантность

~ of the rights of minorities терпимость к правам национальных меньшинств

~ to(wards) *smth* терпимость по отношению к *чему-л.*

~ to dissent терпимость к инакомыслию

official ~ терпимость властей

political ~ политическая терпимость

racial ~ расовая терпимость

religious ~ религиозная терпимость

to practice/to show ~ проявлять терпимость

tolerant *a* терпимый, толерантный

politically ~ политически терпимый

to be ~ of *smth* терпимо относиться к *чему-л.*

tolerate *v* терпеть, сносить

toleration *n* терпимость, толерантность

toll *n воен.* жертвы, потери

death ~ общее число погибших

civilian death ~ число убитых среди гражданского населения

human ~ человеческие жертвы

official ~ официальная цифра погибших

to take a ~ приводить к жертвам

to take a heavy human ~ приводить к большим человеческим жертвам

death ~ is alarmingly high тревогу вызывает большое число погибших

tomb *n* могила

to lay/to put a wreath at/on the ~ возлагать венок на могилу

tone *n* тон

~ of conciliation примирительный тон

conciliatory ~ примирительный тон

moderate ~ умеренный тон

to adopt a moderate ~ говорить в умеренных тонах

to set the ~ for *smth* задавать тон *чему-л.*

tool *n* инструмент, орудие

acquiescent/obedient ~ послушное орудие

farming ~s сельскохозяйственные орудия производства

to be a ~ in the hands of *smb* быть орудием в *чьих-л.* руках

to down ~s in protest организовывать забастовку протеста

to use *smth* **as a ~** использовать *что-л.* в качестве инструмента

top I *n* верхушка; вершина

to come out on ~ выходить победителем *(напр. на выборах)*

to go over the ~ идти в атаку

top II *a* высший

topic *n* тема; предмет обсуждения

~ A *журн. и полит. жарг.* наиболее злободневный материал средств массовой информации

~ of the day злободневная тема, тема дня

key ~ главная/центральная тема

major ~ важная тема

outstanding ~s исключительные вопросы; предметы обсуждения, представляющие наибольший интерес

to speak knowledgeably on a ~ говорить о *чем-л.* со знанием дела

leading ~s of the hour злободневные проблемы

major foreign ~ for discussion основная обсуждаемая внешнеполитическая тема

topical *a* актуальный, злободневный

topicality *n* актуальность, злободневность

top-level *a* на высшем уровне; высокопоставленный

topper *n* :

cherry ~ *разг.* полицейская машина с «мигалкой» на крыше

topple *v* (*smb*) свергать *(кого-л.)*, отстранять от власти *(кого-л.)*

to ~ *smb* **by force** насильственно свергать *кого-л.*

top-priority *a* первоочередной

top-ranking *a* высокопоставленный

top-secret *a* сверхсекретный, совершенно секретный

torch *n* **1.** факел, осветительный прибор **2.** светоч

~ of hope луч/светоч надежды

torpedo *v* торпедировать, подрывать, срывать, провалить

torture I *n* пытка

to die under ~ умереть во время пытки

to put/to subject *smb* **to ~** подвергать *кого-л.* пыткам

to suffer under ~ подвергаться пыткам, страдать от пыток

extensive use of ~ широкое применение пыток

instruments of ~ орудия пытки

torture II *v* (*smb*) пытать, подвергать пыткам *(кого-л.)*

to ~ *smb* **into making a false confession** с помощью пытки добиваться от *кого-л.* признания несуществующей вины

to be ~ed to death погибать под пытками

torture-chamber *n* застенок

torturer *n* палач, мучитель

Tory *n* тори, консерватор *(член Консервативной партии Великобритании)*

toss *n* бросок

~ of the glove *перен.* вызов

total *n* сумма

preliminary vote ~s предварительные результаты голосования

unemployment ~ общее число безработных

vote ~s результаты голосования

totalitarian *a* тоталитарный

totalitarianism *n* тоталитаризм

totum pro parte *лат.* целое вместо части

touch *n* контакт, соприкосновение

~ and go на волосок от *чего-л.*, опасная ситуация

to be out of ~ быть оторванным/не в контакте

to lose ~ утрачивать связь/контакт

touchstone *n* *перен.* лакмусовая бумажка, критерий

tough *a* жесткий; трудный

to be ~ on a country придерживаться жесткого курса в отношениях с *какой-л.* страной

to get ~ on an issue занимать жесткую позицию в *каком-л.* вопросе

to get ~ with *smb* занимать жесткую позицию по отношению к *кому-л.*

tour I *n* турне, поездка, тур

fact-finding ~ поездка комиссии для установления фактов

sex ~ секс-тур

six-nation ~ поездка с посещением шести стран

speaking ~ поездка по стране/штату с произнесением предвыборных речей

study ~ ознакомительное турне, ознакомительная поездка

whistle-stop ~ разъездная агитационная кампания *(кандидата на выборах)*

wine ~ винный тур

working ~ рабочая поездка

to abandon *one's* **overseas ~** отказываться от своего зарубежного турне

to be on a ~ of a country совершать поездку по стране

to cut short an overseas ~ прерывать зарубежную поездку

to embark on a ~ of начинать поездку по ...

to give *smb* **a guided ~ of the Pentagon** проводить для *кого-л.* экскурсию по Пентагону

to pay *one's* **whistle-stop ~ to a number of capitals** совершать поездку с краткими остановками в столицах ряда государств

to make a ~ of a country совершать поездку по стране

to sum up a ~ подводить итоги поездки

at the start of a ~ of East Africa в начале поездки по Восточной Африке

final stage of *smb's* ~ последний этап *чьей-л.* поездки

leg of *smb's* ~ этап *чьей-л.* поездки/*чьего-л.* турне

month-long ~ **of a country** месячная поездка по стране

on an overseas ~ в зарубежной поездке

the ~ **will take him to ...** в ходе своей поездки он посетит ...

tour II *v* совершать турне/поездку

tourism *n* туризм

border ~ приграничный туризм

foreign ~ иностранный туризм

international ~ международный туризм

to boost ~ способствовать росту (популярности) туризма

to develop ~ развивать туризм

promotion of ~ поощрение/поддержка туризма

tourist I *n* турист

foreign ~ иностранный турист

influx of ~s приток туристов

tourist II *a* туристский

town *n* город

~ **is at a standstill** жизнь в городе парализована

~ **is generally quiet** обстановка в городе в основном спокойная

~ **is under siege** город в осаде

beleaguered ~ осажденный город

closed ~ закрытый (засекреченный) город

garrison ~ гарнизонный город

ghost ~ заброшенный город

industrial ~ промышленный город

military ~ военный городок

provincial ~ провинциальный город

resort ~ курортный город, город-курорт

satellite ~ город-спутник

shanty ~ город из лачуг/хибар

university ~ университетский город

wide-open ~ город, в котором разрешены азартные игры

to besiege a ~ осаждать город

to bring a ~ **to a standstill** парализовать жизнь в городе

to converge on a ~ двигаться с разных сторон к городу

to destroy a ~ разрушать город

to put a ~ **under a curfew** вводить в городе комендантский час

to retake a ~ снова брать город

to seal off part of the ~ оцеплять часть города (о полиции)

to take control of a ~ захватывать город

to wipe a ~ **off the face of the earth** сметать город с лица земли

earthquake leveled the ~ землетрясение сравняло город с землёй

townsfolk *n* горожане

township *n* **1.** поселок; городок **2.** *амер.* тауншип (единица административного деления в некоторых штатах)

mixed race ~ городок/поселок со смешанным/многонациональным населением

track *n* след; путь, дорога

dual ~ *полит. жарг.* двойной подход

to be on the right ~ *перен.* быть на правильном пути

to keep ~ **of** *smth* следить за (ходом дел и т.п.)

trade I *n* **1.** торговля; сделка; обмен **2.** профессия, ремесло **3.** отрасль, индустрия **4.** *развед. жарг.* британская разведка

~ **between** *smb* **is booming** уровень торговли между *кем-л.* высокий

~ **by countries** торговля по странам

~ **by regions** торговля по регионам

~ **has been building up** торговля расширялась

~ **in commodities** торговля товарами

~ **in patents and licenses** торговля патентами и лицензиями

~ **may go into a steep/prolonged decline** торговля может резко/надолго сократиться

arms ~ торговля оружием

balanced ~ нетто-баланс торговли, равенство между экспортами импортом

bilateral ~ двусторонняя торговля

brisk ~ оживленная торговля

cash ~ торговля за наличные деньги

classical ~ традиционная торговля

compensation/compensatory ~ компенсационная торговля

contraband ~ контрабандная торговля

cooperative ~ кооперативная торговля

counter ~ безвалютная торговая операция, основанная на товарообмене; меновая торговля, бартер

cross-border ~ приграничная торговля

depressed ~ застойная торговля

diversified ~ диверсифицированная/разнообразная торговля

domestic ~ внутренняя торговля

drug ~ торговля наркотиками

duty-free ~ беспошлинная торговля

East-West ~ торговля между Востоком и Западом

external ~ внешняя торговля

fair ~ торговля на основе взаимных привилегий; справедливая торговля

fair and equitable ~ торговля на справедливой и равной основе

foreign ~ внешняя торговля

free ~ свободная/беспошлинная торговля

free international ~ свободная международная торговля

frontier ~ приграничная торговля

general ~ общая торговля

home ~ внутренняя торговля

illegal/illicit ~ нелегальная/незаконная торговля

imbalanced ~ расхождение между стоимостью экспорта и импорта

improved ~ улучшение торговли

inland ~ внутренняя торговля

installment ~ торговля в рассрочку/в кредит

interior ~ внутренняя торговля

intermediate ~ посредническая торговля

internal ~ внутренняя торговля

international ~ международная торговля

inter-regional ~ межрегиональная торговля

invisible ~ невидимая торговля

key ~s ведущие профессии

large-scale ~ отрасль промышленности с преобладанием крупных предприятий

long-run/long-term ~ долгосрочная торговля

market ~ рыночная торговля

merchandise ~ торговля товарами

multilateral ~ многосторонняя торговля

mutual ~ взаимная торговля

mutually advantageous/beneficial ~ взаимовыгодная торговля

nonequivalent ~ неэквивалентная торговля

overseas ~ внешняя торговля

peaceful ~ торговля нестратегическими товарами

private ~ частная торговля

profitable ~ выгодная торговля

rapacious ~ хищническая торговля

reexport ~ реэкспортная торговля

restricted ~ ограниченная торговля

retail ~ розничная торговля

roaring ~ активная торговля

service ~ отрасль обслуживания

skilled ~ профессия, требующая высокой квалификации

small-scale ~ отрасль промышленности с преобладанием мелких предприятий

state ~ государственная торговля

total ~ торговый оборот

tourist ~ индустрия туризма

transit ~ транзитная торговля

visible ~ «видимая» торговля *(экспорт и импорт товаров)*

wholesale ~ оптовая торговля

world ~ мировая торговля

to achieve an increase in ~ достигать увеличения торгового оборота

to advance ~ способствовать развитию торговли

to balance foreign ~ сбалансировать внешнюю торговлю

to block rapid expansion of ~ препятствовать быстрому развитию торговли

to boost ~ between two countries расширять торговлю между двумя странами

to carry on/to conduct/to do ~ in *smth* вести торговлю *чем-л.*

to deteriorate the terms of ~ ухудшать условия торговли

to draw up rules of fair ~ вырабатывать правила справедливой торговли

to encourage ~ поощрять торговлю

to expand the flow of ~ between/among ... расширять торговые отношения между ...

to facilitate the expansion of ~ содействовать расширению международной торговли

to hamper ~ затруднять торговлю

to hinder/to impede ~ препятствовать торговле

to improve world ~ улучшать/оздоровлять мировую торговлю

to intensify ~ between two countries расширять торговлю между двумя странами

to liberalize world ~ обеспечивать бо́льшую свободу международной торговли

to live off foreign ~ жить за счет внешней торговли

to master a new ~ овладевать новой профессией

to open up ~ between nations устанавливать торговые отношения между государствами

to prevent healthy ~ between ... препятствовать нормальной/здоровой торговле между ...

to promote ~ содействовать развитию торговли

to prosecute ~ вести торговлю; заниматься торговлей

to regulate ~ in commodities регулировать торговлю товарами

to reinforce ~ and cooperation укреплять торговлю и сотрудничество

to restrict ~ in *smth* ограничивать торговлю *чем-л.*

to revive ~ оживлять/возобновлять торговлю

to stabilize international ~ стабилизировать международную торговлю

to step up ~ between *smb* расширять торговлю между *кем-л.*

to stimulate foreign ~ стимулировать внешнюю торговлю

to strengthen international ~ укреплять международную торговлю

to suspend ~ with a country приостанавливать торговлю с *какой-л.* страной

active balance of ~ активный торговый баланс

by ~ по профессии

deterioration of terms of ~ ухудшение условий торговли

development of foreign ~ развитие внешней торговли

discrimination in international ~ дискриминация в международной торговле

disruption of world ~ нарушение международной торговли

expansion/extension of ~ расширение торговли

fairer system of world ~ более справедливая система мировой торговли; система мировой торговли, основанная на больших взаимных привилегиях

healthy state of a nation's ~ хорошее состояние торговли страны

increase in the volume of ~ расширение объема торговли

inequality in ~ неравноправие в торговле

inequitable terms of ~ неравноправные условия торговли

liberalization of foreign ~ либерализация внешней торговли
low level of ~ низкий уровень торговли
Minister for Foreign T. министр внешней торговли
Ministry for Foreign T. министерство внешней торговли
quantum of ~ физический объем торговли
restraint of ~ ограничение свободы торговли
restriction of ~ ограничение торговли
right to choose *one's* ~ право на выбор профессии
severe curb on ~ жесткие ограничения торговли
share of world ~ доля мировой торговли
structure of ~ структура торговли
surge in world ~ подъем в международной торговле
terms of ~ условия торговли
tightening on ~ ограничения на торговлю
value of external/foreign/international/ overseas ~ внешнеторговый оборот, физический объем внешней торговли
vigor in the export ~ оживление в торговле экспортными товарами
wide field for ~ широкие возможности для торговли
trade II *v* **1.** торговать, обменивать **2.** извлекать выгоду, использовать в своих интересах; злоупотреблять *чем-л.*, спекулировать на *чем-л.*
to ~ **in** *smth* торговать *чем-л.*
to ~ **on** *smth перен.* сыграть на *чем-л.*
to ~ **profitably** торговать с выгодой
to ~ *smb* **for** *smb* обменивать *кого-л.* на *кого-л. (напр. заложника)*
to ~ *smb* **off against** *smb* **else** обменивать *кого-л.* на *кого-л. (напр. заложника)*
to ~ **through third countries** торговать через третьи страны
to ~ **with some countries** торговать с некоторыми странами
tradecraft *n развед. жарг.* профессионализм разведчика *или* контрразведчика
trademark *n* торговый знак, фабричная марка
trade-off *n* компромиссная/обменная сделка
trader *n* торговец, коммерсант; спекулянт
arms/weapons ~ торговец оружием
foreign-arms/foreign-weapons ~ торговец иностранным оружием
Free T. сторонник свободной торговли
tradesman *n* **1.** торговец; поставщик **2.** ремесленник
trade-union *n брит.* профсоюз, тред-юнион
affiliated ~ профсоюз, входящий в более крупное объединение; отраслевой профсоюз
amalgamated ~ объединенный профсоюз
certified ~ зарегистрированный профсоюз
free ~**s** свободные профсоюзы
industrial ~**s** промышленные/отраслевые профсоюзы

official ~ официальный профсоюз
to legalize a ~ узаконивать/легализовать профсоюз
trade-unionism *n брит.* профсоюзное движение, тред-юнионизм
trading *n* торговля; торг(и); сделки
~ **resumed** торги возобновились
~ **was quiet** торги проходили без неожиданностей
~ **was very thin** биржевые операции проходили вяло
early ~ торги/сделки в начале рабочего дня *(биржи)*
heavy ~ активная торговля
hectic ~ оживленная торговля
moderate ~ умеренно активная торговля *(акциями на фондовой бирже)*
political horse ~ политический торг
subdued ~ вялая торговля
thin ~ низкая биржевая активность
unfair ~ неравенство в торговых отношениях
to suspend ~ временно приостанавливать торги
at the close of ~ на момент закрытия торгов
tradition *n* традиция
~**s of the past** традиции прошлого
cultural ~**s** культурные традиции
democratic ~**s** демократические традиции
great ~**s** великие традиции
long-standing ~ давнишняя традиция; старый обычай
national ~**s** национальные традиции
parliamentary ~**s** парламентские традиции
religious ~**s** религиозные традиции
spiritual ~**s** духовные традиции
to break a ~ нарушать традицию
to break with a ~ порывать с традицией
to depart from a ~ отходить/отступать от традиции
to establish a ~ устанавливать традицию
to keep up/to maintain ~**s** поддерживать традиции
to refer to existing ~**s** ссылаться на существующие традиции/на установившийся порядок
to restore national ~**s** возрождать национальные традиции
to stick to old ~**s** придерживаться старых традиций
by ~ по традиции
revival of ~**s** возрождение традиций
traditional *a* традиционный
traditionalism *n* приверженность традициям
traditionalist *n* приверженец традициям
Islamic ~**s** исламские традиционалисты
traditionally *adv* по традиции
traffic *n* **1.** движение, сообщение; перевозки, транспортировка **2.** торговля
arms ~ торговля оружием
drug(s) ~ торговля наркотиками; оборот наркотиков, *проф.* наркотрафик

freight/goods ~ грузопоток; перевозки грузов; движение грузового автотранспорта

illegal/illicit ~ контрабанда, незаконные перевозки

international ~ международные перевозки

road ~ дорожное движение

through/transit ~ транзитные перевозки

secret arms ~ тайные поставки оружия

to block ~ блокировать движение транспорта, создавать пробки на дорогах

to disrupt/to obstruct ~ нарушать движение транспорта

road ~ **is paralysed** движение на дорогах парализовано

trafficker *n* торгаш; делец

drug ~ делец наркобизнеса, торговец наркотиками

trafficking *n* торговля (*особенно незаконная*); сделка

~ **in drugs** контрабанда наркотиков

drug ~ контрабанда наркотиков

illegal/illicit ~ незаконная торговля

to combat drug ~ бороться с незаконным международным оборотом наркотиков

to go into action against drug ~ вступать в борьбу с торговлей наркотиками

to eradicate drug ~ искоренять наркобизнес

tragedy *n* трагедия

~ **happened at the hands of** *smb* трагедия явилась делом рук *кого-л.*

~ **is immeasurable** трагедия ни с чем не соизмерима

~ **of monumental proportions** трагедия огромных масштабов

appalling ~ ужасная трагедия

human ~ человеческая трагедия

national ~ национальная трагедия

to avert ~ предотвращать трагедию

trail *n* маршрут, путь

campaign ~ поездка по стране/штату с произнесением предвыборных речей

paper ~ документальный след

train I *n* поезд

campaign ~ агитационный поезд (*в ходе предвыборной кампании*)

train II *v* обучать, подготавливать, тренировать

trained *a* подготовленный, обученный

trainee *n* стажер, ученик

training *n* обучение, учеба; подготовка (*кадров*)

adequate ~ достаточная подготовка

combat ~ боевая подготовка

economic ~ экономическая учеба

group ~ программа группового обучения

ideological ~ идеологическая подготовка

inadequate ~ недостаточная подготовка

individual ~ индивидуальное обучение

intensive ~ усиленная подготовка/тренировка

managerial ~ подготовка управленческих кадров

peace-time ~ *воен.* боевая подготовка/выучка в мирное время

preconscription ~ допризывная подготовка

troops ~ боевая подготовка войск

vocational ~ профессиональное обучение

weapons ~ обучение пользованию оружием

to provide for the ~ **of experts** предусматривать подготовку экспертов

accelerated ~ **of experts** ускоренный выпуск/ускоренная подготовка специалистов

traitor *n* предатель, изменник

~ **of/to** *one's* **country/homeland** изменник родины

~ **to the cause** отступник

to deal with ~ расправляться с предателем

to turn ~ становиться предателем

traitorous *a* предательский, изменнический

tranquility *n* спокойствие; уравновешенность

to secure ~ **and prosperity** обеспечивать спокойствие и процветание

transaction *n* 1. сделка, операция; дело 2. *pl* труды, протоколы (*научного учреждения*)

~ **in foreign currency** сделка с иностранной валютой

banking ~ банковская сделка/операция

business ~ деловая сделка, деловая операция

clearing ~ расчетная операция

commercial ~ коммерческая сделка

credit ~ кредитная сделка

current ~s текущие операции

currency/exchange ~ валютная операция

export-import ~s экспортно-импортные операции

hole and corner ~s тайные махинации

illegal ~ незаконная сделка

interbank ~s межбанковские операции

multicurrency ~ многовалютная сделка

mutually advantageous ~ взаимовыгодное дело; взаимовыгодная операция/сделка

non-cash ~ безналичные операции

shady ~ сомнительная/подозрительная сделка

speculative ~ спекулятивная сделка

weapons ~ сделка по продаже оружия

to suspend all business ~s **with** *smb* приостанавливать все деловые операции с кем-л.

to undertake ~s предпринимать/осуществлять сделки/операции

transatlantic *a* трансатлантический

transcontinental *a* трансконтинентальный

transcript *n* запись (*беседы и т.п.*)

trial ~ копия судебного протокола

trans-European *a* трансъевропейский

transfer I *n* 1. передача (*знаний, технологии и т.п.*); перевод (*денежных сумм*) 2. перемещение, переезд, *проф.* трансфер

arms ~ передача оружия/вооружений

budgetary ~ изменение назначений бюджетных ассигнований

cable ~ телеграфный перевод

cash ~ денежный перевод

current ~s текущие перечисления/переводы

government ~ правительственный перевод

international ~ международная передача
net official financial resource ~ чистый приток официальных финансовых средств
packaged ~ комплексная передача *(технологии)*
power ~ передача власти
private ~ частный перевод
technology ~ передача технологии/технических достижений; *полит. жарг.* передача новейшей техники и технической информации менее развитым странам
unilateral ~s односторонние переводы
to support technology ~ оказывать помощь в передаче технологии/технических достижений
illegal ~ **of funds** незаконный перевод средств
transfer II *v* 1. передавать; перечислять *(сумму)* 2. перевозить *(груз)*; перемещать(ся); переводить(ся) *(куда-л.)*
transform *v* трансформировать, превращать, преобразовывать; видоизменять
transformation *n* трансформация; видоизменение, превращение; преобразование; переход
~ **of nature** преобразование природы
~ **of society** преобразование общества
~ **of the world** преобразование мира
active ~ активное преобразование
deep(-going) ~s глубокие преобразования
democratic ~s демократические преобразования
economic ~s экономические преобразования
gradual ~ постепенный переход
major ~s крупные/значительные/существенные преобразования
political ~s политические преобразования
positive ~s позитивные преобразования
progressive ~s прогрессивные преобразования
radical ~ коренное преобразование; радикальное преобразование
social ~s социальные преобразования; перестройка общества
socially necessary ~s социально необходимые преобразования
socio-economic ~s социально-экономические преобразования
technological ~ научно-техническое преобразование
to carry out democratic ~s осуществлять демократические преобразования
to embark on progressive ~s начинать прогрессивные преобразования
to forestall ~s предвосхищать преобразования/изменения
to undergo ~s претерпевать изменения
turbulent ~ **on the political scene** бурные перемены на политической арене
transformative *a* преобразовательный
transition *n* переход; переходный период
~ **from quantitative to qualitative changes** переход количественных изменений в качественные

~ **to democracy** переход к демократии
~ **to disarmament** переход к разоружению
cautious ~ осторожный переход
direct/immediate ~ непосредственный переход
incipient ~ начальная стадия перехода
peaceful ~ мирный переход
presidential ~ переходный период
systematic ~ систематический переход
to accomplish the ~ **from** *smth* **to** *smth* завершать переход от *чего-л.* к *чему-л.*
peaceful forms of ~ мирные формы перехода
period of ~ переходный период
transitional *a* переходный, промежуточный
translate *v* 1. переводить *(с одного языка на другой)* 2. переносить, перемещать 3. превращать 4. облекать; осуществлять
to ~ *smth* **into action** претворять *что-л.* в дела
translation *n* перевод *(с одного языка на другой)*
consecutive ~ последовательный перевод
simultaneous ~ синхронный перевод
translator *n* (письменный) переводчик
transmigrant *n* транзитный эмигрант
transmission *n радио, тлв* передача
live ~ прямая передача, прямой эфир
transmit *v* вести передачу; передавать, направлять, препровождать
transnational I *n* транснациональная корпорация
transnational II *a* транснациональный; межнациональный
transoceanic *a* трансокеанский, заокеанский
transport I *n* транспорт; перевозка
~ **is at a standstill** транспорт остановился/парализован
air ~ воздушный транспорт
marine ~ морской транспорт
motor ~ автомобильный транспорт
municipal ~ городской/общественный транспорт
overseas ~ морские перевозки
public ~ городской/общественный транспорт
railway ~ железнодорожный транспорт
river ~ речной транспорт
sea ~ морской транспорт
water ~ водный транспорт
to facilitate international air ~ содействовать развитию международного воздушного транспорта
to halt public ~ приводить к остановке общественного транспорта
means of ~ транспортные средства
transport II *v* транспортировать, перевозить
to ~ **by air** перевозить по воздуху/воздушным путем
to ~ **by rail(way)** перевозить по железной дороге
to ~ **by sea** перевозить по морю/морским путем

transportation *n* транспортировка, перевозка
  air ~ воздушные перевозки
  arms ~ транспортировка оружия
  international ~ международные перевозки
  municipal ~ городской транспорт
  railway ~ железнодорожные перевозки
  sea ~ морские перевозки
  transcontinental ~ трансконтинентальные перевозки
trap *n* западня, ловушка
  poverty ~ капкан бедности
trappings *n pl* внешние атрибуты *(занимаемой должности или власти – напр. приемы, встречи гостей и т.п.);* парадные украшения
travel I *n* путешествие; передвижение; поездка
  ~ **by a circuitous route** поездка окольным путем
  ~ **on change of duty station** переезд в связи с изменением места службы
  ~ **on separation from service** отъезд в связи с окончанием срока службы
  authorized ~ разрешенная/санкционированная/одобренная поездка
  home leave ~ поездка в отпуск на родину
  international ~ международная поездка/ командировка
  leave ~ поездка в отпуск/из отпуска
  outward and return ~ выезд из страны пребывания и въезд в нее
  visa-free ~ поездка без визы
  to lessen restrictions on foreign ~ уменьшать ограничения на зарубежные поездки
  to undertake international ~ выезжать в служебную командировку по линии ООН
  all ~ **is tightly controlled** все передвижения жестко контролируются
  ban on ~ запрет на передвижение
  freedom to ~ свобода передвижения
  route and mode of ~ маршрут и вид транспорта
  submission of final ~ **claim** предъявление заключительных требований сотрудника ООН в связи с его окончательным выездом из страны
travel II *v* совершать поездки; путешествовать
  to ~ **on official business** выезжать в деловую/служебную командировку
  to ~ **on personal business** выезжать по личным делам
traveler *n* путешественник
  fellow ~ *перен.* политический попутчик; сочувствующий политической партии
treacherous *a* предательский
treacherously *adv* предательски
treacherousness, treachery *n* предательство, измена
  dark ~ низкое предательство
tread *v* ступать
  to ~ **carefully** действовать осторожно

treason *n* измена
  high ~ государственная измена
  to charge *smb* **with high** ~ обвинять *кого-л.* в государственной измене
  to commit high ~ совершать государственную измену
  to plot ~ замышлять измену
  wanted for ~ разыскивается за измену
treasure *n* сокровище
  cultural ~s культурные ценности
treasurer *n* 1. казначей 2. кассир; заведующий кассой/финансовым отделом
  national ~ государственный казначей
treasury *n* казна; казначейство; сокровищница; (**the T.**) государственное казначейство
  to remain in the ~ сохранять пост министра финансов
  watchdog of the ~ конгрессмен, защищающий интересы казны
treat *v* обращаться *(с кем-л.);* трактовать
  to ~ *smb* **as equals** относиться к *кому-л.* как к равным
  to ~ *smb* **leniently** мягко обходиться с *кем-л.*
  to ~ *smb* **with discourtesy** неуважительно относиться к *кому-л.*
  to ~ *smb* **with great brutality** относиться к *кому-л.* с большой жестокостью
treatment *n* 1. обращение; обхождение; режим 2. обработка; толкование, трактовка; освещение *(информационного материала)*
  ~ **of news** освещение информационного материала/новостей
  ~ **of prisoners of war** обращение с военнопленными
  brutal ~ жестокое обращение
  customs ~ таможенный режим
  degrading ~ унизительное обращение *(с кем-л.)*
  equal ~ равное отношение *(к);* одинаковый режим *(в торговле и т.п.)*
  even-handed ~ беспристрастное/справедливое отношение
  favorable ~ режим благоприятствования, благоприятный режим
  hard ~ жестокое обращение
  human ~ гуманное обращение
  inhuman ~ бесчеловечное обращение
  kind ~ мягкое обращение
  most favorable (nation) ~ режим наибольшего благоприятствования (для страны)
  national ~ национальный режим
  outrageous ~ бесчеловечное обращение *(с кем-л.)*
  preference/preferential ~ преференциальный/ привилегированный режим
  psychological ~ психологическая обработка
  rough ~ грубое отношение
  shock ~ *эк.* «шоковая терапия» *(принятие жестких мер для реформирования экономики)*
  VIP ~ пышный прием, обычно оказываемый высоким гостям

to accord favorable ~ предоставлять благоприятный режим

to ensure equal ~ обеспечивать одинаковое отношение/обращение

to give *smth* **front-page ~** делать *что-л.* новостью номер один; выносить *что-л.* на первые полосы газет

to give *smb* **top-level ~** оказывать *кому-л.* самые высокие почести

to receive the red carpet ~ быть принятым с большими почестями

authorities' ~ of dissent отношение властей к инакомыслящим

package ~ of problem комплексное рассмотрение проблемы

parity of ~ равный подход

reciprocal grant of most-favored-nation ~ in trade взаимное представление режима наибольшего благоприятствования в торговле

red carpet ~ for *smb перен.* прием на высшем уровне, торжественный прием *(кого-л.)*

scientific ~ of international law научная трактовка международного права

smb's **~ at the hands of** *smb* обращение с *кем-л.* со стороны *кого-л.*

state accorded most-favored-nation ~ государство, пользующееся режимом наибольшего благоприятствования

treaty *n* **(on** *smth***)** *n* договор *(о чем-л.)*

~ banning nuclear weapon tests in the atmosphere, in outer space and under water договор о запрещении ядерных испытаний в атмосфере, космическом пространстве и под водой

~ broke down договор был сорван

~ comes into effect/force/operation договор вступает в силу

~ does not cover underground tests договор не распространяется на подземные испытания

~ envisages *smth***/provides for** *smth* договор предусматривает *что-л.*

~ establishing normal relations договор о нормализации отношений

~ excluding the use of force договор о неприменении силы

~ for good-neighborly relations договор об установлении добрососедских отношений

~ goes to ... for endorsement договор поступает в ... для утверждения

~ governing the canal договор, регулирующий пользование каналом

~ has been warmly welcomed подписание договора тепло приветствовали

~ in force действующий договор

~ is due to expire in 2010 срок действия договора истекает в 2010 году

~ is feasible договор достижим

~ is moribund договор уже почти не действует

~ is still at the heart of the disagreement этот договор все еще является камнем преткновения при заключении соглашения

~ is subject to ratification договор подлежит ратификации

~ limiting anti-ballistic missile systems договор, ограничивающий системы противоракетной обороны/ПРО

~ of accession договор о присоединении *(к организации)*

~ of alliance союзный договор

~ of commerce and navigation договор о торговле и мореплавании

~ of cooperation договор о сотрудничестве

~ of extradition договор об экстрадиции

~ of friendship договор о дружбе

~ of guarantee гарантийный договор, договор о гарантии

~ of mutual assistance договор о взаимной помощи

~ of mutual security договор о взаимной безопасности

~ of neutrality договор о нейтралитете

~ of nonaggression договор о ненападении

~ of peace договор о мире

~ of relations договор о принципах взаимоотношений

~ of union союзный договор, договор о союзе

~ of unity договор о единстве

~ of unlimited duration бессрочный договор

~ on the nonproliferation of nuclear weapons договор о нераспространении ядерного оружия

~ on the non-use of force договор о неприменении силы

~ remained in suspension договор остался не ратифицированным

abortive ~ неудавшийся договор

Antarctic ~ договор по Антарктиде

antiballistic missile/ABM ~ договор по противоракетной обороне/ПРО

Arctic ~ договор стран арктического региона

arms-control ~ договор о контроле над вооружениями

basic ~ основополагающий договор; договор об основах взаимоотношений

bilateral ~ двусторонний договор

border ~ договор о границах/границе

boundary ~ договор, устанавливающий границы, пограничный договор

closed ~ закрытый договор

collusive ~ тайный/секретный договор

commercial ~ торговый договор, торговое соглашение

comprehensive ~ всеобъемлющий договор

comprehensive arms control ~ договор о всеобщем контроле над вооружениями

Comprehensive Test Ban T. (CTBT) договор о полном запрещении испытаний ядерного оружия

consular ~ консульский договор

conventional force ~ договор о сокращении обычных вооружений

Conventional Force in Central Europe ~ (CFCE) договор о сокращении войск и обычных вооружений в Центральной Европе

Conventional Force in Europe ~ (CFE) договор об уровне обычных вооружений в Европе

cooperation ~ договор о сотрудничестве

crucial foreign ~ основной договор с иностранными государствами

demarcation ~ договор о демаркации границ

disadvantageous ~ невыгодный договор

draft ~ проект договора

enslaving ~ кабальный договор

equal/equitable ~ равноправный договор

European security ~ договор о безопасности европейских стран

exploitative ~ эксплуататорский договор

extradition ~ договор об экстрадиции

fettering ~ кабальный договор

friendship and brotherhood ~ договор о дружбе и братстве

friendship and cooperation ~ договор о дружбе и сотрудничестве

inequitable ~ неравноправный договор

inter-American ~s межамериканские договоры

interim ~ временный/прелиминарный договор

intermediate-range nuclear-forces/INF ~ договор о ликвидации ракет средней дальности

international ~ международный договор

interstate ~s договоры между штатами США

invalid ~ договор, не имеющий законной силы

landmine ban ~ договор, запрещающий использование противопехотных мин

lawmaking ~ правообразующий договор

leak-proof ~ надежный договор

limited test ban ~ договор о частичном запрещении испытаний ядерного оружия

long-term ~ долгосрочный договор

missile ~ договор о ликвидации ракет

modified draft ~ видоизмененный проект договора

much delayed ~ давно откладывавшийся договор

multilateral ~ многосторонний договор

neutrality ~ договор о нейтралитете

nonaggression ~ договор/пакт о ненападении

nonproliferation ~ (NPT) договор о нераспространении ядерного оружия

normalization ~ договор о нормализации отношений

nuclear nonproliferation ~ договор о нераспространении ядерного оружия

nuclear test ban ~ договор о запрещении испытаний ядерного оружия

nuclear-free zone ~ договор о создании безъядерной зоны

open ~ договор, открытый для подписания

Pacific security ~ договор об обеспечении безопасности в тихоокеанском регионе

partial test ban ~ договор о частичном запрещении испытаний ядерного оружия

peace ~ мирный договор

permanent ~ бессрочный договор

phased ~ поэтапный договор

plunderous ~ грабительский договор

preliminary ~ временный/прелиминарный договор

reciprocal ~ договор на взаимной основе

regional ~ региональный договор

restricted ~ закрытый договор

secret ~ тайный/секретный договор

security ~ договор о безопасности

separate ~ сепаратный договор

separate peace ~ сепаратный мирный договор

state ~ государственный договор

still-extant ~ договор, не утративший силу

Strategic Arms Reduction ~ (START) договор о сокращении стратегических вооружений

ten-year ~ договор, заключенный на срок 10 лет

test ban ~ договор о запрещении испытаний ядерного оружия

the Moscow Test Ban T. Московский договор о запрещении испытаний ядерного оружия

threshold (testing ban) ~ договор о запрещении испытаний ядерного оружия выше определенной мощности

trade ~ торговый договор, торговое соглашение

tripartite ~ трехсторонний договор

unequal ~ неравноправный договор

unfair ~ несправедливый договор

unification ~ договор о воссоединении *(ранее разъединенных стран, напр. Германия, Корея и т.п.)*

union ~ союзный договор

unratified ~ нератифицированный договор

vassal ~ вассальный договор

verifiable ~ договор, поддающийся проверке

world ~ всемирный договор

to abandon a ~ отказываться от договора, денонсировать договор

to abolish/to abrogate a ~ аннулировать/отменять договор

to accede to a ~ соблюдать договор

to achieve a draft ~ добиваться завершения подготовки проекта договора

to adhere to (terms of) a ~ придерживаться условий/соблюдать условия договора

to adopt a draft ~ принимать проект договора

to agree a ~ согласовывать договор

to annex to a ~ прилагать к договору

to annul a ~ аннулировать/отменять договор

to **append to a** ~ прилагать к договору

to **approve a** ~ одобрять договор

to **back out of a** ~ отказываться от соблюдения договора

to **be bound by a** ~ быть связанным договором

to **be confirmed by a** ~ быть закрепленным в договоре

to **be in break of** ~ нарушать договор

to **become a party to/to join a** ~ присоединяться к договору

to **breach/to break** ~ нарушать договор

to **break off a** ~ денонсировать/расторгать договор

to **bring a** ~ **into force** вводить договор в силу

to **cancel a** ~ аннулировать/отменять договор

to **cheat on a** ~ нарушать договор

to **compel an international** ~ заставлять выполнять международный договор

to **conclude a** ~ заключать договор

to **confirm a** ~ ратифицировать договор

to **conflict with/to contravene a** ~ противоречить договору

to **deal a death blow to the** ~ наносить смертельный удар по договору

to **denounce a** ~ денонсировать/расторгать договор

to **draft/to draw up a** ~ разрабатывать проект договора

to **encourage the conclusion of new** ~s поощрять заключения новых договоров

to **end a** ~ денонсировать/расторгать договор

to **endorse a** ~ одобрять договор

to **enter into a** ~ заключать договор

to **extend (the validity of) a** ~ продлевать срок действия договора, пролонгировать договор

to **finalize a** ~ согласовывать окончательный текст договора

to **get an unsatisfactory** ~ получать неудовлетворительный договор

to **give the President the Senate's counsel and consent to ratify the** ~ давать президенту совет и согласие Сената на ратификацию договора

to **hold to the spirit and the letter of the** ~ придерживаться духа и буквы договора

to **honor a** ~ соблюдать договор

to **implement a** ~ выполнять договор/условия договора

to **impose a** ~ **(on/upon** *smb*) навязывать договор *(кому-л.)*

to **infringe a** ~ нарушать договор

to **initial a** ~ парафировать договор

to **initiate a** ~ предлагать заключить договор

to **keep a** ~ соблюдать договор

to **legally write** *smth* **into a** ~ официально вносить *что-л.* в договор

to **make a** ~ заключать договор

to **monitor accurately compliance with a** ~ тщательно следить за выполнением договора

to **negotiate (for) a** ~ вести переговоры о заключении договора

to **observe a** ~ соблюдать договор

to **observe the terms/provisions of a** ~ выполнять положения договора

to **offer to sign a nonaggression** ~ **with a country** предлагать подписать договор о ненападении с *какой-л.* страной

to **open the** ~ **for signing** открывать договор для подписания

to **pass a** ~ утверждать/одобрять договор *(о законодательном органе)*

to **pay lip service to a** ~ поддерживать договор на словах

to **present** *one's* **draft** ~ представлять свой проект договора

to **press for an international** ~ добиваться заключения международного договора

to **produce a** ~ вырабатывать договор

to **prolong (the validity of) a** ~ продлевать срок действия договора, пролонгировать договор

to **publish a** ~ публиковать договор

to **put forward a draft** ~ выдвигать проект договора

to **ram a** ~ **down** *smb's* **throat** навязывать договор *кому-л.*

to **ratify a** ~ ратифицировать договор

to **reaffirm a** ~ вновь подтверждать договор

to **refuse to ratify a** ~ отказываться ратифицировать договор

to **register a** ~ регистрировать договор

to **reinterpret a** ~ давать новую интерпретацию договору

to **remain within the confines of the** ~ оставаться в рамках договора

to **renegotiate a** ~ проводить новые переговоры о договоре

to **renew a** ~ возобновлять договор

to **renounce a** ~ денонсировать/расторгать договор

to **repudiate a** ~ отказываться от договора

to **revise a** ~ пересматривать договор

to **revoke a** ~ аннулировать/отменять договор

to **rush headlong to a** ~ необдуманно/безрассудно заключать договор

to **rush** *smb* **into signing a** ~ подталкивать *кого-л.* к подписанию договора

to **salute the signing of the** ~ приветствовать подписание договора

to **secure a** ~ добиваться заключения договора

to **seek a new** ~ добиваться нового договора

to **sign a** ~ **in** *smb's* **name** подписывать договор от имени *кого-л.*

to **sign a peace** ~ подписывать мирный договор/мир

to **stay within the limits of a** ~ оставаться в рамках договора

to strengthen a ~ укреплять договор
to submit a ~ **to the Senate for ratification** представлять договор сенату на ратификацию
to terminate a ~ прекращать действие договора
to undermine a ~ торпедировать договор
to verify the ~ проверять выполнение договора
to violate a ~ нарушать договор
to welcome a draft ~ **with reservation** приветствовать проект договора с оговорками
to withdraw from a ~ денонсировать договор, выходить из договора
to work out a ~ вырабатывать договор
to work towards a ~ добиваться заключения договора
abrogation of a ~ расторжение/аннулирование договора
accession to a ~ подключение к договору
annex to a ~ приложение к договору
approval of a ~ одобрение/утверждение договора
article of a ~ статья договора
body of the ~ основная часть договора
broad interpretation of a ~ широкое толкование договора
by virtue of a ~ в силу договора
cancellation of a ~ расторжение/аннулирование договора
circumvention of a ~ обход договора
clause of a ~ статья договора
collapse of a ~ крах договора
compliance with a ~ соблюдение договора
conclusion of a ~ заключение договора
contravention of a ~ нарушение договора
delay over the ratification of a ~ задержка с ратификацией договора
denunciation of a ~ денонсация договора
duration of a ~ срок действия договора
entry of the ~ **into force** вступление договора в силу
expulsion from a ~ исключение из числа участников договора
extension of a ~ продолжение срока действия/пролонгирование договора
founder of a ~ основатель договора
full member of a ~ полноправный участник договора
guarantor of a ~ гарант договора
implementation of the ~ выполнение договора
in accordance/compliance with a ~ в соответствии с договором
in the shape of a ~ в виде договора
integral part of a ~ неотъемлемая часть договора
interpretation of a ~ толкование договора
nuclear weapons not covered by the ~ на ядерное оружие договор не распространяется
objectives and principles of the ~ цели и принципы договора

observance of a ~ соблюдение договора
parties to a ~ стороны, подписавшие договор
prolongation of a ~ продолжение срока действия/пролонгирование договора
provision of a ~ положение договора
publication of a ~ опубликование договора
ratification of a ~ ратификация договора
ratification of a ~ **is now in jeopardy** ратификация договора теперь находится под угрозой
renunciation of a ~ денонсация договора
revision of a ~ пересмотр договора
right to withdraw from a ~ право выхода из договора
signatories to a ~ стороны, подписавшие договор
signatory of/to a ~ страна, подписавшая договор; участник договора
signing of a ~ подписание договора
terms of a ~ условия договора
text of a ~ текст договора
under the ~ согласно договору; по этому договору
unilateral renunciation of a ~ односторонняя денонсация договора
verification of compliance with the ~ проверка соблюдения договора
violation of a ~ нарушение договора
withdrawal from a ~ выход из договора
treff *n развед. жарг.* явка; подпольная встреча
trench *n* окоп, траншея
to stand in the same ~ **against** *smb* быть товарищами по борьбе с *кем-л.*
trend I *n* (**towards**) тенденция *(к)*; общее направление; изменение; тренд; движение; течение
~ **in/of prices** тенденция цен
~ **towards the relaxation of international tension** тенденция к разрядке международной напряженности
accelerated ~ возросшая тенденция
conflicting ~s противоречивые тенденции
confrontation ~s конфронтационные тенденции
consistent ~ последовательная тенденция
current ~ современная тенденция
dangerous ~ опасная тенденция
demand ~ тенденция изменения спроса
democratic ~s демократические тенденции
downward ~ тенденция к понижению
economic ~ тенденция экономического развития
employment ~ тенденция изменения занятости
favorable price ~s благоприятные тенденции ценообразования
general ~ общая тенденция *(развития)*
growing ~ возрастающая тенденция
growth ~ тенденция роста/развития *(экономического и т.п.)*

historical ~s исторические тенденции

ideological ~ идейная/идеологическая направленность

increasing ~ усиливающаяся тенденция

industrial ~s тенденции промышленного развития

inflationary ~s инфляционные тенденции, тенденции к инфляции

long-run/long-term ~ длительная/долгосрочная тенденция

market ~s тенденции рынка

near-term ~s тенденции на ближайший период времени

negative ~ негативная тенденция

new ~ новое направление; новая тенденция

opportunist ~ оппортунистическое течение

opposing ~s противоборствующие тенденции

persistent ~ устойчивая тенденция

political ~s политические течения/тенденции

population ~ тенденция изменения структуры и численности народонаселения

positive ~ позитивная тенденция

price ~s тенденции ценообразования

pro-American ~s проамериканские тенденции

protectionist ~s протекционистские тенденции

religious ~ религиозное направление

separatist ~s сепаратистские тенденции

short-term ~ кратковременная тенденция

social-democratic ~ социал-демократическое течение

stable/steady ~ устойчивая тенденция

underlying ~ тенденция, лежащая в основе чего-л.

unfavorable ~ неблагоприятная тенденция

upward ~ тенденция к повышению

world ~s мировые тенденции

to anticipate ~s прогнозировать тенденции

to check the inflationary ~ приостанавливать/сдерживать тенденцию к инфляции

to counter negative ~s противостоять негативным/отрицательным тенденциям

to create new ~s создавать новые тенденции/направления.

to define/to determine a ~ определять направление

to mark a new upward ~ отмечать новую тенденцию к повышению

to reverse a negative ~ положить конец отрицательной тенденции

to survey world economic and social ~s делать обзор(ы) мировых экономических и социальных тенденций

objectives of new economic ~s цели/задачи новых тенденций экономического развития

progressive ~s of science and technology прогрессивные направления науки и техники

underlying ~s are not encouraging тенденции, лежащие в основе чего-л., не дают оснований для оптимизма

trend II v иметь тенденцию (к чему-л.); изменяться в каком-л. направлении

trespass I n посягательство, злоупотребление; юр. правонарушение, проступок; рел. грех

technical ~ развед. и правит. жарг. проникновение или вход в помещение чиновника (обычно сотрудника ФБР) без ордера или соответствующего разрешения под предлогом оперативной необходимости

trespass II v нарушать чужое право владения; злоупотреблять (чем-л.); посягать

to ~ (up)on smb's hospitality злоупотреблять чьим-л. гостеприимством

trial n 1. испытание, проба 2. суд, судебный процесс

~ by jury суд присяжных

~ by media обвинение кого-л. средствами массовой информации

~ by the press обвинение кого-л. в печати до суда

~ opened суд начался

~ open to the public открытый судебный процесс

~ was a mere formality суд был пустой формальностью

~ was adjourned суд был отложен

~ will be in public судебный процесс будет открытым

arbitrary court ~s судебный произвол

criminal ~ уголовный процесс

demonstration ~ показательный судебный процесс

fair ~ справедливое рассмотрение дела в суде

frame-up ~ инсценированный судебный процесс

hasty ~ скорый суд

impartial ~ беспристрастное судебное расследование

improperly run ~ судебный процесс с нарушением законности

jury ~ суд присяжных

political ~ политический судебный процесс

predetermined ~ судебный процесс, исход которого предрешен

secret ~ тайный суд

secretive ~ закрытый судебный процесс

sensational ~ сенсационный судебный процесс

show ~ 1) судебная инсценировка 2) показательный судебный процесс

sore ~ тяжелое испытание

state ~ суд над государственным преступником

the Nuremberg ~ ист. Нюрнбергский судебный процесс над нацистскими военными преступниками

treason ~ суд по обвинению в государственной измене

war criminals ~ суд над военными преступниками

to await ~ дожидаться суда; находиться под стражей в ожидании суда

751

to be excused on health grounds from attending a ~ получать разрешение не присутствовать на судебном процессе по состоянию здоровья

to be liable to stand ~ подлежать суду

to bring a case/a matter to ~ передавать дело в суд

to bring *smb* **to ~ on drug trafficking charges** отдавать *кого-л.* под суд по обвинению в контрабанде наркотиков

to bring *smb* **to court for ~** отдавать *кого-л.* под суд

to call a halt to the ~ прекращать судебный процесс

to call on *smb* **to testify at the ~ of** *smb* вызывать *кого-л.* для дачи показаний в суде над *кем.-л.*

to come up for *one's* **~** находиться под судом

to commit *smb* **for ~** привлекать *кого-л.* к судебной ответственности

to conduct/to hold a ~ проводить судебный процесс

to detain *smb* **without ~** держать *кого-л.* под стражей без суда и следствия

to excuse *smb* **from ~** освобождать *кого-л.* от суда

to face ~ 1) подлежать суду 2) представать перед судом

to get a fair ~ быть судимым справедливо

to go for/on ~ for *smth/*on a charge of** *smth* идти под суд/быть привлеченным к судебной ответственности за *что-л.*/по обвинению в *чем-л.*

to hold a ~ проводить суд/судебный процесс

to hold a ~ amid strict security проводить судебный процесс с соблюдением жестких мер безопасности

to hold a ~ in secret проводить закрытый судебный процесс

to hold *smb* **without ~** держать *кого-л.* в заключении без суда и следствия

to imprison *smb* **without ~** заключать *кого-л.* в тюрьму без суда и следствия

to move a ~ переносить судебный процесс в другое место

to move for a new ~ подавать апелляцию, обжаловать приговор

to provide a fair ~ for *smb* обеспечивать *кому-л.* справедливый суд

to put *smb* **on/to ~** отдавать *кого-л.* под суд

to receive a fair ~ быть судимым справедливо

to remand *smb* **for ~** *брит. юр.* содержать *кого-л.* под стражей для суда

to set a ~ to a certain day назначать суд на *какой-л.* день

to stand ~ находиться под судом, быть судимым, представать перед судом

at the ~ на суде

outcome of a ~ исход судебного процесса

right to ~ by jury право быть судимым судом присяжных

strength ~ between *smb* взаимная проба сил

time of national ~ время суровых испытаний для страны

victim of a show ~ жертва судебной инсценировки

triangle треугольник

the Golden T. «Золотой треугольник» *(место, где сходятся границы Лаоса, Мьянмы и Таиланда и где производятся наркотики)*

tribal *a* племенной

tribalism *n* **1.** племенной строй **2.** межплеменная рознь

tribe *n* племя; род; клан

indigenous ~ туземное племя

kindred ~s родственные племена

nomadic ~s кочевые племена

semi-nomadic ~s полукочевые племена

settled ~s оседлые племена

to wipe out indigenous ~s уничтожать туземные племена

tribesman *n* (*pl* **tribespeople**) член племени

tribulation *n* страдание, горе, беда

tribunal *n* суд; трибунал

Administrative T. Административный Трибунал Секретариата ООН по разбору трудовых конфликтов

arbitration ~ арбитражный/третейский суд

disciplinary ~ дисциплинарный трибунал

industrial ~ третейский суд для урегулирования противоречий между предпринимателями и рабочими/администрацией и профсоюзами

military ~ военный трибунал

miscellaneous offense ~ суд, занимающийся разными нарушениями и преступлениями

the International Military T. Международный военный трибунал

the Nuremberg War Crimes T. *ист.* Нюрнбергский трибунал по военным преступлениям

war crimes ~ трибунал по военным преступлениям

to act as a ~ for the settlement of any dispute действовать в качестве трибунала для урегулирования любого спора

to bring *smb* **before a ~** отдавать *кого-л.* под суд трибунала/под трибунал

tribune *n* трибуна

political ~ политическая трибуна

tributary *n* государство, платящее дань; данник

tribute *n* дань; должное

~ in kind and money дань в натуральной и денежной форме

~ of respect to *smb* дань уважения *кому-л.*

~ to the memory of *smb* дань памяти *кого-л.*

to exact/to take ~ from *smb* взимать дань с *кого-л.*

to lay *smb* **under/to levy a ~ on** *smb* облагать данью *кого-л.*

to pay ~ to the memory of *smb* чтить память *кого-л.*

to pay a ~ of respect to *smb* отдавать дань уважения *кому-л.*

to pay a ~ to *smb* **1)** платить дань *кому-л.* **2)** воздавать должное *кому-л.*; выказывать благодарность *кому-л.*; выражать свое восхищение *кем-л.*

to pay generous ~ to *smb* высказывать много хвалебных слов о *ком-л.*

to print ~ to *smb* публиковать хвалебную статью о *ком-л.*

trick *n* махинация, трюк
  dirty ~s темные дела, грязные махинации
  election ~s махинации на выборах
  political ~s политические махинации
  to resort to a conman's ~ прибегать к мошенничеству

trickery *n* обман, надувательство
  political ~ политический трюк

tricolor *n* трехцветный флаг, триколор

Trident *n* «Трайдент» *(британская ядерная ракета)*

trigger *n* спусковой крючок
  to keep *one's* **finger on the nuclear ~** *перен.* держать палец на ядерном спусковом крючке
  to pull the ~ 1) нажимать на спусковой крючок **2)** *перен.* начинать войну; предпринимать нападение

trigger-happy *a* открывающий огонь по малейшему поводу

trigger-man *n* непосредственный исполнитель террористического акта

trilateral *a* трехсторонний

trilaterally *adv* на трехсторонней основе

trip *n* поездка
  ~ will come at a sensitive time поездка состоится в щекотливый момент
  business ~ деловая поездка; командировка
  facility ~ *полит. жарг.* поездка политических деятелей за государственный счет под предлогом сбора информации
  fact-finding ~ ознакомительная поездка, поездка для выяснения положения
  foreign ~ зарубежная поездка
  mission ~ командировка
  politically sensitive ~ поездка, деликатная в политическом отношении
  overseas ~ зарубежная поездка
  to call off a ~ отменять поездку
  to cut short a foreign ~ прерывать зарубежную поездку
  to embark on a ~ отправляться в поездку
  to make a foreign ~ совершать заграничную поездку
  to reschedule a ~ переносить поездку
  business ~ abroad загранкомандировка, деловая поездка заграницу

tripartite *a* трехсторонний, тройственный; состоящий из трех частей

triumph I *n* триумф, победа, торжество

~ for ideas торжество идей

~ for *smb* чья-л. победа

big ~ большая победа

by-election ~ победа на дополнительных выборах

easy ~ легкая победа

eleventh-hour diplomatic ~ дипломатический успех, достигнутый в последнюю минуту

incontestable ~ неоспоримая победа *(на выборах)*

legal ~ законная победа *(на выборах)*

resounding ~ убедительная победа *(на выборах)*

unqualified ~ безусловная победа

to achieve/to score a big/great/major ~ достигать больших успехов

in ~ победоносно, с победой

diplomatic ~ for *smb* чья-л. дипломатическая победа

personal ~ for *smb* чья-л. личная победа, чей-л. личный успех

triumph II *v* **1.** побеждать **2.** праздновать победу; торжествовать
  to ~ over *smb/smth* праздновать победу над *кем-л./чем-л.*

triumphant *a* победоносный
  to be ~ быть победителем

triumvirate *n* триумвират
  military ~ военный триумвират

tri-weekly *n* издание, выходящее три раза в неделю

troika *n* *правит. жарг.* «тройка» *(специальная группа экономических советников при президенте США)*; триумвират

troops *n pl* **1.** войска, вооруженные силы, воинские части **2.** добровольцы, помогающие проводить избирательную кампанию; низовые партийные работники
  ~ are due to be out войска должны быть выведены
  ~ are massing on the border войска сосредоточиваются на границах
  ~ are moving off the streets войска выводят с улиц
  ~ are out in force in the streets крупные подразделения войск охраняют улицы
  ~ are out on the streets войска выведены на улицы
  ~ are patrolling the streets улицы патрулируются войсками
  ~ attached to the Interior Ministry внутренние войска МВД
  ~ have gone on a heightened state of alert войска приведены в состояние повышенной боевой готовности
  ~ in combat gear/in battle dress войска в боевом снаряжении
  ~ moved into the village войска вошли в деревню
  ~ opened fire on demonstrators войска открыли огонь по демонстрантам
  ~ were deployed in the streets войска заняли позиции на улицах

~ were out in large numbers крупные формирования войск были выведены на улицы
~ were under orders to fire in the air войска получили приказ стрелять в воздух
airborne ~ воздушно-десантные войска
assault ~ ударные/десантные войска
border ~ пограничные войска
ceremonial ~ почетный караул
club-wielding ~ войска, применяющие дубинки
counter-insurgency ~ войска для подавления восстания
crack ~ отборные войска
departing ~ выводимые войска
elite ~ отборные войска
enemy ~ войска противника
foreign ~ иностранные войска
frontier ~ пограничные войска
government ~ правительственные войска
ground ~ наземные войска
interior ~ внутренние войска
Interior Ministry ~ внутренние войска МВД
internal security ~ внутренние войска
landing ~ десантные войска
loyalist ~ войска, сохраняющие верность правительству
missile ~ ракетные войска
mutinous ~ мятежные войска
noncombatant ~ небоевые части
occupation ~ оккупационные войска
paramilitary ~ полувоенные формирования
peace-keeping ~ войска по поддержанию мира
rebel(lious) ~ восставшие/мятежные войска
sea-borne ~ морской десант
shock ~ ударные войска
token ~ символический воинский контингент
uncommitted ~ войска, не введенные в бой
victorious ~ победоносные войска
to allow ~ into a country впускать войска в страну
to bring in ~ вводить войска
to call out ~ вызывать войска
to commit ~ to action вводить войска в бой
to concentrate ~ in the border сосредоточивать войска на границе
to crush the enemy ~ разгромить войска противника
to deploy ~ развертывать войска; дислоцировать войска
to drive ~ out вытеснять войска
to eject *smb's* **~** выдворять *чьи-л.* войска из страны
to equalize the number of ~ уравнивать численность войск
to extricate ~ from a country осуществлять нелегкий вывод войск из страны
to ferry ~ перебрасывать/переводить войска *(по воде или по воздуху)*
to get ~ out of a country добиваться вывода войск из страны
to land sea-borne ~ высаживать морской десант

to levy ~ набирать войска
to maintain ~ in a country держать войска в *какой-л.* стране
to mass ~ on the border сосредоточивать войска на границе
to move ~ to trouble spots перебрасывать войска в горячие точки
to move in ~ вводить войска
to order ~ into action/battle приказывать войскам идти в бой
to place ~ on full alert приводить войска в состояние полной боевой готовности
to place ~ on the highest state of alert/under red alert/on the highest degree of readiness приводить войска в состояние повышенной боевой готовности
to provide ~ выделять войска
to pull ~ on standby приводить войска в боевую готовность
to pull back/out ~ отводить войска
to pull out the ~ back to their barracks отводить войска обратно в казармы
to pull U.S. ~ back across the Atlantic вывозить американские войска обратно через Атлантику
to raise ~ формировать войска
to redeploy ~ передислоцировать войска
to reinforce ~ усиливать войска
to review a contingent of ~ производить смотр воинского контингента
to review a march-post of ~ принимать парад войск
to send ~ into action отдавать приказ войскам вступить в бой
to send extra ~ to a city направлять в город дополнительные контингенты войск
to send in ~ направлять/присылать/вводить войска *(в какую-л. страну)*
to send out ~ on to the streets выводить войска на улицы
to station ~ дислоцировать/размещать/располагать войска
to sweep the ~ into the sea сбрасывать войска в море
to take out *one's* **~** выводить войска
to undermine the morale of the ~ подавлять моральный дух войск
to withdraw ~ from the occupied territories выводить войска с оккупированных территорий
to withdraw the ~ to international boundaries отводить войска к межгосударственным границам
build-up of ~ сосредоточение войск
departure of *smb's* **~ from a country** окончательный уход *чьих-л.* войск из страны
deployment of ~ развертывание войск
involvement of ~ in the fighting участие войск в боях
reduction of ~ stationed in a country сокращение численности войск, дислоцированных в стране

stationing of foreign ~ on the territories of other countries размещение иностранных войск на территориях других стран

the area is flooded with ~ район наводнен войсками

upkeep of ~ содержание войск

withdrawal of ~ from occupied territories отвод войск с захваченных территорий

trophy *n* **1.** памятник в честь военной победы **2.** трофей, добыча

Trotskyism I *n* троцкизм

Trotskyist II *n* троцкист

Trotskyist *a* троцкистский

trouble *n* **1.** затруднение; проблема; беда; неприятность **2.** беспокойство; волнение **3.** повреждение; нарушение; перебой *(в работе)*; неисправность; авария **4.** *pl* волнения, беспорядки

~s are worsening волнения усиливаются

~s broke out/erupted/flared возникли/вспыхнули/ произошли беспорядки

~s have been brewing for several days беспорядки назревали в течение нескольких дней

~s have been simmering for some time беспорядки назревали в течение некоторого времени

~s spread to the port беспорядки перекинулись в порт

continuing ~s продолжающиеся беспорядки

economic ~s экономические проблемы

ethnic ~s волнения на этнической/националистической почве

financial ~ финансовые затруднения

internal ~s внутренние трудности *(страны)*

labor ~s трудовые проблемы; волнения среди рабочих

potential ~s потенциальные затруднения/ проблемы

to be in domestic ~s with the army испытывать внутренние затруднения с армией

to be in political ~s испытывать политические затруднения

to cause/to create ~ вызывать/провоцировать беспорядки

to face more backbench ~ сталкиваться с продолжением оппозиции со стороны заднескамеечников

to foment ~ разжигать беспорядки

to forestall ~ предупреждать беду

to head off ~ предотвращать беспорядки

to overcome one's ~s справляться со своими трудностями

to resolve ~s разряжать напряженную обстановку

to run into serious ~ сталкиваться с серьезными трудностями/неприятностями

to spark off the ~ вызывать волнения

to stir up ~ разжигать волнения, подстрекать к беспорядкам

our economic ~s continue to resist solution нам никак не удается решить наши экономические проблемы

troubled *a* обеспокоенный, встревоженный

trouble-maker *n* зачинщик беспорядков, бунтовщик, возмутитель спокойствия, смутьян

lawless ~ зачинщик беспорядков и нарушитель законов

trouble-shoot *v* урегулировать конфликты

trouble-shooter *n* эмиссар по улаживанию конфликтов

troublesome *a* беспокойный; хлопотный

trough *n* кормушка

public ~ *полит жарг.* «кормушка», государственные фонды

truce *n* перемирие, прекращение огня

~ has broken down соглашение о перемирии сорвано

fragile ~ непрочное перемирие

informal ~ неофициальное перемирие

permanent ~ постоянное перемирие

provisional/stand-still/temporary ~ временное перемирие

unilateral ~ одностороннее перемирие

to announce a 5-day ~ объявлять прекращение боевых действий сроком на 5 дней

to arrange a ~ добиваться перемирия/ прекращения огня

to breach the ~ comprehensively неоднократно нарушать соглашение о перемирии

to break (off) the ~ нарушать соглашение о перемирии

to declare a ~ объявлять перемирие

to extend the ~ продлевать перемирие

to impose a ~ объявлять перемирие

to negotiate a ~ достигать соглашения/вести переговоры о прекращении огня

to observe a ~ соблюдать перемирие

to reach a permanent ~ достигать соглашения о постоянном перемирии

to reimpose the ~ вновь объявлять перемирие

to reject a ~ отвергать предложение о перемирии

to scrap the ~ нарушать соглашение о перемирии

to supervise the ~ контролировать соблюдение перемирия

indefinite extension of the ~ продление перемирия на неопределенный срок

terms of the ~ условия перемирия

truck *n* грузовой автомобиль

troop ~ военный грузовой автомобиль

truncheon *n* полицейская дубинка

to wield ~s применять полицейские дубинки

trust I *n* **1.** вера, доверие **2.** кредит **3.** ответственность **4.** долг **5.** *юр.* доверительная собственность **6.** трест

absolute ~ полное доверие

brain ~ «мозговой трест» *(консультативный орган при руководителях или руководящих организациях страны)*

complete ~ полное доверие

genuine ~ истинное доверие

international ~ международный трест

investment ~ инвестиционный трест
mutual ~ взаимное доверие
sacred ~ священный долг
the National T. (for England, Wales and Northern Ireland) Национальный трест *(британская организация по охране исторических памятников, достопримечательностей и живописных мест)*
to abuse/to betray *smb's ~* злоупотреблять *чьим-л.* доверием
to build a degree of ~ and cooperation создавать *какую-л.* степень доверия и сотрудничества
to build up ~ укреплять доверие
to command the full ~ of Parliament пользоваться полным доверием парламента
to enjoy a lot of ~ пользоваться большим доверием
to give ~ предоставлять кредит
to justify the ~ оправдывать доверие
to lose the people's ~ утрачивать доверие народа
to place ~ in *smb* доверять *кому-л.*
to raise ~ укреплять доверие
to regain the ~ of the people вновь завоевывать доверие народа
to restore ~ восстанавливать доверие
to strengthen ~ укреплять доверие
to supply goods on ~ поставлять товары в кредит
to take *smb's* **word on ~** принимать *чьи-л.* слова на веру
to testify to ~ свидетельствовать о доверии
to violate the Presidential ~ не выполнить/нарушить долг президента
to work together with mutual ~ сотрудничать на взаимном доверии
breach of ~ злоупотребление доверием
fragile ~ in *smb* непрочное доверие к *кому-л.*
growing ~ in *smth* рост доверия к *чему-л.*
position of ~ ответственная должность
property held in ~ имущество, управляемое по доверенности
unparalleled ~ between the two countries беспрецедентное доверие между двумя странами
trust II *v (smb)* **1.** доверять, верить *(кому-л.)*; оказывать доверие; выражать уверенность, твердо надеяться **2.** предоставлять кредит
trustee *n* **1.** доверенное лицо **2.** опекун, попечитель
trusteeship *n* опека
international ~ международная опека
terms of ~ условия опеки
truster *n* **1.** кредитор **2.** лицо, выдающее доверенность
trustworthiness *n* надежность; достоверность
trustworthy *a* **1.** надежный; достоверный **2.** кредитоспособный
truth *n* истина, правда
absolute ~ непреложная истина; *филос.* абсолютная истина

hard ~ горькая правда
historical ~ историческая правда
naked ~ чистая правда
objective ~ объективная истина
relative ~ относительная истина
social ~ социальная правда
universal ~ общеизвестная истина
to be economical with the ~ не спешить сообщать всю правду
to conceal the ~ скрывать/утаивать правду
to distort historical ~ извращать историческую правду
to elucidate the ~ раскрывать правду
to establish the ~ устанавливать правду
to hide the ~ скрывать/утаивать правду
to hush up the ~ замалчивать правду
to obscure the ~ затемнять правду
to search out the ~ выяснять правду
to seek the ~ искать истину
to suppress the ~ замалчивать правду
to tell the bare ~ говорить чистую правду
criterion of the ~ критерий истины
shimmer of the ~ проблеск истины
the public wants to be trusted with the ~ народ считает, что он имеет право знать правду
try *v* **1.** пытаться **2.** подвергать испытанию; судить
to ~ (*smb* **for** *smth***)** судить *(кого-л. за что-л.)*
to ~ *smb* **in absentia/in his absence** судить *кого-л.* заочно
tsar *n* царь
drug ~ наркобарон
tsarina *n* царица
tsarism *n* царизм
tsarist *a* царский
tube *n* ствол *(орудия)*
artillery ~s larger than 120 mm артиллерия калибра свыше 120 мм
Tuesday *n* вторник
Black ~ *ист.* «черный вторник» *(29.10.1929 – начало экономического кризиса)*
tug *n* рывок, дерганье
to get a ~ *брит. полиц. и угол. жарг.* подвергаться аресту
to give a ~ *брит. полиц. и угол. жарг.* производить арест
tuition *n* обучение
~ in the mother tongue обучение на родном языке
tumble I *n* падение курса акций
Wall Street takes another ~ курс акций на биржах Уолл-Стрита снова упал
tumble II *v* резко падать *(о ценах)*
prices ~ цены падают
tumult *n* мятеж; волнение
popular ~ народное волнение
tune *n* мотив
out of ~ не в унисон
to be out of ~ with *smb перен.* идти не в ногу с *кем-л.*
to call the ~ «заказывать музыку» *(диктовать свои условия)*, командовать, руководить

to **play far more pragmatic** ~s демонстрировать значительно более прагматический подход

tunnel *n* эк. жарг. пределы колебания курсов валют; валютный коридор

the **IMF ~ extends to a fluctuation of 4,5 %** Международным валютным фондом предусмотрены колебания курсов валют по отношению друг к другу в пределах до 4,5 %

turbulence *n* бурность; беспокойство, волнение

turbulent *a* бурный; беспокойный

~ **years** бурные годы

turmoil *n* беспорядок; смятение; паника; сумятица; беспорядки

~ **in the international/world stock markets** паника на мировых фондовых биржах

~ **raging in a country** беспорядки, охватившие страну

economic ~ экономические неурядицы

internal ~ внутренняя борьба; разброд

nationwide ~ беспорядки по всей стране

political ~ политическая неразбериха; политические потрясения

to cause a ~ вызывать смятение/волнение

to extricate *oneself* **from a political and economic** ~ преодолевать политико-экономические неурядицы

to resolve a ~ положить конец неразберихе

to stir a ~ вызывать смятение/волнение

economic ~ **is threatening to engulf the country** экономические неурядицы грозят охватить всю страну

the country is in ~ страна взбудоражена; в стране происходят беспорядки/волнения

turn *n* поворот

to take a market ~ **for the better** заметно улучшаться

the latest ~ **of events** последний поворот событий

the most dramatic ~ **of events was in ...** наиболее драматический оборот события приняли в ...

there may be a dangerous ~ **of events** события могут принять опасный оборот

turnabout *n* смена политического курса на противоположный

complete ~ полная/окончательная смена политики

turnaround *n* смена политического курса

dramatic ~ неожиданный поворот *(в политике)*

to make a complete ~ полностью изменять свои взгляды

turn around *(smb)* *v* **1.** изменять политический курс **2.** развед. жарг. перевербовывать агента вражеской разведки

to ~ *oneself* **in** сдаваться властям, являться с повинной

to ~ **on some question** изменять свою позицию по *какому-л.* вопросу

to ~ **out in strength** проявлять большую активность на выборах

turncoat *n* предатель, отступник, перебежчик

political ~ политический перебежчик

turning-point *n* поворотный пункт

turnout *n* **1.** собрание **2.** выпуск продукции **3.** забастовка **4.** количество избирателей, участвовавших в голосовании

~ **for the elections** число избирателей, участвующих в выборах

~ **of voters** процент избирателей, участвующих в выборах

heavy/high/huge massive ~ высокая активность избирателей; высокий процент избирателей, участвующих в голосовании

light/low ~ низкая активность избирателей; низкий процент избирателей, участвующих в голосовании

patchy ~ неравномерная активность избирателей на разных избирательных участках

poor ~ низкая активность избирателей; низкий процент избирателей, участвующих в голосовании

primary ~ процент участия избирателей в первичных выборах

steady ~ устойчивая активность избирателей на выборах

voter ~ процент избирателей, участвующих в выборах

lower than usual ~ более низкая, чем обычно, активность избирателей

negligible ~ **(during the elections)** ничтожное количество избирателей, участвовавших в выборах

turnover *n* **1.** оборот **2.** текучесть *(рабочей силы)* **3.** товарооборот **4.** переворот

~ **of capital** оборот капитала

balanced trade ~ сбалансированный товарооборот

capital ~ оборот/оборачиваемость капитала

cargo ~ грузооборот

export ~ оборот по экспорту

foreign trade ~ оборот внешней торговли

freight ~ грузооборот

import ~ оборот по импорту

labor ~ текучесть кадров

market ~ рыночный оборот

net trade ~ чистый товарооборот

labor/personnel/staff ~ текучесть кадров

total ~ весь/общий оборот

trade ~ товарооборот; торговый оборот

to reduce personnel ~ сокращать текучесть кадров

expansion of trade ~ увеличение товарооборота

tussle *n* борьба

silent ~ **is going on between the leaders** между руководителями идет негласная борьба

twin-cities *n* породненные города

two-chamber *a* двухпалатный

two-faced *a* двуличный

tycoon *n* магнат, олигарх

media ~ магнат средств массовой информации, медиамагнат

newspaper ~ газетный магнат

tyrannical *a* тиранический

tyranny *n* тирания, деспотизм
  pernicious ~ жестокая тирания
  to be on a gradual slide towards ~ постепенно скатываться к тирании
  to throw off foreign ~ свергать/сбрасывать чужеземный деспотизм
tyrant *n* тиран; деспот

U

UFO *n* (*сокр. от* **unidentified flying object**) неопознанный летающий объект, НЛО
ufologist *n* уфолог (*специалист, изучающий неопознанные летающие объекты*)
ufology *n* уфология (*изучение неопознанных летающих объектов*)
ultimatum *n* ультиматум, ультимативное требование
  ~ **expires/runs out** срок ультиматума истекает
  ~ **still stands** ультиматум все еще в силе
  ~ **to surrender** ультиматум, предлагающий *кому-л.* сдаться
  to comply with the terms of an ~ выполнять условия ультиматума
  to counter an ~ реагировать на ультиматум
  to deliver/to give an ~ **to** *smb* предъявлять/передавать/вручать ультиматум *кому-л.*
  to issue an ~ **to** *smb* направлять ультиматум *кому-л.*
  to launch an ~ предъявлять ультиматум
  to meet (the terms of) an ~ выполнять условия ультиматума
  to present an ~ **to** *smb* предъявлять ультиматум *кому-л.*
  to reject an ~ отвергать ультиматум
  to send an ~ направлять ультиматум
  to spurn *smb's* ~ отвергать *чей-л.* ультиматум
  to water down the terms of an ~ смягчать условия ультиматума
  in terms of an ~ в ультимативном тоне
ultra *n* ультра, экстремист
  Protestant ~s протестантские экстремисты
ultra-conservatism *n* ультраконсерватизм
ultra-conservative I *n* ультраконсерватор
ultra-conservative II *a* ультраконсервативный
ultra-imperialism *n* ультраимпериализм
ultra-Left, the *n* ультралевые (элементы)
ultra-Left *a* ультралевый
ultra-leftist *a* ультралевацкий
ultra-modern *a* ультрасовременный
ultra-nationalism *n* крайний национализм, ультранационализм
ultra-nationalist I *n* ультра националист

ultra-nationalist II *a* ультранационалистический
ultra-racist *a* ультрарасистский
ultra-reactionary I *n* крайний реакционер
ultra-reactionary II *a* крайний реакционный
ultra-religious *a* ультрарелигиозный
ultra-right , the *n* ультраправые (элементы)
  swing towards ~ сдвиг до предела вправо
ultra-right *a* ультраправый
ultra-rightist *n* ультраправый; крайне правый
umbrella *n* прикрытие; «ядерный зонтик»
  American ~ «американский зонтик» (*прикрытие со стороны вооруженных сил США*)
  nuclear ~ «ядерный зонтик» (*использование ядерного оружия США для защиты Западной Европы*)
  security ~ «зонтик безопасности» (*обеспечение безопасности другого государства*)
  to build a leak-proof nuclear ~ создавать надежный «ядерный зонтик»
  without *smb's* **defense** ~ лишенный *чьего-л.* «оборонительного зонтика», прикрытия
UN *n* (*сокр. от* **United Nations**) ООН, Организация Объединенных Наций
  to join the ~ выступать в ООН
unanimity *n* единодушие, единство
  ~ **in opposing** *smth* единодушие в сопротивлении *чему-л.*
  complete ~ полное единодушие
  extraordinary ~ необычайное единодушие
  Great Powers ~ единогласие великих держав
  total ~ полное единодушие
  to reach ~ достигать единодушия
  to show extraordinary ~ проявлять необычайное единодушие
  to work from the principle of ~ работать по принципу единогласия
  lack of ~ отсутствие единства
  rule of ~ **of the permanent members of the Security Council** принцип единогласия постоянных членов Совета Безопасности
  with ~ с общего согласия, единодушно
unanimous *a* единодушный; единогласный
  near ~ почти единогласный
unanimously *adv* единодушно; единогласно
  adapted/carried ~ принято единогласно
unanswerable *a* 1. не имеющий ответа 2. безответственный 3. неопровержимый, неоспоримый
  ~ **to anybody** не подотчетный никому
unarmed *a* безоружный
unassailable *a* неприступный, несокрушимый
unaudited *a* непроверенный; не подвергнутый ревизии
unauthorized *a* неразрешенный; несанкционированный
uncertainty *n* неуверенность
  political ~ неопределенность политической обстановки
  to cause a greet deal of political ~ быть причиной заметной политической неопределенности

to provoke ~ вызывать неуверенность

un-Christian *a* нехристианский

unclassified *a* несекретный (*о документе*)

Uncle Joe *ист. журнал. жарг.* «дядя Джо» (*прозвище И. В. Сталина*)

Uncle Sam «дядюшка Сэм» (*прозвище США*)

uncommitted *a* несвязанный договором, не принявший на себя обязательства

uncompetitive *a* неконкурентоспособный

uncompromising *a* бескомпромиссный, непреклонный, стойкий

unconditional *a* безоговорочный; безусловный

unconditionally *adv* без всяких условий; безоговорочно

unconscionability *n* беспринципность, бессовестность; недобросовестность

unconscionable *a* беспринципный, бессовестный; недобросовестный

unconstitutional *a* противоречащий/не соответствующий конституции

to declare *smth* ~ объявлять *что-л*, противоречащим/не соответствующим конституции

uncontrolled *a* бесконтрольный; неконтролируемый

unconvertible *a* неконвертируемый; необратимый

uncoordinated *a* некоординированный; несогласованный

uncritical *a* некритический

undaunted *a* неустрашимый

undecided *n* избиратель, еще не решивший, за кого голосовать

undemocratic *a* недемократичный

under-age *a* несовершеннолетний

underbelly *n* 1. низ живота 2. *перен.* уязвимое место, подбрюшье

smb's **soft** ~ чье-л. уязвимое место, ахиллесова пята

underclass *n* деклассированные элементы, низшие слои общества

undercover *a* тайный

undercurrent *n* подводное течение; скрытая тенденция

undercut *v* (*smb*) подрывать позиции (*конкурента*)

underdeveloped *a* экономически отсталый; недостаточно развитый, слаборазвитый

underdevelopment *n* отсталость, низкий уровень экономического развития

underemployed *a* частично безработный

underemployment *n* неполная занятость

underestimate *v* недооценивать, преуменьшать

to ~ **the number of** *smb* занижать количество *кого-л.*

under-fund *v* (*smth*) выделять недостаточные средства на *что-л.*

under-funding *n* недостаточные ассигнования, недостаточное финансирование

~ **by the Government of the Health Service** недостаточное финансирование здравоохранения правительством

chronic ~ хроническое недостаточное финансирование

underground I *n* подполье

to act in the ~ действовать/работать в подполье

to emerge from the ~ выходить из подполья

to work in the ~ действовать/работать в подполье

underground II *a* подземный; подпольный; запрещенный

underground III *adv* подпольно, в подполье

to go ~ уходить в подполье

to operate/to work ~ действовать/работать подпольно

underimmunization *n* недостаточная иммунизация

underling *n* подчиненное лицо; мелкий политикан, прислужник, мелкая сошка

undermanned *a* недоукомплектованный (*о штатах, персонале*)

undermine *v* (*smth*) подрывать, разрушать (*что-л.*)

to ~ **from within** подрывать изнутри

to ~ *oneself* подрывать свои позиции

undermotivated *a* без достаточного стимула

to remain ~ оставаться без достаточного стимула

undernourished *a* недоедающий

undernourishment *n* недоедание, недостаточное питание

underpaid *a* низкооплачиваемый, малооплачиваемый

underpinning *n* опора, подкрепление

ideological ~ **for** *smth* идеологическое подкрепление (для) *чего-л.*

the ~**s of NATO** опора НАТО

underpopulated *a* малонаселенный

underprivileged I *n* бедняки, обездоленные

underprivileged II *a* неимущий, бедный; подвергшийся дискриминации

underrepresentation *n* недостаточное представительство

underrepresented *a* недостаточно представленный (*в каком-л. органе*)

the **urban areas are** ~ городские районы представлены недостаточно

undersavings *n* недостаточный уровень сбережений

undersecretary *n* заместитель/помощник министра/(генерального) секретаря

parliamentary ~ **of state** парламентский заместитель министра

U.-S. General of the United Nations заместитель генерального секретаря ООН

U.-S. of State заместитель госсекретаря/министра иностранных дел

UN U.-S. General заместитель генерального секретаря ООН

undersigned *n* нижеподписавшийся

understaffed *a* недоукомплектованный (*о штате, персонале*)

understaffing *n* недоукомплектованность штата

understanding *n* понимание, договоренность, соглашение; взаимопонимание

~ about *smth* договоренность/соглашение о чем-л.

~ between *smb* договоренность/соглашение/взаимопонимание между кем-л.

~ of *smth* понимание чего-л.

~ with *smb* договоренность/соглашение с кем-л.

clear ~ ясное взаимопонимание

common ~ взаимопонимание

complete/full ~ полное понимание

good/great ~ хорошее взаимопонимание

idealistic ~ идеалистическое понимание

interim ~ временная договоренность

international ~ международное взаимопонимание

mutual/reciprocal ~ взаимопонимание

secret ~ негласная договоренность

superpower ~ взаимопонимание между великими державами/сверхдержавами

to achieve an ~ приходить к соглашению, достигать взаимопонимания/договоренности

to break an ~ with a country нарушать договоренность со страной

to build up an ~ устанавливать взаимопонимание

to come to a better ~ with *smb* лучше понимать позиции друг друга

to contribute to a better ~ способствовать лучшему взаимопониманию

to create international ~ устанавливать международное взаимопонимание

to deepen mutual ~ between peoples углублять взаимопонимание между народами

to establish an ~ between *smb* устанавливать взаимопонимание между кем-л.

to express full ~ of *smth* выражать полное понимание чего-л.

to foster a better ~ between *smb* способствовать улучшению взаимопонимания между кем-л.

to have a tacit ~ with *smb* **to do** *smth* иметь с кем-л. молчаливую договоренность сделать что-л.

to promote ~ способствовать взаимопониманию

to reach ~ добиваться взаимопонимания

to seek complete mutual ~ добиваться полного взаимопонимания

to strengthen mutual ~ укреплять взаимопонимание

to strike up a good ~ with *smb* устанавливать хорошее взаимопонимание с кем-л.

undertaking *n* **1.** предприятие **2.** обязательство

commercial ~ коммерческое обязательство

global ~ глобальное обязательство

industrial ~ промышленное предприятие

interregional ~ межрегиональное предприятие

joint ~ совместное предприятие

large national ~ крупное национальное предприятие

nationalized ~ национализированное предприятие

pre-investment ~ предынвестиционное мероприятие/обязательство

private ~ частное предприятие

public ~ государственное предприятие

regional ~ региональное предприятие

specific ~s конкретные обязательства

unqualified ~ безоговорочное обязательство

to give an ~ to do *smth* давать обязательство/обязываться сделать что-л.

to go back on *one's* **~s** отказываться от своих обязательств

to make good on one's ~s выполнять свои обязательства

to violate *one's* **~s** нарушать свои обязательства

undertax *v* взимать слишком низкий налог

the country is ~ed налоги в стране слишком низкие

underwriter *n* **1.** страховщик **2.** гарант размещения ценных бумаг/займа

undesirable *a* нежелательный

undesirables *pl* нежелательные элементы

social ~ нежелательные общественные элементы

undeveloped *a* неразвитый

undistributed *a* нераспределенный

undivided *a* неразделенный, нераспределенный *(о прибыли, доходах)*

unease *n* беспокойство, волнение, тревога

~ about the future неуверенность в завтрашнем дне

uneconomic(al) *a* неэкономичный; неэкономный; нерентабельный

unelectable *a* не имеющий шансов быть избранным

unemployed, the I *n pl* безработные

to cut the number of ~ уменьшать количество безработных

to help the ~ back into work помогать безработным найти работу

to join the ~ пополнять ряды безработных

to turn *one's* **backs on the ~** не интересоваться судьбой безработных

unemployed II *a* безработный

fully ~ полностью безработный

hard-core ~ безработный, отчаявшийся найти работу

long-term ~ давно потерявший работу

newly ~ новые безработные

officially registered ~ официально зарегистрированный безработный

partially/partly ~ полубезработный, частично безработный

registered ~ зарегистрированный безработный

temporary ~ временно безработный

totally/wholly ~ полностью безработный

unemployment *n* безработица, незанятость *(рабочей силы)*

~ is at its highest level безработица достигла самого высокого уровня

~ is down уровень безработицы снизился

~ is falling steeply безработица резко сокращается

~ is on the up безработица растет

~ is on the way down безработица сокращается

~ is rampant безработица достигла огромных размеров, свирепствует безработица

~ is rife безработица охватила многие районы

~ is rising steeply безработица быстро растет

~ is running at 22 per cent уровень безработицы составляет 22 %

~ is steadily declining уровень безработицы неуклонно снижается

~ reaches 50% уровень безработицы достиг 50%

casual ~ временная безработица

chronic ~ хроническая безработица

concealed ~ скрытая безработица

cyclical ~ циклическая безработица

disguised ~ скрытая безработица

exporting ~ «экспортируемая безработица» *(политика протекционизма, обеспечивающая занятость своим рабочим при росте безработицы в странах – традиционных экспортерах продукции в данную страну)*

floating ~ текучая безработица

frictional ~ официальная/фрикционная безработица *(безработица, связанная с добровольной сменой рабочими места работы и периодами временного увольнения)*

general ~ массовая безработица

growing ~ растущая безработица

hard-core ~ постоянная безработица

hidden ~ скрытая безработица

incipient ~ зарождающаяся безработица

increasing ~ растущая безработица

involuntary ~ вынужденная безработица

latent ~ скрытая безработица

long-term ~ застойная безработица

mass/massive ~ массовая безработица

mounting ~ растущая безработица

open ~ явная безработица

permanent ~ постоянная безработица

recorded ~ зарегистрированная безработица

rising ~ растущая безработица

seasonal ~ сезонная безработица

stagnant ~ застойная безработица

structural ~ *эк. жарг.* структурная безработица *(безработица, вызванная изменениями в структуре экономики, миграцией населения, внешними экономическими факторами и т.п.)*

technological ~ безработица, порожденная техническим прогрессом

teenage ~ безработица среди молодежи до 20 лет

unprecedented ~ неслыханно высокий уровень безработицы

voluntary ~ добровольная безработица

to alleviate ~ снижать/сокращать/уменьшать безработицу

to be gripped by ~ быть охваченной безработицей

to bring down ~ from ... to ... снижать уровень безработицы с ... до ...

to combat ~ бороться с безработицей

to create ~ вызывать безработицу

to decrease ~ снижать/сокращать/уменьшать безработицу

to eliminate ~ уничтожать безработицу

to eradicate ~ искоренять безработицу

to fight (against) ~ бороться с безработицей

to increase ~ увеличивать безработицу

to lift ~ to unacceptable levels поднимать безработицу до неприемлемого уровня

to liquidate the threat of ~ ликвидировать угрозу безработицы

to warn of higher ~ ahead предупреждать о предстоящем росте безработицы

elimination of ~ ликвидация безработицы

fall in ~ снижение уровня безработицы

high rate of ~ высокий уровень безработицы

increase in ~ рост безработицы

pocket of ~ очаг безработицы

rate of ~ уровень безработицы

rise in ~ рост безработицы

unevenness *n* неравномерность

unfair *a* несправедливый; дискриминационный

unfreeze *v* размораживать *(что-л.)*

unfriendly *a* недружественный

ungovernable *a* неуправляемый

unidentified *a* неопознанный, неизвестный

unification *n* 1. объединение 2. унификация

German-style ~ объединение *(страны)* по немецкому образцу

mankind's ~ объединение человечества

national ~ национальное объединение

peaceful ~ мирное объединение

to seek ~ of a country добиваться объединения страны

unified *a* единый, объединенный

to call for a ~ Korea призывать Северную и Южную Кореи к объединению

to remain ~ сохранять единство

uniform *n* форма *(одежда)*

to wear a military ~ носить военную форму

in ~ в военной форме

unify *v* объединять; унифицировать

unilateral *a* односторонний

unilateralism *n* односторонний отказ от атомного и ядерного оружия; теория одностороннего разоружения

something-for-nothing ~ одностороннее разоружение

unilateralist *n* сторонник одностороннего отказа от атомного и ядерного оружия

unilaterally *adv* односторонне; в одностороннем порядке

to do *smth* **~** делать *что-л.* в одностороннем порядке

uninvestigated *a* нерасследованный

to leave *smth* ~ оставлять *что-л.* нерасследованным

union *n* **1.** союз **2.** профсоюз; общество; объединение

American Civil Liberties U. (ACLU) Американский союз в защиту гражданских свобод

blue collar ~s профсоюзы рабочих

breakaway ~ отколовшийся профсоюз

bullyboy ~ профсоюз, возглавляемый радикально настроенными элементами

civil liberties ~ союз защиты гражданских свобод

company ~ *проф. жарг.* профсоюз штрейкбрехеров, созданный компанией

confederal ~ конфедерация

craft ~ профсоюз, организованный по цеховому принципу

creative ~ творческий союз

currency ~ валютный союз

customs ~ таможенный союз

democratic ~ демократический союз

economic ~ экономический союз

Economic and Monetary U. (EMU) Экономический и валютный союз

entry into a ~ вступление в союз

European U. Европейский союз, ЕС

European Economic U. (EEU) Европейский экономический союз

European Monetary U. (EMU) Европейский валютный союз

farm ~ профсоюз фермеров

fiscal ~ финансовый союз

formal ~ официальный союз

full ~ полный союз

government-backed ~ профсоюз, поддерживаемый правительством

illegal ~ неофициальный союз

independent ~ независимый профсоюз

Inter-Parliamentary U. (IPU) Межпарламентский союз, МС

labor ~ профессиональный союз

local ~ местное отделение профсоюза

local industrial ~ местный профсоюз промышленных рабочих

major ~ ведущий союз

marriage ~ брачный союз

militant ~ профсоюз, настроенный по-боевому

mining ~ профсоюз горняков

monetary ~ валютный союз

national ~ национальный профсоюз; профсоюз национального масштаба

break-up of a ~ развал союза

non-TUC ~ *брит.* профсоюз, не входящий в Британский конгресс профсоюзов

open ~ открытый профсоюз *(доступ в который открыт для рабочих любых профессий)*

political ~ политический союз

postal ~ профсоюз почтовых работников

print ~ профсоюз работников типографий

scab ~ *проф. жарг.* профсоюз штрейкбрехеров

Soviet U., the *ист.* Советский Союз

strike-free ~ профсоюз, обязавшийся не объявлять забастовок

trade ~ профсоюз

undivided ~ объединенный союз

viable ~ жизнеспособный союз

voluntary ~ добровольный союз

Western European U. (WEU) Западноевропейский союз

white collar ~s профсоюзы служащих

World Federation of Trade U. (WFTU) Всемирная федерация профсоюзов, ВФП

yellow ~ *проф. жарг.* профсоюз штрейкбрехеров, созданный компанией

to apply to join a ~ подавать заявление о приеме в союз

to belong to a ~ быть членом профсоюза

to break a ~ подавлять сопротивление профсоюза

to create/to establish/to form a ~ создавать союз

to gear the ~ (to *smth*) нацеливать/направлять объединение *(на что-л.)*

to help Europe towards a political ~ помогать Европе создать политический союз

to leave a ~ выходить из союза

to legalize a ~ легализовывать союз

to make a ~ **illegal** объявлять союз незаконным

to make a ~ **legal again** снова разрешать деятельность союза

to opt into a ~ делать выбор в пользу вступления в союз

to recognize a ~ признавать союз

to re-legalize a ~ снова узаконивать союз

to restore a legal status to a ~ снова легализовывать союз

to set up a ~ создавать союз

to suppress a ~ запрещать профсоюз

to take on corrupt ~s бороться с коррумпированными профсоюзами

English-speaking U. of the Commonwealth Союз англоговорящих стран Содружества наций

in advance of full monetary ~ в преддверии заключения полномасштабного валютного союза

member of a ~ член профсоюза

union-busting *n* подавление профсоюзного движения

unionism *n* тред-юнионизм, профсоюзное движение

unionist *n* член профсоюза; юнионист

Ulster U. ольстерский юнионист *(сторонник колониальной связи Северной Ирландии с Великобританией)*

unison *n* единство, унисон

to act in ~ on *smth* действовать в единстве по *какому-л.* вопросу

unit *n* **1.** отдел, бюро; подразделение; отряд; секция **2.** единица измерения **3.** (жилой) комплекс, (жилой) блок, помещение

administrative ~ административная единица

administrative-territorial ~ административно-территориальная единица

anti-drugs police ~ подразделение полиции по борьбе с распространением наркотиков

armed ~ вооруженный отряд

autonomous ~ автономное/самостоятельное подразделение

auxiliary ~ вспомогательное подразделение

calculation ~ расчетная единица

control ~ *тюремн. жарг.* одиночная камера *или* блок одиночных камер

counter-insurgency ~ специальное подразделение по подавлению беспорядков

crash ~ *развед. жарг.* группа техников разведки, тайно устанавливающая подслушивающие устройства

currency ~ денежная единица

customs ~ таможенное подразделение

European Currency U. (ECU) *ист.* валютная единица стран Европейского союза, ЭКЮ

international currency ~ международная денежная единица

low-income housing ~ жилье для семьи с низким доходом

major ~ крупное подразделение

monetary ~ денежная единица

peace enforcement ~ воинское подразделение, обеспечивающее мир посредством разъединения враждующих сторон

police ~ подразделение полиции

police intelligence ~ разведывательное подразделение полиции

police patrol car ~ подразделение полицейских патрульных автомашин

production ~ 1) предприятие 2) единица продукции

Secret Special Investigation U. группа по проведению специальных секретных расследований

self-defence ~ отряд/подразделение войск самообороны

self-supporting ~ хозрасчетное предприятие

special service ~ специальное подразделение *(напр. по борьбе с захватом самолетов)*

structural ~ структурное подразделение

traffic control ~ подразделение автоинспекции

wage ~ единица заработной платы

work ~ место работы

to be in the intensive care ~ *перен.* находиться при последнем издыхании

to disband a police ~ расформировывать подразделение полиции

to draft in extra police and army ~s стягивать дополнительные полицейские и воинские подразделения

to set up a special customs ~ создавать специальное таможенное подразделение

army ~s loyal to the President армейские части, верные президенту

unitarian *a* унитарный *(относящийся к унитарной церкви)*

unitary *a* унитарный

unite *v* объединять(ся); соединять(ся)

to ~ behind *smb* объединяться/сплачиваться вокруг *кого-л.*

united *a* единый, объединенный, общий, совместный

unity *n* единение; единство, сплоченность

~ **between** *smb* между *кем-л.*

~ **of action** единство действий

~ **of capital** единство капитала

~ **of economic life** единство экономической жизни

~ **of interests** единство интересов

~ **of opinion** единство взглядов

~ **of progressive and democratic forces** единство прогрессивных и демократических сил

~ **of public and personal interests** единство общественных и личных интересов

~ **of purpose** единство цели

~ **of science** единство науки

~ **of the country** единство страны

~ **of the laws of social development** единство законов общественного развития

~ **of theory and practice** единство теории и практики

~ **of views** единство взглядов

close ~ тесное единение/единство

country's ~ единство страны

ethnic ~ этническое единство

ever elusive ~ непрочное/трудно достижимое единство

family ~ воссоединение семьи

fragile ~ непрочное единство

fraternal ~ братское единство

fruitful ~ плодотворное единство

full ~ полное единство

ideological ~ идеологическое единство

indestructible ~ нерушимое единство

indissoluble ~ неразрывное единство

international ~ интернациональное/международное единство

lasting ~ прочное единство

monolithic ~ монолитное единство

national ~ национальное единство/объединение

organic ~ органическое единство

organizational ~ организационное единство

party ~ единство в рядах партии

precarious ~ непрочное единство

restored ~ восстановленное единство

sham ~ показное единство

socio-political ~ социально-политическое единство

total ~ полное единство

unbreakable ~ нерушимый союз

unconditional ~ безусловное единство
to achieve ~ достигать/добиваться единства
to appeal/to call for ~ призывать к единству
to consolidate ~ крепить/укреплять единство
to demonstrate ~ **of views (on** *smth*) демонстрировать единство взглядов *(по какому-л. вопросу)*
to destroy ~ уничтожать единство
to detract from the ~ ослаблять единство
to disrupt (the) ~ **(of)** подрывать единство *(чего-л.)*
to endanger a country's ~ ставить под угрозу единство страны
to establish ~ устанавливать единство
to forge ~ создавать единство
to foster ~ способствовать укреплению единства
to impair (the) ~ **(of)** подрывать единство *(чего-л.)*
to jeopardize the ~ ставить единство под угрозу
to maintain ~ сохранять единство
to obstruct ~ мешать единству
to plead for ~ призывать к единству
to preserve the ~ сохранять единство
to represent a ~ **of** *smth* представлять собою единство *чего-л.*
to restore ~ восстанавливать единство
to show ~ **of views** *(on smth)* демонстрировать единство взглядов *(по какому-л. вопросу)*
to stage a show of ~ демонстрировать единство
to strengthen ~ крепить/укреплять единство
to strive for ~ **of words and deeds** добиваться единства слова и дела
to undermine (the) ~ **(of)** подрывать единство *(чего-л.)*
appeal for ~ призыв к единству
differences of opinion are not obstacle to ~ различия во взглядах не являются препятствием для единства
display ~ демонстрация единства
manifestation of ~ демонстрация единства
moral and political ~ **of the people** морально-политическое единство народа
protestations of ~ заверения о единстве
re-establishment/restoration of the ~ **of** *smth* восстановление единства *чего-л.*
show of ~ демонстрация единства
strengthening of ~ упрочение единства
the ~ **of the country is at stake** речь идет о целостности страны
universally *adv* во всем мире
universe *n* вселенная, мир, мироздание
university *n* университет
private ~ частный университет
state-run ~ государственный университет
state ~ университет штата
The United Nations U. (UNU) Университет ООН
to close down a ~ закрывать университет

unknown, the *n* неизвестность
a leap into the ~ прыжок в неизвестность
unleash *v* развязывать
unlivable *a* нежизнеспособный
unmanned *a* автоматический; беспилотный
unmarketable *a* не подходящий для рынка, не ходовой; неликвидный *(о фондах)*
unmask *v* срывать маску, разоблачать
unobligated *n* свободный от обязательств
unofficial *a* неофициальный
unpaid *n* неоплаченный
unpopular *a* непопулярный
politically ~ политически непопулярный
unpopularity *n* непопулярность
unprecedented *a* беспрецедентный, небывалый
unpreparedness *n* неподготовленность
unprincipled *a* беспринципный
unprincipledness *n* беспринципность
unprofitability *n* нерентабельность
unprofitable *a* невыгодный, неприбыльный, нерентабельный, убыточный
unprovoked *a* неспровоцированный
unpunished *a* безнаказанный
to go ~ оставаться безнаказанным
to leave *smb* ~ оставлять *кого-л.* безнаказанным
unratified *a* нератифицированный
unreliability *n* ненадежность, неблагонадежность
on the grounds of political ~ под предлогом политической неблагонадежности
unrepentant *a* нераскаивающийся
to be/to remain ~ упорствовать в своих заблуждениях; не раскаиваться в содеянном
un-Republican *a* нереспубликанский
unrest *n* 1. волнения, беспорядки 2. брожение, беспокойство
~ **among students** студенческие волнения
~ **among workers** волнения среди рабочих
~ **claimed 60 lives** в результате беспорядков погибло 60 человек
~ **continued to soil the occupied territories** на оккупированных территориях продолжались волнения
~ **flared up in some regions** беспорядки вспыхнули в некоторых областях
~ **has swept the country** беспорядки охватили страну
~ **is drawn out** беспорядки затянулись
~ **is escalating in intensity** беспорядки усиливаются
~ **is out of control** волнения вышли из-под контроля
~ **over the disputed territory** волнения из-за спорной территории
~ **spread to a new region** волнения распространились на еще одну область
~ **was gathering momentum** беспорядки нарастали
anti-government ~ антиправительственные беспорядки

bubbling ~ бурные волнения

campus ~ студенческие волнения

civil(ian) ~ беспорядки/волнения среди населения, народные волнения

continuing ~ продолжающиеся беспорядки

current ~ теперешние волнения

domestic ~ беспорядки внутри страны

ethnic ~ волнения на национальной почве

growing/increasing ~ нарастание беспорядков, нарастающие волнения

industrial ~ беспорядки/волнения среди рабочих

intercommunal ~ беспорядки/волнения на почве межобщинной розни

internal ~ внутренние беспорядки

labor ~ беспорядки/волнения среди рабочих

mass ~ массовые беспорядки

military ~ волнения в вооруженных силах

mounting ~ нарастание беспорядков, нарастающие волнения

nationalist ~ беспорядки на националистической почве, националистические волнения

political ~ политические беспорядки

pro-democracy ~ волнения в связи с выступлениями в защиту демократии

public ~ беспорядки/волнения среди населения, народные волнения

renewed ~ новая вспышка беспорядков

rightist-inspired ~ волнения, спровоцированные правыми

sectarian ~ беспорядки на почве межобщинной вражды

serious ~ серьезные беспорядки

social ~ общественные волнения, социальное брожение

student ~ волнения среди студентов

widespread ~ волнения во многих местах

to bring an end to the ~ положить конец беспорядкам

to cause ~ вызывать беспорядки

to contain the ~ сдерживать беспорядки

to counter ~ принимать меры для подавления волнений

to create ~ вызывать беспорядки

to curb ~ справляться с беспорядками

to dampen down industrial ~ приглушать беспорядки/волнения среди рабочих

to deal with ~ справляться с беспорядками

to defuse ~ разряжать обстановку, приведшую к беспорядкам

to exploit the ~ пользоваться беспорядками

to foment ~ подстрекать к беспорядкам

to halt ~ положить конец беспорядкам

to handle ~ справляться с беспорядками

to incite smb to/to instigate ~ подстрекать к беспорядкам, провоцировать беспорядки

to organize ~ организовывать беспорядки

to prevent ~ предотвращать беспорядки

to provoke ~ провоцировать беспорядки

to put down/to quell the ~ подавлять беспорядки

to resolve/to settle the ~ урегулировать конфликт, который вызвал волнения

to stifle ~ подавлять беспорядки

to stir up ~ организовывать беспорядки, подстрекать к беспорядкам

to subdue/to suppress ~ подавлять беспорядки

to trigger off ~ вызывать беспорядки

a day of widespread ~ день, когда произошли многочисленные беспорядки

bloody suppression of ~ кровавое подавление беспорядков

foreign powers are behind the ~ вдохновителями беспорядков являются иностранные державы

in continuing ~ в ходе продолжающихся беспорядков

outbreak of ~ вспышка беспорядков

price rises have sparked off mass ~ рост цен вызвал массовые беспорядки

renewed outbreaks of ~ новые вспышки беспорядков

ridden with ethnic ~ охваченный националистическими волнениями

the country has been hit by large-scale industrial ~ в стране проходят крупные забастовки

the country was hit by industrial ~ страну охватила серия забастовок

wave of ~ волна беспорядков

unsafeguarded a не поставленный под гарантии МАГАТЭ (о ядерных установках и т.п.)

unscathed a невредимый

to escape ~ оставаться невредимым (при покушении)

unscramble v развед. и воен. жарг. расшифровывать телефонный разговор

unseat v (smb) свергать/смещать/отстранять кого-л. от власти

unshakable a непоколебимый

unskilled a неквалифицированный

unsubstantiated a необоснованный

untaxed a не облагаемый налогом

untenability n несостоятельность

untenable a несостоятельный

untouchable n член индийской касты «неприкасаемых»; pl «неприкасаемые»

untrue a не соответствующий действительности

totally ~ совершенно не соответствующий действительности

untruth n неправда, ложь

flagrant ~ leveled against smb вопиющая ложь, направленная против кого-л.

unveil v раскрывать, разоблачать (планы и т.п.); опубликовывать, обнародовать

unverifiable a не поддающийся проверке

unwaged a безработный

unwise a неразумный

politically ~ политически неразумный

unyielding a упорный; несгибаемый

up *adv* вверх, наверх; наверху
  to be ~ подниматься в цене
update I *n* модернизация *(техники и т.п.)*; обновление *(данных)*
  news ~ последние известия/новости
  world ~ последние международные новости
update II *v (smth)* модернизировать; обновлять, дополнять новыми данными; сообщать последнюю информацию *(о чем-л.)*
  to ~ **weapons** совершенствовать оружие
upgrade I *n* **1.** подъем, улучшение; усовершенствование; повышение *(уровня)* **2.** модернизация
upgrade II *v* **1.** повышать *(качество, квалификацию, уровень)* **2.** модернизировать
upheaval *n* сдвиг, подъем; переворот
  major social and economic ~**s** крупные социально-экономические потрясения
  political ~ политический переворот
  social ~ социальное потрясение
  to cause ~ вызывать потрясения
uprising *n* восстание; бунт
  ~ **collapsed** восстание потерпело поражение
  ~ **has been crowned with success** восстание увенчалось успехом
  abortive ~ неудачное восстание
  anti-government ~ антиправительственное восстание
  armed ~ вооруженное восстание
  failed ~ неудавшееся восстание
  immediate ~ немедленное восстание
  large-scale ~ массовое восстание
  military ~ военный мятеж
  national ~ национальное восстание
  patriotic ~ восстание патриотических сил
  short-lived ~ непродолжительное восстание
  thirty months old ~ восстание, продолжающееся два с половиной года
  victorious ~ победоносное восстание
  to crush an ~ **with an iron fist** подавлять восстание железной рукой
  to drown an ~ **in blood** топить восстание в крови
  to expand an/to extend an ~ увеличивать размах восстания
  to join an ~ примыкать к восстанию
  to lead an ~ руководить восстанием
  to put down/to quell/to repress an ~ подавлять восстание
  to resolve an ~ урегулировать конфликт, который вызвал восстание
  to spark an ~ служить толчком к восстанию
  to stifle/to suppress an ~ подавлять восстание
  to sustain the momentum of the ~ поддерживать темп восстания
  incitement to an ~ подстрекательство к восстанию
  letup in the ~ временное прекращение восстания

participant in the ~ участник восстания
possibility of a negotiated end of the ~ возможность прекращения восстания в результате переговоров
start of an ~ начало восстания
suppression of an ~ подавление восстания
uproar *n* возмущение, волнение
  ~ **within a party's ranks** возмущение среди членов партии
  to cause/to create ~ вызывать шум/возмущение
upsurge *n* подъем, рост, повышение
  ~ **in the draft** усиление призыва в армию
  ~ **in violence** усиление насилия
  ~ **of ethnic unrest** усиление волнений на этнической почве
  ~ **of fighting** усиление боев
  ~ **of political activity** подъем политической активности
  ~ **of the national-liberation movement** подъем национально-освободительного движения
  industrial ~ промышленный подъем
  national liberation ~ подъем национально-освободительного движения
  patriotic ~ патриотический подъем
  postwar ~ послевоенный подъем
  powerful ~ мощное восстание
  right-wing ~ усиление позиций правых партий
  to combat the ~ **of feelings (among** *smb)* бороться с волнениями, вспыхнувшими *(среди кого-л.)*
upswing *n* (внезапный) подъем; повышение *(цен);* тенденция к оживлению *(торговли)*
  ~ **of the national-liberation movement** подъем национально-освободительного движения
  economic ~ экономический подъем
  nationwide ~ общенациональный подъем
  powerful ~ мощный подъем
up-to-date *a* современный, передовой
  to bring *smb* ~ сообщать *кому-л.* последние новости; вводить *кого-л.* в курс дела
  to keep *smb* ~ держать *кого-л.* в курсе последних событий
uptrend *n* тенденция к повышению
upturn *n* подъем, полоса активного подъема
  ~ **in the industry** сдвиг к лучшему в данной отрасли промышленности
  economic ~ начало экономического подъема
uranium *n* уран
  enriched ~ обогащенный уран *(сырье для атомных бомб)*
  to obtain ~ **for a nuclear weapons program** получать уран для программы создания ядерного оружия
urban *a* городской
urbanism *n* урбанизм
urbanization *n* урбанизация
  problems attending rapid ~ проблемы, сопутствующие быстрой урбанизации
  unbalanced ~ несбалансированная урбанизация

to check ~ сдерживать урбанизацию

to regulate ~ регулировать урбанизацию

to stop ~ останавливать процесс урбанизации

urbanize *v* урбанизировать; преобразовывать сельский район в город

urge *v* убеждать, настоятельно просить; подгонять

to ~ *smb* to do *smth* настоятельно просить/призывать *кого-л.* сделать *что-л.*

to ~ vigorously самым настоятельным образом предлагать/призывать/настаивать

urgency *n* срочность; крайняя необходимость

extra ~ сверхсрочность

to add ~ to *smth* торопить *что-л.*

urgent *a* 1. срочный; неотложный; крайне необходимый 2. «срочно»; «спешно» *(пометка на корреспонденции)*

urging *n* настояние

to act under the ~ of *smb* действовать по чьему-л. настоянию

urn *n* избирательная урна

usage *n* обычай

~ of trade торговый обычай

commercial/trade ~ торговый обычай

war ~ *юр.* обычай войны

use *n* употребление; использование; применение; деловая практика

~ of force применение силы

~ of outer space for peaceful purposes использование космического пространства в мирных целях

authorized ~ санкционированное применение

battlefield ~ использование на поле боя; тактическое использование

beneficial ~ выгодное использование; полезное применение

commercial ~ коммерческое использование

drug ~ потребление наркотиков

final ~ конечное потребление/ использование

first ~ использование ядерного оружия первым

hostile ~ использование врагом/во враждебных целях

industrial ~ промышленное использование

land ~ землепользование

legitimate ~ законное/правомерное применение

military ~ военное применение/использование

multiple ~ многократное использование

multipurpose ~s многоцелевое использование

power ~ потребление электроэнергии

rational ~ рациональное использование

thrifty ~ экономное использование

ultimate ~ конечное потребление/использование

unauthorized ~ несанкционированное применение

uncontrolled ~ бесконтрольное использование

to authorize the ~ of force санкционировать применение силы

to back away from the ~ of force отказываться от применения силы

to make effective ~ of *smth* эффективно использовать *что-л.*

to make full ~ of *smth* использовать *что-л.* в полной мере

to make maximum ~ of *smth* максимально использовать *что-л.*

to renounce the ~ or threat of ~ of nuclear weapons отказываться от применения или угрозы применения ядерного оружия

to resort to the ~ of force прибегать к применению силы

to sanction the ~ of force санкционировать применение силы

indiscriminate ~ of natural resources беспорядочное/неосмотрительное использование природных ресурсов

indiscriminate ~ of technology беспорядочное/неосмотрительное использование техники/технических достижений

large-scale ~ of nuclear energy широкомасштабное использование ядерной энергии

peaceful ~s of atomic energy мирное использование атомной энергии, использование атомной энергии в мирных целях

useless *a* бесполезный

strategically ~ бесполезный в стратегическом отношении

user *n* пользователь; потребитель

computer ~ компьютерный пользователь

industrial ~ промышленный потребитель

potential ~ потенциальный потребитель/ пользователь

rail ~ пассажир железных дорог

would-be ~ потенциальный потребитель/ пользователь

usurer *n* ростовщик

usurp *v* узурпировать

usurpation *n* узурпация

usurper *n* узурпатор

usury *n* ростовщичество

utilitarian *a* утилитарный

utilitarianism *n* *филос.* утилитаризм

utility *n* 1. полезность; выгодность; рентабельность 2. *pl* коммунальные предприятия/услуги/службы

marginal ~ предельная полезность

military ~ военное применение

public ~s коммунальные службы/услуги

water ~s коммунальное водоснабжение

utilization *n* использование; применение; утилизация

~ of industrial skills использование промышленного (практического) опыта

~ of resources использование ресурсов

~ of water resources использование водных ресурсов

capital ~ использование основного капитала

efficient ~ эффективное использование

energy ~ использование энергии
full ~ полное использование
labor ~ использование рабочей силы
land ~ использование земельных ресурсов
manpower ~ использование рабочей силы
rational ~ рациональное использование
waste ~ использование отходов
water ~ использование водных ресурсов
Utopia *n филос.* утопия
egalitarian ~ эгалитарная/уравнительная утопия
Utopian I *n филос.* утопист
Utopian II *a филос.* утопический
Utopianism *филос.* утопизм
socialist ~ социалистический утопизм
utopism *n* утопизм
utterance *n* высказывание, заявление
public ~ публичное заявление
U-turn поворот на 180° *(в политике и т.п.)*
sudden ~ неожиданный поворот на 180°
to do a ~ делать поворот на 180°
to go into a ~ начинать радикальную смену политического курса

V

vacanc/y *n* вакансия, незанятая/вакантная должность
job ~ies свободные/вакантные рабочие места, вакансии
unfilled ~ незаполненная вакансия, вакантная должность
to announce a ~ объявлять конкурс на замещение вакантной должности
to be included in the ~ быть включенным в список кандидатов на пост
occurrence of the ~ открытие вакансии
vacate *v* **1.** освобождать *(место, должность)*; покидать **2.** отменять, аннулировать
vacation *n* отпуск, каникулы
paid ~ оплачиваемый отпуск
vacillate *v* колебаться, проявлять нерешительность
to ~ between war and place колебаться между войной и миром
vacillation *a* колебание, непостоянство; нерешительность; шатание
ideological ~ идейные шатания
nationalistic ~ националистические шатания
vacuum *n* **1.** вакуум *(напр. политический)* **2.** пробел
economic ~ экономический вакуум
military power ~ вакуум военной силы
political ~ политический вакуум
power ~ вакуум власти, безвластие
to cause a power ~ приводить к безвластию
to create a ~ создавать вакуум *(политический и т.п.)*

to fill the ~ восполнять пробел; заполнять пустоту/вакуум
to fill ~ created by *smth* заполнять вакуум, возникший благодаря *чему-л.*
to fill the power ~ заполнять вакуум, возникший в результате безвластия
to leave a power ~ somewhere оставлять вакуум власти *где-л.*
vagrancy *n* бродяжничество
valedictory I *n* прощальная речь; прощальное слово, напутствие
valedictory II *a* прощальный
valiant *a* доблестный
valid *a* **1.** действительный; имеющий/сохраняющий силу **2.** убедительный; надежный; эффективный
~ in law имеющий законную силу
to become ~ вступать в силу
to remain ~ сохранять силу
validate *v* **1.** придавать юридическую силу **2.** ратифицировать; утверждать **3.** подтверждать; поддерживать
validation *n* **1.** придание юридической силы **2.** ратификация; утверждение
validity *n* **1.** законность; справедливость; обоснованность, доказательность **2.** сила
~ of a treaty действенность договора
~ of a visa действенность/законная сила визы
~ of the charter юридическая сила/действенность устава
legal ~ юридическая сила
scientific ~ научная обоснованность
social ~ социальная обоснованность
to come into ~ вступать в силу
to extend/to prolong the ~ of the convention продлевать действие конвенции
to retain *one's* **~** оставаться/сохраняться в силе
valor *n* доблесть
valuable *a* ценный, дорогой, полезный
valuation *n* оценка; определение стоимости
~ at market prices определение стоимости по рыночным ценам
assessed ~ оценочная стоимость
value I *n* **1.** стоимость **2.** ценность; важность; значение; величина
~ in use потребительская стоимость
~ of commodity стоимость товара
~ of currency стоимость валюты
~ of exports стоимость экспорта
~ of gold стоимость золота
~ of imports стоимость импорта
~ of labor/manpower стоимость рабочей силы
~ of money стоимость денег
absolute surplus ~ абсолютная прибавочная стоимость
actual ~ *эк.* действительная стоимость; фактическая значимость; фактический показатель
aggregate ~ *эк.* совокупная стоимость
annual ~ годовая стоимость

average ~ средняя стоимость
basic ~ основная стоимость
commercial ~ рыночная стоимость
cultural ~ культурные ценности
current ~s существующие цены/стоимостные показатели
daily ~ суточная стоимость
democratic ~s демократические ценности
economic ~ экономическая ценность
effective ~s эффективные значения
exact ~ точное значение
exchange ~ *эк.* обменная стоимость
experimental ~ экспериментальное значение
extra surplus ~ избыточная прибавочная стоимость
fundamental ~s основные/существенные ценности
genuine ~s подлинные ценности
human ~s человеческие ценности
inestimable ~s бесценное/неоценимое значение
intellectual ~s духовные ценности
marginal ~ предельная стоимость
market ~ рыночная стоимость
material ~s материальные блага/ценности
money ~ денежная оценка, оценка в денежном выражении
moral ~s нравственные ценности
nominal ~ номинальная стоимость/цена
optimal ~ оптимальное значение
original ~ первоначальная стоимость
present ~s существующие цены/стоимостные показатели
relative surplus ~ относительная прибавочная стоимость
questionable ~ сомнительная ценность
sale ~ продажная стоимость
share ~ стоимость акций
spiritual ~s духовные ценности
street ~ цена на черном рынке
surplus ~ *эк.* прибавочная стоимость
total ~ 1) общая стоимость 2) суммарное значение
traditional ~s традиционные ценности
unit ~ индекс стоимости единицы *(товара)*
universal ~s общечеловеческие ценности
use ~ потребительская стоимость
to adopt universal intellectual ~s приобщаться к интеллектуальным ценностям человечества
to assimilate spiritual ~ осваивать духовные ценности
to bring the dollar's ~ **down** понижать курс доллара
to cherish spiritual ~s дорожить духовными ценностями
to create ~ создавать стоимость
to determine the ~ определять ценность/стоимость
to encourage national cultural ~s поощрять развитие национальных культурных ценностей

to keep the pound's ~ **down** сохранять низкий курс фунта стерлингов
to preserve the ~ сохранять стоимость
to produce material ~s производить материальные блага
to put much ~ **upon** *smth* высоко ценить *что-л.*
to sacrifice *one's* ~s **or principles** поступаться своими моральными ценностями или принципами
to take *smth* **at face** ~ принимать *что-л.* за чистую монету
to wipe some serious money off shares' ~ приводить к резкому падению курса акций
commitment to democratic ~s верность демократическим ценностям
dramatic rise in the ~ **of the yen** резкое повышение стоимости иены
in terms of dollar ~ в долларах
law of ~ законы стоимости
maintaining the ~ **of the dollar** поддержание курса доллара
measure of ~ мера стоимости
plunge in ~ резкое падение курса *(акций)*
sharp rises of the dollar ~ резкие повышения курса доллара
the dollar ~ **has continued its downward spiral** курс доллара продолжает падать
the pound ~ **fell by two cents against the dollar** курс фунта упал на два цента по отношению к курсу доллара
value II *v* **1.** оценивать **2.** ценить *(что-л.)*, дорожить *(чем-л.)*
van *n* **1.** авангард, передовой отряд; ведущее звено; руководство *(от* **vanguard**) **2.** фургон
police ~ полицейский автофургон
vandal *n* вандал
vandalism *n* вандализм
act of ~ акт вандализма
vanguard *n* авангард; передовой отряд; ведущее звено; руководство
~ **of the movement** авангард движения
militant ~ боевой авангард
political ~ политический авангард
to be/to lead the ~ быть впереди/в авангарде
vanquish *v* побеждать, покорять
to ~ **the enemy** разбивать/побеждать врага
variability *n* изменчивость, непостоянство
price ~ изменчивость цен
total ~ *эк.* общая изменчивость
variable I *n* переменная величина; показатель, фактор
economic ~ экономический показатель
planning ~ планируемый показатель
psychological ~ психологический фактор
socio-economic ~ социально-экономический фактор
social ~ социальный фактор
variable II *a* переменный, изменчивый
variant *n* вариант
variation *n* изменение; колебание; вариант; отклонение

cost ~s колебания стоимостных показателей
daily ~s суточные колебания
hourly ~s часовые колебания
local ~s локальные изменения
total ~ полное изменение
weekly ~s недельные колебания
variety *n* разнообразие; расхождение; разновидность; ряд
   ~ of measures разнообразие мер
vassal I *n* вассал; зависимая страна; вассальное государство
   financial ~ финансовый вассал
   military ~ военный вассал
vassal II *attr* вассальный; подчиненный; рабский; зависимый *(о стране)*
vassalage *n* вассальная зависимость
veep *n жарг.* (*от* **VP – vice president**) вице-президент
veep-hunt *n жарг.* поиски кандидатуры на пост вице-президента
vehicle *n* 1. транспортное средство 2. средство *(распространения чего-л.)*
   delivery ~ *воен. жарг.* «средство доставки» *(ядерного оружия к цели – ракета, бомбардировщик)*
   launch ~ ракета-носитель
   military ~ военный грузовик
   missile ~ ракетоносец
   reentry ~ *воен. жарг.* «средство вхождения» *(боеголовка ракеты, входящая в атмосферу)*
   rocket ~ ракетоносец
   space ~ космический корабль
   tax-avoidance ~ средство избежать уплаты налога
   to dynamite a ~ взрывать автомашину динамитом
   to hurl stones at police ~ забрасывать камнями полицейские автомашины
   to set a ~ alight/on fire поджигать автомашину
veil *n* вуаль, завеса
   to draw a ~ of secrecy over *smth* окружать *что-л.* завесой секретности
vein *n* склонность; настроение
   in a critical ~ в критическом духе
venal *a* продажный; корыстный; коррумпированный
venality *n* продажность; коррупция
vendetta *n* вендетта, кровная месть
   to pursue a ~ осуществлять кровную месть
vender *n* продавец, торговец
   military ~ торговец оружием
vendible *a* продажный, подкупленный
vendor *n* продавец, торговец
vengeance *n* месть; возмездие
venture *n* предприятие
   industrial joint ~ промышленное совместное предприятие
   joint ~ совместное предприятие
   joint marketing ~ совместное предприятие по маркетингу

political ~ 1) политическое предприятие 2) рискованный политический шаг/ход
   to invest in joint ~ вкладывать капитал в совместное предприятие
   to set up joint ~ with Russian enterprises организовывать совместное предприятие с российскими компаниями
   joint ~ with a foreign company совместное предприятие с участием иностранной фирмы
venturer *n* отважный предприниматель; авторитет
venue *n* место проведения
   ~ for demonstrations место проведения демонстраций
   ~ for the talks место проведения переговоров
   negotiating ~ место проведения переговоров
   neutral ~ место встречи в нейтральной стране
   in neutral ~s на нейтральной территории
verbatim *n* стенографический отчет; дословная передача
   to reprint *smth* **~** перепечатывать *что-л.* дословно/слово в слово
verdict *n* 1. суждение; заключение 2. приговор, вердикт
   ~ of guilty приговор/вердикт «виновен»
   ~ of not guilty приговор/вердикт «невиновен»
   ~ stands вердикт остается в силе
   guilty ~ приговор/вердикт «виновен»
   majority ~ решение большинства
   not guilty ~ приговор/вердикт «невиновен»
   popular ~ суд народа; мнение общественности
   unanimous ~ единодушный/единогласный вердикт/приговор *(присяжных)*
   to accept and respect the people's ~ принимать и уважать приговор народа
   to bring a ~ of guilty признавать виновным
   to bring a ~ not guilty признавать невиновным
   to consider *one's* **~** обдумывать свой приговор *(о присяжных)*
   to give/to return a ~ выносить приговор/вердикт *(о присяжных)*
   to pass a ~ of guilty on *smb* выносить обвинительный приговор *кому-л.*
   to pronounce a ~ *юр.* объявлять решение суда
   to reach a majority ~ of "lawful killing" принимать большинством голосов вердикт «законное убийство»
   to read out a ~ зачитывать вердикт жюри присяжных заседателей
verifiable *a* поддающийся проверке
verification *n* проверка
   ~ by national technical means инспекция национальными техническими средствами
   ~ of arms reduction контроль за сокращением вооружений

~ of compliance with on agreement контроль за соблюдением договора
adequate ~ надлежащий/соответствующий контроль
effective ~ эффективная проверка
experimental ~ экспериментальная проверка
general and complete ~ всеобщий и полный контроль
inadequate ~ недостаточная проверка
international ~ международный контроль
off-site ~ проверка вне объекта
on-site ~ проверка на местах
reliable ~ надежный контроль
treaty ~ проверка соблюдения договора
to be open to any kind of ~ быть открытым для любой проверки
to challenge ~ оспаривать результаты проверки
to ensure ~ обеспечивать проверку/контроль
to impede ~ затруднять проверку/контроль
to provide for ~ (of) обеспечивать проверку/контроль
adequate ~ of arms control соответствующая проверка контроля над вооружениями
measures of ~ меры контроля
verifier *n* контролер за соблюдением соглашения *или* условий ультиматума
unarmed ~ безоружный контролер за соблюдением соглашения *или* условий ультиматума
Verkhovna Rada Верховная Рада *(парламент Украины)*
verify *v* контролировать; проверять
version *n* вариант *(документа и т.п.)*
~ of the plan вариант плана
final ~ окончательный вариант
revised ~ исправленный/пересмотренный вариант
sanitized ~ подчищенная версия
according to the government ~ согласно правительственной версии
official ~ of *smth* официальная версия *чего-л.*
provisional ~ of a document предварительный вариант документа
smb's **~ of events** *чья-л.* версия событий
the government's ~ of events is far from accurate версия о событиях, отстаиваемая правительством, отнюдь не точна
versus *prep лат.* против; в противовес; в сравнении с
vessel *n* судно; корабль
~ flying the American flag судно под американским флагом
British-registered ~ судно под британским флагом
coast-guard ~ судно береговой охраны
fisheries protecting ~ судно охраны рыбной зоны
merchant ~ торговое судно
patrol ~ патрульное судно
South Korean-flagged merchant ~ торговое судно под южнокорейским флагом

war ~ военный корабль
to harass fishing ~ задерживать рыболовные суда
to reflag a ~ менять флаг на судне
to search a ~ обыскивать судно
to set a ~ ablaze поджигать судно
seizure of a ~ захват судна
vest I *n* жилет
bullet-proof ~ бронежилет
vest II *v* **1.** облекать *(властью)*, наделять *(правом)* **2.** возлагать *(обязанности, ответственность)* **3.** помещать капитал
vestige *n* остаток; пережиток
~ of the cold war пережитки холодной войны
~ of the past пережитки прошлого
devoid of a ~ лишенный пережитков
vet *v (smb)* испытывать, оценивать, проверять *(кандидата на должность и т.п.)*
veteran *n* ветеран
Veterans Against Nuclear Armaments (VANA) «Ветераны против ядерного вооружения» *(канадская организация ветеранов второй мировой войны)*
~ of the World War II ветеран/участник Второй мировой войны
~ with service-related disabilities ветераны, ставшие инвалидами в результате военной службы
disabled war ~ инвалид войны
war ~ ветеран войны
veto I *n* вето, запрещение; запрет; право вето
absolute ~ *юр.* абсолютное вето
item ~ вето по пунктам
last-minute ~ вето, наложенное в последний момент
one house legislative ~ *полит.жарг.* право каждой палаты конгресса наложить вето на предложение президента
pocket ~ «карманное вето» *(наложение вето на законопроект, состоящее в том, что президент 10 дней держит у себя законопроект, не подписывая и не отвергая его с помощью обычного вето; если Конгресс в это время заседает, то законопроект считается принятым; если Конгресс не заседает, законопроект считается отвергнутым)*
President's/presidential ~ президентское вето
suspensive/suspensory ~ отлагательное вето *(президента)*
triple ~ тройное вето
to adopt the power of ~ принимать резолюцию о введении права вето
to apply a ~ применять право вето
to block the President's ~ блокировать президентское вето
to cast *one's* **~** использовать свое право вето, накладывать вето
to cast a ~ on a resolution накладывать вето на проект решения
to defy *smb's* **~** отклонять чье-л. вето

to drop *one's* ~ отказываться от своего вето
to exercise *one's* ~ пользоваться своим правом вето
to exercise the right of ~ использовать право вето
to get *smth* **past a** ~ преодолевать вето, наложенное на *что-л.*
to give *smb* **the power of** ~ **over** *smth* предоставлять *кому-л.* право вето в отношении *чего-л.*
to have the right of ~ иметь право (налагать) вето
to impose a ~ **on** *smth* накладывать вето на *что-л.*
to override/to overrule/to overturn/to reject *smb's* ~ отклонять/преодолевать *чье-л.* вето
to place/to put a ~ **on** *smth* накладывать вето на *что-л.*
to register a ~ **against** *smth* накладывать вето на *что-л.*
to resort to the ~ прибегать к вето
to set a ~ **on/upon** *smth* налагать вето на *что-л.*
to sustain the President's ~ сохранять вето, наложенное президентом
to uphold a ~ поддерживать вето
to use a ~ использовать свое право вето
power of ~ **over** *smth* право налагать вето на *что-л.*
right of ~ право вето
President's ~ **stands** вето, наложенное президентом, остается в силе
veto II *(smth)* *v* налагать вето; запрещать
vetting *n* проверка, исследование
positive ~ проверка соответствия кандидата на должность
security ~ проверка благонадежности
viability *n* жизнеспособность; эффективность
~ **of a treaty** жизнеспособность договора
viable *a* жизнеспособный
commercially ~ коммерчески жизнеспособный
economically ~ экономический жизнеспособный
vice *n* порок
vice-admiral *n* вице-адмирал
vice-chair(man) *n* заместитель председателя, вице-председатель
vice-chairperson *n* вице-председатель *(часто женщина)*
vice-chancellor *n* вице-канцлер
vice-consul *n* вице-консул
vice-governor *n* вице-губернатор
vice-president *n* **1.** вице-президент, заместитель президента **2.** заместитель председателя
current ~ теперешний вице-президент
to institute a ~ учреждать должность вице-президента
to run for ~ баллотироваться на пост вице-президента
to stand as ~ баллотироваться на выборах в качестве кандидата на пост вице-президента

viceroy вице-король
vicious *a* порочный; злобный; злой; ошибочный *(о взглядах и т.п.)*
victim *n* жертва
~ **of aggression** жертва агрессии
~ **of a conspiracy** жертва заговора
~**s of fascism** жертвы фашизма
~ **of hatred** жертва ненависти
~ **of political machinations** жертва политических махинаций
~**s of war** жертвы войны
earthquake ~ жертва землетрясения
flood ~ жертва наводнения
innocent ~ невинная жертва
tsunami ~**s** жертвы цунами
to die/to fall a ~ **to** *smth/smb* стать жертвой *чего-л./кого-л.*
to help the ~**s of the earthquake** помогать жертвам землетрясения
to offer the ~**s compensation** предлагать жертвам компенсацию
to pay tribute to ~**s of repressions** почтить память жертв репрессий
to put the ~ **and the aggressor on the same level** не делать различия между агрессором и жертвой агрессии
victimization *n* преследования, репрессии
victimize *v* мучить; преследовать; делать жертвой *(насилия и т.п.)*
victor *n* победитель
clear ~ явный победитель
runaway ~ человек, одержавший убедительную победу на выборах
total ~ одержавший полную победу
to emerge the ~ выходить победителем
victorious *a* победоносный
to come out ~ выходить победителем
victory *n* победа
~ **for** *smb* чья-л. победа
~ **goes to** *smb* победа досталась *кому-л.*
~ **in battle** победа в бою
~ **in elections** победа на выборах
~ **over** *smb* победа над *кем-л.*
~ **over** *smb* **is now close at hand** победа над *кем-л.* теперь близка
~ **was assured** победа была обеспечена
~ **was short-lived** победа была недолговечной
allied ~ победа союзных войск
big ~ крупная/большая победа
clear-cut ~ явная победа
comfortable ~ убедительная победа
complete ~ полная победа
convincing/crushing ~ убедительная победа
decisive ~ решительная победа
electoral ~ победа на выборах
emphatic ~ убедительная победа
epoch-making ~ эпохальная победа
facile ~ легкая победа
final ~ окончательная победа
firm ~ убедительная победа
flashy ~ эффектная победа

glorious ~ славная победа

guerilla ~ победа партизан

handsome ~ красивая победа

historic ~ историческая победа

hollow ~ for *smb* бесплодная победа для *кого-л.*

ideological ~ идейная победа

landslide ~ полная победа; победа подавляющим большинством голосов

major ~ важная победа

military ~ over *smb* военная победа над *кем-л.*

moral ~ моральная победа

narrow ~ победа незначительным большинством голосов; победа с небольшим перевесом

overwhelming ~ полная победа; победа подавляющим большинством голосов

political ~ политическая победа

pyrrhic ~ пиррова победа

resounding ~ убедительная победа

rightful ~ законная победа

sweeping ~ убедительная победа

swift ~ быстрая/скорая победа

to achieve a ~ over *smb* добиваться победы над *кем-л.*; одерживать победу над *кем-л.*

to acknowledge the ~ признавать победу

to attain a ~ завоёвывать победу

to attribute *smb's* ~ to *smth* объяснять чью-л. победу чем-л.

to be committed to the ~ of *smb* делать ставку на *чью-л.* победу

to be heading/to be on course for/to a landslide ~ идти к убедительной победе *(на выборах)*

to bring *smb* ~ приносить *кому-л.* победу

to celebrate the ~ торжествовать победу

to claim ~ объявлять/заявлять о своей победе *(на выборах и т.п.)*

to cluck/to cry over *smb's* ~ трубить о *чьей-л.* победе

to come out with a ~ одерживать победу

to concede ~ to *smb* признавать *чью-л.* победу

to consolidate *one's* ~ закреплять свою победу

to declare ~ объявлять о своей победе

to ensure ~ обеспечивать победу

to fight until final ~ has been achieved бороться до победного конца

to gain a ~ побеждать; одерживать победу

to give *smb* an emphatic ~ позволять *кому-л.* одержать убедительную победу

to have an easy ~ over *smb* легко побеждать *кого-л.*

to head for/towards ~ идти к победе

to lead a country to ~ вести страну к победе

to lead to ~ приводить к победе

to legitimize a ~ узаконивать победу

to notch a ~ одерживать победу

to orchestrate a ~ организовывать победу

to predict a ~ предсказывать победу

to proclaim a ~ провозглашать победу

to pull off ~ одерживать победу

to reap the benefits/fruits of the ~ пожинать плоды победы

to remain confident of ~ продолжать оставаться уверенным в победе

to score a ~ over *smb* одерживать победу над *кем-л.*

to secure a ~ одерживать победу

to seek ~ добиваться победы

to strive for ~ стремиться к победе

to support *smb* towards electoral ~ поддерживать *кого-л.* в достижении победы на выборах

to sweep *smb* to ~ приводить *кого-л.* к победе значительным большинством голосов

to sweep the ~ одерживать убедительную победу

to take a hat-trick of election ~ одерживать три победы подряд на выборах

to translate a military ~ into a political one превращать военную победу в политическую

to trumpet *smth* a great ~ раструбить о чём-л. как о великой победе

to win a ~ побеждать, одерживать победу

architect of the ~ один из тех, кто обеспечивает победу

catalyst for *smb's* ~ средство ускорить *чью-л.* победу

he is 11.000 votes short of ~ до победы ему не хватает 11.000 голосов

he's headed for a crushing/massive ~ он идёт к убедительной победе

the margin of the ~ was small победа была с небольшим перевесом

the odds favor a ~ for *smb* больше шансов на победу у *кого-л.*

Vietnamese I *n* вьетнамец

Vietnamese II *a* вьетнамский

vietnamization *n* «вьетнамизация» *(превращение конфликта в очередной Вьетнам для США)*

vietnik *n ист. разг.* противник войны во Вьетнаме

vietvet *n разг.* ветеран войны во Вьетнаме

view I *n* взгляд, мнение, суждение; точка зрения

~ of things взгляд на вещи

~s on topical international problems мнения по актуальным международным проблемам

accepted ~ общепринятая точка зрения

aesthetic ~s эстетические взгляды

alien ~s чуждые взгляды

backward ~s отсталые взгляды

cautiously optimistic ~ выражение осторожного оптимизма

conflicting ~s противоречия во взглядах

consensus ~ единодушное мнение

conservative ~s консервативные взгляды

controversial ~s противоположные взгляды

critical ~ критический взгляд
defeatist ~s пораженческие взгляды
democratic ~s демократические взгляды
depressing ~ мрачное представление
different ~s различные взгляды
dissenting ~ инакомыслие
divergent ~s различные мнения; расхождение во взглядах
eclectic ~s эклектические взгляды
erroneous ~s ошибочные взгляды
evolutionistic ~s эволюционистские взгляды
expert ~ заключение эксперта
extreme ~s крайние политические взгляды
extremist ~s экстремальные взгляды
healthy ~s здоровые взгляды
heretical ~s еретические взгляды
idealistic ~s идеалистические взгляды
ideological ~s идеологический багаж; идейные взгляды
independent ~ независимый взгляд
leftist ~s левацкие взгляды
left-wing ~s левые взгляды
liberal bourgeois ~s либерально-буржуазные взгляды
mainstream ~ преобладающие/господствующие взгляды
mixed ~s противоречивые взгляды
nationalistic ~s националистические взгляды
old ~s устаревшие/старые взгляды
opposing ~s противоречия
opposite ~s противоположные взгляды
optimistic ~ оптимистическое мнение
orthodox ~ общепринятое мнение
pessimistic ~ пессимистическое мнение
philosophical ~s философские взгляды
political ~s политические взгляды
positivistic ~s позитивистские взгляды
predominant ~ преобладающее мнение
progressive ~s прогрессивные взгляды
progressive social ~s передовые общественные взгляды
radical ~s радикальные взгляды
reactionary ~s реакционные взгляды
religions ~s религиозные взгляды/убеждения
retrospective ~ ретроспектива, ретроспективный взгляд
scientific ~s научные взгляды
scientific ~ of the world научное мировоззрение
sensible/sober ~ трезвый взгляд
social ~ общественное мнение
strong political ~s твердые политические взгляды
traditional ~ традиционное воззрение
to abandon one's ~ отказываться от своего мнения
to acquaint oneself with the ~ of smb знакомится с точкой зрения кого-л.
to air one's ~s on television излагать свои взгляды по телевидению

to arrive at a common ~ приходить к единому мнению
to be contrary to smb's ~s противоречить чьим-л. взглядам
to be moderate in one's ~s придерживаться умеренных взглядов
to be of the ~ считать, полагать
to color smb's ~ of smth характеризовать чью-л. точку зрения на ...
to counter a ~ опровергать мнение
to depart from one's ~s отступать от своих взглядов
to disseminate ~ распространять точку зрения
to elicit smb's ~ on smth выяснять чье-л. мнение о чем-л.
to endorse the ~ of smb поддерживать чью-л. точку зрения
to enlarge on one's ~s подробно излагать свои взгляды
to exchange ~s обмениваться мнениями
to explore the ~s of smb выяснять чьи-л. взгляды
to express the ~ выражать мнение/точку зрения
to form a clear ~ of the facts составлять ясное представление о фактах
to formulate/to give ~s on smth формулировать/высказывать/излагать взгляды на что-л.
to go towards meeting smb's ~ пойти навстречу чьему-л. мнению
to harmonize ~s согласовывать позиции
to have very liberal ~s обладать передовыми взглядами
to hold different ~s in politics придерживаться различных политических взглядов
to investigate smb's political ~s расследовать чьи-л. политические взгляды
to keep in ~ учитывать
to listen to minority ~s прислушиваться к мнению меньшинства
to make smb more flexible in their ~s добиваться большей гибкости с чьей-л. стороны
to meet someone's ~s идти навстречу чьим-л. взглядам
to mould political ~s формировать политические взгляды
to present one's ~ высказывать свое мнение
to present smb's point of ~ представлять чью-л. точку зрения
to publicize one's ~s рекламировать свои взгляды
to put forward ~s on smth формулировать/высказывать/излагать взгляды на что-л.
to put one's ~ **across** пояснять свое мнение
to reach a ~ приходить к мнению
to reassess one's ~ of smb пересматривать свое мнение о ком-л.
to reconcile majority and minority ~s согласовывать точки зрения большинства и меньшинства

to **reflect** ~s отражать взгляды/точки зрения

to **reinforce the widely held** ~ **that** ... подтверждать широко распространенное мнение о том, что ...

to **revise** *one's* ~s пересматривать свои взгляды

to **share the** ~s **on** *smth* разделять взгляды на *что-л.*

to **side with the consensus** ~ присоединяться к общему мнению

to **state** *one's* ~s **on** *smth* формулировать/высказывать/излагать взгляды на *что-л.*

to **take a correct** ~ **of** *smth* правильно оценивать *что-л.*

to **take a critical** ~ **of** относиться критически к *чему-л.*

to **take a different** ~ придерживаться иного мнения/взгляда

to **take a global** ~ рассматривать мир в целом

to **take a more flexible** ~ **of** *smth* занимать более гибкую позицию в отношении *чего-л.*

to **take conflicting points of** ~ придерживаться противоположных точек зрения

to **uphold the** ~ придерживаться взгляда

to **voice** *one's* **opposing** ~s высказывать оппозиционные взгляды

broad spectrum of ~s широкий спектр взглядов

clash of ~s столкновение мнений

community of ~s единство взглядов

constructive exchange of ~s конструктивный обмен мнениями

delegations subscribing to the ~ **in paragraph 1** делегации, поддерживающие/разделяющие мнения/точки зрения, изложенные в пункте 1

difference of ~s расхождение во взглядах

exchange of ~s обмен мнениями

fallacy of a point of ~ несостоятельность позиции

identity of ~s совпадение взглядов

spirited defense of *one's* ~ энергичная защита своего мнения

tolerance of divergent political ~s терпимость к политическим взглядам инакомыслящих

unanimity/unity of ~s единство взглядов

view II *v* обозревать; рассматривать; считать

to ~ *smth* **in isolation from** *smth* рассматривать *что-л.* изолированно от *чего-л.*

viewer *n* зритель; телезритель

television/TV ~ телезритель

to **keep** ~ **abreast** держать зрителя в курсе событий

viewpoint *n* точка зрения

confrontation of ~s столкновение взглядов/точек зрения

vigil *n* вахта, дежурство; пикетирование *(посольства и т.п.)*

night ~ ночное бдение

peace ~ вахта мира

to **hold a 24-hour** ~ **outside the Home Office** проводить круглосуточную демонстрацию протеста у здания Министерства внутренних дел Великобритании

to **keep a** ~ дежурить у *какого-л.* здания

to **stage a** ~ организовывать круглосуточное дежурство/пикетирование

vigilance *n* бдительность

constant ~ постоянная бдительность

to **display** ~ **with regard to** проявлять бдительность в отношении *чего-л.*

to **dull/to lull** ~ усыплять/притуплять бдительность

to **maintain/to preserve** ~ сохранять бдительность

to **show** ~ проявлять бдительность

relaxation of ~ ослабление бдительности

vigilant *a* бдительный; неусыпный

to **be** ~ **against** *smth* быть бдительным в отношении *чего-л.*

to **be extra** ~ проявлять особую бдительность

vigilante *n* виджиланте *(член неофициально созданной организации по борьбе с преступностью несанкционированными методами)*

vigorously *adv* решительно *(о действиях)*

vilification *n* очернение, поношение, обливание грязью; диффамация

vilifier *n* клеветник, очернитель; диффаматор

vilify *v* чернить, клеветать, обливать грязью, поносить *(кого-л.)*

village *n* деревня

to **wipe out a** ~ стирать деревню с лица земли

we live in a global ~ все мы живем на одной планете

vindicate *v* оправдывать; реабилитировать

to ~ *smb* **completely** полностью реабилитировать *кого-л.*

vindication *n* 1. доказательство 2. защита 3. оправдание; реабилитация

vindicator *n* защитник, поборник

vindictive *a* мстительный; карательный

violate *v* 1. нарушать *(договор, закон и т.п.)* 2. осквернять 3. попирать; вторгаться, врываться

violation *n* 1. нарушение *(договора, соглашения и т.п.)* 2. применение силы, насилие

~ **of a convention** нарушение конвенции/соглашения

~ **of a country's airspace** нарушение воздушного пространства страны

~ **of a treaty** нарушение договора

~ **of church sanctity** нарушение неприкосновенности церкви

~ **of discipline** нарушение дисциплины

~ **of human rights** нарушение прав человека

~ **of international law** нарушение международного права

~ **of law** нарушение закона

~ of rights нарушение прав

~ of rules нарушение правил

~ of sovereignty and territorial integrity of a country нарушение суверенитета и территориальной целостности страны

~ of the border нарушение границы

~ of the constitution нарушение конституции

ABM (Anti-Ballistic Missile) ~ нарушение договора по ПРО

border ~ нарушение границы

cease-fire ~ нарушение соглашения о прекращении огня

clear ~ явное нарушение

conflict of interest ~ злоупотребление должностного лица своими полномочиями в частных интересах

crude ~ грубое нарушение

curfew ~ нарушение комендантского часа

direct ~ прямое нарушение *(устава и т.п.)*

flagrant ~ вопиющее нарушение

forceful ~ насильственное нарушение

further ~ повторное нарушение

grave ~ серьезное нарушение

gross ~ грубое нарушение

human rights ~ нарушение прав человека

indirect ~ косвенное нарушение *(устава и т.п.)*

intentional ~ преднамеренное нарушение

massive human rights ~s массовые нарушения прав человека

repeated ~s неоднократные нарушения

unprecedented ~ беспрецедентное нарушение

widespread ~s многочисленные нарушения

to be in clear ~ of an agreement явно нарушать соглашение

to check on complaints of rights ~ проводить проверку на основании жалоб о нарушении прав

to commit ~ нарушать; совершать нарушения

to condemn the ~ осуждать нарушения

to condone ~ закрывать глаза на нарушения

to constitute a ~ представлять собой нарушение

to cut down on ~ уменьшать число нарушений

to discuss ~ in the open открыто обсуждать нарушения

to investigate ~ расследовать случаи нарушений

to monitor ~ следить за тем, чтобы соглашение *(и т.п.)* не нарушалось

to rectify alleged ~ уточнять предполагаемые нарушения

blatant ~ of the existing legislation вопиющее нарушение существующего законодательства

flood of human rights ~ огромное количество нарушений прав человека

in ~ of *smth* в нарушение *чего-л.*

in ~ of the law в нарушение закона

serious ~ of the charter of the United Nations серьезные нарушения Устава ООН

violator *n* нарушитель

human rights ~ нарушитель прав человека

would-be ~ потенциальный нарушитель *(договора и т.п.)*

to brand *smb* **as gross ~ of human rights** заклеймить *кого-л.* как грубо нарушающего права человека

violence *n* **1.** сила; ярость **2.** насилие; принуждение; произвол; вооруженное столкновение; ожесточенность

~ against human rights нарушение прав человека

~ blighted the nation for so many years насилие раздирало страну столько лет

~ broke out произошло столкновение

~ claimed 30 lives в ходе столкновений погибло 30 человек

~ continues unabated вооруженные стычки не утихают

~ erupted произошли вспышки насилия

~ escalates происходит эскалация насилия

~ flared in various parts of the country вспышки насилия возникли в разных частях страны

~ from the right насилие со стороны правых группировок/элементов

~ goes on unabated насилие не прекращается

~ has died down насилие прекратилось; столкновения прекратились

~ is growing by the day число столкновений увеличивается с каждым днем

~ is widespread вспышки насилия получили значительное распространение

~ of invective ожесточенные нападки

~ rises волна насилия поднимается

~ subsided столкновения утихли

actual ~ действительное применение насилия

alcohol-related ~ нападения в состоянии опьянения

antigovernment ~ антиправительственные выступления с применением насилия

armed ~ вооруженное насилие

challenged ~ спровоцированное насилие

communal ~ межобщинные вспышки насилия/стычки/столкновения

crime-related ~ насилие, связанное с преступностью

deadlocked ~ насилие, явившееся следствием тупика в отношениях

domestic ~ внутренние беспорядки с применением насилия

drugs-related ~ насилие, связанное с употреблением наркотиков

election-related ~ вспышки насилия, связанные с выборами

electoral ~ вспышки насилия в ходе выборов

ethnic ~ межэтнические/межнациональные столкновения

extremist ~ насилие со стороны экстремистов

factional ~ столкновения между враждующими группировками

gang ~ 1) групповое насилие 2) групповое изнасилование

gruesome ~ жуткое насилие

gun ~ насилие с применением огнестрельного оружия

intercommunal ~ насилие на межобщинной почве

interethnic ~ межэтнические стычки

massive ~ массовое насилие

mounting political ~ усиление насилия на политической почве

naked ~ открытое насилие

nationalist ~ столкновения на националистической основе

official ~ применение насилия полицией

organized ~ организованное насилие

paramilitary ~ насилие со стороны вооруженных формирований

personal ~ насилие над личностью

police ~ насилие со стороны полиции

politically motivated ~ насилие по политическим мотивам

pre-election ~ вспышки насилия накануне выборов

public ~ публичные насильственные действия

racial ~ расовые столкновения, столкновения на расовой почве

renewed ~ новые вспышки насилия

right wing ~ насилие со стороны правых

sectarian ~ стычки между членами разных религиозных общин

selective ~ выборочное применение насилия

senseless ~ бессмысленное насилие

separatist ~ выступления сепаратистов, сопровождающиеся вспышками насилия

sporadic ~ спорадические/отдельные вооруженные стычки/столкновения

street ~ насилие на улицах

student ~ столкновения студентов с полицией

terrorist ~ насилие террористов

tribal ~ межплеменные столкновения

widespread ~ многочисленные вспышки насилия, волна насилия

to advocate ~ выступать в защиту насилия

to answer ~ with ~ отвечать на насилие насилием

to appeal for an end to the ~ призывать/обращаться с призывом положить конец насилию

to attack an enemy with ~ ожесточенно нападать на противника/врага

to be at the heart of ethnic ~ находиться в самом центре межнациональных столкновений

to be involved in a ~ быть замешанным в столкновениях

to blame smb for the continued ~ обвинять кого-л. в продолжении насилия

to combat ~ бороться с насилием

to condone ~ попустительствовать насилию; закрывать глаза на насилие

to contain ~ сдерживать столкновения

to contemplate ~ замышлять насильственные действия

to curb ~ ограничивать насилие; сдерживать волну насилия

to curtail increased ~ by extremists обуздывать распространившиеся акты насилия со стороны экстремистов

to deal with ~ справляться с насилием

to decrease ~ уменьшать насилие

to defuse political ~ разряжать обстановку и уменьшать число вооруженных политических стычек

to die by ~ умирать насильственной смертью

to do ~ to smth грубо нарушать что-л.

to do ~ to truth извращать истину

to end ~ положить конец насилию; прекращать насилие

to engineer the ~ организовывать вспышки насилия

to fan the ~ разжигать насилие

to flee from the ~ бежать от погромов

to foment ~ подстрекать к насилию

to fuel ~ давать толчок насилию

to guard against ~ принимать меры на случай насилия

to halt ~ положить конец насилию; прекращать насилие

to handle smb with ~ применять к кому-л. физическое насилие

to head off any ~ предотвращать любое насилие

to incite ~ подстрекать к насилию

to instigate ~ against smb подстрекать к вооруженным выступлениям против кого-л.

to irradiate ~ искоренять насилие

to lead to further ~ влечь за собой дальнейшее столкновения

to lower the level of ~ сокращать применение насилия

to orchestrate the ~ организовывать вооруженные столкновения

to prevent ~ предотвращать столкновения

to protect from ~ ограждать от насилия

to provoke ~ провоцировать насилие

to provoke a wave of ~ вызывать волну насилия

to quell ~ положить конец насилию; прекращать насилие

to reduce ~ уменьшать число вспышек насилия

to refrain from ~ воздерживаться от насилия

to renounce ~ отказываться от применения насилия

to resort to ~ прибегать к насилию

to smother the propaganda of those advocating ~ препятствовать пропаганде тех, кто выступает за насилие

to spread ~ **across the country** распространять насилие по всей стране

to stamp out/to stem ~ положить конец насилию; прекращать насилие

to step up ~ обострять напряженность

to stop *smb* **escalating** ~ прекращать эскалацию насилия с *чьей-л.* стороны

to touch off a new wave of ethnic ~ служить толчком к новой волне насилия на этнической/национальной основе

to trigger off the ~ служить поводом к насилию

to use ~ применять силу/меры принуждения

to use ~ **as political tactics** применять силу в качестве политического средства/как политическое орудие

to use ~ **to break up a demonstration** разгонять демонстрацию силой

to use ~ **to extract confessions from prisoners** прибегать к насилию для того, чтобы вырвать признание у арестованных

a number of people were injured in the ~ в ходе столкновений ряд людей получили ранения

background for the ~ причины, приведшие к столкновениям

cessation of ~ прекращение насилия

continuing wave of ~ продолжение волны насилия

curb to ~ обуздание насилия

end to ~ прекращение актов насилия

escalation of the ~ эскалация/возрастание насилия

explosion of ~ вспышка насилия

high level of ~ высокий уровень насилия

incitement to ~ подстрекательство к насилию

mounting campaign of ~ усиление кампании насилия

mounting toll of ~ растущее число жертв насилия

on the brink of ~ на грани насилия

outbreak of/outburst of ~ вспышка насилия

pretext for ~ предлог для развязывания насилия

recourse to ~ обращение к насилию

renewal of ~ возобновление насилия

renunciation of ~ отказ от насилия

rising tide of ~ нарастающая волна насилия

several months free of ~ несколько месяцев без насилия

spate of ~ волна насилия

spiral of ~ рост насилия

stifle of ~ подавление насилия

surge in ~ всплеск насилия

suspension of ~ прекращение насилия

the day was marred by ~ день был омрачен вспышками насилия

upsurge of ~ рост/новая волна/вспышка насилия

use of ~ **for political reasons** использование насилия в политических целях

wave of ~ волна насилия

week of ~ неделя столкновений

violent *n* 1. сильный, яростный 2. насильственный

virtue *n* 1. действенность, сила, эффективность 2. добродетель 3. преимущество

civic ~s гражданские ценности

by/in ~ **of** *smth* посредством, благодаря *чему-л.*; в силу *чего-л.*; на основании *чего-л.*

by ~ **of office** по долгу службы

to extol the ~ **of** *smth* превозносить достоинства *чего-л.*

to preach the ~ **of** *smth* проповедовать достоинства *чего-л.*

visa I *n* виза

~ **expires** срок действия визы истекает

entry ~ въездная виза

exit ~ выездная виза

group ~ групповая виза

immigration ~ иммиграционная виза

multiple (entry) ~ многократная виза

residence ~ вид на жительство

temporary ~ временная виза

tourist ~ туристическая виза

transit ~ транзитная виза

visitor ~ гостевая виза

to acquire a ~ получать визу

to affix a ~ **to a passport** визировать паспорт

to apply for a ~ запрашивать визу, обращаться за визой

to authorize a ~ разрешать выдачу визы

to cancel a ~ аннулировать визу

to come to a country on a tourist ~ прибывать в страну по туристической визе

to delay a ~ задерживать выдачу визы

to deny a ~ **for** *smb* отказывать *кому-л.* в визе/в выдаче визы

to endorse a ~ разрешать выдачу визы

to enter a country without ~ попадать в страну без визы

to extend a ~ продлевать визу

to get a ~ получать визу

to grant *smb* **an entry** ~ выдавать *кому-л.* въездную визу

to impose ~ **restrictions** вводить ограничение на выдачу виз

to introduce ~ **requirements for** *smb* издавать распоряжение о необходимости виз для *кого-л.*

to issue a ~ выдавать визу

to make an application for a ~ обращаться за визой

to obtain a ~ **for** *smb* получать визу для *кого-л.*

to provide ~ **for** *smb* подготавливать визы для *кого-л.*

to put a ~ **in a passport** вносить визу в паспорт, визировать паспорт to **refuse** *smb* a ~ отказывать *кому-л.* в визе/в выдаче визы

to **revoke** a ~ аннулировать визу

to **suspend** *smb's* ~ приостанавливать действие *чьей-л.* визы

to **withhold** a ~ отказывать в визе

application for an entry ~ прошение о выездной визе

his tourist ~ **has lapsed** его туристическая виза просрочена

refusal of a ~ **for** *smb* отказ в визе *кому-л.*

request for a ~ просьба о выдачи визы

withdrawal of ~ **to** *smb* аннулирование визы, выданной *кому-л.*

without a proper ~ без надлежащей визы

visa II *v* визировать

vis-à-vis *n* 1. визави 2. встреча с глазу на глаз

visible *a* эк. видимый *(о фактически импортируемых и экспортируемых товарах)*

vision *n* предвидение; мечта

~ **of the future** предвидение будущего; картина будущего

to **broaden** *one's* **range of** ~ расширять свой кругозор

to **speak about** *one's* ~ **for the future** говорить о своих планах на будущее

to **speak of** *one's* ~ **of a country** говорить о своем видении будущего страны

breadth of ~ широта кругозора

range of ~ кругозор

visit *n* визит, посещение

~ **comes at a time when ...** визит проходит в такое время, когда ...

~ **comes on the 10ᵗʰ anniversary of** *smth* визит состоится в десятую годовщину *чего-л.*

~ **has approval of the government** визит проходит с одобрения правительства

~ **is going ahead** визит продолжается

~ **is important for its symbolic value** визит имеет важное символическое значение

~ **marks a new stage in relationship** визит знаменует собой новую стадию в отношениях

~ **to a country** визит в страну

~ **was lacking in concrete proposals** во время визита не было выдвинуто конкретных предложений

~ **was marked by more anti-government protests** визит сопровождался новыми выступлениями против правительства

~ **went sour** визит оказался неудачным

~ **will take in every major city** визит пройдет по всем крупным городам

all-expenses-paid ~ бесплатный визит *(оплаченный приглашающей стороной)*

brief ~ краткий визит

business ~ деловой визит

ceremonial ~ протокольный визит

courtesy ~ визит вежливости

farewell ~ прощальный визит *(перед уходом в отставку)*

flying ~ мимолетный визит

forthcoming ~ предстоящий визит

friendly ~ дружеский визит

friendship ~ визит дружбы

get-to-know-you ~ ознакомительный визит

goodwill ~ визит доброй воли

highest-ranking ~ визит руководителя самого высокого ранга

high-level ~ визит руководителя государства

historic ~ исторический визит

informal ~ неофициальный визит

joint ~ совместный визит

landmark ~ исторический визит

mutual ~s взаимные визиты

official ~ официальный визит

papal ~ визит Папы Римского

pastoral ~ визит священнослужителя

personal ~ личный визит

private ~ частный визит

projected ~ намечаемый/планируемый визит

reciprocal/return ~ ответный визит

royal ~ визит монарха/члена королевской семьи

secret ~ конфиденциальный визит

short ~ краткий визит

social ~ дружеский/светский визит

state ~ государственный/официальный визит

supremely important ~ чрезвычайно важный визит

surprise ~ неожиданный визит

symbolic ~ визит, имеющий символическое значение

town-twinning ~ визит в город-побратим

unannounced ~ визит, о котором заранее не сообщалось

unofficial ~ неофициальный визит

unscheduled ~ незапланированный визит

upcoming ~ предстоящий визит

week-long ~ недельный визит

working ~ рабочий визит

to **adjourn** ~ откладывать/переносить визит

to **arrange a** ~ организовывать визит

to **arrive on a brief** ~ прибывать с кратким визитом

to **be determined to go ahead with** *one's* ~ быть исполненным решимости несмотря ни на что предпринять свой визит

to **be exhilarated by** *one's* ~ быть в приподнятом настроении от своего визита

to **be on a brief** ~ **to a country** находиться с кратким визитом в стране

to **be on a private** ~ **in a country** находиться с частным визитом в стране

to **be on official** ~ **in a country** находиться с официальным визитом в стране

to **be satisfied with a** ~ быть вполне удовлетворенным визитом

to **begin a previously unannounced** ~ **to a country** неожиданно прибывать с визитом в страну

to **call off/to cancel a** ~ отменять визит

to conclude a ~ завершать визит

to cover *smb's* ~ освещать визит *кого-л.* *(в СМИ)*

to cut short *one's* ~ прерывать свой визит

to delay ~ откладывать/переносить визит

to disrupt *smb's* ~ срывать *чей-л.* визит

to dominate *smb's* ~ быть главной целью *чьего-л.* визита

to end *one's* ~ **with no sign of an agreement** заканчивать свой визит, так и не добившись соглашения

to extend *one's* ~ продлевать свой визит

to go ahead with the ~ осуществлять визит

to go to a country on an official ~ отправляться в страну с официальным визитом

to have a ~ from *smb* принимать *кого-л.*

to interrupt *one's* ~ прерывать свой визит

to invite *smb* **to a state ~** приглашать *кого-л.* посетить страну с официальным визитом

to make a ~ наносить визит

to mar a ~ омрачать визит

to pay a ~ наносить визит

to portray the ~ as marking improvement of relations изображать визит как шаг к улучшению отношений

to postpone a ~ indefinitely откладывать визит на неопределенный срок

to prepare the ground for a ~ подготавливать почву для визита

to preview *smb's* ~ давать предварительную информацию о *чьем-л.* визите

to put off a ~ откладывать/переносить визит

to receive a ~ from *smb* принимать *кого-л.*

to receive a ~ from the President принимать президента

to reinstate a postponed ~ возвращаться к вопросу о визите, который до сих пор откладывался

to return *smb's* ~ наносить ответный визит

to set off a ~ to a country отправляться с визитом в страну

to welcome *smb's* ~ приветствовать визит *кого-л.*

assessment of a ~ оценка визита

at the end of the ~ to a country заканчивая визит в *какую-л.* страну

currently on a ~ to Pakistan в настоящее время (находиться) с визитом в Пакистане

during the ~ во время/в ходе визита

end of a working ~ завершение рабочего визита

exchange of ~s by *smb* обмен визитами между *кем-л.*

exchange of state ~s обмен государственными визитами

if all goes well with his ~ если визит будет успешным

on the last leg of *one's* ~ на последнем этапе *чьего-л.* визита

postponement of a ~ перенос визита

smb's **motives for a ~** мотивы *чьего-л.* визита

there is no political angle to the ~ визит не преследует политических целей

there is no political motive behind *smb's* ~ *чей-л.* визит не вызван политическими причинами

timing of the ~ выбор времени для визита

visit II *v* посещать, наносить визит, находиться с визитом *(где-л.)*

visitor *n* визитер, гость, посетитель

bona fide ~ настоящий/добропорядочный гость *(не контрабандист, шпион и т.п.)*

official ~ лицо, прибывшее с официальным визитом

overseas ~ иностранный визитер

frequent ~ to a country человек, часто посещающий страну

vista *n* перспектива; будущие возможности

to open new ~ открывать новые горизонты/широкие перспективы

projects that open up new ~ проекты/планы, открывающие широкие перспективы

visual *n полит. жарг.* любая возможность для кандидата на выборах сфотографироваться в выигрышной позе *(целуя детей, приветствуя героев войны и т.п.)*

vital *a* крайне/весьма/жизненно важный, необходимый; существенный, насущный

vitality *n* жизнеспособность

vocation *n* профессия; призвание

to learn a new ~ обучаться новой специальности

vocational *a* профессиональный

voice I *n* **1.** голос; право голоса; мнение **2.** *брит. полит. жарг.* голос, устно поданный в парламенте

V. of America радиостанция «Голос Америки»

~ of conscience голос совести

consultative ~ совещательный голос

to add *one's* ~ **to** *smth* поддерживать *что-л.*

to give greater ~ to people расширять гласность

to give ~ for *smth* высказываться/подавать голос за *что-л.*

to give *smb* **a ~ in** *smth* давать *кому-л.* право голоса в решении *чего-л.*

to give *smb* **a political ~** давать *кому-л.* возможность участвовать в решении политических вопросов

to have a stronger ~ in the IMF иметь более весомый голос в Международном валютном фонде

to have a ~ in *one's* **own future** иметь право голоса в решении своей судьбы

to put *one's* ~ **behind** *smth* высказываться в поддержку *чего-л.*

to raise *one's* ~ **against** *smth* протестовать против *чего-л.*; высказываться против *чего-л.*

to raise *one's* ~ **in defense of** *smth* высказываться/выступать в защиту *чего-л.*

to speak with one ~ выступать единым фронтом, проявлять единодушие the party no longer speaks with one ~ партия больше не выступает единым фронтом

voice II *v* выражать *(словами)*, высказывать

void I *n* пустота

leadership ~ отсутствие руководства

void II *a юр.* недействительный, не имеющий силы

to become ~ становиться недействительным

to consider *smth* null and ~ считать *что-л.* не имеющим силы

to declare a treaty ~ признавать договор не действительным

void III *v* аннулировать, делать недействительным, ликвидировать

voidability *n юр.* оспоримость

voidance *n* 1. аннулирование 2. недействительность

volatile *a* непостоянный, изменчивый *(об обстановке)*

volatility *n* неустойчивость

financial ~ финансовая неустойчивость

political ~ политическая неустойчивость

volition *n* воля, выбор, желание

to leave a country of *one's* own ~ добровольно покидать страну

volley *n* залп *(одновременный выстрел из нескольких орудий)*

to discharge/to fire a ~ давать залп

to salute the enemy with a ~ of fire встречать врага залпом огня

volume *n* 1. объем; масса; размер; величина 2. том

~ declined объем уменьшился

~ decreased объем сократился

~ increased объем увеличился

~ of business торговый оборот; объем коммерческих операций

~ of cuts размер сокращений *(вооружений и т.п.)*

~ of expenditures объем расходов

~ of export объем экспорта

~ of import объем импорта

~ of investment объем инвестиций

~ of output объем производства

~ of production физический объем продукции

~ of work объем работ

~ of world trade объем мировой торговли

annual ~ годовой объем

average annual ~ средний годовой объем

employment ~ объем занятости населения

information ~ объем информации

original ~ первоначальный объем

real ~ фактический объем

total industry ~ общий объем промышленного производства

trade ~ объем торговли

traffic ~ объем перевозок

to estimate the ~ оценивать/прикидывать объем

to increase ~ увеличивать объем

to produce in ~ производить в больших количествах

to reduce ~ уменьшать объем

aggregate ~ of investment совокупный объем инвестиций

large and steadily growing ~ of real income большой и неуклонно растущий объем реальных доходов

total ~ of output общий объем продукции

voluntarism *n* волюнтаризм

voluntary *a* 1. добровольный 2. неоплачиваемый *(о работе и т.п.)*

volunteer I *n* доброволец

pro-independence ~ доброволец, выступающий за независимость

UN ~s добровольцы ООН *(оказывающие помощь развивающимся странам в области здравоохранения и т.п.)*

to recall ~ отзывать добровольцев

volunteer II *a* добровольный; добровольческий

volunteer III *v (for)* предлагать *(свои услуги, помощь и т.п.)*; вызываться добровольно *(сделать что-л.)*; вступать добровольцем в армию

vote I 1. голосование; баллотировка 2. голос; право голоса 3. вотум

~ and proceedings *брит.* протокол заседания палаты общин

~s are being counted идет подсчет голосов

~ article by article постатейное голосование, голосование по статьям

~ at the rostrum публичное голосование

~ by cards голосование мандатом

~ by correspondence голосование по почте

~ by proxy голосование по доверенности

~ by roll-call поименное голосование

~ by secret ballot тайное голосование

~ by show of hands голосование поднятием руки

~ by sitting and standing голосование вставанием

~ by a tiny margin незначительное большинство при голосовании

~ by "yes" and "no" голосование ответом «да» или «нет»

~ cast число поданных голосов

~ cast against *smb* голоса, поданные против *кого-л.*

~ cast for/in favor of *smb* голоса, поданные за *кого-л.*

~ ended in defeat голосование закончилось поражением

~ for change голосование за перемены

~ for more of the same голосование за сохранение существующего положения

~ in the normal way голосование в обычном порядке

~ is not binding результат голосования не обязывает *кого-л.* сделать *что-л.*

~ is not conclusive результат голосования неубедительный

~ is taking place in a climate of nervousness голосование проходит в атмосфере нервозности

~ of censure 1) вотум порицания **2)** вотум недоверия

~ of confidence in *smb* вотум доверия *кому-л.*

~ of no confidence in the President вотум недоверия президенту

~ of thanks выражение признательности посредством голосования

~ on defense голосование по вопросам обороны

~ on the floor *полит. жарг.* голосование в сенате

~ puts the party narrowly forward of its rivals при голосовании партия получила небольшой перевес голосов над своими противниками

~ without debate голосование без обсуждения

absentee ~ заочное голосование

affirmative ~ голос «за»

annual ~ ежегодное голосование

binding ~ голосование, результаты которого обязательны к исполнению

black ~s избирательные голоса чернокожего населения *(США)*

bloc ~s голоса социальных или этнических групп населения *(голосующих одинаково)*

block ~ представительное голосование *(в профсоюзах Великобритании)*

bull ~ голосование, когда избиратель твердо решил голосовать за определенного кандидата

bullet ~ *полит. жарг.* быстрое голосование за определенного кандидата

the casting ~ решающий голос *(спикера или председателя палаты)*

cemetery ~ *полит. жарг.* «мертвая душа» *(голос недавно умершего избирателя)*

clean ~ честное голосование

close ~ победа незначительным большинством голосов

clothespin ~ *полит. жарг.* голос, отдаваемый на выборах неохотно, ввиду отсутствия выбора

complimentary ~ поощрительное голосование

compromise ~ компромиссное решение, принятое голосованием

concurring ~s совпадающие голоса

confidence ~ вотум доверия

confirmation ~ голосование по утверждению в должности

conservative ~s число голосов, поданных за консерваторов

convincing ~ убедительное большинство при голосовании

critical ~ голос, который может решить исход голосования

crossover ~ голосование за кандидата другой политической партии

crucial ~ решающее голосование, решающий голос

direct ~ прямое голосование

dissenting ~ голос «против»

early ~ досрочное голосование

electoral ~ голосование выборщиков

electoral college ~ голосование коллегии выборщиков

equally divided ~s голоса, разделившиеся поровну; равенство голосов

final ~ окончательное голосование

floating ~s голоса колеблющихся избирателей

free ~ «свободное голосование» *(в парламенте)*; голосование, не зависимое от партийной принадлежности

heavy ~ значительный процент голосов; активное участие в выборах

inconclusive ~ безрезультатное голосование *(не дающее абсолютной победы ни одному из кандидатов)*

majority ~ решение большинством голосов; большинство голосов

massive "no" ~ большое число голосов «против»

minority ~ решение меньшинством голосов; меньшинство голосов

nationwide ~ всенародное голосование

negative/"no" ~ голос «против»

no-confidence ~ вотум недоверия

non-recorded ~ голосование, не заносимое в протокол заседания

open ~ открытое голосование

opposition ~ голос оппозиции

overwhelming ~ решение, принятое подавляющим большинством голосов

party-line ~ голосование в конгрессе в соответствии с установкой руководства партии

payroll ~ *брит. правит. жарг.* голоса в палате общин, принадлежащие министрам и их личным парламентским секретарям, чья абсолютная преданность правительству не вызывает сомнений

plural ~ право избирателя голосовать несколько раз *(в разных округах)*

popular ~ всенародное голосование, голоса избирателей

postal ~ голосование по почте

primary ~s голоса, собранные на первичных выборах *(США)*

protest ~ голосование в знак протеста, протестное голосование

proxy ~ голосование по доверенности

recorded ~ голосование, заносимое в протокол заседания

rising ~ голосование вставанием

roll-call ~ поименное голосование

secret ~ тайное голосование

separated ~ раздельное голосование

skewed ~ фальсифицированные результаты выборов

silent ~s «молчаливые голоса», избиратели, не принимающие участия в выборах

soft ~s голоса колеблющихся избирателей

solid ~s голоса избирателей, постоянно голосующих за данную партию

straw ~ предварительное голосование *(для выяснения настроения)*; опрос общественного мнения

strong female ~s большое количество голосов избирательниц

swing ~s голоса переметнувшихся на сторону бывших противников

ticket ~ голосование мандатом

tie ~ равное количество голосов, поданных «за» и «против»

token ~ *брит. правит. жарг.* голосование в парламенте по примерной сумме, названной представителем правительства при обсуждении ассигнований

unanimous ~ единодушное голосование

validly cast ~s голоса, признанные действительными *(на выборах)*

vendible ~s купленные голоса

voice ~ голосование путем опроса присутствующих; поименное голосование

white ~s голоса белого населения

write-in ~ кандидат, вписанный в бюллетень во время голосования

"yes" ~ голосование «за»

to abstain in a ~ воздерживаться при голосовании

to achieve a ~ **of confidence from** *smb* добиваться вотума доверия у *кого-л.*

to appeal for ~ призывать избирателей отдать голос кандидату

to apply for a postal ~ подавать заявление о желании голосовать по почте

to approve *smth* **by** ~ одобрять *что-л.* открытым голосованием

to ask for a ~ **article by article** требовать голосования по статьям

to attract ~s привлекать голоса

to attract small percentage of the ~s собирать небольшой процент голосов

to be two ~s **short of outright victory** недобрать двух голосов до полной победы

to be within two ~s **of the necessary figure** недобрать двух голосов до необходимой цифры

to boost *smb's* ~s увеличивать число голосов за *кого-л.*

to call for a ~ **of confidence** ставить вопрос о доверии

to campaign for a "no" ~ вести кампанию за отрицательное голосование *(в ходе референдума)*

to cancel a ~ отменять голосование/ баллотировку

to canvass ~s собирать голоса (перед выборами)

to capture the ~s получать голоса избирателей

to carry a ~ **of confidence** принимать вотум доверия

to carry the great majority ~ получать относительное большинство голосов

to cast a ~ голосовать

to cast a dissenting ~ выражать несогласие

to cast *one's* ~ **for/in favor of** *smb* голосовать/отдавать свой голос за *кого-л.*

to change *one's* ~ изменять свое голосование

to choose *smb* **by 30** ~s **to 20** избрать *кого-л.* тридцатью голосами против двадцати

to come up for a ~ поступать на голосование

to confirm a ~ подтверждать результаты голосования

to corral almost all the black ~s *разг.* получать голоса почти всего чернокожего населения

to count the ~s подсчитывать голоса

to court *smb's* ~s добиваться *чьих-л.* голосов

to decide *smth* **by a majority** ~ решать *что-л.* большинством голосов

to declare a ~ **to be final** утверждать результаты голосования

to declare a ~ **unconstitutional** объявлять голосование незаконным

to declare the ~ **closed** объявлять о прекращении голосования

to declare the ~ **invalid** объявлять голосование недействительным

to defeat the opposition move by 30 ~s отвергать предложение оппозиции 30 голосами

to defer a ~ откладывать/переносить голосование

to disrupt the ~ срывать выборы

to double *one's* **share of the** ~s собирать вдвое больше голосов *(чем, напр. на предыдущих выборах)*

to elect *smb* **by direct** ~ избирать *кого-л.* прямым голосованием

to enter a name in the ~ **list/roll** вносить *кого-л.* в список избирателей

to exercise *one's* ~ воспользоваться своим избирательным правом

to explain *one's* ~ выступать по мотивам голосования

to face a ~ **of confidence** сталкиваться с необходимостью получить вотум доверия

to fail to win enough ~s не набирать достаточного количества голосов

to gain a ~ **of confidence** получать вотум доверия

to gather the ~s **of** *smb* собирать/заполучать *чьи-л.* голоса

to get a "yes" ~ добиваться голосования «за»

to get the ~ набирать нужное число голосов; побеждать на выборах

to get two thirds of the ~s собирать две три голосов

to give a casting ~ подавать голос, дающий перевес; подавать решающий голос

to give a resounding ~ of confidence выражать *кому-л.* убедительный вотум доверия

to give one's ~ to smth отдавать свой голос за *что-л.*

to go back upon a ~ оспаривать правомочность голосования

to go to a ~ поступать на голосование

to have a casting ~ иметь перевес в один голос

to have a simple "yes"-or-"no" ~ проводить простой референдум, варианты ответа при котором только «да» или «нет»

to have the right to ~ обладать избирательным правом; иметь право голоса

to hold a ~ проводить голосование

to increase one's share of the ~s увеличивать процент собранных голосов

to influence the outcome of the ~s влиять на исход голосования

to interrupt a ~ прерывать голосование

to line up ~s собирать голоса

to look to smb for ~ рассчитывать на *чьи-л.* голоса

to lose one's Assembly ~ лишать права голоса в Генеральной Ассамблее ООН

to master sufficient ~ набирать достаточное число голосов

to match the aspirations of ~ удовлетворять чаяния избирателей

to move that a separate ~ be taken требовать отдельного голосования

to nullify the result of the ~ аннулировать результаты голосования

to obtain an absolute majority of ~ получать абсолютное большинство голосов

to pass a ~ by a show of hands принимать *что-л.* открытым голосованием

to pass a ~ of censure выносить порицание

to pass a ~ of no-confidence выражать вотум недоверия

to peel off smb's ~ отколоть часть голосов избирателей, ранее голосовавших за *кого-л.*

to poll ~ набирать голоса на выборах

to poll 43 per cent of the ~ набрать 43% голосов

to postpone a ~ откладывать/переносить голосование

to proceed to the ~ on smth приступать к голосованию по *какому-л.* вопросу

to propose a ~ of no-confidence in smb предлагать выразить недоверие *кому-л.*

to push an issue to a ~ настаивать на голосовании по *какому-л.* вопросу

to push off/to put off a ~ откладывать голосование

to put a ~ through проводить нужную кандидатуру в результате голосования

to put smth to a ~ ставить *что-л.* на голосование

to put the "yes" ~ well behind the "no" ~ собирать намного больше голосов «против», чем голосов «за»

to put to the ~ as a whole ставить на общее голосование

to put to the ~ in parts ставить на голосование по частям

to put to the separate ~ ставить на раздельное голосование

to record the ~ регистрировать результаты голосования

to reverse a ~ голосовать за решение, обратное принятому в результате предыдущего голосования

to rig the ~ фальсифицировать результаты выборов

to secure the ~ of smb заручаться *чьими-л.* голосами

to seek a ~ of confidence (from) стремиться получить вотум доверия (от)

to split (up) the ~ приводить к разделению голосов

to stand by one's ~ подтверждать результаты своего голосования

to stick to the original ~ подтверждать результаты первоначального голосования

to strengthen smb's ~ увеличивать число голосов, поданных за *кого-л.*

to submit oneself to a ~ of confidence ставить вопрос о вотуме доверия в отношении своей политики

to survive a ~ of no-confidence едва уцелеть при вотуме недоверия

to swing the ~ приводить к перераспределению голосов

to swivel a crucial ~ of confidence in parliament удержаться у власти при решающем вотуме доверия в парламенте

to table a ~ of no-confidence вносить вотум недоверия

to take a ~ on smth голосовать/проводить голосование по *какому-л.* вопросу

to take a formal ~ проводить официальное голосование

to take count of ~ производить подсчет голосов

to take decisions by majority ~ принимать решения большинством голосов

to take no part in a ~ не участвовать в голосовании

to take part in a ~ участвовать в голосовании

to tally the ~ вести подсчет голосов, подсчитывать голоса

to tip the electoral ~ to smb склонять симпатии избирателей в *чью-л.* пользу

to transfer smb's ~ to переносить полученные *кем-л.* голоса на ...

to trigger a ~ служить толчком к голосованию

to undergo a ~ of confidence проходить через процедуру вотума доверия

to win ~ завоевывать голоса *(избирателей)*

to win a popular ~ получать большинство голосов избирателей

to win over the Asian ~ обеспечивать себе голоса выходцев из азиатских стран

act of ~ акт голосования

by direct ~ прямым голосованием, путем прямых выборов

calling for a postponement of the ~ требование отложить выборы

chase for ~ охота/погоня за голосами

collapse of the ~ for a party резкое уменьшение числа голосов, поданных на выборах за партию

conclusion of the ~ закрытое голосование

counting of ~s подсчет голосов

division of ~s разделение голосов

3 000 electorate are still undecided how to cast their ~s 3000 избирателей все еще не решили, за кого голосовать

eligible to ~ имеющий права голоса

equality of ~ равное деление/равенство голосов

explanation of ~ after выступление по мотивам голосования после

explanation of ~ before выступление по мотивам голосования до

fair count of ~s справедливый подсчет голосов

if the ~ goes against him если результаты голосования будут не в его пользу

in pursuit of ~s в погоне за голосами

ineligible to ~ не имеющий права голоса

it will lose them ~s на этом они потеряют некоторое количество голосов, это будет стоить им некоторого количества голосов

number of ~s число голосов

outcome of the ~ исход голосования

rejection as the result of an equal ~ отклонение предложения в результате равенства голосов

rerun of a ~ повторное голосование

the die was cast for a ~ of no-confidence жребий был брошен в пользу недоверия правительству

the opposition ~ was split голоса оппозиции разделились

there is equality of ~ голоса разделились поровну

without a ~ без голосования

vote II *v* голосовать; баллотировать

~ed by acclamation принято без голосования на основании единодушного одобрения

to be deprived of the right to ~ быть лишенным избирательных прав

to be entitled to ~ обладать избирательным правом, иметь право голоса

to ~ *smb* back in снова избирать *кого-л.*

to ~ a party into power приводить партию к власти в результате выборов

to ~ according to *smb's* conscience голосовать так, как велит/подсказывает совесть

to ~ against *smb* голосовать против *кого-л.*

to ~ article by article голосовать отдельно по статьям, проводить постатейное голосование

to ~ by "yes" and "no" голосовать ответом «да» или «нет»

to ~ by a big majority to do *smth* принимать решение сделать *что-л.* значительным большинством голосов

to ~ by ballot баллотировать

to ~ by mail голосовать по почте

to ~ by an overwhelming margin голосовать подавляющим большинством

to ~ by post голосовать по почте

to ~ by proxy голосовать по доверенности

to ~ by roll-call голосовать поименно; проводить поименное голосование

to ~ by secret ballot решать тайным голосованием

to ~ by show of hands голосовать поднятием рук

to ~ by sitting and standing голосовать вставанием

to ~ conservative *брит.* голосовать за консерваторов

to ~ for a new parliament выбирать новый состав парламента

to ~ for the draft resolution голосовать за проект резолюции

to ~ green голосовать за партию «зеленых»

to ~ heavily against *smb* голосовать значительным большинством голосов против *кого-л.*

to ~ in favor голосовать за

to ~ in person голосовать лично

to ~ in secret проводить тайное голосование

to ~ in the affirmative голосовать «за»

to ~ in the first round of the presidential election голосовать в первом туре президентских выборов

to ~ in the negative голосовать против

to ~ into a committee избирать *кого-л.* в члены комитета

to ~ labour *брит.* голосовать за лейбористов

to ~ left голосовать за левых

to ~ Mr. X. голосовать за г-на Х.

to ~ narrowly against *smth* голосовать/принимать решение незначительным большинством голосов

to ~ narrowly for/in favor of *smth* голосовать за *что-л.* незначительным большинством

to ~ on a new constitution участвовать в голосовании по проекту новой конституции

to ~ on the motion as a whole голосовать по ходатайству в целом

to ~ *oneself* out of existence/to ~ *oneself* out of office голосовать за самороспуск

to ~ overwhelmingly against *smth* голосовать подавляющим большинством против *чего-л.*

to ~ *smb* **back as mayor** снова избирать *ко-го-л.* мэром

to ~ *smb* **back into office** переизбирать *кого-л.* на еще один срок

to ~ *smb* **down** забаллотировать *кого-л.*

to ~ *smb* **in** избирать *кого-л.* на *какой-л.* пост

to ~ *smb* **into parliament** избирать *кого-л.* в парламент

to ~ *smb* **out** отстранять *кого-л.* от власти, смещать *кого-л.* в результате выборов

to ~ *smth* **down** отклонять/проваливать *что-л.* в результате голосования

to ~ **the straight ticket** *полит. жарг.* голосовать за всех кандидатов, выдвинутых партией

to ~ **through** проводить путем голосования

to ~ **unanimously** голосовать единогласно

to ~ **viva voce** голосовать устно

to ~ **without debate** голосовать без прений

Which way to ~ ? За что голосовать?

vote-buying *n* покупка голосов

vote-catcher *n* 1. предвыборный лозунг партии, который обеспечит ей поддержку многих избирателей 2. кандидат, способный набрать большое число голосов избирателей

vote-getter *n* кандидат, собирающий много голосов

proven ~ кандидат, который наверняка соберет много голосов

voteless *a* лишенный избирательных прав

vote-loser *n* 1. проблема, отнимающая голоса на выборах 2. непопулярный кандидат на выборах

voter *n* избиратель; участник голосования

~s **are swinging to the right** симпатии избирателей переходят к правым партиям

~s **go to the polls today** сегодня состоятся выборы

~s **will choose between ... and ...** избирателям предстоит сделать выбор между ... и ...

absentee ~ избиратель, голосующий не по постоянному месту жительства *(дипломат, военнослужащий и т.п.)*

armchair ~ избиратель, решающий за кого голосовать под влиянием телепередач

disaffected ~ недовольный избиратель

eligible ~ гражданин, имеющий право избирать

first-time ~ избиратель, голосующий впервые

floating ~ избиратель, еще не решивший, за кого голосовать; колеблющийся избиратель

hardcore ~ избиратель, постоянно голосующий за одну и ту же партию

likely Republican ~ избиратель, который, вероятно, будет голосовать за республиканцев

registered ~ зарегистрированный избиратель

service ~ *брит.* избиратель, работающий за границей, регистрирующийся по месту постоянного жительства

stay-at-home ~ избиратель, остающийся дома в день голосования

swing ~ *полит.жарг.* избиратель, не являющийся сторонником *какой-л.* партии *(участие таких избирателей в выборах может привести к неожиданному результату)*

undecided ~ избиратель, еще не решивший, за кого голосовать; колеблющийся избиратель

venal ~ подкупленный избиратель

wavering ~ избиратель, еще не решивший, за кого голосовать; колеблющийся избиратель

to **alienate potential** ~s отталкивать потенциальных избирателей

to **attract** ~s **away from a party** привлекать на свою сторону избирателей, поддерживающих *какую-л.* партию

to **buy support from poor** ~s подкупать малоимущих избирателей

to **check the name of the** ~ **against the** ~ **list/roll** проверять фамилию избирателя по списку

to **court the** ~s охотиться за голосами избирателей

to **invite support from** ~s добиваться поддержки избирателей

to **misrepresent the** ~s **in Parliament** неправильно представлять интересы избирателей в парламенте

to **register** ~s регистрировать избирателей

to **repel** ~s отталкивать избирателей

to **sing up** ~s привлекать на свою сторону избирателей

to **survey** ~s **in polls** анализировать результаты опроса среди избирателей

to **sway** ~s **by** *smth* склонять на свою сторону/убеждать избирателей с помощью *чего-л.*

to **win back** ~s возвращать себе голоса избирателей

to **win the hearts and minds of the** ~s завоевывать сердца и умы избирателей

to **woo** ~s привлекать на свою сторону/обхаживать избирателей

to **woo undecided** ~s бороться за голоса колеблющихся избирателей

bitter divisions among ~s острые противоречия между избирателями

intimidation of ~s запугивание избирателей

low turnout of ~s низкая активность избирателей

many ~s **are still undecided** многие избиратели еще не решили, за кого голосовать

personal contact with the ~s личный контакт с избирателями

registration of ~s регистрация избирателей

vote-winner *n* кандидат, способный собрать много голосов

voting *n* голосование; баллотировка

~ **by machine** голосование с помощью машины

~ by mechanical means голосование с помощью механического оборудования

~ by show of hands голосование поднятием руки

~ closes today голосование заканчивается сегодня

~ finished голосование закончилось

~ for a list of candidates выборы кандидатов по спискам, голосование списком

~ for a single candidate голосование по отдельным кандидатурам, голосование за каждого кандидата

~ for parliament выборы в парламент

~ gets under way начинается голосование

~ has just ended голосование только что закончилось

~ has just got underway голосование только что началось

~ is carried out by mail голосование проходит по почте

~ is compulsory участие в выборах обязательно

~ is taking place идут выборы

~ is underway проходит голосование, проходят выборы

~ on a resolution голосование по резолюции

~ on amendments голосование по поправкам

~ on proposals голосование по предложениям

~ passed off peaceful выборы прошли спокойно

~ takes place in ... голосование проходит в ...

~ was close в результате голосования партии получили почти одинаковое число голосов

~ was generally peaceful выборы в основном прошли спокойно

absentee ~ заочное голосование

brisk ~ активное голосование

chain ~ цепное голосование

clause-by-clause ~ постатейное голосование

electric ~ голосование путем нажатия кнопок

fresh ~ повторное голосование

inconclusive ~ голосование, не давшее определенных результатов

open ~ открытое голосование

paper ballot ~ голосование при помощи избирательных бюллетеней

parliamentary ~ голосование в парламенте

preference/preferential ~ рейтинговое голосование

primary ~ голосование на первичных выборах *(США)*

secret ~ тайное голосование

straight ticket ~ голосование списком *(за всех кандидатов какой-л. партии)*

to abstain from ~ воздерживаться от голосования/при голосовании

to begin the ~ открывать/начинать голосование/баллотировку

to check the result of the ~ проверять подсчет голосов

to disrupt the ~ срывать голосование

to distort the result of the ~ искажать результат голосования

to extend the ~ продлевать голосование

to join *smb* **in ~ against** *smth* вместе с *кем-л.* голосовать против *чего-л.*

to postpone the ~ откладывать голосование

consequences of the ~ последствия голосования

final round of ~ заключительный тур выборов

forms and methods of ~ формы и методы голосования

inconclusive round of ~ тур голосования, не давший окончательных результатов

order of ~ порядок, соблюдаемый при голосовании

result of the ~ результаты голосования

second round of ~ второй тур голосования

the time allowed for ~ was extended время голосования было продлено

vouch *v* 1. поручаться; подтверждать *(документально)* 2. давать свидетельские показания

to ~ for *smb/smth* ручаться за *кого-л./что-л.*

voucher *n* 1. свидетель 2. поручитель 3. гарантия, расписка 4. ваучер *(для гостиницы и т. п.)* 5. судовой документ

cash ~ кассовый чек, расписка в получении денег

free food ~ талон на бесплатное питание

payment ~ свидетельство о платеже

sick ~ справка о болезни

vow I *n* клятва; обет

solemn ~ торжественная клятва

to exchange ~ клясться друг другу в верности

to take a ~ давать клятву/обет

vow II *v* клясться; давать обет

vox *n лат.* голос, глас

~ nihili бессмысленное слово

~ populi общественное мнение; глас народа

vulnerability *n* уязвимость; ранимость

vulnerable *a* (to *smth*) уязвимый *(для чего-л.)*

to make *smb* **politically ~** делать *кого-л.* политически уязвимым

to render ~ делать уязвимым

W

wage I *n обыкн. pl* заработная плата, зарплата

~s held back уровень зарплаты отстал от уровня цен

~s rise with inflation зарплата растет параллельно с инфляцией

actual ~s реальная зарплата

average ~ средняя зарплата

average monthly ~ среднемесячная зарплата

back ~s задолженность по зарплате

basic ~ основная зарплата, должностной оклад

daily ~ поденная зарплата, заработок за один рабочий день

dismissal ~ выходное пособие; расчет

efficiency ~s сдельная оплата труда

guaranteed ~ гарантированная зарплата

fixed ~ фиксированная зарплата, твердая ставка

hourly ~ почасовая зарплата, часовой заработок

low ~s низкая заработная плата

living ~ минимальная зарплата; прожиточный минимум

minimum legal ~ минимальная зарплата, установленная законом

monthly ~ месячная зарплата

national minimum ~ гарантированный минимум зарплаты по всей стране, минимальная зарплата рабочих в стране

nominal ~s номинальная зарплата

official poverty ~s минимально допустимая зарплата

overdue ~s задолженность по зарплате

piece ~ зарплата за единицу продукции

poor ~s низкая зарплата

progressive ~s прогрессивная оплата труда

proper living ~ зарплата, достаточная для нормальной жизни

real ~s реальная/фактическая зарплата

rock-bottom ~s крайне низкая зарплата

set ~ фиксированная зарплата, твердая ставка

stab ~s *проф. жарг.* расценки, которых удалось добиться в результате переговоров

starvation ~s мизерная/нищенская зарплата

terminal ~ выходное пособие; расчет

time ~ повременная зарплата

unpaid ~s задолженность по зарплате

weekly ~ понедельная зарплата

to boost ~s поднимать зарплату

to curb ~s ограничивать зарплату

to cut down ~s снижать/сокращать зарплату

to demand higher ~s требовать повышения зарплаты

to double *smb's* **~s** удваивать *чью-л.* зарплату

to earn a living ~ зарабатывать на жизнь

to equalize ~s уравнивать зарплату

to freeze/to hold down ~s замораживать зарплату

to increase ~s поднимать/повышать/увеличивать зарплату

to lower ~s снижать/сокращать зарплату

to make a living ~ зарабатывать на жизнь

to pay ~s выплачивать зарплату

to put up/to raise ~s поднимать/повышать/увеличивать зарплату

to reduce ~s снижать/сокращать зарплату

battle for higher ~s борьба за повышение зарплаты

cutting down of ~s сокращение зарплаты

decline in real ~s снижение реальной зарплаты

demands for higher ~s требования о повышении зарплаты

fight for higher ~s борьба за повышение зарплаты

forms of ~s формы зарплаты

freeze of ~s замораживание зарплаты

increase in ~s повышение зарплаты

level of ~s уровень зарплаты

loss in ~s потеря в зарплате

non-payment of ~s невыплата зарплаты

rise in ~s повышение зарплаты

squeeze on ~s уменьшение зарплаты

wage II *v* вести, проводить, осуществлять

to ~ a campaign проводить кампанию

to ~ war on *smb* вести войну против *кого-л.*

wage-freeze *n* замораживание зарплаты

to introduce a partial ~ вводить частичное замораживание зарплаты

wage-labor *n* наемный труд

wage-leveling *n* уравниловка в оплате труда

wage-pegging *n* замораживание зарплаты

wage-work *n* наемный труд

wagon *n* (авто)фургон

meat ~ *брит. тюремн. жарг.* специальный автофургон для перевозки заключенных

skunk ~ *полиц. жарг.* полицейская автомашина

wait *n* ожидание

to lie in ~ сидеть в засаде

waive *v* отказываться *(от права и т.п.)*

waiver *n* отказ *(от прав и т.п.)*

wake *v* будить, пробуждать

to ~ *smb* **to** *smth* заставлять *кого-л.* обратить внимание на *какое-л.* тревожное событие

walk I *n* ходьба; прогулка; поход

cake ~ увеселительная прогулка

charity ~ поход с благотворительной целью

peace ~ поход/марш мира

space ~ выход в открытый космос

to take a ~ *полит. жарг.* выходить из партии в знак несогласия с ее политикой

people from all ~s of life представители всех слоев общества

the war will not be a cake ~ эта война не будет легкой и быстрой

walk II *v* ходить

to ~ out 1) выходить; покидать *(помещение и т.п.)* **2)** бастовать

the delegates ~ed out in protest делегаты покинули зал заседаний/вышли из зала заседаний в знак протеста

the workers are threatening to ~ рабочие грозят забастовкой

walkout *n* **1.** демонстративный уход из зала заседаний *или* выход из организации в знак протеста **2.** забастовка

national ~ всеобщая забастовка

to stage a ~ 1) демонстративно покидать заседание **2)** устраивать забастовку

walkover *n* **1.** легкая победа **2.** страна, которую легко победить
~ at the general election легкая победа на всеобщих выборах
wall *n* стена
human ~ человеческая цепь
non-tariff ~ нетарифный барьер
the Berlin W. *ист.* Берлинская стена *(пограничные сооружения на границе ГДР с Западным Берлином)*
the Great W. Великая китайская стена
to breach the Berlin W. пробивать Берлинскую стену
to form a human ~ образовывать человеческую цепь
tumbling down of the Berlin W. крушение Берлинской стены
want I *n* **1.** недостаток, нужда, бедность **2.** необходимость, потребность
~ of goods нехватка, дефицит товаров
~ of money нехватка денег
acute ~ острая нужда
consumer ~s потребительские запросы
daily ~s насущные потребности
economic ~ экономическая нужда
human ~s человеческие потребности
immediate ~s насущные потребности
necessary ~ необходимая потребность
physical ~s физические потребности
social ~s общественные потребности
to be in ~ of *smth* нуждаться в *чем-л.*
to experience acute ~ испытывать острую нужду
to fall into ~ впадать в нищету
to live in ~ жить в бедности/в нужде
to satisfy *smb's* **~s** удовлетворять *чьи-л.* потребности
want II *v (smb)* разыскивать *кого-л.*
wantage *n* нехватка; недостаток; недостающее количество
wanted *a* разыскиваемый *(полицией)*
~ for extradition разыскиваемый для высылки из страны
to be ~ by police разыскиваться полицией
he is ~ in connection with *smth* его разыскивают в связи с *чем-л.*
war I *n* война, боевые/военные действия; борьба
~ against illiteracy борьба с неграмотностью
~ against poverty борьба с бедностью
~ against the use of drugs кампания против употребления наркотиков
W. between the States *ист.* Гражданская война в США *(между Севером и Югом; 1861-1865 гг.)*
~ by proxy война чужими руками
~ drags on война тянется
~ escalated война усилилась
~ has broken out война разразилась
~ has devastated much of the country война опустошила значительную часть страны

~ has flared up again снова вспыхнула война
W. in the Gulf война в Персидском заливе *(1991 г.)*
~ is as good as over война фактически закончена
~ is at a halt война прекратилась
~ is at an end война заканчивается
~ is effectively over война фактически окончена
~ is entering a new phase война вступает в новую фазу
~ is going to carry on война будет продолжаться
~ is imminent/is looming надвигается война
~ is petering out война затухает
~ is the last resort война – последнее средство
~ is unacceptable война неприемлема
~ knew no bounds война не знала границ
~ of aggression агрессивная война
W. of American Independence война за независимость в США *(1775 – 1783 гг.)*
~ of attrition война на истощение
~ of conquest захватническая война
~ of diplomatic attrition дипломатическая война на истощение *(затяжной дипломатический конфликт)*
~ of extermination/extinction/genocide беспощадная война, война на истребление/уничтожение
~ of liberation освободительная война
~ of nerves война нервов; психологическая война
~ of secession война с целью отделения от государства
~ of the cities «война городов» *(бомбардировка и ракетный обстрел городов)*
~ of words словесная война *(обмен враждебными заявлениями)*
~ on drugs борьба с наркобизнесом и наркоманией
~ on terror война против террора
~ on two fronts война на два фронта
~ remains intense война не затихает
~ spills over война распространяется
~ to end all ~s война, которая должна положить конец всем войнам
~ to the end/to finish война до победного конца
~ to the knife борьба не на жизнь, а на смерть
~ will leave no victors победителей в войне не будет
~ without end бесконечная война
~ would be catastrophic война была бы катастрофичной/имела бы катастрофические последствия
accidental ~ война, вспыхнувшая в результате случайности
Afghan ~ афганская война *(гражданская война в Афганистане, начавшаяся в 1978 г.,*

участие советских войск — с декабря 1979 г. по февраль 1989 г.)

aggressive ~ агрессивная война, военная агрессия

air ~ воздушная война, война в воздухе

all-out ~ полномасштабная/тотальная война

annexionist ~ захватническая война

atomic ~ атомная война

bacteriological ~ бактериологическая война

bitter ~ ожесточенная война

bloody ~ кровопролитная война

border ~ приграничная война

brutal ~ жестокая война

camps ~ вооруженные стычки вокруг лагерей беженцев

central ~ всеобщая война

civil ~ гражданская война

clandestine ~ тайная война

class ~ классовая война

Cod Wars брит. «тресковые войны» (за право рыболовства в прибрежных водах другого государства)

cold ~ ист. холодная война

colonial ~ колониальная война

contained ~ боевые действия местного значения; война локального характера

controlled counterforce ~ воен. жарг. ядерное нападение, при котором будут уничтожены войска противника, но теоретически не должны пострадать города и их население

conventional ~ война с применением обычных видов оружия

cosmic ~ космическая война

costly ~ дорогостоящая война

counterinsurgency ~ боевые действия против партизан/мятежников

crack ~ конкурентная война между торговцами наркотиками

crime ~ волна преступности

criminal ~ преступная война

cruel ~ жестокая война

currency ~ валютная война

de facto ~ фактическое состояние войны

defensive ~ оборонительная война

desperate ~ ожесточенная война

destructive ~ разрушительная война

deterring ~ война с целью сдерживания

devastating ~ опустошительная война

dirty ~ грязная война

divisive ~ война, вызывающая разногласия

drawn-out ~ длительная/затяжная/затянувшаяся война

drug ~ конкурентная война между торговцами наркотиками

dynastic ~s династические войны

economic ~ экономическая война

enduring ~ длительная/затяжная/затянувшаяся война

explicit ~ открытая война

exterminatory ~ беспощадная война, война на истребление/уничтожение

factional ~ война между политическими группировками, междоусобица

fierce ~ ожесточенная война

First World W., the Первая мировая война

fratricidal ~ братоубийственная война

full/full-fledged/full-scale ~ полномасштабная война

gang ~ война между преступными группировками; бандитские разборки

general/global ~ всеобщая/мировая война

Great Patriotic W., the Великая Отечественная война (1941-45 гг.)

Great W. Первая мировая война

ground ~ наземная война

guerrilla ~ партизанская война

Gulf W., the война в Персидском заливе (1991 г.)

hidden ~ скрытая война

holy ~ священная война

hot ~ война с применением оружия

ideological ~ идеологическая война

inadvertent ~ случайная война; война, вспыхнувшая в результате случайности

inconclusive ~ безрезультатная война

independence ~ война за независимость

insurrectionary ~ повстанческая война

intensified ~ усиливающаяся война

interminable ~ бесконечно длящаяся/затяжная/нескончаемая война

internecine ~ междоусобная война

jamming ~ война в эфире, заглушение радиопередач

just ~ справедливая война

land ~ война на суше; сухопутная война

large-scale ~ большая/крупномасштабная/широкомасштабная война; крупный военный конфликт

latent ~ незаметная война

liberation ~ освободительная война

limited ~ ограниченная война

"limited" nuclear ~ «ограниченная» ядерная война

local ~ локальная война

lone ~ война в одиночку/без союзников

long/long-running ~ продолжительная/длительная/затянувшаяся война

lost ~ проигранная война

major/massive ~ большая/крупномасштабная/широкомасштабная война; крупный военный конфликт

missile ~ ракетная война (обмен ракетными ударами)

missile and nuclear ~ ракетно-ядерная война

monetary and financial ~ валютно-финансовая война

murderous ~ кровопролитная война

national ~ национальная война

national liberation ~ национально-освободительная война

naval ~ война/военные действия на море

newspaper ~ газетная война

nonatomic ~ война без использования атомного оружия

nonnuclear ~ неядерная война
nuclear/nuke ~ ядерная война
nuclear-missile ~ ракетно-ядерная война
offensive ~ наступательная война
ongoing ~ идущая война
open ~ неприкрытая война
people's ~ народная война
people's liberation ~ народно-освободительная война
permanent ~ постоянная война
phony ~ *ист.* «странная война» *(период Второй мировой войны от сентября 1939 г. до мая 1940 г.)*
pocket ~ «карманная»/локальная война
positional ~ позиционная война
predatory ~ грабительская/хищническая война
preventive ~ превентивная война
price ~ война цен
progressive ~ прогрессивная война
prolonged ~ длительная/затяжная/затянувшаяся война
propagander ~ пропагандистская война
protracted ~ длительная/затяжная/затянувшаяся война
proxy ~ война чужими руками
psychological ~ психологическая война
race ~ расовая война
restricted ~ ограниченный военный конфликт
revolutionary ~ революционная война
ruinous ~ разорительная война
ruthless ~ жестокая война
sacred ~ священная война
savage ~ беспощадная война
secret ~ тайная война
shooting ~ война с применением оружия
Six-day ~ «шестидневная война» *(между Израилем и его арабскими соседями в 1967 г.)*
star ~s «звездные войны»
strategic ~ стратегическая война
sustained ~ длительная/затяжная/затянувшаяся война
Second World W., the Вторая мировая война
Tanker ~ «танкерная война» *(попытка помешать проходу танкеров через Персидский залив в ходе ирано-иракской войны)*
tariff ~ таможенная/тарифная война
thermonuclear ~ термоядерная война
three-cornered ~ война между тремя сторонами
total ~ тотальная война
trade ~ торговая война
tribal ~ межплеменная война
undeclared ~ необъявленная война; война, начатая без объявления
union recruitment ~ война профсоюзов с предпринимателями за право вовлечения новых членов
universal ~ мировая война
unjust ~ несправедливая война
unwinnable ~ война, в которой нельзя победить

vengeful ~ реваншистская война
wasting ~ опустошительная война
white ~ война без кровопролития; экономическая война
wide ~ широкомасштабная война
winnable ~ война, в которой можно победить
world ~ мировая война
World W. I Первая мировая война
World W. II Вторая мировая война
to abolish ~ уничтожать войны; устранять возможность возникновения войны
to accelerate the ~ форсировать военные действия
to accelerate towards ~ ускоренно двигаться к войне
to assess the ~ определять положение на фронтах войны
to authorize ~ санкционировать войну
to avert a ~ предотвращать войну; избегать войны
to avoid ~ избегать войны
to ban ~ запрещать войну
to banish ~s искоренять войны
to be at ~ with a country быть/находиться в состоянии войны с *какой-л.* страной
to be dead against ~ быть категорически против войны
to be embroiled/engulfed in ~ быть втянутым в войну
to be free from ~ быть избавленным от войн
to be in a state of ~ with a country быть/находиться в состоянии войны с *какой-л.* страной
to be in the ~ участвовать в войне
to be plunged into a ~ быть ввергнутым в войну
to be sucked into a ~ быть втянутым в войну
to be through the ~ пережить войну
to bear the brunt of ~ выносить основную тяжесть войны
to begin a ~ начинать/развязывать войну
to bomb a country into the ~ посредством бомбардировок спровоцировать вступление страны в войну
to break the ~ заканчивать/прекращать войну, добиваться окончания войны, положить конец войне
to bring a country into the ~ втягивать страну в войну
to bring a country to the brink of ~ ставить страну на грань войны
to bring about a ~ вызывать войну
to bring the ~ to a close заканчивать/прекращать войну, добиваться окончания войны, положить конец войне
to call for an early end to the ~ призывать к скорейшему окончанию войны
to carry the ~ into the enemy's country переносить военные действия на территорию противника
to change the course of the ~ изменять ход войны

to come out of ~ выходить из войны *(в каком-л. состоянии: ослабленным, победителем)*

to come to the verge of nuclear ~ подходить к грани ядерной войны

to commit brutal acts of ~ совершать зверские военные преступления

to complete the ~ завершать войну

to conduct ~ вести войну, воевать

to contribute to reducing the danger of ~ содействовать уменьшению опасности войны

to decide *smth* **by** ~ решать *что-л.* военными средствами

to declare ~ **on/upon a country** объявлять войну *какой-л.* стране

to declare a state of ~ объявлять состояние войны

to deescalate the ~ ослаблять военную конфронтацию

to defuse a ~ урегулировать военный конфликт; разряжать взрывоопасную обстановку

to deter ~ сдерживать развязывание войны

to die at/in ~ погибать на войне

to direct a ~ руководить военными действиями

to disengage from a ~ выходить из войны *(напр., подписав договор о прекращении войны)*

to drag/to draw a country into a ~ втягивать страну в войну

to drift into a ~ скатываться к войне

to eliminate the menace/threat of ~ устранять угрозу войны

to emerge from ~ выходить из войны *(в каком-л. состоянии: ослабленным, победителем)*

to end the ~ **by diplomacy** прекращать войну с помощью дипломатии

to enrich *oneself* **out of the** ~ наживаться на войне

to enter into the ~ вступать в войну

to escalate the world into a ~ ввергать человечество в войну

to exclude ~ исключать войну

to face ~ находиться под угрозой войны

to fan ~ разжигать войну

to fight ~ вести войну, воевать

to fight a ~ **on behalf of the United Nations** вести войну от имени ООН

to fight a proxy ~ воевать чужими руками

to fight other people's ~**s** воевать за других, участвовать в чужой войне

to finance the ~ финансировать войну

to flee the ~ быть беженцем войны

to foment ~ разжигать войну

to force a ~ **on/upon** *smb* навязывать войну *кому-л.*

to fuel a ~ раздувать войну, подогревать военный конфликт

to go to ~ вступать в войну, начинать войну, отправляться на войну, участвовать в войне

to go to ~ **with a country over** *smth* начинать войну со страной из-за *чего-л.*

to head off a ~ предотвращать войну

to heal the wounds of ~ залечивать раны, нанесенные войной

to impose a ~ **on/upon** *smb* навязывать войну *кому-л.*

to inch towards ~ постепенно сползать к войне

to incite a ~ разжигать войну

to initiate a ~ начинать/развязывать войну

to instigate a ~ провоцировать военный конфликт/войну

to involve a country in a ~ втягивать страну в войну

to keep a country out of the ~ удерживать страну от вступления в войну

to keep the ~ **going** продолжать войну

to know the price of ~ знать не понаслышке, что такое война

to launch a ~ начинать/развязывать войну

to legitimize the ~ узаконивать войну

to lessen the threat of a new ~ уменьшать угрозу новой войны

to levy a ~ **on/upon** *smb* навязывать войну *кому-л.*

to lose the ~ проиграть войну

to make ~ вести войну

to make money out of the ~ наживаться на войне

to mark the end of the cold ~ ознаменовать конец холодной войны

to mediate an end to the ~ посредничать в деле прекращения войны

to menace ~ угрожать/грозить войной

to negotiate an end to the ~ вести переговоры об окончании войны

to open a ~ начинать/развязывать войну

to oppose ~ выступать против войны

to opt out of ~ предпочитать не ввязываться в войну

to outlaw ~ объявлять войну вне закона

to plot a ~ готовить войну

to plunge *smb* **into a** ~ ввергать *кого-л.* в войну

to preempt a ~ наносить упреждающий удар

to prevent a ~ предотвращать войну, не допускать развязывание войны

to proclaim ~ объявлять войну

to prolong the ~ **indefinitely** затягивать войну на неопределенный срок

to promote the cause of ~ способствовать делу войны

to propel a country towards a civil ~ подталкивать страну к гражданской войне

to prosecute a ~ вести войну

to provoke a ~ спровоцировать военный конфликт/войну

to pursue ~ продолжать войну

to pursue a ~ **to the end** вести войну до победного конца

to push *smb* **towards** ~ подталкивать/толкать *кого-л.* к войне to put a seal on the end of the cold ~ ставить точку в холодной войне

to put an end to the ~ положить конец войне

to reduce the risk of ~ уменьшать опасность возникновения войны

to reject any arbitration/mediation in the ~ отклонять любое посредничество в деле прекращения войны

to remove the danger of ~ устранять опасность войны

to renew the ~ возобновлять войну

to repair the ravages caused by the ~ ликвидировать разруху, причиненную войной; восстанавливать разрушенное войной

to resolve a ~ разрешать/урегулировать военный конфликт

to resort to ~ прибегать к войне

to revise smb's attitude to ~ пересматривать свое отношение к войне

to revive the cold ~ возрождать холодную войну

to rise up a holy ~ against foreign invaders подниматься на священную войну против иностранных захватчиков

to rush into ~ спешить вступить в войну

to sanction the waging of ~ санкционировать ведение войны

to save succeeding generations from the scourges of ~ спасать последующие поколения от ужасов войны

to scrap star ~s отказываться от «звездных войн»

to see the ~ through to the end доводить войну до конца

to settle/to solve a ~ разрешать/урегулировать военный конфликт

to sit out a ~ отсиживаться в тылу во время войны

to slide to a civil ~ сползать/скатываться к гражданской войне (о стране)

to spark off a ~ служить толчком к войне

to spread the flames of ~ over a country распространять пламя войны на страну

to start ~ by accident начинать войну из-за случайности

to stave off the threat of ~ отодвигать угрозу новой войны

to steel oneself for a ~ of attrition собираться с силами для войны на истощение

to steer the country into a ~ вовлекать страну в войну

to stem the crime ~ останавливать войну преступных группировок

to step up a ~ усиливать войну

to stir up a ~ разжигать войну

to stoke up a ~ раздувать войну, подогревать военный конфликт

to stop the ~ заканчивать/прекращать войну, добиваться окончания войны, положить конец войне

to sustain the ~ on several fronts выдерживать войну на нескольких фронтах

to take the country to ~ объявлять состояние войны

to terminate the state of ~ прекращать состояние войны

to think through the consequences of the ~ обдумывать последствия войны

to thirst for ~ жаждать войны

to threaten smb with ~ угрожать кому-л. войной

to translate a ~ of words into a real ~ превращать словесную войну в настоящую

to trigger ~ служить толчком к войне

to unleash a ~ начинать/развязывать войну

to use ~ прибегать к войне

to wage ~ вести войну, воевать

to whip up a ~ разжигать войну

to widen the ~ расширять военный конфликт

to win a ~ выигрывать войну

to win the ~ at the negotiating table выигрывать войну за столом переговоров

to win the ~ on the battlefield выигрывать войну на поле боя

to wind down the ~ заканчивать войну

to withdraw from a ~ выходить из войны (напр. подписав договор о прекращении войны)

abolition of ~ искоренение/ликвидация войны

aftermath of the ~ последствия войны

alternative to ~ альтернатива войне

announcement of ~ объявление войны

art of ~ военное искусство

at the height of ~ в разгар войны

at times of ~ в военное время

atrocities of ~ зверства/ужасы войны

breathing space in a ~ передышка в войне

brunt of ~ основная тяжесть войны

brutal methods of ~ варварские методы ведения войны

causes of ~ причины войны

cessation of the ~ прекращение войны

collapse of the cold ~ крах холодной войны

conduct of ~ ведение военных действий/войны

containment of the ~ сдерживание войны

country blighted by ~ страна, разоренная войной

country in the throes of a civil ~ страна, раздираемая гражданской войной

country of ~ воюющая страна

country's involvement in the ~ участие страны в войне

danger of ~ опасность войны

declaration of ~ объявление войны

declared state of ~ официально объявленное состояние войны

devastation of the ~ опустошение войной

dogs of ~ ужасы войны

effects of ~ последствия войны

end of/to the ~ прекращение войны

entry into ~ вступление в войну

escalation in/of the ~ эскалация военных действий

Europe has been through ~s в Европе было немало войн

experience of ~ опыт войны

feats of ~ 1) военные обязанности 2) военное обучение

final phase of the ~ последняя стадия/фаза войны, последний этап войны

flare-up of the ~ вспышка войны

from before the ~ с довоенного времени

gravity of the ~ тяготы войны

horrors of ~ ужасы войны

hotbed of ~ очаг войны

implements of ~ боевые средства, орудия войны

in the ~ на войне

in the eve of the ~ накануне войны

in the wake of the ~ как последствие войны

initial indications of a ~ **coming** начальные признаки надвигающейся войны

intensive preparations for ~ усиленная подготовка к войне

level of ~ масштаб войны

means of ~ средства ведения войны

means of ending the ~ средства прекращения войны

menace of ~ угроза войны

nightmares of ~ ужасы войны

on the brink of/on the verge of ~ на грани войны

outbreak/outset of ~ начало войны

part of the country ravaged by ~ часть страны, разоренная войной

poised for ~ готовый к войне

policy of ~ политика войны

potential of ~ военный потенциал

preparations for ~ подготовка к войне

prevention of ~ недопущение войны

prisoner of ~ военнопленный

prosecution of ~ ведение войны

prospect of ~ вероятность/перспектива развязывания войны

rejection of ~s отказ от войн

rekindling of the ~ новое разжигание войны

relics of the cold ~ пережитки холодной войны

renunciation of ~s отказ от войн

scars of ~ раны, нанесенные войной

scourge of ~ бедствия, вызванные войной

sources of ~ истоки войны

spillover of the ~ распространение военного конфликта

state of ~ состояние войны

strain of the ~ трудности, вызванные войной

tantamount to declaring ~ равносильный объявлению войны

termination of ~ прекращение войны

the country is effectively at ~ страна фактически находится в состоянии войны

thirst for ~ жажда войны

threat of ~ угроза войны

unleashing of ~ развязывание войны

victim of ~ жертва войны

withdrawal from ~ выход из войны

world without ~s мир без войн

war II *v* воевать

to ~ **down** *smth* завоевывать/покорять что-л.

to ~ **over** *smth* воевать по поводу/из-за чего-л.

war-cloud(s) *n* тучи войны; грозовой предвоенный период

ward *n* (городской) избирательный округ

~ **heeler** мелкий политикан, «прислужник политического босса»

to contest a ~ вести предвыборную борьбу в масштабах района большого города

warden *n* **1.** начальник, заведующий **2.** начальник тюрьмы

air-raid ~ уполномоченный гражданской обороны

warder *n* надзиратель; тюремщик

prison ~ тюремщик

warfare *n* война; боевые действия; способ ведения войны

anti-guerrilla ~ боевые действия против партизан

anti-submarine ~ противолодочная оборона, ПЛО

atomic ~ атомная война

bacteriological ~ бактериологическая война

barbarous ~ варварские методы ведения войны

biological ~ биологическая война

bush ~ партизанская война

chemical ~ химическая война

conventional ~ война с помощью обычного оружия

counterguerrilla ~ боевые действия против партизан

counterrevolutionary ~ контрреволюционная война

covert ~ тайная война

ecological ~ экологическая война (*воздействие на окружающую среду в военных целях*)

economic ~ торговая/экономическая война

environmental ~ экологическая война (*воздействие на окружающую среду в военных целях*)

germ ~ бактериологическая война

global ~ глобальная война

guerrilla ~ партизанская война

maneuver ~ маневренная война

meteorological ~ метеорологическая война

minor ~ локальная война

mobile ~ маневренная война

naval ~ война на море

nuclear ~ ядерная война

out-and-out ~ полномасштабная война

partisan ~ партизанская война

petty ~ малая/ограниченная война

political ~ политическая война

price ~ «война цен»

psychological ~ психологическая война

radiological ~ радиологическая война

space ~ война в космосе

strategic ~ стратегическая война

submarine ~ подводная война

trench ~ позиционная война

tribal ~ межплеменная война

triphibious ~ ведение войны на суше, море и в воздухе

U-boat/undersea ~ подводная война

unrestricted ~ неограниченная война

to conduct ~ вести войну/боевые действия

to transform ~ изменять характер войны

to wage ~ вести войну/боевые действия

conduct of ~ ведение военных действий

inhuman methods of ~ бесчеловечные методы ведения войны

means of ~ средства войны, военные средства

radiological methods of ~ радиологические средства ведения войны

rules of ~ правила ведения войны

war-fighting *n воен. жарг.* нанесение ядерного удара

war-free *a* гарантированный от войны, без войн *(о континенте)*

wargame *n* военная игра

warhead *n воен.* боеголовка

chemical ~ химическая боеголовка; боеголовка с отравляющим веществом/ОВ

conventional ~ обычная *(неядерная)* боеголовка

nuclear ~ ядерная боеголовка

to abolish ~s уничтожать боеголовки

to carry a nuclear ~ нести ядерную боеголовку

to have nuclear ~s **on board** иметь на борту ядерное оружие

war-hungry *a* жаждущий войны

warlike *a* воинственный

warlord *n* полководец, военачальник

renegade ~ мятежный полевой командир

warming *n* потепление

global ~ глобальное потепление

warmonger *n* поджигатель войны

war-mongering *n* милитаристская политика, разжигание военной истерии, подстрекательство к войне

warmth *n* тепло, теплота

growing ~ **between** *smb* потепление в отношениях между *кем-л.*

warn *v (smb)* предостерегать, предупреждать *(кого-л.)*

to ~ **solemnly** серьезно предупреждать

warning *n* предупреждение, предостережение

blunt ~ недвусмысленное предупреждение

bomb ~ предупреждение о подложенной бомбе

brazen ~ наглая угроза

early ~ заблаговременное предупреждение

explicit ~ ясное предупреждение

final ~ **to the extremists** последнее предупреждение экстремистам

fresh ~ новое предупреждение

Miranda ~ *амер. юр.* сообщение задержанному о его конституционных правах *(таких как право хранить молчание, право на адвоката и т.д. Эти права были сформулированы Верховным судом США в деле «Миранда против штата Аризона», 1966 г.)*

ominous ~ зловещее предупреждение

repeated ~s неоднократные предупреждения

serious ~ серьезное предупреждение

strategic ~ *воен. жарг.* предупреждение о ядерном нападении

strong ~ серьезное предупреждение

tactical ~ *воен. жарг.* тактическое оповещение *(оповещение о предстоящей ядерной войне в последний день, час или даже минуту)*

terror ~ предупреждение о готовящемся террористическом акте

veiled ~ скрытая угроза

timely ~ **to** *smb* своевременное предупреждение *кому-л.*

tough ~ суровое предупреждение

urgent ~ настоятельное предостережение

to fire shots as a ~ делать предупредительные выстрелы

to give a ~ **(to** *smb***)** делать предупреждение *(кому-л.)*

to give a ~ **to other countries not to interfere in** *smth* предупреждать другие страны не вмешиваться во *что-л.*

to ignore a ~ игнорировать предупреждение

to issue a ~ **(to)** делать предупреждение

despite repeated ~s несмотря на неоднократные предупреждения

without prior ~ без предупреждения

warplane *n* военный самолет

warrant I *n* **1.** оправдание *(чего-л.)*; гарантия; подтверждение **2.** ордер; судебное распоряжение

~ **for the arrest of** *smb* ордер на арест *кого-л.*

arrest ~ ордер на арест

death ~ смертный приговор

extradition ~ ордер на выдачу/экстрадицию преступника

international arrest ~ международный ордер на арест

search ~ ордер на обыск

to issue an arrest ~ выдавать ордер на *(чей-л.)* арест

to sign *one's* **own death** ~ подписывать себе смертный приговор

the arrest ~ **remains in force** ордер на арест сохраняет силу/остается в силе

warrant II *v* **1.** ручаться; гарантировать **2.** оправдывать

warrantee *n юр.* лицо, которому дается гарантия

warrantor *n* гарант, поручитель
warrior *n* воин
  cold ~ сторонник холодной войны
  weekend ~ резервист, отбывающий воинскую повинность по выходным
warship *n* военный корабль
  ~ carrying nuclear weapons военный корабль с ядерным оружием на борту
  nuclear(-armed) ~ военный корабль с ядерным оружием на борту
  nuclear-powered ~ военный корабль с атомной двигательной установкой
  to inspect ~s for missiles проверять наличие ракет на военных кораблях
  buildup of ~s сосредоточение военных кораблей
war-style *a* милитаристский
wartime I *n* военное время
  in ~ во время войны
wartime II *a* времен войны, военного времени
war-torn *a* раздираемый войной
war-weary *a* уставший от войны
Washington *n* Вашингтон *(столица США)*
  political ~ вашингтонские политики
wastage *n* потери; отходы; утечка
waste I *n* 1. ущерб, убыток; расточительство 2. отходы
  ~ of labor непроизводительный труд
  ~ of material расточительство материалов
  ~ of resources расточительство ресурсов
  chemical ~ химические отходы
  economic ~ потери в экономике, расточительство
  hazardous ~ опасные высокотоксичные отходы
  industrial ~ производственные отходы; промышленные выбросы
  nuclear ~ ядерные отходы
  radioactive ~ радиоактивные отходы
  noxious/poisonous/toxic ~ ядовитые отходы
  to dispose of the ~ избавляться от отходов
  to dump nuclear ~ into the sea сбрасывать радиоактивные отходы в море
  to dump ~ illegally незаконно сваливать радиоактивные отходы
  to get rid of ~s избавляться от отходов
  to incinerate toxic ~ сжигать высокотоксичные отходы
  to root out ~ искоренять ненужные траты
  to utilize industrial ~s перерабатывать/использовать отходы производства
  disposal of nuclear ~ захоронение радиоактивных отходов
  dump for nuclear ~ свалка для ядерных отходов
  dumping of ~ сброс отходов
  dustbin for the world's ~ свалка для радиоактивных и высокотоксичных отходов всего мира
  repository for nuclear ~ место захоронения радиоактивных отходов

  shipment of toxic ~ перевозка высокотоксичных отходов
  utilization of ~ использование отходов
waste II *v* тратить зря; расточать
wastefulness *n* расточительство
watch *n* наблюдение
  Africa W. «Африка уотч» *(организация, следящая за соблюдением прав человека в Африке)*
  Asia W. «Эйжа уотч» *(организация, следящая за соблюдением прав человека в Азии)*
  Conventional-Wisdom W. данные опроса общественного мнения
  Human Rights W. «Наблюдение за соблюдением прав человека» *(частная американская организация, следящая за соблюдением прав человека)*
  Middle East W. «Миддл ист уотч» *(группа, следящая за соблюдением прав человека на Среднем Востоке)*
  World Weather W. Всемирная служба погоды
  to keep a close ~ on *smb/smth* вести тщательное наблюдение за кем-л./чем-л.
  to keep a ~ on what's happening следить за развитием событий
watchdog *n разг.* 1. наблюдатель 2. комиссия, следящая за соблюдением *чего-л.*
  human rights ~ комиссия по правам человека; комиссия, следящая за соблюдением прав человека
watcher *n* наблюдатель
  China ~ *разг.* специалист по вопросам Китая
  poll ~ наблюдатель на выборах
  royal ~ специалист по вопросам монархии
  United Nations ~ специалист по деятельности ООН
  to assign poll ~s to a voting precinct прикреплять наблюдателей к избирательному участку
watchpot *n правит. жарг.* «горячая точка» *(очаг напряженности)*
watchword *n* призыв, клич; пароль
water *n* вода; *pl* воды
  boundary ~s пограничные воды
  coastal ~s прибрежные воды
  disputed ~s спорные воды
  fishing ~s рыболовная зона
  historic ~s исторические воды
  inland/internal ~s внутренние воды
  land-locked ~s внутренние воды
  international ~s международные воды
  neutral ~s нейтральные воды
  territorial ~s территориальные воды
  troubled political ~s политические неприятности
  to be in deep political ~ быть в политически опасном положении
  to enter the disputed ~s входить в спорные воды
  to fish in troubled ~s *перен.* ловить рыбку в мутной воде

to infiltrate a country's territorial ~s проникать в территориальные воды страны

to invade the territorial ~s of a state вторгаться/проникать в территориальные воды *какого-л.* государства

to move through difficult ~s преодолевать значительные трудности

to pour cold ~ on *smth* критиковать *что-л.*

to reach international ~s достигать международных вод

to stay out of a country's territorial ~s не нарушать территориальные воды страны

to steer a country through stormy ~s вести страну через бури и потрясения

to violate the territorial ~s of a country нарушать территориальные воды страны

free passage in international ~s свобода мореплавания в международных водах

in international ~s в международных водах

resumption of mining in international ~s возобновление минирования в международных водах

within *smb's* **territorial ~s** в *чьих-л.* территориальных водах

water-cannon *n* водомет; водяная пушка

to fire ~ применять водомет

Watergate *n ист.* **1.** «Уотергейт» *(название гостиницы в Вашингтоне, где были установлены подслушивающие устройства)* **2.** политический скандал в США с участием высших должностных лиц

pro-W. приверженец тактики скандала

Watergatism *n* политика Уотергейта

watershed *n* **1.** водораздел **2.** *перен.* переломный момент, поворотный пункт

~ in a country's political history поворотный пункт в политической истории страны

to mark a ~ in the life of the people знаменовать собой поворотный пункт/являться поворотным пунктом в жизни народа

to reach a ~ достигать поворотного пункта *(в переговорах, в отношениях и т.п.)*

waterway *n* водный путь

wave *n* волна

~ of dissent рост числа несогласных с официальной политикой

~ of unrest волна беспорядков

crime ~ волна преступности

strike ~ волна забастовок

way *n* путь; дорога; направление; способ; манера; средство; область

~s and means пути и способы/средства

~s and procedures пути и методы

~ of life/living образ жизни

~ out выход из положения

alternative ~s альтернативные пути/средства

folksy ~s простецкие манеры

legal ~ легальный путь

to act in a collaborative ~ действовать в духе сотрудничества

to be at the historical parting of the ~s быть на историческом перепутье

to block the ~ to aggression преграждать путь агрессии

to bulldoze *one's* **~ to greater power** прокладывать себе дорогу к еще большей власти

to clear the ~ to *smth* расчищать путь к *чему-л.*

to fight *one's* **~** с боем прокладывать себе дорогу

to find a middle ~ находить компромиссный путь

to force *one's* **~ into an office** вламываться в служебное помещение

to get out of *one's* **~** из кожи вон лезть

to give ~ 1) уступать **2)** падать *(о ценах)*

to lead the ~ вести за собой, идти во главе; быть застрельщиком

to mend *one's* **~s** исправляться

to open the ~ for *smth* открывать путь *чему-л.*

to pave the ~ to *smth* прокладывать путь к *чему-л.*

to pay *one's* **~** быть выгодным/рентабельным; окупаться, оправдывать себя

to stand in the ~ of *smth* быть препятствием для *чего-л.*

administrative ~ of working административный метод, администрирование

economic ~ of working экономические методы хозяйствования

face-saving ~ out выход с сохранением престижа

national and religious ~ of life национально-религиозный уклад

new ~ of thinking новое мышление

wayside *n* обочина *(дороги)*

to be left by the ~ *перен.* выбыть из предвыборного марафона

weak *a* слабый

to be ~er упасть в цене

weaken *v* **1.** ослаблять **2.** падать в цене

weakness *n* слабость

sign of ~ признак слабости

wealth *n* богатство, изобилие; ценности

accumulated ~ накопленное богатство

cultural ~ духовное богатство

immaterial ~ нематериальное богатство *(авторитет, репутация фирмы и т.п.)*

material ~ материальное богатство, материальные ценности

mineral ~ минеральные богатства/ресурсы

national ~ всенародное достояние, национальное богатство

natural ~ природные богатства/ресурсы

overall ~ совокупные ресурсы

personal ~ личное имущество

public ~ общественное богатство

spiritual ~ духовное богатство

tangible ~ материальное богатство, материальные ценности

to increase ~ увеличивать богатство

to redistribute a country's ~ перераспределять богатства страны

comprehensive use/utilization of natural ~ комплексное использование природных богатств

conspicuous ~ amid great poverty колоссальные богатства среди огромной нищеты

distribution of material ~ распределение материальных благ

effective use of natural ~ эффективное использование природных богатств

wasteful exploitation of natural ~ хищническое использование природных богатств

the ~ of the country is in the hands of a few богатство страны сосредоточено в руках горстки людей

wealthy I *n* богатые; богачи

wealth/y II *a* богатый

absolutely far ~ier в абсолютных цифрах намного богаче

weapon *n* 1. оружие; вооружение 2. средство

~s at the ready оружие наизготовку

~ of blackmail орудие шантажа

~ of mass annihilation/extermination/total destruction оружие/средство массового поражения/уничтожения

~ of offence наступательное оружие

~s of war(fare) боевое оружие/вооружение

absolute ~ абсолютное средство

advanced ~ совершенное/современное оружие

accumulated ~s накопленные запасы оружия

air-launched nuclear ~s ядерное оружие воздушного базирования

American-made ~s оружие американского производства

American-supplied ~s оружие, поставленное Америкой

anti-missile ~ противоракетное оружие, оружие, ПРО

anti-satellite/ASAT ~ противоспутниковое оружие

atomic ~ атомное оружие

bacteriological ~s бактериологическое оружие

barbaric ~ варварское оружие

beam ~ лучевое/пучковое оружие

beam-directed energy ~ лучевое/пучковое оружие направленной энергии

binary ~ бинарное оружие

biological ~s биологическое оружие

captured ~ трофейное оружие

chemical ~s химическое оружие

complete(d) ~ полностью готовое оружие *(ядерное)*

conventional ~s обычное вооружение *(неядерное)*

cosmic ~ космическое оружие

counter-strike ~ оружие ответного удара

cruel ~s бесчеловечные виды оружия

dangerous ~ опасное оружие

deadly ~ смертоносное оружие

defense/defensive ~ оборонительное оружие

deterrent ~s оружие сдерживания/устрашения

devastating ~s оружие уничтожение

directed-energy beam ~ лучевое/пучковое оружие направленной энергии

first generation ~ оружие первого поколения

first-strike/first-use (nuclear) ~s (ядерное) оружие первого удара

fusion(-type) nuclear ~ термоядерное оружие

genetic ~ генетическое оружие

genocidal ~s оружие геноцида

germ ~s бактериологическое оружие

guided ~ управляемое оружие

high tech(nology) ~s высокотехничное вооружение

home-made ~s самодельное оружие

hydrogen ~ водородное оружие

horror ~s устрашающие виды оружия

ideological ~ идеологическое оружие

incoming ~s подлетающие ракеты

infrasonic/infrasound ~ инфразвуковое оружие

inhumane ~s антигуманные/бесчеловечные виды оружия

intercontinental ~s межконтинентальные виды оружия

makeshift ~s самодельное оружие

intermediate (range) ~ оружие средней дальности

land-launched nuclear ~s ядерное оружие наземного базирования

laser ~s лазерное оружие

lethal ~ смертоносное оружие

long-range ~s стратегическое оружие, оружие большого радиуса действия/большой дальности

major ~s основные виды оружия

mass destruction ~ оружие/средство массового поражения

medium-range ~ оружие средней дальности

minor ~s второстепенные виды оружия

modern ~s современные виды оружия

monstrous ~ чудовищное оружие

multipurpose ~ многоцелевое/универсальное оружие

nerve ~ оружие нервно-паралитического действия

neutron ~ нейтронное оружие

non-atomic ~s неатомное оружие

non-nuclear ~s неядерное оружие

nuclear ~s ядерное оружие

nuclear-missile ~s ракетно-ядерное оружие

neutron ~ нейтронное оружие

new-model/new-type ~s новые образцы/виды оружия

offensive ~s наступательное оружие

particle-beam ~s пучковое оружие

perfidious ~ вероломное оружие

poisonous ~s химическое оружие
political ~ политическое оружие/средство
potent/powerful ~ мощное оружие
precision ~ высокоточное/прецизионное оружие
price ~ использование цен в качестве орудия давления
ray ~ лучевое оружие; оружие лучевого поражения
retaliation/retaliatory ~ оружие для нанесения ответного удара
riot control ~s оружие, используемое полицией для подавления беспорядков
satellite laser ~ лазерное оружие спутникового базирования
sea-launched nuclear ~s ядерное оружие морского базирования
second generation ~ оружие второго поколения
secret ~ секретное оружие
short-range ~ оружие ближнего радиуса действия
smart ~s *воен. жарг.* высокоточное/прецизионное оружие
sophisticated ~s сложное современное оружие
space-based ~s оружие космического базирования
space-launched nuclear ~s ядерное оружие космического базирования
space ~s космическое оружие; космическое вооружение
specific ~s конкретные виды оружия
spiritual ~ духовное оружие
strategic ~s стратегическое оружие, оружие большого радиуса действия/большой дальности
strike ~s ударные вооружения
survivable ~s *воен. жарг.* «оружие, которое может уцелеть» *(ракеты, которые могут выдержать первый ядерный удар и быть использованы для ответного удара)*
superhigh-frequency ~s сверхвысокочастотное оружие
supersophisticated ~ сверхсложное современное вооружение
surprise ~ новый вид оружия
tactical ~ тактическое оружие
theatre nuclear ~s ядерное оружие театра военных действий
third generation ~ оружие третьего поколения
thermonuclear ~ термоядерное оружие
toxic ~ оружие токсического действия
toxin ~ токсинное оружие
treacherous ~ вероломное оружие
ultimate ~ абсолютное средство
unconventional ~s специальные виды вооружения
unmanned ~ оружие самонаведения; оружие, управляемое автоматически
untried ~ неиспробованное оружие

vengeful ~ орудие возмездия
X-ray laser ~ рентгеновское лазерное оружие
to abandon nuclear ~s отказываться от ядерного оружия
to abolish ~s ликвидировать оружие
to accept nuclear ~s **on** *one's* **territory** допускать размещение ядерного оружия на своей территории
to accumulate ~s накапливать оружие
to acquire nuclear ~s обзаводиться ядерным оружием
to allow nuclear ~s **into a country** допускать размещение ядерного оружия в *какой-л.* стране
to amass ~s накапливать оружие
to ban chemical ~s запрещать химическое оружие
to battle-test *one's* ~s проводить боевые испытания своего оружия
to block the supply of ~s **from ...** препятствовать поставкам оружия *откуда-л.*
to brandish nuclear ~s бряцать ядерным оружием
to buy ~s **from a country** закупать оружие у *какой-л.* страны
to carry ~s носить оружие
to carry nuclear ~s иметь ядерное оружие *(о самолете, судне)*
to cease testing thermonuclear ~s прекращать испытания термоядерного оружия
to check for ~s проверять наличие оружия
to condemn the use of chemical ~s осуждать применение химического оружия
to confiscate ~s конфисковать оружие
to construct ~s производить оружие
to counter the increased flow of ~s принимать ответные меры в связи с усилением притока вооружений
to curb nuclear ~s ограничивать распространение ядерного оружия
to cut ~s сокращать вооружения
to cut off ~s прекращать поставки оружия
to decommission some types ~s снимать с вооружения некоторые виды оружия
to deliver nuclear ~s доставлять/нести ядерное оружие
to deploy nuclear ~s развертывать ядерное оружие
to destroy ~s ликвидировать/уничтожать оружие
to deter the future use of chemical ~s удерживать государства от применения в будущем химического оружия
to develop ~s разрабатывать оружие
to dismantle nuclear ~s демонтировать ядерное оружие
to eliminate ~s ликвидировать оружие
to eliminate nuclear ~s **from a territory** убирать ядерное оружие с *какой-л.* территории
to employ chemical ~s применять химическое оружие

to forego the future use of chemical ~s отказываться от применения химического оружия в будущем

to freeze the modernization of *one's* **~s** замораживать модернизацию оружия

to gain to nuclear ~s получать доступ к ядерному оружию

to get rid of all nuclear ~s полностью избавляться от ядерного оружия

to give *smb* **access to nuclear ~s** предоставлять *кому-л.* доступ к ядерному оружию

to guard against accidental *or* **unauthorized use of nuclear ~s** предупреждать/исключать случайное *или* несанкционированное применение ядерного оружия

to halt development, production and deployment of nuclear ~s прекращать разработку, производство и развертывание ядерного оружия

to halt the flow of ~s приостанавливать поток поставок оружия

to halve the number of *one's* **strategic nuclear ~s** сокращать наполовину объем своих стратегических ядерных вооружений

to hand in/over *one's* **~s** сдавать оружие

to have access to nuclear ~s иметь доступ к ядерному оружию

to impede the proliferation of nuclear ~s препятствовать распространению ядерного оружия

to keep ~s хранить/не сдавать оружие

to keep away the scourge of nuclear ~s стремиться избежать ядерной опасности

to lay down *one's* **~s** складывать оружие

to limit the spread of nuclear ~s ограничивать распространение ядерного оружия

to liquidate ~s ликвидировать оружие

to make ~s производить оружие

to make atomic ~s производить/создавать атомное оружие

to manufacture ~s производить оружие

to modernize ~s модернизировать оружие

to monitor chemical ~s устанавливать контроль/следить за наличием химического оружия

to negotiate ~s away/down договариваться о ликвидации оружия

to obtain access to nuclear ~s получать доступ к ядерному оружию

to pile up ~s накапливать оружие

to place nuclear ~s in a country размещать ядерное оружие в *какой-л.* стране

to possess nuclear ~s обладать ядерным оружием

to prevent the further spread of nuclear ~s предотвращать дальнейшее распространение ядерного оружия

to produce ~s производить оружие

to prohibit the use of chemical ~s запрещать использование химического оружия

to rattle nuclear ~s бряцать ядерным оружием

to reduce ~s сокращать вооружения

to remove ~s убирать оружие

to resort to ~s прибегать к оружию; пускать в ход оружие

to rid a country of ~s of mass destruction избавлять страну от оружия массового поражения

to rule out ~s of mass destruction исключать оружие массового поражения

to scrap ~s ликвидировать оружие

to search *smb* **for ~s** обыскивать *кого-л.* в поисках оружия

to seize quantities of ~s конфисковывать большое количество оружия

to ship ~s illegally to a country незаконно переправлять оружие в страну

to smuggle ~s into a country контрабандным путем доставлять оружие в страну

to stem the spread of nuclear ~s останавливать распространение ядерного оружия

to step up ~s production наращивать производство вооружений

to stockpile ~s накапливать оружие

to stop testing thermonuclear ~s прекращать испытания термоядерного оружия

to stop the spread of nuclear ~s останавливать распространение ядерного оружия

to strive for substantial reduction in strategic nuclear ~s добиваться существенного сокращения стратегических ядерных сил

to supply *smb* **with ~s** снабжать *кого-л.* оружием, поставлять оружие *кому-л.*

to surrender *one's* **~s** сдавать/складывать оружие

to take *one's* **strategic ~s off alert status** выводить свое стратегическое оружие из состояния повышенной боевой готовности

to test nuclear ~s испытывать ядерное оружие

to track down ~s of mass destruction обнаруживать оружие массового поражения

to trade ~s for hostages поставлять оружие в обмен на освобождение заложников

to turn in *one's* **~s** сдавать оружие

to uncover a large amount of ~s обнаруживать большое количество оружия

to unleash chemical ~s on a country атаковать страну с помощью химического оружия

to use ~s against *smb* использовать/применять ядерное оружие против *кого-л.*

to withdraw nuclear ~s (from a country) in two phases выводить ядерное оружие *(из какой-л. страны)* в два этапа

abolition of nuclear ~s отказ от ядерного оружия

alleged use of chemical ~s якобы имевшее место применение химического оружия

arsenals of ~s арсеналы оружия

authorized to carry ~s имеющий право на ношение оружие

ban on production of chemical ~s запрет на производство химического оружия

banning nuclear ~s from the sea bed запрет на размещение ядерного оружия на дне морей и океанов

cleared of nuclear ~s свободный от размещения ядерного оружия *(о территории)*

consignment of ~s партия оружия

covert stores of nuclear ~s секретные арсеналы ядерного оружия

cut(-back) in ~s сокращение вооружений

decommissioning of ~s сдача оружия

destruction of stockpiles of nuclear ~s уничтожение запасов ядерного оружия

development of ~s разработка оружия

elimination of ~s of mass destruction ликвидация оружия массового поражения

emplacement of nuclear ~s размещение ядерного оружия

handover of ~s сдача оружия

illegal possession of ~s незаконное хранение оружия

increase in ~s наращивание вооружений

knockoffs of American ~s оружие, изготовленное по образцу американского

limitation of nuclear ~s ограничение ядерного оружия

means of nuclear ~ delivery средства доставки ядерного оружия

mix of conventional and nuclear ~s сочетание обычных и ядерных вооружений

new generation of chemical ~s новое поколение химического оружия

nondissemination of nuclear ~s and knowledge нераспространение ядерного оружия и технологии его изготовления

nonproliferation of nuclear ~s нераспространение ядерного оружия

non-use of nuclear ~s неприменение ядерного оружия

output/production of ~s производство оружия

prohibition of chemical ~s запрет химического оружия

prohibition of development of new types and systems of ~s of mass destruction запрещение разработки новых видов и систем оружия массового поражения

proliferation of nuclear ~s распространение ядерного оружия

reduction in/of ~s сокращение вооружений

region bristling with ~s регион, полный оружия

renunciation of atomic, chemical and bacteriological ~s отказ от атомного, химического и бактериологического оружия

restrains on nuclear ~s ядерное сдерживание

spread of nuclear ~s распространение ядерного оружия

stationing of nuclear ~s размещение ядерного оружия

stock(pile) of ~s запас вооружений

stockpiling of ~s накопление оружия

superiority in conventional ~s превосходство в обычных видах вооружений

surrender of ~s сдача оружия

testing of nuclear ~s испытание ядерного оружия

type of ~ вид оружия

use of ~s применение оружия

withdrawal of nuclear ~s from Europe вывод ядерного оружия из Европы

world without ~s мир без оружия

weaponry *n* вооружение, оружие

anti-missile ~ противоракетное оружие

missile ~ ракетная боевая техника

modern ~ современное оружие

nuclear ~ ядерное оружие

satellite based laser ~ лазерное оружие спутникового базирования

sophisticated ~ сложное современное оружие

space-based ~ оружие космического базирования

to buy ~ закупать вооружение

to desist from *one's* **permit of nuclear ~** отказываться от попыток обзавестись ядерным оружием

to enjoy a huge preponderance in many classes of ~ иметь большое превосходство во многих классах вооружений

to open up *one's* **battle ~** показывать свое боевое вооружение

to sell *smb* **10 mln dollars' worth of ~** продавать *кому-л.* вооружения на сумму десять млн. долларов

proliferation/spread of nuclear ~ распространение ядерного оружия

weariness *n* усталость

war ~ усталость от войны

wedge *n* клин

to derive a ~ between *smb* вбивать клин между *кем-л.*

Wednesday *n* среда

Calendar W. *амер.* календарная среда *(день обсуждения в палате представителей несрочных вопросов)*

weed *v* полоть, пропалывать; очищать; избавляться

to ~ *smb* **out** отсеивать *кого-л.* (*напр. непопулярных кандидатов на предвыборных собраниях*)

weeding *n* (*out*) удаление, искоренение, избавление (*от кого-л./чего-л.*)

week *n* неделя

short working ~ неполная рабочая неделя

shorter working ~ сокращенная рабочая неделя

working ~ рабочая неделя

weekly I *n* еженедельник *(газета, журнал)*

weekly II *a* еженедельный

weigh *v* 1. весить 2. взвешивать

to ~ the pros and cons взвешивать «за» и «против»

weight *n* вес

international ~ международный вес
political ~ политический вес
to carry a tremendous amount of ~ пользоваться огромным авторитетом
to have political ~ пользоваться политическим влиянием, иметь политический вес
to lend *one's* ~ **to the cause** употреблять свое влияние для пользы дела
to pull *one's* ~ включаться в проведение *каких-л.* мероприятий
to put *one's* ~ **behind** *smb's* **campaign** использовать свое влияние для поддержки *кого-л.*
to shift *one's* ~ **against a country** переносить давление на *какую-л.* страну
welcome I *n* радушный прием; одобрение
broad ~ широкое одобрение
cautious ~ осторожное одобрение *(предварительное положительное мнение)*
cordial ~ сердечная встреча, сердечный прием
enthusiastic ~ восторженный прием
guarded ~ осторожное одобрение *(предварительное положительное мнение)*
hearty ~ сердечная встреча, теплый прием
huge public ~ теплый прием со стороны общественности
noisy ~ шумная встреча
official ~ официальная встреча *(кого-л.)*
preliminary ~ предварительное одобрение
qualified ~ сдержанное одобрение
rapturous ~ волнующая/восторженная/горячая встреча, восторженный/горячий прием
red-carpet ~ торжественная встреча
rousing ~ волнующая/восторженная/горячая встреча, восторженный/горячий прием
triumphant ~ восторженная встреча *(победителя)*
tumultuous ~ горячая встреча
warm ~ теплая встреча
widespread ~ **to** *smth* широкое одобрение *чего-л.*
to accord a hearty ~ **to** *smb* устраивать *кому-л.* сердечную встречу
to extend a very warm ~ **to** *smb* тепло приветствовать *кого-л.*
to fly home to a hero's ~ по прилете на родину быть встреченным как герой
to get the hero's ~ быть встреченным как герой
to give a hearty ~ **to** *smb* устраивать *кому-л.* сердечную встречу
to go to Washington to a warm ~ **by** *smb* прибывать в Вашингтон и быть тепло встреченным *кем-л.*
to receive a cautious ~ **from** *smb* встречать осторожное одобрение с *чьей-л.* стороны
to return home to a tumultuous ~ быть горячо встреченным при возвращении на родину
speech of ~ приветственная речь

welcome II *v* приветствовать, оказывать радушный прием; с удовлетворением отмечать
welcome III *int* добро пожаловать!
to ~ *smth* **broadly** повсеместно приветствовать *что-л.*
to ~ *smth* **cautiously** высказывать предварительное положительное мнение о *чем-л.*
to ~ *smth* **warmly** горячо приветствовать *что-л.*
to ~ *smth* **widely** повсеместно одобрять *что-л.*
to ~ **with appreciation** с признательностью принимать
welfare *n* 1. благосостояние; благополучие 2. социальное обеспечение
~ **of the community** благосостояние общества
child ~ охрана детства
economic ~ материальное благосостояние
family ~ благосостояние семьи
general ~ всеобщее благосостояние
material ~ материальное благосостояние
people's ~ материальное благосостояние народа
private ~ благосостояние личности
public ~ общественное благосостояние
social ~ социальное благосостояние/обеспечение, социальная помощь
to attain higher levels of ~ достигать более высоких уровней благосостояния
to impair the general ~ отражаться на общем благополучии
to promote ~ способствовать благосостоянию
to raise the levels of economic and social ~ повышать уровень экономического и социального благосостояния
for the ~ **of the people** для блага народа
measure of social ~ уровень социального благосостояния
well-being *n* благосостояние
~ **of the nation** благосостояние нации/страны
~ **of the people** благосостояние народа
human ~ благосостояние человека
material ~ материальное благосостояние
to decrease the ~ снижать/ухудшать благосостояние
to enhance the ~ повышать/поднимать благосостояние
to ensure the ~ обеспечивать благосостояние
to improve the/to increase the/to raise the ~ повышать/поднимать благосостояние
to reduce the ~ снижать/ухудшать благосостояние
improvement of the people's ~ рост благосостояния народа
well-connected *a* имеющий хорошие связи
well-informed *a* хорошо информированный/осведомленный
well-off *n (тж pl)* зажиточные/имущие/обеспеченные слои общества
less ~ менее имущие

well-paid *a* высокооплачиваемый

well-to-do *n (тж pl)* зажиточные/имущие/ состоятельные слои общества

West *n* Запад

to escape to the W. бежать на Запад

West-African *a* западноафриканский

Westerner *n* **1.** представитель западной страны **2.** сторонник преобразований по западному образцу, западник

westernization *n* преобразования по западному образцу, следование западным образцам

westernizer *n* сторонник преобразований по западному образцу, западник

West-European *a* западноевропейский

Westminster *n* Вестминстер, британский парламент

westward-looking *a* прозападной ориентации

wet *n* брит. умеренный консерватор

wheat *n* пшеница

cut-price ~ пшеница по сниженным ценам

whip *n* **1.** кнут **2.** *брит.* организатор парламентской фракции партии; *амер.* помощник лидера фракции в конгрессе **3.** *брит.* повестка, направляемая организатором парламентской фракции партии

Assistant W. помощник главного организатора парламентской фракции партии

Chief W. главный организатор парламентской фракции партии

Chief Government W. главный организатор парламентской фракции правящей партии

Chief Opposition W. главный организатор парламентской фракции оппозиционной партии

congressional ~ партийный организатор фракции в конгрессе

Deputy Chief W. заместитель главного организатора парламентской фракции партии

majority ~ партийный организатор фракции большинства

minority ~ партийный организатор фракции меньшинства

party ~ партийный организатор фракции в законодательном органе

three-line ~ повестка парламентского партийного организатора особой важности

to crack the ~ щелкать бичом; *перен.* принимать решительные меры, чтобы добиться повиновения

to serve ~s рассылать повестки

whistle *n* свисток

to blow the ~ on *smb* доносить на *кого-л.*

whistle-blower *n полит. и делов. жарг.* сотрудник, сообщивший прессе о недостатках на своей работе

whistle-stop *v* проводить агитационную поездку по стране во время избирательной кампании

white *n* белый *(европейского происхождения)*

Yankee ~ *правит. жарг.* «сверхбелый» *(сверхблагонадежный)*

white-collar *n* служащий

Whitehall *n* **1.** Уайтхолл *(улица в Лондоне, где находится большинство правительственных зданий)* **2.** британское правительство

whitewash *n* **1.** замазывание недостатков; покрытие должностных лиц, замешанных в мошенничестве *и т.п.* **2.** реабилитация

whitie *n презр.* белый *(употребляется черными)*

wholesale I *n* оптовая торговля

wholesale II *a* оптовый

wholesale III *adv* оптом

to buy goods ~ покупать товары оптом

to sell goods ~ продавать товары оптом

wholesaler *n* оптовик, оптовый торговец

wicket *n* ворота, калитка *(в крикете)*

to be on a sticky ~ быть в невыгодном положении

to be on a weak ~ занимать слабую позицию

wilderness *n* глушь, дикая местность

in the political ~ в политической опале

will *n* воля; желание

~ for/to victory/to win воля к победе

common ~ единая воля

free/good ~ добрая воля

invincible ~ несгибаемая воля

last ~ and testament последняя воля, завещание

political ~ политическая воля

popular ~ воля народа

single ~ единая воля

to break a country's ~ of resistance сломить волю страны к сопротивлению

to demonstrate good ~ демонстрировать добрую волю

to esteem the electors' ~ уважать волю избирателей

to express the ~ of the people выражать волю народа

to fulfill the ~ of the people выполнять волю народа

to go *somewhere* of *one's* free ~ уезжать *куда-л.* по собственной доброй воле

to have the political ~ to do *smth* обладать достаточной политической волей, чтобы сделать *что-л.*

to impose *one's* ~ on *smb* (by force) навязывать *кому-л.* свою волю (силой)

to reflect the ~ of the people отражать волю народа

to respect the electors' ~ уважать волю избирателей

to send *smb* home against their ~ насильственно отправлять *кого-л.* на родину

to summon up the political ~ to act мобилизовать политическую волю и начать действовать

to thwart the ~ of Parliament не считаться с волей парламента

expression of the popular ~ выражение воли народа

in defiance of the ~ of the peoples вопреки воле народа

outpouring of popular ~ волеизъявление народа

willie *n развед. жарг.* человек, тайно используемый разведкой

win I *n* победа

convincing ~ убедительная победа

to have a clear ~ одерживать явную победу

to have a comfortable ~ **over** *smb* побеждать *кого-л.* значительным большинством голосов

to predict a ~ **for** *smb* предсказывать чью-л. победу *(на выборах)*

win II *v* выигрывать; побеждать

to ~ **big** *разг.* одерживать победу значительным большинством голосов

to ~ **by a substantial margin** побеждать значительным большинством голосов

to ~ **by default** одерживать победу на выборах ввиду отсутствия альтернативной кандидатуры

to ~ **by not too wide a margin** одерживать победу с небольшим перевесом

to ~ **comfortably** побеждать значительным большинством голосов

to ~ **handily/hands down** одерживать легкую победу

to ~ **handsomely** одерживать убедительную победу

to ~ **militarily** одерживать военную победу

to ~ **outright** одерживать окончательную победу

to ~ *smb* **over to** *one's* **side** привлечь *кого-л.* на свою сторону

to ~ **through** пробиваться; преодолевать

to be poised to ~ иметь большие шансы на победу

wind *n* ветер

~s of change are blowing over Africa над Африкой дуют ветры перемен *(высказывание бывшего британского премьер-министра Макмиллана, ставшее крылатой фразой)*

shifting political ~s изменяющиеся политические веяния

to sense the way the ~ **is blowing** *перен.* чувствовать, куда ветер дует

to take the ~ **out of** *smb's* **sails** *перен.* выбивать у *кого-л.* почву из-под ног

the ~ **has changed** *перен.* обстановка изменилась

window *n* окно

~ **of opportunity** благоприятная возможность

war ~ промежуток времени, в течение которого может начаться война

to smash ~s бить окна

window-dressing *n* показуха, имитация деятельности, показная активность

wing *n* крыло *(партии, движения)*

left ~ левое крыло партии

left-opportunist ~ левооппортунистическое крыло

nationalist ~ националистическое крыло

party's militant left ~ воинственно настроенное левое крыло партии

political ~ политическое крыло *(организации, у которой есть и военное крыло)*

radical ~ радикальное крыло

ultraright ~ крайне правое крыло

to placate the right ~ успокаивать правое крыло партии

to wait in the ~s ждать своего часа для прихода к власти

armed ~ **of a party** боевики/военное крыло партии

liberal ~ **of the Conservative party** *брит.* либеральное крыло Консервативной партии

military ~ **of a party** боевики/военное крыло партии

winner *n* **1.** победитель; лауреат **2.** *разг.* успех, удача

clear ~ явный победитель *(напр. на выборах)*

narrow ~ кандидат, победивший незначительным большинством голосов

Nobel prize ~ лауреат Нобелевской премии

outright ~ кандидат, одержавший убедительную победу на выборах

prize ~ лауреат

vote ~ что-то, привлекающее голоса избирателей; действия, которые позволят собрать больше голосов на выборах

to emerge a clear ~ выходить явным победителем

there will be no ~s in this war в этой войне не будет победителей

Winnie *n* Уинни *(прозвище бывшего премьер-министра Великобритании Уинстона Черчилля)*

winter *n* зима

nuclear ~ *воен. жарг.* «ядерная зима» *(резкое похолодание климата в результате применения ядерного оружия)*

to get through the ~ пережить зиму

wire *n* **1.** проволока, провод **2.** *pl полит. жарг.* средства массовой информации, использующие проводную связь

barbed ~ колючая проволока

to tear down the barbed ~ снимать заграждения из колючей проволоки

behind the barbed ~ за колючей проволокой

wireman *n развед. жарг.* специалист по электронным подслушивающим устройствам

wiretap *v (smb)* прослушивать чьи-л. телефонные разговоры

wire-tapping *n* прослушивание телефонных разговоров

wisdom *n* мудрость, целесообразность

political ~ политическая мудрость

popular ~ народная мудрость

to appeal for ~ обращаться с призывом проявлять мудрость

to display political ~ проявлять политическую мудрость
to question the ~ **of** *smth* ставить под сомнение целесообразность *чего-л.*
wish *n* желание
to act against the army's ~es действовать вопреки желаниям армии
to bow to the ~es of the hard-liners идти на поводу у сторонников жесткого курса
to extend to *smb* **fraternal good ~es** передавать *кому-л.* братские добрые пожелания
to heed the ~es of *smb* учитывать *чьи-л.* пожелания
to meet the ~es of the public удовлетворять пожелания общественности
to send *smb* *one's* **sincere warm ~es** выражать *кому-л.* свои искренние теплые пожелания
to take account of the ~es of *smb* учитывать *чьи-л.* пожелания
against the ~es of *smb* вопреки *чьему-л.* желанию
in line with the ~es of *smb* в соответствии с *чьими-л.* пожеланиями
witchhunt *v* преследовать инакомыслящих
witchhunter *n* «охотник за ведьмами» *(тот, кто преследует инакомыслящих)*
witch-hunting *n* «охота за ведьмами» *(преследование инакомыслящих)*
withdraw *v* 1. отступать; выводить войска 2. брать назад 3. выходить из игры
to ~ gracefully *перен.* красиво выходить из игры
to ~ honorably отступать без потери престижа
to ~ without condition выводить войска без *каких-л.* условий
withdrawal *n* 1. изъятие 2. аннулирование, отмена, снятие своей кандидатуры 3. отступление, отход; вывод/отвод/уход войск 4. отзыв *(дипломата, специалиста и т.п.)*
~ from circulation изъятие из обращения
~ from conquered territory отвод войск/отступление/отход из захваченной территории
~ from a country вывод войск из страны
~ in stages поэтапный вывод войск
~ of capital изъятие капитала; отток капитала
~ of forces to international borders отвод войск к государственным границам
~ of investment изъятие капиталовложений
~ of nuclear weapons удаление ядерного оружия
~ of preferences аннулирование/отмена льгот/преференций
~ of troops to international frontiers отвод войск к государственным границам
conditional ~ вывод войск, сопровождаемый условиями
dignified ~ вывод войск с сохранением престижа

full ~ полный вывод войск
impending troop ~ предстоящий вывод войск
military ~ вывод войск
tactical ~ тактическое отступление
token ~ символический вывод войск
total ~ полный вывод войск; вывод всех войск
troop ~ вывод/отступление войск
to announce *one's* ~ **from the race** объявлять о выходе из предвыборного марафона
to begin *one's* **long-awaited ~** начинать долгожданный вывод своих войск
to carry out a troop ~ осуществлять вывод войск
to clear the way for an eventual troop ~ расчищать путь для того, чтобы в конечном счете вывести войска
to compel *smb's* ~ заставлять *кого-л.* вывести войска
to complete *one's* ~ **of troops** завершать вывод своих войск
to force a country's ~ from ... заставлять *какую-л.* страну вывести свои войска из ...
to lay down a timetable for troop ~ устанавливать график вывода войск
to monitor the ~ of troops наблюдать/следить за выполнением соглашения о выводе войск
to negotiate a ~ of troops вести переговоры о выводе войск
to oversee the ~ of troops наблюдать/следить за выполнением соглашения о выводе войск
to suspend troop ~ приостанавливать вывод войск
to verify the ~ of troops контролировать выполнение соглашения о выводе войск
to whittle down the number of stages for the ~ of troops уменьшать число этапов вывода войск
balanced ~ of troops сбалансированный вывод войск
complete ~ of troops from occupied territories полный вывод войск с оккупированных территорий
gradual ~ of troops постепенный вывод войск
heavy ~ of credits массовое изъятие/закрытие кредитов
immediate ~ of (foreign) troops from a country немедленный вывод (иностранных) войск из страны
orderly ~ of troops организованный вывод войск
partial ~ of troops частичный вывод войск
phased ~ of troops поэтапный вывод войск
progressive ~ of troops постепенный вывод войск
timetable for troop ~ график вывода войск
unconditional ~ of troops from a country безоговорочный вывод войск из страны; вывод войск, не сопровождаемый никакими условиями

unilateral ~ of troops односторонний вывод войск

verification of troop ~ проверка выполнения соглашения о выводе войск

witness I *n* свидетель

~ for the defense свидетель защиты

~ for the prosecution свидетель обвинения

~ to history свидетель истории

false ~ лжесвидетель

hostile ~ свидетель противной стороны

independent ~ беспристрастный свидетель

key ~ главный свидетель

reliable ~ надежный свидетель

star ~ главный свидетель

to appear as a ~ before the National Assembly представать в качестве свидетеля перед Национальным собранием

to be ~ (of *smth***)** быть свидетелем *(чего-л.)*

to bear ~ свидетельствовать, давать показания

to call ~es вызывать свидетелей

to challenge a ~ заявлять отвод свидетелю

to cross-examine a ~ подвергать свидетеля перекрестному допросу

to examine a ~ допрашивать свидетеля

to protect ~es from self-incrimination защищать свидетелей от дачи показаний против самих себя

to question a ~ допрашивать свидетеля

to swear in a ~ приводить свидетеля к присяге

to threaten the lives of ~es угрожать жизни свидетелей

before ~es при свидетелях

cross-examination of a ~ перекрестный допрос свидетеля

examination of a ~ допрос свидетеля

reluctance of key ~es to come forward нежелание основных свидетелей явиться для дачи показаний

witness II *v* 1. (**against/for** *smb*) свидетельствовать/давать показания *(в пользу/против кого-л.)* 2. заверять *(документ в качестве свидетеля)*

to call to ~ вызывать для дачи свидетельских показаний

witness-box *n* место для дачи свидетельских показаний

to be in/to go into the ~ выступать в качестве свидетеля; давать свидетельские показания в суде

to refuse to enter the ~ отказываться от дачи свидетельских показаний

witness-stand *n* место для свидетелей *(в суде)*

woman *(pl* **women)** *n* женщина

Women Together «Женщины вместе» *(организация в защиту мира со штаб-квартирой в Белфасте)*

ordination of women посвящение женщин в духовный сан

underrepresentation of women недостаточный процент женщин *(в* *какой-л.* *организации и т.д.)*

woo *v* (*smb*) обхаживать *кого-л.*; заигрывать с *кем-л.*

wood *n* лес

to take to the ~s *перен.* удрать, спрятаться в кусты

wooing *n* попытки привлечь на свою сторону

political ~ попытки привлечь на свою сторону политических союзников

word I *n* слово; высказывание

hard ~s резкие слова

honeyed ~s сладкие речи

insignificant ~s пустые слова

placatory ~s успокоительные речи

stirring ~s волнующие слова

veiled and guarded ~s завуалированные и осторожные высказывания

warm ~s теплые слова

to back *one's* **~s with action** подкреплять свои слова делами

to have ~s of commendation for *smb* с похвалой отзываться о *ком-л.*

to speak a few honeyed ~s произносить сладкие речи

to stand by *one's* **~** держать слово

there has been no public ~ from the rebels themselves сами восставшие не сделали никакого публичного заявления

word II *v* (*smth*) формулировать *(что-л.)*

strongly ~ed в сильных выражениях

word-engineering *n прав*ит*. жарг.* фальсификация и «обработка» информации

wording *n* редакция, формулировка

obscure ~ туманная формулировка

to adopt *smth* **in a new ~** принимать *что-л.* в новой формулировке

to tone down the ~ смягчать формулировки

wordsmith *n* составитель речей, спичрайтер

work I *n* 1. работа, труд; производство 2. печатный труд, сочинение, произведение 3. *pl* предприятие 4. *pl* механизм

~ in process незавершенное производство/строительство

accessory ~ подсобная работа

active ~ активная работа

brain ~ умственный труд

casual ~ случайная работа

classified ~ работа, связанная с секретностью

collective ~ коллективный труд

contract/contractual ~ договорная работа, подрядная работа

creative ~ созидательная/творческая работа, творческий труд

cultural ~ работа в области культуры

day-to-day ~ повседневная работа

dead horse ~ *разг.* работа, за которую уплачено вперед

decontamination ~ работа по обеззараживанию

development ~ работа по проектам развития

educational ~ воспитательная работа

efficient ~ производительная/эффективная работа

emergency ~ аварийная/срочная работа
explanatory ~ разъяснительная работа
extra ~ дополнительная работа
field ~ работа на местах/на периферии/в полевых условиях
fruitful ~ плодотворная работа
full-time ~ полный рабочий день
hand ~ ручной труд
hard ~ тяжелая/напряженная работа
health ~ работа в области здравоохранения
ideological ~ идеологическая работа
independent ~ самостоятельная работа
international ~ международные усилия
joint ~ совместная работа
killing ~ изматывающая работа
low-paid ~ низкооплачиваемая работа
maintenance ~ текущий ремонт
manual ~ ручной труд
mental ~ умственный труд
odd ~ случайная работа
office ~ работа в офисе
organizational ~ организационная работа
overtime ~ сверхурочная работа
part-time ~ неполный рабочий день
physical ~ физическая работа
pick-and-shovel ~ тяжелая/напряженная работа
Pickle W. *развед. жарг.* прозвище здания, занимаемого ЦРУ в Лэнгли, штат Вирджиния
piece ~ аккордная/сдельная работа
political ~ политическая работа
practical ~ практическая работа
preliminary ~ предварительная работа
preparatory ~ подготовительная работа
productive ~ производительный труд
propaganda ~ пропагандистская работа
public ~ общественная работа
public sector ~ работа в государственном секторе
publicity ~ реклама
regular ~ постоянная работа
relief ~ работа по оказанию помощи пострадавшим
research ~ научно-исследовательская работа
routine ~ обычная/повседневная работа
rush ~ спешная/срочная работа
schedule ~ работа по графику/по плану
seasonal ~ сезонные работы
short-time ~ работа с сокращенным рабочим днем
skilled ~ квалифицированный труд
skunk ~ *воен. жарг.* небольшая группа высококвалифицированных специалистов, работающих над проектом при минимальном вмешательстве со стороны правительства и заказчиков
slovenly ~ небрежная работа
social ~ общественная работа
subsidiary ~ подсобная работа
task ~ аккордная/сдельная работа
team ~ работа в команде

temporary ~ временная работа
theoretical ~s теоретические работы
time ~ повременная работа
undercover ~s тайные операции
vital ~ важная работа
volunteer ~ добровольная/общественная работа
wage ~ наемный труд
wet ~ *жарг.* «мокрое дело» *(убийство)*
year-round ~ работа, проводимая круглый год
to absent *oneself* **from** ~ совершать прогул
to appeal to *smb* **to return to** ~ призывать *кого-л.* вернуться на работу
to assist women at ~ оказывать помощь работающим женщинам
to assure continuity of ~ обеспечивать непрерывность работы
to ban *smb* **from** ~ запрещать *кому-л.* работать
to be back at ~ возвращаться на работу *(после забастовки)*
to be on piece- ~ работать сдельно
to be out of ~ быть безработным
to be the ~ **of** *smb* быть делом рук *кого-л.*
to call for a return to ~ призывать к возобновлению работы
to carry on/out ~ выполнять/делать работу, заниматься работой
to cease ~ прекращать работу
to clock in to ~ являться на работу
to conduct/to do ~ выполнять/делать работу, заниматься работой
to co-ordinate the economic and social ~ координировать экономическую и социальную деятельность
to cut/to lessen/to reduce the hours of ~ сокращать рабочий день
to direct and co-ordinate *smb's* ~ направлять и координировать *чью-л.* деятельность
to do the donkey ~ *разг.* вкалывать, ишачить
to drift back to ~ постепенно возвращаться на работу *(после забастовки)*
to eliminate shortcomings in the ~ устранять недостатки в работе
to ensure the continuity of the ~ обеспечивать непрерывность работы
to focus the ~ **on economic and social development** сосредоточивать работу на социально-экономическом развитии
to force a return to ~ заставлять (забастовщиков) вернуться на работу
to fulfill the ~ выполнять работу
to furnish ~ предоставлять работу
to go back to ~ прекращать забастовку и возвращаться на работу
to induce *smb* **to return to** ~ побуждать *кого-л.* вернуться на работу
to initiate ~ начинать работу, приступить к работе
to inspect *smb's* ~ проверять *чью-л.* работу

to intensify the ~ усиливать работу, интенсифицировать труд

to load *smb* **with ~** загружать *кого-л.* работой

to look for ~ искать работу

to oversee ~ следить за ходом работы

to perform the ~ выполнять/делать работу, заниматься работой

to pour sand in the ~ *перен.* вставлять палки в колеса

to put a lot of people out of ~ лишать многих людей работы

to remove shortcomings in the ~ устранять недостатки в работе

to reorganize the ~ перестраивать работу

to report for ~ являться на работу

to resume ~ возобновлять работу

to return to ~ возвращаться на работу (*напр. после забастовки*)

to show up for ~ являться на работу

to stay away from ~ не выходить на работу; бастовать

to stimulate and advance ~ поощрять и стимулировать работу

to stop ~ прекращать работу, бастовать

to supplement the ~ of *smb* дополнять чью-л. работу

to suspend ~ приостанавливать работу (*при забастовке*)

to take time off ~ отпрашиваться с работы

to throw people out of ~ выбрасывать работников на улицу

to turn up for ~ являться на работу

to undertake ~ браться за/начинать/предпринимать работу

allotment of ~ участок работы

amount of ~ объем работы

disincentive to ~ то, что сдерживает работу

habits of ~ трудовые навыки

improvement in ~ улучшение в работе

in search of ~ в поисках работы

out of ~ без работы

pace of ~ темп/ход работы (*конференции, симпозиума и т.п.*)

person out of ~ безработный

program of ~ программа работ

return to ~ возвращение на работу, окончание забастовки

quality of ~ качество работы

right to ~ право на труд

those in ~ люди, имеющие работу

work II *v* работать; трудиться

to ~ closely with *smb* тесно сотрудничать с *кем-л.*

to ~ fine on the upside быть хорошим стимулятором развития экономики

to ~ for free работать бесплатно

to ~ for Jesus *жарг.* «работать на дядю» (*бесплатно выполнять дополнительную работу*)

to ~ hand in hand тесно сотрудничать

to ~ in collaboration with *smb* работать в сотрудничестве с *кем-л.*

to ~ out разрабатывать (*план и т.п.*)

to ~ *smth* **out on paper** разрабатывать *что-л.* на бумаге

to ~ step by step действовать поэтапно

to ~ together работать вместе; сотрудничать

to ~ without hindrance работать беспрепятственно

workability *n* осуществимость

workable *a* выполнимый, осуществимый

worker *n* рабочий; работник; труженик

agricultural ~ сельскохозяйственный рабочий

aid ~ сотрудник организации, занимающейся оказанием помощи

auxiliary ~s вспомогательный персонал

blue-collar ~ рабочий, работник физического труда, «синий воротничок»

brain ~ работник умственного труда

campaign ~ участник предвыборной кампании, агитатор

casual ~ временный работник; работник, живущий случайными заработками

community health ~ работник здравоохранения

conscientious ~ добросовестный/сознательный работник

construction ~ строительный рабочий

contract ~ работающий по контракту

diligent ~ усердный работник

disabled ~ инвалид труда

disaffected/disgruntled ~s недовольные рабочие

dislocated ~ потерявший работу

dock ~ докер

efficient ~ умелый работник

experienced ~ опытный рабочий

factory ~ фабричный рабочий

foreign ~ иностранный рабочий

foreign aid ~ сотрудник, занимающийся распределением поступающей из-за границы помощи

general ~ разнорабочий, неквалифицированный рабочий

highly-qualified ~ высококвалифицированный рабочий

human rights ~ сотрудник организации, следящей за соблюдением прав человека

ideological ~ идеологический работник

immigrant ~ рабочий-иммигрант

industrial ~ (промышленный) рабочий

link ~ *брит.* член благотворительной организации, помогающий иностранцам, плохо владеющим английским языком

managerial ~s административный персонал

mental ~ работник умственного труда

manual ~ рабочий, работник физического труда

migrant ~ рабочий-мигрант, сезонный рабочий

non-union ~ рабочий, не являющийся членом профсоюза

office ~ служащий

out-of-town ~ приезжий рабочий

part-time ~ работник, работающий неполный рабочий день; совместитель; частично безработный

precinct ~ работник избирательного участка, агитатор

professional ~ профессиональный рабочий

public sector ~ работник государственного сектора, бюджетник

public service ~ государственный служащий

rank-and-file ~ рядовой рабочий

regular ~ кадровый рабочий

relief ~ работник организации по оказанию помощи пострадавшим; спасатель *(при стихийных бедствиях)*

replacement ~ штрейкбрехер

research/scientific ~ научный работник/сотрудник

seasonal ~ сезонный рабочий

secondary ~ работник, работающий неполный рабочий день; совместитель; частично занятый

second-rank ~ второстепенный работник

semiskilled ~ рабочий средней квалификации

skilled ~ квалифицированный рабочий

social ~ работник социальной сферы

temp(orary) ~ временный работник

threshold ~ *жарг.* новый, впервые работающий сотрудник

underground ~ подпольщик

undocumented ~s рабочие, проникающие в США без документов *(особ. из Мексики)*

union ~ рабочий, состоящий в профсоюзе

UN relief ~ сотрудник миссии ООН по оказанию помощи

volunteer ~ работник на общественных началах

volunteer precinct ~ работник избирательного участка, работающий безвозмездно; агитатор; агент предвыборной кампании, не получающий оплаты

wage ~ наемный рабочий

white-collar ~ служащий, «белый воротничок»

to attract qualified ~s привлекать для работы квалифицированных работников

to recruit ~s набирать рабочую силу

to reinstate the fired ~s восстанавливать на работе уволенных рабочих

to shed ~s производить сокращения рабочих

to throw ~s out выбрасывать рабочих на улицу

common run of ~s рядовые рабочие

cuts in the number of full-time party ~s сокращение партийного аппарата

shortage of ~s нехватка рабочих рук

unremitting ~ for charity неустанный активист благотворительного движения

workerist *a полит. жарг.* «под рабочего» *(старающийся сойти за рабочего)*

workforce *n* работники; персонал; рабочие; рабочая сила

to halve *one's* ~ сократить в два раза численность рабочих

work-in *n* работа в знак протеста против закрытия предприятия

working *n* работа

overtime ~ сверхурочная работа

workmanship *n* искусство; мастерство; квалификация

workshop *n* 1. цех, мастерская 2. секция; секционное заседание; семинар; симпозиум

to conduct a ~ руководить секцией/семинаром

work-to-rule *n* работа строго по правилам *(вид забастовки)*

world *n* мир, свет; общество

~ at large весь мир; мир в целом; широкая международная общественность

~ of money финансовый мир

~ of plenty мир изобилия

ancient ~ античный мир

bipolar ~ мир, разделенный на два лагеря

business ~ деловой мир

changing ~ меняющийся мир

civilized ~ цивилизованный мир

competitive ~ мир, в котором господствует конкуренция

criminal ~ преступный мир

developing ~ развивающиеся страны, страны «третьего мира»

diplomatic ~ дипломатический мир

disarmed ~ мир без оружия

external ~ внешний мир

First W. *полит. жарг.* «первый мир» *(сверхдержавы)*

Fourth W. *полит. жарг.* «четвертый мир» *(самые бедные и отсталые страны)*

free ~ свободный мир

inhabited ~s обитаемые миры

interdependent ~ взаимозависимый мир

lawless ~ мир, в котором царит беззаконие

less developed ~ развивающиеся страны, страны «третьего мира»

man's mental ~ духовный мир человека

material ~ материальный мир

modern ~ современный мир

multifaceted ~ многоликий мир

multipolar ~ многополюсный мир

non-nuclear ~ безъядерный мир

nuclear-free ~ мир, свободный от ядерного оружия

objective ~ объективный мир

outside ~ 1) внешний мир 2) *полит. жарг.* избиратели, чьи политические симпатии пока неизвестны 3) партии, не входящие в данный блок партий

peaceful ~ мир во всем мире; мир без войн

physical ~ материальный мир

poor ~s бедные страны мира

present-day ~ современный мир

revolutionary ~ революционный мир

rich ~ богатые страны мира

scientific ~ ученый мир

Second W. *полит. жарг.* «второй мир» *(все развитые страны, кроме сверхдержав)*

surrounding ~ окружающий мир

the New W. Новый Свет, Америка

the Old W. Старый Свет, Европа

the whole ~ весь мир/свет

Third W. *полит. жарг.* «третий мир» *(развивающиеся страны)*

Western ~ западный мир

to adapt to a changing ~ приспосабливаться к изменениям в мире

to bring the ~ to the brink of war ставить мир на грань войны

to close *oneself* **up from the** ~ отгораживаться от всего мира

to deliver the ~ from wars избавлять мир от войн

to denuclearize the ~ избавлять мир от ядерного оружия

to dominate the ~ господствовать в мире

to enter a new ~ вступать в новый мир

to give hope to a despairing ~ давать надежду отчаявшемуся миру

to liberate the ~ освобождать мир

to make the ~ a safer place делать мир более безопасным местом, укреплять международную безопасность

to place the ~ on the brink of ~ ставить мир на грань войны

to recarve the ~ перекраивать карту мира

to rule the ~ unchallenged единолично править миром

to set the ~ an example давать миру пример

to take over the whole ~ захватывать весь мир

to transform the ~ преобразовать мир

all over/around the ~ во всем мире, по всему миру

division of the ~ раздел мира

explosive parts of the ~ взрывоопасные районы мира

from around the ~ со всего мира/света

historical destinies of the ~ исторические судьбы мира

interdependence of the modern ~ взаимозависимость в современном мире

redivision/repartition of the ~ передел мира

the ~ is in flux мир пришел в движение; повсюду в мире происходят перемены

the end of the ~ конец света

the eyes of the ~ are upon us на нас смотрит весь мир

the rest of the ~ остальные страны мира

throughout the ~ во всем мире, по всему миру

unity and diversity of the ~ единство и многообразие мира

world-famous *a* всемирно известный

worldwide I *a* мировой, всемирный

worldwide II *adv* во всем мире

worship *n* богослужение, церковная служба; поклонение

freedom of ~ свобода отправления религиозных культов

worshipper *n* прихожанин

worth *n* стоимость, ценность

the ruble's real ~ подлинная стоимость рубля

worthiness *n* ценность, достоинство

credit ~ кредитоспособность

wound I *n* рана, ранение

bullet/gun-shot ~ огнестрельное/пулевое ранение

to deepen the ~s *перен.* бередить раны

to die from/of a bullet/gun-shot ~ умирать от огнестрельного/пулевого ранения

to heal the ~s of the war залечивать раны, нанесенные войной

wound II *v* ранить

to ~ smb fatally смертельно ранить *кого-л.*

wrangle *n* пререкание, распри, спор, тяжба

endless ~ бесконечные распри

legal ~ судебная тяжба

procedural ~s стычки по процедурным вопросам

wrangling *n* **(over** *smth.***)** перебранки, пререкания, ссоры, споры

backroom ~ закулисные стычки

legal ~ судебная тяжбы, юридическое препирательство

political ~ политическая грызня

procedural ~ препирательство по процедурным вопросам

protracted ~ затянувшиеся препирательства

wrap *n* накидка, покрывало

to keep *smth* **under ~s** строго засекречивать *что-л.*

to take the ~s off *smth* рассекречивать *что-л.*

under ~s засекреченный, скрытый от общественности

wrath *n* гнев

people's ~ народный гнев

to bring down/to incur the ~ of *smb* навлекать на себя *чей-л.* гнев

wreath *n* венок

to lay a ~ возлагать венок

wreckage *n* разрушения

wrecker *n* вредитель, саботажник

wrinkle *n* морщина

to iron out a few diplomatic ~s сглаживать некоторые дипломатические шероховатости

writ *n* повестка; ордер; постановление суда

~ **of habeas corpus** распоряжение суда о представлении в суд арестованного для рассмотрения вопроса о законности его ареста

High Court ~ *брит.* постановление Высшего суда правосудия

to issue a ~ against *smb* выдавать ордер на *чей-л.* арест

write *v* писать
  to ~off 1) списывать *(долг)* **2)** *(smb)* списывать *кого-л.* со счетов
  to ~ off what the country owed списывать внешний долг страны
write-in *n* **1.** бомбардировка депутата письмами избирателей **2.** вписывание фамилии еще одного кандидата в избирательный бюллетень
write-off *n* списывание *(долга)*
writer *n* автор, писатель
  headline ~ автор заголовков
  leader ~ автор передовой статьи
  opinion ~ автор редакционной статьи
  political ~ политический обозреватель
  speech ~ составитель речей руководителя, спичрайтер
writing *n* записка; документ
wrong *n* несправедливость
  to redress the ~s against *smb* положить конец несправедливостям по отношению к *кому-л.*
wrongdoing *n* грех; преступление, правонарушение
  deliberate ~ умышленное правонарушение
  to deny any ~ отрицать совершение правонарушения
  admission of ~ признание совершения правонарушения

X

xenomania *n* страсть ко всему иностранному
xenophile *n* человек, любящий иностранцев и/или все заграничное
xenophobe *n* человек, ненавидящий иностранцев
xenophobia *n* ксенофобия, недоброжелательное отношение к иностранцам
  morbid ~ патологическая ненависть к иностранцам

Y

Yankee *n разг.* **1.** янки, американец **2.** *амер.* житель северных штатов
yard I *n* **1.** ярд *(мера длины)* **2.** двор **3.** склад; *ж.-д.* парк, депо
  execution ~ место казни
yard II *v* загонять *(скот)*
year *n* **1.** год **2.** *pl* возраст, годы
  ~ of account отчетный год

  ~s of sterility бесплодные годы
  ~ under review рассматриваемый год
  anniversary ~ юбилейный год
  base/basic ~ базисный год
  black ~ мрачный год
  boom ~s годы процветания
  budget ~ бюджетный/финансовый год
  bumper ~ урожайный год
  business ~ хозяйственный год
  calendar ~ календарный год
  concluding ~ завершающий год
  current ~ текущий год
  dry ~ засушливый год
  economic ~ хозяйственный год
  election ~ год выборов
  financial/fiscal ~ бюджетный/финансовый год
  freshman ~ первый год пребывания в *какой-л.* организации
  insurance ~ страховой год
  International Y. of the UN Международный год ООН
  intervening ~s промежуточные годы
  key ~ базисный год
  "lame duck" ~ последний год *чьего-л.* президентства
  lean ~ неурожайный год
  Olympic ~ год Олимпийских игр, олимпийский год
  parliamentary ~ парламентский год
  presidential ~ год президентских выборов
  production ~ хозяйственный/производственный год
  reference ~ базисный год
  reporting ~ отчетный год
  stagnation ~s годы застоя
  target ~ последний год планируемого периода
  turbulent ~s бурные годы, бурное время
  wasted ~s упущенное время
  watershed ~ переломный год
  working ~ хозяйственный/производственный год
  during the Bush ~s за годы правления президента Буша
yearbook *n* ежегодник
  international ~ международный ежегодник
  statistical ~ статистический ежегодник
yearning *n* стремление
  ~ among the people for greater freedom and democracy стремление народа к расширению свободы и демократии
yen *n* иена *(денежная единица Японии)*
  failing ~ падающий курс иены
  against the ~ по отношению к японской иене
  strengthening of the ~ укрепление курса иены
  the ~ weakened against the dollar курс иены упал по отношению к доллару
yes *int* да
  '~' in principle – the details later в принципе «да» – детали позже
yield I *n* **1.** производственный продукт; готовый продукт **2.** урожай; урожайность **3.** до-

быча, выработка **4.** доход, прибыль, выручка **5.** мощность *(взрыва)*
~ on capital доход на капитал
anticipated ~ ожидаемая прибыль
crop ~ урожайность
effective ~ реальный доход
electricity ~ производство электроэнергии
explosive ~ мощность взрыва
high ~ высокая выработка
interest ~ процентный доход
marginal ~ предельный доход
net ~ чистый доход, чистая выручка
nuclear ~ мощность ядерного заряда
the greater the ~, the greater the risk чем
больше доход, тем больше риск
yield II *v* **1.** производить **2.** приносить, давать
(доход, урожай и т.п.) **3.** вырабатывать,
выдавать, возвращать
yoke I *n* **1.** гнет **2.** иго, ярмо
~ of servitude узы рабства
age-old ~ вековое ярмо
economic ~ экономическое угнетение
political ~ политическое угнетение
to be under the ~ подвергаться гнету, находиться под игом
to cast off ~ сбрасывать/свергать иго/ярмо
to liberate oneself from a ~ освобождаться
от гнета/ига/ярма
to overthrow/to shake off/to throw off the ~
сбрасывать/свергать иго/ярмо
yoke II *v* **1.** впрягать в ярмо **2.** соединять по-
парно; присоединять **3.** подходить друг к
другу; сработаться
youth *n разг.* **1.** молодость, юность **2.** молодежь
disaffected ~ недовольная молодежь
youthquake *n* бунт молодежи
yuan *n* юань *(денежная единица Китая)*
yuppy *n разг.* яппи, преуспевающий молодой
человек *(обычно работающий в городе и
стремящийся сделать карьеру)*

Z

zealot *n* фанатик; фанатичный приверженец
strident ~ рьяный поборник
zealotry *n* фанатизм
zero *n* **1.** нуль, ноль **2.** ничто **3.** начало отсчета
double ~ двойной нуль *(ликвидация ракет
среднего и меньшего радиуса действия)*
global ~ глобальный нуль
phase ~ *правит. жарг.* нулевая фаза *(когда
новая программа только принята, но еще
ничего не сделано)*
third nuclear ~ «третий ядерный нуль»
*(проблема ликвидации ядерных ракет ближ-
него радиуса действия)*
triple ~ «тройной нуль» *(ликвидация ядерного оружия ближнего радиуса действия*

*наряду с ядерным оружием среднего и
меньшего радиуса действия)*
zigzag *n* зигзаг
policy ~s шараханье/зигзаги в политике
Zionism *n* сионизм
international ~ международный сионизм
to equate ~ with racism ставить знак равенства между сионизмом и расизмом
Zionist I *n* сионист
Zionist II *a* сионистский
Zippergate *n* «Зиппергейт» *(скандал в 1997-
98 гг., связанный с внебрачными связями
президента США Клинтона)*
zloty *n* злотый *(денежная единица Польши)*
zonality *n* зональность
zone I *n* **1.** зона, пояс **2.** полоса, область, район
~ free from foreign military presence зона,
свободная от иностранного военного присутствия
~ of cooperation зона сотрудничества
~ of free trade зона свободной торговли
~ of military operations зона военных действий
~ of preference область предпочтения
adjacent ~ прилегающая зона
administrative ~ административная зона
air exclusion ~ бесполетная зона, запретная
воздушная зона
arid ~ засушливая зона
atom-free ~ безатомная зона; зона, свободная от атомного оружия
buffer ~ буферная зона
calamity ~ зона/район бедствия
chemical-weapons-free ~ зона, свободная
от химического оружия
closed currency ~ замкнутая валютная зона
closed military ~ запретная военная зона
coastal ~ прибрежная зона
combat ~ зона боевых действий
completely demilitarized ~ полностью демилитаризованная зона
confidence ~ зона доверия
control ~ зона контроля
critical ~ кризисная зона, горячая точка
customs ~ таможенная зона
customs-free ~ беспошлинная зона
danger ~ опасная зона
dead ~ мертвая зона
demilitarized ~ демилитаризованная зона
demilitarized border ~ демилитаризованная пограничная зона
denuclearized ~ безъядерная зона; зона,
свободная от ядерного оружия
depletion ~ частично демилитаризованная
зона
development ~ зона промышленного/эконо-
мического развития
disaster ~ зона/район бедствия
disengagement ~ зона разъединения *(вооруженных сил)*
dollar ~ долларовая зона
duty-free ~ зона беспошлинной торговли

economic ~ экономическая зона

exclusion ~ зона, в которой запрещены полеты самолетов, размещение войск, заход *(рыболовных)* судов других стран *и т.п.*

fishing ~ зона исключительных рыболовных прав; рыболовная зона

fishing exclusion ~ зона рыболовства, в которой запрещен лов иностранным судам

free ~ открытая зона; вольная гавань, порто-франко

free-trade ~ зона свободной торговли

frontier ~ пограничная зона

hot ~ кризисная зона, горячая точка

independent economic ~ независимая экономическая зона

industrial development ~ зона промышленного развития

international ~ международная зона

land exclusion ~ запретная зона для сухопутных войск

maritime ~ морская зона

10-mile coastal ~ десятимильная прибрежная зона

12-mile maritime ~ двенадцатимильная морская зона

200-mile exclusion ~ двухсотмильная прибрежная зона, в которой запрещен лов иностранным рыболовным судам

military ~ военная зона

monetary ~ валютная зона

neutral/neutrality ~ нейтральная зона

no-fly ~ бесполетная· зона, запретная воздушная зона

no-go ~ запретная зона

nonnuclear ~ безъядерная зона; зона, свободная от ядерного оружия

nuclear test ~ зона испытания ядерного оружия

nuclear-and-chemical-weapon-free ~ зона, свободная от ядерного и химического оружия

nuclear-free ~ (NFZ)/nuclear-weapon-free ~ (NWFZ) зона, свободная от ядерного оружия; безъядерная зона

occupation ~ оккупационная зона

offshore ~ офшорная зона

passport-free ~ зона безвизового режима

peace ~ зона мира

prohibited ~ запретная зона

safe ~ безопасная зона

safety/security ~ зона безопасности

secret military ~ закрытая военная зона

seismic ~ сейсмическая зона

self-declared security/self-proclaimed security ~ односторонне провозглашенная зона безопасности

special development/economic ~ свободная экономическая зона

special security ~ особая зона безопасности

standstill ~ зона прекращения боевых действий

strategic ~ стратегическая зона, зона стратегического назначения

tank-free ~ зона, свободная от танков

tariff ~ тарифный пояс

time ~ часовой пояс

twilight ~ спорная *(пограничная)* область юрисдикции федерального правительства и правительства штата *(США)*

UN-controlled ~ зона, находящаяся под контролем ООН

unpopulated ~ *(пограничная)* зона, из которой эвакуировано население

vast ~ обширная зона

war ~ военная зона; зона военных действий

war exclusion ~ зона, объявленная воюющими сторонами опасной для судоходства, полетов *и т.п.*

weapons exclusion ~ запретная зона для вооружений

to be outside a ~ находиться вне зоны

to bring about a ~ создавать зону

to convert an area into a nuclear-free ~ превращать территорию в безъядерную зону

to create a ~ создавать зону

to cross a ~ пересекать зону

to declare an area a closed military ~ объявлять район закрытой военной зоной

to enforce an air exclusion ~ обеспечивать соблюдение положения о бесполетной зоне

to establish a ~ создавать зону

to extend a ~ расширять зону

to impose a ~ устанавливать зону

to set up a ~ создавать зону

to walk across a ~ пересекать зону пешком

creation/establishment of ~s создание зон

zone II *v* 1. опоясывать, прилегать 2. устанавливать зоны; разделять на зоны

to ~ for agriculture отводить районы для сельского хозяйства

to ~ for industry отводить районы для промышленного строительства

zoning *n* 1. установление зон; распределение по зонам 2. зонирование; районирование *(деление городского массива на жилые и промышленные зоны)*

snob ~ *полит. жарг.* установление особых условий *(напр. минимальной площади земельного участка в 1 акр)* с целью недопущения малоимущих в район, населенный богатыми

СПРАВОЧНОЕ ИЗДАНИЕ

ГАРНОВ
Константин Дмитриевич

ИНОЗЕМЦЕВА
Наталья Геннадьевна

АНГЛО-РУССКИЙ
ПОЛИТИЧЕСКИЙ
СЛОВАРЬ

Ответственный за выпуск
ЗАХАРОВА Г. В.

Главный редактор
МОКИНА Н. Р.

Редакторы
ГВОЗДЕВА Т. Ф.
ЗУБЦОВА Е. А.
МОКИН И. В.
НИКИТИНА Т. В.
НИКИТЕНКОВА И. Ю.
ТОЛОКНОВА Я. Н.

Подписано в печать 5.08.2005. Формат 70х100/16.
Печать офсетная. Печ. л. 51,5.
Тираж 1060 экз. Заказ № 173

«РУССО», 119071, Москва, Ленинский пр-т, д. 15, офис 317.
Телефон/факс: 955-05-67, 237-25-02.
Web: www.russopub.ru
E-mail: russopub@aha.ru

Отпечатано в ГП Калужской обл.
«Облиздат», г. Калуга, пл. Старый Торг, 5.

9785887212623